Strafrecht – Allgemeiner Teil

Strafrecht - Allgemeiner Teil

Grundlagen der Strafbarkeit
Aufbau des strafrechtlichen Gutachtens

von

Prof. Dr. jur. Rolf Schmidt

Hochschule für Angewandte Wissenschaften
Hamburg

16. Auflage 2016

Schmidt, Rolf: Strafrecht – Allgemeiner Teil (Grundlagen der Strafbarkeit;
Aufbau des strafrechtlichen Gutachtens)
16. völlig neu bearbeitete und aktualisierte Auflage – Grasberg bei Bremen 2016
ISBN 978-3-86651-181-1; Preis: 22,50 EUR

Autor: Prof. Dr. Rolf Schmidt c/o Verlag Dr. Rolf Schmidt GmbH

Druck: Pinkvoss GmbH, 30159 Hannover

Verlag: Dr. Rolf Schmidt GmbH, Wörpedorfer Ring 40, 28879 Grasberg bei Bremen
Tel. (04208) 895 299; Fax (04208) 895 308; www.verlag-rolf-schmidt.de
E-Mail: verlagrs@t-online.de

Vorwort

Die Erfahrung lehrt, dass es für die erfolgreiche Bearbeitung von Übungs- und Examensklausuren weniger auf die unreflektierte Wiedergabe von Theorien und Meinungsständen ankommt, sondern auf die problemorientierte Auslegung von Tatbestandsmerkmalen am Maßstab des geschützten Rechtsguts einerseits und der Höhe der angedrohten Strafe andererseits. Auch werden letztgültige Antworten nicht erwartet. Vielmehr steht bei der Bearbeitung von Fällen die Entwicklung einer methodisch korrekt hergeleiteten und vertretbaren Lösung im Vordergrund. Freilich setzt diese Fähigkeit ein geschultes Judiz voraus. Eine besondere Bedeutung kommt dabei der Ausbildungsliteratur zu, deren Aufgabe es sein muss, nicht nur den prüfungsrelevanten Stoff zuverlässig zu vermitteln, sondern den Leser auch zu befähigen, ein überzeugendes Rechtsgutachten zu erstellen.

Das vorliegende Buch nimmt diese Herausforderung an. Es hat sich zum Ziel gesetzt, verständlich und anschaulich zu sein, ohne die Materie in unzulässiger Weise zu vereinfachen. Dazu gehört es, bei der Erläuterung eines jeden – dreistufig nach Tatbestand, Rechtswidrigkeit und Schuld aufgebauten – Deliktstyps zunächst einen Überblick zu geben, der die grundsätzliche Bedeutung des Deliktstyps für das Strafrechtssystem erläutert. An den Überblick schließt sich ein kommentiertes Aufbauschema an, das nicht nur den möglichen Aufbau des Deliktstyps zeigt, sondern auch eine Kurzerläuterung aller Definitionen und Probleme enthält, somit als Lernunterlage für das Kurzzeitgedächtnis im unmittelbaren Vorfeld einer Klausur herangezogen werden kann.
Im Anschluss an das jeweilige Aufbauschema erfolgt schließlich die Erläuterung jedes einzelnen Prüfungspunkts in einer klausuraufbauorientierten Darstellungsweise. Ist die Definition eines Tatbestandsmerkmals streitig, wird der Streitstand so aufbereitet, wie er auch in der Klausur aufzubereiten ist. Im Anschluss an die Streitdarstellung wird ein eigener Standpunkt eingenommen, sofern die gegenübergestellten Auffassungen zu unterschiedlichen Ergebnissen führen und der Streit daher entschieden werden muss. Selbstverständlich ist es dem Leser anheimgestellt, sich für eine andere Lösung zu entscheiden. Argumente dafür sind der dargestellten Gegenauffassung zu entnehmen.

Zur Konkretisierung und Veranschaulichung beinhaltet das Buch zahlreiche Beispielsfälle mit Lösungsvorschlägen. Durch Zusammenfassungen, Prüfungsschemata, hervorgehobene Lerndefinitionen und Klausurhinweise werden das Lernen und die Examensvorbereitung deutlich erleichtert.

Hinweisen möchte ich an dieser Stelle auch auf meine beiden Fallsammlungen: Die Fälle zum Strafrecht I beschäftigen sich mit dem Allgemeinen Teil und der Technik der Fallbearbeitung. Die Fälle zum Strafrecht II beinhalten den Besonderen Teil des StGB und prozessuale Zusatzaufgaben.

Mein Mitarbeiter, Herr Marc Bieber, hat zuverlässig Korrektur gelesen. Dafür danke ich ihm sehr herzlich.

Kritik und Verbesserungsvorschläge sind weiterhin willkommen und werden unter *rs@jura-institut.de* erbeten.

Hamburg, im September 2016 — *Prof. Dr. jur. Rolf Schmidt*

Gliederung

Abkürzungsverzeichnis

a.A.	andere(r) Ansicht
a.a.O.	am angegebenen Ort
a.E.	am Ende
abl.	ablehnend
ABl	Amtsblatt (der EU)
Abs.	Absatz
abw.	abweichend
AcP	Archiv für die civilistische Praxis
a.F.	alte Fassung
ähnl.	ähnlich
AK	Alternativkommentar zum Strafgesetzbuch
AktG	Aktiengesetz
a.l.i.c.	actio libera in causa
Alt.	Alternative
Anm.	Anmerkung
AO	Abgabenordnung
AT	Allgemeiner Teil
Aufl.	Auflage
ausf.	ausführlich
BA	Blutalkohol
BAK	Blutalkoholkonzentration
BayObLG	Bayerisches Oberstes Landesgericht
BayObLGSt	Entscheidungen des Bayerischen Obersten Landesgerichts in Strafsachen
BB	Der Betriebs-Berater (Zeitschrift)
BBG	Bundesbeamtengesetz
Bespr.	Besprechung
betr.	betreffend
Bd	Band
BGB	Bürgerliches Gesetzbuch
BGBl	Bundesgesetzblatt (Teil, Seite)
BGH	Bundesgerichtshof
BGHSt	Entscheidungen des Bundesgerichtshofes in Strafsachen
BGHZ	Entscheidungen des Bundesgerichtshofes in Zivilsachen
BJagdG	Bundesjagdgesetz
BSG	Bundessozialgericht
Bsp.	Beispiel
bspw.	beispielsweise
BT	Besonderer Teil
BT-Drs.	Bundestagsdrucksache (Legislaturperiode, Nummer)
BtMG	Betäubungsmittelgesetz
BVerfG	Bundesverfassungsgericht
BVerfGE	Entscheidungen des Bundesverfassungsgerichts
bzgl.	bezüglich
bzw.	beziehungsweise
CR	Computer und Recht (Zeitschrift)
DAR	Deutsches Autorecht
ders.	derselbe
DDR	Deutsche Demokratische Republik
d.h.	das heißt
dies.	dieselbe
diff.	differenzierend
Diss.	Dissertation
DRiZ	Deutsche Richterzeitung
Einl.	Einleitung
EMRK	Europäische Menschenrechtskonvention

Erg.	Ergebnis
EU	Europäische Union
evtl.	eventuell
f.	folgende(r)
FamRZ	Zeitschrift für das gesamte Familienrecht
ff.	fortfolgende
Fn	Fußnote
FS	Festschrift
G	Gesetz
GA	Goltdammer's Archiv für Strafrecht
GS	Gedächtnisschrift, Gedenkschrift
gem.	gemäß
GG	Grundgesetz für die Bundesrepublik Deutschland
ggf.	gegebenenfalls
GmbHG	Gesetz betreffend die Gesellschaft mit beschränkter Haftung
grds.	grundsätzlich
GS	Großer Senat des BGH in Strafsachen
GVG	Gerichtsverfassungsgesetz
h.A.	herrschende Ansicht
Halbs.	Halbsatz
h.L.	herrschende Lehre
h.M.	herrschende Meinung
Hrsg.	Herausgeber
i.d.F.	in der Fassung
i.d.R.	in der Regel
i.E.	im Ergebnis
i.e.S.	im engeren Sinn
inkl.	inklusive
insbes.	insbesondere
i.S.	im Sinne
i.S.d.	im Sinne der (des)
IStGH	Internationaler Strafgerichtshof in Den Haag
i.S.v.	im Sinne von
i.V.m.	in Verbindung mit
i.w.S.	im weiteren Sinn
JA	Juristische Arbeitsblätter (Zeitschrift)
JA-R	JA-Rechtsprechungs-Report
JGG	Jugendgerichtsgesetz
JR	Juristische Rundschau (Zeitschrift)
Jura	Juristische Ausbildung (Zeitschrift)
JuS	Juristische Schulung (Zeitschrift)
JZ	Juristenzeitung (Zeitschrift)
KastrG	Gesetz über die freiwillige Kastration
KG	Kammergericht; Kommanditgesellschaft
KJ	Kritische Justiz (Zeitschrift)
krit.	kritisch
LG	Landgericht
Lit.	Literatur
LK	Leipziger Kommentar zum Strafgesetzbuch
LM	Entscheidungen des Bundesgerichtshofs im Nachschlagewerk von Lindenmaier, Möhring u.a.
MDR	Monatsschrift für Deutsches Recht
MDR/D [H]	Rechtsprechung des BGH in MDR bei *Dallinger Holtz*
MedR	Medizinrecht (Zeitschrift)
m.E.	meines Erachtens

m.w.N.	mit weiteren Nachweisen
MüKo	Münchener Kommentar zum StGB
n.F.	neue Fassung
NJ	Neue Justiz (Zeitschrift)
NJW	Neue Juristische Wochenschrift (Zeitschrift)
NK	Nomos-Kommentar zum Strafgesetzbuch
Nr.	Nummer
NStZ	Neue Zeitschrift für Strafrecht
NStZ-RR	NStZ-Rechtsprechungs-Report
NZV	Neue Zeitschrift für Verkehrsrecht
o.	oben
OLG	Oberlandesgericht
OLGSt	Entscheidungen der Oberlandesgerichte zum Straf- und Strafverfahrensrecht (zit. nach Paragraphen und Seite)
OWiG	Gesetz über Ordnungswidrigkeiten
RGSt	Entscheidungen des Reichsgerichts in Strafsachen
Rn	Randnummer
Rs.	Rechtssache
Rspr.	Rechtsprechung
S.	Satz, Seite
s.	siehe
s.a.	siehe auch
Sch/Sch	Schönke/Schröder, Strafgesetzbuch
SeeArbG	Seearbeitsgesetz
SK	Systematischer Kommentar zum Strafgesetzbuch
Slg.	Sammlung der Rechtsprechung des EuGH
s.o.	siehe oben
sog.	so genannte(r)
SoldatenG	Gesetz über die Rechtsstellung der Soldaten
StGB	Strafgesetzbuch
StPO	Strafprozessordnung
str.	strittig
StraFo	Strafverteidiger-Forum
StrÄndG	Gesetz zur Änderung des Strafrechts
StrRG	Gesetz zur Reform des Strafrechts
StRR	Strafrechtsreport
StV	Strafverteidiger
StVG	Straßenverkehrsgesetz
StVO	Straßenverkehrsordnung
StVollzG	Strafvollzugsgesetz
s.u.	siehe unten
TMG	Telemediengesetz
TPG	Transplantationsgesetz
u.	unten, und
u.a.	unter anderem, und andere
UrhG	Urheberrechtsgesetz
usw.	und so weiter
u.U.	unter Umständen
v.	vom, von
v.a.	vor allem
Var.	Variante
vgl.	vergleiche
VN	Vereinte Nationen
Vorbem.	Vorbemerkung
VRS	Verkehrsrechts-Sammlung (Band, Seite)
VStGB	Völkerstrafgesetzbuch

WaffG	Waffengesetz
wistra	Zeitschrift für Wirtschafts- und Steuerstrafrecht
WStG	Wehrstrafgesetz
z.B.	zum Beispiel
ZfJ	Zentralblatt für Jugendrecht
ZIS	Zeitschrift für internationale Strafrechtsdogmatik
ZPO	Zivilprozessordnung
ZRP	Zeitschrift für Rechtspolitik
ZStW	Zeitschrift für die gesamte Strafrechtswissenschaft
z.T.	zum Teil
zust.	zustimmend
zutr.	zutreffend

Lehrbücher, Grundrisse und Kommentare

Baumann, Jürgen/Weber, Ulrich/Mitsch, Wolfgang: Strafrecht Allgemeiner Teil, 11. Auflage 2003

Ebert, Udo: Strafrecht Allgemeiner Teil, 3. Auflage 2001

Fischer, Thomas: Strafgesetzbuch und Nebengesetze. Kommentar, 63. Auflage 2016

Gropp, Walter: Strafrecht Allgemeiner Teil, 4. Auflage 2015

Haft, Fritjof: Strafrecht Allgemeiner Teil, 9. Auflage 2004

Hartmann, Arthur/Schmidt, Rolf: Strafprozessrecht, 6. Auflage 2016

Heinrich, Bernd: Strafrecht – Allgemeiner Teil, 4. Auflage 2014

Hillenkamp, Thomas: 32 Probleme aus dem Strafrecht, Allgemeiner Teil, 14. Auflage 2012

Jäger, Christian: Examensrepetitorium Strafrecht Allgemeiner Teil, 7. Auflage 2015

Jescheck, Hans-Heinrich/Weigend, Thomas: Lehrbuch des Strafrechts, Allgemeiner Teil, 5. Auflage 1996

Joecks, Wolfgang, Studienkommentar, 11. Auflage 2014

Kindhäuser, Urs: Lehr- und Praxiskommentar zum StGB, 6. Auflage 2015; Strafrecht Allgemeiner Teil, 7. Auflage 2015

Krey, Volker/Esser, Robert: Deutsches Strafrecht Allgemeiner Teil, 6. Auflage 2016

Kühl, Kristian: Strafrecht, Allgemeiner Teil, 7. Auflage 2012

Lackner, Karl/Kühl, Kristian: Strafgesetzbuch. Kommentar, 28. Auflage 2014

Leipziger Kommentar: 12. Auflage 2006 ff.

Münchener Kommentar zum Strafgesetzbuch, 2. Auflage 2011 ff., 3. Auflage 2016 ff.

Naucke, Wolfgang: Strafrecht - Eine Einführung, 10. Auflage 2002

Nomos-Kommentar: Kommentar zum Strafgesetzbuch, 3 Bände, 4. Auflage 2013

Otto, Harro: Grundkurs Strafrecht, Allgemeine Strafrechtslehre, 7. Auflage 2004

Rengier, Rudolf: Strafrecht Allgemeiner Teil, 7. Auflage 2015

Roxin, Claus: Strafrecht Allgemeiner Teil, Band I, Grundlagen, Der Aufbau der Verbrechenslehre, 4. Auflage 2006; Band II, Besondere Erscheinungsformen der Straftat, 2003

Schmidt, Rolf: Strafrecht Besonderer Teil I, 16. Auflage 2016

Schmidt, Rolf: Strafrecht Besonderer Teil II, 16. Auflage 2016

Schmidt, Rolf/Priebe, Klaus: Fälle zum Strafrecht I, 5. Auflage 2015

Schmidt, Rolf/Priebe, Klaus: Fälle zum Strafrecht II, 6. Auflage 2015

Schönke, Adolf/Schröder, Horst: Strafgesetzbuch. Kommentar, 29. Auflage 2014

Stratenwerth, Günter/Kuhlen, Lothar: Strafrecht Allgemeiner Teil, 6. Auflage 2011

Systematischer Kommentar zum Strafgesetzbuch, Gesamtausgabe

Wessels, Johannes/Beulke, Werner/Satzger, Helmut: Strafrecht Allgemeiner Teil, 45. Auflage 2015 (zit.: W/B/S)

Wessels, Johannes/Hettinger, Michael: Strafrecht Besonderer Teil 1, 39. Auflage 2015

Wessels, Johannes/Hillenkamp, Thomas: Strafrecht Besonderer Teil 2, 38. Auflage 2015

Weitere Literatur, insbesondere Aufsatzliteratur, ist in den Fußnoten angegeben.

1. Kapitel – Aufgaben und Zwecke des Strafrechts

Das Strafrecht ist neben dem öffentlichen Recht und dem Zivilrecht das dritte Teilrechtsgebiet der deutschen Rechtsordnung.[1] Es gehört zum Pflichtstoff der juristischen Ausbildung; Studierende werden vom ersten Semester an mit ihm konfrontiert. Diesem Umstand Rechnung tragend behandeln die vorliegenden drei Lehrbücher zum Strafrecht (AT, BT I und BT II) die Materie in einer Tiefe und Breite, wie sie Gegenstand von Prüfungen ist. Dabei gehen die Bücher von der Prämisse aus, dass es für die erfolgreiche Bearbeitung von Übungs- und Examensklausuren weniger auf die unreflektierte Wiedergabe von Theorien und Meinungsständen ankommt, sondern auf die problemorientierte Auslegung von Tatbestandsmerkmalen am Maßstab des geschützten Rechtsguts einerseits und der Höhe der angedrohten Strafe andererseits. Dementsprechend werden im Folgenden zunächst der Rechtsgüterschutz und die Straftheorien erläutert, um sodann die Grundlagen der Strafbarkeit aufzuzeigen und die einzelnen Deliktstypen vorzustellen. 1

I. Rechtsgüterschutz

Die Aufgabe des Strafrechts besteht in dem **Schutz bestimmter Rechtsgüter** vor Angriffen anderer.[2] Zwar stellt auch das Zivilrecht Schutzvorschriften bereit, indem es dem Geschädigten bzw. Übervorteilten bestimmte Leistungs-, Schadensersatz-, Schmerzensgeld-, Unterlassungs- und Beseitigungsansprüche gewährt, die mit Hilfe der Justiz durchgesetzt werden können. Jedoch ist allgemein bekannt, dass ohne (zusätzliche) strafrechtliche Reaktionsmittel ein geordnetes Zusammenleben in einer Gesellschaft undenkbar wäre. Chaos und Anarchie wären die Folge, gäbe es keine strafrechtlichen Sanktionen. Das Strafrecht mit seinen Sanktionen ist mithin unentbehrlich für die Aufrechterhaltung der Ordnung in einer Gesellschaft. Bereits die Androhung von Sanktionen ist geeignet, sozialschädliche Übergriffe auf schützenswerte Güter vorzubeugen (Furcht vor Strafe). Ziel der Verwirklichung des Angedrohten ist es dann, dem Angedrohten das nötige Gewicht zu verleihen.[3] 2

Jedoch kommt dem Strafrecht nicht die Aufgabe zu, sämtliches menschliches Fehlverhalten zu sanktionieren. Das BVerfG betont den **fragmentarischen Charakter** des Strafrechts, indem es ihm die Aufgabe zuweist, lediglich besonders gefährliches und gemeinschädliches Fehlverhalten („Kriminalunrecht") zu sanktionieren.[4] Ziel des Strafrechts könne nur sein, die elementaren Werte des Gemeinschaftslebens zu schützen.[5] Freilich bedeutet dies nicht, dass sozialethisch weniger gravierende Rechtsverstöße hinzunehmen wären. Vielmehr steht es dem Gesetzgeber frei, diese als **Ordnungswidrigkeiten** („Verwaltungsunrecht") zu ahnden. Mit dem Erlass des Ordnungswidrigkeitengesetzes (OWiG) und zahlreicher Spezialgesetze (etwa das StVG) hat er eine Reihe von Tatbeständen geschaffen, die auf ihrer Rechtsfolgeseite die Verhängung einer Geldbuße (oder anderer Sanktionen wie Fahrverbote) vorsehen. 3

> **Beispiel:** Wer falsch parkt, die zulässige Höchstgeschwindigkeit überschreitet oder eine Rotlicht zeigende Ampel missachtet, handelt rechtswidrig. Diese Verstöße sind jedoch nicht so gravierend, dass sie mit einer Strafe belegt werden müssten. Vielmehr sind sie dem weiten Begriff des Bagatellunrechts zuzuordnen und können als Ordnungswidrigkeiten geahndet und mit einem Bußgeld belegt werden.

---

[1] Im weiteren Sinne ist das Strafrecht ein Teilgebiet des öffentlichen Rechts. Es wird jedoch allgemein als selbstständiges Rechtsgebiet behandelt.

[2] Das ist wohl einhellige Auffassung, vgl. nur BVerfGE 45, 187, 253 und aus der Literatur *Roxin*, AT I, § 3 Rn 7 ff.; *Jescheck/Weigend*, AT, § 1 III; *W/B/S*, AT, Rn 6 ff.; *Kudlich*, JA 2010, 681.

[3] *Heinrich*, AT, Rn 3 ff.

[4] BVerfGE 96, 245, 249 (Ultima Ratio strafrechtlicher Sanktionierung).

[5] BVerfGE 45, 187, 253 f.; 45, 272, 289.

Das Recht der Ordnungswidrigkeiten verfolgt also eine ähnliche Zielsetzung wie das Strafrecht, sieht als Sanktion gegen Rechtsverstöße aber keine Strafe vor, sondern eine Geldbuße, auch wenn im Einzelfall die Geldbuße (aufgrund ihrer Höhe[6]) wie eine Strafe empfunden werden mag. Rechtlich und sozialethisch ist das Ordnungswidrigkeitenrecht als Verwaltungsunrecht aber vom Strafrecht zu unterscheiden. Jemand, der im Straßenverkehr die zulässige Höchstgeschwindigkeit überschreitet oder eine Verkehrsregelungsanlage („rote Ampel") missachtet, muss zwar mit (erheblichen) verwaltungsrechtlichen Sanktionen rechnen, ist aber gerade kein Straftäter.

4 Bei der Abgrenzung zwischen Kriminalunrecht und Verwaltungsunrecht hat der Gesetzgeber – bis auf einen Kernbereich notwendigerweise durch das Strafrecht zu schützender Rechtsgüter – einen gewissen Spielraum. Welche konkreten Rechtsgüter besonders schützenswert sind und mit Mitteln des Strafrechts sanktioniert werden sollen, obliegt grundsätzlich der Entscheidung der Gemeinschaft, die durch den parlamentarischen Gesetzgeber repräsentiert wird.

Beispiel: Führt jemand im öffentlichen Straßenverkehr ein Kraftfahrzeug, obwohl er eine Blutalkoholkonzentration (BAK) von über 0,5 ‰ aufweist, hat der Gesetzgeber dies im Grundsatz nur als Ordnungswidrigkeit angesehen, vgl. § 24a StVG. Kommt aber erschwerend hinzu, dass der unter Alkoholeinfluss stehende Fahrzeugführer nicht in der Lage ist, das Fahrzeug sicher zu führen (was bei einer BAK von 1,1 ‰ unwiderlegbar vermutet wird, aber auch ab 0,3 ‰ nicht ausgeschlossen ist, wenn Ausfallerscheinungen auftreten), gebietet es die Gefährlichkeit der „Rauschfahrt", diese als Straftat zu sanktionieren. Je nach dem, ob vom Fahrer eine abstrakte oder konkrete Gefahr für andere ausgeht, macht er sich aus § 316[7] oder aus § 315c I Nr. 1a Var. 1 strafbar.

5 Verwirklicht der Täter mit ein und derselben Handlung sowohl einen Straftatbestand als auch eine Ordnungswidrigkeit, wird dieses Konkurrenzverhältnis von § 21 OWiG gelöst: Der Ordnungswidrigkeitentatbestand tritt zurück.

Ist im Straßenverkehr § 316 (oder sogar § 315c I Nr. 1a Var. 1) gegeben, gilt § 21 OWiG, sodass § 24a StVG praktisch ausscheidet.

6 Entsprechend dem Leben einzelner Menschen in einer Gemeinschaft lassen sich zwei Gruppen von **Rechtsgütern** ausmachen: Individualrechtsgüter, die dem Schutz des einzelnen Bürgers dienen (Leib, Leben, Gesundheit, Ehre, Freiheit, Eigentum und Vermögen) und die Allgemeinrechtsgüter, die primär den Schutz von Gemeinschaftswerten (Staat, Rechtspflege, Umwelt, Sicherheit des Straßenverkehrs, Tierschutz) bezwecken. Freilich darf der Begriff „Allgemeinrechtsgut" nicht dahin missverstanden werden, als finde überhaupt kein Schutz der einzelnen Person statt. Denn auch der Schutz von Gemeinschaftswerten findet nicht um seiner selbst Willen statt, sondern dient letztlich dem Einzelnen, wenn auch als Teil des Kollektivs. Die Individualrechtsgüter kann man dabei nochmals in zwei große Gruppen unterteilen und zwar in solche, die einzelne Persönlichkeitswerte schützen (Leben, körperliche Unversehrtheit, Freiheit, Ehre) und solche, die dem Schutz des Eigentums bzw. des Vermögens der einzelnen Personen dienen.

---

[6] So kann gem. § 24 II StVG ein Regelverstoß im Straßenverkehr mit bis zu 2.000 € geahndet werden. Im Umweltrecht sind Geldbußen sehr viel höher (vgl. etwa § 38 II GentechnikG: bis zu 50.000 €).

[7] Nachfolgend angegebene §§ ohne Gesetzesangabe sind solche des StGB.

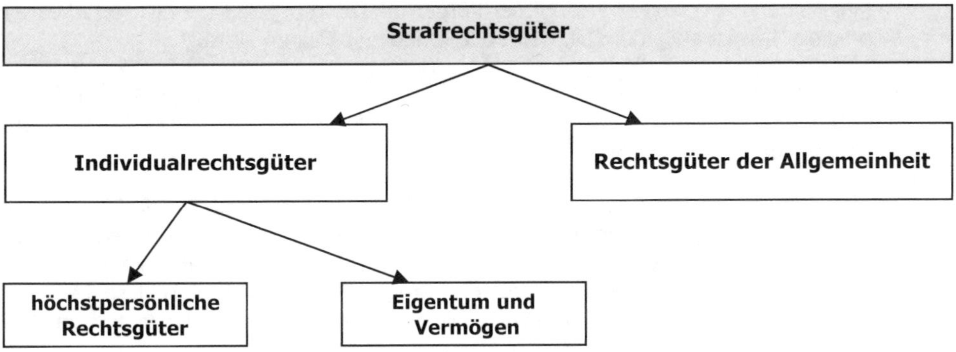

Die Unterscheidung, ob ein Straftatbestand ein Individualrechtsgut, die Allgemeinheit 7
oder beide Rechtsgüter schützt, ist vor allem im Hinblick auf die **Einwilligung** relevant. Es leuchtet ein, dass der Inhaber eines Individualrechtsguts – zumindest im Grundsatz – über sein Schutzgut frei bestimmen und daher in eine Rechtsbeeinträchtigung einwilligen kann. Folge einer solchen Einwilligung ist der Ausschluss des Tatbestands bzw. der Rechtswidrigkeit des Täterhandelns.

Beispiel: Fühlt sich ein Nachbar durch die Hecke, die in der Nähe zu seinem Grundstück steht, in seiner freien Sicht gestört und fällt diese eigenmächtig, macht er sich wegen Sachbeschädigung (§ 303 I) strafbar. Willigt aber der Eigentümer der Hecke in deren Beseitigung ein, besteht kein Anlass, das Beseitigen strafrechtlich zu sanktionieren. Denn der Rechtsgutinhaber hätte die Hecke auch selbst entfernen können, ohne dass dies jemand hätte beanstanden können (vgl. § 903 BGB). Daher ist es nur folgerichtig, dass ein anderer, der die Handlung mit dem Einverständnis des Rechtsgutinhabers vornimmt, ebenfalls keine strafrechtlichen Sanktionen befürchten muss.

Lediglich dann, wenn durch das Individualrechtsgut zugleich fundamentale öffentliche 8
Interessen mitberührt werden bzw. wenn dem Individuum die Einsicht oder Reife fehlt, die Tragweite des Rechtsgüterverzichts zu überschauen, ist eine Einwilligung ausgeschlossen.

Beispiele:

(1) Das menschliche Leben stellt das höchste Rechtsgut dar. Daher kann der Rechtsgutinhaber – trotz des grundgesetzlich garantierten Selbstbestimmungsrechts (Art. 2 I i.V.m. 1 I GG) – nicht darüber verfügen. Man spricht von der Indisponibilität des menschlichen Lebens. Die Tötung eines Menschen ist daher selbst dann nicht gerechtfertigt, wenn sie auf Verlangen des Betroffenen geschieht (vgl. § 216). So ist etwa ein Arzt, der seinen schwerstkranken oder sterbenden Patienten auf Verlangen tötet, um ihm unerträgliches Leid zu ersparen, gem. § 216 strafbar. Straflos ist hingegen der Suizid. Scheitert die Selbsttötung, kann der Überlebende daher strafrechtlich nicht sanktioniert werden.[8]

(2) Demgegenüber ist die Einwilligung in die Verletzung der körperlichen Integrität grundsätzlich möglich (zur Ausnahme vgl. § 228). Wenn etwa ein Tätowierer beauftragt wird, ein Piercing durchzuführen, ist er unter dem Gesichtspunkt der Einwilligung gerechtfertigt. Lediglich, wenn dem Kunden die Einsicht oder Reife fehlt, die Tragweite des Rechtsgüterverzichts zu überschauen, ist die Einwilligung unbeachtlich und der Tätowierer macht sich (sofern er den Umstand der fehlenden Einwilligungs-

---

[8] Auf die Sonderfälle des § 109 StGB und des § 17 WStG soll hier ebensowenig eingegangen werden wie auf die Fälle des nicht freiverantwortlichen Suizids, der eine Strafbarkeit des Veranlassers zur Folge haben kann (vgl. dazu *R. Schmidt*, BT I, Rn 190 ff.).

fähigkeit erkennt) wegen gefährlicher Körperverletzung (§§ 223 I, 224 I Nr. 2 Var. 2) schuldig. Das ist etwa der Fall, wenn der Kunde erst 5 Jahre alt ist.

9 Erst recht ist die Einwilligung in Rechtsgüter, die ausschließlich im Interesse der Allgemeinheit stehen, unbeachtlich. Niemand kann in die Verletzung derartiger Rechtsgüter einwilligen bzw. darauf verzichten.

Beispiel: Die Umwelt steht allen Menschen gemeinsam zu. Sinn und Zweck des Umweltschutzes ist die Erhaltung natürlicher Ressourcen sowie der humanen Lebensbedingungen der gegenwärtigen und künftigen Generationen (vgl. Art. 20a GG). Daher kann z.B. das Gießen von Altöl in das Erdreich auch für den Grundstückseigentümer nicht sanktionslos bleiben; er macht sich wegen Bodenverunreinigung (§ 324a) bzw. wegen unerlaubten Umgangs mit gefährlichen Stoffen (§ 326 I Nr. 4a) strafbar.

10 Schließlich gibt es Straftatbestände, die sowohl Individualrechtsgüter als auch Rechtsgüter der Allgemeinheit schützen. Ob hier eine Einwilligung möglich ist, hängt davon ab, welches Gewicht man dem die Allgemeinheit schützenden Teil beimisst.

Beispiel: § 306a I (schwere Brandstiftung) schützt bestimmte, in der Norm aufgeführte Wohn- und Aufenthaltsstätten von Menschen, und zwar nach dem Willen des Gesetzgebers ohne Rücksicht darauf, ob im Einzelfall eine konkrete Gefahr für Menschen entstanden ist. Vielmehr gelten nach Auffassung des Gesetzgebers schon allein die Tathandlungen als erfahrungsgemäß **generell gefährlich** („gemeingefährlich") für Leben oder körperliche Unversehrtheit von Menschen, sofern sie sich auf die von der Vorschrift erfassten Objekte beziehen. Deshalb spielen weder die Eigentumsfrage noch die Einwilligung des Eigentümers in die Brandlegung eine Rolle. Denn es geht um den (im Interesse der Allgemeinheit stehenden) Schutz vor den abstrakten Gefahren, die von einem Brand ausgehen. Ähnliche Überlegungen ergeben sich hinsichtlich §§ 316 bzw. 315c.

11 Schließlich kann die Bestimmung des Rechtsguts im Rahmen der strafrechtlichen **Konkurrenzlehre** eine gewisse Rolle spielen.

Beispiel: Der Raub (§ 249) ist ein aus Diebstahl (§ 242) und Nötigung (§ 240) zusammengesetztes Delikt. Geschützte Rechtsgüter sind dementsprechend das Eigentum und die persönliche Freiheit. Daher müssen der Diebstahl und die Nötigung neben dem Raub nicht mehr separat gewürdigt werden. Sie treten hinter den vollendeten Raub zurück.

Verletzt der Täter bei dem Raub aber auch die körperliche Unversehrtheit des Opfers (etwa indem er dieses mit einem Pfefferspray an der Verteidigung hindert), macht er sich zusätzlich zum Raub wegen Körperverletzung gem. § 223 strafbar. Denn § 223 schützt die körperliche Unversehrtheit und damit ein anderes Rechtsgut als § 249. § 249 und § 223 stehen in Tateinheit (§ 52) zueinander und finden beide im Urteilsausspruch (im Tenor) Berücksichtigung.

II. Sinn und Zweck von Strafe; Straftheorien

12 Strafe stellt eine Antwort auf die begangene schuldhafte Tat dar. Das geht unproblematisch aus dem gesetzlichen Rechtsfolgesystem hervor, das der Gesetzgeber in §§ 38 ff. i.V.m. der jeweiligen Strafandrohung des konkreten Tatbestands aufgestellt hat. Fraglich sind lediglich, welchen Zwecken die Strafe dienen soll.

Hinweis für die Fallbearbeitung: Zwar wird die Frage, ob die Bestrafung von Menschen für das von ihnen begangene Unrecht sinnvoll ist und welchen Zwecken die verhängte Strafe dienen soll, regelmäßig nicht im Rahmen der Lösung juristischer Fälle thematisiert. Jedoch sind in letzter Zeit Zwischenprüfungen anzutreffen, die die Beantwortung von Fragen zum Gegenstand haben (sog. Fragenklausuren). Bei diesen kann es durchaus zum Thema gemacht werden, sich zu den verschiedenen Strafzwecken zu äußern. Der folgende kursorische Überblick sollte den Anforderungen genügen.[9]

1. Absolute Straftheorien

Nach der insbesondere auf Immanuel Kant (1724-1804)[10] und Georg Wilhelm Friedrich Hegel (1770-1831)[11] zurückgehenden **Vergeltungstheorie** dient eine Strafe keinem bestimmten Zweck, sondern ausschließlich der Vergeltung begangenen Unrechts. Nur hierdurch könne vor allem das durch die Straftat zum Ausdruck gebrachte sozialethisch missbilligenswerte Verhalten des Täters sanktioniert und die Gerechtigkeit, die durch das begangene Unrecht erschüttert wurde, wiederhergestellt werden. Demnach wirkt Strafe ausschließlich **repressiv**. 13

Bewertung: Der Aussagegehalt der absoluten Straftheorie liegt also darin, dass sich die Strafe nach dem begangenen Unrecht richtet. Die Strafe legitmiert sich allein dadurch, dass der Täter Unrecht begangen hat und daher betraft werden muss. Dies kann der Gerechtigkeit dienen und richterliche Willkür verhindern. Allerdings verkennt die Vergeltungstheorie, dass kein begangenes Unrecht „wiedergutgemacht werden kann". Geschehenes kann auch durch die Verhängung einer Strafe nicht ungeschehen gemacht werden. Insofern kann Strafe höchstens der Begehung neuen Unrechts entgegenwirken, indem der Täter durch die Verbüßung einer Freiheitsstrafe faktisch daran gehindert wird. Ein anderer Schwachpunkt der Vergeltungstheorie liegt darin, dass sie keinen Raum für eine Betrachtung der Schuld des Täters lässt. Diese muss jedoch – jedenfalls aus heutiger Sicht – Voraussetzung für eine Bestrafung sein.

Die genannten Schwächen will die **Sühnetheorie** vermeiden, indem sie davon ausgeht, dass sich der Täter durch die Strafe mit der Rechtsordnung wieder versöhnen würde, er mithin die Tat „sühne". Die Notwendigkeit einer Sühne setze aber voraus, dass die Tat schuldhaft begangen wurde und der Täter bei ihrer Begehung ein entsprechendes Unrechtsbewusstsein hatte.[12] 14

Bewertung: Aber auch diese Theorie ist nicht frei von Kritik. Gegen sie wird vorgebracht, dass jede Sühne ein gewisses Maß an Freiwilligkeit voraussetze, welches durch die Strafe gerade nicht ermöglicht werde, da Strafe stets ein aufgezwungenes Übel darstelle.[13]

2. Relative Straftheorien

Die modernen relativen Straftheorien sind **präventiv** orientiert. Sie gehen davon aus, dass der Hauptzweck von Strafe nicht darin liegen dürfe, vergangenes Unrecht zu vergelten oder zu sühnen, sondern künftige Straftaten zu verhindern. Strafe komme eine „Präventionswirkung" zu. Dabei sei zwischen Generalprävention und Spezialprävention (auch: Individualprävention) zu unterscheiden. 14a

a. Generalprävention

Nach der Theorie der Generalprävention, die insbesondere von Paul Johann Anselm v. Feuerbach (1775-1833)[14] zu Beginn des 19. Jahrhunderts entwickelt wurde, kommt es auf die Wirkung der Strafe für den betroffenen Straftäter nicht an. Vielmehr soll die Strafe bewirken, dass die übrige Bevölkerung abgeschreckt wird, Taten der beschriebenen 15

[9] Näher dazu *Jescheck/Weigend*, AT § 8; *Roxin*, AT I, § 3; *Baumann/Weber/Mitsch*, AT, § 3 Rn 24 ff.; Sch/Sch-*Stree/Kinzig*, Vorbem §§ 38 ff. Rn 1 ff.
[10] *Kant*, Metaphysik der Sitten, Rechtslehre, 2. Aufl. 1798, § 49.
[11] *Hegel*, Grundlinien der Philosophie des Rechts, 1821, § 101.
[12] Vgl. *Heinrich*, AT, Rn 15.
[13] *W/B/S*, AT Rn 12; *Heinrich*, AT, Rn 15.
[14] *Feuerbach*, Lehrbuch des gemeinen in Deutschland gültigen peinlichen Rechts, 11. Aufl. 1832, §§ 12, 13.

Form zu begehen.[15] Durch die Verhängung von Strafe würden das Rechtsbewusstsein und das Vertrauen der Allgemeinheit gestärkt, da in einer Gesellschaft, in der die Begehung von Unrecht bestraft werde, die übrigen Mitglieder motiviert würden, selbst die Gesetze einzuhalten. Das so gewonnene Vertrauen in die Unverbrüchlichkeit der Rechtsordnung führe letztlich dazu, dass sich die Bürger insgesamt rechtstreu verhielten („positive Generalprävention").[16] Darüber hinaus führe die Bestrafung Einzelner aber auch dazu, dass andere künftig von der Begehung von Straftaten abgehalten würden. Denn dadurch werde ein gewisser Abschreckungseffekt erzielt („negative Generalprävention").[17]

Bewertung: Das Abstellen auf generalpräventive Zwecke hat zwar den Vorteil, dass andere Menschen in der Tat von der Begehung von Unrecht abgehalten werden können, allerdings darf nicht übersehen werden, dass viele Straftaten trotz der dem Täter bekannten Strafandrohung aus einem spontanen Entschluss heraus und ohne „vernünftige Abwägung" hinsichtlich der Folgen begangen werden. Auch noch so hohe Strafandrohungen selbst bei Bagatelldelikten führen nicht stets dazu, dass künftig keine Straftaten mehr begangen werden. Außerdem ist zu beachten, dass sowohl der Gesetzgeber als auch die Gerichte immer wieder der Versuchung unterlegen sind, aus generalpräventiven Zwecken überhöhte Strafen anzudrohen bzw. zu verhängen. Das Schuldprinzip als Ausdruck der Menschenwürde verbietet es, einen Täter mit schuldunangemessenen Strafen zu belegen, nur um Abschreckungseffekte bei der Bevölkerung zu erzielen. Daher ist allein das Abstellen auf generalpräventive Zwecke abzulehnen.

b. Spezialprävention

15a Im Gegensatz zur Generalprävention stellt die Theorie der Spezialprävention, die vor allem auf Franz v. Liszt (1851-1919)[18] zurückgeht, im Wesentlichen nicht auf die Wirkungen einer Strafe auf die Allgemeinheit ab, sondern auf die Wirkung der Strafe für den betroffenen Einzelnen. Es komme allein auf den einzelnen Straftäter an, der als Zentralgestalt der Straftat im Mittelpunkt der Betrachtung stehen müsse. Dabei solle die Strafe zum einen zur Besserung des Täters führen und eine Appellfunktion dahingehend besitzen, dass er fortan ein straffreies Leben führe („positive Spezialprävention"). Zum anderen solle sie bei nicht besserungsfähigen Tätern die Gesellschaft vor diesen schützen („negative Spezialprävention").

Bewertung: Auch gegen diese Theorie lassen sich Einwände erheben. Wenn es nämlich letztlich lediglich darauf ankommen soll, ob der Täter durch die Strafe gebessert oder jedenfalls die Gesellschaft vor ihm geschützt wird, wird die konkret von ihm begangene Tat ausgeblendet. Zudem versagt der Besserungszweck in solchen Fällen, in denen der Täter aus einer einmaligen, nicht mehr wiederkehrenden Situation gehandelt hat. Eine Strafe wäre zudem auch dann nicht mehr zulässig, wenn der Täter das Delikt aus tatsächlichen Gründen nicht mehr verwirklichen kann.[19] Eine weitere Schwäche dieser Theorie besteht darin, dass das alleinige Abstellen auf die Besserung des Täters auch zu unangemessen harten Strafen führen kann. So müsste z.B. ein an Kleptomanie leidender Ladendieb zu seiner „Besserung" möglicherweise bis an sein Lebensende eingesperrt werden, was dem Schuldgrundsatz widersprechen würde.

---

[15] Vgl. Sch/Sch-*Stree/Kinzig*, Vorbem §§ 38 ff. Rn 2, 12; *Ambos/Steiner*, JuS 2001, 9, 12.
[16] Vgl. hierzu auch BVerfGE 45, 187, 256; BVerfG NJW 2004, 2073, 2075; *Ambos/Steiner*, JuS 2001, 9, 12; *Momsen/Rackow*, JA 2004, 336, 338 f.; Sch/Sch-*Stree/Kinzig*, Vorbem §§ 38 ff. Rn 12; *Heinrich*, AT, Rn 17.
[17] Vgl. *Ambos/Steiner*, JuS 2001, 9, 12; *Momsen/Rackow*, JA 2004, 336, 336 f.; *Heinrich*, AT, Rn 17.
[18] *v. Liszt*, Der Zweckgedanke im Strafrecht (1882/1883), in: Strafrechtliche Aufsätze und Vorträge, Bd. 1.
[19] Vgl. *Heinrich*, AT, Rn 18; MüKo-*Radtke*, Vor §§ 38 ff., Rn 40; Sch/Sch-*Stree/Kinzig*, Vorbem §§ 38 ff. Rn 15.

c. Vereinigungstheorien

Da bei isolierter Betrachtung keiner der genannten Ansätze überzeugt, geht die heute h.M. von einer Vereinigung der genannten Aspekte aus (**Vereinigungstheorie**).[20] Ausgangspunkt sei dabei der generalpräventive Zweck, also die Abschreckung der Allgemeinheit von der Begehung strafbarer Handlungen durch Verhängung bzw. Vollstreckung einer Strafe. Doch allein dieser Aspekt genüge nicht, um eine Strafe zu rechtfertigen. Hinzukommen müsse, dass aufgrund der Schwere der Schuld des Täters die Sanktion in so starkem Maße geboten erscheine, dass der Verzicht auf sie die Rechtstreue der Bevölkerung und ihr Vertrauen in den Bestand der Rechtsordnung erschüttern würde. Es sei stets eine Gesamtwürdigung aller Umstände des Einzelfalls vorzunehmen. **15b**

Bewertung: Diesem Befund entspricht das StGB mit seinen Rechtsfolgen. Stehen generalpräventive und spezialpräventive Strafzwecke in einem Kollisionsverhältnis zueinander, ist eine Rangordnung zwischen beiden Prinzipien festzulegen. Insbesondere räumt § 46 I S. 1 und 2 tendenziell den spezialpräventiven Gesichtspunkten, hier wiederum insbesondere der Resozialisierung, den Vorrang ein. Aus diesem Grund wird auf resozialisierungsfeindliche Verhängung kurzer (§ 47) und Vollstreckung mittlerer Freiheitsstrafen (§ 56) i.d.R. verzichtet. Ausnahmen gelten nur dann, wenn die Verteidigung der Rechtsordnung es gebietet (Generalprävention), § 46 I S. 2.

3. Zusammenfassung

Die **absoluten Straftheorien** sind zweckfrei, da sie ihre Legitimation allein aus dem Grund (der Straftat) beziehen. Sie suchen nach keinem Zweck und sind deshalb absolut. Sie möchten entweder das durch die Handlung des Täters geschaffene Unrecht durch die Strafe aufwiegen (so die **Vergeltungstheorie**) oder erreichen, dass der Täter die Tat „sühne", um sein Fehlverhalten wiedergutzumachen (so die „**Sühnetheorie**"). Der Vorteil der absoluten Straftheorien besteht darin, dass sich die Strafe nach der begangenen Tat richtet („Auge um Auge"). Dies kann richterliche Willkür verhindern. Jedoch fehlen die Aspekte der Resozialisierung und Prävention hier vollkommen. Die verhängte Strafe hindert den Täter nicht notwendigerweise, weitere Straftaten zu verüben. **15c**

Die **relativen Strafzwecktheorien** hingegen sind präventiv orientiert und unterteilt in Generalprävention und Spezialprävention.

- Die **Generalprävention** zielt auf die Gesellschaft ab und unterteilt sich weiter in positive und negative Generalprävention:
  - Die positive Generalprävention soll das Vertrauen der Gesellschaft in die Rechtsordnung stärken.
  - Die negative Generalprävention soll die Gesellschaft von der Begehung einer Tat abschrecken, indem ins Bewusstsein gerufen wird, welche Strafen folgen können.
- Die **Spezialprävention** zielt auf den Täter selbst ab und unterteilt sich (ebenfalls) in positive und negative Spezialprävention:
  - Die positive Spezialprävention soll zur Besserung des Täters und seiner Resozialisierung führen. Ihm soll gerade in Aussicht gestellt werden, dass er nach Verbüßung der Strafe ein „normales" Leben führen kann.
  - Die negative Spezialprävention möchte die Allgemeinheit vor dem Täter schützen und den Täter durch Strafe davon abbringen, nochmals eine Tat zu begehen.

§§ 46, 47 stellen auf eine Vereinigung dieser Theorien ab („Vereinigungstheorie", s.o.).

---

[20] BVerfGE 21, 391, 403 f.; 45, 187, 253 f.; 54, 100, 108; BGHSt 24, 40, 42; *Roxin*, AT I, § 3 Rn 33 ff.; Sch/Sch-*Stree/Kinzig*, Vorbem §§ 38 ff. Rn 20 m.w.N.

III. Materielles und formelles Strafrecht

15d Die gesetzlichen Regelungen, welche die Voraussetzungen und die Rechtsfolgen einer Straftat regeln, werden als materielles Strafrecht bezeichnet. Das materielle Strafrecht ist gem. Art. 103 II GG vom Grundsatz *nulla poena sine lege* (keine Strafe ohne Gesetz – dazu Rn 16 ff.) geprägt. Aufgabe des formellen Strafrechts (des Strafprozessrechts oder besser: Strafverfahrensrechts) ist es, verschiedene materielle Werte abzusichern: Es soll die Wahrheit festgestellt, die Gerechtigkeit gewahrt und der Rechtsfriede (wieder) hergestellt werden. Das formelle Strafrecht ist in erster Linie in der Strafprozessordnung (StPO) geregelt und unterteilt sich in ein Erkenntnis- und Vollstreckungsverfahren.[21] Regelungen hinsichtlich des Umgangs mit Jugendlichen und Heranwachsenden sind im Jugendgerichtsgesetz (JGG) enthalten.[22]

IV. Kernstrafrecht und Nebenstrafrecht

15e Das materielle Strafrecht ist vorwiegend im StGB geregelt. In diesem Zusammenhang spricht man Kernstrafrecht. Strafrechtsvorschriften finden sich jedoch auch in einer Vielzahl weiterer Gesetze, die primär andere, d.h. ordnungsrechtliche Ziele verfolgen und nur als Nebenzweck Verstöße als Straftaten sanktionieren (Nebenstrafrecht). Nebenstrafrechtliche Bestimmungen finden sich z.B. in der Abgabenordnung (§§ 369 – 376), im Betäubungsmittelgesetz (§§ 29-31), im Straßenverkehrsgesetz (§§ 21-22a) im Waffengesetz (§§ 51, 52), im Urheberrechtsgesetz (§§ 106-111) im Versammlungsgesetz (§§ 21-28), im Tierschutzgesetz (§ 17) und in etlichen anderen Gesetzen.

V. Begriff der Straftat und der rechtswidrigen Tat

15f Das StGB unterscheidet zwischen „Straftat" (vgl. etwa §§ 44, 66) und „rechtswidriger Tat" (vgl. etwa §§ 26, 27, 11 I Nr. 5). Eine Straftat ist ein Verhalten, das den Tatbestand einer Strafnorm verwirklicht und zudem rechtswidrig und schuldhaft ist. Demgegenüber handelt es sich um eine rechtswidrige Tat, wenn das Verhalten den Tatbestand einer Strafnorm verwirklicht und rechtswidrig ist; darauf, ob der Täter auch schuldhaft gehandelt hat, kommt es in diesem Fall also nicht an.

> **Beispiel:** Der 13-jährige T ersticht, vom 14-jährigen A dazu verleitet, einen Mitschüler. ⇨ Hier hat T den Tatbestand eines Tötungsdelikts (§ 211 oder § 212) verwirklicht. Da ersichtlich kein Rechtfertigungsgrund (z.B. Notwehr, § 32) greift, war die Tat auch rechtswidrig. Da T zum Tatzeitpunkt aber noch nicht das 14. Lebensjahr vollendet hat, war er noch nicht schuldfähig (vgl. § 19). Er hat daher zwar eine rechtswidrige Tat begangen, nicht aber eine Straftat.[23] Daher wäre es auch falsch zu sagen, T habe sich strafbar gemacht. T kann nicht verurteilt werden.[24]
>
> Da bei der Teilnahme (Anstiftung, Beihilfe) jedoch eine rechtswidrige Haupttat genügt und diese – wie gesehen – bei T vorliegt, kann A wegen Anstiftung belangt werden.

Formelhaft lässt sich sagen:

Straftatbestand + Rechtswidrigkeit	= rechtswidrige Tat („Strafunrecht")
Straftatbestand, Rechtswidrigkeit + Schuld	= Straftat

---

[21] Vgl. dazu näher *Hartmann/Schmidt*, StrafprozR, Rn 1 ff.
[22] Vgl. dazu den Überblick bei *Schmidt/Priebe*, Fälle zum Strafrecht II, Fall 6 Rn 152.
[23] Zur Unterscheidung *Tatbestand, Rechtswidrigkeit* und *Schuld* vgl. ausführlich Rn 63 ff.
[24] Auch Maßregeln zur Besserung und Sicherung (§§ 61 ff.) sind nicht möglich (vgl. Rn 90).

2. Kapitel – Anwendungsbereich des deutschen Strafrechts

Begeht ein Deutscher auf dem Gebiet der Bundesrepublik Deutschland eine Straftat, ist das deutsche Strafrecht ohne weiteres anwendbar. Besonderheiten ergeben sich dagegen bei Straftaten mit transnationalem Bezug. Hier sind insb. die **§§ 3-7** und **§ 9** zu beachten. Diese (allgemein als **„Internationales Strafrecht“**[25] bezeichneten) Vorschriften regeln die Frage, unter welchen Voraussetzungen eine im Ausland begangene Tat oder die Tat eines Ausländers dem Strafrecht der Bundesrepublik Deutschland unterliegen. **15g**

> **Hinweis für die Fallbearbeitung:** Ist ein Sachverhalt zu würdigen, der im Ausland stattgefunden hat oder bei dem ein Ausländer beteiligt war, ist nach einer in der Lit. vertretenen Auffassung *zuerst* zu prüfen, ob Straftatbestände des StGB erfüllt worden sind. Erst wenn feststehe, dass ein Täter nach deutschem Strafrecht strafbar ist, müsse danach gefragt werden, ob das deutsche Strafrecht anwendbar ist.[26] Diese Vorgehensweise führt zwar stets zur Vollständigkeit des Gutachtens, entspricht aber weder der Effektivität noch der juristischen Praxis (warum sollte man eine mitunter komplizierte Strafbarkeitsprüfung durchführen, wenn das StGB schon nicht anwendbar ist?). Richtiger scheint es daher, wie bei allen Rechtsinstituten, zunächst die Anwendbarkeit des deutschen Strafrechts in Bezug auf den konkreten Straftatbestand zu klären, bevor man in die eigentliche Tatbestandsprüfung einsteigt.[27]

Für die Bundesrepublik Deutschland statuieren **§§ 3 u. 4** das sog. **erweiterte Territorialprinzip**. Nach § 3 gilt das deutsche Strafrecht für alle Taten, die im Inland (also auf dem Gebiet der Bundesrepublik Deutschland) begangen werden. Auf die Staatsangehörigkeit des Täters oder des Betroffenen kommt es nicht an. § 4 erweitert dieses Prinzip für Taten auf deutschen Schiffen und in Luftfahrzeugen (sog. **Flaggenprinzip**; dieses Prinzip besagt, dass der Staat, dessen Flagge das Schiff oder Luftfahrzeug führen, seine Strafgewalt unabhängig vom Recht des Tatortes für an Bord begangene Straftaten ausüben darf). **15h**

Hinsichtlich des Begehungsortes normiert **§ 9** den sog. **Ubiquitätsgrundsatz**: Danach ist gem. § 9 I eine Tat an jedem Ort begangen, an dem der Täter (oder ein Mittäter) gehandelt hat oder – im Fall des Unterlassens – hätte handeln müssen oder an welchem der zum Tatbestand gehörende **Erfolg** eingetreten ist oder nach der Vorstellung des Täters eintreten sollte.[28] **15i**

> **Beispiel:** Der in Polen lebende Slowake T ist Boss einer international operierenden Autoschieberbande. Als das in Deutschland lebende Bandenmitglied O sich von der Organisation lösen möchte und in diesem Zusammenhang der deutschen Justiz einige Hinweise zur Sachverhaltsaufklärung gibt, möchte T den O für immer zum Schweigen bringen. Er bringt daher eine Briefbombe auf den Weg, die den O beim Öffnen des Briefumschlags töten soll. Diese wird aber bereits in einem polnischen Frachtzentrum als solche identifiziert und entschärft. Hier hat T zwar im Ausland gehandelt, der Erfolg hätte nach seiner Vorstellung aber in Deutschland eintreten sollen, sodass gem. § 9 I das deutsche Strafrecht anwendbar ist.

---

[25] Die Bezeichnung „Internationales Strafrecht“ ist missverständlich. Denn im Gegensatz zum Internationalen Privatrecht geht es bei Straftaten mit transnationalem Bezug nicht um die Frage, inwieweit ein deutsches Gericht ausländisches Recht anzuwenden hat, sondern darum, ob ein deutsches (Straf-)Gericht das deutsche Strafrecht anwenden darf. Treffender ist der Begriff **„Transnationales Strafanwendungsrecht“** (vgl. *Walther*, JuS 2012, 203 ff.).

[26] So *Joecks*, Vor § 3 Rn 2.

[27] So auch *W/B/S*, AT, Rn 74 und nunmehr auch *Kindhäuser*, AT, § 4 Rn 16; *Kett-Straub/Stief*, JuS 2008, 236, 237; *Ambos/Rackow*, JuS 2008, 810, 811.

[28] Vgl. dazu BGH NStZ 2015, 81, 82 f.; BGHSt 45, 97, 100; KG NJW 2006, 3016 f.; OLG Stuttgart NStZ 2004, 402. Zur Problematik von Gefährdungsdelikten vgl. BGH NStZ 2015, 81, 82 f. (Einstellen eines Hakenkreuzes auf Internetseite); KG NJW 1999, 3500 (Zeigen des Hitlergrußes bei einem Fußballspiel im Ausland mit Fernsehübertragung ins Inland); *Heinrich*, GA 1999, 72 ff.; *Rath*, JA 2006, 435 ff. und JA 2007, 26 ff.; *Hombrecher*, JA 2010, 637, 638 ff.; speziell zum Internet siehe sogleich.

15j Nach h.M. umfasst der Begriff „Erfolg" i.S.d. § 9 I auch **Erfolgsqualifikationen** und **objektive Bedingungen der Strafbarkeit**.[29]

Beispiele:

(1) Nach einer Schießerei zwischen Mitgliedern einer Schleuserbande für Asylsuchende auf dem noch zu Polen gehörenden Grenzgebiet kann sich der schwer verletzte O noch auf das Gebiet der Bundesrepublik Deutschland retten, verblutet dort aber, bevor er von Beamten der Bundespolizei gefunden wird. Von einer Tötungsabsicht des Täters T ist nicht auszugehen. Daher wäre T – soweit deutsches Strafrecht anwendbar wäre – nach §§ 223, 224 und 227 strafbar.

Hier sind Tathandlung und Taterfolg an sich auf polnischem Gebiet begangen worden bzw. eingetreten. Allerdings ist die durch die gefährliche Körperverletzung verursachte schwere Folge – der Tod des O – auf deutschem Gebiet eingetreten. Das genügt nach h.M. für die Anwendbarkeit des deutschen Strafrechts.

(2) Im obigen Beispiel findet keine Schießerei, sondern eine Schlägerei statt. Der schwer verletzte O schafft es noch, über die Grenze auf das Gebiet der Bundesrepublik Deutschland zu gelangen, stirbt dort aber infolge der Verletzungen. Auch hier ist von einer Tötungsabsicht seitens des Täters nicht auszugehen. Daher wäre T – soweit deutsches Strafrecht anwendbar wäre – nach § 231 strafbar.

Wie im vorigen Beispiel ist auch hier die Tathandlung auf polnischem Gebiet begangen worden. Allerdings ist der durch die Schlägerei verursachte Tod des O (die objektive Bedingung der Strafbarkeit) erst auf deutschem Gebiet eingetreten. Doch das genügt nach h.M. für die Anwendbarkeit des deutschen Strafrechts.

15k Fraglich ist, ob unter „Erfolg" i.S.d. § 9 I auch (bei Gefährdungsdelikten) der **Eintritt einer Gefährdung** zu verstehen ist. Diese Frage gewinnt insbesondere bei **Straftaten im Internet** an Bedeutung, da hier die Tathandlung an einem beliebigen Ort der Welt begangen und der Taterfolg, die Rechtsgutverletzung oder -gefährdung, auf dem Territorium der Bundesrepublik Deutschland sichtbar werden kann. Für die deutsche Strafgewalt kann die Feststellung des Tatortes i.S.v. § 9 I also von entscheidender Bedeutung sein.

Beispiel[30]**:** Der 1954 in Deutschland geborene T ist seit 1996 australischer Staatsangehöriger und lebt auch in Australien. Dort ist er Direktor des „Adelaide Institute" und verfasst regelmäßig englischsprachige Artikel über den Holocaust, die er über einen australischen Server auf die Homepage des Adelaide Institute online stellt. In einem dieser Artikel schreibt er unter anderem, die Deutschen hätten niemals europäische Juden in todbringenden Gaskammern im Konzentrationslager Auschwitz oder an anderen Orten vernichtet. Als T nun einen Gastbesuch in Deutschland unternimmt, wird er unter Zugrundelegung der §§ 112 I S. 1, II Nr. 2, 114 StPO verhaftet. Zu Recht?

Ohne näher auf eine materiell-rechtliche Prüfung einzugehen, kann festgestellt werden, dass T im Ergebnis die Straftatbestände der §§ 185 (Beleidigung gegenüber den Juden), 189 (Verunglimpfung des Andenkens Verstorbener) und 130 I Nr. 2 u. III (Volksverhetzung) erfüllt hat. Problematisch ist allein der Umstand, dass T diese Straftaten vom Ausland aus begangen hat. Um das deutsche Strafrecht für anwendbar zu erklären, müsste gem. § 9 I der „zum Tatbestand gehörende Erfolg" dieser Straftaten im Inland eingetreten sein (§ 3). Insbesondere bei einer Volksverhetzung ist fraglich, was unter „zum Tatbestand gehörender Erfolg" zu verstehen ist. § 130 I und III sprechen von einer Tathandlung, „die *geeignet* ist, den öffentlichen Frieden zu stören". Da das Gesetz hier offenbar allein auf die (abstrakte) *Geeignetheit* der Tathandlung zur Herbeiführung einer Störung des öffentlichen Friedens abstellt, ist zur Bejahung des „zum Tatbestand gehörenden Erfolgs" weder eine *tatsächlich* herbeigeführte Störung des öffentlichen Friedens noch eine *konkrete* Gefähr-

---

[29] Vgl. nur Sch/Sch-*Eser*, § 9 Rn 7 und nun auch *Rath*, JA 2006, 435, 436 f.

[30] In Anlehnung an BGHSt 46, 212 ff. (Volksverhetzung im Internet). Vgl. auch *Koch*, JuS 2002, 123 ff. und den umfassenden Aufsatz von *Rath*, JA 2007, 26 ff.

dung desselben erforderlich. Um aber nicht die Auslegungsgrenzen der §§ 9 I und 130 I und III zu überschreiten, muss nach Auffassung des BGH die Eignung der Tathandlung zur Störung des öffentlichen Friedens im Einzelfall *konkret* festgestellt werden. Es handele sich bei § 130 I und III um **abstrakt-konkrete Gefährdungsdelikte**. Bei abstrakt-konkreten Gefährdungsdelikten sei ein Erfolg i.S.d. § 9 dort eingetreten, wo die konkrete Tat ihre Gefährlichkeit im Hinblick auf das im Tatbestand umschriebene Rechtsgut entfalten könne. Bei der Volksverhetzung nach § 130 I und III sei das die **konkrete Eignung der Äußerung zur Friedensstörung in der Bundesrepublik Deutschland**.[31] Dies ist bei der sog. Auschwitzlüge anzunehmen. T wurde also zu Recht verhaftet.

Weiterführender Hinweis: Die Qualifizierung des § 130 I und III als abstrakt-konkretes Gefährdungsdelikt hat auch überaus praktische Auswirkungen. Denn ließe man allein die auf dem Territorium der Bundesrepublik Deutschland vorhandene (abstrakte) *Verfügbarkeit* der Daten als „zum Tatbestand gehörenden Erfolg" ausreichen, würde dies zu einer Erstreckung des deutschen Strafrechts auf alle weltweit über das Internet abrufbaren Inhalte führen. Dann müssten die deutschen Strafverfolgungsbehörden als „Weltpolizei für Internetstraftaten" allen illegalen Netzinhalten nachgehen (vgl. § 152 II StPO). Damit würden nicht nur die praktischen Grenzen der deutschen Strafrechtspflege überschritten, sondern es stellten sich auch völkerrechtliche Probleme. Folgerichtig hat der BGH bei **abstrakten Gefährdungsdelikten** (vgl. etwa § 86a), deren Tathandlungen im Ausland begangen werden, die Anwendbarkeit des deutschen Strafrechts verneint. § 86a als abstraktes Gefährdungsdelikt verlange keinen zum Tatbestand gehörenden Erfolg, sodass eine Inlandstat über § 9 I Var. 3 oder 4 nicht begründet werden könne. Dass die von der Tathandlung ausgehende abstrakte Gefahr im Inland in eine konkrete Gefahr umschlagen könne, ändere daran nichts, da jedenfalls an dem Ort, an dem die abstrakte Gefahr in eine konkrete umschlagen könne, kein zum Tatbestand gehörender Erfolg eingetreten sei.[32] Dem ist zuzustimmen, auch wenn das Ergebnis nicht befriedigt. Die Reichweite des deutschen Strafrechts ist bei Auslandstaten nun einmal begrenzt. Greift keine Regelung der §§ 3-9, ist eine im Ausland vorgenommene Tathandlung nicht vom deutschen Strafrecht erfasst. Das gilt bei Internettaten unabhängig vom Standort des Servers, bei dem die Internetseite eingerichtet worden ist.[33]

Von hoher Aktualität ist auch die Anwendbarkeit des deutschen Strafrechts auf Verlet- **15l** zungen der Überwachungspflichten von **Internetprovidern**. Das betrifft insbesondere das Bereitstellen und Zugänglichmachen von einfacher, aber auch sog. „harter" Pornographie (**Gewalttätigkeiten**, **Sodomie** und **Kinderpornographie** - §§ 184 a-e), weil der Zugang von Jugendlichen zum Internet und damit auch zu dort dargestellten Seiten mit pornographischen Inhalten kaum wirksam verhindert werden kann. Da diese Problematik jedoch weniger für Klausuren relevant sein dürfte, wird darauf nicht weiter eingegangen.

Gemäß § 9 II S. 1 ist die Teilnahme sowohl an dem Ort begangen, an dem die (Haupt-) **15m** Tat begangen ist, als auch an jedem Ort, an dem der Teilnehmer gehandelt hat oder im Fall des Unterlassens hätte handeln müssen oder an dem nach seiner Vorstellung die Tat begangen werden sollte. Hat der Teilnehmer an einer Auslandstat im Inland gehandelt, gilt für die Teilnahme das deutsche Strafrecht, auch wenn die Tat nach dem Recht des Tatortes nicht mit Strafe bedroht ist, § 9 II S. 2.

Beispiel: In Beispiel von Rn 15i zur Autoschieberbande schickt T keine Briefbombe, sondern beauftragt den Berufskiller K, nach Deutschland zu reisen und dort O zu töten. An der Grenze wird der bereits wegen einer anderen Straftat gesuchte K aber angehalten und verhaftet. Hier unterfällt T gem. § 9 II dem deutschen Strafrecht.

---

31 BGHSt 46, 212, 218 f.
32 BGH NStZ 2015, 81, 82 f. (Einstellen eines Hakenkreuzes in eine vom Täter eingerichtete Internetplattform vom Ausland aus) – vgl. dazu *R. Schmidt*, BT I, Rn 1409.
33 BGH NStZ 2015, 81, 82 f.; a.A. Sch/Sch-*Eser*, § 9 Rn 7b.

15n Gemäß § 5 gilt das deutsche Strafrecht – unabhängig vom Recht des Tatortes – für in der Vorschrift enumerativ aufgelistete Taten, die im Ausland begangen werden und die inländische Rechtsgüter gefährden oder verletzen (sog. **Schutzprinzip**).

15o **§ 6** geht noch weiter und unterstellt die in der Vorschrift genannten, im Ausland begangenen Taten dem deutschen Strafrecht, und zwar nicht nur unabhängig vom Recht des Tatortes, sondern auch unabhängig von den inländischen Rechtsgütern. Es geht hier um den Schutz von übernationalen Kulturwerten und Rechtsgütern (sog. **Weltrechtsgrundsatz**) vor bestimmten Gefahren und Angriffen.

Rechtsgutverletzungen, vor denen die Vorschrift schützen möchte, können aus Kernenergie- und Sprengstoffverbrechen, Luftpiraterie, Vertrieb von Betäubungsmitteln, Menschenhandel etc. entstehen. Das Weltrechtsprinzip ermöglicht den deutschen Justizbehörden also auch die Verfolgung von Straftaten mit übernationalem Bezug.

> **Beispiel:** T ist bosnischer Serbe und war während des Bosnienkrieges Oberbefehlshaber der serbischen Streitkräfte. Unter Ausnutzung dieser Stellung hat er verschiedene Tatbestände des Völkermordes angeordnet. Hier ermöglichte § 6 Nr. 1 (seit 1.7.2002 ersetzt durch § 6 VStGB, dazu sogleich Rn 15q) die Verurteilung durch ein deutsches Strafgericht.[34]
>
> Ein Problem besteht aber dann, wenn die entsprechende Absicht (etwa die Völkermordabsicht) nicht nachgewiesen werden kann. Lässt man hier das objektive Vorliegen eines Völkermordes nicht genügen[35], kommt man dennoch zu einer Strafbarkeit, und zwar über § 6 Nr. 9 i.V.m. Art. 147 der 4. Genfer Konvention zum Schutz von Zivilpersonen in Kriegszeiten.[36] Die Genfer Konventionen stellen nämlich für die Bundesrepublik Deutschland verbindliche zwischenstaatliche Abkommen dar, die gem. § 6 Nr. 9 zu verfolgen sind. Zum Weltrechtsgrundsatz vgl. auch sogleich Rn 15q.

15p Eine weitere Erstreckung der deutschen Strafrechtspflege auf Straftaten, die im Ausland begangen und nicht bereits von §§ 5 oder 6 erfasst werden, statuiert **§ 7**. Nach dieser Vorschrift unterliegt die Tat dem deutschen Strafrecht, wenn sie am Tatort mit Strafe bedroht ist oder der Tatort keiner Strafgewalt unterliegt und wenn der Täter

- gem. § 7 I die Straftat gegen einen Deutschen richtet – sog. passives **Personalitätsprinzip**,
- gem. § 7 II Nr. 1 zur Zeit der Tat Deutscher war oder es nach der Tat geworden ist – sog. **eingeschränktes aktives Personalitätsprinzip**
- oder gem. § 7 II Nr. 2 nicht an das Ausland ausgeliefert werden darf (etwa weil ein Auslieferungsersuchen des betreffenden Heimatstaates fehlt) – sog. **Prinzip der stellvertretenden Strafrechtspflege**.

> **Beispiel zu § 7 II Nr. 1:** Der deutsche Fußballrowdy R ist (zu Gast) in Frankreich, um dort während einer Fußballmeisterschaft zu randalieren. Er begeht dort eine Handlung, die in der Bundesrepublik Deutschland dem Tatbestand des Landfriedensbruchs (§ 125) unterfallen würde. Nach Deutschland zurückgekehrt, wird er entsprechend angeklagt. Hier ist das deutsche Strafrecht, und mithin § 125, nur dann anwendbar, wenn die Tat auch in Frankreich mit Strafe bedroht ist. In Frankreich besteht ein ähnlicher Straftatbestand (§ 431-3 und -4 Code pénal).
>
> Ob diese französische Strafnorm ggf. einen anderen Schutzzweck verfolgt als § 125, ist unbedeutend, weil es bei dem Begriff der Tat nur darauf ankommt, dass die Handlung unter irgendeinem rechtlichen Gesichtspunkt mit Strafe bedroht ist.[37]

---

[34] Vgl. dazu BGHSt 45, 64 ff.
[35] Offengelassen von BGHSt 45, 64, 70.
[36] Vgl. BGH NStZ 2001, 658; BGH NJW 2001, 2732; BVerfG EuGRZ 2001, 76, 79.
[37] Vgl. OLG Celle NJW 2001, 2734 mit Anm. v. *Hoyer*, JR 2002, 33.

Beispiel zu § 7 II Nr. 2: Ein Südafrikaner erschießt im Sudan einen Marokkaner und flieht anschließend in die Bundesrepublik Deutschland. Nach Ergreifen durch die deutsche Justiz stellt aber keines dieser Länder einen Auslieferungsantrag. Hier kann der Beschuldigte von deutschen Strafgerichten verurteilt werden.

Die dargestellten Problemkreise sind Gegenstand des vom Bundestag am 14.6.2002 verabschiedeten **Völkerstrafgesetzbuches** (VStGB). Der dem VStGB zugrunde liegende Regierungsentwurf ging zurück auf das Statut von Rom (abgedruckt in BT-Drs. 14/2682, S. 9 ff.), durch welches die 139 Unterzeichnerstaaten am 17.7.1998 die Errichtung eines zur Aburteilung **völkerrechtlicher Verbrechen** zuständigen **Internationalen Strafgerichtshofs** (IStGH) beschlossen haben. Dessen Statut trat am 1.7.2002 in Kraft, weil 99 von den 139 Unterzeichnerstaaten das Vertragswerk ratifizierten (gem. Art. 126 I IStGH-Statut hätte die Ratifikation durch 60 Teilnehmerstaaten ausgereicht). Das IStGH-Statut geht von einer zweifachen Durchsetzungsmöglichkeit des Völkerstrafrechts aus: Zum einen eröffnet es dadurch, dass es diejenigen völkerrechtlichen Verbrechenstatbestände aufzählt, die in die Zuständigkeit des IStGH fallen, den Weg für eine Aburteilung dieser Delikte auf internationaler Ebene durch ein internationales Gericht; zum anderen belässt es die (indirekte) Durchsetzung des Völkerstrafrechts durch die jeweilige nationale Strafverfolgung der Unterzeichnerstaaten. Der IStGH soll die nationale Strafgerichtsbarkeit also nicht ersetzen, sondern ergänzen (vgl. Präambel, Abs. 10, Art. 1 S. 2 IStGH-Statut). Erreicht wird dies durch den im Statut verankerten Grundsatz der Komplementarität, wonach die Gerichtsbarkeit der nationalen Strafgerichte Vorrang vor der des IStGH genießen. Danach darf der IStGH selbst bei noch so schweren Verbrechen seine Gerichtsbarkeit nur dann ausüben, wenn ein Vertragsstaat nicht fähig oder willens ist, die Strafverfolgung selbst ernsthaft zu betreiben (vgl. Art. 17 IStGH-Statut). Das für die Bundesrepublik Deutschland geschaffene Völkerstrafgesetzbuch basiert also auf dem bereits erörterten Weltrechtsgrundsatz und soll sowohl das materielle Strafrecht der Bundesrepublik Deutschland an das Römische Statut des Internationalen Gerichtshofs anpassen als auch die beschriebene Komplementarität des Statuts ausfüllen. Inhaltlich soll es die Entwicklung des humanitären Völkerrechts widerspiegeln, indem es die Verbrechen gegen das Völkerrecht unter Strafe stellt und das deutsche Strafrecht für anwendbar erklärt. Parallel zur Einführung des VStGB gingen Änderungen des GG (Erweiterung des Art. 96 GG um die Zuständigkeit der Oberlandesgerichte für Strafsachen des Völkerrechts; Aufnahme eines S. 2 in Art. 16 II GG, um die Auslieferung Deutscher zu ermöglichen), des StGB (z.B. Aufhebung des § 220a) sowie der StPO (Einführung eines § 153f StPO, der prozessual die Weite des in § 1 VStGB angeordneten Weltrechtsgrundsatzes dadurch relativiert, dass er das Legalitätsprinzip für Taten nach dem VStGB zwar grundsätzlich anordnet, aber hinsichtlich Taten, die keinen Inlandsbezug haben, wieder durchbricht) einher. 15q

3. Kapitel – Garantiefunktion des Strafgesetzes

16 Art. 103 II GG (vgl. auch Art. 7 I EMRK, §§ 1 u. 2 StGB) bestimmt, dass eine Person nur dann bestraft werden kann, wenn die Strafbarkeit (d.h. der gesetzliche Tatbestand einer Strafnorm und die Rechtsfolgen) gesetzlich bestimmt war, bevor die Tat begangen wurde (**keine Strafe ohne Gesetz** – *nulla poena/nullum crimen sine lege*). Es muss für den Bürger vorhersehbar sein, ob sein Verhalten den Tatbestand einer Strafnorm erfüllt. Denn nur so kann er sein Verhalten entsprechend ausrichten.[38] Allgemein werden vier Unterprinzipien aus Art. 103 II GG abgeleitet[39]:

- das Rückwirkungsverbot,
- das Bestimmtheitsgebot,
- das Verbot strafbegründenden oder strafschärfenden Gewohnheitsrechts und
- das Verbot strafbegründender oder strafschärfender Analogie.

I. Das Rückwirkungsverbot

17 Die Garantiefunktion des Strafrechts verbietet zunächst die rückwirkende Schaffung oder Verschärfung von Strafgesetzen – sog. Rückwirkungsverbot (*nullum crimen sine lege praevia*). Dieses Verfassungsprinzip soll verhindern, dass jemand aufgrund eines Gesetzes bestraft wird, das zur Zeit der Tat noch gar nicht in Kraft war, dem Täter also noch nicht bekannt sein konnte.[40] Die nachträgliche Besserstellung des Täters ist dagegen unproblematisch.

Beispiel zum Rückwirkungsverbot (fiktiv): Einen Tag, nachdem Autofahrer A mit seinem Wagen in einer Tempo-30-Zone mit einer Geschwindigkeit von 66 km/h „geblitzt" wird, fügt der Gesetzgeber in das StGB eine Strafnorm ein, wonach das Überschreiten der zulässigen Höchstgeschwindigkeit um mehr als 100 % mit Freiheitsstrafe bis zu einem Jahr oder mit Geldstrafe bestraft wird (bislang wurden Verstöße dieser Art lediglich als Ordnungswidrigkeiten geahndet). Die Regelung soll rückwirkend für die letzten drei Monate gelten.
Hier bestand zum Zeitpunkt der Tatbegehung noch keine gesetzlich angeordnete Strafbarkeit, sodass A sich nicht strafbar gemacht haben kann. Die vorliegende Strafnorm ist, soweit sie die Rückwirkung betrifft, verfassungswidrig.

18 Vom Rückwirkungsverbot umfasst sind auch der **Wegfall bzw. die Einschränkung von Rechtfertigungsgründen** und von **persönlichen Strafausschließungs- oder Strafaufhebungsgründen**.

Beispiel: B tötete C (§ 212). Dabei konnte er sich aber auf den Rechtfertigungsgrund Notwehr (§ 32) berufen, da er zuvor von C mit einem Messer angegriffen wurde. Verschärfte nun der Gesetzgeber die rechtlichen Anforderungen an die Notwehr und wäre das Verhalten des B demnach nicht mehr gerechtfertigt, wenn er die Tat noch einmal beginge, wäre die Gesetzesänderung verfassungswidrig, wenn sie sich rückwirkend auch auf die Tat des B bezöge.

19 Dagegen ist nach zutreffender h.M. eine **Änderung der (höchstrichterlichen) Rechtsprechung** (also eine Änderung in der Rechtsanwendung) bei gleichbleibendem Gesetzeswortlaut grundsätzlich **nicht** vom Rückwirkungsverbot umfasst.[41] Ändert also die Rechtsprechung ihre Auslegung, kann diese nach h.M. auch auf Taten bezogen werden,

---

[38] Vgl. dazu BVerfGE 45, 363, 370 f.; 95, 96, 130 ff.; 105, 135, 152 ff.; 126, 170, 208 ff.
[39] Vgl. nur *Gropp*, AT, § 3 Rn 18 ff.; Sch/Sch-*Eser/Hecker*, § 1 Rn 1 ff.; *Fischer*, § 1 Rn 1 ff.
[40] Vgl. dazu BVerfGE 95, 96, 131; BGHSt 39, 1, 29; *Joecks*, § 1 Rn 3; *Fischer*, § 1 Rn 14; *Pleyer*, NJW 2001, 1985; *Fischer*, JuS 2001, 861.
[41] Vgl. BVerfG NJW 2000, 1483; BGHSt 41, 101, 111 f.; *W/B/S*, AT, Rn 49; dagegen *Baumann/Weber/Mitsch*, AT, § 9 Rn 38; *Maurach/Zipf*, AT 1, § 12 Rn 8.

die vor der Änderung der Rechtsprechung begangen wurden. Demzufolge ist es dem Richter nicht verwehrt, den Täter zu bestrafen, obwohl die zur Tatzeit praktizierte Rechtsprechung dies nicht getan hätte. Etwaige Unbilligkeiten kompensiert die Rechtsprechung mit der Figur des Verbotsirrtums beim Täter (§ 17).

> **Beispiel:** § 316 stellt das Führen eines Fahrzeugs insbesondere im Zustand der alkoholbedingten Fahruntüchtigkeit unter Strafe. Dabei enthält die Vorschrift keine Aussage, bei welcher konkreten Blutalkoholkonzentration (BAK) eine Fahruntüchtigkeit anzunehmen ist. Die Beantwortung dieser Frage ist den Strafgerichten überlassen. Senkt die Rechtsprechung nun die Grenze der absoluten Fahruntüchtigkeit von 1,3 auf 1,1 ‰[42], kann sich derjenige, der gerade infolge der Änderung der Rechtsprechung den Tatbestand des § 316 erfüllt (also etwa ein Fahrzeugführer, der mit einer BAK von 1,25 ‰ gestoppt wurde), nach h.M. nicht auf das Rückwirkungsverbot berufen.[43]

Keine Strafgesetze im dargelegten Sinne stellen nach h.M. die **verfahrensrechtlichen Vorschriften** dar, also die Vorschriften etwa über den **Strafantrag** und die **Verjährung von Straftaten.**[44] Kontrovers diskutiert wurde die Frage vor allem im Streit um die Verlängerung der Verjährungsfrist für Mordtaten des NS-Regimes im Zuge des 9. und 16. StrÄndG[45]; sie ist auch heute noch umstritten.[46] 20

Nicht vom Rückwirkungsverbot umfasst sind auch die **Maßregeln zur Besserung und Sicherung**. Über diese ist gem. § 2 VI nach dem Gesetz zu entscheiden, das zum Zeitpunkt der Gerichtsentscheidung gilt.[47] 21

Von Art. 103 II GG unberücksichtigt bleiben muss schließlich auch das Erfordernis **materieller Gerechtigkeit**: Wenn das rechtsstaatliche Rückwirkungsverbot bei seiner unbedingten Anwendung offensichtliche, unerträgliche Verstöße gegen elementare Gebote der Gerechtigkeit und gegen völkerrechtlich geschützte Menschenrechte ungeahndet ließe, kann es das Erfordernis materieller Gerechtigkeit notwendig erscheinen lassen, die Tat trotz rechtsstaatlichen Rückwirkungsverbots zu ahnden. Der strikte, von Art. 103 II GG gewährte Vertrauensschutz muss dann zurücktreten.[48] 22

Das trifft insbesondere auf die DDR-Kriminalität zu. So hat bereits BGHSt 39, 1 bezüglich der „**Mauerschützen**" die Rechtfertigungsgründe des DDR-Rechts (§ 27 DDR-GrenzG) wegen offensichtlicher Menschenrechtswidrigkeit unter Heranziehung der sog. **Radbruch´schen Formel** (benannt nach dem Rechtsphilosophen, Strafrechtslehrer und Politiker Gustav Radbruch 1878-1949) nicht angewendet. Nach dieser Formel hat die Rechtssicherheit dort zu weichen, wo das Gesetz in unerträglichem Maße im Widerspruch zur Gerechtigkeit steht. Das BVerfG hat sich dieser Formel angeschlossen.[49] An einer das strikte Rückwirkungsverbot des Art. 103 II GG rechtsstaatlich rechtfertigenden besonderen Vertrauensgrundlage fehle es, wenn der Träger der Staatsmacht für den Bereich schwersten kriminellen Unrechts die Strafbarkeit durch 23

---

[42] Vgl. dazu BGH NStZ 1990, 491.

[43] So BVerfGE 18, 224, 240 f.; BVerfG-K NJW 1990, 3140; OLG Düsseldorf MDR 1991, 171; *Gropp*, AT, § 3 Rn 78; *Fischer*, § 1 Rn 17; *Joecks*, § 1 Rn 3. Teilweise wird aber aus Gründen des Vertrauensschutzes (§ 2) eine täterbelastende Rechtsprechungsänderung abgelehnt (vgl. *Dürig*, in: Maunz/Dürig, GG, Art. 103 II Rn 112 Rn 2; *Schmidt-Aßmann*, in: Maunz/Dürig, GG, Art. 103 II Rn 239; Sch/Sch-*Eser/Hecker*, § 2 Rn 8 f.; *Pieroth*, in: Jarass/Pieroth, GG, Art. 103 Rn 53). Diese abweichende Meinung ist mit dem geltenden Recht kaum vereinbar. Denn der Vertrauensschutz kann nicht dazu führen, dass die Gerichte an eine Rechtssicherheit gebunden werden, die sich aufgrund neuer Erkenntnisse als unhaltbar erwiesen hat.

[44] BGHSt 20, 22, 27; 25, 269, 284 f.; 46, 188, 193; *Fischer*, § 1 Rn 16; Sch/Sch-*Eser/Hecker*, § 2 Rn 2; a.A. *Jescheck/Weigend*, AT, § 15 IV 4. Dass eine rückwirkende Verlängerung von Verjährungsvorschriften nicht gegen Art. 103 II GG verstöß, bedeutet nicht, dass sie uneingeschränkt zulässig wäre. Denn die Zulässigkeit von Rückwirkungen richtet sich auch nach anderen Aspekten der Rechtsstaatlichkeit (vgl. dazu *R. Schmidt*, Staatsorganisationsrecht, 17. Aufl. 2016, Rn 289 ff.).

[45] Vgl. dazu BVerfGE 25, 269, 289; 46, 188, 192.

[46] Vgl. dazu BGH NJW 1999, 1647; *Gropp*, AT, § 3 Rn 74 ff.; *Fischer*, § 1 Rn 16; Sch/Sch-*Eser/Hecker*, § 2 Rn 6; *W/B/S*, AT, Rn 48 f.

[47] Vgl. dazu BGHSt 5, 168, 173; *W/B/S*, AT, Rn 50.

[48] BVerfGE 95, 96, 133; *Degenhart*, Staatsorganisationsrecht, Rn 310. Vgl. auch *Alwart*, JZ 2000, 227 ff.

[49] Vgl. BVerfGE 95, 96 ff., BVerfG EuGRZ 1997, 142, NJ 1998, 314 und NJW 2000, 1480 ff.

Rechtfertigungsgründe ausschließe, indem er über die geschriebenen Normen hinaus zu solchem Unrecht auffordere, es begünstige und dadurch die in der Völkerrechtsgemeinschaft allgemein anerkannten Menschenrechte in schwerwiegender Weise missachtete. Der strikte Schutz von Vertrauen durch Art. 103 II GG müsse dann zurücktreten.[50]
Auf Art. 103 II GG übertragen bedeutet dies, dass überragende Erfordernisse materieller Gerechtigkeit die Garantiefunktion des Strafrechts begrenzen. Aus diesen Überlegungen heraus wurden auch ein ehemaliger DDR-Richter wegen **Rechtsbeugung**[51] und der damalige letzte Generalsekretär des Zentralkomitees der SED Egon Krenz wegen **Totschlags**[52] verurteilt.[53]

24 Hinsichtlich der Bestimmung der „**Zeit der Tat**" findet sich in § 2 eine Konkretisierung des Art. 103 II GG:

- § 2 I legt i.V.m. § 8 fest, dass eine Tat zu der Zeit begangen ist, zu der der Täter oder der Teilnehmer **gehandelt** hat oder im Falle des Unterlassens hätte handeln müssen. Der Zeitpunkt des Erfolgseintritts ist somit unbedeutend.
- Gemäß § 2 II ist, wenn die Strafandrohung während der Begehung der Tat geändert wird, das Gesetz anzuwenden, das bei der Beendigung der Tat gilt. Wichtig wird dies insbesondere bei Delikten mit überschießender Innentendenz[54] und bei Dauerdelikten[55].
- § 2 III legt fest, dass wenn sich das Strafgesetz zwischen Beendigung der Tat und Gerichtsentscheidung ändert, das mildeste Gesetz anzuwenden ist. Das gilt gem. § 2 IV auch dann, wenn dieses mildere Gesetz zum Zeitpunkt der Gerichtsentscheidung wieder außer Kraft getreten ist (sog. **Zwischengesetz**), es sei denn, es handelt sich um ein Gesetz, das von vornherein nur für eine bestimmte Zeit erlassen worden ist (sog. **Zeitgesetz**).

25 **Zusammenfassend** bleibt festzuhalten, dass die **rückwirkende materiell-rechtliche Schlechterstellung des Täters** bis auf den Fall, dass die materielle Gerechtigkeit eine Ahndung von Straftaten trotz Nichtvorliegens einer Strafnorm bzw. Vorliegens eines Rechtfertigungsgrundes zum Zeitpunkt der Tatbegehung fordert, **schlechthin unzulässig** ist. Das statuiert Art. 103 II GG.

II. Das Gesetzlichkeitsprinzip/Bestimmtheitsgebot

26 Dieses Unterprinzip enthält dem Grunde nach zwei Bestimmungen. Zum einen muss die Strafbarkeit *überhaupt* gesetzlich bestimmt sein („keine Strafe ohne Gesetz" – sog. **Bestimmtheitsgrundsatz i.w.S.** – *nulla poena/nullum crimen sine lege*); zum anderen muss die betreffende Strafnorm, die ein bestimmtes Verhalten unter Strafe stellt, auch mit *hinreichender Bestimmtheit* erkennen lassen, welches Verhalten strafbar ist und welche Strafe der Richter verhängen darf (**Bestimmtheitsgrundsatz i.e.S.** – *nulla poena sine lege certa*).

27 - **Keine Strafe ohne Gesetz:** Die Voraussetzungen, unter denen der Täter bestraft werden kann, hat allein der parlamentarische **Gesetzgeber** durch **förmliches Gesetz** festzulegen. Nur dieser ist verfassungsrechtlich berufen, Inhalt und Reichweite von strafrechtlichen Sanktionen zu bestimmen – **strenger Gesetzesvorbehalt**[56]. Legt man diesen strengen Gesetzesvorbehalt zugrunde, ergeben sich folgende Definitionen hinsichtlich der Straftat und der Strafgesetze:

---

[50] BVerfGE 95, 96, 133.
[51] Vgl. BVerfG NJW 1998, 2585.
[52] BVerfG NJW 2000, 1480.
[53] Vgl. dazu auch BGHSt 42, 65 ff.; 44, 204 ff.; 45, 270 ff.; *Ambos*, JuS 2000, 465 ff.; *Rummler*, Die Gewalttaten an der deutsch-deutschen Grenze vor Gericht, 2000. Zur Rechtsbeugung in der früheren DDR vgl. BVerfG NJW 1998, 2585 ff.; BGHSt 40, 30 ff.; 40, 169 ff.; 40, 272 ff.; 44, 275 ff.; BGH NStZ 1999, 455, 562; NStZ 2000, 91 ff. und *Burian*, ZStW 112 (2000), 106 ff.; zur Erpressung von Ausreisewilligen BGHSt 44, 68, 72; *Sinn*, NStZ 2000, 195 ff.
[54] Vgl. dazu Rn 100a, 200, 233 und 275.
[55] Vgl. dazu Rn 110 und 638.
[56] Zum Gesetzesvorbehalt vgl. ausführlich *R. Schmidt*, AllgVerwR, 19. Aufl. 2016, Rn 200 ff.

Straftat ist ein Verhalten, das tatbestandlich, rechtswidrig und schuldhaft ein Strafgesetz erfüllt. **Strafgesetze** sind alle formellen Gesetze, die als Rechtsfolge ausdrücklich Strafe (Freiheitsstrafe, Geldstrafe oder Vermögensstrafe) androhen oder sich auf solche Gesetze unmittelbar beziehen.[57]

Beispiel: § 242 droht für den Fall, dass jemand eine fremde bewegliche Sache in der Absicht wegnimmt, diese sich oder einem Dritten rechtswidrig zuzueignen (= Diebstahl), eine Freiheitsstrafe bis zu fünf Jahren oder eine Geldstrafe an. Bei dieser Norm handelt es sich um ein Strafgesetz, weil sie als Rechtsfolge eine Strafe androht.

Gegenbeispiel: Nach § 24a I, IV StVG kann der Verstoß gegen die „0,5-‰-Grenze" beim Führen eines Kfz im Straßenverkehr mit Geldbuße geahndet werden. Eine Geldbuße bedeutet nach der Legaldefinition des § 1 I OWiG eine Sanktion einer Ordnungswidrigkeit, aber keine Strafe. Demzufolge handelt es sich bei § 24a StVG um eine Ordnungswidrigkeitenvorschrift, nicht um ein Strafgesetz.

- **Hinreichende Bestimmtheit hinsichtlich Strafbarkeitsvoraussetzungen und Rechtsfolge:** Art. 103 II GG verpflichtet den Gesetzgeber auch, die Voraussetzungen der Strafbarkeit so konkret zu umschreiben, dass sich Anwendungsbereich und Tragweite der Straftatbestände aus dem Wortlaut ergeben oder jedenfalls durch Auslegung ermitteln lassen. Das Bestimmtheitsgebot soll gewährleisten, dass die Normadressaten vorhersehen können, welches Verhalten mit Strafe bedroht ist. Es soll aber auch gewährleisten, dass die Entscheidung über strafwürdiges Verhalten im Voraus vom Gesetzgeber und nicht erst nachträglich von der vollziehenden oder der rechtsprechenden Gewalt gefällt wird. Insoweit enthält Art. 103 II GG einen strengen Gesetzesvorbehalt, der es einerseits der Exekutive verbietet, Strafnormen etwa in Rechtsverordnungen festzulegen und andererseits die Strafgerichte auf die Rechtsanwendung beschränkt und einer „richterlichen Rechtsfortbildung" enge Grenzen setzt.[58] 28

Zu beachten ist aber, dass sich das Strafgesetz einer Vielzahl von Sachverhalten gegenübersieht, auch wenn sich diese u.U. nur in Nuancen voneinander unterscheiden. Möchte der Gesetzgeber das Strafrecht also nicht (zu Lasten des Opferschutzes) zu sehr einengen bzw. es nicht zu untragbaren Strafbarkeitslücken kommen lassen, muss das Strafgesetz eine gewisse **Abstraktheit** aufweisen. Daher steht dem Bestimmtheitsgrundsatz die Verwendung von unbestimmten Rechtsbegriffen, insbesondere von Generalklauseln, nicht entgegen. Es muss sich aber mit hinreichender Verlässlichkeit durch **Auslegung** ermitteln lassen, welches Verhalten verboten und welche Rechtsfolge an das verbotene Verhalten geknüpft ist.[59] So wären Formulierungen wie „Wer dem gesunden Volksempfinden zuwiderhandelt, wird angemessen bestraft" unter keinen denkbaren Gesichtspunkten mit dem Bestimmtheitsgrundsatz vereinbar. Generell lässt sich sagen, dass die Auslegung umso restriktiver zu erfolgen hat, je schwerer die angedrohte Strafe ist[60] (zur Abgrenzung zulässige Auslegung – verbotene Analogie zu Lasten des Täters vgl. Rn 37 f.).

Beispiele von hinreichend bestimmten strafbarkeitsbegründenden Vorschriften bzw. Straftatbeständen sind: Garantenstellung beim unechten Unterlassungsdelikt (§ 13 I); Zuhälterei in der Variante des Treffens von Maßnahmen, die die Prostituierte davon abhalten sollen, die Prostitution aufzugeben (§ 181a I Nr. 2 Var. 3). Dagegen erscheinen im Hinblick auf den Bestimmtheitsgrundsatz die Straftatbestände der Beleidigung (§ 185; Beispiel: Äußerungen im Freundeskreis) und der Nötigung (§ 240; Beispiel: Sitzblockaden) problematisch, sind aber durch restriktive Handhabung mit Art. 103 II GG vereinbar.[61] Ob auch der

---

[57] Vgl. Sch/Sch-*Eser/Hecker*, Vorbem zu § 1 Rn 1 ff.

[58] Vgl. BVerfG NStZ 2009, 239; NStZ 2009, 83, 84; NJW 2008, 3346; BVerfGE 105, 135, 153; 92, 1, 12; 78, 374, 381 f.; 75, 329, 342 f.; BGHSt 23, 167, 171; 37, 226, 230; *Pieroth*, in: Jarass/Pieroth, GG, Art. 103 Rn 48.

[59] Vgl. bereits die 1. Aufl. 2002; nunmehr auch BVerfG NStZ 2009, 83, 84 und BVerfGE 126, 170, 208 ff.

[60] Vgl. BVerfGE 75, 329, 342 f.

[61] Vgl. BVerfGE 93, 266, 291 f. zu § 185 und BVerfGE 73, 206, 237 ff.; 76, 211, 216; 92, 1, 13 f.; BGHSt 41, 231, 240 f. zur Nötigung.

in § 370 III S. 2 Nr. 1 AO (Abgabenordnung) verwendete Begriff der Steuerhinterziehung „in großem Ausmaß" bestimmbar ist, darf hingegen bezweifelt werden.[62]

Der Bestimmtheitsgrundsatz gilt aber nicht nur für strafbarkeitsbegründende Vorschriften bzw. Straftatbestände, sondern auch für Strafzumessungsvorschriften.[63]

Beispiel: § 113 II ist eine Strafzumessungsvorschrift zu § 113 I. Nach § 113 II S. 2 Nr. 1 liegt i.d.R. ein besonders schwerer Fall des Widerstands gegen Vollstreckungsbeamte vor, wenn der Täter eine Waffe bei sich führt, um diese bei der Tat zu verwenden. Möchte sich z.B. ein Autofahrer, der von der Polizei aufgrund auffälligen Fahrverhaltens angehalten und kontrolliert wird, den erwarteten Sanktionen durch Flucht entziehen und schleift dabei einen der Polizeibeamten, der sich mit dem Oberkörper in das Fahrzeuginnere gebeugt hatte, einige Meter mit, stellt sich die Frage, ob es sich bei dem Fahrzeug um eine Waffe i.S.d. § 113 II S. 2 Nr. 1 handelt. Das BVerfG hat diese Frage zu Recht verneint, weil ein Pkw vom möglichen Wortsinn des Begriffs der Waffe nicht mehr umfasst sei. Der allgemeine Sprachgebrauch bezeichne Gegenstände als Waffen, wenn ihre primäre Zweckbestimmung darin liege, im Wege des Angriffs oder der Verteidigung zur Bekämpfung anderer eingesetzt zu werden, oder wenn eine solche Verwendung zumindest typisch sei – etwa bei Hiebwaffen wie Keulen oder bei Messern. Die bloße Möglichkeit, einen Gegenstand zweckentfremdet zur Bekämpfung von Zielen einzusetzen, genüge zur Begründung der Waffeneigenschaft nicht.[64]

§ 113 II S. 2 Nr. 1 ist damit mit Art. 103 II GG vereinbar, weil sich der Begriff der Waffe durch Auslegung hinreichend genug bestimmen lässt.

28a Fraglich ist, ob die oft im Nebenstrafrecht vorzufindende Verweistechnik („**Blankettverweisung**") mit Art. 103 II GG vereinbar ist.

Beispiel: Gemäß § 29 I S. 1 Nr. 6 BtMG macht sich strafbar, wer entgegen § 13 I BtMG Betäubungsmittel verschreibt, verabreicht oder zum unmittelbaren Verbrauch überlässt.

Hier ergeben sich die strafbarkeitsbegründenden Voraussetzungen erst durch Heranziehung der Norm, auf die verwiesen wird. Das ist jedenfalls dann unproblematisch, wenn – wie im Beispiel – innerhalb des Gesetzes verwiesen wird. Mit Blick auf Art. 103 II GG problematisch kann es aber dann werden, wenn auf ein Regelwerk verwiesen wird, das ein anderer Gesetzgeber oder gar die Exekutive erlassen hat. So ist es gem. § 1 II BtMG der Exekutive überlassen, durch Rechtsverordnung Stoffe festzulegen, die als Betäubungsmittel i.S.d. BtMG gelten. Da dies aber nur nach Anhörung von Sachverständigen und mit Zustimmung des Bundesrates geschehen darf, bestehen aus verfassungsrechtlicher Sicht keine durchgreifenden Bedenken. Diese können aber bestehen, wenn die Verweisung zu pauschal erfolgt.[65]

28b Besonderes Augenmerk verdienen die **Fahrlässigkeitstatbestände** (etwa § 222 oder § 229), da deren gesetzliche Umschreibung nur von Fahrlässigkeit spricht und keine präzisen Anforderungen an die Strafbarkeit stellt. Es könnte somit ein Verstoß gegen den Bestimmtheitsgrundsatz angenommen werden.

Beispiel: Autofahrer A warnt das am Straßenrand mit einem Ball spielende Kind durch Betätigung des Signalhorns, damit dieses nicht auf die Straße läuft und nicht von seinem Wagen erfasst wird. Gleichwohl ist das Kind so sehr mit dem Ball beschäftigt, dass es alles um sich herum nicht so recht zur Kenntnis nimmt und unvermittelt auf die Straße läuft, wo es vom Wagen des A erfasst und tödlich verletzt wird. A wird wegen fahrlässiger Tötung (§ 222) verurteilt mit der Begründung, er habe nicht darauf vertrauen dürfen, dass ein mit einem Ball am Straßenrand spielendes Kind nicht plötzlich auf die Straße läuft. A hält es für

---

[62] Vgl. dazu *Stam*, NStZ 2013, 144 ff. Der BGH versucht, durch eine generalisierende Betrachtungsweise (einheitliche Wertgrenze von 50.000,- € bei den Regelbeispielen der §§ 263 III S. 2 Nr. 2 Var. 1, 263a II, 264 II S. 2 Nr. 1, 266 II, 300 S. 2 Nr. 1 StGB und des § 370 III S. 2 Nr. 1 AO) eine Rechtssicherheit herzustellen (BGH NJW 2016, 965, 966 f.).

[63] Insofern klarstellend BVerfG NStZ 2009, 83, 84. Zu den Strafzumessungsvorschriften vgl. Rn 80.

[64] BVerfG NStZ 2009, 83, 84.

[65] Vgl. dazu näher *Bülte*, JuS 2015, 769 ff.; später auch *Hoven*, NStZ 2016, 377 ff.

verfassungswidrig, dass er nach einer Verhaltensregel verurteilt wird, die in keiner Strafnorm geschrieben steht und die der Strafrichter – gleichsam im Nachhinein – aufstellt.

Hier liegt kein Verstoß gegen Art. 103 II GG vor. Denn Fahrlässigkeitstatbestände sind ergänzungsbedürftige Tatbestände. Die Ergänzung muss der Tatrichter im konkreten Fall vornehmen. Es wäre für den Gesetzgeber unmöglich, alle denkbaren Sorgfaltspflichtverletzungen in einer Strafnorm aufzunehmen. Dafür bietet das Leben zu viele Besonderheiten. Im vorliegenden Bereich des Straßenverkehrsrechts regeln das StVG und die StVO zwar einige Sorgfaltspflichten, aber nicht alle denkbaren. Ähnlich wie im Bereich der (unechten) Unterlassungsdelikte muss auch hier der Grundsatz *nulla poena sine lege certa* praktischen Bedürfnissen weichen.

III. Das Verbot strafbegründenden/strafschärfenden Gewohnheitsrechts

Art. 103 II GG verbietet auch die Betrafung aufgrund von **Gewohnheitsrecht**. Gewohnheitsrecht entsteht aufgrund ständiger, gleichmäßiger und allgemein von den Beteiligten als verbindlich anerkannter Übung.[66] Da Art. 103 II GG aber eine Bestrafung ohne Gesetz verbietet und Gewohnheitsrecht gerade kein Gesetz darstellt, ist strafbegründendes oder strafschärfendes Gewohnheitsrecht schlechthin unzulässig (*nullum crimen sine lege scripta*).[67] 29

Beispiele für unzulässiges Gewohnheitsrecht:

(1) Begeht der Täter ein Tötungsdelikt (etwa eine fahrlässige Tötung, § 222) im Zustand der rauschbedingten Schuldunfähigkeit (§ 20), kann er an sich nicht wegen Begehung eines Tötungsdelikts bestraft werden, weil § 20 der Strafbarkeit entgegensteht. Daher wurde die Figur der ***actio libera in causa*** entwickelt. Gewohnheitsrechtlich wurde eine Ausnahme von § 20 gemacht oder es wurde der Zeitpunkt der Schuldfähigkeit auf einen Zeitpunkt vorverlagert, bei dem der Täter noch nicht den Zustand des § 20 erreicht hatte. Spätestens mit BGHSt 42, 235 ist die *a.l.i.c.* als verfassungswidrig abzulehnen (str.). Vgl. dazu ausführlich Rn 510 ff.

(2) Auch das **Züchtigungsrecht** von Eltern, Lehrern und bestimmten Erziehern als Rechtfertigungsgrund der Körperverletzung (§ 223) war lange Zeit gewohnheitsrechtlich anerkannt.[68] Heute ist ein solches Verhalten (mit Blick auf § 1631 II BGB) **nicht** mehr zu rechtfertigen (vgl. ausführlich Rn 474 ff.). Das Züchtigungsrecht wird deswegen im Irrtumsbereich relevant.

IV. Das Verbot strafbegründenden Richterrechts

Richterrecht ist dadurch gekennzeichnet, dass es lediglich durch die Rechtsprechung geschaffen wird. Es handelt sich also nicht um formelles Gesetzesrecht wie von Art. 103 II GG gefordert. Es leuchtet daher ein, dass eine Verurteilung auf der Grundlage von Richterrecht nicht in Betracht kommen kann. Strafbarkeitsbegründendes Richterrecht ist schlichtweg unzulässig. 30

Bei der richterrechtlich entwickelten Rechtsfigur der **ungleichartigen Wahlfeststellung**[69] handelt es sich nach dem 5. Strafsenat des BGH um Richterrecht, das strafbarkeitsbegründend wirkt und daher dem Regelungsbereich des Art. 103 II GG unterfällt.[70] Da sich der Senat damit der bisherigen Rechtsprechung der (anderen) Strafsenate des BGH entgegenstellt, was den vorliegenden Anfragebeschluss erforderlich machte (§ 132 II GVG), bleibt die weitere Entwicklung abzuwarten.

---

[66] Vgl. BVerfGE 22, 114, 121; *W/B/S*, AT, Rn 53; *Fischer*, § 1 Rn 9.
[67] Insoweit klarstellend BVerfGE 71, 108, 115; 73, 206, 235; 81, 132, 135 f.; 92, 1, 12; BGH NStZ 2014, 392, 394.
[68] Zwar wirkte dieses nicht zu Lasten des Täters, sondern zu Lasten des Opfers und ist daher von der an dieser Stelle zu behandelnden Konstellation zu unterscheiden. Aus Gründen der Vollständigkeit in Bezug auf das Gewohnheitsrecht soll es jedoch nicht fehlen.
[69] Dazu *Hartmann/Schmidt*, StrafProzR, Rn 1141 ff.
[70] BGH NStZ 2014, 392, 394 f.

V. Das Verbot strafbegründender oder strafschärfender Analogie

1. Begriff und Bedeutung der Analogie

31 Unter **Analogie** versteht man die Übertragung einer gesetzlichen Regel auf einen gesetzlich nicht geregelten oder vom Gesetzeswortlaut nicht mehr erfassten Fall.[71]

Zu unterscheiden ist die Gesetzesanalogie von der Rechtsanalogie: **Gesetzesanalogie** liegt vor, wenn der Rechtsanwender den Grundgedanken eines einzelnen Rechtssatzes auf einen von diesem Rechtssatz noch nicht unmittelbar erfassten Fall überträgt. Demgegenüber liegt eine **Rechtsanalogie** vor, wenn aus einer Mehrzahl von Rechtsvorschriften ein allgemeines Prinzip entwickelt und auf den unter keine der Rechtsvorschriften direkt subsumierbaren Sachverhalt angewendet wird.[72]

32 Für das Strafrecht verbietet Art. 103 II GG eine **Analogie zu Lasten des Täters** (*nullum crimen sine lege stricta*), jedenfalls im Bereich des **Besonderen Teils**, und zwar sowohl hinsichtlich der Strafbarkeitsvoraussetzungen (d.h. alle unrechts- und schuldbegründenden Merkmale) als auch hinsichtlich der Tatfolge.[73]

Beispiele für unzulässige Analogien: (1) Anwendung des § 123 auf Fälle, in denen der Hausfriede durch belästigende Anrufe gestört wird, **(2)** „Erweiternde Auslegung" des § 240[74], **(3)** wertende Auslegung „mit Rücksicht auf den Einzelfall"[75], **(4)** Bestrafung wegen Verunglimpfung der ersten beiden Strophen des Deutschlandlieds[76], **(5)** Bestrafung einer Kettenbriefaktion wegen Glücksspiels[77], **(6)** Subsumtion eines Pkw unter den Begriff der „Waffe" i.S.v. § 113 II Nr. 1[78]

33 Hingegen ist eine **Analogie zugunsten des Täters** oder Teilnehmers **zulässig**.

Beispiele für zulässige Analogien: Entsprechende Anwendung von Strafausschließungsgründen wie § 157 für § 164 oder § 258 VI für § 257; Erweiterung des Begriffs „Scheckkarte" in § 266b I, sodass auch der Missbrauch von Girocards (früher: ec-Karten) durch den Karteninhaber selbst von dem im Vergleich zu § 263a I milderen Tatbestand des Scheckkartenmissbrauchs erfasst ist und nicht dem höheren Strafahmen des § 263a I unterfällt.[79]

34 Zu beachten ist, dass auch eine an sich zulässige Analogie nur dann in Betracht kommt, wenn es sich um eine unbeabsichtigte (d.h. planwidrige) Gesetzeslücke handelt. Wo eine gesetzliche Regelung eine **absichtliche Lücke** aufweist (sog. absichtsvolles Unterlassen), ist für eine Analogie kein Raum.

Beispiel: § 248a betrifft dadurch, dass er ausdrücklich (nur) die §§ 242 und 246 nennt, den Diebstahl und die Unterschlagung geringwertiger Sachen. Hinsichtlich der Jagdwilderei (§ 292) ist er hingegen nicht, auch nicht analog, anwendbar. Denn hätte der Gesetzgeber eine diesbezügliche Regelung gewollt, hätte er auch im systematischen Zusammenhang mit § 292 eine entsprechende Vorschrift in das StGB eingefügt.

---

[71] BVerfGE 82, 6; LG Ravensburg, NStZ 2003, 325, 326; *W/B/S*, AT, Rn 53; *Fischer*, § 1 Rn 10; Sch/Sch-*Eser/Hecker*, § 1 Rn 24.
[72] Sch/Sch-*Eser/Hecker*, § 1 Rn 24.
[73] Insofern lediglich klarstellend BVerfGE 73, 206, 235 f.; 92, 1, 12 f.; BVerfG NJW 2008, 3346.
[74] Vgl. BVerfGE 92, 1, 14 ff.: Die Interpretation der Fachgerichte, wonach die bloße Anwesenheit einer Person auf der Straße im Rahmen einer Sitzblockade Gewalt i.S.d. § 240 sei, ist eine verbotene Analogie.
[75] BGHSt 42, 1, 3.
[76] BVerfGE 81, 298, 309.
[77] BGHSt 34, 171, 178.
[78] BVerfG NStZ 2009, 83, 84.
[79] Vgl. dazu ausführlich *R. Schmidt*, BT II, Rn 686.

Auch hinsichtlich des **Allgemeinen Teils** sind lediglich **täterbegünstigende Analogien zulässig.**[80] Das betrifft insbesondere Strafmilderungs-, Strafausschließungs- und Strafaufhebungsgründe.[81] 35

Beispiele für *zulässige* Analogien im Bereich des Allgemeinen Teils: **(1)** Anwendung der Rücktrittsregel des § 31 auf ähnliche Fälle, für die eine entsprechende Regelung fehlt, wie etwa auf § 234a III. **(2)** Anwendung des § 16 I S. 1 bei einem Irrtum hinsichtlich eines objektiv verwirklichten Regelbeispiels (etwa § 243). **(3)** Anwendung des § 16 I S. 1 bei einem Irrtum über das Vorliegen der sachlichen Voraussetzungen eines anerkannten Rechtfertigungsgrundes (Erlaubnistatbestandsirrtum, Rn 541 ff.). **(4)** § 243 ist für jeden Beteiligten gesondert zu prüfen. Im Bereich der Teilnahme ist zumindest bei § 243 I S. 2 Nr. 3 die Vorschrift des § 28 II analog anzuwenden.

Beispiele für *unzulässige* Analogien im Bereich des Allgemeinen Teils: **(1)** Unzulässig wäre es demgegenüber, die Grundsätze der mittelbaren Täterschaft (§ 25 I Var. 2) entsprechend heranzuziehen, um entgegen den Akzessorietätsregeln (§§ 26, 27) zu einer Bestrafung des Gehilfen aus § 211 zu gelangen. **(2)** Unzulässig ist auch die analoge Anwendung des § 18 auf Vorsatz-Fahrlässigkeits-Kombinationen, nur um den unvorsätzlich handelnden Teilnehmer bestrafen zu können, vgl. Rn 921b. **(3)** Soweit die *actio libera in causa* auf eine Analogie gestützt wird, ist sie schon deshalb verfassungswidrig.

Schließlich ist (in Anlehnung an das zum Rückwirkungsverbot Gesagte) zu beachten, dass das strafrechtliche Analogieverbot des Art. 103 II GG **nicht** für Vorschriften des **Strafverfahrensrechts** gilt. Diese enthalten zwar Befugnisnormen, die zu Grundrechtseingriffen ermächtigen, nicht jedoch Normen des materiellen Strafrechts. Doch nur für *diese* gilt das strafrechtliche Analogieverbot. 36

Beispiel[82]**:** Solange sich eine vom Empfänger (noch) nicht abgerufene E-Mail auf dem Server des Providers befindet, verstoßen eine Durchsuchung und Beschlagnahme in analoger Anwendung der §§ 94, 98, 99 StPO nicht gegen das strafrechtliche Analogieverbot des Art. 103 II GG. Insbesondere passt die Vorschrift des § 100a StPO nicht, da diese nur das *gesprochene* Wort erfasst (a.A. *Beulke*, StrafProzR, Rn 253). Ob sich ein Analogieverbot aus öffentlich-rechtlichen Gesichtspunkten (Vorbehalt des Gesetzes, Art. 20 III GG) ergibt, ist freilich eine andere Frage.[83]

Bei der bei Rn 30 erwähnten richterrechtlich entwickelten Rechtsfigur der ungleichartigen Wahlfeststellung handelt es sich nach dem 5. Strafsenat des BGH nicht um Strafverfahrensrecht, sondern um Richterrecht, das dem materiellen Strafrecht zuzuordnen ist und daher gegen Art. 103 II GG verstößt.

2. Analogie und Auslegung

Von einer (unzulässigen) Analogie abzugrenzen ist die (zulässige und auch notwendige) **Auslegung** einer Strafnorm. Auslegung ist die Feststellung des Sinn- und Bedeutungsgehalts einer Strafnorm. Eine Strafnorm ist schon deswegen auslegungsbedürftig, weil sie auf eine Vielzahl von Sachverhalten anwendbar sein muss und daher unbestimmte Rechtsbegriffe und Generalklauseln enthält. Der Rechtsanwender muss also durch Auslegung der unbestimmten Rechtsbegriffe die Frage beantworten, ob ein konkretes Täterverhalten die Voraussetzungen einer Strafnorm erfüllt oder nicht; er muss sozusagen die Strafnorm auf den konkreten Einzelfall anwenden. Mit Blick auf das Schuldprinzip und die Strafzwecke ist aber zu beachten: Je schwerer die angedrohte Strafe ist, desto einschränkender muss die Auslegung erfolgen. 37

---

[80] Wie hier *Fischer*, § 1 Rn 10a; Sch/Sch-*Eser/Hecker*, § 1 Rn 26; *W/B/S*, AT, Rn 55.
[81] *W/B/S*, AT, Rn 54.
[82] Vgl. LG Ravensburg NStZ 2003, 325.
[83] Vgl. dazu BVerfG NJW 2008, 822, 825 ff. (Onlinedurchsuchung von Computern) und ausführlich *R. Schmidt*, POR, 18. Aufl. 2016, Rn 309a ff.

Beispiele: Die Frage, ob ein Eid falsch geschworen (§ 154) wurde, ob eine Schrift pornographisch (§§ 184, 184a-e) ist, ob ein bestimmtes Verhalten eine körperliche Misshandlung (§ 223) darstellt oder eine Verletzung fremder Vermögensinteressen (§ 266) enthält, ist nur durch Auslegung der betreffenden Strafnorm zu ermitteln. Das Gleiche gilt für die Festsetzung des Kreises der Handlungen, die beim Versuch ein „unmittelbares Ansetzen" zur Tatbestandsverwirklichung (§ 22) darstellen, oder für das „Bestimmen" i.S.v. §§ 26, 30.

38 **Hinweis für die Fallbearbeitung:** Die Frage, ob ein bestimmtes Täterverhalten unter eine Strafnorm subsumiert werden kann (ob der Täter also den Tatbestand einer Strafnorm erfüllt hat), kann nur durch Auslegung der in der einschlägigen Strafnorm enthaltenen Rechtsbegriffe beantwortet werden. Die Beantwortung dieser Frage ist **Kernstück jeder Strafrechtsarbeit**. Sie wird von *R. Schmidt* an entsprechender Stelle des Besonderen Teils I und II vorgenommen. In der vorliegenden Darstellung zum Allgemeinen Teil sollen aber die einzelnen Auslegungsmethoden näher erläutert werden.

3. Auslegungsmethoden

39 Zur Beantwortung der Frage, ob ein bestimmtes Täterverhalten den Tatbestand einer Strafnorm erfüllt, bedient man sich allgemein anerkannter Auslegungsmethoden, die (bis auf die verfassungskonforme Auslegung) im Wesentlichen auf *Savigny* zurückzuführen sind[84]:

a. Grammatikalische (wörtliche) Auslegung

40 Ausgangspunkt jeder Auslegung ist der **Wortlaut der Norm**, weil die gesetzliche Formulierung als unmittelbare Äußerung des Gesetzgebers richtungweisend sein muss. Die grammatikalische Auslegung geht also von der objektivierten Ausdrucksweise des Gesetzgebers aus und sucht den Inhalt einer Norm aus der sprachlichen Fassung, d.h. dem Wortlaut (Semantik) und dem Satzbau (Syntax) zu erkennen. Im Bereich des Strafrechts kommt dieser Auslegungsmethode gerade wegen der Verfassungsbestimmung des Art. 103 II GG zugleich eine Begrenzungsfunktion zu: Was nicht dem Wortlaut zu entnehmen ist, geht von vornherein über die Norm hinaus und stellt eine unzulässige Analogie zu Lasten des Beschuldigten dar.[85]

Beispiele:

(1) Elektrische Energie (Strom) und geistiges Eigentum (Urheberrechte) sind keine körperlichen Gegenstände und damit keine Sachen i.S.d. § 242 I. Eine Bestrafung wegen „Stromdiebstahls" ist daher ebenso wenig möglich wie eine Bestrafung wegen „Diebstahls geistigen Eigentums". Möchte der Gesetzgeber diese sozial missbilligenswerten Verhaltensweisen strafrechtlich sanktionieren, muss er daher entsprechende Straftatbestände schaffen, die – anders als § 242 – nicht an die Körperlichkeit des Tatobjekts anknüpfen. Das ist mit der Schaffung des § 248c (Entziehung elektrischer Energie) bzw. der §§ 106 ff. UrhG (strafbare Urheberrechtsverletzungen) geschehen.

(2) § 226 (schwere Körperverletzung) qualifiziert die Körperverletzung i.S.d. § 223 u.a. für den Fall, dass der Täter den Verlust oder die dauernde Unbrauchbarkeit eines „wichtigen Körpergliedes" verursacht. Wird beispielsweise O durch T mit einem Messer niedergestochen und verliert dabei eine Niere, ist fraglich, ob T sich gem. §§ 223, 226 I Nr. 2 strafbar gemacht hat. Das wäre der Fall, wenn eine Niere ein „wichtiges Körperglied" darstellte. Sicherlich ist eine Niere ein wichtiges Körperteil. Bedenken ergeben sich aber hinsichtlich der Auslegung des Begriffsbestandteils „Glied". Ausgehend vom

---

[84] *Friedrich Carl von Savigny* (1779-1861) – deutscher Jurist und Ratgeber („Kronsyndikus") des Königs *Friedrich Wilhelm III. von Preußen*. Vgl. auch BVerfGE 1, 299, 312; BVerfGE 90, 263, 275; OLG Hamburg NJW 2010, 1893 ff.; *Herzberg*, JuS 2005, 1 ff.; *Zippelius*, Juristische Methodenlehre, 11. Aufl. 2012, § 8 und 9; *Gropp*, AT, § 3 Rn 35 ff.; Sch/Sch-*Eser/Hecker*, § 1 Rn 36 ff.; *W/B/S*, AT, Rn 57; *Fischer*, § 1 Rn 11; *Joecks*, § 1 Rn 10 ff.

[85] Insoweit klarstellend BVerfG NStZ 2009, 83, 84; BGH NJW 2008, 386 f.; NJW 2007, 1193 f.; NJW 2006, 3050 ff.; BGHSt 50, 370, 372; OLG Hamburg NJW 2010, 1893 ff.; *v. Heintschel-Heinegg*, JA 2009, 68 ff.

natürlichen Sprachgebrauch (vom allgemeinen Sprachverständnis) wird man ein Körperteil – sei es auch noch so wichtig – nur dann als „Körperglied" bezeichnen können, wenn es durch ein Gelenk mit dem Rumpf verbunden ist, zumindest aber nur dann, wenn es nach außen in Erscheinung tritt.[86] Beides ist bei einer Niere gerade nicht der Fall. Würde man demzufolge eine Niere als „Körperglied" bezeichnen, verstieße man gegen den möglichen Wortsinn und damit gegen das Analogieverbot zu Lasten des Täters.

Weitere Beispiele sind bei Rn 28 angegeben.

Lässt der Wortlaut der Norm jedoch mehrere Auslegungen zu, ist also mehrdeutig, was **41**
insbesondere bei Generalklauseln und unbestimmten Rechtsbegriffen der Fall ist, bleibt Raum für folgende (ergänzende) Auslegungsmethoden[87]:

b. Systematische Auslegung

Die systematische Auslegung geht von der Stellung der Vorschrift im bereichsspezifischen **42**
Normengefüge und der des Gesetzes innerhalb der Rechtsordnung aus („sachlicher Zusammenhang").

Beispiel: In §§ 315c, 316 ist der Begriff des Fahrzeugs nicht definiert. Eine Übertragung des Fahrzeugbegriffs aus § 248b IV ist nicht gangbar, da § 248b nur ganz bestimmte Tatobjekte vor unbefugter Ingebrauchnahme schützt. Der Schutzumfang der die Sicherheit des Straßenverkehrs schützenden §§ 315c, 316 ist weiter. Richtigerweise gehören zu den Fahrzeugen i.S.d. §§ 315c, 316 nicht nur Kraftfahrzeuge (z.B. Pkw, Lkw, Krafträder, motorisierte Krankenfahrstühle, Elektrorollstühle, aber auch Bagger), sondern grds. alle Fortbewegungsmittel, die der Beförderung von Personen dienen (daher z.B. auch Bahnen, Wasserfahrzeuge[88], Flugzeuge, aber auch E-Bikes, Fahrräder und Pferdefuhrwerke[89]); lediglich Inlineskates und Kinderwagen werden nicht erfasst, da sie gem. §§ 24 I und 31 II StVO den Fußgängern zugeordnet sind. Diese überzeugende (straßenverkehrsrechtliche) Wertung kann auch auf das StGB übertragen werden.[90]

c. Teleologische Auslegung

Mit Hilfe dieser Auslegungsmethode wird der **Sinngehalt einer Norm** aus ihrem Sinn **43**
und Zweck („*Ratio* der Norm") ermittelt. Gefragt wird, welches Ziel mit der betreffenden Norm verfolgt wird bzw. erreicht werden soll. Das verfolgte Ziel lässt sich wiederum mithilfe des Gesamtzusammenhangs ermitteln, in dem die Norm ihren Anwendungsbereich findet. Insoweit können sich Überschneidungen mit der systematischen Auslegungsmethode ergeben. Die teleologische Auslegung kann zu einer Ausdehnung (Extension) oder zu einer Einschränkung (Restriktion) des Tatbestands führen, je nachdem, ob das Gesetz zu weit oder zu eng gefasst ist. Allerdings ist zu beachten, dass gerade die teleologische Extension nicht gegen die Wortlautgrenze verstoßen und damit nicht den Rahmen zulässiger Gesetzesauslegung überschreiten darf. Daher ist im Strafrecht regelmäßig lediglich die teleologische Reduktion einschlägig.

Beispiel: T will sich an dem Bauern B rächen, weil dieser im Gemeinderat sitzt und dafür **44**
gesorgt hat, dass dem T eine Baugenehmigung versagt wurde. Eines Nachts zündet T eine außerhalb der Bebauung liegende Scheune des B an. Da er aber weiß, dass diese Scheune regelmäßig von Landstreichern als Schlafstätte aufgesucht wird, überzeugt er sich zuvor, dass niemand anwesend ist.

---

[86] Vgl. zu dieser Auslegung *Fischer*, § 226 Rn 6; Sch/Sch-*Stree/Sternberg-Lieben*, § 226 Rn 2; *Jäger*, JuS 2000, 31, 37.
[87] Vorbildlich auch OLG Hamburg NJW 2010, 1893 ff.
[88] LG Kiel NStZ 2007, 59 (Motorboote).
[89] Vgl. dazu OLG Oldenburg NJW 2014, 2211.
[90] Auch der BGH zieht bei der Auslegung strafrechtlicher Begriffe solche aus dem Straßenverkehrsrecht heran, etwa wenn es um den Fahrzeugbegriff geht (vgl. BGH NStZ 2014, 415, 416).

Hier kommt neben § 306 I auch § 306a I Nr. 3 in Betracht. Da diese Strafvorschrift (lediglich) zur Voraussetzung hat, dass die Tat zu einer Zeit begangen wird, in der Menschen sich dort aufzuhalten pflegen, es somit nicht darauf ankommt, dass sich auch im Tatzeitpunkt tatsächlich jemand dort aufhält, hat T den Tatbestand des § 306a I Nr. 3 insoweit erfüllt. Ob dieses Ergebnis in Anbetracht der hohen Strafandrohung (wegen § 38 II Freiheitsstrafe bis zu 15 Jahren!) Bestand haben kann, mag jedenfalls dann bezweifelt werden, wenn sich der Täter, wie vorliegend T, zuvor davon überzeugt hat, dass im Tatzeitpunkt niemand vor Ort ist, der durch die Brandstiftung zu Schaden kommen könnte (zur teleologischen Reduktion des Tatbestands siehe *R. Schmidt*, BT I, Rn 521 ff.).

d. Historische und genetische Auslegung

45 Hilfsmittel der bisher genannten Auslegungsmethoden sind die **historische Methode**, die von der geschichtlichen Entwicklung des Rechtssatzes ausgeht und insbesondere frühere ähnliche Gesetze und deren Änderungen berücksichtigt, und die **genetische Methode**, die sich auf die Entstehungsgeschichte des Gesetzes stützt und zu diesem Zweck Reformvorschläge und Gesetzesmaterialien (Gesetzesvorlagen, Protokolle des Parlaments und seiner Ausschüsse etc.) heranzieht. Mittels der genetischen Auslegung soll also der Wille des Gesetzgebers erkundet werden.

Beispiel: Weil sich der Verkauf des Mietshauses schwieriger gestaltet als erwartet, zündet E, der die ganze Sache etwas beschleunigen möchte, eines Nachts, als die Bewohner gerade auswärts sind, das Haus an, um anschließend Leistungen aus der Brandversicherung zu erhalten. Gut zwei Monate später erhält er dann auch die (erschlichenen) Leistungen aus der Brandversicherung.

Die Strafbarkeit des E aus § 263 I, III S. 2 Nr. 5 (Versicherungsbetrug) ist insoweit eindeutig. In Bezug auf Brandstiftungsdelikte könnte E nicht nur den Tatbestand des § 306a I Nr. 1 verwirklicht haben, sondern auch den des Qualifikationstatbestands des § 306b II Nr. 2 Var. 1 (Brandstiftung in der Absicht, eine andere Straftat – hier den Versicherungsbetrug – zu ermöglichen). Doch dies ist kritisch zu sehen. Hintergrund der Überlegung ist, dass im Zuge des 6. StrRG 1998 eine Gesetzesänderung stattgefunden hat. So war in § 307 Nr. 2 a.F. von „ausnutzen" die Rede. Der Täter musste gerade die spezifischen Wirkungen, die mit der Brandstiftung einhergehen, bei der Begehung der „anderen" Straftat geplant ausnutzen. Zudem belief sich der Strafrahmen auf 10-15 Jahre. Daher war eine restriktive Auslegung erforderlich. In der seit 1998 geltenden Vorschrift des § 306b II Nr. 2 hat der Gesetzgeber aber das Erfordernis des „Ausnutzens" gestrichen und lässt das „Ermöglichen einer anderen Straftat" genügen. Zudem hat er die Mindeststrafe auf 5 Jahre herabgesetzt. Das darf bei der Auslegung des Tatbestands nicht unberücksichtigt bleiben.[91]

e. Verfassungskonforme Auslegung

46 Ausgangspunkt dieser Auslegungsmethode ist, dass alle Gesetze mit der Verfassung vereinbar sein müssen. Ist eine Norm ihrem Wortlaut nach unter verfassungsrechtlichen Gesichtspunkten bedenklich, lässt sie aber auch eine Auslegung i.S.d. Verfassung zu, ist sie nur mit *dieser* Auslegung verfassungsmäßig und gültig.[92]

Beispiel: Die wegen der Begehung eines Mordes (§ 211) zu verhängende lebenslange Freiheitsstrafe könnte gegen die im Grundgesetz verankerte Menschenwürde (Art. 1 I GG), gegen das Rechtsstaatsprinzip (Art. 20 III GG) und gegen den Grundsatz der Verhältnismäßigkeit verstoßen. Daher ist eine restriktive Auslegung der Mordmerkmale gefordert.[93]

---

[91] Vgl. dazu *R. Schmidt*, StrafR BT I, Rn 545.
[92] Vgl. nur BVerfGE 59, 336, 350 f.
[93] Vgl. dazu *R. Schmidt*, StrafR BT I, Rn 37 ff.

f. Das Zusammenspiel der Auslegungsmethoden

Wie bereits dargestellt, kann wegen Art. 103 II GG einem Strafgesetz nur unterfallen, was von dem Wortlaut der Strafnorm gedeckt ist. Maßgeblich kann daher die wörtliche Auslegung sein. Alle anderen Auslegungsmethoden sind folgerichtig in ihrer Wirkung begrenzt: Sie dürfen nur insoweit herangezogen werden, als sie das Ergebnis der wörtlichen Auslegung untermauern und nicht zum Nachteil des Betroffenen davon abweichen. Bleibt gleichwohl Raum für diese ergänzenden Auslegungsmethoden, sollte in der Fallbearbeitung dennoch hervorgehoben werden, dass die wörtliche Auslegung das Ergebnis trägt, da sonst ein schwerer methodischer Fehler vorliegt. **47**

Da sich die Rechtsordnung grundsätzlich als Einheit darstellen muss, können sich bestimmte Auslegungen im Strafrecht auf Normen anderer Rechtsgebiete und den dort maßgeblichen Sprachgebrauch stützen. So werden bei der Auslegung des Begriffs „fremd" in § 242 (Diebstahl) die zivilrechtlichen Vorschriften über den Erwerb und Verlust des Eigentums (§§ 929 ff. BGB) herangezogen. Auch bei der Auslegung des Begriffs „Sache" in § 242 wird ganz herrschend der Sachbegriff des § 90 BGB herangezogen. Danach werden nur körperliche Gegenstände erfasst (zu den Besonderheiten bei Tieren siehe sogleich). **48**

Der Grundsatz von der Einheit der Rechtsordnung ist aber nicht zwingend. Er ist insbesondere dann nicht maßgeblich, wenn ein Rechtsgebiet gerade infolge von Besonderheiten eine eigenständige Begriffsbildung verlangt. Im Bereich des Strafrechts kann die Schutzfunktion einer Norm also ein bestimmtes Auslegungsergebnis nahelegen oder gar erzwingen. Dass der Begriff in einem anderen Rechtsgebiet anders ausgelegt wird, muss dann hingenommen werden. Relevant wird dies insbesondere bei dem strafrechtlichen Begriff des Menschen. **49**

> **Beispiel:** Den Tatbestand des § 212 (Totschlag) erfüllt, wer vorsätzlich einen anderen Menschen tötet. Das StGB definiert dabei nicht den Zeitpunkt, ab dem der strafrechtliche Lebensschutz beginnt. Würde man den in § 1 BGB genannten Zeitpunkt (Vollendung der Geburt) zugrunde legen, würden Tathandlungen *während* der Geburt nicht erfasst. Insbesondere würden zu diesem Zeitpunkt nicht mehr die Vorschriften über den Schwangerschaftsabbruch (§§ 218 f.) greifen, da eine Schwangerschaft gerade nicht mehr besteht. Zudem würde das in diesen Normen vorgesehene Strafmaß das Unrecht nicht angemessen würdigen. Im Vergleich zu § 1 BGB sind schließlich die unterschiedlichen Schutzzwecke zu beachten: Während § 1 BGB die Frage nach der Rechtsfähigkeit beantwortet, geht es bei den §§ 211 ff. um Lebensschutz. Maßgebend für den strafrechtlichen Schutz durch die §§ 211 ff. ist daher der Beginn der Geburt, d.h. der Zeitpunkt des Einsetzens der Eröffnungswehen. Bei operativer Entbindung (Kaiserschnitt) ist der Zeitpunkt des ärztlichen Eingriffs, also die Öffnung des Uterus, maßgeblich.[94]
>
> Die unterschiedliche Begriffsbestimmung wird auch beim Entwenden von Tieren deutlich, da diese nach § 90a BGB gerade keine Sachen sind. Eine Einbeziehung von Tieren in den Tatbestand des § 242 könnte gegen das Analogieverbot verstoßen. Nach richtiger Überlegung müssen aber auch Tiere von § 242 erfasst sein. Denn würde man ihnen den Schutz des § 242 vorenthalten, würde der Tierschutz, der ja gerade durch § 90a BGB (und nun auch durch Art. 20a GG) gestärkt werden soll, geschwächt. Von einer (unzulässigen) Analogie zu Lasten des Täters kann somit nicht gesprochen werden.
>
> **Beispiel:** T bricht nachts in das Wildgehege des im Privatbesitz befindlichen und umzäunten Parks ein und nimmt von dort einige seltene Vogeleier mit. Ist T strafbar aus § 242?

---

[94] Vgl. dazu auch BGH NStZ 2008, 393, 394 f.; BGHSt 32, 194, 195 f.; 31, 348, 351; SK-*Horn*, § 212 Rn 3; *Lackner/Kühl*, Vor § 211 Rn 3; Sch/Sch-*Eser/Sternberg-Lieben*, Vorbem §§ 211 ff. Rn 13; *Wessels/Hettinger*, BT 1, Rn 9-11; *Kühl*, JA 2009, 321; a.A. NK-*Merkel*, § 218 Rn 33 f. (Anknüpfung an § 1 BGB).

Zunächst muss klargestellt werden, dass ausschließlich § 242 (und nicht § 292) in Betracht kommt, da es sich vorliegend nicht um eine Verletzung fremden Jagdrechts handelt, sondern um einen möglichen Diebstahl aus einem eingezäunten und im Privatbesitz befindlichen Gehege. Dort gehaltene Tiere und Tierprodukte sind nicht „wild und herrenlos" i.S.v. § 292 und somit nicht Gegenstand der Jagdwilderei. Vielmehr stehen sie im Eigentum eines anderen und sind daher für den Täter „fremd" i.S.v. § 242. Bei der Frage, ob ein Diebstahl vorliegt, ist zu erörtern, dass Tiere zwar keine Sachen i.S.v. § 90a BGB sind, der Sachbegriff im Strafrecht sich aber nicht notwendigerweise an dem des Zivilrechts orientieren muss. Anderenfalls würden Tiere aus dem Schutzbereich des § 242 fallen, was ersichtlich nicht Sinn des nun auch verfassungsrechtlich verankerten Tierschutzes sein kann. Sofern auch die übrigen Voraussetzungen des § 242 erfüllt sind und T auch rechtswidrig und schuldhaft handelte, ist er gem. § 242 strafbar.

VI. *In dubio pro reo*, Wahlfeststellung, Post- und Präpendenz

1. *In dubio pro reo*

50 In einem Rechtsstaat ist es nicht nur selbstverständlich, dass eine Bestrafung ohne entsprechende gesetzliche Bestimmung ausgeschlossen ist (vgl. Art. 103 II GG), sondern auch, dass jede Person, die einer Straftat beschuldigt wird, so lange als unschuldig gilt, bis ihre Schuld in einem gesetzlich geregelten Verfahren bewiesen ist (sog. **Unschuldsvermutung**).[95] Der Angeklagte darf auch nur dann schuldig gesprochen werden, wenn das Gericht **keine Zweifel** an dessen Schuld hat. Kann demnach trotz Ermittlung des Sachverhalts im Rahmen der richterlichen Beweiswürdigung (§ 261 StPO) nicht zweifelsfrei festgestellt werden, ob der Angeklagte den Tatbestand einer Strafnorm verwirklicht und dabei rechtswidrig und schuldhaft gehandelt hat, ist er aus dem Grundsatz *in dubio pro reo* (im Zweifel für den Angeklagten) freizusprechen. Vgl. dazu *Hartmann/Schmidt*, StrafProzR, Rn 1137 ff.

2. Wahlfeststellung/Postpendenz und Präpendenz

51-58 Würde man in Fällen, in denen man zwar weiß, dass der Angeklagte sich strafbar gemacht hat, aber Zweifel hinsichtlich der konkreten Handlung oder gar des konkreten Delikts hat (entweder Diebstahl oder Hehlerei), den Grundsatz *in dubio pro reo* konsequent anwenden, käme man zu einem Freispruch und damit zu Strafbarkeitslücken, die auch vor dem Rechtsstaatsprinzip, das an sich für die Unschuldsvermutung streitet, schwerlich Bestand haben können. Nach h.M. ist es nicht zu beanstanden, den Täter unter bestimmten Voraussetzungen auf **wahldeutiger Grundlage** zu verurteilen (sog. **Wahlfeststellung**).[96] **Postpendenz** und **Präpendenz** kennzeichnen sich dadurch, dass der Sachverhalt unter *zeitlichen* Gesichtspunkten teilweise nicht aufklärbar ist. Bei der Präpendenz besteht Klarheit über das Vortatgeschehen, während das Nachtatgeschehen unklar bleibt. Umgekehrt verhält es sich bei der Postpendenz. Bei dieser besteht Klarheit über das Nachtatgeschehen, während das Vortatgeschehen unklar bleibt. Gleichgültig, ob Prä- oder Postpendenz vorliegt, erfolgt eine Verurteilung nur bezüglich des nachweisbaren Geschehens, während das nicht nachweisbare Geschehen außer Betracht bleibt. Zur Wahlfeststellung, Postpendenz und Präpendenz vgl. ebenfalls *Hartmann/Schmidt*, StrafProzR, Rn 1137 ff.

---

[95] Vgl. Art. 6 II EMRK, wo dieser Grundsatz ausdrücklich normiert ist.

[96] Vgl. BGHSt 12, 386, 389; BGH NStZ 2008, 646; NStZ 2004, 499; *Fischer*, § 1 Rn 18 ff.; *Lackner/Kühl*, § 1 Rn 9 ff.; *Stuckenberg*, JA 2001, 221 ff. Vgl. daber BGH NStZ 2014, 392, 394 f. (dazu oben Rn 30).

4. Kapitel – Grundlagen der Strafbarkeit

I. Der Begriff der Handlung

Die Begehungsdelikte setzen eine Handlung des Täters voraus. Dabei wird ganz allgemein eine willentliche Handlung gefordert. Mit der Formulierung „willentlich“ ist gemeint, dass nur eine vom Willen getragene Handlung oder vom Willen beherrschbare Handlung des Täters strafrechtlich relevant sein kann. Damit scheiden **Reflexe** und **Körperreaktionen** (etwa Stolpern oder „Umsichschlagen“ im Schlaf), aber auch Handlungen von **Kleinkindern und Volltrunkenen** (sofern sie einer willentlichen Handlung noch nicht oder nicht mehr fähig sind) als mögliche Tathandlungen aus. Bei **Schlafwandlern** wird man Gleiches annehmen müssen. Zwar wäre bei diesen an eine Handlung zu denken, wenn man darauf abstellte, dass das Verhalten eines Schlafwandlers zwar unbewusst abläuft, aber im Gegensatz zu reinen Reflexen noch als „Persönlichkeitsäußerung“ im weitesten Sinne verstanden werden kann, vergleichbar dem Handeln unter **Hypnose**. Dies ist jedoch abzulehnen. Denn um von einer Handlung im strafrechtlichen Sinne zu sprechen, wird man mit Blick auf den Bestimmtheitsgrundsatz aus Art. 103 II GG eine gewisse Steuerungsmöglichkeit fordern müssen. Eine solche ist bei einem Schlafwandler, aber auch bei einem hypnotisierten Menschen, nicht gegeben.[97] 59

Hinweis für die Fallbearbeitung: In der Fallbearbeitung sind derartige „Nichthandlungen“ vorab – zumeist nur gedanklich – zu prüfen. Die Suche nach einzelnen Tatbeständen erübrigt sich dann.

Von diesen genannten „Nichthandlungen“ sind durch ***vis absoluta*** („willensausschließende“ Gewalt) erzwungene Bewegungen zu unterscheiden. Bei diesen kann ein Wille zwar gebildet, jedoch nicht betätigt werden. Auch diesbezüglich muss von einer „Nichthandlung“ ausgegangen werden. 60

Beispiel: A stößt B mit voller Wucht gegen C. Dieser stürzt daraufhin zu Boden und erleidet einen Armbruch.

Hier liegt bei B kein betätigter Wille zum Handeln vor, sodass er sich nicht strafbar machen kann. In zurechenbarer Weise gehandelt hat aber A, sodass dieser nach § 223 strafbar ist.

Davon zu unterscheiden sind jedoch etwaige „**vorgelagerte**“ Handlungen, die den Anknüpfungspunkt für ein vorwerfbares Verhalten bilden können. 61

Beispiel: D raucht abends im Bett und schläft dabei ein. Durch die herunterfallende Zigarette entzündet sich dann nicht nur das Bett, sondern das ganze Haus.

Man kann D nicht vorwerfen, dass er die Zigarette fallen ließ. Denn das Fallenlassen war nicht willensgetragen (D schlief ja bereits zu diesem Zeitpunkt). Das vorwerfbare (und auch willensgetragene) Verhalten besteht aber je nach Auffassung in dem Rauchen im Bett (Strafbarkeit dann wegen § 306d) oder in dem Nichtauslöschen der brennenden Zigarette (Strafbarkeit dann wegen Unterlassung - §§ 306d, 13).

Auch sog. **Automatismen** wird man wohl als „Handlung“ ansehen müssen. Automatismen sind Verhaltensweisen, die sich so „eingeschliffen“ haben, dass sie im konkreten Fall vom Bewusstsein zwar kaum beherrscht werden können, bei denen aber immer noch ein gewisser Rest an Steuerungsfähigkeit verbleibt.[98] 62

---

[97] Sollte man Gegenteiliges annehmen, wäre immer noch an eine Schuldunfähigkeit gem. § 20 (hier: tiefgreifende Bewusstseinsstörung) zu denken. Vgl. dazu auch *Kaspar*, JuS 2006, 855.

[98] Vgl. auch *Roxin*, AT I, § 8 Rn 67; *Jescheck/Weigend*, § 23 VI 2a; *Kühl*, AT § 2 Rn 7 f.; *W/B/S*, AT, Rn 96; *Heinrich*, AT, Rn 208; a.A. *Franzheim*, NJW 1965, 2000.

Beispiel: Während der Fahrt wird Autofahrer A von einer Wespe gestochen und reißt dabei das Steuer herum, wodurch ein Fußgänger tödlich verletzt wird.

In diesem Fall wird man – anders als bei einem Reflex, den man überhaupt nicht mehr steuern kann – zumindest im Ansatz von einer Steuerungsfähigkeit ausgehen und eine „Handlung" annehmen müssen. Bei A ist daher an eine Strafbarkeit nach § 222 zu denken. Ob ihm aber die für eine Fahrlässigkeitsstrafbarkeit erforderliche Pflichtwidrigkeit zur Last gelegt werden, kann, ist zu bezweifeln.

II. Die strafrechtlichen Handlungslehren

63 Allgemein wird eine Straftat als eine **tatbestandsmäßige, rechtswidrige und schuldhafte Handlung** verstanden.[99] Davon ging auch der Gesetzgeber im Jahre 1871 aus, als er das Strafgesetzbuch verabschiedete. Positivrechtlich nicht geregelt hat er aber die Einordnung der subjektiven Seite des Täters in den Aufbau eines Verbrechens. Diese Frage wurde Literatur und Rechtsprechung überlassen[100]:

64 ▪ Gegen Ende des 19. Jahrhunderts herrschte die sog. **kausale Handlungslehre** vor.[101] Unterschieden wurden Tatbestandsmäßigkeit, Rechtswidrigkeit und Schuldhaftigkeit. Dabei wurde der Tatbestand rein objektiv verstanden und galt bereits dann als erfüllt, wenn eine willentliche (s.o.) Körperbewegung des Täters (= Handlung) kausal für den Erfolgseintritt war. Auf die subjektive Seite des Täters kam es insoweit nicht an. Für die Kausalität wurde die Äquivalenztheorie (*conditio sine qua non* – Bedingungstheorie) verwendet.[102] Danach war eine Handlung bereits dann kausal für den Erfolgseintritt, wenn sie nicht hinweggedacht werden konnte, ohne dass der Erfolg in seiner konkreten Form entfiel. Hinsichtlich der Rechtswidrigkeit kam es darauf an, ob ein Rechtfertigungsgrund eingriff. Dabei war auch hier nicht erforderlich, dass der Täter um den Rechtfertigungsgrund wusste, also mit Rechtfertigungswillen gehandelt hat. Ausschlaggebend war allein das objektive Vorliegen eines Rechtfertigungsgrundes. Auf der dritten Stufe, der Schuld, wurde dann nach der Zurechnungsfähigkeit, dem Vorsatz (hinsichtlich des gesamten Unrechts) sowie nach Schuldausschließungsgründen gefragt. Dieser Aufbau, der die Schuld als Inbegriff aller subjektiven Verbrechensmerkmale versteht, und bis Anfang des 20. Jahrhunderts prägend war, wird auch als **„klassischer Verbrechensbegriff"** bezeichnet.

65 ▪ Da die kausale Handlungslehre nicht berücksichtigt, dass auch ein Unterlassen einen kriminellen Unwert in sich bergen kann, und sich zudem die Auffassung durchsetzte, dass der Unrechtstatbestand auch subjektive Elemente wie die Zueignungsabsicht in §§ 242, 249 erfasse, die der Gesetzgeber nicht ohne Grund im Tatbestand formuliert, wurde sie Anfang des 20. Jahrhunderts leicht modifiziert. Danach sollte auch ein Unterlassen handlungsäquivalent sein und auch die in den Tatbeständen aufgenommenen subjektiven Elemente sollten dem Unrechtstatbestand zuzuordnen sein, sog. **„neoklassischer Verbrechensbegriff"**.[103]

66 ▪ Die kausale Handlungslehre litt aber noch an einem weiteren Mangel: Denn typisch für das menschliche Handeln ist nicht nur eine bewusste Willensbildung, sondern auch ein zielgerichtetes Handeln („ontologisches Verhalten"). Gerade diesen Aspekt berücksichtigte die kausale Handlungslehre auch nach der dargestellten Modifikation nicht. Daher wurde der Vorsatz von der Schuld in den bis dahin rein objektiv geprüften Tatbestand überführt. Der Vorsatz gehört seitdem zum Tatbestand – sog. **finale Handlungslehre**. In der Schuld

---

[99] Vgl. bereits Rn 15d.
[100] Vgl. dazu ausführlich etwa *Werle*, JuS 2001, L 33 ff.; *Gropp*, AT, § 2 Rn 79 ff.; Sch/Sch-*Eisele*, Vor § 13 Rn 23 ff.; *Fischer*, Vor § 13 Rn 2 ff.; *W/B/S*, AT, Rn 85 ff.; *Ambos*, JA 2007, 1 ff.
[101] Vgl. *v. Liszt*, Lehrbuch des deutschen Strafrechts, 14./15. Auflage 1905; *Beling*, Die Lehre vom Verbrechen, 1906. Umfassend dazu *Werle*, JuS 2001, L 33, 35; *Ambos*, JA 2007, 1 ff.
[102] Vgl. *Gropp*, AT, § 2 Rn 79 ff.; *Joecks*, Vor § 13 Rn 6; *Fischer*, Vor § 13 Rn 21; Sch/Sch-*Eisele*, Vor § 13 Rn 23 ff.
[103] Vgl. *Mezger*, Strafrecht, 1931.

wurde dann nur noch nach der Schuldfähigkeit, dem Unrechtsbewusstsein und dem Nichtvorliegen von Entschuldigungsgründen gefragt.[104]

- Aber auch die finale Handlungslehre war nicht frei von Unzulänglichkeiten. Ebenso wenig wie die (ursprüngliche) kausale Handlungslehre vermochte auch sie nicht die Unterlassungsdelikte zu erklären, da es hier gerade keine Finalität i.S. eines bewussten Steuerns und Lenkens des Geschehensablaufs gibt. Insbesondere vermochte sie aber nicht damit umzugehen, dass ein menschliches Verhalten auch dann den objektiven Tatbestand einer Strafnorm erfüllen kann, wenn der Täter den Erfolgseintritt nicht wollte, ihn sogar noch nicht einmal vorher gesehen hatte. Diese – aus heutiger Sicht fahrlässigen Verhaltensweisen – konnte sie nicht erklären. **67**

- Heute wird daher überwiegend eine kombinierte Theorie, die sog. **soziale Handlungslehre** (teleologischer Verbrechensaufbau), vertreten. Auch sie folgt dem dreistufigen Verbrechensaufbau: Auf der ersten Stufe, der Tatbestandsmäßigkeit, erfolgt zunächst die Prüfung, ob der Täter die zum gesetzlichen Tatbestand gehörenden Tatbestandsmerkmale erfüllt hat (sog. objektiver Tatbestand). Dabei wird unter einer strafrechtlich relevanten Handlung ein willensgetragenes, sozialerhebliches, menschliches Verhalten verstanden. Mit diesem Verständnis werden also sowohl Unterlassungsdelikte (die Bezeichnung „Verhalten" statt „Handlung" umfasst auch das Unterlassen einer gebotenen Handlung) als auch Fahrlässigkeitsdelikte (die ja gerade *keine* willensgetragene Handlung voraussetzen) erfasst. Im Rahmen des subjektiven Tatbestands wird dann (soweit es sich um ein Vorsatzdelikt handelt) der Tatbestandsvorsatz geprüft. Auf der zweiten Stufe erfolgt sodann die Prüfung der Rechtswidrigkeit, wonach die Tat immer dann rechtswidrig ist, wenn dem Täter kein anerkannter Rechtfertigungsgrund zur Seite steht und er nicht mit Rechtfertigungswillen gehandelt hat. Die dritte Stufe, die Schuld, erfasst die Schuldfähigkeit, die Vorsatzschuld, das Unrechtsbewusstsein und die Entschuldigungsgründe.[105] **68**

Hinweis für die Fallbearbeitung: Mit gutem Grund mag danach gefragt werden, warum es so entscheidend sein soll, entweder der kausalen Handlungslehre (also dem klassischen Verbrechensbegriff) zu folgen und den Vorsatz in der Schuld zu prüfen oder sich der finalen bzw. sozialen Handlungslehre anzuschließen und den Vorsatz innerhalb des Tatbestands zu behandeln, denn so oder so bleibt der Täter bei fehlendem Vorsatz straflos. Wichtig ist die Unterscheidung aber im Hinblick auf den Deliktsaufbau (Einordnung des Vorsatzes in eine der Stufen) und damit auf Irrtümer. Denn am Anfang glaubte man, dass jeder Irrtum – gleichgültig, ob er sich auf den Tatbestand oder die Rechtswidrigkeit bezog – den Vorsatz insgesamt entfallen lasse (sog. **Vorsatztheorie**). Das konnte man deshalb annehmen, weil es die heutige gesetzliche Differenzierung zwischen Tatbestandsirrtümern und Verbotsirrtümern (§§ 16 und 17) damals noch nicht gab (§ 59 a.F. regelte ausschließlich den Tatbestandsirrtum). Spätestens aber mit der Entscheidung des *Großen Senats* aus dem Jahre 1952 (BGHSt 2, 194), wonach das Unrechtsbewusstsein als eigenständiger Teilaspekt der Schuld anzusehen ist, muss zwischen dem Vorsatz hinsichtlich des Tatbestands und dem Vorsatz hinsichtlich des Unrechts unterschieden werden. Dementsprechend sind gem. §§ 16 und 17 Irrtümer verschieden zu behandeln. Die o.g. Vorsatztheorie ist daher nicht mehr vertretbar. Gleichwohl ist die kausale Handlungslehre nicht obsolet geworden. Zwar prüfen ihre Vertreter (zu denen auch ein Teil der Rechtsprechung zählt) den Vorsatz nach wie vor ausschließlich in der Schuld, differenzieren aber in der gebotenen Weise zwischen Tatbestandsvorsatz und Unrechtsbewusstsein, können Irrtümer also der gesetzlichen Regelung entsprechend behandeln. Die Prüfung der „Kausalisten" stellt sich dementsprechend wie folgt dar: **69**

I. Tatbestand (rein objektiv)

II. Rechtswidrigkeit (rein objektiv)

---

[104] *Welzel*, Das deutsche Strafrecht, 11. Aufl. 1969.

[105] Vgl. nur *Gropp*, AT, § 2 Rn 118 ff.; *Jescheck/Weigend*, AT, § 39 IV 4; *W/B/S*, AT, Rn 93.

III. Schuld
1. Schuldfähigkeit
2. Vorsatz hinsichtlich des Tatbestands (bei Irrtümern: § 16)
3. Vorsatz hinsichtlich des Unrechts, sog. Unrechtsbewusstsein (bei Irrtümern: § 16 bzgl. tatsächlicher Voraussetzungen eines Erlaubnissatzes; § 17 bzgl. rechtlicher Voraussetzungen eines Erlaubnissatzes)
4. Entschuldigungsgründe

Die kausale Handlungslehre in der dargestellten Form vermag vorzüglich die Fahrlässigkeitsdelikte zu erklären. Demgegenüber sollte hinsichtlich der Vorsatzdelikte die **finale bzw. soziale Handlungslehre** bevorzugt werden. Das wird bei Delikten mit sog. „überschießender Innentendenz", also bei Delikten, bei denen einige subjektive Merkmale sich nicht auf die Erfüllung des objektiven Tatbestands beziehen (z.B. §§ 242, 263), besonders deutlich.

Beispiel: Einen Diebstahl begeht, wer eine fremde bewegliche Sache einem anderen wegnimmt (= objektiver Tatbestand) und dabei mit der Absicht handelt, die Sache sich oder einem Dritten rechtswidrig zuzueignen (= Zueignungsabsicht). Die Sache muss also nicht tatsächlich zugeeignet worden sein; es genügt, dass der Täter dies beabsichtigte.
Würde man hier dem kausalen Deliktsaufbau folgen, wäre die Zueignungsabsicht als subjektives Merkmal in der Schuld zu prüfen. Danach könnte trotz Fehlens der Zueignungsabsicht (etwa weil der Täter die Sache später wieder zurückgeben möchte) ein tatbestandsmäßiger und rechtswidriger Diebstahl vorliegen, wenn nur das äußere Unrecht der Wegnahme einer fremden beweglichen Sache zu bejahen ist. Das kann ersichtlich nicht richtig sein. Denn die Zueignungsabsicht charakterisiert gerade den Unrechtstatbestand, nicht erst die Schuld.

Das diesbezügliche Prüfungsschema stellt sich wie folgt dar:

I. Tatbestand
1. Objektiver Tatbestand – Rn 139 ff.
2. Subjektiver Tatbestand (bei Irrtümern: § 16) – Rn 200 ff.

II. Rechtswidrigkeit
1. Vorliegen/Nichtvorliegen von Rechtfertigungsgründen – Rn 309 ff./322 ff.
2. Subjektives Rechtfertigungselement – Rn 311 ff.

III. Schuld
1. Schuldfähigkeit (§§ 19, 20) – Rn 495 ff.
2. Schuldform: Vorsatzschuld (Unrechtsbewusstsein i.w.S.) – Rn 531 ff.
3. Die persönliche Vorwerfbarkeit (Unrechtsbewusstsein i.e.S.; § 17) – Rn 554 ff.
4. Fehlen von Entschuldigungsgründen – Rn 569 ff.

Wichtig ist: Eine Strafbarkeit kann nur gegeben sein, wenn die als Täter in Betracht kommende Person tatbestandsmäßig, rechtswidrig und schuldhaft gehandelt hat. Fehlt eines dieser Elemente, ist die Person bzgl. des geprüften Delikts straflos. Allerdings kann beim ausschließlichen Fehlen der Schuld als Rechtsfolge eine sog. Maßnahme der Besserung und Sicherung wie etwa die Unterbringung in einem psychiatrischen Krankenhaus in Betracht kommen.

III. Lehre vom zwei- und dreistufigen Deliktsaufbau

70 Eine Minderheitsmeinung[106] folgt nicht dem dreistufigen Deliktsaufbau (Tatbestand, Rechtswidrigkeit und Schuld), sondern versteht den Deliktsaufbau zweistufig. Sie fasst den Tatbestand und die Rechtswidrigkeit zu einem **Gesamtunrechtstatbestand** zu-

[106] Vgl. *Engisch*, ZStW 70, 583 ff.; *Arthur Kaufmann*, ZStW 76, 564 ff.; SK-*Günther*, vor § 32 Rn 7 ff.; *Freund*, JuS 1997, 235, 238. Vgl. auch *Schünemann/Greco*, GA 2006, 777.

sammen. Dabei stützt sie sich überwiegend auf die **Lehre von den negativen Tatbestandsmerkmalen**. Nach dieser Lehre sollen die Voraussetzungen der Rechtfertigungsgründe als „negative Tatbestandsmerkmale" anzusehen sein, weil ihr Nichtvorliegen die gleiche Bedeutung habe wie das Vorliegen der unrechtsbegründenden (positiven) Tatbestandsmerkmale. Danach führt das Vorliegen eines Rechtfertigungsgrundes zum Nichtvorliegen des (Unrechts-)Tatbestands.

Wer also einen anderen Menschen tötet und dabei in Notwehr handelt, handelt nach der Lehre **71**
von den negativen Tatbestandsmerkmalen schon nicht tatbestandsmäßig. Demgegenüber erfüllt er nach h.M. zwar den Tatbestand des § 212, ist aber gem. § 32 gerechtfertigt.

Der zweistufige Deliktsaufbau ist jedoch gewissen Bedenken ausgesetzt. Denn es macht **72**
(insbesondere für das Opfer) sehr wohl einen Wertunterschied, ob der Täter ein geschütztes Rechtsgut beeinträchtigt und nur durch einen Erlaubnissatz (d.h. einen Rechtfertigungsgrund) gerechtfertigt ist oder schon nicht tatbestandsmäßig handelt.

So ist es z.B. nicht einzusehen, warum jemand, der den Körper eines anderen Menschen verletzt (somit in eine fremde Rechtssphäre eingreift), nicht tatbestandlich gehandelt haben soll, nur weil er aus dem Gesichtspunkt der Notwehr gehandelt hat.

Tragendes Element für die Ablehnung des zweistufigen Deliktsaufbaus ist aber die ge- **73**
setzgeberische Wertung, die mit der Statuierung von Rechtfertigungsgründen zum Ausdruck kommt. Wenn z.B. die Vorschriften der §§ 32 und 34 die durch Notwehr bzw. Notstand gedeckte Tat als „nicht rechtswidrig" bezeichnen, bringen sie damit zum Ausdruck, dass das Vorliegen eines Rechtfertigungsgrundes nicht den Tatbestand als solches fallen lassen soll, sondern lediglich die Rechtswidrigkeit eines tatbestandsmäßigen Handelns ausschließt.[107] An dieser gesetzgeberischen Wertung kommt auch die Minderheitsmeinung nicht vorbei; daher behält sie neuerdings den „Unrechtstatbestand" zwar formal bei, untergliedert diesen allerdings in zwei Untergruppen (den Tatbestand und die Rechtswidrigkeit).[108]

Hinweis für die Fallbearbeitung: In der Fallbearbeitung sind beide Wege gangbar, **74**
obwohl dringend der dreistufige Aufbau angeraten wird. Der Klausurbearbeiter sollte sich in jedem Fall aber der unterschiedlichen Konsequenzen, die das Befolgen des einen oder des anderen Aufbaus mit sich bringt, bewusst sein. Das betrifft in erster Linie den Irrtum über die tatbestandlichen Voraussetzungen eines Rechtfertigungsgrundes (den sog. **Erlaubnistatbestandsirrtum**):

Beispiel: A erzählt T, O unterhalte ein Liebesverhältnis zu dessen Ehefrau. T geht daraufhin zu O, um diesen zur Rede zu stellen. Als O in seine Jackentasche greift, um ein Zigarettenpäckchen herauszuholen, glaubt T, er werde von O angegriffen. Um den vermeintlichen Angriff abzuwehren, schlägt er den O nieder (§ 223). Später stellt sich heraus, dass A einen solchen Hergang erwartet hatte (§§ 223, 26).

⇨ Fasst man in einem zweistufigen Deliktsaufbau den Tatbestand i.e.S. und die Rechtswidrigkeit zu einem Gesamtunrechtstatbestand zusammen, führt die Annahme einer rechtfertigenden Sachlage unter *direkter Anwendung des § 16 I S. 1* zu der Folge, dass ein Überschuss von negativen Tatbestandsmerkmalen den „Vorsatz" als solchen entfallen lässt. T handelt somit nicht tatbestandsmäßig. Eine Teilnahme (§§ 26, 27) ist mangels rechtswidriger und vorsätzlich begangener Haupttat nicht möglich (u.U. aber eine mittelbare Täterschaft, § 25 I Var. 2).

⇨ Wer aber dem dreistufigen Deliktsaufbau folgt (somit Tatbestand i.e.S. und Rechtswidrigkeit trennt), prüft die irrige Annahme einer rechtfertigenden Sachlage im

---

[107] *W/B/S*, AT, Rn 118 ff.; *Jescheck/Weigend*, § 25 III; Sch/Sch-*Lenckner/Sternberg-Lieben*, Vorb §§ 32 ff. Rn 17.
[108] Vgl. *Roxin*, AT, § 10 Rn 16 ff.; Sch/Sch-*Eisele*, Vor § 13 Rn 17-19; siehe auch NK-*Puppe*, vor § 13 Rn 14.

Rahmen der Rechtswidrigkeit bzw. der Schuld.

⇨ Wer der „strengen" Schuldtheorie (zu den Schuldtheorien vgl. näher Rn 536 ff.) folgt, behandelt die irrige Annahme einer rechtfertigenden Sachlage als Verbotsirrtum i.S.d. § 17. Die Tat des T bleibt also vorsätzlich und rechtswidrig. Eine Teilnahme des A ist möglich.

⇨ Demgegenüber zeichnet sich die eingeschränkte Schuldtheorie dadurch aus, dass nach ihr zwischen Tatbestandsmerkmalen und Rechtfertigungsgründen unter dem Blickwinkel der Unrechtsvoraussetzungen kein qualitativer Unterschied besteht. Infolgedessen muss ein Erlaubnistatbestandsirrtum zu denselben Konsequenzen führen wie der Tatbestandsirrtum i.S.d. § 16 I S. 1 (aus diesem Grund ist auch eine Unterscheidung zwischen Erlaubnistatbestandsirrtum und Erlaubnisirrtum möglich).

Nach der ersten Variante dieser Theorie, der reinen eingeschränkten Schuldtheorie, wird der Täter bei einem Erlaubnistatbestandsirrtum unter einer analogen Anwendung des § 16 I S. 1 also nicht aus einer vorsätzlich begangenen Tat bestraft.[109] Beruht der Irrtum auf einer Fahrlässigkeit, kommt § 16 I S. 2 zur Anwendung mit der Folge, dass die Bestrafung von der Existenz eines entsprechenden Fahrlässigkeitsdelikts abhängt. Auch hier ist eine Teilnahme nicht möglich. Demzufolge hätte sich T nach § 229 strafbar gemacht. A wäre nicht nach §§ 223, 26 strafbar. In Betracht kommt aber eine Strafbarkeit nach § 229 (der Fahrlässigkeitsvorwurf knüpft an die Tatveranlassung).

Nach der zweiten Variante der eingeschränkten Schuldtheorie, der rechtsfolgenverweisenden eingeschränkten Schuldtheorie, lässt der Erlaubnistatbestandsirrtum den Willen zur Tatbestandsverwirklichung, also den Tatbestandsvorsatz, unberührt. Sie schließt vielmehr nur die Vorsatzschuld und eine Bestrafung wegen vorsätzlicher Tat aus. Der Erlaubnistatbestandsirrtum wird damit lediglich in seinen Rechtsfolgen dem in § 16 I S. 1 geregelten Tatbestandsirrtum gleichgestellt.[110] Beruht der Irrtum auf einer Fahrlässigkeit, kommt in Übereinstimmung mit der ersten Variante dieser Theorie § 16 I S. 2, hier aber analog, zur Anwendung mit der Folge, dass die Bestrafung von der Existenz eines entsprechenden Fahrlässigkeitsdelikts abhängt. Die eingeschränkte Schuldtheorie in der rechtsfolgenverweisenden Variante lässt unter analoger Anwendung des § 16 I S. 1 und im Gegensatz zur vorsatzausschließenden Variante also nicht den *Vorsatz* entfallen, sondern nur die Vorsatz*schuld*, sodass der Täter zwar straffrei bleibt, aber weiterhin eine tatbestandsmäßige und rechtswidrige Tat vollendet hat. Dadurch wird die Teilnahmemöglichkeit einer anderen Person nicht ausgeschlossen (auch eine ggf. rechtmäßige Notwehrhandlung des Angegriffenen bleibt möglich). Demzufolge ist T nach § 229 und A ist nach §§ 223, 26 strafbar.

IV. Systematik des Strafgesetzbuchs

75 Der Aufbau des Strafgesetzbuchs folgt einer stringenten Systematik, deren Kenntnis und Beachtung für das Gelingen einer Klausur unabdingbar sind. Im **Allgemeinen Teil** (§§ 1 bis 79 b) werden allgemeine, für alle Straftaten gleichermaßen geltende Regeln aufgestellt. So finden sich Vorschriften hinsichtlich der Grundlagen der Strafbarkeit (§§ 13 bis 21), des Versuchs (§§ 22 bis 24), der Täterschaft und Teilnahme (§§ 25 bis 31), der Rechtfertigungs- und Entschuldigungsgründe (§§ 32 bis 35), der Rechtsfolgen der Tat (§§ 38 bis 76 a) sowie Strafmilderungs-, Strafausschließungs- und Strafaufhebungsgründe

[109] So insbesondere der BGH; vgl. nur BGHSt 3, 105, 107; 31, 264, 286 f.; 45, 219, 222 f.; BGH NStZ-RR 2011, 238. Unklar BGH NStZ 2011, 630.

[110] So die wohl h.L. und tw. auch der BGH; vgl. nur *Jescheck/Weigend*, AT, § 41 III 2d; *W/B/S*, AT, Rn 479; BGH NJW 1997, 2460; NStZ 2012, 272, 273 f. (mit Bespr. v. *Hecker*, JuS 2012, 263).

(§§ 77 bis 79b). Der **Besondere Teil** (§§ 80 bis 358) enthält systematisch gegliedert die einzelnen vom Gesetzgeber für strafwürdig empfundenen Delikte. Ausgangspunkt der Gliederung ist das zu **schützende Rechtsgut**. Auf diese Weise werden Deliktsgruppen gebildet. So werden beispielsweise Tötungs-, Körperverletzungs- und Vermögensdelikte unterschieden. Zwischen diesen Gruppen gibt es kein Rangverhältnis; vielmehr beginnt man in der Fallbearbeitung mit der Prüfung der schwersten Delikte („Dickschiffe vorn"). Kommen mehrere Delikte einer Gruppe in Betracht, muss – soweit vorhanden – die innerhalb der Gruppe bestehende Hierarchie zwischen den einzelnen Delikten beachtet werden. So enthalten Delikte nicht selten sog. Grundtatbestände und daran anknüpfende qualifizierende und/oder privilegierende Abwandlungen sowie sonstige qualifizierende und/oder privilegierende Umstände, die den jeweiligen Grundtatbestand auf Konkurrenzebene verdrängen.

- Die Grundform eines Deliktstyps wird aus dem **Grundtatbestand** gebildet. Dieser enthält die Mindestvoraussetzungen, die der Deliktstyp an die Strafbarkeit knüpft, die dem Delikt immanent sind und die seinen Unrechtsgehalt bestimmen.[111] **76**

  Beispiele: Körperverletzung (§ 223), Diebstahl (§ 242), Betrug (§ 263 I)

- Erweitert der Gesetzgeber den Grundtatbestand um spezielle Merkmale (etwa hinsichtlich Zeit und Ort der Tat, der Begehungsweise, der Verwendung spezieller Mittel, der Beziehung zwischen Täter und Opfer), handelt es sich bei diesen Erweiterungen um **qualifizierende bzw. privilegierende Abwandlungen**.[112] Die konkrete Erweiterung kann strafschärfend (dann qualifizierend) oder strafmildernd (dann privilegierend) sein. Allerdings kommt den qualifizierenden/privilegierenden Abwandlungen nur dann **Tatbestandsqualität** zu, wenn sie den Unrechtsgehalt der Tat berühren und wenn sie für den Richter eine abschließende und zwingende Regelung dergestalt treffen, dass bei ihrem Vorliegen ein strengerer oder milderer Strafrahmen greift.[113] **77**

  Beispiele: § 218 III enthält eine Privilegierung des Schwangerschaftsabbruchs (§ 218 I) für den Fall, dass die Schwangere Täterin ist; dagegen stellt der schwere Raub (§ 250) eine Qualifikation zum einfachen Raub (§ 249) dar, und die gefährliche Körperverletzung (§ 224) ist eine Qualifikation zur einfachen Körperverletzung (§ 223).

  Auch **Erfolgsqualifikationen** sind qualifizierende Abwandlungen im dargelegten Sinn. Erfolgsqualifikationen zeichnen sich dadurch aus, dass sie den Eintritt einer schweren Folge sanktionieren, der durch die Begehung des Grunddelikts unmittelbar verursacht wird.

  Beispiele: § 227 qualifiziert die Körperverletzung (§ 223) für den Fall, dass der Täter durch die Körperverletzung den Tod des Opfers verursacht; § 251 qualifiziert den Raub (§ 249) für den Fall, dass der Täter durch den Raub den Tod eines Menschen verursacht

  Im Übrigen muss bei den qualifizierenden/privilegierenden Abwandlungen zwischen unselbstständigen und selbstständigen Abwandlungen unterschieden werden:

  - ⇨ Eine **unselbstständige Abwandlung** liegt vor, wenn die Veränderung das Grunddelikt nicht aufhebt, sondern auf ihm aufbaut, die Veränderung sozusagen in einem Stufenverhältnis zum Grunddelikt steht. **78**

    Beispiele: Die gefährliche Körperverletzung (§ 224), die schwere Körperverletzung (§ 226) und die Körperverletzung mit Todesfolge (§ 227) haben die (einfache) Körperverletzung (§ 223) zum Grundtatbestand. Gleiches gilt hinsichtlich des Diebstahls mit Waffen und des Bandendiebstahls (§ 244) sowie des schweren Bandendiebstahls (§ 244a) zum (einfachen) Diebstahl (§ 242). Dasselbe gilt für § 218 III im Verhältnis zu

[111] *W/B/S*, AT, Rn 108.
[112] *W/B/S*, AT, Rn 109.
[113] *W/B/S*, AT, Rn 109. Zu den Abwandlungen, die keine Tatbestandsqualität haben, vgl. Rn 80.

§ 218 I und für § 250 I[114], II Nr. 1, 2 und 3a[115] im Verhältnis zu § 249. Auch qualifizieren einige schwere Begehungsformen des Betrugs (§ 263 V) den Grundtatbestand des § 263 I.

Hinweis für die Fallbearbeitung: Aufbautechnisch darf die unselbstständige Abwandlung – gerade wegen des Stufenverhältnisses – nicht ohne den Grundtatbestand geprüft werden. Ob sie mit dem Grunddelikt verzahnt oder im Anschluss an das Grunddelikt geprüft werden sollte, ist eine Frage des Einzelfalls und wird bei Rn 84 ff. näher erläutert. Im Rahmen der Konkurrenzen wird dann der Grundtatbestand von dem Qualifikationstatbestand verdrängt.

79 ⇨ Demgegenüber spricht man von einer **selbstständigen Abwandlung**, wenn die Veränderung losgelöst vom Grunddelikt einen eigenen Unwert besitzt und ein eigenes Delikt (*delictum sui generis*) darstellt.

Beispiel: Der räuberische Diebstahl (§ 252) ist wertungsmäßig bereits so weit vom Diebstahl (§ 242) entfernt, dass von einem *delictum sui generis* gesprochen werden muss. Bei § 252 gilt sogar die Besonderheit, dass er selbst den Grundtatbestand zu einigen unselbstständigen Abwandlungen, etwa zum schweren räuberischen Diebstahl (§§ 252, 250) und räuberischen Diebstahl mit Todesfolge (§§ 252, 251) oder gar zum schweren räuberischen Diebstahl mit Todesfolge (§§ 252, 250, 251), bildet. Weiteres Beispiel einer selbstständigen Abwandlung zu § 242 ist der Raub (§ 249). Aber auch dieses Delikt kann wiederum Grundtatbestand zu unselbstständigen Abwandlungen sein (namentlich zu § 250 und/oder § 251, s.o.).

Hinweis für die Fallbearbeitung: Gerade wegen ihres eigenen Unwertgehalts werden selbstständige Abwandlungen ohne den „Ausgangstatbestand" geprüft. Auf diesen sollte aber – bei Bejahung der selbstständigen Abwandlung – im Rahmen der Konkurrenzen eingegangen werden. Sofern die selbstständige Abwandlung aber ihrerseits Grundtatbestand einer unselbstständigen Abwandlung ist, folgt hier die o.g. Stufenprüfung.

80 ▪ Einige unselbstständige Abwandlungen haben keine Tatbestandsqualität. Sie enthalten für den Strafrichter weder zwingende noch abschließende Regelungen, sondern modifizieren lediglich die Rechtsfolge. Das trifft namentlich auf sog. **Strafzumessungsregeln** (vgl. bereits Rn 28) zu, die in der Klausur nach der Schuldprüfung zu erörtern sind.

Beispiele: § 243 betrifft den besonders schweren Fall des Diebstahls. Aufgrund ihrer von der h.M. zutreffend angenommenen Rechtsnatur als Strafzumessungsregel modifiziert die Vorschrift aber nicht den Tatbestand des § 242, sondern lediglich die Strafzumessung: Der Täter wird nicht aus dem Strafrahmen des § 242 StGB (Freiheitsstrafe bis fünf Jahre oder Geldstrafe) bestraft, sondern aus dem erhöhten Strafrahmen des § 243 (Freiheitsstrafe zwischen drei Monaten und zehn Jahren). Bei § 243 bedient sich der Gesetzgeber zudem der **Regelbeispielstechnik**: Erfüllt der Täter mindestens eines der in der Vorschrift enthaltenen Beispiele, liegt in der Regel (aber nicht zwingend) ein besonders schwerer Fall des Diebstahls vor. Es kann aber auch ein besonders schwerer Fall des Diebstahls vorliegen, wenn der Täter keines der in der Vorschrift genannten Beispiele erfüllt hat. Dann handelt es sich um einen unbenannten besonders schweren Fall des Diebstahls.[116] Umgekehrt kann ein besonders schwerer Fall aber auch zu verneinen sein, obwohl der Täter eines der in der Vorschrift genannten Beispiele erfüllt hat.

Weitere Beispiele von besonders schweren Fällen stellen § 113 II und § 263 III dar.

---

[114] § 250 I Nr. 1c qualifiziert § 249 zu einem konkreten Gefährdungsdelikt (Gefahr der schweren Gesundheitsschädigung).
[115] § 250 II Nr. 3b qualifiziert § 249 zu einem konkreten Gefährdungsdelikt (Gefahr des Todes).
[116] Vgl. dazu im Einzelnen *R. Schmidt*, BT II, Rn 128 ff.

Außerhalb der Einordnung in Grundtatbestand/Abwandlungen stehen die Alternativtatbestände und die Auffangtatbestände. 81

- **Alternativtatbestände** stehen in einem Exklusivitätsverhältnis zueinander. Durch eine Tathandlung kann von zwei in Betracht kommenden Tatbeständen immer nur ein Tatbestand verwirklicht werden.

  Beispiel: § 242 (Diebstahl) setzt einen Gewahrsamswechsel ohne oder gegen den Willen des Gewahrsamsinhabers voraus, § 263 (Betrug) dagegen den Gewahrsamswechsel durch eine Verfügung des Getäuschten. Die Annahme einer gleichzeitigen Wegnahme und Weggabe hinsichtlich derselben Sache muss begriffsnotwendig ausscheiden.

- **Auffangtatbestände** greifen subsidiär immer dann, wenn die Tat nicht durch andere Strafnormen sanktioniert werden kann.

  Beispiel: § 246 (Unterschlagung) stellt insbesondere gegenüber § 242 (Diebstahl) einen Auffangtatbestand dar, weil er alle (Zueignungs-)Delikte erfasst, die nicht bereits in anderen Vorschriften mit schwererer Strafe bedroht sind.

Eine andere Betrachtungsweise verlangen auch sonstige qualifizierende und/oder privilegierende Umstände sowie deren Zusammentreffen. 82

So modifizieren die §§ 247, 248a nicht etwa den Strafrahmen des § 242, sondern regeln die **Zulässigkeit der Strafverfolgung** (Strafantrag als Prozessvoraussetzung). Der Sinn dieser Vorschriften besteht darin, entweder bestimmte persönliche Beziehungen nicht zu stören (im Fall des § 247) oder die Bagatellkriminalität befriedigend zu lösen (im Fall des § 248a).

Trifft ein qualifizierender mit einem privilegierenden Umstand zusammen, muss das Verhältnis zueinander geklärt werden. 83

Beispiel: Nach h.L. stellt § 216 (Tötung auf Verlangen) eine Privilegierung zu § 212 (Totschlag) dar, § 211 (Mord) dagegen eine Qualifikation zu § 212. Verwirklicht nun der Täter, der vom Opfer ausdrücklich und ernsthaft zu dessen Tötung aufgefordert wird, den Privilegierungstatbestand des § 216, stehen dieser Privilegierung auch nicht etwaige Mordmerkmale (z.B. Habgier wegen einer erwarteten Erbschaft) des § 211 entgegen. Nach h.L. gilt: Privilegierung sperrt Qualifikation.

V. Der prüfungstechnische Aufbau von Grundtatbestand und Qualifikation

In der Form des vorsätzlichen vollendeten Begehungsdelikts sind drei Möglichkeiten denkbar, die Prüfung eines Grunddelikts mit dessen Qualifikation aufzubauen. Diese Möglichkeiten sollen am Beispiel der gefährlichen Körperverletzung (§ 224) dargestellt werden. 84

Beispiel: T schlägt O mit einem Knüppel nieder. Damit hat er sowohl den Tatbestand des § 223 I als auch den des § 224 I Nr. 2 Var. 2 (und ggf. Nr. 5) erfüllt. Zu dieser Tat wurde er von A angestiftet (§ 26). 85

- ⇨ Nach einer ersten Möglichkeit prüft man zunächst das Grunddelikt (§ 223) vollständig durch (also objektiver und subjektiver Tatbestand, Rechtswidrigkeit und Schuld), um in einem zweiten Schritt die Qualifikation zu untersuchen.
- ⇨ Eine zweite Möglichkeit besteht in einer Kombination, und zwar dergestalt, dass zunächst der objektive und subjektive Tatbestand des Grunddelikts, anschließend der objektive und subjektive Tatbestand der Qualifikation und sodann die gemeinsame Rechtswidrigkeit und Schuld geprüft werden.

⇨ Der dritte Ansatz prüft zunächst hintereinander die objektiven Tatbestände des Grunddelikts und der Qualifikation und anschließend deren subjektive Tatbestände, um in einem dritten Schritt die gemeinsame Rechtswidrigkeit und Schuld zu prüfen.

86 Meines Erachtens sind alle drei Möglichkeiten gleichermaßen vertretbar.[117] Ob man sich für die eine oder die andere entscheidet, sollte von der konkreten Fallkonstellation abhängig gemacht werden. Man muss sich jedoch der unterschiedlichen Konsequenzen bewusst sein.

87 ▪ Folgt man der ersten Möglichkeit, kommt man nicht mehr zur Prüfung der Qualifikation, wenn der Täter gerechtfertigt ist bzw. ein Schuldausschließungsgrund oder ein Entschuldigungsgrund greifen. Das kann einerseits vorteilhaft sein, wenn man eine (vermeintlich unnötige) Prüfung vermeiden möchte, andererseits begibt man sich aber auch der Möglichkeit, um zur Qualifikation etwas sagen zu können, was insbesondere dann misslich ist, wenn man dadurch materiell-rechtliche Probleme (z.B. die Frage, ob es sich bei dem vom Täter mitgeführten Taschenmesser um ein gefährliches Werkzeug handelt) und damit Sachverhaltsangaben nicht verarbeiten kann (vgl. Rn 89).

Wenn im obigen **Beispiel** T etwa aufgrund von Notwehr gerechtfertigt wäre und dieser Rechtfertigungsgrund gleich nach dem Tatbestand des § 223 geprüft würde, wäre die Prüfung an dieser Stelle zu Ende. Eine Prüfung des § 224 würde sich erübrigen, weil die Grundvoraussetzung (das Vorliegen einer Strafbarkeit nach § 223) fehlt.

88 ▪ Liegen beim Täter ein Schuldausschließungsgrund bzw. ein Entschuldigungsgrund vor, führt die zweite Aufbaumöglichkeit zum Vorliegen einer teilnahmefähigen Haupttat auch hinsichtlich der Qualifikation. Folgt man dieser Aufbaumöglichkeit (wozu in Fällen der Teilnahme dringend zu raten ist, da sonst nach Auffassung des Korrektors ein methodischer Fehler vorliegen könnte), macht sich der Teilnehmer also auch wegen Anstiftung bzw. Beihilfe zur Qualifikation strafbar, da auch deren Tatbestandsmäßigkeit und Rechtswidrigkeit bejaht wurden.

Wenn im obigen **Beispiel** T etwa schuldunfähig ist und deshalb nicht bestraft werden kann, ändert das nichts daran, dass A ihn zum Schlag mit dem Knüppel bewegt hat. Der kriminellen Energie auf Seiten des A kann daher nur dadurch begegnet werden, dass man ihn wegen Anstiftung zur gefährlichen Körperverletzung bestraft. Dazu muss man aber zunächst bei T sowohl den Tatbestand des § 223 als auch den des § 224 bejahen. Den Tatbestand des § 224 kann man aber nur dann bejahen, wenn man nicht zuvor die Schuldunfähigkeit festgestellt hat.

89 ▪ Lediglich bei der dritten Aufbaumöglichkeit könnte man auf Schwierigkeiten stoßen, da eine Vermischung der Tatbestandsmerkmale von Grunddelikt und Qualifikation leicht zur Unübersichtlichkeit führt. Darüber hinaus ist sie untauglich bei der Behandlung von Irrtümern. Liegt beispielsweise ein Tatbestandsirrtum (§ 16 I S. 1) hinsichtlich des objektiven Tatbestands des Grunddelikts vor, hätte man bereits eine u.U. schwierige Prüfung des objektiven Tatbestands der Qualifikation durchgeführt, bevor man im Rahmen des subjektiven Tatbestands des Grunddelikts zum Ausschluss des Vorsatzes und damit zum Nichtvorliegen der Strafbarkeit aus diesem Delikt kommt. Damit hätte man an sich eine partiell überflüssige Prüfung durchgeführt. Andererseits kann nicht ausgeschlossen werden, dass der Korrektor gerade auch in einem solchen Fall jedenfalls dann den objektiven Qualifikationstatbestand geprüft haben möchte, wenn damit schwierige Rechtsfragen verbunden sind. Es kann sogar vorkommen, dass dieselbe Klausurlösung bei dem einen Korrektor als hervorragend und bei dem anderen als nicht vertretbar bewertet wird. Daher kann an dieser Stelle keine verbindliche Empfehlung abgegeben werden.
Eindeutiger verhält es sich jedenfalls für die Versuchsprüfung im Zusammenhang mit Qualifikationen, wenn der Grundtatbestand vollendet, die Qualifikation aber nur versucht worden ist. Hier sollte in jedem Fall die dritte Aufbaumöglichkeit gewählt werden.

[117] Davon geht auch *Beulke*, Klausurenkurs I, 6. Aufl. 2013, Rn 53 aus.

Beispiel: T will nachts in eine Lagerhalle eindringen, um einige dort lagernde Computer zu stehlen. Um einem möglichen Widerstand zuvorzukommen, beabsichtigte er, auch eine Schusswaffe mitzunehmen. Später in der Lagerhalle bemerkt er jedoch, dass er die Waffe zu Hause vergessen hat. Gleichwohl führt er den Diebstahl aus.

Hier hat sich T nach § 242 strafbar gemacht (auf den ebenfalls verwirklichten § 243 soll hier nicht weiter eingegangen werden). Dagegen konnte T den Qualifikationstatbestand des § 244 I Nr. 1a nicht verwirklichen, da er keine Waffe bei sich trug. Da aber der Versuch des § 244 I gem. §§ 244 II, 22, 23 I, 12 II strafbar ist, liegt auch hier eine Strafbarkeit vor. Fraglich ist lediglich der gutachtentechnische Aufbau. Am sinnvollsten scheint es, von der allgemeinen Versuchsprüfung auszugehen. Danach sind die subjektiven Tatbestände des § 242 und des § 244 gemeinsam zu prüfen. Auch die Prüfung des unmittelbaren Ansetzens zur Tatbestandsverwirklichung erfolgt gemeinsam. Zum Schluss sind Rechtswidrigkeit und Schuld zu prüfen.

Zum Aufbau von Grundtatbestand und (Erfolgs-)Qualifikation vgl. Rn 891 ff. sowie BT I, Rn 300 ff., 354 ff. und 393 ff.

VI. Die Rechtsfolgen der Tat/Strafzwecke

Das StGB sieht in den §§ 38 ff. ein zweispuriges, **dualistisches Rechtsfolgensystem** 90
vor. Danach stehen sich Strafen (einschließlich der Nebenfolgen) und Maßregeln der Besserung und Sicherung gegenüber.

- Die **Strafe** stellt die Antwort auf die begangene schuldhafte Tat dar. Durch sie soll vor allem das durch die Straftat zum Ausdruck gebrachte sozialethisch missbilligenswerte Verhalten des Täters sanktioniert werden – **Sühnefunktion** (= Schuldausgleich). Gleichzeitig soll durch die Strafe versucht werden, den Täter derart in die soziale Gemeinschaft wieder einzugliedern, dass er in Zukunft als vollwertiges Mitglied ohne Straftaten in ihr zu leben vermag. Er soll vor weiteren Taten abgeschreckt werden – **Spezialprävention**. Schließlich soll die Strafe bewirken, dass die übrige Bevölkerung abgeschreckt wird, Taten der beschriebenen Form zu begehen – **Generalprävention**.[118] Insgesamt lässt eine Strafe somit folgende Zwecke erkennen: Schuldausgleich und Vorbeugung.

  Bei den Strafen ist zwischen Hauptstrafe und Nebenstrafe zu unterscheiden. Als **Hauptstrafen** kennt das Gesetz die Freiheitsstrafe (§§ 38 f.) und die Geldstrafe (§§ 40-43)[119]. **Nebenstrafe** ist das Fahrverbot (§ 44). Die Verhängung einer Strafe kann mit **Nebenfolgen** verbunden sein, etwa dem Verlust der Amtsfähigkeit, der Wählbarkeit und des Stimmrechts; vgl. dazu §§ 45-45b.

  Eine **Freiheitsstrafe** ist zeitig, wenn das Gesetz (etwa in § 211) keine lebenslange Freiheitsstrafe androht (§ 38 I). Die zeitige Freiheitsstrafe beträgt im **Mindestmaß** einen Monat (§ 38 II). Davon unbeschadet kann die im konkreten Delikt angedrohte Mindeststrafe höher sein als einen Monat. In diesem Fall spricht man von einer im Mindestmaß erhöhten Freiheitsstrafe.

  Beispiel: Da der Tatbestand des Diebstahls (§ 242) kein Mindestmaß einer Freiheitsstrafe beschreibt, greift § 38 II: Das Mindestmaß beträgt einen Monat. Dagegen nennt der Tatbestand des Wohnungseinbruchdiebstahls (§ 244 I Nr. 3) ein Mindestmaß einer Freiheitsstrafe von sechs Monaten. Die hier genannte Freiheitsstrafe ist also im Mindestmaß erhöht.

  Eine kurzfristige Freiheitsstrafe unter sechs Monaten soll nur ausnahmsweise verhängt werden, wenn besondere Umstände, die in der Tat oder der Persönlichkeit des Täters liegen, die Verhängung einer Freiheitsstrafe zur Einwirkung auf den Täter oder zur Verteidigung der Rechtsordnung unerlässlich machen (§ 47 I). Bei der Verurteilung zu einer Freiheitsstrafe von nicht mehr als einem Jahr und bei günstiger Sozialprognose setzt das Ge-

[118] Vgl. Rn 12 ff.
[119] Die früher ebenfalls mögliche Vermögensstrafe (§ 43a) ist 2002 vom BVerfG für verfassungswidrig und nichtig erklärt worden (BVerfGE 105, 135, 136; BGBl I 2002, S. 1340).

richt die Vollstreckung der Strafe zur Bewährung aus (§ 56 I). Selbst bei einer verhängten Freiheitsstrafe von bis zu zwei Jahren kann das Gericht unter den Voraussetzungen des § 56 II die Freiheitsstrafe zur Bewährung aussetzen.

Bei einer Freiheitsstrafe von mehr zwei Jahren ist eine Strafaussetzung zur Bewährung nicht möglich. Allerdings kann der Strafrest unter den Voraussetzungen des § 57 zur Bewährung ausgesetzt werden. Die Bewährungsdauer beträgt zwei bis fünf Jahre (§ 56a I).

Das **Höchstmaß** einer zeitigen Freiheitsstrafe beträgt fünfzehn Jahre (§ 38 II). Diese Jahresangabe darf nicht mit derjenigen gleichgesetzt werden, bei der der Rest einer verhängten **lebenslangen** Freiheitsstrafe zur Bewährung ausgesetzt werden kann (§ 57a I).

Ist eine Freiheitsstrafe nicht möglich oder nicht angemessen, kommt eine **Geldstrafe** in Betracht. Diese wird in „Tagessätzen" verhängt (§ 40). Die Anzahl der Tagessätze richtet sich nach der Schuld und beläuft sich mindestens auf fünf, höchstens auf dreihundertsechzig (§ 40 I). Die Höhe eines Tagessatzes bestimmt das Gericht unter Berücksichtigung der persönlichen und wirtschaftlichen Verhältnisse des Täters (§ 40 II S. 1). Dabei geht es i.d.R. von dem Nettoeinkommen des Täters aus, das dieser an einem Tag hat oder haben könnte (§ 40 II S. 2). Ein Tagessatz wird auf mindestens einen und höchstens 30.000 € festgesetzt (§ 40 II S. 3). Unter Berücksichtigung dieser Vorgaben ergibt sich, dass die Geldstrafe mindestens auf 5 €, höchstens auf 10.800.000 € (bei Tatmehrheit wegen § 54 II S. 2: 720 Tagessätze zu je 30.000 = 21.600.000 €) festgesetzt werden darf. Ist die Geldstrafe uneinbringlich, tritt Ersatzfreiheitsstrafe an ihre Stelle (§ 43). Bei Geldstrafen bis zu 180 Tagessätzen kann das Gericht unter den Voraussetzungen des § 59 auch eine Verwarnung mit Strafvorbehalt aussprechen. Eine Verwarnung mit Strafvorbehalt ist damit das „Gegenstück" zur Freiheitsstrafe, die zur Bewährung ausgesetzt wird.

- Da das Strafrecht ein Schuldstrafrecht ist (Voraussetzung für eine Strafe ist die Schuld des Täters – *nulla poena sine culpa*), kann es vorkommen, dass ein tatbestandliches und rechtswidriges Täterverhalten strafrechtlich nicht sanktioniert werden kann. Das ist insbesondere dann der Fall, wenn der Täter zum Zeitpunkt der Tat nicht schuldfähig war (vgl. bereits das Beispiel bei Rn 15f sowie die Ausführungen bei Rn 492 ff.). Um dennoch dem Schutzbedürfnis der übrigen Bevölkerung nachzukommen und dem Täter eine Resozialisierungsmöglichkeit zu eröffnen, sieht das StGB in den §§ 61 ff. ein System von **Maßregeln der Besserung und Sicherung** vor. Wichtigste Maßregeln sind die Unterbringung in einem psychiatrischen Krankenhaus (§ 63)[120], die Sicherungsverwahrung (§ 66)[121], die Entziehung der Fahrerlaubnis (§ 69) und das Berufsverbot (§ 70). Maßnahmen sind der Verfall (§§ 73 ff.), die Einziehung (§§ 74 ff.) und die Unbrauchbarmachung (§ 74d). Gegen Strafunmündige dürfen Maßregeln nach §§ 61 ff. nicht angeordnet werden. Gegen Kinder, die rechtswidrige Taten begangen haben, kommen aber Maßnahmen nach §§ 1631 III, 1666 BGB oder nach dem SGB VIII in Betracht.

Fazit: Mit dem zweispurigen Sanktionssystem unterscheidet das deutsche Strafrecht zwischen den Strafen (§§ 38 ff.) und den Maßregeln der Besserung und Sicherung (§§ 61 ff.). Während sich die Strafe auf die **Schuld** des Täters bezieht und diese sanktionieren soll, stellen die Maßregeln der Besserung und Sicherung allein auf die **Gefährlichkeit** des (schuldunfähigen) Täters ab und sollen die Allgemeinheit vor diesem schützen.[122]

---

[120] Vgl. dazu BGH NJW 2014, 3737 (Der Schlachter von Bremerhaven); BVerfG NJW 2013, 3228, 3229 (Fall Mollath) – dazu *R. Schmidt*, Grundrechte, 20. Aufl. 2016, Rn 319. Vgl. dazu insgesamt auch *Walter*, JA 2015, 87 ff.

[121] Vgl. dazu BGH NStZ 2002, 535 f., 536 f. und 537 f.; BVerfGE 128, 326, 366 ff.

[122] Vgl. dazu BVerfGE 2, 118, 120; 7, 305, 319; 9, 167, 169; 20, 323, 331; 25, 269, 285 f.; 54, 100, 108; 58, 159, 162; 91, 1, 27; 105, 135, 153; 109, 133, 175; BGH NJW 2011, 1982; *Stratenwerth/Kuhlen*, AT I, § 1 Rn 37 f.

5. Kapitel - Strafrechtliche Grundbegriffe; Einteilung der Delikte

I. Strafrechtliche Grundbegriffe

Jedem juristischen Begriff kommt eine bestimmte Bedeutung zu. So kann es beispielsweise hinsichtlich der Versuchsstrafbarkeit einen erheblichen Unterschied machen, ob es sich bei der fraglichen Tat um ein „**Verbrechen**" oder um ein „**Vergehen**" handelt. Denn nur bei einem Verbrechen ist der Versuch stets strafbar, bei einem Vergehen indes nur dann, wenn die Strafnorm dies ausdrücklich anordnet (vgl. § 12). Auch die Begriffe „**Straftat**" und „**rechtswidrige Tat**" haben eine unterschiedliche Bedeutung (dazu bereits Rn 15f). Daher ist die Kenntnis der exakten juristischen Terminologie nicht nur für das Gelingen einer Prüfungsarbeit unerlässlich, sondern auch für die juristische Praxis von elementarer Bedeutung. Die folgenden Ausführungen sollen Klarheit in die Begriffsvielfalt bringen. 91

II. Die Einteilung der Delikte

Die Einteilung der Delikte, wie sie im Folgenden vorgenommen wird, entspricht derjenigen aller gängigen Lehrbücher und Kommentare.[123] Eine andere Einteilung ist auch nicht möglich, weil sie sonst nicht der Systematik des StGB entsprechen würde. 92

1. Verbrechen und Vergehen

Anknüpfend an die Schwere der Tat und die Höhe der (abstrakten) Strafandrohung nimmt § 12 eine Unterscheidung der Delikte in Verbrechen und Vergehen vor. 93

- Gemäß § 12 I wird von einem **Verbrechen** gesprochen, wenn die rechtswidrige Tat im Mindestmaß mit Freiheitsstrafe von einem Jahr oder darüber bedroht ist. 94

  Beispiel: Der Totschlag (§ 212) wird mit Freiheitsstrafe nicht unter fünf Jahren bestraft. Hier ist das Mindestmaß fünf Jahre (das Höchstmaß wäre fünfzehn Jahre, da es sich hierbei gem. § 38 I um eine zeitige Freiheitsstrafe handelt und das Höchstmaß einer zeitigen Freiheitsstrafe gem. § 38 II bei fünfzehn Jahren liegt).

- Demgegenüber spricht man gem. § 12 II von einem **Vergehen**, wenn es sich bei der Tat um eine rechtswidrige Tat handelt, die im Mindestmaß mit einer geringeren Freiheitsstrafe oder mit Geldstrafe bedroht ist. 95

  Beispiele: (1) Die Tötung auf Verlangen (§ 216) wird mit Freiheitsstrafe von sechs Monaten bis zu fünf Jahren bestraft. Hier beläuft sich das Mindestmaß der zeitigen Freiheitsstrafe auf sechs Monate. **(2)** Die einfache Körperverletzung (§ 223) wird mit Freiheitsstrafe bis zu fünf Jahren oder mit Geldstrafe bestraft (das Mindestmaß der zeitigen Freiheitsstrafe liegt hier gem. § 38 II bei einem Monat), ist also ebenfalls ein Vergehen.

- **Schärfungen** oder **Milderungen**, die nach den Vorschriften des Allgemeinen Teils oder für besonders schwere oder minder schwere Fälle vorgesehen sind, bleiben gem. § 12 III bei der Aufteilung in Verbrechen und Vergehen **außer Betracht**. 96

  Beispiele für strafschärfende oder strafmildernde Vorschriften des Allgemeinen Teils: Verminderte Schuldfähigkeit (§ 21), fakultative Strafmilderung für den Versuch (§ 23 II), obligatorische Strafmilderung für die Beihilfe (§ 27), besondere gesetzliche Milderungsgründe (§ 49). Leistet also jemand bei der Begehung eines Mordes Hilfe (§§ 211, 27), führt die in § 27 geregelte obligatorische Strafmilderung nicht zur Einstufung seiner Tat als Vergehen.

---

[123] Vgl. nur *W/B/S*, AT, Rn 17 ff.; *Gropp*, AT, § 2 Rn 28 ff.; *Joecks*, § 13 Rn 68 ff.; Sch/Sch-*Eser/Hecker*, § 12 Rn 5 f.; Sch/Sch-*Eisele*, Vor § 13 Rn 127 f.; *Fischer*, Vor § 13 Rn 11 ff.

Beispiele für besonders schwere oder minder schwere Fälle:

(1) Besonders schwerer Fall der Erpressung (§ 253 IV), wonach auf Freiheitsstrafe nicht unter einem Jahr zu erkennen ist. Damit würde an sich ein Verbrechen vorliegen. Da aber der Grundtatbestand (§ 253 I) lediglich ein Vergehen darstellt (dort: Freiheitsstrafe bis zu fünf Jahren oder Geldstrafe) und besonders schwere Fälle wegen der Regelung des § 12 III bei der Einteilung in Verbrechen – Vergehen unberücksichtigt bleiben, handelt es sich auch beim besonderes schweren Fall der Erpressung um ein Vergehen. Entsprechendes gilt etwa für § 29 III BtMG im Verhältnis zu § 29 I BtMG.

(2) Wenn in § 306 II in minder schweren Fällen eine Freiheitsstrafe von sechs Monaten bis zu fünf Jahren vorgesehen ist, wird eine minder schwere Brandstiftung trotzdem nicht zu einem Vergehen, da die Regelstrafe für Brandstiftung, nämlich Freiheitsstrafe von einem Jahr bis zu zehn Jahren, im Verbrechensbereich liegt und die Strafmilderungsmöglichkeit auf den Deliktscharakter keinen Einfluss hat.

(3) Der sexuelle Missbrauch von Kindern bleibt auch dann ein Vergehen i.S.d. § 176 I, wenn ein besonders schwerer Fall gem. § 176 III voliegt. Umgekehrt bleibt eine sexuelle Nötigung gem. § 177 I bleibt auch dann ein Verbrechen, wenn sie im Zustand verminderter Schuldfähigkeit begangen worden ist und das Mindeststrafmaß über §§ 21, 49 I Nr. 3 von einem Jahr auf drei Monate absinkt.

(4) Ein schwerer Bandendiebstahl gem. § 244a I bleibt auch dann ein Verbrechen, wenn ein minder schwerer Fall gem. § 244a II vorliegt.

- Die Regelung des § 12 III findet auch auf **Regelbeispiele** für besonders schwere Fälle Anwendung, die keine Tatbestandsqualität haben, sondern zu den **Strafzumessungsregeln** gehören. Regelbeispiele und Strafzumessungsregeln bleiben bei der Einteilung in Verbrechen und Vergehen also unberücksichtigt.

Beispiel: § 243 statuiert einen besonders schweren Fall des Diebstahls (§ 242). Zu den Regelbeispielen des § 243 vgl. ausführlich *R. Schmidt*, BT II, Rn 128 ff.

97 - Dagegen findet § 12 III **keine** Anwendung auf tatbestandliche Abwandlungen (**Qualifikationen** und **Privilegierungen**) und **Erfolgsqualifikationen**, da diese allesamt den Tatbestand betreffen und gerade keine besonders oder minder schwere Fälle regeln und auch keine Strafzumessungsregeln darstellen.

Beispiele: Die (einfache) Aussetzung (§ 221 I) ist ein Vergehen. Demgegenüber handelt es sich bei § 221 II Nr. 1 um eine Tatbestandsqualifikation und bei § 221 II Nr. 2 um eine Erfolgsqualifikation. In beiden Fällen ist § 12 III nicht anwendbar, sodass hier jeweils ein Verbrechen vorliegt.

98 **Hinweis für die Fallbearbeitung:** Die Dichotomie (= Zweiteilung) von Verbrechen und Vergehen gewinnt ganz erhebliche Bedeutung für die **Versuchsstrafbarkeit**, denn nur der Versuch eines Verbrechens ist stets strafbar. Der Versuch eines Vergehens ist dagegen nur dann strafbar, wenn die betreffende Strafnorm eine Versuchsstrafbarkeit anordnet (vgl. § 23 I). Fehlt eine solche, ist der Versuch straflos.

Beispiel: Die Bedrohung (§ 241) ist aufgrund des in der Strafnorm genannten Strafmaßes (Freiheitsstrafe bis zu einem Jahr oder Geldstrafe) ein Vergehen. Der Versuch wäre also nur dann strafbar, wenn dies in der Norm angeordnet wäre. Das ist aber nicht der Fall. Dagegen ist der Versuch einer (einfachen) Körperverletzung oder eines Diebstahls gem. § 223 II bzw. § 242 II strafbar.

Weiterhin gewinnt die Unterscheidung Verbrechen – Vergehen Bedeutung bei der **versuchten Teilnahme** (§ 30), beim **Verlust der Amtsträgerfähigkeit** etc. (§ 45), bei der **Verfahrenseinstellung** (§§ 153, 153a StPO), beim **Strafbefehlsverfahren** (§ 407 StPO) und bei der **Gerichtsorganisation** (§ 25 GVG, wonach der Richter beim Amtsgericht nur bei Vergehen zuständig ist; demgegenüber sind für Verbrechen – auch erstinstanzlich – die Strafkammern der Landgerichte zuständig, § 74 I S. 1 GVG). Vgl. ferner §§ 126, 241 StGB, §§ 140 I Nr. 2, 407 StPO.

Beispiel: A und B verabreden sich zur Begehung eines Betrugs. B ist Mitglied einer Bande, die sich zur fortgesetzten Begehung von Betrugsstraftaten verbunden hat, und würde die Tat auch gewerbsmäßig begehen (vgl. § 263 V). Dagegen stellt die Tat, zu der sich A und B verabredet haben, für A lediglich einen Betrug nach § 263 I dar. Hier ist also nur B aus § 30 strafbar.

Schließlich ist zu beachten, dass bei der Einteilung in Verbrechen – Vergehen ausschließlich die angedrohte, also die **abstrakte Mindeststrafe** maßgeblich ist. Somit kommt es nicht darauf an, auf welche Strafe im konkreten Fall erkannt wird.

Beispiel: T wird wegen Körperverletzung zu einem Jahr und sechs Monaten Freiheitsstrafe verurteilt. Hier liegt die konkrete Verurteilung bei einer Freiheitsstrafe von über einem Jahr. Dennoch hat T sich nur eines Vergehens schuldig gemacht, da für die Einteilung in Verbrechen – Vergehen nur die abstrakte Strafandrohung maßgeblich ist. Diese liegt gem. § 223 i.V.m. § 38 II bei einem Monat.

2. Erfolgs- und Tätigkeitsdelikte

Je nachdem, ob der Tatbestand das Bewirken eines von der Handlung gedanklich trennbaren Erfolgs in der Außenwelt voraussetzt oder ein schlichtes Tätigwerden genügen lässt, werden Erfolgsdelikte und Tätigkeitsdelikte unterschieden. **99**

- **Erfolgsdelikte** setzen einen von der Tathandlung gedanklich abgrenzbaren konkreten Erfolg in der Außenwelt voraus. Dabei muss der Taterfolg in einem ursächlichen Zusammenhang mit der Tathandlung stehen (sog. „Kausalität"). Die Tat muss sozusagen „das Werk des Täters" sein. Prüfungsstandort dieser Merkmale ist jeweils der objektive Tatbestand. **100**

  Beispiele: § 177 I (Duldung oder Vornahme der sexuellen Handlung; bei § 177 II die Duldung des Beischlafs mit dem Täter oder die Vornahme oder Duldung ähnlicher sexueller Handlungen); §§ 211 ff. (Tod), §§ 223 ff. (hier: Gesundheitsschädigung[124]), § 263 (Vermögensschaden)

- Eine Sondergruppe unter den Erfolgsdelikten bilden zunächst die sog. **kupierten Erfolgsdelikte**. Das sind Delikte, bei denen ein Erfolg zwar tatbestandlich nicht verlangt wird, dieser jedoch vom Täter angestrebt werden muss. **100a**

  Beispiele: Der Tatbestand des Diebstahls (§ 242) setzt im objektiven Tatbestand die Wegnahme einer fremden beweglichen Sache voraus. Die Zueignung der Sache ist dagegen nicht erforderlich. Es genügt, wenn der Täter die Absicht hat, die Sache sich oder einem Dritten rechtswidrig zuzueignen. Zu beachten ist jedoch, dass diese „Absicht" keine besondere Form des Vorsatzes darstellt, sondern ein besonderes subjektives Merkmal des Täters i.S.e. Intention kennzeichnet, das keine Entsprechung im objektiven Tatbestand hat. Daher nennt man § 242 nicht nur ein kupiertes Erfolgsdelikt, sondern auch einen Tatbestand mit **überschießender Innentendenz**. Gleiches gilt hinsichtlich § 249 I (Raub/ Zueignungsabsicht), § 253 (Erpressung/Bereicherungsabsicht), § 259 (Hehlerei/Bereicherungsabsicht), § 267 I (Urkundenfälschung/Täuschungsabsicht) oder § 263 (Betrug/Bereicherungsabsicht).

  Entsprechend der Deliktsnatur dieser Tatbestände ist Prüfungsstandort der Tathandlung der jeweilige objektive Tatbestand, der (lediglich beabsichtigte) Erfolg muss hingegen im subjektiven Tatbestand festgestellt werden. Hieran ändert sich auch nichts, wenn der Erfolg tatsächlich eingetreten ist (der Täter sich also – bei § 242 – die Sache tatsächlich zugeeignet hat).

[124] Die von § 223 ebenfalls erfasste körperliche Misshandlung stellt nicht notwendigerweise einen Erfolg im dargelegten Sinne dar, in jedem Fall aber eine schlichte Tätigkeit (vgl. auch *Roxin*, AT I, § 10 Rn 103).

101 ▪ Eine weitere Sondergruppe unter den Erfolgsdelikten bilden die **erfolgsqualifizierten Delikte**. Das sind Delikte, bei denen das Gesetz eine Strafschärfung vorsieht, wenn durch die Verwirklichung eines bestimmten Grunddelikts zusätzlich eine besondere Folge der Tat eintritt und der Eintritt dieser besonderen Folge mindestens fahrlässig herbeigeführt wird (§ 18).

Beispiel: § 223 regelt den Fall der (einfachen) Körperverletzung. Verursacht der Täter durch die Körperverletzung aber auch den Tod der verletzten Person, macht er sich (auch) nach § 227 schuldig. Weitere Beispiele von erfolgsqualifizierten Delikten sind: §§ 178, 221 II Nr. 2, III, 226 I, 239 IV, 239a III, 251, 306c, 316a III. Vgl. dazu insgesamt Rn 887 ff.

102 ▪ Von den Erfolgsdelikten zu unterscheiden sind die (schlichten) **Tätigkeitsdelikte**. Das sind Delikte, bei denen schon der Handlungsunwert zu einer Strafbarkeit führt; ein konkreter Erfolg in der Außenwelt wird also nicht vorausgesetzt.[125]

Beispiel: Bei den Aussagedelikten (§§ 153, 154) ist allein das falsche Aussagen bzw. falsche Schwören strafbar. Darauf, dass es dem Täter gelungen ist, das Gericht (oder eine andere zuständige Stelle) zu täuschen, kommt es nicht an.

3. Verletzungs- und Gefährdungsdelikte

103 In Abhängigkeit von der Intensität der Beeinträchtigung des betroffenen Rechtsguts lassen sich Verletzungs- und Gefährdungsdelikte voneinander unterscheiden.

104 ▪ Setzt die Verwirklichung des gesetzlichen Tatbestands die Verletzung (i.S. einer Beeinträchtigung) des tatbestandlich geschützten Rechtsguts voraus, spricht man von einem **Verletzungsdelikt**. Ein Verletzungsdelikt ist daher in jedem Fall ein **Erfolgsdelikt**.

Beispiele: Bei den §§ 223 ff. werden Körperverletzungen bestraft, bei den §§ 211 ff. Tötungshandlungen und bei § 303 I Sachbeschädigungen.

105 ▪ Demgegenüber genügt bei den **Gefährdungsdelikten** die Herbeiführung einer Gefahrenlage für das geschützte Rechtsgut (Beeinträchtigung von dessen Sicherheit). Auf eine *Verletzung* des Schutzguts kommt es nicht an.[126] In Abhängigkeit davon, ob die Gefährdung konkret oder abstrakt ist, spricht man von **konkreten** oder **abstrakten Gefährdungsdelikten**.

106 Der Tatbestand eines **konkreten Gefährdungsdelikts** beschreibt eine Handlung, die eine Gefährdung eines bestimmten Objekts im Einzelfall zur Folge hat. In diesen Fällen sieht das Gesetz also schon die konkrete Gefährdung des geschützten Rechtsguts als Taterfolg an. Der Eintritt der Gefahr ist hier ein Tatbestandsmerkmal, dessen Vorliegen durch den Richter (und somit durch den Klausurbearbeiter) festgestellt werden muss. Konkrete Gefährdungsdelikte sind also (wie die Verletzungsdelikte) Erfolgsdelikte: der Erfolg liegt in der konkreten Gefährdung des geschützten Rechtsguts. Man erkennt die konkreten Gefährdungsdelikte häufig an der Formulierung: „... und dadurch ... (etwa Leib oder Leben einer anderen Person) gefährdet".

Beispiele: §§ 90b, 109e, 221, 238 II, 250 I Nr. 1c, 250 II Nr. 3b, 306a II, 306b II Nr. 1, 308, 309, 315a, 315b, 315c, 330, 330a.

Hinweis für die Fallbearbeitung: Das Bestehen einer konkreten Gefahr sollte nicht vorschnell angenommen und der Tatbestand nicht bejaht werden, nur weil der Täter etwa eine „gefährliche Verhaltensweise" an den Tag gelegt hat. Je höher die Strafandrohung ist, desto zurückhaltender sollte die konkrete Gefahr diskutiert werden. Insbesondere die von § 315c geforderte konkrete Gefahr für Leib oder Leben eines anderen oder für fremde Sachen von bedeutendem Wert setzt einen „Beinahe-Unfall" voraus, al-

125 *Fischer*, Vor § 13 Rn 18.
126 Vgl. *Fischer*, Vor § 13 Rn 19.

so eine Situation, bei der es lediglich vom Zufall abhängt, ob ein Unfall eintritt oder nicht.[127] Kommt es sogar zum Schadenseintritt, ist die konkrete Gefährdung (als Durchgangsstadium) zumindest für eine logische Sekunde gegeben und der Tatbestand des konkreten Gefährdungsdelikts neben dem des einschlägigen Verletzungsdelikts zu bejahen.

Im Übrigen gilt für alle Gefährdungsdelikte (und für Eignungsdelikte), dass konstruktiv auch eine Versuchsstrafbarkeit möglich ist. Bei Vergehen muss aber die Strafbarkeit des Versuchs ausdrücklich angeordnet werden (vgl. § 23 I), was z.B. bei § 316 nicht der Fall ist.

Den **abstrakten Gefährdungsdelikten** liegt die Vermutung zugrunde, dass eine Handlung eine Gefahr für ein Rechtsgut darstellen *kann*. Darauf, dass der Täter ein bestimmtes Objekt im Einzelfall gefährdet hat, kommt es (im Gegensatz zu den konkreten Gefährdungsdelikten) also gerade nicht an. Die Gefährlichkeit ist hier also nicht Tatbestandsmerkmal, sondern Grund für die Existenz der Strafnorm, sodass der Richter (und somit der Klausurbearbeiter) im Regelfall nicht zu prüfen hat, ob eine Gefahr im konkreten Fall vorgelegen hat.[128] Daraus folgt, dass es sich bei den abstrakten Gefährdungsdelikten auch nicht um Erfolgsdelikte handelt. **107**

Beispiele: §§ 84, 86, 86a, 142[129], 145, 145d, 153 ff., 176, 181a, 186, 217, 219a, 219b, 264, 264a, 265b, 306a I, 314, 316, 316c, 323a

In der Nähe der abstrakten Gefährdungsdelikte anzusiedeln sind die **Eignungsdelikte**, die die Eignung eines Verhaltens, einen bestimmten Taterfolg herbeizuführen, sanktionieren. Der Eintritt eines bestimmten Taterfolgs oder einer konkreten Rechtsgutgefährdung ist also nicht erforderlich. So macht sich gemäß der 2016 verabschiedeten Neufassung des § 238 („Stalking") strafbar, wer beharrlich einer anderen Person in einer Weise unbefugt nachstellt, die objektiv dazu geeignet ist, deren Lebensgestaltung schwerwiegend zu beeinträchtigen. Eine schwerwiegende Beeinträchtigung der Lebensgestaltung als Taterfolg ist also nicht mehr vorausgesetzt. **107a**

Schließlich sind die **abstrakt-konkreten Gefährdungsdelikte** zu nennen. Bei diesen ist der „Taterfolg" dann eingetreten, wenn die Tat ihre (*abstrakte*) Gefährlichkeit im Hinblick auf das im Tatbestand umschriebene Rechtsgut im *konkreten* Fall entfaltet. **108**

Beispiel: § 130 (Volksverhetzung) spricht von einer „Äußerung, die *geeignet* ist, den öffentlichen Frieden zu stören". Da das Gesetz hier offenbar allein auf die (abstrakte) *Geeignetheit* der Äußerung zur Herbeiführung einer Störung des öffentlichen Friedens abstellt, sind zur Bejahung des „zum Tatbestand gehörenden Erfolgs" weder eine *tatsächlich* herbeigeführte Störung des öffentlichen Friedens noch eine *konkrete* Gefährdung desselben erforderlich. Um aber nicht die Auslegungsgrenzen des § 130 zu überschreiten, muss die „Eignung der Äußerung zur Störung des öffentlichen Friedens" im Einzelfall *konkret* festgestellt werden. Es handelt sich bei § 130 somit um ein abstrakt-konkretes Gefährdungsdelikt. Bei der Volksverhetzung nach § 130 I und III ist „Taterfolg" somit die **konkrete Eignung der Äußerung zur Friedensstörung in der Bundesrepublik Deutschland**. Wichtig ist diese Erkenntnis vor allem für die Anwendbarkeit des deutschen Strafrechts nach § 9 I, da dort von einem „Taterfolg" die Rede ist. Vgl. dazu ausführlich Rn 15g ff.

---

[127] Vgl. BGH NJW 1996, 329, 330 (zu § 315b).
[128] *W/B/S*, AT, Rn 29. Siehe auch OLG Köln NJW 2000, 598, 599.
[129] Beim unerlaubten Entfernen vom Unfallort handelt es sich um ein abstraktes Vermögensgefährdungsdelikt (vgl. *Duttge*, JR 2001, 181, 182).

4. Dauer- und Zustandsdelikte

109 Im Hinblick auf die Beendigung einer Straftat lassen sich Dauer- und Zustandsdelikte unterscheiden.

110 - **Dauerdelikte** sind Straftaten, bei denen der Täter einen andauernden rechtswidrigen Zustand herbeiführt oder pflichtwidrig nicht beseitigt und diesen Zustand dann willentlich aufrechterhält (z.B. bei der Freiheitsberaubung, § 239, und beim Hausfriedensbruch, § 123) oder bei denen er sein Verhalten kontinuierlich fortsetzt (wie z.B. beim Fahren ohne Fahrerlaubnis, § 21 StVG, oder beim Fahren im fahruntüchtigen Zustand auch im Fall der §§ 316, 315c I[130]). Die Straftat, die sich hier gewissermaßen stets erneuert, ist bereits mit dem Eintritt des widerrechtlichen Zustands „vollendet", jedoch erst mit seiner Aufhebung „beendet".[131]

111 - Bei den **Zustandsdelikten** knüpft der Unwertgehalt an die Herbeiführung des widerrechtlichen Zustands an, so z.B. bei den §§ 169, 171, 223 ff., 242, 246, 249, 271, 303 I, II. Bei diesen ist die Tat also mit dem Eintritt des tatbestandlichen Erfolgs vollendet und in den meisten Fällen auch beendet.

112 **Hinweis für die Fallbearbeitung:** Die Abgrenzung zwischen Dauerdelikt und Zustandsdelikt gewinnt vor allem bei der **Teilnahme** (Anstiftung oder Beihilfe) an Bedeutung: Bei Dauerdelikten ist eine Teilnahme bis zur Beendigung des rechtswidrigen Zustands möglich. Dagegen ist die Teilnahme an Zustandsdelikten grundsätzlich nur bis zum Eintritt des Zustands möglich (str. z.B. bei § 242, vgl. Rn 638 f., 1010 und 1112).

Ferner ist die Unterscheidung zwischen Dauerdelikt und Zustandsdelikt für den Beginn der **Verjährung** wichtig. Gemäß § 78a beginnt die Verjährung mit Beendigung der Tat, bei Dauerdelikten also mit der Aufhebung des widerrechtlichen Zustands und bei Zustandsdelikten regelmäßig mit dem Eintritt des tatbestandlichen Erfolgs, des Zustands.[132]

Schließlich können Dauerdelikte im Rahmen der **Konkurrenzlehre** durch ihre Klammerwirkung bezogen auf andere Delikte zur Annahme einer Idealkonkurrenz (§ 52) führen.

5. Begehungs- und Unterlassungsdelikte

113 Je nachdem, ob das strafbare Verhalten ein aktives Handeln („Tun") oder ein Unterlassen („Nichtstun") darstellt, unterscheidet man Begehungs- und Unterlassungsdelikte.

113a - Von einem **Begehungsdelikt** wird gesprochen, wenn der Täter den Tatbestand durch aktives Tun verwirklicht.

  Beispiel: Stößt die junge und attraktive Ehefrau ihren sehr wohlhabenden 70-jährigen Ehemann während eines Segeltörns über Bord, um frühzeitig an die Erbschaft zu gelangen, begeht sie einen Mord durch aktives Tun (§ 211 I, II 1. Gruppe Var. 3).

114 - Dagegen liegt ein **Unterlassungsdelikt** vor, wenn der Täter den Tatbestand durch Untätigbleiben verwirklicht.

  Die Unterlassungsstraftaten lassen sich in zwei strukturell unterschiedliche Gruppen gliedern, in echte und unechte Unterlassungsdelikte. **Echte** Unterlassungsdelikte (Omissivdelikte) sind Straftaten, welche sich in einem Verstoß gegen eine Gebotsnorm und im bloßen Unterlassen einer vom Gesetz geforderten Tätigkeit erschöpfen[133]. Die echten Unterlassungsdelikte stellen somit das Gegenstück zu den schlichten Tätigkeitsdelikten dar.

---

[130] Sch/Sch-*Sternberg-Lieben/Bosch*, Vorbem §§ 52 ff. Rn 81.
[131] *W/B/S*, AT, Rn 32.
[132] Zur strafrechtlichen Verjährung vgl. ausführlich *Meyer*, JA 2014, 342 ff.
[133] *W/B/S*, AT, Rn 37, 696, 746.

Beispiele: § 123 I Var. 2 („sich nicht entfernen"); § 138 (Nichtanzeige geplanter Straftaten); § 323c (Unterlassene Hilfeleistung); § 221 I Nr. 2 (Im-Stich-Lassen)[134]

Unechte Unterlassungsdelikte (*delicta commissiva per omissionem*) dagegen sind Straftaten, bei denen der „Unterlassende" als **Garant** zur Erfolgsabwehr verpflichtet ist und bei denen das Unterlassen wertungsmäßig der Verwirklichung des gesetzlichen Tatbestands durch ein aktives Tun **entspricht** (Entsprechungsklausel, vgl. § 13). Die unechten Unterlassungsdelikte stellen somit ein Spiegelbild zu den Begehungsdelikten (als Erfolgsdelikte) dar. Wo in Bezug auf das gefährdete Objekt eine spezielle Erfolgsabwendungspflicht mit der allgemeinen Hilfspflicht des § 323c zusammentrifft, tritt § 323c subsidiär hinter dem *unechten* Unterlassungsdelikt zurück.

Beispiel: Wenn der 70-jährige Ehemann des Beispiels von Rn 113a lediglich infolge einer stürmischen See und ohne Fremdeinwirkung über Bord geht, besteht für die Ehefrau die Pflicht, alles ihr Mögliche und Zumutbare zu unternehmen, um ihren Mann zu retten. Unterlässt sie die gebotene Handlung (z.B. Hinterherwerfen eines Rettungsrings) und ertrinkt ihr Mann infolge des Unterlassens, ist sie aufgrund ihrer Garantenstellung aus einem Tötungsdelikt i.V.m. § 13 strafbar. § 323c tritt subsidiär zurück.[135]

Hinweis für die Fallbearbeitung: Die Einstufung entweder als Begehungsdelikt oder als (unechtes) Unterlassungsdelikt kann im Einzelfall zu erheblichen Unterschieden im Strafmaß führen. Das gilt insbesondere dann, wenn die Garantenstellung i.S.d. § 13 fehlt und bei Annahme eines Unterlassens lediglich auf § 323c zurückgegriffen werden kann, statt aus einem Begehungsdelikt (etwa §§ 211, 212) zu bestrafen. Ob im konkreten Fall ein Begehungsdelikt oder ein (unechtes) Unterlassungsdelikt vorliegt, beurteilt sich nach dem **Schwerpunkt der Vorwerfbarkeit**. Vgl. dazu ausführlich Rn 771 ff. 115

6. Allgemeindelikte, Sonderdelikte, Pflichtdelikte und eigenhändige Delikte

Nach dem möglichen Täterkreis lassen sich Straftaten als Allgemeindelikte, Sonderdelikte, Pflichtdelikte und eigenhändige Delikte bezeichnen.[136] 116

- Von **Allgemeindelikten** spricht man, wenn keine besonderen Voraussetzungen an die Täterqualität gestellt werden, wenn Täter also jedermann sein kann. Im Gesetz erkennt man diese Art von Delikten beispielsweise an der Formulierung „wer" in §§ 211 ff., 212 ff., 223 ff., 242 ff. etc. 117

- Eine Reihe von Tatbeständen setzen aber bestimmte Voraussetzungen an die Tätereigenschaft. Man spricht insoweit von **Sonderdelikten**. So kann Täter i.S.v. § 203 nur ein Geheimnisträger (etwa ein Arzt oder Rechtsanwalt), Täter i.S.v. § 289 nur ein Schuldner, Täter i.S.v. §§ 331 ff. nur ein Amtsträger, Täter i.S.v. § 121 nur ein Gefangener, Täter i.S.v. § 142 nur ein Unfallbeteiligter und Täter i.S.v. § 221 I Nr. 2 nur ein Obhuts- bzw. Beistandspflichtiger sein. 118

Hinweis für die Fallbearbeitung: Dass ein Sonderdelikt eine bestimmte Täterqualität voraussetzt, hat vor allem für die mittelbare Täterschaft i.S.v. § 25 I Var. 2 Bedeutung. So kann der Hintermann nur dann mittelbarer Täter eines Sonderdelikts sein, wenn er selbst die erforderliche Tätereigenschaft besitzt. Fehlt es an dieser, kommt nur eine Teilnahmeform i.S.v. §§ 26, 27 (Anstiftung, Beihilfe) in Betracht.

Innerhalb dieser Deliktsgruppe ist weiterhin zwischen **echten** und **unechten** Sonderdelikten zu unterscheiden. Hat die Sondereigenschaft des Täters **strafbegründende** Bedeutung, handelt es sich um ein *echtes* Sonderdelikt. Strafbegründende Bedeutung liegt vor, 119

[134] So BGH NJW 2012, 546.
[135] Nur für den Fall, dass die Garantenstellung nicht gegeben sein sollte, bliebe Raum für § 323c.
[136] *W/B/S*, AT, Rn 38 ff.

wenn keine Grundform des Delikts besteht, die von jedermann begangen werden könnte, oder, anders formuliert, wenn es sich bei dem Delikt um ein eigenständiges Delikt (und nicht um eine Qualifikation oder Privilegierung zu einem Grunddelikt) handelt und die Tätereigenschaft bestimmte Merkmale verlangt.

Beispiele: Bei § 221 I handelt es sich um ein eigenständiges Delikt, und nicht etwa um eine unselbstständige Abwandlung zu einem Grunddelikt. Täter des § 221 I Nr. 2 kann zudem nur sein, wer eine Obhuts- bzw. Beistandspflicht gegenüber dem Opfer hat. § 221 I Nr. 2 ist also ein echtes Sonderdelikt. Im Bereich der Amtsdelikte spricht man von *eigentlichen Amtsdelikten*. Beispiele sind §§ 331, 332, 336, 344, 348.

119a Hat die besondere Subjektqualität demgegenüber (lediglich) **strafschärfende** Bedeutung, handelt es sich um *unechte* Sonderdelikte. Strafschärfende Bedeutung liegt vor, wenn das Delikt in seiner Grundform von *jedermann* begangen werden kann.

Beispiel: Die dominante Ehegattin E bringt ihren Mann T, einen Arzt, dazu, ein Arztgeheimnis zu verraten (§ 203). ⇨ Hier kann ohne Rücksicht darauf, ob E eine übergeordnete Willens- oder Wissensherrschaft hatte, Täter nur T sein. E ist (nur) Teilnehmerin gem. § 26, da die besondere Tätereigenschaft *Arzt* bei ihr gerade fehlt und eine mittelbare Täterschaft daher nicht vorliegen kann. Bei den Amtsdelikten spricht man von *uneigentlichen Amtsdelikten*. Beispiele sind §§ 120 II, 133 III, 258a, 340.

120 Die Besonderheiten eines Sonderdelikts spielen auch in der umgekehrten Konstellation eine Rolle, wenn also nicht der Tatnächste (der unmittelbar Handelnde), sondern nur der Hintermann die erforderliche Täterqualität besitzt.

Beispiel: Der Grundbuchbeamte G veranlasst den Nichtbeamten N zur Vornahme einer Falscheintragung im Grundbuch.

Hier ist G als Amtsträger nicht etwa Anstifter, sondern mittelbarer Täter einer Falschbeurkundung im Amt (§ 348). Dagegen fehlt diese erforderliche Tätereigenschaft bei N. Dieser ist als qualifikationsloses Werkzeug nicht Täter i.S.v. § 348. Möglicherweise ist er aber Gehilfe (§ 27) zu diesem Delikt.

121 Auch die Einteilung in **echte** und **unechte** Sonderdelikte hat eine ganz konkrete Bedeutung: So enthält § 28 I eine obligatorische Strafmilderung für den *Teilnehmer*, wenn bei ihm „besondere persönliche Merkmale", welche die Strafbarkeit des Täters *begründen*, fehlen. Besondere persönliche Merkmale sind nach der Legaldefinition des § 14 I „persönliche Eigenschaften, Verhältnisse oder Umstände." Mit Blick auf § 28 werden nach h.M. die täterbezogenen Merkmale erfasst, d.h. besondere Eigenschaften, Verhältnisse oder Charakteristika, welche die Täterpersönlichkeit näher beschreiben. Dazu gehört insbesondere die Amtsträgereigenschaft bei den eigentlichen Amtsdelikten (*echte* Sonderdelikte).

Beispiel: Die Privatperson G unterstützt den Amtsträger T, damit dieser eine Falschbeurkundung im Amt (§ 348) begehen kann. Strafbarkeit der Beteiligten?

T ist gemäß § 348 I strafbar. G ist wegen Beihilfe zu diesem Delikt strafbar (§§ 348 I, 27). Da die Amtsträgereigenschaft für T ein strafbegründendes besonderes persönliches Merkmal ist, bestimmt sich die Strafe des G nach dem über § 28 I i.V.m. § 49 S. 1 gemilderten Strafrahmen. Ergebnis: G ist strafbar nach §§ 348 I, 27, 28 I.

122 Bei den *unechten* Sonderdelikten ist dagegen nicht § 28 I, sondern § 28 II anwendbar. Diese Vorschrift führt nach h.M. zu einer Verschiebung des Tatbestands, aus dem der jeweilige Beteiligte verurteilt wird, d.h. zu einer Veränderung des Schuldspruchs und nicht – wie das eine Minderheitsmeinung vertritt – nur der Rechtsfolgen.

Beispiel: Privatperson A stiftet den Polizisten T dazu an, während der Durchführung einer dienstlichen Vernehmung den O zu verprügeln. Strafbarkeit der Beteiligten?

Die Lösung dieses Falls setzt zunächst Kenntnisse über das Verhältnis der (einfachen) Körperverletzung (§ 223) zur Körperverletzung im Amt (§ 340) voraus: § 340 I ist eine Qualifikation des § 223, § 340 III zu §§ 224 bis 227. Die jeweilige Prüfung erfolgt daher immer zusammen mit dem Grunddelikt. So wäre der Obersatz der (einfachen) Körperverletzung im Amt: §§ 223, 340 I. Im Wege der Gesetzeskonkurrenz (Spezialität) wird § 223 dann verdrängt. Für das Beispiel gilt: T ist wegen Körperverletzung im Amt (§§ 223, 340 I) strafbar. Fraglich ist die Strafbarkeit des A. Die Amtsträgereigenschaft ist ein besonderes persönliches Merkmal des T, das strafmodifizierend wirkt (hier strafschärfend: Von § 223 (minimal Geldstrafe) auf § 340 I (minimal 3 Monate Freiheitsstrafe)). Bei A fehlt dieses persönliche Merkmal, sodass ihm die Regelung des § 28 II zugutekommt. Daher kann A nach der h.M. (nur) wegen Anstiftung zu einer (einfachen) Körperverletzung strafbar (§§ 223, 26) sein. Die Minderheitsmeinung kommt dagegen zu einer Strafbarkeit nach §§ 340 I, 26.

- **Pflichtdelikte** sind Delikte, bei denen jemand nur Täter sein kann, der die im Tatbestand beschriebene besondere Pflichtenstellung innehat.[137] Das ist beispielsweise bei § 266 derjenige, der die Vermögensbetreuungspflicht hat. Weitere Pflichtdelikte sind die Amts- und Sonderdelikte, die Verkehrsunfallflucht (§ 142) und die Verstöße gegen familienrechtliche Unterhalts-, Fürsorge- und Obhutspflichten (§§ 170, 171, 221 I Nr. 2, 225). Auch Unterlassungsdelikte sind stets Pflichtdelikte (siehe sogleich). **123**

Beispiel: A verursacht einen Verkehrsunfall. Da er stark alkoholisiert ist und daher möglichen Konsequenzen aus dem Weg gehen möchte, entschließt er sich, den Unfallort zu verlassen. Dabei erfüllt er den Tatbestand der Verkehrsunfallflucht (§ 142). Seine Beifahrerin B hatte ihn in seinem Entschluss bestärkt. Haben sich A und B als Mittäter aus § 142 strafbar gemacht?

Eine Mittäterschaft (§§ 142, 25 II) scheidet aus. Täter eines Pflichtdelikts kann nur sein, wer pflichtig ist. Andere Personen können nur Teilnehmer (Anstifter oder Gehilfe) sein. Pflichtig war allein A. Sein Verhalten war unmittelbar tatbestandsmäßig. § 142 ist (auch) ein echtes Sonderdelikt, weshalb eine Täterschaft der B auch deshalb nicht in Frage kommt. B ist Gehilfin.

- Bei den **Unterlassungsdelikten** treffen die zu den Sonderdelikten und Pflichtdelikten gemachten Erwägungen zusammen. So sind Unterlassungsdelikte immer Pflichtdelikte („Pflicht zum Handeln"). Die unechten Unterlassungsdelikte sind außerdem Sonderdelikte, da nur der Garant Täter sein kann. **124**

- **Eigenhändige Delikte** sind Delikte, bei denen nur die eigenhändige Vornahme der Tatbestandshandlung den Unwert des Delikts realisiert. Andere Personen können nur Teilnehmer sein. Mittäterschaft und mittelbare Täterschaft sind also ausgeschlossen. **125**

Beispiel: T verleitet X zum Alkoholkonsum, wobei dieser im Zustand einer akuten Intoxikation (§ 323a) den O zusammenschlägt. Strafbarkeit des T?

§ 323a ist ein eigenhändiges Delikt, da Täter nur der Berauschte sein kann. Eine Strafbarkeit wegen Vollrauschs in mittelbarer Täterschaft kommt daher nicht in Betracht. Auch scheidet nach h.M. eine Teilnahme aus, weil sonst eine nicht mehr einzugrenzende Strafbarkeit von Zechkumpanen droht. Wenn der Vorsatz des T aber auf die *Körperverletzung* des O gerichtet war, kommen insoweit mittelbare Täterschaft und Anstiftung in Frage, und zwar bezüglich der Rauschtat (die Körperverletzung), nicht des Vollrauschs. Bei Fahrlässigkeit ist T nach § 229 strafbar.

Weitere eigenhändige Delikte sind die Rechtsbeugung (§ 339) und die Eides- oder Aussagedelikte nach §§ 153, 154, 156. So kann jemand, der unter Gewaltandrohung einen anderen zu einer Falschaussage nötigt, trotz überlegener „Willensherrschaft" nach den allgemeinen Regeln nur Anstifter sein. Um in diesen Fällen aber eine täterschaftliche Bestrafung des Delinquenten zu ermöglichen, enthält der Besondere Teil des StGB nicht selten Spezialvorschriften wie z.B. die Sonderregelung des § 160 oder des § 271. Schließlich beschrei- **126**

[137] Vgl. LK-*Schünemann*, § 25 Rn 43.

ben § 315c (bis auf Abs. 1 Nr. 2 g) und § 316 eigenhändige Delikte, da sie insoweit auf das Fehlverhalten des Fahrzeugführers abstellen.

7. Vollendungs- und Unternehmensdelikte

127 Nach dem Grad der erforderlichen Ausführungshandlung lassen sich Straftaten in Vollendungs- und Unternehmensdelikte einteilen.[138]

128
- Den „Normalfall" bildet das **Vollendungsdelikt**. Danach ist der Täter strafbar, wenn er die im gesetzlichen Tatbestand beschriebene Tathandlung „vollendet", beispielsweise bei §§ 211, 212, 216, 223, 242. Liegt die Vollendung nicht vor, ist an eine Strafbarkeit wegen Versuchs (§ 22) zu denken.

129
- Demgegenüber bestraft das Gesetz bei den **Unternehmensdelikten** bereits das Unternehmen (§ 11 I Nr. 6) des gesetzlichen Tatbestands, bspw. bei §§ 81, 82, 131 I Nr. 4, 184 I Nr. 4, 8, 9, 184a Nr. 2, 184b I Nr. 2, 4, III, 307, 309, 316c I Nr. 2, 357[139]. Das Besondere an Unternehmensdelikten besteht darin, dass bei ihnen der Versuch der Vollendung gleichsteht. Setzt der Täter also unmittelbar zur Tatbestandsverwirklichung an, vollendet er zugleich den Tatbestand. Eine (fakultative) Strafmilderung nach § 23 II ist also ebenso wenig möglich wie ein (strafbefreiender) Rücktritt des Täters nach § 24. Tätige Reue ist nur nach besonderen Vorschriften wie §§ 83a, 314a, 320 möglich.[140]

130 Neben diesen „klassischen" Unternehmensdelikten kennt das StGB noch Tatbestände, die zwar in ihrem Wortlaut nicht den Begriff „Unternehmen" nennen, von der Deliktsnatur aber ebenso wenig auf eine Erfolgsverursachung ausgerichtet sind. Vielmehr erfassen sie ein auf Herbeiführung eines bestimmten Erfolgs gerichtetes Verhalten, was (in Übereinstimmung mit den „echten" Unternehmensdelikten) gleichermaßen die Anwendbarkeit von § 23 II und § 24 ausschließt. Man spricht daher auch von „**unechten**" Unternehmensdelikten.[141] Das sind beispielsweise die §§ 113 I (Widerstandleisten), 145d (Vortäuschen), 164 (Verdächtigen), 292 I Nr. 1 Var. 1 (Nachstellen), 257 (Hilfe leisten) oder 323c (Untätigbleiben). Ein Rücktritt gem. § 24 scheidet deshalb aus, weil der Taterfolg auch hier bereits mit dem tatbestandlichen Verhalten eintritt.[142]

131 Unabhängig von der Einstufung als echtes oder unechtes Unternehmensdelikt sind jedoch die Grundsätze des **untauglichen Versuchs** anwendbar. Von einem untauglichen Versuch spricht man, wenn der Täter sich irrtümlich einen Sachverhalt vorstellt, bei dessen (tatsächlichem) Vorliegen er ein Unternehmensdelikt verwirklicht hätte. Nach h.M.[143] soll eine Versuchsstrafbarkeit jedoch nur dann konstuktiv möglich sein, wenn es sich bei dem „versuchten" Unternehmensdelikt um ein Verbrechen (§ 12 I) handelt.

Beispiel: Terrorist T bringt ein Flugzeug unter seine Kontrolle. Als er dabei ist, einen Sprengsatz zu zünden, stellt er fest, dass ein wichtiges Bauteil des Sprengsatzes fehlt. Dadurch kann er den Sprengsatz nicht zünden.

Hier liegt ein untauglicher Versuch des § 316c I Nr. 2 vor, da das beabsichtigte Zünden des Sprengsatzes aus tatsächlichen Gründen nicht möglich ist. Da die h.M. hier die Grundsätze des untauglichen Versuchs anwendet (§ 316c I normiert ein Verbrechen), ist T nach §§ 316c I Nr. 2, 22 strafbar.

Gegenbeispiel: Jäger Nimrod beabsichtigt, im Nachbarrevier dem Wild nachzustellen (§ 292 I Nr. 1 Var. 1), also fremdes Jagdrecht zu verletzen. Tatsächlich befindet er sich aber (aufgrund seiner Schusseligkeit) im eigenen Jagdrevier, in dem *er* Jagdausübungsberechtigter i.S.d. § 3 BJagdG ist.

---

[138] *W/B/S*, AT, Rn 41.
[139] Demgegenüber handelt es sich bei § 316a seit dem 6. StrRG um ein „normales" Erfolgsdelikt.
[140] Vgl. *Fischer*, § 11 Rn 28.
[141] *Jescheck/Weigend*, AT, Rn 267; Sch/Sch-*Eser/Hecker*, § 11 Rn 52; SK-*Rudolphi/Stein*, § 11 Rn 44.
[142] Vgl. dazu insgesamt *Mitsch*, JuS 2015, 97 ff.
[143] Vgl. Sch/Sch-*Eser/Hecker*, § 11 Rn 53 f.

Auch hier liegt ein untauglicher Versuch vor. Da die Jagdwilderei (§ 292) aber ein Vergehen darstellt (vgl. § 12 II), kann N sich nicht nach §§ 292, 22 strafbar machen.

8. Vorsatz- und Fahrlässigkeitsdelikte

Schließlich lassen sich die Delikte in Abhängigkeit von der subjektiven Seite des Täters in Vorsatz- und Fahrlässigkeitsdelikte einteilen.[144] 132

- Von **Vorsatzdelikten** spricht man, wenn der Täter vorsätzlich[145] hinsichtlich der zum gesetzlichen Tatbestand gehörenden objektiven Merkmale handelt. 133

  Beispiel: Die Mutter, die ihren Säugling in der Badewanne ertränkt oder stark durchschüttelt, damit endlich das ewige Geschrei aufhört, handelt hinsichtlich sämtlicher Tatumstände wissentlich und mit dem Ziel der Herbeiführung des Todes. Sie verwirklicht daher vorsätzlich den objektiven Tatbestand eines Tötungsdelikts (§ 211 oder § 212). Weitere Beispiele von Vorsatzdelikten sind: §§ 223, 224, 225, 231, 242, 244, 244a, 246, 240, 250 etc.

- Demgegenüber handelt der Täter **fahrlässig**, wenn er die im Verkehr erforderliche Sorgfalt pflichtwidrig vernachlässigt. 134

  Beispiel: Der Autofahrer, der aufgrund viel zu hoher Geschwindigkeit die Kontrolle über sein Fahrzeug verliert, von der Straße abkommt und dabei den auf dem seitlichen Radweg fahrenden Radfahrer tödlich verletzt, ist wegen fahrlässiger Tötung strafbar (§ 222). Weitere Beispiele von Fahrlässigkeitstatbeständen sind: §§ 229, 163. Auch Tatbestände, die eine Leichtfertigkeit fordern, gehören hierher: §§ 97 II, 109g IV, 138 III, 176b, 178, 218 II S. 2 Nr. 2, 239a III, 239b II, 251, 261 V, 264 IV, 283 IV Nr. 2, V Nr. 1, 2, 307 III, 308 III, 309 IV, 312 VI Nr. 2, 316c III, 330a V, 345 II.

- Zur **Bedeutung des Vorsatzes**: Nach § 15 ist nur vorsätzliches Handeln strafbar, wenn das Gesetz nicht fahrlässiges Handeln ausdrücklich mit Strafe bedroht. Das hat den Hintergrund, dass nicht jedes sorgfaltspflichtwidrige Verhalten zu einer Strafbarkeit führen soll, sondern nur dann, wenn der Täter eine rechtsverbindliche Erwartungshaltung enttäuscht. In der Fallbearbeitung ist nach der Strafbarkeit wegen fahrlässigen Handelns also nur dann zu fragen, wenn es einen entsprechenden Fahrlässigkeitstatbestand überhaupt gibt. So gibt es bspw. eine fahrlässige Körperverletzung nur deswegen, weil das Gesetz sie in § 229 normiert. 135

  Für die Abgrenzung des Vorsatzes zur (bewussten) Fahrlässigkeit ist entscheidend, dass der Täter es in beiden Fällen für **möglich** hält, dass die Erfüllung des Tatbestands eintritt, er die Folge beim Eventualvorsatz aber hinnimmt und sich mit dem Risiko der Tatbestandsverwirklichung abfindet, während er bei bewusst fahrlässigem Handeln (pflichtwidrig) auf das **Nichtvorliegen** des betreffenden Tatumstands oder sonst auf das Ausbleiben des Erfolgs **vertraut** („Wird schon gut gehen")[146]. Vgl. dazu Rn 238 ff. 136

9. Besonders schwere Fälle/Regelbeispiele

Mit den Bestimmungen über besonders schwere Fälle (vgl. etwa § 243 I, § 263 III, § 267 III, § 176 III, § 177 II, 179 III usw.) hat der Gesetzgeber Instrumente geschaffen, die dem erhöhten Unrechts- und Schuldgehalt der Tat gerecht werden und dem Tatrichter eine flexible Möglichkeit schaffen sollen, das begangene Unrecht adäquat zu sanktionieren. Um andererseits dem verfassungsrechtlichen Bestimmtheitsgebot (Art. 103 II GG), das – unabhängig von der Rechtsnatur der Vorschriften über besonders schwere Fälle Geltung beansprucht – gerecht zu werden, hat der Gesetzgeber in den meisten Vorschrif- 136a

---

[144] *W/B/S*, AT, Rn 41a.
[145] Vgl. dazu Rn 255.
[146] Merke: Ein bloßes „Für-möglich-Halten" genügt; ein „Nicht-Wollen" muss aber vorliegen. Zur Abgrenzung Vorsatz-Fahrlässigkeit vgl. ausführlich Rn 238 ff.

ten über besonders schwere Fälle **Regelbeispiele** genannt, die eine **widerlegbare Vermutung** für das Vorliegen eines besonders schweren Falls aussprechen. Die Verwirklichung eines Regelbeispiels hat also lediglich – wenn auch starke – **Indizwirkung** zur Annahme eines besonders schweren Falls.

Beispiel: Öffnet der Täter mit einem Dietrich die Hintertür eines Warenlagers, um aus diesem Smartphones zu stehlen, verwirklicht er das Regelbeispiel des Einbruchdiebstahls i.S.d. § 243 I S. 2 Nr. 1, das eine Indizwirkung für einen besonders schweren Fall des Diebstahls i.S.v. § 243 I S. 1 entfaltet. Indizwirkung bedeutet, dass bei Vorliegen eines Regelbeispiels eine widerlegbare Vermutung dafür besteht, dass die Tat insgesamt als besonders schwer einzustufen ist und damit der in der Vorschrift genannte strengere Strafrahmen Anwendung findet. Bestehen also – wie im vorliegenden Fall – keine Anhaltspunkte, die den erhöhten Unrechts- und Schuldgehalt kompensieren, ist der Täter aus dem im Vergleich zu § 242 höheren Strafrahmen des § 243 I S. 1 zu bestrafen.

136b Im Einzelnen ist vieles strittig. Da dieser gesamte Fragenkomplex jedoch ausführlich bei *R. Schmidt*, BT II, Rn 128 ff. behandelt wird, sei darauf verwiesen.

6. Kapitel – Das vorsätzlich begangene Erfolgsdelikt

Zunächst soll das vollendete vorsätzliche Begehungsdelikt in Form des Erfolgsdelikts behandelt werden. Dabei werden auch deliktsübergreifende, d.h. von einer bestimmten Deliktskategorie unabhängige Aspekte ausführlich und abschließend erörtert, sodass bei der Darstellung der nachfolgenden Deliktskategorien auf diese Ausführungen verwiesen werden kann. Im Übrigen folgt die Darstellung dem Aufbau einer Klausur. Dabei wird zunächst jeweils ein Aufbauschema vorangestellt, dem ausführliche Erläuterungen und Ergänzungen folgen. Hinsichtlich aller Aufbauschemata ist aber zu beachten, dass niemals alle dort angesprochenen Punkte in einer Klausur gleichermaßen zu problematisieren sind. In einer Klausur muss jedenfalls das geprüft werden, was problematisch ist. Alles Übrige wird weggelassen oder nur kurz (am besten im Urteilsstil) angesprochen. Das hat zwei Gründe: Zum einen müssen in Abhängigkeit von der strafrechtlichen Relevanz des Täterverhaltens Schwerpunkte gesetzt werden. Zum anderen fehlt schlicht die Bearbeitungszeit, alle möglichen Prüfungspunkte detailliert darzustellen. **137**

Kommt die Verwirklichung eines vollendeten vorsätzlichen Begehungsdelikts in Form eines Erfolgsdelikts (etwa §§ 223 ff., 242 ff., 249 ff., 263 ff.) in Betracht, sollte die mögliche Strafbarkeit des Täters folgendermaßen geprüft werden: **138**

Vollendetes vorsätzliches Begehungsdelikt in Form eines Erfolgsdelikts

I. Tatbestand

1. Objektiver Tatbestand

a. Tatsubjekt (der Täter) und Tatobjekt (das Opfer bzw. der Geschädigte)
b. Tathandlung (strafrechtlich relevantes Verhalten)
c. Eintritt des Erfolgs und Verbindung zwischen Handlung und Erfolg (Kausalität)
d. Erfolgszurechnung (Lehre von der objektiven Zurechnung)

2. Subjektiver Tatbestand

a. Tatbestandsvorsatz (§ 15); Eventualvorsatz genügt, soweit nicht anderes geregelt
b. Sonstige subjektive Tatbestandsmerkmale (Absichten, Motive etc.)
c. Irrtümer im Rahmen des subjektiven Tatbestands (§ 16 I S. 1)

3. Tatbestandsannexe (objektive Bedingungen der Strafbarkeit)

Objektive Bedingungen der Strafbarkeit sind Umstände, die außerhalb des Straftatbestands liegen, aber Voraussetzung für eine Bestrafung sind. Daher brauchen sie auch nicht vom Tatbestandsvorsatz umfasst zu sein. Beispiele sind: Nichterweislichkeit der ehrenrührigen Tatsache in § 186 oder der Tod eines Menschen bzw. die schwere Körperverletzung in § 231 I Var. 1.

II. Rechtswidrigkeit

Grundsätzlich ist die Rechtswidrigkeit durch Erfüllung des Tatbestands indiziert. Allerdings ist eine Rechtfertigung möglich. Das ist dann der Fall, wenn (objektiv) ein anerkannter Rechtfertigungsgrund greift und der Täter (subjektiv) mit Rechtfertigungswillen handelt. Anerkannte Rechtfertigungsgründe sind z.B.:

1. Notwehr (§ 227 BGB, § 32 StGB, § 15 OWiG) – Rn 324 ff.
2. Rechtfertigender Notstand (§§ 228, 904 BGB, § 34 StGB, § 16 OWiG) – Rn 380 ff.
3. Rechtfertigende Einwilligung – Rn 428 ff.
4. Rechtfertigende Pflichtenkollision – Rn 473
5. Festnahmerechte (insb. § 127 StPO) – Rn 490 f.
6. Sonstige Rechtfertigungsgründe (vgl. etwa § 81a StPO, §§ 229, 562b I, 859, 1029 BGB, §§ 758, 808, 909 ZPO, §§ 177, 178 GVG, Art. 20 IV GG)
7. Dagegen ist die Züchtigung durch Eltern, Lehrer und Erzieher nicht mehr anzuerkennen (teilweise str.). – Rn 474 ff.

III. Schuld

Grundsätzlich ist von einem schuldhaften Verhalten auszugehen. Bei Zweifel kommen folgende Prüfungspunkte in Betracht:

1. Schuld(un)fähigkeit (§§ 19-21; *actio libera in causa*) – Rn 495 ff.
2. Schuldform: Vorsatzschuld (Unrechtsbewusstsein i.w.S.: Prüfungsstandort des Erlaubnistatbestandsirrtums) – Rn 531 ff.
3. Unrechtsbewusstsein (vorsätzlich fehlerhafte Einstellung des Täters; § 17) – Rn 554 ff.
4. Entschuldigungsgründe (Schuldausschließungsgründe)
   a. Notwehrexzess (§ 33) – Rn 572 ff.
   b. Entschuldigender Notstand (§ 35) – Rn 582 ff.
   c. Übergesetzlicher Notstand – Rn 605 ff.

IV. Weitere Strafbarkeitsbedingungen/Rechtsfolgevoraussetzungen

1. Regelbeispiele (etwa § 243)
2. Strafaufhebungsgründe (etwa Rücktritt, § 24)
3. Tätige Reue (etwa §§ 83a, 306e, 314a)
4. Prozessvoraussetzungen (etwa Strafantrag, § 77, oder Verjährung, § 78)

I. Tatbestand

1. Objektiver Tatbestand

a. Anforderungen an den Täter und das Tatobjekt

139 Der objektive Tatbestand beschreibt die Tatbestandsmerkmale, die der Täter erfüllt haben muss, um (aus objektiver Sicht) nach der betreffenden Strafnorm strafbar zu sein. Dabei enthält die einschlägige Strafnorm nicht selten Eingrenzungen hinsichtlich des **Tatsubjekts**, d.h. des möglichen Täterkreises (etwa bei Sonderdelikten, Pflichtdelikten oder bei eigenhändigen Delikten).

Beispiel: Nach § 316 (Trunkenheit im Straßenverkehr) kann sich nur strafbar machen, wer selbst das Fahrzeug führt (eigenhändiges Delikt). Andere Personen (etwa der Wirt, der den Alkoholkonsum bagatellisiert und den angetrunkenen Gast ermutigt, noch nach Hause zu fahren) können weder Mittäter noch mittelbare Täter sein. In Betracht kommen aber Anstiftung und Beihilfe. Zu den Sonderdelikten, Pflichtdelikten und eigenhändigen Delikten vgl. Rn 116 ff.

140 Darüber hinaus werden das Tatobjekt und der Taterfolg beschrieben. **Tatobjekt** ist der Gegenstand, der notwendigerweise das Ziel der Aktivität des Täters ist, damit der Tatbestand erfüllt werden kann. **Taterfolg** ist nichts anderes als die Veränderung in der Außenwelt, die durch die Tathandlung in Erscheinung tritt.

Beispiele: Beim Diebstahl (§ 242) ist Tatobjekt eine fremde bewegliche Sache, bei § 303 I, II eine fremde Sache, bei § 176 I eine Person unter 14 Jahren (Kind). Taterfolg sind etwa der Verlust der Herrschaftsgewalt über die Sache des Bestohlenen, der veränderte Zustand bei der beschädigten Sache oder der in seiner (sexuellen) Integrität verletzte Körper (und natürlich die Psyche) des sexuell missbrauchten Kindes.

141 Vom Tatobjekt zu unterscheiden ist das **Tatmittel** (Tatwerkzeug). Darunter versteht man das Mittel, dessen sich der Täter bedient, um den Taterfolg herbeizuführen.

Beispiele: Beim Nachschlüsseldiebstahl (§§ 242 I, 243 I S. 2 Nr. 1) ist der falsche Schlüssel das Tatmittel, bei der Urkundenfälschung in Form des Gebrauchs einer unechten oder verfälschten Urkunde zur Täuschung im Rechtsverkehr (§ 267 I Var. 3) die unechte oder verfälschte Urkunde, während der Getäuschte das Tatobjekt darstellt.

Hinweis für die Fallbearbeitung: Die Feststellung des Taterfolgs bei deskriptiven Tatbestandsmerkmalen bereitet kaum Schwierigkeiten und bedarf diesbezüglich kaum einer Anmerkung. Problematischer ist die Feststellung des Taterfolgs bei normativen Tatbestandsmerkmalen, also etwa der Vermögensschaden beim Betrug (§ 263). Vgl. hierzu ausführlich *R. Schmidt*, BT II, Rn 601 ff. 142

b. Tathandlung (willensgetragenes sozialerhebliches menschliches Verhalten)

Nach der heute herrschenden sozialen Handlungslehre kommt als Tathandlung nur ein *willensgetragenes sozialerhebliches menschliches Verhalten* in Betracht. Vgl. dazu ausführlich Rn 59 ff. 143

Beispiel: Bei einer Körperverletzung (§ 223) sind Tathandlung die körperliche Misshandlung des Opfers und/oder dessen Schädigung an der Gesundheit.

c. Kausalität zwischen Handlung und Erfolg (Verursachung des Erfolgs)

Bei den **Erfolgsdelikten** muss zwischen der Handlung und dem konkreten Erfolg ein **Kausalzusammenhang** bestehen. Das geht zwar nicht explizit aus den Strafnormen hervor, erklärt sich aber von selbst, wenn man bedenkt, dass jemand nur dann Täter sein kann, wenn sich der in der Außenwelt sichtbare Erfolg auf den Täter zurückführen lässt. Ein Kausalzusammenhang muss nur dann nicht bestehen, wenn der Taterfolg des in Frage kommenden Delikts kein Außenweltereignis voraussetzt (wie das bei den schlichten **Tätigkeitsdelikten** wie beispielsweise dem Meineid, § 154, der Fall ist). 144

Hinweis für die Fallbearbeitung: Bereits an dieser Stelle sei darauf hingewiesen, dass in unproblematischen Fallkonstellationen Kausalität und objektive Zurechnung (Rn 164 ff.) nicht zu erörtern sind. Wenn also an der Kausalität und an der objektiven Zurechenbarkeit des Erfolgs nicht die geringsten Zweifel bestehen, dürfte in einer Klausur nach Bejahung des ursächlichen Zusammenhangs die kurze Feststellung genügen, dass „Gründe, welche der objektiven Zurechnung des konkreten Erfolgs entgegenstehen könnten, nicht ersichtlich sind". Aber auch in problematischen Fällen sollte es vermieden werden, langatmig das Für und Wider der Kausalitätstheorien zu diskutieren. Vielmehr ist zu empfehlen, die erforderliche Korrektur der Äquivalenztheorie entweder mit Hilfe der im Laufe der nachfolgenden Ausführungen vorgestellten **Lehre von der objektiven Zurechnung** (h.L.) oder über den **Irrtum über den Kausalverlauf** (BGH) vorzunehmen. 145

aa. Keine Kausalität

Fehlt die erforderliche innere Beziehung zwischen der Tathandlung und dem Erfolg in der Außenwelt, liegt der objektive Tatbestand nicht vor. 146

Beispiel: Wünscht T dem O den Tod und verunglückt dieser später bei einem Verkehrsunfall tödlich, steht dieser Todeseintritt außerhalb jeden Bezugs zum Wunsch des T. Nach menschlichem Beherrschungsvermögen kann der Wunsch des T nicht kausal sein für den Todeseintritt bei O.

bb. „Normale" Kausalität

Liegt hingegen der innere Zusammenhang zwischen der Handlung und dem Erfolg in der Außenwelt, der von der Tathandlung als solcher gedanklich abgrenzbar ist, klar vor, ist die Kausalität unproblematisch gegeben. Ein Eingehen auf die Kausalität erübrigt sich nicht nur, sondern wäre darüber hinaus in einer Klausur sogar verfehlt. 147

Beispiel: Schlägt T mit einem Baseballschläger auf den Kopf des O und erleidet dieser dadurch einen Schädelbruch, bedarf es keiner Diskussion, ob der Schlag mit dem Baseballschläger kausal war für die Kopfverletzung bei O.

In problematischen Fällen muss jedoch auf die folgenden Kausalitätstheorien eingegangen werden.

a.) Äquivalenztheorie

148 Bei Straftatbeständen, bei denen der Erfolg des Delikts nicht schon mit der Tathandlung eintritt (so bei schlichten Tätigkeitsdelikten wie dem Meineid), sondern erst mit einem auf die Tathandlung zurückzuführenden Ereignis, wie beispielsweise dem Tod nach einem Messerstich (Erfolgsdelikt), ist die im **Strafrecht als maßgeblich angesehene Äquivalenztheorie** (Bedingungstheorie) von Bedeutung. Nach dieser Theorie ist jede Bedingung **gleichwertig** (äquivalent), die dazu führt, dass eine Handlung dann Ursache für den Eintritt eines Erfolgs ist, wenn sie nicht hinweggedacht werden kann, ohne dass der Erfolg in seiner konkreten Form entfiele (***conditio sine qua non***).[147] Kennzeichnend ist, dass ursächlich für den Eintritt eines tatbestandsmäßigen Erfolgs jede Bedingung ist, die den Erfolg herbeigeführt hat. Dabei betont der BGH, dass es gleichgültig sei, ob neben der Tathandlung noch andere Umstände, Ereignisse oder Geschehensabläufe zur Herbeiführung des Erfolgs beigetragen haben.[148] Daraus folgt: Alle Bedingungen sind gleichwertig, solange sie nur für den konkreten Erfolgseintritt **mitursächlich** sind. Konsequenz dieses Ansatzes ist, dass der Ursachenkreis sehr weit gefasst ist und auch ganz atypische, unwahrscheinliche Kausalverläufe zur Bejahung der Kausalität führen.

Beispiel: Autofahrer A missachtet an einer Kreuzung die Vorfahrtsregel, wodurch Autofahrer B scharf abbremsen muss. Dieser kann dann aber die Fahrt fortsetzen. Bedingt durch dieses Manöver erreicht B jedoch die nächste, 2 km entfernte Kreuzung erst einige Sekunden später, wo er aufgrund einer eigenen Unaufmerksamkeit den Radfahrer R tödlich verletzt. Fest steht: Hätte B die Kreuzung einige Sekunden früher erreicht, wäre er nicht mit R kollidiert.

Hier ist nicht nur das Fehlverhalten des B für den Tod des R äquivalent kausal, sondern auch das des A. Denn hätte A nicht die Vorfahrt missachtet, hätte B nicht scharf abbremsen müssen, sodass dieser die Kreuzung, an der er mit R kollidiert ist, früher erreicht hätte und nicht mit R kollidiert wäre. Dass aber A strafrechtlich für den Tod des R verantwortlich sein soll, ist nicht gerade naheliegend. ⇨ vgl. dazu Rn 170.

149 Die Äquivalenztheorie greift daher zu weit und bedarf einer Korrektur, die in verschiedenen Stadien des Deliktsaufbaus erfolgen kann. Zunächst kann die Äquivalenztheorie von abweichenden Kausalitätstheorien eingeschränkt werden.

b.) Adäquanztheorie

150 Nach der (im Zivilrecht herrschenden) Adäquanztheorie sind nur solche Folgen einer Tat verursacht, mit deren Eintritt nach *allgemeiner menschlicher Lebenserfahrung* vom Standpunkt des kundigen, nachträglich urteilenden Richters gerechnet werden konnte (objektiv-nachträgliche Prognose).[149] Der Erfolg muss also der gesetzten Bedingung angemessen (adäquat) sein. **Verneint** wird demnach der adäquate Kausalzusammenhang, wenn der Erfolgseintritt auf einem **regelwidrigen, atypischen Kausalverlauf** beruht, mit dem nach **allgemeiner Lebenserfahrung** nicht zu rechnen war.

---

[147] Ständige Rspr. seit BGHSt 1, 332, 333 ff.; aus jüngerer Zeit vgl. etwa BGH NStZ 2001, 29, 30 („Pflegemutter-Fall" - dazu Bsp. 2 bei Rn 160 und Rn 196); BGH 3.12.2015 – 4 StR 223/15 („Scheunenmord-Fall"). Aus der Lit. vgl. *Rothenfußer*, Kausalität und Nachteil, 2003, S. 13 ff.; Sch/Sch-*Eisele*, Vorbem §§ 13 ff. Rn 73; *Gropp*, AT, § 4 Rn 35; *Fischer*, Vor § 13 Rn 21; *W/B/S*, AT, Rn 156; *Stratenwerth/Kuhlen*, AT, § 8 Rn 17 ff.

[148] BGH 3.12.2015 – 4 StR 223/15 („Scheunenmord-Fall").

[149] *Gropp*, AT, § 4 Rn 79; *Joecks*, Vor § 13 Rn 24; *Fischer*, Vor § 13 Rn 23.

Beispiel: Nach einer heftigen Diskussion zwischen T und O gehen T die Argumente aus. Erzürnt schlägt er dann mit seiner rechten Hand heftig gegen die linke Schläfe des O. Dieser taumelt daraufhin und bricht anschließend bewusstlos zusammen. Der herbeigerufene Notarzt kann nur noch den Tod feststellen. Die spätere gerichtsmedizinische Obduktion ergibt, dass durch den Schlag des T bei O eine Blutader der weichen Hirnhäute gerissen ist, was letztlich zum Tod geführt hat.

T könnte sich eines Totschlags (§ 212) schuldig gemacht haben. Bei Anwendung der Adäquanztheorie muss man allerdings den Ursachenzusammenhang verneinen, da mit der eingetretenen Folge nach allgemeiner Lebenserfahrung kaum zu rechnen war. Selbstverständlich bleibt Raum für eine Körperverletzung mit Todesfolge (§§ 223, 227).

Wie das Beispiel zeigt, liefert die Adäquanztheorie durchaus brauchbare Ergebnisse. Dennoch wird sie im Strafrecht ganz herrschend abgelehnt. Zwar schränke sie in begrüßenswerter Weise die Äquivalenztheorie ein, im Strafrecht gehe es aber nicht um eine Verkürzung des Kausalzusammenhangs, sondern um das Prinzip der (Erfolgs-) Zurechnung. Die Adäquanztheorie nehme also dadurch, dass sie Verursachung (Kausalität) und Zurechnung des Erfolgs nicht auseinanderhalte, den Kampf gegen die uferlose Weite der Äquivalenztheorie an der falschen Stelle auf.[150] 151

c.) Relevanztheorie

Als weitere Möglichkeit, die Äquivalenztheorie einzuschränken, wird die Relevanztheorie genannt. Auch nach dieser Theorie ist jede Bedingung, die nicht hinweggedacht werden kann, ohne dass der Erfolg in seiner konkreten Form entfiele, für den Erfolg zunächst kausal. Die nötige Einschränkung der Äquivalenztheorie erzielt sie dadurch, dass zwischen der Tathandlung und dem Erfolg ein strafrechtlich „relevanter" Kausalzusammenhang bestehen muss.[151] Zwar hebt sie damit die Bedeutsamkeit der Ursache für den Erfolgseintritt hervor, verharrt aber terminologisch weiterhin im Denkmodell des Kausalzusammenhangs und trifft nicht die im Strafrecht erforderliche Differenzierung zwischen Kausalität und Erfolgszurechnung. Auch sie ist daher abzulehnen. Sie bietet aber eine Basis für die Lehre von der objektiven Zurechnung (dazu gleich). 152

Zusammenfassung zu den Kausalitätstheorien: Trotz aller Kritik an der uferlosen Weite der Äquivalenztheorie schaffen es die korrigierenden Ansätze nicht, in überzeugender Weise die gebotene Einschränkung herbeizuführen. Daher ist im Rahmen der Kausalität der Äquivalenztheorie zu folgen und zu untersuchen, ob eine Einschränkung der Täterverantwortlichkeit nicht auf einer anderen Ebene erreicht werden kann. Diesbezügliche Möglichkeiten werden bei Rn 164 ff. (objektive Zurechnung) und Rn 215/297 ff. (Irrtum über den Kausalverlauf) untersucht. Zunächst sollen aber häufig auftretende, problematische Fälle im Bereich der Kausalität dargestellt werden. 153

cc. Alternative Kausalität (Doppelkausalität; Mehrfachkausalität)

Im Fall der alternativen Kausalität (Doppelkausalität; Mehrfachkausalität) führen zwei (oder mehrere) voneinander unabhängige Handlungen *gleichzeitig* den Erfolg herbei. *Jede* Handlung für sich hätte bereits ausgereicht. 154

Beispiel[152]**:** A und B mischen beide mit Tötungsvorsatz unabhängig und von einander nicht wissend eine jeweils tödlich wirkende Menge Gift in das Essen des O, bei dem daraufhin der Tod eintritt.

In einem solchen Fall muss folgende Überlegung angestellt werden: Zwar können die Bedingungen alternativ, nicht aber kumulativ hinweggedacht werden, ohne dass der Erfolg in

[150] Vgl. nur *W/B/S*, AT, Rn 171.
[151] *Fischer*, Vor § 13 Rn 23; *W/B/S*, AT, Rn 172.
[152] Nach *W/B/S*, AT, Rn 157.

seiner konkreten Form entfiele, weil sonst keine der Bedingungen ursächlich wäre. Daher wird die Äquivalenztheorie insoweit modifiziert, als jede der Bedingungen *conditio sine qua non* und somit ursächlich für den Erfolgseintritt ist.[153] Daraus folgt: Jede Handlung ist kausal. Daher sind A und B jeweils wegen eines Tötungsdelikts strafbar (Nebentäterschaft).

dd. Kumulative und atypische Kausalität

155 Im Fall der **kumulativen** Kausalität führen zwei voneinander unabhängige Handlungen *zusammen (kumulativ)* den Erfolg herbei. Jede Tathandlung für sich hätte *nicht* ausgereicht.[154] Oder anders ausgedrückt: Erst durch ihr Zusammentreffen führen zwei Handlungen zum Erfolg. Daraus folgt: Jede Handlung ist kausal.

Beispiel[155]**:** Wieder mischen A und B jeweils mit Tötungsvorsatz unabhängig und von einander nicht wissend eine jeweils objektiv **nicht** tödlich wirkende Menge Gift in das Essen des O. Nur das Zusammenwirken (-wirken) der beiden Gifte führt zu dessen Tod.

Zwar hätte keine der beiden Bedingungen isoliert zum Erfolg geführt, nach der Äquivalenztheorie genügt aber eine Mitursächlichkeit (s.o.). Danach war *jede* Handlung allein kausal für den Erfolgseintritt.[156] Das wird in dem o.g. Beispiel besonders deutlich: Würde man A´s Tatbeitrag wegdenken, hätte auch B´s Tatbeitrag nicht zum Erfolg geführt, da die jeweilige Giftmenge gerade nicht ausgereicht hätte. Der Tod des O ist aber nun einmal eingetreten – verursacht von A und B (jeweils als Nebentäter). Wird in diesem Ergebnis eine Unbilligkeit gesehen, kann im Stadium der Zurechnung eine Korrektur über die Lehre von der objektiven Zurechnung (dazu gleich) oder im Stadium des subjektiven Tatbestands durch die Annahme eines Irrtums über den Kausalverlauf erfolgen (siehe dort).

Daher sind die jeweiligen Handlungen von A und B nach der Bedingungstheorie zwar kausal für den Erfolgseintritt, dieser ist aber nicht objektiv zurechenbar. A und B sind daher jeweils *nicht* wegen eines vollendeten Tötungsdelikts strafbar. Sie sind jedoch in Nebentäterschaft jeweils wegen Versuchs strafbar.

156 Der kumulativen Kausalität verwandt ist die **atypische Kausalität**. Auch bei dieser tritt der Taterfolg zwar auf ungewöhnliche Weise ein, die Handlung ist aber dennoch kausal.

Beispiel: T droht O Schläge an. Aufgrund einer Überreaktion springt O aus dem Fenster und verletzt sich dabei tödlich.

Wenngleich die Reaktion des O völlig überzogen ist, rührte sie dennoch äquivalent kausal von der Drohung des T her.

ee. Hypothetische Kausalität

157-159 Von einer hypothetischen Kausalität spricht man, wenn die Handlung des Täters zwar den Erfolg herbeiführt, dieser Erfolg aber wenig später auch durch eine andere Ursache – hypothetisch – herbeigeführt worden wäre.[157] Da bei der Frage nach der Kausalität aber auf den konkreten Taterfolg abzustellen ist, muss eine Reserveursache, also eine Ursache, die zu einem späteren Zeitpunkt den Erfolg auf gleiche oder andere Weise herbeigeführt hätte, unberücksichtigt bleiben.

Beispiel (aus der Lehrbuchkriminalität): T erschießt den todkranken O, der aufgrund der Krankheit ohnehin nur noch wenige Tage zu leben hatte.

In Fällen dieser Art entfällt beim Hinwegdenken von T´s Handlung der Erfolg an sich nicht, sodass nach der Äquivalenztheorie der Kausalzusammenhang verneint werden müsste. Mit

[153] BGHSt 39, 195, 198; Sch/Sch-*Eisele*, Vor § 13 Rn 82; *Gropp*, AT, § 4 Rn 57.
[154] Sch/Sch-*Eisele*, Vor § 13 Rn 83; *Gropp*, AT, § 4 Rn 61 ff.
[155] Nach *W/B/S*, AT, Rn 158.
[156] SK-*Rudolphi*, vor § 1 Rn 51.
[157] Vgl. BGHSt 49, 1, 4; 45, 270, 295; 2, 20, 24; *Kühl*, AT, § 4 Rn 12; *Jahn/Ebner*, JuS 2007, 923, 925.

der Äquivalenztheorie ist aber auf den **konkreten** Erfolg abzustellen. Eine Reserveursache, die zu einem späteren Zeitpunkt den Erfolg auf gleiche oder andere Weise herbeigeführt hätte, muss somit unberücksichtigt bleiben. Daher ist die Handlung des T *conditio sine qua non* für den Tod des O.

ff. Abbrechende (überholende) Kausalität

Ein Fall der abbrechenden (überholenden) Kausalität liegt vor, wenn die Erstbedingung **nicht** zum Erfolgseintritt führen kann, weil ein späteres Ereignis eine **neue** Ursachenreihe eröffnet, die **ausschließlich** bzw. **früher** den Erfolg herbeiführt. Der Kausalzusammenhang zwischen der Erstursache und dem Erfolg wurde sozusagen „abgebrochen" bzw. die Erstursache wurde von der Zweitursache „überholt" oder „verdrängt". Daraus folgt: Keine Kausalität der Ersthandlung! Der Ersttäter kann für den Erfolgseintritt nicht verantwortlich gemacht werden[158]) in Betracht kommt aber eine Versuchsstrafbarkeit). **160**

Beispiel: A mischt eine tödlich wirkende Menge Gift in das Essen des O. Bevor dieser daran stirbt, wird er von B erschossen.

Von zwei miteinander „konkurrierenden" Kausalreihen kann also die erste nicht mehr zum Erfolg führen. Sie ist fehlgeschlagen und im Ergebnis absolut wirkungslos geblieben. Demgegenüber hat die zweite Handlung eine **neue** Ursachenreihe in Gang gesetzt, die **ganz alleine** (als *conditio sine qua non*) den Erfolg herbeigeführt hat. A hat keine Bedingung gesetzt, die für den konkreten Erfolg ursächlich war. Bei seiner Handlung fehlt es am Erfolgsunrecht. Da dieses von A aber angestrebt war, kommt bezüglich seiner Handlung eine Versuchsstrafbarkeit in Betracht.

Demnach hat sich B eines vollendeten Tötungsdelikts schuldig gemacht. A hat sich wegen eines versuchten Tötungsdelikts zu verantworten.

Der ursächliche Zusammenhang wird aber **nicht** abgebrochen, wenn das **Opfer** oder ein **Dritter in ein Kausalgeschehen eingreift** und die Tathandlung des Ersttäters **noch fortwirkt**. Die Tathandlung des später Eingreifenden darf an die vorausgehende Bedingung also lediglich anknüpfen (insbesondere die dadurch geschaffene Lage ausnutzen), diese aber nicht verdrängen.[159] Etwaige Korrekturen sind dann aber im Rahmen der objektiven Zurechnung erforderlich. **161**

Beispiel: O wird von T zusammengeschlagen und daraufhin stationär behandelt. Krankenpfleger K verwechselt die Infusionslösung, woraufhin O stirbt.

Hier bleibt es bei Anwendung der Äquivalenztheorie dabei, dass die ursprüngliche Verletzungshandlung des T ursächlich für den Tod des O war, weil die Handlung nicht hinweggedacht werden kann, ohne dass der Erfolg entfiele (K wäre sonst nicht in die Situation gekommen, die Infusionslösung zu verwechseln). Die Ersthandlung wirkt also noch fort bis zum Erfolgseintritt. Folglich ist die Handlung des T äquivalent kausal für den Tod des O. Freilich eine andere Frage ist es, ob der Tod des O dem T auch (objektiv) zugerechnet werden kann, vgl. dazu Rn 195.

gg. Mehraktige Geschehensabläufe

Der ursächliche Zusammenhang wird schließlich auch dann nicht abgebrochen, wenn sich ein Tatgeschehen in mehreren Akten vollzieht. Denn nach der maßgeblichen Bedingungstheorie sind ja alle Bedingungen gleichwertig, solange sie nur für den konkreten Erfolgs- **162**

---

[158] Vgl. OLG Celle StV 2002, 366; *Jescheck/Weigend*, AT, § 28 II 5; *Kühl*, AT, § 4 Rn 33.

[159] Vgl. BGH NStZ 2001, 29 f. („Pflegemutter-Fall"); *Jescheck/Weigend*, AT, § 28 II Fn 15; *W/B/S*, AT, Rn 164; *Ellbogen*, JuS 2002, 151, 153; *Jahn/Ebner*, JuS 2007, 923, 925; *Rengier/Braun*, JuS 2012, 999, 1000.

eintritt **mitursächlich** sind.[160] Auch hier sind etwaige Korrekturen im Rahmen der objektiven Zurechnung erforderlich.

Beispiele:

(1) Jauchegrube-Fall[161]: T hatte sich mit O zunächst ein Wortgefecht geliefert, in dessen Folge er sie zu würgen begann. Sodann stopfte er ihr zwei Hände voll Sand in den Mund, um sie am Schreien zu hindern. Den Tod nahm er dabei billigend in Kauf. Als O sodann regungslos am Boden lag, wurde sie von T für tot gehalten; tatsächlich war sie lediglich bewusstlos. Um die vermeintliche Leiche zu beseitigen, schmiss T die O in eine Jauchegrube. Erst dort verstarb sie infolge Ertrinkens.

Unter Anwendung der Äquivalenztheorie war die ursprüngliche Verletzungshandlung des T ursächlich für den späteren Tod der O, weil das Stopfen von zwei Händen voll Sand in den Mund nicht hinweggedacht werden kann, ohne dass der Erfolg entfiele (T wäre sonst nicht in die Situation gekommen, die für tot gehaltene O in die Jauchegrube zu werfen). Die Ersthandlung wirkt also noch fort bis zum Erfolgseintritt. Folglich ist die Handlung des T äquivalent kausal für den Tod der O. Freilich eine andere Frage ist es, ob der Tod der O dem T auch (objektiv) zugerechnet werden kann, vgl. dazu Rn 197a Bsp. 1.

(2) Pflegemutter-Fall[162]: Im Kampf um die Liebe zu ihrer Pflegemutter stach die Pflegetochter T mit Tötungsvorsatz das Pflegekind O nieder. T hielt O irrtümlich für tot und bat ihren Freund F, vorbeizukommen, um die Spuren zu beseitigen. Dieser fand die O jedoch noch röchelnd vor und schlug ihr mit einer vollen Glasflasche kräftig auf den Kopf, woraufhin O starb.[163] Die spätere gerichtsmedizinische Obduktion kann nicht eindeutig klären, ob O auch an den Folgen der Messerstiche gestorben wäre.

Hier ist die Ursächlichkeit des Handelns der T nicht dadurch ausgeschlossen, dass ein weiteres Verhalten an der Herbeiführung des Erfolgs mitgewirkt hat. Ursächlich bleibt das Verhalten der T selbst dann, wenn ein später handelnder Dritter durch ein auf denselben Erfolg gerichtetes Tun vorsätzlich zu dessen Herbeiführung beiträgt, sofern er nur dabei an das Handeln des Täters anknüpft, dieses also die Bedingung seines eigenen Eingreifens ist. Demgemäß ist das Verhalten der T auch dann äquivalent kausal für den Tod der O, wenn ein Dritter ihr den „Gnadenschuss" gegeben hat.[164] Zur Frage nach der objektiven Zurechnung vgl. Rn 196 Bsp. 1.

(3) Scheunenmord-Fall[165]: Die beiden befreundeten T und O waren abends mit dem Auto des T unterwegs. Nachdem sie bei einem Autohof etwas gegessen hatten und sodann in der Umgebung herumgefahren waren, bogen sie von der Landstraße in einen Feldweg ab und hielten dort zunächst an einer Scheune an, um nachzusehen, was sich in der Scheune befand. Anschließend setzten sie ihre Fahrt über die Feldwege fort, bis sie an einer weiteren Scheune erneut anhielten. Beide stiegen aus und gingen zu der Längsseite der Scheune, an der sich ein großes, massives und verschlossenes Tor befand. Beim Versuch des T, mit einer mitgebrachten schweren Eisenstange das Scheunentor aufzubrechen, gerieten T und O in einen Streit, in dessen Verlauf O dem T vorwarf, dass er nichts geregelt und „kein Mädchen an den Start" bekomme, weswegen er ein „armes Würstchen" sei. Als O sich mit dem Rücken zu T bückte, um sich am Tor zu schaffen zu machen, stellte sich T hinter O und schlug diesem mit Tötungsvorsatz und unter bewusster Ausnutzung von dessen Arg- und Wehrlosigkeit mehrmals mit der Eisenstange auf den Kopf, wobei O bereits durch den ersten Schlag bewusstlos wurde und umfangreiche Schädelbrüche erlitt, die mit an Sicherheit grenzender Wahrscheinlichkeit nach einiger Zeit zu dessen Tod geführt hätten. Nach dem letzten Schlag fuhr T

---

[160] Vgl. BGH NStZ 2001, 29 f. („Pflegemutter-Fall"); *Jescheck/Weigend*, AT, § 28 II Fn 15; *W/B/S*, AT, Rn 164; *Ellbogen*, JuS 2002, 151, 153; *Jahn/Ebner*, JuS 2007, 923, 925; *Rengier/Braun*, JuS 2012, 999, 1000.

[161] BGHSt 14, 193 ff.

[162] Vgl. BGH NStZ 2001, 29 f.

[163] Vgl. BGH NStZ 2001, 29 f.

[164] BGH NStZ 2001, 29, 30.

[165] BGH 3.12.2015 – 4 StR 223/15.

zurück zum Autohof, wobei er irrig davon ausging, O bereits tödlich verletzt zu haben. Am Autohof angekommen, kamen ihm Bedenken, dass der Verdacht auf ihn fallen würde. Daher fasste er den Entschluss, zurück zur Scheune zu fahren, die Polizei zu informieren und wahrheitswidrig anzugeben, er habe O dort überraschend getötet aufgefunden, als er ihn dort wieder habe abholen wollen. Als er nach der Rückkehr zur Scheune jedoch feststellte, dass O noch lebte, zog er sein Messer aus der Tasche und durchtrennte mit erheblicher Kraftentfaltung den Hals des O bis zur Wirbelsäule. O verblutete infolge dieser Handlung.

Auch in diesem zweiaktigen Tatgeschehen ist die Ursächlichkeit des ersten Akts (die Schläge mit der Eisenstange) für den Tod des O nicht dadurch ausgeschlossen, dass erst ein weiterer Akt des T (der spätere Messereinsatz) unmittelbar den Tod herbeiführte. Denn dieser zweite Akt wäre von T nicht ausgeführt worden, wenn bereits dessen erster Akt den Tod des O herbeigeführt hätte. Dass O ohnehin infolge der massiven Gewalteinwirkung gestorben wäre, ändert nichts an dem Bedingungszusammenhang zwischen dem Erstakt und dem Todeseintritt. Zur Frage nach der objektiven Zurechnung vgl. Rn 197a Bsp. 2.

hh. Zusammenfassung

Aufgrund der mit der **Äquivalenztheorie** verbundenen **uferlosen Weite** der strafrechtlichen Verantwortlichkeit ist im Einzelfall eine **Korrektur** erforderlich. Diese Korrektur kann – wie bereits dargestellt – bereits im Stadium der Kausalitätsprüfung mit Hilfe der Adäquanz- oder Relevanztheorie erfolgen. Zu beachten ist jedoch, dass diese Vorgehensweise kaum noch vertreten wird. Die **Literatur** korrigiert vornehmlich über die **Lehre von der objektiven Zurechnung** (also ebenfalls im Rahmen des objektiven Tatbestands, dazu sogleich), während die **Rechtsprechung** bis auf die Fälle der eigenverantwortlichen Selbstgefährdung und der Fahrlässigkeit eine Korrektur beim subjektiven Tatbestand im Rahmen des **Irrtums über den Kausalverlauf** (Vorsatzausschluss gem. § 16 I S. 1) durchführt. Welche der Möglichkeiten in einer Klausur zu wählen ist, sollte vom Einzelfall und der Auffassung des Bearbeiters abhängig gemacht werden. 163

d. Erfolgszurechnung (Lehre von der objektiven Zurechnung)

aa. Problemstellung

Es genügt nicht, wenn die Tathandlung kausal für den Taterfolg ist. Vielmehr muss sich der konkrete Erfolgseintritt als „das Werk des Täters" darstellen. 164

Hierzu vertritt die **herrschende Literatur** die **Lehre von der objektiven Zurechnung**. Ausgangspunkt dieser Lehre ist die Relevanztheorie. Im Unterschied zu ihr nimmt die Lehre von der objektiven Zurechnung die Korrektur aber nicht auf der Ebene der Kausalität, sondern im Rahmen der Erfolgszurechnung vor. Sie verkennt somit nicht den Unterschied zwischen Kausalität und Zurechnung und unterscheidet strikt zwischen der Prüfung des Kausalzusammenhangs und der Prüfung des objektiven Zurechnungszusammenhangs. Während bei der Kausalität ein Bedingungszusammenhang als *naturwissenschaftliche* Mindestvoraussetzung zwischen Handlung und Erfolg geprüft wird, wird beim Zurechnungszusammenhang *normativ* (also wertend) festgestellt, ob sich der Erfolg als das „Werk des Täters" darstellt. Die Grundformel, deren Prüfung sich demnach unmittelbar an die Kausalitätsfeststellung anschließt, lautet allgemein: 165

Objektiv zurechenbar ist ein Erfolg dem Täter dann, wenn dieser eine rechtlich missbilligte Gefahr geschaffen hat, die sich gerade im konkreten Erfolg realisiert.[166] 166

---

[166] Vgl. *Jescheck/Weigend*, AT, § 28 IV; SK-*Rudolphi*, vor § 1 Rn 57; *Gropp*, AT, § 4 Rn 87; *W/B/S*, AT, Rn 179; *Fischer*, Vor § 13 Rn 25; Sch/Sch-*Eisele*, Vor § 13 Rn 91 ff.

167 Diese Grundformel liest sich zwar schön, beantwortet aber die Frage nicht, wann denn nun eine rechtlich missbilligte Gefahr, die sich im konkreten Erfolgseintritt realisiert, vorliegt. Diesbezüglich sind einige Kriterien und Fallgruppen entwickelt worden, welche im Folgenden erörtert werden.[167]

bb. Kriterien und Fallgruppen

168 a.) Schaffung bzw. Fehlen eines rechtlich relevanten Risikos (insbesondere atypischer Kausalverlauf – Rn 169 ff.),
b.) Risikozusammenhang (Schutzzweck der Norm – Rn 170),
c.) Risikoverringerung (Rn 171 f.),
d.) kein Pflichtwidrigkeitszusammenhang (rechtmäßiges Alternativverhalten) ⇒ nur bei Fahrlässigkeitsdelikten (Rn 173 f.),
e.) eigenverantwortliche Selbstschädigung und -gefährdung des Opfers (Rn 175 ff.) und
f.) eigenverantwortliches Dazwischentreten eines Dritten (Rn 195 ff.).

a.) Schaffung bzw. Fehlen eines rechtlich relevanten Risikos

169 Mit dieser Fallgruppe sollen ganz **atypische, unvorhersehbare und unbeherrschbare** Kausalverläufe ausgeschlossen werden. Danach ist der Erfolg dem Täter nur dann zuzurechnen, wenn er **nicht völlig außerhalb dessen liegt, was nach dem gewöhnlichen Verlauf der Dinge und der allgemeinen Lebenserfahrung noch in Rechnung zu stellen ist.**[168]

Beispiel 1: Auf dem Weg ins Krankenhaus wird O infolge der durch T mit Tötungsvorsatz herbeigeführten Schussverletzung ohnmächtig und erstickt infolge einer Unachtsamkeit des Begleitpersonals des Rettungswagens am eigenen Erbrochenen. **Variante:** O stirbt nach gelungener Operation an einer Wundinfektion.

In diesen Fällen hat sich der konkrete Erfolg erst durch das Hinzukommen weiterer, an das vorausgegangene Kausalgeschehen anknüpfender Komplikationen, ja sogar durch das Fehlverhalten Dritter verwirklicht. Dass aber ein Verletzter bewusstlos wird und in diesem Zustand am Erbrochenen erstickt, steht nicht völlig außerhalb dessen, was nach dem gewöhnlichen Lauf der Dinge und der allgemeinen Lebenserfahrung noch in Rechnung zu stellen ist. Gleiches gilt für das Erlangen der (tödlichen) Wundinfektion. Der darauf beruhende Tod des O ist T als Verursacher objektiv zuzurechnen (etwas anderes würde nur bei grober Fahrlässigkeit des Begleitpersonals bzw. des behandelnden Arztes gelten).[169]

Beispiel 2: Beabsichtigt der Täter, das Opfer zunächst mit Schlägen wehrlos zu machen und sodann durch die Injektion von Luft zu töten, tritt der Tod aber bereits durch die Schläge ein, ohne dass die Injektion ursächlich wird, liegt ebenfalls eine **unbeachtliche Abweichung** des Kausalverlaufs vor. Der Täter macht sich wegen vollendeten Totschlags, nicht etwa wegen Totschlagversuchs in Tateinheit mit Körperverletzung mit Todesfolge strafbar. Die Divergenz zwischen Vorstellung und Wirklichkeit ist unbeachtlich, weil beide Kausalverläufe gleichwertig sind.[170]

Gegenbeispiel: T wird von seinem Onkel O als Alleinerbe eingesetzt. Da er aber nicht bis zum natürlichen Todeseintritt seines Onkels warten möchte, überlegt er, wie er dessen Tod

---

[167] Siehe die Nachweise in der vorigen Fn. Auch die nachfolgenden Beispiele sind an die dortigen Ausführungen angelehnt. Zu beachten ist jedoch, dass die (identischen und sich teilweise inhaltlich überschneidenden) Fallgruppen von den genannten Autoren teilweise unterschiedlich benannt werden und dass auch die Einordnung von (identischen) Beispielen unterschiedlich erfolgt. Das kann auf den studentischen Leser äußerst verwirrend wirken. Davon sollte man sich aber nicht abschrecken lassen. Wichtig ist nur, dass man in der Lage ist, aufgrund einer überzeugenden Argumentation die objektive Zurechnung im konkreten Fall zu bejahen oder zu verneinen. Die Vermittlung der Fähigkeit, in der Fallbearbeitung überzeugend aufzutreten, ist Aufgabe der folgenden Darstellung.

[168] Vgl. BGH NJW 2002, 1057; *Otto*, Jura 2001, 275, 276; *Trüg*, JA 2001, 365; *Roxin*, AT, § 11 Rn 63; *W/B/S*, AT, Rn 196; vgl. auch *Fischer*, Vor § 13 Rn 25.

[169] *W/B/S*, AT, Rn 183 ff.

[170] Vgl. BGH NStZ 2002, 475, 476; *Altvater*, NStZ 2003, 21.

herbeiführen kann, ohne in Verbindung mit dem Todeseintritt gebracht zu werden. Er überredet O zu häufigen Flugreisen in der Hoffnung, dass über kurz oder lang eine Maschine abstürzen wird. Bereits beim fünften Flug hat er „Glück". Die Maschine, in der sich O befindet, stürzt aufgrund eines für T nicht vorhersehbaren Unwetters ab. Alle an Bord befindlichen Personen kommen ums Leben.

Hier findet keine Erfolgszurechnung statt, weil sich durch den Flugzeugabsturz nur das allgemeine Lebensrisiko verwirklicht hat. Der Flugzeugabsturz stand außerhalb von T´s Beherrschungsvermögen.[171] Aus demselben Grund liegt auch eine Strafbarkeit wegen Versuchs nicht vor.

b.) Risikozusammenhang (Schutzzweck der Norm)

Diese Fallgruppe dient dazu, eine Erfolgszurechnung nur dann zuzulassen, wenn die Tathandlung überhaupt vom Schutzzweck der verletzten Norm umfasst ist. Denn nur wenn der Täter eine gerade dem Schutz des betreffenden Rechtsguts dienende Verhaltensnorm missachtet, liegt überhaupt eine rechtlich relevante Gefahrschaffung vor.[172] **170**

Beispiele:

(1) Auf dem Weg zur Arbeit missachtet Autofahrer T eine Rotlicht zeigende Ampel. Kurze Zeit später läuft ihm unvermittelt ein Kind in das Auto. T kann nicht ausweichen; es kommt zu einem für das Kind tödlichen Unfall.

Hier kann dem T nicht vorgehalten werden, er habe sich zwar im zeitlichen und räumlichen Zusammenhang mit dem Unfall korrekt verhalten, hätte den Unfall jedoch vermeiden können, wenn er zuvor die Rotlicht zeigende Ampel nicht missachtet hätte und somit an der Unfallstelle später angekommen wäre. Denn die Ampelanlage soll lediglich die Verkehrsteilnehmer im unmittelbaren Verkehrsbereich schützen. Dass Fahrzeuge bestimmte Orte früher oder später erreichen, ist nicht vom Schutzzweck der StVO-Vorschriften über Ampelanlagen umfasst. Die Vorfahrtsregeln einer Kreuzung dienen nicht dem Zweck, einen anderen Ort früher oder später zu erreichen.

(2) Zwei Radfahrer fahren nachts auf einer Straße ohne Beleuchtung schräg hintereinander. Der vorausfahrende Radfahrer A wird von einem entgegenkommenden Auto erfasst und tödlich verletzt. Der hinter A fahrende Radfahrer B kann noch ausweichen.

Die Frage, ob sich B nach § 222 strafbar gemacht hat, muss verneint werden. Zwar hat B gegen § 17 StVO (Pflicht zur ordnungsgemäßen Beleuchtung von Fahrrädern) verstoßen, diese Vorschrift dient aber dazu, Unfälle zu vermeiden, die darauf zurückzuführen sind, dass der betreffende Radfahrer andere Verkehrsteilnehmer aufgrund von Dunkelheit nicht sieht oder er selbst von anderen Verkehrsteilnehmern nicht gesehen wird. Dagegen dient die Vorschrift nicht dazu, andere Verkehrsteilnehmer anzuleuchten, damit diese wiederum von anderen Verkehrsteilnehmern gesehen werden.

c.) Risikoverringerung

Die sog. Risikoverringerung betrifft den Fall, dass der Täter **einen Erfolg abschwächt oder (zeitlich) hinausschiebt und auf diese Weise einen lediglich schwächeren oder späteren Erfolgseintritt verursacht.**[173] In der Praxis relevant sind vor allem Fälle der sog. Abstiftung. Ein Abstiften oder Abwiegeln liegt vor, wenn ein zur Begehung eines gefährlichen qualifizierten Delikts (z.B. § 244) entschlossener Täter zur Begehung eines weniger gefährlichen (Grund-) Delikts („Minus" - z.B. § 242) veranlasst wird. Hier ist zwar an psychische Beihilfe zum weniger gefährlichen Delikt (§§ 242, 27) zu denken. Überzeugender scheint es jedoch, bereits die objektive Zurechnung zwischen Rechtsgutverletzung und Gehilfenhandlung wegen ausschließlicher Risikoverringerung zu vernei- **171**

[171] Vgl. nur *Gropp*, AT, § 4 Rn 90; *W/B/S*, AT, Rn 184.
[172] *W/B/S*, AT, Rn 182; Sch/Sch-*Eisele*, Vor § 13 Rn 95/96.
[173] Sch/Sch-*Eisele*, Vor § 13 Rn 94.

nen. Sofern man diesem Gedanken nicht folgt (und damit die objektive Zurechnung bejaht), ist an eine Rechtfertigung nach § 34 zu denken.

Beispiel: T will einen bewaffneten Banküberfall begehen. Seine fürsorgliche Ehefrau E kann ihm das Mitführen der Pistole aber ausreden. T befolgt den Rat und begeht die Tat ohne Waffe. Strafbarkeit der Beteiligten?

T ist wegen Raubs (§ 249) oder wegen räuberischer Erpressung (§ 255) strafbar. E ist dagegen straflos. Eine Anstiftung (§ 26) scheidet aus, da T hinsichtlich des (einfachen) Raubs oder der räuberischen Erpressung ohnehin fest entschlossen war (sog. *omnimodo facturus*). Nach h.L. kommt eine Beihilfe (§ 27) ebenfalls nicht in Betracht. Zwar hat E eine kausale Hilfe zum Grunddelikt geleistet, infolge der ausschließlichen Risikoverringerung hat sie aber keine tatbestandliche Gefahr geschaffen, sodass ihr das Ergebnis ihrer Hilfeleistung objektiv nicht zurechenbar ist. Die Rspr., welche die Lehre von der objektiven Zurechnung in diesem Fall ablehnen würde, könnte auch keine Korrektur ihres Ergebnisses auf der Ebene des subjektiven Tatbestands herbeiführen, sodass nach ihr allenfalls eine Rechtfertigung nach § 34 erfolgen würde.
Anders würde es im Ergebnis für E aussehen, wenn sie die leichtere Tatform nicht notgedrungen in Kauf genommen hätte, sondern sie diese dem T schmackhaft gemacht hätte. Dann wäre sie wegen psychischer Beihilfe zum (einfachen) Raub zu bestrafen.

172 Anders sieht es aus, wenn der Täter zwar risikoverringernd tätig sein möchte, aber durch sein Verhalten **eine neue, eigenständige (rechtlich relevante) Gefahr schafft**, die den von ihm verursachten Verletzungserfolg begründet.[174]

Beispiele:

(1) A möchte in der Nachbarstadt einen Banküberfall verüben. Da ihn seine Ehefrau E nicht davon abbringen kann, zersticht sie kurzerhand die Reifen des Autos, das A als Transportmittel gebraucht hätte. Hierdurch kann A seinen Plan nicht durchführen.

(2) B sieht, wie im Nachbarhaus die obere Etage brennt. Gleichzeitig hört er von dort Hilferufe eines Kindes. Um dieses zu retten, begibt er sich in das Haus, findet das Kind, wird dann aber zusammen mit dem Kind von den Flammen eingeschlossen, sodass ihm der Rückweg über die Treppe versperrt ist. Ihm bleibt daher nur die Wahl, entweder zusammen mit dem Kind in den Flammen umzukommen oder sich und das Kind aus dem Fenster in die Arme unten stehender Retter fallen zu lassen. B entscheidet sich für Letzteres. Während er unverletzt bleibt, zieht sich das Kind durch den Sturz einen Armbruch zu.

In beiden Beispielen kann die jeweilige Tathandlung nicht hinweggedacht werden, ohne dass der konkrete Erfolgseintritt entfiele. Auch haben E und B jeweils eine rechtlich missbilligte Gefahr geschaffen, die sich im konkreten Erfolg realisiert. Daran ändern auch die ehrenwerten Motive nichts. Es besteht daher keine Möglichkeit, die Tatbestände der Sachbeschädigung (Beispiel 1) und der Körperverletzung (Beispiel 2) zu verneinen. Um dennoch eine Strafbarkeit zu verneinen, muss daher nach anderen Aspekten gesucht werden. So bietet sich in Beispiel (1) an, E aufgrund rechtfertigenden Notstands (§ 34) für gerechtfertigt zu erklären und in Beispiel (2) bei B den Körperverletzungsvorsatz zu verneinen (bei diesem ist mit Blick auf die unten stehenden Helfer zu unterstellen, dass er hoffte, das Kind würde unbeschadet bleiben). Zwar ist bei B dann auf eine fahrlässige Körperverletzung (§ 229) einzugehen, hier aber gerade aufgrund der ausschließlichen Risikoverringerung die Sorgfaltspflichtverletzung zu verneinen, oder doch zumindest § 34 anzuwenden.

---

[174] Sch/Sch-*Eisele*, Vor § 13 Rn 94; *W/B/S*, AT, Rn 195.

d.) Kein Pflichtwidrigkeitszusammenhang (rechtmäßiges Alternativverhalten)

Diese Fallgruppe hat ausschließlich bei **Fahrlässigkeitsdelikten** Bedeutung, soll aber wegen des Sachzusammenhangs an dieser Stelle behandelt werden. Bei Fahrlässigkeitsdelikten ist die objektive Zurechnung zu verneinen, wenn der Erfolg mit an Sicherheit grenzender Wahrscheinlichkeit auch bei pflichtgemäßem Verhalten des Täters eingetreten wäre. Denn in diesem Fall wird der Erfolg nicht durch „Fahrlässigkeit" herbeigeführt. 173

Beispiel: Autofahrer T fährt mit einer Geschwindigkeit von 100 km/h durch eine Autobahnbaustelle, in der lediglich 80 km/h erlaubt sind. Plötzlich setzt sich ein an der Seite stehendes Baustellenfahrzeug in Bewegung und gelangt auf die Fahrbahn. T weicht geistesgegenwärtig aus, gerät dabei aber auf die Gegenfahrbahn und kollidiert frontal mit dem Wagen des O. Dieser verstirbt aufgrund der Verletzungen, die er infolge des Aufpralls erleidet. Aus einem späteren Sachverständigengutachten geht hervor, dass von T der Unfall auch dann nicht hätte vermieden werden können, wenn dieser die zulässige Höchstgeschwindigkeit eingehalten hätte.

Hier hat sich also das Risiko des zu schnellen Fahrens nicht im konkreten Erfolg niedergeschlagen, sodass T nicht wegen fahrlässiger Tötung (§ 222) bestraft werden kann.

Fraglich ist, wie Fälle zu entscheiden sind, in denen der Erfolg *nicht* mit an Sicherheit grenzender Wahrscheinlichkeit auch bei pflichtgemäßem Verhalten des Täters eingetreten wäre. Hier verneint die überwiegende Meinung[175] aus dem Grundsatz *in dubio pro reo* die objektive Zurechnung, wenn der Erfolg nur möglicherweise durch ein rechtmäßiges Alternativverhalten ausgeblieben wäre. Hingegen soll es nach einer Minderheitsmeinung[176] für die Zurechnung genügen, wenn der Täter durch sein Verhalten das Risiko des Erfolgseintritts (auch nur marginal) vergrößert hat (sog. **Risikoerhöhungslehre**). 174

Beispiel[177]**:** Lkw-Fahrer T überholt den am Straßenrand fahrenden Radfahrer O mit einem viel zu geringen Seitenabstand. Als sich der Lkw des T dicht neben dem Fahrrad des O befindet, schwankt dieser und wird von der Flanke des Lkw erfasst und dabei unter die Räder des Lkw gerissen. O stirbt noch am Unfallort. Bei der späteren gerichtsmedizinischen Untersuchung des O stellt sich heraus, dass dieser während des Unfallzeitpunkts eine Blutalkoholkonzentration (BAK) von 1,9 ‰ hatte. Ein Gutachten kommt zu dem Ergebnis, dass nicht ausgeschlossen werden kann, dass O auch bei Einhaltung des erforderlichen Seitenabstands getötet worden wäre.

Folgt man der wohl h.M., greift der Grundsatz *in dubio pro reo*, da der Sachverhalt nicht eindeutig aufgeklärt werden kann. T ist hiernach nicht (aus § 222) strafbar. Hingegen würde die Gegenauffassung zu einer Strafbarkeit (aus § 222) kommen, da nach ihr allein im nicht eingehaltenen Seitenabstand ein risikogesteigertes Element liegt, das ausreicht, um trotz der verbleibenden Zweifel über das hypothetische Geschehen dem T den Tod des O zuzurechnen. Das macht eine Streitentscheidung erforderlich. Die Vertreter der Risikoerhöhungslehre machen vor allem geltend, die aufgestellten Sorgfaltspflichten seien dafür gedacht, auch dann beachtet zu werden, wenn nicht sicher sei, ob durch die Beachtung des Sicherheitsabstands Gefahren vermieden werden könnten. Das ist problematisch, weil dadurch die Bedeutung des Grundsatzes *in dubio pro reo* verkannt wird. Darüber hinaus deutet die Risikoerhöhungslehre durch die Anknüpfung an das erhöhte Risiko die Verletzungsdelikte in konkrete Gefährdungsdelikte um. Das ist mit der Systematik des StGB nicht vereinbar. Die Risikoerhöhungslehre ist daher abzulehnen.

---

[175] BGHSt 11, 1, 3; 33, 61, 63; Sch/Sch-*Sternberg-Lieben/Schuster*, § 15 Rn 177; SK-*Hoyer*, Anh. § 16 Rn 26; *Fischer*, vor § 13 Rn 35; LK-*Vogel*, § 15 Rn 182 ff.; *Joecks*, § 222 Rn 20.

[176] Entwickelt von *Roxin*, FS Honig, 1970, S. 133 ff.; *ders.*: ZStW 1974, S. 411 ff.; dem sich anschließend SK-*Rudolphi*, vor § 1 Rn 65 ff.; *Stratenwerth/Kuhlen*, AT, § 8 Rn 37, § 13 Rn 54 ff.; NK-*Puppe*, vor § 13 Rn 205; *Jescheck/Weigend*, AT, § 55 II 2b.

[177] Nach BGHSt 11, 1 (dargestellt in nahezu allen Lehrbüchern, vgl. nur *Gropp*, AT, § 4 Rn 98 und *W/B/S*, AT, Rn 197).

Im Ergebnis bleibt somit festzustellen, dass T sich wegen des Grundsatzes *in dubio pro reo* nicht wegen fahrlässiger Tötung strafbar gemacht hat.

e.) Eigenverantwortliche Selbstschädigung und -gefährdung des Opfers

175 Da das Gesetz in den Körperverletzungs- bzw. Tötungsdelikten lediglich die Verletzung bzw. Tötung eines *anderen* Menschen erfasst, handelt derjenige, der sich selbst verletzt oder gar tötet, regelmäßig tatbestandslos.[178] Andere, die dazu anstiften bzw. Hilfe leisten, handeln ebenfalls regelmäßig tatbestandslos, weil es insoweit an einer erforderlichen vorsätzlichen und rechtswidrigen Haupttat i.S.d. §§ 26, 27 fehlt.[179] Etwas anderes gilt nur dann, wenn – neben dem Sonderfall des § 217 – der „Anstiftende" bzw. „Helfende" nicht nur eine Hilfsfunktion ausübt, sondern in Wahrheit das Tatgeschehen in den Händen hält, etwa weil er kraft überlegenen Sachverständnisses das Risiko besser erfasst oder sogar das tatbestandsmäßige Geschehen maßgeblich (mit-)bestimmt.[180] Von einer eigenverantwortlichen Selbstschädigung des Opfers kann dann nicht mehr gesprochen werden. Vielmehr ist derjenige, der das Geschehen in den Händen hält, mittelbarer Täter i.S.v. § 25 I Var. 2 und benutzt den Handelnden als „Tatwerkzeug" (vgl. Rn 949 ff.).[181]

176 Insoweit lässt sich festhalten: Eigenverantwortliche Selbstgefährdung bzw. -verletzung schließt die Verantwortlichkeit Dritter grundsätzlich aus.[182] Denn der Schutzbereich einer Strafnorm, die (wie etwa §§ 211, 212, 223 oder §§ 222, 229) den Rechtsgutinhaber vor Eingriffen Dritter schützt, endet dort, wo der eigene Verantwortungsbereich des Betroffenen beginnt (Autonomieprinzip, Menschenwürde).[183] Jedoch setzt Eigenverantwortlichkeit die Kenntnis des eingegangenen Risikos voraus. Fehlt diese Kenntnis oder irrt sich der sich selbst Gefährdende bzw. Verletzende über den Grad des eingegangenen Risikos, schließt dies in Drittbeteiligungsfällen eine Eigenverantwortlichkeit aus. In solchen Fällen ist Raum für eine Strafbarkeit von Dritten:

- Hat der „Anstiftende" oder „Helfende" die Tatherrschaft inne, folgt dessen Strafbarkeit ohne weiteres aus dem entsprechenden Vorsatzdelikt (bei Tötungsdelikten also aus § 211 oder § 212, ggf. i.V.m. § 13 I[184]).
- Hat der „Anstiftende" oder „Helfende" keine Tatherrschaft inne, stellt sich die Frage nach der Strafbarkeit unter dem Aspekt des Fahrlässigkeitsdelikts (§ 222 oder § 229). Dies wiederum hängt davon ab, ob ihm der Taterfolg zugerechnet werden kann, was in Fällen, in denen der sich selbst Gefährdende oder Verletzende eigenverantwortlich handelt, jedoch grundsätzlich nicht der Fall ist. Denn kann sich derjenige, der sich *vorsätzlich* an einer fremden eigenverantwortlichen Selbstschädigung beteiligt, mangels tauglicher Haupttat nicht strafbar machen, muss dies bei der schwächeren Deliktsform „Fahrlässigkeit" erst recht gelten.[185] Vgl. dazu auch Rn 182 ff.

Hinweis für die Fallbearbeitung: Die Abgrenzung zwischen der straflosen Unterstützung einer eigenverantwortlichen Selbstschädigung/Selbstverletzung des Opfers und

---

[178] Klarstellend BGH NStZ 2013, 43, 44. Vgl. aber § 109 und Sondervorschriften des Wehrstrafrechts. Zwar ist es für die sich selbst tötende Person irrelevant, ob sie sich strafbar gemacht hat, allerdings kann es für einen Beteiligten einen Unterschied machen, ob es sich bei der Selbsttötung um eine tatbestandsmäßige und rechtswidrige Tat (i.S.v. §§ 26, 27) handelt. Für den Suizidenten sind § 109 und die Sondervorschriften des Wehrstrafrechts dann aber von Bedeutung, wenn die Selbsttötung fehlschlägt.
[179] Vgl. auch BGHSt 24, 342 ff.; 32, 262 ff.; 32, 367, 371; 46, 279, 288; BGH NStZ 2013, 43, 44.
[180] BGHSt 32, 262, 265.
[181] Vgl. dazu auch BGH NJW 2014, 1680, 1681 ff.
[182] Vgl. auch BGH NJW 2016, 176, 177.
[183] Vgl. BGH NJW 2016, 176, 177 f.; NStZ 2013, 43, 44; NStZ 2004, 204 f.; NJW 2003, 2326, 2327; NStZ 2001, 205 (mit abl. Anm. von *Hardtung*; zust. aber *Renzikowski*, JR 2001, 246); BGHSt 46, 279, 288; Sch/Sch-*Eisele*, Vor § 13 Rn 101c; SK-*Rudolphi*, vor § 1 Rn 72; LK-*Walter*, vor § 13 Rn 114; *W/B/S*, AT, Rn 187; *Eisele*, JuS 2012, 577, 578. Zur Fahrlässigkeitsstrafbarkeit vgl. BGH NJW 2003, 2326, 2327 f.; OLG Nürnberg NJW 2003, 454; *Küpper*, JA 2004, 757 ff.
[184] So im Fall BGH NJW 2016, 176.
[185] So auch BGHSt 32, 262, 263 ff.; BGH NStZ 2009, 504; NStZ 2013, 43, 44. Vgl. auch BGH NJW 2016, 176, 177.

der strafbaren Handlung wegen Innehabens der Tatherrschaft stellt ein **wichtiges Klausurproblem** dar. Prüfungstechnisch ist zu beachten, dass bei der Beteiligung an einer eigenverantwortlichen Selbstschädigung/Selbstverletzung gerade kein Abbruch des Kausalzusammenhangs zwischen der Tathandlung und dem Taterfolg stattfindet. In der Fallbearbeitung muss die Kausalität also ganz normal festgestellt werden. Erst im Rahmen der objektiven Zurechnung (die im Fall der eigenverantwortlichen Selbstgefährdung/Selbstverletzung auch von der sonst ablehnenden Rspr. angewendet wird) ist dann auf die eigenverantwortliche Selbstschädigung/Selbstverletzung einzugehen[186]: Das durch den vermeintlichen Täter initiierte oder geförderte Kausalgeschehen wird durch das eigenverantwortliche Opferverhalten überlagert, was dazu führt, dass eine Zurechnung des Taterfolgs nicht erfolgen kann. Im Ergebnis verwirklicht sich also nicht das Täter-, sondern das Opferverhalten. Problematisch kann im Einzelfall die Feststellung sein, ob eine Eigenverantwortlichkeit vorliegt oder nicht. Das betrifft insbesondere die sog. Drogenkonsumfälle, aber auch Selbstgefährdungen/Selbstverletzungen von Kindern, unreifen Jugendlichen, geistig Erkrankten, seelisch bzw. psychisch Gestörten und Personen, die sich in einer unter § 35 fallenden Notlage befinden und denen deshalb kein schuldhaftes Verhalten vorgeworfen werden könnte, wenn sie einen anderen statt sich selbst verletzt hätten.

(Weitere) Beispiele: 177

(1) O ist **heroinabhängig**. Nachdem er wieder zu etwas Geld gekommen ist, bekommt er von T – einem Drogendealer – eine bestimmte Menge Heroin nebst Spritze überreicht. Dabei weist T ihn darauf hin, dass es sich bei dem Heroin um solches sehr reiner Qualität handele, dessen Genuss sehr gefährlich sei. Trotz dieser Warnung injiziert sich O eine Heroinmenge, die seinen Tod herbeiführt.

Sofern O eigenverantwortlich handelte, kann sein Tod T nicht zugerechnet werden. Dieser ist dann auch nicht wegen Anstiftung oder Beihilfe strafbar, weil es insoweit an einer teilnahmefähigen Haupttat fehlt. Auch eine mittelbare Täterschaft muss vorliegend ausgeschlossen werden. Schließlich ist auch eine Strafbarkeit nach § 222 abzulehnen, weil es einen Wertungswiderspruch darstellte, eine Strafbarkeit wegen Fahrlässigkeit anzunehmen, wenn vorsätzliches Handeln nicht strafbar ist.

Gleiches gilt hinsichtlich des gemeinsamen Heroinkonsums zweier Heroinsüchtiger und des daraus resultierenden Tods von einem der beiden. Auch hier liegt keine Strafbarkeit des Überlebenden durch aktives Tun vor, wenn das Opfer sich das Heroin selbst injizierte und dabei eigenverantwortlich handelte.

(2) Die 17-jährige O weiß von der **HIV-Infektion** ihres Freundes T und von der Infektiösität des Virus. Dennoch hat sie mit T aufgrund eines freiwilligen und eigenverantwortlichen Entschlusses ungeschützten Geschlechtsverkehr.

In diesem Fall ist bei O aufgrund ihres Alters davon auszugehen, dass sie sich der Tragweite ihrer Entscheidung bewusst ist. Sie handelt eigenverantwortlich. T ist somit wegen Fehlens einer Haupttat straflos.

Die Grenze einer straflosen Beteiligung an einer eigenverantwortlichen Selbstgefährdung zu einer (mittelbaren) Täterschaft wäre jedoch dann überschritten, wenn T kraft seines überlegenen Sachwissens das Risiko besser erfasste als die sich selbst gefährdende O. Das wäre jedenfalls dann anzunehmen, wenn nur T, nicht jedoch auch O, um die HIV-Infektion gewusst hätte. In diesem Fall wäre von einer Tatherrschaft des T auszugehen gewesen[187]; insbesondere wäre kein Raum für eine rechtfertigende Einwilligung durch O.[188] Vgl. dazu auch Rn 182 und 250 (HIV).

---

[186] Vgl. bereits die 1. Aufl. 2002; später auch *Hecker/Witteck*, JuS 2005, 397.
[187] Vgl. zu § 223 *R. Schmidt*, BT I, Rn 292, zu § 224 und § 212 dort Rn 309, 343, 345 ff. und zu § 226 dort Rn 381.
[188] Der BGH hat bislang offengelassen, ob die Grundsätze der eigenverantwortlichen Selbstgefährdung/Selbstverletzung auf den sexuellen Umgang mit HIV-Infizierten anwendbar sind (vgl. BGHSt 36, 1, 17 und nun auch LG Würzburg, JuS 2007, 772 ff.). Nach Auffassung des BayObLG können diese Grundsätze aber herangezogen werden (vgl. BayObLG NStZ 1990, 81, 82; zust. *Lackner/Kühl*, vor § 211 Rn 12a; *Wessels/Hettinger*, BT 1, Rn 270).

(3) T, ein auf psychotherapeutische Behandlungen spezialisierter Arzt, der früher als Suchtberater tätig war, führte sog. psycholytische Sitzungen durch. Bei dieser in Deutschland wissenschaftlich nicht anerkannten Methode werden Patienten in Gruppensitzungen unter Einsatz von Psychodrogen in ein „Wachtraumerleben der Objektumgebung" versetzt. Ziel dieser Therapie soll es sein, unbewusste Inhalte der Psyche freizusetzen. Im Rahmen einer „Intensivsitzung" erklärten sich mehrere Gruppenmitglieder zur Einnahme des **Rauschgifts MDMA**, ein Grundstoff der Partydroge Ecstasy, bereit. T legte daraufhin eine Einzeldosis von 120 mg fest und wog diese ab. Dabei wunderte er sich zwar über das Volumen der Menge, verließ sich jedoch auf die Angabe seiner (tatsächlich fehlerhaft arbeitenden) Waage. Infolge dieses Defekts gab er mindestens die zehnfache Dosis ab, worauf es zu heftigen körperlichen Reaktionen der Teilnehmer wie Spasmen oder Erbrechen kam. Trotz der Hilfe des herbeigerufenen Notarztes verstarben zwei Gruppenmitglieder an multiplem Organversagen, während die übrigen nach intensivmedizinischer Behandlung gerettet werden konnten.[189]

Hier kommt (von einer Strafbarkeit nach dem BtMG einmal abgesehen) eine Strafbarkeit wegen Körperverletzung mit Todesfolge (§ 227) in mittelbarer Täterschaft (§ 25 I Var. 2) in Betracht. Jedoch ist dies zu verneinen, wenn sich die Geschädigten eigenverantwortlich selbst gefährdet haben und sich das mit der Gefährdung bewusst eingegangene Risiko realisiert hat.

178 Ist entscheidendes Kriterium also die Eigenverantwortlichkeit des Opfers, ist zu beachten, dass gerade bei Drogensüchtigen (und bei sonstigen Personen mit physischen und/oder psychischen Labilitäten, s.o.) die Voraussetzungen fraglich sind, unter denen eine Eigenverantwortlichkeit überhaupt angenommen werden kann. Dazu werden im Wesentlichen zwei Auffassungen vertreten:

179
- Eine Auffassung[190] zieht bei der Frage nach der rechtlichen Verantwortlichkeit im Falle einer Fremdschädigung die Kriterien der Exkulpationsregeln (§§ 20, 35 StGB, § 3 JGG) heran. Danach soll eine Freiverantwortlichkeit bei unreifen Jugendlichen, geistig Erkrankten, seelisch Gestörten und Personen, die sich in einer unter § 35 fallenden (oben beschriebenen) Notlage befinden, ausgeschlossen sein.

180
- Die Gegenauffassung[191] orientiert sich an den Regeln über die rechtfertigende Einwilligung. Danach liegt eine Freiverantwortlichkeit i.d.R. vor, wenn der Betroffene einwilligungsfähig ist (das ist der Fall, wenn er nach seiner geistigen und sittlichen Reife – nicht nach der Geschäftsfähigkeit – imstande ist, Bedeutung und Tragweite seiner Entscheidung zu erkennen und nach dieser Erkenntnis zu handeln) und keine wesentlichen Willensmängel aufweist (das sind etwa durch Drohung oder Täuschung beeinflusste Entscheidungen, aber auch durch Alkohol oder Drogenkonsum hervorgerufene Psychosen).

181 In der Regel kommt es auf den Streit nicht an, weil beide Auffassungen in den meisten Fällen wohl zu demselben Ergebnis gelangen. Das ist insbesondere beim Heroinkonsum anzunehmen: Befindet sich der Heroinabhängige in einer unter § 35 fallenden, oben beschriebenen Notlage, liegen regelmäßig auch wesentliche Willensmängel vor. Eine Streitentscheidung ist dann entbehrlich. Sollte es einmal zu unterschiedlichen Ergebnissen kommen, ist – zumindest bei einer Gefährdung oder Preisgabe des eigenen Lebens – der strengeren Gegenauffassung zu folgen. Denn hinsichtlich der Verfügung über das eigene Leben sind an die Mangelfreiheit der eigenen Willensbildung keine geringeren Anforderungen zu stellen als bei der rechtfertigenden Einwilligung in eine Körperverletzung und bei der in § 216 geforderten „Ernsthaftigkeit" des Verlangenden.[192]

---

[189] Fall nach BGH NStZ 2011, 341.

[190] Vgl. LK-*Walter*, vor § 13 Rn 113; Sch/Sch-*Heine/Weißer*, § 25 Rn 10; Müko-*Schneider*, Vorb §§ 211 ff. Rn 54 ff.

[191] Vgl. etwa *W/B/S*, AT, Rn 189; Sch/Sch-*Eser/Sternberg-Lieben*, Vorb. §§ 211 ff. Rn 36; LK-*Schünemann*, § 25 Rn 107. Vgl. auch BGH NStZ 2012, 319 (Reinigungsmittel-Fall).

[192] *W/B/S*, AT, Rn 189.

In allen Fällen gilt aber, dass die Straflosigkeit des Mitwirkenden aufgrund eigenverantwortlichen Handelns des Opfers dort endet, wo der **Mitwirkende kraft seines überlegenen Wissens** das Risiko besser erfasst als das sich selbst gefährdende Opfer. In diesem Fall ist die Eigenverantwortlichkeit des Rechtsgutinhabers eingeschränkt, d.h. durch die Verantwortung des Mitwirkenden überlagert, sodass eine Strafbarkeit des Mitwirkenden aus einem Vorsatz- oder Fahrlässigkeitsdelikt durchaus in Betracht kommt.[193] 182

Beispiele:

(1) Wenn also der Drogendealer T des Beispiels (1) von Rn 177 erkennt, dass der Heroinabhängige O (insbesondere aufgrund seines physischen und psychischen Zustands) nicht (mehr) das Risiko abschätzen kann, das mit dem Konsum von sehr reinem Heroin verbunden ist, macht er sich wegen fahrlässiger Tötung strafbar. Das Gleiche würde erst recht gelten, wenn O mangels eigener Kraft nicht in der Lage wäre, sich selbst die Spritze zu setzen, und T gerade darum bäte. Dann übte der „Helfer" T Tatherrschaft aus und wäre Täter (je nach Fallkonstellation nach § 222 oder §§ 223 ff.).[194] Vgl. dazu Rn 186 ff. Eine Strafbarkeit nach § 222 kommt auch dann in Betracht, wenn sich das Opfer in einer Intoxikationspsychose befindet oder einem die Selbstverantwortlichkeit betreffenden Irrtum (etwa über die Wirkung oder die Konzentration des Rauschgifts) unterliegt. Dann kann der Täter einer Prüfungspflicht unterliegen und sich nach § 222 strafbar machen, wenn er dieser Pflicht nicht nachkommt.[195] Verursacht der Täter auf diese Weise sogar leichtfertig den Tod des Opfers, ist die Spezialvorschrift des § 30 I Nr. 3 BtMG zu beachten, die einen höheren Strafrahmen enthält.

(2) Im HIV-Fall von Rn 177 (Bsp. 2) ist bei O aufgrund ihres Alters von der Einwilligungsfähigkeit auszugehen. Insbesondere ist bei der Bestimmung der Einwilligungsfähigkeit – wie bereits gesagt – nicht auf die Geschäftsfähigkeit (diese beginnt gem. § 2 BGB und im Umkehrschluss aus § 106 BGB erst mit Vollendung des 18. Lebensjahres), sondern auf die geistige und sittliche Reife abzustellen. Die Grenze der straflosen Beteiligung an einer eigenverantwortlichen Selbstgefährdung wäre jedoch dann überschritten, wenn T kraft seines überlegenen Sachwissens das Risiko besser erfasste als die sich selbst gefährdende O. Das wäre jedenfalls dann anzunehmen, wenn nur T, nicht jedoch auch O, von der HIV-Infektion wüsste. In diesem Fall wäre von einer Tatherrschaft des T auszugehen.[196] Dieser wäre dann möglicherweise aus §§ 223 I, 224 I Nr. 1 u. 5 strafbar (vgl. *R. Schmidt*, BT I, Rn 309, 343 und 345 ff.).

(3) Auch im MDMA-Fall von Rn 177 (Bsp. 3) ist wohl bereits der objektive Tatbestand des § 223 nicht gegeben. Denn vieles spricht dafür, dass sich die Gruppenmitglieder eigenverantwortlich gefährdet bzw. geschädigt haben. Sämtliche Mitglieder der Gruppe haben das Betäubungsmittel MDMA eigenhändig und wissentlich zu sich genommen. Das schließt eine Strafbarkeit des T wegen einer vorsätzlichen Körperverletzung (in mittelbarer Täterschaft) aus. Eine strafrechtlich relevante Handlungsherrschaft wäre nur dann anzunehmen gewesen, wenn und soweit die Freiverantwortlichkeit des Selbstgefährdungsentschlusses der Gruppenteilnehmer beeinträchtigt gewesen wäre. Eine solche besondere Situation ist aber nicht anzunehmen. Sämtliche Mitglieder der Gruppe haben das Betäubungsmittel MDMA willentlich zu sich genommen. Ungeachtet der Tatsache, dass T die Dosierung bestimmte und die Betäubungsmittelportionen auch selbst abwog, war ihnen ohne jede Einschränkung die letzte Entscheidung über die Einnahme geblieben. Eine Tatherrschaft auf Seiten des T wird auch nicht dadurch begründet, dass er als Arzt und ehemaliger Suchtberater das Risiko besser erfasse als seine Gruppenmitglieder, die ihm vertraut haben. Denn alle Gruppenmitglieder kannten die Illegalität der Droge und verfügten bereits über Erfahrungen mit der Droge.

---

[193] Vgl. BGH NStZ 2009, 504 f.; BGH NStZ 2001, 205 (jeweils Rauschgiftabgabe); BGH NJW 2014, 1680, 1681 ff.

[194] So zutreffend BGH NStZ 2004, 204 f. Zur Frage, ob der Täter wg. Einwilligung gerechtfertigt ist, vgl. Rn 428 ff.

[195] BGH NStZ 2009, 504 f.

[196] Vgl. zu den Aids-Fällen BGHSt 36, 1, 17; LG Würzburg JuS 2007, 772 ff.; zu den Rauschgift-Fällen vgl. BGH NStZ 2001, 205 ff.

Das schließt eine Verantwortung wegen fahrlässiger Körperverletzung und fahrlässiger Tötung jedoch nicht aus. Auch wenn T die maßgebliche Risikoerhöhung durch die Falschdosierung nicht erkannt hat, hätte er diese doch aufgrund des Volumens der Dosis erkennen können. Er selbst räumte ja ein, sich über das Volumen der Menge gewundert zu haben. Damit unterlag er einer Prüfungspflicht, der er nicht nachgekommen ist. Mithin hat er sich nach § 222 bzw. § 229 strafbar gemacht. Eine leichtfertige Todesverursachung kann wohl nicht angenommen werden, sodass eine Strafbarkeit nach § 30 I Nr. 3 BtMG im Ergebnis ausscheidet.

(4) Zum sog. **Tequila-Fall** (Wetttrinken mit tödlichem Ausgang) vgl. Rn 193a.

183 Des Weiteren ist fraglich, ob jemand, der einem anderen das **Tatmittel** (etwa Rauschgift oder eine Waffe) **überlassen** oder diesem zumindest **verfügbar** gemacht hat, als Garant (i.S.d. § 13 I) verpflichtet ist, Rettungsmaßnahmen einzuleiten (etwa Alarmierung des Notarztes), wenn sich das Risiko der Selbstgefährdung/Selbstverletzung zu realisieren droht bzw. wenn der Betroffene das Bewusstsein verliert, wodurch sich eine Gefahr für sein Leben entwickelt.

Beispiel[197]**:** T, O und X trafen sich nachmittags in der Wohnung des T und begannen, gemeinsam Alkohol, Amphetamin und Cannabis zu konsumieren. Im Verlaufe des Abends bot T den Anwesenden an, Gammabutyrolacton (GBL) zu konsumieren. Dieser Stoff befand sich unverdünnt in einer im Besitz des T befindlichen Glasflasche. Lediglich X ging auf das Angebot ein. Nachdem T und X jeweils etwa 2-3 ml GBL, verdünnt in einem halben Liter Wasser, konsumiert hatten, blieb die Flasche mit dem GBL frei zugänglich in der Wohnung des T stehen. Spätestens nach dem eigenen Konsum wies T seine Gäste darauf hin, dass GBL nicht unverdünnt zu sich genommen werden dürfe. Einige Zeit danach setzte O die Flasche mit dem unverdünnten GBL direkt an und trank eine gewisse Menge. T und X, die von der Aufnahme einer tödlich wirkenden Menge ausgingen, versuchten erfolglos, O zum Erbrechen zu veranlassen. Dieser verlor vielmehr das Bewusstsein. Nachdem T und X den O in eine stabile Seitenlage gebracht hatten, beschränkten sie sich darauf, die Atemfrequenz des bewusstlosen O zu kontrollieren. Spätestens als T wahrnahm, dass O lediglich noch alle sechs bis acht Sekunden atmete, nahm er billigend in Kauf, dass O ohne das unverzügliche Herbeirufen von ärztlicher Hilfe an den Folgen der Einnahme des unverdünnten GBL sterben werde. Dennoch blieb er untätig. Hätte er zu diesem Zeitpunkt medizinische Hilfe angefordert, wäre das Leben des Geschädigten mit an Sicherheit grenzender Wahrscheinlichkeit gerettet worden. Auch nachdem – von T wahrgenommen – die Atemfrequenz von O noch niedriger, die Atmung zudem unregelmäßig und geräuschintensiv geworden war, leitete T zunächst weiterhin keine Rettungsmaßnahmen ein. Erst später verständigte T den Rettungsdienst. Dieser unternahm sofort nach dem Eintreffen Wiederbelebungsversuche, die jedoch nicht zum Erfolg führten. O verstarb an einem durch den Konsum von GBL ausgelösten Atemstillstand und der dadurch bewirkten Sauerstoffunterversorgung des Gehirns. Strafbarkeit des T nach dem StGB?

T könnte sich durch den anfänglichen Verzicht, einen Rettungsdienst zu verständigen, wegen Totschlags durch Unterlassen gem. §§ 212 I, 13 I strafbar gemacht haben. O wäre mit an Sicherheit grenzender Wahrscheinlichkeit durch eine rechtzeitige Verständigung des Rettungsdienstes nicht gestorben. Insoweit war das anfängliche Unterlassen quasikausal (dazu Rn 774) für den Todeseintritt. Fraglich ist allein, wodurch sich die für § 13 I erforderliche Garantenstellung (dazu Rn 780 ff.) ergibt.

⇨ Insbesondere die frühere Rechtsprechung begründete die Garantenstellung aus dem Verstoß gegen § 29 I BtMG bzw. aus dem pflichtwidrigen Vorverhalten (Ingerenz) und knüpfte an den Zeitpunkt der erforderlich gewesenen, aber unterlassenen Rettungshandlung an. In diesem Moment gehe die Tatherrschaft auf den Unterlassungstäter über, sodass dieser verpflichtet sei, den drohenden Erfolg abzuwenden.[198] Folgte man

---

[197] Nach BGH NJW 2016, 176 (abgewandelt und vereinfacht).
[198] Vgl. BGHSt 32, 367, 374 ff.; BGH NStZ 1984, 452; 1985, 319, 320.

dieser Auffassung, wäre T wegen Totschlags durch Unterlassen gem. §§ 212 I, 13 I strafbar. Das pflichtwidrige Vorverhalten wäre darin zu sehen, dass T dem O das GBL zugänglich gemacht hatte.

⇨ Die Literatur vertritt einen gegensätzlichen Standpunkt. Sie ist der Auffassung, dass nach der (früheren) Rechtsprechung die Straffreistellung des an freiverantwortlicher Selbstgefährdung Mitwirkenden quasi durch die Hintertür über die Unterlassungstäterschaft wieder rückgängig gemacht würde.[199] Danach wäre T nicht gem. §§ 212, 13 I strafbar.

⇨ Im vorliegenden Fall hat der BGH seine frühere Auffassung insofern modifiziert, als er hinsichtlich des eine Garantenstellung begründenden Vorverhaltens nicht mehr auf Ingerenz abstellt, sondern eine Überwachungsgarantenstellung herleitet. T habe durch das Abstellen der Flasche GBL diese frei zugänglich gemacht und damit eine Gefahrenquelle geschaffen. Dies habe für ihn eine Pflicht begründet, dem von dieser Quelle für die Rechtsgüter Dritter ausgehenden Gefahrpotential durch geeignete und ihm zumutbare Maßnahmen zu begegnen.[200] Folge dieser Auffassung ist also lediglich eine andere Begründung der Garantenstellung. T wäre gleichwohl wegen Totschlags durch Unterlassen gem. §§ 212 I, 13 I strafbar.

Stellungnahme: Gegen die (frühere) Rechtsprechung spricht, dass es merkwürdig anmutet, wenn der spätere Garant dem eigenverantwortlich handelnden Drogenkonsumenten zunächst das Tatmittel im Rahmen einer straflosen Beihilfe zur Verfügung stellen darf, dieses zunächst straflose Vorverhalten später aber bei der Frage der Unterlassungstäterschaft eine Pflichtwidrigkeit darstellen und eine Ingerenz begründen soll.[201] Insofern ist es begrüßenswert, dass der BGH neuerdings nicht mehr auf die Pflichtwidrigkeit des Vorverhaltens abstellt. Wenn der BGH dann allerdings die Grundsätze der Überwachungsgarantie heranzieht und dabei auf die Schaffung oder Unterhaltung einer Gefahrenquelle abstellt, überwindet auch diese Vorgehensweise nicht den Widerspruch, der sich daraus ergibt, dass eine zunächst straflose Beteiligung an einer eigenverantwortlichen Selbstgefährdung zum Anknüpfungspunkt für eine Garantenstellung gemacht wird. Aus diesem Grund muss bei T die Überwachungsgarantie verneint werden.[202] T war also nicht zur Erfolgsabwendung i.S.v. § 13 I verpflichtet (a.A. freilich der BGH). Aber auch nach der hier vertretenen Auffassung ist T selbstverständlich nicht straffrei. Neben der Strafbarkeit nach dem BtMG kommt nämlich eine solche nach § 323c in Betracht. 184

Die vorgenannten Ausführungen sind nicht auf die **Suizid-Fälle** übertragbar. So ist auch die Staatsanwaltschaft München der Auffassung, dass die eigenverantwortliche und im Bewusstsein der vollen Tragweite seines Handelns getroffene Entscheidung eines Suizidenten, sich durch eigenes Tun selbst das Leben zu nehmen, auch dann verbindlich sei, wenn Handlungsunfähigkeit bzw. Bewusstlosigkeit eingetreten sei. Wer es nach Eintritt dieser Handlungsunfähigkeit bzw. Bewusstlosigkeit unterlasse, Hilfsmaßnahmen einzuleiten, könne daher nicht strafbar sein.[203] Dem ist zuzustimmen, weil das Selbstbestimmungsrecht eines Menschen, freiwillig und eigenverantwortlich aus dem Leben zu scheiden, zu respektieren ist. Auch der BGH in Zivilsachen hat in einer jüngeren Entscheidung dem Selbstbestimmungsrecht höhere Bedeutung beigemessen. Wenn ein Patient einwilligungsunfähig geworden sei und sein Grundleiden einen irreversiblen tödlichen Verlauf 185

[199] *Roxin*, AT, § 11 Rn 96; SK-*Rudolphi*, vor § 1 Rn 79a; *Fischer*, Vor § 13 Rn 36; *W/B/S*, AT, Rn 190 f.
[200] BGH NJW 2016, 176, 177. Dies hat sich bereits in BGH NStZ 2012, 319, 320 angedeutet.
[201] Vgl. bereits die 1. Aufl. 2002; später auch *Eisele*, JuS 2016, 276, 277 (mit Verweis u.a. auf *Eisele*, BT, 3. Aufl. 2014, Rn 190 ff.).
[202] Etwas anderes ergibt sich, wenn man eine Garantenstellung herleiten kann, die sich nicht aus dem Vorverhalten ergibt, sondern anderen Ursprungs ist, z.B. familiärer Beziehung (vgl. dazu Rn 780 ff.).
[203] Vgl. dazu StA München NStZ 2011, 345 f. für den Fall des Gewährenlassens eines freiverantwortlichen Suizids. Der BGH hat – soweit ersichtlich – diese Rechtsfrage noch nicht entschieden (vgl. BGH NJW 2016, 176, 178: „Ob für den Fall eines eigenverantwortlichen Suizids nach Verlust der Handlungsherrschaft des den Selbstmord Anstrebenden etwas anderes gilt ..., bedarf keiner Entscheidung. Denn das LG hat einen Selbsttötungswillen des Verstorbenen A mit rechtsfehlerfreier Beweiswürdigung ausgeschlossen).

genommen habe, müssten lebenserhaltende oder lebensverlängernde Maßnahmen unterbleiben, wenn dies einem zuvor – etwa in Form einer Patientenverfügung – geäußerten Willen entspreche. Dies folge aus der Würde des Menschen, die es gebiete, sein im einwilligungsfähigen Zustand ausgeübtes Selbstbestimmungsrecht auch dann noch zu respektieren, wenn er zu einer eigenverantwortlichen Entscheidung nicht mehr in der Lage sei.[204] Folgt man dieser zutreffenden und das Selbstbestimmungsrecht respektierenden Ansicht, sind in Fällen dieser Art weder ein Totschlag durch Unterlassen noch eine unterlassene Hilfeleistung gegeben.

186-190 Zum sog. **Container-Fall**, bei dem sich das Opfer selbst töten möchte und unter Verschweigen seiner wahren Absicht den Täter bittet, es in einen Plastiksack zu stecken und in einen Müllcontainer zu werfen, vgl. Rn 863.

191 Von den bisherigen Konstellationen wiederum zu unterscheiden ist diejenige, in welcher der Täter zwar **einen Kausalverlauf in Gang setzt**, der Erfolg aber letztlich doch durch ein **eigenverantwortliches Verhalten des Opfers** eintritt.

Beispiel[205]**:** T fährt frühmorgens in den Bereich einer Straßenkreuzung ein, übersieht sowohl das deutlich sichtbar angebrachte Stopp-Schild als auch das Fahrzeug des ebenfalls in die Kreuzung einfahrenden und vorfahrtsberechtigten O. Die beiden Fahrzeuge kollidieren. O erleidet starke Prellungen am Brustkorb und klagt über heftige Schmerzen im Brustbereich. Bei der stationären Behandlung im Krankenhaus vermuten die Ärzte, dass die Hauptschlagader des O verletzt sei und raten dringend zu einer Operation. Angesichts der bei diesem Eingriff bestehenden Mortalitätsrate von (nur) 5 bis 15 % lehnt O die Operation sowie eine weitere kardiologische Diagnostik ab und drängt darauf, nach Hause entlassen zu werden. Sieben Wochen später verstirbt O infolge unfallbedingter Herzinsuffizienz.

Die bei dem Unfall erlittene Verletzung der Hauptschlagader kann nicht hinweggedacht werden, ohne dass der Tod des O entfiele. Dieser Ursachenzusammenhang wurde auch nicht dadurch abgebrochen, dass O sich weigerte, sich einer gebotenen Heilbehandlung zu unterziehen. Denn eine Kausalkette wird nur dann abgebrochen, wenn ein späteres Ereignis die Fortwirkung der ursprünglichen Bedingung beseitigt und seinerseits allein unter Eröffnung einer neuen Ursachenreihe den Erfolg herbeiführt. Das ist vorliegend jedoch nicht der Fall. Vielmehr hat die Weigerung des O, sich operieren zu lassen, (lediglich) dazu beigetragen, dass sich die bei dem Unfall erlittene Verletzung todbringend auswirken konnte.

Indem T das an der Kreuzung deutlich sichtbar aufgestellte Stopp-Schild missachtete, hat er auch eine **objektive Sorgfaltspflicht** verletzt.

Fraglich ist jedoch, ob der Tod des O dem T auch **zugerechnet** werden kann. Zuzurechnen ist der Erfolg dem Täter immer dann, wenn er **nicht völlig außerhalb dessen liegt, was nach dem gewöhnlichen Verlauf der Dinge und der allgemeinen Lebenserfahrung noch in Rechnung zu stellen ist.**[206] Vorliegend lag der Tod des O im Rahmen der möglichen Wirkungen einer verkehrswidrigen Handlung und bewegte sich innerhalb des durch die pflichtwidrige Erstverletzung geschaffenen Ausgangsrisikos. Insoweit ist die objektive Zurechnung gegeben.

Möglicherweise ergibt sich aber eine Verneinung der Zurechnung aus dem **Eigenverantwortlichkeitsprinzip**. Wenn sich das Opfer eigenverantwortlich selbst tötet oder zumindest schädigt, kann demjenigen, der diese Handlung fahrlässig ermöglicht oder fördert, grds. kein Fahrlässigkeitsvorwurf gemacht werden. Denn der Schutzbereich einer Strafnorm, die (wie etwa §§ 211, 212, 223 oder §§ 222, 229) den Rechtsgutinhaber vor Eingrif-

[204] BGHZ 154, 205 ff.
[205] Nach OLG Celle StV 2002, 366.
[206] *W/B/S*, AT, Rn 196; *Fischer*, Vor § 13 Rn 25.

fen Dritter schützt, endet dort, wo der eigene Verantwortungsbereich des Betroffenen beginnt.[207]

Ob in Fällen der Operationsverweigerung von einer eigenverantwortlichen Selbstgefährdung des Opfers gesprochen werden kann, ist fraglich. Immerhin hat O die Ausgangsgefahr für sein Leben nicht durch seine eigene, von dritter Seite lediglich geförderte Handlung geschaffen, sondern sie in Gestalt der Unfallverletzung bereits vorgefunden.[208] Die Frage kann jedoch dahinstehen, wenn die Zurechnung trotz Anwendung des Eigenverantwortlichkeitsprinzips gegeben ist. Der Grundsatz der Straffreiheit wegen bewusster Selbstschädigung unterliegt nämlich dann einer Einschränkung, wenn der Täter durch seine deliktische Handlung ein Rechtsgut des Opfers ohne dessen Mitwirkung oder Einverständnis gefährdet und damit für dieses ein **einsichtiges Motiv** für anschließende selbstgefährdende Handlungen schafft.[209]

Vorliegend hat O das maßgebliche Ausgangsrisiko des Verkehrsunfalls zwar nicht gebilligt, allerdings hat er eigenverantwortlich die weitere stationäre Heilbehandlung abgelehnt. Dies ist unter Berücksichtigung der festgestellten Mortalitätsquote für die Operation von lediglich 5 bis 15 % als offenkundig unvernünftig anzusehen (a.A. vertretbar). Teilt man diesen Standpunkt, ist der Tod des O dem T als Folge seines pflichtwidrigen Handelns objektiv nicht zuzurechnen. Demzufolge hat T sich nicht wegen fahrlässiger Tötung gem. § 222 strafbar gemacht.

Zusammenfassung: Wer lediglich eine **eigenverantwortliche Selbstschädigung oder -tötung** veranlasst, ermöglicht oder fördert, macht sich grds. *nicht* wegen eines Körperverletzungs- oder Tötungsdelikts strafbar. Eigenverantwortlich handelt das Opfer, wenn es sich der Bedeutung und der Tragweite seines Handelns bewusst ist (bzw. die Kriterien der Tatherrschaft erfüllt). Hierzu ist auf die geistige und sittliche Reife bzw. den aktuellen geistigen Zustand des Opfers abzustellen, nicht dagegen auf dessen Geschäftsfähigkeit. Die Straflosigkeit des Mitwirkenden endet aber dort, wo dieser **kraft seines überlegenen Wissens** das Risiko besser erfasst als das sich selbst gefährdende Opfer. Dann kann von einem eigenverantwortlichen Handeln des Opfers nicht mehr gesprochen werden. Das Gleiche gilt, wenn der Täter in zurechenbarer Weise beim Opfer einen Irrtum über den Grad der Gefährlichkeit herbeiführt. 192

Ob in Fällen der **Operationsverweigerung** (**Behandlungsverweigerung**) von einer eigenverantwortlichen Selbstgefährdung gesprochen werden kann, ist fraglich. Sachgerecht ist es darauf abzustellen, ob die Entscheidung des Opfers auf einem „**einsichtigen Motiv**" basiert oder „**offenkundig unvernünftig**" ist. Nur im letzteren Fall scheint eine Verneinung der objektiven Zurechnung sachangemessen.

Auch ist fraglich, ob jemand, der einem anderen das **Tatmittel** (etwa Rauschgift oder eine Waffe) **überlassen** oder diesem zumindest **verfügbar** gemacht hat, als Garant (i.S.d. § 13) verpflichtet ist, Rettungsmaßnahmen einzuleiten (etwa Alarmierung des Notarztes), wenn sich das Risiko der Selbstgefährdung/Selbstverletzung zu realisieren droht bzw. wenn der Drogenkonsument das Bewusstsein verliert und dadurch in akute Lebensgefahr gerät. Während der BGH das bejaht, ist das nach der hier vertretenen Auffassung nicht der Fall. Es wäre widersprüchlich, zunächst eine Straflosigkeit des Täters wegen Eigenverantwortlichkeit des Opfers anzunehmen, um dann später nach Eintritt der Hilflosigkeit des Opfers das zunächst als straffrei angesehene Verhalten des Täters zum Anknüpfungspunkt einer Garantenstellung zu machen. Lässt sich also die für eine Strafbarkeit aus einem unechten Unterlassungsdelikt erforderliche Garantenstellung nicht aus einem anderen Grund herleiten, entfällt eine Strafbarkeit wegen eines unechten Unterlassungsdelikts.

[207] Vgl. BGH NStZ 2011, 341, 342; NJW 2000, 2286, 2287; Sch/Sch-*Eisele*, Vor § 13 Rn 101c; SK-*Rudolphi*, vor § 1 Rn 72; LK-*Walter*, vor § 13 Rn 114; *W/B/S*, AT, Rn 186. Vgl. auch *Trüg*, JA 2002, 214, 218.

[208] Verneinend deshalb *Walter*, StV 2002, 367, 368 f.

[209] BGHSt 39, 322, 325; OLG Celle StV 2002, 366. Vgl. auch BGH NStZ 2009, 92, 93, wo das Gericht die bislang weitreichend praktizierte Zurechnung einzuschränken scheint. Im konkreten Fall hatte das Opfer trotz 18 Rippenfrakturen ärztliche Hilfe zu spät in Anspruch genommen, obwohl sich der Gesundheitszustand drastisch verschlechterte. Zudem lag ein schwerer Behandlungsfehler seitens der Krankenhausärzte vor.

Führt der „Helfer" **selbst die Tathandlung** aus, übt er regelmäßig Tatherrschaft aus und ist **Täter**, nicht bloß strafloser Unterstützer.

f.) Einverständliche Fremdgefährdung

193 Von der bislang behandelten eigenverantwortlichen Selbstschädigung/Selbstgefährdung ist die von Roxin[210] entwickelte Lehre von der **einverständlichen Fremdgefährdung** zu unterscheiden. Der Unterschied besteht darin, dass bei der eigenverantwortlichen Selbstschädigung/Selbstgefährdung der Geschädigte (das Opfer) das Geschehen beherrscht und sich selbst gefährdet bzw. schädigt, wohingegen nach der Lehre von der einverständlichen Fremdgefährdung die gefährdende Tathandlung von einer anderen Person begangen wird, jedoch die objektive Zurechnung und damit der Tatbestand ausgeschlossen wird, weil sich das Opfer einverständlich den Wirkungen der gefährlichen Täterhandlung aussetzt.[211] Die Rechtsprechung und die h.L., die der Lehre von der einverständlichen Fremdgefährdung nicht folgen, stellen dagegen in erster Linie darauf ab, ob der Täter das Opfer mit dessen Einwilligung gefährdet und damit gerechtfertigt ist (sog. Einwilligungslösung).[212]

Beispiel: Überlässt der heroinabhängige T dem heroinabhängigen O nicht lediglich die Spritze, sondern injiziert diesem auf Wunsch das Heroin, kommt eine Strafbarkeit aus § 222 in Betracht (sofern kein Vorsatz vorliegt, anderenfalls §§ 211 oder 212), wenn O an den Folgen des Heroins stirbt (s.o.). Folgt man der Auffassung Roxins, ist im Rahmen der objektiven Zurechnung zu prüfen, ob eine einverständliche Fremdgefährdung vorliegt und die objektive Zurechnung verneinen lässt. Nach der Gegenauffassung ist die Frage im Rahmen der Rechtswidrigkeit (Rechtfertigungsgrund Einwilligung) zu beantworten.[213] Der maßgebliche Unterschied dieser beiden Ansätze besteht darin, dass die Einwilligungslösung die Einwilligungsschranke des § 228 zwingend berücksichtigen muss (vgl. Rn 194a).

193a Im Einzelfall kann die Abgrenzung zwischen eigenverantwortlicher Selbstschädigung/ Selbstgefährdung und einverständlicher Fremdgefährdung schwierig sein.

Beispiel[214]**:** Der 16-jährige, alkoholerfahrene O ging mit dem 28-jährigen, ebenfalls alkoholerfahrenen T eine Wette ein, wer von ihnen mehr Alkohol verträgt. Beiden sollte hochprozentiger Alkohol (Tequila) in einzelnen Gläsern serviert werden, die Zahl der getrunkenen Gläser auf einer Strichliste vermerkt werden. Dies sollte bis zur Aufgabe, zum Erbrechen oder bis zum Eintritt der Bewusstlosigkeit eines der Teilnehmer fortgeführt werden. Um eine Niederlage zu vermeiden, ließ sich T zunächst durch einen Eingeweihten Wasser in seine Gläser füllen. Dies bemerkte O erst, als er bereits 45 Gläser Tequila getrunken hatte. Mit einer BAK von 4,4 ‰ fiel er ins Koma und verstarb schließlich.

In Betracht kommt eine Strafbarkeit wegen Körperverletzung mit Todesfolge (§§ 223, 227). Möglicherweise ist jedoch die Tat nach § 223 wegen Einwilligung gerechtfertigt (wobei die Einwilligungssperre des § 228 zu beachten wäre) und hinsichtlich des § 227 ist die Zurechnung der Todesfolge fraglich. Gerade die Zurechnung der Todesfolge könnte zu verneinen sein, da O wusste, dass er in großer Menge hochprozentigen Alkohol trank, sich somit selbst gefährdete. Es könnte mithin eine eigenverantwortliche Selbstgefährdung vorliegen, die eine Zurechnung zu Lasten des T ausschließt.

Auf der anderen Seite darf nicht unberücksichtigt bleiben, dass T den O über den eigenen Alkoholkonsum täuschte, sodass O das ihm drohende Risiko schwerer Trunkenheit erheb-

[210] *Roxin*, Zum Schutzzweck der Norm bei Fahrlässigkeitsdelikten, Gallas-FS, 1973, S. 241 ff.; vgl. auch *Roxin*, GA 2012, 655 ff.; *Roxin*, AT, § 11 Rn 105 ff.; Sch/Sch-*Lenckner/Sternberg-Lieben*, Vorb. §§ 32 ff. Rn 102.
[211] Vgl. *Roxin* a.a.O.
[212] BGH NStZ 2009, 148, 150 (mit Bespr. v. *Kühl*, NJW 2009, 1158); *W/B/S*, AT, Rn 190; vgl. auch *Langer/Wagner*, NStZ 2011, 67 ff.; *Grünewald*, GA 2012, 364 ff.; *Walter*, NStZ 2013, 673 ff.
[213] So auch *Walter*, NStZ 2013, 673, 674.
[214] In Anlehnung an LG Berlin ZJJ 2010, 78 ff.; vgl. auch *Langer/Wagner*, NStZ 2011, 67 ff.; *Krawczyk/Neugebauer*, JA 2011, 264 ff.

lich unterschätzte. T hat dem O kraft überlegenen Wissens die Möglichkeit genommen, sein Verhalten an dem des Gegners zu orientieren und seine Risikobewertung zu korrigieren. Es ist daher davon auszugehen, dass sich O, hätte er die wahren Voraussetzungen des Wetttrinkens gekannt, nicht auf ein solches eingelassen oder es zumindest rechtzeitig abgebrochen hätte.

Dennoch ist fraglich, ob tatsächlich eine Zurechnung zu erfolgen hat. Denn O war einerseits alkoholerfahren, andererseits wurde kein Druck ausgeübt, überhaupt an dem Wettkampf teilzunehmen bzw. diesen fortzusetzen.

Allerdings hat T den O getäuscht und damit in gewisser Weise die Tatherrschaft ausgeübt. Denn eine Tatherrschaft kann auch durch das Erregen und Unterhalten eines Irrtums auf den Täter übergehen. Der bei O hervorgerufene und unterhaltene Irrtum lag in der Annahme, den Wettkampf mit geringem Risiko der Trunkenheit gewinnen zu können. Ab dem Zeitpunkt, in dem O aufgrund seiner Alkoholisierung nicht mehr in der Lage war, das Risiko des weiteren Trinkens einzuschätzen, begründete das weitere Servieren von Alkohol die Täterschaft bei T; der ab diesem Zeitpunkt schuldunfähige O wurde als Werkzeug gegen sich selbst eingesetzt, sodass ab diesem Zeitpunkt die Zurechnung der Todesfolge zu bejahen ist. Diese Wertung wird auch von § 3 JGG gestützt, der davon ausgeht, dass Jugendliche nicht (stets) vollverantwortlich handeln. T hätte auch dies berücksichtigen müssen. Er ist daher wegen Körperverletzung mit Todesfolge gem. § 227 strafbar.

Da die Strafbarkeit des Täters bei der einverständlichen Fremdgefährdung gerade dadurch begründet wird, dass *er* das Geschehen beherrscht, ergibt sich für ihn im Ergebnis freilich kein Unterschied zu dem Fall, in dem er bei einer Selbstschädigung des Opfers das Geschehen beherrscht.[215] **194**

Beispiel: Würde im vorigen Beispiel O sich selbst das Heroin spritzen, wäre T dennoch wegen fahrlässiger Tötung strafbar, sofern er **kraft seines überlegenen Wissens** das Risiko besser erfasst hätte als der sich selbst gefährdende O. Denn dann könnte gerade nicht mehr von einer Eigenverantwortlichkeit des O gesprochen werden. Vielmehr würde T das Geschehen beherrschen.

Entsprechendes gilt in den Fällen des einverständlich vorgenommenen ungeschützten Geschlechtsverkehrs eines HIV-Infizierten mit einem nicht infizierten Sexualpartner (Rn 177) und bei der Ausübung sadomasochistischer Sexualpraktiken (Rn 189).

Da sich die einverständliche Fremdgefährdung gerade dadurch auszeichnet, dass sich das Opfer mit der Gefährdung durch den Täter einverstanden zeigt, was bei diesem zur Verneinung der objektiven Zurechnung führt, stellt sich die Frage, ob sich etwas anderes ergibt, wenn man mit der Einwilligungslösung den Täter wegen Einwilligung rechtfertigt. In der Regel ergibt sich im Ergebnis kein Unterschied, da die Kriterien des § 228 letztlich auch die objektive Zurechnung bestimmen. Wird das Opfer **verletzt**, greift wegen §§ 216, 228 eine Einwilligungssperre. Eine Einwilligung wäre dann unbeachtlich (bei § 216 zwingend und bei § 228, wenn die Tat gegen die guten Sitten verstößt). Fraglich ist, ob das auch gilt, wenn das Opfer nur **gefährdet** wird. Die bislang wohl weit überwiegende Auffassung verneinte dies mit Blick auf den klaren Wortlaut der §§ 216, 228 und deren systematische Stellung. Der BGH hat jedoch anders entschieden. Er ist der Auffassung, dass die Einwilligungssperre zumindest auch für konkrete Lebensgefährdungen gilt.[216] **194a**

Beispiel[217]: B nahm als Beifahrer an einem **illegalen Autorennen** teil. Der Fahrer F verlor die Kontrolle über das Fahrzeug und verursachte einen Verkehrsunfall, bei dem B starb. Ist F für den Tod des B verantwortlich?

---

[215] Daher wird der Sinn der Unterscheidung teilweise auch in Frage gestellt, vgl. etwa *Geppert*, Jura 2001, 490.
[216] BGH NStZ 2009, 148, 150.
[217] BGH NStZ 2009, 148 ff. (mit Bespr. v. *Kühl*, NJW 2009, 1158).

Geht man davon aus, dass nicht B, sondern ausschließlich F Tatherrschaft ausübte[218], liegt keine eigenverantwortliche Selbstschädigung/Selbstgefährdung des B vor, sondern ein Fall der einverständlichen Fremdgefährdung bzw. der rechtfertigenden Einwilligung: F gefährdet als Inhaber der Tatherrschaft den B mit dessen Einverständnis/Einwilligung.

Verstirbt in Fällen dieser Art der Beifahrer aufgrund des Fehlverhaltens des Fahrers, muss sich dieser nicht nur wegen § 315c (hier: Abs. 1 Nr. 2b), sondern möglicherweise auch wegen § 222 verantworten. Ein Ausschluss der objektiven Zurechnung erscheint unangebracht. In diesem Zusammenhang stellt sich dann aber die Frage, ob der Beifahrer in die Tat einwilligen konnte.[219] Eine Einwilligung kommt jedenfalls bei Individualrechtsgütern (wie z.B. Leib, Leben und Gesundheit) in Betracht und ist bei Allgemeinrechtsgütern (wie sie z.B. von §§ 315c und 316 geschützt werden) fraglich.[220] Jedoch sind auch bei Individualrechtsgütern die Einwilligungssperren der §§ 216, 228 zu beachten. Ob diese Einwilligungssperren im vorliegenden Fall greifen und eine wirksame Einwilligung des B ausschließen, ist angesichts des Umstands, dass keine vorsätzliche, sondern nur eine fahrlässige Tötung durch F begangen wurde, fraglich, denn die §§ 216, 228 beziehen sich auf vorsätzliche Taten. Dennoch wendet der BGH die Einwilligungssperren auch auf § 222 an. Er geht sogar so weit, dass er die Möglichkeit einer rechtfertigenden Einwilligung sogar bereits bei konkreter Todesgefahr, unabhängig von der tatsächlich eingetretenen Rechtsgutverletzung, ablehnt.[221] Hätte B bei dem Unfall also nur Knochenbrüche erlitten, wäre auf der Basis des BGH eine Einwilligung aufgrund der konkreten Todesgefahr trotzdem unwirksam gewesen.

Kernaussage der BGH-Entscheidung ist also, dass es auf die tatsächlich eingetretene Rechtsgutverletzung nicht ankommt. Wenn auch das Ergebnis dieser Entscheidung einen Beitrag zur Bekämpfung (und Verhinderung) lebensgefährlicher Verhaltensweisen im Straßenverkehr geleistet haben mag, ist es doch in rechtlicher Hinsicht bedenklich. So bezieht sich § 216 ausdrücklich nur auf die vorsätzliche, nicht auch auf die fahrlässige Tötung, und § 228 bezieht sich nur auf die vorsätzliche Körperverletzung, nicht auch auf die fahrlässige Körperverletzung und schon gar nicht auf die fahrlässige Tötung. Selbst wenn man dies anders sähe, bliebe die Frage, ob man die in § 228 genannte „Sittenwidrigkeit“ mit „Lebensgefährlichkeit“ gleichsetzen darf.

Weder Wortlaut noch systematische Stellung der §§ 216, 228 können eine Einwilligungssperre bei konkreten Lebensgefährdungen begründen.[222] Möchte man die Möglichkeit einer rechtfertigenden Einwilligung bei einer konkreten Lebensgefährdung ausschließen, ist allein der Gesetzgeber legitimiert, ein allgemeines Lebensgefährdungsdelikt einzuführen. Die Rspr. einschließlich des BGH ist hierzu nicht befugt, auch nicht über den Umweg der Konstruktion einer Einwilligungssperre.

Ergebnis: Nach der hier vertretenen Auffassung konnte B zwar nicht in die Verwirklichung des § 315c einwilligen, da diese Strafvorschrift zumindest *auch* dem Schutz von Allgemeininteressen dient und F zudem auch andere Personen konkret gefährdet hat, allerdings konnte B mit rechtfertigender Wirkung in die Gefährdung und auch Verletzung seines Lebens einwilligen. F ist daher lediglich aus § 315c, nicht aber auch aus § 222 strafbar.[223]

---

[218] Die Annahme, dass allein F Tatherrschaft ausübte, kann mit dem Charakter der §§ 315c, 316 als eigenhändige Delikte begründen werden, da Täter dieser Delikte nur sein kann, wer selbst das Fahrzeug steuert. Bei Rallyes wird teilweise vertreten, dass nicht nur der Fahrer, sondern *auch* der Beifahrer Tatherrschaft ausübe, weil dieser die Navigation betreibe und dem Fahrer ganz konkrete Handlungs- und Fahranweisungen gebe. In diesen Fällen könne durchaus eine eigenverantwortliche Selbstschädigung/Selbstgefährdung des Beifahrers vorliegen (so *Kühl*, NJW 2009, 1158 f.). Das ist abzulehnen, weil auch bei Rallyes das Letztentscheidungsrecht beim Fahrer liegt (so auch *Jahn*, JuS 2009, 370 f.). Gerade wegen der alleinigen Tatherrschaft des Fahrers ist auch an § 222 zu denken, wenn der Beifahrer aufgrund eines vom Fahrer verursachten Unfalls ums Leben kommt.

[219] Zur Einwilligung vgl. ausführlich Rn 433 ff.

[220] Vgl. dazu *R. Schmidt*, BT I, Rn 623 f.

[221] BGH NStZ 2009, 148, 150.

[222] Vgl. dazu auch Rn 448.

[223] A.A. freilich der BGH (NStZ 2009, 148, 150). Auf andere möglicherweise verwirklichte Delikte soll hier nicht eingegangen werden.

g.) Eigenverantwortliches Dazwischentreten eines Dritten

Bereits bei Rn 161 wurde herausgearbeitet, dass der Kausalzusammenhang nicht unterbrochen wird, wenn ein Dritter in ein Tatgeschehen eingreift und dabei an das vorangegangene Kausalgeschehen anknüpft, ohne die Erstursache zu verdrängen, also keine neue, selbstständig auf den Erfolg hinwirkende Gefahr begründet. Möglicherweise entfällt in diesen Fällen aber die objektive Zurechnung. Das ist dann anzunehmen, wenn der Ausgangstäter zwar eine rechtlich missbilligte Gefahr geschaffen hat, *diese* Gefahr sich aber nicht im konkreten Fall realisiert hat, weil sie völlig außerhalb dessen liegt, was nach dem gewöhnlichen Verlauf der Dinge und der allgemeinen Lebenserfahrung noch in Rechnung zu stellen ist. Beim Eingreifen Dritter in den Geschehensablauf nimmt die h.M. dies an, wenn der Dritte (zumindest bedingt) vorsätzlich in das Tatgeschehen eingegriffen hat. Dann soll eine Zurechnung zum Ersttäter zu verneinen sein. 195

Beispiel: Wenn also im Beispiel bei bei Rn 161 O zwar aufgrund einer falschen Infusionslösung den Tod findet, jedoch erst durch die (nicht lebensgefährliche) Körperverletzung des T in diese Situation gebracht wurde, war das Verhalten des T zunächst kausal für den Todeseintritt. Der Tod des O ist jedoch kein Erfolg, der sich als das Werk des T darstellt. Denn durch das grob fahrlässige Verhalten des K liegt der Erfolg völlig außerhalb dessen, was nach dem gewöhnlichen Verlauf der Dinge und der allgemeinen Lebenserfahrung noch in Rechnung zu stellen ist (a.A. wohl vertretbar). T kann der Tod des O also nicht zugerechnet werden.[224] Er ist aber wegen eines Körperverletzungsdelikts schuldig. Wegen eines Tötungsdelikts (hier: fahrlässige Tötung gem. § 222) zu verantworten hat sich aber K.

Eine Zurechnung des Erfolgs zum Ersttäter kann aber gegeben sein, wenn (1) der Ersttäter die rechtlich missbilligte Gefahr durch Verletzung von Sicherheitsvorschriften schafft, die gerade dem Schutz vor Vorsatz- oder Fahrlässigkeitstaten Dritter dienen[225], (2) der Dritte lediglich fahrlässig in den Geschehensablauf eingegriffen hat oder (3), wenn das Verhalten des Dritten so spezifisch mit der Ausgangsgefahr verbunden ist, dass es bereits typischerweise in der Ausgangsgefahr begründet erscheint (rechtswidrige und schuldhafte Herbeiführung des Drittverhaltens durch den Ersttäter).[226] 196

Beispiele:

(1) So hat im **Pflegemutter-Fall** (Bsp. 2 von Rn 162) T bereits den Grundstock für F´s späteres Handeln gelegt; sie hat die spätere Tötung der O durch F kausal bewirkt. Dessen Handeln war nach Auffassung des BGH so spezifisch mit der Ausgangsgefahr verbunden, dass es bereits typischerweise in der Ausgangsgefahr begründet erscheine. Daher bejahte der BGH eine Strafbarkeit der T wegen Totschlags. Daran ändert auch der Umstand nichts, dass F vorsätzlich handelte (a.A. vertretbar). Daher ist T wegen vollendeter Tötung zu bestrafen (a.A. vertretbar).

(2) Eine schwierige Beurteilung bringen auch die sog. **Massenauffahrunfälle** auf Autobahnen mit sich. Hier sind verschiedene Konstellationen anzutreffen: Wenn beispielsweise der Autofahrer X einen Unfall verursacht, dabei den Y lebensgefährlich verletzt, dieser aber noch vor Todeseintritt von dem von hinten auffahrenden unachtsam handelnden Z überrollt wird und daraufhin sofort stirbt, ist jedenfalls Z wegen fahrlässiger Tötung strafbar. Dass Y wenig später auch an den Folgen des von X verursachten Erstunfalls gestorben wäre, bleibt außer Betracht. Eine Reserveursache ist bedeutungslos. Fraglich ist dagegen die Strafbarkeit des X. Zunächst könnte aufgrund des freiverantwortlichen Dazwischentretens des Z an einen Abbruch des Kausalzusammenhangs gedacht werden. Allerdings hat X eine Ursache gesetzt, die nicht hinweggedacht wer-

---

[224] Vgl. dazu auch OLG Rostock NStZ 2001, 199; *Roxin*, AT, § 11 Rn 26; Sch/Sch-*Eisele*, Vor § 13 Rn 100; *W/B/S*, AT, Rn 192; *Kühl*, AT, § 4 Rn 49, 85, 98; *Frisch/Murmann*, JuS 1999, 1196, 1198 und nunmehr auch *Jahn/Ebner*, JuS 2007, 923, 925 sowie *Rengier/Braun*, JuS 2012, 999, 1001. Auch der BGH (NStZ 2009, 92, 93) tendiert dazu, den Zurechnungszusammenhang in Frage zu stellen, wenn ein grober Behandlungsfehler des verantwortlichen Arztes vorliegt.
[225] Als Beispiel sei hier § 5 AtomG über die Verwahrung spaltbaren Materials genannt.
[226] Vgl. *W/B/S*, AT, Rn 192; *Otto*, § 6 Rn 58; *Schünemann*, GA 1999, 207, 224.

den kann, ohne dass der Todeseintritt bei Y entfiele. Denn hätte X den Unfall nicht verursacht, hätte es keine Unfallstelle gegeben, in die Z hätte einfahren können. Das Verhalten des X war also *conditio sine qua non* für den Todeseintritt bei Y.[227] Davon zu unterscheiden ist die Frage, ob der Todeseintritt bei Y dem X auch zugerechnet werden kann. Diese Frage wäre zu bejahen, wenn X das (Fehl-)Verhalten des Z rechtswidrig und schuldhaft herbeigeführt hätte. Über diese Zurechnung kann man verschiedener Auffassung sein. Sofern sie angenommen wird, kann den X das eigenverantwortliche Handeln des Z nicht entlasten, weil es nur Teil seiner eigenen Tat ist. Etwas anderes würde nur dann gelten, wenn das Verhalten des Z für X nicht vorhersehbar und auch nicht beherrschbar wäre. Davon kann vorliegend jedoch nicht ausgegangen werden. Bejaht man also bei X die Verantwortung für das Verhalten des Z, hat X sich wegen fahrlässiger Tötung (§ 222) strafbar gemacht.

Variante: Y hätte den von X verursachten Erstunfall mit an Sicherheit grenzender Wahrscheinlichkeit überlebt, ist also ausschließlich durch das Auffahren seitens des Z getötet worden. Die Strafbarkeit des Z aus § 222 ist auch hier unproblematisch gegeben. Bei X muss auch hier gesagt werden, dass er eine Bedingung gesetzt hat, die nicht hinweggedacht werden kann, ohne dass der Erfolgseintritt (der Tod des Y) entfiele. Er war also kausal für den Todeseintritt. Auch bei der Frage nach der Zurechnung kann auf die obigen Ausführungen verwiesen werden.

h.) Eigenverantwortliches Dazwischentreten von Rettern

197 Fragen werfen auch die Fälle auf, in denen ein Retter in das Geschehen eingreift, um den vom Täter eingeleiteten Kausalverlauf zu stoppen und den Erfolgseintritt abzuwenden. Insbesondere bei der Brandstiftung kommt es regelmäßig vor, dass sich Feuerwehrleute, Rettungssanitäter oder Polizeibeamte in die Gefahrenlage bewusst hineinbegeben und sich (mehr oder weniger) freiwillig selbst gefährden. Gerade aufgrund dieser freiwilligen Selbstgefährdung ist es fraglich, ob es dem Täter noch zur Last gelegt werden kann, wenn ein Retter Schaden erleidet (etwa zu Tode kommt). Das gilt insbesondere in den Fällen der §§ 306b I und 306c, da diese Vorschriften nicht voraussetzen, dass sich der zu Tode Gekommene zur Tatzeit in der Räumlichkeit aufgehalten haben muss. Da die Brandstiftungsdelikte und die mit ihnen zusammenhängenden Fragen des tatbestandsspezifischen Gefahrzusammenhangs eingehend bei *R. Schmidt*, BT I, Rn 546 ff. behandelt sind, sei insoweit darauf verwiesen.

i.) Mehraktige Geschehensabläufe

197a Wie bereits bei Rn 162 ausgeführt, wird der ursächliche Zusammenhang auch dann nicht abgebrochen, wenn sich ein Tatgeschehen in mehreren Akten vollzieht. Denn nach der maßgeblichen Bedingungstheorie sind ja alle Bedingungen gleichwertig, solange sie nur für den konkreten Erfolgseintritt **mitursächlich** sind (Rn 148). Auch hier sind erforderliche Korrekturen entweder im Rahmen der objektiven Zurechnung (so die Literatur) oder im Rahmen der Vorsatzprüfung („Irrtum über den Kausalverlauf" – so der BGH) vorzunehmen. Vgl. zur letzteren Möglichkeit auch Rn 297 ff.

Beispiele:

(1) Im **Jauchegrube-Fall** (Bsp. 1 von Rn 162)[228] stellt das Erstverhalten des T (Stopfen von zwei Händen voll Sand in den Mund der O, um diese am Schreien zu hindern) nach der Äquivalenztheorie eine kausale Ursache für den späteren Tod der O durch Ertrinken dar. Denn ohne diese Ersthandlung hätte T die (irrtümlich für tot gehaltene) O nicht in die Jauchegrube geworfen.

---

[227] Es liegt also kein Fall der überholenden Kausalität vor, wie das bei Vorsatzdelikten angenommen werden könnte.
[228] BGHSt 14, 193 ff.

Fraglich sind hingegen die objektive Zurechnung und/oder der Vorsatz in Bezug auf die Zweithandlung.

⇨ Die (früher vertretene) Lehre vom ***dolus generalis***[229] lehnt hier eine wesentliche und damit beachtliche Abweichung vom Kausalverlauf ab. Sie argumentiert, der Täter habe einen anderen Menschen töten wollen und habe dies, wenn auch auf eine andere Art und Weise, erreicht. Er sei somit wegen vollendeter Tötung strafbar. Diese Lehre ist abzulehnen, weil sie die strafrechtliche Verantwortung zu sehr ausdehnt und letztlich immer zur Bejahung des Vorsatzes führt.[230] Das ist mit dem geltenden Strafrecht nicht vereinbar.

⇨ Denkbar wäre demgegenüber, die beiden Akte getrennt voneinander zu beurteilen und darauf abzustellen, dass der Ersthandlung nicht die tatbestandsspezifische Gefahr des konkreten Erfolgseintritts anhafte. Folge dieses Ansatzes wäre, dass es an der Zurechnung bzw. der erforderlichen (zeitlichen) Koinzidenz zwischen Verletzungshandlung und Erfolgseintritt fehlte. Dann läge in der Ersthandlung lediglich ein versuchter Totschlag (bzw. Mord). Da im Zeitpunkt der Zweithandlung dann kein Tötungsvorsatz mehr bestünde, läge diesbezüglich nur fahrlässige Tötung (§ 222) in Tatmehrheit vor.[231]

⇨ Die Lehre von der objektiven Zurechnung fragt auch in diesen Fällen danach, ob eine wesentliche Abweichung des tatsächlichen Kausalverlaufs vom Vorstellungsbild des Täters vorliegt. Anknüpfungspunkt für die Beantwortung dieser Frage ist die mit Tötungsvorsatz begangene Ersthandlung. Vertreter dieser Lehre nehmen eine unwesentliche Abweichung des wirklichen Kausalverlaufs vom vorgestellten Kausalverlauf an für den Fall, dass die durch die Ersthandlung ausgelöste Zweithandlung den Taterfolg unmittelbar herbeiführt, diese beiden Handlungen aber ein **einheitliches Geschehen** bilden, der Erfolgseintritt sich in den Grenzen des Vorhersehbaren hält und auch im Hinblick auf den Verwirklichungswillen des Täters kein „inadäquates" Ereignis darstellt. Damit werde der Erfolg objektiv zugerechnet.[232] Folgt man dieser Auffassung, wäre im subjektiven Tatbestand dann nur noch klarzustellen, dass der Tätervorsatz auch den Kausalverlauf in seinen wesentlichen Grundzügen umfasst. Somit ist der Erfolg auch subjektiv zurechenbar. T hätte sich somit wegen vorsätzlicher Tötung strafbar gemacht.

Bewertung: Streng genommen knüpft die h.L. an der heute abgelehnten (BGHSt 14, 193 ff.) Lehre vom *dolus generalis* an. Wenn sich der Gesamtvorgang als einheitliches Geschehen darstellt, ist es nach dieser Lehre zulässig, den Tötungsvorsatz auf das Gesamtgeschehen zu erstrecken. Die Lehre vom *dolus generalis* berücksichtigt aber nicht differenziert genug, dass im Zeitpunkt der eigentlichen Erfolgsherbeiführung kein Tötungsvorsatz mehr vorhanden ist.[233]

⇨ Der BGH, der bei Vorsatzdelikten bis auf die Fallgruppe der eigenverantwortlichen Selbstgefährdung oder Selbstverletzung die Lehre von der objektiven Zurechnung nicht vertritt, sondern Problemlagen im Rahmen des Vorsatzes („Irrtum über den Kausalverlauf") löst, würde unter Anwendung der Äquivalenztheorie den (objektiven) Tatbestand bejahen. Bei der Frage nach dem Vorsatz würde er dann die Möglichkeit einer normativen Begrenzung des Tatbestandsvorsatzes bei wesentlichen Abweichungen des Kausalverlaufs diskutieren. Da sich die Abweichung im vorliegenden Fall aber noch in den Grenzen des nach allgemeiner Lebenserfahrung Voraussehbaren hält und sie somit keine andere Bewertung der Tat rechtfertigt, würde auch der BGH (wie i.d.R.) zu demselben Ergebnis gelangen (im

---

[229] Sie ist etwa bei *Seiler*, ÖJZ 1994, 85, 86 nachzulesen.
[230] Das hat auch der BGH im Jauchegrube-Fall (St 14, 193 ff.) so gesehen.
[231] So *Freund*, AT, § 7 Rn 142; *Kühl*, AT, § 13 Rn 48; *Maurach/Zipf*, AT, § 28 Rn 35; *Hruschka*, JuS 1982, 317, 319 f.; wohl auch *Jerouschek/Kölbel*, JuS 2001, 417, 422 ff. Dagegen hat *Gropp*, AT (1. Aufl. 1998), § 5 Rn 77, diese Auffassung mit der 2. Aufl. 2001, § 5 Fn 17, aufgegeben. Ablehnend auch *Altvater*, NStZ 2002, 20, 21.
[232] So *W/B/S*, AT, Rn 265; Sch/Sch-*Sternberg-Lieben/Schuster*, § 15 Rn 58; SK-*Rudolphi*, § 16 Rn 35; *Fischer*, § 16 Rn 7; NK-*Puppe*, § 16 Rn 102 ff.; *Jescheck/Weigend*, AT, § 29 V 6d.
[233] Zur Kritik vgl. auch *Jerouschek/Kölbel*, JuS 2001, 417, 422 ff.

vorliegenden Jauchegrube-Fall hatte der BGH den Vorsatz bejaht, indem er dem Täter bis zum Zeitpunkt des Versenkens des Opfers einen *dolus eventualis* bezüglich der Tötung unterstellte).

Anmerkung: Freilich würde etwas anderes gelten, wenn der Täter hinsichtlich der Ersthandlung fahrlässig oder leichtfertig handelt und dann das vermeintlich noch lebende, in Wahrheit aber bereits tote Opfer mit Tötungsvorsatz „beseitigt". In diesem Fall läge eine Körperverletzung mit Todesfolge bzw. eine fahrlässige Tötung in Tatmehrheit mit versuchtem Totschlag bzw. versuchtem (Verdeckungs-) Mord vor.[234]

(2) Untergliedert man im **Scheunenmord-Fall** (Bsp. 3 von Rn 162)[235] das Tatgeschehen **in zwei Akte**, liegt hinsichtlich des ersten Akts (die Schläge mit der Eisenstange) ein versuchter Heimtückemord (§§ 211 I, II Var. 5, 22) in Tateinheit mit gefährlicher Körperverletzung (§ 224 I Nr. 5) und hinsichtlich des zweiten Akts jedenfalls ein vollendeter Totschlag (§ 212 I) vor. Heimtückemord scheidet bzgl. des zweiten Akts aus, weil zum Zeitpunkt des Messereinsatzes O bewusstlos war und ein Bewusstloser sich keines Angriffs versehen kann, was aber für die Annahme von Heimtücke erforderlich wäre. Auch ein Verdeckungsmord liegt dann nicht vor, weil es sich bei dem ersten Tatgeschehen nicht um eine „andere" Tat i.S.v. § 211 II Var. 9 handelt. In Betracht kommt aber Mord aus niedrigen Beweggründen (§ 211 I, II Var. 4), der nach der hier vertretenen Auffassung jedenfalls nicht durch den (nicht vorliegenden) Verdeckungsmord ausgeschlossen ist. Denn ein Mordmerkmal der 3. Gruppe (Absichtsmerkmale), worunter der Verdeckungsmord fällt, kann keine Sperrwirkung gegenüber einem Mordmerkmal der 1. Gruppe (Motivmerkmale), wozu auch die sonstigen niedrigen Beweggründe zählen, entfalten.[236]

Stellt man indes auf das Gesamtgeschehen (**einheitliches Tatgeschehen**) ab, kann ein heimtückischer Mord angenommen werden, weil zu Beginn des dann anzunehmenden einheitlichen Geschehensablaufs O arg- und wehrlos war und T dies bewusst zur Tatbestandsverwirklichung ausgenutzt hat.

Fraglich ist, welcher Standpunkt vorzuziehen ist. Stellt man auf einen einheitlichen Geschehensablauf ab, müsste der durch den zweiten Akt herbeigeführte Tod der Handlung des ersten Akts (also der Handlung, die das Heimtückemerkmal erfüllt) der Literatur folgend objektiv zuzurechnen sein. Das wäre der Fall, wenn T durch die Schläge mit der Eisenstange eine rechtlich missbilligte Gefahr geschaffen hat, die sich gerade in dem durch den Messereinsatz herbeigeführten Tod realisiert hat. Das kann man gut vertreten.

Da – wie aufgezeigt – der BGH aber bei den Vorsatzdelikten bis auf die Fallgruppe der eigenverantwortlichen Selbstgefährdung oder Selbstverletzung die Lehre von der objektiven Zurechnung nicht vertritt, sondern überwiegend von einer Bejahung des objektiven Tatbestands allein aufgrund der Äquivalenztheorie ausgeht und etwaige Unbilligkeiten im Rahmen des Irrtums über den Kausalverlauf korrigiert, wäre demzufolge danach zu fragen, ob sich vorliegend die Abweichung im Kausalverlauf noch in den Grenzen des nach allgemeiner Lebenserfahrung Voraussehbaren hält und sie somit keine andere Bewertung der Tat rechtfertigt. Der BGH steht auf dem Standpunkt, T habe den wider Erwarten noch nicht verstorbenen O, der bereits durch die Schläge mit der Eisenstange tödlich verletzt worden war, mit gleicher Angriffsrichtung zwecks Tatverschleierung durch die Messerstiche getötet. Dies liege nicht außerhalb jeder Wahrscheinlichkeit und rechtfertige somit keine andere Bewertung der Tat. Folgt man dieser Auffassung, ergibt sich im Ergebnis kein Unterschied zur oben bejahten, von der Literatur vertretenen objektiven Zurechnung.

Nach der hier vertretenen Auffassung ist in Konstellationen der vorliegenden Art der „Umweg" über die Figur des Irrtums über den Kausalverlauf nicht zwingend, wenn

---

[234] BGH, Urteil v. 25.4.2001 – 5 StR 12/01; *Altvater*, NStZ 2002, 20, 21.
[235] BGH 3.12.2015 – 4 StR 223/15.
[236] Anders offenbar *Jäger*, JA 2016, 549, 550 und wohl auch der BGH 3.12.2015 – 4 StR 223/15, der anderenfalls (nicht zwingend) einen einheitlichen Geschehensablauf hätte annehmen müssen, um Mord zu bejahen.

man auf eine Gesamtbetrachtung abstellt. Denn dann führt der Täter durch den Messereinsatz nur die Tat zu Ende, die er mit dem Einsatz der Eisenstange begonnen hat.[237] Im Ergebnis ist T aber so oder so wegen Heimtückemordes strafbar.

cc. Fazit

Die Lehre von der objektiven Zurechnung ermöglicht es, problematische Fälle der straf- **198**
rechtlichen Verantwortlichkeit bereits im objektiven Tatbestand sachgerecht zu behandeln. Die Rechtsprechung hat sich bei den Vorsatzdelikten bis auf die Fallgruppe der eigenverantwortlichen Selbstgefährdung oder Selbstverletzung der Lehre von der objektiven Zurechnung noch nicht angeschlossen und geht überwiegend von einer Bejahung der Erfolgszurechnung und somit des objektiven Tatbestands aus, verharrt also auf dem Boden der klassischen Kausalitätslehre (Äquivalenz- und ggf. Adäquanztheorie) und berücksichtigt Zweifelsfälle durch Verneinung des Vorsatzes, indem sie ggf. eine wesentliche Abweichung zwischen dem vorangestellten und dem wirklichen Kausalverlauf annimmt, die gem. § 16 I S. 1 zum Vorsatzausschluss führt (vgl. dazu „Irrtümer des subjektiven Tatbestands", Rn 297 ff.). Diese Lösung versagt aber bei Lehrbuchfällen folgender Art:

Beispiel: Aus Habgier teilt T seinem kerngesunden Erbonkel O in der Hoffnung auf einen Herzinfarkt mit, soeben sei der Dritte Weltkrieg ausgebrochen. Tatsächlich fällt O - wie von T erhofft - daraufhin tot um.

Die Lehre von der objektiven Zurechnung würde, weil der von T eingeschlagene Weg nach ihr strafrechtlich irrelevant ist, zu keiner messbaren rechtlich missbilligten Gefahr für den Erfolgseintritt führen und somit bereits den objektiven Tatbestand verneinen. Wird der Lehre von der objektiven Zurechnung nicht gefolgt, muss der Erfolg aufgrund der Äquivalenz- und Adäquanztheorie objektiv zugerechnet werden. Eine Korrektur über die subjektive Seite lässt sich nicht konstruieren, da T sich weder über den Kausalverlauf noch über die konkrete Form des Erfolgseintritts geirrt hat. T hätte somit tatbestandlich und vorsätzlich gehandelt.

dd. Zusammenfassung und Folgerungen für die Fallbearbeitung

Von der heute h.L. wird der objektive Zurechnungszusammenhang in folgenden Fallkon- **199**
stellationen verneint:

- Der Erfolgseintritt liegt *außerhalb des menschlichen Beherrschungsvermögens.*
- Das erfolgsverursachende Verhalten ist *ausschließlich risikoverringernd.*
- Es besteht ein *atypischer, nicht vorhersehbarer Geschehensablauf* zwischen Handlung und Erfolg.
- Der Erfolg liegt *außerhalb des Schutzbereichs* der verletzten Verhaltensnorm.
- Der Erfolg wäre auch bei *pflichtgemäßem Alternativverhalten* eingetreten.
- Zwischen Ersthandlung und Erfolg tritt eine *verantwortliche Zweithandlung* des Opfers, eines Dritten oder des Täters selbst, durch die eine neue zusätzliche Gefahr geschaffen wird.

Hinweis für die Fallbearbeitung: Der Lehre von der objektiven Zurechnung folgend, ist in der Fallbearbeitung also wertend festzustellen, ob der Täter eine rechtlich missbilligte Gefahr geschaffen hat, die sich im tatbestandsmäßigen Erfolg realisiert. Insbesondere im Fall des **atypischen Kausalverlaufs** ist danach zu fragen, ob der Erfolg nach dem gewöhnlichen Lauf der Dinge und der allgemeinen Lebenserfahrung noch in Rechnung zu stellen ist oder nicht. Wird demnach festgestellt, dass es absolut ungewöhnlich und nicht vorhersehbar ist, dass der Taterfolg durch das konkrete Täterverhalten herbeigeführt wurde, liegt eine wesentliche Abweichung vom Kausalverlauf vor, womit der Erfolg nicht mehr zugerechnet werden kann. In diesem Fall ist der objektive Tatbestand

[237] Ähnlich auch *Jäger*, JA 2016, 549, 551.

nicht erfüllt. Die Prüfung des Vorsatzdelikts ist hier zu Ende. Zu § 16 I S. 1 kommt man nicht mehr. In Betracht kommt dann die Prüfung eines Fahrlässigkeitsdelikts oder eines Versuchs.
Wird (mit dem BGH) der Lehre von der objektiven Zurechnung dagegen nicht gefolgt, ist (später) beim Vorsatz danach zu fragen, ob dieser nicht gem. § 16 I S. 1 ausgeschlossen sein könnte. Denn der Vorsatz hat sich nicht nur auf die Vornahme der Tathandlung und den Erfolgseintritt, sondern auch auf den Kausalverlauf zwischen Handlung und Erfolg zu beziehen. Die Tätervorstellung muss den Kausalverlauf jedoch nicht in allen Einzelheiten umfassen; vielmehr genügt es, dass der Täter den Kausalverlauf in seinen wesentlichen Grundzügen erfasst und in seinen Vorsatz mit aufgenommen hat. Ein tatbestandsausschließender Irrtum über den Kausalverlauf kommt daher nur dann in Betracht, wenn der eingetretene Kausalverlauf von der ursprünglichen Vorstellung des Täters wesentlich abweicht. „Wesentlichkeit" liegt nach h.M. vor, wenn der eingetretene Kausalverlauf außerhalb des nach allgemeiner Lebenserfahrung Vorhersehbaren liegt oder einer abweichenden Bewertung bedarf. Diese Formulierung erinnert an diejenige, die die h.L. bei der objektiven Zurechnung verwendet. Im Bereich atypischer Kausalverläufe kommen objektive Zurechnung und Irrtumslehre daher i.d.R. nicht nur zu demselben Ergebnis, sondern benutzen darüber hinaus auch identische Argumentationsmuster.

2. Subjektiver Tatbestand: Vorsatz

Bei allen Delikten handelt es sich um Vorsatzdelikte, sofern das Gesetz nicht fahrlässiges Handeln ausdrücklich unter Strafe stellt (§ 15). Aus diesem Grund brauchte der Gesetzgeber in den einzelnen Tatbeständen das Erfordernis eines allgemeinen Tatbestandsvorsatzes nicht mehr explizit aufzunehmen. Lediglich, wenn er besondere Vorsatzformen sowie sonstige besondere subjektive Merkmale des Täters fordert, muss er diese unrechtsbegründenden Elemente im jeweiligen Tatbestand aufnehmen. 200

So wird beim Diebstahl (§ 242 I) im objektiven Tatbestand die Wegnahme einer fremden beweglichen Sache geprüft. Im subjektiven Tatbestand ist trotz der Nichtnennung im gesetzlichen Tatbestand zunächst der Vorsatz hinsichtlich aller objektiven Tatbestandsmerkmale (also der allgemeine Tatbestandsvorsatz) zu prüfen. Das ergibt sich aus § 15. Da der Tatbestand des § 242 I aber auch von der „Absicht, die Sache sich oder einem Dritten rechtswidrig zuzueignen" spricht, muss nach Feststellung des allgemeinen Tatbestandsvorsatzes geprüft werden, ob die Wegnahme der Sache in der Absicht erfolgte, sie sich oder einem Dritten rechtswidrig zuzueignen. Diese „Absicht" stellt keine besondere Form des Vorsatzes dar, sondern kennzeichnet ein besonderes subjektives Merkmal des Täters i.S.e. Intention, die keine Entsprechung im objektiven Tatbestand hat. Daher nennt man § 242 I einen Tatbestand mit überschießender Innentendenz. Gleiches gilt hinsichtlich § 249 I (Raub/Zueignungsabsicht), § 253 (Erpressung/Bereicherungsabsicht), § 259 (Hehlerei/Bereicherungsabsicht), § 267 I (Urkundenfälschung/Täuschungsabsicht) oder § 263 (Betrug/Bereicherungsabsicht).

a. Der Tatbestandsvorsatz

Eine Legaldefinition des Vorsatzes besteht nicht. § 15 bestimmt nur, dass ausschließlich vorsätzliches Handeln strafbar ist, wenn das Gesetz fahrlässiges Handeln nicht ausdrücklich mit Strafe bedroht. Auch § 16 I S. 1 beantwortet die Frage nach dem Vorsatz nicht, sondern bestimmt nur, dass ohne Vorsatz handelt, wer bei Begehung der Tat einen Umstand nicht kennt, der zum gesetzlichen Tatbestand gehört. Die Beantwortung der Frage, was unter Vorsatz zu verstehen ist, bleibt somit Rechtsprechung und Literatur überlassen. Daher verwundert es nicht, dass der Begriff unterschiedlich verstanden wird. Das betrifft zum einen die Frage, ob neben dem Wissenselement auch ein Wollenselement zu fordern ist, und zum anderen die Abgrenzung zur (bewussten) Fahrlässigkeit. Die Beantwortung dieser Fragen ist Gegenstand der folgenden Darstellung. 201

aa. Das Wissen um die Tatbestandsverwirklichung

Jedenfalls besteht der Vorsatz aus einem **Wissenselement** (**intellektuelles/kognitives Element**). Das geht bereits aus § 16 I S. 1 hervor. Es leuchtet ein, dass der Täter aus einem Vorsatzdelikt nur dann strafbar sein kann, wenn er bei Begehung der Tat alle strafbegründenden und strafschärfenden Umstände des objektiven Tatbestands gekannt (oder deren Vorliegen zumindest für möglich erachtet) hat. 202

Zu beachten ist, dass § 16 I S. 1 hinsichtlich der **konkreten Tatumstände** jedenfalls Kenntnis i.S. eines Wissens verlangt, wobei die ganz h.M. ein Für-möglich-Halten genügen lässt[238]. Denn nur wer im Fall des § 212 weiß (oder es zumindest für möglich hält), dass er auf einen Menschen schießt, kann wegen Totschlags bestraft werden. Stellt sich der Täter, der auf einen Menschen schießt, hingegen vor, auf einen Hund zu schießen, weiß er gerade nicht, dass es sich bei dem anvisierten Objekt um einen Menschen handelt. § 16 I S. 1 ordnet für diesen Fall ausdrücklich an, dass Vorsatz des Täters in diesem Fall nicht gegeben ist. Auch umgekehrt liegt (in Bezug auf eine Sachbeschädigung) Kenntnis i.S.d. § 16 I S. 1 nicht vor, wenn der Täter glaubt, auf einen Menschen zu schießen, in Wirklichkeit aber auf einen Hund schießt. In beiden Fällen deckt sich die Vorstellung des Täters nicht mit der Wirklichkeit; sie ist nicht

---

[238] Vgl. dazu Rn 238 ff.

realitätskongruent, was zur Verneinung der Kenntnis i.S.d. § 16 I S. 1 führt. Der subjektive Tatbestand des vollendeten Begehungsdelikts liegt nicht vor. Terminologisch bietet es sich an, den Vorsatz, wie er von § 16 I S. 1 in Bezug auf die konkreten Tatumstände verlangt wird, als „Kenntnisvorsatz" (= Wissen um die konkreten Tatumstände) zu bezeichnen.

Anders verhält es sich hinsichtlich der **fiktiven Tatumstände**, also solcher, die erst nach Abschluss der Tathandlung eintreten können bzw. nach der Vorstellung des Täters eintreten sollen. Das betrifft etwa den erst in der Zukunft eintretenden Tod des Vergiftungsopfers. In einem solchen Fall kann die Kenntnis über den Eintritt des Taterfolgs erst nach Abschluss der Tathandlung vorliegen, nämlich erst dann, wenn der Erfolg eingetreten ist (Wissen kann man erst hinterher; vorher existiert der Erfolgseintritt lediglich in der Vorstellung des Täters). Verlangte man hier also die Kenntnis über den Taterfolg im Zeitpunkt der Tathandlung, würde sich der Täter niemals wegen eines vollendeten Begehungsdelikts strafbar machen. Daraus folgt: Im Rahmen des Tatbestandsvorsatzes gem. § 16 I S. 1 kann ein solches Wissen über den Eintritt des späteren Taterfolgs nicht zu fordern sein. „Tatbestandsvorsatz" i.S.d. § 16 I S. 1 meint daher ausschließlich Vorsatz bzgl. der konkreten Tatumstände und der Möglichkeit des Erfolgseintritts. Realitätskongruenz ist damit lediglich hinsichtlich der Tathandlung erforderlich; hinsichtlich des Taterfolgs genügt „Gedankenkongruenz" (der Täter denkt, der Taterfolg werde eintreten).[239]

Fazit: Kenntnisvorsatz i.S.d. § 16 I S. 1 ist allein dann anzunehmen, wenn der Täter hinsichtlich der konkreten Tatumstände mit Wissen handelt und sich seine Vorstellung auf die fiktiven Umstände (insb. den späteren Erfolgseintritt) erstreckt. Allgemein wird verlangt, dass die innere Tatseite des Täters

- die konkrete Tat in ihren Grundzügen,
- die tatbestandsrelevanten Besonderheiten der Ausführungshandlung,
- den von ihm herbeigeführten (bzw. herbeizuführenden) Taterfolg,
- den Kausalverlauf in seinen wesentlichen Grundzügen sowie
- alle sonstigen Merkmale umfasst, die zum gesetzlichen Tatbestand gehören.[240]

203 Damit werden Bezugspunkte festgelegt, auf die sich die Tatumstandskenntnis, die Wissenskomponente, beziehen muss. Ob und inwieweit der Vorsatz auch ein **Wollenselement** (**voluntatives Element**) erfordert, ist in erster Linie für die Abgrenzung zur Fahrlässigkeit von Bedeutung, weshalb auch erst dort darauf eingegangen werden soll. Vgl. dazu Rn 238 ff.

a.) Bezugspunkte des Vorsatzes

204 Der Täter muss, um die Wissenskomponente zu erfüllen, in **Tatumstands- und Bedeutungskenntnis** gehandelt haben, wobei Möglichkeitsvorstellung genügt (s.o.). Fehlen ihm bestimmte Tatumstandskenntnisse, die zum gesetzlichen Tatbestand gehören, unterliegt er einem **Tatbestandsirrtum** (besser: **Tatumstandsirrtum**, weil sich seine Fehlvorstellung auf Tatumstände bezieht[241]). Die Rechtsfolge dieses Irrtums ergibt sich aus § 16 I S. 1: Der Täter kann nicht aus einem Vorsatzdelikt bestraft werden. Davon unberührt bleibt selbstverständlich die Möglichkeit der Strafbarkeit aus einem Fahrlässigkeitsdelikt (etwa § 222 oder § 229). § 16 I S. 2 stellt dies klar. Vgl. dazu Rn 278 ff. Kommt aber eine Strafbarkeit aus einem Vorsatzdelikt in Betracht, ist es erforderlich zu wissen, welche Umstände zum gesetzlichen Tatbestand gehören.

---

[239] Vgl. *Jung*, JA 2006, 228 ff.; *Henn*, JA 2008, 699, 700 f.
[240] *Jescheck/Weigend*, AT, § 29 II 3; *W/B/S*, AT, Rn 238.
[241] Wie hier nunmehr auch *Sternberg-Lieben/Sternberg-Lieben*, JuS 2012, 289.

aa.) Zum gesetzlichen Tatbestand gehörende Tatumstände

Zum gesetzlichen Tatbestand gehören 205

(a.) alle **deskriptiven** und **normativen Tatbestandsmerkmale**,
(b.) die **Rechtswidrigkeit**, sofern sie ein **Attribut des Tatbestands** und nicht nur einen Hinweis auf das allgemeine Verbrechensmerkmal darstellt,
(c.) bei Erfolgsdelikten der **Geschehensablauf** in seinen wesentlichen Grundzügen (s.o.; der tatsächliche Geschehensablauf muss sich noch innerhalb der Grenzen des nach allgemeiner Lebenserfahrung Voraussehbaren halten und darf keine andere Bewertung der Tat zulassen),
(d.) bei **Tatbestandsqualifikationen** die dort genannten Merkmale und
(e.) bei **Privilegierungen** die dort genannten privilegierenden Umstände.

Regelbeispiele gehören dagegen ***nicht*** zum gesetzlichen Tatbestand, sondern stellen **Strafzumessungsgesichtspunkte** dar. Ein Tatbestandsvorsatz ist daher nicht erforderlich (und auch nicht möglich). Gleichwohl ist auch hier eine subjektive Beziehung des Täters erforderlich. Der Prüfungsstandort steht aber außerhalb des subjektiven Tatbestands, vgl. dazu Rn 266 f. 206

(a.) Deskriptive und normative Tatbestandsmerkmale

Vorsatzkenntnis heißt nicht nur Tatumstandskenntnis, sondern auch Bedeutungskenntnis (s.o.). Allerdings ist es für die Bejahung des Tatbestandsvorsatzes nicht erforderlich, dass der Täter den ihm bekannten Sachverhalt juristisch exakt unter die strafgesetzliche Formulierung subsumieren kann. Anderenfalls könnten nur Juristen vorsätzlich handeln. Hinsichtlich **deskriptiver** (beschreibender) Tatbestandsmerkmale genügt es daher, dass er deren **natürlichen Sinngehalt** erfasst. 207

Deskriptive Tatbestandsmerkmale sind solche, die sich auf natürliche Eigenschaften von Personen oder Objekten beziehen und auf rein sinnlicher Ebene erfasst werden können.[242]

Das trifft z.B. auf das „Beschädigen" oder „Zerstören" einer Sache in § 303 I oder das „Verändern des Erscheinungsbilds" in § 303 II (objektive Tatbestandsmerkmale) zu, aber auch das Alter des Opfers (vgl. § 176: Person unter 14 Jahren): Kennt der Täter die tatsächlichen Voraussetzungen (nicht den tatsächlichen Sachverhalt) dafür, dass er ein objektives Tatbestandsmerkmal und damit Unrecht verwirklicht (**Tatumstandskenntnis**), genügt dies für die Bejahung des intellektuellen Elements hinsichtlich des deskriptiven Tatbestandsmerkmals.

Beispiel: „Graffiti-Künstler" K besprüht das Rathaus in seiner Gemeinde mit Dosenlack. Er wird wegen gemeingefährlicher Sachbeschädigung gem. § 304 II angeklagt. In der Hauptverhandlung macht er geltend, das Besprühen von Außenwänden mit Lack sei Kunst und keine Straftat. Zumindest habe er das während der Tathandlung geglaubt.

Hier ist der objektive Tatbestand des § 304 II erfüllt, da Rathäuser dem öffentlichen Nutzen dienen und K das Rathaus seiner Gemeinde nicht nur unerheblich und nicht nur vorübergehend verunstaltet hat. Auch Art. 5 III Var. 1 GG führt zu keiner anderen Auslegung des § 304 II, da Kunst auch ohne Beeinträchtigung fremden Eigentums ausgeübt werden kann. Da K aber davon ausging, diesen Tatbestand nicht zu erfüllen, ist er einem Irrtum unterlegen. Fraglich ist, ob dieser Irrtum beachtlich ist und gem. § 16 I S. 1 zum Vorsatzausschluss führt. Bezüglich des deskriptiven Tatbestandsmerkmals „Veränderung des Erscheinungsbilds" ist Tatumstandskenntnis erforderlich und auch ausreichend. Diese lag bei K vor. Sein Irrtum (d.h. Subsumtionsirrtum i.e.S.) ist daher bedeutungslos. Er hat sich

[242] *Jescheck/Weigend*, AT, § 26 IV 1; Sch/Sch-*Eser/Bosch*, § 242 Rn 65.

nach § 304 II strafbar gemacht (sollte man in der Fallbearbeitung ausnahmsweise einmal den Vorsatz (wegen Tatumstandsirrtums) ausschließen müssen, wäre zwar gem. § 16 I S. 2 an eine Fahrlässigkeitsstrafbarkeit zu denken; eine solche ist bei der Sachbeschädigung bzw. Verunstaltung aber nicht normiert).

Ein weiteres Beispiel eines deskriptiven Tatbestandsmerkmals ist das Veranstalten eines Glückspiels (Sportwette etc.) ohne *erforderliche behördliche Erlaubnis* in § 284. Vgl. dazu auch das Beispiel bei Rn 280.

208 Soweit der gesetzliche Tatbestand (auch) **normative** (d.h. wertende) Tatbestandsmerkmale enthält, muss der Täter auch diesbezüglich mit Tatumstandskenntnis handeln.

Normative Tatbestandsmerkmale sind solche, deren Vorhandensein nicht schon aufgrund von Wahrnehmung, sondern erst aufgrund einer rechtlichen Bewertung der wahrgenommenen Tatsachen festgestellt werden kann.[243]

Normative Tatbestandsmerkmale sind z.B. die „Fremdheit“ der Sache oder die „Rechtswidrigkeit“ der (beabsichtigten) Zueignung in § 242 oder § 246 bzw. der Bereicherung in § 253[244]. Aber auch die „Gesundheitsschädlichkeit“ des Stoffes gem. § 224 I Nr. 1 Var. 2 und „eine das Leben gefährdende Behandlung“ gem. § 224 I Nr. 5 sowie den „Unfall“ i.S.d. § 142 I wird man wohl ebenso als normative Tatbestandsmerkmale einstufen müssen wie die „Ernstlichkeit“ des Tötungsverlangens in § 216. Folge dieser Einstufung ist, dass es für die Bejahung des Tatbestandsvorsatzes genügt, wenn der Täter aufgrund einer „**Parallelwertung in der Laiensphäre**“ den wesentlichen **rechtlich-sozialen Bedeutungsgehalt des Tatumstands** (laienhaft) erfasst. Der Grund für dieses „Genügenlassen“ besteht darin, dass der Täter i.d.R. überhaupt nicht in der Lage ist, rechtlich exakte Wertungen vorzunehmen. Forderte man dieselben strengen Kriterien wie für die deskriptiven Tatbestandsmerkmale, müsste man allzu oft den Tatbestandsvorsatz verneinen; den Strafzwecken (dazu Rn 1 ff.), vor allem aber dem Opferschutz, wäre nicht hinreichend Rechnung getragen. Deshalb genügt z.B. für das normative Merkmal „fremd“ die laienhafte Vorstellung, dass die Sache einem anderen gehört[245]; für „eine das Leben gefährdende Behandlung gem. § 224 I Nr. 5 genügt die laienhafte Vorstellung, dass das Opfer in eine konkrete Lebensgefahr gerät[246].

209 Normativ ist also jedes Merkmal, das nur über eine rechtliche Wertung erfasst werden kann. Die Abgrenzung zwischen deskriptiven und normativen Merkmalen ist allerdings nicht immer zweifelsfrei möglich. Im Zweifel sollte daher das Ergebnis schlicht über die „Parallelwertung“ festgestellt werden.

Beispiel: B ist Beamter bei der städtischen Baubehörde (vgl. § 11 I Nr. 2, 4). Bauherr H möchte ein genehmigungspflichtiges, aber nicht genehmigungsfähiges Bauvorhaben genehmigen lassen. Da er um die fehlende Genehmigungsfähigkeit seines Vorhabens weiß, schiebt er dem B einen Umschlag mit 1.000,- € zu. Dieser nimmt den Umschlag an sich und genehmigt den Bau. Bei einer späteren Überprüfung durch den Amtsvorsteher fliegt die ganze Sache auf. B wird wegen Bestechlichkeit (§ 332) angeklagt. In der Hauptverhandlung meint B, ein Beamter könne sich nicht bestechen lassen.

Hier ist allein fraglich, ob der Irrtum (Subsumtionsirrtum i.e.S.) des B beachtlich ist und gem. § 16 I S. 1 zum Vorsatzausschluss führt. Selbst wenn man bei B eine juristische Laienhaftigkeit annimmt, muss doch unterstellt werden, dass er den rechtlich-sozialen Bedeutungsgehalt seiner Amtsträgereigenschaft kennt. B handelte somit vorsätzlich.

---

[243] BGH StV 2000, 422, 423; *Erb*, NStZ 2001, 317; *Jescheck/Weigend*, AT, § 27 IV 2; *Roxin*, AT, § 12 Rn 86; Sch/Sch-*Lieben-Sternberg/Schuster*, § 15 Rn 43a; SK-*Rudolphi*, § 16 Rn 23.

[244] Soweit ersichtlich, ist dies einhellige Auffassung, vgl. nur BGHSt 48, 322, 328 f.; BGH NStZ 2011, 519; StV 2014, 283; NStZ 2015, 699, 700; MüKo-*Sander*, § 253 Rn 32.

[245] *W/B/S*, AT, Rn 243. Vgl. auch *Kudlich*, JuS 2003, 243, 245.

[246] Vgl. dazu *R. Schmidt*, BT I, Rn 315.

Gegenbeispiel: Medizinstudent K kauft von seinem Kommilitonen V ein gebrauchtes Lehrbuch. Den Kaufpreis entrichtet er gleich nach Vertragsschluss. V weigert sich aber, das Buch sofort herauszugeben, da er es noch für eine Prüfungsvorbereitung nutzen möchte. Während eines unbeobachteten Augenblicks nimmt K das Buch eigenmächtig an sich. Dabei geht er davon aus, bereits mit Abschluss des schuldrechtlichen Kausalgeschäfts (also dem Kaufvertrag nach § 433 BGB) Eigentümer über das Buch geworden zu sein, dass es sich bei dem Buch also um *sein* Buch handelt, nicht um das des V.

Hier irrt sich K hinsichtlich des Tatbestandsmerkmals „fremd" in § 242. Insbesondere ist einem juristischen Laien regelmäßig nicht bewusst, dass es in der Bundesrepublik Deutschland zum Eigentumserwerb eines separaten Erfüllungsgeschäfts (§§ 929 ff. BGB) bedarf. Nach der „Parallelwertung in der Laiensphäre" fehlte dem K somit die unerlässliche Tatumstandskenntnis hinsichtlich der „Fremdheit" des Buches. Er hat sich daher nicht nach § 242 strafbar gemacht.

Weiterführender Hinweis: Da K aber einen fälligen, einredefreien Anspruch auf Übereignung und Übergabe des Buches hatte, fehlt es insoweit am Merkmal der Rechtswidrigkeit der Zueignung, das ebenfalls ein Tatbestandsmerkmal darstellt. Seine laienhafte Vorstellung kann daher so ausgelegt werden, dass er dachte, die Zueignung sei nicht rechtswidrig. Sollte man sich also nicht der Auffassung anschließen, K habe die unerlässliche Tatumstandskenntnis hinsichtlich der „Fremdheit" des Buches gefehlt, wäre die Strafbarkeit jedenfalls wegen Fehlens der Rechtswidrigkeit der Zueignung zu verneinen.

Fehlt dem Täter demnach die Tatumstandskenntnis, gelangt § 16 I S. 1 zur Anwendung 210
mit der Folge, dass eine Strafbarkeit wegen vorsätzlich begangenen Unrechts ausscheidet.[247] Sofern das Gesetz einen entsprechenden Fahrlässigkeitstatbestand kennt (etwa §§ 229, 222), muss eine Prüfung dieses Delikts folgen.

Von den Irrtümern hinsichtlich deskriptiver und normativer Tatbestandsmerkmale (**Sub-** 211
sumtionsirrtümer i.e.S.) abzugrenzen sind Irrtümer hinsichtlich des Unrechtsbewusstseins (**Verbotsirrtümer**). Diese Irrtümer (auch **Subsumtionsirrtümer i.w.S.** genannt) werden nach § 17 behandelt und systematisch bei der Schuldprüfung bewertet. Ein die Schuld ausschließender Verbotsirrtum liegt vor, wenn dem Täter die Einsicht fehlt, Unrecht zu tun, etwa weil er glaubt, nicht den Tatbestand einer Strafnorm zu erfüllen. Vgl. dazu ausführlich Rn 279a sowie Rn 554 ff.

(b.) Rechtswidrigkeit, sofern sie ein Attribut des Tatbestands darstellt

Einige Strafnormen nennen in ihrem Tatbestand die Rechtswidrigkeit. Bei der Frage, ob 212
der Tatbestandsvorsatz sich auch darauf beziehen muss, ist zu differenzieren:

- Ist der Begriff ein **Attribut eines einzelnen Tatumstands**, handelt es sich auch dabei 213
  um ein *echtes* Tatbestandsmerkmal. Konsequenz ist, dass der Vorsatz sich auch darauf beziehen muss. Als Beispiel sei die „Rechtswidrigkeit" in §§ 242, 249, 253, 263 genannt. Fehlt dem Täter der diesbezügliche Vorsatz, handelt er nicht vorsätzlich (§ 16 I S. 1).

  Beispiel: Die Formulierung in § 242 spricht von „der Absicht, die Sache sich oder einem Dritten rechtswidrig zuzueignen". Nimmt A dem B in Zueignungsabsicht (1) dessen Armbanduhr oder (2) dessen in der Brieftasche befindliches Bargeld weg, glaubt dabei aber, er handele hinsichtlich der Zueignung nicht rechtswidrig, ist zu unterscheiden:

  Nach der ganz h.M. handelt es sich bei der Rechtswidrigkeit der (beabsichtigten) Zueignung i.S.v. § 242 um ein objektives Tatbestandsmerkmal, das im Rahmen des subjektiven Tatbestands zu prüfen ist. Es ist daher von der Rechtswidrigkeit als allgemeines Verbrechensmerkmal zu unterscheiden. Nach allgemeiner Auffassung fehlt es an der Rechtswidrigkeit der Zueignung, wenn der Täter einen fälligen, einredefreien Anspruch auf die weggenommene Sache hat. Dies kann bei einer **Stückschuld** (= alle gebrauchten Sachen und

[247] Vgl. dazu etwa auch BGH StV 2014, 283.

neue Einzelstücke) anzunehmen sein. So macht sich regelmäßig nicht wegen Diebstahls strafbar, wer einen zuvor gekauften, aber noch nicht übereigneten Laptop eigenmächtig vom Verkäufer wegnimmt (vgl. dazu näher *R. Schmidt*, BT II, Rn 116). Besteht kein fälliger, einredefreier Anspruch auf die weggenommene Sache, glaubt der Täter aber irrig, einen solchen zu haben, fehlt gem. § 16 I S. 1 der Vorsatz bzgl. der Rechtswidrigkeit der (beabsichtigten) Zueignung.

Hat A einen fälligen, einredefreien Anspruch auf die weggenommene Armbanduhr, ist seine (beabsichtigte) Zueignung nicht rechtswidrig. Er ist dann nicht wegen Diebstahls strafbar. Glaubt er aber nur, er habe einen solchen Anspruch, unterliegt er einem Tatbestandsirrtum (Subsumtionsirrtum i.e.S.) mit der Folge, dass sein Tatbestandsvorsatz gem. § 16 I S. 1 ausgeschlossen ist. Insofern ergibt sich für ihn kein ergebnisrelevanter Unterschied.

Anders ist die Rechtslage bei **Gattungsschulden**. Eine Gattungsschuld liegt vor, wenn die geschuldete Leistung nur nach generellen, also allgemeinen Merkmalen (Typ, Sorte, Gewicht, Farbe, Herkunft, Jahrgang etc.) bestimmt ist. Da nicht der Gläubiger, sondern der *Schuldner* ein Auswahl- und Konkretisierungsrecht hat (vgl. § 243 BGB), widerspricht die eigenmächtige Auswahl durch den Gläubiger der Rechtsordnung, ist also rechtswidrig im Sinne der Zueignungsabsicht des § 242.

Beispiel: A will beim Obst- und Gemüsehändler H fünf Äpfel zu einem Preis von je 0,50 € kaufen. Dazu gibt er diesem schon einmal das Geld. Als H sich nun weigert, dem A die Äpfel zu übergeben, nimmt sich dieser eigenmächtig fünf Äpfel aus der Apfelkiste und verlässt den Laden.

Hier ist A wegen Diebstahls strafbar, da das Auswahl- und Konkretisierungsrecht ausschließlich dem H zustand.

Irrt sich der Täter hinsichtlich des Auswahl- bzw. Konkretisierungsrechts (glaubt er also, selbst auswählen zu dürfen), liegt auch hier ein beachtlicher Tatbestandsirrtum i.S.d. § 16 I S. 1 vor. Dem Täter, dem bewusst ist, das Auswahl- bzw. Konkretisierungsrecht zu verletzen, der aber glaubt, ein (tatsächlich nicht bestehendes) Selbsthilferecht zu haben, kommt immerhin § 17 zugute.

Inwieweit diese Grundsätze auch für **Geldschulden** gelten (Beispiel: O schuldet T € 50,-, weigert sich aber, seine Schulden zu begleichen, worauf T eigenmächtig € 50,- aus der Geldbörse des O nimmt), kann an dieser Stelle nicht weiter ausgeführt werden. Daher sei auf die Darstellung bei *R. Schmidt*, BT II, Rn 118 ff. verwiesen.

214 ▪ Bezieht sich der Begriff der „Rechtswidrigkeit" dagegen auf die **Bewertung der Gesamttat**, liegt darin nur ein (überflüssiger) Hinweis auf das allgemeine gesetzliche Verbot einer strafbaren Handlung.[248] Beispiel: „Rechtswidrigkeit" in §§ 303 I, 240, 123. Diese „Rechtswidrigkeit" braucht demnach vom Vorsatz nicht umfasst zu sein, sie bildet aber einen Anknüpfungspunkt für das zur Schuld gehörende Unrechtsbewusstsein (vgl. § 17). Darüber hinaus ist es in Fällen dieser Art besonders naheliegend, das Eingreifen eines Rechtfertigungsgrundes anzunehmen.

(c.) Bei Erfolgsdelikten der Geschehensablauf in seinen wesentlichen Grundzügen

215 Bei den Erfolgsdelikten muss – um eine Strafbarkeit annehmen zu können – nicht nur der konkrete Erfolg, sondern auch der Geschehensablauf vom Tätervorsatz umfasst sein (s.o.). Zu berücksichtigen ist dabei, dass es zur Bejahung des Vorsatzes genügt, wenn der Täter den Geschehensablauf in seinen **wesentlichen Grundzügen** kennt. Geringfügige Abweichungen des wirklichen Geschehensablaufs von dem vorgestellten führen demnach nicht zum Vorsatzausschluss. Der BGH hat hierzu die noch heute (in der Recht-

---

[248] Vgl. BGHSt 19, 295, 298; *W/B/S*, AT, Rn 241.

sprechung) gültige Formel aufgestellt: „**Die Abweichung des wirklichen Geschehensablaufs von dem vorgestellten muss sich noch innerhalb der Grenzen des nach allgemeiner Lebenserfahrung Voraussehbaren halten und darf keine andere Bewertung der Tat rechtfertigen**".[249] Umgekehrt, d.h. mit Blick auf den Vorsatzausschluss formuliert, ergibt sich somit folgende Subsumtionsgrundlage:

Liegt der Geschehensablauf außerhalb der Grenzen des nach allgemeiner Lebenserfahrung Vorhersehbaren oder erfordert die Tat eine andere Bewertung, ist ein **Irrtum über den Kausalverlauf** anzunehmen, der nach **§ 16 I S. 1** zum **Vorsatzausschluss** führt. 216

Praktisch wirkt sich ein solcher Vorsatzausschluss aber nur dann aus, wenn mit der Rechtsprechung die Lehre von der objektiven Zurechnung abgelehnt wird, da anderenfalls bereits die rechtlich missbilligte Gefahr sich nicht im konkreten Erfolg realisiert hat, der Erfolg dem Täter also nicht zugerechnet werden kann. Vgl. dazu nebst Beispielen die ausführliche Darstellung bei Rn 162, 196, 197a und 297 ff. 217

(d.) Bei Tatbestandsqualifikationen die dort genannten Merkmale

Bei Rn 75 ff. wurde ausführlich die Rechtsnatur von Tatbestands- und Erfolgsqualifikationen erläutert. Sofern der Täter den objektiven Tatbestand einer Qualifikation erfüllt, muss auch nach der subjektiven Seite gefragt werden. 218

- Hinsichtlich der **Tatbestandsqualifikationen** (etwa §§ 224, 244 oder 250) muss der Täter (und auch der Mittäter) mit Tatbestandsvorsatz gehandelt haben. Weiß dieser Personenkreis nicht um ein qualifizierendes Tatbestandsmerkmal, handelt er nicht vorsätzlich (§ 16 I S. 1) und ist damit hinsichtlich der Qualifikation nicht strafbar (zu denken wäre aber an eine Strafbarkeit aus einem Fahrlässigkeitsdelikt, § 16 I S. 2, sofern ein solches existiert). 219

  Beispiel: T begeht einen Banküberfall. Dabei geht er davon aus, seine Schusswaffe zu Hause gelassen zu haben, um keinesfalls in Versuchung zu geraten, sie auch einzusetzen. Tatsächlich ist es aber so, dass er die Waffe unbemerkt bei sich trägt, weil seine „fürsorgliche" Frau sie ihm unbemerkt in die Tasche gesteckt hatte. Strafbarkeit des T aus §§ 249, 250 I Nr. 1a bzw. §§ 255, 250 I Nr. 1a?

  Da T nicht wusste, dass er eine Waffe bei sich führte, kann ihm der Tatbestand des § 250 I Nr. 1a nicht angerechnet werden. Er ist daher „nur" aus § 249 oder § 255 strafbar. Ein Fahrlässigkeitstatbestand existiert nicht.

  Bei Teilnehmern muss sich der Vorsatz sowohl auf die Qualifikation beim Haupttäter als auch auf die Teilnahmehandlung beziehen (sog. doppelter Teilnehmervorsatz). Anderenfalls entfällt deren diesbezügliche Strafbarkeit gem. § 16 I S. 1.

  Beispiel: T begeht einen Banküberfall. Um möglichem Widerstand zu begegnen, führt er eine einsatzbereite Schusswaffe bei sich. G hatte ihm bei den Vorbereitungen geholfen. Von der Schusswaffe wusste er jedoch nichts.

  Hier ist T (über § 249 oder § 255) nach § 250 I Nr. 1a strafbar. Dagegen ist G nur wegen Beihilfe zum Grundtatbestand (also entweder nach §§ 249, 27 I oder nach §§ 255, 27 I) strafbar, mangels Vorsatzes nicht jedoch nach §§ 250 I Nr. 1a, 27 I. Das folgt aus § 16 I S. 1. Entsprechendes würde gelten, wenn G nicht Teilnehmer, sondern Mittäter wäre (sog. Mittäterexzess bei T).

- Bei **Erfolgsqualifikationen** verhält es sich etwas anders. Erfolgsqualifizierte Delikte sind Delikte, bei denen das Gesetz eine Strafschärfung vorsieht, wenn durch die Verwirklichung eines bestimmten Grunddelikts zusätzlich eine besondere Folge der Tat eintritt und der 220

---

[249] Vgl. BGHSt 7, 325, 329 (Blutrausch-Fall); BGH NStZ 2001, 29, 30; NJW 2002, 1057; NJW 2011, 2065, 2066; BGH 3.12.2015 – 223/15.

Eintritt dieser besonderen Folge wenigstens fahrlässig (bei § 251: wenigstens leichtfertig) herbeigeführt wird (§ 18).

Beispiel: § 223 regelt den Fall der (einfachen) Körperverletzung. Verursacht der Täter durch die Körperverletzung aber auch den Tod der verletzten Person, macht er sich (auch) aus § 227 strafbar. Weitere Beispiele von erfolgsqualifizierten Delikten sind: §§ 178, 221 II Nr. 2, III, 226 I, 239 IV, 239a III, 251, 306c, 316a III. Vgl. dazu insgesamt auch Rn 887 ff.

Ein Irrtum hinsichtlich der qualifizierenden (schweren) Folge, der gem. § 16 I S. 1 zum Vorsatzausschluss führen könnte, ist begrifflich nicht denkbar. Denn zum einen handelt es sich bei der qualifizierenden Folge gerade *nicht* um ein Tatbestandsmerkmal, § 16 I S. 1 ist also schon nicht anwendbar. Zum anderen ist ein Vorsatz auch nicht erforderlich; dessen Fehlen kann also nicht beachtlich sein.

221 **Weiterführender Hinweis:** Aus der Formulierung „wenigstens fahrlässig" in § 18 folgt, dass Vorsatz nicht erforderlich ist, aber auch nicht schadet. Die qualifizierende (schwere) Folge kann also auch vorsätzlich herbeigeführt werden. Ist die Folge aber vorsätzlich herbeigeführt, wird in aller Regel bereits eine andere Straftat gegeben sein, z.B. nicht mehr § 227, sondern § 211 oder § 212, wenn hinsichtlich der Todesfolge wenigstens Eventualvorsatz vorlag. Es gibt aber Fälle, in denen kein anderer Tatbestand in Frage kommt, wenn die besondere Folge vorsätzlich herbeigeführt wird, z.B. bei § 239 III oder bei § 226, wenn hinsichtlich der besonderen Folge nur Eventualvorsatz vorliegt.[250] In diesen Fällen kann das erfolgsqualifizierte Delikt nicht durch ein schwereres Vorsatzdelikt verdrängt werden.

(e.) Bei Privilegierungen die dort genannten privilegierenden Umstände

222 Wie bereits bei Rn 78 beschrieben, ist eine unselbstständige Abwandlung eines Grunddelikts auch dann gegeben, wenn das Gesetz aus einem bestimmten Grundtatbestand durch Hinzufügung weiterer Merkmale neue Tatbestände mit selbstständiger milderer Strafandrohung bildet. Hinsichtlich des Vorsatzes sind zwei Konstellationen zu unterscheiden:

223
- Der Täter verwirklicht neben dem Grundtatbestand, dessen Merkmale er in seinen Vorsatz aufgenommen hat, auch den objektiven Tatbestand einer Privilegierung, kennt aber die privilegierenden Umstände nicht.

Beispiel: Die steinreiche O ist in Siechtum verfallen. Sie hat voraussichtlich nur noch wenige Wochen zu leben und jegliche Lust an ihrem, wie sie es nennt, „jämmerlichen Dasein" verloren. Sie bittet daher in vollem Bewusstsein ihren Mann T ausdrücklich und ernstlich, sie von ihren Qualen zu befreien. T hat wie immer nicht richtig zugehört, ist aber unabhängig von dem Verlangen der O nicht abgeneigt, sich von seiner schwerkranken Frau zu lösen, um endlich an die Erbschaft zu kommen. Strafbarkeit des T?

Handelt jemand in Unkenntnis privilegierender Umstände, greift das mildere Gesetz (hier: § 216) nicht ein, da es insoweit am Vorsatz fehlt. T hat sich also aus §§ 212, 211 (Habgier) strafbar gemacht.

224
- Der Täter verwirklicht vorsätzlich den Grundtatbestand. Dabei geht er davon aus, auch den Tatbestand einer Privilegierung zu erfüllen. Aus objektiver Sicht erfüllt er diesen aber nicht.

Beispiel: Die steinreiche O des obigen Beispiels macht dem T Zeichen, die dieser irrtümlich als Tötungsverlangen deutet. Daraufhin tötet T die O. Strafbarkeit des T?

Hier hat T den Tatbestand des § 212 I verwirklicht. Ihm kommt jedoch über § 16 II die Privilegierung des § 216 zugute.

225 **Hinweis für die Fallbearbeitung:** Prüfungstechnisch sieht es bei § 16 II so aus, dass man zunächst den Grundtatbestand (etwa § 212 I) komplett durchprüft (also Tatbestand, Rechtswidrigkeit und Schuld), dann zur Privilegierung (etwa § 216) übergeht,

[250] *Fischer*, § 18 Rn 3.

um bei der Prüfung von deren objektiven Tatbestand festzustellen, dass es an einer Voraussetzung fehlt. Würde man nun die allgemeinen Regeln anwenden, wäre die Prüfung hier zu Ende und der Täter wäre nicht privilegiert. § 16 II statuiert aber eine Besonderheit. Trotz Nichtverwirklichung des objektiven Privilegierungstatbestands muss die Prüfung mit der subjektiven Seite des Täters fortgeführt und danach gefragt werden, wie es sich auswirkt, dass der Täter glaubt, er erfülle einen Privilegierungstatbestand. Die Antwort liefert § 16 II: Der Täter wird nach dem milderen Gesetz bestraft (vorliegend also nach § 216 I statt nach § 212 oder gar nach § 211).

(f.) Vorsatz auch hinsichtlich der Regelbeispiele?

Die Rechtsnatur von Regelbeispielen als Strafzumessungsregeln wurde bereits bei Rn 80 **226** dargestellt. Daher ist klar, dass sie keine Elemente eines gesetzlichen Tatbestands sein können, auf die sich der Tatbestandsvorsatz des Täters beziehen müsste. Aber auch wenn Regelbeispiele keinen tatbestandlichen Charakter haben, heißt das nicht, dass zu ihnen überhaupt keine subjektive Beziehung zu bestehen braucht. Zwar wird in diesem Zusammenhang nicht von einem subjektiven Tatbestand gesprochen, der Täter muss aber den besonders schweren Fall in seinen Vorsatz mit aufgenommen haben. Er muss also *in subjektiver Hinsicht vorsätzlich bezüglich der Erfüllung eines Regelbeispiels* gehandelt haben[251]. Zum gutachtentechnischen Standpunkt und zur Prüfung vgl. Rn 80.

bb.) Nicht zum gesetzlichen Tatbestand gehörende Tatumstände

Folgende Tatumstände gehören nicht zum gesetzlichen Tatbestand (ein Tatbestandsvor- **227** satz ist also nicht erforderlich – und auch nicht möglich):

(a.) **gesamtbewertende** „Tatbestandsmerkmale", sofern es sich um allgemeine Verbrechensmerkmale handelt (Beispiel: „Rechtswidrigkeit" in §§ 303 I, 240, 123 – vgl. bereits Rn 212 f.),

(b.) bei **erfolgsqualifizierten Delikten** die **besonders schwere Folge** (Beispiel: §§ 226, 227, 251 – vgl. Rn 887 ff.),

(c.) **objektive Bedingungen der Strafbarkeit** (Rn 307),

(d.) Tatumstände, welche zum Vorliegen eines **Regelbeispiels** führen (Rn 80),

(e.) Tatbestandliche Voraussetzungen der **Rechtfertigungsgründe** (Rn 322 ff.),

(f.) Voraussetzungen der **Schuld** (Rn 492 ff.),

(g.) persönliche **Strafausschließungs- und Strafaufhebungsgründe** (Rn 622 ff.) und

(h.) **Prozessvoraussetzungen** (Rn 624 ff.).

b.) Anforderungen an die Kenntnis der Tatumstände

Zum Vorsatzwissen ist zwar grundsätzlich ein aktuelles Bewusstsein der Tatumstände er- **228** forderlich, ein die Tathandlung ständig begleitendes „Daran-Denken" im Sinne eines **voll reflektierten Bewusstseins** ist jedoch nicht Voraussetzung. Zur aktuellen Kenntnis der Tatumstände und damit zur Bejahung des Vorsatzes genügen vielmehr auch ein **sachgedankliches Mitbewusstsein** und ein **ständig verfügbares Begleitwissen**.[252]

Beispiel: T ist Bediensteter der Ordnungsbehörde und schlägt während des Dienstes auf O ein. Später räumt er zwar die vorsätzliche Körperverletzung gem. § 223 I ein, meint aber, zur Tatzeit darüber, dass er sich im Dienst befunden habe, nicht nachgedacht zu haben. Deshalb habe ihm bezüglich § 340 I der Vorsatz gefehlt.

---

[251] Entsprechendes gilt für die *objektive Hinsicht*. Wichtige Ausnahmen sind aber § 243 I S. 2 Nr. 3 und § 263 III S. 2 Nr. 1 („gewerbsmäßig"). Dort ist ausschließlich die subjektive Komponente erforderlich.
[252] Vgl. Sch/Sch-*Sternberg-Lieben/Schuster*, § 15 Rn 51; *W/B/S*, AT, Rn 240.

Es genügt, dass T ständig bewusst war, dass er als Amtsträger in Ausübung seines Dienstes handelte (sachgedankliches Mitbewusstsein; dauerndes Begleitwissen), auch wenn er im Augenblick nicht daran dachte (er also kein voll reflektiertes Bewusstsein hatte). T ist also aus § 340 I strafbar.

bb. Arten des Vorsatzes

229 Vorwiegend nach Art und Beschaffenheit der Willensbeziehung des Täters zur Tatbestandsverwirklichung unterscheidet man verschiedene Arten des Vorsatzes, die als Absicht i.e.S. (*dolus directus* 1. Grades), direkter bzw. unmittelbarer Vorsatz (*dolus directus* 2. Grades) und als Eventualvorsatz (*dolus eventualis*) bezeichnet werden.[253]

230 **Hinweis für die Fallbearbeitung:** Wie im Folgenden noch zu sehen sein wird, werden die Abstufungen nicht um ihrer selbst willen gebildet, sondern können für die Strafbarkeit des Täters im konkreten Fall von entscheidender Bedeutung sein. So schreiben einige Strafnormen „Absicht" vor, andere hingegen erfordern „wissentlich" oder „wider besseres Wissen". Die meisten Strafnormen, die Vorsatz fordert, stellen aber keine Anforderungen an den Vorsatz. Hier genügt dann **Eventualvorsatz**. Davon geht auch § 15 aus. In der Fallbearbeitung muss also zunächst festgestellt werden, welche Vorsatzform erforderlich ist, um dann in einem zweiten Schritt zu prüfen, ob der Täter den erforderlichen Vorsatz auch hatte. Lässt das Gesetz die schwächste Vorsatzform genügen (etwa §§ 223 oder 212), ist es i.d.R. überflüssig (wohl sogar verfehlt), in der Fallbearbeitung zu prüfen, ob auch eine strenge Vorsatzform vorgelegen hat. Zwar kann das Vorliegen einer strengeren Vorsatzform für das Strafmaß bedeutsam sein, nicht aber für die Verwirklichung des Straftatbestands, wenn *dolus eventualis* genügt.

a.) Die Absicht i.e.S. (*dolus directus* 1. Grades)

231 Die Vorsatzform „Absicht" (*dolus directus* 1. Grades) ist dadurch gekennzeichnet, dass es dem Täter **gerade darauf ankommt**, den Taterfolg herbeizuführen oder den Umstand zu verwirklichen, für den das Gesetz absichtliches Handeln (z.B. in § 211 bezüglich der Verdeckungsabsicht) voraussetzt.[254] Unter Absicht ist der **zielgerichtete Erfolgswille** zu verstehen. Dabei macht es keinen Unterschied, ob die Verwirklichung des Tatbestands Beweggrund für das Handeln des Täters oder nur ein Zwischenschritt für das Erreichen eines entfernteren Zieles ist.[255]

Beispiele:

(1) A bricht ein wertvolles Behältnis auf, um sich dessen Inhalt zuzueignen. ⇨ Hier handelt er auch hinsichtlich der denknotwendigen Beschädigung des Behältnisses absichtlich – auch wenn er die Beschädigung nicht als wünschenswert in sein Vorstellungsbild aufgenommen hat, denn nach seiner Vorstellung kann er ohne das Aufbrechen des Behältnisses nicht an sein Ziel kommen.[256]

(2) B will C töten. Dies kann er aber nur, wenn er zuvor dessen Beschützer D tötet. ⇨ Auch hier ist die Tötung des D nur das Zwischenziel, bezüglich dessen B aber absichtlich handelt, wenn er die Tötung des C nicht anders als durch Tötung des D zu erreichen glaubt.[257]

232 Ob eine Strafnorm bzgl. aller oder einzelner Tatbestandsmerkmale *dolus directus* 1. Grades fordert, ist durch Auslegung zu ermitteln. Zwar bilden dabei der gesetzliche Ausdruck „Absicht" und die gleichbedeutende Formulierung „um zu" Indizien, aber – da das Gesetz

---

[253] Sch/Sch-*Sternberg-Lieben/Schuster*, § 15 Rn 64; *Sternberg-Lieben/Sternberg-Lieben*, JuS 2012, 976.
[254] Sch/Sch-*Sternberg-Lieben/Schuster*, § 15 Rn 66; *Geppert*, Jura 2001, 55, 56; *Fahl*, JA 2002, 100.
[255] St. Rspr. seit BGHSt 18, 151, 154; *W/B/S*, AT, Rn 211; *Gropp*, AT, § 4 Rn 159; Sch/Sch-*Sternberg-Lieben/Schuster*, § 15 Rn 66; *Jescheck/Weigend*, AT, § 29 III 1; LK-*Vogel*, § 15 Rn 81; SK-*Rudolphi*, § 16 Rn 36; *Fischer*, § 15 Rn 6.
[256] Sch/Sch-*Sternberg-Lieben/Schuster*, § 15 Rn 66; *Fischer*, § 15 Rn 6; *v. Selle*, JR 1999, 310 ff.
[257] *Gropp*, AT, § 4 Rn 160.

sie nicht einheitlich verwendet – keine definitive Aussage. Es ist stets eine Frage des Einzelfalls.[258]

Beispiele: Bei der Begünstigung (§ 257) muss der Täter einem anderen, der eine rechtswidrige Tat begangen hat, in der „Absicht Hilfe leisten, ihm die Vorteile der Tat zu sichern". Unter dem Begriff „Absicht" versteht die h.M. *dolus directus* 1. Grades. Es muss dem Täter also darauf ankommen, die Wiederherstellung des rechtmäßigen Zustands zu verhindern oder zu erschweren.[259] *Dolus directus* 1. Grades wird auch bei §§ 88 I, 89 I und 90b I verlangt.

Gegenbeispiel: Bei der Urkundenfälschung verlangt § 267, dass der Täter „zur Täuschung im Rechtsverkehr" handelt. Aus dieser finalen Formulierung könnte geschlossen werden, dass der Täter hinsichtlich der Täuschung, d.h. der Herbeiführung eines Irrtums des zu Täuschenden und dessen Veranlassung zu einem rechtserheblichen Verhalten, mit *dolus directus* 1. Grades handeln muss. Das Erfordernis dieser Vorsatzform würde aber nicht der Ratio des § 267 entsprechen, zumal dann die Bestrafung von Tätern, die berufsmäßig auf Vorrat fälschen, nicht mehr gewährleistet wäre. Die h.M. lässt daher sicheres Wissen (*dolus directus* 2. Grades) genügen.[260] Weitere Beispiele von Tatbeständen, die *dolus directus* 2. Grades genügen lassen, sind § 164 und § 288.

Die Absicht als Vorsatzform ist mit den in einigen Strafvorschriften genannten **„besonderen Absichten"** (wie z.B. Zueignungsabsicht in § 242 oder Bereicherungsabsicht in §§ 253, 259, 263) nicht identisch. Letztere sind subjektive Tatbestandsmerkmale eigenständigen Charakters[261] und werden eigenständig neben dem eigentlichen Tatbestandsvorsatz geprüft. **233**

Beispiel: Beim Diebstahl ist mit „Absicht", die Sache sich oder einem Dritten rechtswidrig zuzueignen, nicht die Vorsatzform i.S.d. *dolus directus* 1. Grades in Bezug auf die Verwirklichung eines objektiven Tatbestandsmerkmals gemeint, sondern die bloße Intention der Zueignung.[262] Ob und inwieweit die Zueignung tatsächlich erfolgt, ist für die Strafbarkeit nach § 242 also irrelevant. Da bezüglich der Zueignungsabsicht keine Entsprechung im objektiven Tatbestand existiert, handelt es sich bei dem Diebstahl um ein Delikt mit **„überschießender Innentendenz"** und gleichzeitig um ein **erfolgskupiertes Delikt**.

Auch bei den „besonderen Absichten", die Ausdruck einer überschießenden Innentendenz sind, ist zwischen Endziel und Zwischenziel (Nahziel) zu unterscheiden. **234**

Beispiel: § 263 verlangt beim Täter neben dem Vorsatz bzgl. aller objektiven Tatbestandsmerkmale die Absicht, sich oder einem Dritten einen Vermögensvorteil zu verschaffen. Es muss dem Täter also darauf ankommen, den Vermögensvorteil herbeizuführen. Beim Provisionsvertreterbetrug verhält es sich aber so, dass der Täter (der Provisionsvertreter) zunächst einmal einen Vertrag zwischen seiner Organisation und dem Opfer abschließen muss, um später von seiner Organisation die Provision, die aufgrund des Vertragsabschlusses gezahlt wird, zu erlangen. Hier ist also der Vertragsschluss nur notwendiges Zwischenziel. Das Endziel besteht in der Erlangung der Provision. Da der Provisionsvertreter sein Endziel (die Provision) aber nur erreichen kann, wenn er zunächst einen Vertrag abschließt, wird er auch hier mit *dolus directus* 1. Grades handeln.

Zu den sonstigen subjektiven Merkmalen vgl. auch Rn 275. **235**

---

[258] BGHSt 41, 358, 360; *Lackner/Kühl*, § 15 Rn 20; *W/B/S*, AT, Rn 212.

[259] BGH NStZ 2000, 31; *Fischer*, § 257 Rn 10; *Lackner/Kühl*, § 257 Rn 5; LK-*Vogel*, § 257 Rn 18; a.A. Sch/Sch-*Stree/Hecker*, § 257 Rn 22; *dolus directus* 2. Grades genügt.

[260] BayObLG NJW 1998, 2917; *Fischer*, § 267 Rn 29; *Erb*, GA 1999, 344 ff.

[261] Vgl. *W/B/S*, AT, Rn 212; *Witzigmann*, JA 2009, 488, 489.

[262] Die „Zueignung" in § 242 besteht aus zwei Komponenten, der *Aneignung* und der *Enteignung*. Bezüglich der Aneignungskomponente ist Absicht erforderlich. Hingegen genügt bei der Enteignungskomponente Eventualvorsatz. Hinsichtlich der „Rechtswidrigkeit" der Zueignung ist *dolus directus* 2. Grades erforderlich.

b.) Der direkte Vorsatz (unmittelbarer Vorsatz – *dolus directus* 2. Grades)

236 Während beim *dolus directus* 1. Grades allein das voluntative Element entscheidet mit der Folge, dass hinsichtlich des kognitiven Elements ein bloßes Für-möglich-Halten genügt, ist es im Bereich des direkten Vorsatzes (*dolus directus* 2. Grades) gerade umgekehrt: Der Täter weiß oder setzt als sicher voraus, dass sein Handeln zur Verwirklichung des gesetzlichen Tatbestands führt („**sicheres Wissen**"), lässt sich aber trotzdem nicht davon abbringen, die Tathandlung auszuführen, möge ihm der Taterfolg auch noch so unerwünscht sein.[263] Dass an die voluntative Komponente keine Anforderungen zu stellen sind, liegt daran, dass man von deren Vorliegen ausgehen kann. Denn bei einem Täter, der einen bestimmten Taterfolg als sicher voraussieht, kann unwiderlegbar vermutet werden, dass er diesen auch will. Infolgedessen braucht das Willenselement in der Fallbearbeitung auch nicht geprüft zu werden: Von ihm kann schlicht ausgegangen werden.[264] Wenn der Täter trotz der Kenntnis oder seines sicheren Voraussehens der Verwirklichung des Tatbestands willentlich tätig wird, nimmt er in seinen Verwirklichungswillen alles auf, was er sich als die notwendige und sichere Folge seines Verhaltens vorstellt.

Beispiel: Um an die Versicherungssumme zu kommen, installiert der Schiffseigner E auf einem seiner „Seelenverkäufer" eine Bombe, die später, wenn sich das Schiff auf hoher See befindet, explodieren und so den Untergang des Schiffs herbeiführen soll. So geschieht es. Dabei kommt auch die gesamte Besatzung um.

Hier hat E mit direktem Tötungsvorsatz gehandelt, wenn er den Tod der Besatzung als sichere Folge seines Handelns vorausgesehen hat, auch wenn er sie lieber vermieden hätte.

237 **Hinweis für die Fallbearbeitung:** Ob eine gesetzliche Strafnorm mit einer bestimmten Formulierung *dolus directus* 2. Grades erfordert, muss durch Auslegung des Wortlauts ermittelt werden. Das StGB verwendet den Ausdruck „wissentlich" (z.B. in §§ 134, 145, 258) oder ähnliche Wendungen wie „wider besseres Wissen" (z.B. in §§ 145d, 164, 187, 278), um diese Vorsatzform vorzuschreiben.

c.) Der Eventualvorsatz (bedingter Vorsatz – *dolus eventualis*)

238 Die schwächste Form des Vorsatzes wird als **Eventualvorsatz** bezeichnet. Dieser muss regelmäßig von der **(bewussten) Fahrlässigkeit abgegrenzt** werden. Diese Abgrenzung ist für die Einteilung der Straftatkategorie (vorsätzliches - fahrlässiges Begehungsdelikt) und des damit verbundenen Strafmaßes von entscheidender Bedeutung. Darüber hinaus ist fahrlässiges Handeln überhaupt nur in bestimmten Fällen strafbar (vgl. § 15), etwa in den Fällen der §§ 161, 222, 229, 306d. In Abhängigkeit von dem Verständnis des bedingten Vorsatzes handelt der Täter also entweder vorsätzlich oder (lediglich) fahrlässig bzw. macht sich strafbar oder nicht. Daher verwundert es nicht, dass eine Vielzahl von Abgrenzungstheorien vertreten wird, die unterschiedliche Voraussetzungen an den bedingten Vorsatz stellen.[265] Das betrifft zum einen die Frage, wie viel der Täter vom Erfolgseintritt wissen muss, und zum anderen, ob er den Erfolgseintritt auch wollen muss. Jedenfalls ist allen diesen Theorien gemeinsam, dass der Täter – um vorsätzlich zu handeln – den Erfolgseintritt zumindest **für möglich halten muss**.[266]

---

[263] St. Rspr. seit BGHSt 18, 246, 248; 21, 283, 285; vgl. auch *Fischer*, § 15 Rn 7; *Sternberg-Lieben/Sternberg-Lieben*, JuS 2012, 976, 977.

[264] *Gropp*, AT, § 4 Rn 169; *Fischer*, § 15 Rn 7.

[265] Vgl. nur die Auflistung der nahezu unüberschaubaren Zahl von Ansätzen und Auffassungen zu diesem Thema bspw. bei Sch/Sch-*Sternberg-Lieben/Schuster*, § 15 Rn 72-87b; *Fischer*, § 15 Rn 9-9f und *Sternberg-Lieben/Sternberg-Lieben*, JuS 2012, 976, 978. In der juristischen Praxis spielen diese Theorien keine große Rolle. Dort ist v.a. die Auffassung des BGH maßgeblich.

[266] Hieran wird deutlich, dass bei der Frage nach dem Vorsatz nicht allein auf die enge Wortlautinterpretation des § 16 I S. 1 abgestellt werden kann. Denn diese Vorschrift bezieht sich auf den Kenntnisvorsatz (dazu bereits Rn 202). Versteht man unter „Kenntnisvorsatz" „sicheres Wissen", darf man konsequenterweise dolus eventualis nicht genügen lassen.

Beispiel: Auf einer feuchtfröhlichen Feier hat T wieder einmal viel zu tief ins Glas geschaut. Gleichwohl entschließt er sich, mit seinem Wagen noch nach Hause zu fahren. Unterwegs gerät er jedoch in eine allgemeine Verkehrskontrolle. Dort steht auf der Fahrbahn der Polizeibeamte P mit einer roten Kelle und gebietet dem T anzuhalten. Aus Angst vor den mit einer Alkoholfahrt verbundenen Konsequenzen schaltet T jedoch einen Gang herunter und fährt auf P zu. Dieser kann sich in letzter Sekunde – wie von T vorhergesehen – durch einen Sprung in den Straßengraben retten. Später wird T doch noch gefasst. Eine Blutprobe ergibt, dass T zum Tatzeitpunkt eine BAK von 1,96 ‰ hatte. Hat T mit Tötungsvorsatz gehandelt?[267]

Nach der Rechtsprechung des BGH kann es im Einzelfall schon am Wissenselement fehlen, wenn die realistische Einschätzung einer Gefahrensituation beeinträchtigt ist. Naheliegend sei dies aber lediglich bei Spontantaten aufgrund Alkoholisierung, unkontrollierter Gefühlsausbrüche und ähnlicher psychischer Beeinträchtigungen.[268]
Da bei T eine BAK von 1,96 ‰ festgestellt wurde, ist es möglich, dass bereits deshalb das Wissenselement ausgeschlossen ist. Die Frage kann aber dahinstehen, wenn das Wissenselement aus einem anderen Grund nicht gegeben ist.
In Fällen, in denen Kraftfahrer eine Polizeisperre durchbrechen, lehrt die Erfahrung, dass es den bedrohten Beamten regelmäßig gelingt, sich außer Gefahr zu bringen. Nach Auffassung des BGH rechnen die Täter mit einer solchen Reaktion und nehmen zur Erreichung ihres Zieles zwar eine Gefährdung der Polizisten in Kauf, rechnen i.d.R. aber nicht mit deren Tod.[269] Teilt man diese Auffassung, muss auch für den vorliegenden Fall davon ausgegangen werden, dass T glaubte, P könne sich noch rechtzeitig durch einen Sprung zur Seite retten. Er rechnete also gerade nicht damit, dass er P erfassen und töten könnte. Damit hat T nicht die Minimalvoraussetzung, die an einen (bedingten) Vorsatz zu stellen ist, erfüllt. Er handelte daher nicht vorsätzlich und ist nicht wegen versuchter Tötung strafbar.[270]
Ob etwas anderes gelten würde, wenn T den Tod des P für möglich gehalten und dabei darauf vertraut hätte, P werde es schon schaffen, oder wenn er den Tod des P als Folge seines Handelns billigend in Kauf genommen hätte, soll im Folgenden herausgearbeitet werden.

Vgl. auch *Schmidt/Priebe*, Fälle zum Strafrecht I, Fall 6 Rn 1 f.

Minimalvoraussetzung für die Annahme von *dolus eventualis* ist somit, dass der Täter die Tatbestandsverwirklichung für **möglich hält** und **trotzdem handelt**. Fehlt es an dieser Voraussetzung, kommt lediglich Fahrlässigkeit in Betracht. **239**

Diese Minimalvoraussetzung wird von einigen aber auch als ausreichend betrachtet – sog. **Möglichkeitstheorie**.[271] Folgt man dieser Theorie, ist *dolus eventualis* bereits dann zu bejahen, wenn der Täter **die Verwirklichung des Tatbestands für möglich hält**. Auf ein **Wollenselement** kommt es demzufolge **nicht** an. Das ist problematisch. Denn diese (rein intellektuelle) Theorie lässt unberücksichtigt, welche Erwägung den Täter zum Handeln bestimmt hat. Es muss in der strafrechtlichen Bewertung aber einen Unterschied machen, ob der die Rechtsgutverletzung für möglich haltende Täter „auf einen guten Ausgang" vertraut oder „ohne Rücksicht auf Verluste" handelt. So ist z.B. dem Autofahrer, der einen wichtigen geschäftlichen Termin nicht verpassen möchte und daher mit überhöhter Geschwindigkeit durch eine geschlossene Ortschaft fährt, zwar die Möglichkeit eines Verkehrsunfalls bewusst. Er wird aber **240**

---

[267] Von einer Schuldunfähigkeit gem. § 20 ist nicht auszugehen, da diese auch im vorliegenden Fall erst ab einer BAK von 3,0 bzw. 3,3 ‰ anzunehmen ist. Vgl. dazu ausführlich Rn 506.
[268] Vgl. BGH NStZ 2004, 201 ff.; NStZ 1994, 483, 484; StV 1994, 640; vgl. auch *Prittwitz*, GA 1994, 465 ff.; *Altvater*, NStZ 2003, 21, 22; 2002, 20, 21; *Hermanns/Hülsmann*, JA 2002, 140 ff.
[269] BGH VRS 50, 94, 95; 59, 183, 184; 64, 112, 113; BGH NStZ 1983, 407; Sch/Sch-*Sternberg-Lieben/Schuster*, § 15 Rn 87. Vgl. auch *Altvater*, NStZ 2002, 20, 21. Der *4. Senat* des BGH hat es sogar gebilligt, dass Tötungsvorsatz verneint wurde, obwohl der Fahrer, der mit seinem Fahrzeug eine andere Person mitschleifte, damit rechnete, dass er sein Opfer überrollen werde (vgl. BGH NZV 2001, 266).
[270] Vgl. aber § 315b I Nr. 3 (gefährlicher Eingriff in den Straßenverkehr) und § 315c Nr. 1a Var. 1 (Gefährdung des Straßenverkehrs aufgrund alkoholbedingter Fahruntüchtigkeit) sowie subsidiär § 316 (Trunkenheit im Verkehr).
[271] Vgl. *Schröder*, Aufbau und Grenzen des Vorsatzbegriffs, FS Sauer, 1949, S. 207 ff.; *Schmidhäuser*, JuS 1980, 241 ff.; 1987, 373 ff.; *Jakobs*, AT, § 8 Rn 23; *Morkel*, NStZ 1981, 176 ff.; ähnlich *Kindhäuser*, GA 1994, 197, 203; ZStW 108 (1996), 9, 17 ff.; *Lesch*, JA 1997, 902, 905.

darauf vertrauen, dass der für möglich gehaltene Erfolg ausbleiben wird. Demgegenüber wird es dem flüchtigen Bankräuber, der wahllos auf die ihn verfolgenden Polizeibeamten schießt, um sich der Strafverfolgung zu entziehen, gleichgültig sein, ob er jemanden trifft oder nicht. Die Möglichkeitstheorie kommt hier bei konsequenter Anwendung – da sie die innere Einstellung des Täters ja gerade unberücksichtigt lässt – in beiden Fällen zur Annahme von *dolus eventualis*. Dass diese Gleichstellung unterschiedlicher krimineller Gesinnung keinen Bestand haben kann, liegt vor dem Hintergrund des verfassungsrechtlich verankerten Schuldprinzips auf den Hand. Zudem verkennen die Vertreter der Möglichkeitstheorie, dass auch das Gesetz (mit den Versuchsvorschriften der §§ 22-24) auf die Einstellung des Täters zu der Tat und somit auf dessen Wollen abstellt. Wollen ist aber mehr als nur für möglich halten. Außerdem verbleibt bei konsequenter Anwendung der Möglichkeitstheorie kaum Raum für die Annahme einer Fahrlässigkeit, weil der Täter in aller Regel die Möglichkeit des Erfolgseintritts sieht.

241 Anderen genügt die (aus der Sicht des Täters) bloße Möglichkeit der Tatbestandsverwirklichung nicht. Sie fordern vielmehr, dass der Täter die Rechtsgutverletzung für **wahrscheinlich** hält. Dabei bedeute „wahrscheinlich" mehr als nur „möglich", aber weniger als „überwiegend wahrscheinlich".

242 Diese in ihren Konturen unpräzis wirkende **Wahrscheinlichkeitstheorie**[272] stellt im Vergleich zur Möglichkeitstheorie somit strengere Anforderungen an den bedingten Vorsatz, fordert aber ebenso wenig wie diese ein Wollenselement. Folgt man dieser Theorie, handelt der Täter nur dann bewusst fahrlässig, wenn er entweder darauf vertraut, dass der Erfolg nicht eintritt, oder trotz entfernter Zweifel mit seinem Eintritt nicht rechnet.[273] Nach der hier vertretenen Auffassung ist aber auch sie abzulehnen. Zum einen ist unklar, wo die Grenze zwischen Möglichkeit und Wahrscheinlichkeit liegt. Zum anderen kann es nicht angehen, dass ein winziges Mehr an Wahrscheinlichkeit darüber entscheidet, ob der Täter vorsätzlich oder fahrlässig gehandelt hat.[274]

243 Wieder andere verlangen, dass der Täter die Tatbestandsverwirklichung nicht nur für möglich hält, sondern sie auch ernst nimmt und sich mit der Verwirklichung des Taterfolgs abfindet (**Ernstnahmetheorie**; **voluntative Theorie**).[275] Demnach ist bedingter Vorsatz zu verneinen, wenn der Täter auf das Ausbleiben des Erfolgs hofft.

244 Nach der **Theorie von der Manifestation des Vermeidewillens**[276] sollen ein Vertrauen auf das Ausbleiben des Erfolgs und die Annahme von Fahrlässigkeit nur dann angenommen werden können, wenn sich die Manifestation eines entsprechenden Vermeidewillens feststellen lässt.[277] Danach würde z.B. ein HIV-Infizierter, der in Kenntnis seiner Infektion mit einer anderen Person geschlechtlich verkehrt, nicht (bedingt) vorsätzlich handeln, wenn sich der Wille zur Vermeidung einer Infizierung in der Benutzung eines Kondoms manifestiert.[278] Mit der Formulierung „handelt nicht vorsätzlich, wenn ..." wird aber auch die Schwäche dieses Ansatzes deutlich, denn die Formulierung führt zu einer Beweislastumkehr: Nicht die Anklage muss den Vorsatz beweisen, sondern der Angeklagte das Nichtvorliegen des Vorsatzes mittels Manifestation des Vermeidewillens. Das kann mit der Unschuldsvermutung nicht in Einklang gebracht werden. Des Weiteren verkennt diese Theorie, dass der Täter, auch wenn er sich nicht um die Vermeidung des Erfolgseintritts kümmert, dennoch auf den Nichteintritt des Erfolgs vertrauen kann. Sie ist somit ebenfalls abzulehnen.

---

[272] *Koriath*, Grundlagen strafrechtlicher Zurechnung, 1994, 632 ff., 651; ähnlich *Prittwitz*, JA 1988, 486 ff.; *Schumann*, JZ 1989, 427, 433; LK-*Vogel*, § 15 Rn 120; NK-*Puppe*, § 15 Rn 66 ff. Zurückgehend auf *Mayer*, SrafR AT, 1953, S. 250 f.
[273] *Gropp*, AT, § 12 Rn 24.
[274] Vgl. Sch/Sch-*Sternberg-Lieben/Schuster*, § 15 Rn 76.
[275] MüKo-*Joecks*, § 16 Rn 30 ff.; SK-*Rudolphi/Stein*, § 16 Rn 25; *Roxin*, AT I, § 12 Rn 21 ff.; *Geppert*, Jura 2001, 55, 56; *Altvater*, NStZ 2002, 20. Vgl. auch *Henn*, JA 2008, 699, 701 f.
[276] *Armin Kaufmann*, ZStW 70 (1958), 64 ff.; *Schünemann*, JA 1975, 790 ff.; vgl. auch *Schroth*, JuS 1992, 1 ff. und LK-*Vogel*, § 15 Rn 123.
[277] Vgl. *Gropp*, AT, § 4 Rn 188.
[278] Vgl. dazu BGHSt 36, 1 ff.

Einen anderen Ansatz verfolgt die **Gleichgültigkeitstheorie.**[279] Die Vertreter dieser Theorie nehmen *dolus eventualis* an, wenn der Täter die Tatbestandsverwirklichung aus Gleichgültigkeit gegenüber dem geschützten Rechtsgut in Kauf genommen hat. **245**

Die **Rechtsprechung** entscheidet vermeintlich pragmatisch, indem sie in den überwiegenden Fällen von einer Synthese der kognitiven und voluntativen Theorien ausgeht. **246**

Nach der Rechtsprechung liegt ***dolus eventualis*** vor, wenn der Täter den Eintritt des tatbestandlichen Erfolgs **247**

- **für möglich hält** und als **nicht ganz fernliegend erkennt** (intellektuelles bzw. kognitives Element)
- und „**gebilligt**" oder „**billigend in Kauf**" genommen hat (voluntatives Element)[280], auch wenn er ihm an sich unerwünscht war – sog. **Billigungstheorie.**

Dagegen liegt **bewusste Fahrlässigkeit** vor, wenn der Täter ernsthaft und nicht nur vage darauf **vertraut**, dass der als möglich angesehene Erfolg **nicht eintritt.**[281]

Bei **Tötungsdelikten** ist nach Auffassung des BGH der Schluss von der **äußerlich erkennbaren objektiv gefährlichen Handlung des Täters auf bedingten Vorsatz** möglich.[282] Die objektive Gefährlichkeit sei sogar wesentlicher Indikator für das Vorliegen eines bedingten Tötungsvorsatzes.[283] Wegen des hohen Strafmaßes des § 212 I und des Umstands, dass auch der Gesetzgeber bei einer das Leben gefährdenden Behandlung regelmäßig nur von einem Körperverletzungsvorsatz ausgeht – sonst hätte er den Tatbestand des § 224 I Nr. 5 nicht eingeführt –, verlangt der BGH aber, dass die Instanzgerichte im Rahmen einer **Gesamtwürdigung** (vgl. § 261 StPO) **aller objektiven und subjektiven Umstände** im Einzelfall zu prüfen haben, ob Tötungsvorsatz oder lediglich Körperverletzungsvorsatz vorliegt.[284] Denn es bestehe selbst bei objektiv gefährlichen Gewalttaten die Möglichkeit, dass der Täter den Tötungserfolg entweder überhaupt nicht erkannt oder aber ihn zwar als möglich vorausgesehen, aber dennoch ernsthaft und nicht nur vage auf einen guten Ausgang vertraut und damit bewusst fahrlässig gehandelt habe. Der Schluss von der (Lebens-)Gefährlichkeit der Gewalthandlung auf den bedingten Tötungsvorsatz sei deshalb nur dann tragfähig, wenn der Tatrichter in seine Erwägung auch all diejenigen objektiven und subjektiven Umstände einbezogen habe, die eine derartige Folgerung in Frage stellen könnten.[285] Analysiert man die Rechtsprechung des BGH, müssen trotz der vom Täter erkannten Möglichkeit des Todeseintritts **248**

- Ziel und Beweggrund für die Tat,
- die Art der Tatausführung (etwa Planung oder Spontantat[286]),

[279] *Engisch*, NJW 1955, 1688, 1689, *Beulke*, Jura 1988, 641, 644; Sch/Sch-*Sternberg-Lieben/Schuster*, § 15 Rn 84; *Schroth*, JR 2003, 250, 252.
[280] Vgl. nur BGH NStZ 2016, 25, 26; NStZ 2015, 464, 465; NJW 2014, 3382, 3383; NStZ 2014, 84; NStZ 2013, 159, 160; NStZ 2012, 443, 444.
[281] Vgl. etwa BGH NStZ 2015, 580, 581; NStZ 2015, 516; NStZ 2014, 84; NStZ 2013, 159, 160. Grundlegend BGHSt 7, 363, 368 ff. (Lederriemen-Fall); BGHSt 36, 1, 9 f. (HIV-Infizierung). Letztlich gehen diese Überlegungen auf eine Formel von *Reinhard Frank*, Das Strafgesetzbuch für das Deutsche Reich, 18. Aufl. 1931, § 59 Anm. V, S. 182 zurück. Dort heißt es: „Kommt man zu dem Ergebnis, daß der Täter auch bei bestimmter Kenntnis gehandelt hätte, so ist der Vorsatz zu bejahen; kommt man zu dem Ergebnis, daß er bei bestimmter Kenntnis die Handlung unterlassen hätte, so ist der Vorsatz zu verneinen."
[282] Vgl. nur BGH NStZ 2016, 25, 26; NStZ 2015, 580; 2015, 516; 2015, 216; 2014, 35; 2013, 159, 160; 2012, 443, 444; 2012, 207, 208.
[283] BGH NStZ 2015, 216. Vgl. auch BGH NStZ 2016, 341, 342.
[284] BGH NJW 2016, 1970, 1971; NStZ 2016, 25, 26; NStZ 2015, 216; NStZ 2015, 266, 267. Vgl. auch NStZ 2015, 516, wo der BGH zudem deutlich macht, dass beide Vorsatzelemente durch tatsächliche Feststellungen belegt werden müssen.
[285] Vgl. etwa BGH NStZ 2016, 25, 26. Vgl. auch BGH NStZ 2016, 341, 342.
[286] Gerade bei Spontantaten stellt der BGH selbst bei lebensgefährlicher Gewaltanwendung hohe Anforderungen an die Annahme von bedingtem Tötungsvorsatz, wenn der Täter „spontan, unüberlegt und in affektiver Erregung" gehandelt hat (BGH NJW 2014, 3382, 3383).

- die von der Tat ausgehende Gefährlichkeit („Messer mit langer oder kurzer Klingenlänge", „einmaliger oder mehrmaliger Messerstich"; „Messerstich in den Hals oder den Unterbauch" etc.),
- die Persönlichkeit des Täters (bereits in der Vergangenheit wegen schwerer Gewaltdelikte aufgefallen),
- der Kenntnisstand des Täters,
- aber auch seine psychische Verfassung (z.B. Affekt[287], alkoholische Beeinflussung[288] oder hirnorganische Schädigung)[289]
- und sein Nachtatverhalten (etwa „eindringliches Einwirken auf den Notarzt, Rettungsbemühungen trotz Aussichtslosigkeit fortzusetzen"[290] oder das „Absetzen eines Notrufs"[291])

bei der Würdigung aller Umstände berücksichtigt werden.[292]

> **Beispiele:** So nimmt den Todeserfolg billigend in Kauf, wer einem anderen ein **Messer** (mit einer Klingenlänge von 12 cm) oder **Essstäbchen kräftig in den Hals, Rücken, Brustkorb oder Unterleib rammt.**[293] Andererseits hält es der BGH (in m.E. nicht überzeugender Weise) für möglich, dass trotz lebensgefährlicher Begehungsweise (mehrere tiefe Schnitte mit Cutter-Messer in Oberkörper, Kopf und Hals) der Täter infolge spontaner, unüberlegter und affektiver Erregung die Lebensgefährlichkeit seines Handelns falsch eingeschätzt und daher nicht den Todeseintritt gebilligt hat.[294]

249 Da die Frage nach dem (bedingten) Tötungsvorsatz ausführlich bei *R. Schmidt*, BT I, Rn 17 ff. behandelt wird und dort zudem zahlreiche weitere **Beispiele** angeführt sind, sei darauf verwiesen.

250 Hinsichtlich der Infizierung mit **HIV** ist zu beachten, dass ein Vorsatz zumindest dann nicht in Betracht kommt, wenn der Infizierende schon gar nichts von seiner Infektion weiß. In diesem Fall fehlt bereits das kognitive Vorsatzelement (Fall des § 16 I S. 1). Eine Strafbarkeit des Infizierenden ist (allerdings nicht wegen Verneinung des Vorsatzes, sondern unter dem Gesichtspunkt der Einwilligung des Opfers bzw. der eigenverantwortlichen Selbstgefährdung) auch dann ausgeschlossen, wenn er seinen Sexualpartner zuvor aufgeklärt hat und dieser dennoch eigenverantwortlich auf Schutzmaßnahmen verzichtet. Denn in diesem Fall hat es der Sexualpartner jederzeit in der Hand, auf Sexualkontakte zu verzichten bzw. das Tatgeschehen zu kontrollieren. Liegt ein solcher Fall jedoch nicht vor, muss nach Auffassung des BGH[295] zwischen **Körperverletzungsvorsatz** und **Tötungsvorsatz** unterschieden werden. Hinsichtlich des Körperverletzungsvorsatzes ist das Gericht der Auffassung, allein das Wissen über die eigene Infektion und die generelle Geeignetheit des ungeschützten Geschlechtsverkehrs zur Virusübertragung führten noch nicht zwangsläufig zur Annahme des Wollenselements. Dieses sei aber i.d.R. gegeben, wenn der Täter über die Gefährlichkeit des ungeschützten Geschlechtsverkehrs wisse. Dem stehe auch nicht die Hoffnung oder Vorstellung des Täters entgegen, es werde schon nichts passieren. Denn trotz des sehr geringen allgemeinen Ansteckungsrisikos

---

[287] Vgl. auch hierzu BGH BGH NStZ 2015, 580, 581; NJW 2014, 3382, 3383.

[288] BGH NStZ 2016, 25, 26.

[289] BGH NStZ 2012, 384, 385 f.

[290] Zur Einbeziehung des Nachtatverhaltens vgl. BGH NJW 2014, 3382, 3383; NStZ 2009, 503 f. Nach der hier vertretenen Auffassung ist bei der Frage nach dem Tatbestandsvorsatz die Berücksichtigung des Nachtatverhaltens abzulehnen, denn das Nachtatverhalten ändert ja nichts an der inneren Tatseite zum Zeitpunkt der Tatbegehung (dazu *R. Schmidt*, BT I, Rn 19 Bsp. 7). Allenfalls lassen sich dadurch (vage) Vermutungen aufstellen. So hat sich auch der BGH in einer anderen Entscheidung skeptisch zur Einbeziehung des Nachtatverhaltens geäußert (BGH NStZ 2012, 443, 444).

[291] BGH NJW 2014, 3382, 3383.

[292] Vgl. dazu BGH NStZ 2016, 341, 341; NStZ 2016, 25, 26; NJW 2014, 3382, 3383; NStZ 2014, 35; NStZ-RR 2013, 89; NStZ 2013, 159, 160; NStZ 2012, 384, 385 f.; NStZ 2009, 629, 630. Umfangreiche Kasuistik bei *Artkämper/Dannhorn*, NStZ 2015, 241, 244 ff.

[293] BGH NStZ 2015, 580; NStZ 2008, 393, 394 f.; NStZ 2007, 331, 332; NStZ 2006, 685; NStZ 2006, 169, 170.

[294] BGH NJW 2014, 3382, 3383. Ähnlich problematisch BGH NStZ 2016, 25, 26 (8 Rippenbrüche, Zertrümmerung des Mittelgesichts und Bruch des Zungenbeins durch mehrfache heftige Tritte mit Arbeitsschuh gegen Oberkörper und Gesicht des hilflos am Boden liegenden Opfers).

[295] Vgl. grundlegend BGHSt 36, 1 ff. Vgl. auch LG Würzburg JuS 2007, 772, 773.

berge jeder einzelne ungeschützte Sexualkontakt das volle Risiko einer Infizierung in sich. Folgt man dieser Auffassung, ist der Täter wegen versuchter oder vollendeter gefährlicher Körperverletzung (§§ 223, 224 I Nr. 1 und 5) strafbar; insbesondere scheidet eine rechtfertigende Einwilligung (§ 228) jedenfalls dann aus, wenn das Opfer von der Infektion des Täters nichts weiß. Die Körperverletzung ist darin zu sehen, dass das Opfer in seiner Lebensführung eingeschränkt ist. Ein Ausbruch der Krankheit ist insoweit nicht erforderlich. Bricht sie aus, ist zusätzlich an § 226 I Nr. 3 (hier: Siechtum) zu denken.

Demgegenüber **verneint** der BGH a.a.O. i.d.R. den bedingten **Tötungsvorsatz**. Insoweit ha- **251**
be der Täter möglicherweise die Hoffnung gehabt, die zum Tode führende Krankheit werde bei seinem Partner entweder überhaupt nicht oder erst nach Entdeckung eines Heilmittels ausbrechen. Diese Entscheidung ist in der Literatur fast einhellig auf Kritik gestoßen. Der BGH habe von seinem Standpunkt aus auch den Körperverletzungsvorsatz nicht bejahen dürfen. Denn auch sonst vertrete er die Auffassung, dass eine äußerst geringe Wahrscheinlichkeit des Erfolgseintritts klar gegen die Annahme des voluntativen Elements spreche. Darüber hinaus lasse der BGH auch sonst das Hoffen auf das Ausbleiben des Taterfolgs nicht genügen. Vielmehr müsse der Täter auf das Ausbleiben des Erfolgs vertrauen. Ferner wird die Inkonsequenz der BGH-Entscheidung gerügt, zwar Körperverletzungsvorsatz, nicht aber auch Tötungsvorsatz anzunehmen, da wissenschaftliche Untersuchungen besagten, dass bei jedem Infizierten AIDS auch ausbreche und den Tod zur Folge habe.[296]

Sowohl die Rspr. des BGH als auch die Auffassung der Lit. sind möglicherweise überholt. Denn **251a**
seit Ende 2007 ist auf dem europäischen Markt das HIV-Medikament Atripla zugelassen. Die tägliche Einnahme einer Kapsel verhindert den Ausbruch der Immunschwächekrankheit und führt dazu, dass HIV nicht mehr lebensbedrohlich ist. Damit ist in den meisten Fällen AIDS in den Status einer chronischen, aber nicht lebensbedrohlichen Krankheit übergegangen. Da Atripla aber nicht bei allen HIV-infizierten Menschen anwendbar ist, bleibt eine Ungewissheit auch beim Täter. Daher kann ihn das „Hoffen" auf ein Nichtausbrechen der Krankheit nicht entlasten. Nach der hier vertretenen Auffassung ist er daher nach wie vor wegen (versuchter) Tötung strafbar (vgl. dazu *R. Schmidt*, BT I, Rn 345 ff.).

Hinweise für die Fallbearbeitung: Lässt sich dem Sachverhalt entnehmen, dass der **252**
Täter die **Möglichkeit der Tatbestandsverwirklichung erkannt hat**, ist dies ein Indiz dafür, dass der Aufgabensteller erhöhten Wert auf die **Abgrenzung von bedingtem Vorsatz und bewusster Fahrlässigkeit** legt. Dabei sollten die genannten Abgrenzungstheorien nicht einfach unreflektiert „abgespult" werden. Noch verfehlter wäre es, den Vorsatz zunächst mit „Wissen und Wollen" zu definieren und später die Frage aufzuwerfen, ob ein voluntatives Element überhaupt erforderlich ist. Vielmehr zeichnet sich eine gute Falllösung vor allem dadurch aus, dass eine verständliche, geschickte und vor allem **sachverhaltsbezogene** Darstellung des oben aufbereiteten Streitstands erfolgt. Dabei ist es ratsam, im Ergebnis der auch hier vertretenen Rechtsprechung zu folgen, da der Sachverhalt ersichtlich darauf angelegt sein wird.
Bei **Tötungsdelikten** ist bei der Frage nach dem Vorsatz selbst bei objektiv (lebens-)gefährlichen Handeln das Erfordernis einer umfassenden Abwägung aller relevanter Umstände (Rn 248) zu beachten und eine dementsprechende Abwägung vorzunehmen. Dennoch kann bei extrem gewalttätigem Täterverhalten i.d.R. auf Vorsatz geschlossen werden (Beispiele: Das in den Bauch gestoßene Messer hat eine Klingenlänge von 20 statt von 5 cm; ein schwerer metallischer Gartenrechen wird mehrmals heftig auf den Kopf des am Boden hilflos liegenden Opfers geschlagen). Insbesondere genügt es nicht, dass der Täter „hofft", der Tod werde schon nicht eintreten. Vielmehr muss er auf dessen Nichteintritt vertrauen. Sollte der Vorsatz dennoch zu verneinen sein, muss in jedem Fall sodann eine Körperverletzung mit Todesfolge (§§ 223, 227) geprüft werden.

[296] Vgl. die zahlreichen Nachweise bei Sch/Sch-*Sternberg-Lieben/Schuster*, § 15 Rn 87a.

cc. Zusammenfassung

253 Legt man die in der Praxis maßgebliche Auffassung des BGH zugrunde, lässt sich der Vorsatz wie folgt definieren:

254 **Vorsatz** in Form von *dolus eventualis* liegt vor, wenn der Täter den von ihm für möglich gehaltenen Erfolg „gebilligt" oder „billigend in Kauf" genommen hat.[297]

255 Die oft zu lesende Kurzdefinition „**Wissen und Wollen der Tatbestandsverwirklichung**" ist – wie sich aus den vorstehenden Erläuterungen ergeben haben sollte – jedenfalls dann unpräzise, wenn man den Begriff des Wollens als zielgerichteten Willen rein von der Wortbedeutung her bzw. psychologisch versteht. Unter dieser Prämisse bietet diese Kurzdefinition daher keine taugliche Subsumtionsgrundlage, wenn der Täter den Tatbestand nicht verwirklichen will, sondern den Taterfolg lediglich billigend in Kauf nimmt. Denn dolus eventualis fordert ja gerade kein „Wollen" und damit keinen „Willen" zur Tatbestandsverwirklichung. Folgerichtig müsste man bei Heranziehung der o.g. Kurzdefinition den subjektiven Tatbestand verneinen, wenn der Täter den Taterfolg nicht herbeiführen will, sondern diesen lediglich für möglich hält und billigend in Kauf nimmt.[298] Jedoch verstehen diejenigen, die mit „Wollen" auch das billigende Inkaufnehmen der Tatbestandsverwirklichung erfassen, den Begriff des „Wollens" nicht objektiv bzw. psychologisch, sondern normativ, d.h. wertend in einem juristischen Sinn, und lassen dolus eventualis genügen. Wenn also in Lehrbüchern Vorsatz mit „Wissen und Wollen" definiert ist und zugleich dolus eventualis genügen soll, dann ist das deswegen so, weil der Begriff „Wollen" nicht psychologisch, sondern normativ („juristisch wertend") verstanden wird. Irritationen dieser Art lassen sich aber vermeiden, indem man den Vorsatz nicht mit „Wissen und Wollen" definiert, sondern auf die o.g. Weise beschreibt (Rn 254). Davon unbeschadet geht man heute aber ganz überwiegend davon aus, dass der Vorsatz in materieller Hinsicht zwei Elemente enthält, das intellektuelle (kognitive) und das voluntative Element.

- Das **kognitive (intellektuelle) Element** fordert die **Kenntnis** aller zum gesetzlichen Tatbestand gehörenden objektiven Merkmale, also

  ⇨ alle deskriptiven und normativen Tatbestandsmerkmale,
  ⇨ die Rechtswidrigkeit, sofern sie ein Attribut des Tatbestands und nicht nur einen Hinweis auf das allgemeine Verbrechensmerkmal darstellt,
  ⇨ bei Erfolgsdelikten den Geschehensablauf in seinen wesentlichen Grundzügen (s.o.; der tatsächliche Geschehensablauf muss sich noch innerhalb der Grenzen des nach allgemeiner Lebenserfahrung Voraussehbaren halten und darf keine andere Bewertung der Tat zulassen),
  ⇨ bei Tatbestandsqualifikationen die dort genannten Merkmale und
  ⇨ bei Privilegierungen die dort genannten privilegierenden Umstände.

  Hinsichtlich der Bewusstseinsform genügt es, dass der Täter ein **sachgedankliches Mitbewusstsein** und ein **ständig verfügbares Begleitwissen** bezüglich der Verwirklichung der Tatbestandsmerkmale besitzt. *Nicht* erforderlich ist also ein die Tathandlung ständig begleitendes „Daran-Denken" im Sinne eines voll reflektierten Bewusstseins. *Hinsichtlich der Intensität* der Kenntnis genügt es, wenn der Täter die Verwirklichung des Tatbestands für möglich hält.

- Das **voluntative Element** setzt eine **Willensentscheidung** des Täters zur Vornahme der tatbestandlichen Handlung voraus. Nur wenn der Täter den Erfolgseintritt will oder ihn zumindest billigend in Kauf nimmt, handelt er vorsätzlich.

256 Mit Hilfe dieser Erklärungen wird die **Abgrenzung Eventualvorsatz/Fahrlässigkeit** deutlich: Während sowohl der Eventualvorsatz als auch die (bewusste) Fahrlässigkeit die gleichen Anforderungen an die Wissenskomponente stellen (in beiden Fällen genügt ein

[297] Vgl. nur BGH NStZ 2015, 580 f.; NStZ 2015, 516; NStZ 2014, 84; NStZ 2013, 159, 160; NStZ 2012, 443, 444.
[298] Vgl. bereits die 15. Aufl. dieses Buches; ähnlich kritisch später auch *Krack*, JA 2015, 905, 906.

bloßes Für-möglich-Halten), muss der Täter, um mit Eventualvorsatz zu handeln, sich mit der Tatbestandsverwirklichung abgefunden haben. Es muss ihm gleichgültig sein, ob der Taterfolg eintritt oder nicht. Hingegen liegt Fahrlässigkeit vor, wenn der Täter darauf vertraut, der Taterfolg werde schon nicht eintreten.

Übersicht über die Anforderungen an die subjektive Seite des Täters 257 -258

	Absicht *dolus directus* I	unmittelbarer Vorsatz *dolus directus* II	Eventualvorsatz *dolus Eventualis*	bewusste Fahrlässigkeit *luxuria*	unbewusste Fahrlässigkeit *negligencia*
„Wissen"	Für-möglich-Halten genügt	hervorgehobener Wissensfaktor	Für-möglich-Halten genügt	Für-möglich-Halten genügt	Täter hält Erfolgseintritt nicht für möglich
„Wollen"	zielgerichteter Erfolgswille	keine Anforderungen	Täter nimmt Folge billigend in Kauf	Täter vertraut ernsthaft und nicht nur vage auf Nichteintritt der Folge	keine Anforderungen

dd. Zusammentreffen mehrerer Vorsatzformen

Bei einer Handlung können mehrere Vorsatzformen zusammentreffen. Das ist zunächst dann der Fall, wenn der Täter mit *einer* Handlung *mehrere*, einander nicht ausschließende Delikte verwirklicht bzw. verwirklichen will (***dolus cumulativus*** – **Kumulativvorsatz**). Hier gilt, dass der Vorsatz eines Delikts nicht durch den bereits bejahten Vorsatz eines anderen Delikts ausgeschlossen wird. 259

Beispiel: Nachdem T von einem Seitensprung der mittlerweilen hochschwangeren O erfahren hat, stößt er sie die Treppe hinunter, damit sie das Kind verliert. Das ungeborene Kind stirbt (§ 218 I, II[299]). Den Tod der O hält T für ausgeschlossen (keine §§ 212, 211, 22, 23 I), er nimmt aber erhebliche Körperverletzungen bei ihr in Kauf (§§ 223, 224). Tatsächlich erleidet O mehrere Prellungen und einen Schock.

Hier verwirklichte T neben dem vollendeten Schwangerschaftsabbruch auch den Tatbestand der §§ 223, 224 bezüglich O. T erfüllte also mit einer Handlung zwei sich gegenseitig *nicht* ausschließende Tatbestände. Da er durch *dieselbe* Handlung mehrere Tatbestandsverwirklichungen wollte, die sich einander nicht ausschließen, liegt ein Fall des Kumulativvorsatzes vor. Da er auch bezüglich der gefährlichen Körperverletzung vorsätzlich handelte, hat er sich insgesamt nach § 218 I, II in Tateinheit mit §§ 223, 224 strafbar gemacht.[300]

Ein Zusammentreffen mehrerer Vorsatzformen ist auch dann anzunehmen, wenn der Täter bei der Vornahme einer bestimmten Handlung nicht sicher weiß, ob er dadurch von zwei[301] sich *gegenseitig ausschließenden* Tatbeständen oder Erfolgen den einen *oder* den anderen verwirklicht, jedoch die Verwirklichung beider Tatbestände in Kauf nimmt (***dolus alternativus*** – **Alternativvorsatz**).[302] 260

Beispiel 1: Jogger J läuft mit seinem Hund im Wald. Als er plötzlich ein abgeworfenes Geweih erblickt, nimmt er dieses mit, und zwar in Unkenntnis darüber, ob es einem anderen gehört (dann § 242) oder ob es noch herrenlos ist (dann § 292 I Nr. 2).

---

[299] Im Strafrecht beginnen das Menschsein und damit der Anwendungsbereich der §§ 211, 212 erst mit Beginn der Eröffnungswehen (BGHSt 32, 194, 195).

[300] Insbesondere kommt keine Gesetzeskonkurrenz in Betracht, weil sich die Taten gegen verschiedene Rechtsgutträger richten.

[301] Es ist auch denkbar, dass der Täter die Verwirklichung von mehr als zwei Tatbeständen oder Erfolgen alternativ für möglich erachtet (vgl. BGHSt 38, 353 ff.: Abgabe von Schüssen auf eine Menschenmenge).

[302] Vgl. Sch/Sch-*Sternberg-Lieben/Schuster*, § 15 Rn 90; *W/B/S*, AT, Rn 231; *Fischer*, § 15 Rn 11 f.

Beispiel 2: Jagdaufseher A bemerkt die Handlung des J, worauf dieser flüchtet. A feuert seine letzte Kugel in Richtung J, um entweder diesen (§§ 212, 211) oder wenigstens dessen Hund (§ 303 I) zu töten.

Die Lösung dieser Fälle ist sehr strittig.

261 - Eine Auffassung meint, dass derjenige, der nur eine Rechtsverletzung wolle, auch nur Vorsatz bezüglich dieses Delikts habe. Um aber die Gefährlichkeit des Täters voll zu ahnden, will sie – unabhängig davon, welches Delikt verwirklicht wurde – nur das schwerere Delikt unter Strafe stellen und gleichzeitig den Vorsatz bezüglich des milderen verneinen.[303]

262 - Demgegenüber bestraft die wohl h.M. – wenn einer der möglichen Erfolge eingetreten ist – wegen aller konstruktiv erfassten Delikte, und zwar in Tateinheit zwischen vollendeter und versuchter Vorsatztat mit der Begründung, werde keiner der möglichen objektiven Tatbestände verwirklicht, komme ggf. Tateinheit zwischen den versuchten Delikten in Betracht.[304]

263 - Eine dritte Auffassung äußert sich kritisch gegenüber den beiden zuvor genannten. Der Vorschlag, allein den Vorsatz des schwereren Delikts zu berücksichtigen, überzeuge nicht, wenn gerade das schwächere Delikt voll verwirklicht sei; es gehe nämlich auch beim Alternativvorsatz um eine konsequente Anwendung der Regeln über die Kongruenz zwischen objektivem und subjektivem Tatbestand. An der h.M. befriedige nicht, dass die Annahme von Tateinheit unter Zugrundelegung aller einschlägigen Delikte zu einer Bestrafung führe, die den Unterschied zwischen alternativem und kumulativem Vorsatz einebne. Gleichwohl sei der h.M. aber zuzugeben, dass der Vorsatz hinsichtlich zweier sich ausschließender Tatbestände nicht weggedacht werden könne. Eine adäquate Lösung bestehe daher darin, beide Vorsätze strafrechtlich zu erfassen, eines der Delikte aber – im Rahmen des Vertretbaren – auf Konkurrenzebene auszuschalten, es also mit der Bestrafung aus dem anderen Delikt als abgegolten anzusehen.[305] Daher sei folgende Differenzierung vorzunehmen:

  ⇨ Werde einer der alternativen Tatbestände objektiv und subjektiv verwirklicht, sei der Täter aus diesem Delikt zu bestrafen. Damit sei die Strafbarkeit hinsichtlich des anderen (versuchten) Delikts mit abgegolten. Voraussetzung sei aber, dass es sich bei den beiden Delikten um Tatbestände mit annähernd gleicher Schutzrichtung handele.

    Das ist in **Beispiel 1** der Fall: § 292 I Nr. 2 und § 242 haben die gleiche Schutzrichtung: Verhinderung der Zueignung von dem Täter nicht zustehenden Sachen. Folgt man der differenzierenden Auffassung und verwirklicht J den objektiven Tatbestand des § 242 (etwa weil der Jagdausübungsberechtigte das Geweih bereits zuvor in Gewahrsam genommen hatte), schließt das den Vorsatz hinsichtlich des § 292 I Nr. 2 nicht aus. Die versuchte Jagdwilderei ist jedoch nicht strafbar, sodass sie auch nicht auf Konkurrenzebene (hier: Konsumtion) zurücktritt. Sollte J hingegen den Tatbestand des § 292 I Nr. 2 verwirklichen, tritt der versuchte Diebstahl im Wege der Konsumtion zurück.

  ⇨ Handele es sich bei den beiden Delikten dagegen *nicht* um Tatbestände mit annähernd gleicher Schutzrichtung, sei der Täter zunächst aus dem objektiv und subjektiv verwirklichten Delikt zu bestrafen. Hinsichtlich des versuchten Delikts sei er ebenfalls (in Tateinheit) zu bestrafen, sofern dieses im Unrechtsgehalt wesentlich schwerer wiegt.[306]

    Das gilt für das **Beispiel 2**: Bei der Tötung eines Menschen und der Tötung eines Tieres (die gem. § 303 I als Sachbeschädigung zu würdigen ist) handelt es sich nicht um Tatbestände mit annähernd gleicher Schutzrichtung. Folgt man auch hier der differen-

---

[303] *Kühl*, JuS 1980, 273, 275; *Kühl*, AT, § 5 Rn 27b; *Lackner/Kühl*, § 15 Rn 29; LK-*Vogel*, § 15 Rn 136; *Otto*, § 7 Rn 23.
[304] NK-*Puppe*, § 15 Rn 155; *Roxin*, AT I, § 12 Rn 93 f.; Sch/Sch-*Sternberg-Lieben/Schuster*, § 15 Rn 90-92; *Jescheck/Weigend*, AT, § 29 III 4; SK-*Rudolphi*, § 16 Rn 47; LK-*Vogel*, § 15 Rn 136.
[305] *W/B/S*, AT, Rn 233; *Maurach/Zipf*, AT 1, Rn 22/27; dem sich anschließend *Jeßberger/Sander*, JuS 2006, 1065, 1067.
[306] Die Einschränkung „sofern" übersieht *Bosch*, JA 2006, 330, 331, der daher zu Unrecht (auch) diese differenzierende Auffassung kritisiert.

zierenden Auffassung und trifft A den J, ist er wegen vollendeter Tötung strafbar. Dagegen wird die versuchte Sachbeschädigung (die an sich wegen § 303 III strafbar wäre) nicht sanktioniert, da diese im Unrechtsgehalt weniger schwer wiegt. Würde umgekehrt A den Hund treffen, wäre er wegen vollendeter Sachbeschädigung in Tateinheit mit versuchter Tötung zu bestrafen. Das überzeugt.

⇨ Komme überhaupt kein Delikt zur Vollendung, sei lediglich wegen Versuchs des schwereren Delikts zu bestrafen, sofern dadurch der Unrechtsgehalt der Tat hinreichend bestimmt erfasst werden könne: Im Übrigen sei Tateinheit anzunehmen.

Folgt man auch hier der differenzierenden Auffassung, kommt man in **Beispiel 1** zu einer Strafbarkeit wegen versuchten Diebstahls. Die versuchte Jagdwilderei ist – wie gesehen – nicht strafbar. In **Beispiel 2** würde A wegen versuchter Tötung bestraft. Die versuchte Sachbeschädigung würde verdrängt.

Auch im Fall von Rn 259 läge ein *dolus alternativus* vor, wenn man den Sachverhalt wie folgt abänderte: **264**

Beispiel: Nachdem T von einem Seitensprung der hochschwangeren O erfahren hat, stößt er sie die Treppe hinunter, damit sie das Kind verliert. Ob die Eröffnungswehen bereits begonnen haben, ist T gleichgültig. Tatsächlich hatten sie noch nicht begonnen. Das Kind stirbt (entweder § 218 I, II *oder* §§ 212, 211[307]). Den Tod der O hält T für ausgeschlossen (keine §§ 212, 211 oder §§ 212, 211, 22, 23 I), er nimmt aber erhebliche Körperverletzungen bei ihr in Kauf (§§ 223, 224). Tatsächlich erleidet O mehrere Prellungen und einen Schock.

Geht man bei §§ 211, 212 und § 218 von keiner annähernd gleichen Schutzrichtung aus (einerseits: Schutz der menschlichen Existenz; andererseits: objektiver Schutz des ungeborenen Menschen, der noch kein Mensch im strafrechtlichen Sinne ist), ist T auf der Basis der h.M. zunächst aus dem objektiv und subjektiv verwirklichten Schwangerschaftsabbruch gem. § 218 I, II zu bestrafen. Tateinheitlich dazu hat T ein versuchtes Tötungsdelikt (§§ 211, 22 oder §§ 212, 22) verwirklicht, da T es auch für möglich hielt, dass die Eröffnungswehen bereits eingesetzt hatten, und ein versuchtes Tötungsdelikt im Unrechtsgehalt wesentlich schwerer wiegt als ein vollendeter Schwangerschaftsabbruch.

Hinweis für die Fallbearbeitung: **265**

- Im Fall des Alternativvorsatzes ist zunächst festzustellen, welcher objektive Tatbestand erfüllt wurde.
- Sodann wird bezüglich dieses Tatbestands das Vorliegen des Vorsatzes bejaht und festgestellt, dass sich der Täter jedenfalls schon wegen dieses vollendeten Delikts strafbar gemacht hat. Insbesondere muss dargelegt werden, dass der Vorsatz hinsichtlich des anderen, nicht verwirklichten Delikts den Vorsatz hinsichtlich des vollendeten Delikts unberührt lässt.
- Im Anschluss daran ist auf das andere, nicht verwirklichte Delikt einzugehen und zu problematisieren, ob der Täter auch diesbezüglich (wegen Versuchs) strafbar ist. Folgt man der auch hier vertretenen differenzierenden Auffassung, ist die Strafbarkeit hinsichtlich dieses anderen (versuchten) Delikts mit abgegolten, sofern es sich bei den beiden Delikten um Tatbestände mit annähernd gleicher Schutzrichtung handelt. Der Täter ist dann nur aus dem vollendeten Delikt strafbar. Das versuchte Delikt tritt (sofern es mit Strafe bedroht ist) im Rahmen der Konkurrenzen wegen Konsumtion zurück.
- Handelt es sich bei den beiden Delikten dagegen *nicht* um Tatbestände mit annähernd gleicher Schutzrichtung, ist der Täter auch hinsichtlich des versuchten Delikts (in Tateinheit mit dem vollendeten) zu bestrafen, sofern dieses versuchte Delikt mit

[307] Im Strafrecht beginnt das Menschsein mit Beginn der Eröffnungswehen (BGHSt 32, 194, 195), s.o.

Strafe bedroht ist und auch im Unrechtsgehalt wesentlich schwerer wiegt als das vollendete (vgl. die Konstellation von Rn 264a).

- Hat der Täter hingegen überhaupt kein Delikt vollendet, ist er lediglich wegen Versuchs des schwereren Delikts zu bestrafen, sofern dadurch der Unrechtsgehalt der Tat hinreichend bestimmt erfasst werden kann. Im Übrigen ist Tateinheit anzunehmen.

266 Von dem Fall des Zusammentreffens mehrerer Vorsatzformen zu unterscheiden ist der Fall des ***dolus generalis***. Hierunter versteht man ein mehraktiges Geschehen, bei dem der Täter in der irrigen Annahme eines bereits erzielten Erfolgs eine weitere Handlung vornimmt, die dann tatsächlich erst den beabsichtigten Erfolg herbeiführt – sog. **verspäteter Erfolgseintritt** (Beispiel: A hat auf B geschossen und ihn getroffen; er hält ihn für tot und wirft ihn anschließend ins Wasser, um die Tat zu vertuschen; B ertrinkt).[308] In diesen Fällen wird regelmäßig eine unwesentliche Abweichung des tatsächlichen Kausalverlaufs vom Vorstellungsbild des Täters vorliegen, weil der tatsächliche Kausalverlauf durchaus noch im Rahmen des nach allgemeiner Lebenserfahrung Vorhersehbaren liegt. Vgl. dazu ausführlich die Ausführungen zur Lehre von der objektiven Zurechnung bei Rn 197a und 215 sowie zum „Irrtum über den Kausalverlauf" bei Rn 297 ff.

b. Exkurs: Fahrlässigkeit

267 Die Fahrlässigkeit wird im StGB nicht definiert. Rechtsprechung und Literatur haben sich auf folgende Formel verständigt:

268 **Fahrlässig** handelt, wer die im Verkehr erforderliche Sorgfalt außer Acht lässt, zu der er nach den Umständen und seinen persönlichen Verhältnissen verpflichtet und fähig ist.[309]

In Abhängigkeit von dem Bewusstheitsgrad wird zwischen bewusster und unbewusster Fahrlässigkeit unterschieden:

aa. Die bewusste Fahrlässigkeit (*luxuria*)

269 Wie bereits festgestellt, hält der Täter sowohl beim Eventualvorsatz als auch bei der bewussten Fahrlässigkeit (*luxuria*) den Eintritt der Tatfolge für möglich. Das kognitive Element bietet insoweit kein geeignetes Abgrenzungskriterium. Entscheidend für die Abgrenzung ist daher das voluntative Element: Während der mit Eventualvorsatz handelnde Täter sich mit dem Risiko der Tatbestandsverwirklichung abfindet („na wenn schon"), vertraut der bewusst fahrlässig handelnde Täter (pflichtwidrig) auf das Ausbleiben des Taterfolgs („wird schon gut gehen").

Beispiel: Die renommierte Schauspielerin und Sängerin Evelyn R. ist in die Jahre gekommen. Sie unterzieht sich daher mehrerer kosmetischer Operationen. Während einer Totalanästhesie unterläuft dem Anästhesisten A ein folgenschwerer Fehler, wodurch Evelyns Tod verursacht wird.

Hier hat A zwar sorgfaltswidrig gehandelt, nicht aber (bedingt) vorsätzlich. Zwar wusste A um das Risiko einer jeden Vollnarkose, vertraute vorliegend aber nicht nur auf die Technik, sondern auch auf sein Können. Dabei ist ihm ein Fehler unterlaufen. Er hat daher (bewusst) fahrlässig gehandelt und ist aus § 222 strafbar.

bb. Die unbewusste Fahrlässigkeit (*negligencia*)

270 Bei der unbewussten Fahrlässigkeit (*negligencia*) kennt der Täter die Möglichkeit des Erfolgseintritts nicht, hätte diese aber nach den Umständen und nach seinen persönlichen

---

[308] Vgl. *Jerouschek/Kölbel*, JuS 2001, 417, 422; Sch/Sch-*Sternberg-Lieben/Schuster*, § 15 Rn 58; *Gropp*, AT, § 4 Rn 132; *Fischer*, § 16 Rn 9 – jeweils mit Blick auf den Jauchegrube-Fall BGHSt 14, 193 ff. (siehe dazu Rn 162 und 197a).
[309] Vgl. nur *Lackner/Kühl*, § 15 Rn 35 und *Mitsch*, JuS 2001, 105 (jeweils m.w.N.) sowie ausführlich Rn 841 ff.

Fähigkeiten erkennen können und damit vermeiden müssen. Es liegt also kein positives Wissen, sondern Voraussehbarkeit vor. Darüber hinaus darf der Erfolgseintritt nicht von seinem Willen umfasst sein. Es fehlt somit sowohl am intellektuellen als auch am voluntativen Element.

Beispiel: B ist Epileptikerin und bewahrt ihre Medikamente auf dem Badezimmerschrank auf. Eines Tages wird sie von ihrer 3-jährigen Tochter beobachtet, wie sie eine Tablette zu sich nimmt. Während eines unbeobachteten Moments klettert das Kind auf einen Stuhl und gelangt so zu den Tabletten. In der Annahme, es handele sich um Zuckerdragees, nimmt das Kind die Tabletten zu sich. Bewusstlos auf dem Badezimmerboden liegend wird es kurze Zeit später von der Mutter gefunden und sofort ins Krankenhaus gebracht. Dort kann das Kind gerettet werden.

Hier liegt ein Fall der unbewussten Fahrlässigkeit vor, da B die Möglichkeit der Vergiftung nicht vorausgesehen hat, jedoch hätte voraussehen müssen. Sie ist daher aus § 229 strafbar.

Hinweise für die Fallbearbeitung: Die Frage, welche Form der Fahrlässigkeit (bewusste oder unbewusste Fahrlässigkeit) vorliegt, ist lediglich für das Strafmaß, nicht aber für die Strafbarkeitsbegründung relevant. Daher sind bei der Fallbearbeitung, bei der lediglich nach der Strafbarkeit gefragt wird, längere Ausführungen entbehrlich.

cc. Leichtfertigkeit

Einige Tatbestände wie beispielsweise die Nichtanzeige von Verbrechen, § 138 III, stellen **271**
auch leichtfertiges Handeln unter Strafe. Damit ist ein erhöhter Grad von Fahrlässigkeit, etwa vergleichbar mit der groben Fahrlässigkeit im Zivilrecht, gemeint. Auf die Problematik im Zusammenhang mit der Verursachung einer schweren Folge (z.B. § 226 i.V.m. § 18) soll erst am Ende der Vorsatzprüfung eingegangen werden.

c. Maßgeblicher Zeitpunkt für das Vorliegen des Vorsatzes

Aus § 16 I S. 1 folgt, dass der Tatvorsatz im Zeitpunkt der Tatbegehung vorliegen muss **272**
(sog. **Simultanitätsprinzip**). Nach § 8 ist dies der Zeitpunkt der **Vornahme der tatbestandlichen Ausführungshandlung** (also der Zeitraum zwischen Versuchsbeginn und Tatvollendung), nicht der des Erfolgseintritts.[310] Strafrechtlich irrelevant sind daher sowohl ein im Zeitpunkt der Tatbegehung nicht mehr vorhandenes Wissen (*dolus antecedens* - vorangehender Vorsatz) als auch die nach Tatbegehung erlangte Kenntnis (*dolus subsequens* - nachfolgender Vorsatz).[311]

Beispiel für den *dolus antecedens*: A möchte seine Ehefrau B erschießen. Zur Übung fährt er in den eigenen Wald, um dort auf Bäume zu schießen. Was er nicht weiß, ist, dass seine Frau sich dort bereits aufhält, um Steinpilze zu suchen. Als A nun in Richtung eines Baumes schießt, gerät plötzlich B in die Schusslinie und wird tödlich getroffen. Diese Abweichung (vom Kausalverlauf) ist **beachtlich**, sodass A nicht wegen vorsätzlicher Tötung (§ 211 oder § 212) strafbar ist. In Betracht kommt aber eine fahrlässige Tötung (§ 222).

Eine **unbeachtliche** Abweichung vom Kausalverlauf liegt dagegen vor, wenn der Erfolg **273**
zwar früher eintritt, als vom Täter gewollt, der Täter aber bereits das Versuchsstadium überschritten hat. Beispiel: C möchte ihren Ehemann D vergiften. Nach ihrer Vorstellung muss sie dazu zwei Tassen Tee mit Gift versetzen. Nachdem D bereits eine Tasse Tee getrunken hat, geht C in die Küche, um die zweite Tasse Tee aufzubrühen. Als C ins Wohnzimmer zurückkehrt, findet sie D bereits tot im Sessel sitzen. Hier ist die Abweichung des Kausalverlaufs unbeachtlich. Denn zum einen hat C bereits das Versuchsstadium über-

---

[310] Vgl. dazu auch die st. Rspr., etwa BGH NStZ 2010, 503 f.; NStZ 2004, 2001 f.; NStZ 1983, 452. Vgl. auch *Hecker*, JuS 2010, 1114 ff. und *W/B/S*, AT, Rn 206.
[311] Vgl. bereits die 1. Aufl. 2002; ähnlich nunmehr auch *Rengier*, AT, § 14 Rn 56, 60 und *Hecker*, JuS 2010, 1114, 1115.

schritten und zum anderen ist es nicht ganz ungewöhnlich, dass bei einer Vergiftung der Tod bereits bei einer geringeren Dosis eintritt als erwartet.

Beispiel für den *dolus subsequens*: A des obigen Beispiels schießt nur deshalb auf Bäume, um für die anstehende Schützenmeisterschaft zu trainieren. Auch diesmal gerät die nach Pilzen suchende Ehefrau B in die Schusslinie und wird tödlich getroffen. Als A dies bemerkt, ist er hocherfreut und sagt sich: „Hätte ich gewusst, dass meine Frau hier Pilze sucht, hätte ich schon viel früher trainiert". Auch hier ist die Abweichung (vom Kausalverlauf) **beachtlich**, sodass A nicht wegen vorsätzlicher Tötung strafbar ist. In Betracht kommt aber ebenfalls eine fahrlässige Tötung.

274 Von diesen Fällen abzugrenzen ist der sog. „**verspätete Erfolgseintritt**" – ***dolus generalis***. Da die h.M. diese Problematik als unwesentliche Abweichung des tatsächlichen Kausalverlaufs vom vorgestellten Kausalverlauf behandelt, sei – wie bereits an anderer Stelle genannt – auf die Ausführungen zum Irrtum über den Kausalverlauf (Rn 297 ff.) verwiesen.

d. Sonstige subjektive Tatbestandsmerkmale

275 Die Absicht als Vorsatzform ist mit den in einigen Strafvorschriften genannten „**besonderen Absichten**" (wie z.B. Zueignungsabsicht in § 242 oder Bereicherungsabsicht in §§ 253, 259, 263) nicht identisch. Letztere sind subjektive Tatbestandsmerkmale eigenständigen Charakters[312] und werden eigenständig neben dem eigentlichen Tatbestandsvorsatz geprüft.

Beispiel: Beim Diebstahl (§ 242) genügt für die Wegnahme einer fremden beweglichen Sache die Vorsatzform *dolus eventualis*. Für die **angestrebte** rechtswidrige Zueignung dagegen ist *Absicht* erforderlich (die Zueignung **muss** nicht erfolgt sein, es genügt, wenn der Täter nur die Absicht i.S. einer Intention hatte). Weitere Beispiele sind die Bereicherungsabsicht in den §§ 253, 259, 263, die Absicht der Täuschung im Rechtsverkehr in § 267 und die Nachteilszufügungsabsicht in § 274. Da bezüglich dieser „besonderen Absichten" keine Entsprechung im jeweiligen objektiven Tatbestand existiert, handelt es sich bei diesen Delikten um Delikte mit „**überschießender Innentendenz**".

e. Irrtümer im Rahmen des subjektiven Tatbestands

276 **Irrtum** ist das **Auseinanderfallen von Bewusstsein (Vorstellung) und Wirklichkeit (Realität)**.

277 Der Irrtum kommt in zwei Erscheinungsformen vor, als Nichtwissen (Unkenntnis) und als irrige Annahme. Jede dieser Fehlvorstellungen kann verschiedene Ursachen haben, die entweder im Bereich der Tatsachen oder im Bereich der juristischen Bewertung liegen (dazu später).

Hinweis für die Fallbearbeitung: Für die mit dem Irrtum verbundenen Rechtsfolgen ist der strafrechtliche Bezugspunkt entscheidend: Je nachdem, ob der Irrtum sich auf den Tatbestand, auf die Rechtswidrigkeit oder auf die Schuld bezieht, sind die Konsequenzen der Fehlvorstellung höchst verschieden. Für die Klausurprüfung bedeutet dies, dass die Rechtsfolge einer eventuell festgestellten Fehlvorstellung nur bei dem Merkmal zu prüfen ist, auf das sich die Fehlvorstellung bezieht. So ist die Unkenntnis von Tatbestandsmerkmalen bereits im **Tatbestand** bei der Prüfung des Vorsatzes zu untersuchen. Irrtumsfragen, die sich auf die Rechtswidrigkeit als allgemeines Verbrechensmerkmal beziehen, sind nach der Feststellung der **Rechtswidrigkeit** zu prüfen. Irrtümer über Schuldmerkmale sind in die **Schuldprüfung** mit einzubeziehen. Die nachfol-

[312] Vgl. *W/B/S*, AT, Rn 212.

gende Darstellung trägt diesem Umstand Rechnung und behandelt die Irrtümer dort, wo sie auch in einer Klausur zu prüfen sind. Insbesondere würde eine zusammenhängende Darstellung der Irrtümer, wie sie üblicherweise in den Lehrbüchern vorzufinden ist, nur unzureichend die Einbettung in den Kontext einer Klausur verdeutlichen.

Die die Irrtümer regelnden zentralen Vorschriften des StGB sind die §§ 16 und 17 (vgl. 278
auch § 35 II). § 16 I regelt die Unkenntnis von Tatbestandsmerkmalen, also einen **Tatbestands-** bzw. **Tatsachenirrtum**. Gemäß der gesetzlichen Terminologie des **§ 16 I S. 1** kann es auch zu empfehlen sein, statt von einem Tatbestands- bzw. Tatsachenirrtum von einem **Tatumstandsirrtum** zu sprechen, denn letztlich geht es um den gesetzlich geregelten Fall, dass der Täter einen Tatumstand nicht kennt und *daher* unvorsätzlich handelt.[313]

Beispiel: T ist Gast in einem Speiserestaurant. Beim Verlassen des Lokals greift er an der Garderobe einen Mantel im Glauben, es handele sich um *seinen*. Tatsächlich handelt es sich aber um den ganz ähnlich aussehenden Mantel des O.

Hier hat T eine fremde bewegliche Sache weggenommen und damit den objektiven Tatbestand des Diebstahls (§ 242 I) verwirklicht. Fraglich ist allein, ob er auch den entsprechenden Vorsatz gehabt hat.

T dachte, es handele sich um seinen Mantel. Er hat sich über die Fremdheit des Mantels und damit über einen zum gesetzlichen Tatbestand des § 242 gehörenden Tatumstand geirrt. Ihm fehlte der Vorsatz, den Mantel des O wegzunehmen. Eine Strafbarkeit wegen Diebstahls liegt daher nicht vor.[314]

Die von § 16 I S. 1 umgekehrte Konstellation betrifft **§ 22**. Danach ist bei irriger Annah- 279
me von Tatbestandsmerkmalen wegen Versuchs strafbar, wer nach seiner Vorstellung von der Tat zur Tatbestandsverwirklichung unmittelbar ansetzt.

Beispiel: T ist Gast in einem Restaurant. Beim Verlassen des Lokals greift er an der Garderobe einen Mantel im Glauben, es handele sich um den des O. Tatsächlich handelt es sich aber um *seinen* (ganz ähnlich aussehenden) Mantel.

Hier hat T keine fremde bewegliche Sache weggenommen und damit nicht den objektiven Tatbestand des Diebstahls (§ 242 I) verwirklicht. Fraglich ist aber, wie es sich auswirkt, dass T dachte, er nehme den Mantel des O weg und begehe damit einen Diebstahl.

Wer irrig Tatbestandsmerkmale annimmt und nach seiner Vorstellung von der Tat zur Tatbestandsverwirklichung unmittelbar ansetzt, macht sich gem. § 22 wegen Versuchs strafbar. Gerade weil T dachte, er nehme den Mantel des O weg, hat er irrig die Fremdheit des Mantels angenommen. Er ist daher wegen versuchten Diebstahls gem. §§ 242 I, II, 22, 23 I, 12 II strafbar.

Vom Tatumstandsirrtum gem. § 16 I S. 1 zu unterscheiden ist der (im Rahmen der 279a
Schuld zu prüfende) **Verbotsirrtum** gem. **§ 17 S. 1**. Nach dieser Vorschrift handelt derjenige ohne Schuld, dem im Tatzeitpunkt die Einsicht fehlte, Unrecht zu verwirklichen, und der diesen Irrtum nicht vermeiden konnte. § 17 behandelt somit einen **Bewertungsirrtum**. Ein solcher liegt vor, wenn der Täter die seine Tat betreffende Verbotsnorm (d.h. den Straftatbestand) nicht kennt, sie für ungültig hält oder infolge unrichtiger Auslegung zu Fehlvorstellungen über ihren Geltungsbereich kommt und sein Verhalten deshalb für zulässig erachtet (vgl. dazu näher Rn 558 ff.).

Beispiel: T heiratet F_2, obwohl er noch mit F_1 verheiratet ist. Dabei ist er irrtümlich davon ausgegangen, dass in Deutschland Mehrehen nicht verboten seien.

---

[313] Wie hier nun auch *Sternberg-Lieben/Sternberg-Lieben*, JuS 2012, 289.
[314] Zwar ist bei einem solchen Ergebnis stets an § 16 I S. 2 zu denken, wonach eine Strafbarkeit wegen Fahrlässigkeit unberührt bleibt. Jedoch ist ein „fahrlässiger Diebstahl" nicht unter Strafe gestellt.

Hier hat T volle Tatsachenkenntnis (er weiß, dass er eine Ehe schließt, obwohl er bereits verheiratet ist). Er irrt lediglich auf juristischer Wertungsebene, indem er glaubt, dass Mehrehen in Deutschland nicht verboten seien. Da bei deskriptiven Tatbestandsmerkmalen (hier: „Mehrehe") bereits bloße Tatsachenkenntnis genügt, handelte T vorsätzlich. Dass er keine Kenntnis von der Existenz des § 172 hatte, ist insoweit irrelevant. T unterlag lediglich einem sog. Verbotsirrtum. Dieser wird erst in der Schuld relevant und lässt den Tatbestandsvorsatz unberührt. Da dieser Verbotsirrtum allerdings vermeidbar war, kommt lediglich eine fakultative Strafmilderung gem. §§ 17 S. 2, 49 I in Betracht.

280 Im Einzelfall kann die **Abgrenzung** zwischen Tatumstandsirrtum und Verbotsirrtum schwierig sein. Für den Täter ist die Einstufung seiner Fehlvorstellung als Tatumstandsirrtum günstiger, weil eine Bestrafung wegen vorsätzlicher Verwirklichung eines Straftatbestands ausscheidet, ohne dass es auf die Vermeidbarkeit des Irrtums ankäme. Zwar lässt § 16 I S. 2 eine Strafbarkeit wegen fahrlässiger Begehung unberührt, allerdings ist zum einen die Existenz eines Fahrlässigkeitsstraftatbestands erforderlich und zum anderen ist die Strafandrohung bei einem Fahrlässigkeitsdelikt sehr viel geringer als bei einem Vorsatzdelikt.

Beispiel: T veranstaltete Fußballwetten ohne erforderliche Erlaubnis, war dabei jedoch der Meinung, dass sein Handeln nicht erlaubnispflichtig sei.

Hier hat T in objektiver Hinsicht den Tatbestand des § 284 verwirklicht, denn das Veranstalten von Glücksspielen, zu denen auch Fußballwetten gehören, bedarf einer Erlaubnis. Da T jedoch davon ausging, keiner Erlaubnispflicht zu unterliegen, könnte es am Tatbestandsvorsatz fehlen mit der Folge, dass er sich nicht strafbar gemacht hat (ein Fahrlässigkeitstatbestand existiert nicht). Der Irrtum des T könnte aber auch als Verbotsirrtum i.S.v. § 17 einzustufen sein, wenn man davon ausgeht, dass er die seine Tat betreffende Verbotsnorm (den Straftatbestand des § 284) nicht kannte oder dass er sie falsch ausgelegt hat, so zu einer Fehlvorstellung über ihren Geltungsbereich gekommen ist und sein Verhalten deshalb für zulässig erachtet hat (sog. fehlendes Unrechtsbewusstsein).

Fraglich ist also, wo bei T der Bezugspunkt für seine Fehlvorstellung lag, beim gesetzlichen Tatbestand oder beim Unrechtsbewusstsein hinsichtlich der Tat. T hat sich über das Merkmal „ohne Erlaubnis" geirrt. Die Beantwortung der Frage, ob sein Irrtum zum Ausschluss des subjektiven Tatbestands des § 284 führt oder der Regelung des § 17 unterfällt, hängt entscheidend davon ab, ob das Merkmal „ohne Erlaubnis" ein normativ geprägtes Tatbestandsmerkmal ist und damit dem gesetzlichen Tatbestand angehört oder ob es dem Unrechtsbewusstsein hinsichtlich der Tat zuzuordnen ist.

Das Merkmal „ohne Erlaubnis" in § 284 knüpft an den Umstand, dass der Gesetzgeber ein (wegen Art. 12 I GG) grundsätzlich erlaubtes Verhalten präventiv einschränkt (d.h. verbietet), um es nach einer Prüfung und Erteilung einer „Unbedenklichkeitserklärung" zu erlauben. Damit will der Gesetzgeber, der auch einen Schutzauftrag gegenüber den Bürgern hat, erreichen, dass abstrakt gefährliche Tätigkeiten im Einzelfall aufgrund einer Prüfung als „ungefährlich" eingestuft und daher erlaubt werden können. Man spricht in diesem Zusammenhang von einem **präventiven Verbot mit Erlaubnisvorbehalt** (auch Kontrollerlaubnis genannt).[315] Geht man dementsprechend davon aus, dass ein derartiger Genehmigungsvorbehalt lediglich der Durchsetzung des staatlichen Kontrollanspruchs dient, dessen Missachtung wiederum von der Strafnorm des § 284 sanktioniert werden soll, erschöpft sich auch das von T begangene Unrecht in der Missachtung dieses Anspruchs.[316] Sein Irrtum ist daher tatbestandsbezogen und unterfällt der Regelung des § 16 I. Er ist straflos. Auf die Vermeidbarkeit seines Irrtums kommt es nicht an, weil § 16 I keine § 17 S. 2 entsprechende Regelung enthält.

---

[315] Vgl. dazu ausführlich *R. Schmidt*, AllgVerwR, 19. Aufl. 2016, Rn 246 ff.

[316] So OLG Frankfurt/M StV 2006, 191 für einen Verstoß gegen die Waffenscheinerlaubnispflicht des § 52 III Nr. 2a WaffG.

Hinweis: Das Ergebnis entspricht der Rechtsauffassung des OLG Frankfurt/M, wonach ein Irrtum über das Vorliegen der Voraussetzungen eines präventiven Verbots mit Erlaubnisvorbehalt den Tatbestandsvorsatz ausschließt. Das heißt jedoch nicht, dass eine andere Auffassung nicht vertretbar wäre. So kann man sich durchaus auf den Standpunkt stellen, dass T die seine Tat betreffende Verbotsnorm (den Straftatbestand des § 284) falsch ausgelegt hat und so zu einer Fehlvorstellung über ihren Geltungsbereich gekommen ist. Immerhin hat er sich „nur" über die Erlaubnispflichtigkeit seiner Tätigkeit geirrt und sein Verhalten deshalb für zulässig erachtet.[317] Schließt man sich dieser Auffassung an, ist bei T lediglich von einem Verbotsirrtum auszugehen, der für ihn aber wohl vermeidbar war. Er wäre dann strafbar, seine Strafe wäre gem. § 17 S. 2 i.V.m. § 49 I zu mildern.

Fazit: Für Irrtumslagen kommt es im Hinblick auf die unterschiedlichen Rechtsfolgen entscheidend darauf an, wie die Irrtümer rechtlich zu behandeln sind. Auf der Ebene des Tatbestands (zu den auf Schuldebene zu diskutierenden Verbotsirrtümern vgl. Rn 558 ff.) dient als Ausgangslage dabei die Überlegung, dass bestimmte Irrtümer im Bereich des subjektiven Tatbestands den Vorsatz ausschließen, vgl. § 16 I S. 1. Der Täter ist dann nicht wegen eines Vorsatzdelikts strafbar. Die Strafbarkeit wegen Fahrlässigkeit, die gem. § 16 I S. 2 prinzipiell möglich ist, hängt von der Existenz eines Fahrlässigkeitsstraftatbestands ab. 281

Hinweis für die Fallbearbeitung: Bei der Klausurbearbeitung muss allerdings beachtet werden, dass ein Vorsatzausschluss nach § 16 I S. 1 nur dann anzunehmen ist, wenn im Sachverhalt ausdrückliche Anhaltspunkte dafür vorliegen. Anderes gilt für § 17. Dort kann ein Verbotsirrtum auch dann angenommen werden, wenn eine lebensnahe Sachverhaltsauslegung dies zulässt.

Da gem. § 16 I S. 1 nicht vorsätzlich handelt, wer bei Begehung der Tat einen Umstand nicht kennt, der zum gesetzlichen Tatbestand gehört, kann sich der Tatbestandsirrtum (d.h. der Tatumstandsirrtum) somit nur auf ein Merkmal beziehen, das zum gesetzlichen Tatbestand gehört. Das sind – wie bereits erwähnt – 282

- alle deskriptiven und normativen Tatbestandsmerkmale,
- die Rechtswidrigkeit, sofern sie ein Attribut des Tatbestands, und nicht nur einen Hinweis auf das allgemeine Verbrechensmerkmal darstellt,
- bei Erfolgsdelikten der Geschehensablauf in seinen wesentlichen Grundzügen (s.o.; der tatsächliche Geschehensablauf muss sich noch innerhalb der Grenzen des nach allgemeiner Lebenserfahrung Voraussehbaren halten und darf keine andere Bewertung der Tat zulassen),
- bei Tatbestandsqualifikationen die dort genannten Merkmale und
- bei Privilegierungen die dort genannten privilegierenden Umstände.

Die sich daraus ergebenden Irrtümer sind: 283

- Subsumtionsirrtum i.e.S. (**Tatbestandsirrtum** bzw. **Tatumstandsirrtum**),
- Irrtum über das Tatobjekt (***error in persona vel obiecto***),
- **Irrtum** über **strafschärfende / strafmildernde Umstände** und
- **Irrtum über den Kausalverlauf**.
- Einen Sonderfall bildet der **Irrtum über Tatbestandsvarianten**.
- Dagegen ist die Abirrung der Tat (***aberratio ictus***) kein Irrtum, da hier die Abweichung nicht auf eine Fehlvorstellung des Täters, sondern auf einen naturgesetzlichen Umstand zurückzuführen ist. Weil die *aberratio ictus* dennoch eine Abweichung von der Vorstellung des Täters betrifft, wird sie in diesem Abschnitt behandelt.

---

[317] So die Vorinstanz zu OLG Frankfurt/M StV 2006, 191 (das AG Frankfurt/M) hinsichtlich der irrtümlichen Annahme, das Mitführen einer Schreckschusswaffe sei nicht erlaubnispflichtig. *Mosbacher*, NJW 2006, 3529 ff. nimmt sogar ganz konkret hinsichtlich § 284 einen vermeidbaren Verbotsirrtum an, wenn der betreffende Wettveranstalter irrtümlich von einer erlaubnisfreien Tätigkeit ausgeht.

284 Da der **Subsumtionsirrtum i.e.S.** Fehlvorstellungen hinsichtlich der deskriptiven und normativen Tatbestandsmerkmale sowie hinsichtlich der gesamtbetrachtenden (gesamttatbewertenden) Tatbestandsmerkmale betrifft und diese Fehlvorstellungen wegen des Sachzusammenhangs mit dem Vorsatz bereits bei Rn 207 ff. behandelt wurden, kann insoweit auf die dortigen Ausführungen verwiesen werden. Gleiches gilt hinsichtlich des Irrtums über strafschärfende/strafmildernde Umstände (Rn 218 ff.). Im Folgenden werden daher ausschließlich die noch nicht behandelten Irrtümer erläutert.

aa. Der Irrtum über das Handlungsobjekt (*error in persona vel obiecto*)

a.) Auswirkungen des *error in persona vel obiecto* beim Täter

285 Beim *error in persona vel obiecto*[318] geht es um einen Irrtum über das Handlungsobjekt (Tatobjekt): Der Täter möchte ein bestimmtes Objekt treffen, muss aber hinterher feststellen, dass er aufgrund einer Verwechselung das falsche Objekt „erwischt" hat. Berühmt geworden sind der Rose-Rosahl-Fall und der Hoferben-Fall.

Rose-Rosahl-Fall[319]**:** Der Holzhändler Rosahl aus Schiepzig (nahe Halle) versprach dem Arbeiter Rose, ihn reichlich zu belohnen, wenn er den Zimmermann Schliebe aus Lieskau erschösse. Rose legte sich daraufhin zwischen Lieskau und Schiepzig in den Hinterhalt, um Schliebe, den er genau kannte, aufzulauern. Während der Dämmerung sah er einen Menschen des Weges daherkommen. Diesen Menschen erschoss er, da er ihn für den Schliebe hielt. In Wirklichkeit war es der 17-jährige Kantorssohn Harnisch (H).

Das Preußische Obertribunal hat Rose für schuldig gesprochen, weil es für die Verwirklichung des § 211 (hier: Heimtücke und Habgier) keinen Unterschied machen könne, dass Rose statt den Schliebe den Harnisch getötet habe.

Auch der BGH hatte über diese Konstellation zu entscheiden, und zwar im Jahre 1990. Der Sachverhalt dieses sog. Hoferbenfalls war:

Hoferben-Fall[320]**:** Der Gutsbesitzer Aaron hatte sich entschlossen, Karl-Friedrich M. – seinen Sohn aus erster Ehe und Hoferben – zu töten. Es gelang ihm, den (später mitangeklagten) Nichtsnutz Eberhard (E) gegen das Versprechen einer Geldsumme für die Tötung zu gewinnen; er selbst fühlte sich als Vater außer Stande, die Tat zu begehen. E sollte Karl-Friedrich M. im Pferdestall, den dieser bei seiner Heimkehr regelmäßig durchquerte, töten. Das nähere Vorgehen war ihm überlassen. E begab sich darauf am 25.11.1985 zum Hofe des A und in den Pferdestall. Er wartete sodann in dem Stall auf das Erscheinen des Opfers. Es war dunkel, eine gewisse Helligkeit wurde lediglich dadurch erzeugt, dass Schnee lag. Gegen 19.00 Uhr betrat D, ein Nachbar, den Hof und öffnete die Stalltür. Er ähnelte Karl-Friedrich M. in der Statur und führte in der Hand eine Tüte mit sich, wie dies auch Karl-Friedrich M. zu tun pflegte. E nahm deshalb an, Karl-Friedrich M. vor sich zu haben und erschoss den nichts ahnenden D aus kurzer Entfernung.

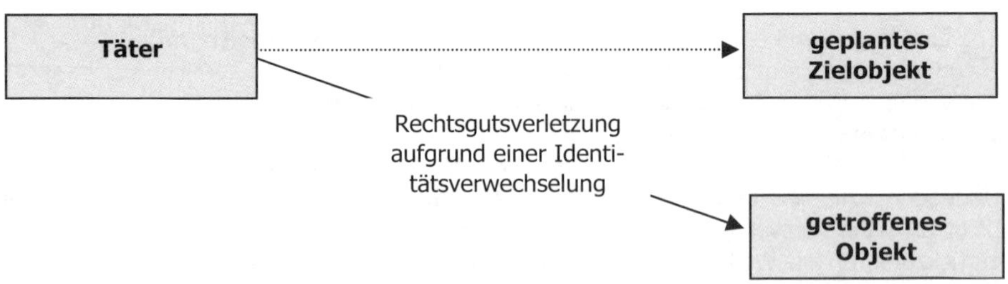

---

[318] Die aus dem Lateinischen stammende Bezeichnung *error in persona vel obiecto* bedeutet im richtigen Kontext übersetzt so viel wie „Fehler bzw. Irrtum hinsichtlich des Tatobjekts".
[319] Preußisches Obertribunal (PrObTr) GA 7, 332 ff.
[320] BGHSt 37, 214 ff.

Auch der BGH hat den Vordermann (hier: den E) wegen Mordes schuldig gesprochen (zur Frage nach den Auswirkungen des Irrtums des Vordermanns auf die Strafbarkeit des Hintermanns – vorliegend auf Rosahl bzw. Aaron – vgl. Rn 1081 ff.).

Um die rechtlichen Auswirkungen eines solchen Irrtums über die Identität des Opfers nachzuvollziehen, sind folgende Überlegungen anzustellen:

- Sind die Handlungsobjekte rechtlich, d.h. tatbestandlich **gleichwertig** (das ist der Fall, wenn die Tatobjekte als geschützte Rechtsgüter unter denselben Straftatbestand fallen. Beispiel: gewolltes Objekt: Mensch; getroffenes Objekt: Mensch), kann es den Täter nicht entlasten, wenn er sich (lediglich) über die Identität des Opfers geirrt hat. Denn im Zeitpunkt des Angriffs wollte er das von dem konkreten Tatbestand geschützte Rechtsgut (hier: einen Menschen) verletzen. Darauf konzentrierte sich der Vorsatz des Täters. Der Irrtum über die Identität des Opfers ist daher **unbeachtlich** und schließt den Tatbestandsvorsatz nicht aus. Der Täter verwirklicht den betreffenden Tatbestand objektiv und subjektiv.[321] **286**

  Im Rose-Rosahl-Fall und im Hoferben-Fall haben die Vordermänner jeweils den objektiven Tatbestand des Mordes (§ 211 I, II Var. 3 und 5) verwirklicht. Hinsichtlich der subjektiven Seite könnte es allerdings jeweils am Wissenselement des Vorsatzes fehlen, denn beide Vordermänner wussten nicht, dass sie H bzw. D töten würden (vielmehr dachten sie, sie würden S bzw. M töten). Da aber sowohl Rose als auch Eberhard wussten, dass sie einen Menschen töteten, und *diesen als Zielobjekt individualisierten* Menschen auch getötet haben, muss die Identitätsverwechselung unbeachtlich sein. Rose und Eberhard haben somit auch vorsätzlich hinsichtlich der Tötung des S bzw. M gehandelt. Sie sind jeweils aus § 211 I, II Var. 3 und 5 strafbar.

- Sind das gewollte und das tatsächlich getroffene Tatobjekt hingegen rechtlich, d.h. tatbestandlich **nicht gleichwertig**, ist der Irrtum **beachtlich**, weil sich der Täter über die Tauglichkeit des Tatobjekts geirrt hat.[322] Es liegt ein Fall des § 16 I S. 1 vor. Der Täter ist dann gem. § 16 I S. 2 wegen Fahrlässigkeit hinsichtlich des getroffenen Objekts in Tateinheit mit Versuch hinsichtlich des gewollten Objekts zu bestrafen, sofern derartige Straftatbestände bestehen und deren Voraussetzungen vorliegen. **287**

  Beispiel: Wilderer T will wieder einmal seiner Jagdleidenschaft nachgehen. Da er jedoch weiß, dass Jagdwilderei (§ 292) vom hiesigen Strafrichter streng bestraft wird, entschließt er sich, in den eingezäunten Privatwald des O einzusteigen und dort ein Tier zu erlegen.[323] Dort positioniert, wartet er auf das Eintreffen von Wildschweinen. Als er im Unterholz ein Rascheln hört, glaubt er, es handele sich um ein Wildschwein. Gezielt feuert er mit seinem Jagdgewehr in das Gebüsch. Anschließend muss er jedoch feststellen, dass es sich bei dem Opfer um O handelt, der gerade Waldpilze suchte.

  T hat den objektiven Tatbestand des Totschlags (§ 212) erfüllt. Fraglich ist aber auch hier die subjektive Seite. T wusste nämlich nicht, dass er auf einen Menschen schießt (damit wird der Unterschied zum Rose-Rosahl-Fall und zum Hoferben-Fall deutlich: Dort wussten Rose bzw. Eberhard, dass sie einen Menschen töteten; T des vorliegenden Beispiels wusste dies nicht, daher konnte sich sein Vorsatz auch nicht auf die Tötung eines Menschen konzentrieren). Mangels Wissens kann somit bei T der Vorsatz nicht bejaht werden, § 16 I S. 1; T ist nicht wegen Totschlags strafbar. Da gem. § 16 I S. 2 aber eine Strafbarkeit wegen Fahrlässigkeit unberührt bleibt, ist T gem. § 222 strafbar (der Fahrlässigkeitsvorwurf besteht darin, dass selbst wenn das Schießen auf bestimmte Ziele erlaubt ist, man nicht eine

---

[321] PrObTr GA 7, 332 ff.; BGHSt 37, 214, 218; BGH NStZ 2006, 686, 687; *Streng*, JuS 2007, 422, 423; *Fischer*, § 16 Rn 5; SK-*Rudolphi*, § 16 Rn 29; NK-*Puppe*, § 16 Rn 113; *Rotsch*, ZJS 2012, 109, 111 f.

[322] Ganz h.M. vgl. nur BGH NStZ 2006, 686, 687; *Streng*, JuS 2007, 422, 423; *W/B/S*, AT, Rn 247 ff.; *Gropp*, AT, § 13 Rn 159 ff.; Sch/Sch-*Sternberg-Lieben/Schuster*, § 15 Rn 59; *Fischer*, § 16 Rn 5.

[323] Ist das Gebiet befriedet, scheidet Jagdwilderei in aller Regel aus. Denn befindet sich Wild i.S.d. § 2 BJagdG in Gefangenschaft, v.a. in Zoos oder Tiergärten, aber auch in Privatgehege oder eingezäunten Privatwäldern, ist § 292 nicht anwendbar. Diese Tiere stehen dann im Eigentum eines anderen und können nicht Tatobjekte des § 292 sein. Es kommen dann aber Hausfriedensbruch, Diebstahl und Sachbeschädigung in Betracht.

Schusswaffe benutzen darf, wenn man das Ziel nicht klar erkennen kann). Hinsichtlich der Tötung eines Wildschweins ist T in das Versuchsstadium eingetreten. Er ist daher wegen fahrlässiger Tötung in Tateinheit mit versuchter Sachbeschädigung (§§ 303 I, III, 22, 23 I, 12 II) strafbar.

288 **Zusammenfassung**

- Bei **tatbestandlicher Gleichwertigkeit** der Opfer liegt im Falle der Identitätsverwechselung ein unbeachtlicher Motivirrtum vor. Denn wenn sich zu dem Zeitpunkt, in dem die Tat das Stadium des Versuchs erreicht, Vorsatz, Angriff und Ausführungshandlung allein gegen die Person richten, die der Täter vor sich hat, liegen die Voraussetzungen für die Annahme eines Tatbestandsvorsatzes vor, auch wenn der Täter eine andere Person treffen wollte. Die Strafbarkeit erfolgt dann wegen vollendeter vorsätzlicher Begehung hinsichtlich des getroffenen Objekts. Eine Strafbarkeit hinsichtlich des gewollten Objekts kommt nicht in Betracht, weil man anderenfalls den Vorsatz doppelt in Ansatz bringen würde (unzulässige Vorsatzverdoppelung).
- Sind die Objekte hingegen **nicht tatbestandlich gleichwertig**, scheidet der Vorsatz hinsichtlich des getroffenen Objekts aus. Denn der Täter weiß nicht, dass er ein Objekt verletzt, das tatbestandlich nicht mit dem gewollten Objekt gleichwertig ist. Oder anders ausgedrückt: Der Täter, der einen Menschen töten möchte, dann aber aufgrund eines Irrtums ein Tier tötet, hat hinsichtlich der Tötung des Tieres keinen Vorsatz, weil sich der Vorsatz eben auf die Tötung eines Menschen bezog und sich der Vorsatz daher nicht auf ein Tier erstrecken konnte. Der Tätervorsatz in Bezug auf das betroffene Objekt scheidet daher wegen eines beachtlichen Tatumstandsirrtums nach § 16 I S. 1 aus. Zu beachten ist aber die Regelung des § 16 I S. 2 i.V.m. § 15 i.V.m. dem objektiv erfüllten Straftatbestand des Besonderen Teils. Es erfolgt dann eine Prüfung des Fahrlässigkeitsdelikts, falls es eine (strafbare) fahrlässige Begehung dieses Delikts überhaupt gibt. Hinsichtlich des gewollten Objekts ist eine Versuchsstrafbarkeit gegeben, sofern die Voraussetzungen dafür vorliegen.

Zur Frage nach den Auswirkungen des Irrtums des Haupttäters auf die Strafbarkeit des Anstifters vgl. Rn 1081 ff.

b.) Auswirkungen des *error in persona* des Tatnächsten auf den Beteiligten

289 Interessante Klausurkonstellationen sind auch die Auswirkungen des für den Tatnächsten unbeachtlichen *error in persona* auf den Mittäter, den mittelbaren Täter, den Anstifter oder den Gehilfen. Da für das Verständnis dieser Auswirkungen auf andere an der Tat Beteiligte fundierte Kenntnisse über *Täterschaft und Teilnahme* (§§ 25 ff.) unabdingbare Voraussetzung ist, sei auf die zusammenhängenden Erläuterungen im 10. Kapitel (Rn 988 ff., 1012 ff., 1081 ff.) verwiesen.

c.) Auswirkungen des *error in persona* innerhalb der *actio libera in causa*

290 Da die Auswirkungen des *error in persona* auf die Strafbarkeit im Zusammenhang mit der Rechtsfigur der *actio libera in causa* Kenntnisse über diese voraussetzen, sei an dieser Stelle auf die Ausführungen bei Rn 495 ff. verwiesen.

bb. Die Abirrung der Tat (*aberratio ictus*)

291 Von der Verwechselung des Angriffsgegenstands (*error in persona*) abzugrenzen ist das Fehlgehen (die Abirrung) der Tat (*aberratio ictus*[324]). Während sich beim *error in persona* Vorsatz und Ausführungshandlung auf **das** Objekt konkretisieren, welches der Täter beim unmittelbaren Ansetzen zur Tat anvisiert hat (Angriffs- und Verletzungsobjekt ist also

[324] Auch die Bezeichnung *aberratio ictus* stammt aus dem Lateinischen und bedeutet so viel wie „Abirrung des Hiebes (oder Schlages)".

identisch), tritt bei der *aberratio ictus* der Verletzungserfolg an einem **anderen** Objekt als demjenigen ein, welches im maßgebenden Vorsatzzeitpunkt das Ziel der Ausführungshandlung bildet.[325] Der Täter lenkt also seinen Angriff auf ein bestimmtes, von ihm individualisiertes Tatobjekt. Dieser Angriff geht jedoch infolge eines **naturwissenschaftlichen** Umstands fehl und der Täter trifft ein anderes Objekt, das er gar nicht anvisiert hatte und auch nicht verletzen wollte.[326] Daraus folgt zugleich, dass es sich bei der *aberratio ictus* eigentlich **nicht** um einen Irrtum handelt, denn der Täter irrt sich nicht, er verfehlt lediglich sein Ziel. Wegen des Sachzusammenhangs mit den Irrtümern wird die *aberratio ictus* gleichwohl an dieser Stelle behandelt.

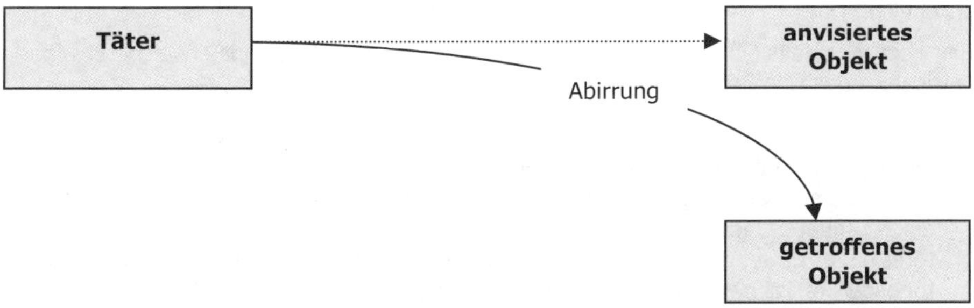

Wie aus der Skizze überaus deutlich wird, unterliegt der Täter keiner Fehlvorstellung, sondern einer naturwissenschaftlichen Abweichung. Hinsichtlich der Frage nach der rechtlichen Auswirkung eines solchen Fehlgehens muss differenziert werden:

- Sind anvisiertes und getroffenes Objekt rechtlich, d.h. tatbestandlich ***nicht* gleichwertig** **292**
und hat der Täter auch nicht den Eintritt des Taterfolgs beim tatsächlich getroffenen Objekt billigend in Kauf genommen, ist die Kausalabweichung stets beachtlich. Dann kann auch nur **hinsichtlich des anvisierten, nicht aber des betroffenen Objekts Vorsatz bejaht werden**. Folge ist, dass hinsichtlich des anvisierten Objekts eine Strafbarkeit wegen Versuchs und hinsichtlich der ungewollten, versehentlichen Verletzung des tatsächlich getroffenen Objekts eine Fahrlässigkeit in Betracht kommt, deren Strafbarkeit allerdings von der Existenz eines entsprechenden Fahrlässigkeitstatbestands abhängt.[327]

  Beispiel: A schießt mit Tötungsvorsatz auf B, trifft aber nicht diesen, sondern den neben B stehenden Hund des B. Der Hund ist sofort tot.

  Weil A den Hund statt den anvisierten B trifft, ist der objektive Tatbestand der Tötung eines Menschen nicht erfüllt. Da A den B aber töten wollte und spätestens mit der Abgabe des Schusses unmittelbar zur Tatbestandsverwirklichung angesetzt hat, ist er wegen versuchten Totschlags (§§ 212, 22, 23 I, 12 I) oder versuchten Mordes (§§ 211, 22, 23 I, 12 I) strafbar. Hinsichtlich des tatsächlich getroffenen Tatobjekts *Hund* besteht kein Tatbestandsvorsatz, da A auf diesen nicht gezielt hat und diesen auch nicht treffen wollte. Hier ist zwar an eine Fahrlässigkeitstat zu denken, eine fahrlässige Sachbeschädigung ist aber gesetzlich nicht normiert.
  Läge der Fall umgekehrt, wollte A also nicht den B, sondern den Hund töten, würde tatsächlich aber den B treffen, wäre A wegen versuchter Sachbeschädigung (§§ 303 I, III, 22, 23 I, 12 II) in Tateinheit mit fahrlässiger Tötung (§ 222) strafbar.

  In beiden Konstellationen gilt aber etwas anderes, wenn der Täter das Fehlgehen der Tat für **möglich hält** und sich mit einer eventuellen Verletzung des Zweitobjekts **abfindet**. Hier muss von einem *dolus eventualis* hinsichtlich des tatsächlich getroffenen Objekts ausgegangen werden, da der Täter dessen Verletzung offenbar in Kauf nimmt. Trifft A demnach den Hund statt den anvisierten B, ist er hinsichtlich des B wegen versuchter Tötung

---

[325] Vgl. Sch/Sch-*Sternberg-Lieben/Schuster*, § 15 Rn 57; *Gropp*, AT, § 13 Rn 174 ff.; *W/B/S*, AT, Rn 250.
[326] *W/B/S*, AT, Rn 250; Sch/Sch-*Sternberg-Lieben/Schuster*, § 15 Rn 57; *Gropp*, AT, § 13 Rn 147 ff.; *Fischer*, § 16 Rn 6.
[327] *Joecks*, § 15 Rn 55; *W/B/S*, AT, Rn 250; Sch/Sch-*Sternberg-Lieben/Schuster*, § 15 Rn 57; *Gropp*, AT, § 13 Rn 147 ff.

und hinsichtlich des Hundes wegen vollendeter Sachbeschädigung strafbar. In der umgekehrten Konstellation, wenn A also auf den Hund gezielt, tatsächlich aber B getroffen hätte, wäre er wegen versuchter Sachbeschädigung in Tateinheit mit vollendeter Tötung strafbar.

293 ▪ Sind anvisiertes und getroffenes Objekt dagegen rechtlich, d.h. **tatbestandlich gleichwertig**, werden die Rechtsfolgen der *aberratio ictus* uneinheitlich bewertet.

Beispiel: A des obigen Beispiels schießt mit Tötungsvorsatz auf B, trifft aber nicht diesen, sondern den neben B stehenden C. Dieser ist sofort tot. Dass A das Fehlgehen der Tat für möglich gehalten und den Tod des C billigend in Kauf genommen haben könnte, ist nicht ersichtlich.

Hier liegt jedenfalls eine versuchte Tötung des B vor. Fraglich ist indes, welche Strafbarkeit hinsichtlich des C in Betracht kommt.

⇨ Eine Minderheitsmeinung[328], welche die sog. **Gleichwertigkeitstheorie** vertritt, nimmt wegen der tatbestandlichen Gleichwertigkeit beider Objekte eine vollendete vorsätzliche Begehung gegenüber dem Zweitobjekt an, weil der Täter z.B. bei §§ 212, 211 einen „anderen Menschen" habe töten wollen und einen „anderen Menschen" auch getötet habe. Es sei daher auch nur konsequent, den Täter wegen eines vollendeten Tötungsdelikts zu bestrafen. Lediglich, wenn die Zielverfehlung auf einer wesentlichen Kausalabweichung beruhe, sei eine vorsatzausschließende Wirkung zu bejahen.

Vorliegend kann von einer wesentlichen Abweichung des Kausalverlaufs nicht gesprochen werden. Vielmehr liegt es gerade innerhalb der allgemeinen Lebenserfahrung, dass ein Täter sein Ziel verfehlen kann. Folgt man der Gleichwertigkeitstheorie, ist A also wegen versuchter Tötung hinsichtlich des B in Tateinheit mit vollendeter vorsätzlicher Tötung hinsichtlich des C strafbar.

⇨ Gerade an die erfolgte Konkretisierung des Tätervorsatzes auf ein bestimmtes Angriffsobjekt knüpft aber die herrschende Auffassung[329] an (sog. **Konkretisierungstheorie**) mit der Argumentation, die Minderheitsmeinung setze sich über den individualisierten Vorsatz hinweg, indem sie die mit der konkreten Objektvorstellung verbundene Gattungsvorstellung zur maßgeblichen Entscheidungsgrundlage mache. Eine solche Veränderung der Bewertungsfaktoren widerspreche aber nicht nur den realen Gegebenheiten des zu beurteilenden Sachverhalts, sondern verkenne vor allem, dass der Täter das nur versehentlich getroffene Zweitobjekt nicht hat verletzen wollen, weil er ein bestimmtes anderes Objekt als alleiniges Angriffsziel ausgewählt hatte. Darauf, dass der Vorsatz nicht individualisiert sein müsse und dass bei §§ 211, 212 auch ein genereller Tötungsvorsatz genügen könne, komme es nicht an, wenn der Täter – wie im vorliegenden Beispiel – eine Objektindividualisierung vorgenommen habe.[330]

Nach der herrschenden Konkretisierungstheorie ist A nicht wegen vollendeter Tötung strafbar, sondern wegen versuchter Tötung hinsichtlich des B in Tateinheit mit fahrlässiger Tötung des C.

Da die beiden Ansätze also zu unterschiedlichen Ergebnissen gelangen, ist eine Entscheidung erforderlich. Nach Auffassung der Vertreter der Gleichwertigkeitstheorie werden die Rechtsgüter nur ihrer Gattung nach geschützt. Eine gegebenenfalls erfolgte

[328] So *Puppe*, JZ 1989, 728, 730; NK-*Puppe*, § 16 Rn 121 ff.; *Geppert*, Jura 1992, 165 f. und AK-*Zielinski*, §§ 15, 16 Rn 64 für den Fall, dass die Abirrung für den Täter vorhersehbar war; weitergehender *Kuhlen*, Die Unterscheidung von vorsatzausschließendem und nicht vorsatzausschließendem Irrtum, 1987, 491 ff.; *Loewenheim*, JuS 1966, 310, 313; *Noll*, ZStW 77 (1965), 1, 5: stets Vollendung bei Gleichwertigkeit.

[329] Jedenfalls für höchstpersönliche Rechtsgüter (Leben, Gesundheit) BGHSt 34, 53, 55; 37, 214, 219; BGH NStZ 1998, 294, 295; Sch/Sch-*Sternberg-Lieben/Schuster*, § 15 Rn 57; *Jescheck/Weigend*, AT, § 29 V 6c; *Koriath*, JuS 1997, 901, 907; *Kühl*, AT, Rn 442; *Lackner/Kühl*, § 15 Rn 12; SK-*Rudolphi*, § 16 Rn 33; LK-*Vogel*, § 16 Rn 78 ff.; *Fischer*, § 16 Rn 6; *W/B/S*, AT, Rn 253; *Heuchemer*, JA 2005, 275 ff. Für den Fall, dass es sich ausnahmsweise einmal nicht um höchstpersönliche Rechtsgüter handelt (etwa Sachen) vgl. *Hillenkamp*, Die Bedeutung von Vorsatzkonkretisierungen bei abweichendem Tatverlauf, 1971, 85 ff.

[330] *W/B/S*, AT, Rn 253; *Jescheck/Weigend*, AT, § 29 V 6c.

Konkretisierung des Tätervorsatzes auf ein bestimmtes Angriffsobjekt sei demzufolge unerheblich. Doch gerade darauf stellt § 16 I S. 1 ab. Mit den Vertretern der Konkretisierungstheorie ist daher der Täter, der eine Objektindividualisierung vornimmt, bei tatbestandlicher Gleichwertigkeit der Objekte wegen Versuchs hinsichtlich des anvisierten Erstobjekts tateinheitlich mit fahrlässiger Erfolgsherbeiführung hinsichtlich des tatsächlich getroffenen Zweitobjekts strafbar.

Aber auch nach der Konkretisierungstheorie gilt: Hat der Täter hinsichtlich des tatsächlich getroffenen Zweitobjekts mit *dolus eventualis* bzgl. des Todeseintritts gehandelt, liegt **kein** Fall des *aberratio ictus* vor, sondern ein ***dolus alternativus***[331]; der Täter ist dann wegen vollendeter vorsätzlicher Tötung hinsichtlich des getroffenen Zweitobjekts[332] in Tateinheit mit versuchter Tötung hinsichtlich des anvisierten Erstobjekts strafbar.[333]

Hinweis für die Fallbearbeitung: Wie die Ausführungen gezeigt haben, bestehen ergebnisrelevante Unterschiede im Hinblick auf die Strafbarkeit bezüglich des Zweitobjekts (entweder Vorsatz oder Fahrlässigkeit). **294**

Überblick zur rechtlichen Behandlung einer *aberratio ictus* **295**

Tatobjekt	**Herrschende Meinung**	**Minderheitsmeinung**
tatbestandlich nicht gleichwertig	Versuch bzgl. des anvisierten Tatobjekts in Tateinheit mit Fahrlässigkeit bzgl. des verwirklichten Delikts, dessen Strafbarkeit allerdings von der Existenz eines entsprechenden Fahrlässigkeitstatbestands abhängt	Gleiches Ergebnis wie h.M.
tatbestandlich gleichwertig	**Konkretisierungstheorie:** Versuch bezüglich des anvisierten Tatobjekts in Tateinheit mit einem Fahrlässigkeitsdelikt, dessen Strafbarkeit allerdings von der Existenz eines entsprechenden Fahrlässigkeitstatbestands abhängt	**Gleichwertigkeitstheorie:** Vollendete vorsätzliche Begehung gegenüber dem Zweitobjekt in Tateinheit mit Versuch hinsichtlich des anvisierten Erstobjekts

Zu den Auswirkungen der *aberratio ictus* auf den mittelbaren Täter, den Mittäter und den Teilnehmer (Anstifter und Gehilfen) vgl. Rn 955 ff., 1018 ff. und 1081 ff.

cc. Zusammentreffen von *error in persona* und *aberratio ictus*

Ein häufig anzutreffendes Examensproblem ist auch das **Zusammentreffen von *error in persona* und *aberratio ictus*.**[334] **296**

Beispiel: T hat den Tatentschluss, A zu töten. Aufgrund einer Identitätsverwechselung schießt er aber auf den daneben stehenden B. Wegen des starken Seitenwindes verfehlt die Kugel B und trifft A tödlich.

Bei der Frage nach der richtigen Lösung bietet es sich an, den Sachverhalt gedanklich in zwei Einheiten zu zerlegen: In der ersten Einheit ist die Objektsverwechselung zu würdi-

[331] Vgl. dazu Rn 260 ff.
[332] Vgl. BGHSt 34, 53, 55; BGH NStZ 2009, 210, 211.
[333] Strittig; wie hier LK-*Hillenkamp*, § 22 Rn 37; *W/B/S*, AT, Rn 235; *Kindhäuser*, AT, Rn 36; vgl. nunmehr auch *Heintschel-Heinegg*, JA 2009, 149, 150; a.A. Sch/Sch-*Sternberg-Lieben/Schuster*, § 15 Rn 91 („versuchtes Delikt tritt als mitbestrafte Nachtat hinter dem vollendeten Delikt zurück").
[334] Zum ebenfalls examensrelevanten *error in persona* bei der *actio libera in causa* vgl. Rn 529.

gen. Hier liegt eine (unbeachtliche) Identitätstäuschung, ein *error in persona*, vor. Denn in dem Moment, in dem T den Schuss abfeuert, hat sich sein Vorsatz auf den im Visier befindlichen B konkretisiert. Diesbezüglich ist also Vorsatz anzunehmen. Nun geht der Schuss aber fehl; es liegt eine *aberratio ictus* vor. Wenn man aber auch hier der von der h.M. vertretenen Konkretisierungstheorie folgt, sind Vorsatzkonkretisierungen beachtlich mit der Folge, dass sich der Vorsatz des T allein auf B konkretisiert. Hinsichtlich des A kann daher kein Vorsatz angenommen werden. Daran ändert auch der Umstand nichts, dass A (zufällig) mit der Person identisch ist, die nach dem Tatplan des T erschossen werden sollte.[335] Im Ergebnis wird das Zusammentreffen von *error in persona* und *aberratio ictus* somit nur nach den Regeln der *aberratio ictus* behandelt. Für den vorliegenden Fall bleibt festzustellen, dass T nach h.M. wegen versuchten Totschlags an B in Tateinheit mit fahrlässiger Tötung des A strafbar ist.

dd. Irrtum über den Kausalverlauf und die objektive Zurechnung

a.) Standpunkt der Rechtsprechung

297 Bei den vorsätzlichen Erfolgsdelikten muss der Tatbestandsvorsatz auch den Kausalverlauf (also den Verlauf zwischen Handlung und Erfolg) und die objektive Zurechnung umfassen.[336] Hinsichtlich des Kausalverlaufs gilt dabei: Da niemals sämtliche Einzelheiten voraussehbar sind, genügt für die Bejahung des diesbezüglichen Tatbestandsvorsatzes, dass der Täter den **Kausalverlauf in seinen wesentlichen Umrissen** erfasst. Das ist immer dann anzunehmen, wenn sich die Abweichung des wirklichen Kausalverlaufs vom vorgestellten Kausalverlauf noch in den Grenzen des **nach allgemeiner Lebenserfahrung Voraussehbaren hält und sie somit keine andere Bewertung der Tat rechtfertigt**.[337] Weicht der wirkliche Kausalverlauf jedoch wesentlich vom vorgestellten ab, ist dieser wesentlich abweichende Kausalverlauf nicht mehr vom Vorsatz umfasst und lässt diesen nach § 16 I S. 1 entfallen. Es liegt ein sog. „Irrtum über den Kausalverlauf" vor (vgl. dazu bereits Rn 215 f.). Zu beachten ist aber, dass die Kriterien, die zum Irrtum über den Kausalverlauf und damit zum Vorsatzausschluss führen, *dieselben* sind wie diejenigen, die die objektive Zurechnung aufgrund eines atypischen Kausalverlaufs entfallen lassen. Folgt man also der Lehre von der objektiven Zurechnung und verneint den objektiven Tatbestand, weil sich der Kausalverlauf nicht mehr in den Grenzen des nach allgemeiner Lebenserfahrung Voraussehbaren hält, kann es auch keinen Irrtum über den Kausalverlauf geben, der zum Vorsatzausschluss führt.[338] Eigenständige Bedeutung erlangt die Figur vom Irrtum über den Kausalverlauf aber dann, wenn man (mit dem BGH) bei den Vorsatzdelikten die Lehre von der objektiven Zurechnung ablehnt und die Fälle ausschließlich im Vorsatz löst. Denn auch der Vorsatz muss den Kausalverlauf in seinen wesentlichen Zügen umfassen. Liegt also eine wesentliche Abweichung vom vorgestellten Kausalverlauf vor und rechtfertigt diese Abweichung eine andere Bewertung der Tat, muss der Vorsatz folgerichtig verneint werden. Siehe zu dieser Problematik sogleich Rn 301.

298 Umgekehrt formuliert kommt die h.L. zur Vorsatzfrage nur dann, wenn sie die objektive Zurechnung bejaht. Bejaht man die objektive Zurechnung, bezweifelt die h.L. den Vorsatz, wenn der Täter nicht mit Verlaufsabweichungen gerechnet hatte, die objektiv voraussehbar waren – sog. **subjektive Zurechnung**.[339] Das ist auf den ersten Blick nicht ganz einleuchtend. Denn

---

[335] *W/B/S*, AT, Rn 257; *Joecks*, § 15 Rn 58.
[336] So auch *Roxin*, AT I, § 12 Rn 154; Sch/Sch-*Sternberg-Lieben/Schuster*, § 15 Rn 54a.
[337] Ganz herrschend, vgl. nur BGHSt 7, 325, 329 (Blutrausch); 14, 193, 194 (Jauchegrube); 23, 133, 135; 38, 32, 34; BGH NStZ 2001, 29, 30 (Gnadenschuss II); BGH NJW 2002, 1057; NJW 2011, 2065, 2066; BGH 3.12.2015 – 223/15 (Scheunenmord); Sch/Sch-*Sternberg-Lieben/Schuster*, § 15 Rn 55.
[338] Richtig *Gropp*, AT, § 13 Rn 130; *W/B/S*, AT, Rn 259; *Putzke/Putzke*, JA 2014, 183, 188.
[339] Vgl. *Roxin*, AT I, § 12 Rn 140 ff., 165, der die objektive Zurechnung an das Kriterium der „Gefahrverwirklichung" und die Bejahung des Vorsatzes an die „Planverwirklichung" knüpft; ferner *W/B/S*, AT, Rn 259; *Jescheck/Weigend*, AT, § 29 V 6b; *Maurach/Zipf*, AT, § 23 Rn 28 f.; *Gropp*, AT, § 13 Rn 133.

wollte man zwischen einer „objektivierten" Zurechnung und einer „subjektivierten" Vorsatzfrage unterscheiden, müsste man eine Definition des Irrtums über den Kausalverlauf wählen, die von derjenigen der objektiven Zurechnung abweicht.[340] Die Diskussion über die Vorsatzfrage ist aber von keiner allzu großen praktischen Bedeutung, da auch die h.L. in fast allen Fällen, in denen sie trotz atypischer Kausalverläufe die objektive Zurechnung annimmt, auch zur Bejahung des Vorsatzes kommt.

Beispiel: Beabsichtigt der Täter, das Opfer zunächst mit Schlägen wehrlos zu machen und sodann durch die Injektion von Luft zu töten, tritt der Tod aber bereits durch die Schläge ein, ohne dass die Injektion ursächlich wird, liegt eine **unbeachtliche Abweichung** des tatsächlichen Kausalverlaufs vom vorgestellten Kausalverlauf vor. Der Täter macht sich wegen vollendeten Totschlags, nicht etwa wegen Totschlagversuchs in Tateinheit mit Körperverletzung mit Todesfolge strafbar. Die Divergenz zwischen Vorstellung und Wirklichkeit ist unbeachtlich, weil beide Kausalverläufe gleichwertig sind.[341]

Gegenbeispiel: Dagegen ist die **Abweichung** des tatsächlichen Kausalverlaufs vom vorgestellten Kausalverlauf **beachtlich**, wenn das Opfer infolge einer Verletzung stirbt, die der geplanten Tötung in größerem zeitlichen und örtlichen Abstand vorgelagert ist, insbesondere wenn dazwischen Handlungsabschnitte vorgesehen sind, die in keinem inneren Zusammenhang mit der Tötung stehen. Keine vollendete Tötung liegt demnach vor, wenn das Opfer auf dem Weg zum Tötungsort an einem Knebel erstickt, noch ehe der Täter seinen Plan umsetzen kann.[342] Sieht man in dem Knebeln zugleich den Eintritt in das Versuchsstadium der Tötung, erfolgt die Strafbarkeit aus versuchter Tötung in Tateinheit mit Freiheitsberaubung mit Todesfolge (§ 239 IV).
Geht man indes davon aus, dass der Täter im Rahmen seines Tatplans mit dem Fesseln und Knebeln noch keine Handlung vorgenommen hat, die in unmittelbarem örtlichen und zeitlichen Zusammenhang mit der vorgestellten Tatbestandsverwirklichung stand oder in diese ohne wesentliche Zwischenakte einmünden sollte, ist er (lediglich) wegen Freiheitsberaubung mit Todesfolge (§ 239 IV) in Tateinheit mit Körperverletzung mit Todesfolge (§ 227) strafbar, nicht aber wegen Totschlags (§ 212). Die ebenfalls verwirklichte fahrlässige Tötung (§ 222) tritt hinter § 227 und § 239 IV zurück. Vgl. dazu auch Rn 301 ff. sowie Rn 841 ff.

Rechtsdogmatische und rechtskonstruktive Unterschiede zwischen der Auffassung der Literatur und der Rechtsprechung ergeben sich, wenn man der Rechtsprechung folgt, die bei den Vorsatzdelikten bis auf die Fallgruppe der eigenverantwortlichen Selbstgefährdung oder Selbstverletzung die Lehre von der objektiven Zurechnung ablehnt und daher überwiegend von einer Bejahung des objektiven Tatbestands allein aufgrund der Äquivalenztheorie ausgeht. Hier können bestehende Unbilligkeiten allein im Rahmen des Irrtums über den Kausalverlauf korrigiert werden[343], was bei mehraktigen Geschehensabläufen (Rn 301 ff.) besonders deutlich wird. 299

Hinweis für die Fallbearbeitung: Wird der Rspr. gefolgt, liegt der objektive Tatbestand aufgrund der uferlosen Weite der Äquivalenztheorie i.d.R. vor (s.o.). Erhebliche Abweichungen des wirklichen Kausalverlaufs vom vorgestellten Kausalverlauf werden dann über die Figur des Irrtums über den Kausalverlauf bei der Prüfung des subjektiven Tatbestands korrigiert. Es entfällt der Vorsatz. 300

Folgt man indes der Lehre von der objektiven Zurechnung, muss im objektiven Tatbestand geprüft werden, ob Zurechenbarkeit vorliegt. Dazu muss festgestellt werden, ob der Erfolg nach dem gewöhnlichen Lauf der Dinge und der allgemeinen Lebenserfahrung noch zugerechnet werden kann, ob also eine unerhebliche Abweichung des tatsächlichen

[340] Vgl. nur die identischen Definitionen hinsichtlich der atypischen Kausalverläufe bei der objektiven Zurechnung und des Irrtums über den Kausalverlauf bei *W/B/S*, AT, Rn 196 einerseits und Rn 258 andererseits.
[341] Vgl. BGH NStZ 2002, 475, 476; *Altvater*, NStZ 2003, 21.
[342] Vgl. BGH NJW 2002, 1057; *Altvater*, NStZ 2003, 21.
[343] Vgl. etwa BGH NJW 2011, 2065, 2066; BGH 3.12.2015 – 4 StR 223/15.

Kausalverlaufs vom vorgestellten Kausalverlauf vorliegt. Ist die Abweichung erheblich, kann eine objektive Zurechnung nicht erfolgen. Der objektive Tatbestand liegt nicht vor. Ist die Abweichung dagegen unerheblich, muss im subjektiven Tatbestand festgestellt werden, dass zwar eine Abweichung vom vorgestellten Kausalverlauf vorliegt, diese aber unwesentlich und damit auch vom Vorsatz umfasst ist.
Damit findet streng genommen zwar eine doppelte Prüfung statt, man setzt sich aber nicht der Gefahr aus, sich vorwerfen lassen zu müssen, man habe die Problematik des Irrtums über den Kausalverlauf nicht erkannt.

Beispiel: A schießt mit Tötungsabsicht auf B, verletzt diesen aber nur leicht. Auf dem Weg ins Krankenhaus verunglückt der Krankenwagen, wobei B tödlich verletzt wird. Hier hält sich die Abweichung des wirklichen Kausalverlaufs vom vorgestellten Kausalverlauf wohl nicht mehr in den Grenzen des nach allgemeiner Lebenserfahrung Voraussehbaren, sodass bereits die objektive Zurechnung nicht gegeben ist. Nach der hier vertretenen Auffassung rechtfertigt eine Bewertung der Tat auch kein anderes Ergebnis. A hat somit nicht den objektiven Tatbestand eines vorsätzlichen Tötungsdelikts verwirklicht. Aufgrund der Identität der Argumentation gelangt man auch zu keinem anderen Ergebnis, wenn man einen Irrtum über den Kausalverlauf annimmt. Wegen § 16 I S. 1 führt dies zum Vorsatzausschluss.
Hinsichtlich der Fahrlässigkeitsstrafbarkeit nach § 222 ist anzumerken, dass wohl auch diese zu verneinen ist, sei es mangels objektiver Zurechnung oder sei es mangels Vorhersehbarkeit.
A ist aber wegen versuchter Tötung (§§ 212, 22, 23 I, 12 I) strafbar, denn er hat den Entschluss gefasst, B zu töten. Er hat auch dadurch, dass er auf B geschossen hat, unmittelbar zur Tatbestandsverwirklichung angesetzt. Ausgeblieben ist lediglich der Erfolg. Damit liegt das Handlungsunrecht des Versuchs vor.

b.) Mehraktige Geschehensabläufe

301 Wie bereits bei Rn 162 und 197a ausgeführt, wird der Irrtum über den Kausalverlauf insbesondere dort relevant, wo sich ein Geschehen in **zwei Akten** vollzieht: Der Erfolg wird nicht durch die zu diesem Zweck vorgenommene Handlung, sondern durch eine weitere erreicht, welche der Täter in der irrigen Annahme ausführt, der Erfolg sei bereits eingetreten (sog. **verspäteter Erfolgseintritt**).

Beispiel[344]**:** T schießt (ohne Mordmerkmale, aber mit bedingtem Tötungsvorsatz) auf O und hält diesen für tot. Anschließend versenkt er die vermeintliche Leiche in einem nahe gelegenen See. Tatsächlich war O durch den Schuss nur bewusstlos und stirbt erst im Wasser durch Ertrinken. O wäre mit an Sicherheit grenzender Wahrscheinlichkeit auch an der Schussverletzung gestorben.

In Fällen dieser Art kann zunächst festgestellt werden, dass der tatbestandliche Erfolg durch eine Handlung des Täters eingetreten ist. Im vorliegenden Fall wäre O ohne die Ersthandlung nicht ertrunken. Die Ersthandlung des T war nach der Bedingungstheorie somit ursächlich für den Todeseintritt bei O.

Allein das Vorliegen der Kausalität genügt nach h.L. aber nicht, um den objektiven Tatbestand zu bejahen. Sie fordert auch eine **objektive Zurechnung** des Taterfolgs. Bei mehraktigen Geschehensabläufen fragt sie danach, ob trotz mehrerer Akte ein **einheitliches Tatgeschehen** vorliege und der Täter insgesamt eine rechtlich missbilligte Gefahr geschaffen habe, die sich gerade im konkreten Erfolg realisiert (Rn 166). Dies kann man für den vorliegenden Fall ohne weiteres annehmen: Durch den Schuss hat T eine rechtlich missbilligte Gefahr geschaffen. O wäre aufgrund der Schussverletzung auch gestorben, wenn T ihn nicht vor Todeseintritt in den See geworfen hätte, wo O letztlich ertrank.

---

[344] Angelehnt an den allseits bekannten **Jauchegrube-Fall** (BGHSt 14, 193 ff.) – siehe dazu oben Rn 162 und 197a. Zum **Scheunenmord-Fall**, der ebenfalls ein mehraktiges Geschehen zum Gegenstand hat, vgl. ebenfalls Rn 162 und 197a.

Hinsichtlich des subjektiven Tatbestands bliebe dann nur noch klarzustellen, dass der Vorsatz auch den Kausalverlauf in seinen wesentlichen Grundzügen umfasst, dass also keine wesentliche Abweichung vom vorgestellten Kausalverlauf vorliegt, die eine Verneinung des Vorsatzes zur Folge gehabt hätte. Somit wäre der Erfolg auch subjektiv zurechenbar. T hätte sich somit wegen vorsätzlicher Tötung strafbar gemacht.

Der BGH würde auch bei mehraktigen Geschehensabläufen nicht der Lehre von der objektiven Zurechnung folgen, sondern allein nach Maßgabe der Äquivalenztheorie den (objektiven) Tatbestand bejahen. Bei der Frage nach dem Vorsatz würde er dann die Möglichkeit einer normativen Begrenzung des Tatbestandsvorsatzes bei wesentlichen Abweichungen des Kausalverlaufs diskutieren. Da sich die Abweichung im vorliegenden Fall aber noch in den Grenzen des nach allgemeiner Lebenserfahrung Voraussehbaren hält und sie somit keine andere Bewertung der Tat rechtfertigt, würde auch der BGH (wie i.d.R.) zu demselben Ergebnis gelangen (im Jauchegrube-Fall hatte der BGH den Vorsatz bejaht, indem er dem Täter bis zum Zeitpunkt des Versenkens des Opfers einen *dolus eventualis* bezüglich der Tötung unterstellte).

Wieder anders stellt sich der folgende Fall dar, bei dem der BGH betont, dass eine unwesentliche Abweichung vom Kausalverlauf nur dann vorliege, wenn der Täter bei der Tötungshandlung schon (aus seiner Sicht) zum Versuch angesetzt hatte: **302**

Sachverhalt[345]**:** A fesselte und knebelte seine missliebige Ehefrau B in der Absicht, sie später zu töten. Sodann verbrachte er sie in den Kofferraum seines Wagens und fuhr mit ihr zu einem abgelegenen Ausläufer eines ca. 100 km entfernten Sees, um sie dort unbeobachtet zu töten. Dort angekommen, konnte er die geplante Tötung aber nicht mehr ausführen, weil B bereits während der Fahrt entgegen dem Plan und ohne weiteres gewolltes Zutun des A durch Herzversagen aufgrund der Todesangst verstorben war.

Lösungsgesichtspunkte: Hier hat A, der nach seiner Vorstellung vom Tatablauf den Taterfolg erst durch eine spätere Handlung herbeiführen wollte, diesen tatsächlich bereits durch eine frühere bewirkt. Nach Auffassung des BGH kommt in diesem Fall eine Verurteilung wegen vorsätzlicher Herbeiführung des Taterfolgs über die Rechtsfigur der unerheblichen Abweichung des tatsächlichen Kausalverlaufs vom vorgestellten Kausalverlauf nur dann in Betracht, wenn der Täter bereits vor der Handlung, die den Taterfolg verursacht, die Schwelle zum Versuch überschritten hat oder sie zumindest mit dieser Handlung überschreitet (dies würde nach der Lehre von der objektiven Zurechnung ebenso gelten). Ist das nicht der Fall, kommt (lediglich) eine Körperverletzung mit Todesfolge (§ 227), eine Freiheitsberaubung mit Todesfolge (§ 239 IV) bzw. eine fahrlässige Tötung (§ 222) in Betracht. Im vorliegenden Fall ist daher fraglich, wann A das Versuchsstadium erreicht hat. Nach § 22 liegt der Versuch einer Straftat vor, sobald der Täter nach seiner Vorstellung von der Tat zur Verwirklichung des Tatbestands unmittelbar ansetzt. Das ist jedenfalls dann anzunehmen, wenn der Täter bereits ein Tatbestandsmerkmal verwirklicht hat. Aber auch eine frühere, vorgelagerte Handlung kann bereits das Versuchsstadium erreichen. Dies gilt aber nur dann, wenn sie nach der Vorstellung des Täters bei ungestörtem Fortgang ohne Zwischenakte in die Tatbestandsverwirklichung unmittelbar einmündet oder mit ihr in unmittelbarem räumlichen und zeitlichen Zusammenhang steht – Gesamtplantheorie. Vorliegend beabsichtigte A, seine Frau zunächst nur zu fesseln und in den Kofferraum zu verbringen. Sodann wollte er mit ihr zu dem 100 km entfernten See fahren und sie erst dort töten. Vor dem Hintergrund eines derartigen Tatplans kann man das Fesseln und Knebeln noch nicht als unmittelbares Ansetzen zur Verwirklichung des Tötungstatbestands werten. A hat im Rahmen seines Tatplans mit dem Fesseln und Knebeln also noch keine Handlung vorgenommen, die in unmittelbarem örtlichen und zeitlichen Zusammenhang mit der vorgestellten Tatbestandsverwirklichung stand oder in diese ohne wesentliche Zwischenakte einmünden sollte. Daher ist A (lediglich) wegen Freiheitsberaubung mit Todesfolge (§ 239 IV) in Tateinheit mit Körperverletzung mit Todesfolge (§ 227) strafbar (§ 222 tritt dahinter zurück).

---

[345] Nach BGH NJW 2002, 1057.

302a **Hinweis für die Fallbearbeitung:** Die in Form von Beispielen wiedergegebenen Aussagen der Entscheidung des BGH zum Tatverlaufsirrtum sowie zum Versuchsbeginn sind in hohem Maße prüfungsrelevant. Daher seien sie noch einmal zusammengefasst:

- Geht man davon aus, dass der Vorsatz bzgl. der Zweithandlung noch nicht zum Zeitpunkt der Ersthandlung vorgelegen hat und dass der Täter durch die Zweithandlung (unvorsätzlich) einen Erfolg bewirkt, von dem er meinte, ihn schon durch einen (vorsätzlichen) Erstakt bewirkt zu haben, ist er nach der Theorie von der objektiven Zurechnung bzw. über die Figur des Irrtums über den Kausalverlauf wegen vorsätzlich vollendeten Delikts strafbar, sofern die Abweichung des vorgestellten vom tatsächlichen Kausalverlauf unwesentlich ist, d.h. sich innerhalb der Grenzen des nach allgemeiner Lebenserfahrung Voraussehbaren hält.
- Führt der Täter den Taterfolg, den er nach seiner Vorstellung vom Tatablauf erst durch eine spätere Handlung herbeiführen wollte, tatsächlich bereits durch eine frühere Handlung herbei, kommt eine Verurteilung wegen vorsätzlicher Herbeiführung des Taterfolgs über die Rechtsfigur der unerheblichen Abweichung des tatsächlichen Kausalverlaufs vom vorgestellten Kausalverlauf nur dann in Betracht, wenn der Täter bereits vor der Handlung, die den Taterfolg verursacht, die Schwelle zum strafbaren Versuch überschritten hat oder sie zumindest mit dieser Handlung überschreitet.
- Beabsichtigt der zur Tötung entschlossene Täter, das Opfer beim ersten Angriff nur verteidigungsunfähig zu machen, die eigentliche Tötungshandlung dagegen erst nach einem genau geplanten mehraktigen Geschehensablauf in größerem örtlichen und zeitlichen Abstand auszuführen, liegt in dem ersten Angriff jedenfalls dann noch kein unmittelbares Ansetzen zum Tötungsdelikt i.S.d. § 22 vor, wenn nach seinem Tatplan innerhalb des zum Taterfolg führenden Gesamtgeschehens auch Handlungsschritte vorgesehen sind, die in keinem inneren Zusammenhang mit der Tötung stehen und durch den vorherigen Tod des Opfers vereitelt würden.

303 Von den bislang behandelten Konstellationen wiederum zu unterscheiden ist der Fall, wenn der Täter zunächst „weniger", nach einer Zäsur und aufgrund eines neuen Tatentschlusses dann aber „mehr" will.

Beispiel: Im obigen Beispiel von Rn 301 schlägt T nur mit *Körperverletzungsvorsatz* heftig auf O ein. Dennoch kommt O zu Tode. T hält diesen aber nur für bewusstlos und wirft den vermeintlich noch lebenden O in den See, um die Vortat zu verdecken.

Nach einer derartigen Zäsur kann man nach keiner der o.g. Auffassungen von einem einheitlichen Geschehen ausgehen. Vielmehr muss man ein zweiaktiges Geschehen annehmen. Hinsichtlich des ersten Tatgeschehens wollte T den O nur verletzen und ist daher „nur" wegen Körperverletzung mit Todesfolge (§ 227) strafbar. Die ebenfalls verwirklichte fahrlässige Tötung (§ 222) tritt im Wege der Gesetzeskonkurrenz zurück. Hinsichtlich des zweiten Tatkomplexes ist T wegen versuchten Mordes (§§ 211 I, II Var. 9 – Verdeckungsabsicht) strafbar.

ee. Irrtum über Tatbestandsvarianten

304 Das StGB formuliert in vielen Paragraphen des Besonderen Teils Tatbestandsvarianten. So findet man z.B. alternativ genannte Tatobjekte, Tathandlungen und Tatmodalitäten.

Beispiel: § 258 (Strafvereitelung) unterscheidet zwei Begehungsweisen (Tatmodalitäten), die Verfolgungsvereitelung (Abs. 1) und die Vollstreckungsvereitelung (Abs. 2). Gleichgültig, welche dieser beiden Tatmodalitäten der Täter verwirklicht, macht er sich – bei entsprechendem Vorsatz – wegen Strafvereitelung strafbar.

Problematisch wird die Frage nach der Strafbarkeit dann, wenn der Täter objektiv die eine Variante verwirklicht, sein Vorsatz sich jedoch auf die andere, tatsächlich nicht verwirklichte Variante bezog, er sozusagen einem Irrtum unterlegen ist. **305**

In einem **Irrtum über Tatbestandsvarianten** befindet sich der Täter, wenn er objektiv eine Variante verwirklicht, sein Vorsatz sich jedoch auf die Verwirklichung einer anderen, tatsächlich nicht verwirklichten Variante bezog. **306**

Beispiel: T gewährt dem O ein Darlehen zu einem völlig überhöhten Zinssatz. Dabei geht er davon aus, dass O aufgrund seiner Unerfahrenheit den Zinssatz für „normal" hält. In Wirklichkeit erkennt O jedoch die Sittenwidrigkeit des Geschäfts. Er lässt sich nur deshalb darauf ein, weil er sich in einer wirtschaftlichen Zwangslage befindet und bei seiner Hausbank keinen Kredit mehr bekommt.

Hier verwirklicht T objektiv den Tatbestand des § 291 I S. 1 Var. 1 (Ausnutzen einer Zwangslage), subjektiv fehlt ihm jedoch der Vorsatz (vgl. § 16 I S. 1). Dafür verwirklicht er subjektiv den objektiv nicht gegebenen Tatbestand des § 291 I S. 1 Var. 2 (Ausnutzen der Unerfahrenheit). Es stellt sich die Frage, wie sich diese Fehlvorstellung auswirkt.

⇨ Denkbar ist, eine Unbeachtlichkeit der Fehlvorstellung anzunehmen mit dem Argument, dass T den Tatbestand des § 291 I hat verwirklichen wollen und letztlich auch verwirklicht hat. Folge wäre dann eine Strafbarkeit wegen vollendeten Wuchers.

⇨ Denkbar ist aber auch, eine Beachtlichkeit der Fehlvorstellung anzunehmen, weil T ja streng genommen die Unerfahrenheit des O, nicht aber dessen Zwangslage ausnutzen wollte. In der Folge wäre dann an eine Strafbarkeit wegen Versuchs des § 291 I S. 1 Var. 2 in Tateinheit mit fahrlässiger Begehung des § 291 I S. 1 Var. 1 zu denken. Doch da weder die Versuchsstrafbarkeit angeordnet ist noch ein Fahrlässigkeitstatbestand existiert, führt diese Überlegung zur Straflosigkeit des T.

Die Rspr. verfährt in Irrtumskonstellationen der vorliegenden Art pragmatisch. Sie unterstellt dem Täter regelmäßig, er habe nicht eine solche detaillierte Vorstellung von der Tat gehabt, dass ein Irrtum über Tatbestandsvarianten beachtlich sei. Der Täter habe einen bestimmten Tatbestand verwirklichen wollen und diesen Tatbestand letztlich auch verwirklicht. Damit gelangt sie zur Strafbarkeit aus dem vollendeten Delikt. Auch ein Teil der Literatur vertritt diesen Standpunkt.[346] Dem ist jedenfalls dann zuzustimmen, wenn eine **qualitative Vergleichbarkeit** (ähnlich den Kriterien der Wahlfeststellung und des *error in persona vel obiecto*) der Tatbestandsvarianten besteht. Anderenfalls ist in Anlehnung an den *error in persona vel obiecto* von einer Beachtlichkeit der Fehlvorstellung auszugehen.

Im vorliegenden Fall sind die beiden Tatvarianten qualitativ gleichwertig, sodass T sich wegen vollendeten Wuchers strafbar gemacht hat. Dasselbe gilt für das Beispiel von Rn 304.

Zu den Tatumstandsirrtümern vgl. auch die Übersicht bei Rn 1208 ff.

[346] Eine Übersicht über die verschiedensten Auffassungen bietet *Rolofs*, JA 2003, 304 ff.

3. Objektive Bedingungen der Strafbarkeit - Tatbestandsannexe

307 Objektive Bedingungen der Strafbarkeit sind Umstände, die außerhalb des Straftatbestands liegen, **aber Voraussetzung für eine Bestrafung** sind. Man spricht daher auch von Tatbestandsannexen. Sie sind für die rechtliche Missbilligung der Tat bedeutungslos und brauchen deshalb auch **nicht** vom Tatbestandsvorsatz umfasst zu sein. Sie haben also keine subjektive Entsprechung (daher auch die Bezeichnung „objektive" Bedingung). Daraus folgt, dass auch eventuelle Tatbestandsirrtümer unbeachtlich sind (die Resistenz gegenüber Irrtümern erweckt Zweifel hinsichtlich der Vereinbarkeit mit dem Schuldprinzip. Diesen Zweifeln begegnet die h.M. mit dem Argument, dass Unrecht und Schuld der Tat bereits unabhängig vom Vorliegen der objektiven Bedingung der Strafbarkeit begründet seien).[347]

Beispiel: Die Strafbarkeit aus § 231 I Var. 1 (Beteiligung an einer Schlägerei) setzt voraus, dass durch die Schlägerei der Tod eines Menschen oder eine schwere Körperverletzung verursacht worden ist. Dass der an der Schlägerei beteiligte Täter selbst den Tod eines Menschen oder eine schwere Körperverletzung verursacht haben muss, ist dabei ebenso wenig erforderlich wie eine subjektive Beziehung des Täters zu diesen schweren Folgen. Wenn nun beispielsweise T bei einer Kneipenschlägerei mit einem Bierglas nach X wirft, diesen jedoch verfehlt und dabei O ins Gesicht trifft, macht er sich nach § 231 I strafbar, wenn O dabei ein Auge verliert (§ 226 I Nr. 1). Das Fehlgehen der Tat ist unbeachtlich, da die schwere Folge gerade nicht vom Tatbestandsvorsatz umfasst zu sein braucht und deshalb auch ein Tatumstandsirrtum keine Auswirkungen haben kann. T würde sich aber auch dann nach § 231 I strafbar machen, wenn nicht er, sondern X dem O ein Bierglas ins Gesicht schleuderte und O dabei ein Auge verlöre.

Weitere Beispiele von objektiven Bedingungen der Strafbarkeit sind die Nichterweislichkeit der ehrenrührigen Tatsache in § 186, die Zahlungseinstellung, Konkurseröffnung oder Abweisung des Eröffnungsantrags mangels Masse in §§ 283 VI, 283d IV und (allerdings strittig) die Rauschtat in § 323a.

308 **Hinweis für die Fallbearbeitung:** Fraglich ist der Prüfungsstandort einer objektiven Bedingung der Strafbarkeit. Da eine subjektive Beziehung des Täters zu ihr nicht erforderlich ist, hat die Prüfung jedenfalls außerhalb von Vorsatz und Schuld zu erfolgen. Hinzu kommt, dass auch § 18, der den Eintritt der schweren Folge wiederum vom Vorliegen einer *subjektiven* Beziehung abhängig macht und eine *Strafschärfung* herbeiführt, nicht anwendbar ist, weil der Gesetzgeber in den objektiven Bedingungen der Strafbarkeit eine *strafbegründende* Tatsache sieht. Zunächst ist es möglich, sie nach der Schuld oder gar noch vor dem objektiven Tatbestand zu prüfen, denn liegt die objektive Strafbarkeitsbedingung nicht vor, kann auch der objektive Tatbestand nicht erfüllt sein. Nach der hier vertretenen Auffassung sollte sie jedoch als Annex *nach* dem subjektiven Tatbestand geprüft werden.[348] Dadurch stellt man zunächst klar, dass die objektive Bedingung der Strafbarkeit eine materielle Strafbarkeitsvoraussetzung ist und zum Tatbestand gehört. Darüber hinaus gibt man zu erkennen, dass eine subjektive Beziehung des Täters zu ihr nicht erforderlich ist.

[347] Vgl. hierzu *Lagodny*, Strafrecht vor den Schranken der Grundrechte, 1996, S. 233 ff.
[348] Vgl. bereits die 1. Aufl. 2002; wie hier nun auch *Rönnau*, JuS 2011, 697, 699.

II. Rechtswidrigkeit

1. Einführung

Bei Befolgung des dreistufigen Deliktsaufbaus steht auf der ersten Stufe die Erfüllung des gesetzlichen Tatbestands. Der Tatbestand beschreibt typisches Unrecht in einer abstrakten Weise und der Gesetzgeber geht dabei davon aus, dass derjenige, der den Tatbestand erfüllt, auch rechtswidrig handelt. Aus diesem Grund ist die Rechtswidrigkeit im Regelfall durch die Erfüllung des Tatbestands indiziert. Gleichwohl gibt es Situationen, in denen die Erfüllung eines Tatbestands kein Unrecht darstellt, weil dem Täter ein Erlaubnissatz zur Seite steht. Nach der Systematik des Strafrechts stehen den **Unrechtstatbeständen** nämlich sog. **Erlaubnistatbestände** (Unrechtsausschließungsgründe) gegenüber. Das Eingreifen solcher Erlaubnissätze bewirkt, dass das strafrechtlich relevante Handeln zwar tatbestandsmäßig bleibt, allerdings keine Rechtspflichtverletzung und damit insgesamt kein Unrecht darstellt. 309

Beispiel: Die Tötung eines Menschen ist strafrechtlich relevant. Sofern keine qualifizierenden (§ 211) oder privilegierenden (§ 216) Umstände vorliegen, erfüllt der Täter den Straftatbestand des § 212. Ob der Täter auch rechtswidrig gehandelt hat, wird durch die Erfüllung des Tatbestands zwar indiziert, nicht aber unwiderlegbar vermutet. Vielmehr ist im Einzelfall zu prüfen, ob sich der Täter auf einen (unrechtsausschließenden) Erlaubnissatz berufen kann. Wenn also bspw. der Täter zuvor von dem Opfer angegriffen wurde, kommt der Rechtfertigungsgrund Notwehr (§ 32) in Betracht. Kann sich der Täter auf § 32 berufen, handelt er zwar tatbestandsmäßig (i.S.d. § 212), nicht aber rechtswidrig.

Hinweis für die Fallbearbeitung: Sofern nach gedanklicher Prüfung kein Rechtfertigungsgrund greift, darf aufgrund der Indizwirkung des Tatbestands die Rechtswidrigkeit nur mit einem Satz festgestellt werden, etwa in der Art, dass „die Verwirklichung des Tatbestands rechtswidrig war." Nur wenn (ausnahmsweise) ein Rechtfertigungsgrund in Betracht kommt, bedarf es einer Prüfung, in die etwa so eingestiegen werden könnte: „Eine tatbestandsmäßige Handlung ist rechtswidrig, wenn sie nicht durch einen Rechtfertigungsgrund gedeckt wird. Zu prüfen ist daher, ob ein anerkannter Rechtfertigungsgrund vorliegt. In Betracht kommt § ...". 310
Eine Besonderheit gilt hinsichtlich sog. „offener Tatbestände" (§§ 240, 253). Bei diesen Straftatbeständen ist der Tatbestand so weit gefasst, dass sich das Regel-Ausnahme-Verhältnis umdreht: Zur Erfüllung des Tatbestands muss die Rechtswidrigkeit positiv festgestellt werden. Welches konkrete Täterverhalten im Einzelfall zum Vorliegen der Rechtswidrigkeit führt, ist den in Betracht kommenden Strafnormen zu entnehmen.

Schließlich ist danach zu fragen, welche Auswirkungen das Vorliegen eines Rechtfertigungsgrundes für andere Personen hat.

- Zunächst führt das Vorliegen eines Rechtfertigungsgrundes dazu, dass der Eingriff des Täters in die Rechtssphäre eines anderen nicht rechtswidrig ist. Dieser andere kann sich also nicht auf Notwehr (§ 32) berufen, da das Notwehrrecht gerade einen rechtswidrigen Angriff voraussetzt. Es gilt also der Merksatz: **Keine Notwehr gegen eine gerechtfertigte Tat!** In Betracht kommen aber §§ 34 oder 35.
- Des Weiteren sind die Folgen der Rechtfertigung für den Teilnehmer zu beachten: Sowohl Anstiftung (§ 26) als auch Beihilfe (§ 27) setzen eine vorsätzliche rechtswidrige Haupttat voraus. Ist der Haupttäter gerechtfertigt, fehlt es somit an einer teilnahmefähigen Haupttat. Eine versuchte Teilnahme ist nur im Fall des § 30 I strafbar. Es gilt also der Satz: **Keine Teilnahme an einer gerechtfertigten Tat!**

2. Das Erfordernis subjektiver Rechtfertigungselemente

311 Der gesetzliche Tatbestand setzt sich aus objektiven und subjektiven Unrechtselementen zusammen. Sieht man nun in den Rechtfertigungsgründen Erlaubnistatbestände, stellt sich die Frage, ob der Täter auch diesbezüglich mit einer subjektiven Komponente handeln muss. Fordert man ein subjektives Rechtfertigungselement, sind **zwei (Irrtums) konstellationen** denkbar:

312 - Zum einen ist es möglich, dass der Täter objektiv gerechtfertigt ist, die objektiv vorliegende Rechtfertigung aber nicht kennt, sondern vielmehr davon ausgeht, sich rechtswidrig zu verhalten (Fehlen des subjektiven Rechtfertigungselements).

  Beispiel: T erschießt aus Eifersucht seinen Nebenbuhler O. Hinterher stellt sich heraus, dass O soeben T erschießen wollte. In diesem Fall war T also objektiv gerechtfertigt (Notwehr, § 32), hatte aber nicht den Willen, sich zu verteidigen.

313 - Andererseits ist denkbar, dass der Täter objektiv nicht gerechtfertigt ist, aber irrig annimmt, sein Verhalten sei gerechtfertigt.

  Beispiel: O zieht aus seiner Westentasche ein Streichholz, um sich eine Zigarette anzuzünden. T glaubt in diesem Moment, O wolle ein Messer ziehen, um ihn anzugreifen. Um diesem vermeintlichen Angriff zuvorzukommen, schlägt T den O nieder.

a. Täter ist objektiv gerechtfertigt, hat aber keinen Rechtfertigungswillen („umgekehrter Erlaubnistatbestandsirrtum")

314 - Eine einzelne, heute wohl nicht mehr vertretene Minderheitsmeinung[349] machte die Rechtfertigungsgründe (ausgewiesenermaßen die Notwehr) nicht von subjektiven Elementen abhängig. Sie begründete ihre Auffassung mit dem Argument, dass durch die Forderung nach einem subjektiven Rechtfertigungselement unabhängig vom Wortlaut der Rechtfertigungsnorm zu Lasten des Täters eine zusätzliche Straffreiheitsbedingung eingeführt werde. Daher genüge es, wenn objektiv eine Rechtfertigungslage gegeben sei, unabhängig von der Vorstellung des Täters. Die Konsequenz dieser Auffassung war, dass der Täter auch ohne Rechtfertigungswillen, ja sogar bei rechtsfeindlicher Gesinnung gerechtfertigt ist.

  Im **Beispiel** von Rn 312 wäre T demzufolge nach § 32 gerechtfertigt. Er wäre nicht wegen eines vollendeten Tötungsdelikts strafbar.

315 - Nach heute wohl einhelliger Auffassung[350] wird eine tatbestandsmäßige Handlung nicht schon dadurch gerechtfertigt, dass die objektiven Voraussetzungen eines Rechtfertigungsgrundes gegeben sind. Vielmehr sei ein **subjektives Rechtfertigungselement** erforderlich. Zur Begründung wird ausgeführt, dass es für die Strafbarkeit nach deutschem Recht genüge, dass der Täter seine rechtsfeindliche Gesinnung durch eine objektiv nicht einmal tatbestandsmäßige Handlung zum Ausdruck bringe, wenn er also allein Handlungsunwert begehe. Wer beispielsweise irrtümlich eine eigene Sache zerstöre, begehe zwar keine Sachbeschädigung, werde aber dennoch wegen Versuchs bestraft. Straflos bleibe daher nur, wer etwas nicht Strafbares tue und sich dessen auch bewusst sei. Das Gleiche müsse auch für die Rechtswidrigkeit gelten. Wer objektiv und subjektiv tatbestandsmäßige, aber objektiv gerechtfertigte Handlungen in Unkenntnis des Rechtfertigungsgrundes vornehme, betätige eine rechtsfeindliche Gesinnung. Er könne daher nicht gerechtfertigt sein. Kontroversen bestehen lediglich hinsichtlich der Frage bezüglich der Intensität des subjektiven Rechtfertigungselements. Einige lassen es genügen, wenn der Täter das Vorliegen der rechtfertigenden Umstände für möglich hält.[351] Anderen zufolge muss der Täter in Kenntnis

---

[349] LK-*Spendel*, § 32 Rn 138 (bis zur 11. Aufl.); anders jetzt LK-*Rönnau/Hohn* (12. Aufl. 2006), § 32 Rn 262 ff.

[350] BGH NJW 2013, 2133, 2134 f.; NStZ 2001, 143, 144; 2001, 153; 1996, 29, 30; BayObLG NStZ-RR 1999, 9; *Mitsch*, JuS 2000, 848, 851; *Graul*, JuS 2000, L 41; LK-*Rönnau/Hohn*, § 32 Rn 263, 266 f.; Sch/Sch-*Lenckner/Sternberg-Lieben*, Vorbem §§ 32 ff. Rn 13 f.; *Fischer*, § 32 Rn 25; *W/B/S*, AT, Rn 275; *Joecks*, Vor § 32 Rn 10; *Roxin*, AT, § 14 Rn 97; *Kühl*, AT, § 8 Rn 183; *Rönnau*, JuS 2009, 594, 595; a.A. *Gropp*, AT, § 5 Rn 175.

[351] So vertreten von Sch/Sch-*Lenckner/Sternberg-Lieben*, Vorbem §§ 32 ff. Rn 14.; SK-*Günther*, Vor § 32 Rn 90.

der ihn rechtfertigenden Sachlage handeln.[352] Schließlich wird vertreten, dass der in Kenntnis der ihn rechtfertigenden Sachlage handelnde Täter auch mit dem Willen der Rechtfertigung handeln müsse.[353] Für dieses Erfordernis spricht jedenfalls die finale Formulierung „um" in den §§ 32 II, 34 S. 1.

Auf dem Boden dieser Grundsätze ist die Tat also nur gerechtfertigt, wenn der Täter aufgrund eines Erlaubnissatzes rechtens handeln will. Mithin gehören zur Notwehr subjektiv der „Verteidigungswille"[354], zum rechtfertigenden Notstand der „Rettungswille", zur rechtfertigenden Einwilligung das Handeln „in Kenntnis des Rechtsgutverzichts", zum Festnahmerecht gem. 127 StPO der Festnahmewille usw.[355] Zusätzliche Motive wie beispielsweise Eifersucht, Neid, Hass, Wut oder das Streben nach Vergeltung spielen dabei keine Rolle, sofern sie jedenfalls den Rechtfertigungswillen nicht völlig in den Hintergrund drängen.[356]

Im **Beispiel** von Rn 312 wäre T demzufolge *nicht* nach § 32 gerechtfertigt.

Schließlich ist innerhalb der h.M. die Frage klärungsbedürftig, welche Konsequenzen sich für den in Unkenntnis der Rechtfertigungslage handelnden Täter ergeben. **316**

- Nach einer Auffassung[357] ist der Täter wegen **vollendeter rechtswidriger Tat** strafbar. Sie geht davon aus, der Täter sei wegen Vollendung und nicht wegen Versuchs strafbar, weil der tatbestandsmäßige Erfolg eingetreten sei und eine Versuchsstrafbarkeit nur dann in Betracht komme, wenn es an einem objektiven Tatbestandsmerkmal fehle. Für dieses Ergebnis spreche auch der Wortlaut des § 16, der sich nur auf den gesetzlichen Tatbestand beziehe. **317**
- Die h.M.[358] nimmt nur **Versuch** an, und zwar entweder unter **direkter oder analoger** Anwendung der Versuchsregeln. **318**
- Stellungnahme: Der h.M. ist zuzustimmen. Denn da den Täter die Strafe wegen eines vollendeten Delikts nur dann treffen kann, wenn er sämtliche objektiven und subjektiven Strafbarkeitsvoraussetzungen erfüllt hat, fehlt es an einer objektiv rechtswidrigen Handlung, wenn objektiv ein Rechtfertigungsgrund greift. Da dem Täter aber der „Wille zur Rechtfertigung" fehlt, er also Unrecht begehen will, obwohl dies objektiv nicht der Fall ist, liegt eine dem Versuch entsprechende Situation vor.[359] **319**

Hinweis für die Fallbearbeitung: Während die zuerst genannte Auffassung also zur Strafbarkeit (wegen vollendeter rechtswidriger Tat) gelangt, hängt die Strafbarkeit des Täters nach der Gegenauffassung von der Strafbarkeit des Versuchs ab. Es können sich also zum Teil sehr ergebnisrelevante Unterschiede ergeben. Folgt man der auch hier vertretenen Gegenauffassung, die bei Fehlen des subjektiven Rechtfertigungselements einen Versuch annimmt, muss man die Prüfung des vollendeten vorsätzlichen Delikts an dieser Stelle der Klausurprüfung abbrechen und in die Versuchsprüfung einsteigen. Bei dieser Prüfung wird die Feststellung, dass der Erfolg ausgeblieben ist, durch den Hinweis auf das fehlende Erfolgsunrecht ersetzt. Im Übrigen ist Prüfung von Tatbestandsmäßigkeit und Rechtswidrigkeit kurz zu halten, da eine diesbezügliche Prüfung bereits **320**

[352] So vertreten von *Roxin*, AT I, § 14 Rn 94; *Kühl*, AT, § 8 Rn 183; Matt/Renzikowski-*Engländer*, Vor §§ 32 ff. Rn 7.
[353] So die h.M., vgl. nur BGH NJW 2013, 2133, 2135; NStZ 2001, 143, 144; 2001, 153; 2000, 365; 1999, 29, 30; NK-*Paeffgen*, Vorbem zu §§ 32 ff. Rn 100; *W/B/S*, AT, Rn 277. Zum Streitstand insgesamt vgl. ausführlich Sch/Sch-*Lenckner/Sternberg-Lieben*, Vorbem §§ 32 ff. Rn 14.
[354] So ausdrücklich BGH NJW 2013, 2133, 2134 f.
[355] So *W/B/S*, AT, Rn 275.
[356] BGH NJW 2013, 2133, 2135; NStZ 2000, 365; BayObLG NStZ-RR 1999, 9; *Roxin*, AT, § 14 Rn 95 u. § 15 Rn 111; *Fischer*, § 32 Rn 26. Vgl. auch *Brüning*, ZJS 2013, 511; *Jäger*, JA 2013, 708.
[357] BGHSt 2, 111, 114 f.; BGH NStZ 2005, 332, 334; LK-*Rönnau/Hohn*, § 32 Rn 268; *Zieschang*, AT, Rn 232.
[358] Sch/Sch-*Lenckner/Sternberg-Lieben*, Vorbem §§ 32 ff. Rn 15; *Fischer*, § 32 Rn 27; *W/B/S*, AT, Rn 279; *Roxin*, AT, § 14 Rn 104; SK-*Günther*, vor § 32 Rn 90; LK-*Rönnau*, Vor § 32 Rn 90; *Jescheck/Weigend*, AT, § 31 IV 2; *Stratenwerth/Kuhlen*, AT, § 9 Rn 147 f.; OLG Celle NdsRpfl 2013, 253 ff.; *Kudlich*, JuS 2014, 587, 590.
[359] Vgl. auch Sch/Sch-*Lenckner/Sternberg-Lieben*, Vorbem §§ 32 ff. Rn 15; OLG Celle NdsRpfl 2013, 253 ff.

beim vollendeten Delikt erfolgte. Gegebenenfalls ausführlich zu prüfen sind aber die Schuld und die sonstigen Strafbarkeitsvoraussetzungen.[360]

b. Täter ist objektiv nicht gerechtfertigt, glaubt sich aber gerechtfertigt

321 Der umgekehrte Fall, d.h. der Fall, in dem zwar das subjektive Rechtfertigungselement vorliegt, nicht aber die objektiv gegebene Rechtfertigungslage, führt

- einerseits zu einem sog. **Erlaubnistatbestandsirrtum**: Der Täter nimmt irrig an, die tatsächlichen Voraussetzungen eines anerkannten Rechtfertigungsgrundes (= eines Erlaubnistatbestands) lägen vor.[361] Beispiel: Irrige Annahme eines notwehrfähigen Angriffs (sog. Putativnotwehr) oder einer Notstandsgefahr (sog. Putativnotstand). Der BGH[362] lässt in einem solchen Fall überwiegend analog § 16 I S. 1 den Vorsatz, die h.L. (und teilweise auch der BGH)[363] lassen dagegen lediglich den Vorsatzschuldvorwurf entfallen. Entfallen lassen des Vorsatzschuldvorwurfs bedeutet, dass es bei einer tatbestandsmäßigen und rechtswidrigen Tat bleibt, der Täter nur nicht schuldhaft handelt (diese Konsequenz kann insbesondere für eine Teilnahme Bedeutung erlangen, denn diese setzt gem. §§ 26, 27 gerade eine rechtswidrige und vorsätzliche Haupttat voraus; auch eine ggf. rechtmäßige Notwehrhandlung des Angegriffenen bleibt möglich).

  Im **Beispiel** von Rn 313 wäre T (jedenfalls nach h.L.) analog § 16 I S. 1 kein Vorsatzschuldvorwurf zu machen. Er wäre nicht wegen vorsätzlicher Körperverletzung (§ 223 I) strafbar. Wegen § 16 I S. 2 bleibt aber eine Strafbarkeit wegen fahrlässiger Körperverletzung (§ 229) unberührt. Zum Erlaubnistatbestandsirrtum vgl. auch ausführlich Rn 531 ff.

- andererseits zu einem **Erlaubnisirrtum:** Der Täter nimmt einen Rechtfertigungsgrund an, den es gar nicht gibt, oder er überdehnt die rechtlichen Grenzen eines anerkannten Rechtfertigungsgrundes. Beispiel: Überschreiten der rechtlichen Grenzen des Notwehrrechts, sog. Notwehrexzess (§ 33). Sofern kein Fall des Notwehrexzesses vorliegt (etwa weil die zeitlichen Grenzen des Notwehrrechts überschritten werden oder der Täter nicht aus Verwirrung, Furcht oder Schrecken handelt), sondern ein Erlaubnisirrtum, folgt dieser als *indirekter Verbotsirrtum* den in § 17 normierten Regeln, schließt also im Falle der Vermeidbarkeit (wie i.d.R.) die Vorsatzschuld nicht aus. Der Täter bleibt strafbar.[364] Prüfungspunkt dieses Irrtums ist in der Schuld (siehe Rn 561 ff.).

Zu den Irrtümern in Bezug auf Rechtfertigungsgründe vgl. auch die zusammenfassende Übersicht bei Rn 1208 ff.

3. Einzelne Rechtfertigungsgründe

322 Für die Rechtfertigungsgründe gilt der Grundsatz der „Einheit und Widerspruchsfreiheit der Rechtsordnung“: Was zivil- oder verwaltungsrechtlich erlaubt ist, kann strafrechtlich nicht verboten sein. Erlaubnisse und Freistellungen, aber auch Rechtfertigungsgründe aus dem Zivilrecht und dem öffentlichen Recht können daher auch im Strafrecht als Rechtfertigungsgründe fungieren.[365] Aus diesem Grund gibt es so viele Rechtfertigungsgründe, die zur Rechtfertigung eines verwirklichten Straftatbestandes führen können. Im Folgenden sollen aber nur die bedeutsamsten vorgestellt und auf die klausurrelevantesten näher eingegangen werden. Insgesamt kommen insb. folgende Rechtfertigungsgründe in Betracht[366]:

---

360 *W/B/S*, AT, Rn 280.
361 Vgl. dazu BGH NStZ 2014, 30 f.; NJW 2000, 1348 (mit Bespr. von *Mitsch*, JuS 2000, 848); *Herzberg/Scheinfeld*, JuS 2002, 649 ff.; *Altvater*, NStZ 2003, 21, 24.
362 Vgl. die Nachweise bei Rn 541.
363 Vgl. die Nachweise bei Rn 543.
364 Vgl. dazu BGH NStZ 2003, 596, 597; MüKo-*Erb*, § 32 Rn 221.
365 Allgemeine Auffassung, vgl. nur BGHSt 11, 241, 244.
366 Vgl. auch die Aufzählung bei *W/B/S*, AT, Rn 282; Sch/Sch-*Lenckner/Sternberg-Lieben*, Vorbem §§ 32 ff. Rn 28.

- aus dem StGB § 32 (Notwehr), § 34 (rechtfertigender Notstand), § 193 (Wahrnehmung berechtigter Interessen), § 218a II und III (Schwangerschaftsabbruch),
- aus dem BGB § 227 (Notwehr), § 228 (Defensivnotstand), § 229 (Selbsthilfe), § 859 (Besitzschutz nach verbotener Eigenmacht), § 904 (Aggressivnotstand) und ggf. 241a (Zerstörung, Beschädigung oder Ingebrauchnahme unbestellt zugeschickter Sachen[367]), ferner diejenigen aus §§ 562b, 581 II, 704, 1029,
- aus der StPO § 81a (Recht zur Entnahme einer Blutprobe)[368] und § 127 (Festnahmerecht),
- aus dem OWiG § 15 (Notwehr) und § 16 (rechtfertigender Notstand),
- aus dem BJagdG § 23 (rechtfertigender Notstand),
- aus dem GVG § 177 (Maßnahmen zur Aufrechterhaltung der Ordnung) und § 178 (Ordnungsmittel wegen Ungebühr),
- aus dem Strafvollzugsrecht die landesrechtlichen Bestimmungen über das Festnahmerecht gegenüber Entwichenen[369],
- aus dem GG Art. 20 IV (politisches Widerstandsrecht) und
- aus dem Gewohnheitsrecht (rechtfertigende Einwilligung, rechtfertigende Pflichtenkollision; dagegen ist das Züchtigungsrecht der Eltern und bestimmter Erzieher nicht mehr anzuerkennen).

Hinweis für die Fallbearbeitung: Treffen mehrere Rechtfertigungsgründe (z.B. § 904 BGB, § 34 StGB) auf einen Sachverhalt zu („**Konkurrenz von Rechtfertigungsgründen**"), ist durch Auslegung zu ermitteln, welcher von ihnen zum Zuge kommt. 323

- Dabei gilt der sich aus der Gesetzessystematik ergebende Grundsatz, dass der spezielle dem allgemeinen (und damit nachrangigen) Rechtfertigungsgrund vorgeht und Letzterer daher nicht zu prüfen ist[370].

Beispiele:

(1) § 859 II BGB (Selbsthilfe des Besitzes) geht § 32 StGB vor,

(2) § 228 BGB geht § 34 StGB vor, weil er speziell Gefahren erfasst, die von einer fremden Sache ausgehen; § 34 StGB erfasst dagegen alle Gefahren. Auch der Aggressivnotstand gem. § 904 BGB geht § 34 StGB vor.[371]

(3) § 32 StGB geht dem inhaltsgleichen § 227 BGB vor, weil er spezielles strafrechtliches Notwehrrecht darstellt (a.A. vertretbar).

(4) § 32 StGB geht nach h.M. auch § 34 StGB vor, weil er eine abschließende Regelung in Bezug auf einen gegenwärtigen rechtswidrigen Angriff darstellt und zudem (anders als § 34) keine Interessenabwägung verlangt.[372]

(5) § 193 StGB geht § 34 StGB vor, weil die Wahrnehmung berechtigter Interessen speziell die Beleidigung rechtfertigt.

(6) § 218a StGB geht § 34 StGB vor (das gilt nicht, wenn der Schwangerschaftsabbruch von einem medizinischen Laien vorgenommen wird und § 218a daher nicht greift).

---

[367] Sehr problematisch, vgl. dazu näher *R. Schmidt*, BT II, Rn 283a.

[368] § 81a StPO setzt allerdings eine Anordnung durch den Richter, Staatsanwalt oder einen Hilfsbeamten der Staatsanwaltschaft voraus. Liegt eine solche vor, ist ein Rückgriff auf § 34 StGB nicht möglich.

[369] Zur Föderalismusreform, durch die am 1.9.2006 die Gesetzgebungskompetenz für das Strafvollzugsrecht vom Bund (vgl. § 87 StVollzG a.F.) auf die Länder übergegangen ist, vgl. *R. Schmidt*, Staatsorganisationsrecht, 17. Aufl. 2016, Rn 795.

[370] Wie hier NK-*Paeffgen*, Vor §§ 32 ff. Rn 77 und nunmehr auch *Jahn*, JuS 2014, 80, 81. Nach der Gegenauffassung (LK-*Rönnau*, Vor § 32 Rn 78) sind alle Rechtfertigungsgründe, deren Voraussetzungen vorliegen, nebeneinander anwendbar.

[371] So (nunmehr) auch *Walter/Schwabenbauer*, JA 2014, 103, 104.

[372] Wie hier Sch/Sch-*Perron*, § 34 Rn 6; LK-*Hirsch*, (11. Aufl.), § 34 Rn 93; NK-*Neumann*, § 34 Rn 13; *Fischer*, § 34 Rn 22; *Jahn*, JuS 2014, 80, 81; a.A. MüKo-*Erb*, § 34 Rn 24 mit dem Argument, dass § 32 auf dem Rechtsbewahrungsprinzip beruhe, wohingegen § 34 auf dem Prinzip des höherwertigen Interesses basiere. Wegen dieser unterschiedlichen Prinzipien stünden beide Rechtfertigungsgründe selbstständig nebeneinander (dem sich anschließend *Zieschang*, JA 2007, 679, 680: artverschiedene Rechtfertigungsgründe).

Daraus folgt: Allgemeine Rechtfertigungsgründe, die hinter speziellen zurücktreten, brauchen auch in der Fallbearbeitung i.d.R. nicht separat geprüft zu werden. Allerdings kann ein Hinweis, dass „der allgemeine Rechtfertigungsgrund des ... (etwa § 34 gegenüber § 32) zurücktritt", zu empfehlen sein.

- Greift der spezielle Rechtfertigungsgrund im Ergebnis aber nicht – etwa weil dessen Voraussetzungen nicht vorliegen –, darf auf einen allgemeinen Rechtfertigungsgrund zurückgegriffen werden, wenn der speziellere keine Sperrwirkung entfaltet. Ob das der Fall ist, muss durch Auslegung ermittelt werden.

Beispiel/Gegenbeispiel:

(1) Ist der Angreifer gerechtfertigt, scheitert das Notwehrrecht des Verteidigers an der Rechtswidrigkeit des Angriffs. Der Verteidiger kann sich nicht auf § 32 stützen. Aus § 32 folgt aber nicht, dass die Abwehr rechtmäßiger Angriffe immer rechtswidrig wäre – nur das schneidige Notwehrrecht gilt hier nicht – weshalb in solchen Fällen der Weg frei ist für eine Beurteilung nach § 34.

(2) § 127 I S. 1 StPO, der insbesondere als Rechtfertigungsgrund bei einer Freiheitsberaubung (§ 239 I) in Betracht kommt, setzt eine „frische Tat" voraus. Nimmt nun eine Privatperson einen Täter fest, obwohl die Tat nicht mehr „frisch" ist, ist die Privatperson jedenfalls nicht nach § 127 I S. 1 StPO gerechtfertigt. Zu denken wäre dann zwar an § 34. Dieser Rechtfertigungsgrund ist aber nicht anwendbar, weil das Festnahmerecht grds. abschließend von § 127 geregelt ist.[373] Gleichwohl ist die Privatperson nicht notwendigerweise strafbar, weil sie einem Erlaubnistatbestandsirrtum unterlegen sein könnte (vgl. dazu Rn 531 ff.).

Kenntnisse hinsichtlich der Konkurrenz sind insbesondere dann wichtig, wenn der Täter die Grenzen eines Rechtfertigungsgrundes überschreitet. Ist sein Verhalten dann von einem anderen, weitergehenden Rechtfertigungsgrund gedeckt, handelt er nicht rechtswidrig.

Schließlich ist die **Teilbarkeit der Rechtfertigung** zu beachten. Es ist denkbar, dass ein und dieselbe Handlung gegenüber einem Rechtsgut gerechtfertigt ist und gegenüber einem anderen nicht.

Beispiel: Wenn ein flüchtiger Dieb festgehalten wird, bis die Vollzugspolizei eintrifft, und ihm dabei von dem körperlich weit überlegenen Täter der Arm gebrochen wird, ist zwar das Festhalten (d.h. die Nötigung und die Freiheitsberaubung) nach § 127 I S. 1 StPO gerechtfertigt, nicht jedoch der Armbruch.[374]

Schließlich ist es auch möglich, dass eine Handlung mehrere Tatbestände unterschiedlicher Rechtsgutträger erfüllt. Hier ist jeder einzelne Tatbestand hinsichtlich einer etwaigen Rechtfertigung zu prüfen.[375]

Beispiel: Beobachtet ein U-Bahn-Passagier, wie ein schwarzafrikanischer Fahrgast von einer Gruppe Rechtsradikaler angegriffen wird, und eilt dieser Passagier dem Angegriffenen dadurch zur Hilfe, dass er den Stockschirm der sich ebenfalls in der U-Bahn befindlichen D ergreift, um auf die Angreifer einzuschlagen, ist das Einschlagen (= gefährliche Körperverletzung gem. §§ 223, 224 I Nr. 2 Var. 2) durch Nothilfe gerechtfertigt. Hinsichtlich des Stockschirms ist die Sachbeschädigung (§ 303 I) wegen § 904 BGB gerechtfertigt.

---

[373] Nicht überzeugend *Neubacher/Bachmann*, JA 2010, 711, 716, die im Rahmen der Festnahme primär auf § 32 abstellen und § 127 I StPO lediglich als „darüber hinausgehenden" Rechtfertigungsgrund zusätzlich prüfen. Davon unabhängig ist aber zu beachten, dass die „Sperrwirkung" des § 127 I StPO nur so weit reicht, wie § 127 I StPO inhaltlich greift. Ist § 127 I StPO etwa ausgeschlossen, weil der Festzunehmende (noch) nicht strafmündig ist (Rn 484, str.), bleibt ein „Rückgriff" auf § 32 möglich. Anderenfalls könnte sich das widersinnige Ergebnis ergeben, dass ein 13-jähriger Täter nicht festgehalten werden dürfte.

[374] Vgl. dazu BGH NJW 2000, 1348 mit Anm. *Mitsch*, JuS 2000, 848 ff.; *Ingelfinger*, JR 2000, 297,

[375] Vgl. bereits die 1. Aufl. 2002; später auch *Erb*, JuS 2010, 17, 19.

a. Notwehr (§ 32 StGB, § 15 OWiG, § 227 BGB)

Unter „Notwehr" versteht das Gesetz die Verteidigung, die erforderlich ist, um einen gegenwärtigen rechtswidrigen Angriff von sich oder einem anderen[376] abzuwenden (vgl. nur § 32 II). Dieser Rechtfertigungsgrund beruht auf der Erwägung, dass das Recht dem Unrecht nicht zu weichen braucht. Er verbindet die individuelle Befugnis zum Selbstschutz vor widerrechtlichen Angriffen mit dem Allgemeininteresse an der Wahrung der Rechtsordnung, für deren Bestand derjenige eintritt, der zur Notwehr (oder Nothilfe) greift. Der Prüfungsaufbau dieses Rechtfertigungsgrundes innerhalb des Delikts ist dem Grunde nach durch das Gesetz vorgezeichnet und stellt sich wie folgt dar: 324

Voraussetzungen der Notwehr

I. Verwirklichung des Tatbestands durch den Täter (objektiv, subjektiv)

II. Rechtswidrigkeit des Täterverhaltens

Grundsätzlich ist die Rechtswidrigkeit durch die Verwirklichung des Tatbestands indiziert; aber: Rechtfertigung infolge Notwehr möglich. Das setzt Folgendes voraus:

1. Objektive Rechtfertigungsmerkmale

a. Notwehrlage: gegenwärtiger rechtswidriger Angriff auf ein notwehrfähiges Rechtsgut.

Unter einem **Angriff** versteht man das willensgetragene Verhalten eines Menschen, welches ein rechtlich geschütztes Interesse zu verletzen droht oder verletzt. Probleme: Bagatellangriffe, Scheinangriffe, Scherzangriffe, Unterlassen und Tierverhalten.

Als **notwehrfähiges Rechtsgut** kommt jedes rechtlich geschützte Interesse oder Gut des Täters oder eines anderen in Betracht. Dazu zählen jedenfalls alle Individualrechtsgüter, u.a. die in § 34 beispielhaft genannten Rechtsgüter Leben (auch das ungeborene), Leib, Freiheit usw. Auch Eigentum ist notwehrfähig. Ob und inwieweit auch Rechtsgüter des Staates für den einzelnen notwehrfähig sind, ist zweifelhaft.
Jedenfalls ist die objektive Rechtsordnung für den Einzelnen nicht notwehrfähig. Diese zu verteidigen ist Aufgabe der Behörden.

Gegenwärtig ist ein Angriff, der unmittelbar bevorsteht, gerade stattfindet oder noch andauert. Probleme: Präventivnotwehr, Dauergefahr, antizipierte Notwehr (durch Selbstschutzanlagen), Notwehr gegen erpresserische und nötigende Drohungen. Das Kriterium der Gegenwärtigkeit richtet sich nach der objektiven Sachlage zur Zeit der Tat, nicht etwa nach der Vorstellung desjenigen, der sich bedroht fühlt oder andere für bedroht hält. Anderenfalls liegt ein Fall der Putativnotwehr vor, deren Strafbarkeit nach den Irrtumsregeln zu beurteilen ist. Bei Dauerdelikten (z.B. § 239) ist der Angriff so lange gegenwärtig, wie der rechtswidrige Zustand noch andauert.

Rechtswidrig ist der Angriff, wenn er im Widerspruch zur Rechtsordnung steht. Kann sich also bereits der Angreifer auf einen Rechtfertigungsgrund stützen (wobei es keine Rolle spielt, welchem Rechtsgebiet der Rechtfertigungsgrund angehört), handelt er nicht rechtswidrig. Ein schuldhaftes Handeln des Angreifers ist nicht erforderlich.

Schließlich gilt, dass die Notwehr nicht nur zur Abwehr eines Angriffs auf sich selbst, sondern auch zur Abwehr eines Angriffs auf ein Rechtsgut eines Dritten zulässig ist, § 32 II (sog. **Nothilfe**).

b. Notwehrhandlung: Jede mit Verteidigungswillen ausgeübte Verteidigungshandlung, die (objektiv) erforderlich und (normativ) geboten ist, um den Angriff abzuwehren.

Verteidigung ist jedes Verhalten, das sich gegen die Rechtsgüter des Angreifers richtet und der Beendigung des Angriffs dient.

[376] Die Notwehr zugunsten eines anderen wird auch als „Nothilfe" bezeichnet.

Erforderlich ist grundsätzlich jede Handlung, welche zu einer wirksamen Verteidigung beiträgt, eine möglichst sofortige Beendigung des Angriffs erwarten lässt und die endgültige Beseitigung der Gefahr am besten gewährleistet. Eine Güterabwägung findet nicht statt („Das Recht muss dem Unrecht nicht weichen"). Stehen dem Notwehrübenden allerdings mehrere gleich wirksame Abwehrmittel zur Verfügung, muss er dasjenige wählen, das den geringsten Schaden verursacht (Vorrang des relativ mildesten Mittels). Problem: Einsatz von (auch unerlaubt mitgeführten) Schusswaffen oder anderer gefährlicher Werkzeuge (Messer o.Ä.).

Obwohl eine Güterabwägung nicht stattfindet, wird das Notwehrrecht nicht grenzenlos gewährleistet. Vielmehr muss die Verteidigungshandlung **geboten** sein. So wird dem Verteidiger das „schneidige" Notwehrrecht insbesondere dann versagt, wenn er sich rechtsmissbräuchlich verhält – sozialethische Schranke des Notwehrrechts. Einschränkungen ergeben sich insb. hinsichtlich folgender Personengruppen bzw. Sachverhalte: Schuldlos Handelnde (Kinder, Geisteskranke, Volltrunkene, ersichtlich Irrende etc.), nahestehende Personen, Bagatellangriffe, krasses Missverhältnis, vorsätzliche oder sonst vorwerfbare Herbeiführung der Notwehrlage.

2. Subjektive Rechtfertigungsmerkmale
Der Täter muss, um subjektiv gerechtfertigt zu sein, in Kenntnis des objektiven Rechtfertigungstatbestands und mit dem Willen, sich zu verteidigen, gehandelt haben. Zusätzliche Motive wie beispielsweise Eifersucht, Neid, Hass, Wut oder das Streben nach Vergeltung, spielen dabei keine Rolle, sofern sie jedenfalls den Rechtfertigungswillen nicht völlig in den Hintergrund drängen.

3. Irrtumsfragen
Nimmt der Täter irrtümlich eine objektiv nicht vorliegende Notwehrsituation an (sog. Putativnotwehr), handelt es sich um einen sog. **Erlaubnistatbestandsirrtum**, der nach dem BGH überwiegend gem. § 16 I S. 1 analog zum Ausschluss des Tatbestandsvorsatzes und nach der auch hier vertretenen h.L. und teilweise auch dem BGH zum Ausschluss des Vorsatzschuldvorwurfs führt (vgl. dazu näher Rn 541 ff.). Irrt der Täter dagegen über die rechtliche Zulässigkeit der Abwehr (**Erlaubnisirrtum**), liegt ein Verbotsirrtum vor, der bei Unvermeidbarkeit über § 17 S. 1 zum Schuldausschluss führt.

aa. Objektive Rechtfertigungsmerkmale

a.) Notwehrlage

325 Notwehr setzt zunächst einen gegenwärtigen rechtswidrigen Angriff auf ein rechtlich geschütztes Interesse (= notwehrfähiges Rechtsgut) voraus.

aa.) Angriff auf ein rechtlich geschütztes Interesse

326 Unter einem **Angriff** i.S.d. § 32 versteht man das Verhalten eines Menschen, welches ein rechtlich geschütztes Interesse zu verletzen droht oder verletzt.[377] Nicht erforderlich ist, dass das Verhalten „gezielt" ausgeübt wird. Es muss aber willensgetragen sein. Insoweit liegt eine Übereinstimmung mit dem allgemeinen strafrechtlichen Handlungsbegriff vor (vgl. dazu Rn 59). Reflexe, Hypnose, vis absoluta u.ä. scheiden somit aus.

Beispiel: A wird von B heftig gegen C gestoßen. ⇨ Hier liegt kein Angriff des A auf C vor, da A nicht willentlich gehandelt hat. Ein Notwehrrecht des C besteht somit nicht. In Betracht kommt aber Notstand i.S.d. §§ 34 oder 35.[378]

327 Das Verhalten des „Angreifers" muss eine bestimmte „**Bagatellschwelle**" überschreiten. So kann etwa das Anleuchten mit einer Taschenlampe nicht als Angriff bewertet werden (zumindest aber wäre eine Verteidigungshandlung, welche die Grenze zur Körperverlet-

---

[377] Vgl. BGH NJW 2003, 1955, 1956 ff.; NStZ-RR 2002, 73; *Gropp*, AT, § 5 Rn 128; ausführlich *Kühl*, AT, § 7 Rn 157 ff.
[378] Vgl. *W/B/S*, AT, Rn 325; *Roxin*, AT, § 15 Rn 8.

zung überschreitet, nicht geboten, vgl. Rn 353 ff.).[379] Einen Angriff i.S.d. § 32 kann aber das Anpusten mit Zigarettenrauch darstellen.

Beispiel[380]**:** In der Diskothek D, in der sich auch O und T als Gäste aufhielten, herrschte striktes Rauchverbot. Das hielt O jedoch nicht davon ab, gleichwohl zu rauchen. Das nahm die T zum Anlass, auf O zuzugehen und ihn aufzufordern, das Rauchen zu unterlassen. O ignorierte jedoch die T, sodass diese ihre Aufforderung mehrmals wiederholte. Daraufhin kam O aggressiv auf T zu, blies ihr aus kurzer Entfernung einen spürbar feuchten (d.h. mit Speichel durchsetzten) Zigarettenqualm ins Gesicht und kommentierte dies mit den Worten: „Und, was willst du jetzt machen?". Um einen weiteren „Rauchangriff" abzuwehren, warf sie ein in ihrer Hand befindliches Trinkglas auf O. Das Glas traf diesen oberhalb der rechten Augenbraue, sodass er eine leichte Platzwunde erlitt.

T hat vorsätzlich den Tatbestand der gefährlichen Körperverletzung (§§ 223 I, 224 I Nr. 2 Var. 2) verwirklicht.[381] Die Tat könnte aber wegen Notwehr gerechtfertigt sein. Dazu hätte zunächst ein Angriff seitens des O auf ein rechtlich geschütztes Interesse vorgelegen haben müssen. Ohne Zweifel stellt das durch § 223 I geschützte körperliche Wohlbefinden ein rechtlich geschütztes Interesse dar. Allerdings ist fraglich, ob das Anpusten mit (speicheldurchsetztem) Zigarettenrauch das körperliche Wohlbefinden mehr als nur unerheblich beeinträchtigt und damit die Schwelle zum Angriff (auf das Schutzgut körperliches Wohlbefinden) überschreitet. Vordergründig scheint das Anpusten mit (feuchtem) Zigarettenrauch das körperliche Wohlbefinden nicht mehr als nur unerheblich zu beeinträchtigen und daher eher dem Bereich des Bagatellangriffs zuzuordnen zu sein, der keinen Angriff i.S.d. § 32 darstellt. Allerdings darf nicht unberücksichtigt bleiben, dass (auch zum Schutz der T) ein striktes Rauchverbot herrschte, O diesem Verbot zuwiderhandelte und zudem aggressiv gegenüber T auftrat. Für einen Nichtraucher kann das Einatmen von Zigarettenrauch durchaus zu (schwerer) Atemnot führen. Hinzu kommen potentielle Viren und Bakterien des Speichels, sodass das Anpusten mit Zigarettenrauch durchaus die Bagatellschwelle überschreiten kann. Zwar ist richtig, dass man im täglichen Leben auch sonst mit Zigarettenrauch in Berührung kommen kann und dass die Annahme eines „Angriffs" hier abwegig erscheint[382], vorliegend herrschte aber nun einmal (zum Schutz der T) ein Rauchverbot, dem sich O widersetzte. Daher erscheint es zumindest vertretbar, einen „Angriff" i.S.d. § 32 auf das körperliche Wohlbefinden der T (und deren Ehre, § 185) anzunehmen. Die Frage, ob ein notwehrfähiger Angriff vorliegt, kann jedoch dahinstehen, wenn die Verteidigungshandlung nicht erforderlich oder zumindest nicht geboten ist, dazu Rn 359.

Auch ein Verhalten, das nur bedrohlich erscheint, dies aber in Wirklichkeit nicht ist (sog. **Scheinangriff**), ist kein Angriff.[383] Verteidigt sich der Betroffene hiergegen, liegt ein Fall der **Putativnotwehr**[384] vor, der nach der hier vertretenen Auffassung als Erlaubnistatbestandsirrtum behandelt wird.

Beispiel: A und B streiten sich heftig. Als der als äußerst hinterhältig geltende B in die Innentasche seines Jacketts greift und einen kleinen Gegenstand herauszieht, glaubt A im ersten Moment, es handele sich dabei um eine Waffe. Um einer vermeintlichen Schussverletzung zuvorzukommen, schlägt A den B mit seiner rechten Faust nieder. Später stellt sich heraus, dass es sich bei dem Gegenstand lediglich um ein Zigarettenetui handelte.

Hier hält A irrig eine Sachlage für gegeben, die – bei deren tatsächlichem Vorliegen – ihm ein Notwehrrecht einräumen würde. Da eine solche aber nicht besteht, unterliegt A einem Erlaubnistatbestandsirrtum mit der Folge der analogen Anwendung des § 16 I S. 1.

---

[379] Anders aber AG Erfurt Kriminalistik 2013, 775, das das Anpusten mit Zigarettenrauch als Angriff wertete und zudem den Wurf eines Glases gegen die Stirn des „Angreifers" als erlaubte Verteidigungshandlung ansah (dazu Rn 359).

[380] Nach AG Erfurt Kriminalistik 2013, 775.

[381] Vgl. *R. Schmidt*, BT I, Rn 327.

[382] So *Jäger*, JA 2014, 472, 473.

[383] Vgl. *Schröder*, JuS 2000, 235, 237 f.; Sch/Sch-*Perron*, § 32 Rn 3 und 27.

[384] Der Begriffsbestandteil „Putativ" entstammt dem lateinischen Wort *putare* und bedeutet „glauben". Putativnotwehr bedeutet demnach so viel wie „man glaubt, es liege Notwehr vor".

328 Von dem Scheinangriff abzugrenzen ist der sog. **Scherzangriff**. Darunter ist eine Sachlage zu verstehen, bei welcher der „Angreifer“ nicht ernsthaft, also nur aus Scherz dem Betroffenen einen „Schreck“ einjagen will. Erkennt der Betroffene nun aber nicht die Sachlage, sondern glaubt sich tatsächlich angegriffen und führt entsprechende Verteidigungshandlungen aus (etwa indem er den „Angreifer“ niederschlägt), wird überwiegend eine Notwehrlage abgelehnt. In Betracht kommt aber auch hier ein Irrtum über rechtfertigende Umstände, nach der hier vertretenen Auffassung ein Erlaubnistatbestandsirrtum.

329 Fraglich ist, ob auch ein **Unterlassen** einen Angriff darstellen kann. Eine Minderheitsmeinung macht geltend, ein „Angriff“ setze schon begriffsnotwendig ein aktives Tun voraus. Ebenso gebe es bei einem bloßen Unterlassen nichts – jedenfalls nicht i.S. einer „Verteidigung“ –, was abzuwehren wäre. „Abgewehrt“ werde hier vielmehr eine sonstige, nicht von einem Angriff des „Angreifers“ ausgehende Gefahr, die dieser lediglich abzuwenden unterlässt.[385] Demgegenüber kann nach zutreffender h.M. auch ein Unterlassen ein Angriff sein, wobei die Voraussetzungen im Einzelnen sehr strittig sind. Während einige eine dem § 13 entsprechende Rechtspflicht zum Tun fordern[386], lassen andere eine dem § 323c entsprechende schlichte Rechtspflicht zum Handeln genügen, jedenfalls dann, wenn staatlicher Schutz nicht rechtzeitig zu erlangen ist[387].

Beispiel: Die Eheleute M und F fahren mit ihrem Wagen nachts auf einer einsamen Landstraße. Plötzlich bricht der Wagen aus, schleudert in den Straßengraben und bleibt auf dem Dach liegen. Der unverletzt gebliebene M sieht, wie seine Frau stark blutet. Er eilt auf die Straße, um nach Hilfe zu rufen. Als er in ca. 100 m Entfernung einen Bauernhof sieht, läuft er dorthin, um von dort aus telefonisch den Rettungswagen zu alarmieren. Die Hauseigentümerin E weigert sich jedoch, M die Tür zu öffnen mit der Begründung, was auf der Straße passiere, gehe sie nichts an. Darauf tritt M die Tür ein, stößt E zur Seite und benutzt deren Telefon. Strafbarkeit des B aus § 123?

Der Tatbestand des Hausfriedensbruchs ist ohne Zweifel verwirklicht. Möglicherweise ist M aber infolge Notwehr gerechtfertigt. Das setzt aber einen rechtswidrigen Angriff seitens der E voraus. Steht man auf dem Standpunkt, nur ein aktives Tun sei vom möglichen Wortsinn des Begriffs „Angriff“ i.S.d. § 32 umfasst, hat vorliegend die E den M nicht angegriffen. Dieser durfte daher kein Notwehrrecht ausüben. In Betracht kommt dann aber § 34. Folgt man dagegen der h.M., wonach auch ein Unterlassen ein Angriff sein kann, ist des Weiteren nach einer Garantenstellung i.S.d. § 13 zu fragen. Eine solche fehlt jedoch bei E. Fordert man also eine Rechtspflicht gem. § 13, wäre E auch nach dieser Auffassung nicht „Angreifer“, was zur Folge hätte, dass M sich auch hier nicht auf § 32 berufen kann. Unberührt bleibt jedoch sein Notstandsrecht aus § 34. Ein Angriff durch Unterlassen läge aber vor, wenn man eine Rechtspflicht i.S.d. § 323c genügen ließe. Danach stünde M das Notwehrrecht aus § 32 zu mit der Folge, dass der Hausfriedensbruch gerechtfertigt ist. Insbesondere ist nicht davon auszugehen, dass staatliche Hilfe rechtzeitig eingetroffen wäre.[388] Vgl. auch die Variante 2 des nächsten Beispiels.

330 Dadurch, dass der Angriff i.S.d. § 32 willensgetragen sein muss, unterfallen Angriffe von **Tieren** grds. nicht dem § 32 (in Betracht kommen aber §§ 228, 90a BGB). Wird das Tier jedoch von einem Menschen als „lebendes Werkzeug“ eingesetzt, liegt insoweit ein Angriff i.S.d. § 32 vor. „Angreifer“ ist in diesem Fall der das Tier einsetzende Mensch.[389]

Beispiel: Der Rottweiler des T reißt sich von der Leine und greift den O an. Zum Glück hat O ein Schweizer Offiziersmesser in der Tasche und kann sich dem Angriff durch einen

[385] Vgl. Sch/Sch-*Perron*, § 32 Rn 10.
[386] So z.B. *Roxin*, AT, § 15 Rn 11; *W/B/S*, AT, Rn 326; *Joecks*, § 32 Rn 8.
[387] NK-*Herzog*, § 32 Rn 11 u. 13; *Lackner/Kühl*, § 32 Rn 2; SK-*Günther*, § 32 Rn 31.
[388] Näher zum ganzen *Eschenbach*, Jura 1999, 88, 90.
[389] In der Literatur wird vereinzelt verlangt, dass das eingesetzte Tier auch im Eigentum des Angreifers stehen müsse, sonst bleibe es bei der Anwendbarkeit des § 228 BGB (so *Joecks*, § 32 Rn 7). Das ist abzulehnen, weil es bei der Frage des Angriffs lediglich auf den Einfluss des Menschen auf das Tier ankommen kann, nicht auf die Eigentumsverhältnisse.

Messerstich widersetzen. ⇨ Hier hat O zwar den Tatbestand der Sachbeschädigung (§ 303 I) erfüllt, ist aber gem. § 228 BGB gerechtfertigt.

Variante 1: T hat den Rottweiler losgelassen und auf O gehetzt. ⇨ Auch hier hat O den Tatbestand der Sachbeschädigung (§ 303 I) erfüllt. Da der Angriff auf O aber von T ausging, ist die Sachbeschädigung durch Notwehr (§ 32) gerechtfertigt.

Variante 2: Der Rottweiler reißt sich von der Leine und greift den O an. T, der heute noch nichts erlebt hat, sieht dabei ungerührt zu. ⇨ Hier liegt – sofern man der h.M. folgt – seitens des T ein Angriff durch Unterlassen vor, da T jedenfalls Garant i.S.d. § 13 ist. O kann sich dann auf § 32 stützen. Lehnt man die Figur *Angriff durch Unterlassen* ab, kann O sich auf § 228 BGB stützen.

Ginge man entgegen der hier vertretenen Auffassung jeweils von einem Angriff des Tieres i.S.d. § 32 aus, fehlte es jedenfalls an der **Rechtswidrigkeit** des Angriffs. Denn ein Tier ist kein Subjekt der Rechtsordnung und kann diese folgerichtig auch nicht verletzen.

Als **notwehrfähiges Rechtsgut** kommen jedes rechtlich geschützte Interesse oder Gut 331
des Täters oder *eines anderen* (vgl. das Textfragment *Nothilfe* in § 32 II !) in Betracht. Dazu zählen jedenfalls alle **Individualrechtsgüter**, u.a. die in § 34 beispielhaft genannten Rechtsgüter **Leben** (auch das ungeborene), **Leib**, **Freiheit** usw.

Im Übrigen sind als notwehrfähig anerkannt: die Intimsphäre, die Ehre, das Recht am eigenen Bild, das bereits durch unbefugtes Fotografieren verletzt wird[390], die Nachtruhe, das Hausrecht, der Hausfrieden i.S. des geordneten Zusammenlebens der Hausbewohner, das Eigentum und der Besitz (wobei beim unrechtmäßigen Besitz jedoch umstritten ist, ob § 859 BGB eine den § 32 ausschließende Sonderregelung ist)[391], das Vermögen, das Jagdrecht, das Pfandrecht. Zur Frage, ob die Tötung des Angreifers zugunsten von Rechtsgütern, die nicht in Leib oder Leben bestehen, mit Art. 2 EMRK vereinbar ist, vgl. Rn 378a.

Zweifelhaft ist hingegen, ob und inwieweit Universalrechtsgüter und insbesondere Rechtsgüter des Staates für den Einzelnen notwehrfähig sind. Jedenfalls ist die objektive Rechtsordnung für den Einzelnen nicht notwehrfähig. Diese zu verteidigen ist Aufgabe der Behörden (Ablehnung von Selbstjustiz).[392]

Fraglich ist auch, ob die Beeinträchtigung von Rechtsgütern, die nicht dem Rechtskreis des Angreifers angehören bzw. Universalrechtsgüter (wie sie z.B. von §§ 315b und 316 geschützt werden) darstellen, notwehrfähig sind. Die Erstreckung des Anwendungsbereichs des § 32 über den Bereich von Individualrechtsgütern des Angreifers hinaus (insbesondere) auf Rechtsgüter der Allgemeinheit bzw. auf Universalrechtsgüter ist jedenfalls dann denkbar, wenn der sich auf Notwehr Berufende ein notwehrfähiges Rechtsgut verteidigen will. Denn eine in einer objektiven Notwehrlage begangene Tat ist nach § 32 II gerechtfertigt, wenn sie zu einer sofortigen und endgültigen Abwehr des Angriffs führt.[393]

Beispiel[394]: Zur Abwehr eines Angriffs auf seine körperliche Integrität durch T verwirklicht O den Tatbestand des § 315b I, indem er mit seinem Fahrzeug auf T zufährt und ihn zum Ausweichen zwingt, um entkommen zu können.

Hinweis für die Fallbearbeitung: Dass § 32 die Notwehr auch zugunsten eines Drit- 332
ten (sog. **Nothilfe**) zulässt, wird häufig übersehen. Insbesondere die Worte „von sich oder einem anderen" in § 32 II werden als Bezugnahme auf die Person des Angegriffenen („sich" = Verteidiger, „anderen" = Dritter) in seiner physischen Erscheinung missverstanden. Notwehrfähig seien daher nur Angriffe auf Leib oder Leben des Verteidigers oder des anderen. Dass mit „sich" oder „einem Dritten" der Angegriffene in seiner

[390] Vgl. dazu OLG Hamburg StraFo 2012, 278, 279.
[391] Vgl. BGH NJW 2003, 1955, 1956 ff.
[392] Vgl. dazu im Einzelnen Sch/Sch-*Perron*, § 32 Rn 6-8; NK-*Herzog*, § 32 Rn 18.
[393] Vgl. BGH NJW 2013, 2133, 2134 f.
[394] Vgl. BGH NJW 2013, 2133.

Eigenschaft als Inhaber eines beliebigen notwehrfähigen Rechtsguts (also auch eines Vermögensrechts) gemeint ist, wird häufig verkannt.

Beispiel: Der Kaufhausdetektiv, der einen flüchtenden Ladendieb verfolgt und ihn später in der Fußgängerzone überwältigt, kann sich nicht nur auf § 127 I S. 1 StPO stützen, sondern auch auf Notwehr in Form der Nothilfe. Der abzuwehrende Angriff besteht hier in der Eigentumsverletzung gegenüber dem Kaufhausinhaber. Angreifer ist also der Ladendieb, Angegriffener der Rechtsgutinhaber (der Kaufhausinhaber), Notwehrübender der Detektiv.

333 Besondere Schwierigkeiten bereitet die Frage, ob **Staatsorgane** – insbesondere **Polizeibeamte** – sich bei **Eingriffen in Bürgerrechte auf allgemeine Rechtfertigungsgründe** wie Notwehr berufen können.

Beispiel: Der äußerst gewalttätig vorgehende Bankräuber O ist auf der Flucht und hat eine Geisel genommen. Da er bereits zuvor in der Bank einen Bankangestellten erschossen hat, hat er nichts zu verlieren. Der Einsatzleiter der Polizei hat daher Grund zur Annahme, dass die Geisel sich in Lebensgefahr befindet. Er erteilt daher dem Scharfschützen S die Freigabe, den **finalen Rettungsschuss** auszuüben.

Variante: Bei einer allgemeinen Verkehrskontrolle zieht der zu überprüfende Autofahrer A plötzlich eine Schusswaffe. Polizeibeamter P sieht sein Leben in Gefahr und macht ohne Warnung von seiner Schusswaffe Gebrauch. A wird getötet.

⇨ Eine im Vordringen befindliche Minderheitsmeinung versagt in solchen Fällen das allgemeine Notwehrrecht aus § 32. Würde man dieses anerkennen, liefen die speziell für hoheitliches Handeln erlassenen Befugnisnormen der speziellen (Polizei-) Gesetze – wie bspw. § 10 UZwG oder die Vorschriften der Landespolizeigesetze über den Schusswaffengebrauch – praktisch leer.[395]

⇨ Die (noch) h.M. geht demgegenüber davon aus, dass auch ein im Dienst befindlicher Amtsträger (insb. ein Polizeibeamter) sich auf § 32 berufen kann, wenn er zugunsten Dritter einschreitet oder sich selbst verteidigt. Versagte man ihm das Notwehr- bzw. Nothilferecht nach § 32, ergäbe sich die Situation, dass sich zwar jeder Dritte auf Nothilfe bzw. Notwehr berufen und daher schießen dürfe, nicht aber der gut ausgebildete Scharfschütze bei der Polizei bzw. der angegriffene Polizeibeamte.[396]

Stellungnahme: Nach der hier vertretenen Auffassung ist zwischen der öffentlich-rechtlichen (d.h. staats- und verfassungsrechtlichen) und der strafrechtlichen Rechtfertigung zu unterscheiden. Hinsichtlich der **öffentlich-rechtlichen** Rechtfertigung besteht aufgrund der Aufnahme des finalen Rettungsschusses in die meisten polizeigesetzlichen Vorschriften über den Schusswaffengebrauch kein Anlass, bei Vorhandensein einer entsprechenden Bestimmung auf § 32 zurückzugreifen. Im Gegenteil ist der handelnde Polizeibeamte nach den einschlägigen Bestimmungen über den Schusswaffengebrauch nicht lediglich gerechtfertigt (wie das bei § 32 der Fall wäre), sondern sein Handeln stützt sich auch auf eine gesetzliche Rechtsgrundlage und ist dadurch besonders legitimiert. Das Gleiche gilt hinsichtlich der Selbstverteidigung, wenn bspw. ein Polizeibeamter plötzlich und unerwartet beschossen oder sonst angegriffen wird und – um sein Leben zu verteidigen – von der Schusswaffe Gebrauch machen muss. Denn die polizeigesetzlichen Bestimmungen über den Schusswaffengebrauch lassen das „Angriffsunfähigmachen" unter Einsatz der Schusswaffe ausdrücklich zu, wenn andere Maßnahmen des unmittelbaren Zwangs keinen Erfolg versprechen. Diese Spezialregelung über den unmittelbaren Zwang verhindert – bei der Frage nach der Rechtmäßigkeit nach öffentlichem Recht – einen Rückgriff auf den allgemeinen Rechtfertigungsgrund des § 32. Auf § 32 kann in diesem Zusammenhang allenfalls

---

[395] SK-*Günther*, § 32 Rn 16; LK-*Rönnau/Hohn*, § 32 Rn 216 ff. Vgl. zum Streitstand auch *Heimann/Prisille*, JA 2002, 305, 307 f.

[396] BGH NStZ 2005, 31 f.; *Fischer*, vor § 32 Rn 6; Sch/Sch-*Perron*, § 32 Rn 42b; *Lackner/Kühl*, § 32 Rn 17; *W/B/S*, AT, Rn 289.

dann abgestellt werden, wenn eine (polizei-)gesetzliche Bestimmung über den Schusswaffengebrauch fehlt. Eine besondere Brisanz besteht, wenn das Polizeigesetz den Schusswaffengebrauch gegen Kinder ausdrücklich und ausnahmslos verbietet. Aus rechtsmethodischer Sicht darf diese Wertung nicht durch einen Rückgriff auf § 32 unterlaufen werden.

Freilich eine andere Sache ist die persönliche, d.h. **strafrechtliche** Verantwortlichkeit des handelnden Polizeibeamten. Handelt der Beamte in Notwehr, muss er unabhängig davon, ob sein Verhalten öffentlich-rechtlich gerechtfertigt wäre, den Rechtfertigungsgrund des § 32 für sich in Anspruch nehmen können.[397]

bb.) Gegenwärtigkeit des Angriffs

Der Angriff muss gegenwärtig sein. **Gegenwärtig** ist ein Angriff, der **unmittelbar bevorsteht**, gerade **stattfindet** oder **noch andauert**.[398] **334**

(a.) Angriff steht unmittelbar bevor

Der Angriff **steht unmittelbar bevor** bei einem Verhalten des Angreifers, das unmittelbar in die eigentliche Verletzungshandlung umzuschlagen droht.[399] Der BGH präzisiert die „Unmittelbarkeit", indem er fordert, dass sich die durch das Verhalten des Angreifers begründete Gefahr bei objektiver Betrachtung so verdichtet haben müsse, dass ein Hinausschieben der Abwehrhandlung unter den gegebenen Umständen entweder deren Erfolg gefährden oder den Verteidiger zusätzlichen, nicht mehr hinnehmbaren Risiken aussetzen würde.[400] Entscheidend ist also die zeitliche Nähe zur drohenden Rechtsgutsverletzung. Dementsprechend steht ein Angriff auch dann unmittelbar bevor, wenn eine Angriffshandlung bereits abgeschlossen ist, jedoch eine zeitnahe (i.S. einer sofortigen) Wiederholung zu befürchten ist. **335**

> **Beispiel[401]:** T greift O mit einer Holzlatte an und schlägt diese dem O gegen den Oberschenkel. Aufgrund der Wucht und des nassen Untergrunds rutscht T aus und lässt dabei die Latte fallen. Doch schon nach wenigen Sekunden ergreift er die Latte und will erneut auf O einschlagen. Dieser sieht keine andere Möglichkeit, als sich durch einen Messerstich zu verteidigen. Er sticht T in die Brust.
>
> Hier war der Angriff gegenwärtig, da eine Wiederholung unmittelbar zu befürchten war.[402] Das gleiche Ergebnis läge vor, wenn man sich auf den Standpunkt stellte, der Angriff habe noch angedauert.

Nicht gegenwärtig sind jedoch erst künftige Angriffe. Daher sind weder **Präventivmaßnahmen** (sog. notwehrähnliche Lagen oder **Präventivnotwehr**) noch Abwehrmaßnahmen bei sog. **Dauergefahren** (d.h. Gefahrsituationen, in denen der Zeitpunkt des möglichen Schadenseintritts noch nicht abgesehen werden kann) durch § 32 gedeckt. **335a**

> **Beispiel[403]:** T, „Präsident" mehrerer gewalttätiger Rockergruppen und Inhaber einer Gaststätte, misshandelte über Jahre hinweg seine Frau F und seine beiden Töchter. Wann immer er meinte, F habe etwas falsch gemacht, versetzte er ihr einen Faustschlag ins Gesicht. Er titulierte sie regelmäßig als „Schlampe", „Hure" oder „Fotze" und bedachte sie mit Ohrfeigen oder Fußtritten. Schließlich wurden seine Gewalttätigkeiten noch intensiver und

---

[397] Davon geht ganz offensichtlich auch BGH NStZ 2005, 31 f. aus.
[398] Ganz h.M., vgl. nur BGH NStZ 2006, 152, 153 f.; NJW 2003, 1955, 1956 ff.; NStZ-RR 2002, 73; OLG Hamm StRR 2014, 153 f.; *Eggert*, NStZ 2001, 225; *Altvater*, NStZ 2004, 23, 29; *W/B/S*, AT, Rn 328; *Kühl*, AT, § 7 Rn 39; *Gropp*, AT, § 5 Rn 145; Sch/Sch-*Perron*, § 32 Rn 13 ff.; MüKo-*Erb*, § 32 Rn 104; *Fischer*, § 32 Rn 17.
[399] Vgl. etwa SK-*Günther*, § 32 Rn 70; *Lackner/Kühl*, § 32 Rn 4.
[400] BGH NJW 2013, 2133, 2134.
[401] Vgl. BGH NStZ 2006, 152, 153. Vgl. auch OLG Hamm StRR 2014, 153 f. (Bierkrug).
[402] Vgl. auch OLG Hamm StRR 2014, 153 f. für den Fall, in dem der Täter einen Bierkrug auf den Kopf des Opfers schlug, um weitere befürchtete Tätlichkeiten abzuwehren.
[403] Nach BGHSt 48, 255 ff. (Tötung eines Familientyrannen). Vgl. auch *Widmaier*, NJW 2003, 2788 f.; *Otto*, NStZ 2004, 142 f.; *Rengier*, NStZ 2004, 233 ff.

häufiger. Es kam vor, dass er seine Frau mit einem Baseballschläger oder sonstigen Gegenständen schlug, die gerade für ihn greifbar waren. Durch die fortgesetzten Beleidigungen und Tätlichkeiten geriet F an die Grenzen ihrer psychischen und physischen Belastbarkeit. Sie magerte immer mehr ab. Als sie in diesem Zustand von T auch noch schwanger wurde, erlitt sie eine Fehlgeburt.
Als T am Tattag gegen 3.30 Uhr nach Hause kam, schlug er F ins Gesicht, sodass sie aus dem Mund blutete. Sodann trat T, der Springerstiefel trug, mindestens zehnmal auf die schließlich am Boden liegende F ein, kniete sich auf sie und schlug ihr mit den Fäusten ins Gesicht. Schließlich ging er zu Bett, während F wach blieb, weil T ihr befohlen hatte, noch die Wohnung aufzuräumen.
Beim Saubermachen stieß F auf den von T illegal erworbenen achtschüssigen Revolver „Double Action" der Marke Animus, Kaliber 22 Magnum, nebst Munition. Diesen verwahrte ihr Mann normalerweise in der Gaststätte, um sich gegen Racheakte verfeindeter Rockergruppen und Überfälle zu schützen.
F sah in ihrer Situation keinen anderen Ausweg, als ihren Mann zu töten, um den Gewalttätigkeiten zu entkommen und ihre eigene sowie die Unversehrtheit ihrer Töchter für die Zukunft zu gewährleisten. Eine Trennung von ihrem Mann meinte sie auch mit Hilfe staatlicher oder karitativer Einrichtungen nicht bewerkstelligen zu können. Für diesen Fall hatte er ihr wiederholt angedroht, dass er den Töchtern etwas antun werde. Auch sie selbst könne er jederzeit ausfindig machen. Selbst wenn er ins Gefängnis komme, sei sie nicht vor ihm sicher. Er werde schließlich irgendwann „wieder rauskommen". Überdies könne er auch aus dem Gefängnis heraus seine Freunde aus den Rockergruppen beauftragen, ihr etwas anzutun. Die Angeklagte nahm diese Drohungen ernst. Tatsächlich waren T und die Rockergruppen, denen er angehörte, gerichtsbekannt äußerst gewalttätig.
Nachdem F nach dem Auffinden des Revolvers längere Zeit mit sich gerungen hatte, ob dies die Gelegenheit sei, die von ihr bereits seit einiger Zeit in Aussicht genommene Tat zu begehen, entschloss sie sich, den Schritt zu wagen und ihren Ehemann zu töten. Sie sah darin die „einzige Lösungsmöglichkeit", um die für sie ruinöse Beziehung zu ihrem Mann zu beenden. Sie betrat das Schlafzimmer und feuerte aus einer Entfernung von rund 60 cm den Inhalt der gesamten Trommel des achtschüssigen Revolvers in Sekundenschnelle auf ihren schlafenden Ehemann ab. Zwei der Geschosse trafen und führten umgehend zu seinem Tod.

Hier hat F trotz restriktiver Auslegung des Mordtatbestands das Merkmal der Heimtücke (§ 211 II Var. 5) verwirklicht.[404] Möglicherweise ist die Tat aber infolge Notwehr (§ 32) gerechtfertigt. Dazu müsste im Zeitpunkt der Tat von T ein gegenwärtiger Angriff auf eines der Rechtsgüter der F ausgegangen sein.
Vorliegend schlief T jedoch im Zeitpunkt der Tat. Insbesondere stellt eine sog. **Dauergefahr** so lange keinen „gegenwärtigen Angriff" dar, als sie sich nicht akut zuspitzt. Würde man einen alsbald bevorstehenden Angriff als „gegenwärtig" ansehen, falls sich die Verteidigungschancen durch weiteres Zuwarten erheblich verschlechtern würden, würde man durch eine derartige „Präventivnotwehr" den Vorrang staatlicher Hilfe missachten und auf die für eine Gefahrenabwehr nach § 34 erforderliche Güterabwägung verzichten.[405] Eine Rechtfertigung durch Notwehr scheidet im Ergebnis daher aus.

Bei Präventivmaßnahmen, die nicht unter § 32 fallen, kommt aber § 34 in Betracht. Zu beachten ist jedoch, dass § 34 nur dann eingreift, wenn bei einer Güterabwägung das geschützte Interesse (hier das Interesse der F an ihrer körperlichen Unversehrtheit) das verletzte (hier das vernichtete Leben des T) wesentlich überwiegt.
Selbst wenn F in einer zugespitzten Situation mit akuter Gefahr für ihr Leben gehandelt hätte, würde das Ergebnis der Abwägung von „Leben gegen Leben" nicht zugunsten der F ausfallen. Der Umstand, dass sich die Rettungshandlung gegen den Urheber der Gefahr richtet, vermag die Tötung der gefährlichen Person auch nach dem Maßstab eines Defensivnotstands entsprechend § 228 BGB nicht zu rechtfertigen. Die Tötung des T war somit rechtswidrig.

---

[404] Vgl. ausführlich *R. Schmidt*, BT I, Rn 42 ff.
[405] Vgl. *Lackner/Kühl*, § 32 Rn 4; SK-*Günther*, § 32 Rn 74, 75.

Auch eine Entschuldigung im Rahmen des § 35 scheidet für F aus, obwohl auch hier die Dauergefahr erfasst wird und der Kampf „Leben gegen Leben" zu einer Entschuldigung führen kann. Die Gefahr war jedoch anders abwendbar. F hätte die Hilfe staatlicher Stellen in Anspruch nehmen müssen, um der häuslichen Gewalt zu entfliehen.

Eine Überschreitung der Notwehr (§ 33) aus Furcht kommt in Betracht, wenn man die Vorschrift auf die zeitlichen „Grenzen der Notwehr" ausdehnt und damit auch den extensiven Notwehrexzess erfasst. Dagegen spricht jedoch, dass die genannten Affekte den Täter nur bei einer Verteidigungshandlung entschuldigen können, an der es fehlt, wenn er im Zeitpunkt seiner Tat noch keinen rechtswidrigen Angriff abwehrt (dazu näher Rn 573 ff.).

Zur Frage, ob F sich im entschuldigenden Notstand befunden hat, vgl. Rn 597.

Schwierigkeiten bereitet auch die sog. **antizipierte Notwehr** durch Anbringen von selbstständig wirkenden **Selbstschutzanlagen**, um Angriffe abzuwehren (etwa Selbstschussanlagen, elektrischer Strom, Stacheldraht etc., um das Haus bzw. das Grundstück vor unbefugtem Betreten zu schützen). Sofern man die Gegenwärtigkeit des Angriffs bejaht – etwa mit dem Argument, dass die Anlage erst im Augenblick des stattfindenden Angriffs wirksam werden solle[406] –, ist doch die Erforderlichkeit der Verteidigung äußerst fraglich. **336**

(b.) Angriff findet gerade statt

Den „Normalfall" des § 32 bildet der gerade stattfindende Angriff, den es durch die Verteidigungshandlung abzuwehren gilt. **336a**

Beispiel: T ist in das Haus des O eingebrochen, um den Familienschmuck zu stehlen. Während sich T an der Vitrine zu schaffen macht, wird er von O überrascht. O schlägt T mit einem Golfschläger nieder, fesselt ihn und ruft die Polizei.

In diesem Fall war der Angriff gegenwärtig, da T gerade dabei war, die Tat zu begehen. O´s Verhalten war durch Notwehr gedeckt.

(c.) Angriff dauert noch an

Der Angriff dauert noch an, wenn die Rechtsgutverletzung, auf die sich die Verteidigungshandlung bezieht, noch nicht ihren tatsächlichen Abschluss gefunden hat. Daher ist die Gegenwärtigkeit i.d.R. in den sog. **Fluchtfällen** bei Eigentumsdelikten gegeben, sofern der Täter die Beute bei sich trägt und der Notwehrübende den Besitz zurückerlangen möchte. **336b**

Beispiel: T des Beispiels von Rn 336a gelingt es, unbemerkt den Familienschmuck an sich zu nehmen. Als er mit dem Schmuck in der Tasche das Grundstück verlassen möchte, wird er von O entdeckt und von diesem verfolgt. Da O den T nicht einholen kann, schießt er auf diesen. T wird getroffen und kann die Flucht nicht fortsetzen.

In diesem Fall war der Angriff noch gegenwärtig, da die Tat zwar vollendet, die Rechtsgutverletzung durch Gegenwehr aber noch abgewendet werden konnte (der Dieb hatte noch keinen gesicherten Gewahrsam). Möglicherweise fehlte aber die Gebotenheit des Schusswaffengebrauchs. Dies ist eine Einzelfallfrage und hängt in erster Linie von der Bedeutung des zu schützenden Rechtsguts im Vergleich zum möglichen Schaden beim Angreifer ab. Vgl. dazu Rn 353 ff. (Gebotenheit der Notwehr).

---

[406] Vgl. SK-*Günther*, § 32 Rn 73; NK-*Herzog*, § 32 Rn 72; *Lackner/Kühl*, § 32 Rn 10.

(d.) Angriff ist beendet

337 Gegenwärtigkeit liegt jedoch nicht mehr vor, wenn der Angriff fehlgeschlagen, endgültig aufgegeben oder vollständig durchgeführt ist, sodass die Rechtsgutverletzung durch Gegenwehr nicht mehr abgewendet werden kann.[407]

Beispiel: T des Beispiels von Rn 336b kann entkommen. Zwei Wochen später erblickt O auf einer Antiquitätenmesse, wie T den Schmuck ausstellt. Er überwältigt T, reißt ihn zu Boden und hält ihn so lange in dieser Position, bis die Polizei eintrifft.

In diesem Fall war der Angriff nicht mehr gegenwärtig, da die Tat (der Einbruchdiebstahl) bereits beendet war. Denn es ist zwischenzeitlich ein endgültiger Besitzverlust eingetreten.[408] Das Verhalten des O war daher nicht mehr von § 32 gedeckt. Auch § 127 StPO, der jedermann ein Festnahmerecht einräumt, greift nicht, da O den T nicht „auf frischer Tat" angetroffen hat. Aus demselben Grund scheidet § 859 BGB aus. Schließlich ist § 34 nicht einschlägig, da es auch insoweit an der „Gegenwärtigkeit" der Gefahr fehlt. Zu § 229 BGB vgl. Rn 491 ff.

Hinweis für die Fallbearbeitung: Bei Überschreiten der Gegenwärtigkeitsgrenze ist stets an den Entschuldigungsgrund **Notwehrexzess** (§ 33) zu denken, auch wenn die h.M. diesen nur beim sog. intensiven Notwehrexzess (also bei Überschreitung der Erforderlichkeitsgrenze) anerkennt, vgl. dazu ausführlich Rn 572 ff.

Umstritten ist die Frage der Notwehr gegen **erpresserische** und **nötigende Drohungen**. Die h.M. bejaht prinzipiell die Möglichkeit der Notwehr. Ein Angriff auf die Freiheit der Willensentschließung und Willensbetätigung sei nicht schon mit Ausspruch der Drohung beendet, sondern bestehe fort und sei weiterhin gegenwärtig, solange der Erpresser oder der Nötiger den von seiner Drohung ausgehenden psychischen Zwang aufrechterhalte und der Bedrohte in der Lage sei, eine Intensivierung der bereits in Gang gesetzten Rechtsgutverletzung abzuwehren.[409]

338 Das Kriterium der Gegenwärtigkeit richtet sich nach der **objektiven Sachlage zur Zeit der Tat**, nicht etwa nach der Vorstellung desjenigen, der sich bedroht fühlt oder andere für bedroht hält.[410] Anderenfalls liegt ein Fall der **Putativnotwehr** vor, deren Strafbarkeit nach den Irrtumsregeln zu beurteilen ist (Rn 327). Bei **Dauerdelikten** (z.B. § 239) ist der Angriff so lange gegenwärtig, wie der rechtswidrige Zustand noch andauert.

cc.) Rechtswidrigkeit des Angriffs

339 Des Weiteren ist Notwehr nur gegen einen **rechtswidrigen** Angriff zulässig. Nach der allgemeinen Definition ist ein Angriff dann rechtswidrig, wenn er im **Widerspruch zur Rechtsordnung** steht.[411] Handelt also bereits der Angreifer nicht rechtswidrig[412] bzw. kann er sich auf einen Rechtfertigungsgrund stützen (wobei es keine Rolle spielt, welchem Rechtsgebiet der Rechtfertigungsgrund angehört), fehlt es an der Rechtswidrigkeit

[407] BGH NStZ-RR 2002, 73; Sch/Sch-*Perron*, § 32 Rn 16; *Altvater*, NStZ 2004, 23, 29.
[408] Vgl. dazu BGH NStZ 2003, 425, 426.
[409] *W/B/S*, AT, Rn 328; *Amelung*, GA 1982, 381, 385; *ders.* NStZ 1998, 70 f.; LK-*Günther*, § 32 Rn 122, 133; NK-*Herzog*, § 32 Rn 32; *Lackner/Kühl*, § 32 Rn 4; differenzierend Sch/Sch-*Perron*, § 32 Rn 18; *Novoselec*, NStZ 1997, 219; ablehnend KG JR 1981, 254; *Müller*, NStZ 1993, 366.
[410] *W/B/S*, AT, Rn 330; *Schröder*, JuS 2000, 235; Sch/Sch-*Perron*, § 32 Rn 27.
[411] Vgl. *Gropp*, AT, § 5 Rn 136; *Joecks*, § 32 Rn 10; *Fischer*, § 32 Rn 21; *Jescheck/Weigend*, AT, § 32 II 1c; *Lackner/Kühl*, § 32 Rn 5; NK-*Herzog*, § 32 Rn 34.
[412] Zum „Angriff" von Tieren vgl. bereits Rn 330. Auch wenn die dem Angreifer zur Verfügung stehende Grundrechtsposition (etwa die Pressefreiheit eines Pressefotografen) bei einer Abwägung mit den widerstreitenden Grundrechten des Angegriffenen (etwa das Recht am eigenen Bild als Teilaspekt des allgemeinen Persönlichkeitsrechts) höher wiegt, handelt der „Angreifer" nicht rechtswidrig (OLG Hamburg StraFo 2012, 278, 279).

des Angriffs i.S.d. § 32.[413] Der Angegriffene kann sich dann nicht auf Notwehr berufen. Insbesondere gilt: **keine Notwehr gegen Notwehr!**

Beispiel: T des Beispiels von Rn 336b ist auf der Flucht und wird von O verfolgt. Als O gerade dabei ist, T einzuholen und mit dem Golfschläger niederzustrecken, greift der bislang unbeteiligte D in das Geschehen ein und schlägt O nieder, weil er glaubt, bei O handele es sich um einen Räuber, der T überfallen wolle.

D hat den Tatbestand des § 223 verwirklicht. Möglicherweise ist er aber wegen Nothilfe (§ 32 – dazu Rn 344) gerechtfertigt. Das setzt jedoch einen gegenwärtigen rechtswidrigen Angriff des O auf T voraus. Daran fehlte es jedoch, wenn O seinerseits wegen Notwehr gerechtfertigt war. Der eigentliche Angriff ging von T aus. Dieser hat im Eigentum des O stehenden Schmuck gestohlen. Diesen noch gegenwärtigen Angriff des T auf das Eigentum des O durfte dieser daher abwehren. O war somit seinerseits wegen Notwehr gerechtfertigt und handelte nicht rechtswidrig. Folglich durfte D nicht im Wege der Nothilfe T zu Hilfe kommen. D handelte rechtswidrig.

Da D jedoch glaubte, Nothilfe üben zu dürfen, stellt sich die Frage, ob sich dieser Umstand zu seinen Gunsten auswirkt. Nach der überwiegenden Rspr. des BGH führt ein solcher Erlaubnistatbestandsirrtum zum Ausschluss des (Tatbestands-)Vorsatzes und nach h.L. zum Ausschluss der Schuld (zu den Konsequenzen vgl. Rn 531 ff.).

Prüfungshinweis: Das vorstehende Beispiel hat nicht nur gezeigt, dass Notwehr gegen ein seinerseits gerechtfertigtes Verhalten (hier ebenfalls Notwehr) nicht möglich ist, sondern auch verdeutlicht, dass in derartigen Fällen regelmäßig eine Schachtelprüfung erforderlich wird. Zudem hat es den in Prüfungsarbeiten häufig anzutreffenden Erlaubnistatbestandsirrtum aufgezeigt.

☞ Die Prüfung, ob ein Rechtssatz ein Verhalten rechtfertigt und damit eine Notwehr gegen dieses Verhalten ausschließt, nennt man „**Notwehrprobe**".

Im Übrigen ist zu beachten, dass der Angriff nicht nur dann rechtswidrig ist und zur Notwehr befugt, wenn der Angreifer einen Straftatbestand verwirklicht. Vielmehr genügt es, wenn der Angreifer gegen eine beliebige Verhaltensnorm verstößt oder z.B. Grundrechte beeinträchtigt. Insoweit lässt sich sagen: Zur Rechtswidrigkeit des Angriffs genügt jede Form rechtswidrigen Verhaltens.[414] **340**

So kann Notwehr auch gegen ein Verhalten geübt werden, das gegen eine verwaltungsrechtliche Verhaltenspflicht verstößt. Dabei spielt es noch nicht einmal eine Rolle, ob das Fehlverhalten des Angreifers bußgeldbewehrt ist.

Weiterhin ist fraglich, ob es zur Bejahung der Rechtswidrigkeit des Angriffs genügt, dass der drohende „Erfolg" ein Unrecht darstellt, oder ob der Angreifer darüber hinaus auch sorgfaltswidrig gehandelt haben muss. **341**

Beispiel: Der im australischen Busch lebende T möchte seine in Deutschland lebende Tante besuchen. Zufälligerweise ist in Deutschland Rosenmontag, als er auf dem Düsseldorfer Flughafen eintrifft. Auf dem Weg zum Taxistand wird er von dem als Sheriff verkleideten „Jecken" J verfolgt, der mit seinem täuschend echt aussehenden Plastikrevolver herumfuchtelt. In der Annahme, von diesem im nächsten Augenblick erschossen zu werden, holt T zum Schlag aus. Doch J kann dem Schlag zuvorkommen und diesen durch einen Faustschlag ins Gesicht des T abwenden. Hat sich J strafbar gemacht?

J hat den Tatbestand der Körperverletzung (§ 223 I) verwirklicht. Die Tat könnte aber wegen Notwehr (§ 32) gerechtfertigt sein. Ein gegenwärtiger Angriff durch T liegt vor. Dieser

---

[413] Vgl. dazu BVerfGE 39, 274, 376; BSG JZ 2000, 96, 97; OLG Hamburg StraFo 2012, 278, 279; AG Grevenbroich NJW 2002, 1060, 1061; *Kühl*, AT § 7 Rn 60; *Roxin*, AT I, § 14 Rn 104 und § 15 Rn 14.
[414] Wie hier *Kühl*, AT, § 7 Rn 46; *Roxin*, AT I, § 15 Rn 14; Sch/Sch-*Perron*, § 32 Rn 19 f.; *Graul*, JuS 1995, 1049, 1052; a.A. *Jescheck/Weigend*, AT § 32 II 1c.

Angriff müsste aber auch rechtswidrig gewesen sein. Dies wäre er nicht, wenn T seinerseits bereits gerechtfertigt war („keine Notwehr gegen Notwehr").

⇨ Eine Auffassung bejaht die Rechtswidrigkeit des Angriffs bereits dann, wenn der drohende „Erfolg" einen Unwert darstellt.[415] Folgt man dieser Auffassung, kommt im vorliegenden Beispielsfall Notwehr (und nicht nur Notstand) seitens des J in Betracht, weil der drohende Erfolg in einer Körperverletzung besteht und diese einen Unwert darstellt.

⇨ Andere stellen auf die Handlungsbefugnis des Angreifers ab.[416] Danach ist der Angriff rechtswidrig, wenn dem Angreifer die Befugnis zum Handeln fehlt (wichtig bei §§ 113, 193 und solchen rechtswidrigen Befehlen, die der Untergebene nach § 11 SoldatenG zu befolgen hat). Auch diese Auffassung würde J ein Notwehrrecht einräumen, da dem T die Befugnis fehlt, J niederzuschlagen. Insbesondere steht T kein Rechtfertigungsgrund zur Seite, da J ihn nicht angegriffen hat.

⇨ Eine dritte Auffassung lässt das schlichte drohende Erfolgsunrecht nicht genügen, sondern fordert ein **Handlungsunrecht** auf Seiten des Angreifers.[417] Dadurch, dass das schneidige Notwehrrecht – anders als der Notstand – keine Güterabwägung fordere, sei zumindest ein objektiv sorgfaltswidriges Verhalten des Angreifers erforderlich. Wenn man ein solches bei T unterstellt, kann sich J auch nach dieser Auffassung auf Notwehr berufen. Geht man dagegen bei T von einem fehlenden Handlungsunrecht aus und setzt sich J zur Wehr, weil er den Irrtum des T nicht erkennt, liegt ein sog. Erlaubnistatbestandsirrtum (in Form der Putativnotwehr) vor (Rn 350), bei dessen Vermeidbarkeit eine Strafbarkeit des J nach Fahrlässigkeitsgrundsätzen in Betracht kommt (§ 16 I S. 2), vgl. dazu Rn 531 ff.

342 **Hinweis für die Fallbearbeitung:** Wie anhand des Beispiels gezeigt wurde, kommen alle Auffassungen zu demselben Ergebnis, wenn (wie in den meisten Fällen) ein Handlungsunrecht des Angreifers besteht. Eine Streitentscheidung kann dann dahinstehen. Sollte ausnahmsweise einmal der Handlungsunwert zu verneinen sein, sollte die Streitentscheidung von der Auffassung des Bearbeiters abhängig gemacht werden. Vertretbar sind alle Ansichten gleichermaßen. Aus klausurtaktischer Sicht vorzugswürdig erscheint aber die zuletzt genannte Auffassung, da hier ggf. auf den Erlaubnistatbestandsirrtum eingegangen werden kann.

343 Dagegen braucht das Verhalten des Angreifers nach zutreffender h.M. **nicht schuldhaft** zu sein.[418] Daher darf z.B. gegen einen Amokläufer, der im schuldunfähigen Zustand wild um sich schießt, Notwehr (bzw. Nothilfe) geübt werden, wenn man sich seines Angriffs nicht anders erwehren kann.

dd.) Abwehr das Angriffs von sich oder einem anderen

344 Notwehr ist nicht nur zur Abwehr eines Angriffs auf sich selbst, sondern auch zur Abwehr eines Angriffs auf ein Rechtsgut eines Dritten zulässig, § 32 II (sog. **Nothilfe**). Voraussetzungen und Umfang der Nothilfe sind prinzipiell mit denen der Notwehr identisch. Es gelten jedoch folgende Besonderheiten: Da der Nothilfeübende nicht zum eigenen Rechtsgüterschutz tätig wird, sind Notwehrvoraussetzungen und -einschränkungen allein aus dem Verhältnis Angreifer/Angegriffener zu beurteilen.[419] Darüber hinaus darf er nicht

---

[415] Vgl. *Roxin*, JZ 2000, 96, 99 f.; *Jescheck/Weigend*, AT, § 32 II 1c; *Köhler*, AT, S. 268; LK-*Rönnau/Hohn*, § 32 Rn 109 f.
[416] Vgl. *Graul*, JuS 1995, 1049, 1052.
[417] *W/B/S*, AT, Rn 331; NK-*Herzog*, § 32 Rn 34; *Roxin*, AT, § 15 Rn 14 ff.; *Joecks*, § 32 Rn 11; Sch/Sch-*Perron*, § 32 Rn 21.
[418] So BSG NJW 1999, 2301, 2302; *W/B/S*, AT, Rn 327; *Jescheck/Weigend*, AT, § 32 II 1a; NK-*Herzog*, § 32 Rn 101; *Roxin*, JuS 1988, 425, 428; *Fischer*, § 32 Rn 4; a.A. *Frister*, GA 1988, 291, 305; *Otto*, § 8 Rn 21 wonach aber § 34 oder § 35 in Betracht kommt.
[419] *Kühl*, Jura 1993, 233, 235.

mehr Notrechte ausüben, als der Angegriffene selbst ausüben möchte (**keine aufgedrängte Nothilfe**).[420]

b.) Notwehrhandlung

Nach dem Wortlaut des § 32 ist eine Notwehrhandlung diejenige Verteidigungshandlung, die erforderlich (§ 32 II) und geboten (§ 32 I) ist, den Angriff abzuwehren. Während die Erforderlichkeit ein objektives Kriterium umschreibt, handelt es sich bei der Gebotenheit um ein normatives Merkmal, das dazu dient, ein sozial inadäquates (d.h. rechtsmissbräuchliches) Verhalten als taugliche Notwehrhandlung auszuschließen („sozialethische Schranke des Notwehrrechts"). Schließlich muss die Notwehrhandlung von einem Verteidigungswillen getragen sein (subjektives Rechtfertigungselement). Im Einzelnen gilt: **345**

aa.) Verteidigung

Verteidigung ist jedes Verhalten, das sich gegen die Rechtsgüter des Angreifers richtet und der Beendigung des Angriffs dient. **346**

Beispiele: Faustschlag ins Gesicht oder in den Bauch des Angreifers, Versprühen von Pfefferspray ins Gesicht des Angreifers, Stich mit dem Messer, Festhalten des Angreifers

Gegen Rechtsgüter Dritter darf keine Verteidigungshandlung ausgeübt werden.[421] Etwas anderes gilt nach h.M. jedoch dann, wenn der Angreifer sich beim Angriff fremder Sachen bedient. Hier soll Notwehr auch gegen diese Sachen zulässig sein (sog. **Drittwirkung der Notwehr**). Dem lässt sich jedoch entgegenhalten, dass Beschädigungen fremder Sachen hinreichend über die Notstandsvorschriften abgedeckt sind. Eine Anwendung der Notwehrregeln ist daher nach der hier vertretenen Auffassung systemwidrig und abzulehnen.

Beispiel: A und B raufen sich in einer Kneipe. Als B merkt, dass er gegen A keine Chance hat, greift er den in der Nähe stehenden Stuhl des C und will damit auf A einschlagen. Dieser kann jedoch noch eine Eisenstange greifen und mit dieser den Stuhl zerschlagen.

Hier hat A den objektiven und subjektiven Tatbestand der Sachbeschädigung (§ 303 I) erfüllt. Er könnte aber infolge Notwehr gerechtfertigt sein. Zwar darf sich die Notwehrhandlung nur gegen den Angreifer und nicht gegen Rechtsgüter Dritter richten, eine Ausnahme soll aber dort gelten, wo sich der Angreifer fremder Sachen bedient. Folgt man dieser Auffassung, ist A gem. § 32 gerechtfertigt, anderenfalls gem. § 34.

Dritte können jedoch eine Duldungspflicht aus § 904 BGB haben. Gegebenenfalls bleibt dann einem Duldungspflichtigen die Möglichkeit, sich für eine gleichwohl vorgenommene Abwehrhandlung auf entschuldigenden Notstand (§ 35) zu berufen. **347**

bb.) Erforderlichkeit der Verteidigungshandlung (tatsächliche Komponente)

§ 32 II spricht von der Erforderlichkeit der Notwehr. Erforderlich ist grundsätzlich jede Handlung, welche zu einer wirksamen Verteidigung beiträgt, eine möglichst sofortige Beendigung des Angriffs erwarten lässt und die endgültige Beseitigung der Gefahr am besten gewährleistet.[422] Eine **Güterabwägung findet grundsätzlich nicht statt** („Das **348**

[420] Die Prüfung der aufgedrängten Nothilfe kann bei der Erforderlichkeit oder (nach der hier vertretenene Auffassung) bei der Gebotenheit der Notwehr/Nothilfe erfolgen. Die Verneinung der Erforderlichkeit bzw. Gebotenheit führt allerdings nicht zwangsläufig zur Strafbarkeit des „Nothilfeübenden". Denn es besteht die Möglichkeit eines Erlaubnistatbestandsirrtums oder eines Erlaubnisirrtums; vgl. dazu ausführlich *Kaspar*, JuS 2014, 769 ff.

[421] Vgl. BGHSt 5, 245, 248; *W/B/S*, AT, Rn 334.

[422] Vgl. etwa BGH 28.10.2015 - 5 StR 397/15; BGH NStZ 2016, 84, 85 f.; NStZ-RR 2015, 303, 304 (mit Verweis auf BGHSt 42, 97, 100).

Recht muss dem Unrecht nicht weichen"[423]), sodass auch lebensgefährliche Verteidigungshandlungen (Gebrauch einer Schusswaffe, eines Messers, Schlag mit einer Eisenstange oder einem Bierkrug auf den Kopf des Angreifers[424] o.Ä.) nicht ausgeschlossen sind[425] (sogleich Rn 349). Dieses recht großzügige Verständnis der Erforderlichkeit lässt sich darauf zurückführen, dass letztlich der Angreifer die gefährliche Situation herbeigeführt und es in der Hand hat, die Notwehrlage durch Abbruch des Angriffs zu beenden. Stehen dem Notwehrübenden allerdings mehrere gleich wirksame Abwehrmittel zur Verfügung, muss er dasjenige wählen, das den geringsten Schaden verursacht (Vorrang des relativ **mildesten Mittels**, wozu auch das Herbeirufen der Polizei gehören kann).[426] Auch kann bei lebensgefährlichen Abwehrhandlungen die Gebotenheit problematisch werden (dazu Rn 353 ff.).

349 Da eine Güterabwägung grundsätzlich nicht stattfindet (s.o.), ist auch der Einsatz von (auch unerlaubt mitgeführten) **Schusswaffen** oder **anderen gefährlichen Werkzeugen** (**Eisenstange**[427], **Messer**[428] o.Ä.) nicht ausgeschlossen. In Ermangelung anderer, ebenso geeigneter Mittel können zwar auch sie in rechtlich nicht zu beanstandender Weise eingesetzt werden, bei einer Waffe (Schusswaffe, aber auch Messer[429]) muss deren Einsatz aber grundsätzlich zunächst jedenfalls dann **angedroht** werden, wenn der Angreifer selbst unbewaffnet ist und dem Verteidiger die Androhung nach der Kampflage möglich ist. Eine Androhung kann auch dann erforderlich sein, wenn die Waffe bzw. das Messer zuvor nicht in Erscheinung getreten ist, der Angreifer also nicht mit dem Einsatz einer Waffe oder eines Messers rechnet. Ist bei einer Schusswaffe die vorherige Androhung nicht möglich, muss nach Möglichkeit zumindest ein **Warnschuss** abgegeben werden.[430] Wenn schließlich der Angriff nicht anders als durch Schusswaffen- oder Messereinsatz (oder durch Einsatz einer Eisenstange) abgewehrt werden kann, muss der Notwehrübende zumindest versuchen, den Angreifer nicht lebensgefährlich zu verletzen (etwa durch Stich oder Schuss in einen weniger sensiblen Bereich oder durch Schlag der Eisenstange an den Rumpf statt auf den Kopf).[431] Ist auch dies nicht möglich (etwa weil der Angreifer zu dicht am Verteidiger steht oder der Verteidiger aufgrund seiner körperlichen Konstitution keine andere Abwehrchance hat), kann auch ein tödlich wirkender Stich oder Schuss (etwa in die Brust) erforderlich sein.[432] Ein vorrangiger Einsatz der Waffe oder des Messers als Schlagwerkzeug kann dem Notwehrübenden jedoch nicht zugemutet werden, wenn die Gefahrenlage hierdurch nicht zweifelsfrei und endgültig beendet werden kann.[433]

Zum Einsatz von Waffen vgl. auch das erste Beispiel bei Rn 352 sowie die gutachtliche Aufbereitung bei *Schmidt/Priebe*, Fälle zum Strafrecht I, Fall 8 Rn 65 ff.

---

[423] *Berner*, Archiv des Kriminalrechts 15 (1848), 547, 572; vgl. auch RGSt 21, 168, 170.
[424] BGH 28.10.2015 - 5 StR 397/15 (Eisenstange); OLG Hamm StRR 2014, 153 f. (Bierkrug).
[425] Vgl. BGH 28.10.2015 - 5 StR 397/15; BGH NStZ 2015, 151, 152; NStZ 2002, 140; NStZ 2002, 425; NStZ 2001, 143, 144; OLG Hamm StRR 2014, 153 f.; RGSt 21, 168, 170; Sch/Sch-*Perron*, § 32 Rn 34 f.; *Fischer*, § 32 Rn 28 ff.; MüKo-*Erb*, § 32 Rn 129 ff.
[426] BGH NStZ 2016, 84, 85 f.; NStZ 2014, 451, 452; NStZ 2006, 152, 153 f.; NJW 2003, 1955, 1956 ff.; NStZ 2002, 73 und 140; NJW 2001, 3200, 3201; NStZ 2001, 530; BGHSt 42, 97, 99 f.
[427] BGH 28.10.2015 - 5 StR 397/15.
[428] Vgl. BGH NStZ 2014, 451, 452; NStZ-RR 2013, 105; NStZ-RR 2013, 139; NStZ 2011, 82 f.; NStZ 2009, 626 f.; StV 2006, 234 f.; NStZ 2006, 152, 153; NStZ 2004, 615; NJW 2003, 1955, 1956 f.
[429] BGH NStZ 2015, 151, 152; NStZ 2014, 451, 452; NStZ-RR 2013, 105; NStZ-RR 2013, 139, 140; NStZ 2004, 615; OLG Koblenz StV 2011, 622, 623.
[430] Dieser darf aber entfallen, wenn der Verteidiger nur eine Patrone zur Verfügung hat, vgl. BGH NStZ 2001, 591; *Altvater*, NStZ 2003, 21, 24; 2002, 20, 25.
[431] Zum Messereinsatz vgl. BGH NStZ 2015, 151, 152; zum Schusswaffeneinsatz vgl. BGH NStZ 2001, 143, 144; NStZ 2001, 591; NJW 2001, 3200 ff.; StV 1999, 143; zum Einsatz einer Eisenstange vgl. BGH 28.10.2015 - 5 StR 397/15.
[432] Vgl. BGH NStZ 2001, 143, 144; NJW 2001, 3200, 3201 f.
[433] BGH NStZ-RR 2013, 139; NStZ 2009, 626 f.; StV 2006, 234 f.; NStZ 2006, 152, 153 f. Vgl. auch BGH 28.10.2015 - 5 StR 397/15.

Ist unter den genannten Voraussetzungen der Einsatz von (lebens-)gefährlichen Abwehrmitteln zulässig, überschreitet der Notwehrübende auch dann nicht die Grenzen seines Notwehrrechts, wenn sich **ungewollt** doch noch die Gefährlichkeit des Mittels (im tödlichen Ausgang) realisiert. **350**

Beispiel[434]**:** A greift B mit einem Messer an. Zur Verteidigung nimmt B seine geladene Schusswaffe, möchte diese aber – um bei A lebensgefährliche Schussverletzungen zu vermeiden – lediglich als Schlagwerkzeug einsetzen. Beim Schlag löst sich aber doch ungewollt ein Schuss, wodurch der Tod des A verursacht wird (vgl. §§ 223, 227).

Hier kann sich B auf Notwehr berufen. Daran ändert auch der (ungewollt herbeigeführte) Todeseintritt bei A nichts. Denn die Risiken, die mit einer Verteidigungshandlung verbunden sind, gehen zu Lasten des Angreifers und sind nicht vom Notwehrübenden zu tragen.[435]

Zu beachten ist, dass die Erforderlichkeit nicht nach dem Ergebnis der Verteidigungshandlung, sondern **objektiv *ex ante*** zu beurteilen ist. Maßgeblich ist, wie ein Durchschnittsbetrachter (ein besonnener Dritter) in der Lage des Notwehrübenden die im Zeitpunkt des Angriffs gegebenen und objektiv erkennbaren Umstände beurteilt hätte.[436] **351**

Setzt der Notwehrübende zur Abwehr des Angriffs daher ein Mittel in lebensgefährlicher Weise ein (Schießen oder Stechen in einen sensiblen Bereich; Schlagen mit einer Eisenstange auf den Kopf etc.) und war eine derartige Abwehrmaßnahme nicht erforderlich, weil aus Sicht eines Durchschnittsbetrachters (eines besonnenen Dritten) eine **weniger gefährliche Verwendung** des Abwehrmittels ausgereicht hätte, stellt sich regelmäßig die Frage nach den Rechtsfolgen. Es ist zu differenzieren: **352**

- War dem Notwehrübenden nicht bewusst, dass ihm weniger gefährliche Abwehrmittel in dieser Situation zur Verfügung standen, liegt im Verkennen dieses Sachverhalts ein **Erlaubnistatbestandsirrtum** vor[437], der nach dem BGH gem. § 16 I S. 1 analog zum Vorsatzausschluss und nach der auch hier vertretenen h.L. zum Ausschluss des Vorsatzschuldvorwurfs führt.

  Beispiel[438]**:** C überfällt nachts einen privaten Wachdienst und greift den dort arbeitenden D mit einer täuschend echt aussehenden Scheinwaffe an.

  Hier liegt aus Sicht des D ein Angriff auf sein Leben vor. Greift nun D seinerseits zur Waffe und erschießt C, ist diese Verteidigungshandlung nur dann erforderlich, wenn auch ein Durchschnittsbetrachter in der aktuellen Situation (Dunkelheit, kurzfristige Entscheidung nötig) die Einschätzung des D teilt. Sollte dies nicht der Fall sein, unterliegt D einem Erlaubnistatbestandsirrtum, der nach dem BGH gem. § 16 I S. 1 analog zum Vorsatzausschluss und nach der auch hier vertretenen h.L. zum Ausschluss des Vorsatzschuldvorwurfs führt. Zu den Konsequenzen vgl. Rn 531 ff.

- Setzte aber der Notwehrübende zur Abwehr des Angriffs ein Mittel in lebensgefährlicher Weise ein und nahm dabei in Kauf, dass ein weniger einschneidendes Mittel womöglich ausgereicht hätte, den Angriff zu beenden (Schießen oder Stechen in einen weniger sensiblen Bereich; Schlagen mit einer Eisenstange gegen den Rumpf statt auf den Kopf), liegt mangels Erforderlichkeit der Abwehrhandlung keine Notwehr vor. Und da mangels Irrtums auch kein Erlaubnistatbestandsirrtum angenommen werden kann, ist der Notwehrübende aus dem betreffenden Delikt strafbar. Möglicherweise können in einem solchen Fall aber mildernde Umstände angenommen werden, die zu einer Reduzierung des Strafmaßes führen.

---

[434] Vgl. *W/B/S*, AT, Rn 336.
[435] BGHSt 27, 313, 314; BGH NJW 1999, 2533, 2534; *W/B/S*, AT, Rn 336.
[436] *Joecks*, § 32 Rn 20; *W/B/S*, AT, Rn 337; *Schröder*, JuS 2000, 235 f. Vgl. auch BGH StV 2013, 503.
[437] BGH NStZ 2001, 530. Vgl. auch BGH NStZ-RR 2002, 73.
[438] Vgl. *Joecks*, § 32 Rn 20.

Beispiel[439]**:** T und O sind Lkw-Fahrer im Fernverkehr. Nach einem Trinkgelage auf einem Parkplatz drang der beträchtlich alkoholisierte O in die Fahrerkabine des Lkw des ebenfalls erheblich alkoholisierten T ein, in der dieser bereits schlief. T wachte auf und schubste O aus dem Lkw. O versuchte erneut, in die Kabine zu gelangen, wobei er einen Gegenstand in der Hand hielt. T ergriff nunmehr eine leere Bierflasche und schlug sie O gegen den Kopf. Dieser fiel aus der Fahrerkabine und zog sich Schnittverletzungen am Rücken zu, weil er auf Glassplitter stürzte, die auf dem Boden lagen. T wollte die Kabinentür schließen, was ihm aber nicht gelang. Er nahm eine neben dem Fahrersitz verstaute Eisenstange und stieg aus, weil er einen erneuten Angriff durch O fürchtete. Er ging um den Lastwagen herum. O war inzwischen aufgestanden. T forderte ihn auf, sich zu entfernen, jedoch ging O auf T los, brachte ihn zu Boden und stürzte selbst. Er riss T dabei ein Büschel Haare aus, was erhebliche Schmerzen bereitete. Die Kontrahenten kamen wieder auf die Beine. Mit bedingtem Tötungsvorsatz schlug T dem O nunmehr die Eisenstange zweimal auf den Kopf, sodass dieser mit schweren Kopfverletzungen zusammenbrach. Das Leben des O konnte gerettet werden, da T sofort den Rettungsdienst alarmierte.

Vom versuchten Totschlag (§§ 212, 22) ist T (gem. § 24 I S. 1 Var. 2[440]) strafbefreiend zurückgetreten, da er durch die rechtzeitige Alarmierung des Rettungsdienstes die Tatbestandsverwirklichung verhinderte. Es bleibt aber die Verwirklichung des Tatbestands der gefährlichen Körperverletzung gem. § 224 I Nr. 2 Var. 2 (Eisenstange als gefährliches Werkzeug) und Nr. 5 (lebensgefährliche Behandlung). Möglicherweise war T aber wegen Notwehr (§ 32) gerechtfertigt. Eine Notwehrlage lag vor, da die Angriffshandlungen des O noch andauerten. Fraglich ist aber die Erforderlichkeit des zweimaligen Schlagens der Eisenstange auf den Kopf. Da das Recht dem Unrecht nicht weichen muss, können in Ermangelung anderer, ebenso geeigneter Mittel auch lebensgefährliche Verteidigungshandlungen erforderlich sein. Vorliegend stellt sich aber die Frage, ob nicht ein Schlag gegen den Rumpf oder zumindest ein nur einmaliger Schlag gegen den Kopf ausgereicht hätte, den Angriff des O zu beenden. Nach der hier vertretenen Auffassung war ein (zweimaliger) heftiger Schlag mit der Eisenstange auf den Kopf nicht erforderlich, zumal nicht erkennbar ist, dass T aus Furcht um sein Leben so handeln musste. Eben aus diesem Grund muss davon ausgegangen werden, dass T sich auch nicht im Irrtum über die tatsächlichen Voraussetzungen der Notwehr befand. Er war daher weder gerechtfertigt noch kommen ihm die Rechtsfolgen eines Erlaubnistatbestandsirrtums zugute.

Im Ergebnis ist T daher gem. § 224 I Nr. 2 Var. 2 und Nr. 5 strafbar. Aufgrund der Gesamtsituation und des provokativen Verhaltens des O ist aber an einen minder schweren Fall gem. § 213 Var. 1 analog zu denken.[441] Konkrete Hinweise auf eine verminderte Schuldfähigkeit infolge der erheblichen Alkoholisierung liegen nicht vor. Jedoch kann dieser Umstand (neben § 213) bei der Bemessung der Strafe berücksichtigt werden.

cc.) Gebotenheit der Verteidigungshandlung (normative Komponente)

353 Obwohl Einigkeit darüber besteht, dass das Recht dem Unrecht nicht zu weichen braucht und daher (zumindest nach offizieller Lehrmeinung) keine Abwägung der betroffenen Güter vorausgesetzt wird (siehe Rn 348 ff.), versteht es sich von selbst, dass das Notwehrrecht nicht schrankenlos gewährt werden kann. Das Kriterium der „Gebotenheit“ in § 32 I ist Ausdruck einer **sozialethischen Schranke des Notwehrrechts.**[442] So muss dem Verteidiger das „schneidige“ Notwehrrecht trotz gegebener Erforderlichkeit der Abwehrhandlung insbesondere dann versagt werden, wenn er sich **rechtsmissbräuchlich** ver-

[439] Nach BGH 28.10.2015 - 5 StR 397/15.
[440] Siehe dazu Rn 729 f.
[441] Der BGH weist am Ende des Beschlusses (Punkt 3b) ausdrücklich auf die Möglichkeit der (analogen) Anwendung des § 213 hin und verweist dabei auf BGH StraFo 2012, 24.
[442] Vgl. BGH NStZ 2016, 84, 85 f.; NStZ 2015, 151, 152; NStZ 2002, 425; BGHSt 39, 374, 377; BSGE 84, 54, 56 ff.; *Fischer*, § 32 Rn 36; *Lackner/Kühl*, § 32 Rn 13 ff.; *Roxin*, AT, § 15 Rn 56; *Joecks*, § 32 Rn 26.

hält. Folgende Fallgruppen einer möglichen Einschränkung des Notwehrrechts werden diskutiert:

- fehlendes Rechtsbewährungsinteresse
- Bagatellangriff/krasses Missverhältnis
- schuldhafte Herbeiführung der Notwehrlage
  - absichtliche Herbeiführung der Notwehrlage
  - sonstige vorwerfbare Herbeiführung der Notwehrlage
- extreme Konfliktsituation („Rettungsfolter")
- aufgedrängte Nothilfe (dazu Rn 344)

(a.) Fehlendes Rechtsbewährungsinteresse

Zunächst ist das Notwehrrecht gegenüber **schuldlos Handelnden** (und ggf. auch gegenüber vermindert Schuldfähigen) eingeschränkt. Das beruht auf der Erwägung, dass von diesem Personenkreis die Rechtsordnung grundsätzlich nicht in Frage gestellt wird, sodass Notwehr nicht geboten erscheint (fehlendes Rechtsbewährungsinteresse). 354

- Schuldlos handeln zunächst **Kinder** (§ 19), aber auch **Volltrunkene**[443] und **Geisteskranke** (§ 20), ferner durch **Notwehrexzess** gem. § 33 oder durch **Notstand** (§ 35) entschuldigte Personen. Hier ist es dem Notwehrrechtsinhaber zuzumuten, auszuweichen, da Sinn und Zweck des Notwehrrechts nicht greifen. Lediglich, wenn ein Ausweichen nicht möglich ist, kommen Verteidigungshandlungen in Betracht (individualrechtliche Begründung der Notwehr). Der Angegriffene muss sich dann aber zunächst auf Schutzwehr beschränken. Nur wenn auf diese Weise die Rechtsgutverletzung nicht abgewehrt werden kann, darf der Angegriffene auf Trutzwehr übergehen. Aber auch diese hat restriktiv zu erfolgen und die Rechtsgüter des Angreifers sind möglichst wenig zu beeinträchtigen.[444] 355

> **Beispiel und Hinweis für die Fallbearbeitung:** Wer unter Beachtung dieser Restiktion bspw. ein (äußerst gewalttätiges) Kind oder einen Volltrunkenen in auswegloser Lage tötet, um sein eigenes Leben zu retten, kann sich nach der hier vertretenen Auffassung auf Notwehr berufen.[445] Teilt man diese Ansicht nicht, lässt die Notwehr also am rechtswidrigen Angriff oder an der Gebotenheit scheitern, kommt doch zumindest der rechtfertigende Notstand (§ 34) in Betracht. Dabei ist zu bedenken, dass in die Rechtssphäre desjenigen eingegriffen wird, von dem die Gefahr ausgeht, die erforderliche Güterabwägung also großzügiger ausfallen darf (es genügt, dass der angerichtete Schaden gegenüber dem abgewendeten nicht unverhältnismäßig groß ist). Lehnt man auch die Rechtfertigung gem. § 34 ab (etwa wegen fehlender Verhältnismäßigkeit), ist schließlich auf den entschuldigenden Notstand (§ 35) einzugehen. Dieser ist dann zu bejahen, weil der Verteidiger den Angreifer in einer existentiellen Notlage tötet.

- Schuldlos handeln können aber auch Personen, die sich bei der Rechtsgutbeeinträchtigung (also beim Angriff) in einem **Tatbestandsirrtum** oder in einem **unvermeidbaren Verbotsirrtum** befinden. Das Gleiche gilt hinsichtlich Personen, die sich über das Vorliegen der tatsächlichen Voraussetzungen eines Rechtfertigungsgrundes irren, sich also in einem **Erlaubnistatbestandsirrtum** befinden. Auch hier ist hinsichtlich der Abwehrhandlung äußerste Zurückhaltung geboten, die zunächst darin zu suchen ist, den Angreifer über seinen Irrtum aufzuklären.[446] Lediglich, wenn ein Aufklären nicht möglich ist, kommen Verteidigungshandlungen in Betracht (individualrechtliche Begründung der Notwehr). 356

---

[443] Vgl. dazu BGH NStZ 2015, 151, 152 – massive alkoholische Beeinträchtigung.

[444] Vgl. dazu BGH NStZ 2015, 151, 152; BSGE 84, 54 ff.; BayObLG NStZ-RR 1999, 9 f.; *W/B/S*, AT, Rn 344; *Gropp*, AT, § 5 Rn 160; SK-*Günther*, § 32 Rn 119; NK-*Herzog*, § 32 Rn 101 f.; Sch/Sch-*Perron*, § 32 Rn 52; *Fischer*, § 32 Rn 37.

[445] Speziell bei einem Volltrunkenen wäre in der Klausurbearbeitung noch zu diskutieren, ob überhaupt ein rechtswidriger Angriff vorliegt. Dieser sollte aber angenommen werden, um anschließend auf die Gebotenheit der Notwehrhandlung eingehen zu können. Anderenfalls ist gleich auf § 34 bzw. § 35 einzugehen.

[446] *Jescheck/Weigend*, AT, § 32 III 3a. Vgl. auch BSGE 84, 54, 56 mit Bespr. v. *Simon*, JuS 2001, 639 ff.

357 Auch bei **Personen mit engen persönlichen Beziehungen** untereinander (z.B. Ehegatten) ist allgemein anerkannt, dass bei der Ausübung des Notwehrrechts Zurückhaltung geboten sein kann. Die Pflicht zur Zurückhaltung folge aus dem Spannungsverhältnis zwischen dem Recht auf Selbstverteidigung und der **Beschützergarantenstellung** (§ 13) gegenüber dem anderen.[447] Strittig ist allerdings, ob der Angegriffene zunächst leichtere Körperverletzungen hinnehmen muss, bevor er zum „schneidigen" Notwehrrecht (mit möglicherweise tödlichem Ausgang auf Seiten des Angreifers) greifen kann.

Beispiel: Der arbeitslose Ehemann M ist frustriert und ertränkt seinen Kummer im Alkohol. Nach einiger Zeit beginnt er gegenüber seiner Frau F gewalttätig zu werden. Mit fortschreitender Zeit werden die Schläge heftiger. F musste sich auch schon einmal einer stationären Heilbehandlung unterziehen. Als F schwanger wird, bangt sie um das Leben ihres ungeborenen Kindes für den Fall, dass ihr Mann sie noch einmal attackiert. Eines Abends kommt M wieder angetrunken nach Hause und beginnt sofort auf F einzuschlagen. Diese greift ein zufälligerweise auf dem Tisch liegendes Küchenmesser und sticht zu. Sie trifft M ins Herz.

⇨ Nach einer Auffassung muss der Angegriffene – jedenfalls sofern der Angriff nur geringere Körperverletzungen befürchten lässt – zunächst versuchen, dem Angriff auszuweichen. Sei dies nicht möglich, müsse er zumindest aber auf möglicherweise tödliche Abwehrmittel verzichten. Lediglich, wenn eine Gefahr für das eigene Leben bestehe oder eine schwere körperliche Misshandlung drohe, sei als Ultima Ratio der Einsatz auch von möglicherweise tödlich wirkenden Abwehrmitteln zulässig.[448]

Vorliegend bestand eine Gefahr für das eigene Leben (und für das Leben des *nasciturus*). Folgt man also dieser Auffassung, war es F nicht zuzumuten, auf die allein Erfolg versprechende Verteidigung mit dem Messer nur deshalb zu verzichten, weil diese zum Tod des Ehemanns führen kann.

⇨ Nach der Gegenauffassung ist es dem Angegriffenen nicht zuzumuten, auch nur leichtere Verletzungen in Kauf zu nehmen, bevor er zu Gegenmaßnahmen schreitet. Innerhalb einer auf Gleichberechtigung aufgebauten Lebensbeziehung müsse es dem jeweils Betroffenen überlassen bleiben, ob er sich gegen Angriffe zur Wehr setzen wolle. Dazu bedürfe es jedoch der Erlaubnis zu wirkungsvoller Abwehr. Zudem richte sich der Angreifer ja gerade gegen das Näheverhältnis oder nutze dieses doch zumindest aus.[449]

Folgt man dieser Auffassung, ist es gar nicht zu prüfen, ob F hätte ausweichen können oder ob für sie geringere Körperverletzungen zumutbar gewesen wären. F konnte sich demzufolge uneingeschränkt auf das Notwehrrecht berufen.

Stellungnahme: Wie in den meisten Klausurfällen bestand auch vorliegend für F eine (lebens-)bedrohliche Situation, sodass sie sich nach beiden Auffassungen auf Notwehr berufen konnte. Einer Streitentscheidung bedurfte es daher nicht. Sollte ausnahmsweise doch einmal ein Sachverhalt zu prüfen sein, bei dem der Angegriffene nicht (lebens-)bedrohlich attackiert wird, bietet folgende Überlegung eine sachgerechte Lösung: Wer seinen Ehe- oder Lebenspartner misshandelt oder zusammenschlägt, richtet sich bewusst gegen das Näheverhältnis. Warum sollte dieses dann gerade dem Angreifer einen Schutz dergestalt gewähren, dass der Angegriffene sich nur eingeschränkt zur Wehr setzen darf? Der Partner, der erhebliche körperliche Gewalt ausübt, verliert den Schutz, der aus der Beschützergarantenstellung erwächst. Der angegriffene Lebenspartner kann sich in diesem Fall unter den allgemeinen Voraussetzungen auf Notwehr berufen. Eine Einschränkung des Notwehrrechts, bei dem eine Güterabwägung grundsätzlich nicht statt-

---

[447] Vgl. insbesondere die ältere Rechtsprechung des BGH (NJW 1975, 62) und heute *W/B/S*, AT, Rn 345; *Roxin*, AT, § 15 Rn 83. Vgl. auch *Erb*, NStZ 2004, 369, 374 f.

[448] Vgl. BGH NJW 1984, 986; *Roxin*, AT, § 15 Rn 83 ff.; *W/B/S*, AT, Rn 345; *Roxin*, AT, § 15 Rn 83; SK-*Günther*, § 32 Rn 130; Sch/Sch-*Perron*, § 32 Rn 53; NK-*Herzog*, § 32 Rn 111; *Amelung/Bosch*, JuS 2000, 261, 264 f. (allerdings unter dem Aspekt der nicht mehr intakten Ehe, in der eine Einschränkung des Notwehrrechts von vornherein nicht in Betracht kommen soll).

[449] Vgl. *Freund*, AT, § 3 Rn 123; LK-*Rönnau/Hohn*, § 32 Rn 158; *Gropp*, AT, § 5 Rn 161 ff.; *Wohlers*, JZ 1999, 434; *Fischer*, § 32 Rn 37.

findet, sollte nur bei Angriffen mit scheinbar weniger schwerwiegenden Folgen vorgenommen werden. Hier sind jedenfalls tödlich wirkende Abwehrmittel unangebracht und damit nicht geboten.

Sollte nach alledem der Rechtfertigungsgrund Notwehr nicht greifen, ist immer noch an den rechtfertigenden Notstand (§ 34) zu denken, bei dem – da die Gefahr vom Angreifer herrührt – eine großzügige Abwägung stattfindet. Schließlich können dem Verteidiger die §§ 33 und 35 helfen.

(b.) Bagatellangriff/Krasses Missverhältnis

Eine weitere sozialethische Einschränkung des Notwehrrechts besteht hinsichtlich sog. **358**
Bagatellangriffe, sofern man diese überhaupt als Angriffe qualifiziert.[450] Hier ist eine Abwehrhandlung, die das Stadium einer Körperverletzung (§ 223) erreicht, nicht geboten.

Beispiel: Während einer Nachtwanderung leuchtet A dem B ständig mit seiner Taschenlampe ins Gesicht. Völlig entnervt schlägt B den A daraufhin an den Kopf. ⇨ Hier kann sich B nicht auf Notwehr berufen.

Nach h.M. ist das Notwehrrecht auch eingeschränkt, wenn der durch die Verteidigungs- **359**
handlung herbeigeführte Schaden bzw. die durch die Verteidigungshandlung herbeigeführte Gefährdung einerseits und das gefährdete Rechtsgut andererseits in einem **krassen Missverhältnis** zueinander stehen.

Beispiel: Pustet der „Angreifer" das „Opfer" mit Zigarettenrauch an und wirft der „Angegriffene" dann dem „Angreifer" ein Trinkglas an den Kopf, um weitere Rauchattacken zu verhindern, ist bereits die rechtliche Einordnung des Anpustens mit Zigarettenrauch als Angriff i.S.d. § 32 nicht ganz unproblematisch (dazu Rn 327). Bejaht man gleichwohl einen Angriff, dürfte jedoch der Wurf mit einem Trinkglas an den Kopf im krassen Missverhältnis zur Beeinträchtigung des körperlichen Wohlbefindens wegen des Anpustens mit Zigarettenrauch stehen und daher nicht geboten i.S.d. § 32 I sein.[451] In Anlehnung an die Fallgruppe des fehlenden Rechtsbewährungsinteresses (Rn 354 ff.) wäre es dem Notwehrrechtsinhaber daher eher zuzumuten, auszuweichen (und etwa die Ordnungskräfte zu informieren), ohne sich in seiner Ehre etwas zu vergeben.

Diese Einschränkung des Notwehrrechts stellt zwar keinen Fall der Güterabwägung dar **360**
(eine solche findet bei § 32 gerade nicht statt!), beruht aber auf dem Gedanken, gänzlich unerträgliche Ergebnisse zu vermeiden. Der überall genannte Klassiker „gelähmter Bauer schießt Kind aus dem Apfelbaum"[452] dürfte dabei zwar nicht mehr allzu klausurverdächtig sein, steht aber exemplarisch für die Erforderlichkeit der Abwehrhandlung (dem gelähmten Bauern steht kein anderes Mittel zur Verfügung, um den Angriff auf sein Eigentum zu beenden) und zugleich für das Nichtvorhandensein der Gebotenheit (es wäre für die Rechtsgemeinschaft – und letztlich für das getötete oder verletzte Kind – unerträglich, wenn sich der Bauer auf Notwehr berufen könnte).[453]

(c.) Schuldhafte Herbeiführung der Notwehrlage

Hat der Verteidiger den Angriff vorwerfbar veranlasst, wird ganz überwiegend eine Ein- **361**
schränkung des Notwehrrechts diskutiert. Im Einzelnen ist jedoch vieles sehr strittig.[454] Im Folgenden sollen die wichtigsten Fallgruppen und Auffassungen erläutert werden.

---

[450] Vgl. dazu Sch/Sch-*Perron*, § 32 Rn 49.
[451] Anders aber AG Erfurt Kriminalistik 2013, 775. Wie hier nunmehr auch *Jäger*, JA 2014, 472, 474.
[452] Vgl. RGSt 23, 116, 117.
[453] Vgl. dazu *Roxin*, AT, § 15 Rn 56, 73 ff.; SK-*Günther*, § 32 Rn 112; *Fahl*, JA 2000, 460 ff.
[454] Vgl. MüKo-*Erb*, § 32 Rn 238; Sch/Sch-*Perron*, § 32 Rn 61a.

(aa.) Absichtliche Herbeiführung der Notwehrlage - Absichtsprovokation

362 Wer zielstrebig einen Angriff herausfordert, um den Gegner unter dem Deckmantel der äußerlich gegebenen Notwehrlage verletzen zu können (**Absichtsprovokation**), handelt rechtsmissbräuchlich.[455] Umstritten ist, inwieweit dem „Verteidiger" dadurch das Notwehrrecht entzogen ist.

Beispiel: A möchte dem B, der ihm seine Freundin ausgespannt hat, mal so richtig „eine überbraten". Da er davon gehört hat, dass man im Falle einer Notwehr nicht strafbar sei, beschimpft er B, um diesen dazu zu bewegen, endlich handgreiflich zu werden, damit er ihn anschließend verprügeln kann. Wie erwartet geht B auf A los, um diesen zu schlagen. Könnte A sich dem B zur Wehr setzen?

Unterstellt, dass der Angriff des B auf A nicht gerechtfertigt ist (ein körperlicher Übergriff zur Abwehr einer – möglicherweise gegebenen – Beleidigung scheitert an der Erforderlichkeit oder aber an der Gebotenheit), steht A grds. eine Notwehr zu. Denn dann liegt ein gegenwärtiger und rechtswidriger Angriff des B auf A vor, den A grds. abwehren kann. Allerdings könnte A das Notwehrrecht versagt sein, weil er B zum Angriff provoziert hat.

⇨ Nach h.M.[456] kann sich der Absichtsprovokateur **nicht auf Notwehr berufen** (er sei selbst der Angreifer). In einem solchen Fall habe er dem Angriff auszuweichen. Könne er das nicht, sei ihm der Rechtfertigungsgrund Notwehr kategorisch versagt, da er bei einem von ihm selbst herbeigeführten Angriff nicht schützenswert sei.

Folgt man dieser Auffassung, kann sich vorliegend A nicht auf Notwehr berufen. Er muss den „Angriff" des B dulden. Setzt sich A dennoch zur Wehr, handelt er rechtswidrig.

⇨ Demgegenüber versagt die vorzugswürdige Gegenauffassung[457] dem Absichtsprovokateur das Notwehrrecht nicht gänzlich, sondern verlangt von diesem nur, dass er dem Angriff nach Möglichkeit **ausweicht**. Sei ein Ausweichen nicht möglich, bleibe das Notwehrrecht erhalten. Denn trotz der Provokation bleibe der Angriff rechtswidrig; infolgedessen müsse dem Angegriffenen ein Notwehrrecht zugestanden werden. Gestehe man es ihm nicht zu, bedeute dies einen Vorrang des Unrechts, was im Widerspruch zu den rechtsstaatlichen Grundsätzen stehe.

Folgt man dieser Gegenauffassung, ist im konkreten Fall zu prüfen, ob der Provokateur dem Angriff ausweichen kann. Könnte er dies, lässt sich aber auf (aktive) Abwehrhandlungen ein, kommt auch die Gegenauffassung nicht umhin, ihm das Notwehrrecht zu versagen. Sind hingegen ein Ausweichen bzw. eine Deeskalation nicht möglich, kann er sich demzufolge auf das Notwehrrecht berufen. Fraglich ist dann aber, wie das Verhalten des Provokateurs strafrechtlich zu würdigen ist. Hierzu wird teilweise auf die Rechtsfigur der ***actio illicita in causa*** zurückgegriffen.[458] Bei dieser Figur wird bei der Unrechtsbegründung des Provokateurs auf dessen pflichtwidrige Schaffung der Kollisionslage (hier: Notwehrlage) abgestellt und dieser dann i.d.R. wegen Fahrlässigkeit bestraft; vgl. dazu auch Rn 372 und 423.

Nach der hier vertretenen Auffassung, die auch bei einer absichtlich herbeigeführten Notwehrlage das Notwehrrecht nicht gänzlich versagt, richtet sich die Zulässigkeit der Notwehr nach dem **Dreistufenmodell**, das die h.M. sonst nur für die sonst schuldhaft herbeigeführte Notwehrlage (dazu Rn 364 ff.) anwendet: Zunächst muss der Angegriffene versuchen, **auszuweichen**. Ist dies nicht möglich, muss er sich in erster Linie auf

---

455 BGH NStZ-RR 2002, 73; NStZ 2001, 143; *W/B/S*, AT, Rn 347; *Küpper*, JA 2001, 438, 439; *Altvater*, NStZ 2002, 20, 25. Vgl. auch *Erb*, NStZ 2004, 369, 375.

456 BGH NStZ-RR 2002, 73; NStZ 2001, 143 f.; *Altvater*, NStZ 2002, 20, 25; *W/B/S*, AT, Rn 347; *Gropp*, AT, § 5 Rn 178; *Joecks*, § 32 Rn 35 f.; *Roxin*, AT, § 15 Rn 61; *Fischer*, § 32 Rn 42; LK-*Rönnau/Hohn*, § 32 Rn 250; SK-*Günther*, § 32 Rn 121.

457 Vgl. *Jescheck/Weigend*, AT, § 32 III 3a; Sch/Sch-*Perron*, § 32 Rn 57; NK-*Herzog*, § 32 Rn 16; *Bockelmann/Volk*, AT, § 15 I 2 f. In diese Richtung tendieren auch BGH NStZ 2002, 425, 426 f. *Altvater*, NStZ 2003, 21, 24.

458 Vgl. Sch/Sch-*Perron*, § 32 Rn 61.

Schutzwehr beschränken. Ist auch dies nicht möglich, ist schließlich **Trutzwehr** erlaubt (Rn 365).

Fraglich ist auch, wie zu entscheiden ist, wenn der provozierte Angriff einen anderen Verlauf annimmt, als der Provokateur ihn sich vorgestellt hat. 363

Beispiel: Im obigen Beispiel zückt B unerwartet ein Messer und beginnt, auf A einzustechen.

In diesem Fall wird man A wohl das Notwehrrecht einräumen müssen. Auch der Provokateur ist nicht gezwungen, sich töten bzw. lebensgefährlich verletzen zu lassen, wenn der provozierte Angriff unter Benutzung einer Waffe erfolgt (**Wiederaufleben des Notwehrrechts bei Überreaktion**).

(bb.) Sonstige vorwerfbare Herbeiführung der Notwehrlage

Abgeschwächt stellt sich die Situation dar, in welcher der Provokateur die Notwehrlage zwar vorwerfbar, nicht aber vorsätzlich herbeiführt. Diesbezüglich sind zunächst die Fälle des **nicht rechtswidrigen, wohl aber „sozialethisch zu beanstandenden" Vorverhaltens** zu nennen. 364

Beispiel[459]**:** Zwischen T und seinem Cousin O kam es im Zimmer des T zu einer verbalen Auseinandersetzung mit gegenseitigen Beleidigungen, in deren Verlauf O den T als „strunzdumm" bezeichnete. Daraufhin schlug T den O mit der rechten Faust mehrmals auf die rechte Schulter. O forderte T auf, damit aufzuhören, und bezeichnete ihn als „Opfer". T beschimpfte O daraufhin als „Krüppel" und „Spasti". Als T den O erneut auf die Schulter schlagen wollte, drehte dieser sich weg, wodurch T ihn unabsichtlich im Gesicht traf. O stand auf, packte T mit der linken Hand an den langen Haaren und schlug ihn nun mehrfach mit der rechten Faust ins Gesicht und auf den Hinterkopf, mindestens einmal davon auch auf die rechte Schläfe. Auch als T den O aufforderte, damit aufzuhören, schlug O weiterhin zu. Um sich O vom Leib zu halten, wofür ihm jedes Mittel recht war, nahm T ein vor ihm liegendes aufgeklapptes Messer in die Hand und stach mit den Worten „So, jetzt stirbst du!" mit einer schnellen und ausholenden Bewegung gezielt in Richtung des Oberkörpers von O. Hierbei rechnete er mit der Möglichkeit, O im Oberkörperbereich zu treffen, und erkannte, dass eine solche Verletzung tödlich sein könnte, was er billigend in Kauf nahm. Der Stich führte zu einer Verletzung von Lunge und Herz und zu massiven Blutungen, an denen O verstarb.

T könnte sich wegen Totschlags (§ 212 I) strafbar gemacht haben. Der Tatbestand des § 212 I ist erfüllt. Insbesondere nahm T den Tod des O billigend in Kauf und handelte damit vorsätzlich. Möglicherweise ist T aber durch Notwehr gerechtfertigt. Eine Notwehrlage lag vor: T war von O angegriffen worden. Der Messerstich war das einzige Mittel, das T in der konkreten Situation zur Verfügung stand, und könnte daher auch erforderlich gewesen sein, um den Angriff abzuwehren. Jedoch ist allgemein anerkannt, dass der Notwehrübende den Einsatz lebensgefährlicher Mittel wie ein Messer nach Möglichkeit zunächst androhen oder ein solches Mittel zumindest auf eine weniger gefährliche Weise (Stich in Arm oder Bein statt in die Brust) einsetzen muss. Davon unbeschadet könnte es vorliegend an der Gebotenheit fehlen. Nach Auffassung des BGH muss auch derjenige, der zwar nicht absichtlich, aber sonst vorwerfbar eine Notwehrsituation herbeigeführt hat, dem Angriff tunlichst ausweichen. Sei dies nicht möglich, habe er bei der Abwehr äußerste Zurückhaltung zu üben. Der Notwehrübende dürfe zur Trutzwehr erst dann übergehen und ein lebensgefährliches Mittel einsetzen, wenn er alle Möglichkeiten der Schutzwehr ausgenutzt hat.[460] Nur wenn ihm solche Möglichkeiten nicht zur Verfügung stünden, sei er zur Notwehr mit lebensgefährlichen Mitteln befugt (wobei wiederum die oben genannten Einschränkungen zu beachten sind). Das gilt nach Auffassung des BGH auch in Fällen, in denen das

[459] Nach BGH NStZ 2014, 451.
[460] Vgl. BGH NStZ 2016, 84, 85 f.; NStZ-RR 2015, 303, 304; NStZ 2014, 451, 452.

vorwerfbare Vorverhalten nicht rechtswidrig, sondern lediglich sozialethisch anstößig ist.[461] Vorliegend war nach Auffassung des BGH das Vorverhalten des T dadurch, dass er damit anfing, auf O einzuschlagen, sozialethisch anstößig.[462] Folgt man der Auffassung des BGH, hätte T sich beim anschließenden Angriff durch O auf Schutzwehr und Hilferufe beschränken müssen. Da er dies nicht tat, sondern in Trutzwehr überging, konnte er sich nach Auffassung des BGH nicht auf Notwehr berufen (so auch die Vorinstanz).

Hinweis: Anders stellte sich die Bewertung dar, wenn T wegen der Kopftreffer (berechtigt oder fälschlich) um sein Leben fürchtete bzw. einen Notwehrexzess beging.[463]

365 Die überwiegende Literatur kritisiert das Abstellen auf sozialethische Maßstäbe.[464] Eine Einschränkung des Notwehrrechts komme nur bei **rechtlich zu beanstandendem** (also **rechtswidrigem**) **Vorverhalten** des „Notwehrübenden" (etwa bei schweren Beleidigungen) in Betracht. Im Übrigen ist sie hinsichtlich der Einschränkung des Notwehrrechts aber auf einer Linie mit dem BGH: Wer nicht absichtlich, aber sonst rechtswidrig und vorwerfbar (d.h. fahrlässig) eine Notwehrsituation herbeiführe, habe dem von ihm mitverschuldeten Angriff grundsätzlich **auszuweichen**. Bei fehlender Ausweichmöglichkeit müsse er sich bis zur Grenze des noch Zumutbaren auf defensive Verteidigungshandlungen beschränken; solange diese **Schutzwehr** zur Abwehr ausreiche, dürfe er nicht zur **Trutzwehr** übergehen. Sogar leichtere Verletzungen seien zumutbar. Bleibe ihm aber keine andere Wahl, als zur Trutzwehr überzugehen, habe er zumindest eine weniger gefährliche Verteidigung auszuüben bzw. diese zurückhaltend zu praktizieren. Dabei seien umso höhere Anforderungen im Hinblick auf die Vermeidung gefährlicher Konstellationen zu stellen, je schwerer die rechtswidrige und vorwerfbare Provokation der Notwehrlage wiege. Andererseits sei ihm die Hinnahme erheblicher eigener Verletzungen nicht zuzumuten. Wo andere Möglichkeiten nicht zur Verfügung stünden oder keine ausreichende Verteidigung gewährleisteten, blieben je nach Stärke des Angriffs auch der Griff zum Messer oder zur Waffe und im äußersten Notfall sogar die Tötung des Angreifers erlaubt.[465]

366 **Hinweis für die Fallbearbeitung:** Im Fall der unbeabsichtigten, aber vorwerfbar herbeigeführten Notwehrlage ist in der Fallbearbeitung zunächst darzulegen, dass dem Notwehrübenden das Notwehrrecht nicht von vornherein versagt wird. Bei der Frage, welche Abwehrmaßnahmen zulässig sind, ist nach folgendem „Stufenmodell" vorzugehen:

- Zunächst muss der Verteidiger versuchen, dem Angriff **auszuweichen**.[466]
- Ist ein Ausweichen nicht möglich, muss er sich zumindest auf **Schutzwehrmaßnahmen** beschränken. Dabei sind sogar leichtere Verletzungen zumutbar.
- Führen auch Schutzwehrmaßnahmen nicht zur Beendigung des Angriffs, sind – um schwerere Verletzungen abzuwenden – schließlich **Trutzwehrmaßnahmen** gestattet. Dabei hat die Ausübung aber desto zurückhaltender auszufallen, je schwerer die rechtswidrige und vorwerfbare Provokation der Notwehrlage wiegt. Sein Leben muss der die Notwehrlage Herbeiführende aber nicht riskieren. Daher ist auch

---

[461] BGH NStZ-RR 2015, 303, 304; NStZ 2014, 451, 452. Vgl. zuvor schon BGH StV 2011, 223 f.; NStZ 2011, 82 f.; NStZ 2009, 626 f.; StV 2006, 234 f.; NStZ 2001, 143, 144.
[462] BGH NStZ 2014, 451, 452. Vgl. auch BGH NStZ-RR 2015, 303, 304.
[463] Vgl. bereits die etwa die 13. Aufl. 2014 dieses Buches. In diese Richtung geht auch BGH NStZ 2016, 84, 85 f.
[464] Vgl. nur *Gropp*, AT, § 5 Rn 186; *Krack*, JR 1996, 468 f.; *Kühl*, AT, § 7 Rn 223a und StV 1997, 298; *Lesch*, JA 1996, 833 f.; *Vassilaki/Hüthig*, Jura 1997, 266, 268; *Roxin*, AT, § 15 Rn 69; SK-*Günther*, § 32 Rn 124. Dem BGH zustimmend *W/B/S*, AT, Rn 348.
[465] Vgl. *Altvater*, NStZ 2002, 20, 26; *W/B/S*, AT, Rn 348; *Fischer*, § 32 Rn 45. Vgl. auch *Altvater*, NStZ 2003, 21, 24.
[466] Selbstverständlich gehören das Ausweichen oder das Hochhalten der Arme, um einen Schlag des Angreifers abzufangen, nicht zum Notwehrrecht, weil Flucht oder Schutzwehr keine strafrechtlich relevanten Handlungen darstellen und somit auch nicht rechtfertigungsbedürftig sind. Gleichwohl wurden sie im vorliegenden Zusammenhang mit dem „Stufenmodell" genannt, um zu veranschaulichen, dass der Verteidiger, der die Notwehrlage zuvor schuldhaft herbeigeführt hat, zunächst versuchen muss, dem Angriff auszuweichen bzw. sich auf Schutzwehr zu beschränken, bevor er von seinem Notwehrrecht Gebrauch macht. Unberechtigt ist daher die Kritik von *Bosch*, JA 2006, 490 f.

der Einsatz von **Waffen** und (anderen) **gefährlichen Werkzeugen** nicht ausgeschlossen.[467]

Allerdings kann selbst ein sozialethisch zu missbilligendes Vorverhalten das Notwehrrecht nur dann einschränken, wenn zwischen diesem Vorverhalten und dem rechtswidrigen Angriff ein enger zeitlicher und räumlicher Ursachenzusammenhang besteht und es nach Kenntnis des Täters auch geeignet ist, einen Angriff zu provozieren. Fehlt es an einem solchen „Pflichtwidrigkeitszusammenhang" und damit an einem vorwerfbaren Vorverhalten (einer Provokation), liegt folgerichtig auch keine sozialethisch begründete Einschränkung des Notwehrrechts vor.[468] **367**

Beispiel[469]**:** A betreibt auf einem größeren Gartengrundstück ökologischen Nutzpflanzenanbau, Kleintierzucht und eine Imkerei. Er baute in einem Gewächshaus u.a. auch Cannabis an und setzte das gewonnene Haschisch zur Förderung der eigenen Gesundheit und bei der Imkerei – zur Beruhigung der Bienen durch Raucherzeugung – ein. Bereits mehrfach war das Anwesen von Dieben aufgesucht worden, um Haschisch zu stehlen. Erst letzte Woche hatte T den Zaun des Grundstücks des A überstiegen, die Folie des Gewächshauses durchschnitten und Hanfpflanzen gestohlen. Am frühen Nachmittag des gestrigen Tages überstieg T erneut den Zaun, schnitt das Gewächshaus auf und wollte wiederum Cannabispflanzen stehlen. A stellte ihn und setzte Pfefferspray ein. T flüchtete über das Feld und ließ sein am Rande des Nachbargrundstücks abgestelltes Fahrrad zurück. A versteckte dieses später in einem angrenzenden Gebüsch. T beschloss, das Fahrrad zurückzuholen, A eine Abreibung zu verpassen und weitere Hanfpflanzen zu stehlen. Dazu betrat er erneut das Gewächshaus, traf dort jedoch auf den mittlerweile aufmerksam gewordenen A, der sein bei der Arbeit verwendetes Messer (15 cm Länge, Klingenlänge 5,5 cm) in der rechten Hand hielt. Es entstand sogleich ein Gerangel. Dabei fasste T den A am Kragen und ging zum direkten Angriff über. Er umklammerte A von vorn und drückte ihm die Luft ab. A geriet in Todesangst und setzte das Messer gegen T ein. Er stieß dieses wuchtig in den Bauch, um den Angriff abzuwehren.

A hat den Tatbestand der gefährlichen Körperverletzung gem. §§ 223 I, 224 I Nr. 2 Var. 2 verwirklicht. Möglicherweise ist die Tat jedoch unter dem Aspekt der Notwehr (§ 32) gerechtfertigt. Es ist A zuzubilligen, dass er sich gegen die Umklammerung des T zur Wehr gesetzt und sein Eigentum und Hausrecht verteidigt hat. Allerdings könnte sein Notwehrrecht durch die im Verstecken des Fahrrades des T enthaltene Provokation eingeschränkt sein mit der Folge, dass der massive Einsatz des Messers nicht durch Notwehr gedeckt ist. Eine schuldhafte Provokation kann aber nur dann zur Einschränkung des Notwehrrechtsführen, wenn bei vernünftiger Würdigung der gesamten Umstände des Einzelfalls der Angriff als adäquate und voraussehbare Folge der Pflichtverletzung des Angegriffenen erscheint („Zurechnungszusammenhang" zwischen der Pflichtverletzung und der Angriffshandlung). Das war vorliegend nicht der Fall. Das Verstecken des Fahrrads mag zwar rechtswidrig gewesen sein (verbotene Eigenmacht gem. §§ 858, 854 BGB, sofern A nicht in Selbsthilfe gem. § 229 BGB handelte), jedoch kann dieses Vorverhalten nicht dazu führen, einen Würgegriff dulden zu müssen. Der Messerstich durch A war daher gem. § 32 gerechtfertigt.

Auch das **Hereinlassen** des Angreifers **in die eigene Wohnung** führt für sich gesehen nicht zu einer Schmälerung der Notwehrbefugnis, weil dieses **kein rechtlich oder sozial-ethisch zu missbilligendes Vorverhalten** ist.[470] **368**

Sofern der die Notwehrlage rechtswidrig und/oder vorwerfbar herbeiführende Verteidiger sich auf das Notwehrrecht berufen kann, ist er aus dem konkreten vorsätzlichen Verlet- **369**

[467] Vgl. dazu BGH NStZ 2002, 425 (mit Bespr. v. *Heger*, JA 2003, 8 ff.).
[468] BGH StV 2011, 223 f. Vgl. dazu auch *Kudlich*, JA 2011, 233 f.
[469] Nach BGH NStZ 2009, 626; *Hecker*, JuS 2010, 172.
[470] BGH NJW 2003, 1955, 1956 ff. (mit Bespr. v. *Trüg*, JA 2004, 272; *Zaczyk*, JuS 2004, 750; *Quentin*, NStZ 2005, 128). Vgl. auch BGH NStZ 2006, 332, 333 f.; NStZ 2009, 626 (mit Bespr. v. *Hecker*, JuS 2010, 171).

zungsdelikt also nicht strafbar. In diesem Fall muss aber der Frage nachgegangen werden, ob sonst eine Strafbarkeit begründet werden kann.

370 Zunächst ist an einen **Versuch** zu denken. Der Strafbarkeitsvorwurf könnte an das rechtswidrige Vorverhalten anknüpfen, ist aber eine Frage des konkreten Einzelfalls.

371 Schließlich ist eine **Fahrlässigkeitstat** in Betracht zu ziehen. Anknüpfungspunkt des Fahrlässigkeitsvorwurfs ist dabei nicht die konkrete Verletzungshandlung, da diese bereits durch Notwehr gerechtfertigt ist und eine gerechtfertigte Tat nicht Anknüpfungspunkt eines Pflichtwidrigkeitsvorwurfs sein kann (ein und dieselbe Tat kann nicht sowohl rechtmäßig als auch rechtswidrig sein).[471] Der Pflichtwidrigkeitsvorwurf könnte aber an das rechtswidrige und vorwerfbare Vorverhalten des Täters anknüpfen.

372 ▪ Hierzu wird teilweise auf die bereits erwähnte Figur der ***actio illicita in causa***[472] zurückgegriffen.[473] Bei dieser wird bei der Unrechtsbegründung des Provokateurs auf dessen pflichtwidrige Schaffung der Kollisionslage (hier: Notwehrlage) abgestellt und dieser dann regelmäßig wegen Fahrlässigkeit bestraft. Es findet somit (ähnlich wie bei der Figur der *actio libera in causa*) eine Vorverlagerung der strafrechtlichen Verantwortung statt.

373 ▪ Gerade wegen der Vorverlagerung des strafrechtlichen Vorwurfs wird diese Rechtsfigur von der h.L. auch abgelehnt. Zwar sei es richtig, dass der Verteidiger rechtswidrig und vorwerfbar die Notwehrlage herbeigeführt habe, den Entschluss, sich zu verteidigen (und so die konkrete Tat zu verwirklichen), habe er aber erst zeitlich später gefasst. Diese Zäsur führe zum Abbruch der objektiven Zurechenbarkeit des späteren Erfolgseintritts.[474]

374 ▪ Der BGH vertritt nunmehr – ohne ausdrückliche Benennung der Figur der *actio illicita in causa* – eine Fahrlässigkeitsstrafbarkeit des infolge Notwehr gerechtfertigten Provokateurs und knüpft hinsichtlich des Fahrlässigkeitsvorwurfs an das rechtswidrige und vorwerfbare Vorverhalten an. Insbesondere sei der Ursachenzusammenhang nicht dadurch unterbrochen, dass plötzlich für den Provokateur eine neue, unerwartete Situation entstanden sei. Denn es sei anerkannt, dass eine Ursache im Rechtssinne ihre Bedeutung nicht verliert, wenn außer ihr noch andere Ursachen zur Herbeiführung des Erfolgs beitrügen.[475]

375 ▪ Bewertung: Die Auffassung des BGH überzeugt. Zwar kann sich der Notwehrübende im Stadium des konkreten Angriffs auf Notwehr berufen, sodass eine Strafbarkeit aus einem Vorsatzdelikt mangels Rechtswidrigkeit ausscheidet, davon unberührt bleibt jedoch der Vorwurf, dass er selbst die Situation (wenn auch fahrlässig) herbeigeführt hat. Gerät dann das Geschehen außer Kontrolle, kann er dieses zwar nicht mehr beeinflussen, er hätte es aber vermeiden müssen, die gefährliche Situation überhaupt erst herbeizuführen.

(cc.) Die „Abwehrprovokation"

376 Von der Notwehrprovokation in der dargestellten Form zu unterscheiden ist die sog. **Abwehrprovokation**. Bei dieser geht es darum, dass sich der Täter für einen von ihm erwarteten Angriff mit einem (gefährlichen) Abwehrmittel „ausrüstet" und dieses in der dann auch später tatsächlich eintretenden Notwehrlage einsetzt.[476] Auch hier ist fraglich, ob ihm daraus ein Vorwurf gemacht werden kann.

Beispiel: Hundehalter T weiß, dass der ortsbekannte Zuhälter Z schon des Öfteren seinen Kampfhund auf andere Hunde gehetzt hat, um diese von dem Hund (tot-)beißen zu lassen. Ihm war auch bekannt, dass die zuständige Ordnungsbehörde bereits einen Leinen- und

---

[471] Vgl. BGH NStZ 2001, 143, 145; LK-*Jähnke*, § 222 Rn 18.
[472] Der Begriff entstammt dem Lateinischen und bedeutet so viel wie „im Ursprung verbotene Handlung".
[473] Vgl. Sch/Sch-*Perron*, § 32 Rn 61. Vgl. auch *Lindemann/Reichling*, JuS 2009, 496, 498 ff.
[474] Vgl. *Stuckenberg*, JA 2002, 172, 176; *Joecks*, § 32 Rn 38; *W/B/S*, AT, Rn 350; auf den Einzelfall abstellend *Fischer*, § 32 Rn 45. Auch der BGH hatte lange Zeit die Figur der *actio illicita in causa* stets abgelehnt und einen Fahrlässigkeitsvorwurf nicht erhoben (vgl. BGH NStZ 1983, 452; 1988, 450; BGH MDR 1992, 69, 70).
[475] BGH NStZ 2001, 143 ff. Vgl. auch BGH NStZ 2011, 82 f. und BGH NStZ-RR 2011, 238 f.
[476] Vgl. *Fischer*, § 32 Rn 46; Sch/Sch-*Perron*, § 32 Rn 61b; *Küpper*, JA 2001, 438.

Maulkorbzwang verfügt hat, an den sich Z aber nicht hält. Aus Angst, dass auch sein Hund Opfer des Kampfhundes wird, nimmt T bei seinen Spaziergängen stets ein Fahrtenmesser mit, um gegen etwaige Angriffe gerüstet zu sein. Tatsächlich attackiert der Kampfhund des Z einige Tage später den Hund des T. Um diesen zu retten, sticht T auf den Kampfhund ein und tötet ihn. Strafbarkeit des T aus § 303 I?

Eine vorsätzliche Verwirklichung des § 303 I steht außer Frage. Fraglich ist allein, ob die Tötung des Hundes (unter dem Aspekt der Notwehr[477]) gerechtfertigt ist.

⇨ Eine Auffassung gewährt dem Verteidiger im Falle der Abwehrprovokation das **uneingeschränkte Notwehrrecht**, weil den Verteidiger an der konkreten Notwehrlage kein Vorwurf treffe.[478] Demnach könnte sich T auf § 32 berufen.

⇨ Die Gegenauffassung will zumindest den Gesichtspunkt der Absichtsprovokation berücksichtigen. Habe sich der Verteidiger bewusst ausgerüstet, um das gefährliche Mittel zum Einsatz zu bringen, müsse das Notwehrrecht **begrenzt** oder sogar **versagt** werden.[479] Folgt man dieser Auffassung, wäre T das Notwehrrecht versagt oder doch zumindest begrenzt.

⇨ Schließlich wird vereinzelt versucht, die Grundsätze der ***actio illicita in causa*** für die Notwehrprovokation fruchtbar zu machen.[480] Als Argument wird vorgebracht, dass die Notwehrhandlung (also die *actio*) in ihrer Ursache rechtswidrig (also *ilicita*) sei. Denn ursprünglich habe keine Notwehrlage bestanden; diese sei erst durch das Fehlverhalten des „Notwehrübenden" entstanden. Folge dieser Auffassung ist, dass T nicht gerechtfertigt ist.

Stellungnahme: Wenn sich der (spätere) Verteidiger in Erwartung einer Notwehrlage „hochrüstet", ist eine Eskalation vorprogrammiert. Das gilt insbesondere dann, wenn der Täter bspw. Schießübungen unternimmt, um den späteren Angreifer dann auch möglichst zu treffen. Dass hier eine Versagung oder zumindest Einschränkung des Notwehrrechts diskutiert wird, ist nachvollziehbar. Auf der anderen Seite hat der spätere Verteidiger – anders als bei der Absichtsprovokation – den späteren Angreifer gerade nicht absichtlich provoziert, um diesen unter dem Deckmantel der Notwehr gezielt verletzen (bzw. töten) zu können. Daher bietet sich eine differenzierte Betrachtungsweise an: Niemand braucht rechtswidrige Angriffe zu dulden; auch ist es nicht zumutbar, sich von bestimmten, frei zugänglichen Örtlichkeiten fernzuhalten, nur um eine Eskalation mit sich dort aufhaltenden möglichen Angreifern zu vermeiden. Daher steht dem Verteidiger das Notwehrrecht grundsätzlich uneingeschränkt zur Verfügung. Lediglich, wenn ein weniger gefährliches Abwehrmittel eine gleichwertige Erfolgschance bietet und der Einsatz eines solchen weniger gefährlichen Abwehrmittels für den Verteidiger auch zumutbar ist, muss er sich auf dieses beschränken. Gänzlich versagt werden sollte das Notwehrrecht lediglich bei einem krassen Missverhältnis oder bei einem sonstigen fehlenden Rechtsbewährungsinteresse.
Im vorliegenden Fall konnte und musste T damit rechnen, dass sein Hund von dem Kampfhund des Z angegriffen würde. Die einzige Möglichkeit, einem drohenden Angriff auszuweichen, hätte darin bestanden, den Hund an einem weiter entfernten Ort auszuführen. Doch es ist nicht einzusehen, warum T einen bestimmten, frei zugänglichen Ort meiden sollte, nur um einen von ihm nicht zu verantwortenden Angriff auszuweichen. Dieser würde ausschließlich von Z ausgehen. Deshalb durfte T das Fahrtenmesser bei sich führen, um einen späteren möglichen Angriff abzuwehren. Das Töten des Kampfhundes war daher gem. § 32 gerechtfertigt.

---

[477] Zwar geht von einem Tier grds. kein rechtswidriger Angriff aus, sodass § 32 an sich ausscheidet, allerdings gilt etwas anderes, wenn das Tier vom Halter gehetzt wird oder wenn der Halter es duldet, wenn das Tier einen Menschen angreift, vgl. Rn 330 und 339.
[478] NK-*Herzog*, § 32 Rn 119; SK-*Günther*, § 32 Rn 126; *Fischer*, § 32 Rn 46; LK-*Rönnau/Hohn*, § 32 Rn 189, 250.
[479] OLG Stuttgart NJW 1992, 850 f.; Sch/Sch-*Perron*, § 32 Rn 61b; *Küpper*, JA 2001, 438, 440.
[480] *Arzt*, JR 1980, 211; *Lindemann/Reichling*, JuS 2009, 496, 498.

(d.) Zur Gebotenheit bei extremen Konfliktsituationen

376a Die Begründung für eine sozialethische Einschränkung des Notwehrrechts gilt grundsätzlich auch für extreme Konfliktlagen. Allerdings stellt sich hier die Frage, ob etwa für den Fall, dass es um die Abwehr eines großen Leids geht, Maßnahmen gegen den Angreifer getroffen werden können, ohne dass das Notwehrrecht unter dem Aspekt der Sozialethik eingeschränkt sein würde.

Beispiel: Terrorist T, der aus ideologischen Gründen jederzeit bereit wäre, für die Erreichung seiner Ziele zu sterben, hat im Zentrum einer deutschen Millionenmetropole eine sog. schmutzige Bombe[481] versteckt und mit einem Zeitzünder versehen. Mit Hilfe von Informationen eines V-Mannes gelingt es der Polizei, T zu fassen. Da nach dem Stand der Ermittlungen nur noch 2 Stunden bis zur Explosion verbleiben und T nicht bereit ist, den Standort der Bombe preiszugeben, sieht der ermittelnde Polizeibeamte P keine andere Möglichkeit, als T anzudrohen, ihm würden „Schmerzen, wie er sie bisher nicht gekannt" habe, zugefügt, und denkt dabei an Nadelstiche in das Schmerzzentrum des Ohres. Aufgrund dieser Androhung nennt T die Lage der Bombe, die wenige Minuten vor der Detonation entschärft werden kann. Später macht er geltend, ihm sei Folter angedroht worden, wodurch seine Menschenwürde in strafbarer Weise verletzt worden sei.

Aussageerpressung (§ 343 I Nr. 1) liegt bereits tatbestandlich nicht vor, weil P den unmittelbaren Zwang nicht zum Zwecke der Strafverfolgung, sondern zum Zwecke der Gefahrenabwehr androhte.

Möglicherweise liegt aber eine Strafbarkeit wegen Nötigung unter Missbrauch der Amtsbefugnisse vor (§ 240 I, IV S. 2 Nr. 3). Die Tat könnte jedoch wegen Nothilfe (§ 32) gerechtfertigt sein. Eine Notwehrlage liegt vor. Fraglich ist allenfalls die Gebotenheit. Diese könnte deshalb zu verneinen sein, weil P Folter angedroht hat. Das LG Frankfurt/M hielt im Fall Daschner die Schmerzandrohung nicht für geboten i.S.d. § 32, weil es darin einen Verstoß gegen Art. 1 I GG, der die Würde des Menschen für unantastbar erklärt, sah. Damit hat es eine sozialethische Einschränkung des Notwehr- bzw. Nothilferechts angenommen. Der Verfassungsgeber habe die Menschenwürde ganz bewusst an den Anfang des Grundgesetzes gestellt und das Recht auf Leben dagegen erst in Art. 2 II GG normiert. Dies habe seinen Grund in der Geschichte dieses Staates. Den Mitgliedern des Parlamentarischen Rates hätten die Gräueltaten des Nationalsozialismus noch deutlich vor Augen gestanden. Sie hätten mit der Fassung dieses Grundgesetzes einen Riegel vor jegliche Versuchung schieben wollen. Der Mensch solle nicht ein zweites Mal als Träger von Wissen behandelt werden können, das der Staat aus ihm herauspressen wolle. So sei auch zu erklären, dass Art. 1 I GG gem. Art. 79 III GG unabänderlich ist.[482] Diese Auffassung wird auch von der h.L. getragen.[483]

In der vorliegenden Diskussion geht es aber nicht um Folter, die von den Nationalsozialisten verübt wurde. Es geht nicht darum, dem Betroffenen in menschenverachtender Weise seine Menschqualität abzusprechen und ihn zum Objekt eines beliebigen Verhaltens zu erniedrigen. Vielmehr geht es um die Abwendung eines großen Leids, das sich der Parlamentarische Rat so offenbar nicht vorgestellt hat. Mit den nationalsozialistischen Gräueltaten hat die „Rettungsfolter", die angewendet wird, um eine unsägliche Katastrophe abzuwenden, nichts zu tun. Es ließe sich umgekehrt die Frage stellen, was das für ein Staat wäre, der von seinen Bürgern verlangte, nichtstuend das Leben Millionen Unschuldiger zu opfern, um straffrei zu bleiben.[484] Um gleich den Einwand auszuräumen, dem Verfasser gehe es

---

[481] Das ist eine Bombe, die mit Hilfe von konventionellem Sprengstoff explodiert und dabei radioaktives Material in die Atmosphäre verbringt.

[482] LG Frankfurt NJW 2005, 692 ff.

[483] Vgl. etwa *Ambos/Rackow*, Jura 2006, 943, 948; *Ellbogen*, Jura 2005, 339, 341 f.; *Kindhäuser*, AT, § 16 Rn 2; NK-*Paeffgen*, Vor §§ 32 bis 35 Rn 151; Sch/Sch-*Perron*, § 32 Rn 62a; LK-*Rönnau/Hohn*, § 32 Rn 224; *W/B/S*, AT, Rn 289a.

[484] Vgl. bereits die 4. Aufl. 2005; vgl. auch *Herzberg*, JZ 2005, 321 ff.; *Götz*, NJW 2005, 953, 956; *Jerouschek*, JuS 2005, 296, 302; MüKo-*Erb*, § 32 Rn 173 ff.; *ders*, FS Seebode, 2008, 99 ff.; *Kühl*, AT, § 7 Rn 156a; *ders*, FS Otto, 2007, S. 63, 76 f.; *Gössel*, FS Otto, 2007, S. 41 ff.; vgl. auch *Schünemann*, GA 2007, 644, 647; *Amelung*, JR 2012, 18, 20 („Täter kann sich nicht auf Menschenwürde berufen").

um Billigung von Folter: Nein; er möchte lediglich auf die Konsequenzen hinweisen, die mit der kategorischen Ablehnung von Rettungsfolter verbunden sein können.

Verneint man die Gebotenheit, ist zu prüfen, ob die Drohung wegen *rechtfertigenden Notstands* gem. § 34 gerechtfertigt war. Dieser Rechtfertigungsgrund setzt zunächst eine Abwägung voraus: Das geschützte Rechtsgut muss erheblich mehr wert sein als das beeinträchtigte. Vorliegend ging es P um die Rettung von Millionen Menschen. Menschenleben sind erheblich mehr wert als die physische (und psychische) Integrität des T. Allerdings muss eine auf § 34 gestützte Abwehrmaßnahme auch ein angemessenes Mittel zur Gefahrenabwehr sein. Fraglich ist, ob die Androhung von körperlicher Gewalt ein angemessenes Mittel zur Gefahrenabwehr i.S.d. § 34 S. 2 darstellt; dies wird von der h.M. mit Blick auf die Menschenwürde ebenfalls verneint (dazu näher Rn 420).

Der *entschuldigende Notstand* gem. § 35 I S. 1 greift bereits dann nicht, wenn es an einer zur Rettung in Betracht kommenden Person (P, ein Angehöriger oder eine andere nahestehende Person) fehlt.

Eine Straflosigkeit wegen *übergesetzlichen Notstands* (dazu Rn 605 ff.) wird von der h.M. ebenfalls mit dem Argument der Menschenwürdeverletzung abgelehnt. Dann aber ist es inkonsequent, dass der Abschuss eines von Terroristen entführten und als fliegende Bombe eingesetzten Passagierflugzeugs entschuldigt sein soll.[485] Denn das BVerfG hat die Befugnis zum Abschuss unschuldiger Passagiere gerade wegen Verstoßes gegen die Menschenwürde für rechtswidrig erklärt, jedoch die Möglichkeit des übergesetzlichen Notstands offengelassen.[486] Zur Frage nach dem übergesetzlichen Notstand beim Abschuss eines von Terroristen entführten Passagierflugzeugs vgl. Rn 609a.

bb. Subjektive Rechtfertigungsmerkmale

Unter Zugrundelegung des Erfordernisses subjektiver Rechtfertigungselemente muss der Täter, um subjektiv gerechtfertigt zu sein, in Kenntnis des objektiven Rechtfertigungstatbestands und mit dem Willen, sich zu verteidigen, gehandelt haben. Das ergibt sich ohne weiteres aus der gesetzlichen Formulierung in § 32 II („um ... abzuwenden") und entspricht auch der st. Rspr. des BGH.[487] Zusätzliche Motive wie beispielsweise Eifersucht, Neid, Hass, Wut oder das Streben nach Vergeltung, spielen dabei keine Rolle, sofern sie jedenfalls den Rechtfertigungswillen nicht völlig in den Hintergrund drängen.[488] **377**

cc. Irrtumsfragen

Sofern der „Notwehrübende" irrtümlich von dem Vorliegen der tatsächlichen Voraussetzungen einer Notwehr ausgeht, unterliegt er einem **Erlaubnistatbestandsirrtum**, der nach dem BGH überwiegend analog § 16 I S. 1 zum Vorsatzausschluss[489] und nach der hier vertretenen h.L. (der sich teilweise auch der BGH anschließt)[490] zum Ausschluss des Vorsatzschuldvorwurfs führt (Rn 531 ff./1208 ff.). Das gilt auch für den Fall, in dem der Täter in einer Notwehrlage zur Abwehr des Angriffs seine mitgeführte **Schusswaffe** gebrauchte und ihm dabei nicht bewusst war, dass ihm weniger gefährliche Abwehrmittel in dieser Situation zur Verfügung standen. Irrt der „Notwehrübende" dagegen über die rechtliche Zulässigkeit der Abwehr (**Erlaubnisirrtum**), liegt ein **Verbotsirrtum** vor, der bei Unvermeidbarkeit über § 17 S. 1 zum Schuldausschluss und bei Vermeidbarkeit über § 17 S. 2 und § 49 I zur fakultativen Strafmilderung führt (Rn 392, 403, 427, 450, 561, 1208 ff.). **378**

---

[485] So *W/B/S*, AT, Rn 452a.
[486] BVerfGE 115, 118 ff.
[487] Vgl. nur BGHSt 2, 111, 114; 5, 245, 247; BGH NJW 2013, 2133, 2135.
[488] Vgl. nur BGH NJW 2013, 2133, 2135; NStZ 2001, 143, 144; 2001, 153; 2000, 365; 1999, 29, 30; NK-*Paeffgen*, Vorbem zu §§ 32 ff. Rn 100; *W/B/S*, AT, Rn 277.
[489] Vgl. die Nachweise bei Rn 541.
[490] Vgl. die Nachweise bei Rn 543.

dd. Einschränkungen des Notwehrrechts durch die EMRK?

379 Die EMRK (Europäische Menschenrechtskonvention) enthält in Art. 2 I ein Tötungsverbot, sofern es um die „absichtliche" Tötung geht. Eine Tötungshandlung mit Eventualvorsatz ist daher von vornherein nicht erfasst. Zudem werden in Art. 2 II einige Ausnahmen genannt. So wird die Tötung nicht als Verletzung des Art. 2 I betrachtet, wenn sie unbedingt erforderlich ist, um jemanden gegen rechtswidrige Gewalt zu verteidigen. Damit findet also eine Beschränkung der notwehrfähigen Rechtsgüter statt. Eine Notwehr zugunsten von Sachwerten ist nicht erfasst. Fraglich ist, inwieweit diese Regelung das Notwehrrecht aus § 32, das auch eine Notwehr zugunsten von Sachwerten erfasst, beeinflusst. Dazu muss zunächst eine Geltung der EMRK auch im Verhältnis der Bürger untereinander bejaht werden („mittelbare Drittwirkung"). Wenn man dies bejaht, ist sodann die Frage nach dem Rangverhältnis der EMRK zu den Bestimmungen der nationalen Rechtsordnung zu klären. Da es sich bei der EMRK um transformiertes Völkervertragsrecht handelt (vgl. Art. 59 II GG), kommt der EMRK der innerstaatliche Rang eines einfachen Bundesgesetzes zu.[491] Allerdings ist es ständige Rspr. des Europäischen Gerichtshofs für Menschenrechte (EGMR), dass die Vertragsstaaten ihre Rechtsordnungen strikt am Lebensschutz auszurichten haben. Auch das BVerfG betont, dass aufgrund der Völkerrechtsfreundlichkeit des GG (Art. 1 II GG) sowie der völkervertraglichen Bindung, die die Bundesrepublik mit der Unterzeichnung der EMRK eingegangen ist, Inhalt und Entwicklungsstand der EMRK zu berücksichtigen sind. § 32 ist damit konventionskonform auszulegen.[492]

---

[491] BVerfG NJW 2011, 1931, 1935; BVerfGE 111, 307, 315 ff.; 82, 106, 120; 74, 358, 370.

[492] Vgl. dazu *Schramm*, JuS 2013, 1093, 1096.

b. Rechtfertigender Notstand (§§ 228, 904 BGB, §§ 218a II, III, 34 StGB, § 16 OWiG)

Während die Notwehr auf dem Prinzip „Recht muss dem Unrecht nicht weichen" beruht und deshalb grds. nicht von einer Interessenabwägung abhängt, beruht der Notstand auf dem Prinzip des überwiegenden Interesses und ist daher durch eine Interessenabwägung charakterisiert. Dementsprechend ist allgemein folgende Definition anerkannt: 380

Notstand ist ein Zustand gegenwärtiger Gefahr für ein rechtlich geschütztes Interesse, deren Abwendung nur auf Kosten eines fremden Interesses möglich ist.

Im Kern geht es also um einen Konflikt zwischen zwei Interessen, wobei die Rechtsordnung das verletzte Interesse geringer bewertet als das zu schützende, wenn der Täter nicht anders handeln kann, um das höherwertige Rechtsgut zu schützen.

Um in einem solchen Fall **gerechtfertigt** zu sein, darf gem. § 228 BGB das geschützte Rechtsgut nicht wesentlich weniger wert sein als das beeinträchtigte. § 34 verlangt sogar, dass das geschützte Rechtsgut erheblich mehr wert ist als das beeinträchtigte (zur Begründung dieser unterschiedlichen Gewichtung vgl. Rn 388/417).

Sowohl bei § 228 BGB als auch bei § 34 StGB betrachtet man die Rettungshandlung aufgrund der Wert- und Interessenabwägung als das angemessene Mittel zur Erreichung eines berechtigten Zwecks. Demgegenüber handelt es sich bei dem **entschuldigenden** Notstand (§ 35) um die Kollision gleichwertiger Interessen und um Konflikte, bei denen dem Täter trotz Fortgeltung der Sollensgebote ein normgerechtes Verhalten nicht zugemutet wird. Trotz rechtlicher Missbilligung der Tat verzichtet die Rechtsordnung dort auf die Erhebung des Schuldvorwurfs.[493]

Notstandsregeln finden sich in verschiedenen Rechtsgebieten. Im BGB sind die §§ 228 und 904, im StGB die §§ 218a und 34 und im OWiG § 16 zu nennen. Das wirft die Frage nach dem Verhältnis der Vorschriften zueinander auf. Im Grundsatz gilt auch hier, dass die spezielle Norm die allgemeine verdrängt. So ist § 34 StGB im Anwendungsbereich des § 228 BGB oder des § 904 BGB ausgeschlossen (vgl. dazu bereits Rn 323 sowie sogleich Rn 381). Erfasst eine spezielle Norm aber den Sachverhalt nicht abschließend, ist Raum für die Anwendung der allgemeinen Norm. So ist etwa § 34 für den Fall des Schwangerschaftsabbruchs durch einen medizinischen Laien anwendbar und wird nicht durch § 218a verdrängt. Die folgende Darstellung folgt dem Grundsatz der Spezialität.

aa. Zivilrechtlicher Notstand

a.) Defensivnotstand (§ 228 BGB)

Der auf § 228 BGB gestützte Notstand wird Defensivnotstand (oder auch Verteidigungsnotstand) genannt, weil der Täter sich durch die Einwirkung auf eine **fremde Sache** verteidigt, von der die Gefahr droht. Bei diesem Notstand sind die Schutzinteressen des Bedrohten höher zu bewerten als das Interesse des Eigentümers an der Erhaltung der Sache, deren Zustand andere gefährdet und zu Abwehrmaßnahmen zwingt. Da die abzuwendende Gefahr von einer Sache ausgeht und diese nicht *rechtswidrig* angreifen kann, ist zunächst der Rechtfertigungsgrund Notwehr ausgeschlossen. Auch kommt der allgemeine rechtfertigende Notstand (§ 34 StGB) wegen des Grundsatzes *lex specialis derogat legi generali* nicht in Betracht, weil dort - im Gegensatz zu § 228 BGB - die Gefahr **nicht** von einer Sache auszugehen braucht (§ 34 StGB erfasst alle Gefahren). Der Wortlaut des § 228 BGB legt folgende Prüfungsreihenfolge nahe: 381

---

[493] Vgl. dazu Sch/Sch-*Perron*, § 34 Rn 1 f.; *Gropp*, AT, § 6 Rn 131; *W/B/S*, AT, Rn 292.

Voraussetzungen des Defensivnotstands

I. Verwirklichung des Tatbestands durch den Täter (objektiv, subjektiv)

II. Rechtswidrigkeit des Täterverhaltens

Grundsätzlich ist die Rechtswidrigkeit durch die Verwirklichung des Tatbestands indiziert; aber: Rechtfertigung infolge Defensivnotstands ist möglich. Das setzt Folgendes voraus:

1. Objektive Rechtfertigungsmerkmale

a. Notstandslage

Die Notstandslage besteht in einer von einer **fremden Sache ausgehenden drohenden Gefahr für ein Rechtsgut oder ein rechtliches Interesse**.

Unter einer **Gefahr** ist ein durch eine beliebige Ursache eingetretener ungewöhnlicher Zustand zu verstehen, in welchem nach den konkreten Umständen der Eintritt eines Schadens wahrscheinlich ist.

Eine **drohende Gefahr** liegt vor, wenn eine auf tatsächliche Umstände gegründete Wahrscheinlichkeit des Eintritts eines Schadens vorhanden ist.

Die drohende Gefahr muss von einer **fremden Sache** ausgehen. Der Sachbegriff ist mit dem der §§ 90, 90a BGB identisch. Fremd ist die Sache, wenn sie im (Mit-)Eigentum eines anderen steht. Gleich zu behandeln ist eine herrenlose Sache, an der ein Aneignungsrecht besteht.

Notstandsfähig sind **Rechtsgüter jeder Art**, auch ein Aneignungsrecht oder bloße Vermögensinteressen.

b. Notstandshandlung

Die Notstandshandlung besteht in der **Beschädigung oder Zerstörung** der fremden Sache, von der die Gefahr ausgeht. Das Beschädigen oder Zerstören muss aber auch **erforderlich** sein. Das ist – ähnlich wie bei § 32 – immer dann anzunehmen, wenn kein milderes Mittel zur Verfügung steht, um die drohende Gefahr erfolgreich abzuwenden. Allerdings entfällt die Erforderlichkeit, wenn die Möglichkeit zur Flucht besteht. Die Flucht muss aber geeignet sein, die Gefahr abzuwenden.

c. Abwägung

Schließlich verlangt § 228 BGB, dass der durch die Notstandshandlung angerichtete Schaden „nicht außer Verhältnis zur Gefahr" stehen darf. Das ist der Fall, wenn das geschützte Rechtsgut nicht wesentlich weniger wert ist als die beeinträchtigte Sache.

d. Schuldhaft herbeigeführte Notstandslage

Aus dem Umkehrschluss des § 228 S. 2 BGB könnte gefolgert werden, dass der die Notstandslage schuldhaft herbeiführende Täter stets gerechtfertigt ist. Das ist zweifelhaft. Denn sonst könnte der Täter eine Notstandssituation absichtlich herbeiführen, ohne strafrechtliche Konsequenzen befürchten zu müssen. In Anlehnung an das zur Absichtsprovokation Gesagte sollte dem Notstandsübenden das Notstandsrecht grds. versagt werden, wenn er absichtlich und rechtsmissbräuchlich eine Situation herbeiführt, um die Sache unter dem Deckmantel der äußerlich gegebenen Notstandslage zu beeinträchtigen oder zu zerstören.

2. Subjektive Rechtfertigungsmerkmale

Nach der Lehre von den subjektiven Rechtfertigungselementen ist der Notstandsübende nur dann gerechtfertigt, wenn er in Kenntnis der ihn rechtfertigenden Umstände und mit dem Willen zur Gefahrenabwehr (= Rettungswille) handelt.

3. Irrtumsfragen

Überschreitet der Täter die Grenzen der erforderlichen Notstandsverteidigung (sog. **Notstandsexzess**), handelt er rechtswidrig. Allerdings bleibt die Tat in den Grenzen des § 33 straffrei (dazu Rn 572 ff.). Nimmt der Täter dagegen irrtümlich eine objektiv nicht vorliegende Notstandssituation an (sog. **Putativnotstand**), handelt es sich um einen sog. Erlaubnistatbestandsirrtum, der nach dem BGH überwiegend gem. § 16 I S. 1 analog zum Vorsatzausschluss (Rn 541) und nach der h.L., teilweise aber nach dem BGH, zum Ausschluss des Vorsatzschuldvorwurfs (Rn 543) führt. Irrt der Täter dagegen über die rechtliche Zulässigkeit oder die Grenzen der Abwehr (Erlaubnisirrtum), liegt ein Verbotsirrtum vor, dessen Rechtsfolge sich nach § 17 bestimmt.

aa.) Objektive Rechtfertigungsmerkmale

(a.) Notstandslage

Die Notstandslage erfordert eine von einer **fremden Sache ausgehende drohende Gefahr für ein Rechtsgut oder ein rechtliches Interesse**. 382

- Unter einer **Gefahr** ist ein durch eine beliebige Ursache eingetretener ungewöhnlicher Zustand zu verstehen, in welchem nach den konkreten Umständen der Eintritt eines Schadens wahrscheinlich ist. Wahrscheinlich ist der Eintritt des Schadens, wenn die Möglichkeit naheliegt oder begründete Besorgnis besteht.[494] 383
- Im Gegensatz zu § 34 StGB muss beim rechtfertigenden Notstand nach § 228 BGB die Gefahr nicht gegenwärtig, sondern drohend sein. Eine **drohende Gefahr** liegt vor, wenn eine auf tatsächlichen Umständen gegründete Wahrscheinlichkeit des Eintritts eines Schadens vorhanden ist, wenn also **sofortiger Handlungsbedarf** besteht.[495] Auch bei einer **Dauergefahr**, also einem gefahrdrohenden Zustand von längerer Dauer, der jederzeit in eine Rechtsgutbeeinträchtigung umschlagen kann, bei dem aber die Möglichkeit nicht auszuschließen ist, dass der Eintritt des Schadens noch eine Zeitlang auf sich warten lässt, kann eine Notstandshandlung angebracht sein. 384
- Die drohende Gefahr muss von einer **fremden Sache** ausgehen. Der Sachbegriff ist mit dem der §§ 90, 90a BGB identisch. Insoweit werden also auch Tiere wie Sachen behandelt. Überhaupt stellen Tiergefahren den wohl häufigsten Anwendungsfall des § 228 BGB dar. Fremd ist die Sache, wenn sie im (Mit-)Eigentum eines anderen steht. Gleich zu behandeln ist eine herrenlose Sache, an der ein Aneignungsrecht besteht (hier ist aber zu beachten, dass wenn die Gefahr von einem wildernden Tier ausgeht, nicht § 228 BGB, sondern § 23 bzw. § 26 BJagdG einschlägig ist). 385
- Notstandsfähig sind **Rechtsgüter jeder Art**, auch ein Aneignungsrecht oder bloße Vermögensinteressen. 386

(b.) Notstandshandlung

Die Notstandshandlung besteht in der **Beschädigung oder Zerstörung** der fremden Sache, von der die Gefahr ausgeht. Das Beschädigen oder Zerstören muss aber auch **erforderlich** sein. Das ist – ähnlich wie bei § 32 – immer dann anzunehmen, wenn kein milderes Mittel zur Verfügung steht, die drohende Gefahr erfolgreich abzuwenden. Allerdings entfällt die Erforderlichkeit, wenn die Möglichkeit zur Flucht besteht. Die Flucht muss aber geeignet sein, die Gefahr abzuwenden. 387

Beispiel: Der Kampfhund des T hat sich losgerissen und greift den O an. ⇨ Hier würde eine Flucht kaum Sinn machen. Im Gegenteil muss davon ausgegangen werden, dass durch das Davonlaufen erst recht die Jagdinstinkte des Hundes geweckt werden und O von hinten angefallen wird.

(c.) Abwägung

Schließlich verlangt § 228 BGB, dass der durch die Notstandshandlung angerichtete Schaden „nicht außer Verhältnis zur Gefahr" stehen darf. 388

---

[494] NK-*Neumann*, § 34 Rn 39 ff.; *Fischer*, § 34 Rn 3; Sch/Sch-*Perron*, § 34 Rn 12.
[495] Palandt-*Ellenberger*, § 228 Rn 4.

Die Formulierung „nicht außer Verhältnis" steht bei allen Notstandsregeln für die gebotene **Güterabwägung**. Mit welcher Gewichtung die Abwägung vorzunehmen ist, ist von der jeweiligen Notstandsregel abhängig. Während § 34 fordert, dass das geschützte Rechtsgut erheblich mehr wert sein muss als das beeinträchtigte, lässt § 228 BGB es schon genügen, dass das **geschützte Rechtsgut nicht wesentlich weniger wert ist als die beeinträchtigte Sache**. Damit bringt der Gesetzgeber zum Ausdruck, dass die Verteidigung im Defensivnotstand nach § 228 BGB (anders als bei § 34) grundsätzlich erlaubt ist – sog. umgekehrte Verhältnismäßigkeit. Im Übrigen ist hinsichtlich der Abwägung nicht der absolute Rang (körperliche Intergrität vor Sachwerten), sondern die Bewertung von Eingriffsgut und Erhaltungsgut in der konkreten Lebenssituation entscheidend. Kriterium hierfür sind die **Intensität und der Umfang des drohenden Schadens**. So kann ein *leichter* Eingriff in Personenwerte zugunsten *hoher* Sachwerte hingenommen werden. Wenn beispielsweise ein Mensch von einem Chiwawa im Wert von 500,- €, von dem keine ernsthafte Gefahr ausgeht, angegriffen wird, ist ein Totschlagen des Hundes unverhältnismäßig. Bei Sachgütern kommt es i.d.R. (zwar) auf eine Wertrelation an. Dennoch sind ideelle Werte mit zu berücksichtigen.[496] So darf beispielsweise der Halter eines Mischlingshundes zu dessen Rettung den vielfach wertvolleren Rassehund töten, wenn sich der Angriff auf andere Weise nicht abwenden lässt.[497]

(d.) Schuldhaft herbeigeführte Notstandslage

389 Nach § 228 S. 2 BGB ist der Notstandsübende, der die Notstandssituation schuldhaft verursacht, schadensersatzpflichtig. Im Umkehrschluss könnte das bedeuten, dass der Täter gleichwohl und stets gerechtfertigt ist. Ob dem so unreflektiert gefolgt werden kann, ist zweifelhaft. Denn sonst könnte der Täter eine Notstandssituation absichtlich herbeiführen, ohne strafrechtliche Konsequenzen befürchten zu müssen.

> **Beispiel:** T reizt den Hund des O, um ihn unter dem Deckmantel des Notstands töten zu können.

390 Entgegen dem Wortlaut des § 228 S. 2 BGB sollte dem vermeintlichen Notstandstäter bei absichtlicher Herbeiführung der Notstandslage in Anlehnung an das zur Absichtsprovokation Gesagte (vgl. Rn 362) die Berufung auf die Notstandsregeln grds. verwehrt werden.

bb.) Subjektive Rechtfertigungsmerkmale

391 Nach der Lehre von den subjektiven Rechtfertigungselementen ist der Notstandsübende nur dann (subjektiv) gerechtfertigt, wenn er in Kenntnis der ihn rechtfertigenden Umstände und mit dem Willen zur Gefahrenabwehr (= Rettungswille) handelt.

cc.) Irrtumsfragen

392 Überschreitet der Täter die Grenzen der erforderlichen Notstandsverteidigung (sog. **Notstandsexzess**), handelt er rechtswidrig. Allerdings bleibt die Tat in den Grenzen des § 33 straffrei (vgl. Rn 572 ff.). Nimmt der Täter dagegen irrtümlich eine objektiv nicht gegebene Notstandssituation an (etwa weil tatsächlich keine Gefahr vorliegt) – sog. **Putativnotstand** – , handelt es sich um einen sog. **Erlaubnistatbestandsirrtum**, der nach dem BGH überwiegend gem. § 16 I S. 1 analog zum Vorsatzausschluss[498] und nach der hier vertretenen h.L., der sich auch der BGH teilweise anschließt[499], zum Ausschluss des Vorsatzschuldvorwurfs führt (siehe dazu ausführlich Rn 531). Irrt der Täter dagegen über die rechtliche Zulässigkeit oder die Grenzen der Abwehr (**Erlaubnisirrtum**), liegt ein **Verbotsirrtum** vor, der bei Unvermeidbarkeit über § 17 S. 1 zum Schuldausschluss und bei Vermeidbarkeit über § 17 S. 2 und § 49 I zur fakultativen Strafmilderung führt

---

[496] Palandt-*Ellenberger*, § 228 Rn 8.
[497] OLG Koblenz NJW-RR 1989, 541; OLG Hamm NJW-RR 1995, 279.
[498] Vgl. die Nachweise bei Rn 541.
[499] Vgl. die Nachweise bei Rn 543.

(vgl. Rn 403, 427, 450). Eine zivilrechtliche Schadensersatzpflicht tritt nur bei Verschulden ein, also nicht, wenn der Irrtum entschuldigt ist. Insoweit gilt aber der objektive Verschuldensmaßstab des § 276 BGB.

Hinweis für die Fallbearbeitung: Da es in den meisten Fällen des § 228 BGB um „Angriffe" von Tieren geht, ist im Anschluss an die Prüfung des § 228 BGB – sofern ein Bearbeitervermerk dies nicht ausdrücklich ausschließt – auf die Strafnorm des § 17 I Nr. 1 TierschutzG einzugehen. Sollte der das Tier tötende Notstandsübende durch § 228 BGB gerechtfertigt sein, ist dann darzulegen, dass aufgrund der Rechtfertigung „ein vernünftiger Grund" besteht, sodass auch diesbezüglich keine Strafbarkeit vorliegt.

b.) Aggressivnotstand (§ 904 BGB)

Während bei § 228 BGB die Gefahr von der Sache ausgehen muss, gegen die sich die Notstandshandlung richtet, erlaubt § 904 S. 1 BGB die Einwirkung auf eine solche Sache, von der die abzuwendende Gefahr nicht ausgeht. Daher wird dieser Notstand auch als Aggressivnotstand oder Angriffsnotstand bezeichnet. Dem unbeteiligten Eigentümer wird die Beeinträchtigung seiner Sache allerdings nur unter der Voraussetzung zugemutet, dass das geschützte Rechtsgut das beeinträchtigte (wertmäßig) wesentlich überwiegt. 393

Diese im Vergleich zu § 228 BGB weniger großzügige Abwägung hat den bereits erwähnten Hintergrund, dass hier auf eine Sache zurückgegriffen wird, die mit der Gefährdung des geschützten Interesses eigentlich nichts zu tun hat. Muss der Eigentümer der beeinträchtigten Sache die Beeinträchtigung dulden, steht ihm immerhin ein Schadensersatzanspruch zu (§ 904 S. 2 BGB).

Auch der Notstand nach § 904 BGB ist im Verhältnis zu § 34 StGB speziell und daher vorrangig vor diesem zu prüfen. Die Spezialität gegenüber § 34 folgt aus dem Umstand, dass § 904 BGB nur Handlungen erfasst, die sich gegen Sachen richten. § 34 erfasst alle Abwehrhandlungen. Ausgeschlossen ist die Anwendbarkeit des § 904 BGB aber, wenn Spezialregelungen wie beispielsweise Regelungen der Katastrophenschutzgesetze der Länder eingreifen.

Für die Prüfung des Aggressivnotstands bietet sich folgender Aufbau an:

Voraussetzungen des Aggressivnotstands 394

I. Verwirklichung des Tatbestands durch den Täter (objektiv, subjektiv)

II. Rechtswidrigkeit des Täterverhaltens

Grundsätzlich ist die Rechtswidrigkeit durch die Verwirklichung des Tatbestands indiziert; aber: Rechtfertigung infolge Aggressivnotstands ist möglich. Das setzt Folgendes voraus:

1. Objektive Rechtfertigungsmerkmale

a. Notstandslage

Die Notstandslage erfordert eine **gegenwärtige Gefahr für ein Rechtsgut**.

Unter einer **Gefahr** ist ein durch eine beliebige Ursache eingetretener ungewöhnlicher Zustand zu verstehen, in welchem nach den konkreten Umständen der Eintritt eines Schadens wahrscheinlich ist.

Im Gegensatz zu § 228 BGB (aber in Einklang mit § 34) muss beim rechtfertigenden Notstand nach § 904 BGB die Gefahr nicht drohend, sondern gegenwärtig sein. **Gegenwärtig** ist die Gefahr, wenn jederzeit mit dem Eintritt oder der Intensivierung des schädigenden Ereignisses gerechnet werden muss. Auch eine Dauergefahr ist erfasst („Der seidene Faden, an dem das Schwert des Damokles hängt, kann jederzeit reißen").

Notstandsfähig sind **Rechtsgüter jeder Art**, auch ein Aneignungsrecht oder bloße Vermögensinteressen. Eine (besondere) Beziehung des Notstandsübenden zur fremden Sache ist nicht erforderlich.

b. Notstandshandlung

Die Notstandshandlung besteht in der unmittelbaren oder mittelbaren **Einwirkung auf eine nicht die Gefahr hervorrufende fremde Sache**, etwa durch Benutzung, Beschädigung oder Zerstörung (zum Sachbegriff und zur Fremdheit vgl. die Angaben zu § 228 BGB). Die Beeinträchtigung der Sache muss aber auch **notwendig** sein. Notwendig ist grundsätzlich jede Handlung, welche die endgültige Beseitigung der Gefahr am besten gewährleistet. Stehen dem Notstandsübenden allerdings mehrere gleich wirksame Abwehrmittel zur Verfügung, muss er dasjenige wählen, das den geringsten Schaden verursacht (Vorrang des relativ mildesten Mittels).

c. Abwägung

§ 904 BGB fordert, dass das geschützte Rechtsgut erheblich mehr wert sein muss als das beeinträchtigte.

2. Subjektive Rechtfertigungsmerkmale

Nach der Lehre von den subjektiven Rechtfertigungselementen ist der Notstandsübende nur dann gerechtfertigt, wenn er in Kenntnis der ihn rechtfertigenden Umstände und mit dem Willen zur Gefahrenabwehr (= Rettungswille) handelt.

3. Irrtumsfragen

Überschreitet der Täter die Grenzen der erforderlichen Notstandsverteidigung (sog. **Notstandsexzess**), handelt er rechtswidrig. Allerdings bleibt die Tat in den Grenzen des § 33 straffrei (vgl. dort). Nimmt der Täter dagegen irrtümlich eine objektiv nicht vorliegende Notstandssituation an (sog. **Putativnotstand**), handelt es sich um einen sog. Erlaubnistatbestandsirrtum, der nach dem BGH überwiegend gem. § 16 I S. 1 analog zum Vorsatzausschluss und nach der auch hier vertretenen h.L. (teilweise aber auch nach dem BGH) zum Ausschluss des Vorsatzschuldvorwurfs führt (s.o.). Irrt der Täter dagegen über die rechtliche Zulässigkeit oder die Grenzen der Abwehr (Erlaubnisirrtum), liegt ein Verbotsirrtum vor, dessen Rechtsfolge sich nach § 17 richtet.

aa.) Objektive Rechtfertigungsmerkmale

(a.) Notstandslage

395 Die Notstandslage erfordert eine **gegenwärtige Gefahr für ein Rechtsgut**.

396 ▪ Unter einer **Gefahr** ist ein durch eine beliebige Ursache eingetretener ungewöhnlicher Zustand zu verstehen, in welchem nach den konkreten Umständen der Eintritt eines Schadens wahrscheinlich ist. Wahrscheinlich ist der Eintritt des Schadens, wenn die Möglichkeit naheliegt oder begründete Besorgnis besteht.[500]

397 ▪ Im Gegensatz zu § 228 BGB (aber in Einklang mit § 34) muss beim rechtfertigenden Notstand nach § 904 BGB die Gefahr nicht drohend, sondern gegenwärtig sein. **Gegenwärtig** ist die Gefahr, wenn jederzeit mit dem Eintritt oder der Intensivierung des schädigenden Ereignisses gerechnet werden muss.[501] Auch eine Dauergefahr ist erfasst („Der seidene Faden, an dem das Schwert des Damokles hängt, kann jederzeit reißen").[502]

398 ▪ Notstandsfähig sind **Rechtsgüter jeder Art**, auch ein Aneignungsrecht oder bloße Vermögensinteressen sowie Rechtsgüter der Allgemeinheit, sofern staatliche Hilfe nicht rechtzeitig erreichbar ist.[503] Wie bereits gesagt, ist eine (besondere) Beziehung des Notstandsübenden zur fremden Sache nicht erforderlich.

---

[500] NK-*Neumann*, § 34 Rn 39 ff.; *Fischer*, § 34 Rn 3; Sch/Sch-*Perron*, § 34 Rn 12.

[501] Vgl. MüKo-*Erb*, § 34 Rn 76-80; Sch/Sch-*Perron*, § 34 Rn 17.

[502] *Gropp*, AT, § 5 Rn 224. Die Gegenwärtigkeit reicht hier also weiter als die Gegenwärtigkeit bei § 32. Das hängt mit der unterschiedlichen Bedeutung von Gefahr und Angriff zusammen: Während der Angriff eine akute Zuspitzung der Gefahr, d.h. wenigstens ein unmittelbares Bevorstehen des rechtsgutbeeinträchtigenden Verhaltens fordert, ist die Gefahr gerade dadurch gekennzeichnet, dass der erwartete Schadenseintritt nicht unmittelbar bevorstehen muss.

[503] OLG Frankfurt NStZ-RR 1996, 136; *W/B/S*, Rn 301; Sch/Sch-*Perron*, § 34 Rn 10.

(b.) Notstandshandlung

Die Notstandshandlung besteht in der unmittelbaren oder mittelbaren **Einwirkung auf eine nicht die Gefahr hervorrufende fremde Sache**, etwa durch Benutzung, Beschädigung oder Zerstörung (zum Sachbegriff und zur Fremdheit vgl. die Angaben zu § 228 BGB). Die Beeinträchtigung der Sache muss aber auch **notwendig** sein. Notwendig ist grundsätzlich jede Handlung, welche die endgültige Beseitigung der Gefahr am besten gewährleistet. Stehen dem Notstandsübenden allerdings mehrere gleich wirksame Abwehrmittel zur Verfügung, muss er dasjenige wählen, das den geringsten Schaden verursacht (Vorrang des relativ mildesten Mittels). 399

(c.) Abwägung

§ 904 BGB verlangt zur Rechtfertigung, dass der drohende Schaden gegenüber dem aus der Einwirkung dem Eigentümer entstehenden Schaden unverhältnismäßig groß sein muss (anders ausgedrückt: Das geschützte Rechtsgut muss erheblich mehr wert sein als das beeinträchtigte). 400

In Anlehnung an das zu § 228 BGB Gesagte steht auch die Formulierung „unverhältnismäßig" für die gebotene **Güterabwägung**. Während § 228 BGB es aber bereits genügen lässt, dass das geschützte Rechtsgut nicht wesentlich weniger wert ist als die beeinträchtigte Sache und der Gesetzgeber damit zum Ausdruck bringt, dass die Verteidigung im Defensivnotstand grundsätzlich erlaubt ist, fordert § 904 BGB (wie § 34 StGB), dass das geschützte Rechtsgut erheblich mehr wert sein muss als das beeinträchtigte. Die unterschiedliche Bewertung hat den bereits erwähnten Hintergrund, dass bei § 228 BGB die Gefahr von der Sache ausgeht, auf die sich die Abwehrhandlung bezieht, und dass bei § 904 BGB eine Sache beeinträchtigt wird, die mit der Gefahr nicht in Verbindung steht. Im Übrigen ist die Abwägung nach folgenden Kriterien vorzunehmen:

(1) Rangverhältnis zwischen dem Eingriffsgut und dem Erhaltungsgut

Personenwerte stehen im Rang höher als Sachwerte. Bei Sach- und Vermögensschäden ist eine Abwägung durch Schätzung beider in Geld vorzunehmen.[504] Dabei müssen, wenn mehrere Rechtsgüter desselben Rechtsgutträgers beeinträchtigt werden, diese in ihrem Wert addiert werden. Im Übrigen wird der Wert des einzelnen Rechtsguts durch die Strafandrohung bei Verletzungshandlungen indiziert. Maßgebend ist der konkrete Wert nur, wenn im Sachverhalt keine besonderen Interessen, welche über § 903 BGB hinausgehen, angegeben sind. Sind solche besonderen Interessen des Geschädigten, welche über § 903 BGB hinausgehen, vorhanden, sind diese in die Abwägung mit einzubeziehen.

(2) Bewertung in der konkreten Lebenssituation

Entscheidend für die Interessenabwägung ist letztlich nicht der Rang, sondern die Bewertung von Eingriffsgut und Erhaltungsgut in der konkreten Lebenssituation. Kriterien hierfür sind die **Intensität und der Umfang des drohenden Schadens**. So kann ein *leichter* Eingriff in Personenwerte zugunsten *hoher* Sachwerte vorgenommen werden, beispielsweise wenn zum Löschen eines noch kleinen Kfz-Brandes einem Passanten dessen Mantel weggenommen wird und dieser sich dadurch eine Erkältung zuzieht.

bb.) Subjektive Rechtfertigungsmerkmale

Nach der Lehre von den subjektiven Rechtfertigungselementen ist der Notstandstäter nur dann (subjektiv) gerechtfertigt, wenn er in Kenntnis der ihn rechtfertigenden Umstände und mit dem Willen zur Gefahrenabwehr (= Rettungswille) handelt. 401

---

[504] Palandt-*Bassenge*, § 904 Rn 3.

cc.) Irrtumsfragen

402 Bei der Frage, ob eine gegenwärtige Gefahr besteht, handelt es sich um ein Wahrscheinlichkeitsurteil und eine Sachverhaltsdiagnose aus der Ex-ante-Sicht eines sachkundigen objektiven Betrachters, dem auch ein etwaiges Sonderwissen des aggressiven Notstandsübenden zugrunde zu legen ist.[505] Umstände, die allein in der Einbildung des Notstandsübenden vorhanden sind, begründen keine Gefahrenlage i.S.d. § 904 BGB, können aber zur Annahme eines **Putativnotstands** (Erlaubnistatbestandsirrtum) führen, der nach dem BGH überwiegend gem. § 16 I S. 1 analog zum Vorsatzausschluss und nach der hier vertretenen h.L. (teilweise aber auch nach dem BGH) zum Ausschluss des Vorsatzschuldvorwurfs führt (siehe dazu ausführlich Rn 531 ff. und 1208 ff.).

Beispiel: Arzt T, der Bereitschaft hat, erhält einen Anruf mit dem Inhalt, dass in der Nähe ein Verkehrsunfall stattgefunden habe. Schnell eilt er zu seinem Wagen, um zur Unfallstelle zu fahren. Doch der Motor springt nicht an. Da nimmt T kurzerhand das Mofa des Nachbarn, das gerade unbeaufsichtigt auf dessen Hof steht (damit verwirklicht er den Tatbestand des § 248b). Am vermeintlichen Unfallort angekommen, muss T feststellen, dass er einer Fehlinformation unterlegen ist.

Hier besteht also keine objektive Gefahrenlage, sondern eine sog. **Anscheinsgefahr**. Im Gegensatz zum Polizeirecht, bei dem die Anscheinsgefahr der objektiven Gefahrenlage gleichgestellt ist, genügt die Anscheinsgefahr für eine strafrechtliche Rechtfertigung nicht. T ist demnach nicht gerechtfertigt. Da T aber davon ausging, die tatsächlichen Voraussetzungen des Notstands lägen vor, ist er einem Erlaubnistatbestandsirrtum unterlegen, der nach dem BGH überwiegend gem. § 16 I S. 1 analog zum Vorsatzausschluss und nach der auch hier vertretenen h.L., teilweise aber auch nach dem BGH, zum Ausschluss des Vorsatzschuldvorwurfs führt. T bleibt aber auf jeden Fall straflos.

403 Irrt der Täter dagegen über die rechtliche Zulässigkeit der Abwehr (**Erlaubnisirrtum**), liegt ein **Verbotsirrtum** vor, der bei Unvermeidbarkeit über § 17 S. 1 zum Schuldausschluss und bei Vermeidbarkeit über § 17 S. 2 und § 49 I zur fakultativen Strafmilderung führt (vgl. Rn 427, 450 und 1208 ff.). Eine zivilrechtliche Schadensersatzpflicht tritt verschuldensunabhängig ein, also auch dann, wenn der Irrtum entschuldigt ist.

dd.) Übungsfall zu den zivilrechtlichen Notstandsregeln

404 Der Verdeutlichung des bisher Gesagten soll ein Übungsfall dienen, dessen ausformulierte Lösung jedoch den Rahmen der vorliegenden Bearbeitung sprengen würde. Sie steht daher auf der Internetseite des Verlags zum kostenlosen Download bereit.

bb. Der nicht rechtswidrige Schwangerschaftsabbruch (§ 218a II, III)

405-409 Der Schwangerschaftsabbruch ist in §§ 218 ff. geregelt. Diese Regelungen enthalten Strafbegründungsnormen sowie Rechtfertigungs-, Strafmilderungs- und Schuldausschließungsgründe. Da dieser Komplex jedoch bei *R. Schmidt*, BT I, Rn 225 ff. behandelt ist, kann insoweit darauf verwiesen werden.

[505] Vgl. *Jescheck/Weigend*, AT, § 33 IV 3a; *W/B/S*, AT, Rn 304.

cc. Allgemeiner rechtfertigender Notstand (§§ 34 StGB, 16 OWiG)

Wie § 32 berechtigt auch § 34 zur Rettung bestimmter Güter (= Erhaltungsgüter) zu Lasten anderer (= Eingriffsgüter). Im Unterschied zur Notwehr erfordert der allgemeine rechtfertigende Notstand jedoch keinen Angriff, sondern lediglich eine nicht anders als durch Inanspruchnahme des Eingriffsguts abwendbare Gefahr. Dabei ist nicht Voraussetzung, dass die abzuwendende Gefahr von dem in Anspruch genommenen Eingriffsgut ausgeht. Der Notstandsübende muss nur beachten, dass das geschützte Interesse das beeinträchtigte wesentlich überwiegt. 410

Dem allgemeinen rechtfertigenden Notstand nach § 34 liegt somit der Gedanke zugrunde, dass das Recht im Konflikt zweier Interessen die Verletzung des von der Rechtsordnung geringer bewerteten erlaubt, wenn der Täter nicht anders handeln kann, um das höherwertige zu schützen.[506] Ist der Täter demnach aus § 34 gerechtfertigt, führt dies zu einer Duldungspflicht auf Seiten des Inhabers des geringer bewerteten Rechtsguts. Dieser darf also seinerseits nicht Notwehr üben, da es insoweit an einem rechtswidrigen Angriff fehlt.

Beispiel: Greift A den B an und kann sich dabei (weil § 32 ausscheidet) auf § 34 stützen, bewirkt dieser Rechtfertigungsgrund, dass der Angriff des A nicht „rechtswidrig" i.S.d. § 32 ist. B kann sich daher nicht auf Notwehr berufen, wenn er sich gegen den Angriff des A verteidigt und diesen dabei verletzt.

Der **Anwendungsbereich** des § 34 ist relativ **klein**. So ist bei Vorliegen eines gegenwärtigen rechtswidrigen Angriffs bereits § 32 einschlägig; bei der Abwehr einer Gefahr, die von einer Sache ausgeht bzw. generell bei Eigentumsdelikten sind i.d.R. die zivilrechtlichen Rechtfertigungsgründe (insb. §§ 228, 904 BGB) vorrangig. § 34 tritt hinter diesen zurück (vgl. bereits Rn 323). Typische Anwendungsfälle des § 34 sind daher[507]: 410a

- **Hausfriedensbruch:** Wird jemand von anderen verfolgt und flüchtet sich auf ein fremdes Grundstück, kann er sich auf § 34 stützen, sodass der Hausfriedensbruch gerechtfertigt ist. § 34 ist deshalb anwendbar, weil § 123 das Hausrecht als Recht (und nicht als Sache) schützt und daher die an sich vorrangigen zivilrechtlichen Rechtfertigungsgründe regelmäßig ausscheiden.
- **Verletzung von Allgemeinrechtsgütern:** Da Notwehr nur zur Verteidigung gegen Angriffe auf Individualrechtsgüter ausgeübt werden darf, scheidet § 32 bei Allgemeinrechtsgütern regelmäßig aus. Auch Einwilligung oder mutmaßliche Einwilligung sind hier nicht denkbar. Daher ist § 34 die wohl einzige Möglichkeit, zu einer Rechtfertigung zu kommen. So kann jemand, der unter Alkoholeinfluss einen Schwerverletzten in die Klinik fährt, bzgl. der Trunkenheitsfahrt wegen Notstands gem. § 34 gerechtfertigt sein, sodass eine Strafbarkeit wegen § 316 (oder § 315c I Nr. 1a Var. 1) ausscheidet.[508] Eine Rechtfertigung aus § 34 scheidet nach h.M. jedoch im Rahmen der Interessenabwägung z.B. aus, wenn es sich bei dem zu rettenden Patienten um ein krankes Tier handelt.[509]
- **Verletzung des persönlichen Lebens- und Geheimbereichs:** Bricht ein Berufsgeheimnisträger seine Schweigepflicht, handelt er nach der hier vertretenen Auffassung schon nicht „unbefugt" i.S.d. § 203, wenn ein Interesse vorliegt, das im Vergleich zum Geheimnisschutz wesentlich höher wiegt. Berichtet z.B. ein an Depressionen leidender Patient seinem § 203 I Nr. 2 unterfallenden Psychotherapeuten, dass er ein „Massaker anrichten" werde, und meldet der Psychotherapeut dies der Polizei, ist nach der hier vertretenen Auffassung das Tatbestandsmerkmal „unbefugt" zu verneinen, da der Schutz von Leben und körperlicher Unversehrtheit von Menschen den Geheimnisschutz wesentlich überwiegt. Sollte man das Merkmal „unbefugt" gleichwohl bejahen, ist Raum für § 34, wobei die dann

[506] Vgl. *Jescheck/Weigend*, AT, § 33 I 2; Sch/Sch-*Perron*, § 34 Rn 1 f.
[507] Vgl. auch die Auflistung von *Heinrich*, AT, Rn 435 ff.
[508] Vgl. bereits die 1. Aufl. 2002; später auch *Seier/Hembach*, JuS 2014, 35, 38 (Fallbearbeitung).
[509] Nach der hier vertretenen Auffassung wird man bei Tieren differenzieren müssen. So kann das Leben eines Hundes durchaus höher zu gewichten sein das eines Kanarienvogels.

ebenfalls vorzunehmende Abwägung zu keinem anderen Ergebnis führen kann. Das Argument, bei dieser Sichtweise würden sich potentielle Täter kaum noch einem Berufsgeheimnisträger anvertrauen, muss zurückstehen (siehe dazu auch Rn 418 und 799).

- Anders verhält es sich beim sog. **Nötigungsnotstand:** Wird jemand von einem anderen zu einer rechtswidrigen Tat gezwungen (Beispiel: A entführt das Kind des B und droht, dieses zu töten, wenn B nicht seinerseits den C umbringe), kann sich der Genötigte richtigerweise nicht auf § 34 stützen. Denn der im Nötigungsnotstand Handelnde stellt sich (wenn auch gezwungenermaßen) auf die Seite des Unrechts. Daher kann die Rechtsordnung nicht den Unrechtstatbestand entfallen lassen (es bleibt also bei einer vorsätzlichen und rechtswidrigen – und damit teilnahmefähigen – Haupttat i.S.v. §§ 26, 27). Freilich eine andere Frage ist es, dem Betroffenen den Entschuldigungsgrund des § 35 (entschuldigender Notstand) zuzubilligen. Diese Lösung ist sachgerecht, denn dadurch, dass es bei einer rechtswidrigen Tat bleibt, kann die eigentliche Zielperson (hier: der C) seinerseits Notwehr üben (dies könnte er nicht, wenn B wegen § 34 gerechtfertigt wäre). Vgl. insgesamt zum Nötigungsnotstand Rn 599 ff.

411 Für die Prüfung des allgemeinen rechtfertigenden Notstands legt der Wortlaut des § 34 folgenden Aufbau nahe:

Voraussetzungen des rechtfertigenden Notstands

I. Verwirklichung des Tatbestands durch den Täter (objektiv, subjektiv)

II. Rechtswidrigkeit des Täterverhaltens

Grundsätzlich ist die Rechtswidrigkeit durch die Verwirklichung des Tatbestands indiziert; aber: Rechtfertigung infolge allgemeinen rechtfertigenden Notstands ist möglich. Das setzt Folgendes voraus:

1. Objektive Rechtfertigungsmerkmale

a. Notstandslage

Eine **gegenwärtige Gefahr für ein Rechtsgut:** Unter einer **Gefahr** ist ein durch eine beliebige Ursache eingetretener ungewöhnlicher Zustand zu verstehen, in welchem nach den konkreten Umständen der Eintritt eines Schadens wahrscheinlich ist. **Gegenwärtig** ist die Gefahr, wenn jederzeit mit dem Eintritt oder der Intensivierung des schädigenden Ereignisses gerechnet werden muss. Auch eine Dauergefahr ist erfasst („Der seidene Faden, an dem das Schwert des Damokles hängt, kann jederzeit reißen"). Als notstandsfähige Rechtsgüter nennt § 34 zwar Leben, Leib, Freiheit, Ehre und Eigentum. Der Zusatz „oder ein anderes Rechtsgut" lässt jedoch erkennen, dass die Aufzählung nicht abschließend sein soll. Notstandsfähig sind nach h.M. demnach **Rechtsgüter jeder Art**.

b. Notstandshandlung

Die Notstandshandlung besteht in der Begehung einer Tat, um die Gefahr von sich oder einem anderen abzuwenden. Zu beachten ist jedoch, dass die Gefahr nicht anders als durch die konkrete Notstandshandlung abwendbar sein darf. Man spricht insoweit von der **Erforderlichkeit der Abwehrhandlung**. Das ist – ähnlich wie bei § 32 – immer dann anzunehmen, wenn kein milderes Mittel zur Verfügung steht, um die drohende Gefahr erfolgreich abzuwenden. Im Gegensatz zu § 32 ist der Notstandsübende aber gehalten, von einer bestehenden Ausweichmöglichkeit Gebrauch zu machen. Das ist darauf zurückzuführen, dass der Notstand vom Prinzip der Güterabwägung – und nicht wie das schneidige Notwehrrecht – vom Prinzip der Rechtsbewährung beherrscht wird.

c. Abwägung (Verhältnismäßigkeitsprüfung)

Weiterhin verlangt § 34, dass das geschützte Rechtsgut erheblich mehr wert ist als das beeinträchtigte.

d. Angemessenheit der Abwehrmaßnahme

Schließlich verlangt § 34 S. 2, dass die Notstandshandlung ein **angemessenes Mittel** zur Gefahrenabwehr ist (sog. Angemessenheitsklausel). Bei vordergründiger Betrachtung mag es durchaus verwundern, warum jetzt noch die Angemessenheit zu prüfen ist, wo doch bereits eine Verhältnismäßigkeitsprüfung durchgeführt wurde. Da aber der Gesetzgeber dieses zusätzliche Kriterium verlangt, ist unter Angemessenheit offenbar etwas anderes zu verstehen, als durch die Güterabwägung gem. § 34 S. 1 a.E. berücksichtigt werden könnte. Gemeint sind rechts- und sozialethische Schranken des Notstandsrechts. So ist die Tat nicht gerechtfertigt, wenn sie gegen **fundamentale Rechtsprinzipien** verstößt oder wenn für den Täter **besondere Duldungspflichten** bestehen. So kann eine Abwehrmaßnahme insbesondere dann unangemessen sein, wenn der Notstandsübende die Notstandslage vorwerfbar herbeigeführt hat, er in Kernbereiche von Grundrechten eingreift oder wenn ein rechtlich geordnetes Verfahren zur Konfliktbewältigung besteht.

2. Subjektive Rechtfertigungsmerkmale

Nach der Lehre von den subjektiven Rechtfertigungselementen ist der Notstandsübende nur dann gerechtfertigt, wenn er in Kenntnis der ihn rechtfertigenden Umstände und mit dem Willen zur Gefahrenabwehr (= Rettungswille) handelt.

3. Irrtumsfragen

Überschreitet der Täter die Grenzen der erforderlichen Notstandsverteidigung (sog. **Notstandsexzess**), handelt er rechtswidrig. Allerdings bleibt die Tat in den Grenzen des § 33 straffrei (vgl. Rn 572 ff.). Nimmt der Täter dagegen irrtümlich eine objektiv nicht vorliegende Notstandssituation an (sog. **Putativnotstand**), handelt es sich um einen sog. Erlaubnistatbestandsirrtum, der nach dem BGH überwiegend gem. § 16 I S. 1 analog zum Vorsatzausschluss und nach der auch hier vertretenen h.L., teilweise aber auch vom BGH, zum Ausschluss des Vorsatzschuldvorwurfs führt. Irrt der Täter dagegen über die rechtliche Zulässigkeit oder die Grenzen der Abwehr (Erlaubnisirrtum), liegt ein Verbotsirrtum vor, dessen Rechtsfolge sich nach § 17 bestimmt.

a.) Objektive Rechtfertigungsmerkmale

aa.) Notstandslage

Die Notstandslage erfordert wie beim Aggressivnotstand nach § 904 BGB eine **gegenwärtige Gefahr für ein Rechtsgut.** 412

- Unter einer **Gefahr** ist ein durch eine beliebige Ursache eingetretener ungewöhnlicher Zustand zu verstehen, in welchem nach den konkreten Umständen der Eintritt eines Schadens wahrscheinlich ist. Wahrscheinlich ist der Eintritt des Schadens, wenn die Möglichkeit naheliegt oder begründete Besorgnis besteht.[510] 413

- Im Gegensatz zu § 228 BGB (aber in Einklang mit § 904 BGB) muss beim rechtfertigenden Notstand nach § 34 die Gefahr nicht drohend, sondern gegenwärtig sein. **Gegenwärtig** ist die Gefahr, wenn jederzeit mit dem Eintritt oder der Intensivierung des schädigenden Ereignisses gerechnet werden muss.[511] Auch eine Dauergefahr ist erfasst („Der seidene Faden, an dem das Schwert des Damokles hängt, kann jederzeit reißen").[512] 414

  Beispiel: Taxifahrer T, der gerade einen Fahrgast befördert, bemerkt, dass der vor ihm in Schlangenlinie fahrende Autofahrer A offensichtlich betrunken ist. Als A nun einen an der Seite stehenden Wagen streift, verständigt T mittels seines Handys sofort die Polizei. Des Weiteren möchte er A verfolgen, um die Polizei bis zu deren Eintreffen über die genaue Position des A zu informieren. Der Fahrgast ist damit nicht einverstanden und möchte sofort und ohne Umwege zu seinem Ziel gebracht werden.

  Hier erfüllt T den Tatbestand der Freiheitsberaubung (§ 239). Er könnte aber aus § 34 gerechtfertigt sein. Eine Gefahr liegt vor. Diese ist auch gegenwärtig, denn dadurch, dass A in Schlangenlinie fährt und bereits einen anderen Wagen gestreift hat, liegt die Wahr-

---

510 NK-*Neumann*, § 34 Rn 39 ff.; *Fischer*, § 34 Rn 3; Sch/Sch-*Perron*, § 34 Rn 12.

511 Vgl. MüKo-*Erb*, § 34 Rn 76-80; Sch/Sch-*Perron*, § 34 Rn 17.

512 *Gropp*, AT, § 5 Rn 224. Die Gegenwärtigkeit reicht hier also weiter als die Gegenwärtigkeit bei § 32. Das hängt mit der unterschiedlichen Bedeutung von Gefahr und Angriff zusammen: Während der Angriff eine akute Zuspitzung der Gefahr, d.h. wenigstens ein unmittelbares Bevorstehen des rechtsgutbeeinträchtigenden Verhaltens fordert, ist die Gefahr gerade dadurch gekennzeichnet, dass der erwartete Schadenseintritt nicht unmittelbar bevorstehen muss (ganz ähnlich nun auch *Erb*, JuS 2010, 108).

scheinlichkeit nahe, dass er noch weitere Unfälle verursacht. Hinzu kommt, dass durch die Weiterfahrt des A Beweisinteressen (§ 142) des Halters des gestreiften Wagens vereitelt werden können.

415 ▪ Als notstandsfähige Rechtsgüter nennt § 34 zwar Leben, Leib, Freiheit, Ehre und Eigentum, der Zusatz „oder ein anderes Rechtsgut" lässt jedoch erkennen, dass die Aufzählung nicht abschließend sein soll. Notstandsfähig sind nach h.M. demnach **Rechtsgüter jeder Art**[513], auch solche der **Allgemeinheit**[514].

Zu beachten ist, dass eine Notstandshandlung nur dann vorgenommen werden darf, wenn *staatliche Hilfe nicht rechtzeitig erreichbar ist*. So darf z.B. eine Privatperson eine andere nur dann durch Schlüsselwegnahme an einer Trunkenheitsfahrt hindern, wenn polizeiliche Hilfe nicht rechtzeitig erreichbar ist.[515] Ob das der Fall ist, muss im Rahmen der Erforderlichkeit der Notstandshandlung geprüft werden. So besteht im genannten Fall neben der Verhütung weiterer Unfälle das Interesse der Strafverfolgungsbehörde (also der Allgemeinheit) an der Aufklärung der begangenen Taten (etwa §§ 315c, 142 oder 323a). Dieses Interesse ist grundsätzlich auch notstandsfähig. Voraussetzung ist aber, dass rechtzeitige Gefahrenabwehr durch staatliche Stellen nicht möglich ist. Vgl. dazu sogleich.

bb.) Notstandshandlung

416 Die Notstandshandlung besteht in der Begehung einer Tat, um die Gefahr von sich oder einem anderen abzuwenden. Zu beachten ist jedoch, dass die Gefahr nicht anders als durch die konkrete Notstandshandlung abwendbar sein darf. Man spricht insoweit von der **Erforderlichkeit der Abwehrhandlung**.

Grundsätzlich ist der Begriff der Erforderlichkeit mit dem des § 32 gleichzusetzen. Danach ist jede Abwehrhandlung erforderlich, sofern sie nur geeignet ist, die Gefahr zu beseitigen. Unter mehreren geeigneten Mitteln ist das relativ mildeste zu wählen.[516] Im Gegensatz zu § 32 ist der Notstandsübende aber gehalten, von einer bestehenden Ausweichmöglichkeit Gebrauch zu machen. Das ist darauf zurückzuführen, dass der Notstand vom Prinzip der Güterabwägung und nicht, wie das schneidige Notwehrrecht, vom Prinzip der Rechtsbewährung beherrscht wird.[517]

Beispiel: Im Beispiel von Rn 414 wäre zwar daran zu denken, die Verfolgung des A allein der Polizei zu überlassen, da diese aber noch nicht anwesend war und somit das Ergreifen des A nicht gewährleistet werden konnte, war die Verfolgung des A durch T das einzige Mittel, die von A ausgehende Gefahr abzuwenden.

cc.) Abwägung der Interessen

417 Hinsichtlich § 228 BGB wurde gesagt, dass es für die Rechtfertigung bereits genüge, dass das geschützte Rechtsgut nicht wesentlich weniger wert sei als die beeinträchtigte Sache und dass der Gesetzgeber damit zum Ausdruck bringe, dass die Verteidigung im Defensivnotstand grundsätzlich erlaubt sei (Rn 380/388). § 34 fordert dagegen, dass das geschützte Rechtsgut **erheblich mehr wert ist als das beeinträchtigte**. Diese unterschiedliche Bewertung hat den bereits erwähnten Hintergrund, dass bei § 228 BGB die Gefahr von der Sache ausgeht, auf die sich die Abwehrhandlung bezieht (die gefahrverursachende Sache ist nicht so schützenswert), und dass § 34 schlicht auf dem Prinzip des überwiegenden Interesses beruht. Die diesbezügliche Interessenabwägung besteht gem. § 34 S. 1 a.E. aus zwei Elementen, der Abwägung der betroffenen Rechtsgüter (das all-

---

[513] *Gropp*, AT, § 5 Rn 225.
[514] Sch/Sch-*Perron*, § 34 Rn 10.
[515] OLG Frankfurt NStZ-RR 1996, 136; *W/B/S*, AT, Rn 301.
[516] *W/B/S*, AT, Rn 308; *Gropp*, AT, § 5 Rn 230 ff.
[517] Vgl. Sch/Sch-*Perron*, § 34 Rn 20.

gemeine Rangverhältnis) und dem Grad der ihnen drohenden Gefahren (die Bewertung in der konkreten Lebenssituation).

(1) Allgemeines Rangverhältnis zwischen dem Eingriffsgut und dem Erhaltungsgut: Ausgangspunkt der Abwägung ist das *allgemeine Rangverhältnis* der betroffenen Rechtsgüter. Personenwerte stehen im Rang höher als Sachwerte. Innerhalb der Personenwerte steht Leben höher als Gesundheit.[518] Im Übrigen wird der Wert des einzelnen Rechtsguts durch die Strafandrohung bei Verletzungshandlungen indiziert.[519] **418**

Beispiel: X beichtet dem Berufspsychologen T, dass er die Phantasie hege, im sog. Darknet Schusswaffen zu besorgen und ein „aufsehenerregendes Schauspiel" zu veranstalten. Meldet T nun diese Äußerung der Polizei, verwirklicht er entweder schon nicht den Tatbestand des § 203 I Nr. 2 (da es am Merkmal „unbefugt" fehlt) oder ist gem. § 34 gerechtfertigt, da der Schutz von Leib und Leben von Menschen gegenüber dem Schutzinteresse an der Geheimhaltung deutlich höher zu gewichten ist. Nach der hier vertretenen Auffassung wäre T sogar *verpflichtet*, die Äußerung zu melden; anderenfalls machte er sich unter dem Aspekt des Unterlassens strafbar i.S.d. § 13 I.[520] Siehe dazu auch Rn 799.

(2) Bewertung in der konkreten Lebenssituation: Kann der (abstrakte) Rang der betroffenen Rechtsgüter kein eindeutiges Ergebnis der Interessenabwägung liefern, ist die Bewertung von Eingriffsgut und Erhaltungsgut in der *konkreten Lebenssituation* maßgeblich. Kriterien hierfür sind: **419**

- **Art und Größe des jeweils drohenden Schadens**. So kann ein *leichter* Eingriff in Personenwerte zugunsten *hoher* Sachwerte vorgenommen werden, beispielsweise wenn beim Löschen eines Brandes ein Passant durchnässt wird und sich dadurch eine Erkältung zuzieht. Dagegen ist nach h.M. eine (auch quantitative) Unterscheidung zwischen Menschenleben unzulässig. So sei auch nur die **Tötung** *eines* Menschen, die dem Zweck der Rettung *vieler* dient, **nicht zu rechtfertigen**, da das Menschenleben ein absolut zu schützendes Recht sei und § 34 eine Abwägung *Leben gegen Leben* nicht zulasse. **420**

  Beispiel: Würde ein mit Passagieren besetztes Verkehrsflugzeug von Terroristen entführt, um es als fliegende Bombe in das Stadtzentrum einer Millionenmetropole (oder in einen Kernreaktor eines Atomkraftwerks) zu steuern, wäre auf der Basis der h.M. ein Abschuss etwa durch Kampfjetpiloten nicht gem. § 34 gerechtfertigt. § 34 verbiete das Opfern unbeteiligter Flugzeugpassagiere[521], auch wenn dadurch Millionen anderer Menschen gerettet würden (keine Abwägung Leben gegen Leben). Zwar hatte sogar der Gesetzgeber in § 14 III LuftSiG den Bundesverteidigungsminister ausdrücklich dazu ermächtigt, ein Luftfahrzeug abschießen zu lassen, wenn es (wie im Fall des 11. September 2001 in New York) gegen das Leben anderer Menschen eingesetzt wird. Allerdings hat das BVerfG[522] (einstimmig!) § 14 III LuftSiG für nichtig erklärt und das Verbot der Abwägung Menschenleben gegen Menschenleben mit der Verletzung der Menschenwürde (Art. 1 I GG) der unbeteiligten Passagiere begründet. Dabei ist die Annahme eines Verstoßes gegen die Menschenwürde nicht zwingend. Denn man kann eine Verletzung der Menschenwürde trotz der Inkaufnahme des Todes der Passagiere verneinen, wenn man sich auf den Standpunkt stellt, der Abschuss des Flugzeugs gehe nicht mit Verhaltensweisen und Motivationen einher, durch die den Betroffenen der Achtungsanspruch als Mensch abgesprochen werde. Denn eine zum Tod der Passagiere führende Maßnahme, um die es vorliegend geht, zielt alleine darauf ab, eine noch größere Katastrophe abzuwenden. Mit einer menschenverachtenden Verhaltensweise hat dies nichts zu tun, auch wenn der Tod Unschuldiger notwendigerweise

---

518 Leben gegen Leben ist also nicht abwägungsfähig i.S.d. § 34 (dazu sogleich Rn 420).
519 Vgl. Sch/Sch-*Perron*, § 34 Rn 23; LK-*Zieschang*, § 34 Rn 56; SK-*Günther*, § 34 Rn 42.
520 Auch das OLG Frankfurt (NStZ 2001, 149, 150) bejaht diese Frage (im Fall ging es um die Aufklärung über HIV-Infektion des Lebenspartners).
521 Das Töten der Flugzeugentführer wäre über spezialgesetzliche Vorschriften des öffentlichen Rechts bzw. über Nothilfe gedeckt.
522 BVerfGE 115, 118 ff.

in Kauf genommen wird. Der Staat steckt schlicht in einem Dilemma. Freilich darf die scheinbar ausweglose Lage nicht darüber hinwegtäuschen, dass eine Prognoseentscheidung (der Abschuss soll ja noch *vor* dem vermeintlichen Einschlagen des Flugzeugs in ein Hochhaus oder ein Atomkraftwerk erfolgen) auch fehlerhaft sein kann.

Die Argumentation des BVerfG zeigt sich jedenfalls als inkonsequent, wenn man seine Rspr. zur medizinischen Indikation beim Schwangerschaftsabbruch (§ 218a II) heranzieht. Immerhin hat das Gericht erklärt, dass dem noch ungeborenen Menschen (nasciturus) dasselbe Recht auf Leben und dieselbe Menschenwürde zustünden wie dem geborenen Menschen.[523] Warum dann aber die Tötung eines noch ungeborenen Menschen gem. § 218a II gerechtfertigt sein soll, wo es doch eine Abwägung Leben gegen Leben nicht geben und dem nasciturus dieselbe Menschenwürde zustehen soll wie dem bereits geborenen Menschen, verschließt sich dem Verfasser.

Auch die h.L. leidet an einer Inkonsequenz. Denn diejenigen, die propagieren, dass § 34 keine Abwägung Menschenleben gegen Menschenleben zulasse, sehen aber die Tötung eines in der Geburt befindlichen Kindes, um eine Todesgefahr oder die Gefahr einer unzumutbaren schweren Gesundheitsschädigung von der Frau abzuwenden (sog. Perforation), als gerechtfertigt i.S.d. § 34 an.[524] Das ist insofern inkonsequent, als nach allgemeiner Auffassung auch das in der Geburt befindliche Kind (bereits) ein Mensch i.S.d. Strafrechts ist.[525] Warum hier eine Abwägung Menschenleben gegen Menschenleben (ja sogar eine Abwägung Menschenleben gegen bloße Gesundheitsschäden) zulässig sein soll mit der Folge der Rechtfertigung der Tötung des Kindes, wohingegen der Abschuss (ebenso unschuldiger) Passagiere kategorisch abgelehnt wird, ist ebenfalls unverständlich.[526]

Unabhängig davon, ob man die Rechtfertigung des Abschusses von mit Passagieren besetzten Verkehrsflugzeugen ablehnt, greift jedenfalls § 35 nicht, sofern es nicht um die Rettung nahestehender Personen geht (vgl. dazu Rn 582 ff.). Zur Frage, ob in derartigen Fällen ein übergesetzlicher entschuldigender Notstand eingreift, vgl. Rn 609.

421 ▪ **Grad der drohenden Gefahr**. Stehen sich zwei konkrete Gefährdungen gegenüber, muss die abgewendete die durch die Rettungshandlung begründete Gefahr wesentlich übersteigen. So ist bspw. bei nicht zu starker Alkoholisierung eine Trunkenheitsfahrt nach § 316 (abstraktes Gefährdungsdelikt) als Notstandshandlung nach § 34 gerechtfertigt, wenn dadurch eine konkrete Lebensgefahr abgewendet wird.[527]

dd.) Angemessenheit der Abwehrmaßnahme

422 Schließlich verlangt § 34 S. 2, dass die Notstandshandlung ein **angemessenes Mittel** zur Gefahrenabwehr ist (sog. Angemessenheitsklausel). Bei vordergründiger Betrachtung mag es durchaus verwundern, warum jetzt noch die Angemessenheit zu prüfen ist, wo doch bereits eine Verhältnismäßigkeitsprüfung durchgeführt wurde. Da aber der Gesetzgeber dieses zusätzliche Kriterium verlangt, ist unter Angemessenheit offenbar etwas anderes zu verstehen, als durch die Güterabwägung gem. § 34 S. 1 a.E. berücksichtigt werden könnte. Gemeint sind rechts- und sozialethische Schranken des Notstandsrechts. So ist die Tat nicht gerechtfertigt, wenn sie gegen **fundamentale Rechtsprinzipien** verstößt oder wenn für den Täter **besondere Duldungspflichten** bestehen. Folgende Fallgruppen sind anerkannt[528]:

---

[523] BVerfGE 88, 203, 251 ff. (dazu näher *R. Schmidt*, Grundrechte, 20. Aufl. 2016, Rn 50).
[524] LK-*Hirsch* (11. Aufl.), § 34 Rn 74; MüKo-*Erb*, § 34 Rn 153; NK-*Neumann*, § 34 Rn 91; *Lackner/Kühl*, § 34 Rn 9. Vgl. dazu auch die Ausführungen bei *R. Schmidt*, BT I, Rn 3.
[525] Vgl. näher *R. Schmidt*, BT I, Rn 3 m.w.N.
[526] Vgl. auch *Rogall*, NStZ 2008, 1 ff.
[527] *Fischer*, § 34 Rn 20 f.
[528] Vgl. *Fischer*, § 34 Rn 15.

(1) Dem Täter ist zuzumuten, die Gefahr hinzunehmen 423

Zuzumuten ist die Gefahr zunächst einem **Helfer, der von Berufs wegen verpflichtet ist**, bestimmte Gefahren zu bestehen.

Beispiele: Soldaten, Feuerwehrleute, Polizisten, Seenotretter etc.

Fraglich ist, ob auch einer Person, welche die **Notstandslage vorwerfbar verursacht** hat, zuzumuten ist, die Gefahr hinzunehmen.

Beispiel: T soll mit seinem Traktor 15.000 Liter Gülle ausfahren. Um den Weg zur Abladestelle abzukürzen, biegt T von der Hauptstraße in einen kleinen unbefestigten Nebenweg ein. Als der Traktor nach ca. 50 m in den weichen Boden einsackt und umzukippen droht, entschließt sich T, die Gülle abzulassen. Dabei ist ihm klar, dass er gegen Strafnormen des Umweltrechts verstößt. Ihm ist aber wichtiger, seinen Traktor vor dem Umkippen zu bewahren und den somit drohenden hohen Schaden abzuwenden.

⇨ Eine Auffassung verneint bei vorwerfbar herbeigeführten Notstandslagen die Rechtfertigung generell mit dem Argument, dass wenn ein solches Verhalten noch nicht einmal nach § 35 entschuldigt sein könne, erst recht keine Rechtfertigung nach § 34 in Betracht komme.[529] Danach wäre auch vorliegend T nicht gerechtfertigt.

⇨ Die Gegenauffassung verneint die Rechtfertigung lediglich bei absichtlicher Herbeiführung der Notstandslage.[530] Folgt man dieser Auffassung, muss vorliegend T wohl als gerechtfertigt angesehen werden, da er die Notstandslage kaum vorsätzlich (und schon gar nicht absichtlich) herbeigeführt hat.

⇨ Wieder andere wollen derartige Aspekte bereits bei der Interessenabwägung nach § 34 S. 1 a.E. berücksichtigen.[531] Folgt man diesem Ansatz, muss die Frage beantwortet werden, inwiefern das Verschulden des T beim Einfahren in den unbefestigten Weg ein Überwiegen des Erhaltungsguts (Rettung des Lkw) gegenüber dem Eingriffsguts (Umweltzerstörung bzw. -belastung) noch zulässt.

⇨ Schließlich wird vertreten, die Rechtfertigung nach § 34 in jedem Fall zuzulassen, die Bestrafung des Notstandsübenden aber unter dem Gesichtspunkt der ***actio illicita in causa*** zu begründen.[532] Demnach wäre T zwar hinsichtlich der vorsätzlich begangenen Umweltstraftaten aus § 34 gerechtfertigt, ihn würde aber eine Verantwortlichkeit wegen fahrlässigen Verstoßes gegen die einschlägigen Umweltschutznormen treffen.

Weiterhin wird der sog. **Nötigungsnotstand** diskutiert. Ein Nötigungsnotstand liegt vor, wenn der Täter genötigt wird, eine bestimmte Straftat zu begehen. Hier ist vor allem strittig, ob der Täter nach § 34 gerechtfertigt oder (lediglich) nach § 35 entschuldigt ist. Da nach der hier vertretenen Auffassung die Begehung einer Straftat kein angemessenes Mittel zur Konfliktbewältigung darstellt, ist der Täter allenfalls nach § 35 entschuldigt. Vgl. dazu ausführlich Rn 599.

(2) Der Täter greift in den essentiellen Kern eines Grundrechts ein 424

Als Paradebeispiel für diese Fallgruppe wird in nahezu allen Veröffentlichungen die **zwangsweise Blutabnahme** zur Rettung eines Schwerverletzten genannt.[533]

Beispiel: V ist bei einem Autounfall schwer verletzt worden und hat viel Blut verloren. Nur eine Bluttransfusion kann ihn noch retten. Eine Blutkonserve, die seiner Blutgruppe entspricht, ist aber nicht mehr vorhanden. Der behandelnde Arzt A weiß aber zufällig von O, dass dieser die gleiche Blutgruppe hat wie V. Da O sich weigert, (eine für ihn ungefährliche

---

[529] *Fischer*, § 34 Rn 15; NK-*Neumann*, § 34 Rn 93 ff.
[530] LK-*Zieschang*, § 34 Rn 70.
[531] *W/B/S*, AT, Rn 312; *Gropp*, AT, § 5 Rn 256.
[532] Sch/Sch-*Perron*, § 34 Rn 42. Zur *actio illicita in causa* vgl. bereits Rn 362 und 372.
[533] Vgl. nur SK-*Günther*, § 34 Rn 51; Sch/Sch-*Perron*, § 34 Rn 47; *Fischer*, § 34 Rn 16; LK-*Zieschang*, § 34 Rn 80; NK-*Neumann*, § 234 Rn 118; *W/B/S*, AT, Rn 319 f.; *Gropp*, AT, § 5 Rn 264 f.; *Joecks*, § 34 Rn 49.

Menge) Blut zu spenden, bringt A zwei Polizeibeamte dazu, O festzuhalten, damit er diesem zwangsweise etwas Blut entnehmen kann.

Hier liegt u.a. der Tatbestand der Körperverletzung (§ 223 I) vor, der aber gem. § 34 gerechtfertigt sein könnte. Nach h.M.[534] fällt zwar die nach § 34 S. 1 a.E. erforderliche Güterabwägung in der konkreten Lebenssituation zugunsten der Lebensrettung aus, die zwangsweise Blutabnahme sei aber kein angemessenes Mittel zur Gefahrabwendung i.S.d. § 34 S. 2. Ob das persönliche Opfer einer Blutspende erbracht werde oder nicht, müsse in einem freiheitlichen Rechtsstaat grundsätzlich der eigenen sittlichen Entscheidung des Einzelnen überlassen bleiben; insbesondere bestehe wegen des Grundrechts auf körperliche Unversehrtheit (Art. 2 II S. 1 GG) keine Rechtspflicht zur Hilfeleistung (etwa im Rahmen des § 323c).[535] Demzufolge hat O keine Duldungspflicht. Möglicherweise greift zugunsten des A und der Polizeibeamten aber der entschuldigend wirkende übergesetzliche Notstand (dazu Rn 605 ff.).

425 **(3) Es steht ein rechtlich geordnetes Verfahren zur Konfliktlösung bereit**

Schließlich ist eine Unangemessenheit der Notstandshandlung anerkannt, wenn die Rechtsordnung zur Bewältigung bestimmter Konflikte abschließend rechtlich geregelte Verfahren bereitstellt. Hier ist der Täter zur Einhaltung dieser Verfahrensregeln gezwungen. Für eine Güterabwägung im Rahmen der individuellen Rechtfertigung ist kein Raum.

Beispiel: Der in einer Strafsache ermittelnde Hauptkommissar weiß vom Tatverdächtigen T ganz genau, dass dieser der Straftat schuldig ist. Er kann ihm aber nichts nachweisen. Daher entschließt er sich, T so lange mit dem Kopf intervallartig unter Wasser zu drücken, bis dieser die Tat gesteht.

Hier liegt eine verbotene Vernehmungsmethode gem. § 136a StPO vor. Diese Vorschrift ist Ausdruck der Menschenwürde und des Rechtsstaatsprinzips. Ein Verstoß dagegen ist daher in keinem Fall rechtfertigungsfähig (insofern klarstellend § 136a III S. 2 StPO).

b.) Subjektiver Tatbestand

426 Nach der Lehre von den subjektiven Rechtfertigungselementen (Rn 311 ff.) ist der Notstandstäter nur dann (subjektiv) gerechtfertigt, wenn er in Kenntnis der ihn rechtfertigenden Umstände und mit dem Willen zur Gefahrenabwehr (= Rettungswillen) handelt.

c.) Irrtumsfragen

427 Bei der Frage, ob eine gegenwärtige Gefahr besteht, handelt es sich um ein Wahrscheinlichkeitsurteil und eine Sachverhaltsdiagnose aus der Ex-ante-Sicht eines sachkundigen objektiven Betrachters, dem auch ein etwaiges Sonderwissen des Notstandsübenden zugrunde zu legen ist.[536] Umstände, die allein in der Einbildung des Notstandsübenden vorhanden sind, begründen keine Gefahrenlage i.S.d. § 904 BGB, können aber zur Annahme eines **Putativnotstands** (**Erlaubnistatbestandsirrtum**) führen, der (in Übereinstimmung zu § 32) nach dem BGH überwiegend gem. § 16 I S. 1 analog zum Vorsatzausschluss[537] und nach der auch hier vertretenen h.L.[538], der sich teilweise aber auch der BGH anschließt, zum Ausschluss des Vorsatzschuldvorwurfs führt (siehe dazu ausführlich Rn 531 ff.). Irrt der Täter dagegen über die rechtliche Zulässigkeit der Abwehr (**Erlaubnisirrtum**), liegt ein **Verbotsirrtum** vor, der bei Unvermeidbarkeit über § 17 S. 1 zum Schuldausschluss und bei Vermeidbarkeit über § 17 S. 2 und § 49 I zur fakultativen Strafmilderung führt (vgl. ausführlich Rn 450).

---

[534] Vgl. etwa SK-*Günther*, § 34 Rn 80; *Fischer*, § 34 Rn 8 ff.; *Gropp*, AT, § 5 Rn 265.
[535] Zur Legitimation des Eingriffs durch Bestehen eines Tatverdachts vgl. § 81a StPO.
[536] Vgl. *Jescheck/Weigend*, AT, § 33 IV 3a; *W/B/S*, AT, Rn 304.
[537] Vgl. die Nachweise bei Rn 541.
[538] Vgl. die Nachweise bei Rn 543.

c. Einwilligung/Einverständnis

Im Rahmen der Notwehr und des Notstands wurde herausgearbeitet, dass bei beiden Rechtfertigungsgründen eine Konfliktsituation zwischen zwei Interessen besteht, wobei für ein Interesse eine Gefahr besteht und diese Gefahr auf Kosten des konfligierenden Interesses beseitigt wird. Bei der gewohnheitsrechtlich anerkannten Einwilligung geht es indes darum, dass der Rechtsgutinhaber sein Rechtsgut preisgibt. Durch die Preisgabe besteht für die Rechtsordnung also grundsätzlich keine Notwendigkeit mehr, dieses Interesse zu schützen.[539] Das führt in der Literatur vereinzelt zu der Auffassung[540], dass eine **Einwilligung bereits zum Ausschluss des Tatbestands** führe und nicht erst auf der Rechtfertigungsebene zu diskutieren sei. Diese Betrachtungsweise verkennt aber, dass generell verbotene, mit einer Werteinbuße verbundene Eingriffe in fremde Rechtsgüter (wie etwa Eingriffe in die körperliche Unversehrtheit oder in das Eigentum) zunächst einen abstrakten Unwert darstellen, zu dessen Beseitigung es eines besonderen Rechtfertigungsgrundes bedarf.[541] Zudem setzt sich diese Auffassung über den klaren Wortlaut des § 228 hinweg, der bei der Einwilligung in eine Körperverletzung klar von einem Rechtfertigungsgrund ausgeht (vgl. auch die Anfang 2013 in Kraft getretene Regelung des § 630d BGB). 428

Beispiel: § 223 beschreibt den Tatbestand, dass jemand einen anderen körperlich misshandelt bzw. an der Gesundheit schädigt. Damit wird abstrakt ein bestimmtes Verhalten beschrieben, dem die Rechtsordnung einen Unwert beimisst. Davon, dass der Täter nur dann den Tatbestand der Körperverletzung verwirklicht, wenn das Opfer nicht zuvor eingewilligt hat, ist nicht die Rede. Daher muss dem Selbstbestimmungsrecht des Betroffenen auf einer anderen Ebene des Deliktsaufbaus (namentlich auf der Rechtfertigungsebene) Rechnung getragen werden. Von diesem Befund geht offenbar auch der Gesetzgeber aus, indem er in **§ 228** formuliert: „... handelt nur *rechtswidrig*, wenn ...".[542]

Auch bei § 142 und § 274 kann der Verzicht des Rechtsgutträgers als Rechtfertigungsgrund angesehen werden. Etwas anderes gilt jedoch hinsichtlich solcher Tatbestände, die gerade an die Willensfreiheit des Opfers anknüpfen. Bei diesen führt die Einwilligung zum Tatbestandsausschluss (Rn 430 ff.).

Hinweis für die Fallbearbeitung: Nun ist die Frage berechtigt, warum es so wichtig sein soll, zwischen einem tatbestandsausschließenden Einverständnis und einer rechtfertigenden Einwilligung zu unterscheiden, denn nach beiden Überlegungen verwirklicht der Täter kein Unrecht. Unterschiede ergeben sich aber im Bereich der Irrtümer. Es sind folgende Konstellationen denkbar: 429

(1) Es liegt ein tatbestandsausschließendes Einverständnis vor, der Täter weiß davon aber nichts: Hier glaubt der Täter, den gesetzlichen Tatbestand zu verwirklichen. Es liegt der typische Fall eines (untauglichen) Versuchs vor, der jedoch nur bei Verbrechen stets strafbar ist (bei Vergehen nur dann, wenn die Strafbarkeit ausdrücklich angeordnet ist), vgl. §§ 22, 23 I, 12.

(2) Es liegt kein tatbestandsausschließendes Einverständnis vor, der Täter geht aber von einem solchen aus. Hier glaubt der Täter, gerade nicht den gesetzlichen Tatbestand zu verwirklichen. Er handelt ohne Tatbestandsvorsatz (§ 16 I S. 1). Zu

[539] Etwas anderes gilt, wenn die Rechtsordnung das Individualschutzgut für indisponibel erachtet, was bei dem Rechtsgut Leben der Fall ist (vgl. § 216 und § 217).

[540] Vgl. *Roxin*, AT I, § 13 Rn 26/29; MüKo-*Schlehofer*, Vor §§ 32 ff. Rn 104 ff.; SK-*Horn/Wolters*, § 228 Rn 2; *Kindhäuser*, AT, § 12 Rn 5.

[541] So die zutreffende h.M., vgl. BGHSt 17, 359, 360; 23, 1, 3; BGH NJW 2004, 2458 f.; NStZ 2004, 442; *Kühl*, AT, § 9 Rn 22; *W/B/S*, AT, Rn 361 ff.; *Heinrich*, AT, Rn 438; *Jescheck/Weigend*, AT, § 34 I 3; *Gropp*, AT, § 5 Rn 108 ff.; LK-*Rönnau*, vor § 32 Rn 150 ff.; NK-*Paeffgen*, § 228 Rn 8; *Fischer*, Vor § 32 Rn 3c; *Lackner/Kühl*, vor § 32 Rn 15 f.; Sch/Sch-*Lenckner/Sternberg-Lieben*, Vorbem §§ 32 ff. Rn 33; *Amelung/Eymann*, JuS 2001, 937, 938; *Trüg*, JA 2002, 214, 220. Vgl. auch *Rönnau*, JuS 2007, 18 f.; *Kett-Straub/Linke*, JA 2010, 26, 27 f.

[542] Vgl. auch BGH NJW 2004, 2458 f.; NStZ 2004, 442; NStZ 2004, 204, 205.

beachten ist aber die Regelung des § 16 I S. 2, wonach ein Fahrlässigkeitsvorwurf nicht ausgeschlossen ist.

(3) Es liegt eine rechtfertigende Einwilligung vor, der Täter weiß davon aber nichts. Hier glaubt der Täter, Unrecht zu verwirklichen. Je nach Auffassung ist er wegen vollendeter oder versuchter Tat strafbar.

(4) Es liegt keine rechtfertigende Einwilligung vor, der Täter geht aber von einer solchen aus. Hier glaubt der Täter irrtümlich, die tatsächlichen Voraussetzungen eines anerkannten Rechtfertigungsgrundes lägen vor (sog. Erlaubnistatbestandsirrtum), was nach der hier vertretenen Auffassung nicht zum Ausschluss des Vorsatzes (so aber der BGH), sondern zum Ausschluss des Vorsatzschuldvorwurfs führt. Es bleibt also bei einer vorsätzlichen und rechtswidrigen Tat. Von Bedeutung ist dieser Befund für die Teilnahme, da diese eine vorsätzliche und rechtswidrige Tat gerade voraussetzt[543].

aa. Tatbestandsausschließende Einwilligung (Einverständnis)

430 Auch die h.M., die grundsätzlich zwischen tatbestandsausschließendem Einverständnis und rechtfertigender Einwilligung unterscheidet, kommt zur Annahme eines tatbestandsausschließenden Einverständnisses bei Tatbeständen, die ausdrücklich einen „Widerwillen" voraussetzen, wenn es für den Unwert des Delikts typisch ist, dass die Handlung des Täters gegen oder ohne den Willen des Verletzten erfolgen muss. Hier ist die tatbestandliche Unrechtsbeschreibung bereits untrennbar mit dem Willen des Rechtsgutträgers verknüpft, sodass eine willentliche Preisgabe des Rechtsguts zur Nichtverwirklichung des Tatbestands führt (die h.M. bezeichnet dies als **tatbestandsausschließendes Einverständnis**[544]). Das ist der Fall bei Tatbeständen, die

- nach ihrem Wortlaut ein Handeln des Täters „gegen den Willen" oder „wider Willen" verlangen, etwa § 248b (Gebrauch des Fahrzeugs „gegen den Willen" des Berechtigten),
- ein Tatbestandsmerkmal enthalten, das seiner Definition nach nur verwirklicht werden kann, wenn kein Wille zur Preisgabe durch den Berechtigten besteht. Wenn etwa ein Patient den Arzt von dessen Schweigepflicht entbindet, dann handelt der Arzt nicht „unbefugt" i.S.d. § 203. Gleiches gilt hinsichtlich § 242 (eine „Wegnahme" kann nicht vorliegen, wenn der Berechtigte den Gewahrsamswechsel erlaubt) oder § 123 (ein „Eindringen" kann nicht vorliegen, wenn der Berechtigte das Betreten der Räumlichkeit erlaubt),
- den Schutz der Willensfreiheit des Opfers zum Gegenstand haben, etwa §§ 177, 178, 235, 239, 240, 249, 252, 253, 255. Der Tatbestandsausschluss ist hier damit zu erklären, dass die den Tatbestand konstitutiv kennzeichnende Willensfreiheit vom Berechtigten ja gerade durch Rechtsgutverzicht ausgeübt wurde. Es gibt also nichts, was tatbestandlich zu schützen wäre.

Beispiel: Aus den Geldbörsen mehrerer Krankenhauspatienten soll Geld gestohlen worden sein. Raumpflegerin R steht im Verdacht, diese angeblichen Diebstähle begangen zu haben. Um die vermeintliche Diebin zu überführen, weiht Verwaltungschef C die Patientin P ein und bittet diese, bei einer „Diebesfalle" mitzuwirken. P erklärt sich dazu bereit. Sodann notiert sich C die Seriennummern aller in der Geldbörse der P befindlichen Geldscheine und beauftragt später die R, im Zimmer der P sauber zu machen. P ist während dieser Zeit draußen im Park. Es kommt wie erwartet: R entdeckt die Geldbörse und entnimmt einen 50-€-Schein.

Hier ist an eine Verwirklichung des Tatbestands des § 242 zu denken. Dies setzt jedoch eine Wegnahme des Geldscheins voraus. Wegnahme bedeutet Bruch fremden und Begründung neuen Gewahrsams, und zwar gegen oder ohne den Willen des Berechtigten. Vorliegend bestand aber gerade der Wille der P hinsichtlich der Begründung neuen Gewahrsams.

---

[543] Vgl. bereits die 1. Aufl. 2002; wie hier nun auch *Rönnau*, JuS 2007, 18, 20; *Beckert*, JA 2013, 507, 508.
[544] Vgl. nur *W/B/S*, AT, Rn 366 ff.; *Jescheck/Weigend*, AT, § 34 I 3; *Gropp*, AT, § 5 Rn 113.

Daher ist das Tatbestandsmerkmal der Wegnahme schon definitorisch nicht erfüllt. R kann daher nicht wegen vollendeten Diebstahls strafbar sein. Weil sie die freiwillige Preisgabe des Rechtsguts aber nicht kannte, sondern im Gegenteil die Verwirklichung des Tatbestands gerade wollte, ist sie wegen versuchten Diebstahls (§§ 242 I, II, 22, 23 I, 12 II) strafbar.

Sofern ein tatbestandsausschließendes Einverständnis in Betracht kommt, muss der Frage nachgegangen werden, wie sich ein **Willensmangel** des Berechtigten auswirkt. Relevant wird diese Frage insbesondere dann, wenn die Preisgabe des Rechtsguts etwa durch Täuschung „erschlichen" worden ist. 431

Beispiel: T gibt sich als Handelsvertreter für ein neuartiges Teppichreinigungsgerät aus. Seine Masche besteht darin, tagsüber in Wohnhäusern vorstellig zu werden, um Einlass zu bitten und sodann die Funktionalität des Geräts an einem dort befindlichen Teppichläufer vorzuführen. Dazu beschmutzt er nach Möglichkeit besonders teure Orientteppiche mit einer mitgebrachten zähen Flüssigkeit, um anschließend feststellen zu müssen, dass das Reinigungsgerät wohl einen Defekt habe. Dann bietet er dem Opfer an, deren Teppich mitzunehmen und abends wieder gereinigt zurückzubringen. Als kleine „Entschädigung" soll dann auch ein besonders edler Rotwein mitgebracht werden. In Fällen, in denen die Masche funktioniert, gibt er den Teppich weiter an den Hehler H. Auch bei der älteren Dame D hat er „Glück". Diese stellt entsprechende Strafanträge. Hat sich T hinsichtlich des Geschehens bei D strafbar gemacht?

T könnte sich zunächst wegen Hausfriedensbruchs gem. § 123 I Var. 1 strafbar gemacht haben. Dazu müsste er in die geschützte Räumlichkeit „eingedrungen" sein. Ein Eindringen liegt vor, wenn zumindest ein Teil des Körpers des Täters gegen den Willen des Berechtigten in den Raum gelangt. Vorliegend befand sich T vollständig im Haus der D. Allerdings ist fraglich, wie es sich auswirkt, dass die D den T in das Haus gelassen hat. Es könnte somit ein Rechtsgutverzicht vorliegen mit der Folge, dass T nicht das Tatbestandsmerkmal „Eindringen" erfüllt hat.

⇨ Im Grundsatz gilt, dass wenn der tatsächliche Wille des Opfers, auf die tatbestandlich geschützte Willensfreiheit zu verzichten, vorhanden ist, der Täter den objektiven Tatbestand nicht erfüllen kann. Dabei kommt es bei der Willensbildung nur auf die **natürliche Willensfähigkeit** an. Mit Rücksicht auf den tatsächlichen Charakter des Einverständnisses sind auch etwaige **Irrtümer des Opfers unbeachtlich**. Auch wirkt der Tatbestandsausschluss ohne Kenntnis des Täters.[545]
Wendet man diesen Gedanken auf den vorliegenden Fall an, ist die Vorspiegelung falscher Tatsachen durch T für den Tatbestandsausschluss unbeachtlich. T hätte sich demzufolge nicht wegen vollendeten Hausfriedensbruchs strafbar gemacht.

⇨ Von diesem Grundsatz wird teilweise eine Ausnahme gemacht für den Fall, dass das **Einverständnis durch Täuschung oder Drohung erschlichen** worden ist. Dies wird mit der Erwägung begründet, bei einem durch Täuschung oder Drohung erlangten Einverständnis des Hausrechtsinhabers dringe der Täter gerade gegen den „wahren" Willen des Berechtigten in dessen geschützte Privat- und Geheimsphäre ein.[546] Diese Auffassung verkennt aber, dass das Merkmal „Eindringen" nicht auf einer Wertung basiert, bei der Willensmängel sehr wohl zu berücksichtigen sind, sondern auf einem tatsächlichen Umstand. Gerade aber wegen des tatsächlichen Elements kann es nicht auf Willensmängel ankommen. Daher bleibt es bei dem Grundsatz, dass es nur auf die natürliche Willensfähigkeit des Opfers ankommt und dass durch Täuschung herbeigeführte Irrtümer unbeachtlich sind. T hat nicht den Tatbestand des Hausfriedensbruchs verwirklicht.

---

[545] Vgl. Sch/Sch-*Sternberg-Lieben*, § 123 Rn 22; *Fischer*, § 123 Rn 23; *Lackner/Kühl*, § 123 Rn 5; *W/B/S*, AT, Rn 367; *Joecks*, § 123 Rn 28.
[546] SK-*Rudolphi*, § 123 Rn 18; LK-*Lilie*, § 123 Rn 50 (11. Aufl.).

T könnte sich aber dadurch, dass er den Teppich mitnahm, wegen Diebstahls (§ 242) strafbar gemacht haben. Aber auch § 242 enthält mit der „Wegnahme" ein Tatbestandsmerkmal, das seiner Definition nach nur verwirklicht werden kann, wenn kein Wille zur Preisgabe durch den Berechtigten besteht. Eine „Wegnahme" kann also nicht vorliegen, wenn der Berechtigte den Gewahrsamswechsel erlaubt. Vorliegend war D damit einverstanden, dass T den Teppich mitnimmt. Dabei war ihr klar, dass der Teppich ihren Herrschaftsbereich verlassen würde (womit ein gelockerter Gewahrsam auszuschließen ist). Dass T die D über seine wahre Absicht getäuscht hat, ist hier in Anlehnung an das zu § 123 Gesagte unbeachtlich.[547] T hat sich aber wegen Sachbeschädigung (§ 303 I) und wegen Betrugs (§ 263 I und ggf. § 263 III S. 2 Nr. 1 Var. 1) tatmehrheitlich strafbar gemacht.

432 **Zusammenfassend** lässt sich sagen, dass der Rechtsgutverzicht bei Tatbeständen, bei denen die Tatbestandsverwirklichung gerade **gegen oder ohne den Willen** des Verletzten erfolgt, zum Ausschluss des Tatbestands führt – sog. **tatbestandsausschließendes Einverständnis**. Denn dadurch, dass der Verletzte seinen Willen (durch den Rechtsgutverzicht) ja gerade zum Ausdruck gebracht hat, entfällt der tatbestandlich relevante Anknüpfungspunkt. Wegen des **tatsächlichen Charakters** des tatbestandsausschließenden Einverständnisses kommt es auch nicht auf die Verstandesreife, sondern nur auf die **natürliche Willensfähigkeit** an. Daher sind nach h.M. auch etwaige **Willensmängel** und **Irrtümer** des Verletzten **unbeachtlich**. Auf die guten Sitten kommt es ebenfalls nicht an. Auch muss das Einverständnis **weder ausdrücklich noch konkludent erklärt** werden. Es genügt das **tatsächliche Vorhandensein**. Schließlich ist eine Kenntnis des Täters nicht erforderlich.

Liegen diese Voraussetzungen vor, kann der Täter den Tatbestand nicht verwirklichen. Er kann aber wegen Versuchs strafbar sein, wenn er vom wirklich vorliegenden Einverständnis nichts weiß und der Versuch des entsprechenden Delikts mit Strafe bedroht ist. Hält der Täter umgekehrt das erforderliche Einverständnis irrig für gegeben, fehlt es am Tatbestandsvorsatz (§ 16 I S. 1).

bb. Rechtfertigende ausdrückliche und konkludente Einwilligung

433 Folgt man der herkömmlichen Unterscheidung zwischen tatbestandsausschließendem Einverständnis und rechtfertigender Einwilligung, kommt ein tatbestandsausschließendes Einverständnis nur dann in Betracht, wenn es für das Unrecht typisch ist, dass die Handlung des Täters gegen oder ohne den Willen des Opfers vorgenommen werden muss. Das ist bei den genannten Tatbeständen der §§ 248b, 177, 178, 235, 239, 240, 242, 249, 252, 253 und 255 der Fall. In allen anderen Fällen ist Raum für eine rechtfertigende Einwilligung. Diese beruht darauf, dass es an einem Erhaltungsinteresse des Rechtsgutinhabers mangelt, weil dieser – seinem Selbstbestimmungsrecht folgend – auf die Erhaltung seines Guts keinen Wert legt, gleichwohl aber die gesetzlichen Tatbestandsmerkmale verwirklicht werden. Die Einwilligung muss aber wirksam sein. Die Wirksamkeit hängt von folgenden Voraussetzungen ab:

Voraussetzungen der rechtfertigenden Einwilligung

I. Verwirklichung des Tatbestands durch den Täter (objektiv, subjektiv)

II. Rechtswidrigkeit des Täterverhaltens

Grundsätzlich ist die Rechtswidrigkeit durch die Verwirklichung des Tatbestands indiziert; aber: Rechtfertigung infolge rechtfertigender Einwilligung ist möglich. Das setzt Folgendes voraus:

[547] Ein wirksames Einverständnis würde nur dann abzulehnen sein, wenn sich D einem vermeintlichen Zwang gebeugt hätte, etwa weil sie geglaubt hätte, Widerstand sei ohnehin zwecklos, vgl. dazu *R. Schmidt*, BT II, Rn 587.

1. Objektive Rechtfertigungsmerkmale

a. Rechtliche Zulässigkeit der Einwilligung (Disponibilität des Rechtsguts)

Zunächst muss der Einwilligende rechtlich befugt sein, über ein Rechtsgut frei zu verfügen. Bei individuellen Vermögens- und Freiheitsinteressen ist die Befugnis in aller Regel vorhanden. Demgegenüber kann der Einzelne nicht wirksam über Rechtsgüter der Allgemeinheit einwilligen. Aber auch hinsichtlich des menschlichen Lebens ist eine Dispositionsbefugnis – wie sich aus § 216 ergibt – nicht gegeben. Das gilt (auf der Basis des BGH) auch dann, wenn das Leben nur konkret gefährdet wurde.

b. Verzicht des Einwilligenden auf den Schutz seines Rechtsguts

Der Einwilligende muss ausdrücklich oder konkludent auf den Rechtsgüterschutz verzichtet haben. Dabei ist zu beachten, dass der Verzicht *vor* der Rechtsgutverletzung bestanden haben muss. Eine nachträgliche Zustimmung (Genehmigung) wie im Zivilrecht, die den Tatbestand *ex tunc* beeinflusst, lässt die Strafbarkeit also nicht entfallen.

c. Einwilligungsfähigkeit (Einsichtsfähigkeit)

Der Einwilligende muss nach seiner **geistigen und sittlichen Verstandesreife und Urteilsfähigkeit** imstande sein, Bedeutung und Tragweite des Rechtsgutverzichts zu erkennen und nach dieser Erkenntnis zu handeln. Auf die Geschäftsfähigkeit i.S.d. Zivilrechts kommt es nicht an. Bei **ärztlichen Heileingriffen** setzt eine wirksame Einwilligung zudem voraus, dass der Patient über Art, Chancen und Risiken der vorgesehenen Maßnahme **aufgeklärt** wird. Dem Patienten muss das spezifische Eingriffsrisiko erläutert werden, damit er die Tragweite der Operation und die mit ihr verbundenen schweren Risiken für seine Lebensführung beurteilen kann.

d. Kundgabe der Einwilligung nach außen?

Nach h.M. muss die Einwilligung aus Gründen der Rechtsklarheit nach außen kundgegeben, d.h. entweder ausdrücklich oder konkludent erklärt worden sein (sog. Willenserklärungstheorie).

e. Freie Willensbildung und -entscheidung

Eine durch Täuschung erschlichene Einwilligung ist unwirksam, sofern der Irrtum rechtsgutbezogen ist. Ist die Einwilligung durch Drohung erzwungen, ist eine Unwirksamkeit anzunehmen, wenn die Drohung das Stadium einer strafbaren Nötigung (§ 240) des Opfers erreicht. Durch Zwang hervorgerufene Einwilligungen können erst recht nicht wirksam sein.

f. Keine Sittenwidrigkeit der konsentierten Körperverletzung, § 228

Gemäß § 228 darf bei Eingriffen in die körperliche Integrität die Tat trotz Einwilligung nicht gegen die guten Sitten verstoßen. Der Begriff der Sittenwidrigkeit ist hochgradig unbestimmt. Mit Blick auf Art. 103 II GG ist § 228 daher nur dann verfassungskonform, wenn der Begriff der Sittenwidrigkeit eng ausgelegt wird. Angemessen scheint es, nur sadistische oder sonst die Menschenwürde missachtende Behandlungen als sittenwidrig zu bezeichnen. Dazu zählen auch lebensgefährliche Handlungen sowie Handlungen, die geeignet sind, die Gesundheit schwer zu schädigen. Bei verabredeten Bandenschlägereien sind Einwilligungen trotz Nichtvorliegens konkreter Lebensgefahren unbeachtlich, wenn gefährlichkeitsbegrenzende Absprachen und effektive Sicherungen für deren Einhaltung fehlen (BGH NJW 2013, 1379 f.). Denn hier besteht jederzeit die Gefahr von Eskalationen mit ungewissem Ausgang. Maßgeblicher Zeitpunkt für die Beurteilung der Sittenwidrigkeit ist die Ex-ante-Perspektive.

2. Subjektive Rechtfertigungsmerkmale und Irrtumsfragen

Die Wirksamkeit der Einwilligung hat nicht zur Voraussetzung, dass der Täter Kenntnis von ihr hat. Handelt der Täter aber in Unkenntnis der Einwilligung und geht davon aus, Unrecht zu verwirklichen, ist er je nach Auffassung wegen vollendeter Tat oder wegen Versuchs strafbar. Geht der Täter dagegen irrig von dem Vorliegen der tatsächlichen Voraussetzungen einer Einwilligung aus, unterliegt er einem Erlaubnistatbestandsirrtum, der nach dem BGH überwiegend gem. § 16 I S. 1 analog zum Vorsatzausschluss und nach der auch hier vertretenen h.L., der sich teilweise auch der BGH anschließt, zum Ausschluss des Vorsatzschuldvorwurfs führt. Irrt der Täter dagegen über die rechtliche Zulässigkeit seines Handelns, unterliegt er einem Verbotsirrtum, dessen Rechtsfolge sich nach § 17 richtet.

a.) Objektive Rechtfertigungsmerkmale

aa.) Rechtliche Zulässigkeit der Einwilligung (Disponibilität des Rechtsguts)

434 Zunächst muss der Einwilligende rechtlich befugt sein, über ein Rechtsgut zu verfügen. Bei individuellen Vermögens- und Freiheitsinteressen ist die Befugnis in aller Regel ebenso vorhanden wie bei der körperlichen Integrität. Demgegenüber kann der Einzelne nicht wirksam über Rechtsgüter der Allgemeinheit (z.B. §§ 153 ff. – Straftaten gegen die staatliche Rechtspflege oder § 306a – schwere Brandstiftung) disponieren.[548] Aber auch hinsichtlich des menschlichen Lebens ist eine Dispositionsbefugnis – wie sich aus § 216 (Strafbarkeit des Täters trotz ausdrücklichen und ernsthaften Verlangens des Opfers) ergibt – nicht gegeben. Das gilt nach der zweifelhaften Rspr. des BGH auch dann, wenn der Einwilligende nicht stirbt, sondern sein Leben nur konkret gefährdet wird.[549] Der Betroffene kann auf Basis dieser Rspr. also nicht mit rechtfertigender Wirkung in die konkrete Gefährdung seines Lebens einwilligen.[550]

434a Fraglich ist, wie verfahren werden muss, wenn ein Straftatbestand **mehrere Rechtsgüter** schützt, der Verletzte aber nur in die Beeinträchtigung eines dieser Schutzgüter einwilligen kann. Das betrifft zum einen Straftaten, die sowohl Rechtsgüter der Allgemeinheit als auch Individualrechtsgüter schützen. Als Beispiel sei § 315c genannt. Diese Strafnorm ist im 28. Abschnitt des StGB über die gemeingefährlichen Straftaten eingeordnet, schützt also von seiner systematischen Stellung im StGB her Allgemeininteressen (hier: die Sicherheit des Straßenverkehrs). Da § 315c jedoch eine Individualgefahr für einen Menschen oder eine Sache von bedeutendem Wert voraussetzt (konkretes Gefährdungsdelikt), dient die Vorschrift *auch* dem Schutz von Individualgütern. Bei diesen wiederum kommt eine Einwilligung in Betracht, vgl. den Fall bei *R. Schmidt*, BT I, Rn 623 ff.

Dagegen kommt eine Einwilligung in die Tat nach § 217 von vornherein nicht in Betracht. Zwar schützt die Vorschrift auch das disponible Rechtsgut Selbstbestimmung, primär aber das Leben, welches indisponibel ist. Vgl. dazu *R. Schmidt*, BT I, Rn 216 ff.

bb.) Verzicht des Einwilligenden auf den Schutz seines Rechtsguts

435 Der Einwilligende muss ausdrücklich oder konkludent auf den Rechtsgüterschutz verzichtet haben. Dabei ist zu beachten, dass der Verzicht *vor* der Rechtsgutverletzung bestanden haben muss. Eine nachträgliche Zustimmung (Genehmigung) wie im Zivilrecht, die den Tatbestand *ex tunc* beeinflusst, lässt die Strafbarkeit also nicht entfallen.[551]

cc.) Einwilligungsfähigkeit (Einsichtsfähigkeit)

436 Da die Einwilligung dem Selbstbestimmungsrecht Rechnung trägt, muss sich der Einwilligende auch der Tragweite seiner Entscheidung bewusst sein. Nach h.M.[552] muss er nach seiner **geistigen und sittlichen Verstandesreife und Urteilsfähigkeit** imstande sein, Bedeutung und Tragweite des Rechtsgutverzichts zu erkennen und nach dieser Erkenntnis zu handeln. Auf die Geschäftsfähigkeit i.S.d. Zivilrechts kommt es nicht an. Da-

---

[548] Zur nicht möglichen Einwilligung bei §§ 153 ff. vgl. *R. Schmidt*, BT I, Rn 1179, zur nicht möglichen Einwilligung bei § 306a ebenda Rn 519. Vgl. aber auch den Sonderfall des § 123. Diese Vorschrift ist zwar im 7. Abschnitt des StGB über die öffentliche Ordnung eingefügt, schützt aber die Dispositionsbefugnis des Hausrechtsinhabers. Dieser kann also wirksam einwilligen (wobei die Einwilligung hier bereits tatbestandsausschließend wirkt), vgl. *R. Schmidt*, BT I, Rn 1005.

[549] BGH NStZ 2009, 148, 150 (dazu *Jahn*, JuS 2009, 370, *Kudlich*, JA 2009, 389 und *Kühl*, NJW 2009, 1158).

[550] Zur Kritik vgl. Rn 194a.

[551] Vgl. BGHSt 17, 359, 360; *W/B/S*, AT, Rn 378; Sch/Sch-*Lenckner/Sternberg-Lieben*, Vorbem §§ 32 ff. Rn 44.

[552] Vgl. BGH NStZ 2000, 87; BayObLG NJW 1999, 372; *Gropp*, AT, § 5 Rn 80 ff.; *W/B/S*, AT, Rn 374; *Joecks*, vor § 32 Rn 22; NK-*Paeffgen*, § 228 Rn 14; *Kühl*, AT, § 9 Rn 33; *Amelung/Eymann*, JuS 2001, 937, 941.

her können auch Minderjährige einwilligungsfähig sein. Allerdings bedarf es bei solchen Personen einer genauen Prüfung, ob eine Einsichtsfähigkeit gegeben ist.[553]

Bei der Preisgabe von **Vermögensinteressen** wird teilweise[554] nicht auf die natürliche Verstandesreife abgestellt, sondern auf die Geschäftsfähigkeit analog §§ 107 ff. BGB. Demnach wäre z.B. eine Einwilligung in die Beschädigung des eigenen Fahrrads nur dann wirksam, wenn der Einwilligende das 18. Lebensjahr vollendet oder wenn der gesetzliche Vertreter eingewilligt hat. Auch könnte ein Minderjähriger trotz ausreichender Einsichtsfähigkeit und Reife kein Eigentum aufgeben (§ 959 BGB), sodass dieses Eigentum nicht herrenlos werden würde. Ein Aneignender (§ 958 BGB) würde sich daher wegen Unterschlagung strafbar machen. Dieser Auffassung ist zwar zuzugeben, dass Wertunterschiede zwischen dem Zivilrecht und dem Strafrecht vermieden werden. Sie verkennt aber, dass es im Strafrecht nicht um (wirksame) Rechtsgeschäfte geht, sondern um strafrechtliche Verantwortung des Täters, die im vorliegenden Kontext gerade aufgrund des Autonomieprinzips auf Seiten des Einwilligenden ausgeschlossen sein soll. Überdies kommt diese Auffassung zu dem widersprüchlichen Ergebnis, dass ein (verstandesreifer) Siebzehnjähriger zwar in die Verletzung seines Körpers, nicht aber in die Verletzung seines Eigentums bzw. Vermögens einwilligen kann. Mit der h.M.[555] ist auch bei der Preisgabe von Vermögensinteressen auf die geistige und sittliche Verstandesreife und Urteilsfähigkeit abzustellen. 437

In Einzelfällen bestehen gesetzliche Bestimmungen, die ein Mindestalter des Betroffenen vorschreiben. Mit derartigen Regelungen bringt der Gesetzgeber also die Vermutung zum Ausdruck, dass die notwendige Einsichtsfähigkeit und Reife erst mit Erreichen eines bestimmten Alters vorhanden sind. 438

> **Beispiel:** Gemäß § 2 I Nr. 3 KastrG kann die Zustimmung zur sog. „Entmannung" (also die Entfernung oder Unbrauchbarmachung der männlichen Keimdrüsen) erst mit Vollendung des 25. Lebensjahres erteilt werden. Damit bringt der Gesetzgeber zum Ausdruck, dass er erst einem 25-Jährigen die Beurteilung der Tragweite einer Kastration zutraut. In Anlehnung an diese Bestimmung wird teilweise[556] auch bei der sog. Gefälligkeitssterilisation (der medizinisch nicht indizierten Sterilisation einer Frau oder eines Mannes[557], die ausschließlich dazu dient, eine Schwangerschaft definitiv auszuschließen) von diesem Mindestalter ausgegangen. Die h.M. stellt hier aber zutreffend auf die individuelle Einsichtsfähigkeit und Reife ab.[558]

Umgekehrt können auch Erwachsene einwilligungsunfähig sein, etwa weil ihre Urteilsfähigkeit infolge von **Geisteskrankheiten** oder **Bewusstseinsstörungen** (Alkohol- oder Drogenmissbrauch[559]) ausgeschlossen ist. Das Stadium der Schuldunfähigkeit (§ 20) braucht dabei nicht vorzuliegen. Ist die Einwilligung lediglich „unvernünftig", ist sie voll wirksam. 439

Ist der Rechtsgutinhaber **nicht einwilligungsfähig**, ist an seiner Stelle der **gesetzliche Vertreter** zur Einwilligung befugt. Das ist bei einem nicht einwilligungsfähigen Minderjährigen der gem. §§ 1626 ff. BGB zur Personensorge Berechtigte[560], bei einem geistig behinderten oder psychisch kranken Erwachsenen der Betreuer i.S. der §§ 1896 ff. BGB. Wie sich aus §§ 1626 und 1901 II S. 1 BGB ergibt, darf der gesetzliche Vertreter diese Befugnis aber nicht nach seinem Belieben, sondern **ausschließlich zum Wohl des** 440

---

[553] Zur Prüfung der Verstandesreife bei Minderjährigen vgl. BayObLG NJW 1999, 372 (Aufnahmeritual in Jugendbande) mit Anm. *Amelung* NStZ 1999, 458 ff. Fehlt die nötige Einsichtsfähigkeit, ist die Zustimmung des gesetzlichen Vertreters erforderlich (vgl. dazu Rn 440).

[554] So OLG Düsseldorf NZV 1991, 77; *Fischer*, Vor § 32 Rn 3c; Sch/Sch-*Lenckner/Sternberg-Lieben*, Vorbem §§ 32 ff. Rn 39.

[555] Vgl. nur *Roxin*, AT, § 13 Rn 61; *Amelung/Eymann*, JuS 2001, 937, 941.

[556] LK-*Rönnau*, vor § 32 Rn 197.

[557] Im Unterschied zur Kastration werden bei der Sterilisation nicht die Keimdrüsen entfernt bzw. unbrauchbar gemacht, sondern lediglich die Samen- bzw. Eileiter unterbrochen.

[558] Vgl. nur Sch/Sch-*Eser/Sternberg-Lieben*, § 223 Rn 55 ff.

[559] Vgl. BGH NStZ 2004, 204, 205, und Rn 182, 461, 462.

[560] Vgl. zu der hier virulent werdenden Beschneidung von Knaben *R. Schmidt*, BT I, Rn 297.

Rechtsgutinhabers ausüben. Die Feststellung, was dem „Wohl des Rechtsgutinhabers" entspricht, ist jedenfalls dann höchst problematisch, wenn es um (irreversible) Eingriffe in die körperliche Unversehrtheit geht. Von daher leuchtet es ein, dass z.B. die (religiös motivierte) Entscheidung der Eltern, eine Bluttransfusion, die das Kind dringend benötigt, zu verbieten, oder umgekehrt die Einwilligung der Eltern in eine Organspende des Kindes nicht dem Kindeswohl entsprechen und daher auch nicht zulässig sein können. Auch die Beschneidung eines männlichen Säuglings (bzw. Knaben) – Zirkumzision – dürfte in Anbetracht der Irreversibilität des Eingriffs und der nicht gegebenen medizinischen Notwendigkeit nicht dem Kindeswohl entsprechen, was das LG Köln veranlasst hat, die Einwilligung der Eltern für unbeachtlich zu erklären.[561] Daraufhin hat der Gesetzgeber (infolge öffentlicher Proteste entsprechender Interessenvertreter) reagiert und die Beschneidung für grundsätzlich zulässig erklärt. Nach der neuen Bestimmung des § 1631d I S. 1 BGB umfassen sorgerechtliche Entscheidungsbefugnisse der Personensorgeberechtigten auch die Einwilligung in die Beschneidung ihrer nicht einsichts- und urteilsfähigen männlichen Kinder, wenn die Beschneidung nach den Regeln der ärztlichen Kunst[562] durchgeführt werden soll. Lediglich, wenn durch die Beschneidung das Kindeswohl gefährdet würde, ist sie unzulässig (§ 1631d I S. 2 BGB). Damit gibt der Gesetzgeber zu verstehen, dass er die Beschneidung als solche gerade nicht als kindeswohlwidrig ansieht, was in Anbetracht der bereits erwähnten Irreversibilität des Eingriffs und der nicht gegebenen medizinischen Notwendigkeit ebenfalls nicht überzeugt.[563] Schon gar nicht kann die religiöse Überzeugung der Eltern das Kindeswohl prädeterminieren. Die Gegenauffassung geht indes davon aus, dass auf Grundlage der gesetzlichen Regelung die Einwilligung in die Beschneidung personensorgerechtlich zulässig sei und zu einer strafrechtlichen Rechtfertigung führe.[564]

441 Bei Rechtsgütern juristischer Personen obliegt die Erteilung der Einwilligung demjenigen Vertretungsorgan, zu dessen Geschäftsbefugnissen die Verfügung über das Rechtsgut gehört (Beispiel: GmbH-Geschäftsführer in Bezug auf die Rechtsgüter der GmbH, vgl. §§ 35, 37 II GmbHG). Die Einwilligung ist aber unwirksam, wenn der Vertreter damit seine Vertretungsmacht gegenüber der juristischen Person offensichtlich missbraucht.[565]

441a Neben der gesetzlichen Stellvertretung ist (zumindest bei Vermögensgütern) auch die **gewillkürte Stellvertretung** (**Vollmacht**) anerkannt. Bei Eingriffen in die körperliche Unversehrtheit ist die Regelung des § 1904 II BGB zu beachten, wonach nicht nur die Einwilligung des Betreuers, sondern auch die des (schriftlich) Bevollmächtigten in einen gefährlichen ärztlichen Eingriff in die körperliche Unversehrtheit ihres Schützlings der vormundschaftsgerichtlichen Genehmigung bedürfen. Im Umkehrschluss folgt daraus, dass die gewillkürte Stellvertretung auch bei Eingriffen in die körperliche Unversehrtheit möglich ist. Von Bedeutung ist dies für die Beurteilung von sog. **Patientenverfügungen**, in denen der Verfügende schriftlich festlegt, dass im Fall seiner Entscheidungsunfähigkeit eine bestimmte Person befugt sein soll, darüber zu befinden, was mit ihm geschehen soll.[566]

441b Bei **ärztlichen Heileingriffen** setzt eine wirksame Einwilligung zudem voraus, dass der Patient (bzw. dessen gesetzlicher Vertreter) über Art, Chancen und Risiken der vorgesehenen

---

[561] LG Köln NJW 2012, 2128 f.; vgl. auch *Herzberg*, MedR 2012, 169 ff.; a.A. *Beulke/Dießner*, ZIS 2012, 338 ff.

[562] Eine Ausnahme vom „Arztvorbehalt" findet sich in § 1631d II BGB, wonach in den ersten sechs Monaten nach der Geburt des Kindes auch von der Religionsgesellschaft dazu vorgesehene Personen Beschneidungen durchführen dürfen, wenn sie dafür besonders ausgebildet und, ohne Arzt zu sein, für die Durchführung der Beschneidung vergleichbar befähigt sind.

[563] Vgl. bereits die 12. Aufl.; ähnlich nun auch *Peschel-Gutzeit*, NJW 2013, 3617, 3619 f. Vgl. auch OLG Hamm NJW 2013, 3662 ff., das Kriterien an eine Einwilligung des gesetzlichen Vertreters aufstellt. Insbesondere hebt das Gericht hervor, dass der Personensorgeberechtigte nicht über den Kopf des Kindes hinweg entscheiden dürfe. Vielmehr seien Wünsche und Neigungen des Kindes zu ermitteln und zu berücksichtigen.

[564] So etwa *Rixen*, NJW 2013, 257 ff. und *Steinbach*, NVwZ 2013, 550 f. Zum sachlich nicht gerechtfertigten Unterschied zur strafbaren Klitorisbeschneidung (§ 266a StGB) vgl. *R. Schmidt*, BT I, Rn 331c.

[565] BGH NJW 2003, 1824.

[566] Das Institut der Patientenverfügung ist am 27.9.2009 durch eine Änderung im Betreuungsrecht (das sog. Patientenverfügungsgesetz) gesetzlich (§ 1901a BGB) verankert worden (*R. Schmidt*, FamR, 6. Aufl. 2016, Rn 730 ff.). Zur Sterbehilfe vgl. *R. Schmidt*, BT I, Rn 177 ff.

Maßnahme **aufgeklärt** wird.[567] Dem Patienten (bzw. dessen gesetzlichem Vertreter) muss das spezifische Eingriffsrisiko erläutert werden, damit er die Tragweite der Operation und die mit ihr verbundenen schweren Risiken für seine Lebensführung beurteilen kann; vgl. dazu ausführlich Rn 462 ff.

dd.) Kundgabe der Einwilligung nach außen?

Umstritten ist, ob der Betroffene die Einwilligung nach außen kundgetan haben muss. **442**

- Eine Minderheitsmeinung lässt es genügen, dass der Einwilligende seinen zustimmenden Willen innerlich gebildet hat (sog. Willensrichtungstheorie).[568]
- Nach h.M. muss die Einwilligung aus Gründen der Rechtssicherheit nach außen kundgegeben, d.h. entweder ausdrücklich oder konkludent erklärt worden sein (sog. Willensbekundungstheorie).[569] Eine tatsächlich erfolgte Kenntnis durch den Täter oder einen Dritten ist jedoch auch nach dieser Auffassung nicht erforderlich.
- Stellungnahme: Die h.M. macht Gründe der Rechtssicherheit geltend. Es gäbe Beweisschwierigkeiten, fordere man nicht eine nach außen kundgetane Erklärung. Doch das Argument der Rechtsicherheit wankt, wenn noch nicht einmal die Kenntnis der Einwilligungserklärung durch den Täter oder eine unbeteiligte dritte Person verlangt wird. Gleichwohl ist der h.M. zu folgen, weil nur durch die Kundgabe nach außen die Reichweite bzw. die Grenzen der Einwilligung rechtssicher bestimmt werden können.

Unabhängig von dem Meinungsstreit gilt jedenfalls, dass die Wirksamkeit der Einwilligung nicht von der Kenntnis des Täters abhängt (s.o., Rn 311). Liegt also eine Einwilligung vor, kann sich der Täter auch nicht aus dem betreffenden Vorsatzdelikt strafbar machen, wenn er von der Einwilligung nichts wusste.[570] Hier kommt aber eine Strafbarkeit wegen Versuchs in Betracht. **443**

ee.) Freie Willensbildung und -entscheidung

Eine Einwilligung kann an bestimmten **Willensmängeln** leiden. Sie kann durch Täuschung erschlichen, aber auch durch Nötigung erzwungen worden sein. Welche Bedeutung Willensmängel auf die Wirksamkeit der Einwilligung haben, ist umstritten. Zunächst soll die Wirksamkeit von Einwilligungen untersucht werden, die durch **Täuschung** erlangt wurden. **444**

- Hinsichtlich Einwilligungen, die durch Täuschung erlangt wurden, vertreten die Rspr. und ein Teil der Literatur die Ansicht, dass diese **generell** unwirksam seien.[571]
- Die Gegenauffassung geht nicht von der generellen Unwirksamkeit aus, sondern erklärt nur solche Einwilligungen für unwirksam, die **rechtsgutbezogen** sind.[572]
- Wieder andere stellen darauf ab, ob der Willensmangel in den Verantwortungsbereich des Täters fällt.[573] Das ist beispielsweise der Fall, wenn der Täter selbst den Willensmangel herbeiführt oder (als Garant) für die Beseitigung des Willensmangels verantwortlich ist. Aber auch nach dieser Auffassung stellt sich die Frage, ob der Willensmangel rechtsgutbezogen sein muss.

---

[567] BGH NJW 2011, 1088, 1089 f.; *Fischer*, § 228 Rn 13.
[568] SK-*Samson*, vor § 32 Rn 66; *Jakobs*, AT, § 7 Rn 115; *Joecks*, Vor § 32 Rn 26.
[569] *Teichner*, NJW 2002, 276; LK-*Rönnau*, vor § 32 Rn 161 ff.; Sch/Sch-*Lenckner/Sternberg-Lieben*, Vorbem §§ 32 ff. Rn 44; *Fischer*, Vor § 32 Rn 3c; *W/B/S*, AT, Rn 378; *Gropp*, AT, § 5 Rn 93; *Roxin*, AT, § 13 Rn 45; *Kühl*, AT, § 9 Rn 31.
[570] Vgl. nur *Gropp*, AT, § 5 Rn 96.
[571] Vgl. BGH NStZ 2004, 442; *Fischer*, Vor § 32 Rn 3c und § 228 Rn 7; *Heinrich*, AT, Rn 469.
[572] *Gropp*, AT, § 5 Rn 84 ff.; *W/B/S*, AT, Rn 376/376a; Sch/Sch-*Lenckner/Sternberg-Lieben*, Vorbem §§ 32 ff. Rn 47; wohl auch *Amelung*, NStZ 2006, 317, 318 f.
[573] LK-*Rönnau*, vor § 32 Rn 199.

Beispiel[574]**:** Rechtsgutbezogen ist der Willensmangel in dem Fall, dass einem alkoholkranken Patienten vorgespiegelt wird, er könne nach einer erfolgreichen medikamentösen Behandlung wieder in uneingeschränktem Maße Alkohol zu sich nehmen. Willigt der Patient nur aufgrund dieser Versicherung in die medikamentöse Behandlung ein, ist seine Einwilligung unwirksam.[575]

Gegenbeispiel: Nicht rechtsgutbezogen ist der Willensmangel in dem Fall, dass dem alkoholkranken Patienten vorgespiegelt wird, nach der erfolgreichen medikamentösen Entziehungskur werde seine Frau wieder zu ihm zurückkehren. Hier handelt es sich um einen Motivirrtum.

Subsumiert man die Beispiele unter die dargestellten Auffassungen, stellt man fest, dass sich nur im Gegenbeispiel (also bei nicht rechtsgutbezogenen Willensmängeln) unterschiedliche Rechtsfolgen ergeben. Daher muss die Frage beantwortet werden, welcher Auffassung der Vorzug zu geben ist. Wenn man davon ausgeht, dass Willensmängel, die lediglich auf unzutreffenden Motiven beruhen, letztlich Ausdruck des Selbstbestimmungsrechts sind und daher nicht die Wirksamkeit der Einwilligung in Frage stellen können, kann ein durch Täuschung herbeigeführter, nicht rechtsgutbezogener Willensmangel keine Auswirkung haben. Die Einwilligung ist demnach wirksam.

445 Umstritten ist auch die Bedeutung von Willensmängeln, die durch **Drohung** oder gar durch **Zwang** erwirkt wurden.

Beispiel: Der 90-jährige Vater V droht seinem herzkranken 60-jährigen Sohn S, er werde ihn enterben, wenn dieser sich nicht einer Bypass-Operation unterziehe. Daraufhin begibt sich S in die Herzklinik und lässt den Eingriff vornehmen. War die Einwilligung in Bezug auf die Strafbarkeitsprüfung des Operateurs wirksam?

- ⇨ Eine Auffassung lässt es für die Annahme der Unwirksamkeit der Einwilligung bereits genügen, wenn sich die Einwirkung des Täters auf das Opfer schlicht als Beeinträchtigung der Willensfreiheit darstellt.[576] Folgt man dieser Auffassung, wäre die Einwilligung des S unwirksam.
- ⇨ Eine weitere Auffassung nimmt dagegen erst dann eine Unwirksamkeit an, wenn die Drohung das Stadium einer strafbaren Nötigung (§ 240) des Opfers erreicht.[577] Vorliegend liegt in dem Verhalten des V eine Nötigung i.S.d. § 240, sodass auch nach dieser Auffassung die Einwilligung des S unwirksam ist.
- ⇨ Schließlich wird die Auffassung vertreten, dass die Unwirksamkeit einer durch Drohung erlangten Einwilligung erst dann vorliege, wenn das Opfer sich in einer Situation befinde, wie sie § 35 (entschuldigender Notstand) voraussetze.[578] Danach wäre die Einwilligung des S wirksam.
- ⇨ Stellungnahme: Da die dritte Auffassung zu einem abweichenden Ergebnis führt, ist eine Streitentscheidung erforderlich. Mit Rücksicht auf das Autonomieprinzip sollte eine Einwirkung, die noch nicht einmal das Stadium der Nötigung erreicht, nicht zur Unwirksamkeit der Einwilligung führen. Andererseits ist aber die Annahme einer Unwirksamkeit erst im Fall, dass die in § 35 genannten Rechtsgüter betroffen sind, zu eng. Das Abstellen auf die Nötigung hat den Vorteil, dass nicht jede Beeinträchtigung der Willensfreiheit zur Unwirksamkeit der Einwilligung führt, dass andererseits aber auch nicht erst dann eine Unwirksamkeit anzunehmen ist, wenn eines der in § 35

---

[574] Zu Beispiel und Gegenbeispiel vgl. *Gropp*, AT, § 5 Rn 85 f.

[575] Vgl. auch BGH NStZ 2004, 442, wonach einem Patienten, der zuvor an der Schulter operiert wurde, vorgetäuscht wurde, er müsse sich einer erneuten Operation unterziehen, weil der Defekt noch nicht vollständig behoben sei, obwohl die erneute Operation in Wahrheit nur deshalb erforderlich war, weil der Chirurg bei der ersten Operation eine Bohrerspitze in der Schulterkapsel zurückgelassen hatte. Willigt der Patient ein, ist diese Einwilligung unbeachtlich, weil sie auf einer Täuschung basiert. Der Operateur ist nicht gerechtfertigt und daher aus §§ 223 I, 224 I Nr. 2 strafbar.

[576] *Baumann/Weber/Mitsch*, AT, § 17 Rn 108; *Jakobs*, AT, S. 246 ff.

[577] *Roxin*, AT I, § 13 Rn 78 f.; *Kühl*, AT, § 9 Rn 36; *Gropp*, AT, § 5 Rn 89 f.; Sch/Sch-*Lenckner/Sternberg-Lieben*, Vorbem §§ 32 ff. Rn 48; OLG Hamm NJW 1987, 1034, 1035.

[578] *Rudolphi*, ZStW 86 (1974), 85; *Joecks*, Vor § 32 Rn 26.

genannten Rechtsgüter betroffen ist. Daher ist der zweiten Auffassung zu folgen. Die dem Operateur erteilte Einwilligung ist unwirksam.

Weiterführender Hinweis: Dieses Ergebnis bedeutet allerdings nicht, dass der Operateur sich strafbar gemacht hat. Dieser handelte im Erlaubnistatbestandsirrtum, was nach der hier vertretenen Auffassung analog § 16 I S. 1 zum Ausschluss des Vorsatzschuldvorwurfs führt.

ff.) Keine Sittenwidrigkeit der konsentierten Körperverletzung, § 228

Gemäß § 228 darf bei Eingriffen in die körperliche Integrität die Tat trotz Einwilligung nicht gegen die guten Sitten verstoßen. Bei der Bewertung als sittenwidrig kommt es demzufolge nicht auf die Einwilligung, sondern auf die Tat selbst an.[579] **446**

Beispiel: Die sehr wohlhabende X leidet seit längerer Zeit an einem beidseitigen Nierenversagen. Die ständige Dialyse macht ihr zu schaffen. Endlich findet sich ein Spender, der bereit ist, eine Niere zu spenden. Seine Einwilligung zur Organentnahme macht er aber von der Zahlung eines Millionenbetrags abhängig.

Hier ist zwar die Einwilligung, nicht aber die Organtransplantation sittenwidrig[580], sodass der Arzt, der den operativen Eingriff ausschließlich zu Heilzwecken vornimmt, nicht rechtswidrig handelt.

Verstößt die konkrete **Tat** (nicht die Einwilligung!) gegen die guten Sitten, ist die Einwilligung unwirksam mit der Folge, dass der Täter rechtswidrig handelt. Da der Begriff der Sittenwidrigkeit jedoch sehr unbestimmt ist, darf die Vereinbarkeit der Norm mit dem in **Art. 103 II GG** niedergelegten **Bestimmtheitsgebot** bezweifelt werden. Mit Blick auf Art. 103 II GG ist § 228 daher nur dann **verfassungskonform**, wenn der Begriff der Sittenwidrigkeit **eng ausgelegt** wird. Der im Zivilrecht gebräuchlichen Formel vom „Anstandsgefühl aller billig und gerecht Denkenden"[581] ist zwar zuzugeben, dass mit ihr zum Ausdruck gebracht wird, dass es auf die Einschätzung *aller* billig und gerecht Denkenden ankommt und somit das (objektivierte) Sittlichkeitsgefühl der gesamten Rechtsgemeinschaft zugrunde zu legen ist, gleichwohl ist mit dieser Formel noch nicht die gebotene restriktive Interpretation erreicht. Angemessen erscheint es, nur **sadistische** oder sonst die **Menschenwürde missachtende Behandlungen** sowie Körperverletzungen zur **Vorbereitung**, **Vornahme**, **Verdeckung** oder **Vortäuschung anderer Straftaten** als sittenwidrig einzustufen.[582] Ob auch **das Leben gefährdende Handlungen** sittenwidrig i.S.d. § 228 sind und daher der Disposition des Rechtsgutsträgers entzogen sind, darf zwar bezweifelt werden, ist aber Rspr. des BGH, der in erster Linie auf die Schwere der Rechtsgutbeeinträchtigung bzw. die Gefährlichkeit der Körperverletzungshandlung abstellt[583]. **447**

Beispiel: A und B entschließen sich zum sog. **Auto-Surfen**. Dazu steigt B auf die Motorhaube des Wagens von A, wobei dieser mit einer Geschwindigkeit von 75 km/h geradeaus fahren soll. So geschieht es. Doch B verliert das Gleichgewicht und stürzt von der Haube. Dabei verletzt er sich schwer.

Zunächst ist anzumerken, dass nach der Rspr. des BGH wohl schon die Disponibilität zu verneinen wäre. Denn der BGH hat entschieden, dass die Einwilligung bei konkreter To-

---

[579] BGH NJW 2015, 1540, 1541; NJW 2004, 2458 f.; NStZ 2000, 87; *Fischer*, § 228 Rn 8.

[580] Die Einwilligung ist deshalb sittenwidrig, weil sich sowohl X als auch der Spender wegen Organhandels strafbar machen (vgl. §§ 3, 17 TPG).

[581] Verwendet von BayObLG NJW 1999, 372, 373, das sich auf die ältere Rspr. des BGH (St 4, 88, 91) beruft.

[582] So auch BGH NJW 2004, 2458 f.; NStZ 2004, 204, 205; *Trüg*, JA 2002, 214, 221; *Gropp*, AT, § 5 Rn 98. An der Verfassungsmäßigkeit des § 228 zweifelnd SK-*Horn/Wolters*, § 228 Rn 8; NK-*Paeffgen*, § 228 Rn 53; Sch/Sch-*Stree/Sternberg-Lieben*, § 228 Rn 1 ff.

[583] Vgl. nur BGH NJW 2015, 1540, 1542 f.; NJW 2013, 1379 f.

desgefahr ihre rechtfertigende Wirkung verliere.[584] Darüber hinaus steht der Grad der eingegangenen Gefahr in keinem Verhältnis zum Tatzweck, sodass das Verhalten des A einer die Menschenwürde missachtenden Behandlung gleichkommt und eine Einwilligung des B auch deshalb unbeachtlich ist.[585]

Bei **Kampfsportarten** mit wechselseitigem Verletzungsziel (z.B. Boxen) ist fraglich, ob mit Blick auf den u.U. lebensgefährlichen Verlauf nicht stets eine Sittenwidrigkeit der Tat angenommen werden muss. Jedoch sieht die h.M.[586] in Kampfsportarten jedenfalls dann einen sozialen Nutzen und damit eine Sozialadäquanz, wenn sie von einem anerkannten Sportverband (z.B. WBO) ausgetragen und regelgerecht durchgeführt werden. In der Regel wird man aber bereits vom Fehlen einer Einwilligung ausgehen können, wenn der Kampf einen lebensgefährlichen oder zumindest regelwidrigen Verlauf annimmt, sodass man zur Frage nach der Sittenwidrigkeit in diesen Fällen erst gar nicht gelangt. Das **Tätowieren** ist mittlerweile gesellschaftlich anerkannt, sodass die Tat schon deshalb nicht sittenwidrig ist. Bei verabredeten **Bandenschlägereien** sind Einwilligungen trotz Nichtvorliegens konkreter Lebensgefahren unbeachtlich, wenn gefährlichkeitsbegrenzende Absprachen und effektive Sicherungen für deren Einhaltung fehlen.[587] Denn hier besteht jederzeit die Gefahr von Eskalationen mit ungewissem Ausgang.

Vgl. ferner die Abschlussfälle zur erklärten Einwilligung bei Rn 462/463 sowie den Beispielsfall zum gemeinsamen Heroinkonsum bei Rn 177/182.

448 Fraglich ist der **Anwendungsbereich** des § 228. Man könnte annehmen, die an die Sittenwidrigkeit anknüpfende Einwilligungssperre in § 228 stelle einen **allgemeinen Rechtsgrundsatz** dar und führe demnach zur Unwirksamkeit auch solcher Einwilligungen, die sich nicht auf Körperverletzungsdelikte beschränken (Beispiel: A willigt ein, dass B sein Haus anzündet). Diese Überlegung ist vor dem Hintergrund der gesetzlichen Regelung des § 228, der sich **ausschließlich auf §§ 223 ff.** bezieht, abzulehnen. Anderenfalls hätte der Gesetzgeber eine Verweisungsnorm oder eine entsprechende Regelung in den Allgemeinen Teil aufnehmen müssen.[588] Da er dies gerade nicht getan hat, ist die Anwendung des § 228 auf andere Delikte als die Körperverletzungsdelikte strikt abzulehnen. Anderenfalls verstieße man gegen das **Analogieverbot** zu Lasten des Täters.

448a Maßgeblicher **Zeitpunkt** für die Beurteilung der Sittenwidrigkeit ist die Ex-ante-Perspektive.[589] Dem ist zuzustimmen, denn so, wie die Einwilligung *vor* der Tat erfolgen muss, muss es auch bei der Bestimmung der Sittenwidrigkeit der Tat auf diesen Zeitpunkt ankommen. Anderenfalls liefe man Gefahr, aus den aus der Tat resultierenden Folgen ein rückwirkendes Sittenwidrigkeitsurteil zu treffen.

b.) Subjektive Rechtfertigungsmerkmale und Irrtumsfragen

449 Wie bereits festgestellt, hat die Wirksamkeit der Einwilligung nicht zur Voraussetzung, dass der Täter Kenntnis von ihr hat. Handelt der Täter aber in Unkenntnis der Einwilligung und geht davon aus, Unrecht zu verwirklichen, ist er je nach Auffassung wegen vollendeter Tat oder wegen Versuchs strafbar, vgl. dazu ausführlich Rn 311 ff.

450 Sofern der Täter von dem Vorliegen der tatsächlichen Voraussetzungen einer rechtfertigenden Einwilligung ausgeht, unterliegt er einem **Erlaubnistatbestandsirrtum**, der

---

[584] BGH NStZ 2009, 148, 150. Zur Kritik vgl. Rn 194a.
[585] Vgl. dazu *Trüg*, JA 2002, 214, 220 f.
[586] MüKo-*Hardtung*, § 228 Rn 34; Sch/Sch-*Stree/Sternberg-Lieben*, § 228 Rn 16; *Kett-Straub/Linke*, JA 2010, 25, 28; vgl. auch *Hardtung*, NStZ 2014, 267 f.
[587] BGH NJW 2015, 1540, 1541 ff.; NJW 2013, 1379 f.; OLG München NStZ 2014, 706, 708 f.; kritisch dazu *Hardtung*, NStZ 2014, 267 f.
[588] So die h.M., vgl. nur LK-*Rönnau*, vor § 32 Rn 189 ff.; *Gropp*, AT, § 5 Rn 106; *Jescheck/Weigend*, AT, § 34 III 1; *W/B/S*, AT, Rn 377; *Joecks*, Vor § 32 Rn 28. Näher zum Streitstand Sch/Sch-*Stree/Sternberg-Lieben*, § 228 Rn 14.
[589] BGH NJW 2013, 1379 f.

nach dem BGH überwiegend gem. § 16 I S. 1 analog zum Vorsatzausschluss[590] und nach der hier vertretenen h.L.[591], der sich teilweise auch der BGH anschließt, zum Ausschluss des Vorsatzschuldvorwurfs führt (siehe dazu Rn 531 ff., aber auch den Fall 2 sogleich bei Rn 463). Irrt der Täter dagegen über die rechtliche Zulässigkeit der Tathandlung (**Erlaubnisirrtum**), unterliegt er einem **Verbotsirrtum**, der bei Unvermeidbarkeit über § 17 S. 1 zum Schuldausschluss und bei Vermeidbarkeit über § 17 S. 2 und § 49 I zur fakultativen Strafmilderung führt (vgl. Rn 558, aber auch den Fall 2 bei Rn 463).

Zusammenfassende Gegenüberstellung Einverständnis - Einwilligung

451

EINVERSTÄNDNIS	EINWILLIGUNG
⇒ tatbestandsausschließende Wirkung	⇒ rechtfertigende Wirkung
Stellt wegen seines tatsächlichen Charakters nur auf die natürliche Willensfähigkeit des Betroffenen ab. Das Erkennen der Tragweite des Einverständnisses (Einsichtsfähigkeit) ist nicht erforderlich. Ausschlaggebend ist allein die Existenz eines tatbestandsausschließenden Willens.	Hängt von der Verstandesreife (Einsichtsfähigkeit) des Einwilligenden ab.
Bedarf keiner ausdrücklichen oder konkludenten Erklärung. Es genügt die Tatsache des Vorliegens bei Beginn der Tatausführung. Allerdings ist die bewusste Zustimmung erforderlich, bloßes Geschehenlassen oder passives Erdulden aus Furcht reichen nicht aus. Mängel in der Willensbildung (insbesondere durch Täuschung) sind unbeachtlich.	Bedarf grds. einer ausdrücklichen oder konkludenten Erklärung. Diese Erklärung darf allerdings nicht an Willensmängeln (Täuschung, Drohung, Erschleichen, Verletzung der ärztlichen Aufklärungspflicht) leiden. Anderenfalls ist sie unwirksam. Allerdings sind Willensmängel unerheblich, wenn nur Randfragen betroffen werden (Einwilligungserheblichkeit).
Auf die Sittenwidrigkeit der Tat kommt es nach h.M. nicht an, da sich § 228 nur auf die Einwilligung beziehe. Nach einer M.M. stellt § 228 einen allgemeinen Rechtsgedanken dar. Danach steht die Sittenwidrigkeit der Tat auch einem Einverständnis entgegen.	Die Sittenwidrigkeit der Tat steht der Einwilligung entgegen (§ 228).
Bei Irrtümern gilt: • Hat der Täter vom tatsächlich vorliegenden Einverständnis keine Kenntnis, ist er wegen Versuchs strafbar, soweit die Versuchsstrafbarkeit angeordnet ist. • Irrt der Täter über das Vorliegen des Einverständnisses, unterliegt er einem Tatbestandsirrtum mit der Folge des § 16 I S. 1.	Bei Irrtümern gilt: • Bei Unkenntnis der in Wirklichkeit bestehenden Einwilligung ist der Täter wegen Versuchs strafbar, soweit die Versuchsstrafbarkeit angeordnet ist. • Auf die irrige Annahme einer in Wirklichkeit fehlenden Einwilligung (Erlaubnistatbestandsirrtum) ist § 16 I S. 1 analog anzuwenden. Nach BGH: Vorsatzausschluss. Nach h.L.: Ausschluss des Vorsatzschuldvorwurfs. Dann aber kommt eine Fahrlässigkeitsstrafbarkeit in Betracht.

c.) Ergänzendes zu ärztlichen Heileingriffen

Soweit ein Arzt einen **fremdnützigen Eingriff** („Spenderfälle") vornimmt, kann der unstreitig gegebene Tatbestand der Körperverletzung nach §§ 223 ff. durch Einwilligung gerechtfertigt sein.[592] 452

---

[590] Vgl. die Nachweise bei Rn 541.
[591] Vgl. die Nachweise bei Rn 543.
[592] Vgl. nur BGHSt 11, 111, 112; 43, 306, 308; BGH NStZ-RR 2007, 340; *Joecks*, Vor § 223 Rn 9; Sch/Sch-*Eser/Sternberg-Lieben*, § 223 Rn 50c; *Sowada*, NStZ 2012, 1, 3 f.

Beispiele: (1) A möchte seinem Zwillingsbruder eine Niere spenden. Hierzu beauftragt er den Arzt X, die Organentnahme auszuführen. **(2)** B hat von dem bestehenden Engpass bei den Blutkonserven gehört und geht zur Blutspende. Dort entnimmt ihm die Ärztin Y eine übliche Menge Blut.

Hier liegt in beiden Fällen eine entsprechende Einwilligung vor, den jeweiligen Eingriff vorzunehmen. X und Y sind gerechtfertigt.

453 Strittig ist, ob und inwieweit ärztliche **Heileingriffe**, zu denen neben operativen Eingriffen und medikamentösen Behandlungen auch psychosomatische Einwirkungen wie Betäubung, Bestrahlung, Elektroschock, Psychotherapie und dergleichen gehören, als Körperverletzung zu behandeln sind.

454 ▪ Insbesondere die Rspr.[593] sieht in jedem ärztlichen Heilbehandlungseingriff, der in die körperliche Unversehrtheit eingreift, eine **objektiv tatbestandsmäßige Körperverletzung** i.S.d. § 223. Dabei spielt es keine Rolle, ob die betreffende Maßnahme zu Heilzwecken angezeigt (indiziert) ist, sachgerecht ausgeführt wird sowie erfolgreich verläuft. Für eine indizierte und nach den Regeln der Kunst (und nur für diese!) vorgenommene Behandlung soll aber aufgrund einer wirksam erteilten bzw. mutmaßlichen **Einwilligung** die Rechtswidrigkeit entfallen. Dementsprechend fehlt es an einer wirksamen Einwilligung, wenn dem behandelnden Arzt ein Kunstfehler unterlaufen ist, die Heilbehandlung überflüssig ist oder wenn dem Patienten vor dem Eingriff **keine (hinreichende) Aufklärung** (Rn 460) zuteilwurde, die es ihm ermöglicht hätte, sein Selbstbestimmungsrecht auszuüben.[594]

455 ▪ In der Lit.[595] wird teilweise zwischen **gelungenem** und **misslungenem** Eingriff unterschieden (sog. „**Erfolgstheorie**"): Da es für den Heileingriff nicht auf die einzelnen Teilakte (Injektion, Schnitt, Amputation usw.), sondern auf den Gesamterfolg ankomme, seien die §§ 223 ff. schon tatbestandlich nicht erfüllt, wenn im Ergebnis das körperliche Wohl im Ganzen erhöht oder jedenfalls nicht wesentlich verschlechtert worden sei. Sei der Eingriff hingegen misslungen, indem sich der Patient in einem schlechteren Zustand wieder findet, als er ihn ohne den Eingriff hätte erleiden müssen, liege tatbestandsmäßig eine Körperverletzung vor, die jedoch möglicherweise durch eine das Erfolgsrisiko deckende Einwilligung gerechtfertigt sei.[596] Freilich steht der behandelnde Arzt dadurch unter einem erheblichen Erfolgsrisiko, das allerdings dadurch gemindert ist, dass der Arzt, der an den Erfolg seiner Maßnahmen glaubt, nicht den Vorsatz hat, das körperliche Wohlbefinden eines anderen Menschen zu beeinträchtigen, sodass nach dieser Auffassung ohnehin nur der Tatbestand der fahrlässigen Körperverletzung (§ 229) in Betracht kommt.[597]

456 ▪ Dieses beschriebene Erfolgsrisiko versucht eine andere Literaturauffassung dadurch zu mindern, dass sie darauf abstellt, ob der Eingriff **kunstgerecht** (***lege artis***) vorgenommen wurde. Sei der Eingriff vom Heilungswillen getragen und kunstgerecht durchgeführt, stelle er selbst dann keine tatbestandliche Körperverletzung dar, wenn er misslinge.[598]

457 ▪ Wiederum andere **differenzieren nach den Tatbestandsalternativen** des § 223, also nach der *körperlichen Misshandlung* und der *Gesundheitsschädigung*: Jede mit Schmerzen verbundene Heilbehandlung, sei sie auch erfolgreich und kunstgerecht durchgeführt, erfülle den Tatbestand der körperlichen Misshandlung. Sofern eine ausdrückliche oder mutmaßliche Einwilligung bestehe, sei der Arzt aber gerechtfertigt. Irre der Arzt über das Vorhandensein einer wirksamen Einwilligung, unterliege er einem Erlaubnistatbestandsirrtum. Eine andere Frage sei es, ob der Arzt auch die zweite Variante des § 223 (die Gesundheitsschädigung) erfülle. Hier sei in Übereinstimmung mit der Literaturauffassung, die auf den

---

[593] Vgl. nur BGHSt 11, 111, 112; 43, 306, 308; 45, 219, 221; BGH NStZ 2004, 442; NStZ-RR 2007, 340; NJW 2011, 1088, 1089; LG Köln NJW 2012, 2128 f. Aus der Lit.: *Jäger*, JuS 2000, 31, 35; *Krey/Hellmann/Heinrich*, BT I, Rn 219; MüKo-*Joecks*, § 223 Rn 53 f.; *Sowada*, NStZ 2012, 1, 3 f.; *Eisele*, BT, Rn 309; *Rengier*, BT II, § 13 Rn 17; *Berster*, JA 2015, 911, 913.
[594] *Fischer*, § 223 Rn 9. Vgl. auch *Gründel*, NJW 2002, 2987 ff.
[595] Vgl. *Lackner/Kühl*, § 223 Rn 8.
[596] *Schneider/Schumann*, ZJS 2013, 195, 198.
[597] Vgl. Sch/Sch-*Eser/Sternberg-Lieben*, § 223 Rn 30.
[598] Vgl. LK-*Lilie*, vor § 223 Rn 4 f.

kunstgerechten Eingriff abstellt, festzuhalten, dass der Arzt, der den Eingriff kunstgerecht durchführe, auf keinen Fall den Tatbestand der Gesundheitsschädigung verwirkliche. Lediglich, wenn der Eingriff nicht kunstgerecht erfolge, komme es darauf an, ob sich der gesundheitliche Gesamtzustand des Patienten verschlechtert habe.[599]

- Stellungnahme: Wurde die Heilbehandlung kunstgerecht und erfolgreich durchgeführt, kommen die beiden zuerst genannten Literaturauffassungen zu demselben Ergebnis: Der Tatbestand der Körperverletzung liegt nicht vor. Damit ist aber noch nicht die Frage beantwortet, was gelten soll, wenn der Eingriff ohne oder gegen den ausdrücklichen Willen des Patienten erfolgt ist. Konsequenterweise müssen die beiden genannten Auffassungen auch hier zur Verneinung der Körperverletzung kommen. Um aber eine Strafbarkeitslücke zu vermeiden[600], ziehen die Vertreter dieser beiden Literaturauffassungen eine Strafbarkeit aus §§ 185, 239 und 240 in Betracht. Der Strafbarkeitsvorwurf besteht dann in der Missachtung des Selbstbestimmungsrechts. Sachgerechter erscheint es jedoch, stets eine objektiv verwirklichte Körperverletzung anzunehmen, jedenfalls dann, wenn der Eingriff mit Schmerzen verbunden ist. Der Arzt hat i.d.R. einen sehr großen Wissensvorteil gegenüber dem Patienten. Der Patient vertraut dem Arzt i.d.R. und begibt sich in dessen Obhut, die wiederum eine große Verantwortung auf Seiten des Arztes auslöst. Schließlich hat der Arzt auch regelmäßig den Vorsatz, den Patienten in seiner körperlichen Integrität zu verletzen. Daher erscheint es sachgerecht, **in jedem ärztlichen Heileingriff tatbestandlich eine Körperverletzung** zu sehen, die der besonderen Rechtfertigung bedarf.[601] Liegt also eine wirksame Einwilligung (Rn 460) vor, ist der Arzt gerechtfertigt. Damit liegt auch eine einheitliche Wertung mit den Kampfsportarten vor (Rn 447). Jedenfalls liegt stets der objektive Tatbestand der Körperverletzung vor, wenn der Arzt zu anderen Zwecken als zur Heilbehandlung handelt (etwa bei der Blutabnahme zur Feststellung der Blutalkoholkonzentration). 458

> **Hinweis für die Fallbearbeitung:** Auf den ersten Blick erscheint es uneinsichtig, warum es wichtig sein soll, die Problematik des ärztlichen Heileingriffs entweder auf der Tatbestandsebene oder auf der Rechtfertigungsebene zu diskutieren. Denn liegt eine wirksame Einwilligung vor, führt das auf jeden Fall dazu, dass der Arzt kein Unrecht begeht. Betrachtet man aber die aufgezeigten, durchaus variierenden Wirksamkeitsvoraussetzungen eines tatbestandsausschließenden Einverständnisses und einer rechtfertigenden Einwilligung, können sich sehr wohl Unterschiede ergeben. Darüber hinaus können sich Unterschiede in der Strafbarkeit ergeben, wenn der Arzt sich über die rechtlichen Voraussetzungen des Eingriffs irrt.
>
> Prüfungstechnisch muss der dargestellte Meinungsstreit bereits im Rahmen des objektiven Tatbestands dargestellt werden.

Ärztliche Eingriffe, die **medizinisch nicht indiziert** sind (etwa Sterilisationen, die ausschließlich der Schwangerschaftsverhütung dienen, experimentelle oder kosmetische Operationen; Beschneidung von Knaben), oder Tätowierungen fallen nach allgemeiner Ansicht *stets* unter §§ 223 ff., bedürfen also zu ihrer Rechtfertigung prinzipiell der Einwilligung des Rechtsgutinhabers.[602] 459

Notwendigkeit einer **vorherigen Beratung/Aufklärung**: Freilich setzt eine wirksame Einwilligung in Bezug auf einen ärztlichen Heileingriff neben den bei Rn 433 ff. genannten allgemeinen Wirksamkeitsvoraussetzungen voraus, dass der Arzt vor dem Eingriff den Patienten in die Lage versetzt, die Tragweite des Eingriffs in seine körperliche Unver- 460

---

[599] Vgl. SK-*Horn/Wolters*, § 223 Rn 42.

[600] Einen Straftatbestand der „eigenmächtigen Heilbehandlung" kennt das Strafrecht nicht. Entsprechende Gesetzesinitiativen sind bislang stets gescheitert. Auch im Zuge des 6. StrRG sah sich der Gesetzgeber nicht veranlasst, das StGB um einen solchen Straftatbestand zu ergänzen.

[601] Davon geht nunmehr auch der Gesetzgeber aus, indem er Anfang 2013 u.a. die Vorschrift des § 630d BGB geschaffen hat.

[602] Vgl. nur Sch/Sch-*Eser/Sternberg-Lieben*, § 223 Rn 55 ff. Vgl. auch *Puschke*, JA 2014, 348, 353.

sehrtheit auch zu überblicken. Ohne Aufklärung ist eine autonome und freiverantwortliche Entscheidung nicht möglich.[603] Aufgeklärt werden muss insbesondere über Art, Umfang, Durchführung, zu erwartende Folgen und Risiken der Maßnahme sowie ihre Notwendigkeit, Dringlichkeit, Eignung und Erfolgsaussichten im Hinblick auf die Diagnose oder die Therapie (§ 630e I S. 2 BGB). Bei der Aufklärung ist auch auf Alternativen zur Maßnahme hinzuweisen, wenn mehrere medizinisch gleichermaßen indizierte und übliche Methoden zu wesentlich unterschiedlichen Belastungen, Risiken oder Heilungschancen führen können (§ 630e I S. 3 BGB). Eine diesen Kriterien nicht entsprechende Aufklärung macht die Einwilligung unwirksam. Der Aufklärung des Patienten bedarf es (nur dann) nicht, soweit diese ausnahmsweise aufgrund besonderer Umstände entbehrlich ist, insbesondere wenn die Maßnahme unaufschiebbar ist oder der Patient auf die Aufklärung ausdrücklich verzichtet hat (§ 630e III BGB).

Birgt ein ärztlicher Heileingriff das Folgerisiko einer weiteren behandlungsbedürftigen Erkrankung oder körperlichen Schädigung, muss der Arzt den Patienten vor dem ersten Eingriff jedoch nur dann über die Art und die Gefahren einer bei Verwirklichung des Risikos notwendigen Nachbehandlung aufklären, wenn dieser ein schwerwiegendes, die Lebensführung eines Patienten besonders belastendes Gefahrpotential anhaftet. Das gilt grundsätzlich auch dann, wenn der Arzt bei der weiteren Behandlung zusätzlich auf eine Außenseitermethode zurückgreifen möchte.[604]

Beispiel[605]: Am 10.3.2006 unterzog sich die 80-jährige M in der Klinik des Dr. T, deren chirurgische Abteilung er zugleich leitete, einer Darmspiegelung, bei der ein Polyp entdeckt wurde. Nachdem dieser nicht vollständig entfernt werden konnte, drohte längerfristig ein Darmverschluss. Deswegen schlugen zwei Klinikärzte vor, einen Teil des Dickdarms operativ zu entfernen. M willigte am 12.3.2006 nach einer entsprechenden Aufklärung über die Risiken des Eingriffs und die Möglichkeit einer Wundheilungsstörung in die Operation ein, die am Folgetag durchgeführt wurde. Die Operationswunde entzündete sich erheblich und wurde ab dem 18.3.2006 mit Antibiotika behandelt. Nachdem sich der Zustand der M weiter verschlechterte, entschloss sich Dr. T zu einer Reoperation, der die bereits erheblich geschwächte M nach der üblichen Aufklärung nur noch durch Kopfnicken zustimmte. Nach der Operation legte Dr. T einen mit Zitronensaft getränkten Streifen in die Wunde und vernähte diese. Dr. T ging aufgrund seiner beruflichen Praxis von einer keimtötenden Wirkung des Zitronensaftes aus, den er deswegen auch unter nicht sterilen Bedingungen in der Stationsküche mit einer Haushaltspresse aus handelsüblichen Früchten gewinnen ließ. Ihm war dabei klar, nicht lege artis zu handeln. Er verkannte jedoch die tatsächliche Gefahr einer weiteren Verkeimung der Wunde. Die Applikation von Zitronensaft führte Dr. T noch zweimal durch. Schließlich verstarb M am 30.3.2006 an der Entzündung der Wunde.

Hinweis: Es ist davon auszugehen, dass M bereits den Eingriff am 13.3.2006 nicht hätte vornehmen lassen, wenn sie von dem (späteren) Einsatz des Zitronensafts zu Desinfektionszwecken durch Dr. T gewusst hätte. Es lässt sich aber nicht mehr feststellen, ob sich der Zitronensaft tatsächlich nachteilig auf die Gesundheit der M ausgewirkt hat.

In Betracht kommt eine Strafbarkeit wegen (gefährlicher) Körperverletzung mit Todesfolge (§§ 223 I, 224 I Nr. 2 Var. 2, 227 I), die nach der Rspr. unter dem Gesichtspunkt der Einwilligung aber gerechtfertigt sein könnte. Zwar hat M in die Operationen eingewilligt, allerdings setzt eine wirksame Einwilligung zu Zwecken der Heilbehandlung u.a. voraus, dass der Patient über Art, Chancen und Risiken der vorgesehenen Maßnahme aufgeklärt wird. Dem Patienten muss das spezifische Eingriffsrisiko erläutert werden, damit er die Tragweite der Operation und die mit ihr verbundenen schweren Risiken für seine Lebensführung beurteilen kann. Eine Aufklärung hat regelmäßig auch einen Hinweis auf das schwerste in Betracht kommende Risiko (etwa eine Wundheilungsstörung) zu beinhalten.

---

[603] Sch/Sch-*Eser/Sternberg-Lieben*, § 223 Rn 40 b; NK-*Paeffgen*, § 228 Rn 74. Vgl. auch *Jahn*, JuS 2011, 468.
[604] BGH NJW 2011, 1088, 1089 f.; *Jahn*, JuS 2011, 468. Vgl. auch *Beckert*, JA 2013, 507, 509.
[605] Nach BGH NJW 2011, 1088 („Zitronensaftfall").

Bei der Aufklärung bzgl. der am 12.3.2006 erfolgten Einwilligung hat Dr. T die M hinreichend über die Risiken der Behandlung aufgeklärt, damit diese sich einen zutreffenden Eindruck von der Schwere des für den 13.3.2006 geplanten Eingriffs und von der Art der Belastungen verschaffen konnte, die für ihre körperliche Integrität und ihre Lebensführung auf sie hätten zukommen können. Auch hat Dr. T über das Risiko einer Wundheilungsstörung aufgeklärt. Er hat allerdings nicht über den in seinem Krankenhaus üblichen Einsatz von Zitronensaft aufgeklärt. Dieser Umstand führt nach Auffassung des BGH allerdings nicht dazu, dass die Einwilligung der M in die Durchführung der ersten (todesursächlichen) Darmoperation vom 13.3.2006 unwirksam gewesen wäre, denn über die Anwendung dieser Außenseitermethode habe Dr. T nicht schon vor der am 13.3.2006 durchgeführten Operation, sondern erst vor der Reoperation aufklären müssen.

Zur Begründung führt der BGH aus, dass zwischen der Darmoperation vom 13.3.2006 und den Risiken der Folgebehandlung einer Wundheilungsstörung kein derart erhöhter Gefahrzusammenhang bestanden habe, dass Dr. T die M schon vor dem Ersteingriff über Art und Risiken einer etwa erforderlichen Nachbehandlung habe informieren müssen. Die der ersten Darmoperation spezifisch anhaftende Gefahr sei allein der Eintritt einer Wundinfektion gewesen. Deren Behandlung sei aber gerade nicht notwendigerweise mit einem schweren Risiko verbunden gewesen. Bei dieser Sachlage sei Dr. T zu einer Aufklärung über die Anwendung von Zitronensaft nicht schon vor der am 13.3.2006 durchgeführten Operation verpflichtet gewesen. Daher schade es nicht, dass die Patientin in Kenntnis der von Dr. T praktizierten Anwendung dieser Außenseitermethode bei einer Nachbehandlung bereits in den ersten Eingriff nicht eingewilligt hätte.

Daraus folgt: Da hinsichtlich der Verwendung von Zitronensaft noch ein späteres Gespräch möglich gewesen wäre, sobald sich diese Frage mit dem Auftreten einer Wundinfektion akut gestellt hätte, musste Dr. T über dieses Risiko nicht schon vor der am 13.3.2006 durchgeführten Operation aufklären. Deshalb handelte Dr. T bei der Operation vom 13.3. 2006 aufgrund wirksamer Einwilligung der M und ist im Ergebnis gerechtfertigt.

Auch für die Reoperation kann ihm keine Körperverletzung mit Todesfolge angelastet werden, weil weder die Reoperation noch das Einbringen von Zitronensaft in die Wunde mitursächlich für das Versterben der Patientin war.[606]

Allerdings hat sich Dr. T durch die Reoperation wegen gefährlicher Körperverletzung strafbar gemacht, weil er M vor diesem Eingriff nicht über das beabsichtigte Einbringen von Zitronensaft in die Wunde aufklärte und daher die von M für diese Operation erteilte Einwilligung unwirksam war.[607]

d.) Übungsfälle zur erklärten Einwilligung

Der Verdeutlichung des bisher Gesagten sollen zwei Übungsfälle dienen, deren ausformulierte Lösungen jedoch den Rahmen der vorliegenden Bearbeitung sprengen würde. Sie stehen daher auf der Internetseite des Verlags zum kostenlosen Download bereit. 461

Fall 1[608]**:** Der 15-jährige O möchte in der stadtbekannten Jugendgang „Fürchtenicht“ aufgenommen werden. Dazu muss er aber eine „Aufnahmeprüfung“ bestehen. Diese besteht darin, dass der Bewerber 2 Minuten lang Faustschläge und Fußtritte zweier Gangmitglieder über sich ergehen lassen muss. Dabei wird ihm freigestellt, die Prüfung jederzeit durch Zeichen abzubrechen. O wird auch darüber aufgeklärt, dass Faustschläge und Fußtritte durchaus Blutergüsse, Schürfungen, ja sogar Rippenbrüche und den Verlust von Zähnen mit sich bringen können. Gleichwohl stimmt O der Aufnahmeprüfung zu, kann aber erreichen, dass die Dauer der „Prüfung“ auf 1 ½ Minuten verkürzt wird. Unmittelbar danach schlagen die beiden Gangmitglieder A und B auf O ein. Auch nachdem O auf dem Boden liegt, treten sie weiterhin mit Füßen auf ihn ein. Schließlich, etwa nach einer Minute, lassen sie von ihm ab und fragen ihn, ob er die 462

606 BGH NJW 2011, 1088, 1090.
607 BGH NJW 2011, 1088, 1090.
608 Nach BayObLG NJW 1999, 372.

„Aufnahmeprüfung" abbrechen wolle. O steht aber auf und erklärt, er sei doch keine Memme. Daraufhin schlagen A und B weiter auf ihn ein, bis O erneut zusammenbricht und benommen auf dem Boden liegen bleibt. Später in der Klinik wird festgestellt, dass O durch die Kampfeinwirkungen zahlreiche Prellungen, Schürfungen und Hautrisse im Brustbereich und am Kopf erlitt sowie ein Zahn zertrümmert wurde. Wie haben sich A und B strafbar gemacht?

463 **Fall 2**[609]**:** Die Lebensgefährtin O des T veranlasste diesen wiederholt zu außergewöhnlichen **sadomasochistischen Sexualpraktiken**, insbesondere, dass dieser der auf dem Rücken liegenden nackten O die Beine über den Bauch fesselte und mit einem Strick Druck auf ihren Kehlkopf, ihr Zungenbein oder ihre Luftröhre ausüben musste, um auf diese Weise den von O erstrebten vorübergehenden Sauerstoffmangel hervorzurufen, der sie sexuell stark erregte. T, der an diesen „Spielen" kein Interesse hatte und dabei selbst angekleidet blieb, äußerte Bedenken, da O in letzter Zeit deutlich an Körperumfang zugenommen hatte und er befürchtete, dass sie bei einer Fixierung der Beine über den Bauch hinweg zum Kopf keine Luft mehr bekommen und **ersticken** werde. Dennoch zerstreute O die von T erneut vorgebrachten Vorbehalte und verlangte von ihm, dass er nunmehr statt des bisher verwendeten Stricks ein Metallrohr benutzen solle. Er fesselte O wie von ihr gewünscht und benutzte für den Würgevorgang das von ihr bereitgelegte Metallrohr mindestens drei Minuten lang intervallartig, um den Hals zuzudrücken. Infolge der massiven Kompression der Halsgefäße und der dadurch unterbundenen Sauerstoffzufuhr zum Gehirn kam es bei O zum Tod durch Herzstillstand. Ist T strafbar?

cc. Mutmaßliche und hypothetische Einwilligung

464 Auch nach der Ansicht, welche in der Einwilligung einen Tatbestandsausschluss sieht, stellen die mutmaßliche und hypothetische Einwilligung eigenständige, gewohnheitsrechtlich anerkannte Rechtfertigungsgründe dar, die immer dann in Betracht kommen, wenn nach der Sachlage eine ausdrückliche Einwilligung nicht eingeholt werden kann, nach den Umständen aber zu erwarten ist, dass der Rechtsgutträger seine Zustimmung erteilen würde bzw. erteilt hätte, weil der Eingriff in das Rechtsgut insbesondere in seinem höherrangigen Interesse liegt (**Handeln im materiellen Interesse des Betroffenen = Prinzip der GoA**).[610] Der Hauptanwendungsbereich dieser Rechtsfigur ist im **Arztrecht** zu finden. Dort kommt sie insbesondere in Betracht, wenn ein unaufschiebbarer Eingriff vorgenommen oder erweitert werden muss, eine vorherige Befragung (und damit eine ausdrückliche Einwilligung) des Patienten aber nicht möglich ist, etwa, weil der Patient nicht ansprechbar bzw. bewusstlos ist oder sich bereits in Narkose befindet und eine Erweiterung der zuvor abgesprochenen Maßnahme erforderlich wird (dazu sogleich Rn 468 f.). Bei der Frage nach der Rechtfertigung unter dem Aspekt der **mutmaßlichen Einwilligung** ist dann darauf abzustellen, ob aus der Ex-ante-Sicht des Arztes der Patient unter den konkreten Umständen mutmaßlich mit dem Heilbehandlungseingriff einverstanden wäre.

465 Fehlt es an der mutmaßlichen Einwilligung, führt das noch nicht zwangsläufig zur Rechtswidrigkeit der Maßnahme. Vielmehr kommt dann eine Rechtfertigung unter dem Aspekt der **hypothetischen Einwilligung** in Betracht. Auch bei dieser vom BGH anerkannten Rechtsfigur fehlt es an einer ausdrücklichen vorherigen Einwilligung. Anders als bei der mutmaßlichen Einwilligung wird hier aber ex post, also nach bereits vorgenommenem Eingriff die Frage aufgeworfen, ob der Patient im Falle einer ordnungsgemäßen Aufklärung mit dem konkreten Eingriff einverstanden *gewesen* wäre.[611] Einschränkend fordert der BGH aber, dass der ärztliche Eingriff nach den Regeln der ärztlichen Kunst (lege artis)

---

[609] Nach BGH NJW 2004, 2458 ff.
[610] Vgl. *Roxin*, AT I, § 18 Rn 3. Vgl. auch *Sowada*, NStZ 2012, 1 ff. (der jedoch primär die hypothetische Einwilligung untersucht).
[611] Grundlegend BGH NStZ-RR 2004, 16, 17; später etwa BGH NStZ 2004, 442; NStZ 2008, 150 f.; NStZ 2012, 205, 206.

erfolgt.[612] Die wohl überwiegende Literatur lehnt die hypothetische Einwilligung gänzlich ab und begründet ihre Auffassung damit, dass anderenfalls das Selbstbestimmungsrecht verletzt würde.[613] Ob aber die §§ 223 ff. neben der körperlichen Integrität überhaupt das Selbstbestimmungsrecht schützen, ist zu bezweifeln und wird von der hier vertretenen Auffassung jedenfalls abgelehnt[614]. Die hypothetische Einwilligung ist aber insoweit kritisch zu beurteilen, als sie dazu führen könnte, dass Ärzte ihre Aufklärungspflicht vernachlässigen und Eingriffe über die hypothetische Einwilligung zu rechtfertigen versuchen. Zudem bleibt im Rahmen der hypothetischen Einwilligung stets die Unsicherheit, dass ex post – und damit letztlich spekulativ – beurteilt werden muss, ob der Patient im Falle einer ordnungsgemäßen Aufklärung mit dem konkreten Eingriff einverstanden gewesen wäre, wenn er bei einer vorgenommenen ordnungsgemäßen Aufklärung nach seiner Einwilligung gefragt worden wäre.

a.) Objektive Rechtfertigungsmerkmale

Im Vergleich zur ausdrücklich oder konkludent erteilten Einwilligung bestehen bei der **466**
mutmaßlichen (und der hypothetischen) Einwilligung bis auf die fehlende Einwilligungserklärung im Wesentlichen dieselben Voraussetzungen an die Wirksamkeit.[615] Insbesondere muss das Rechtsgut, auf das verzichtet wird, disponibel sein. An die Stelle der erteilten Einwilligungserklärung tritt jedoch der **mutmaßliche bzw. hypothetische Wille** des Rechtsgutträgers. Bei dessen Ermittlung sind folgende Gesichtspunkte heranzuziehen:

- Von Mutmaßung kann keine Rede sein, wenn ein **erkennbarer (entgegenstehender)** **467**
  Wille des Rechtsgutträgers besteht (z.B. wegen einer zuvor getätigten Äußerung). Denn der Rechtsgutträger darf selbst entscheiden, ob seine körperliche Integrität zur Disposition steht. Eine Missachtung des erkennbaren Willens führt zur Verneinung der rechtfertigenden Wirkung der mutmaßlichen Einwilligung, weil eine Einwilligung schlicht nicht vorliegt.[616] Im Übrigen können (im **Arztrecht**) insbesondere sog. **Patientenverfügungen** relevant werden.[617] Zur mutmaßlichen Einwilligung zur (passiven) **Sterbehilfe** von unheilbar erkrankten, nicht mehr entscheidungsfähigen Personen vgl. *R. Schmidt*, BT I, Rn 177 ff.

- Des Weiteren darf eine **vorherige Befragung** des Rechtsgutträgers (mangelt es bei die- **468**
  sem an der Verstandesreife und Urteilsfähigkeit, ist auf den gesetzlichen Vertreter abzustellen) **nicht möglich** gewesen sein. Die Unmöglichkeit kann sich etwa daraus ergeben, dass die Einwilligungserklärung nicht rechtzeitig eingeholt werden kann (z.B. in einem Eil- oder Notfall). Anderenfalls ist die Entscheidung abzuwarten. Eine Missachtung dieser Voraussetzung führt zur Verneinung der mutmaßlichen Einwilligung.

  Wichtig kann das im **Arztrecht** werden, etwa bei Gefahr im Verzug, bspw. bei einer Operation eines bewusstlosen Unfallopfers (**vitale Indikation**) oder einer Erweiterung des mit dem Patienten vereinbarten operativen Eingriffs aufgrund eines neuen, während der Operation festgestellten Befunds (**akute Indikation**).[618] Hieraus wird abermals deutlich, dass das Hauptanwendungsfeld der mutmaßlichen (und hypothetischen) Einwilligung im Arztrecht liegt. Vgl. dazu das nachfolgende Beispiel.

- Schließlich muss (bei der mutmaßlichen Einwilligung) die Tathandlung **mit dem mutmaß-** **469**
  lichen Willen des Rechtsgutträgers bzw. des gesetzlichen Vertreters **übereinstimmen**. Bei der Ermittlung des mutmaßlichen Willens ist danach zu fragen, ob der Rechtsgutträger unter den konkreten Umständen mutmaßlich mit dem Eingriff in die körperliche Integrität

---

[612] BGH NStZ-RR 2007, 340, 342.
[613] So etwa *Sowada*, NStZ 2012, 1, 5.
[614] Vgl. *R. Schmidt*, StrafR BT I, Rn 279 mit Blick auf die Überschrift vor § 223.
[615] LK-*Rönnau*, vor § 32 Rn 163 ff.; Sch/Sch-*Lenckner/Sternberg-Lieben*, Vorbem §§ 32 ff. Rn 54. Vgl. auch *Marlie*, JA 2007, 112 ff.
[616] Vgl. BGHSt 45, 219, 222 f.; Sch/Sch-*Lenckner/Sternberg-Lieben*, Vorbem §§ 32 ff. Rn 57.
[617] Vgl. dazu Rn 441.
[618] Vgl. dazu die Grundsatzentscheidung BGHSt 35, 246 ff. sowie BGH NStZ 2012, 205 f.

einverstanden wäre. Hierzu ist ein Wahrscheinlichkeitsurteil über **den wahren Willen** des Rechtsgutinhabers **im Tatzeitpunkt** zugrunde zu legen. Ausschlaggebend sind die individuellen Bedürfnisse, Interessen, Wünsche und Wertvorstellungen des Rechtsgutinhabers, da diese Faktoren auch bei einer ausdrücklichen Einwilligung eine entscheidende Rolle spielen würden. Objektive Kriterien haben insoweit nur indizielle Bedeutung; sie dienen lediglich der Ermittlung des individuellen mutmaßlichen Willens. Liegen allerdings keine konkreten Anhaltspunkte für eine andere Entscheidung des Betroffenen vor, darf davon ausgegangen werden, dass der mutmaßliche Wille mit dem übereinstimmt, was unter den gegebenen Umständen als sachgerecht, normal und vernünftig angesehen wird.[619] Entspricht das Ex-ante-Wahrscheinlichkeitsurteil des Handelnden diesen Anforderungen, ist die nachträgliche Erkenntnis, dass der wahre Wille des Betroffenen dem Ex-ante-Urteil nicht entspricht, unschädlich.

470 **Beispiel[620]:** O erwartete ihr zweites Kind. Bereits bei der Geburt des ersten Kindes gab es erhebliche Komplikationen. Als die O nun zur Entbindung des zweiten Kindes ins Krankenhaus eingeliefert wurde, zeigte sie sich während des Geburtsakts wenig kooperativ. Insbesondere gefährdete sie durch eine falsche Atmung die Gesundheit des Kindes. Daraufhin entschloss sich der behandelnde Gynäkologe Dr. G zur Vornahme eines Kaiserschnitts. Die diesbezügliche Einwilligung wurde von O erteilt. Gleichzeitig wollte G noch eine Sterilisation durchführen, um weitere, mit Komplikationen verbundene Geburten zu vermeiden. O lehnte eine diesbezügliche Einwilligung aber ausdrücklich ab. Daraufhin gab Dr. G seine Sterilisationsabsicht (zunächst) auf. Als sich während des Kaiserschnitts aber Risse in der Gebärmutter bildeten und Dr. G die Blutung nur mit Mühe stillen konnte, fasste er erneut den Entschluss, eine Tubensterilisation durchzuführen, um eine für Mutter und Kind möglicherweise lebensgefährliche erneute Schwangerschaft definitiv auszuschließen. Die vorherige Einwilligung seitens der O konnte er nicht einholen, da diese zu diesem Zeitpunkt aufgrund der Vollnarkose einwilligungsunfähig war. O stellt wegen der eigenmächtigen Sterilisation Strafantrag.

Hier bestand zwar (ursprünglich) ein ausdrücklicher entgegenstehender Wille der O. Die negative Entscheidung der O betraf aber nicht den Fall der späteren akuten Indikation. Diesbezüglich ist daher Raum für die mutmaßliche Einwilligung. Bei der Ermittlung des mutmaßlichen Willens ist danach zu fragen, ob der Rechtsgutträger unter den konkreten Umständen mutmaßlich mit dem Eingriff in die körperliche Integrität einverstanden wäre. Es ist also ein Wahrscheinlichkeitsurteil über den wahren Willen des Rechtsgutinhabers im Tatzeitpunkt zugrunde zu legen. Ausschlaggebend sind die individuellen Bedürfnisse, Interessen, Wünsche und Wertvorstellungen des Rechtsgutinhabers (s.o.).

Vorliegend sind derartige Kriterien nicht mit absoluter Sicherheit feststellbar, da zum Zeitpunkt des Gebärmutterrisses eine andere Situation vorlag, in der sich die Beteiligten nun befanden. Möglicherweise hätte O in dieser Situation doch zugestimmt. Liegen keine Anhaltspunkte dafür vor, dass sich der Patient anders entschieden hätte, wird davon auszugehen sein, dass sein mutmaßlicher Wille mit dem übereinstimmt, was unter den gegebenen Umständen als sachgerecht, normal und vernünftig angesehen wird. Die vorgenommene Sterilisation der O kann aber nicht als sachgerecht, normal und vernünftig angesehen werden. Denn zum einen diente sie nicht der Lebensrettung einer akut gefährdeten Patientin und zum anderen hätte es O (später) selbst in der Hand gehabt, eine erneute Schwangerschaft etwa durch kontrazeptive Maßnahmen zu verhindern. Eine irreversible Sterilisation, die tief in die Persönlichkeitsrechte der O eingreift und – wie vorliegend – nicht unaufschiebbar ist, kann daher regelmäßig nicht durch eine mutmaßliche Einwilligung gerechtfertigt sein. Sofern Dr. G aber von dem Vorliegen der tatsächlichen Voraussetzungen einer mutmaßlichen Einwilligung ausging, unterlag er einem Erlaubnistatbestandsirrtum, der nach dem BGH überwiegend gem. § 16 I S. 1 analog zum Vorsatzausschluss und nach der hier vertretenen Auffassung, der sich teilweise auch der BGH anschließt, zum Ausschluss des Vorsatzschuldvorwurfs führt. Dagegen hätte bei Dr. G ein Verbotsirrtum

---

[619] BGHSt 45, 219, 222 f. (bezugnehmend auf BGHSt 35, 246, 249 f.).
[620] Nach BGHSt 45, 219 ff.

gem. § 17 vorgelegen, wenn er die fehlende Einwilligung seitens der O zumindest für möglich gehalten, die Sterilisation gleichwohl aber für rechtlich zulässig erachtet hätte, weil ihm diese aus medizinischer Sicht sinnvoll erschienen wäre. Bei – unterstellter – Vermeidbarkeit dieses Irrtums entfällt zwar nicht der Schuldvorwurf, die Strafe kann aber gem. § 17 S. 2 nach § 49 I gemildert werden.

b.) Subjektive Rechtfertigungsmerkmale

In subjektiver Hinsicht muss der Täter die Absicht haben, im Sinne des Dispositionsbefugten zu handeln. Teilweise wird darüber hinaus verlangt, dass der Täter sorgfältig geprüft haben muss, dass sein Verhalten dem mutmaßlichen Willen des Rechtsgutträgers bzw. des Dispositionsbefugten entspricht.[621] Die Gegenauffassung hält eine solche Prüfungspflicht nicht für erforderlich, da es allein auf den Willen des Berechtigten ankomme.[622] 471

c.) Irrtumsfragen

Nimmt der Täter irrigerweise an, der Rechtsgutträger bzw. der Dispositionsbefugte habe bei vorheriger Befragung seine Einwilligung gegeben, irrt er über das Vorliegen von tatsächlichen Voraussetzungen des Rechtfertigungsgrundes der mutmaßlichen Einwilligung. Ein solcher **Erlaubnistatbestandsirrtum** führt nach dem BGH überwiegend analog § 16 I S. 1 zum Vorsatzausschluss[623] und nach der auch hier vertretenen h.L.[624], der sich teilweise auch der BGH anschließt, zum Ausschluss des Vorsatzschuldvorwurfs (siehe ausführlich Rn 531 ff.). Erkennt der Täter aber die fehlende Einwilligung oder hält eine fehlende Einwilligung für möglich, hält seinen Eingriff aber gleichwohl für rechtlich zulässig, missachtet er – wenn auch wohlmeinend – das Selbstbestimmungsrecht des Opfers und irrt lediglich über die Grenzen eines Rechtfertigungsgrundes. Ein solcher **Verbotsirrtum** lässt den Vorsatz bzw. den Vorsatzschuldvorwurf unberührt. War er für den Täter vermeidbar, kann er gem. § 17 S. 2 i.V.m. § 49 I lediglich strafmildernd wirken. 472

d. Die rechtfertigende Pflichtenkollision

Die rechtfertigende Pflichtenkollision stellt einen Unterfall des übergesetzlichen Notstands (Rn 605 ff.) dar. Eine Pflichtenkollision liegt vor, wenn eine Person Adressat (mindestens) zweier Handlungspflichten ist, sie aber eine auf Kosten der anderen erfüllen kann, also notwendig eine von ihnen verletzen muss, wie sie sich auch verhalten mag.[625] Da diese Konstellation immer eine Unterlassung bezüglich der verletzten Handlungspflicht darstellt, gewinnt die rechtfertigende Pflichtenkollision praktische Bedeutung bei den Unterlassungsdelikten. Aus diesem Grund sei, da Kenntnisse über die Unterlassungsdelikte zum besseren Verständnis der Pflichtenkollision erforderlich sind, auf die dortigen Ausführungen verwiesen. 473

---

[621] So OLG Düsseldorf, NZV 1991, 77; Sch/Sch-*Lenckner/Sternberg-Lieben*, Vorbem §§ 32 ff. Rn 58; *Kühl*, AT, § 9 Rn 47; *Jescheck/Weigend*, AT, 34 VII 3.
[622] LK-*Rönnau*, vor § 32 Rn 211; *Roxin*, AT § 18 Rn 30.
[623] Vgl. die Nachweise bei Rn 541.
[624] Vgl. die Nachweise bei Rn 543.
[625] Vgl. auch *Rönnau*, JuS 2013, 113.

e. Kein Züchtigungsrecht der Eltern und bestimmter Erzieher

474 Lange Zeit war ein maßvolles, aus der familienrechtlichen Personensorge[626] abgeleitetes elterliches Züchtigungsrecht als **Rechtfertigungsgrund** gewohnheitsrechtlich anerkannt. Voraussetzungen waren ein konkreter Züchtigungsanlass und eine dem Grundsatz der Verhältnismäßigkeit entsprechende Züchtigungshandlung. Subjektiv war der Wille erforderlich, lediglich im Sinne der Züchtigung zu handeln. Bereits das Kindschaftsreformgesetz vom 1. Juli 1998 änderte die Rechtslage, indem ein § 1631 II BGB geschaffen wurde. Danach waren entwürdigende Erziehungsmaßnahmen, insbesondere körperliche und seelische Misshandlungen, unzulässig. Damit war klargestellt, dass das Erziehungsrecht der Eltern eine tatbestandsmäßige Misshandlung i.S.d. §§ 223 ff. nicht mehr rechtfertigen kann. Andererseits konnte diese Regelung aber nicht das verfassungsrechtlich verankerte Erziehungsrecht der Eltern (Art. 6 GG) beseitigen. Dieser scheinbare Konflikt wurde dadurch beseitigt, dass § 223 verfassungskonform ausgelegt wurde. Eine körperliche Züchtigung sollte danach keine üble unangemessene Behandlung i.S. einer Körperverletzung darstellen, sofern sie maßvoll erteilt wurde und im konkreten Fall angemessen erschien. Dementsprechend war die körperliche Züchtigung unter den gleichen Voraussetzungen, die früher die Rechtswidrigkeit entfallen ließen, nun nicht mehr tatbestandsmäßig.[627] Damit wurde die Problematik aber lediglich – in strafrechtsdogmatischer Sicht sehr angreifbarer Weise – von der Rechtswidrigkeitsebene auf die Tatbestandsebene „vorverlagert".

475 Nun ist die Vorschrift des § 1631 II BGB durch das am 8. November 2000 in Kraft getretene Gesetz zur Ächtung der Gewalt in der Erziehung (BGBl I, S. 1479) nochmals neu gefasst worden. Danach haben **Kinder ein Recht auf gewaltfreie Erziehung. Körperliche Bestrafungen, seelische Verletzungen und andere entwürdigende Maßnahmen sind unzulässig**.

476 Teilweise wird auch die Neufassung des § 1631 II BGB „elternrechtskonform" ausgelegt.[628] Einer maßvollen und im konkreten Fall angemessenen körperlichen Züchtigung der eigenen Kinder fehle insoweit der „entwürdigende Charakter", sodass sie mit § 1631 II BGB im Einklang stünde. Konsequenterweise sei eine derartige Erziehungsmaßnahme daher auch nicht als „üble unangemessene Behandlung" zu verstehen und somit nicht als körperliche Misshandlung i.S.d. § 223 einzustufen. Auch diese Auffassung vermag nicht zu überzeugen. Zwar ist eine verfassungskonforme (hier: „elternrechtskonforme") Auslegung grundsätzlich zu begrüßen, nicht aber, wenn sie die entgegengesetzten Grundrechte (hier: Recht auf körperliche Unversehrtheit gem. Art. 2 II S. 1 GG) missachtet. Zudem überschreitet sie die Wortlautgrenze der Norm (hier: § 1631 II BGB). Denn die Formulierungen „Recht auf gewaltfreie Erziehung" und „Unzulässigkeit körperlicher Bestrafung und *anderer* entwürdigender Maßnahmen" in § 1631 II BGB n.F. stellen ausdrücklich klar, dass auch eine körperliche Bestrafung *stets* entwürdigend und damit auch unzulässig ist.[629] Dieser Befund entspricht auch der gesetzgeberischen Intention, wonach eine körperliche Bestrafung, auch wenn sie in ihrer Intensität unterhalb der Schwelle der körperlichen Misshandlung liegt, für das Kind eine Demütigung bedeute und daher unzulässig sein müsse.[630] In jedem Fall ist aber bei einer elterlichen Züchtigung das Recht des Kindes auf gewaltfeie Erziehung (§ 1631 II S. 1 BGB) verletzt.

---

[626] Vgl. für Eltern §§ 1626 I, 1631 BGB, für nicht miteinander verheiratete Eltern § 1626a BGB, für den verwitweten Elternteil § 1680 BGB und für den Vormund § 1800 BGB.
[627] Vgl. *W/B/S*, AT, 30. Aufl. 2000, Rn 387.
[628] *W/B/S*, AT, seit der 35. Aufl. 2005, Rn 387.
[629] Wie hier LG Berlin ZKJ 2006, 103, 104 f.; AG Burgwedel JAmt 2005, 50 f.; *Riemer*, ZfJ 2003, 328 ff.; *ders.*, ZJJ 2005, 403 ff.; *Hoyer*, FamRZ 2001, 521; *Kellner*, NJW 2001, 796; *Bohnert*, Jura 1999, 533, 534; *Hillenkamp*, JuS 2001, 159, 165; *Kargl*, NJ 2003, 59; *Roxin*, JuS 2004, 177 ff.
[630] Vgl. BT-Drs. 14/1247, S. 8.

Damit dürfte endgültig geklärt sein, dass *jede* körperliche Züchtigung, sofern sie das Kind in seinem körperlichen Wohlbefinden oder in seiner körperlichen Unversehrtheit nicht nur unerheblich beeinträchtigt, auch unangemessen und daher tatbestandsmäßig i.S.d. §§ 223 ff. ist. Erlaubt sind damit lediglich Züchtigungshandlungen, die nicht die Schwelle des § 223 erreichen wie bspw. ein „leichter Klaps auf den Po" (dieser beeinträchtigt das körperliche Wohlbefinden nur unerheblich bzw. ist nicht „unangemessen" i.S.d. § 223). **477**

Mithin lässt sich folgender Befund aufstellen: Erfüllt die fragliche Handlung eines Elternteils (wegen Geringfügigkeit bzw. nicht gegebener „Unangemessenheit") nicht den Tatbestand der Körperverletzung, ist der betreffende Elternteil nicht strafbar. Die Frage nach dem elterlichen Züchtigungsrecht als Rechtfertigungsgrund stellt sich erst gar nicht. In Betracht kommt aber eine Strafbarkeit wegen Nötigung (§ 240), Beleidigung (§ 185) und Freiheitsberaubung (§ 239). Ist dagegen die Schwelle zur Körperverletzung überschritten, handelt der züchtigende Elternteil nicht nur tatbestandlich i.S.d. § 223, sondern auch rechtswidrig, da spätestens mit der aktuellen Fassung des § 1631 II BGB eine Züchtigung der Eltern nicht mehr rechtfertigend wirken kann. **478**

Gleichwohl werden die Folgen für die Eltern dadurch relativiert, dass die Möglichkeit der Einstellung des Strafverfahrens aus Opportunitätsgründen (vgl. §§ 153, 153a StPO) besteht.[631] Auch werden bei geständigen und reuigen Tätern zumeist Freiheitsstrafen nur bis zu 6 Monaten verhängt, die zudem wegen § 47 I zur Bewährung ausgesetzt werden. Schließlich ist zu bezweifeln, dass eine „angemessene" körperliche Züchtigung überhaupt zur Anzeige gebracht wird. **479**

Wird schon das elterliche Züchtigungsrecht abgelehnt, muss dies erst recht für **Erzieher** in Jugendheimen oder Internaten gelten. Hinsichtlich **Schullehrer** verbieten die Schulgesetze fast aller Bundesländer ein Züchtigungsrecht ausdrücklich. Die Strafbarkeit ergibt sich dann aus einer Körperverletzung im Amt, §§ 223, 340 i.V.m. § 11 I Nr. 2a oder b. Die im Schrifttum teilweise vertretene Auffassung, der Lehrer genieße ein „Erzieherprivileg" und sei ohne Strafe, wenn die Züchtigung geboten, verhältnismäßig und vom Erziehungsgedanken beherrscht sei[632], ist nicht zu halten. **480**

Hinweis für die Fallbearbeitung: Da die körperliche Züchtigung nach allen Auffassungen bereits ein Problem des Tatbestands und nicht (erst) der Rechtswidrigkeit ist, müssen entsprechende Züchtigungshandlungen abschließend bereits auf Tatbestandsebene geprüft werden. **481**

f. Festnahmerecht nach § 127 StPO

Insbesondere in Bezug auf die Freiheitsberaubung (§ 239) und die Nötigung (§ 240) stellt § 127 StPO den wichtigsten Rechtfertigungsgrund dar. Die Vorschrift regelt die sog. vorläufige Festnahme; diese dient dem Zweck, den Täter der Strafverfolgung zuzuführen, auch wenn noch kein richterlicher Haftbefehl vorliegt. Zulässig ist die vorläufige Festnahme in zwei Fällen: Nach § 127 I S. 1 StPO ist „jedermann" befugt, einen auf frischer Tat Betroffenen oder Verfolgten, wenn er der Flucht verdächtig ist oder seine Identität nicht sofort festgestellt werden kann, auch ohne richterliche Anordnung vorläufig festzunehmen. Nach § 127 II StPO sind die Staatsanwaltschaft und die Beamten des Polizeidienstes darüber hinaus bei Gefahr im Verzug auch dann zur vorläufigen Festnahme berechtigt, wenn die Voraussetzungen eines Haft- oder Unterbringungsbefehls vorliegen. **482**

[631] Vgl. bereits sämtliche Vorauflagen; wie hier nunmehr auch *Fahl*, JA 2012, 906, 910.
[632] So SK-*Günther*, Vor § 32 Rn 69.

aa. Jedermann i.S.d. § 127 I StPO

483 Der Begriff „jedermann" ist so zu verstehen, wie er erkennen lässt; er umfasst Privatpersonen (auch Minderjährige) und Polizeibeamte[633]. Privatpersonen dürfen aber bei einem ausdrücklichen entgegenstehenden Willen der Polizei nicht tätig werden.[634]

bb. Auf frischer Tat betroffen oder verfolgt

484 Mit „Tat" i.S.d. § 127 I StPO ist eine rechtswidrige Straftat gemeint, die zum Erlass eines Haftbefehls (§ 112 StPO) oder Unterbringungsbefehls (§ 126a StPO) berechtigen würde. Der strafbare Versuch einer Straftat genügt. Eine Ordnungswidrigkeit ist hingegen keine Tat i.S.d. § 127 I StPO (§ 46 III S. 1 OWiG). Auch dürfen strafunmündige Kinder (§ 19) nicht festgenommen werden. Zwar wird dies teilweise anderes gesehen mit dem Hinweis, dass § 127 StPO nur von „Tat" und nicht von „Straf"-tat spreche und zudem die vorläufige Festnahme erzieherisch sinnvoll sei und ein Nichteinschreiten dem allgemeinen Rechtsbewusstsein zuwiderliefe[635], jedoch besteht der Zweck der vorläufigen Festnahme nun einmal darin, den Täter der Strafverfolgung zuzuführen. Ein strafunmündiger Täter i.S.d. § 19 kann nicht der Strafverfolgung zugeführt werden, weil § 19 ein Prozesshindernis darstellt. Von dieser Problematik abgesehen ist unklar, ob § 127 I StPO eine wirklich begangene Straftat voraussetzt oder wie § 127 II StPO einen *dringenden Tatverdacht* genügen lässt.

Beispiel[636]**:** T sieht, wie sich O über eine offenbar bewusstlose Person beugt und einen Gegenstand an sich nimmt. Er denkt sofort, es handele sich um die Geldbörse der bewusstlosen Person, die O stehlen möchte. Eilig läuft er zu O und hält ihn fest, bis die Polizei eintrifft. Später stellt sich heraus, dass O nur sein eigenes Portemonnaie aufgehoben hatte, das ihm bei dem Vorbeugen aus der Brusttasche gefallen war.

⇨ Nach einer Auffassung (dem sog. prozessualen Ansatz) ist es erforderlich – aber auch ausreichend –, dass sich aus der Sicht eines besonnenen Dritten und aus einer Zusammenschau aller erkennbaren äußeren Umstände im Tatzeitpunkt ein **dringender Tatverdacht** für eine Straftat ergibt.[637] Danach könnte sich T auf § 127 I S. 1 StPO berufen und wäre in Bezug auf die Freiheitsberaubung (§ 239) gerechtfertigt.

⇨ Die den materiellen Ansatz bildende Gegenansicht will der Privatperson solche weitgehenden Befugnisse nicht einräumen. Nach dieser Ansicht muss eine Straftat **tatsächlich begangen** worden sein.[638] Demzufolge könnte sich T nicht auf § 127 I S. 1 StPO berufen. Er wäre ggf. wegen Freiheitsberaubung strafbar. Das macht eine Streitentscheidung erforderlich.

Indem die zuerst genannte Auffassung einen dringenden Tatverdacht genügen lässt, bürdet sie dem Verdächtigen das Risiko eines Irrtums auf: Dieser hätte die Festnahme zu dulden, könnte also seinerseits nicht Notwehr üben. Gestützt wird diese Überlegung aus dem Umkehrschluss aus § 127 II StPO, wo ein dringender Tatverdacht ausweislich des Gesetzeswortlautes genügt. Daher scheint es sachgerecht, bei § 127 I StPO eine tatsächlich begangene Straftat zu fordern. Geht der Festnehmende dann irrtümlich vom Vorliegen einer Straftat bzw. rechtswidrigen Tat aus, ist auch er keineswegs schutzlos. Denn dann liegt die typische Konstellation eines Erlaubnistatbestandsirrtums vor[639], der nach dem BGH überwiegend zum Vorsatzausschluss und nach der h.L., teilweise aber auch dem BGH, zum

---

[633] BGHSt 27, 260 ff.; a.A. *Kühl*, Jura 1993, 233, 236 ff.; *Rogall*, JuS 1992, 551, 556 ff., mit dem Argument, dass Polizeibeamten spezielle Eingriffsgrundlagen mit restriktiveren Voraussetzungen zur Verfügung stünden.
[634] *Meyer-Goßner/Schmitt*, StPO, § 127 Rn 7.
[635] KG JR 1971, 30; *Verrel*, NStZ 2001, 286; *Krause*, FS Geerds, 1995, S. 405; *Streng*, FS Gössel, 2002, S. 503.
[636] Nach *Joecks*, Vor § 32 Rn 52.
[637] AG Grevenbroich NJW 2002, 1060, 1061; OLG Hamm NStZ 1998, 370; *Kargl*, NStZ 2000, 8, 10; *Roxin*, AT, § 17 Rn 24; für bloßen Tatverdacht auch BGH NJW 1981, 745, 746 (Zivilsenat).
[638] *Jescheck/Weigend*, AT, § 35 IV 2; *Fischer*, vor § 32 Rn 7; *W/B/S*, AT, Rn 354; *Gropp*, AT, § 5 Rn 350; *Joecks*, Vor § 32 Rn 53; *Beulke*, StrafProzR, Rn 235; Sch/Sch-*Lenckner/Sternberg-Lieben*, Vorbem §§ 32 ff. Rn 81.
[639] So nun auch *Kudlich*, JA 2016, 150.

Ausschluss des Vorsatzschuldvorwurfs führt. Vorliegend wäre T daher nicht wegen vorsätzlicher Freiheitsberaubung und Nötigung strafbar (§ 16 I S. 1 analog). In Ermangelung einer entsprechenden Fahrlässigkeitsstrafbarkeit wäre T demnach straflos.

Weiterführender Hinweis: Da mit „Tat" eine rechtswidrige Tat gemeint ist, stellt sich die Frage, ob der Festnehmende sich auf § 127 I StPO stützen kann, wenn der Festgenommene gerechtfertigt ist.

Beispiel: T bemerkt, wie jemand ein Fahrradschloss knackt. Weil dieser offenbar mit dem Fahrrad davonfahren möchte, hält T ihn fest und ruft die Polizei, die 20 min später eintrifft. Es stellt sich heraus, dass das Fahrrad einem Freund des Festgenommenen gehört. Dieser hatte ihn gebeten, das Schloss zu knacken und mit dem Fahrrad nach Hause zu fahren, weil er den Schlüssel verloren hatte.

Hier könnten die Freiheitsberaubung und die Nötigung wegen § 127 I StPO gerechtfertigt sein. Jedoch war die Sachbeschädigung wegen Einwilligung des Berechtigten gerechtfertigt. Auch liegt kein Diebstahl vor, weil der Berechtigte sein Einverständnis zur Ansichnahme erteilt hatte. T war also seinerseits nur dann gerechtfertigt, wenn man keine tatsächlich begangene Tat fordert, sondern einen dringenden Tatverdacht genügen lässt.

Auf *frischer* Tat betroffen ist, wer bei Erfüllung des Straftatbestands oder unmittelbar danach am Tatort in dessen unmittelbarer Nähe gestellt wird.[640] Auf frischer Tat *verfolgt* wird der Täter, wenn er sich bereits vom Tatort entfernt hat, sichere Anhaltspunkte aber auf ihn als Täter hinweisen und seine Verfolgung zum Zwecke seiner Ergreifung aufgenommen wird.[641] **485**

cc. Festnahmegründe

Nötig ist des Weiteren ein Festnahmegrund. § 127 I S. 1 StPO nennt „der Flucht verdächtig" und die „Unmöglichkeit der Identitätsfeststellung". **486**

- **Der Flucht verdächtig:** Flucht ist jedes Verhalten, das zwecks Entziehung der Strafverfolgung zum Verlassen des Tatorts führt. Fluchtverdacht besteht bei begründeter Annahme einer Flucht.[642]
- **Unmöglichkeit der Identitätsfeststellung:** Die vorläufige Festnahme zur Identitätsfeststellung ist zulässig, wenn der Betroffene die Angaben zur Person verweigert oder sich nicht ausweisen kann, sodass die Personalien vor Ort nicht aufgenommen werden können.[643]

dd. Verhältnismäßigkeit der Maßnahmen

Da § 127 I S. 1 StPO an die „Frische" der Tat und nicht an deren „Schwere" anknüpft, gewährt § 127 I S. 1 StPO grundsätzlich ein Festnahmerecht bei allen Vergehen und Verbrechen, unabhängig von der Gewichtigkeit der Tat und vom Wert der Beute. § 127 I S. 1 StPO ermöglicht aber nicht eine Festnahme um jeden Preis, denn das Festnahmerecht nach § 127 StPO rechtfertigt Maßnahmen nur, wenn sie dem Grundsatz der Verhältnismäßigkeit entsprechen. Danach sind nur solche Mittel zulässig, welche zur Erreichung der Festnahme unbedingt erforderlich sind, wie beispielsweise das Wegnehmen des Zündschlüssels oder des Personalausweises, Freiheitsberaubung (§ 239) und Nötigung (§ 240), Beeinträchtigung des körperlichen Wohlbefindens (§ 223), aber auch das Bedrohen mit einer Schusswaffe sowie die Abgabe von Warnschüssen.[644] Auch die Anwendung körperlicher Gewalt (insbesondere das feste Zupacken) mit der Gefahr oder Folge körperlicher Verletzungen ist zulässig. § 127 StPO verleiht aber nicht die Befugnis zu Handlun- **487**

---

[640] *Meyer-Goßner/Schmitt*, StPO, § 127 Rn 5.
[641] *Meyer-Goßner/Schmitt*, StPO, § 127 Rn 6.
[642] *Meyer-Goßner/Schmitt*, StPO, § 127 Rn 10. Vgl. auch AG Grevenbroich NJW 2002, 1060, 1061.
[643] *Meyer-Goßner/Schmitt*, StPO, § 127 Rn 11.
[644] Vgl. *Kargl*, NStZ 2000, 8, 14.

gen, die zu einer ernsthaften Schädigung an der Gesundheit des Festgenommenen oder zu einer unmittelbaren Gefährdung seines Lebens führen, und zwar selbst dann nicht, wenn die Festnahme ohne sie nicht ausgeführt oder aufrechterhalten werden kann.[645]

488 **Unzulässig** sind damit nicht nur **gezielte Schüsse** auf den Fliehenden, sondern auch (lebensgefährliche) **Würgegriffe**[646]. Immerhin geht es nur um eine vorläufige Festnahme, nicht etwa um das schneidige Notwehrrecht. Liegen allerdings die Voraussetzungen des schneidigen Notwehrrechts vor, können Maßnahmen, die zwar nicht gem. § 127 I StPO zu rechtfertigen sind, durchaus nach § 32 StGB gerechtfertigt sein.

ee. Subjektive Rechtfertigungselemente

489 Da die vorläufige Festnahme dem Zweck dient, den Täter der Strafverfolgung zuzuführen, muss der Festnehmende in Kenntnis der rechtfertigenden Sachlage und mit dem Willen zur Festnahme handeln.

ff. Festnahmerecht nach § 127 II StPO

490 Bei Gefahr im Verzug dürfen Staatsanwaltschaft und Beamte des Polizeidienstes (die nicht Ermittlungspersonen der Staatsanwaltschaft zu sein brauchen) eine Person festnehmen, wenn die Voraussetzungen für einen Haft- oder Unterbringungsbefehl (§§ 112, 112a, 126a StPO) vorliegen. Zu diesen Voraussetzungen gehört insbesondere der dringende Tatverdacht.

Für ein Einschreiten nach § 127 II StPO ist entscheidend, dass die Voraussetzungen für einen Haft- oder Unterbringungsbefehl vorliegen; darauf, ob ein solcher bereits erlassen wurde, kommt es nicht an.

Hinweis: Dadurch, dass § 127 II StPO einen dringenden Tatverdacht genügen lässt, sind die Festnahmevoraussetzungen somit erheblich niedriger als diejenigen nach § 127 I StPO, bei dem die Rspr. eine tatsächlich begangene Tat fordert.

Gefahr im Verzug liegt vor, wenn die Festnahme aufgrund der richterlichen Anordnung infolge der Verzögerung gefährdet wäre. Ob dies der Fall ist, unterliegt der pflichtgemäßen Prüfung des handelnden Beamten. Die Durchführung der Festnahme richtet sich im Übrigen nach Polizeirecht, konkret nach den gesetzlichen Vorschriften über den unmittelbaren Zwang.

Der Festgenommene muss unverzüglich, spätestens bis zum Ablauf des folgenden Tages, dem Haftrichter am zuständigen Amtsgericht zugeführt werden (vgl. Art. 104 II GG, § 128 I StPO). Dieser entscheidet dann über den Haft- bzw. Unterbringungsbefehl.

Dem Festgenommenen ist unverzüglich der Grund für die Festnahme bekannt zu geben. Des Weiteren ist er über die Rechte und Pflichten als Beschuldigter zu belehren, da er spätestens mit der Festnahme formell zum Beschuldigten wird.

[645] BGHSt 45, 378, 381; NStZ-RR 1998, 50; *Meyer-Goßner/Schmitt*, StPO, § 127 Rn 14.

[646] Zum lebensgefährlichen Würgegriff vgl. BGHSt 45, 378, 381 mit Bespr. von *Trüg/Wentzell*, Jura 2001, 30; *Mitsch*, JuS 2000, 848; *Kargl/Kirch*, NStZ 2000, 604; *Ingelfinger*, JR 2000, 297, *Martin*, JuS 2000, 717 und *Baier*, JA 2000, 630.

g. Selbsthilferecht nach § 229 BGB

Aufgrund des staatlichen Justiz- bzw. Gewaltmonopols ist eine eigenmächtige Durchsetzung von Ansprüchen grundsätzlich ausgeschlossen. Nur ausnahmsweise gewährt die Rechtsordnung ein Selbsthilferecht, wenn in der konkreten Situation staatliche Hilfe nicht zur Verfügung steht. Das ist konsequent. Denn wenn der Staat schon ein Justiz- bzw. Gewaltmonopol innehat, muss er auch ein Selbsthilferecht zulassen, wenn er nicht in jeder Situation Hilfe gewähren kann. Das Selbsthilferecht gem. § 229 BGB ist ein solches Recht; es dient der Sicherung eines zivilrechtlichen Anspruchs durch eigenmächtige private Gewalt.[647] Der objektive Rechtfertigungstatbestand setzt eine Selbsthilfelage voraus und besteht in der Selbsthilfehandlung; der subjektive Rechtfertigungstatbestand setzt den Vorsatz voraus, zum Zwecke der Selbsthilfe zu handeln. **491**

aa. Objektive Rechtfertigungselemente

Zunächst muss ein **zivilrechtlicher Anspruch** bestehen, der in Gefahr ist. Der Begriff des Anspruchs folgt aus § 194 BGB. Beispiele sind Ansprüche aus §§ 985, 812, 823 BGB. Der Anspruch muss bestehen und durchsetzbar sein. **491a**

> **Beispiel:** Der Inhaber eines Supermarkts hat gegenüber dem Ladendieb einen Herausgabeanspruch aus § 985 BGB (und aus § 812 BGB) bzgl. der gestohlenen Sache.

Der zivilrechtliche Anspruch muss **durchsetzbar** sein. Besteht ein Gegenrecht, ein Zurückbehaltungsrecht oder wird die Aufrechnung erklärt, ist die Selbsthilfe ausgeschlossen. Des Weiteren darf staatliche Hilfe **nicht rechtzeitig** zu erlangen sein. Ohne sofortiges Eingreifen muss die Gefahr bestehen, dass die Verwirklichung des Anspruchs vereitelt oder wesentlich erschwert wird. Das ist insb. bei Flucht oder Fluchtgefahr des Anspruchsverpflichteten anzunehmen, es sei denn, obrigkeitliche Hilfe (d.h. die Polizei) ist vor Ort.

Die Selbsthilfehandlung besteht (1.) in der Wegnahme, Zerstörung oder Beschädigung einer Sache, (2.) in der Festnahme einer der Flucht verdächtigen Person oder (3.) im Brechen von Widerstand des Verpflichteten.

Geht es um einen Herausgabeanspruch (aus § 985 BGB), muss es sich nach h.M. um eine Sache des Gläubigers handeln (Gegenstand des Selbsthilferechts ist also die herauszugebende Sache). Bei Bestehen eines Zahlungsanspruchs (etwa nach vollbrachter Dienstleistung) kommt jede pfändbare Sache des Schulders in Betracht (vgl. §§ 916, 918, 930 I ZPO).[648] Gegenstände, die gem. §§ 811, 811c, 812 BGB nicht der Pfändung unterliegen, können also nicht im Rahmen der Selbsthilfe weggenommen oder einbehalten werden[649]; anderenfalls unterliefe man die Pfändungsschutzvorschriften. Außerdem gewährt das Selbsthilferecht nicht mehr, als eine staatliche Maßnahme gewähren würde. Das Selbsthilferecht befugt zudem **nicht zur Durchsuchung**! Zum Festhalten vgl. das Beispiel sogleich.

Die **Befugnis** zur Ausübung des Selbsthilferechts steht grds. nur dem Anspruchsberechtigten zu. Eine Selbsthilfe zugunsten eines Dritten kennt § 229 BGB nicht. Allerdings ist allgemein anerkannt, dass der Berechtigte einen Dritten mit der Ausübung des Selbsthilferechts beauftragen kann. Relevant ist dies, wenn Angehörige privater Sicherheitsunternehmen gehandelt haben. Weil dieser Personenkreis durch Arbeits- bzw. Übernahmevertrag dazu verpflichtet ist, Schaden für seinen Arbeitgeber oder Auftraggeber abzuwenden bzw. dessen Rechtsgüter zu schützen, darf dieser Personenkreis zur Sicherung von Ansprüchen seines Arbeitgebers/Auftraggebers auch das Selbsthilferecht aus § 229 BGB ausüben. Sonstigen Dritten steht die Befugnis aber nicht zu!

---

[647] Palandt-*Ellenberger*, § 229 BGB Rn 1. Damit findet also eine Durchbrechung des staatlichen Gewaltmonopols statt.
[648] Bei Vermietern, Werkunternehmern und Gastwirten ist zwar auch § 229 BGB denkbar, jedoch sind Spezialregelungen (gesetzliche Pfandrechte) zu beachten, §§ 562b, 647, 704 S. 2 BGB.
[649] Vgl. bereits die 14. Aufl. (Jan 2015); später auch *Duchstein*, JuS 2015, 105, 107.

Beispiel: Der zufällig vorbeigehende T stellt einen etwa 10-jährigen Jungen auf frischer Tat, nachdem dieser mit einem Nagel eine tiefe Furche in Lack und Blech eines parkenden Autos gezogen hat. T hindert den Jungen so lange am Weggehen, bis nach ca. 20 min die von T gerufene Polizei eintrifft. Die Eltern des Jungen stellen später Strafanzeige gegen T wegen Freiheitsberaubung (§ 239).

Ein Festnahmerecht nach § 229 BGB, das die Freiheitsberaubung rechtfertigen könnte, besteht hier nicht, da T kein zivilrechtlicher Anspruch zusteht und er auch nicht vom Fahrzeugeigentümer zur Wahrung von dessen Rechtsgütern beauftragt wurde. Nicht möglich ist auch eine Festnahme nach § 127 I StPO, weil die Vorschrift nach strittiger, aber zutreffender Ansicht nicht zu Lasten von Kindern (§ 19) angewendet werden kann (Rn 484). T durfte den Jungen auch nicht gem. § 32 im Rahmen sog. Nothilfe festhalten. Zwar kann § 32 auch das bloße Festhalten des Angreifers erlauben (Rn 346), jedoch war der Angriff des Jungen abgeschlossen und damit nicht mehr „gegenwärtig" i.S.d. § 32. Da auch keine weiteren Festnahmegründe bestehen, war die Festnahme des Kindes durch T rechtswidrig. T hat sich wegen Freiheitsberaubung strafbar gemacht. Dieses Ergebnis mag zwar unbefriedigend erscheinen, Abhilfe kann aber nur der Gesetzgeber schaffen, sofern man nicht § 127 I StPO auch zu Lasten von Kindern anwendet.

Die Ausübung des Selbsthilferechts muss **erforderlich** sein (§ 230 BGB). Hier können grds. die Kriterien der Notwehr herangezogen werden (Rn 348 ff.). Eine Güterabwägung findet also grds. nicht statt („Das Recht muss dem Unrecht nicht weichen", Rn 348). Jedoch sind Maßnahmen, die im krassen Missverhältnis stehen, nicht gestattet. Stehen dem Selbsthilfeübenden zudem mehrere gleich wirksame Mittel zur Verfügung, muss er das relativ mildeste wählen (Rn 348, 399).

bb. Subjektive Rechtfertigungselemente

491b Die Selbsthilfehandlung muss dem Zweck der Selbsthilfe dienen („Selbsthilfewille"). Bei Irrtum über das Vorliegen der Voraussetzungen der Selbsthilfe greifen dementsprechend die Regeln des Erlaubnistatbestandsirrtums gem. § 16 I S. 1 StGB analog (Ausschluss des Vorsatzschuldvorwurfs; keine Strafbarkeit wegen vorsätzlicher Tat). Es kommt aber eine Schadensersatzpflicht gem. § 231 BGB in Betracht.

Abschließendes Beispiel: Mitarbeiter eines von A beauftragten Bewachungsunternehmens B stellen zwei 13-jährige Kinder, die auf dem Betriebsgelände des A mit Schottersteinen ein Geschäftsfahrzeug beworfen haben und weggelaufen sind. Am Fahrzeug sind erhebliche Schäden entstanden. Ist die mit der Festnahme verbundene Verwirklichung des Tatbestands der Freiheitsberaubung (§ 239) gerechtfertigt?

- § 127 I StPO kommt nicht in Betracht, weil die Vorschrift nicht zu Lasten von Kindern (§ 19) angewendet werden kann (s.o. und Rn 484).
- Möglicherweise greift aber § 229 BGB. Der Anwendung dieser Vorschrift steht jedenfalls die Schuldunfähigkeit der Kinder nicht entgegen. Voraussetzungen sind:
  - Zivilrechtlicher Anspruch. Dieser besteht, da eine Schadensverursachung aus unerlaubter Handlung zum Schadensersatzanspruch (§ 823 BGB bzw. 832 BGB) führt.
  - Anspruchsverpflichtete sind weggelaufen (Flucht bzw. Fluchtgefahr).
  - Bestehen der Gefahr der Vereitelung oder wesentlichen Erschwerung eines Anspruchs, wenn keine Festnahme erfolgt.
  - Selbsthilferecht steht an sich zwar nur dem Anspruchsinhaber zu, allerdings waren die Mitarbeiter von B zum Schutz der Rechtsgüter des A beauftragt, sodass sie ebenfalls zur Ausübung des Selbsthilferechts aus § 229 BGB berechtigt waren.
  - Festnahme war auch erforderlich, um den Anspruch durchzusetzen. Eine mildere Maßnahme ist nicht ersichtlich.
  - Festnahme diente schließlich der Selbsthilfe.

Ergebnis: Die Festnahme war rechtmäßig, die Freiheitsberaubung mithin gerechtfertigt.

III. Schuld

Steht einem Täter ein anerkannter Rechtfertigungsgrund zur Seite, lässt dieser zwar nicht den begangenen Tatbestand nachträglich entfallen, wohl aber einen Teil des begangenen Gesamtunrechts, sodass das Täterverhalten von der Rechtsordnung gebilligt wird. Entfällt hingegen nur der Schuldvorwurf, bleibt es bei dem begangenen Unrecht. Dem Täter wird aber das begangene Unrecht nachgesehen, sodass Straffreiheit eintritt. Während es bei der Rechtswidrigkeit also darum geht, ob die Tat im Widerspruch zur Rechtsordnung steht, ist bei der Schuld zu untersuchen, ob dem Täter die rechtswidrig begangene Tat persönlich vorzuwerfen ist, d.h. ob der Täter sich hätte anders verhalten können. **Schuld ist somit das persönliche Dafürkönnen für das begangene Unrecht**. **492**

Neben der Rechtswidrigkeit ist die Schuld also eine weitere materielle Voraussetzung der Strafbarkeit. Es gilt der aus dem Rechtsstaatsprinzip und der Menschenwürde abgeleitete Grundsatz: **Keine Strafe ohne Schuld** (*nulla poena sine culpa*).[650] Folge dieses Grundsatzes ist eine **Zweispurigkeit der Rechtsfolgen**: Danach stehen sich Strafe und Maßregeln der Besserung und Sicherung (§§ 61 ff.)[651] gegenüber. Während die Strafe an die Schuld anknüpft und diese voraussetzt, kommt es bei den Maßregeln, die ausschließlich präventiven Zwecken dienen (Schutz der Sozialgemeinschaft), auf die Schuld nicht an. Aus diesem Grund können die Unterbringung in einem psychiatrischen Krankenhaus (§ 63)[652], in einer Erziehungsanstalt (§ 64), die Entziehung der Fahrerlaubnis (§ 69) oder die Anordnung eines Berufsverbots (§ 70) bereits aufgrund einer rechtswidrigen, aber schuldlos begangenen Tat angeordnet werden.

Gegenstand des Schuldvorwurfs ist nicht die Charaktereigenschaft des Täters, sondern seine fehlerhafte Einstellung zur Rechtsordnung in der konkreten Einzeltat (vgl. nur den Wortlaut der §§ 17, 19, 20). Grundlage des Schuld- und Verantwortungsprinzips ist somit die Fähigkeit des Menschen, zwischen Recht und Unrecht zu unterscheiden.[653] **493**

Hinweis für die Fallbearbeitung: Nach dem hier vertretenen Aufbau erfolgt die Schuldprüfung in vier Schritten, wobei jeder einzelne Prüfungspunkt in einer Klausur nur dann näher auszuführen ist, wenn der konkrete Sachverhalt Anlass dazu bietet[654]: **494**

1. Schuldfähigkeit
2. Schuldform: Vorsatzschuld (= Unrechtsbewusstsein i.w.S.)
3. Die persönliche Vorwerfbarkeit (= Unrechtsbewusstsein i.e.S.)
4. Fehlen von Entschuldigungsgründen

Im Übrigen bleibt die Tat, auch wenn der Täter schuldlos handelt, vorsätzlich begangen und rechtswidrig. Diese Erkenntnis ist wichtig für die Teilnahme gem. §§ 26, 27, da diese Vorschriften eine vorsätzliche und rechtswidrige Haupttat voraussetzen.

Beispiel: Der 13-jährige K zündet eine Scheune an. Der 15-jährige A hatte ihm dies „schmackhaft" gemacht, indem er ihm die Mitgliedschaft in der Jugendbande versprach. ⇨ Hier ist K wegen § 19 (Schuldunfähigkeit wegen zu geringen Alters) nicht strafbar. Dagegen ist A nach §§ 306, 26 strafbar, da die Haupttat lediglich vorsätzlich und rechtswidrig begangen worden zu sein braucht. Auf die Schuld des Haupttäters kommt es nicht an.

---

[650] BVerfGE 23, 127, 132. Vgl. auch *Werle*, JuS 2001, L 49, 51.
[651] Vgl. dazu *Detter*, NStZ 2009, 74 ff. und 487 ff.
[652] Vgl. dazu BGH NJW 2014, 3737 (Der Schlachter von Bremerhaven); BVerfG NJW 2013, 3228, 3229 (Fall Mollath) – dazu *R. Schmidt*, Grundrechte, 20. Aufl. 2016, Rn 319.
[653] Vgl. BVerfGE 95, 96, 131; *Jescheck/Weigend*, AT, § 39 II 1; *W/B/S*, AT, Rn 396 ff.
[654] Einige Autoren (vgl. etwa *W/B/S*, AT, Rn 422) prüfen noch „spezielle" Schuldmerkmale, etwa beim Mord die niedrigen Beweggründe (§ 211 II 1. Gruppe). Folgt man jedoch der h.M., werden diese Merkmale im subjektiven Tatbestand geprüft. Nach h.M. wird dieser Punkt in der Schuld also nicht angeführt. Vgl. zu der damit verbundenen Klausurrelevanz Rn 531 ff. (Schuldform Vorsatzschuld).

1. Schuld(un)fähigkeit

495 Die Schuldfähigkeit ist Grundvoraussetzung für das Vorliegen der Schuld und somit für die Strafbarkeit. Liegt dementsprechend ein anerkannter Schuldausschließungsgrund vor, handelt der Täter nicht schuldhaft. Die wichtigsten zur Schuldunfähigkeit führenden Schuldausschließungsgründe sind § 19 (Ausschluss der Schuldfähigkeit wegen zu geringen Alters) und § 20 (Ausschluss der Schuldfähigkeit wegen geistig-seelischer Störungen).[655]

a. Schuldunfähigkeit wegen zu geringen Alters (§ 19)

496 § 19 bestimmt, dass Personen bis zum vollendeten 14. Lebensjahr (**Kinder**) absolut schuldunfähig (und damit zugleich strafunmündig) sind. Mit dieser Formulierung bringt der Gesetzgeber seine unwiderlegliche Vermutung[656] zum Ausdruck, dass er die Schuldfähigkeit des Kindes generell und ohne Rücksicht auf den individuellen Entwicklungsstand ausschließen möchte.[657]

Die Berechnung des Alters erfolgt nach § 187 II S. 2 BGB. Sollte einmal Anklage gegen eine unter § 19 fallende Person erhoben worden sein, wirkt sich die Schuldunfähigkeit des Täters wegen zu geringen Alters als Prozesshindernis aus mit der Folge, dass das Verfahren nach §§ 206a, 260 III StPO einzustellen ist.[658]

497 Etwas anderes gilt hinsichtlich jugendlicher und heranwachsender Personen. **Jugendliche** sind Personen, die das 14., aber noch nicht das 18. Lebensjahr vollendet haben (§ 1 II JGG). Aus dem Umkehrschluss aus § 19 folgt, dass dieser Personenkreis generell schuldfähig ist. Gemäß § 3 JGG ist jedoch die Schuldfähigkeit (und damit die Strafmündigkeit), die sich nach der geistigen und sittlichen Entwicklung bestimmt, positiv festzustellen. Der jugendliche Täter muss nach seiner sittlichen und geistigen Entwicklung in der Lage sein, das Unrecht seiner Tat einzusehen und nach dieser Einsicht zu handeln.[659] Gelingt es dem Tatgericht nicht (auch nicht unter Hinzuziehung von Sachverständigen), die Schuldfähigkeit zweifelsfrei festzustellen, muss es die Schuldunfähigkeit annehmen.

498 Bei den **Heranwachsenden**, d.h. den 18-, aber noch nicht 21-Jährigen (§ 1 II JGG) kann wiederum von der vollen Schuldfähigkeit ausgegangen werden, weil § 105 JGG nicht auf § 3 JGG, sondern lediglich auf die Rechtsfolgen des JGG verweist. Nach §§ 105, 106 JGG ist lediglich zu prüfen, ob es sich bei der Tat um eine typische „Jugendverfehlung“ (Schlägerei in der Disco, Fahren unter Alkoholeinfluss etc.) handelt, was zur Folge hat, dass hinsichtlich des Strafverfahrens und der Rechtsfolgen (nicht aber hinsichtlich der grundsätzlichen strafrechtlichen Verantwortlichkeit!) Jugendstrafrecht anwendbar ist. Liegt aber keine typische „Jugendverfehlung“ (Beispiel: körperliche Misshandlung eines Ausländers) vor, gilt uneingeschränkt das Erwachsenenstraf(verfahrens)recht, wobei die Strafe jedoch gemildert werden kann.

498a Erst recht kann bei einem **Erwachsenen** die Schuldfähigkeit unterstellt werden. Dabei handelt es sich um eine widerlegliche Vermutung, die dazu führt, dass in einer Klausur

---

[655] § 21 ist kein Schuldausschließungsgrund, sondern ein fakultativer Strafmilderungsgrund, eine Strafzumessungsregel, die auf der Erwägung beruht, dass auch dem Schuldfähigen unter bestimmten Voraussetzungen ein normgemäßes Verhalten schwer fallen kann (vgl. im Einzelnen BGH NStZ 2013, 155, 156; NStZ 2006, 151 f.; NJW 2004, 3350 ff.; *Detter*, NStZ 2002, 132, 133). § 21 wird nach der hier vertretenen Auffassung *nach* der Schuld geprüft. Zur Frage der verminderten Schuldfähigkeit bei einer Devianz im Sexualverhalten (hier: Pädophilie) vgl. BGH NStZ 2001, 243 ff. u. BGH StV 2000, 18, 19, bei einem schweren Anabolikamissbrauch LG Freiburg NStZ-RR 1998, 138 f., bei einem Betäubungsmittelmissbrauch BGH NStZ 1999, 448 f.; NStZ-RR 2001, 81 f., bei Alkoholmissbrauch BGH NJW 2004, 3350 ff., bei schwerer Persönlichkeitsveränderung aufgrund Spielsucht BGH NStZ 2013, 155, 156 und bei Beschaffungskriminalität BGH NStZ 2006, 151 f.; NStZ 2003, 370; NStZ 2002, 31.

[656] „Unwiderlegliche Vermutung“ bedeutet, dass der Gegenbeweis nicht zulässig ist.

[657] *Jescheck/Weigend*, AT, § 40 II 1; *Fischer*, § 19 Rn 2.

[658] Vgl. Sch/Sch-*Perron/Weißer*, § 19 Rn 3, 5.

[659] Sog. *bedingte* Schuldfähigkeit, vgl. BGH NStZ 2013, 286; MüKo-*Altenhain*, § 3 JGG Rn 5; *Jescheck/Weigend*, AT, § 40 II 2; *W/B/S*, AT, Rn 414; *Kropp*, JA 2001, 429 ff. Vgl. auch *Frister*, JuS 2013, 1057, 1059.

stets von dem Vorliegen der Schuldfähigkeit ausgegangen werden muss, wenn nicht Anhaltspunkte Gegenteiliges vermuten lassen. So kann die Schuldfähigkeit gem. § 20 ausgeschlossen sein.

b. Schuldunfähigkeit wegen seelischer Störungen (§ 20)

Die Schuldunfähigkeit wegen seelischer Störungen ist in § 20 geregelt. Nach dem Wortlaut dieser Vorschrift handelt ohne Schuld, wer bei Begehung der Tat wegen einer krankhaften seelischen Störung, wegen einer tiefgreifenden Bewusstseinsstörung oder wegen Schwachsinns oder einer schweren anderen seelischen Abartigkeit unfähig ist, das Unrecht der Tat einzusehen oder nach dieser Einsicht zu handeln. Wie diese Formulierung zeigt, verbindet der Gesetzgeber somit biologische und psychologische Voraussetzungen (sog. biologisch-psychologische Methode): Die Unfähigkeit, Unrecht einzusehen oder nach dieser Einsicht zu handeln, muss mindestens auf einer der vier in § 20 genannten Voraussetzungen beruhen: **499**

- **Krankhafte seelische Störungen**: Hierunter sind hirnorganisch bedingte Störungen zu verstehen – zum einen exogene Psychosen wie progressive Paralysen, hirnorganische Krampfleiden, Hirnhautentzündungen (Meningitis), Hirnabbau aufgrund exzessiven Drogen- bzw. Alkoholmissbrauchs, chronische degenerative Erkrankungen des Zentralnervensystems wie Alzheimer oder der einfache Altersschwachsinn (senile Demenz) – zum anderen endogene Psychosen wie Schizophrenie, Zyklothymie[660] oder chronischer Morphinismus. Praktisch wichtigster Fall exogener Psychosen sind akute Intoxikationspsychosen. Darunter sind durch Zufuhr von Rauschmitteln, Medikamenten oder Giften ausgelöste vorübergehende Beeinträchtigungen der Hirntätigkeit zu verstehen – etwa der alkoholbedingte Vollrausch (siehe Rn 506 ff.) oder Rauschzustände Drogensuchtkranker.[661] Eine krankhafte seelische Störung kann u.U. auch angenommen werden in den Fällen unwiderstehlichen Drangs, Drogenbeschaffungsdelikte zu begehen. **500**
- **Tiefgreifende Bewusstseinsstörungen**: Hierunter fallen grundsätzlich nicht krankhafte Einengungen des Bewusstseins wie bspw. Erschöpfung, Ermüdung, hochgradiger Affekt[662]. **501**
- **Schwachsinn**: Damit ist angeborene Intelligenzschwäche wie bspw. Idiotie oder Debilität gemeint. **502**
- **Schwere andere seelische Abartigkeiten:** Abgesehen davon, dass der Begriff „seelische Abartigkeit" die betroffene Person diffamiert und damit abzulehnen ist, handelt es sich in der Sache um Abnormitäten, die in der forensischen Psychiatrie diagnostiziert werden. Dazu zählen bspw. dissoziale und schizoide Persönlichkeitsstörung, Psychopathie, Neurosen, Triebstörungen etc. (u.U. auch eine sexuelle Deviation in Form einer Kernpädophilie[663]), die nicht auf einem nachweisbaren organischen Krankheitsprozess beruhen.[664] **503**

Das Vorliegen einer der genannten biologischen Komponenten des § 20 genügt für die Feststellung der Schuldunfähigkeit aber noch nicht. Vielmehr muss der Täter gerade infolge eines solchen biologischen Defekts unfähig sein, entweder das Unrecht der Tat einzusehen (§ 20 Var. 1 – Einsichtsunfähigkeit) oder nach dieser Einsicht zu handeln (§ 20 Var. 2 – Steuerungsunfähigkeit) – sog. psychologische Komponente.[665] **504**

---

[660] Vgl. nur BGHSt 46, 257, 259 f.

[661] Nach der hier vertretenen Auffassung können der alkoholbedingte Vollrausch und der Rausch infolge (sonstigen) Drogenkonsums auch unter die Variante „tiefgreifende Bewusstseinsstörung" subsumiert werden.

[662] Der Schuldausschluss infolge eines hochgradigen Affekts ist besonders problematisch, da dessen Beurteilung naturgemäß auf Schwierigkeiten stößt (vgl. dazu *Detter*, NStZ 2001, 467 u. NStZ 2002, 132, 133; Sch/Sch-*Perron/Weißer*, § 20 Rn 15).

[663] Vgl. dazu BGH NStZ 2015, 688 f.

[664] Vgl. dazu im Einzelnen auch *Keiser*, Jura 2001, 376; *Detter*, NStZ 2001, 467, u. NStZ 2002, 132, 133; *Nedophil*, NStZ 2001, 464; *Jescheck/Weigend*, AT, § 40 III 2a; Sch/Sch-*Perron/Weißer*, § 20 Rn 5 ff. und aus der Rspr. BGH NJW 2014, 3737 f.; NStZ 2013, 155, 156; NJW 2004, 1810 ff.; NStZ 2003, 363; NStZ 2001, 243; NStZ 2001, 82 f.; NJW 1997, 3101 ff.; NStZ-RR 1999, 137; NStZ-RR 1998, 106 u. 174; NStZ-RR 1999, 77 f. u. 136 f.; NStZ 1999, 395 (mit Anm. *Winckler/Foerster*, NStZ 2000, 192 f.).

[665] Zu dieser Stufenfolge vgl. auch BGH NStZ 2011, 336 f.; NStZ 2015, 688 f.; dazu im Einzelnen *Frister*, JuS 2013, 1057, 1059 ff.

505 **Hinweis für die Fallbearbeitung:** Die Fähigkeit zur Unrechtseinsicht (§ 20 Var. 1) ist vorrangig zu prüfen. Denn erst wenn der Täter trotz Vorliegens der biologischen Defekte fähig war, sein Unrecht einzusehen[666], ist Raum für eine Prüfung des § 20 Var. 2, ob also der Täter aufgrund der biologischen Defekte unfähig war, nach dieser Einsicht zu handeln, mit anderen Worten, ob seine Steuerungsfähigkeit daraufhin ausgeschlossen war.[667] Für den Ausschluss der Steuerungsfähigkeit ist entscheidend, ob der Täter fähig war, Anreize und Hemmungen gegeneinander abzuwägen und danach seinen Tatentschluss zu bilden, oder ob er selbst bei Aufbietung aller Widerstandskräfte seinen Willen nicht durch vernünftige Erwägungen bestimmen konnte.[668] Ist die Steuerungsfähigkeit nicht ausgeschlossen, sondern nur erheblich vermindert, kommt eine fakultative Strafmilderung nach § 21 in Betracht.[669] Sogar eine volle Schuldfähigkeit kommt in Betracht, wenn der Täter trotz Vorliegens einer *schweren anderen seelischen Abartigkeit* (etwa in Form einer gemischten Persönlichkeitsstörung mit dissozialen und schizoiden Anteilen) die Tat durch kontrolliert-zielgerichtetes Vorgehen begeht.[670]

506 Besonders prüfungsrelevant ist der Ausschluss der Schuldfähigkeit infolge **Alkoholkonsums.**[671] § 20 enthält keine Aussage, bei welcher Blutalkoholkonzentration (BAK)[672] eine Intoxikationspsychose bzw. eine Schuldunfähigkeit anzunehmen sind. Das kann er auch gar nicht, da die Auswirkungen von Ethanol auf den Körper individuell (stark) variieren. Daher gibt es auch keinen allgemein gültigen Rechts- oder Erfahrungssatz, wonach ab einer bestimmten BAK regelmäßig eine Schuldunfähigkeit anzunehmen ist. Diese muss daher in jedem Einzelfall durch den Tatrichter (auf der Grundlage eines forensischen psychiatrischen Gutachtens) festgestellt werden. Ausgehend von medizinischen Erkenntnissen lassen sich aber allgemein folgende Erfahrungssätze heranziehen[673]:

- Bei einer BAK **unter 2 ‰** im Tatzeitpunkt ist bei einem erwachsenen und gesunden Menschen regelmäßig von einer **vollen Schuldfähigkeit** auszugehen, sofern keine anderen (alkoholbedingten) Ausfallerscheinungen vorliegen.
- Bei einer BAK **ab 2 ‰, aber weniger als 3 ‰** (bei Tötungsdelikten und bei der gefährlichen Körperverletzung mittels einer das Leben gefährdenden Behandlung wegen der „höheren Hemmschwelle" erst ab 2,2 ‰[674]) im Tatzeitpunkt ist eine Intoxikationspsychose möglich. In diesem Fall liegt eine **verminderte Schuldfähigkeit** (§ 21) nahe, und zwar umso näher, je mehr der BAK-Wert 2 ‰ überschreitet.[675]
- Bei einer BAK **ab 3 ‰** (bei Tötungsdelikten wegen der „höheren Hemmschwelle" erst ab 3,3 ‰[676]) ist die **Schuldunfähigkeit** regelmäßig gegeben.

507 Zu beachten ist aber stets, dass – aufgrund der sehr unterschiedlichen Auswirkungen auf den menschlichen Körper – die BAK immer nur ein – wenn auch sehr gewichtiges – **Indiz** bei der Beurteilung der alkoholbedingten Schuldunfähigkeit darstellen kann. Je geringer also der BAK-Wert ist, desto mehr müssen sonstige aussagekräftige psychodiagnostische

---

666 Beruht hingegen das mangelnde aktuelle Unrechtsbewusstsein auf Fehlen der Einsichtsfähigkeit und nicht auf einem biologischen Mangel nach § 20, liegt ein Fall des § 17 vor, der insoweit § 21 gegenstandslos macht.

667 War die Steuerungsfähigkeit zwar ausgeschlossen, aber nicht aufgrund einer der in § 20 genannten biologischen Voraussetzungen, liegt eine volle Schuldfähigkeit vor, vgl. *Fischer*, § 20 Rn 4.

668 SK-*Rudolphi*, § 20 Rn 21.

669 Vgl. dazu BGH NStZ 2015, 688 f.

670 BGH NJW 2004, 1810, 1811 f.

671 Wobei mit „Alkohol" Ethanol (C_2H_6O) gemeint ist.

672 Der Grad der Alkoholisierung wird in Promille ausgedrückt. Damit ist das Verhältnis von eingenommener Alkoholmenge in Gramm zum Körpergewicht je 1000 Gramm gemeint. Die BAK erreicht ihre Spitze zwei Stunden nach Trinkende, da der Körper den Alkohol erst dann vollständig aufgenommen hat (sog. Anflutphase). Diese Erkenntnis ist wichtig für die Rückrechnung auf die BAK zum Tatzeitpunkt.

673 Vgl. die umfassende Rechtsprechungsübersicht etwa bei *Fischer*, § 20 Rn 12 ff. Vgl. auch *König*, JA 2003, 131 ff.; *Himmelreich/Halm*, NStZ 2007, 389; *Satzger*, Jura 2013, 345 ff. Vgl. auch *Detter*, NStZ 2016, 391, 393.

674 *Detter*, NStZ 2003, 133.

675 *Detter*, NStZ 2003, 133; *Fischer*, § 20 Rn 19. Vgl. auch BGH NStZ-RR 2003, 39; *Himmelreich/Lessing*, NStZ 2003, 301.

676 Vgl. BGH NStZ 2000, 136. Die Rspr. ist insoweit aber auch unpräzise, da sie nicht zwischen vorsätzlichen und fahrlässigen Tötungsdelikten unterscheidet. Da eine „Hemmschwelle" wohl aber nur bei Vorsatz in Betracht kommt, sollte bei fahrlässiger Tötung von einem Schuldausschluss bei 3 ‰ ausgegangen werden.

Kriterien zur Verfügung stehen.[677] So können die konkreten Umstände des Einzelfalls eine erhebliche verminderte Steuerungsfähigkeit bei Tatbegehung also auch bei einer BAK schon unter 2 ‰ begründen[678], umgekehrt eine solche selbst bei errechneten Maximalwerten von über 3 ‰ auch ausschließen[679], was letztlich nur mithilfe eines Sachverständigengutachten zu ermitteln ist. In jeden Fall kommt der Alkoholgewöhnung eine wichtige Bedeutung zu. Je alkoholgewöhnter der Täter ist und je weniger Ausfallerscheinungen vorliegen, desto eher kommt eine Verneinung der Schuldunfähigkeit in Betracht.[680]

Hinweis für die Fallbearbeitung: Ist im Sachverhalt der exakte BAK-Wert gegeben, sollte dieser BAK-Wert – sofern gegenteilige Sachverhaltsangaben fehlen – zur Beurteilungsgrundlage für die Schuldfähigkeit gemacht werden.[681] Soweit dem Sachverhalt keine präzisen Promille-Angaben zu entnehmen sind, lassen Formulierungen wie „war völlig betrunken" auf Schuldunfähigkeit schließen. Im Übrigen ist zu beachten, dass Fragen der alkoholbedingten Schuldunfähigkeit insbesondere bei Straßenverkehrsdelikten (§ 315c I Nr. 1a bzw. § 316) zum Gegenstand von Prüfungsarbeiten gemacht werden. Hier ist besonders darauf zu achten, dass die Promille-Grenzen der relativen und absoluten Fahruntüchtigkeit[682] nicht mit denen der verminderten und vollen Schuldunfähigkeit i.S.v. §§ 21 und 20 verwechselt werden!

Da die BAK schließlich regelmäßig nicht zum Zeitpunkt der Tatbegehung, sondern erst zu **507a**
einem späteren Zeitpunkt festgestellt werden kann, ist sie durch **Rückrechnung** auf den Zeitpunkt des Trinkens zu ermitteln. Hierfür hat der Tatrichter, von Ausnahmefällen abgesehen, sich eines Sachverständigen zu bedienen. Bei der Prüfung der Schuldfähigkeit ist (anders als bei der Frage der Fahrtüchtigkeit i.S.d. §§ 315c I Nr. 1a Var. 1, 316) zugunsten des Täters (= höchstmögliche BAK zum Tatzeitpunkt) von einem stündlichen Abbauwert von 0,2 ‰ und einem (einmaligen) Sicherheitszuschlag von weiteren 0,2 ‰ (wobei hier – anders als bei §§ 315c I Nr. 1a Var. 1, 316 – auch die ersten beiden Stunden nach Trinkende in die Rückrechnung einzubeziehen sind)[683] auf das errechnete Ergebnis auszugehen.[684] Allerdings verliert die auf diese Weise errechnete BAK bei langem Rückrechnungszeitraum für die Beurteilung der Schuldfähigkeit an Beweiswert.[685]

Steht unter diesen Voraussetzungen fest, dass eine Schuldunfähigkeit nach § 20 vorliegt, **508**
ist trotz Schuldunfähigkeit im Zeitpunkt der Tat eine Bestrafung möglich, wenn der Eintritt der Schuldunfähigkeit als **unwesentliche Abweichung vom Kausalverlauf** anzusehen ist. Voraussetzung ist aber, dass

- die Schuldfähigkeit noch während des unmittelbaren Ansetzens zur Tat (also beim Einschreiten in das Versuchsstadium nach § 22) besteht,
- sich der Tatverlauf im Anschluss an den Verlust der Schuldfähigkeit noch im Rahmen des nach allgemeiner Lebenserfahrung Vorhersehbaren hielt und
- er nicht durch exogene, also von der Täterpersönlichkeit unabhängige, Faktoren ausgelöst worden ist.[686]

Beispiel: Frau F will aus Eifersucht ihren Mann M erschlagen und gerät nach einigen, aber noch nicht zum Tode führenden Schlägen in einen die Schuldfähigkeit ausschließenden Blutrausch, in dem sie ihr Werk vollendet.

---

[677] BGH NJW 2012, 2672, 2674.
[678] BGH NStZ 2000, 193.
[679] Vgl. BGH NStZ 2002, 532: 3,54 ‰.
[680] Vgl. dazu etwa BGH NJW 2012, 2672; NStZ 2005, 92 f.; NStZ 2005, 329, 330 f.
[681] Vgl. bereits die 1. Aufl. 2002; so nun auch *Kudlich*, JA 2012, 871, 872.
[682] Vgl. zu diesen *R. Schmidt*, BT I, Rn 603 ff.
[683] Vgl. dazu *R. Schmidt*, BT I, Rn 606b.
[684] Vgl. BGH NStZ 2000, 193; OLG Köln DAR 2013, 293. Vgl. auch *Himmelreich/Halm*, NStZ 2013, 454, 459.
[685] Vgl. BGH NStZ 2002, 532, 533. Vgl. auch OLG Köln DAR 2013, 293; *Satzger*, Jura 2013, 345 ff.
[686] BGHSt 23, 133.

Hier war F trotz zwischenzeitlicher Schuldunfähigkeit in dem Zeitpunkt, in dem sie das Versuchsstadium überschritt, noch schuldfähig. Da sich der weitere Tatverlauf in den Grenzen dessen hielt, was sie von Anfang an beabsichtigte, liegt eine volle Strafbarkeit vor.

509 In Fällen dieser Art kann also die Täterin **ohne** Heranziehung der Grundsätze der *actio libera in causa* (dazu sogleich) bestraft werden. Anders als diese Konstellation sind Fälle zu beurteilen, in denen der Zustand der Schuldunfähigkeit bereits im Stadium einer straflosen Vorbereitungshandlung vorliegt und bis zur Beendigung der Tatausführung andauert. In dieser Konstellation kann die Figur der *actio libera in causa* Anwendung finden.

aa. *actio libera in causa*

a.) Begriff und Bedeutung

510 Unter einer *actio libera in causa* versteht man jene Fallgestaltungen, bei denen der Täter – sei es vorsätzlich oder nur fahrlässig – in verantwortlichem Zustand einen Geschehensablauf in Gang setzt, der im Zustand der Schuldunfähigkeit (z.B. im Alkoholrausch) oder der Handlungsunfähigkeit (z.B. Mutter drückt im Schlaf den Säugling zu Tode) zu Ende geführt wird.[687]

Beispiel: T versetzt sich mittels Alkohols in einen Zustand tiefgreifender Bewusstseinsstörung (also in den Zustand des § 20). In diesem Zustand begeht er einen Totschlag (§ 212).

T kann nicht aus § 212 bestraft werden, weil er schuldunfähig ist. Gleichwohl ist er nicht straflos, denn § 323a (Vollrausch) sieht für den Täter, der wegen rauschbedingter Schuldunfähigkeit nicht bestraft werden kann, eine Strafbarkeit von bis zu fünf Jahren vor. Gerade diese (geringe) Rechtsfolge wird aber von einigen Juristen als besonders misslich angesehen, wenn der Täter im Zeitpunkt des Sich-Berauschens zumindest mit der Möglichkeit rechnen musste, dass es später (also im Zustand der Schuldunfähigkeit) zu einer Straftat kommen würde, die unter höherer Strafandrohung steht als der Vollrausch (im vorliegenden Fall also maximal 15 Jahre statt „nur" 5 Jahre). Daher wurde früher ganz herrschend und teilweise auch heute die strafrechtliche Hilfskonstruktion *actio libera in causa* angewendet, die es ermöglicht, den Täter aus dem im Rauschzustand begangenen Delikt so zu bestrafen, als wenn er schuldfähig gewesen wäre. Ob das angesichts des klaren Wortlauts des § 20 überhaupt zulässig sein kann, soll im Folgenden geklärt werden.

b.) Vorsätzliche und fahrlässige *actio libera in causa*

511 Ungeachtet aller Streitigkeiten um diese Rechtsfigur ist zwischen der vorsätzlichen und der fahrlässigen *actio libera in causa* zu unterscheiden. Bei der vorsätzlichen *actio libera in causa* handelt der Täter im schuldfähigen Zustand sowohl hinsichtlich der Herbeiführung seines späteren Defekts (also der Berauschung) als auch hinsichtlich der späteren Begehung einer bestimmten Straftat in diesem Zustand vorsätzlich (in beiden Fällen genügt Eventualvorsatz).[688] Für die Annahme einer vorsätzlichen *actio libera in causa* ist es somit irrelevant, ob die spätere Defekthandlung vorsätzlich oder fahrlässig begangen wurde.

Beispiel für vorsätzliche *actio libera in causa*: X will Y umbringen. Da er jedoch Hemmungen hat, trinkt er sich in der Kneipe Mut an. Mit einer BAK von 3,35 ‰ tötet er anschließend Y genauso, wie er es vorhatte.

Hier betrank sich X zumindest bedingt vorsätzlich. Dies tat er gerade im Hinblick auf die spätere Rauschtat. Es handelt sich damit um die Konstellation einer vorsätzlichen *actio*

---

[687] BGHSt 21, 381, 382; BGH NStZ 2002, 28; *Fischer*, § 20 Rn 49; *Gropp*, AT, § 6 Rn 100. Vgl. auch die zusammengefassten Darstellungen von *Satzger*, Jura 2006, 513 ff. und *Safferling*, JA 2007, 183, 185.

[688] BGH NStZ 2002, 28; Sch/Sch-*Perron/Weißer*, § 20 Rn 37; *Fischer*, § 20 Rn 50.

libera in causa. Sofern man diese Figur anerkennt, ist X aus § 212 i.V.m. den Grundsätzen der vorsätzlichen *actio libera in causa* strafbar. § 323a tritt subsidiär zurück.

Demgegenüber hat sich der Täter bei der fahrlässigen *actio libera in causa* entweder fahrlässig in den Defektzustand versetzt und eine zuvor geplante Straftat ausgeführt oder er versetzt sich zwar vorsätzlich (oder auch fahrlässig) in den Rauschzustand, bedenkt dabei aber in fahrlässiger Weise nicht die Möglichkeit, dass er im Zustand der Schuldunfähigkeit eine bestimmte Straftat begehen wird.[689] Auch hier ist es irrelevant, ob die spätere Defekthandlung vorsätzlich oder fahrlässig begangen wird. Voraussetzung ist aber immer, dass ein entsprechender Fahrlässigkeitstatbestand besteht. **512**

Beispiel für fahrlässige *actio libera in causa*: Z hat Liebeskummer und betrinkt sich in der Kneipe vorsätzlich oder fahrlässig. Dabei denkt er nicht über die Möglichkeit nach, später mit dem Auto noch nach Hause fahren zu müssen. Als er eine BAK von 3,35 ‰ erreicht, denkt er an nichts mehr, kann aber noch in den Wagen steigen und davonfahren. Bereits nach 200m verursacht er einen schweren Verkehrsunfall, bei dem O getötet wird.

Hier handelt es sich um die Konstellation einer fahrlässigen *actio libera in causa*. Sofern man auch diese Figur anerkennt, ist Z aus § 222 i.V.m. den Grundsätzen der fahrlässigen *actio libera in causa* strafbar. § 323a tritt dann auch hier subsidiär zurück.

Es lässt sich somit feststellen, dass bezüglich der Unterscheidung zwischen vorsätzlicher und fahrlässiger *actio libera in causa* nur die beiden ersten Stufen relevant sind, **513**

- die **Defektbegründungshandlung** (*actio praecedens*) und
- die **psychische Beziehung** des Täters zu der späteren Rauschtat, der Defekthandlung (*actio subsequens*),

wobei mit psychischer Beziehung bei der vorsätzlichen *actio libera in causa* ein Vorsatz mit doppelter Bezugsrichtung gemeint ist: Im Tatzeitpunkt der noch vorhandenen Schuldfähigkeit muss der Täter zum einen Vorsatz in Bezug auf die Herbeiführung der Schuldunfähigkeit haben, zum anderen muss ein ausreichend bestimmter, wenn auch nicht in allen Einzelheiten konkretisierter Vorsatz in Bezug auf die spätere Straftat in diesem Zustand vorgelegen haben. Fällt dem Täter in mindestens einer dieser beiden Stufen nur Fahrlässigkeit zur Last, liegt ein Fall der fahrlässigen *actio libera in causa* vor. Diese kann aber nur dann vorliegen, wenn die fahrlässige Begehung des Delikts überhaupt strafbar ist (vgl. § 15).

Die Strafbarkeit nach § 323a ist subsidiär zu der Figur der *actio libera in causa*. Hält man die Figur der *actio libera in causa* für zulässig und liegen ihre Voraussetzungen vor, wird der Täter unabhängig von seiner Schuldfähigkeit im Zeitpunkt der Defekthandlung nach dem jeweils verwirklichten Straftatbestand bestraft. § 323a setzt hingegen voraus, dass der Täter wegen der Schuldunfähigkeit nicht für sein Verhalten bestraft werden kann. Bei den Grundsätzen der *actio libera in causa* wird er aber aus dem jeweiligen Delikt bestraft. Für die Anwendbarkeit des § 323a ist somit kein Raum mehr. Es besteht aber Idealkonkurrenz (§ 52) zu § 323a dann, wenn der Täter im schuldunfähigen Zustand weitere Straftaten begangen hat, zu denen im noch schuldfähigen Zustand keine psychische Beziehung bestand, die ihm also über die Figur der *actio libera in causa* nicht zurechenbar sind. Das ist beispielsweise bei einem Vorsatzwechsel nach der Defektbegründungshandlung oder bei wesentlichen Abweichungen des Kausalverlaufs der Fall (anderes Opfer oder dasselbe Opfer, aber anderer Tatbestand). **514**

c.) Wesentliche Begründungsmodelle

Die vorstehenden Ausführungen haben deutlich gemacht, dass die *actio libera in causa* die Verantwortlichkeit des Täters an den Zeitpunkt der noch vorhandenen Schuldfähigkeit **515**

---

[689] *Fischer*, § 20 Rn 51.

knüpft. Die das verfassungsrechtliche Schuldprinzip (Art. 1 I, 20 III, 103 II GG) konkretisierende Bestimmung des § 20 verlangt aber die Schuldfähigkeit *bei Begehung* der Tat (sog. Koinzidenzprinzip). Aus diesem Grund lehnt eine (inhaltlich zutreffende) Minderansicht aus der Literatur[690] die Rechtsfigur der *actio libera in causa* auch schlechthin ab.[691] Des Weiteren weisen diese Kritiker darauf hin, dass die von ihnen angegriffene Rechtsfigur jedenfalls bei fahrlässigen Delikten überflüssig sei, weil man insoweit mit allgemeinen Regeln der Zurechnung zu allseits befriedigenden Lösungen kommen könne; im Übrigen führe der Wegfall der Rechtsfigur zu keiner kriminalpolitisch bedenklichen Strafbarkeitslücke, weil es ja den Straftatbestand der Volltrunkenheit (§ 323a) gebe. Ungeachtet dieser Kritik hält eine beträchtliche Auffassung, zu der auch der 2. und 3. Strafsenat des BGH[692] zählen, an der Figur der *actio libera in causa* fest. Zur rechtstheoretischen Begründung werden im Wesentlichen folgende Modelle vertreten.

aa.) Mittelbare Täterschaft

516 Das erste Erklärungsmodell begreift die *actio libera in causa* als Sonderfall der mittelbaren Täterschaft i.S.v. § 25 I Var. 2 mit der Begründung, der Täter benutze zur Ausführung der Tat sich selbst als Werkzeug.[693]

517 Kritik: Diese Auffassung verstößt gegen den klaren Wortlaut des § 25 I Var. 2, wonach der Täter die Tat „durch einen anderen" begehen muss. Der Täter begeht die Tat aber nicht „durch einen anderen", sondern durch sich selbst. Die Personenidentität des *actio libera in causa* – Täters wird auch nicht dadurch aufgehoben, dass der Täter im Tatzeitpunkt schuldunfähig ist. Das Modell der mittelbaren Täterschaft ist daher unvertretbar. Bei eigenhändigen Delikten und Sonderdelikten käme das Erklärungsmodell ohnehin nicht in Betracht.

bb.) Ausnahmetheorie (sog. Schuldlösung)

518 Teilweise wird in der *actio libera in causa* eine gewohnheitsrechtlich anerkannte Ausnahme zu § 20 gesehen (daher „**Ausnahmetheorie**"; aber auch **Schuldlösung** genannt).[694] Ausnahmsweise müssten Schuld und Tat nicht gleichzeitig vorliegen.

519 Kritik: Gegen die Theorie spricht (wie die Vertreter dieser Theorie auch selbst einräumen) der **eindeutige Wortlaut des § 20** („... bei Begehung der Tat"), dem nicht zu entnehmen ist, dass von dem Koinzidenzprinzip in bestimmten Situationen eine Ausnahme zuzulassen wäre. Dem Vorwurf, mit der Statuierung einer Ausnahme zu § 20 werde zum Nachteil des Angeklagten und damit unter Verstoß gegen Art. 103 II GG (*nullum crimen sine lege*) § 20 partiell außer Kraft gesetzt[695], begegnen die Befürworter dieses Lösungsansatzes mit dem Hinweis, das in Art. 103 II GG verankerte Verbot strafrechtlicher Gewohnheitsrechtsbildung werde nur auf der Tatbestandsebene (also auf Normen des BT), nicht hingegen im Bereich des AT wirksam. Spätestens nach der neueren Rechtsprechung des BGH[696] ist diese Auffassung zumindest in der Praxis nicht mehr gangbar. Aber auch wenn man das Verbot von strafbegründendem Gewohnheitsrecht nur auf Tatbestände anwendet, kommt der Anerkennung der *actio libera in causa* doch eine strafbegründende, zumindest aber eine straferweiternde Funktion zu. Einer vom Gesetzeswortlaut nicht

---

[690] *Hettinger*, Actio libera in causa, 1988, S. 442, 451 ff.; *ders.*, GA 1989, 513 ff.; *Paeffgen* ZStW 97 (1985), 513, 524; *Horn* GA 1969, 289 ff.; *Salger/Mutzbauer* NStZ 1993, 561 ff.; *Rath*, JuS 1995, 405, 407.

[691] Auch der *4. Strafsenat* des BGH hat die *actio libera in causa* erheblich eingeschränkt, wenn er ihr auch keine generelle Absage erteilte (vgl. BGHSt 42, 235 ff.). Dem *4. Senat* beipflichtend *Neumann*, StV 1997, 23 ff.; *Horn*, StV 1997, 264 ff.; *Ambos*, NJW 1997, 2296 ff.

[692] Vgl. BGH NStZ 1997, 230 (*3. Senat*); NStZ 1999, 448 und NStZ 2000, 584 (jeweils *2. Senat*).

[693] Vgl. dazu näher RGSt 22, 413, 415 und *Jakobs*, AT, § 17 Rn 64.

[694] Vertreten von *W/B/S*, AT, Rn 415; *Jescheck/Weigend*, AT, § 40 VI 1; LK-*Schöch*, § 20 Rn 199; *Lackner/Kühl*, § 20 Rn 25; *Kühl*, AT, § 11 Rn 9; *Jerouschek/Kölbel*, JuS 2001, 417, 420.

[695] So vor allem *Krause*, Jura 1980, 169, 172 und *Paeffgen*, ZStW 97 (1985) 513, 522.

[696] Vgl. BGHSt 42, 158, 160.

gedeckten Strafbegründung bzw. -erweiterung darf nicht zugestimmt werden. Die Ausnahmetheorie verstößt damit gegen die Wortlautgrenze des § 20 und auch gegen das Verbot strafbegründenden Gewohnheitsrechts.

Teilweise wird auch der Gedanke geäußert, man dürfe § 20 so verstehen, dass der Täter unter den dort genannten Voraussetzungen „ohne Schuld" handele, sofern ihm die Tat nicht nach den Regeln der *actio libera in causa* vorzuwerfen sei.[697] Diese Auffassung kann mit Blick auf Art. 103 II GG nicht überzeugen.[698] Allein der Gesetzgeber ist verfassungsrechtlich berufen, strafbegründendes und straferweiterndes Recht zu setzen.[699] Zu begrüßen ist es aber, wenn dem Gesetzgeber empfohlen wird[700], eine entsprechende Klarstellung im Gesetz vorzunehmen. 520

cc.) Ausdehnungstheorie

Um dem Vorwurf zu entgehen, gewohnheitsrechtliche Entwicklungen zur Strafbegründung heranzuziehen, bemühen sich neuere Stimmen im Schrifttum um eine Neuinterpretation des Koinzidenzprinzips, indem sie den Begriff der „Tatbegehung" in § 20 so weit auslegen, dass darunter „auch noch das vortatbestandliche, auf die Tatbestandsverwirklichung bezogene Vorverhalten im Schuldtatbestand erfassbar" wird. Man spricht insoweit auch vom „Ausdehnungsmodell".[701] 521

Kritik: Gegen diese Theorie ist einzuwenden, dass eine solche Ausdehnung des Tatbegriffs nicht nur dem (einheitlich zu § 20 zu verstehenden) Tatbegriff in §§ 16 und 17 widerspricht, sondern auch zur Folge hat, dass für die Anwendbarkeit des § 20 kaum noch Raum verbleibt. Denn aufgrund der weiten Ausdehnung des Tatbegriffs wären kaum noch Sachverhalte vorstellbar, bei denen der Täter nicht zu irgendeinem Zeitpunkt der „Tat" schuldfähig i.S.v. § 20 gewesen ist.[702] 522

dd.) Vorverlegungstheorie (sog. Tatbestandslösung bzw. Tatbestandsmodell)

Die wohl überwiegende Auffassung unter den Befürwortern der *actio libera in causa* favorisiert eine Lösung auf der Tatbestandsebene (sog. **Tatbestandsmodell**).[703] Danach wird die Zurechnung tatbestandsmäßigen Verhaltens nicht an das Verhalten im Zustand des Rausches (also nicht an die Handlungsunfähigkeit – *actio subsequens*) geknüpft, sondern an das vorangegangene Sichbetrinken (also an das den Zustand der Schuld- bzw. Handlungsunfähigkeit herbeiführende Verhalten – *actio praecedens*); die gesamte deliktsbezogene Prüfung wird also praktisch auf den Zeitpunkt der letzten Nüchternheit (i. S. der letzten Schuld- bzw. Handlungsfähigkeit) vorverlegt (daher auch die Bezeichnung „Vorverlegungstheorie"). Zur Begründung dieser Theorie stützt man sich teilweise auch auf den bereits erwähnten Gedanken der mittelbaren Täterschaft und meint, der Täter benutze sich gewissermaßen selbst als schuldlos handelndes Werkzeug. 523

Kritik: Auch diese Begründung ist nur schwer mit dem Wortlaut des § 20 („bei Begehung der Tat"!) in Einklang zu bringen und scheitert jedenfalls bei eigenhändigen Delikten. Denn wenn die mittelbare Täterschaft bei eigenhändigen Delikten ausgeschlossen ist (insoweit unbestritten), muss dies konsequenterweise auch für die *actio libera in causa* gel- 524

---

[697] So *W/B/S*, AT, Rn 415 mit weiteren Nachweisen.

[698] Vgl. auch die Auffassung des *4. Senats* des BGH (St 42, 235, 241).

[699] So hat sich auch die Kommission der Bundesregierung zur Reform des strafrechtlichen Sanktionssystems in ihrem Abschlussbericht (2000) für eine positivrechtliche Regelung in § 20 ausgesprochen.

[700] So von *W/B/S*, AT, Rn 415.

[701] *Streng*, ZStW 101 (1989), 273, 310 und JZ 1994, 709, 711; *Frisch*, ZStW 101 (1989) 538, 608 ff.; *Stratenwerth/Kuhlen*, AT § 10 Rn 47; *Streng*, JuS 2001, 540, 542 f.; *Herzberg*, Spendel-Festschrift (1992), S. 203 ff.

[702] Vgl. *Gropp*, AT, 3. Aufl. 2005, § 6 Rn 157.

[703] BGHSt 17, 333, 335; *Fischer*, § 20 Rn 52; Sch/Sch-*Perron/Weißer*, § 20 Rn 35b; *Roxin*, AT, § 20 Rn 58; *Lackner/Kühl*, § 20 Rn 15; SK-*Rudolphi*, § 20 Rn 28d.

ten – jedenfalls dann, wenn man diese rechtstheoretisch als mittelbare Täterschaft begreift.

Aber auch im Übrigen vermag dieser Ansatz nicht zu überzeugen: Zwar wird der sich aus § 20 ergebenden Forderung nach einer zeitlichen Koinzidenz von Unrechtstatbestand und Schuld formal Rechnung getragen, allerdings wird die Tathandlung willkürlich vorverlagert und dabei auf einen Zeitpunkt abgestellt, in dem der Täter noch schuldfähig war, statt – wie § 20 dies fordert – danach zu fragen, ob im Zeitpunkt der Tathandlung die Schuld gegeben ist. Gerade darauf kommt es bei dieser Norm aber an. Auch ist nicht zu erkennen, warum der Begriff *bei Begehung der Tat* in § 20 anders zu verstehen sein soll als in § 16 I S. 1, II und § 17. Dort ist unstreitig der Zeitpunkt der unmittelbaren Tathandlung gemeint.[704]

ee.) Abschließende Bewertung

525 Insgesamt lässt sich sagen, dass gerade im Hinblick auf die Rechtssicherheit, das Schuldprinzip und den Bestimmtheitsgrundsatz des Art. 103 II GG es dem Bürger möglich erscheinen muss, im Voraus abzuschätzen, welche strafrechtlichen Konsequenzen ihm bei Erfüllung eines bestimmten Straftatbestands drohen. Mithin kann der juristisch ungebildete Bürger allein aufgrund des Wortlauts des § 20 und der darin verankerten zeitlichen Koinzidenz zwischen Tatbestandsverwirklichung und Schuld nicht vermuten, dass ein der unmittelbaren Tatbestandsverwirklichung vorverlegtes - äußerlich neutrales - Geschehen von einer Strafbarkeit erfasst sein kann. Auch lässt der explizite Wortlaut des § 20 nicht vermuten, dass von ihm Ausnahmen gemacht werden sollen, die ihm geradezu konträr sind.

Das Rechtsinstitut der *actio libera in causa* ist somit mit dem Bestimmtheitsgrundsatz des deutschen Strafrechts und dem daraus folgenden Analogieverbot zuungunsten des Betroffenen und dem Verbot von Gewohnheitsrecht unvereinbar. Eine Strafbarkeit kommt nur nach § 323a in Betracht. Sofern in der in dieser Vorschrift vorgesehenen Strafandrohung von „nur" 5 Jahren eine Unzulänglichkeit gesehen wird, kann allein der Gesetzgeber eine befriedigende Lösung herbeiführen.

d.) Insbesondere: Fahrlässige Erfolgsdelikte und Straßenverkehrsdelikte

526 Selbst wenn man entgegen der hier vertretenen Auffassung von der grundsätzlichen Verfassungsmäßigkeit der *actio libera in causa* ausgeht, hat diese Rechtsfigur durch eine Entscheidung des nach der Geschäftsverteilung des BGH für Verkehrsstrafrecht zuständigen 4. Strafsenats doch eine bedeutsame Einschränkung erfahren. Der Entscheidung lag folgender Sachverhalt zugrunde:

527 **Sachverhalt**[705]**:** T, ein dänischer Staatsangehöriger, der in Deutschland und Dänemark bereits mehrfach wegen alkoholbedingter Trunkenheitsfahrten verurteilt worden war und keine gültige Fahrerlaubnis besaß, fuhr am Tattag mit einem Lieferwagen von seinem Wohnort in Dänemark durch das Bundesgebiet in die Niederlande. Unmittelbar nach der Einreise in die Niederlande, wo er für die Nacht ein Hotel suchen wollte, kaufte der bis dahin nüchterne T kurz nach 18 Uhr alkoholische Getränke. In der Folgezeit trank er etwa fünf Liter Bier und Schnaps in nicht feststellbarer Menge. Zwischen 21.15 und 21.30 Uhr fuhr der zu dieser Zeit erheblich alkoholisierte Mann in Schlangenlinien auf der niederländischen Autobahn in Richtung der deutschen Grenze mit einer Geschwindigkeit von ca. 70 km/h auf die Kontrollstelle zu. Dabei überfuhr er zunächst einige Leitkegel, mit denen die rechte Fahrspur abgesperrt war. Sodann stieß er mit unverminderter Geschwindigkeit mit der rechten vorderen Seite seines Fahrzeugs gegen die hintere linke Seite eines auf der rechten Spur stehenden Personenkraftwagens; dabei erfasste er zwei Grenzschutzbeamte, die dieses Fahrzeug kontrollierten. Beide

---

[704] Vgl. BGHSt 42, 235, 240 (*4. Strafsenat*).
[705] Nach BGHSt 42, 235 ff. (*4. Strafsenat*).

Beamte starben noch an der Unfallstelle. Eine T um 23.30 Uhr entnommene Blutprobe ergab eine BAK von 3,22 ‰. Das LG hat T wegen fahrlässiger Tötung in Tateinheit mit Straßenverkehrsgefährdung und Fahren ohne Fahrerlaubnis zu einer Freiheitsstrafe von vier Jahren verurteilt und ihm „für das Gebiet der Bundesrepublik Deutschland" auf die Dauer von fünf Jahren die Fahrerlaubnis entzogen. Aufgrund der von T eingelegten Revision wurde der Schuldspruch dahin geändert, dass der Angeklagte der fahrlässigen Tötung in zwei Fällen in Tateinheit mit vorsätzlichem Vollrausch schuldig ist; außerdem wurde der Maßregelausspruch neu gefasst.
Zur näheren Auseinandersetzung mit der soeben erwähnten Entscheidung sowie zur gutachterlich aufbereiteten Lösung vgl. die Internetseite des Verlags Rubrik Studienbücher/Strafrecht AT/Falllösungen.

e.) Aufbaukonsequenzen

Die dargestellten unterschiedlichen Ansichten üben Einfluss auf den Klausuraufbau aus. Es muss differenziert werden: 528

- Bei **fahrlässigen, verhaltensneutralen Erfolgsdelikten** (gleichgültig, ob es sich um Straßenverkehrsdelikte handelt oder nicht – etwa §§ 222, 229, 306d oder 324 III) kann man auf die Rechtsfigur der *actio libera in causa* verzichten. Gegenstand des strafrechtlichen Vorwurfs ist jedes in Bezug auf den tatbestandsmäßigen Erfolg sorgfaltswidrige Verhalten, das diesen ursächlich herbeiführt. Aus diesem Grund bestehen, wenn mehrere Handlungen als sorgfaltswidrig in Betracht kommen (etwa das Sichbetrinken), keine Bedenken, den Fahrlässigkeitsvorwurf an das zeitlich frühere Verhalten anzuknüpfen. Auf die Frage nach der Verfassungsmäßigkeit der *actio libera in causa* kommt es demnach nicht an. Sie kann dahinstehen. Die Falllösung muss folgendermaßen aufgebaut werden: Zunächst muss geprüft werden, ob sich der Täter wegen der konkreten Rauschtat strafbar gemacht haben könnte (Tatbestand, Rechtswidrigkeit und Schuld). In der Schuld ist dann darzulegen, dass die Schuldfähigkeit im Zeitpunkt der Rauschtat ausgeschlossen war. Sodann ist dasselbe Delikt noch einmal vollständig durchzuprüfen, allerdings mit dem Unterschied, dass der Fahrlässigkeitsvorwurf nicht mehr an die eigentliche Rauschtat anknüpft, sondern an das Sichberauschen. Da dieses sorgfaltspflichtwidrig ist und der Täter zu diesem Zeitpunkt auch noch schuldfähig war, ist die Strafbarkeit aus dem einschlägigen fahrlässigen Erfolgsdelikt i.d.R. gegeben.
- Bei allen **verhaltensgebundenen Straßenverkehrsdelikten** (gleichgültig, ob es sich um Vorsatz- oder Fahrlässigkeitsdelikte handelt – etwa §§ 316, 315c StGB, § 21 StVG) muss die Rechtsprechung des 4. Senats beachtet werden. Danach müssen bei der Prüfung der Schuld alle wesentlichen Begründungsansätze (v.a. die Ausnahmetheorie und die Vorverlegungstheorie) durchdiskutiert werden. Folgt man der Auffassung des *4. Senats*, ist keine dieser Begründungsansätze tragfähig. Die *actio libera in causa* ist mithin nicht anwendbar. Eine Strafbarkeit des Täters aus §§ 316, 315c StGB, § 21 StVG scheitert dann an der Schuldunfähigkeit im Zeitpunkt der unmittelbaren Tatbegehung. In Betracht kommt aber § 323a. Wird trotz der Rechtsprechung des *4. Senats* des BGH der **Ausnahmetheorie** (Schuldlösung) gefolgt, verändert die *actio libera in causa* den Aufbau des Unrechtstatbestands nicht. Lediglich auf der Schuldebene ist zunächst festzustellen, dass eine Strafbarkeit infolge Schuldunfähigkeit im Zeitpunkt der Defekthandlung an sich wegen § 20 ausscheidet, sich in Verbindung mit den Grundsätzen der *actio libera in causa* aber etwas anderes ergeben könnte. Vertreter der **Vorverlegungstheorie** (Tatbestandsmodell) hingegen sollten nach der Feststellung der Schuldunfähigkeit im Tatzeitpunkt die Deliktsprüfung mit der Begründung abbrechen, dass eine Strafbarkeit des Täters, die allein darauf fußt, dass er die Tat im Tatzeitpunkt verwirklichte, ausscheidet. Sodann wäre eine erneute Prüfung des gesamten Delikts durchzuführen.[706] Diese vordergründig doppelt erscheinende Prüfung ist aber notwendig, da die Vorverlegungstheorie bereits am Tatbestand ansetzt und die Berauschung im noch schuldfähigen Zustand als *eine* der Tathandlungen ansieht.

[706] Vgl. bereits die 1. Aufl. 2002; später auch *Kindhäuser*, AT, § 23 Rn 28.

- Auch bei **verhaltensneutralen Tatbeständen außerhalb des Straßenverkehrs** (etwa §§ 211, 212, 223 ff.) muss man sich mit der Rechtsprechung des *4. Senats* auseinandersetzen. Sofern man die Figur der *actio libera in causa* aus verfassungsrechtlichen Gründen generell ablehnt, prüft man das Delikt nach dem bekannten Aufbau vollständig durch und kommt zu dem Ergebnis, dass eine Strafbarkeit infolge der Schuldunfähigkeit im Zeitpunkt der Defekthandlung an sich wegen § 20 ausscheidet. Sodann wirft man die Hypothese auf, dass sich etwas anderes unter Heranziehung der Grundsätze der *actio libera in causa* ergeben könnte, diskutiert anschließend noch innerhalb dieser Schuldebene die dogmatische Begründung der *actio libera in causa* und verneint die Anwendbarkeit dieser Figur mit den bereits erwähnten verfassungsrechtlichen Bedenken. Die Strafbarkeit erfolgt dann (lediglich) aus § 323a. Akzeptiert man indes mit dem *2.* und *3. Senat* des BGH die grundsätzliche Anwendbarkeit der *actio libera in causa* - etwa mit dem Argument des allgemeingültigen Verbots, sich rechtsmissbräuchlich zu verhalten und sich vergleichbar mit der rechtsmissbräuchlich herbeigeführten Notwehrlage auf eine selbstverschuldete Ausnahmesituation zu berufen - und folgt der dann dogmatisch vertretbaren Vorverlegungstheorie, muss bei der erneuten Durchprüfung des gesamten Delikts, nachdem die Berauschung als *eine* der Tathandlungen bestimmt wurde, im subjektiven Tatbestand eine Vorsatz- oder Fahrlässigkeitstat begründet werden.

Zur gutachtlichen Aufbereitung der actio libera in causa vgl. *Schmidt/Priebe*, Fälle zum Strafrecht I, Fall 11 Rn 10 ff.

bb. Auswirkungen des *error in persona* innerhalb der *actio libera in causa*

529 Sofern man die Figur der *actio libera in causa* nicht als verfassungswidrig verwirft, ergibt sich bei der Frage nach den Auswirkungen eines *error in persona* bei einem *Actio-libera-in-causa*-Täter ein besonderes Problem.[707] Ausgangspunkt dieses Problems ist, dass der Täter im Zeitpunkt der Ausführungshandlung (Defekthandlung) wegen der Unbeachtlichkeit des *error in persona* bei tatbestandlich gleichwertigen Objekten strafbar wäre, wegen seiner Schuldunfähigkeit aber nicht aus dem begangenen Delikt zu bestrafen ist. Mit den Grundsätzen der *actio libera in causa* würden dann an sich die Voraussetzungen einer Strafbarkeit wieder vorliegen.

Beispiel: A möchte seinen Erzfeind B erschießen. Da B aber erst in einigen Stunden eintreffen wird, begibt sich A in eine Kneipe, um sich dort die Zeit zu vertreiben. Dort gerät er aber durch übermäßigen Alkoholgenuss in den Zustand des § 20. Später, am Tatort, glaubt er dann, B zu erblicken. Er schießt auf die vor ihm befindliche Person und trifft diese tödlich. In Wirklichkeit handelte es sich bei dem Getöteten aber um C, den A mit B verwechselt hatte. Strafbarkeit des A?

Denkt man die Schuldunfähigkeit weg, wäre A aufgrund der tatbestandlichen Gleichwertigkeit der Objekte wegen eines vorsätzlichen Tötungsdelikts (§ 211 oder 212) strafbar – *error in persona*. Fraglich ist, ob sich etwas anderes ergibt, weil A im Zeitpunkt der Abgabe des Schusses schuldunfähig war.

⇨ Nach h.L. bewirkt ein *error in persona* im Zuge der Tatausführung einer *actio libera in causa* eine wesentliche Abweichung gegenüber dem im defektfreien Zustand gefassten Vorsatz. Da dem Täter der Irrtum bei der Objektindividualisierung erst nach dem Verlust der Schuldfähigkeit unterlaufe, sei die innere Verbindung zwischen Defektbegründungshandlung und Defekthandlung beseitigt. Aufgrund der Strukturähnlichkeit zur mittelbaren Täterschaft (der Täter mache sich selbst zum Werkzeug der Tatausführung) und weil auch der Identitätsirrtum des Tatmittlers zur *aberratio ictus* des mittel-

[707] Dass diese Konstellation äußerst examensrelevant ist, wurde bereits in der 1. Aufl. 2002 aufgezeigt und kann nunmehr auch den Ausbildungszeitschriften entnommen werden (vgl. etwa *Schweinberger*, JuS 2006, 507, 508).

baren Täters werde, werde der Identitätsirrtum während der Defekthandlung unter dem Blickwinkel der *actio libera in causa* zur *aberratio ictus.*[708] Folgt man dieser Auffassung, erfolgt die Strafbarkeit des Täters aus dem Versuch bezüglich des im noch schuldfähigen Zustand anvisierten Objekts i.V.m. dem Fahrlässigkeitsdelikt bezüglich des im Defektzustand tatsächlich verletzten Rechtsguts. Scheidet hingegen der Versuch bezüglich des im noch schuldfähigen Zustand anvisierten Objekts mangels Versuchsstrafbarkeit aus, erfolgt eine Strafbarkeit aus dem Fahrlässigkeitsdelikt (bezüglich des fälschlicherweise verletzten Rechtsguts) i.V.m. fahrlässiger *actio libera in causa* in Tateinheit mit § 323a (objektive Strafbarkeitsbedingung ist hier die im Defektzustand begangene Vorsatztat).

⇨ Der BGH[709] hält hingegen den Identitätsirrtum auch unter den Voraussetzungen der *actio libera in causa* für unbeachtlich. Von diesem Standpunkt aus ist der *actio libera in causa* - Täter allein aus vollendeter Vorsatztat (tatsächlich begangene Defekttat) i.V.m. den Grundsätzen der vorsätzlichen *actio libera in causa* zu bestrafen.

Für den vorliegenden Fall gilt daher Folgendes: Hält man die *actio libera in causa* entgegen der hier vertretenen Auffassung für anwendbar und folgt der h.L., ist A wegen eines versuchten Tötungsdelikts in Tateinheit mit fahrlässiger Tötung strafbar. Nach dem BGH wäre A wegen eines vorsätzlichen Tötungsdelikts i.V.m. den Grundsätzen der *actio libera in causa* strafbar.

Hat der Täter hingegen *ausschließlich* Defekthandlungen begangen, zu denen im Zeit- **530**
punkt der Defektbegründungshandlung keine psychische Beziehung bestand, liegt alleine eine Strafbarkeit nach § 323a vor. Unterliegt er in diesem Zustand einem *error in persona*, ist dieser Irrtum nach den bekannten Grundsätzen zu behandeln.

2. Die Schuldform: Vorsatzschuld (das Unrechtsbewusstsein i.w.S.)

a. Der Erlaubnistatbestandsirrtum

Innerhalb der Irrtümer ist der Erlaubnistatbestandsirrtum von zentraler Bedeutung. Die- **531**
ser Irrtum betrifft nicht etwa die bloße Vorstellung des Täters, gerechtfertigt zu sein. Vielmehr liegt ein Erlaubnistatbestandsirrtum nur dann vor, wenn der Täter irrig annimmt, auch die sachlichen (in Wirklichkeit aber nicht gegebenen) Voraussetzungen eines anerkannten Rechtfertigungsgrundes lägen vor.[710] Damit knüpft der Erlaubnistatbestandsirrtum an den Umstand dass, dass ein Rechtfertigungsgrund auch ein subjektives Rechtfertigungselement verlangt (Rn 321). Fehlt dieses, ist der Täter nicht gerechtfertigt. Umgekehrt muss es den Täter daher entlasten, wenn er zwar objektiv nicht gerechtfertigt ist, aber in Ausübung eines vermeintlich gegebenen Rechtfertigungsgrunds gehandelt hat, er also kein Unrecht begehen wollte. Um in diesem Fall einen Erlaubnistatbestandsirrtum annehmen zu können, muss sich der Täter einen Rechtfertigungsgrund vorgestellt haben, bei dessen tatsächlichem Vorliegen er gerechtfertigt gewesen wäre.

Beispiel 1: O zieht aus seiner Westentasche ein Streichholz, um sich eine Zigarette anzuzünden. T glaubt in diesem Moment, O wolle ein Messer ziehen, um ihn anzugreifen. Um diesen vermeintlichen Angriff abzuwehren, schlägt T den O nieder.

Dass T den Tatbestand des § 223 I erfüllt hat, steht außer Zweifel. Fraglich kann allein sein, ob T unter dem Aspekt der Notwehr gerechtfertigt ist. T hat sich einen Sachverhalt vorgestellt, bei dem O ihn gegenwärtig und rechtswidrig angreife und er – T – die erforderliche Verteidigungshandlung vornehmen dürfe. § 32 ist damit zumindest nach der Vor-

---

[708] *W/B/S*, AT, Rn 418; Sch/Sch-*Perron/Weißer*, § 20 Rn 37; SK-*Rudolphi*, § 20 Rn 31.

[709] BGHSt 21, 381, 384. Welche Auswirkungen die Entscheidung des *4. Senats* des BGH (St 42, 235 ff.) über die Nichtanwendbarkeit der *actio libera in causa* auf fahrlässige Erfolgsdelikte und auf Straßenverkehrsdelikte haben wird, bleibt abzuwarten.

[710] Vgl. exemplarisch BGH NJW 2004, 2458, 2460; BGH NStZ 2012, 272 ff. (dazu *Rotsch*, ZJS 2012, 109; *Erb*, JZ 2012, 207; *Engländer*, NStZ 2012, 274); BGH NStZ 2014, 30 f. (mit Bespr. v. *Kudlich*, JA 2014, 153).

stellung des T erfüllt. Tatsächlich lag aber zu keiner Zeit ein Angriff des O vor. T kann daher nicht gerechtfertigt sein. Ob er sich gleichwohl strafbar gemacht oder ob er sich in einem sog. Erlaubnistatbestandsirrtum befunden hat, der je nach Auffassung analog § 16 I S. 1 den Tatbestandsvorsatz oder lediglich die Vorsatzschuld entfallen lässt, soll im Folgenden geklärt werden. ⇨ Zur Lösung und zum Klausuraufbau vgl. Rn 546.

Variante (Auswirkung auf den Teilnehmer): Der Irrtum des T ist dadurch zustande gekommen, dass A dem T zuvor wahrheitswidrig vorgetäuscht hatte, O wolle sich wegen einer Liebesrivalität in nächster Zukunft an T rächen. ⇨ Zur Lösung vgl. Rn 547.

Beispiel 2[711]**:** Nachdem T, ein ehemaliger Kampfsportler, und O zusammen eine Flasche Wodka getrunken hatten, kam es zu einem aggressiven Verhalten des O gegenüber T, in dessen Folge O mehrmals in das Gesicht des T schlug. Um den Angriff zu beenden, packte T den O und hielt ihn über einen Zeitraum von mindestens einer Minute fest im Schwitzkasten, wobei er wusste, dass dies eine das Leben gefährdende Behandlung darstellt und es etwa durch ein Abdrücken der Halsschlagadern zu einer tödlich verlaufenden Sauerstoffunterversorgung des Gehirns kommen kann. Obwohl O sich nicht mehr wehrte, hielt T ihn weiter fest im Würgegriff, da er glaubte, O simuliere lediglich und werde ihn erneut angreifen, sobald er ihn loslasse. Noch während er O auf diese Weise hielt, rief er den Notruf der Polizei an, um deren Hilfe herbeizurufen. Nachdem er diesen Anruf nach einer Minute und 19 Sekunden beendet hatte, bemerkte er, dass O – immer noch fest im Schwitzkasten – nicht mehr atmete. Erst jetzt ließ er los. Der eintreffende Notarzt konnte O nicht mehr reanimieren. Dieser war aufgrund einer Sauerstoffunterversorgung des Gehirns infolge eines beidseitigen Abdrückens der Halsschlagader bereits tot. ⇨ Zur Lösung vgl. Rn 547a.

Hinweis für die Fallbearbeitung: Ein in Falllösungen nicht selten zu beobachtender Fehler besteht darin, dass sich Klausurbearbeiter lang und breit mit den Folgen eines Erlaubnistatbestandsirrtums beschäftigen, obwohl dessen **Voraussetzungen nicht vorliegen**. Denn wie aufgezeigt, genügt es nicht, dass sich der Täter irrtümlich in einer Rechtfertigungslage wähnt; erforderlich ist vielmehr, dass sich der Täter an alle Voraussetzungen des betreffenden (in Wirklichkeit nicht gegebenen) Rechtfertigungsgrundes hält. Es ist also ein methodischer Fehler, vorschnell die (nicht gegebenen) Voraussetzungen für einen Erlaubnistatbestandsirrtum zu bejahen, um dann (überflüssigerweise) die Rechtsfolgen aufzuzeigen.

Beispiel: Werkstattmeister T bringt in Erfahrung, dass der 15-jährige Auszubildende O am Tag zuvor in der Montagehalle einen Schraubenschlüssel in die Jackentasche gesteckt hat. Im Glauben, O habe den Schraubenschlüssel gestohlen, schreit er ihn mit den Worten: „Du Dieb" an und verpasst ihm als erzieherische Maßnahme eine kräftige Ohrfeige. Tatsächlich handelte es sich bei dem Schraubenschlüssel aber um das Eigentum des O.

Hier hat T durch die kräftige Ohrfeige den Tatbestand des § 223 I verwirklicht. Fraglich ist allein, ob er sich aus erzieherischen Gründen auf einen Rechtfertigungsgrund berufen kann. Zu denken wäre an ein Züchtigungs- bzw. Erziehungsrecht. Jedoch entbehrt ein solcher, früher auf Gewohnheitsrecht gestützter Rechtfertigungsgrund in einer modernen Gesellschaft einer tragfähigen Grundlage. Für den vorliegenden Fall greift sogar § 31 Jugendarbeitsschutzgesetz, der ausdrücklich körperliche Erziehungsmaßnahmen verbietet. Auch anerkannte Rechtfertigungsgründe wie § 127 I StPO oder § 32 StGB greifen nicht. § 127 I StPO greift schon deshalb nicht, weil es an der „Frische" der Tat fehlt und § 32 StGB scheitert an der Gegenwärtigkeit, unabhängig davon, dass schon ein rechtswidriger Angriff auf das Eigentum des Werkstattinhabers nicht vorlag. T kann daher nicht gerechtfertigt sein. Das führt wiederum zu der Frage, ob sich T wenigstens in einem Erlaubnistatbestandsirrtum befunden hat, der nach Auffassung des BGH analog § 16 I S. 1 den Vorsatz und nach Auffassung der h.L. die Vorsatzschuld entfallen lässt. Dazu müsste T sich eine Situation vorgestellt haben, die ihn bei ihrem tatsächli-

[711] BGH NStZ 2014, 30 f.

chen Vorliegen gerechtfertigt hätte, was in Anbetracht des § 31 Jugendarbeitsschutzgesetz jedoch fraglich erscheint.

T war irrtümlich der Meinung, O habe am Vortag den Schraubenschlüssel gestohlen. Diese Fehlvorstellung könnte in der Tat einen Erlaubnistatbestandsirrtum begründen, allerdings nicht im Bereich der Notwehr (sog. Putativnotwehr), da es T nicht darum ging, einen Angriff auf das Eigentum des Werkstattinhabers abzuwehren. Außerdem wäre die Ohrfeige auch kein taugliches Mittel gewesen, den (ohnehin nicht mehr gegenwärtigen) Angriff abzuwehren.[712] Vielmehr kann der mögliche Erlaubnistatbestandsirrtum nur an das (nicht gegebene) Züchtigungs- bzw. Erziehungsrecht anknüpfen. Doch ein solcher Erlaubnistatbestand existiert – wie aufgezeigt – nicht. Auf die Frage nach den rechtlichen Auswirkungen kommt es daher nicht an (eine Darstellung des Meinungsstandes – wie bei Rn 546 ausformuliert – wäre daher in der Klausur verfehlt).

T ist aber einem sog. Erlaubnisirrtum (indirekter Verbotsirrtum) gem. § 17 unterlegen, weil er einen Rechtfertigungsgrund angenommen hat, den die (geltende) Rechtsordnung jedoch nicht anerkennt (dazu Rn 563). Ob aber dieser Irrtum zum Ausschluss der Schuld führt, hängt von der Vermeidbarkeit der Fehlvorstellung ab. Bei einem Werkstattmeister, der verantwortlich für die Ausbildung ist, und auch bei T, kann davon ausgegangen werden, dass er das Verbot körperlicher Erziehungsmethoden kennt. T handelte daher in einem vermeidbaren Verbotsirrtum und damit schuldhaft; seine Strafe kann jedoch gem. § 17 S. 2 gemildert werden.

Steht also fest, dass sich der Täter in einem Erlaubnistatbestandsirrtum befunden hat, gilt es in einer Klausur, die rechtliche Behandlung darzustellen. Im Folgenden werden daher die vertretenen Ansätze erläutert sowie der Frage nach der gutachtlichen Prüfung, d.h. nach dem Einbau in die Falllösung, nachgegangen. Dies hängt wiederum vom grundsätzlichen Verständnis des Deliktsaufbaus (also vom Zusammenspiel von Tatbestand, Rechtswidrigkeit und Schuld) ab. Im Wesentlichen müssen folgende Ansätze bekannt sein: 532

aa. Die Vorsatztheorie

Nach der innerhalb des kausalen Verbrechensaufbaus[713] vertretenen **Vorsatztheorie** 533 entfällt bei einem Erlaubnistatbestandsirrtum (ebenso bei einem Erlaubnisirrtum!) der Tatbestandsvorsatz. Grundüberlegung dieser Theorie ist die Annahme, dass jeder Irrtum, und somit auch Irrtümer, welche die Rechtswidrigkeit bzw. die Schuld betreffen, den Tatbestandsvorsatz ausschlössen. Dieses Ergebnis ist zwingend logisch, denn im kausalen Verbrechensaufbau bezieht sich wegen des zweistufigen Deliktsaufbaus der Vorsatz auf den gesamten Unrechtstatbestand (also auf den Tatbestand <u>und</u> die Rechtswidrigkeit). Irrt sich der Täter also hinsichtlich eines Tatbestandsmerkmals oder auch eines Merkmals der Rechtswidrigkeit, **entfällt gem. § 16 I S. 1 der Tatbestandsvorsatz**. Diese Theorie ist aber seit Einführung des § 17 rechtlich nicht mehr vertretbar, weil nach § 17 eine Bestrafung aus einer Vorsatztat auch ohne aktuelles Unrechtsbewusstsein möglich ist, Letzteres also kein Vorsatzbestandteil (mehr) sein kann. Bestätigt wurde die Verwerfung der Vorsatztheorie durch das Grundsatzurteil des *Großen Senats* des BGH.[714]
Gleichwohl ist die Vorsatztheorie nicht gänzlich aufgegeben worden. Unter Berücksichtigung des heute geltenden § 17 und der Rechtsprechung des *Großen Senats* des BGH wird die Vorsatztheorie in einer „modifizierten" Form vertreten.[715] Für den kausalen Verbrechensaufbau bedeutet das, dass sich der dort (nur) in der „Schuld" zu prüfende Vorsatz einerseits auf den Tatbestand (der Tatbestandsvorsatz - bei Irrtum: § 16 I S. 1) und andererseits auf die Rechtswidrigkeit (der Rechtswidrigkeitsvorsatz, das Unrechtsbewusst-

[712] Anders aber *Kühl*, JuS 2007, 742, 745, der in einem vergleichbaren Fall den Erlaubnistatbestandsirrtum gerade an die (nicht gegebene) Notwehr anknüpft.
[713] Vgl. dazu Rn 64 und 69.
[714] BGHSt 2, 194, 197.
[715] *Schmidhäuser*, AT, 2. Aufl. 1984, § 5 Rn 6, § 7 Rn 36 und § 7 Rn 89; *Otto*, § 7 Rn 59, 68 ff., § 15 Rn 5 ff.; *Geerds*, Jura 1990, 421 ff.

sein - bei Irrtum: § 17) bezieht. Der BGH argumentiert, dadurch dass durch § 17 nur das „formelle" Unrechtsbewusstsein erfasst werde, das „materielle" Unrechtsbewusstsein - das Bewusstsein der Sozialschädlichkeit – jedoch zum Vorsatz gehöre, entfalle bei einem Erlaubnistatbestandsirrtum der Vorsatz. Allerdings ist auch diese Auffassung abzulehnen, weil § 17 für diese Art der Aufspaltung nichts zu entnehmen ist.

bb. Die Lehre von den negativen Tatbestandsmerkmalen

534 Zu demselben Ergebnis wie die Vorsatztheorien (also Ausschluss des Vorsatzes gem. § 16 I S. 1) kommt im Fall des Erlaubnistatbestandsirrtums auch die **Lehre von den negativen Tatbestandsmerkmalen**. Diese Auffassung geht mit dem zweistufigen Verbrechensaufbau davon aus, dass die irrtümliche Annahme der sachlichen Voraussetzungen eines Rechtfertigungsgrundes zu einem Überschuss von negativen Tatbestandsmerkmalen führe mit der Folge, dass der Täter einen zum gesetzlichen Tatbestand gehörenden Umstand nicht kenne und daher gem. § 16 I S. 1 nicht wegen vorsätzlicher Begehung bestraft werden könne.[716] Aber auch diese Lehre verkennt die verschiedenartige Funktion von Tatbestand (Typisierung des Unrechts) und Rechtfertigungsgrund (Wegfall der Rechtswidrigkeit in einer Ausnahmesituation) entgegen dem Gesetz, das hier deutlich unterscheidet (vgl. §§ 32, 34, 228, 142 II Nr. 2).

535 **Hinweis für die Fallbearbeitung:** Wer gleichwohl der „modifizierten Vorsatztheorie" oder der Lehre von den negativen Tatbestandsmerkmalen folgen möchte, muss in dem dann zu wählenden zweistufigen Verbrechensaufbau (der dann auch im *gesamten* Gutachten eingehalten werden muss!) innerhalb der Vorsatzprüfung die irrige Annahme des Vorliegens der sachlichen Voraussetzungen einer rechtfertigenden Sachlage unter *direkter Anwendung des § 16 I S. 1* behandeln mit der Folge des Ausschlusses des Vorsatzes. Wer dagegen mit der hier vertretenen Auffassung, die der heute ganz h.M. entspricht, die Vorsatztheorie und die Lehre von den negativen Tatbestandsmerkmalen ablehnt, sollte im dann zu wählenden dreistufigen Deliktsaufbau (dazu Rn 69) die Vorsatztheorie – da sie den Tatbestandsvorsatz betrifft – zwar im subjektiven Tatbestand ansprechen, sie dort aber explizit mit den o.g. Argumenten ablehnen. Sodann hat sich der Bearbeiter – auf der Deliktsstufe der Schuld – der sog. Schuldtheorien anzunehmen.

cc. Die Schuldtheorien

536 Die durch § 17 Gesetz gewordenen und die Gegenposition zu den Vorsatztheorien bildenden **Schuldtheorien** kennzeichnen sich dadurch, dass das Unrechtsbewusstsein nicht als Vorsatzbestandteil, sondern als eigenständiges Element der Schuld angesehen wird. Da mit dieser Aussage noch ungeklärt ist, ob auch die Rechtfertigungsirrtümer uneingeschränkt den Regeln des Verbotsirrtums folgen oder ob sie einer differenzierten Behandlung unterliegen, werden zwei Auffassungen vertreten:

537 **a.)** Die überwiegend von Finalisten[717] vertretene **„strenge" Schuldtheorie**[718] sieht *jeden* Irrtum über die Rechtswidrigkeit der Tat als Verbotsirrtum i.S.d. § 17 an. Sofern der Irrtum unvermeidbar gewesen ist, ist der Täter also straflos (§ 17 S. 1). War der Irrtum aber (wie i.d.R.) vermeidbar, ist innerhalb dieser Theorie wieder umstritten, inwiefern die Besonderheiten dieses Irrtums ggf. zugunsten des Täters eine von § 17 abweichende Rechtsfolge gebieten. Ein Teil der Vertreter dieser Theorie belässt es bei der Rechtsfolge des § 17 S. 2. Danach kann die Strafe gem. § 49 I gemildert werden.[719] Die anderen Vertreter dieser Theorie wollen wegen eines Vorsatzdelikts nur dann bestrafen,

---

[716] SK-*Rudolphi*, § 16 Rn 10-12 (vgl. aber Rn 13!); SK-*Günther*, vor § 32 Rn 8 f.; LK-*Rönnau*, vor, § 32 Rn 8.
[717] Vgl. Rn 66 f.
[718] LK-*Vogel*, § 16 Rn 114, 123; NK-*Puppe*, § 16 Rn 144; NK-*Paeffgen*, vor §§ 32-55 Rn 108 ff.
[719] *Welzel*, Das deutsche Strafrecht, 11. Aufl. 1969, S. 169.

wenn das Gesetz durch einen für Fahrlässigkeit geltenden Strafrahmen erkennen lasse, „wie im unteren Bereich der Zurechenbarkeit zu haften sein soll“[720].

Im **Beispiel** 1 von Rn 531 muss wohl davon ausgegangen werden, dass T den Irrtum hätte vermeiden können. Nach der Auffassung, die es bei der Rechtsfolge des § 17 S. 2 belässt, hätte sich T somit wegen vorsätzlicher Körperverletzung (§ 223) strafbar gemacht. Lediglich eine Strafmilderung nach § 49 I ist möglich. Aber auch nach der zweiten Spielart der strengen Schuldtheorie wäre T wegen vorsätzlicher Körperverletzung strafbar, weil ein Fahrlässigkeitsdelikt (hier: § 229) den gesetzgeberischen Willen zum Ausdruck bringt. Allerdings fände der Strafrahmen des § 229 Anwendung.[721]

Diese Lehre verkennt aber, dass es sich bei dem Erlaubnistatbestandsirrtum nicht um einen Beurteilungsfehler, sondern um einen Sachverhaltsirrtum handelt (der Irrtum über Rechtfertigungsumstände braucht nicht stets einen Verbotsirrtum nach sich zu ziehen). Sie ist daher abzulehnen. 538

Hinweis für die Fallbearbeitung: Wer sich gleichwohl der **„strengen“ Schuldtheorie** anschließt, muss sich am finalen (d.h. dreistufigen) Deliktsaufbau orientieren und den Erlaubnistatbestandsirrtum innerhalb der „Schuld“ im Gliederungspunkt „Unrechtsbewusstsein“ behandeln. Dort muss dann dargelegt werden, warum die irrige Annahme einer rechtfertigenden Sachlage als Verbotsirrtum i.S.d. § 17 angesehen wird. Diesbezüglich ist eine Auseinandersetzung mit der „eingeschränkten“ Schuldtheorie erforderlich und zu begründen, warum nicht dieser zu folgen ist. 539

b.) Die **„eingeschränkte“ Schuldtheorie** zeichnet sich dadurch aus, dass nach ihr zwischen Tatbestandsmerkmalen und Rechtfertigungsgründen unter dem Blickwinkel der Unrechtsvoraussetzungen kein qualitativer Unterschied besteht: Hier wie dort irrt der Täter über tatsächliche Umstände der Tat. Infolgedessen muss ein Erlaubnistatbestandsirrtum zu denselben Konsequenzen führen wie der Tatbestandsirrtum (d.h. Tatumstandsirrtum) i.S.d. **§ 16 I S. 1**: Der Täter ist nicht aus einer Vorsatztat zu bestrafen. Fraglich ist lediglich, ob ein Vorsatzausschluss stattfindet oder ob es bei einer vorsätzlichen und rechtswidrigen Tat bleibt, der Täter lediglich nicht schuldhaft handelt. 540

aa.) Die vornehmlich vom BGH[722] vertretene erste Variante dieser Theorie lässt beim Täter **den Vorsatz entfallen**. Allerdings kann in diesen Fällen § 16 I S. 1 nicht direkt angewendet werden, da „gesetzlicher Tatbestand“ nur der Unrechtstatbestand i.e.S., nicht aber der „Gesamt-Unrechtstatbestand“ i.S.d. Lehre von den negativen Tatbestandsmerkmalen sein kann. In Betracht kommt daher lediglich eine **analoge Anwendung des § 16 I S. 1**. Beruht der Irrtum auf einer Fahrlässigkeit, kommt § 16 I S. 2 zur Anwendung mit der Folge, dass die Bestrafung von der Existenz eines entsprechenden Fahrlässigkeitstatbestands abhängt. 541

Für T des **Beispiels** 1 von Rn 531 bedeutet dies also, dass sein Vorsatz analog § 16 I S. 1 ausgeschlossen ist. Da die Vermeidbarkeit des Irrtums bereits festgestellt wurde, ist er aber wegen fahrlässiger Körperverletzung (§ 229) strafbar.

Hinweis für die Fallbearbeitung: Bei Favorisierung der eingeschränkten Schuldtheorie in der Variante, in der der Erlaubnistatbestandsirrtum schon den Vorsatz ausschließt, wird die irrige Annahme über das Vorliegen der tatsächlichen Voraussetzungen einer 542

[720] *Jakobs*, AT, § 11 Rn 54.
[721] Vgl. *Jakobs*, AT, § 11 Rn 58.
[722] Vgl. nur BGHSt 3, 105, 107; 31, 264, 286 ff.; 35, 246, 250; BGH NJW 2000, 1348, 1349; NStZ-RR 2002, 73; NJW 2004, 2458, 2460; NStZ 2004, 204, 205; NStZ-RR 2011, 238; zust. *Mitsch*, JuS 2000, 848, 851; vgl. auch *Roxin*, AT, § 14 Rn 62 u. 68; Sch/Sch-*Sternberg-Lieben/Schuster*, § 16 Rn 18. Zumindest unklar BGH NStZ 2011, 630 und NStZ 2014, 30 f. („keine Bestrafung wegen vorsätzlicher Tat“ bzw. „Ausschluss der Vorsatzstrafbarkeit“).

rechtfertigenden Sachlage unter *analoger Anwendung des § 16 I S. 1* innerhalb der Schuldprüfung behandelt. Merkwürdig ist dann nur, warum der Vorsatz nun „nachträglich" wieder entfallen soll, obwohl er zuvor bereits im subjektiven Tatbestand bejaht wurde. Diese „Inkonsequenz" versuchen die Vertreter dieser Theorie dadurch zu relativieren, dass sie im subjektiven Tatbestand feststellen, dass der Vorsatz jedenfalls hinsichtlich der Erfüllung des objektiven Tatbestands gegeben sei, dieser Befund aber nicht ausschließe, dass der Vorsatz aus anderen Gründen zu verneinen sein könne.

543 **bb.)** Nach der von der h.L.[723], aber auch teilweise vom BGH[724] vertretenen zweiten Variante der eingeschränkten Schuldtheorie, der **rechtsfolgenverweisenden eingeschränkten Schuldtheorie**, lässt der Erlaubnistatbestandsirrtum den Willen zur Tatbestandsverwirklichung, also den Tatbestandsvorsatz, unberührt. Diese Variante schließt vielmehr nur den **Vorsatzschuldvorwurf** und eine Bestrafung wegen vorsätzlicher Tat aus. Der Erlaubnistatbestandsirrtum wird damit lediglich in seinen **Rechtsfolgen** dem in § 16 I S. 1 geregelten Tatumstandsirrtum gleichgestellt (es bleibt also bei einer vorsätzlichen und rechtswidrigen – und damit **teilnahmefähigen** Tat i.S.d. §§ 26, 27[725]). Beruht der Irrtum auf einer Fahrlässigkeit, kommt in Übereinstimmung mit der ersten Variante dieser Theorie § 16 I S. 2 zur Anwendung mit der Folge, dass die Bestrafung von der Existenz eines entsprechenden Fahrlässigkeitsdelikts abhängt.

Demnach würde bei T des **Beispiels** 1 von Rn 531 lediglich die Vorsatzschuld entfallen, sodass es bei einer vorsätzlichen und rechtswidrigen Tat bliebe. Für A bedeutete dies also, dass eine teilnahmefähige Haupttat i.S.d. § 26 vorläge. Dieser würde dann wegen Anstiftung zur Körperverletzung (§§ 223, 26) strafbar sein.

544 **Hinweis für die Fallbearbeitung:** Die eingeschränkte Schuldtheorie in der rechtsfolgenverweisenden Variante lässt also unter analoger Anwendung des § 16 I S. 1 (und im Gegensatz zur vorsatzausschließenden Variante) nicht den Vorsatz selbst entfallen, sondern nur die Vorsatzschuld, sodass der Täter zwar straffrei bleibt, aber weiterhin eine tatbestandsmäßige und rechtswidrige Tat vollendet hat. Dadurch wird (im Gegensatz zur vorsatzausschließenden Variante) die Teilnahmemöglichkeit nach §§ 26, 27 einer anderen Person nicht ausgeschlossen. Auch eine ggf. rechtmäßige Notwehrhandlung des Angegriffenen bleibt möglich. Daher drängt sich der Verdacht auf, man wolle nur ein bestimmtes Ergebnis herbeiführen, indem man entweder den Vorsatz entfallen lässt oder aber diesen bejaht und nur die Vorsatzschuld verneint, es somit bei einer vorsätzlichen und rechtswidrigen Tat belässt, wodurch die Möglichkeit einer Teilnahme nicht abgeschnitten wird.
Steht für den Klausurbearbeiter nach einer entsprechenden gedanklichen Prüfung des Erlaubnistatbestandsirrtums fest, dass er der (dogmatisch vorzugswürdigen) **rechtsfolgenverweisenden Variante der eingeschränkten Schuldtheorie** folgen möchte, darf der in Betracht kommende Erlaubnistatbestandsirrtum erst nach Feststellung der Rechtswidrigkeit bzw. in der „Schuld" unter dem Blickwinkel des „Vorsatzschuldvorwurfs" erörtert werden. Mit abweichenden Ansichten braucht man sich auch dann erst an dieser Stelle auseinanderzusetzen, auch wenn diese anderen Ansichten für sich genommen teilweise schon früher behandelt werden müssten (siehe sogleich).[726]

b. Aufbauhinweise und Formulierungshilfen

545 Aus den vorstehenden Hinweisen für die Fallbearbeitung sollte deutlich geworden sein, dass die Behandlung eines Sachverhalts, in dem ein Erlaubnistatbestandsirrtum auftritt

[723] Vgl. nur *Jescheck/Weigend*, AT, § 41 III 2d, IV 1d; *W/B/S*, AT, Rn 479; *Lackner/Kühl*, § 17 Rn 5 u. 9; *Blei*, AT, § 59 II 3; *Krey/Esser*, AT, Rn 743 ff.; *Fischer*, § 16 Rn 20 ff.
[724] BGH NJW 1997, 2460; NStZ 2012, 272, 273 f. („Ausschluss der Vorsatzschuld").
[725] Vgl. bereits die 1. Aufl. 2002 und nunmehr auch *Jäger*, JA 2012, 277, 279.
[726] So ebenfalls bereits die 1. Aufl. 2002; vgl. nunmehr auch *Gasa*, JuS 2005, 890, 891; *Neubacher/Bachmann*, JA 2010, 711, 718.

oder zumindest nicht ausgeschlossen werden kann und daher geprüft werden muss, zu Recht als allgemein schwierig empfunden wird. Das gilt vor allem deswegen, weil die verschiedenen Ansichten die Grenzen der einzelnen Deliktsstufen überschreiten. So scheint die Behandlung der vorsatzausschließenden Variante der eingeschränkten Schuldtheorie in der Schuld widersprüchlich, wenn zuvor im Tatbestand der Vorsatz bejaht wurde. Daher kann eine vorsichtige Formulierung am Anfang des Gutachtens zu empfehlen sein, etwa, dass der Täter zwar im Hinblick auf die objektiven Tatbestandsmerkmale mit Vorsatz gehandelt habe, dies jedoch nicht ausschließe, dass der Deliktsvorsatz i.S.v. § 16 noch aus anderen Gründen zu verneinen sei. Durch diese Vorgehensweise wird verdeutlicht, dass noch kein abschließendes Urteil über den Vorsatz abgegeben werden soll, denn anderenfalls wäre ein Reflektieren der verschiedenen Meinungen durch die bereits erfolgte Bejahung des (generellen) Vorsatzes nicht mehr möglich. Zwar ließe sich ein solcher Widerspruch auch vermeiden, indem man den Rechtfertigungsirrtum schon im Tatbestand prüfte, allerdings ist die zwingende Voraussetzung eines Rechtfertigungsirrtums – das objektive Nichtvorliegen eines anerkannten Rechtfertigungsgrundes – ja gerade noch nicht festgestellt worden. Daher kann ein Rechtfertigungsirrtum erst dann behandelt werden, wenn das objektive Nichteingreifen eines Rechtfertigungsgrundes feststeht. Daraus folgt, dass Prüfungsstandort eines Rechtfertigungsirrtums jedenfalls erst nach der Feststellung, dass ein anerkannter Rechtfertigungsgrund objektiv nicht eingreife, sein kann.[727]
Aber auch die Behandlung des Rechtfertigungsirrtums in der Schuld im Rahmen des „Unrechtsbewusstseins" ist nicht frei von dogmatischen Einwänden, weil damit der verbrechenssystematische Standort dieses Irrtums auf der Schuldebene prädeterminiert wird, wo es doch gilt, die juristische Einordnung dieses Irrtums erst noch durch die Darstellung des Streitstands zu entwickeln. Um diesen Widerspruch zu vermeiden, kann es auch angebracht sein, ohne Untergliederung in Rechtswidrigkeit und Schuld die objektive Rechtswidrigkeit des Täterhandelns, also das Nichteingreifen eines anerkannten Rechtfertigungsgrundes, festzustellen und anschließend die Streitfrage aufzuwerfen, wie die (Fehl-)Vorstellung des Täters, kein Unrecht zu begehen, d.h. das fehlende Unrechtsbewusstsein, zu behandeln ist.[728] Diese juristisch korrekte Wiedergabe verschiedener Denkmodelle hat Vorrang vor den Zwängen eines Prüfungsschemas! Für das Beispiel 1 von Rn 531 empfiehlt sich daher folgende Formulierung:

„Dadurch, dass T den O niedergeschlagen hat, könnte er sich gem. § 223 I strafbar gemacht **546**
haben. Das Niederschlagen stellt eine üble, unangemessene Behandlung dar, ist mithin als körperliche Misshandlung i.S.d. § 223 I anzusehen. T wusste, dass er O in seiner körperlichen Integrität verletzen würde; dies wollte er auch. Damit ist der Tatbestandsvorsatz jedenfalls hinsichtlich der in § 223 I genannten Tatbestandsmerkmale gegeben. Das schließt nicht aus, dass der Vorsatz aus einem anderen Grund zu verneinen sein könnte, was im Rahmen der Schuldprüfung zu erörtern sein wird.

Fraglich ist, ob sich T auf den Rechtfertigungsgrund der Notwehr berufen kann. Objektiv lag kein Angriff vor, da von O ein solcher gerade nicht ausging; dieser wollte lediglich ein Streichholz aus seiner Westentasche ziehen, um sich eine Zigarette anzuzünden. Daher kann sich T nicht auf Notwehr berufen. Auch kann er sich nicht auf den rechtfertigenden Notstand (§ 34) berufen, weil eine Gefahr ebenfalls objektiv nicht vorlag. Andere Rechtfertigungsgründe kommen von vornherein nicht in Betracht.[729]

---

[727] Insoweit nun auch *Kühl*, JuS 2007, 742, 745.
[728] Wie hier nun auch *Kühl*, JuS 2007, 742, 745.
[729] Der „Einschub", dass auch § 34 oder andere Rechtfertigungsgründe nicht greifen, hat zum Hintergrund, dass es voreilig wäre, sogleich auf den Erlaubnistatbestandsirrtum einzugehen, ohne nicht zuvor die Frage beantwortet zu haben, ob andere Rechtfertigungsgründe greifen. Denn griffe ein anderer Rechtfertigungsgrund, entfiele die Strafbarkeit bereits aus diesem Grund. Da im vorliegenden Fall der Irrtum des T aber gleichermaßen § 34 betrifft, brauchte nicht näher auf § 34 eingegangen zu werden (Vgl. bereits die 1. Aufl. 2002; wie hier nun auch *Gasa*, JuS 2005, 890, 893; anders *Fischer*, § 34 Rn 22, der eine Anwendbarkeit des § 34 neben § 32 generell ausschließt.

Fraglich ist allerdings, wie es sich auswirkt, dass sich T ausschließlich verteidigen wollte, ihm also das Unrechtsbewusstsein fehlte. Fälle des fehlenden Unrechtsbewusstseins werden i.d.R. über § 17 gelöst. Eine derartige Lösung wird *für den Fall eines Erlaubnistatbestandsirrtums* von den Anhängern der sog. **strengen Schuldtheorie** vertreten. Folgte man dieser Auffassung, hätte sich T – da der Irrtum (auch) für ihn vermeidbar war, wegen vorsätzlicher Körperverletzung strafbar gemacht, allerdings unter Berücksichtigung der fakultativen Strafmilderung nach § 17 S. 2 i.V.m. § 49 I.

Demgegenüber vertritt die h.M. die sog. **eingeschränkte Schuldtheorie**, die bei einem Irrtum über das Vorliegen der tatsächlichen Voraussetzungen eines Rechtfertigungsgrundes zur entsprechenden Anwendung des § 16 I S. 1 führt und somit die Bestrafung aus einer vorsätzlichen Tat verneint. Die vor allem vom BGH vertretene **reine eingeschränkte Schuldtheorie** nimmt an, dass bei einem Irrtum über die sachlichen Voraussetzungen eines anerkannten Rechtfertigungsgrundes das Unrecht einer vorsätzlichen Tat ausgeschlossen sei; es entfalle analog § 16 I S. 1 der Vorsatz. Demzufolge würde auch bei T der Vorsatz analog § 16 I S. 1 entfallen mit der Folge, dass er sich nicht wegen vorsätzlicher Körperverletzung strafbar gemacht hätte.

Die von der h.L., teilweise aber auch vom BGH vertretene **rechtsfolgenverweisende eingeschränkte Schuldtheorie** besagt, dass der Irrtum über die sachlichen Voraussetzungen eines anerkannten Rechtfertigungsgrundes allein in der Rechtsfolge dem § 16 untergeordnet werde, sodass der Täter zwar eine vorsätzliche und rechtswidrige Tat begehe, ihm aber in analoger Anwendung des § 16 I S. 1 der Vorsatzschuldvorwurf als Teilbereich der Schuld genommen werde.[730] Bei Befolgung dieses Ansatzes hätte T zwar vorsätzlich den Tatbestand der Körperverletzung erfüllt, ihm würde jedoch der Schuldvorwurf analog § 16 I S. 1 genommen, sodass im Ergebnis ebenfalls keine Strafbarkeit aus § 223 vorläge.

Da sich die eingeschränkten Schuldtheorien von der strengen Schuldtheorie im Ergebnis unterscheiden, ist die Kontroverse zu entscheiden. Gegen die strenge Schuldtheorie spricht, dass sie verkennt, dass es sich nicht um einen Beurteilungs-, sondern um einen Sachverhaltsirrtum handelt. Aufgrund der Ähnlichkeit zum Tatbestandsirrtum liegt daher eine Behandlung nach § 16 näher. Daher ist den eingeschränkten Schuldtheorien zu folgen, denen zufolge T sich nicht wegen vorsätzlicher Körperverletzung strafbar gemacht hat.

Aufgrund der Regelung des § 16 I S. 2 ist aber zu prüfen, ob T sich nicht wegen fahrlässiger Körperverletzung strafbar gemacht hat. Der Körperverletzungserfolg ist durch eine pflichtwidrige Handlung des T eingetreten. T handelte auch rechtswidrig und schuldhaft. Er ist daher aus § 229 strafbar. Es müsste aber gem. § 230 ein Strafantrag gestellt werden."

547 Zur Variante von Beispiel 1 von Rn 531: „Dadurch, dass A dem T wahrheitswidrig vorgetäuscht hatte, O wolle sich wegen einer Liebesrivalität in nächster Zukunft an T rächen, und T den O daraufhin niederschlug, könnte sich A wegen Anstiftung zur Körperverletzung strafbar gemacht haben. Eine Anstiftung setzt gem. § 26 aber eine vorsätzliche und rechtswidrige Haupttat voraus.

Sofern man bei der Strafbarkeitsprüfung hinsichtlich des T der **reinen eingeschränkten Schuldtheorie** folgt, hat sich O nicht wegen Anstiftung zur Körperverletzung strafbar gemacht. Eine konstruktiv mögliche versuchte Anstiftung ist nicht strafbar (vgl. § 30 I, der sich nur auf Verbrechen bezieht[731]; § 223 I ist ein Vergehen, wie sich aus §§ 12 II ergibt). O wäre straflos.

Wendet man bei T dagegen die Variante der **rechtsfolgenverweisenden eingeschränkten Schuldtheorie** an, wonach in den Fällen des Erlaubnistatbestandsirrtums nicht der Vorsatz selbst, sondern lediglich der Vorsatzschuldvorwurf entfällt, bleibt es bei einer vorsätzlichen und rechtswidrigen, mithin teilnahmefähigen Haupttat. Danach wäre A – weil er T zu dieser Tat

[730] Genauso gut ist es vertretbar, dem Täter über die reine eingeschränkte Schuldtheorie den Tatbestandsvorsatz zu nehmen; dann ist keine Teilnahme mehr möglich. Dieses Ergebnis kann durchaus wünschenswert sein, wenn der Teilnehmer aus Billigkeitsgründen nicht bestraft werden soll (etwa wenn es um die Garantenstellung aus Ingerenz geht und weil er an sich rechtstreu ist).

[731] Vgl. dazu näher *Hinderer*, JuS 2011, 1072 ff.

auch vorsätzlich, rechtswidrig und schuldhaft bestimmt hat – gem. §§ 223 I, 26 strafbar. Es müsste ein Strafantrag gestellt werden (§ 230).

Da sich die beiden Varianten der eingeschränkten Schuldtheorien im Ergebnis unterscheiden, muss entschieden werden, welcher Variante zu folgen ist. Gegen die eingeschränkte Schuldtheorie spricht, dass das Unrecht der Tat - Tatbestandsmäßigkeit und Rechtswidrigkeit - bereits festgestellt ist und nunmehr der Vorsatz nachträglich entfallen soll.[732] Diese Ungereimtheit vermeidet die rechtsfolgenverweisende eingeschränkte Schuldtheorie, indem sie es bei dem im Rahmen des subjektiven Tatbestands festgestellten Vorsatz belässt und lediglich die Vorsatzschuld entfallen lässt. Ihr ist daher zu folgen.

Im Ergebnis ist daher festzustellen, dass A sich gem. §§ 223 I, 26 strafbar gemacht hat. Das Antragserfordernis des § 230 ist jedoch zu beachten.

Im Beispiel 2 von Rn 531 gilt: Durch das Würgen des O bis zum Atemstillstand könnte sich T **547a**
wegen Körperverletzung mit Todesfolge gem. §§ 223, 227 strafbar gemacht haben. Der Tatbestand der §§ 223, 227 liegt vor. Die Tat könnte aber wegen Notwehr gem. § 32 gerechtfertigt sein. Dazu müsste aber ein gegenwärtiger Angriff durch O vorgelegen haben. O hat T mehrmals ins Gesicht geschlagen. Um diesen Angriff zu beenden, packte T den O und hielt ihn fest im Schwitzkasten. Spätestens aber, als O keinen Widerstand mehr leistete, entfiel die Notwehrlage. Daher war T nicht wegen Notwehr gerechtfertigt. Da T aber glaubte, O simuliere lediglich und werde ihn erneut angreifen, sobald er ihn loslasse, hat er irrig angenommen, die Notwehrlage bestehe fort. Dies stellt einen Fall des Erlaubnistatbestandsirrtums dar mit der Folge, dass analog § 16 I S. 1 der Vorsatz oder die Vorsatzschuld entfällt. T ist daher nicht strafbar gem. §§ 223, 227. Da § 16 I S. 2 aber die Strafbarkeit wegen Fahrlässigkeit unberührt lässt, ist T strafbar wegen fahrlässiger Tötung gem. § 222, sofern man davon ausgeht, dass der Irrtum für T vermeidbar war. Immerhin war T ehemaliger Kampfsportler und ihm war die Gefährlichkeit des Würgegriffs bekannt.[733]

Hinweis für die Fallbearbeitung: Wie bei allen Meinungsständen spielt auch der **548**
vorliegende im Rahmen der Fallbearbeitung nur insoweit eine Rolle, als er die Auslegung von einzelnen gesetzlichen Voraussetzungen betrifft. Da es in einem Fallgutachten immer nur um die Frage geht, ob der konkrete Sachverhalt unter eine Strafnorm oder eine Norm des AT subsumierbar ist, müssen die einzelnen Voraussetzungen der Norm so lange ausgelegt, d.h. die Definitionen müssen so weit verfeinert werden, bis die Antwort auf die Frage, ob der Sachverhalt unter die jeweilige Voraussetzung subsumierbar ist, „ja" oder „nein" lautet.

Bestehen in Rechtsprechung und Literatur (oder nur innerhalb der Literaur) Standpunkte, die sich voneinander unterscheiden, wird sozusagen „alternativ" gelöst: Zunächst wird die erste Meinung dargestellt – und zwar nur die Meinung als solche, nicht etwa (alle) Begründungen dafür –, und der Sachverhalt wird mit einem Entscheidungsvorbehalt darunter subsumiert, der etwa – wie in der obigen Falllösung gesehen – mit den Worten eingeleitet werden kann: „Folgte man dieser Auffassung, hieße das für den Fall, ..." (sog. Zwischensubsumtion). Dann wird die zweite Auffassung dargestellt und der Sachverhalt wird wieder darunter subsumiert (Zwischensubsumtion), u.s.w. Sind demnach alle Meinungen und deren jeweilige Bedeutung für den zu bearbeitenden Fall dargestellt, werden die Ergebnisse der Zwischensubsumtionen verglichen: Sind sie gleich, wirkt sich die Kontroverse auf die Lösung des Falls nicht aus. Eine Streitentscheidung ist in diesem Fall nicht erforderlich. Der Streit muss aber entschieden werden, wenn die dargestellten Auffassungen zu unterschiedlichen Ergebnissen führen.

- Daher musste (und durfte) im **Ausgangsfall** (Rn 546) nur der Streit entschieden werden, ob der strengen Schuldtheorie oder einer der beiden eingeschränkten

[732] Dass darüber hinaus eine strafbare Teilnahme an der Tat nicht mehr möglich wäre, weil diese eine vorsätzlich begangene, rechtswidrige Haupttat voraussetzt (vgl. §§ 26, 27), ist zwar nach den Vertretern der reinen eingeschränkten Schuldtheorie wünschenswert, darf in der Fallbearbeitung aber keinesfalls als Argument herangezogen werden.

[733] Vgl. BGH NStZ 2014, 30, 31.

Schuldtheorien zu folgen war. Dagegen durfte (und musste) die Frage, welcher der beiden eingeschränkten Schuldtheorien zu folgen war, dahinstehen, weil zwischen beiden im Ergebnis kein Unterschied bestand.

- Lediglich bei der **Fallvariante** (Rn 547) führten die beiden Varianten der eingeschränkten Schuldtheorie zu unterschiedlichen Ergebnissen, sodass zwischen beiden zu entscheiden war.

Erst im Rahmen der Streitentscheidung sind auch die jeweiligen Argumente darzustellen. Da jedoch immer nur über die abstrakten Argumente gestritten wird – nicht aber über die konkreten Subsumtionsergebnisse –, darf der Streit auch nur mit theoretischen (abstrakten) Argumenten entschieden werden, denn es geht darum, welche „Theorie" die besseren Argumente hat, nicht darum, welches Ergebnis dem Bearbeiter im konkreten Fall „gerechter" oder „angemessener" erscheint. Argumentationen mit dem Sachverhalt oder Argumente aus dem Fall (Beispiel: „Das Verhalten des T ist strafwürdig. Daher wäre es unbillig, eine Strafbarkeit zu verneinen. Aus diesem Grund ist der Meinung zu folgen, die zur Strafbarkeit führt.") liegen auf der falschen theoretischen Ebene und sind deshalb unzulässig. Denn ob eine Person strafwürdig ist, ist Ergebnis, nicht Ausgangspunkt der Diskussion.

Weiterführender Hinweis: Anders ist es, wenn der Täter sich nicht nur über die tatsächlichen Voraussetzungen einer Notwehrsituation irrt, sondern zugleich auch die rechtlichen Grenzen einer Notwehr überschreitet.

Beispiel: T hat seinen Aston Martin Bj 62 auf der anderen Straßenseite geparkt. Die zufällig vorbeikommende O schaut sich den Wagen näher an. Als sie in der Seitenscheibe ihr Spiegelbild sieht, schreckt sie zusammen und sucht in ihrer Handtasche nach einem Lippenstift, um die Konturen ihrer Lippen nachzuziehen. In der Meinung, O wolle sich an seinem Wagen zu schaffen machen, stürmt T auf die andere Straßenseite und versetzt ihr mehrere heftige Faustschläge ins Gesicht.

Hier könnte die Körperverletzung durch Notwehr gerechtfertigt sein. Doch dies setzt eine Notwehrlage voraus, an der es vorliegend aber fehlt. Irrt sich der Täter über die tatsächlichen Voraussetzungen einer Notwehrlage, ist er je nach Auffassung unter direkter oder analoger Anwendung des § 16 I S. 1 bzw. aus dessen Rechtsfolgeanordnung nicht strafbar. Doch diese Straffreiheit setzt voraus, dass – unterstellt, die Vorstellung des Täters vom äußeren Geschehen träfe zu – die Voraussetzungen einer Notwehr gegeben wären. Vorliegend war das massive Vorgehen des T unverhältnismäßig, womit er die rechtlichen Grenzen der Notwehr – sofern eine Notwehrlage vorgelegen hätte – überschritt. Mit diesem Überschreiten der durch die Notwehr eingeräumten Eingriffsbefugnisse liegt neben dem Irrtum über die Notwehrlage (Erlaubnistatbestandsirrtum) deshalb ein weiterer Irrtum, ein sog. Erlaubnisirrtum vor. Der Sache nach stellt dieser „**Doppelirrtum**" wegen der deutlich im Vordergrund stehenden fehlerhaften normativen Bewertung einen Erlaubnisirrtum dar, der seine rechtliche Behandlung über **§ 17** findet. Vgl. dazu im Einzelnen Rn 566, aber auch Rn 1208 ff.

c. Möglichkeitsvorstellungen von einer rechtfertigenden Sachlage

549 Vom Erlaubnistatbestandsirrtum im dargestellten Sinne zu unterscheiden ist die Frage, wie der Täter zu behandeln ist, der nicht von einer Rechtfertigungslage ausgeht, sondern deren Vorliegen lediglich für möglich hält.

Beispiel: T erhält einen Anruf von einer Frau, die sich als Nachbarin ausgibt und ihn um Hilfe bittet. Sie werde von ihrem Mann attackiert. Da T die Stimme seiner Nachbarin an sich kennt und die der Anruferin ihm fremd erscheint, kommen ihm Bedenken hinsichtlich der Ernsthaftigkeit des Anrufs. Gleichwohl hält er eine objektiv gegebene Gefahrenlage für möglich und entschließt sich, die Wohnungstür der Nachbarin einzutreten, um Nothilfe zu leisten. Als er sich in der Wohnung befindet, stellen sich seine Zweifel als berechtigt heraus. Er ist einem üblen Scherz unterlegen. Strafbarkeit des T wegen Sachbeschädigung und Hausfriedensbruch?

Die Tatbestände der §§ 303 I und 123 sind erfüllt. Auch ist T nicht nach § 904 BGB (Aggressivnotstand) gerechtfertigt, da eine objektive Gefahrenlage nicht bestand und eine Putativgefahr – anders als im Polizei- und Ordnungsrecht – nicht genügt. Möglicherweise ist er aber einem Erlaubnistatbestandsirrtum unterlegen mit der Folge, dass er nicht aus einer Vorsatztat bestraft werden kann. Dazu müsste aber auch das bloße Für-Möglich-Halten einer rechtfertigenden Sachlage für die Annahme eines Erlaubnistatbestandsirrtums genügen.

⇨ Eine Auffassung will in diesen Fällen den Erlaubnistatbestandsirrtum ablehnen. Sei jedoch die Fehlvorstellung unvermeidbar gewesen und habe der Täter zur Abwehr der für möglich gehaltenen Bedrohung schnell handeln müssen, um nicht das Risiko irreparabler Schäden (Tod oder schwere Gesundheitsschädigung) einzugehen, sei er entschuldigt.[734] Folgt man dieser Auffassung, wäre T nicht entschuldigt, da er selbst an dem Vorliegen der Gefahrenlage zweifelte. Denn zweifelt jemand an dem Bestehen einer Gefahrenlage, ist zugleich sein Irrtum über das Bestehen der Gefahrenlage vermeidbar (sonst hätte er schon keine Zweifel). Damit wird auch der Schwachpunkt dieser Auffassung deutlich: Denn der Täter, der an dem Vorliegen der Voraussetzungen eines Rechtfertigungsgrundes zweifelt, macht sich ja gerade Gedanken. Und wer sich Gedanken macht, kann den Irrtum auch vermeiden. Diese Auffassung beruht also auf einem Zirkelschluss und kann daher nicht überzeugen.

⇨ Demgegenüber will die Gegenauffassung einen Erlaubnistatbestandsirrtum immer dann annehmen, wenn der Täter im Vertrauen auf das Vorliegen der sachlichen Voraussetzungen eines anerkannten Rechtfertigungsgrundes handelt. Sei dem Täter dagegen gleichgültig, ob die tatsächlichen Voraussetzungen eines Rechtfertigungsgrundes vorliegen, müsse er wegen Vollendung bzw. (wenn eine Rechtfertigungslage tatsächlich vorliegt) wegen Versuchs bestraft werden.[735] Demnach könnte sich T auf einen Erlaubnistatbestandsirrtum berufen, weil ihm wohl unterstellt werden kann, dass er im Vertrauen auf das Vorliegen der sachlichen Voraussetzungen eines anerkannten Rechtfertigungsgrundes handelte.

Dieser Gedankengang erinnert stark an die von der h.M. zur Abgrenzung zwischen Eventualvorsatz und bewusster Fahrlässigkeit angeführten Argumente. Für die Frage nach dem Erlaubnistatbestandsirrtum kann es auf derartige Erwägungen aber nicht ankommen, da hier nur kognitive Elemente eine Rolle spielen.

⇨ Wiederum andere vertreten (speziell zum Notwehrrecht) die Auffassung, das Notwehrrecht stehe dem Täter auch dann zu, wenn er Zweifel an dem Vorliegen der sachlichen Voraussetzungen des § 32 habe. Bestätigten sich die Zweifel, sei die Notwehrlage zwar nicht gegeben, der Täter könne sich aber ggf. auf den Erlaubnistatbestandsirrtum berufen. Dies hänge jedoch von der Verhältnismäßigkeit der Verteidigungshandlung ab. Der Täter müsse daher zunächst versuchen, dem Angriff auszuweichen. Sei ein Ausweichen nicht möglich, müsse er sich primär auf Schutzwehrmaßnahmen beschränken und im Übrigen das relativ mildeste Verteidigungsmittel wählen.[736] Da vorliegend keine Notwehr-, sondern eine Notstandssituation vorliegt, ist dieser Ansatz nicht tragfähig. Im Übrigen ist aber auch er abzulehnen, da Verhältnismäßigkeitserwägungen nur im Rahmen der Gebotenheit der Verteidigungshandlung eine Rolle spielen können.

⇨ Schließlich wird vertreten, man müsse nach Rechtfertigungsgründen differenzieren. Während bei der Notwehr sicheres Wissen erforderlich sei, genüge beim Notstand die Möglichkeitsvorstellung des Täters zur Annahme eines Erlaubnistatbestandsirrtums.[737]

---

[734] SK-*Rudolphi*, vor § 19 Rn 9a.
[735] Sch/Sch-*Perron*, § 32 Rn 28.
[736] *Schroth*, Vorsatz und Irrtum, 1998, S. 128.
[737] *Joecks*, § 16 Rn 53.

Da T trotz seiner Zweifel mit der Möglichkeit des Vorliegens einer Gefahr rechnete, käme ihm demnach der Erlaubnistatbestandsirrtum zugute.

Da das Vorliegen einer Gefahr stets nur auf der Grundlage eines umfassenden objektivierten Ex-ante-Urteils des Täters ermittelt werden kann und ein Ex-ante-Urteil immer mit Unsicherheiten behaftet ist, sollten Möglichkeitsvorstellungen des Täters genügen.[738] Anderenfalls würden die schon zur ersten Auffassung geäußerten Bedenken greifen: Der an sich rechtstreue Notwehr- bzw. Notstandsübende, der Zweifel hegt, wäre sonst stets wegen Vollendung bzw. Versuchs strafbar. Folgt man dieser Auffassung, ist T nicht wegen vorsätzlicher Sachbeschädigung und vorsätzlichem Hausfriedensbruch strafbar (§ 16 I S. 1 analog). Da entsprechende Fahrlässigkeitstatbestände nicht existieren, ist T straflos.

d. Sonderproblem: Spezielle „Schuldmerkmale"

550 Neben den eigentlichen Tatbestandsmerkmalen sind in einigen Strafvorschriften noch spezielle Merkmale genannt, die den in der Tat zum Ausdruck kommenden Gesinnungsunwert näher charakterisieren.[739]

Beispiele: „Niedrige Beweggründe" bei § 211 II 1. Gruppe, **„Verdeckungsabsicht"** in § 211 II 3. Gruppe, **„Böswilligkeit"** bei den §§ 90a I Nr. 1, 130 I Nr. 2, II, **„Böswilligkeit"** bei § 225, **„Rücksichtslosigkeit"** bei § 315c I Nr. 2

551 Fraglich ist, auf welcher Stufe des Deliktsaufbaus diese Merkmale zu prüfen und welche Konsequenzen mit der Einordnung in eine bestimmte Stufe verbunden sind.

- Eine Auffassung[740] betont die Selbstständigkeit derartiger Merkmale und versteht sie als **spezielle Schuldmerkmale**. Folgt man dieser Auffassung, sind die o.g. Merkmale im Deliktsaufbau **innerhalb der Schuld** zu prüfen, wobei dann nicht vergessen werden darf, dass der Schuldvorsatz - da mangels Einstufung als Tatbestandsmerkmal oder Tatbestandsvorsatz keine Indizwirkung gegeben sein kann - bezüglich dieses Merkmals gesondert festgestellt werden muss.
- Die Gegenauffassung[741] sieht diese Umstände als **Tatbestandsmerkmale**. Schließt man sich dieser Auffassung an, dürfen die besonderen Merkmale nur im **jeweiligen Bereich des Tatbestands** (objektiv und/oder subjektiv) geprüft werden.

552 Das unterschiedliche Verständnis hat nicht nur Einfluss auf den Deliktsaufbau, sondern gewinnt insbesondere im Hinblick auf die **Akzessorietät der Teilnahme** an Bedeutung. Ordnet man die genannten Merkmale als spezielle Schuldmerkmale ein, gilt der Grundsatz aus § 29, wonach jeder Beteiligte ohne Rücksicht auf die Schuld des anderen allein nach seiner Schuld bestraft wird. Versteht man die speziellen Merkmale hingegen als Tatbestandsmerkmale, sind sie als besondere persönliche Merkmale i.S.d. § 28 zu behandeln.

Beispiel: Der Haupttäter erfüllt das Merkmal der „Rücksichtslosigkeit" des § 315c. Dieses Merkmal fehlt aber beim Teilnehmer (also beim Anstifter oder Gehilfen).

Sofern man der ersten Auffassung folgt, stellt dieses Merkmal ein spezielles Schuldmerkmal dar, sodass § 29 zur Anwendung gelangt. Da der Teilnehmer nicht rücksichtslos handelt, ist er nicht aus § 315c strafbar.

Folgt man dagegen der zweiten Auffassung, ist das Merkmal der Rücksichtslosigkeit ein besonderes persönliches Merkmal, das strafbegründend wirkt (§ 28 I). Fehlt dieses Merkmal beim Teilnehmer, kommt ihm über § 28 I lediglich eine Strafmilderung gem. § 49 I zugute. Er ist also aus § 315c i.V.m. § 26 oder § 27 unter Berücksichtigung der nach § 28 I i.V.m. § 49 I obligatorischen Strafmilderung strafbar.

---

[738] *Joecks*, § 17 Rn 53; vgl. zum Ganzen auch *Schröder*, JuS 2000, 235 ff.
[739] Vgl. *W/B/S*, AT, Rn 422; *Jescheck/Weigend*, AT, § 42 I.
[740] *Jescheck/Weigend*, AT, § 42 II; *W/B/S*, AT, Rn 422; *Haft*, AT, S. 144.
[741] BGHSt 1, 368, 371; SK-*Günther*, vor § 32 Rn 22; LK-*Vogel*, § 16 Rn 13; *Radtke/Meyer*, JuS 2011, 521, 523.

Die Entscheidung, welcher Ansicht man sich in einer Klausur anschließt, sollte vor allem von klausurtaktischen Gesichtspunkten im Bereich der Teilnahme abhängig gemacht werden. Soll der Teilnehmer bestraft werden, ist der zweiten Auffassung zu folgen. Ist dagegen dessen Straflosigkeit opportun, führt die erste Auffassung zu dem gewünschten Ergebnis. 553

3. Die persönliche Vorwerfbarkeit (das Unrechtsbewusstsein i.e.S.)

Die persönliche Vorwerfbarkeit, das Unrechtsbewusstsein, bestimmt entscheidend die Schuld. Dem Täter muss bewusst sein, dass er Unrecht begeht; ihm muss klar sein, dass er ein bestimmtes Rechtsgut verletzt (spezifische Rechtsgutverletzung). Nicht erforderlich ist, dass der Täter den konkreten Straftatbestand kennt, den er verwirklicht.[742] 554

Beispiel: Weiß der Täter, dass er einen Diebstahl begeht, genügt dies zur Bejahung des Unrechtsbewusstseins. Denn dass er mit der Verwirklichung des Diebstahls Unrecht begeht, ist ihm bewusst. Nicht erforderlich ist, dass der Täter weiß, in welcher Strafvorschrift der Diebstahl normiert ist.

Das Wissen um die spezifische Rechtsgutverletzung reicht allein jedoch noch nicht aus. Das Unrechtsbewusstsein des Täters muss sich grundsätzlich auch auf die **jeweilige Rechtsordnung** beziehen, die durch seine Tat verletzt wird. Daher kann dem Täter das Unrechtsbewusstsein fehlen, wenn ihm sein Verstoß gegen eine **fremde** Rechtsordnung nicht bewusst ist oder wenn er die Rechtsgutverletzung nicht als Unrecht erfährt. Letzteres ist bspw. dann denkbar, wenn das durch seine Tat verletzte Rechtsgut für ihn einen so geringen Stellenwert hat, dass er dessen Verletzung generell nicht, d.h. nach keiner Rechtsordnung als Unrecht ansieht. Dies wird insbesondere in Erwägung zu ziehen sein, wenn der Täter einem **anderen Kulturkreis angehört**. Da andererseits dem Täter aber zugemutet werden kann, sein Verhalten dem hiesigen Kulturkreis anzupassen, jedenfalls soweit es um die Einhaltung der Rechtsordnung geht, wird die persönliche Vorwerfbarkeit nur unter engen Voraussetzungen zu verneinen sein. 555

Am Unrechtsbewusstsein kann es auch dann fehlen, wenn der Täter sich nicht bewusst ist, überhaupt in Kontakt mit der verletzten Rechtsordnung zu gelangen. Insofern ist der Kulturkreis ohne bzw. zumindest ohne größere Bedeutung. Unrechtsbewusstsein bzgl. der Verletzung einer fremden Rechtsordnung setzt voraus, dass der Täter das jeweils tangierte Rechtsgut mit dem fremden Staat in Verbindung zu setzen weiß. Dem Täter muss bei seiner Tat zumindest bewusst sein, dass er in den Geltungsbereich der jeweiligen fremden Rechtsordnung treten kann. Ein Irrtum über die Anwendbarkeit nationalen Strafrechts ist dabei grundsätzlich unbeachtlich. Das Unrechtsbewusstsein ist somit insbesondere dann gegeben, wenn ein inländischer Täter gezielt ausländischen Boden aufsucht, um dort das nach inländischem Recht strafbare, nach dortigem Recht straffreie Verhalten auszuführen.[743] 556

Beispiel: T ist deutscher Staatsangehöriger, der während regelmäßiger USA-Aufenthalte von dort aus auf einem US-amerikanischen Server volksverhetzende Inhalte ins Internet stellt. ⇨ Hier ist das Unrechtsbewusstsein zu bejahen.

Hinweis für die Fallbearbeitung: Grundsätzlich ist von der Verwirklichung des subjektiven Tatbestands (Tatbestandsvorsatz) auf die persönliche Vorwerfbarkeit, das Unrechtsbewusstsein zu schließen (Indizwirkung). Daraus folgt, dass mangels entgegenstehender Anhaltspunkte in einer Fallbearbeitung nicht auf diesen Prüfungspunkt eingegan- 557

[742] Vgl. BGHSt 45, 97, 101; mit Anm. *Böger*, NStZ 2000, 31 u. *Neumann*, StV 2000, 425; vgl. auch *Lackner/Kühl*, § 17 Rn 2; SK-*Rudolphi*, § 17 Rn 5; Sch/Sch-*Sternberg-Lieben/Schuster*, § 17 Rn 5; *Laubenthal/Baier*, GA 2000, 205, 212; *Valerius*, NStZ 2003, 341, 342.

[743] Vgl. *Valerius*, NStZ 2003, 341, 344.

gen werden darf. Gehen aus dem Sachverhalt jedoch Gründe hervor, die auf eine Verbotsunkenntnis schließen lassen (der Täter erkennt die Rechtsgutverletzung nicht als Unrecht oder erfasst – insbesondere bei Straftaten mit Auslandsbezug – nicht die spezifische Rechtsordnung), ist eine differenzierte Auseinandersetzung mit dieser Problematik erforderlich. Zwei Fälle der Verbotsunkenntnis sind denkbar:

a. Der Irrtum über die Verbotsnorm (direkter Verbotsirrtum) - § 17

558 Ein direkter Verbotsirrtum liegt vor, wenn der Täter glaubt, es gebe gar keine Verbotsnorm dieses Inhalts, er begehe also kein Unrecht. Ihm fehlt somit schlicht das Unrechtsbewusstsein. Es handelt sich um einen sog. **Verbotsexistenzirrtum**. Die rechtliche Behandlung erfolgt nach **§ 17**. Nach S. 1 dieser Vorschrift handelt der Täter ohne Schuld, wenn er den Irrtum nicht vermeiden konnte. Vermeidbar ist ein Verbotsirrtum, wenn dem Täter sein Vorhaben unter Berücksichtigung seiner Fähigkeiten und Kenntnisse hätte Anlass geben müssen, über dessen mögliche Rechtswidrigkeit nachzudenken oder sich in zumutbarer Weise zu erkundigen (etwa durch Einholung von Rechtsrat), und er auf diesem Wege zur Unrechtseinsicht gekommen wäre.[744] Andererseits muss sich ein Rechtsunkundiger grundsätzlich z.B. auf ein von ihm in Auftrag gegebenes und von einem Juristen erstelltes Rechtsgutachten, das die Frage nach der Strafbarkeit seines beabsichtigten Verhaltens klären sollte, verlassen können. Sind in einem solchen Fall die Schlussfolgerungen des Rechtsgutachtens fehlerhaft und drängte sich die Fehlerhaftigkeit für den Auftraggeber nicht gerade auf, ist sein Irrtum über die Straflosigkeit seines Verhaltens unvermeidbar.[745] Erst recht ist ein Verbotsirrtum unvermeidbar, wenn er Rechtsfragen betrifft, die in Rspr. und Literatur insgesamt uneinheitlich beantwortet werden.[746]

559 Insbesondere im **Nebenstrafrecht** (etwa Steuerstrafrecht) und im Ordnungswidrigkeitenrecht sind Konstellationen denkbar, in denen dem Täter nicht zugemutet werden kann, sämtliche Bestimmungen zu kennen. In welchem Umfang sich ein Mensch sachkundig über die rechtlichen Rahmenbedingungen machen muss, hängt insbesondere von seinem Tätigkeitsfeld ab.[747] So wird man von einem Laien auf dem Gebiet des Steuerrechts kaum erwarten können, dass er (die ihn betreffenden) Steuertatbestände kennt.[748] Daher darf er sich auf die Beratung durch einen Steuerberater verlassen. Wird er fehlerhaft beraten und macht daraufhin in der Steuererklärung Fehler bei der Angabe steuerrelevanter Tatsachen, dürfte ein unvermeidbarer Verbostirrtum vorliegen. Demgegenüber darf von einem Dienstgruppenleiter der Polizei erwartet werden, dass er die rechtlichen Voraussetzungen für eine Gewahrsamnahme kennt. Lässt ein Dienstgruppenleiter eine Person in Gewahrsam nehmen und ist dabei der Meinung, die Polizei dürfe eine Person bis zu 12 Stunden auch ohne richterliche Anordnung in Gewahrsam nehmen, ist dieser Rechtsirrtum sicherlich vermeidbar.[749]

560 In Bezug auf die **spezifische Rechtsordnung** kann das Unrechtsbewusstsein insbesondere bei Straftaten mit Auslandsbezug fehlen. Denn da das Unrechtsbewusstsein des Täters die spezifische Rechtsgutverletzung nach der jeweiligen (spezifischen) Rechtsordnung erfassen muss, befindet sich der Täter in einem Verbotsirrtum, wenn er entweder die Rechtsgutverletzung nicht als Unrecht erkennt oder keine Verbindung zu der spezifischen Rechtsordnung herzustellen weiß. Im letzteren Fall wird sich das Regel-Ausnahme-Verhältnis bzgl. der Vermeidbarkeit des Verbotsirrtums nicht so eindeutig darstellen und der Irrtum eher **unvermeidbar** sein; eine Konstellation, die oftmals im Rahmen der In-

---

[744] *Fischer*, § 17 Rn 7; SK-*Rudolphi*, § 17 Rn 44; BGH NStZ 2013, 461 f.; NJW 2006, 522, 523; BayObLG wistra 2000, 117; OLG Karlsruhe NJW 2003, 1061, 1062. Vgl. auch BGH NJW 2004, 2459, 2460.
[745] BGH NStZ 2013, 461.
[746] BGH NJW 1976, 1949, 1950; LG Köln NJW 2012, 2128, 2129; MüKo-*Joecks*, § 17 Rn 58; LK-Vogel, § 17 Rn 75.
[747] Vgl. OLG Oldenburg NStZ-RR 1999, 122; OLG Karlsruhe NJW 2003, 1061, 1062.
[748] BFHE 149, 109 ff.
[749] Vgl. dazu BGH NJW 2015, 96, 98 f.

ternetkommunikation anzutreffen sein wird[750], aber auch beim religiösen Beschneiden von Knaben[751].

b. Der Erlaubnisirrtum (indirekter Verbotsirrtum)

Ein Erlaubnisirrtum liegt vor, wenn der Täter zwar weiß, dass er den Tatbestand einer Verbotsnorm erfüllt, er aber glaubt, sein Verhalten sei gerechtfertigt[752], 561

- weil er irrig die sachlichen Voraussetzungen eines tatsächlich existierenden Rechtfertigungsgrundes annimmt (= **Erlaubnistatbestandsirrtum**), dessen rechtliche Behandlung sich nach § 16 I S. 1 analog richtet (vgl. Rn 531 ff.)[753], 562
- weil er irrig die Existenz eines Rechtfertigungsgrundes (= Erlaubnissatz) annimmt, den es gar nicht gibt, sog. **Erlaubnisexistenzirrtum** (die rechtliche Behandlung dieses Irrtums richtet sich nach § 17), 563

  Beispiel: Vater V schlägt aufgrund einer Verfehlung seinen minderjährigen Sohn S. Dabei hält er irrig eine Sachlage für gegeben, in der ihm kraft Ausübung des elterlichen Züchtigungsrechts diese Befugnis zugestanden hätte. Tatsächlich ist das Züchtigungsrecht aufgrund der Regelung des § 1631 II BGB nicht (mehr) gegeben. Hier unterlag V einem Erlaubnisirrtum, da er irrig die Existenz eines anerkannten Rechtfertigungsgrundes annahm, den es gar nicht (mehr) gibt. Ihm fehlte aber die Einsicht, Unrecht zu verwirklichen, sodass sein Verhalten nach § 17 zu beurteilen ist. Da von einem Einsichtsfähigen sozialethisch richtige Entscheidungen gefordert werden können und für V nichts anderes gilt, war seine fehlerhafte Wertentscheidung vermeidbar, sodass ihm allenfalls eine fakultative Strafmilderung gem. § 17 S. 2 i.V.m. § 49 I zugutekommt.

- weil er sich über den Umfang eines tatsächlich existierenden Rechtfertigungsgrundes irrt (= **Erlaubnisumfangirrtum**). Die rechtliche Behandlung richtet sich hier ebenfalls nach § 17. 564

  Beispiel: Der angegriffene T befindet sich zwar in einer Notwehrsituation, meint aber, er dürfe jedes beliebige Verteidigungsmittel benutzen oder den Angreifer auch nach endgültiger Beendigung des Angriffs noch weiter verletzen. In diesem Fall scheidet ein Notwehrexzess aus § 33 aus, weil T nicht aus Furcht oder Schrecken die Grenzen der Notwehr überschritten hat.[754] Ihm fehlte aber die Einsicht, Unrecht zu verwirklichen, sodass er einem Erlaubnisirrtum unterlag. Gleiche Behandlung wie oben.

Hinweis für die Fallbearbeitung: In der Fallbearbeitung muss beachtet werden, dass ein Vorsatzausschluss nach § 16 nur dann anzunehmen ist, wenn im Sachverhalt ausdrückliche Anhaltspunkte dafür vorliegen. Anders liegt es im Fall des § 17: Dort kann ein Verbotsirrtum auch dann angenommen werden, wenn eine lebensnahe Sachverhaltsauslegung dies zulässt. 565

c. Der Doppelirrtum

Denkbar ist auch das gleichzeitige Vorliegen mehrerer Irrtümer. Für derartige **Doppelirrtümer** gibt es zwei unterschiedliche Fallgruppen, zum einen die Irrtümer, bei denen dem Täter das Unrechtsbewusstsein fehlt, und zum anderen jene, bei denen der Täter glaubt, Unrecht zu verwirklichen. 566

aa. Fehlendes Unrechtsbewusstsein

Die erste Fallgruppe betrifft typischerweise das (kumulative) **Zusammentreffen von einem (im Ergebnis zu verneinenden) Erlaubnistatbestandsirrtum mit einem** 567

[750] Vgl. dazu ausführlich *Valerius*, NStZ 2003, 341, 344 f.
[751] Vgl. dazu LG Köln NJW 2012, 2128 f.
[752] BGH NStZ 2003, 596, 597; *W/B/S*, AT, Rn 482.
[753] Dieser Spezialfall des indirekten Verbotsirrtums wird lediglich der Vollständigkeit halber mit genannt.
[754] Vgl. dazu auch BGH NStZ 2003, 596, 597; BGH NJW 2000, 1348, 1349; MüKo-*Erb*, § 32 Rn 221.

Erlaubnis- bzw. Verbotsirrtum. Dabei geht es darum, dass die Voraussetzungen für einen Erlaubnistatbestandsirrtum nicht vorliegen, dass also eine hypothetische Rechtfertigung verneint werden muss, der Täter aber dennoch – und zwar wegen tatsächlicher und rechtlicher Fehlvorstellungen – ohne Unrechtsbewusstsein gehandelt hat.

Beispiel[755]**:** Die Eheleute A und B haben wieder einmal heftigen Streit. Ehemann A verschwindet in den Keller. Als B kurze Zeit später A wieder hochkommen hört, nimmt sie irrtümlich an, A habe eine Axt geholt, um sie zu erschlagen. Als A von unten die Kellertür öffnet, schießt B in vermeintlicher Notwehr von oben durch die Tür und trifft den dahinter stehenden A tödlich. Davon, dass sie bei einem lebensgefährlichen Einsatz einer Schusswaffe den Schuss vorher hätte androhen oder zunächst lediglich in die Beine hätte schießen müssen, hatte B noch nichts gehört; vielmehr ging sie davon aus, zum sofortigen gezielten Todesschuss berechtigt zu sein.

B hat den objektiven und subjektiven Tatbestand des § 212 I verwirklicht. Eine Rechtfertigung wegen Notwehr (§ 32) scheitert an der nicht vorliegenden objektiven Notwehrlage. Möglicherweise führt die Fehlvorstellung der B zum Vorliegen eines Erlaubnistatbestandsirrtums. Ein solcher liegt vor, wenn der Täter irrig von Tatsachen ausgeht, die – wenn sie vorlägen – sein Verhalten rechtfertigen würden, oder anders ausgedrückt, wenn sich der Täter über die Voraussetzungen eines anerkannten Rechtfertigungsgrundes irrt. Der BGH lässt in einem solchen Fall den Tatbestandsvorsatz analog § 16 I S. 1 entfallen und die Literatur verneint den Vorsatzschuldvorwurf.

B müsste also ohne ihren Irrtum gem. § 32 gerechtfertigt gewesen sein. Fraglich ist demnach, ob bei hypothetischem Vorliegen eines wirklichen Angriffs seitens des A das sofortige Schießen gerechtfertigt wäre.

Da A nicht vorhatte, B anzugreifen, lag objektiv schon keine Notwehrlage vor. Allerdings ging B von einem Angriff aus; insoweit könnte ein Erlaubnistatbestandsirrtum durchaus vorliegen. Allerdings setzt ein Erlaubnistatbestandsirrtum voraus, dass bei hypothetischem Vorliegen eines wirklichen Angriffs seitens des A das sofortige Schießen gerechtfertigt gewesen wäre. Denn anderenfalls würde der im Erlaubnistatbestandsirrtum Handelnde besser stehen als der tatsächlich Gerechtfertigte.

Im Grundsatz gilt, dass der Angegriffene nicht verpflichtet ist, sich auf das Risiko unzureichender Maßnahmen einzulassen. Daher kann auch der Schusswaffengebrauch zulässig sein. Ist der Schusswaffeneinsatz für den Angreifer aber *lebensgefährlich*, kann sich eine Einschränkung des Notwehrrechts unter dem Aspekt der Erforderlichkeit ergeben. Daher ist der Schusswaffengebrauch nach Möglichkeit zuerst anzudrohen. Reicht dies nicht aus, muss der Verteidiger, wenn es die Situation zulässt, vor dem tödlichen Schuss einen weniger gefährlichen Waffeneinsatz versuchen.

Vorliegend wäre – da A noch hinter der geschlossenen Tür stand – ein solches gestaffeltes Vorgehen ohne Gefährdung des Abwehrerfolgs möglich gewesen. B kann auch unterstellt werden, dass sie sich dessen bewusst war. Mangels Erforderlichkeit der vermeintlichen Notwehrhandlung liegt damit kein Erlaubnistatbestandsirrtum vor.[756]

Da B sich aber über die rechtlichen Grenzen geirrt hat, gelangt **§ 17** zur Anwendung. Sofern der Irrtum für sie vermeidbar war, führt dies nach § 17 S. 2 zu einer fakultativen Strafmilderung.[757] Vgl. hierzu auch schon Rn 548.

Fazit: In Fällen, in denen der Täter eine tatsächlich nicht vorliegende Rechtfertigungslage annimmt und zugleich die rechtlichen Grenzen des Notwehrrechts verkennt, kann er nicht nach den Grundsätzen des Erlaubnistatbestandsirrtums entlastet werden. Seine Fehlvorstellung ist vielmehr nach den Grundsätzen des Verbotsirrtums zu würdigen.

---

755 Nach BGH NStZ 1987, 322, dargestellt auch bei *W/B/S*, AT, Rn 485.

756 Auf die zum Erlaubnistatbestandsirrtum vertretenen Theorien (Rn 531 ff.) kommt es also nicht mehr an, sodass sie an dieser Stelle auch nicht diskutiert werden dürfen (vgl. auch *Schuster*, JuS 2007, 617, 618).

757 Wie hier Sch/Sch-*Sternberg-Lieben/Schuster*, § 17 Rn 11; *Britz*, JuS 2002, 465, 467; vgl. auch BGHSt 3, 105, 108 und nunmehr auch *Schuster*, JuS 2007, 617, 618.

bb. Der Täter glaubt, Unrecht zu begehen

Bei der zweiten Fallgruppe des Doppelirrtums unterliegt der Täter einem nach § 16 oder § 17 bedeutsamen Irrtum, gelangt jedoch durch einen weiteren, entgegengerichteten Irrtum möglicherweise zum „Ausgleich" des ersteren. 568

Beispiel[758]**:** Onkel O nimmt an seiner 15-jährigen Nichte N sexuelle Handlungen i.S.v. § 182 vor. Dabei ist er der Meinung, dass die Schutzgrenze des § 182 bei 14 Jahren liege (hier unterliegt O also einem Verbotsirrtum nach § 17). Andererseits geht er aber davon aus, er begehe einen strafbaren Verwandtenbeischlaf (hier unterliegt O einem Wahndelikt - § 173 ist nicht einschlägig).

Hier könnte der Verbotsirrtum durch das Wahndelikt kompensiert sein mit der Folge, dass O insgesamt kein Unrecht begangen hat. Ein solcher „Ausgleich" ist im Ergebnis aber nicht möglich, denn zum einen kann ein vorhandenes Unrechtsbewusstsein nicht ausgeglichen werden und zum anderen sind die Bezugspunkte der beiden Irrtümer auch verschieden. O kann aber nur dann aus § 182 bestraft werden, wenn der erste Irrtum für ihn vermeidbar war. Allerdings ist die Vermeidbarkeit an strenge Voraussetzungen geknüpft.

Zu den Irrtümern in Bezug auf das Unrechtsbewusstsein vgl. auch die zusammenfassende Übersicht bei Rn 1208 ff.

4. Entschuldigungsgründe

Letzte Voraussetzung für die Bejahung der Schuld ist das Nichtvorliegen von Entschuldigungsgründen. Entschuldigungsgründe lassen bei entstandener Schuld den Schuldvorwurf entfallen, sodass Straflosigkeit eintritt. Insofern wird auch von **Schuldaufhebungsgründen** gesprochen. 569

Weiterführender Hinweis: Im Gegensatz zu den **Schuldaufhebungsgründen**, die zu einer so starken Herabsetzung des Unrechts- und Schuldgehalts der Tat führen, dass die Schwelle der Strafbarkeit nicht mehr erreicht werden kann und der Gesetzgeber auf eine Strafbarkeit verzichtet, lassen die **Schuldausschließungsgründe** den Schuldvorwurf erst gar nicht entstehen; sie schließen ihn in den Fällen der Schuldunfähigkeit (§§ 19, 20) und des unvermeidbaren Verbotsirrtums (§ 17 S. 1) aus. Das vom Täter begangene Unrecht (Tatbestand und Rechtswidrigkeit) bleibt jedoch vom nicht vorhandenen oder weggefallenen Schuldvorwurf unberührt. 570

Näher in Betracht kommen folgende Entschuldigungsgründe: 571

- Notwehrexzess (§ 33),
- entschuldigender Notstand (§ 35),
- übergesetzlicher entschuldigender Notstand,
- Handeln auf Anordnung oder Befehl (§ 63 II S. 3 BBG, § 36 II S. 3 BeamtStG, §§ 5 I, 22 III WStG) und
- Unzumutbarkeit normgemäßen Verhaltens.

a. Notwehrexzess (§ 33)

Überschreitet der Täter die Grenzen der Notwehr aus Verwirrung, Furcht oder Schrecken, wird er gem. § 33 nicht bestraft. Die kriminalpolitische Zielsetzung der Vorschrift besteht darin, dass die Fähigkeit des Täters, sich normgemäß zu verhalten, infolge seiner psychischen Ausnahmesituation erheblich herabgesetzt ist[759] (vgl. auch Rn 574). Insofern quali- 572

[758] Vgl. Sch/Sch-*Sternberg-Lieben/Schuster*, § 17 Rn 11.
[759] Sch/Sch-*Perron*, § 33 Rn 2; MüKo-*Erb*, § 33 Rn 2; *Hecker*, JuS 2016, 177, 178.

fiziert die h.M.[760] den Notwehrexzess trotz der insofern mehrdeutigen Formulierung („... so wird er nicht bestraft") auch nur als Entschuldigungs- und nicht als Rechtfertigungsgrund, weil der Täter über die Grenzen der zulässigen Notwehr hinausgehe. Bemerkenswert ist, dass eben jene h.M. bei § 24, der insoweit ebenfalls die Formulierung „wird nicht bestraft" enthält, der Auffassung ist, dass § 24 kein Entschuldigungsgrund, sondern ein persönlicher Schuldausschließungsgrund sei, weil der Gesetzgeber anderenfalls (wie bei § 35 I) „handelt ohne Schuld" formuliert hätte (vgl. Rn 704). Trotz der insofern inkonsequenten Begründung der h.M. hat die Qualifikation des § 33 als Entschuldigungsgrund zur Folge, dass ein Notwehrexzessübender eine rechtswidrige Handlung begeht, sodass gegenüber dieser Handlung wiederum ein Rechtfertigungsgrund eingreifen kann. Auch die Teilnahmemöglichkeit (§§ 26, 27) bleibt erhalten. Der Wortlaut des § 33 legt folgendes Prüfungsschema nahe:

Voraussetzungen des Notwehrexzesses

I. Verwirklichung des Tatbestands durch den Täter (objektiv, subjektiv)

II. Rechtswidrigkeit des Täterverhaltens

⇒ Insbesondere greift nicht der Rechtfertigungsgrund Notwehr, weil die Verteidigung über das zur Abwehr Erforderliche oder Gebotene hinausging.

III. Schuldausschluss infolge Notwehrexzess

1. Überschreitung der Grenzen der Notwehr

Die h.M. beschränkt den Anwendungsbereich des § 33 auf den Fall, dass der Angegriffene (oder der Nothelfer) **bei einem *gegenwärtigen* Angriff** über die nach § 32 II **erforderliche oder gebotene Abwehr hinausgeht**, sog. **intensiver Notwehrexzess**. Sofern man gleichwohl auch die **Überschreitung der zeitlichen Grenzen** der Notwehr akzeptiert (sog. **extensiver Notwehrexzess**), sollte man sich auf den nachzeitigen Notwehrexzess beschränken.

2. Aus Verwirrung, Furcht oder Schrecken

Die Überschreitung der Grenzen der Notwehr darf nur aus **Verwirrung, Furcht oder Schrecken** erfolgen. Diese Erscheinungsformen einer Gemütserregung bzw. Bewusstseinseintrübung werden auch als *asthenische* Affekte bezeichnet (asthenisch = aus der Schwäche kommend). Sog. *sthenische* Affekte (sthenisch = aus der Stärke kommend) wie Wut, Zorn, Hass oder Kampfeseifer unterfallen grundsätzlich nicht § 33. Ihr Hinzukommen hindert die Anwendung von § 33 aber nicht, wenn asthenische Affekte zumindest mitursächlich waren, mit anderen Worten, sthenische Affekte nicht völlig überwiegen.

3. Sonderproblem: Putativnotwehrexzess

Geht der Täter nicht nur irrig von dem Vorliegen der sachlichen Voraussetzungen einer Notwehrlage aus, sondern verteidigt sich dann auch noch intensiver, als zur Abwehr des vorgestellten Angriffs erforderlich bzw. geboten gewesen wäre, liegt ein sog. **Putativnotwehrexzess** vor. Da § 33 eine tatsächlich existierende (und nicht nur eine vermeintliche) Notwehrlage voraussetzt und eine solche beim Putativnotwehrexzess gerade fehlt, kann § 33 nicht anwendbar sein. Nach h.M. folgt der Putativnotwehrexzess daher allein den **allgemeinen Irrtumsregeln**. Waren demzufolge sowohl der Irrtum über das Vorliegen der tatsächlichen Voraussetzungen der Notwehr als auch der Irrtum über das erforderliche Verteidigungsmaß *unvermeidbar*, bleibt der Putativnotwehrexzessübende straflos (Rechtsfolge aus § 17 S. 1). Waren dagegen beide Fehlvorstellungen oder auch nur eine von ihnen *vermeidbar*, hat sich der Täter strafbar gemacht mit der fakultativen Strafmilderung nach §§ 17 S. 2, 49 I.

4. Sonderproblem: Provozierte Notwehrlage

Wer zielstrebig einen Angriff herausfordert, um den Gegner unter dem Deckmantel der äußerlich gegebenen Notwehrlage verletzen zu können (**Absichtsprovokation**), handelt rechtsmissbräuchlich und ohne Verteidigungswillen. Versagt man in diesem Fall dem Not-

[760] BGHSt 3, 194, 198; BGH NJW 2001, 3200, 3202; BGH NStZ 2002, 141; *Jescheck/Weigend*, AT, § 45 II 2; *Gropp*, AT, § 6 Rn 157; *Lackner/Kühl*, § 33 Rn 1; Sch/Sch-*Perron*, § 33 Rn 2; LK-*Rönnau*, § 32 Rn 333; SK-*Günther*, § 32 Rn 1; NK-*Herzog*, § 33 Rn 5; MüKo-*Erb*, § 32 Rn 1.

wehrübenden das Notwehrrecht aus § 32, kann ein solches auch nicht überschritten werden. Folgerichtig kann auch § 33 nicht greifen.
Wer allerdings nicht absichtlich, sondern nur **sonst vorwerfbar eine Notwehrsituation herbeiführt**, kann sich dagegen grundsätzlich auf Notwehr berufen, muss aber im Rahmen der Gebotenheit der Abwehrmaßnahme äußerste Zurückhaltung üben. Verteidigt sich der Angegriffene in einem solchen Fall aufgrund asthenischer Affekte intensiver als „geboten", spricht grundsätzlich nichts gegen eine Anwendbarkeit des § 33, sofern der Täter die übrigen Voraussetzungen des § 33 erfüllt. Der BGH verneint hier (ohne überzeugende Begründung) aber die Anwendbarkeit des § 33, wenn sich der Täter planmäßig in eine tätliche Auseinandersetzung mit seinem Gegner (also dem späteren Angreifer) eingelassen hat, um unter Ausschaltung der (erreichbaren) Polizei den ihm angekündigten Angriff mit eigenen Mitteln abzuwehren und hierbei Oberhand über seinen Gegner zu gewinnen. Denn dann beruhe die Notwehrlage nicht auf einem asthenischen Affekt, sondern auf dem vor Eintritt der Notwehrlage gefassten Entschluss, den Kampf mit dem Gegner allein auszutragen. Der Vergleich zum entschuldigenden Notstand (§ 35) zeigt aber, dass dort eine Entschuldigung gerade für den Fall ausgeschlossen ist, dass der Täter die Gefahr selbst verursacht hat (§ 35 I S. 2). Wenn aber eine solche Regelung bei § 33 fehlt, zeigt der Gesetzgeber, dass er den Fall des § 33 anders beurteilt.

aa. Überschreitung der Grenzen einer Notwehr

Objektives Merkmal ist zunächst, dass ein rechtswidriger Angriff vorliegt. Insoweit kann uneingeschränkt auf die Ausführungen zu § 32 verwiesen werden. Darüber hinaus muss der Täter die **Grenzen der Notwehr überschreiten**.[761] Da der Gesetzeswortlaut auch hier undeutlich ist, verwundert es nicht, dass die Konturen dieser Grenzen unterschiedlich gesehen werden. 573

Beispiel: Großmutter G geht im Park spazieren. Plötzlich taucht von hinten der Mountainbike-Fahrer M auf und versucht, ihr die Handtasche zu entreißen. Doch G gibt sich nicht geschlagen. Geistesgegenwärtig nimmt sie ihren Stockschirm und schlägt auf den Kopf des Angreifers. Dieser verliert dadurch die Balance und stürzt zu Boden. Obwohl sich M nicht mehr rührt, versetzt G ihm noch ein paar Schläge mit dem Stockschirm in die Rippengegend. Nur ein Passant kann G von weiteren Schlägen abhalten. Der behandelnde Arzt stellt fest, dass der Schlag, der zum Sturz geführt hat, eine Gehirnerschütterung hervorgerufen hat und die nachfolgenden Schläge in die Rippengegend einen Rippenbruch verursacht haben. Strafbarkeit der G?

Variante: Nachdem M (hilflos) auf dem Boden liegt und G beginnt, mit ihrem Stockschirm auf M einzuschlagen, zieht dieser sein Fahrtenmesser und sticht G in den Bauch. Diese verblutet. Der Messerstich geschah, obwohl M davon ausgehen musste, dass auch ein Stich in einen Arm oder in ein Bein ausgereicht hätte, um weitere Handlungen der G zu unterbinden.

Im Ausgangsfall hat G den Tatbestand der gefährlichen Körperverletzung gem. §§ 223, 224 I Nr. 2 Var. 2 („anderes gefährliches Werkzeug") erfüllt. Hinsichtlich des ersten Schlags ist G aber infolge Notwehr (§ 32) gerechtfertigt. Die Gegenwärtigkeit des Angriffs war aber beendet, als M am Boden lag. Abwehrhandlungen, die das Kriterium der Gegenwärtigkeit des Angriffs nicht erfüllen, können nicht infolge Notwehr gerechtfertigt sein. Möglicherweise ist G diesbezüglich aber gem. § 33 entschuldigt.

⇨ Die h.M.[762] beschränkt den Anwendungsbereich des § 33 auf den Fall, dass der Angegriffene (oder der Nothelfer) **bei einem *gegenwärtigen* Angriff** über die nach § 32 II **erforderliche oder gebotene Abwehr hinausgeht**. Dieser Fall wird als **intensiver Notwehrexzess** bezeichnet. Demzufolge wäre G gem. § 33 nicht entschuldigt, da der Angriff seitens des M beendet war.

---

[761] Mit dem Begriff der „Notwehr" ist selbstverständlich auch die „Nothilfe" gemeint.
[762] BGH NStZ 2003, 596, 597; BGHSt 48, 255, 257 ff.; BGH NStZ 2002, 141; *Jescheck/Weigend*, AT, § 45 II 4; *Lackner/Kühl*, § 33 Rn 2; SK-*Rudolphi*, § 33 Rn 2. Vgl. auch BGH NStZ 2016, 84, 85 f.

⇨ Mit durchaus beachtlichen Argumenten versteht eine Minderheitsmeinung[763] die Formulierung „Überschreitung der Grenzen der Notwehr" dergestalt, dass auch die **Überschreitung der zeitlichen Grenzen** umfasst sei – **extensiver Notwehrexzess**. Hierbei ist wiederum zwischen vorzeitigem und nachzeitigem extensiven Notwehrexzess zu unterscheiden. Vorzeitiger extensiver Notwehrexzess liegt vor, wenn der Angriff noch gar nicht begonnen hat. Demgegenüber spricht man von einem nachzeitigen extensiven Notwehrexzess, wenn der Angriff bereits beendet war. Vorliegend war der Angriff des M bereits beendet, sodass ein Fall des extensiven Notwehrexzesses vorliegt. Subsumiert man zumindest den nachzeitigen extensiven Notwehrexzess unter § 33[764], wäre G jedenfalls hinsichtlich der Gegenwärtigkeit gem. § 33 entschuldigt.

Fraglich ist, welcher Auffassung zu folgen ist. *Für* eine Subsumtion des extensiven Notwehrexzesses unter § 33 spricht, dass die Beschränkung auf den intensiven Notwehrexzess aus dem Wortlaut der Vorschrift nicht hervorgeht. *Dagegen* sprechen wiederum neben dem Erfordernis der Unrechtsminderung bei Entschuldigungsgründen, die zum Zeitpunkt der Handlung gegeben sein muss, folgende Überlegungen:

⇨ Ist sich der Täter der zeitlichen Überschreitung der Notwehrgrenzen (also der Beendigung des Angriffs) bewusst, ist kein vernünftiger Grund ersichtlich, warum er straffrei bleiben soll. Hat im vorliegenden Beispiel G also erkannt, dass der am Boden liegende M zu keinem weiteren Angriff mehr fähig ist, kann ein erneutes Zuschlagen nicht entschuldigt werden. G ist aus §§ 223, 224 I Nr. 2 Var. 2 strafbar.

⇨ Raum für § 33 bietet daher lediglich der Fall, dass dem Täter die Überschreitung der zeitlichen Grenzen nicht bewusst ist. Doch hier bietet der **Erlaubnistatbestandsirrtum** die sachgerechtere Lösung.[765] Demzufolge würde G je nach Auffassung der Körperverletzungsvorsatz analog § 16 I S. 1 oder der Vorsatzschuldvorwurf genommen. Auf jeden Fall wäre G gem. § 16 I S. 2 i.V.m. § 229 wegen fahrlässiger Körperverletzung strafbar. Die Erstreckung des Notwehrexzesses nach § 33 auf diese Fälle ist somit nicht erforderlich.[766] Sollte sich der Täter jedoch der zeitlichen Überschreitung der Notwehr bewusst sein, glaubt aber, ein Notwehrrecht zu haben, stellt dies wiederum einen nach § 17 zu beurteilenden Fall eines **Erlaubnisirrtums** (= indirekter Verbotsirrtum) dar.[767]

⇨ Auch wenn man sich auf den Standpunkt stellt, der extensive Notwehrexzess sei von § 33 erfasst, sollte dies jedoch nur für den nachzeitigen Notwehrexzess angenommen werden. Denn beim vorzeitigen Notwehrexzess, also für den Fall, dass der Angriff noch nicht begonnen hat, greift die Ratio des § 33 überhaupt nicht ein, weil die Privilegierung des Täters nur aufgrund der mit einer gerechtfertigten Notwehrhandlung einhergehenden Verwirrung usw. gewährt wird. Wer vorher zur Gegenwehr ansetzt, „überschreitet" nicht die „Grenzen der Notwehr"[768] (möglicherweise greift aber § 34). Vorliegend handelt es sich jedoch um einen nachzeitigen Notwehrexzess, sodass – sollte man diese Auffassung teilen – G gem. § 33 entschuldigt ist. Für alle drei Lösungsmöglichkeiten gilt jedoch, dass G hinsichtlich der weiteren Schläge rechtswidrig handelte, sodass für M wiederum Notwehr in Betracht kommt.

Zur Variante des Beispiels: Ein gegenwärtiger, intensiver Notwehrexzess wäre jedenfalls für die Variante des Beispiels zu bejahen. Denn der Messerstich in den Bauch ging über das zur Abwehr Erforderliche hinaus. M befand sich somit in der Situation des intensiven Notwehrexzesses.

---

[763] *W/B/S*, AT, Rn 447; Sch/Sch-*Perron*, § 33 Rn 7; *Müller-Christmann*, JuS 1989, 717.
[764] So ausdrücklich *W/B/S*, AT, Rn 446; *Otto*, § 14 Rn 23; *Trüg/Wentzell*, Jura 2001, 30, 34.
[765] Für diese Lösung hat sich auch der BGH entschieden, vgl. BGH NStZ 2002, 141.
[766] *Gropp*, AT, § 6 Rn 160 ff.
[767] BGH NStZ 2003, 596, 597; MüKo-*Erb*, § 32 Rn 221.
[768] *Kühl*, AT, § 12 Rn 141; *W/B/S*, AT, Rn 447.

bb. Aus Verwirrung, Furcht oder Schrecken

a.) Subjektive Voraussetzung für den Notwehrexzess ist nicht nur, dass der Täter in Kenntnis der Voraussetzungen des Entschuldigungsgrundes handelt, sondern auch, dass er die Grenzen der Notwehr aus **Verwirrung, Furcht oder Schrecken** überschreitet. Diese Erscheinungsformen einer Gemütserregung bzw. Bewusstseinstrübung werden auch als *asthenische* Affekte bezeichnet (asthenisch = aus der Schwäche kommend).[769] Sog. *sthenische* Affekte (sthenisch = aus der Stärke kommend) wie Wut, Zorn, Hass oder Kampfeseifer unterfallen grundsätzlich nicht § 33.[770] Ihr Hinzukommen hindert die Anwendung von § 33 aber nicht, wenn asthenische Affekte zumindest mitursächlich waren, mit anderen Worten, sthenische Affekte nicht völlig überwiegen. Damit wird dem Umstand Rechnung getragen, dass der Angreifer die ihn treffenden Folgen einer überzogenen Abwehr selbst und allein verantworten muss, wenn er durch sein Handeln einen jener Affekte ausgelöst hat, die den Verteidiger über die Grenzen der Notwehr hinausgehen ließen.[771] **574**

Angesichts der vom Gesetz vorgesehenen völligen Straflosigkeit wird man zur Annahme eines asthenischen Affekts einen Störungsgrad verlangen müssen, bei dem die Fähigkeit, das Geschehen richtig wahrzunehmen und zu verarbeiten, erheblich reduziert ist[772]; insb. bei dem Merkmal „Furcht“ genügt nicht schon jedes Angstgefühl. Vielmehr muss eine panische Angst vorliegen.[773] Daher muss § 33 bei dem Beispiel von Rn 490 (Kaufhausdetektiv) im Ergebnis verneint werden. Dagegen ist im Beispiel von Rn 877 (Rechtfertigung bei Fahrlässigkeit) die Fähigkeit, das Geschehen zu verarbeiten und ihm angemessen zu begegnen, erheblich reduziert, was zur Bejahung des § 33 führt. **575**

Für das vorliegende **Beispiel** von Rn 573 gilt Folgendes: Sollte man bezüglich G trotz der Situation des extensiven Notwehrexzesses von der Anwendbarkeit des § 33 ausgehen, muss zu ihren Gunsten unterstellt werden, dass sie aus Verwirrung, Furcht oder Schrecken gehandelt hat. Insoweit ist sie gem. § 33 entschuldigt. Hinsichtlich M in der **Variante** gilt dasselbe.[774]

Hinweis für die Fallbearbeitung: § 33 ordnet einen umfassenden Schuldausschluss an. Sofern man also § 33 bejaht, kann eine Strafbarkeit des Täters auch nicht aus § 229 hergeleitet werden. Dies sollte am Ende der Falllösung kurz aufgezeigt werden. **576**

b.) Problematisch ist auch die Frage, ob dem Täter die Entschuldigung nach § 33 versagt werden muss, wenn er die Erforderlichkeit der Notwehr **bewusst** überschreitet, wenn sein Erregungszustand also nicht so hoch ist, dass ihm dadurch seine Entscheidung darüber, welche Abwehrmaßnahmen erforderlich sind und welche über die Erforderlichkeit der Notwehr hinausgehen, unmöglich würde. **577**

- Nach einer Minderheitsmeinung greift die Entschuldigung nach § 33 nur dann, wenn der Täter *unbewusst* die Erforderlichkeitsgrenze der Notwehr überschreitet. Die Wahrnehmung des Täters müsse durch einen hochgradigen Erregungszustand fehlerhaft oder bruchstückhaft sein, sodass er sich falsche Vorstellungen mache oder aufgrund eines Spontanentschlusses handle.[775] Nach dieser Auffassung würde § 33 bei bewusster Notwehrüberschreitung nicht zur Schuldaufhebung führen.

---

[769] Vgl. BGH NStZ-RR 2009, 70 f. (mit Bespr. v. *Jahn*, JA 2009, 306 f.); NJW 2001, 3200, 3202; *Gropp*, AT, § 6 Rn 168; *Lackner/Kühl*, § 33 Rn 3; *Fischer*, § 33 Rn 3; *Roxin*, AT, § 22 Rn 80; *W/B/S*, AT, Rn 446.

[770] BGH NStZ-RR 2009, 70 f.; BGHSt 39, 133, 139 f. (mit Bespr. v. *Müller-Christmann*, JuS 1994, 649 ff.); Sch/Sch-*Perron*, § 33 Rn 4; SK-*Rudolphi*, § 33 Rn 3. Vgl. auch BGH NStZ 2002, 425 (mit Bespr. v. *Heger*, JA 2003, 8 ff.).

[771] BGH NJW 2001, 3200, 3202; BGH StV 1999, 145, 146 f. (mit Bespr. v. *Heuchemer*, JA 2000, 382 ff.); *Fischer*, § 33 Rn 3.

[772] BGH NJW 2001, 3200 ff.; NStZ 1995, 76, 77; NStZ-RR 1997, 65; Sch/Sch-*Perron*, § 33 Rn 3.

[773] BGH NJW 2001, 3200, 3202; BGH StV 1999, 145, 146.

[774] Diese Wertung wurde vom Verfasser bereits in den Vorauflagen vertreten; dem sich nunmehr anschließend *Theile*, JuS 2006, 965 f.

[775] Sch/Sch-*Perron*, § 33 Rn 6; LK-*Baldus* (9. Aufl.), § 53 a.F. Rn 43.

- Nach h.M. kommt es dagegen mit dem Argument, das Gesetz unterscheide nicht zwischen bewusstem und unbewusstem Notwehrexzess, auf den Erregungszustand des Täters nicht an. Auch wer wisse, was er tue, könne sich in einer so starken psychischen Ausnahmesituation befinden, dass ihm aus seiner objektiv falschen Handlung kein Vorwurf gemacht werden könne.[776] Nach dieser Auffassung greift somit die Entschuldigung nach § 33 auch bei bewusster Überschreitung der Notwehr. Allerdings muss der Täter auch hier in einem asthenischen Affekt (d.h. aus „Verwirrung, Furcht oder Schrecken") gehandelt haben.[777]

cc. Putativnotwehrexzess

578 Problematisch ist auch die Konstellation, in welcher der Täter nicht nur irrig vom Vorliegen der sachlichen Voraussetzungen einer Notwehrlage ausgeht, sondern sich dann auch noch intensiver verteidigt, als zur Abwehr des vorgestellten Angriffs erforderlich bzw. geboten gewesen wäre, sog. Putativnotwehrexzess.
Da § 33 eine tatsächlich existierende (und nicht nur eine vermeintliche) Notwehrlage voraussetzt und eine solche beim Putativnotwehrexzess gerade fehlt, kann § 33 nicht anwendbar sein.

- Nach h.M.[778] folgt der Putativnotwehrexzess daher allein den allgemeinen Irrtumsregeln und ist insgesamt wie ein **indirekter Verbotsirrtum** gem. **§ 17** zu behandeln.
- Eine Minderheitsmeinung will **§ 33 analog** anwenden für den Fall, dass der Täter den Irrtum nicht vermeiden konnte[779], oder wenn den durch den Putativnotwehrexzess Betroffenen ein erhebliches Verschulden am Irrtum trifft[780].
- Wieder andere wollen **§ 35 II analog** anwenden, weil diese Regelung dem Putativnotwehrexzess am ehestens gerecht werde.[781]

579 Folgt man der zutreffenden h.M. und war der Irrtum über das erforderliche Verteidigungsmaß *unvermeidbar*, bleibt der Putativnotwehrexzessübende straflos (Rechtsfolge aus § 17 S. 1). War der Irrtum über das erforderliche Verteidigungsmaß dagegen *vermeidbar*, hat dieser sich strafbar gemacht (mit der fakultativen Strafmilderung nach §§ 17 S. 2, 49 I).

dd. Provozierte Notwehrlage

580 Zu § 32 wurde gesagt, dass derjenige, der zielstrebig einen Angriff herausfordert, um den Gegner unter dem Deckmantel der äußerlich gegebenen Notwehrlage verletzen zu können (**Absichtsprovokation**), rechtsmissbräuchlich und ohne Verteidigungswillen handele.[782] Versagt man in diesem Fall dem Notwehrübenden das Notwehrrecht aus § 32, kann ein solches auch nicht überschritten werden. Folgerichtig kann auch § 33 nicht greifen.

581 Wer allerdings nicht absichtlich, sondern nur **sonst vorwerfbar eine Notwehrsituation herbeiführt**, kann sich dagegen grundsätzlich auf Notwehr berufen, muss aber im Rahmen der Gebotenheit der Abwehrmaßnahme äußerste Zurückhaltung ausüben. Verteidigt sich der Angegriffene in einem solchen Fall aufgrund asthenischer Affekte intensiver als „geboten", spricht grundsätzlich nichts gegen eine Anwendbarkeit des § 33, sofern der Täter die übrigen Voraussetzungen des § 33 erfüllt.

---

[776] BGHSt 39, 133, 139; NK-*Herzog*, § 33 Rn 24; LK-*Zieschang*, § 32 Rn 52; *Müller-Christmann*, JuS 1994, 649, 651 f.; *W/B/S*, AT, Rn 446; *Fischer*, § 33 Rn 8. Vgl. auch BGH NStZ 2016, 84, 85 f.
[777] Insoweit (wie hier bereits seit der 1. Aufl. ausgeführt) klarstellend BGH NStZ 2016, 84, 85 f.
[778] BGH NStZ 2003, 599, 560; BGH NStZ-RR 2002, 203, 204; NStZ 2003, 599, 600; *Jescheck/Weigend*, AT, § 45 II 4; *W/B/S*, AT, Rn 448; *Fischer*, § 33 Rn 5; NK-*Herzog*, § 33 Rn 15 f.; *Lackner/Kühl*, § 33 Rn 2.
[779] Sch/Sch-*Perron*, § 33 Rn 8; SK-*Rogall*, § 33 Rn 6.
[780] *Roxin*, AT I, § 22 Rn 96; *Zieschang*, AT, 2. Aufl. 2009, S. 94.
[781] *Rengier*, AT, § 27 Rn 29; *Bachmann*, JA 2009, 510, 511; *Sauren*, Jura 1988, 567, 572.
[782] BGH NStZ 2001, 143.

b. Entschuldigender Notstand, § 35

Gemäß § 35 I S. 1 handelt ohne Schuld, wer in einer gegenwärtigen, nicht anders abwendbaren Gefahr für Leben, Leib oder Freiheit eine rechtswidrige Tat begeht, um die Gefahr von sich, einem Angehörigen oder einer anderen ihm nahestehenden Person abzuwenden. Im Gegensatz zum rechtfertigenden Notstand, bei dem das zu schützende Rechtsgut das beeinträchtigte wesentlich überwiegt und so die Rechtswidrigkeit entfällt, stehen sich beim entschuldigenden Notstand also zwei gleichwertige Rechtsgüter gegenüber, wobei das Opfern eines dieser beiden Rechtsgüter nicht rechtfertigend wirkt, da dieses Opfern von der Rechtsordnung nicht gebilligt wird, sondern allenfalls dem Täter nicht zugemutet werden kann, das zu schützende Rechtsgut aufzugeben, sodass ein Entschuldigungsgrund vorliegt. Darüber hinaus begeht der Täter - gleichgültig, wie er sich entscheidet - immer eine rechtswidrige Tat, sodass eine Bestrafung unbillig erscheint. Die Ratio des § 35 I S. 1 liegt also darin, dass in existenzbedrohenden Konflikten der psychische Druck der Selbsterhaltung so stark wird, dass normgemäßes Verhalten nicht mehr zumutbar ist.[783] Damit sollte nicht nur der systematische Unterschied zwischen rechtfertigendem und entschuldigendem Notstand klar geworden sein, sondern auch, dass der Gesetzgeber bewusst unterschiedlich strenge Voraussetzungen an sie knüpft. 582

Übersicht rechtfertigender - entschuldigender Notstand 583

RECHTFERTIGENDER NOTSTAND	ENTSCHULDIGENDER NOTSTAND
Interessenabwägung: wesentliches Überwiegen des gefährdeten Rechtsguts	Keine Interessenabwägung: Rechtsgüter können auch gleichwertig sein
Keine Beschränkung, d.h. notstandsfähig sind ⇨ Rechtsgüter des Notstandsübenden ⇨ oder einer anderen Person	Beschränkung auf ⇨ bestimmte notstandsfähige Rechtsgüter des Notstandsübenden: „Leib, Leben, Freiheit" ⇨ und - bei Eingreifen zugunsten Dritter - auf die genannten Rechtsgüter von dem Täter nahestehender Personen
Wirkt rechtfertigend, daher keine Teilnahme nach §§ 26, 27 möglich	Wirkt lediglich schuldausschließend, daher Teilnahme nach §§ 26, 27 möglich
Notwehr gegen (durch Notstand) gerechtfertigten Angreifer ist nicht möglich	Notwehr gegen entschuldigten, aber rechtswidrig handelnden Angreifer ist möglich
Bei Irrtum über das Vorliegen der sachlichen Voraussetzungen des Notstands: § 16 I S. 1 analog (BGH) oder Ausschluss Schuldvorwurf (h.L.); bei Erlaubnisirrtum (Rn 561) greift § 17	Bei Irrtum über die in § 35 I genannten Umstände greift lediglich § 35 II ein (nicht § 17!)

[783] Vgl. SK-*Rudolphi*, § 35 Rn 3a.

Voraussetzungen des entschuldigenden Notstands

I. Verwirklichung des Tatbestands durch den Täter (objektiv, subjektiv)

II. Rechtswidrigkeit des Täterverhaltens

⇒ Insbesondere greift nicht der Rechtfertigungsgrund Notstand (§ 34), weil das gefährdete Rechtsgut das verletzte nicht wesentlich überwiegt.

III. Schuldausschluss infolge Notstandslage

1. Notstandsgüter: Leben, Leib oder Freiheit

Unter **Leben** ist die physische Existenz zu verstehen. **Leib** beschreibt die körperliche Unversehrtheit, wobei nur eine schwerwiegende Beeinträchtigung der körperlichen Unversehrtheit eine Entschuldigung nach § 35 I herbeizuführen vermag. Die geistig-seelische Integrität ist nicht geschützt. Mit **Freiheit** ist jedenfalls die Fortbewegungsfreiheit i.S.d. § 239 gemeint; nach überwiegender Auffassung auch die sexuelle Selbstbestimmungsfreiheit, nicht jedoch die allgemeine Willensbetätigungsfreiheit i.S.d. § 240.

2. Gegenwärtige Gefahr

Gefahr ist ein durch eine beliebige Ursache eingetretener ungewöhnlicher Zustand, in welchem nach den konkreten Zuständen der Eintritt eines Schadens wahrscheinlich ist. **Gegenwärtig** ist die Gefahr, wenn jederzeit mit dem Eintritt oder der Intensivierung des schädigenden Ereignisses gerechnet werden muss. Auch eine Dauergefahr ist erfasst („Der seidene Faden, an dem das Schwert des Damokles hängt, kann jederzeit reißen").

3. Notstandshandlung

Notstandshandlung ist die **Abwehr** der gegenwärtigen Gefahr **von sich**, **einem Angehörigen oder einer anderen nahestehenden Person**. Nach dem Wortlaut des § 35 I darf die gegenwärtige Gefahr nicht **anders** als durch die vorgenommene rechtswidrige Tat **abwendbar** gewesen sein. Die Gefahr ist „nicht anders" als durch die konkrete Tathandlung (bspw. Tötung des anderen) „abwendbar", wenn die Tathandlung das einzig geeignete Mittel ist, der Notstandslage wirksam zu begegnen. Die Notstandshandlung muss daher objektiv das letzte **zumutbare**, **geeignetste** und relativ **mildeste** Mittel zur Gefahrenabwehr sein (**Grundsatz der Erforderlichkeit**). Nicht anders abwendbar ist die Gefahr insbesondere dann, wenn staatliche Hilfe nicht rechtzeitig herbeigeholt werden kann. Darüber hinaus darf das Gewicht des Erhaltungsguts gegenüber dem Verlust beim Eingriffsgut nicht unverhältnismäßig gering sein (**Grundsatz der Verhältnismäßigkeit**).

4. Subjektives Entschuldigungselement: Rettungswille

Schon die gesetzliche Formulierung in § 35 („... *um* die Gefahr ... abzuwenden) deutet darauf hin, dass der Täter zur Gefahrabwendung handeln muss. Der Notstandstäter ist nach § 35 I also nur dann (subjektiv) entschuldigt, wenn er in **Kenntnis der ihn entschuldigenden Umstände** und mit dem **Willen zur Gefahrenabwehr** handelt, wobei jener Gefahrabwendungswille durch die Kenntnis der Sachlage indiziert wird. Zu den Irrtümern vgl. die Angaben im Text.

5. Sonderproblem Nötigungsnotstand

Ein **Nötigungsnotstand** liegt vor, wenn der Täter von einem Dritten **durch Gewalt** oder **Drohung** mit einer gegenwärtigen, nicht anders abwendbaren Gefahr für Leben, Leib oder Freiheit **zu einem strafbaren Verhalten gezwungen wird**. Hier kommt nur eine Entschuldigung, nicht aber eine Rechtfertigung in Betracht, weil die abgenötigte Straftat nicht das richtige Mittel zum richtigen Zweck, mithin kein angemessenes Mittel zur Bewältigung des Konflikts darstellt.

6. Einschränkung des Notstandsrechts nach § 35 I S. 2

Nach § 35 I S. 2 bleibt der Schuldvorwurf trotz unterstellter psychischer Drucksituation beim Täter weiterhin bestehen, wenn diesem **zugemutet** werden konnte, die Gefahr (und damit einen etwaigen Schaden) hinzunehmen. Um einerseits deutlich zu machen, dass es sich hier um einen Ausnahmetatbestand handelt, und um andererseits dem Tatrichter Anhaltspunkte für die Bewertung der Zumutbarkeitsfrage zu geben, nennt das Gesetz zwei mögliche, aber weder abschließende noch zwingende Ausnahmen: die **Selbstverursachung** und die **besonderen Rechtsverhältnisse**. Vgl. dazu näher im Text.

aa. Notstandslage

Die Notstandslage besteht in einer gegenwärtigen, nicht anders abwendbaren Gefahr für abschließend aufgezählte, fundamentale Rechtsgüter (Leben, Leib und Freiheit). 584

a.) Notstandsgüter: Leben, Leib oder Freiheit

Zunächst muss ein in § 35 genanntes Schutzgut (Leben, Leib, Freiheit) betroffen sein. 585
Mit der abschließenden Aufzählung dieser notstandsfähigen Rechtsgüter wollte der Gesetzgeber den entschuldigenden Notstand bewusst auf solche Rechtsgüter beschränken, welche die physische Existenz des Menschen ausmachen oder für diese von elementarer Bedeutung sind.[784]

- Unter **Leben** ist die physische Existenz zu verstehen. 586
- **Leib** beschreibt die körperliche Unversehrtheit. Allerdings ergibt sich aufgrund der Nen- 587
nung dieses Rechtsguts im Zusammenhang mit dem Leben, dass nicht jede drohende einfache Körperverletzung genügt, sondern nur eine schwerwiegende Beeinträchtigung der körperlichen Unversehrtheit eine Entschuldigung nach § 35 I herbeizuführen vermag[785] (siehe auch unten, „Verhältnismäßigkeit der Notstandshandlung"). Die geistig-seelische Integrität ist nicht geschützt.[786]
- Mit **Freiheit** ist jedenfalls die Fortbewegungsfreiheit i.S.d. § 239 gemeint; nach überwie- 588
gender Auffassung auch die sexuelle Selbstbestimmungsfreiheit[787], nicht jedoch die allgemeine Willensbetätigungsfreiheit i.S.d. § 240[788] oder gar die allgemeine Handlungsfreiheit.

b.) Gegenwärtige Gefahr

Für eines der Schutzgüter muss eine **gegenwärtige Gefahr** bestehen. Der Begriff der 589
gegenwärtigen Gefahr ist inhaltsgleich zu dem in § 34 verwendeten.[789] Demzufolge können die bereits dort genannten Definitionen herangezogen werden:

- Unter einer **Gefahr** ist ein durch eine beliebige Ursache eingetretener ungewöhnlicher Zu- 590
stand zu verstehen, in welchem nach den konkreten Zuständen der Eintritt eines Schadens wahrscheinlich ist. Wahrscheinlich ist der Eintritt des Schadens, wenn die Möglichkeit naheliegt oder begründete Besorgnis besteht.[790]
- **Gegenwärtig** ist die Gefahr, wenn jederzeit mit dem Eintritt oder der Intensivierung des 591
schädigenden Ereignisses gerechnet werden muss.[791] Auch eine Dauergefahr ist erfasst („Der seidene Faden, an dem das Schwert des Damokles hängt, kann jederzeit reißen").[792]

Da die Ursache für die Gefahr eine beliebige sein kann, können folgende – exemplarisch 592
genannten – Gefahrenquellen unter § 35 subsumiert werden[793]:

- **Naturereignisse:** Naturereignisse sind Ereignisse, die nicht von Menschenhand beeinflusst werden können. Wenn beispielsweise ein Kind aufgrund eines totalen Nierenversagens (= Naturereignis) in seinem Leben bedroht ist und die Mutter sich weigert, eine Niere zu spenden, obwohl eine Nierentransplantation möglich wäre, ist sie nicht wegen Tötung durch Unterlassen (§ 212, 13) strafbar. Wenn man hier nicht schon den Tatbestand wegen

---

[784] Vgl. Sch/Sch-*Perron*, § 35 Rn 4; *Hörnle*, JuS 2009, 873, 875.
[785] Sch/Sch-*Perron*, § 35 Rn 6/7; *Fischer*, § 35 Rn 4; NK-*Neumann*, § 35 Rn 15.
[786] Sch/Sch-*Perron*, § 35 Rn 6/7.
[787] *Roxin*, AT, § 22 Rn 38; a.A. NK-*Neumann*, § 35 Rn 17.
[788] LK-*Hirsch*, § 35 Rn 14 (11. Aufl.); *Fischer*, § 35 Rn 5; *Gropp*, AT, § 6 Rn 133.
[789] *Roxin*, AT, § 22 Rn 15; NK-*Neumann*, § 35 Rn 8 ff. u. 21.
[790] NK-*Neumann*, § 34 Rn 39 ff.; *Fischer*, § 34 Rn 3; Sch/Sch-*Perron*, § 34 Rn 12.
[791] Vgl. MüKo-*Erb*, § 34 Rn 76-80; Sch/Sch-*Perron*, § 34 Rn 17.
[792] *Gropp*, AT, § 5 Rn 224. Die Gegenwärtigkeit reicht hier also weiter als die Gegenwärtigkeit bei § 32. Das hängt mit der unterschiedlichen Bedeutung von Gefahr und Angriff zusammen: Während der Angriff eine akute Zuspitzung der Gefahr, d.h. wenigstens ein unmittelbares Bevorstehen des rechtsgutbeeinträchtigenden Verhaltens fordert, ist die Gefahr gerade dadurch gekennzeichnet, dass der erwartete Schadenseintritt nicht unmittelbar bevorstehen muss.
[793] Vgl. *W/B/S*, AT, Rn 437.

Unzumutbarkeit normgemäßen Verhaltens (Rn 615, 884) verneint, greift der Entschuldigungsgrund aus § 35 I S. 1. Weitere Beispiele für Naturereignisse sind etwa Schlagwetterexplosionen oder Überschwemmungen.

Gefährlicher Zustand von Sachen: Hier hat eine Sache den Gefahrzustand verursacht. Als Beispiel sei das viel zitierte „Brett des Karneades" (griechischer Philosoph, 214-129 v. Chr.) genannt: Aufgrund eines technischen Defekts sinkt das Passagierschiff, auf dem sich auch K und O befanden. Diese schwimmen nun im Meer. Eine Rettung ist sobald nicht in Sicht. O kann sich an eine Schiffsplanke klammern, die aber nur eine Person trägt. K sieht keine andere Möglichkeit, als O von der Planke zu stoßen, um sein eigenes Leben zu retten. So geschieht es. ⇨ Hier ist K nicht gerechtfertigt, weil kein anerkannter Rechtfertigungsgrund greift. Insbesondere greift § 34 nicht, weil nach h.M. ein Menschenleben nicht gegen ein anderes abgewogen werden kann. K ist aber gem. § 35 I S. 1 entschuldigt.

- **Verhalten von Menschen:** Solange kein rechtswidriger Angriff i.S.d. § 32 vorliegt, kann auch ein menschliches Verhalten eine Gefahr i.S.d. § 35 verursachen. Kommt es beispielsweise zu einer Kollision eines Passagierschiffs mit einem Riff, etwa weil der hochmütige Kapitän die Untiefen des Gewässers ignoriert hat, kann dieser dennoch gem. § 35 I S. 1 entschuldigt sein, wenn er nach der Kollision die Schotten zu den unteren Decks schließt, um ein Sinken des Schiffs zu verhindern, und dabei die sich in den betroffenen Decks noch befindlichen Menschen „opfert". Ob sich wegen § 35 I S. 2 daran etwas ändert, weil K durch sein Fehlverhalten die Gefahr verursacht hat, ist Gegenstand der Untersuchung bei Rn 602/603. Weitere Beispiele sind das unmenschliche Verhalten eines **Familientyrannen** (dazu Rn 335a, 597) und der sog. **Nötigungsnotstand** (dazu Rn 599).

bb. Notstandshandlung

593 Notstandshandlung ist die **Abwehr** der gegenwärtigen Gefahr **von sich**, **einem Angehörigen oder einer anderen nahestehenden Person**.

Der Begriff des Angehörigen ist in § 11 Nr. 1 legaldefiniert. Andere nahestehende Personen sind bspw. Verwandte, die nicht Angehörige i.S.d. § 11 Nr. 1 sind (etwa Onkel/Tante, Neffe/Nichte) und Personen aus eheähnlichen Lebensgemeinschaften, Liebesverhältnissen, engen Freundschaften und aus langjährigen Hausgemeinschaften. Sogar die Haushälterin kann eine andere nahestehende Person sein. Voraussetzung ist jedenfalls eine auf Dauer angelegte persönliche Beziehung, die über den üblichen Sozialkontakt des Alltagslebens hinausgeht und in ihrer Intensität des Zusammengehörigkeitsgefühls der Beziehung zwischen Verwandten vergleichbar ist. Denn nur in diesem Fall besteht die für § 35 I S. 1 charakteristische seelische Drucklage.

594 Nach dem Wortlaut des § 35 I S. 1 darf die gegenwärtige Gefahr **nicht anders** als durch die vorgenommene rechtswidrige Tat **abwendbar** gewesen sein. Die Notstandshandlung muss objektiv das letzte **zumutbare**, **geeignetste** und relativ **mildeste** Mittel zur Gefahrenabwehr sein (**Grundsatz der Erforderlichkeit**). Nicht anders abwendbar ist die Gefahr insbesondere dann, wenn staatliche Hilfe (Polizei, karitative Einrichtungen etc.) nicht rechtzeitig herbeigeholt werden kann. Unklar ist, inwieweit der Täter eine **Prüfungspflicht** hat, d.h. prüfen muss, ob nicht eine andere, für das Eingriffsgut weniger belastende Maßnahme in Frage kommt. Als Faustformel lässt sich sagen: Je gravierender die mit der Rettungshandlung verbundene Rechtsgutverletzung ist, desto sorgfältiger muss Täter die Möglichkeit eines anderen Auswegs prüfen.[794] Eine Prüfungspflicht kann aber entfallen, wenn sofortiges Handeln zur wirksamen Vermeidung von Rechtsguteinbußen unumgänglich ist (dem Täter also keine Zeit zum ruhigen Überlegen bleibt).[795]

Beispiel: A und B gehen im Park spazieren, als sie von zwei freilaufenden Rottweilern angegriffen werden. Das Verhalten der Hunde ist so aggressiv, dass A und B um ihr Leben

[794] Auf das Abstellen auf die Tätersicht nunmehr auch *Hörnle*, JuS 2009, 873, 880.
[795] Vgl. BGH NStZ 1992, 487; BGHSt 48, 255, 257 ff.

fürchten. Um sich zu retten, bringt A den B gezielt zu Fall, damit die Hunde ihre Aufmerksamkeit auf diesen lenken und A entkommen kann.

Der Tatbestand des § 212 I liegt vor. A ist auch nicht gerechtfertigt. § 32 greift nicht, da der Angriff nicht von B ausging. Auch ist § 34 nicht einschlägig, weil das Leben des B das des A nicht „wesentlich überwiegt" (nach h.M. keine rechtfertigend wirkende Abwägung Leben gegen Leben). Allerdings könnte A gem. § 35 I S. 1 entschuldigt sein. Dazu hätte die Gefahr aber nicht anders abwendbar gewesen sein dürfen. Ob staatliche Hilfe rechtzeitig eingetroffen wäre, erscheint in Anbetracht des bereits gegenwärtigen Geschehens fraglich. Es lässt sich daher gut vertreten, dass die Rettungshandlung des A das einzige Mittel war, um die Gefahr von sich abzuwenden.

Im Gegensatz zu § 34 spricht das Gesetz in § 35 nicht von einer Abwägung zwischen **595** dem Erhaltungsgut und dem beeinträchtigten Rechtsgut. Es könnte daher angenommen werden, dass das Erhaltungsgut im Vergleich zum beeinträchtigten Rechtsgut auch ein völlig unbedeutendes Gewicht haben darf. Wenn man aber berücksichtigt, dass die Straffreiheit aufgrund entschuldigenden Notstands auch auf einer Unrechtsminderung beruht, wird klar, dass jene Unrechtsminderung nicht ein völlig unbedeutendes Gewicht haben darf. Unter Heranziehung des in allen Teilrechtsgebieten geltenden **Grundsatzes der Verhältnismäßigkeit** lässt sich somit sagen, dass das Gewicht des Erhaltungsguts gegenüber dem Verlust beim Eingriffsgut nicht unverhältnismäßig gering sein darf.

Beispiel: Eine Tötung im Notstand kann nicht bereits aufgrund einer geringfügigen Leibesgefahr bzw. Gesundheitsbeeinträchtigung entschuldigt werden. Denn eine geringfügige Leibesgefahr bzw. Gesundheitsbeeinträchtigung hat im Verhältnis zum Leben nur ein völlig unbedeutendes Gewicht.

cc. Subjektives Entschuldigungselement: Rettungswille

Schon die gesetzliche Formulierung in § 35 („... *um* die Gefahr ... abzuwenden) deutet **596** darauf hin, dass der Täter zur Gefahrabwendung handeln muss. Der Notstandstäter ist nach § 35 I also nur dann (subjektiv) entschuldigt, wenn er in **Kenntnis der ihn entschuldigenden Umstände** und mit dem **Willen zur Gefahrenabwehr** handelt, wobei jener Gefahrabwendungswille durch die Kenntnis der Sachlage indiziert wird.[796] Fehlt der Rettungswille, können die bei Rn 617 ff. aufgestellten Grundsätze herangezogen werden.

dd. Irrtümer hinsichtlich des entschuldigenden Notstands

Nimmt der Täter irrig an, dass die sachlichen Voraussetzungen eines anerkannten Ent- **597** schuldigungsgrundes vorliegen, ist eine - wenn auch nur analoge - Anwendung des § 16 ausgeschlossen. Denn der Täter kennt sämtliche Umstände seines Handelns, welche dieses tatbestandlich und rechtswidrig werden lassen. Auch fehlt ihm nicht die Einsicht, Unrecht zu tun, sodass § 17 ebenfalls nicht in Betracht kommt. Es handelt sich somit um einen Irrtum eigener Art.[797] Für den entschuldigenden Notstand gem. § 35 I hat der Gesetzgeber deshalb eine entsprechende Regelung in § 35 II getroffen. Diese Vorschrift regelt den Irrtum des Täters über Umstände, die ihn nach § 35 I entschuldigen würden, d.h. der Täter muss entweder irrig eine Notstandslage nach § 35 I S. 1 annehmen oder irrtümlich Umstände i.S.v. § 35 I S. 2 nicht erkennen. Bewertungs- und Subsumtionsirrtümer scheiden somit aus. Diese können aber zu einem Verbotsirrtum i.S.d. § 17 führen. Liegt jedoch ein Irrtum i.S.v. § 35 II vor, führt dies zum Schuldausschluss, wenn der Irrtum *unvermeidbar* war (Umkehrschluss aus § 35 II S. 1). Die *Vermeidbarkeit* führt nach § 35 II S. 2 - in Abweichung zu § 17 - zur *obligatorischen* Strafmilderung nach § 49 I.

---

[796] *Gropp*, AT, § 6 Rn 144; SK-*Rudolphi*, § 35 Rn 10a; Sch/Sch-*Perron*, § 35 Rn 16.
[797] Sch/Sch-*Perron*, § 35 Rn 39; *Fischer*, § 35 Rn 16.

Im Beispiel „**Familientyrann**" von Rn 335a ist F nach Auffassung des BGH nicht entschuldigt i.S.v. § 35 I, weil die Tötung ihres Ehemanns nicht das einzige Mittel gewesen sei, die Gefahr abzuwenden. Da F ihre Situation jedoch als „vollkommen ausweglos" und die Tötung des T als „einzige Rettung" angesehen habe, habe sie i.S.v. § 35 II S. 1 irrig angenommen, die gegenwärtige Dauergefahr für ihre körperliche Unversehrtheit sei nicht anders als durch die Tötung des T abwendbar. Schließt man sich dieser Entscheidung an, ist fraglich, ob F diesen Irrtum vermeiden konnte. Da mit der Tötung eines Menschen der Angriff auf das höchste Individualrechtsgut in Frage stand, sind insoweit strenge Anforderungen zu stellen. Insbesondere kommt es darauf an, ob F vor der Tat eine ausreichende Überlegungsfrist zur Verfügung stand, in der sie Erkundigungen über Möglichkeiten zur anderweitigen Abwendbarkeit der Gefahr und Rat hätte einholen können.

Geht man zu ihren Gunsten davon aus, dass ihre körperliche und seelische Verfassung nach den lang andauernden Misshandlungen sie gehindert hat, ihre Möglichkeiten realistisch einzuschätzen, oder dass sie nach den Umständen sofort handeln musste, ihr also keine Überlegungszeit blieb, war ihr Irrtum über die tatsächlichen Voraussetzungen der Notstandslage unvermeidbar (der BGH a.a.O. hielt insoweit weitere Feststellungen für erforderlich).

F handelte somit gem. § 35 II S. 1 ohne Schuld. Sie kann nicht wegen Mordes bestraft werden.[798] Dieser Schuldausschluss erfasst auch die **gefährliche Körperverletzung** nach § 224 I Nr. 2 und 5 (a.A. vertretbar; sollte man eine Vermeidbarkeit annehmen, gelangt man zur sog. **Rechtsfolgelösung** des BGH in Bezug auf den Mordtatbestand, vgl. dazu *R. Schmidt*, BT I, Rn 48).

Ergebnis: F ist nach der hier vertretenen Auffassung straflos.

598 § 35 II ist auch auf den übergesetzlichen Notstand (Rn 605 ff.) entsprechend anwendbar.[799] Bei § 33 stellt sich die Irrtumsproblematik hingegen nicht, da diese Vorschrift bereits selbst in ihrem Tatbestand von einer Fehlvorstellung des Täters ausgeht. Zu den Irrtümern in Bezug auf Entschuldigungsgründe vgl. ausführlich Rn 616 ff. sowie die zusammenfassende Übersicht bei Rn 1208 ff.

ee. Sonderproblem Nötigungsnotstand

599 Ein Nötigungsnotstand liegt vor, wenn der Täter von einem Dritten durch Gewalt oder Drohung mit einer gegenwärtigen, nicht anders abwendbaren Gefahr für Leben, Leib oder Freiheit zu einem strafbaren Verhalten gezwungen wird.

Beispiel: T sagt vor Gericht als Zeuge vorsätzlich und unter Eid falsch aus. Diesen Meineid hat er deshalb begangen, weil ihm vor dem Gerichtstermin angedroht worden ist, die Freunde des Angeklagten A würden ihn sonst „kurz und klein" schlagen, wenn er A auch nur im Geringsten belaste. Aufgrund dieser Falschaussage wird A freigesprochen. Strafbarkeit des T aus § 154?

600 In Fällen dieser Art ist in der Fallbearbeitung - nachdem das Vorliegen des Tatbestands festgestellt wurde - zunächst auf die Möglichkeit einzugehen, ob nicht zugunsten des Täters ein Rechtfertigungsgrund greift. § 32 scheidet aber von vornherein aus, weil die Abwehr sich nicht gegen den Angreifer (vorliegend die Freunde des A) richtet. Möglicherweise greift aber § 34. Dazu müssten das Interesse des Täters an der Erhaltung seiner körperlichen Unversehrtheit das allgemeine Interesse an der Zuverlässigkeit des Personalbeweises der Strafrechtspflege „**wesentlich überwiegen**" und ein Meineid ein „angemessenes" Mittel der Gefahrabwendung sein. Dies ist überaus problematisch.

[798] Vgl. aber die andere Situation im „neuen" Familientyrannenfall BGH NStZ 2005, 154 f.
[799] Sch/Sch-*Perron*, § 35 Rn 44.

Beispiel[800]: Wenn A dem B droht, er werde ihn erschießen, wenn er nicht die Fensterscheibe des C mit einem Stein einwerfe, könnte B bei einer Abwägung (sein Leben überwiegt wesentlich die Fensterbeschädigung) nach § 904 BGB gerechtfertigt sein. Konsequenz dieser Überlegung ist, dass C seinerseits gegen B keinen Rechtfertigungsgrund geltend machen kann, sodass er sich bei einer Verteidigungshandlung ins Unrecht setzen würde.
Dieser Ansatz stellt die Geltungskraft der Rechtsordnung in Frage, weil dem angegriffenen C die rechtfertigende Verteidigungsmöglichkeit gegenüber dem Angreifer B genommen wird. Zweiter Problemansatz dieser Konstellation ist, ob das Einwerfen des Fensters durch B überhaupt schon ein „angemessenes" Mittel zur Konfliktlösung ist. Trotz des immensen Drucks, der gegenüber B ausgeübt wird, scheint das Einwerfen des Fensters nicht das richtige Mittel zum richtigen Zweck (ganz herrschende Zwecktheorie) zu sein, sodass es sinnvoll erscheint, das Notwehrrecht des C gegen B nicht ganz auszuschließen, sondern lediglich so einzuschränken, wie es die Regeln über die sozialethischen Grenzen der Notwehr gegenüber einem ersichtlich schuldlos Handelnden vorsehen. Aus diesen Gründen scheint es angemessener, dass ein Nötigungsnotstand das Verhalten des Genötigten nicht rechtfertigt, sondern entschuldigt.

Für das **Ausgangsbeispiel** gilt daher Folgendes: Die Rechtsordnung kann nicht zulassen, dass die Begehung einer Straftat (hier: der Meineid des T) das richtige Mittel zum richtigen Zweck, mithin ein angemessenes Mittel zur Bewältigung des Konflikts darstellt. T ist somit nicht gerechtfertigt. Auch § 157 (Aussagenotstand) greift nicht ein, weil T nicht gehandelt hat, um die Gefahr abzuwenden, bestraft zu werden.
Möglicherweise ist T aber gem. § 35 entschuldigt. Dazu müsste während des Meineids für T zunächst eine gegenwärtige Gefahr für eines der in § 35 genannten Rechtsgüter bestanden haben. Akut bestand für T während seines Aufenthalts im Gerichtssaal keine Gefahr; aber auch ein gefahrdrohender Zustand von längerer Dauer, der jederzeit in eine Rechtsgutbeeinträchtigung umschlagen kann, ohne aber die Möglichkeit auszuschließen, dass der Eintritt des Schadens noch eine Zeitlang auf sich warten lässt, ist vom Begriff der Gefahr umfasst (sog. Dauergefahr). Im vorliegenden Fall bleibt die Möglichkeit offen, dass die latente Gefahr nach der Verhandlung jederzeit in einen Schaden umschlagen kann, sodass von einer Dauergefahr ausgegangen werden kann. T könnte es aber zuzumuten gewesen sein, statt des Meineids die Aussage zu verweigern. Da T aber kein Aussageverweigerungsrecht (§§ 52 f. StPO) zugutekam, wäre er den Zwangsmaßnahmen (Beugemaßnahmen) des Gerichts wegen unberechtigter Zeugnisverweigerung (§ 70 StPO) ausgesetzt gewesen. Dies hätte bei zumutbarer Rechtsfolge für T bedeutet, diesen Weg einschlagen zu müssen (die Gefahr wäre „anders abgewendet worden"). Zu bedenken ist jedoch, dass auch eine Verweigerung der Aussage für den Angeklagten belastend wirken kann. Zwar hat sich die Beweisregel, dass Schweigen für sich alleine nichts beweise, erst in jüngerer Zeit durchgesetzt[801], es spricht im Gegenteil aber viel dafür, dass die Freunde des Angeklagten ein Schweigen als eine „Belastung" angesehen hätten, sodass es T nicht zuzumuten war, das „geringere Übel" der gerichtlichen Beugemaßnahmen zu wählen. T ist somit nach § 35 I entschuldigt.[802]

ff. Einschränkung der Entschuldigung durch § 35 I S. 2

Ein freiheitlicher Staat darf von seinen Bürgern nicht verlangen, sich aufzuopfern. Grundsätzlich darf er von seinen Bürgern auch nicht verlangen, eine Gefahr (und damit einen etwaigen Schaden) hinzunehmen. Lediglich in Ausnahmefällen darf er dem Bürger zumuten, eine Gefahr hinzunehmen. Um aber einerseits deutlich zu machen, dass es sich hier um einen Ausnahmetatbestand handelt, und um andererseits dem Tatrichter Anhaltspunkte für die Bewertung der Zumutbarkeitsfrage zu geben, nennt das Gesetz zwei mög- 601

[800] Vgl. *W/B/S*, AT, Rn 443.
[801] BVerfG NStZ 1995, 555; vgl. dazu auch *Quentmeier*, JA 1996, 215 ff.
[802] Für eine Lösung über § 35 auch SK-*Günther*, § 34 Rn 49; Sch/Sch-*Perron*, § 34 Rn 41b; *W/B/S*, AT, Rn 443; für § 34 NK-*Neumann*, § 34 Rn 53 ff.; *Kindhäuser*, AT, § 17 Rn 36.

liche, aber weder abschließende noch zwingende Ausnahmen: die Selbstverursachung und die Gefahrtragungspflicht aufgrund besonderen Rechtsverhältnisses[803].

602 ▪ **Selbstverursachung:** Zunächst wird die entschuldigende Wirkung des § 35 I S. 1 eingeschränkt, wenn der Täter die Gefahr „selbst verursacht" hat (§ 35 I S. 2 Var. 1). Fraglich ist, was mit dieser Formulierung gemeint ist. Jedenfalls kann nicht jedes kausale Täterverhalten geeignet sein, den Ausnahmetatbestand des § 35 I S. 2 herbeizuführen. Die überwiegende Auffassung verlangt daher zumindest ein *objektiv und subjektiv pflichtwidriges Verhalten.*[804] Andere gehen noch weiter und fordern darüber hinaus im Hinblick auf die Entstehungsgeschichte ein *schuldhaftes Verhalten.*[805]

Beispiel: A überredet den jungen und unerfahrenen B zu einer gefährlichen Bergtour. Als dieser unterwegs einen Schwächeanfall erleidet und dazu noch ein Gewitter aufzieht, lässt A den B im Stich, um sich selbst zu retten.

Hier hat A auf jeden Fall objektiv und subjektiv pflichtwidrig gehandelt. Ihm wird aber auch schuldhaftes Verhalten vorzuwerfen sein, sodass der Streit dahinstehen kann.

Auch im Beispiel von Rn 592 (Verhalten von Menschen) hat K die Gefahr durch sein pflichtwidriges Vorverhalten verursacht.

603 ▪ **Gefahrtragungspflicht aufgrund besonderen Rechtsverhältnisses:** § 35 I S. 2 nennt in Var. 2 den Fall, dass der Täter in einem besonderen Rechtsverhältnis steht. Erforderlich ist aber, dass den Täter eine Schutzpflicht (eine Gefahrtragungspflicht) gegenüber der Allgemeinheit trifft. Dies trifft z.B. auf Soldaten (§ 6 WStG), Seeleute (§ 36 SeeArbG), Polizisten, Angehörige der Feuerwehr, fliegendes Personal, aber auch auf Ärzte und Bademeister zu.

Beispiele: So muss ein Feuerwehrmann bei einem Wohnungsbrand zur Rettung von Hausbewohnern Gesundheitsgefahren hinnehmen. Auch im Beispiel von Rn 592 (Verhalten von Menschen) bestand für den Kapitän eine Gefahrtragungspflicht aufgrund besonderen Rechtsverhältnisses.[806]

Die Gefahrtragungspflicht endet aber dann, wenn der Pflichtige selbst in eine konkrete Lebensgefahr gerät. Lässt also der Feuerwehrmann in einer solchen Situation Hausbewohner im Stich, um sich selbst vor dem sicheren oder zumindest höchstwahrscheinlichen Tod zu retten, ist er gem. § 35 I S. 1 entschuldigt. Das gilt auch für den Kapitän, der – um sich selbst zu retten – das sinkende Schiff verlässt und dabei die Passagiere zurücklässt (sofern die Gefahr nicht anders abwendbar ist).

Sollte der Täter dennoch einmal mit Rücksicht auf ein besonderes Rechtsverhältnis die Gefahr hinzunehmen haben (er also nicht entschuldigt sein), kann immerhin die Strafe gem. § 35 I S. 2 Halbs. 2 i.V.m. § 49 I gemildert werden, wenn er die Pflicht verletzt.

604 Wie schon ausgeführt, gilt für beide Varianten des § 35 I S. 2, dass dem Täter nur die Hinnahme einer *Gefahr* und nicht das Opfern des eigenen Lebens zugemutet werden kann, sodass die Zumutbarkeitsgrenze dort endet, wo Rettungsbemühungen den siche-

---

[803] Weitere Fälle, in denen es dem Täter nach den Umständen zuzumuten ist, die Gefahr hinzunehmen, sind bspw. die Garantenstellung gem. § 13 (Sch/Sch-*Perron*, § 35 Rn 31; LK-*Zieschang*, § 35 Rn 58; NK-*Neumann*, § 35 Rn 51; *Lackner/Kühl*, § 35 Rn 11; *Jescheck/Weigend*, AT, § 44 III 2a; a.A. *Gropp*, AT, § 6 Rn 152) oder wenn lediglich eine geringfügige Gefahr für Leib oder Freiheit durch eine unverhältnismäßig schwere Tat abgewendet werden soll (Disproportionalität der Rechtsgüter, vgl. *Fischer*, § 35 Rn 14; LK-*Zieschang*, § 35 Rn 62 f.; NK-*Neumann*, § 35 Rn 6 u. 47; *Hörnle*, JuS 2009, 873, 880).

[804] LK-*Zieschang*, § 35 Rn 49; NK-*Neumann*, § 35 Rn 34 ff.; SK-*Rudolphi*, § 35 Rn 15; *Gropp*, AT, § 6 Rn 150; *W/B/S*, AT, Rn 441.

[805] Sch/Sch-*Perron*, § 35 Rn 20; *Roxin*, AT, § 20 Rn 44 ff.; *Jescheck/Weigend*, AT, § 44 III 2a; *Blei*, AT, § 61 II 1a; wohl auch *Fischer*, § 35 Rn 11 („vorwerfbar").

[806] Zwar gelten die Vorschriften der §§ 32, 124 SeeArbG nur für die Besatzung und nicht für den Kapitän, allerdings wird man die Gefahrtragungspflicht des Kapitäns aus § 121 SeeArbG bzw. dem „Erst-recht-Schluss", jedenfalls aber aus den arbeitsvertraglichen Bestimmungen herleiten können (vgl. zum Letzteren *Fahl*, JA 2013, 274, 277).

ren Tod des Retters bedeuten würden.[807] Im Übrigen gilt auch bei Irrtümern hinsichtlich der Selbstverursachung und der Gefahrtragungspflicht § 35 II (dazu Rn 597).

c. Übergesetzlicher Notstand

Dass ein Mensch handelt, um sich oder andere zu retten, ist – isoliert betrachtet – nicht missbilligenswert, im letzteren Fall sogar ehrenwert. Die Bewertung sieht jedoch anders aus, wenn der rettungswillige Täter in eine Situation gerät, in der er erkennt, dass jede seiner Handlungen – wie er sich auch entscheiden wird – eine rechtswidrige und (zumindest nach dem geschriebenen Recht) nicht zu entschuldigende Tat darstellen wird. 605

Beispiel[808]**:** Ein Güterzug geriet außer Kontrolle und drohte mit einem entgegenkommenden Personenzug zu kollidieren. Geistesgegenwärtig stellte T in letzter Sekunde die Weiche um, sodass der Güterzug auf ein Abstellgleis geführt wurde und eine Kollision mit dem Personenzug abgewendet werden konnte. Allerdings befanden sich 2 Gleisarbeiter auf dem Abstellgleis, die vom Güterzug tödlich erfasst wurden. T hatte dies in Kauf genommen.

T hat den Tatbestand eines Tötungsdelikts verwirklicht. Eine Rechtfertigung wegen Nothilfe (§ 32) zugunsten der im Personenzug befindlichen Menschen greift nicht, da von den Gleisarbeitern kein Angriff ausging. § 34 lässt (auf Basis der h.M.) wegen des absoluten Lebensschutzes keine Abwägung Leben gegen Leben zu (vgl. bereits Rn 420). Für den Entschuldigungsgrund aus § 35 I S. 1 fehlte es – unterstelltermaßen – an der persönlichen Nähebeziehung zwischen T und auch nur einer der geretteten Personen. Auch wendete T keine Gefahr für sich ab. Auf dem Boden des geschriebenen Rechts hätte sich T demzufolge wegen eines Tötungsdelikts strafbar gemacht.

Als gesichert gilt die Annahme, dass T straffrei geblieben wäre, wenn er die Weiche nicht umgestellt hätte. Denn niemand kann verpflichtet werden, Menschen zu töten, um andere zu retten. Unterlässt der Täter also die Tötung von Menschen, ist er auch dann straffrei, wenn er durch die Tötung andere Menschen hätte retten können.[809] Was aber soll gelten, wenn der Täter sich anders entscheidet, er also handelt und dabei den Tod einiger Menschen in Kauf nimmt, um andere zu retten? In ganz außergewöhnlichen Konfliktsituationen dieser Art bleibt nach herrschender Auffassung in Ermangelung des Eingreifens der §§ 32, 34, 35 Raum für den entschuldigend wirkenden übergesetzlichen Notstand.[810] Die Voraussetzungen sind zwar im Einzelnen strittig, dem Grunde nach lassen sich aber folgende Anforderungen aufzeigen: 606

aa. Gegenwärtige, nicht anders abwendbare Lebensgefahr

Das Kriterium der gegenwärtigen, nicht anders abwendbaren (Lebens-)Gefahr entspricht dem des § 35 I. Darum kann auf die dortigen Ausführungen verwiesen werden. Wegen der Ausnahmesituation ist der übergesetzliche Notstand jedoch überhaupt nur zu diskutieren, wenn es um die Abwehr einer nicht anders abwendbaren gegenwärtigen Gefahr für ein existentiell wichtiges Rechtsgut geht. Namentlich kann es daher nur um Lebensschutz gehen. 607

---

[807] *Roxin*, AT, § 22 Rn 52; *Gropp*, AT, § 6 Rn 151; *Müssig*, in: MüKo, § 35 Rn 68; *Fischer*, § 35 Rn 12.
[808] Abwandlung zum vielzitierten Beispielsfall von *Welzel*, ZStW 63 (1951), S. 51. Auch wenn der Fall nicht so ganz realitätsnah ist, so ist er doch als „Gedankenexperiment" hervorragend geeignet, die Dimension der Problematik zu veranschaulichen und z.B. auf den Fall „Abschuss eines von Terroristen entführten Verkehrsflugzeugs, um eine Katastrophe zu verhindern" (Rn 609a) vorzubereiten.
[809] Damit ist die Figur der rechtfertigenden Pflichtenkollision angesprochen (vgl. dazu Rn 812 ff.).
[810] *W/B/S*, AT, Rn 452; *Fischer*, vor § 32 Rn 15; LK-*Rönnau*, vor § 32 Rn 346; SK-*Rudolphi*, vor § 19 Rn 8; Sch/Sch-*Lenckner/Sternberg-Lieben*, Vorbem §§ 32 ff. Rn 115 ff.; *Jescheck/Weigend*, AT, § 47 I 3.

bb. Handlung weder nach § 34 gerechtfertigt noch nach § 35 entschuldigt

608 Wie bereits erwähnt, scheidet § 34 wegen der Gleichwertigkeit allen menschlichen Lebens aus. Nach der insoweit eindeutigen Rechtsprechung des BVerfG ist insbesondere eine Quantifizierung von Menschenleben („Opferung Weniger zur Rettung Vieler") nicht zu rechtfertigen, da dies gegen die Menschenwürde der Betroffenen verstoße.[811] § 35 I kommt nicht zur Anwendung, wenn die Gefahrenabwehr nicht dem dort abschließend aufgezählten Personenkreis zugutekommt oder der Täter aufgrund eines besonderen Rechtsverhältnisses oder sonstiger Umstände, die eine Gefahrtragungspflicht begründen, zur Hinnahme der Gefahr verpflichtet ist.

cc. Handlung stellt bei einer ethischen Gesamtbewertung das geringere Übel dar

609 Bei extremen, unlösbaren Pflichtenkollisionen ist der Täter aber entschuldigt, wenn er seine Entscheidung nach bestem Gewissen traf und wenn die konkrete Gefahrenabwehrhandlung bei ethischer Gesamtbetrachtung das einzige Mittel war, das im Verhältnis zu dem durch die Tat verhinderten Unheil das wesentlich geringere Übel darstellte.[812] Das ist nicht ganz unproblematisch, da es letztlich doch um eine Quantifizierung von Menschenleben geht. Nach einem Teil der Literatur soll entscheidendes Kriterium dabei sein, dass die geopferten Menschen ohnehin verloren waren, sie sozusagen eine Schicksalsgemeinschaft mit den Geretteten bildeten.[813]

Im obigen **Beispiel** von Rn 605 (Bahnwärterfall) ist daher fraglich, ob T unter dem Aspekt des übergesetzlichen Notstands entschuldigt ist. Zwar stellen die Passagiere und das Personal im Personenzug mit dem Personal im Güterzug eine Gefahrengemeinschaft bzw. eine Schicksalsgemeinschaft dar, nicht aber mit den von T (durch das Umstellen des Gleises) getöteten Gleisarbeitern. Gleichgültig, wie T sich entschieden hätte, wären aber Menschen getötet worden. Daher erscheint es sachgerecht, unter Zugrundelegung einer ethischen Gesamtbewertung die Tötung Weniger zur Rettung Vieler auch dann zu entschuldigen, wenn zwischen den Getöteten und den Geretteten keine Schicksalsgemeinschaft besteht.

609a Fraglich ist, ob ein übergesetzlicher Notstand auch im Fall des **Abschusses eines von Terroristen entführten, mit Passagieren besetzten Flugzeugs**, das als fliegende Bombe gegen das Leben einer Vielzahl anderer Menschen eingesetzt wird, greifen würde. Der Pilot des Kampfjets bzw. der den Abschuss anordnende[814] Verteidigungsminister könnten sich wegen Totschlags, mitunter sogar wegen Mordes in der Variante der Gemeingefährlichkeit des Tatmittels (wenn man davon ausgeht, dass die Wirkung des Flugkörpers, der auf die Passagiermaschine gelenkt wird, im konkreten Fall unkontrollierbar ist) strafbar machen. Eine Rechtfertigung wegen Nothilfe (§ 32) zugunsten der durch das Flugzeug bedrohten Personen am Boden greift nur hinsichtlich der Tötung der Terroristen (ähnlich dem finalen Rettungsschuss der Polizei). Die Tötung der sonstigen Flugzeuginsassen kann nach h.M. hingegen nicht gerechtfertigt werden: § 32 greift nicht, da von ihnen kein Angriff ausgeht. § 34 lässt (auf Basis der h.M.) wegen des absoluten Lebensschutzes keine Abwägung Leben gegen Leben zu (dazu bereits Rn 420/605). Schließlich kann der vom Gesetzgeber extra für diesen Fall geschaffene § 14 III LuftSiG den Abschuss nicht rechtfertigen, weil er vom BVerfG für verfassungswidrig und nichtig erklärt wurde (vgl. dazu ebenfalls Rn 420).

---

[811] BVerfGE 115, 118, 137 ff. (Luftsicherheitsgesetz).

[812] *W/B/S*, AT, Rn 452; *Jescheck/Weigend*, AT, § 47 I. Nach SK-*Rudolphi*, vor § 19 Rn 8 kommt es nur darauf an, dass der Täter in Gewissensnot gehandelt hat. MüKo-*Schlehofer*, Vor §§ 32 ff. Rn 213 will lediglich die Schuld mildern. Gänzlich ablehnend *Mitsch*, JA 2006, 509, 515.

[813] So *Zieschang*, JA 2007, 679, 685; *W/B/S*, AT, Rn 452a; a.A. *Kühl*, AT, § 12 Rn 100, SK-*Rudolphi*, Vor § 19 Rn 8 und *Stratenwerth/Kuhlen*, AT, § 10 Rn 128, die den übergesetzlichen Notstand auch dann annehmen, wenn Unbeteiligte betroffen sind.

[814] Zur Unverbindlichkeit eines rechtswidrigen Befehls vgl. Rn 612 ff.

Ist auf der Basis der h.M. eine Rechtfertigung nicht möglich, ist zu prüfen, ob der Pilot des Kampfjets bzw. der den Abschuss anordnende Verteidigungsminister sich auf einen Entschuldigungsgrund stützen können. Für § 35 fehlt es im Regelfall an der persönlichen Nähebeziehung zwischen dem Täter und einem der geretteten Opfer. Raum für eine Straflosigkeit bietet aber der übergesetzliche entschuldigende Notstand.

Um einen übergesetzlichen entschuldigenden Notstand annehmen zu können, müsste der Abschuss der Passagiermaschine bei ethischer Gesamtbetrachtung das einzige Mittel sein, das im Verhältnis zu dem durch die Tat verhinderten Unheil das wesentlich geringere Übel darstellt. Nach teilweise vertretener Auffassung soll entscheidendes Kriterium dabei sein, dass die Flugzeugpassagiere ohnehin verloren sind, sie also eine Schicksalsgemeinschaft mit den Menschen am Boden bilden (s.o., Rn 609). In solchen extremen Ausnahmefällen sei es strafrechtlich nicht vorwerfbar, wenn das Leben weniger, ohnehin unrettbar verlorener Menschen geopfert werde, um eine sehr große Menschenmenge zu retten.

Folgt man diesem Gedanken, sind der Pilot des Kampfjets bzw. der den Abschuss anordnende Verteidigungsminister wegen übergesetzlichen Notstands entschuldigt.

Im Beispiel von Rn 376a besteht eine solche „Schicksalsgemeinschaft" zwischen dem Terroristen und den Millionen gefährdeten Menschen nicht. Sofern man mit der h.M. die Rettungsfolter wegen Verletzung der Menschenwürde nicht als Notwehrhandlung anerkennen möchte und mit denselben Erwägungen auch § 34 verneint, gelangt man zur Rechtswidrigkeit. Dann bliebe eine Prüfung des § 35, bei dem sich aber die Frage stellt, ob er das Folterverbot überwinden kann. Jedenfalls dürfte der entschuldigende Notstand an dem erforderlichen Näheverhältnis scheitern. Hinsichtlich des dann verbleibenden übergesetzlichen Notstands stellt sich zunächst das Problem des Fehlens einer „Schicksalsgemeinschaft". Die Forderung nach einer „Schicksalsgemeinschaft" ist, wie bei Rn 609 gesehen, aber nicht zwingend. Denn wenn man schon einen ungeschriebenen Entschuldigungsgrund anerkennt und dabei auf eine „ethische Gesamtbetrachtung" abstellt, kann man die „ethische Gesamtbetrachtung" auch ohne das Bestehen einer Schicksalsgemeinschaft vornehmen. Dann könnte die extreme Ausnahmesituation, in der sich der Retter befindet, unter dem Aspekt des übergesetzlichen Notstands zur Straflosigkeit führen, wenn der Retter handelt, um eine Katastrophe abzuwehren. Ungelöst ist aber auch hier das Problem, ob das Folterverbot überwunden werden kann.[815]

Der übergesetzliche Notstand scheidet jedoch aus, wenn durch die Gefahrenabwehrhandlung das Übel nicht verringert werden kann. Das ist immer dann der Fall, wenn der Täter durch sein Eingreifen eine etwa gleich große Anzahl von Menschenleben gefährdet. Hier fehlt es an einer ethisch vertretbaren Konfliktlösung.[816] **609b**

dd. Keine Zumutbarkeit, die Gefahr hinzunehmen

In Anlehnung an § 35 I S. 2 darf dem aufgrund eines besonderen Rechtsverhältnisses (oder sonstiger Umstände, die eine besondere Gefahrtragungspflicht begründen und somit zur Hinnahme verpflichten) in Gefahr Geratenen nicht zugemutet werden können, die Gefahr hinzunehmen. Die Zumutbarkeit der Gefahrtragungspflicht endet aber dort, wo der Täter sich selbst aufopfern würde. Im Übrigen ist § 35 II auch auf den übergesetzlichen Notstand entsprechend anwendbar.[817] **610**

---

[815] Für eine Überwindung des Folterverbots mit der Folge der Straflosigkeit wegen übergesetzlichen Notstands *Erb*, NStZ 2005, 593; *ders*, FS Seebode, 2008, 99 ff.; *Eser*, FS Hassemer, 2010, S. 713. Vgl. auch *Herzberg*, JZ 2005, 321 ff.; *Götz*, NJW 2005, 953, 956; *Jerouschek*, JuS 2005, 296, 302; MüKo-*Erb*, § 32 Rn 173 ff.; *Kühl*, AT, § 7 Rn 156a; *ders*, FS Otto, 2007, S. 63, 76 f.; *Gössel*, FS Otto, 2007, S. 41 ff.; *Schünemann*, GA 2007, 644, 647; *Amelung*, JR 2012, 18, 20 („Täter kann sich nicht auf Menschenwürde berufen"). *Roxin* (ZJS 2011, 552, 558) hält einen „übergesetzlichen Verantwortungsausschluss für diskutabel". Dagegen *W/B/S*, AT, Rn 289a; LK-*Rönnau*, Vor § 32 Rn 254. Sollte die „Rettungsfolter" für entschuldbar angesehen werden, bliebe sie nach wie vor rechtswidrig, was v.a. staatshaftungsrechtliche Fragen (mit der Möglichkeit der Regressnahme) sowie disziplinarrechtliche Fragen aufwerfen würde, von zivilrechtlichen Schadensersatzansprüchen einmal ganz abgesehen. Dem Retter wäre also nicht wirklich geholfen.

[816] So ungerecht es auch erscheinen mag – immerhin hat der Täter ja die andere Personengruppe gerettet –, ist eine Entschuldigung nicht gegeben, denn nach der Ratio des übergesetzlichen und einen Ausnahmetatbestand darstellenden Notstands liegt eine Entschuldigung nur in *extremen* Ausnahmesituationen vor.

[817] Sch/Sch-*Perron*, § 35 Rn 44.

ee. Gefahrabwendungswille

611 Subjektiv ist der Notstandstäter nur dann entschuldigt, wenn er in Kenntnis der ihn entschuldigenden Umstände und mit dem Willen zur Gefahrenabwehr (= Rettungswillen) handelt. Die Rechtsprechung[818] verlangt zusätzlich eine gewissenhafte Prüfung des Vorliegens der Notstandssituation.

d. Handeln auf Anordnung oder Befehl

612 Amtsträger und Soldaten, die eine **verbindliche** Weisung (= Anordnung, Befehl) befolgen, sind gerechtfertigt. Verbindlich ist die Weisung, wenn sie rechtmäßig ist, wenn ihre Befolgung also nicht eine bei Rn 613 genannten Voraussetzungen erfüllt. Im Soldatenrecht kann auch eine rechtswidrige Weisung verbindlich sein, wenn sie beispielsweise auf die Begehung einer Ordnungswidrigkeit oder einer unerlaubten Handlung gerichtet ist (vgl. § 11 II SoldatenG).

613 Demgegenüber handeln Amtsträger und Soldaten, die eine **unverbindliche** Weisung befolgen und dabei eine Straftat verwirklichen, rechtswidrig. Sie können aber entschuldigt sein (vgl. § 63 II S. 3 BBG und die entsprechenden Landesbeamtengesetze sowie §§ 5 I, 22 III WStG). Unverbindlich ist die Weisung vor allem dann, wenn durch die Ausführung eine

- Straftat begangen,
- die Menschenwürde verletzt oder
- (im Soldatenrecht) gegen allgemein anerkannte Regeln des Völkerrechts verstoßen werden würde; weitergehend und auch Ordnungswidrigkeiten einbeziehend § 63 II S. 4 BBG und die entsprechenden Landesbeamtengesetze.

614 Befolgt der Untergebene eine unverbindliche Weisung, ist er nur dann entschuldigt, wenn er sie als verbindlich angesehen hat und die Unverbindlichkeit für ihn nicht hinreichend erkennbar war.[819] In einem Soldatenverhältnis kommt für den Befehlsempfänger erschwerend hinzu, dass nur die *nicht offensichtliche* Erkennbarkeit des unverbindlichen Befehls als solche schuldausschließend wirkt (vgl. §§ 11 II SoldatenG, 5 I WStG). Das hat den Hintergrund, dass der Soldat nicht bei jedem Zweifel an der Verbindlichkeit des Befehls diesen verweigern kann in der Annahme, dieser verstoße gegen eine Strafvorschrift, die Menschenwürde oder gegen völkerrechtliche Bestimmungen.

e. Unzumutbarkeit normgemäßen Verhaltens

615 Im Bereich des vorsätzlichen Begehungsdelikts ist nach h.M. eine Entschuldigung aufgrund „Unzumutbarkeit normgemäßen Verhaltens" ausgeschlossen. Die Anerkennung eines derart vagen, in Voraussetzungen und Grenzen unbestimmten Entschuldigungsgrundes würde der Rechtsunsicherheit Tür und Tor öffnen.[820]
Die Unzumutbarkeit normgemäßen Verhaltens gewinnt aber im Bereich der Fahrlässigkeits- und Unterlassungsdelikte als regulatives Prinzip an großer Bedeutung, um den Umfang von Sorgfalts- und Handlungspflichten sachgerecht zu begrenzen.[821]

---

[818] Vgl. BGHSt 35, 347, 350 f. („Katzenkönig-Fall").
[819] *W/B/S*, AT, Rn 450.
[820] LK-*Rönnau*, vor § 32 Rn 324; *W/B/S*, AT, Rn 451; Sch/Sch-*Lenckner/Sternberg-Lieben*, Vorbem §§ 32 ff. Rn 122/123.
[821] Vgl. nur die gesetzliche Regelung in § 323c.

f. Der Irrtum über die Entschuldigungsgründe

Ein Irrtum über Entschuldigungsgründe kann in zwei Konstellationen auftreten[822]: 616

(1) Der Täter ist **objektiv entschuldigt**, glaubt aber, sich dennoch **strafbar** gemacht zu haben. Gründe dafür sind: 617

(a) Er kennt die entschuldigende Tatsachenlage nicht.

Nach dem allgemein anerkannten Erfordernis der subjektiven Entschuldigungselemente ist der Notstandstäter nur dann (subjektiv) entschuldigt, wenn er in Kenntnis der ihn entschuldigenden Umstände und mit dem Willen zur Gefahrenabwehr (= Rettungswillen) handelt. Fehlt ihm dieser Wille, fehlt ihm die für den Entschuldigungsgrund entscheidende psychische Zwangslage. **Er ist nicht entschuldigt**.

(b) Er verengt rechtsirrig trotz Kenntnis der Tatsachenlage und vorhandenen Rettungswillens den Entschuldigungsgrund in seinen Grenzen.

Im Gegensatz zu (a) erfüllt der Notstandstäter hier sowohl objektiv als auch subjektiv alle Voraussetzungen eines anerkannten Entschuldigungsgrundes. Dabei glaubt er, der ihm zur Seite stehende Entschuldigungsgrund sei enger, dass er sich also außerhalb der rechtlichen Grenzen dieses Entschuldigungsgrundes befinde. Trotz dieses Irrtums steht der Täter voll unter dem in dem Entschuldigungsgrund vorausgesetzten Motivationsdruck. Er erfüllt sämtliche objektiven und subjektiven Voraussetzungen des Entschuldigungsgrundes, sodass ihm trotz der „subjektiven" Überschreitung kein Schuldvorwurf zu machen ist. **Er bleibt straflos**.

(2) Der Täter ist **objektiv nicht entschuldigt**, glaubt aber **entschuldigt** zu sein. Gründe dafür sind: 618

(a) Er nimmt irrig an, sein Handeln erfülle tatsächlich die Voraussetzungen eines anerkannten Entschuldigungsgrundes.

In Fällen dieser Art weiß der Täter, dass er eine rechtswidrige Tat begeht. Er hält aber Umstände für gegeben, die im Falle ihres wirklichen Vorliegens sein Verhalten nach § 35 entschuldigen würden.
Die rechtliche Behandlung dieses Irrtums ist in § 35 II geregelt. Nach dem bereits zum entschuldigenden Notstand nach § 35 I Gesagten (vgl. dort) ist die Regelung des § 35 II auch auf den übergesetzlichen Notstand anzuwenden. **Bei Unvermeidbarkeit des Irrtums bleibt er somit straflos. Bei Vermeidbarkeit *ist* die Strafe gem. § 35 II S. 2 nach § 49 I zu mildern**.

(b) Er irrt sich über die Existenz oder die rechtlichen Grenzen eines Entschuldigungsgrundes.

In diesem Fall weiß der Täter, dass er Unrecht verwirklicht (wie oben). In der von ihm zutreffend erkannten Tatsituation beurteilt er nur die „Strafbarkeit" seines Verhaltens unrichtig. Er glaubt, ohne Schuld zu handeln, weil er irrig die Existenz eines nicht anerkannten Entschuldigungsgrundes annimmt oder meint, sich noch innerhalb der rechtlichen Grenzen eines anerkannten Entschuldigungsgrundes zu bewegen. Dieser Irrtum ist nach h.M.[823] bedeutungslos, da nur der Gesetzgeber zu entscheiden habe, in welchen Fällen von der Erhebung eines Schuldvorwurfs abzusehen sei. **Der Täter ist nicht entschuldigt. Die Fehlvorstellung kann allenfalls bei der Strafzumessung berücksichtigt werden**.

Zu den Irrtümern in Bezug auf Entschuldigungsgründe vgl. auch die zusammenfassende Übersicht bei Rn 1208 ff.

---

[822] Der Putativnotwehrexzess wurde bereits innerhalb der Prüfung des § 33 behandelt (Rn 578 ff.).
[823] *W/B/S*, AT, Rn 491.

IV. Weitere Strafbarkeitsbedingungen/Rechtsfolgevoraussetzungen

619 Die im Folgenden zu erläuternden weiteren Strafbarkeitsbedingungen/Rechtsfolgevoraussetzungen[824] sind außerhalb von Tatbestand, Rechtswidrigkeit und Schuld zu prüfen, weil sie entweder nur den Strafrahmen verschieben, die Strafe ausschließen, aufheben oder von ihr absehen. Des Weiteren muss die Prüfung der Prozessvoraussetzungen außerhalb der Deliktsprüfung erfolgen. Die objektiven Bedingungen der Strafbarkeit wurden vorliegend bereits nach dem subjektiven Tatbestand geprüft.

1. Strafzumessungsebene (Strafrahmenverschiebung)

620 Strafzumessungsregeln verschieben den Tatbestand (wie Regelbeispiele, minder schwere Fälle oder besondere persönliche Merkmale, §§ 21, 28 I, 243, 213, 226 III, 240 IV, 263 III).[825]

2. Strafverfolgungsvoraussetzungen i.w.S.

621 Strafverfolgungsvoraussetzung i.w.S. ist, dass die Strafbarkeit nicht aus persönlichen[826] Gründen des Täters ausgeschlossen oder aufgehoben ist oder dass von der Strafe nicht abgesehen wurde.

a. Persönliche Strafausschließungsgründe

622 Persönliche Strafausschließungsgründe schließen, wie der Begriff bereits zum Ausdruck bringt, die Strafbarkeit des Täters von vornherein aus. Sie beruhen auf im Tatzeitpunkt vorliegenden persönlichen Eigenschaften oder Verhältnissen des Täters. Beispiele sind:

- Indemnität von Abgeordneten, Art. 46 I GG, § 36 StGB
- Exterritorialität, §§ 18, 19 GVG
- Jugendliches Alter von Abkömmlingen und Geschwistern beim Beischlaf zwischen Verwandten, § 173 III
- Straffreiheit der Frau, die einen illegalen Schwangerschaftsabbruch versucht, § 218 IV
- Angehörigenverhältnis bei Strafvereitelung, § 258 VI
- Beteiligung an der Vortat bei Begünstigungs- und Strafvereitelungshandlungen, §§ 257 III S. 1, 258 V

Für die persönlichen Strafausschließungsgründe gilt § 28 II, sodass sie nur für die Personen gelten, bei denen sie vorliegen.

b. Persönliche Strafaufhebungsgründe

623 Persönliche Strafaufhebungsgründe sind Umstände, die erst nach Begehung einer Straftat eintreten und die bereits begründete Strafbarkeit rückwirkend wieder beseitigen. Anwendungsfälle sind

- Rücktritt vom Versuch, § 24
- Rücktritt vom Versuch der Verbrechensbeteiligung, § 31
- Rechtzeitige Berichtigung der falschen Angaben bei § 163 II
- „Tätige Reue" bei Delikten mit vorgelagertem Vollendungszeitpunkt, vgl. §§ 83a, 98 II, 129 VI, 142 IV, 149 II, 158 I, 261 IX u. X, 264a III, 265b II, 306e II, 314a III, 320 III, 330b I S. 2
- Straferlass, § 56a
- Begnadigung und Amnestie

---

[824] Bei diesen weiteren Strafbarkeitsbedingungen, wobei ohnehin nur § 17 in Betracht käme, sind Irrtümer unbeachtlich.
[825] Zur Systematik und aufbautechnischen Konsequenz vgl. die ausführlichen Erläuterungen bei Rn 75 ff.
[826] Auf die sachlichen Strafausschließungsgründe wie beispielsweise „Geringe Menge des Abfalls" gem. § 326 VI soll nicht weiter eingegangen werden.

c. Strafverfolgungsvoraussetzungen i.e.S.

aa. Strafantrag (§§ 77-77d StGB, § 158 II StPO)

Als Korrelat zum Anklagemonopol der Staatsanwaltschaft folgt die grundsätzliche Verpflichtung zur Verfolgung von Straftaten. Besteht demnach ein Anfangsverdacht einer Straftat, muss die Staatsanwaltschaft ohne Rücksicht auf den Willen des Verletzten von Amts wegen einschreiten – **Offizial- und Legalitätsprinzip** (vgl. § 152 StPO).[827] In Ausnahmefällen ist die Strafverfolgung aber von der Stellung eines **Strafantrags** abhängig. Der Grund, warum bei den Antragsdelikten zur Strafverfolgung grds. ein Strafantrag des Berechtigten erforderlich ist, besteht darin, dass das Gesetz Rücksicht auf seine Interessen nimmt und ihm erlaubt, die Strafverfolgung mit ihren störenden Effekten und zusätzlichen Beeinträchtigungen dadurch zu blockieren, dass er den Strafantrag nicht stellt oder ihn zurücknimmt. Dann darf der Staatsanwalt nicht weiter mit dem Ziel einer Anklage ermitteln, weil nämlich eine Prozessvoraussetzung fehlt.[828] Er muss das Verfahren einstellen. Bei Delikten, bei denen dies der Fall ist, handelt es sich um *unbedingte oder echte* Antragsdelikte. Die Erforderlichkeit eines Strafantrags beruht im Wesentlichen auf drei voneinander unabhängigen Grundgedanken: 624

- **Bagatellgedanke**: Beispiele sind der Hausfriedensbruch (§ 123 II), Vermögensdelikte mit geringwertigen Sachen als Angriffsobjekt (§§ 248a, 248b), die Vereitelung der Zwangsvollstreckung (§ 288 II) und die (einfache) Jagdwilderei/Fischwilderei (§ 294).
- **Versorgungsgedanke**: Beispiele sind die einfache vorsätzliche und fahrlässige Körperverletzung (§ 230), die Beleidigung (§ 194) und der Haus- und Familiendiebstahl (§ 247).
- **Intimitätsgedanke**: Beispiele sind die Geheimnisverletzung (§ 205) und die Verletzung des Urheberrechts (§ 109 UrhG).[829]

Bei einigen (auch bei oben genannten) Antragsdelikten ist das Strafantragserfordernis relativiert. Dort ist eine Strafverfolgung auch ohne Antrag möglich, wenn die Strafverfolgungsbehörde wegen des besonderen öffentlichen Interesses an der Strafverfolgung ein Einschreiten von Amts wegen für geboten hält. Bei diesen Delikten handelt es sich um *bedingte* oder *unechte* Antragsdelikte. 625

Beispiele sind die einfache vorsätzliche und fahrlässige Körperverletzung (§ 223 bzw. § 229, jeweils i.V.m. § 230), Diebstahl und Unterschlagung geringwertiger Sachen (§ 248a) Sachbeschädigung (§ 303 I), unbefugtes Nachstellen in den Fällen des § 238 I (§ 238 IV); Computersabotage (303c) etc.

Die Möglichkeit des Einschreitens der Strafverfolgungsbehörde bei Bestehen eines besonderen öffentlichen Interesses macht vor allem dann Sinn, wenn – bei einem bedingten Antragsdelikt – der Antragsberechtigte keinen Strafantrag stellt, etwa weil er vom Täter bedroht wird.

Abzugrenzen ist der Strafantrag von der Strafanzeige: Während unter Strafantrag i.S.d. §§ 77-77d StGB die ausdrückliche oder durch Auslegung zu ermittelnde Erklärung des nach dem Gesetz zum Strafantrag Befugten, dass er die Strafverfolgung wünsche, zu verstehen ist, geht es bei der Strafanzeige nach § 158 I StPO um die Mitteilung eines Sachverhalts, der nach Meinung des Anzeigenden Anlass für eine Strafverfolgung bietet. Antragsberechtigung sowie Form- und Fristerfordernisse sind direkt den §§ 77-77d StGB zu entnehmen. 626

---

[827] Vgl. dazu *Meyer-Goßner/Schmitt*, StPO, § 152 Rn 2 ff.
[828] Vgl. auch den Fall OLG Stuttgart NStZ-RR 2014, 276.
[829] Vgl. dazu insgesamt *Gropp*, AT, § 7 Rn 15; *Jescheck/Weigend*, AT, § 85 I 1. Vgl. auch *Bosch*, Jura 2013, 368, 370; *Mitsch*, JA 2014, 1 ff.; *Böhme/Lahmann*, JuS 2016, 234 ff.

Hinweis für die Fallbearbeitung: Ist ein Antragsdelikt zu prüfen und geht aus dem Sachverhalt nicht hervor, ob der Strafantrag gestellt ist, muss dieser Umstand entsprechend gewürdigt werden, etwa, dass „der zur Strafverfolgung erforderliche Antrag gestellt werden muss". Bei unechten Antragsdelikten sollte der Hinweis nicht fehlen, dass bei gegebenem öffentlichem Interesse eine Strafverfolgung auch ohne Antrag möglich ist.

626a Das bei Rn 624 genannte Offizialprinzip findet weiterhin seine Durchbrechung im **Privatklageverfahren** gem. § 374 ff. StPO. Privatklage bedeutet, dass die Tat vom Verletzten verfolgt werden kann bzw. muss, ohne dass es einer vorherigen Anrufung der Staatsanwaltschaft bedarf. Stellt der Berechtigte bzgl. eines Privatklagedelikts gleichwohl einen Strafantrag, klagt die Staatsanwaltschaft gem. § 376 StPO nur an, wenn dies im öffentlichen Interesse liegt; ansonsten verweist sie den Antragsteller auf den Privatklageweg. Ob die Strafverfolgung durch die Staatsanwaltschaft im öffentlichen Interesse liegt, hängt von der Erheblichkeit der Verletzung ab. Das Privatklageverfahren ist aus rechtsstaatlichen Gesichtspunkten bedenklich, da die Anklage für den Betroffenen mit erheblichen Verfahrens- und Kostenrisiken verbunden ist.[830]

Beispiele von Privatklagedelikten sind die einfache und fahrlässige Körperverletzung (§§ 223, 229 StGB, § 374 I Nr. 4 StPO), der Hausfriedensbruch (§ 123 StGB, § 374 I Nr. 1 StPO), die Sachbeschädigung (§§ 303 I, II StGB, § 374 I Nr. 6 StPO), die Bedrohung (§ 241 StGB, § 374 I Nr. 5 StPO) und die Beleidigung (§§ 185-189 StGB, § 374 I Nr. 2 StPO), sofern sie sich nicht gegen eine in § 194 genannte politische Körperschaft gerichtet hat.

bb. Ermächtigung, § 194 IV

627 Mit dem Strafantrag verwandt ist die Ermächtigung, was schon die Verweisung in § 77e auf die §§ 77 und 77d zeigt. Eine Rolle spielt die Ermächtigung bei Straftaten gegen den demokratischen Rechtsstaat und seine Organe (§§ 90 IV, 90b II), Straftaten zum Schutze der äußeren Sicherheit (§ 97 III) und Straftaten zum Schutz der diplomatischen Beziehungen mit ausländischen Staaten (§ 104a).

d. Strafverfolgungshindernisse

628 Abzugrenzen von den Strafverfolgungsvoraussetzungen sind die Strafverfolgungshindernisse. Danach ist bei deren Vorliegen die Staatsanwaltschaft an der Strafverfolgung gehindert, wenn beispielsweise die Tat **verjährt** ist (§§ 78 ff.). Die Verjährungsfristen sind § 78 III zu entnehmen. Zum Beginn und zur Unterbrechung vgl. §§ 78 a-c.[831]

3. (Weitere) Strafeinschränkungsgründe

629 Nach § 60 kann das Gericht von der Verhängung einer Strafe absehen, wenn die Folgen der Tat, die den Täter getroffen haben, so schwer sind, dass die Verhängung einer Strafe offensichtlich verfehlt wäre. Das gilt nicht, wenn der Täter eine Freiheitsstrafe von mehr als einem Jahr verwirkt hat. Darüber hinaus kann in folgenden Fällen von der Strafe abgesehen oder diese gemildert werden: §§ 83a, 86 IV, 87 III 1, 98 II S. 1, 139 I, 157, 158, 306e I.

---

[830] Vgl. dazu *Hartmann/Schmidt*, StrafProzR, Rn 1307 ff.
[831] Zur strafrechtlichen Verjährung vgl. ausführlich *Meyer*, JA 2014, 342 ff.

7. Kapitel - Das versuchte Begehungsdelikt

I. Einführung

Es gibt Situationen, in denen der Täter eine bestimmte Straftat begehen möchte, aus tatsächlichen Gründen den angestrebten Erfolg aber nicht verwirklichen kann. Der Tatverlauf ist vielmehr im Versuch „stecken geblieben". Da der Täter jedoch auch in diesen Fällen durch sein Verhalten ein kriminelles Unrecht zum Ausdruck bringt, hat der Gesetzgeber es in bestimmten Fällen für erforderlich gehalten, die Strafbarkeit des Versuchs anzuordnen. So ist der Versuch eines Verbrechens stets strafbar, der Versuch eines Vergehens nur dann, wenn der betreffende Straftatbestand dies ausdrücklich anordnet (§ 23 I). Ob eine Straftat ein Verbrechen oder ein Vergehen ist, richtet sich nach der abstrakt angedrohten Mindeststrafe (vgl. § 12). 630

Beispiele:

(1) Um vorzeitig an die begehrte Erbschaft zu kommen, entschließt sich T, seine Erbtante O zu vergiften (§ 211 - Habgier). Aus diesem Grund mischt er in den abendlichen Tee eine tödlich wirkende Menge Gift. Doch bereits nach einem kleinen Schluck bemerkt O, dass irgendetwas mit dem Tee nicht stimmt. Sie setzt das Glas sofort ab und alarmiert den Notarzt. Im Krankenhaus kann sie gerettet werden.

Hier wäre T wegen vollendeten Mordes strafbar gewesen, wenn O das Gift nicht bemerkt hätte und deshalb nicht gerettet worden wäre. Dass der gewünschte Tod nicht eingetreten ist, kann für T keine Straffreiheit bedeuten. Dieser hat kriminelles Unrecht begangen, das entsprechend gewürdigt werden muss. Der Gesetzgeber geht gem. § 12 I bei Verbrechen stets von der Strafbarkeit des Versuchs aus. Da der Mord mit einer lebenslangen Freiheitsstrafe bedroht ist, handelt es sich um ein Verbrechen. T ist somit gem. §§ 211, 22, 23 I, 12 I strafbar.

(2) Ginge es T nur darum, seiner Tante einen „Denkzettel" zu verpassen, und mischte er daher lediglich eine nicht tödlich wirkende Menge Gift in den Tee, würde er „nur" den Tatbestand der versuchten gefährlichen Körperverletzung (§§ 223, 224 I Nr. 1) erfüllen, sofern O noch nichts von dem Tee getrunken hätte.

Da die gefährliche Körperverletzung mit einer Mindestfreiheitsstrafe von unter einem Jahr bedroht ist, handelt es sich hier gem. § 12 II lediglich um ein Vergehen, dessen Versuch nicht stets strafbar ist. Die Strafbarkeit des Versuchs muss in solchen Fällen explizit angeordnet sein (§ 23 I). Da dies mit § 224 II der Fall ist, hätte sich T auch hier strafbar gemacht (§§ 223, 224 I Nr. 1, II, 22, 23 I, 12 II).

(3) Da T nicht in der Lage ist, das Gift zu besorgen, möchte er seine Tante zumindest einschüchtern. Er erzählt ihr, der Neffe D plane ein Verbrechen gegen sie, um vorzeitig an sein Erbteil zu kommen. Doch O glaubt dem T nicht, da sie weiß, was für ein Mensch er ist.

Hier hätte T den Tatbestand des Vortäuschens eines bevorstehenden Verbrechens (§ 241 II) verwirklicht, wenn O ihm geglaubt hätte. Da diese dies jedoch nicht tat, blieb der Erfolg aus. Somit wäre an eine Versuchsstrafbarkeit zu denken. § 241 II ist aufgrund des in der Strafnorm genannten Strafmaßes (Freiheitsstrafe bis zu einem Jahr oder Geldstrafe) ein Vergehen. Der Versuch wäre also nur dann strafbar, wenn dies in der Norm angeordnet wäre. Das ist aber nicht der Fall. T ist somit lediglich wegen Verleumdung (§ 187) strafbar.

II. Stadien der Deliktsverwirklichung

Grundgedanke der Versuchsstrafbarkeit ist, dass jede vorsätzliche Straftat verschiedene Etappen bis zu ihrem Abschluss durchläuft. So führt der Weg vom (1) Entschluss des Täters, eine bestimmte Straftat zu begehen, über (2) die Vorbereitungshandlung, (3) den 631

Beginn der Ausführung (Versuch), (4) den Abschluss der Tatbestandshandlung und den Eintritt des Erfolgs (Vollendung) bis (5) hin zur Beendigung.[832]

632 **1.** Ein **Tatentschluss** liegt vor, wenn der Täter ein *bestimmtes* deliktisches Ziel vor Augen hat und sich entschließt, das Delikt zu begehen (sog. Vorstellungsvorsatz). Der Tatentschluss entspricht damit nicht ganz dem subjektiven Tatbestand des vollendeten Begehungsdelikts, bei dem (auch) Kenntnisvorsatz erforderlich ist (vgl. dazu näher Rn 647 ff.). Setzt das anvisierte Delikt zusätzliche subjektive Tatbestandselemente (wie z.B. besondere Absichten – etwa Zueignungsabsicht bei § 242) voraus, muss sich der Vorstellungsvorsatz auch darauf beziehen. Im Übrigen kann von einem Tatentschluss nur dann gesprochen werden, wenn der Täter *unbedingten Handlungswillen*[833] hat. Anderenfalls liegt nur eine (straflose) Tatgeneigtheit vor. Aber auch der Tatentschluss ist grundsätzlich straflos. Anderenfalls würde eine Strafbarkeit Gesinnungsstrafrecht darstellen und gegen die Garantiefunktion des Strafrechts verstoßen. Eine Ausnahme findet sich aber in § 30 II, der aufgrund der damit verbundenen gefährlichen Gruppendynamik das Verabreden oder das „Sich-Bereit-Erklären" zu einem Verbrechen unter Strafe stellt.[834]

633 **2.** Auch **Vorbereitungshandlungen** sind grundsätzlich straflos, weil in diesem Stadium noch viele Unwägbarkeiten das Ziel zunichtemachen können. Lediglich bei bestimmten Straftaten sieht sich der Gesetzgeber aufgrund der Gefährlichkeit veranlasst, Handlungen im Stadium der Vorbereitung unter Strafe zu stellen. Das gilt etwa für die Vorbereitung einer Geldfälschung (§ 149), eines Sprengstoffverbrechens (§ 310) oder einer Verschleppung (§ 234a III). Strafbar sind auch die versuchte Anstiftung zu einem Verbrechen (§ 30 I)[835] und die Verabredung zu einem Verbrechen (§ 30 II)[836].

Bei **§ 30 II** handelt es sich um eine Vorschrift, die als gefährlich und damit als strafwürdig eingestufte konspirative Willensbildungen sanktionieren möchte[837], indem sie die in der Vorschrift genannten Vorbereitungshandlungen unter Strafe stellt. So wird (unter Zugrundelegung der Strafandrohung des § 30 I) bestraft,

- wer sich bereit erklärt,
- wer das Erbieten eines anderen annimmt
- oder wer mit einem anderen verabredet,

ein Verbrechen zu begehen oder zu ihm anzustiften. Unter **Sich-Bereiterklären** ist die ernst gemeinte Kundgabe der Bereitwilligkeit zur Begehung eines Verbrechens gegenüber einem anderen zu verstehen.[838] Das Sich-Bereiterklären kann aufgrund der Initiative des Erklärenden (der tatgeneigte, jedoch noch nicht fest zur Tat Entschlossene tritt an andere heran und bekundet ihnen gegenüber den Willen, unter bestimmten Voraussetzungen ein Verbrechen begehen zu wollen) oder eines Dritten (der Haupttäter nimmt die Anstiftung eines anderen an) anzunehmen sein.[839] Das **Annehmen des Erbietens eines anderen** ist die ernst gemeinte Erklärung, mit dem Angebot eines anderen, ein Verbrechen zu begehen, einverstanden zu sein.[840] Die den Hauptfall des § 30 II darstellende **Verbrechensverabredung** ist eine Vorstufe der Mittäterschaft.[841] Verbrechensverabredung ist die ernst gemeinte Willensübereinkunft mindestens zweier Personen, ein Verbrechen als Mittäter zu begehen oder einen Dritten gemeinsam zu einem Verbrechen anzustiften.[842] Daraus folgt, dass die bloße Verabredung, als

---

[832] Vgl. *W/B/S*, AT, Rn 590; SK-*Rudolphi*, Vor § 22 Rn 1; *Joecks*, Vor § 22 Rn 2.
[833] *Bedingter* Handlungswille läge beispielsweise vor, wenn der Täter sich sagte, er werde O erpressen, wenn dieser im Lotto gewinne.
[834] Zu den Anforderungen an die Verbrechensverabredung vgl. BGH NStZ 2007, 697; NStZ 2009, 322 f.; vgl. auch *Kudlich*, JA 2008, 146 und *Heintschel-Heinegg*, JA 2009, 547.
[835] Vgl. dazu etwa BGH NJW 2013, 1106 f. sowie unten Rn 1093 ff.
[836] Vgl. dazu etwa BGH NStZ 2013, 579.
[837] Vgl. *W/B/S*, AT, Rn 564.
[838] BGHSt 6, 346; *W/B/S*, AT, Rn 564.
[839] *Roxin*, AT II, § 28 Rn 74.
[840] MüKo-*Joecks*, § 30 Rn 44.
[841] *W/B/S*, AT, Rn 564; BGH NStZ-RR 2002, 74.
[842] *W/B/S*, AT, Rn 564.

Gehilfe zur Tat eines anderen beizutragen, insoweit nicht strafbar ist. Ist aber § 30 II gegeben, tritt § 30 I dahinter zurück.[843] Eine spezielle Rücktrittsregelung enthält § 31 – dazu Rn 1093 ff.

3. Im Anschluss an die Vorbereitungshandlung folgt das Stadium des **Versuchs**. Nach § 22 versucht eine Straftat, wer nach seiner Vorstellung von der Tat zur Verwirklichung des Tatbestands unmittelbar ansetzt. Mit dieser Formulierung hat sich der Gesetzgeber der herrschenden subjektiv-objektiven *Eindruckstheorie* angeschlossen: Diese kombiniert ein subjektives („nach seiner Vorstellung") und ein objektives („unmittelbar zur Tat ansetzt") Element und sieht den Strafgrund für den Versuch in dem rechtsfeindlichen Willen des Täters zur Tatbestandsverwirklichung, der das Vertrauen der Allgemeinheit in die Geltung der Rechtsordnung erschüttert.[844] 634

Ein Versuch bezüglich eines **Fahrlässigkeitsdelikts** scheidet schon begrifflich aus, weil nur derjenige etwas versuchen kann, der auch Vorsatz hat. Ferner scheidet ein Versuch bezüglich der **Unternehmensdelikte** aus, weil diese den Versuch bereits umfassen. Das ergibt sich aus der Legaldefinition des § 11 I Nr. 6 und gilt gleichermaßen für die sog. unechten Unternehmensdelikte, also für Delikte, die zwar das Wort „Unternehmen" nicht im Tatbestand nennen, aber gleichwohl die Vollendung des Straftatbestands mit Eintritt in das Versuchsstadium für vollendet betrachten. 635

Beispiel: Wer unter Verletzung fremden Jagdrechts oder Jagdausübungsrechts das Jagdgebiet mit gebrauchsfertigen Jagdwaffen durchstreift, somit dem Wild nachstellt, vollendet bereits mit diesem Verhalten den Tatbestand des § 292. Ein Rücktritt ist nicht möglich, auch wenn sich der Täter eines Besseren besinnt und davon absieht, tatsächlich ein Wild zu erlegen.

Eine weitere Besonderheit der Versuchsstrafbarkeit ergibt sich bezüglich der **Regelbeispiele**. Da es sich bei diesen nicht um Tatbestände, sondern um *Strafzumessungsgesichtspunkte* handelt, ist ein Versuch von Regelbeispielen schon begrifflich nicht möglich. Allerdings kann die versuchte Verwirklichung nach heute h.M. dazu führen, dass das Grunddelikt in einem besonders schweren Fall vorliegt (bspw. versuchter Diebstahl in einem besonders schweren Fall, §§ 242, 22, 23 I i.V.m. § 243 I). Siehe dazu im Einzelnen Rn 691 ff. 636

4. Vollendung liegt vor, wenn alle Merkmale des gesetzlichen Tatbestands verwirklicht sind. Die Vollendung führt in aller Regel zur Strafbarkeit. Etwas anderes gilt nur ausnahmsweise, etwa dort, wo das Gesetz tätige Reue vorsieht (z.B. § 306e). 637

5. Beendet ist die Tat, wenn das Tatgeschehen seinen tatsächlichen Abschluss gefunden hat. Vollendung und Beendigung fallen vor allem bei Dauerdelikten (z.B. § 239) und bei Delikten mit überschießender Innentendenz (z.B. §§ 242 oder 263) auseinander. 638

Beispiele:

(1) Der Diebstahl (§ 242) ist *vollendet*, wenn der Täter neuen Gewahrsam begründet hat. *Beendet* ist der Diebstahl erst dann, wenn der Täter seine Zueignungsabsicht realisiert bzw. die Beute gesichert hat.

(2) Der Raub (§ 249) ist *vollendet*, wenn der Täter unter Gewaltanwendung oder unter Anwendung von Drohung mit gegenwärtiger Gefahr für Leib oder Leben neuen Gewahrsam begründet hat. *Beendet* ist der Raub, wenn der Täter die Beute gesichert hat.

---

843 *W/B/S*, AT, Rn 564; BGH NStZ 1994, 383.

844 Vgl. LK-*Hillenkamp*, vor § 22 Rn 56 ff.; Sch/Sch-*Eser/Bosch*, Vorbem § 22 Rn 22; SK-*Rudolphi*, vor § 22 Rn 14; *Engländer*, JuS 2003, 330, 331.

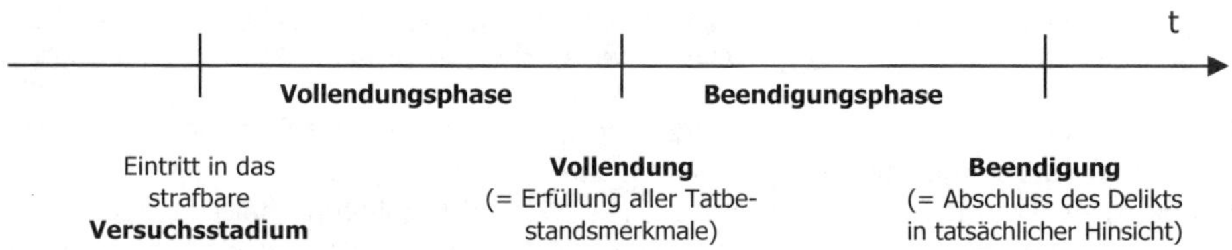

639 Da – wie gesehen – die Strafbarkeit bereits mit der Vollendung eintritt und auch z.B. ein strafbefreiender Rücktritt i.d.R. nach Vollendung der Tat nicht mehr möglich ist, stellt sich die Frage, warum es so wichtig sein soll, zwischen Vollendung und Beendigung zu unterscheiden. Die Unterscheidung ist zunächst für die Strafverfolgungsverjährung (§§ 78 ff.) wichtig, da die Frist erst bei Beendigung zu laufen beginnt (§ 78a). Sie ist aber auch deshalb wichtig, weil nach h.M. in der Beendigungsphase je nach Täterwillen entweder **sukzessive Beihilfe** bzw. **sukzessive Mittäterschaft** oder bereits die **Anschlussstraftaten** (z.B. § 259) möglich sind (nach Beendigung des Diebstahls sind unstreitig weder sukzessive Beihilfe noch sukzessive Mittäterschaft möglich, sondern ausschließlich Anschlussstraftaten).[845] Schließlich ist die Unterscheidung deshalb bedeutsam, weil die Rspr. in der Beendigungsphase auch die Realisierung **qualifizierender Umstände** zulässt.

Beispiel: Mit einer Schusswaffe in der Tasche nimmt T dem O dessen Brieftasche weg (§§ 249, 250 I Nr. 1a). Bei der anschließenden Flucht wird er von der Polizei verfolgt. Nun benutzt er seine Schusswaffe, um die Flucht zu sichern.

Da der Täter hier den Qualifikationstatbestand des § 250 II Nr. 1 erst nach Vollendung des Raubs erfüllt, kann er gem. §§ 249, 250 II Nr. 1 nur dann strafbar sein, wenn man nicht nur zwischen Vollendung und Beendigung unterscheidet, sondern den Qualifikationstatbestand auch in der Beendigungsphase zulässt. Anderenfalls ist aber an §§ 252, 250 II Nr. 1 zu denken. Vgl. dazu *R. Schmidt*, BT II, Rn 79b, 361 ff., 391 f., 437 f. und 460.

640 Der Versuchsprüfung kann der **dreigliedrige Deliktsaufbau** (Tatbestand, Rechtswidrigkeit und Schuld) zugrunde gelegt werden. Kennzeichnend für die Versuchsprüfung ist jedoch, dass innerhalb der Tatbestandsmäßigkeit zunächst die subjektive Seite des Täters, der Tatentschluss, geprüft wird. Dies hat den Hintergrund, dass der objektive Tatbestand gerade nicht oder nicht vollständig vorliegt und der Strafgrund des Versuchs darin besteht, dass der Täter aufgrund seines Tatentschlusses eine Phase erreicht hat, in der sein Verhalten ausschließlich als Beginn eines Normbruchs gedeutet werden kann („unmittelbares Ansetzen zur Tatbestandsverwirklichung"). In der Fallbearbeitung bietet sich demnach folgender Prüfungsaufbau an:

Versuchtes vorsätzliches Begehungsdelikt

O. Vorprüfung
1. Fehlen der Vollendung
2. Strafbarkeit des Versuchs

I. Tatbestand
1. Subjektiver Tatbestand – Tatentschluss
   a. Vorsatz bezüglich aller objektiven Tatbestandsmerkmale einer bestimmten Straftat
   b. Vorliegen aller besonderen subjektiven Tatbestandsmerkmale
2. Objektiver Tatbestand – unmittelbares Ansetzen zur Tatbestandsverwirklichung

II. Rechtswidrigkeit und Schuld

[845] Zur sukzessiven Beihilfe vgl. Rn 1112; zur sukzessiven Mittäterschaft vgl. Rn 1010.

III. Strafaufhebungsgrund: Rücktritt

1. Kein fehlgeschlagener Versuch

Fehlgeschlagen ist der Versuch, wenn der Täter erkennt, dass er den Erfolg nicht mehr herbeiführen kann, sei es, dass sich das Tatwerkzeug bzw. das Tatobjekt als untauglich erweist oder aber der erstrebte Erfolg bereits auf andere Weise eingetreten ist. Bei fehlgeschlagenem Versuch ist § 24 nach h.M. unanwendbar.

2. Rücktritt gem. § 24 I S. 1

Abgrenzung unbeendeter (Var. 1) / beendeter (Var. 2) Versuch

⇨ Rücktritt vom unbeendeten Versuch (§ 24 I S. 1 Var. 1)

Unbeendet ist ein Versuch, wenn der Täter noch nicht alles getan zu haben glaubt, was nach seiner Vorstellung von der Tat zu ihrer Vollendung notwendig ist. Hier genügt dann die freiwillige Aufgabe der weiteren Tatausführung.

⇨ Rücktritt vom beendeten Versuch (§ 24 I S. 1 Var. 2)

Beendet ist der Versuch, wenn der Täter alles getan zu haben glaubt, was nach seiner Vorstellung von der Tat zur Herbeiführung des tatbestandlichen Erfolgs notwendig oder möglicherweise ausreichend ist. Für einen strafbefreienden Rücktritt fordert das Gesetz ein bewusstes und gewolltes Verhindern der Vollendung, wobei hinsichtlich der Verhinderungskausalität eine Mitursächlichkeit genügt.

3. Rücktritt gem. § 24 I S. 2

Rücktritt vom beendeten Versuch trotz nicht gegebener Verhinderungskausalität

⇨ Rücktritt möglich trotz fehlender Verhinderungskausalität, wenn sich der Täter freiwillig und ernsthaft um die Verhinderung der Vollendung bemüht hat.

4. Rücktritt gem. § 24 II

Wurde die Tat durch mehrere Tatbeteiligte versucht, ist der Rücktritt gleichwohl für jeden einzeln zu prüfen. Nach dem Wortlaut des § 24 II muss der zurücktretende Tatbeteiligte in jedem Fall aktiv gegensteuern, sodass eine Unterscheidung *beendeter - unbeendeter* Versuch hier nicht erforderlich ist.

Zur Prüfung im Einzelnen:

III. Vorprüfung

1. Fehlen der Vollendung

Da der Versuch ein notwendiges Durchgangsstadium zur Vollendung des Delikts darstellt, kann ihm nur dann eine eigenständige strafrechtliche Würdigung zukommen, wenn der objektive Tatbestand nicht erfüllt wurde. Das ist insbesondere dann der Fall, wenn der Täter ein objektives Tatbestandsmerkmal nicht erfüllt hat oder aber die Zurechnung des Taterfolgs verneint werden muss. **641**

Hinweis für die Fallbearbeitung: Kann die Feststellung, dass der objektive Tatbestand des betreffenden Vorsatzdelikts nicht vollendet ist, nicht ohne weiteres getroffen werden, sollte das Delikt zunächst als vollendetes Begehungsdelikt angeprüft, dann das Vorliegen des objektiven Tatbestands verneint und zur Versuchsprüfung übergegangen werden. Diese Vorgehensweise hat den Vorteil, dass nicht innerhalb der Vorprüfung des Versuchs (somit inzident) Tatbestandsmerkmale des objektiven Tatbestands geprüft werden müssen. Lediglich in Fällen, in denen der objektive Straftatbestand offensichtlich nicht erfüllt ist, empfiehlt es sich, ohne vorherige Prüfung eines vollendeten Begehungsdelikts gleich die Versuchsprüfung durchzuführen und diese mit einer kurzen Feststellung einzuleiten, dass die Tat nicht vollendet ist. Zwar ist die Feststellung der **642**

Nichtvollendung der Tat bei evidentem Nichtvorliegen des objektiven Tatbestands streng genommen überflüssig[846], sie dient aber der Klarstellung.

643 Die Zurechnung des Taterfolgs kann aus rechtlichen oder tatsächlichen Gründen zu verneinen sein, vgl. dazu ausführlich die Ausführungen zur objektiven Zurechnung bei Rn 164 ff. **Prüfungsrelevant** ist insbesondere die Verneinung der Zurechnung aufgrund einer wesentlichen Abweichung vom vorgestellten Kausalverlauf.

Beispiel: T schießt mit Tötungsvorsatz auf O, verletzt diesen aber nur leicht. Auf dem Weg ins Krankenhaus gerät der Krankenwagen infolge verkehrswidrigen Verhaltens eines Dritten in einen Verkehrsunfall, bei dem O getötet wird.

In dieser Fallkonstellation hat ein ganz ungewöhnlicher, atypischer Geschehensverlauf zum Erfolgseintritt geführt, sodass dieser bei einer wertenden Betrachtung dem T wohl nicht zugerechnet werden kann. Eine Fahrlässigkeitsstrafbarkeit scheidet mangels objektiver Vorhersehbarkeit ebenfalls aus, sodass T sich wegen Versuchs strafbar gemacht hat (a.A. vertretbar).

644 Eine Versuchsstrafbarkeit kann aber auch dann in Betracht kommen, wenn der Täter den Tatbestand eines Vorsatzdelikts verwirklicht hat. Konkret betrifft dies den Fall, dass sich der Täter objektiv auf einen Rechtfertigungsgrund berufen kann, ihm jedoch der Rechtfertigungswille fehlt. Hier lässt sich sagen, der Tatbestand der Rechtfertigung sei nicht vollendet. Vgl. dazu ausführlich Rn 311 ff.

2. Strafbarkeit des Versuchs, §§ 22, 23 I, 12

645 Weitere Voraussetzung ist, dass der Versuch überhaupt strafbar ist. Ist eine solche Versuchsstrafbarkeit nicht gegeben, ist in einer Klausur jede weitere Ausführung zum Versuch entbehrlich. Wie bereits dargelegt, ist der Versuch eines Verbrechens stets strafbar, der eines Vergehens nur dann, wenn die betreffende Strafnorm dies ausdrücklich bestimmt. Die Unterscheidung zwischen Verbrechen und Vergehen ergibt sich aus der abstrakt angedrohten Mindeststrafe (vgl. § 12).[847]

Nicht bei allen Delikten ist ein Versuch konstruktiv möglich. So können Strafzumessungsgründe bzw. Regelbeispiele (vgl. etwa § 243) nicht versucht werden. Bei Unternehmensdelikten ist der Versuch der Vollendung gleichgestellt. Konstruktiv versucht werden können jedenfalls Erfolgsdelikte und konkrete Gefährdungsdelikte.

646 **Hinweis für die Fallbearbeitung:** Für die Fallbearbeitung ist zu empfehlen, dass das zu prüfende Delikt im Obersatz genau zitiert wird, damit von dem Korrektor erkannt werden kann, woraus die Strafbarkeit des Versuchs folgt. So wäre die zu zitierende Paragraphenkette bei einem versuchten Betrug bspw. „§§ 263 I, II, 22, 23 I, 12 II“, bei einem versuchten Diebstahl „§§ 242 I, II, 22, 23 I, 12 II“ und bei einem versuchten Totschlag „§§ 212 I, 22, 23 I, 12 I“. Im Anschluss daran sollte die Feststellung getroffen werden, dass die Tat nicht vollendet und der Versuch strafbar ist. An dieser Stelle des Gutachtens ist auch die Problematik des Versuchs bezüglich erfolgsqualifizierter Delikte zu erörtern. Da zum Verständnis dieser Problematik jedoch fundierte Kenntnisse über den Aufbau der erfolgsqualifizierten Delikte nötig sind, sei insoweit auf Rn 887 ff. verwiesen.

---

[846] So *Putzke*, JuS 2009, 894, 895; anders aber *Kühl/Hinderer*, JuS 2009, 919, 922, die die Vorprüfung sogar ausdrücklich mit einem eigenen Prüfungspunkt versehen. Zur Formulierung in einer Falllösung vgl. im Übrigen *Schmidt/Priebe*, Fälle zum Strafrecht I, Fall 7 Rn 30.

[847] Vgl. dazu ausführlich Rn 93 ff.

IV. Tatbestand

1. Subjektiver Tatbestand - Tatentschluss

a. Tatentschluss als unwertbegründendes Element des Versuchs

Ausgangspunkt jeder Versuchsstrafbarkeit ist der Tatentschluss.[848] Dieser liegt vor, wenn der Täter (Vorstellungs-)**Vorsatz**[849] bezüglich aller objektiven Tatbestandsmerkmale einer **bestimmten Straftat** hat und alle **besonderen subjektiven Tatbestandsmerkmale** (beispielsweise die Zueignungsabsicht in § 242 oder die Mordmerkmale des § 211) gegeben sind. Kurzgefasst muss er die Vollendung des Delikts wollen. **647**

Zu beachten ist jedoch, dass der Vorsatz des versuchten Delikts nicht gleichzusetzen ist mit jenem des vollendeten Delikts. Denn nur beim Kenntnisvorsatz (= Wissen um die konkreten Tatumstände) i.S.v. § 16 I S. 1 ist hinsichtlich der Qualität des „Wissens" zwischen konkreten und fiktiven Tatumständen zu unterscheiden, wohingegen dies beim Vorstellungsvorsatz (= Vorstellung von den Tatumständen und vom späteren Erfolgseintritt) i.S.v. § 22 nicht notwendig ist.[850] **647a**

- **Vorsatz beim vollendeten Begehungsdelikt:** § 16 I S. 1 verlangt hinsichtlich der *konkreten Tatumstände* jedenfalls Kenntnis i.S. eines Wissens. Nur wer im Fall des § 212 weiß, dass er auf einen Menschen schießt, kann wegen Totschlags bestraft werden. Hinsichtlich der *fiktiven Tatumstände*, also solcher, die erst nach Abschluss der Tathandlung eintreten können bzw. nach der Vorstellung des Täters eintreten sollen (etwa der später eintretende Tod des Vergiftungsopfers), gilt etwas anderes, weil in einem solchen Fall die Kenntnis über den Eintritt des Taterfolgs erst eine gewisse Zeit nach Abschluss der Tathandlung vorliegen kann, nämlich erst dann, wenn der Erfolg eingetreten ist (Wissen kann man erst hinterher; vorher existiert der Erfolgseintritt lediglich in der Vorstellung des Täters). Verlangte man hier also die Kenntnis über den Taterfolg im Zeitpunkt der Tathandlung, würde sich der Täter niemals wegen eines vollendeten Begehungsdelikts strafbar machen. Daraus folgt: Im Rahmen des Tatbestandsvorsatzes gem. § 16 I S. 1 kann ein solches Wissen über den Eintritt des Taterfolgs nicht zu fordern sein. Realitätskongruenz ist damit hinsichtlich des Taterfolgs nicht erforderlich; es genügt „Gedankenkongruenz".

  Fazit: Kenntnisvorsatz i.S.d. § 16 I S. 1 ist allein dann anzunehmen, wenn der Täter hinsichtlich der konkreten Tatumstände mit Wissen handelt und sich seine Vorstellung auf die fiktiven Umstände (den späteren Erfolgseintritt) erstreckt.

- **Vorsatz beim versuchten Begehungsdelikt:** Demgegenüber ist die Unterscheidung zwischen konkreten und fiktiven Tatumständen beim Vorstellungsvorsatz i.S.d. § 22 nicht erforderlich. Bei diesem genügt – aufgrund der Tatsache, dass der Taterfolg gerade *nicht* eintritt – auch hinsichtlich der konkreten Tatumstände allein die Vorstellung des Täters. Es findet eine vollständige Überlagerung der konkreten Tatumstände mit fiktiven Tatumständen statt. Kenntnis hinsichtlich der konkreten Tatumstände ist beim Versuch also nicht erforderlich und wird in § 22 auch nicht vorausgesetzt. Nach dieser Vorschrift genügt allein die Vorstellung des Täters von der Tat und dem Taterfolg; eine Wirklichkeitskongruenz wird nicht vorausgesetzt. Daraus folgt: Konkrete Tatumstände sind beim versuchten Delikt zwar denkbar, für die strafrechtliche Prüfung aber irrelevant. Entscheidend sind allein die fiktiven Tatumstände.

  Fazit: Vorstellungsvorsatz i.S.d. § 22 ist allein dann anzunehmen, wenn der Täter die Vorstellung hat, der Taterfolg werde durch die (geplante) Tatausführung eintreten.

---

[848] Streng genommen ist dieser Begriff inkorrekt, weil § 22 von der „Vorstellung von der Tat" spricht und damit – wie sogleich näher erläutert wird – den Vorstellungsvorsatz meint. Da der Begriff „Tatentschluss" aber üblich ist, wird er auch im Folgenden verwendet.

[849] Welche Vorsatzform dabei vorausgesetzt ist, entscheidet der jeweilige Tatbestand.

[850] Vgl. auch *Jung*, JA 2006, 228 ff.

647b **Besondere Absichten** (etwa Zueignungsabsicht bei § 242 oder Bereicherungsabsicht bei §§ 253, 259, 263, siehe Rn 275) werfen keine Probleme auf. Denn sie müssen sowohl beim vollendeten als auch beim versuchten Delikt stets nur in der Vorstellung des Täters existieren.

648 Fraglich sind die inhaltlichen Anforderungen, die an den Tatentschluss zu stellen sind. Zunächst muss der Tatentschluss **unbedingt** und **endgültig** sein. Damit hat eine Abgrenzung zur strafrechtlich irrelevanten Tatgeneigtheit stattzufinden. Bei der Tatgeneigtheit ist der Täter noch nicht zur Tat entschlossen; das „Ob" der Tatbegehung ist noch nicht entschieden.

> **Beispiel:** T spielt mit dem Gedanken, einen Ladendiebstahl zu begehen. Endgültig entschlossen hat er sich aber noch nicht. Gleichwohl sucht er schon einmal ein Kaufhaus auf, um nach passendem Diebesgut zu schauen. Sollte er etwas Stehlenswertes finden, kann er sich ja immer noch entschließen, dieses einzustecken. Im Kaufhaus angekommen, entdeckt er dort eine DVD des Films „Planet der Affen". Interessiert hält er die DVD in den Händen. Solange T diese aber noch nicht in seine Jackentasche o.Ä. eingesteckt, also noch keine Gewahrsamsenklave geschaffen hat, ist sein Verhalten mehrdeutig. Im Zweifel wird man von einer strafrechtlich irrelevanten Tatgeneigtheit ausgehen müssen.

649 Jedenfalls liegt der Tatentschluss vor, wenn die konkrete Tatausführung nur noch vom **Eintritt einer bestimmten Bedingung** abhängt. Ebenso ist ein Tatentschluss anzunehmen, wenn der Täter **alternativ den einen oder den anderen Tatbestand verwirklichen will** oder wenn bei mehreren anvisierten Einzeltatbeständen nur noch nicht die genaue **Reihenfolge** feststeht. Ob und inwieweit dann eine Versuchsstrafbarkeit vorliegt, hängt nur noch vom unmittelbaren Ansetzen zur Tatbestandsverwirklichung ab.

650

> **Hinweis für die Fallbearbeitung:** Im Gutachten müssen sämtliche strafbegründende objektive Tatbestandsmerkmale bereits im subjektiven Tatbestand definiert werden. Am Beispiel des versuchten Diebstahls eines Rings (der Diebstahl ist deshalb nicht vollendet, weil zum Zeitpunkt der Tathandlung der Ring aufgrund eines Erbfalls bereits im Eigentum des Täters stand) könnte etwa wie folgt vorgegangen werden:
>
> „T müsste den Tatentschluss gehabt haben, eine fremde bewegliche Sache wegzunehmen."
> **Sachen** sind alle körperlichen Gegenstände. Ein Ring ist ein körperlicher Gegenstand, mithin eine Sache.
> Der Ring müsste nach der Vorstellung des T für diesen auch fremd gewesen sein. **Fremd** ist eine Sache immer dann, wenn sie zumindest *auch* im Eigentum eines anderen steht, also weder Alleineigentum des Täters noch herrenlos noch eigentumsunfähig ist. In wessen Eigentum die Sache steht, ist nach bürgerlichem Recht zu beurteilen, da in § 242 kein besonderer strafrechtlicher Eigentumsbegriff definiert wird. Vorliegend stand der Ring nach der Vorstellung des T im Eigentum des O. Er war für T somit fremd.
> Nach der Vorstellung des T müsste es sich bei dem Ring auch um eine bewegliche Sache gehandelt haben. **Beweglich** sind alle Sachen, die tatsächlich fortbewegt werden können, also ohne Rücksicht auf die zivilrechtliche Einordnung als beweglich oder unbeweglich. Ein Ring kann tatsächlich fortbewegt werden. Er war daher auch beweglich.
> Des Weiteren müsste T den Vorsatz gehabt haben, den Ring wegzunehmen. **Wegnahme** bedeutet Bruch fremden und die gleichzeitige oder spätere Begründung neuen - regelmäßig aber nicht notwendig eigenen - Gewahrsams. **Gewahrsam** bedeutet die Möglichkeit tatsächlicher Herrschaft, die von einem entsprechenden Beherrschungswillen getragen wird. Vorliegend wollte T eigenen Gewahrsam an dem Ring begründen. Er handelte somit vorsätzlich.

Schließlich müsste T in der **Absicht** gehandelt haben, den Ring **sich oder einem Dritten zuzueignen**. Auch dies kann aufgrund ... angenommen werden. Somit sind alle Voraussetzungen, die an den Tatentschluss zu stellen sind, erfüllt."

b. Untauglicher Versuch

Da der Strafgrund des Versuchs gerade darin besteht, kriminelles Unrecht unabhängig vom Erfolgseintritt zu ahnden, muss es auch grundsätzlich unbeachtlich sein, aus welchen Gründen es zur Nichtverwirklichung des Tatbestands kommt. Deshalb schließt der Versuch nach § 22 auch den sog. untauglichen Versuch ein (vgl. auch § 23 III). 651

Untauglich ist der Versuch, wenn die Verwirklichung des Tatbestands entgegen der Vorstellung des Täters aus rechtlichen oder tatsächlichen Gründen nicht eintreten kann.[851] 652

In Betracht kommen eine Untauglichkeit des Tatsubjekts, des Tatobjekts oder des Tatmittels: 653

Beispiele:

(1) T glaubt, er sei ein Amtsträger, und nimmt Bestechungsgelder an. Tatsächlich war die Beamtenernennung nichtig (= Untauglichkeit des **Tatsubjekts**).

(2) Der Tötungsversuch an einer Leiche stellt einen Versuch an einem untauglichen **Tatobjekt** dar.

(3) T möchte O töten. Dazu gibt sie eine große Menge eines Epilepsiemittels mit dem Wirkstoff Clonazepam in ein Mett, das sie auf Brötchenhälften schmiert und O anbietet. O fällt daraufhin zwar in einen 4-tägigen Tiefschlaf, überlebt jedoch, da Clonazepam nicht tödlich wirkt.[852] ⇨ Ein Tötungsversuch mit einem nicht tödlich wirkenden Mittel stellt einen Versuch mit einem untauglichen **Tatmittel** dar.

Im Fall des untauglichen Versuchs hält der Täter also irrig einen Umstand für gegeben, bei dessen wirklichem Vorliegen der Tatbestand erfüllt wäre. Es handelt sich um einen unbeachtlichen Tatbestandsirrtum in Form eines „umgekehrten Tatbestandsirrtums", der nicht den Tatbestandsvorsatz nach § 16 I S. 1 entfallen lässt, sondern die Strafbarkeit des Versuchs wegen seiner Eigenart begründet. 654

c. Strafrechtlich irrelevanter Tatplan

Vom (strafbaren!) untauglichen Versuch abzugrenzen ist der strafrechtlich irrelevante Tatplan. Darunter ist ein Tatplan hinsichtlich einer **Tathandlung** zu verstehen, die **objektiv unter keinem denkbaren Gesichtspunkt geeignet ist**, den Taterfolg herbeizuführen.[853] 655

Besteht also nicht schon die *Möglichkeit*, dass der vom Täter gewünschte Erfolg eintritt (weil das Verhalten bzw. der als möglich gehaltene oder beabsichtigte Taterfolg nicht strafbar ist), kann eine Strafbarkeit nicht begründet werden. Hier liegt dann in aller Regel ein **Wahndelikt** vor, vgl. dazu sogleich Rn 659.

d. Grob unverständiger Versuch (§ 23 III)

Hat der Täter aus **grobem Unverstand** verkannt, dass sein Verhalten überhaupt nicht zur Vollendung führen konnte, kann das Gericht von Strafe absehen oder diese gemäß 656

---

[851] Ganz h.M., vgl. nur *Gropp*, AT, § 9 Rn 28; *Fischer*, § 22 Rn 43; Sch/Sch-*Eser/Bosch*, § 22 Rn 60; LG Bonn 19.3.2015 - 9 O 145/13; die Gegenauffassung behandelt den Fall des untauglichen Tatsubjekts als Unterfall des Wahndelikts, vgl. LK-*Hillenkamp*, § 22 Rn 179; *Stratenwerth/Kuhlen*, AT, § 11 Rn 65.
[852] Vgl. LG Bonn 19.3.2015 - 9 O 145/13.
[853] Vgl. OLG Koblenz NJW 2001, 1364.

§ 49 II mildern, § 23 III (sog. *Trottelprivileg*). Da der Gesetzgeber hier eine Privilegierung nur auf der Rechtsfolgeseite einräumt, geht er im Umkehrschluss davon aus, dass ein strafrechtlich relevanter Tatentschluss vorliegt. Von daher ist auch der grob unverständige Versuch ein Versuch i.S.d. § 22. Grober Unverstand bedeutet, dass sich die Unmöglichkeit des Erfolgseintritts für jeden Menschen mit durchschnittlichem Erfahrungswissen geradezu aufdrängen muss. Der grob unverständige Täter hat also eine völlig abwegige Vorstellung von gemeinhin bekannten Ursachenzusammenhängen.[854]

Beispiel: Der doch sehr einfältige T möchte seine Erbtante O vergiften. Dazu kauft er in der Apotheke frei erhältlichen Nerven- und Schlaftee, weil er glaubt, dabei handele es sich um ein tödlich wirkendes Gift, wenn er den Tee nur stark genug dosiere. Nachdem T den Nerven- und Schlaftee zubereitet und O serviert hat, wartet er nun vergeblich auf eine für O nachteilige Wirkung. ⇨ Hier liegt ein grob unverständiger Versuch vor, weil jedem Menschen mit durchschnittlichem Erfahrungswissen klar sein dürfte, dass frei erhältlicher Nerven- und Schlaftee keinesfalls tödlich wirkt, auch nicht in Überdosis.

T ist daher grds. strafbar (§§ 212, 22, 23 I, 12 I). Allerdings kann das Gericht von einer Strafe absehen oder die Strafe mildern (§ 23 III i.V.m. § 49 II).

Gegenbeispiel: Obwohl das in Beispiel 3 von Rn 653 genannte Clonazepam ebenfalls nicht tödlich wirkt, ist dort nicht von einem grob unverständigen Versuch auszugehen, da das Nichtbestehen einer tödlichen Wirkung eines Epilepsiemittels mit dem Wirkstoff Clonazepam nicht jedem Menschen mit durchschnittlichem Erfahrungswissen klar sein dürfte. T ist daher gem. § 22 wegen Versuchs strafbar.

e. Abergläubischer Versuch (irrealer Versuch) und Wahndelikt

657 Von den genannten „untauglichen" Vorgehensweisen sind andere zu unterscheiden, die *nicht* dem § 22 unterfallen und somit (wegen Art. 103 II GG) **strafrechtlich irrelevant** sind.

658 ▪ Zunächst ist der **abergläubische Versuch** zu nennen. Hier versucht der Täter zwar, einen strafrechtlich relevanten Taterfolg herbeizuführen, aber mit völlig irrealen, der menschlichen Beherrschbarkeit und Verfügungsgewalt entzogenen Mitteln.

Beispiele: Verhexen, Teufelsbeschwörung, Totbeten eines anderen etc.

659 ▪ Vom untauglichen Versuch abzugrenzen ist auch das straflose **Wahndelikt** (Rn 655): Hier hält der Täter sein in Wirklichkeit strafloses Verhalten irrtümlich (d.h. „wahnhaft") für strafbar.[855] Ein Wahndelikt kann sowohl auf der Ebene des Tatbestands als auch auf der Ebene der Rechtswidrigkeit und der Strafausschließungsgründe vorliegen. Das hat vor allem Auswirkungen auf den Klausuraufbau. Es sind folgende Fallgruppen zu unterscheiden[856]:

660 **(1)** Der vom Täter angenommene Straftatbestand existiert überhaupt nicht, wie das beispielsweise bei homosexueller Liebe, Sodomie oder ehewidrigem Verhalten der Fall ist (= **umgekehrter direkter Verbotsirrtum**).

Beispiel: A unterhält ein Liebesverhältnis zu seiner Schwägerin. Dabei geht er davon aus, einen Straftatbestand zu erfüllen. Da jedoch weder Ehebruch noch Beischlaf zwischen Verschwägerten strafbar ist, unterliegt er einem straflosen Wahndelikt.[857]

661 **(2)** Der vom Täter angenommene Tatbestand existiert zwar, wird von ihm aber zu weit ausgelegt, sodass sich das Täterverhalten in Wirklichkeit jenseits der Auslegungsgren-

---

[854] BGHSt 41, 94, 95; *Gropp*, AT, § 9 Rn 30; *Fischer*, § 23 Rn 7; Sch/Sch-*Eser/Bosch*, § 23 Rn 17.
[855] Vgl. OLG Koblenz NJW 2001, 1364; *Fischer*, § 22 Rn 49.
[856] Vgl. *Kudlich*, JuS 2000, L 13, 15; *W/B/S*, AT, Rn 622; *Jescheck/Weigend*, AT, § 50 II; Sch/Sch-*Eser/Bosch*, § 22 Rn 78 ff.; *Fischer*, § 22 Rn 49 ff.
[857] Vgl. bereits die 1. Aufl. 2002; später auch *Valerius*, JA 2010, 113.

zen bewegt. Der Täter legt also ein Merkmal des objektiven Tatbestands zu seinen Ungunsten zu weit aus (= **umgekehrter direkter Subsumtions- bzw. Grenzirrtum**).

Beispiel[858]**:** Rechtsanwalt R erklärt in einer mündlichen Gerichtsverhandlung wahrheitswidrig, dass es mehrere BGH-Entscheidungen gebe, die den Anspruch seines Mandanten als begründet ansähen, sodass der Klage stattzugeben sei. ⇨ Durch diese (objektiv unzutreffende) Behauptung könnte sich R wegen versuchten Prozessbetrugs (§§ 263, 22) strafbar gemacht haben. Doch nach Auffassung des OLG Koblenz wird kein Richter derartige Behauptungen seiner Urteilsfindung zugrunde legen. Denn jeder Richter sei dazu verpflichtet, den ihm vorgetragenen Sachverhalt in rechtlicher Hinsicht zu überprüfen. Die Behauptung des R sei deshalb schon in objektiver Hinsicht *in keiner Weise* geeignet gewesen, bei dem zuständigen Richter eine Fehlvorstellung herbeizuführen. R sei schon deshalb nicht wegen Versuchs strafbar. Sollte R die Absicht gehabt haben, einen Prozessbetrug zu begehen, wäre er einem sog. umgekehrten direkten Subsumtionsirrtum erlegen. Die wahnhafte Vorstellung, ein bestimmtes Verhalten sei strafbar, bleibe straflos.

Hinweis für die Fallbearbeitung: Da im ersten Fall schon gar kein Tatbestand existiert, den der Täter (selbst ohne Irrtum) erfüllen könnte, bietet sich die Behandlung dieses Irrtums bereits im Prüfungspunkt *Strafbarkeit des Versuchs* an. Im zweiten Fall, also in dem Fall, dass der Täter ein Merkmal des tatsächlich bestehenden objektiven Tatbestands zu seinen Ungunsten zu weit auslegt, muss differenziert werden: Fehlt es bereits an der Strafbarkeit des Versuchs (weil es sich um ein Vergehen handelt und eine Versuchsstrafbarkeit nicht angeordnet ist), gilt dasselbe wie im ersten Fall: Das Wahndelikt ist im Prüfungspunkt *Strafbarkeit des Versuchs* zu behandeln. Handelt es sich dagegen um ein Verbrechen oder um ein Vergehen, dessen Versuch strafbar ist, sollte man das Wahndelikt im Prüfungspunkt *Tatentschluss* behandeln. Das hat den Grund, dass hier ja an sich ein strafbarer Tatbestand existiert, den der Täter nur zu seinen Ungunsten zu weit ausdehnt. Schwierigkeiten bei der Abgrenzung zum strafbaren untauglichen Versuch bereiten folgende Fallgruppen: 662

(3) Der Täter erfüllt einen Tatbestand, ist objektiv gerechtfertigt, glaubt sich aber nicht gerechtfertigt, weil er den ihm zur Seite stehenden Rechtfertigungsgrund überhaupt nicht kennt oder sich zu seinen Ungunsten über den Umfang des eingreifenden Rechtfertigungsgrundes irrt (= **umgekehrter indirekter Subsumtions- bzw. Grenzirrtum; umgekehrter Erlaubnisirrtum**). 663

Beispiel: Ehefrau F wird wieder einmal von ihrem gewalttätigen Ehemann M zusammengeschlagen. Aus Angst um ihr Leben ergreift sie ein zufällig auf dem Küchentisch liegendes Messer und sticht zu. Dabei weiß sie (a) nichts von dem Rechtfertigungsgrund Notwehr oder (b) zwar, dass ein Rechtfertigungsgrund Notwehr existiert, glaubt aber, man dürfe den Angreifer nicht lebensgefährlich verletzen. ⇨ Hier engt F ihr Notwehrrecht zu sehr ein. Diese Fehlvorstellung ist aber irrelevant, weil das Notwehrrecht an keine Güterabwägung geknüpft ist.

Hinweis für die Fallbearbeitung: Dieser Irrtum ist im Rahmen der Rechtfertigung des einschlägigen vollendeten Begehungsdelikts zu prüfen. Hier ist dann darzulegen, dass der Täter nicht nur objektiv gerechtfertigt ist, sondern auch zum Zwecke der Verteidigung, also mit Rechtfertigungswillen handelt. 664

Nicht zu verwechseln ist dieser zum straflosen Wahndelikt führende Fall mit dem Fall, dass der Täter vom *tatsächlichen* Vorliegen einer objektiv rechtfertigenden Situation nichts weiß oder ihm ein sonstiges subjektives Rechtfertigungselement fehlt. In solchen 665

[858] Vgl. OLG Koblenz NJW 2001, 1364 (allerdings ging es dort um einen Strafprozess).

Fällen ist er grundsätzlich strafbar, sei es wegen Vollendung des Delikts oder wegen Versuchs.[859] Jedenfalls liegt *kein* Wahndelikt vor.

Beispiel: Die Ehefrau F des vorigen Beispiels weiß zwar, dass sie sich auf den Rechtfertigungsgrund Notwehr berufen könnte, ihr geht es aber nicht darum, sich zu verteidigen, sondern die Sachlage dazu auszunutzen, ihrem Mann „eins auszuwischen". Hier ist F zwar objektiv, nicht aber subjektiv gerechtfertigt.

666 **Hinweis für die Fallbearbeitung:** Auch dieser Irrtum ist im Rahmen der Rechtfertigung des einschlägigen vollendeten Begehungsdelikts zu prüfen. Hier ist aber darzulegen, dass der Täter zwar objektiv gerechtfertigt ist, er aber keinen (subjektiven) Rechtfertigungswillen hat.

667 **(4)** Ferner ist es möglich, dass der Täter sein Verhalten für strafbar hält, obwohl ihm in tatsächlicher Hinsicht ein Strafausschließungsgrund (etwa § 173 III) zur Seite steht (= **umgekehrter reiner Strafbarkeitsirrtum**). Hier liegt ein strafloses Wahndelikt vor.

Übersicht untauglicher Versuch / strafloses Wahndelikt

668

untauglicher Versuch	strafloses Wahndelikt
Beim untauglichen Versuch hält der Täter ein in Wirklichkeit nicht vorliegendes Merkmal des objektiven Unrechtstatbestands für gegeben. Er stellt sich eine Sachlage vor, bei deren wirklichem Vorliegen sein Handeln den gesetzlichen Tatbestand erfüllen würde (= umgekehrter Tatbestandsirrtum).	Bei einem straflosen Wahndelikt glaubt der Täter, er mache sich strafbar, obwohl es einen entsprechenden Straftatbestand nicht gibt.

2. Objektiver Tatbestand

a. Unmittelbares Ansetzen zur Tatbestandsverwirklichung

669 Wie sich aus dem Wortlaut des § 22, aber auch aus den vorstehenden Ausführungen ergibt, kombiniert das Gesetz subjektive und objektive Elemente. Das subjektive Element ergibt sich aus der Formulierung: „nach seiner Vorstellung" und das objektive aus „unmittelbar zur Tatbestandsverwirklichung ansetzt". Daraus ergibt sich folgende Definition des unmittelbaren Ansetzens zur Tatbestandsverwirklichung:

Nach der § 22 zugrunde liegenden Kombination aus subjektiv und objektiven Elementen liegt ein **unmittelbares Ansetzen** zur Tatbestandsverwirklichung vor, wenn das Verhalten des Täters nach dem Gesamtplan zeitlich/räumlich so eng mit der tatbestandlichen Ausführungshandlung verknüpft ist, dass es bei ungestörtem Fortgang ohne längere Unterbrechung im Geschehensablauf unmittelbar zur Verwirklichung des gesamten Tatbestands führen soll.[860]

670 **Merke:** Nach der gebräuchlichen Kurzformel liegt ein **Versuch** vor, wenn der Täter subjektiv die **Schwelle zum „jetzt geht´s los" überschreitet** und objektiv derart zur tatbestandsmäßigen Angriffshandlung ansetzt, dass sein Tun **ohne wesentliche Zwischenakte in die Rechtsgutverletzung bzw. Erfüllung des Tatbestands übergeht.**[861]

---

[859] Vgl. dazu BGH NStZ 2001, 143, 144; 1996, 29, 30; *Mitsch*, JuS 2000, 848, 851; *Graul*, JuS 2000, L 41; Sch/Sch-*Eser/Bosch*, § 22 Rn 81; *Fischer*, § 32 Rn 27; *W/B/S*, AT, Rn 275 f.; LK-*Rönnau*, vor § 32 Rn 90; *Joecks*, § 23 Rn 9; ausführlich dazu Rn 311 ff.

[860] Vgl. auch BGH NStZ 2015, 207 f.; NJW 2014, 1463; NStZ 2014, 446, 448; NStZ 2013, 156, 157.

[861] Vgl. nur BGH NStZ 2015, 207 f.; NJW 2014, 1463; NStZ 2013, 579; NStZ 2013, 156, 157; NStZ 2011, 400, 401; NStZ 2006, 331 f.; NJW 2002, 1057; NStZ 2001, 415; NStZ 2001, 475, 476; BGHSt 48, 34, 36 ff.; vgl. auch *Jäger*, JA 2013, 949 f.

Mit dieser Formel wird Raum für eine wertende Einzelfallbetrachtung geschaffen, um im Interesse des Rechtsgüterschutzes eine Strafbarkeit auch dann annehmen zu können, wenn objektiv noch keine Rechtsgutverletzung eingetreten ist bzw. der Täter noch kein objektives Tatbestandsmerkmal erfüllt hat. 671

Beispiel[862]**:** T beabsichtigte, bei O an der Haustür zu klingeln, um diesen zur Öffnung der Tür zu bewegen. Danach wollte er sich Zutritt zur Wohnung verschaffen und O in der Wohnung räuberisch erpressen. Doch kurz nachdem T die Klingel betätigt hatte, glaubte er, durch die Glastür im Hintergrund ein kleines Mädchen gesehen zu haben. Er nahm daher vom weiteren Geschehen Abstand und verließ das Grundstück.

In diesem Fall ist fraglich, ob T das Versuchsstadium erreicht hat. Nach der hier vertretenen Auffassung ist das nicht der Fall. O hatte die Tür noch nicht geöffnet und damit lag ein aus Sicht des T erforderlicher Zwischenschritt noch nicht vor. Sollte man sich dem nicht anschließen, lag in jedem Fall ein strafbefreiender Rücktritt gem. § 24 I S. 1 Var. 1 vor.

Hinweis für die Fallbearbeitung: Da die Feststellung, ob der Täter unmittelbar zur Tatbestandsverwirklichung angesetzt hat oder sich noch im (straflosen) Vorbereitungsstadium bewegt, einer durchaus wertenden Betrachtung unterliegt, ist es nachvollziehbar, dass hier regelmäßig der **Schwerpunkt** jeder Fallbearbeitung liegt. Um aber nicht den Überblick zu verlieren, sollte man sich weniger auf das Auswendiglernen und „Abspulen" von (teilweise veralteten) Theorien konzentrieren, sondern wichtige (im Folgenden dargestellte) Grundregeln beherrschen. Nur deren Beherrschung ermöglicht den rechtsfehlerfreien Umgang auch mit schwierigen Abgrenzungsfragen. Jedenfalls gibt es keine gängige Formel, die eine bloße Subsumtion ermöglichte oder frei wäre von weiteren wertenden Betrachtungen. 672

aa. Täter hat bereits ein Tatbestandsmerkmal erfüllt

Ein Versuch liegt i.d.R. vor, wenn der Täter bereits mit der tatbestandlichen Ausführungshandlung begonnen bzw. ein Tatbestandsmerkmal erfüllt hat (**Teilverwirklichung des Tatbestands**). 673

Beispiel: A will B ausrauben (vgl. § 249, der letztlich einen nötigungsbedingten Diebstahl darstellt). Dazu schlägt er diesen nieder, um an die in der Jackentasche vermutete Brieftasche zu kommen. Doch die Jackentasche ist leer.

Hier scheitert die Vollendung des Raubs an der Diebstahlskomponente, da die Jackentasche leer war. Da A jedoch bereits die Gewaltkomponente des Raubs erfüllt hat, hat er ein Teil des Raubtatbestands verwirklicht. Der ist somit wegen versuchten Raubs strafbar (davon unabhängig ist A selbstverständlich auch wegen vollendeter Nötigung und wegen eines vollendeten Körperverletzungsdelikts strafbar). Vgl. auch Rn 679/680 (jeweils Bsp. 6) sowie *R. Schmidt*, BT II, Rn 79.

Allerdings kann der Eintritt in das Versuchsstadium zu verneinen sein, wenn noch keine unmittelbare Gefährdung *des geschützten Rechtsguts* vorliegt.[863] 673a

Beispiel[864]**:** T will nachts einen in dem Eingangsbereich eines Supermarkts aufgestellten Geldautomaten aufbrechen bzw. mit einem Schweißbrenner aufbrennen. Dazu dringt er zunächst in den Eingangsbereich ein und schaltet die Videoüberwachungskamera aus. Sodann geht er zurück auf den Parkplatz, um aus seinem Fahrzeug Einbruchwerkzeug und Schweißgerät zu holen. In diesem Moment trifft die Polizei ein und nimmt T fest.

Hier scheitert die Vollendung des Einbruchdiebstahls, da T noch nichts weggenommen hat. Da T jedoch bereits in den Eingangsbereich eingebrochen war, könnte er sich wegen ver-

[862] Nach BGH NStZ 2013, 579 (abgewandelt und vereinfacht).
[863] BGHSt 37, 294, 296; BGH StV 2001, 272, 273; NStZ 2002, 433, 435; NStZ 2011, 400, 401; NStZ 2015, 207 f.
[864] Nach BGH NStZ 2015, 207 f. (abgewandelt und vereinfacht).

suchten Einbruchdiebstahls strafbar gemacht haben. Um aber die Wegnahme vollenden zu können, hätte er in einem weiteren wesentlichen Zwischenschritt Werkzeug und Schweißgerät in den Gebäudebereich schaffen und den Geldautomaten aufbrennen müssen. Da er diesen wesentlichen Zwischenschritt noch vor sich hatte, als die Polizei eintraf, ist es gut vertretbar, noch keinen strafbaren Versuch eines Einbruchdiebstahls anzunehmen. Es bleibt dann wegen des Eindringens in den Eingangsbereich eine Strafbarkeit wegen Sachbeschädigung und Hausfriedensbruchs.

bb. Täter hat nach seiner Vorstellung alles zur Tatbestandsverwirklichung Erforderliche getan (sog. beendeter Versuch)

(a.) Normalfall des beendeten Versuchs

674 In aller Regel liegt ein Versuch auch dann vor, wenn der Täter *nach seiner Vorstellung* von der Tat alles getan zu haben glaubt, was zur Tatbestandsverwirklichung erforderlich ist (sog. **beendeter Versuch**).[865]

Beispiel[866]**:** A will B töten. Er sticht mit einem mit einer 20 cm langen Klinge versehenen Messer mehrmals auf B ein und verletzt ihn in der Brust und im Unterbauch, sodass bereits Darmschlingen hervorquellen. Als B ihn mit röchelnder Stimme bittet, von weiteren Angriffen abzusehen, gibt A die weitere Ausführung der Tat auf und ergreift die Flucht.

Als A seinen Angriff abbrach, hatte er erkannt, dass B bereits so schwer verletzt war, dass ein Verzicht auf weitere Ausführungshandlungen nicht ausreichte, um den Todeseintritt bei B zu verhindern. Nach seiner Vorstellung von der Tat musste er daher davon ausgehen, alles getan zu haben, was zur Tatbestandsverwirklichung erforderlich war. Es liegt somit ein **beendeter Versuch** vor. Dasselbe würde gelten, wenn sich der Täter nach Abschluss der Ausführungshandlungen, die zu schweren Verletzungen geführt haben, keine Gedanken über die Folgen seines Handelns machte.[867]

Gegenbeispiel[868]**:** Zwischen T und dem mit ihm zerstrittenen O kam zu einer tätlichen Auseinandersetzung. Mit den Worten: „Ich mach´ Dich alle" schlug und trat T auf O ein, der vornüber zu Boden fiel. Sodann kniete sich T auf den Rücken des O, hielt seinen Arm fest um dessen Hals und würgte ihn. Dabei äußerte er: „Es ist mir egal; ich bring´ Dich um". Mindestens 15 bis 20 Sekunden drückte T den Hals des O so fest zu, dass dieser keine Luft mehr bekam und bewusstlos wurde. Die Gewalteinwirkung war konkret lebensbedrohlich, was T klar war. Er rechnete auch damit, dass O getötet werden könnte, nahm dies aber billigend in Kauf. Neben Blutergüssen und Abschürfungen erlitt O, der mindestens 10 Minuten bewusstlos war, Stauungsblutungen in beiden Augen sowie eine punktförmige Einblutung in der Unterlippenschleimhaut als Folge des extremen Sauerstoffmangels. T, der sah, dass O mit geschlossenen Augen bewusstlos am Boden lag, stand auf, entfernte sich vom Tatort und stellte sich der Polizei.

Das LG hat T wegen versuchten Totschlags in Tateinheit mit gefährlicher Körperverletzung zu einer Freiheitsstrafe von 4 Jahren verurteilt. Der BGH hob das Urteil auf, weil T strafbefreiend vom Versuch der Tötung zurückgetreten sei. Es habe ein **unbeendeter Versuch** vorgelegen, bei dem für einen strafbefreienden Rücktritt das schlichte Unterlassen weiterer Ausführungshandlungen genüge (§ 24 I S. 1 Var. 1). Etwas anderes hätte nur dann gegolten, wenn ein beendeter Versuch vorgelegen hätte. Allein die tatrichterliche Feststellung, T habe damit rechnen müssen, dass bei O der Tod eintreten könne, belege die Annahme eines beendeten Versuchs nicht. Im Gegenteil sei davon auszugehen, dass angesichts der relativ kurzen Zeit des freiwillig beendeten Würgevorgangs, der affektiv aufgeladenen Tatsituation und der sofortigen Strafanzeige bei der Polizei T die Möglichkeit

---

[865] Vgl. dazu BGH NStZ 2015, 261 f.; NStZ 2014, 569 f.; NStZ 2008, 393, 394 f.; NStZ-RR 2002, 73, 74; NStZ 2001, 475, 476. Aus der Lit. vgl. etwa MüKo-*Herzberg/Hoffmann-Holland*, § 24 Rn 74 f.

[866] Vgl. BGH NStZ 2005, 263, 264 f. Vgl. auch BGH NStZ 2008, 393, 394 f.

[867] Vgl. dazu den Fall BGH NStZ 2011, 337 f.

[868] Nach BGH NStZ 2007, 634 f.

des Todeseintritts nicht erkannt habe bzw. er sich überhaupt keine Vorstellung über die Folgen seines Tuns gemacht habe.[869]

Bewertung: Die Ansicht des BGH ist nicht im Ansatz überzeugend und lässt jeglichen Opferschutz vermissen. Denn nach den Sachverhaltsfeststellungen des Tatgerichts rechnete T sehr wohl damit, dass O getötet werden könnte. Dass O überlebte, ist (aus Sicht des T) reiner Zufall. Daher ist die Auffassung des BGH, T habe die Möglichkeit des Todeseintritts nicht erkannt bzw. habe sich überhaupt keine Vorstellung über die Folgen seines Tuns gemacht, völlig unverständlich. Vielmehr war es doch so, dass T mit dem Ablassen von O seine Tat für vollendet hielt und eben nicht freiwillig die weitere Tatausführung aufgegeben hat. Richtigerweise lag ein Fall des beendeten Versuchs vor, von dem T nicht durch schlichtes Unterlassen weiterer Tathandlungen, sondern nur durch aktives Gegensteuern strafbefreiend hätte zurücktreten können. Naiv und wirklichkeitsfremd ist auch die Annahme, die sofortige Strafanzeige spreche dafür, dass T den möglichen Erfolgseintritt nicht erkannt habe. Warum der BGH es mit diesem Urteil dem Täter allzu leicht macht, von einem Tötungsversuch strafbefreiend zurückzutreten und gleichzeitig den Opferschutz derart vernachlässigt, ist nicht nachvollziehbar.

Ein unbeendeter Versuch kann auch dann anzunehmen sein, wenn sich der Täter im Au- **674a**
genblick des Verzichts auf eine mögliche Weiterführung der Tat keine Vorstellung von den Folgen seines bisherigen Verhaltens macht.[870] Vgl. auch Rn 713.

(b.) Notwendige Mitwirkung des Opfers

Von dieser Regel ist jedoch eine Ausnahme zu machen, wenn der Täter zwar glaubt, alles **675**
zur Tatverwirklichung Erforderliche getan zu haben, der Erfolgseintritt aber noch von Faktoren abhängt, die der Täter nicht unmittelbar beeinflussen kann. Das betrifft insbesondere die Fälle der notwendigen Mitwirkung des Opfers. Ob hier ein Versuch angenommen werden kann, ist fraglich.

Beispiele[871]:

(1) T besitzt eine Jagdhütte, in der er sich gelegentlich am Wochenende aufhält. Daher hat er immer einen gewissen Vorrat an Lebensmitteln dort gelagert. Als er an einem Freitagabend zur Hütte fährt, stellt er fest, dass diese aufgebrochen ist und dass warme Speisen zubereitet worden waren. T geht davon aus, dass diese Tat auf das Konto einiger Landstreicher geht, die sich in der Gegend aufhalten. Gleichzeitig nimmt er an, dass die Landstreicher zurückkehren werden, um sich noch einmal zu sättigen. Daher präpariert T eine Fertigsuppe mit einem hochgiftigen Pulver. Er weiß auch um die tödliche Wirkung dieses Pulvers und nimmt dabei in Kauf, dass es zu einem tödlichen Ausgang kommen könnte. Anschließend fährt er nach Hause. Hat sich T wegen versuchter Tötung strafbar gemacht?

(2) Mieter M muss seine Wohnung räumen. Um sich an seinem Vermieter zu rächen, präpariert er einige Steckdosen dergestalt, dass er die 235-Volt-Ader an den Schutzkontakt anschließt. Folge davon ist, dass wenn jemand ein elektrisches Gerät anschließt, das Gehäuse dieses Geräts unter Spannung steht. Doch bevor es zu einem Personenschaden kommt, wird die Manipulation zufällig entdeckt. Hat sich M wegen versuchter Tötung strafbar gemacht?

In derartigen Fällen ist problematisch, ob ein unmittelbares Ansetzen zur Tatbestands- **676**
verwirklichung angenommen werden kann. Bedenken knüpfen an den Umstand, dass noch einige Unwägbarkeiten den Eintritt des Taterfolgs vereiteln können. So bleibt der Taterfolg insbesondere dann aus, wenn das Opfer nicht in der vom Täter vorgestellten

---

[869] BGH NStZ 2007, 634 f.

[870] BGH NStZ 2014, 143.

[871] Beispiel (1) angelehnt an BGHSt 43, 177 ff. (Giftfalle), Beispiel (2) an BGH NStZ 2001, 475 ff. (Steckdosenfalle). Vgl. auch *Altvater*, NStZ 2002, 20, 24.

Weise „mitwirkt". Gleichwohl bejaht das herrschende Schrifttum einen Versuch, wenn der Täter entweder den Geschehensablauf bewusst aus der Hand gegeben hat, sodass nach seiner Vorstellung der Erfolg jetzt selbstständig und ungehindert eintreten kann, *oder* wenn nach der Tätervorstellung eine Situation eingetreten ist, bei der zur Tatbestandsverwirklichung keine wesentlichen Zwischenschritte mehr erforderlich sind (sog. Alternativformel).[872] Es muss aber immer eine unmittelbare Gefährdung des Opfers vorliegen. Strukturell gleicht dieser Fall dem Versuchsbeginn bei der mittelbaren Täterschaft (dazu sogleich unter c.).

Würde im obigen **Beispiel (1)** T sich in der Hütte verstecken und den Landstreichern „auflauern", würden beide Kriterien der Alternativformel kaum eine Versuchsstrafbarkeit begründen. T hat aber die Hütte verlassen und ist zu seiner Hauptwohnung gefahren. Damit hat er den Geschehensablauf bewusst aus der Hand gegeben. Er ist damit der h.L. zufolge in das Versuchsstadium eingetreten. Gleiches gilt für M in **Beispiel (2)**.

677 Der BGH differenziert: Halte der Täter das Erscheinen des Opfers lediglich für möglich, aber noch ungewiss, trete eine Rechtsgutgefährdung nach der Vorstellung des Täters erst dann ein, wenn das Opfer tatsächlich erscheint, und sich deshalb die Gefahr für das Opfer verdichtet. Stehe für den Täter das Erscheinen des Opfers hingegen fest, liege eine unmittelbare Gefährdung bereits mit Abschluss der Tathandlung vor.[873]

Demzufolge müsste man im obigen **Beispiel (1)** danach fragen, welche Vorsatzintensität bei T vorliegt. Nach dem Sachverhalt nimmt er an, dass die Landstreicher zurückkehren werden. Versteht man dies dahingehend, dass für T das Erscheinen der Landstreicher feststeht, wäre er wegen versuchter Tötung strafbar, sofern man Tötungsvorsatz bejaht (anderenfalls wäre versuchte gefährliche Körperverletzung in der Begehungsweise der das Leben gefährdenden Behandlung einschlägig).

Bei M in **Beispiel (2)** bleibt bei der Veränderung elektrischer Steckdosen in zentralen Räumen eines Wohnhauses nicht ungewiss, ob und wann die Manipulation einmal Wirkung entfalten wird. Es liegt vielmehr auf der Hand, dass die Steckdosen in Kürze genutzt werden. Insofern verhält es sich nicht anders, als wenn M eine Handgranate an einem vor dem Haus geparkten Auto angebracht hätte, unterscheidet sich aber von dem Fall des Aufstellens einer vergifteten Speise in der ungewissen Erwartung, Einbrecher würden erneut in die Hütte eindringen und die Speise zu sich nehmen. M wäre demzufolge wegen versuchter Tötung strafbar, sofern man Tötungsvorsatz bejaht (anderenfalls wäre auch hier versuchte gefährliche Körperverletzung in der Begehungsweise der das Leben gefährdenden Behandlung einschlägig).

678 Stellungnahme: Sollte man einmal je nach Befolgung der einen oder anderen Auffassung zu unterschiedlichen Ergebnissen kommen, ist eine Streitentscheidung unabdingbar. Nach der hier vertretenen Auffassung scheinen die Kriterien des herrschenden Schrifttums überzeugender. Denn sie stellen nicht wie der BGH primär auf die Intensität des Vorsatzes und damit in erster Linie auf die subjektive Komponente ab, sondern auf die – ausgehend von der Vorstellung des Täters – objektiv zu beurteilende Gefährdungsintensität des Opfers (gemischt subjektiv-objektive Betrachtungsweise). Gerade diese Art der Gefährdungsintensität, die auch von § 22 vorausgesetzt wird, wird beim primären Abstellen auf die Intensität des Vorsatzes seitens des Täters nicht hinreichend berücksichtigt. Denn das sichere Wissen um das Erscheinen des Opfers ersetzt die Gefährdung nicht; andererseits kann das Opfer hochgradig gefährdet sein, obwohl der Täter das Erscheinen des Opfers lediglich für möglich hält. Da aber auch nach Auffassung des BGH der Versuchseintritt spätestens mit der tatsächlichen Gefährdung des Rechtsguts beginnt, spielt die

---

[872] Vgl. *Gropp*, AT, § 9 Rn 73; *Roxin*, JZ 1998, 209, 211 f.; *W/B/S*, AT, Rn 613; Sch/Sch-*Eser/Bosch*, § 22 Rn 42 u. 54; *Engländer*, JuS 2003, 330, 334 ff.; *Heckler*, NStZ 1999, 79 f.; *Baier*, JA 1999, 771 f.

[873] BGHSt 43, 177, 181; BGH NStZ 2001, 475, 476; *Trüg*, JA 2002, 102 ff.

unterschiedliche Betrachtungsweise im Ergebnis keine Rolle, wenn eine Rechtsgutgefährdung eingetreten ist.

cc. (Sonstige) Handlungen im Vorfeld der eigentlichen Tatausführung

Schwierig sind auch die (übrigen) Fälle zu beurteilen, in denen das Täterverhalten sich noch im (straflosen) Vorfeld der eigentlichen (strafbaren) Tatausführung bewegt, oder wenn die Teilverwirklichung noch nicht unmittelbar auf Vollverwirklichung gerichtet ist, sondern davor noch eine wesentliche zeitliche/örtliche Zäsur gemacht oder noch eine weitere (Zwischen-)Handlung vorgenommen werden soll. 679

Beispiele:

(1) A möchte um 15.30 Uhr eine Bank ausrauben, weil er für diese Zeit einen Geldtransport erwartet. Da er jedoch einige Minuten zu früh angekommen ist, bleibt er wartend im Wagen sitzen und hört Radio.

(2) B beabsichtigt, X auszurauben. Dazu stellt er sich mit einer geöffneten Tüte mit weißem gemahlenem Pfeffer hinter einen Busch, um – sobald X auftaucht – diesem den Pfeffer in die Augen zu streuen. Leider kommt X nicht, sodass B enttäuscht wieder abziehen muss.

(3) C will sich Zutritt zur Wohnung der Rentnerin R erschleichen, um diese in der Wohnung auszurauben. Dazu klingelt er an der Wohnungstür. Nach seinem Tatplan will er sofort nach dem Öffnen der Tür Gewalt anwenden. Doch R ist skeptisch und öffnet die Tür nicht.

(4) X fesselt und knebelt seine ihm missliebige Ehefrau Y in der Absicht, sie später zu töten. Sodann verbringt er sie in den Kofferraum seines Wagens und fährt mit ihr zu einem abgelegenen Ausläufer eines ca. 100 km entfernten Sees, um sie dort unbeobachtet zu töten. Dort angekommen, kann er die geplante Tötung aber nicht mehr ausführen, weil Y bereits während der Fahrt entgegen dem Plan und ohne weiteres gewolltes Zutun des X durch Herzversagen aufgrund der Todesangst verstorben ist.[874]

(5) T möchte den Tanzsaal der Diskothek des O in Brand setzen. Nachdem er in das Gebäude eingebrochen ist, macht er sich nunmehr an der verschlossenen Zwischentür zum Tanzsaal zu schaffen, um in diesem den Brandbeschleuniger auszugießen und den Brand zu legen. Doch bevor er die Zwischentür aufbrechen kann, wird er von der Polizei festgenommen.[875]

(6) D betritt die Geschäftsräume eines Baumarkts in der Absicht, kleinere Artikel zu stehlen. Um die Tat auszuführen, versteckt er mehrere Elektronikartikel in einem leeren Blumenkübel, der sich auf dem nur gering durch einen Stahlmattenzaun gesicherten Außengelände des Baumarkts befindet. In der Nacht möchte er das Diebesgut unter Überwindung des Zauns mitnehmen.[876]

(7) T versetzt die pflegebedürftige O wahrheitswidrig in den Glauben, sie zu pflegen, wenn sie ihm das Hausgrundstück schenkweise überlässt. Da eine Grundstücksübertragung einer notariellen Beurkundung bedarf, beauftragen die Parteien einen Notar, einen Vertrag zu entwerfen. Nachdem T den Entwurf gebilligt hat, wird er noch vor dem vereinbarten Notartermin wegen versuchten Betrugs festgenommen.[877]

Zieht man den § 22 zugrunde gelegten gemischt subjektiv-objektiven Ansatz heran, wonach ein unmittelbares Ansetzen immer dann vorliegt, wenn das Verhalten des Täters nach dem Gesamtplan so eng mit der tatbestandlichen Ausführungshandlung verknüpft ist, dass es bei ungestörtem Fortgang ohne längere Unterbrechung im Geschehensablauf 680

[874] Vgl. dazu BGH NJW 2002, 1057; *Altvater*, NStZ 2003, 21, 25.
[875] Vgl. BGH NStZ 2006, 331.
[876] Vgl. LG Potsdam NStZ 2007, 336 f. mit Bespr. v. *Walter*, NStZ 2008, 156 – dazu *R. Schmidt*, BT II, Rn 79.
[877] Vgl. BGH NStZ 2011, 400.

unmittelbar zur Verwirklichung des gesamten Tatbestands führen soll (s.o.), ergibt sich für die Beispiele Folgendes:

(1) A hat noch nicht das Versuchsstadium erreicht, selbst wenn er gedacht haben sollte: „jetzt geht es los". Denn selbst nach seiner Vorstellung liegt noch keine unmittelbare Rechtsgutgefährdung vor. A ist (noch) straflos.

(2) In diesem Beispiel wird man das Versuchsstadium erst dann als erreicht ansehen können, wenn B einen herannahenden Passanten für den X hält. Dann ist das Bereithalten der Pfeffertüte die letzte Handlung vor der eigentlichen Tathandlung, der Gewaltanwendung. Insbesondere ist es nicht erforderlich, dass objektiv ein Tatbestandsmerkmal betroffen oder eine objektive Gefährdung des Angriffsobjekts eingetreten sind. Hatte B demgegenüber zu keinem Zeitpunkt das Gefühl, X werde sich nähern, liegt eine straflose Vorbereitungshandlung vor.

(3) Da C hier sofort nach dem Öffnen der Tür Gewalt anwenden wollte, stand die eigentliche Tatausführung unmittelbar bevor. Er ist wegen Versuchs strafbar.[878]

(4) X, der nach seiner Vorstellung vom Tatablauf den Taterfolg erst durch eine spätere Handlung herbeiführen wollte, hat diesen tatsächlich bereits durch eine frühere bewirkt. Nach Auffassung des BGH kommt in diesem Fall eine Verurteilung wegen vorsätzlicher Herbeiführung des Taterfolgs über die Rechtsfigur der unerheblichen Abweichung des tatsächlichen Kausalverlaufs vom vorgestellten Kausalverlauf nur dann in Betracht, wenn der Täter bereits vor der Handlung, die den Taterfolg verursacht, die Schwelle zum Versuch überschritten hat oder sie zumindest mit dieser Handlung überschreitet (dies würde nach der Lehre von der objektiven Zurechnung ebenso gelten). Ist das nicht der Fall, kommen (lediglich) eine Körperverletzung mit Todesfolge (§ 227), eine Freiheitsberaubung mit Todesfolge (§ 239 IV) und eine fahrlässige Tötung (§ 222) in Betracht. Im vorliegenden Fall ist daher fraglich, wann X das Versuchsstadium erreicht hat. Nach § 22 liegt der Versuch einer Straftat vor, sobald der Täter nach seiner Vorstellung von der Tat zur Verwirklichung des Tatbestands unmittelbar ansetzt. Das ist jedenfalls dann anzunehmen, wenn der Täter bereits ein Tatbestandsmerkmal verwirklicht hat. Aber auch eine frühere, vorgelagerte Handlung kann bereits das Versuchsstadium erreichen. Dies gilt nach dem bisher Gesagten aber nur dann, wenn sie nach der Vorstellung des Täters bei ungestörtem Fortgang ohne Zwischenakte in die Tatbestandsverwirklichung unmittelbar einmündet oder mit ihr in unmittelbarem räumlichen und zeitlichen Zusammenhang steht – Gesamtplantheorie. X beabsichtigte, seine Frau zunächst nur zu fesseln und in den Kofferraum zu verbringen. Sodann wollte er mit ihr zu dem 100 km entfernten See fahren und sie erst dort töten. Vor dem Hintergrund eines derartigen Tatplans kann man das Fesseln und Knebeln noch nicht als unmittelbares Ansetzen zur Verwirklichung des Tötungstatbestands werten. X hat im Rahmen seines Tatplans mit dem Fesseln und Knebeln also noch keine Handlung vorgenommen, die in unmittelbarem örtlichen und zeitlichen Zusammenhang mit der vorgestellten Tatbestandsverwirklichung stand oder in diese ohne wesentliche Zwischenakte einmünden sollte. Daher ist X (lediglich) wegen Freiheitsberaubung mit Todesfolge (§ 239 IV) in Tateinheit mit Körperverletzung mit Todesfolge (§ 227) strafbar, nicht aber wegen Mordes (§ 211) bzw. Totschlags (§ 212). Die ebenfalls verwirklichte fahrlässige Tötung (§ 222) tritt hinter § 227 und § 239 IV zurück.

(5) T war zur Begehung eines Brandstiftungsdelikts (§ 306 I Nr. 1) fest entschlossen und auch bereits in das Gebäude eingedrungen. Er musste nur noch die Zwischentür aufbrechen, den Brandbeschleuniger ausgießen und entzünden. Dies genügt nach Auffassung des BGH, um einen strafbaren Versuch anzunehmen: Der Täter habe die vorgelagerten Handlungen begangen, die bei ungestörtem Fortgang ohne Zwischenakte in die Tatbestandsverwirklichung unmittelbar eingemündet hätten. Dabei sei dem Öffnen der Zwischentür unter den hier gegebenen Umständen nicht das Gewicht eines

[878] So auch BGH NStZ 2012, 85.

Zwischengeschehens zugekommen, dessen Ausgang offen gewesen wäre oder das zu neuen Planungen oder Entschlussfassungen geführt hätte. Vielmehr sei dem Täter das Vorhandensein der Zwischentür und ihre Beschaffenheit bekannt gewesen, weshalb er die gewaltsame Öffnung von vornherein geplant und vorbereitet hatte. Zudem habe hier ein sehr enger räumlicher und zeitlicher Zusammenhang mit der geplanten Brandlegung vorgelegen. Den bereits in das Gebäude eingedrungenen Täter hätten nur noch wenige Meter und Sekunden von der Tatbestandsverwirklichung getrennt, sodass bereits eine hohe Gefährdung des zu schützenden Rechtsguts gegeben gewesen sei.[879]

(6) In diesem Beispiel waren allein durch das Verstecken der Ware in dem im weniger gut gesicherten Außenbereich des Baumarkts befindlichen Blumenkübel die Wegnahme und damit der Diebstahl noch nicht vollendet. Zwar kann auch innerhalb eines fremden Herrschaftsbereichs durch Begründung einer sog. Gewahrsamsenklave (Stecken kleinerer Gegenstände bspw. in die Jackentasche) ein Diebstahl vollendet sein, vorliegend bestand eine solche Gewahrsamsenklave aber noch nicht.[880] D hat aber nach Auffassung des LG Potsdam durch das Verstecken des Diebesguts auf dem Außengelände das Rechtsgut konkret gefährdet und somit unmittelbar zur Tatbestandverwirklichung angesetzt. Der späteren Tatausführung hätten keine wesentlichen Zwischenschritte mehr entgegengestanden. Insbesondere hätte das Überwinden des Stahlmattenzauns kein wesentliches Hindernis mehr dargestellt, zumal die Gitterstäbe des Zauns durch einen Bolzenschneider oder ein ähnliches Schneidegerät unschwer hätten aufgeschnitten oder zumindest verbogen werden können. Gleiches gelte für die Möglichkeit, den Zaun mittels einer Leiter und einer Decke zu übersteigen, was für geübte Kletterer unschwer möglich sei. Er sei daher wegen Diebstahlversuchs strafbar. Nach der hier vertretenen Auffassung ist in dem Verstecken der Sachen in dem Blumenkübel bereits ein Teilakt der Wegnahmehandlung (Rn 673) zu sehen, was freilich am Ergebnis der Strafbarkeit wegen versuchten Diebstahls nichts ändert.

(7) Ein Betrug vollzieht sich i.d.R. mehraktig. Bei einem mehraktigen Tatgeschehen ist für die Frage nach dem Überschreiten der versuchsrelevanten Schwelle erst derjenige Ausführungsakt maßgeblich, der den letzten Handlungsschritt zur Verwirklichung des Tatbestands darstellt, beim Betrug also derjenige, der den Getäuschten unmittelbar zur irrtumsbedingten Vermögensverfügung bestimmen und den Vermögensschaden herbeiführen soll.[881] Im vorliegenden Fall bedurfte es auch nach der Vorstellung des T noch eines wesentlichen Zwischenakts, nämlich der Beurkundung des Vertrags (vgl. § 311b BGB). Daher hat T noch nicht die versuchsrelevante Schwelle zum „jetzt geht´s los" überschritten. Er ist daher nicht wegen versuchten Betrugs strafbar.

Hinweis für die Fallbearbeitung: Die exemplarisch wiedergegebenen Gerichtsentscheidungen zum Tatverlaufsirrtum sowie zum Versuchsbeginn sind in hohem Maße **prüfungsrelevant**, weil sie die Grenze zwischen Straflosigkeit und Strafbarkeit markieren. Daher seien sie noch einmal zusammengefasst: **681**

- Bewirkt der Täter, der nach seiner Vorstellung vom Tatablauf den Taterfolg erst durch eine spätere Handlung herbeiführen will, diesen tatsächlich bereits durch eine frühere, kommt eine Verurteilung wegen vorsätzlicher Herbeiführung des Taterfolgs über die Rechtsfigur der unerheblichen Abweichung des tatsächlichen vom vorgestellten Kausalverlauf nur dann in Betracht, wenn der Täter bereits vor der Handlung, die den Taterfolg verursacht, die Schwelle zum strafbaren Versuch überschritten hat oder sie zumindest mit dieser Handlung überschreitet.
- Beabsichtigt der zur Tötung eines anderen entschlossene Täter, das Opfer beim ersten Angriff nur verteidigungsunfähig zu machen, die eigentliche Tötungshandlung dagegen erst nach einem genau geplanten mehraktigen Geschehensablauf in

[879] BGH NStZ 2006, 331, 332.
[880] Vgl. dazu *R. Schmidt*, BT II, Rn 79.
[881] BGH NStZ 2011, 400, 401.

größerem örtlichen und zeitlichen Abstand auszuführen, liegt in dem ersten Angriff jedenfalls dann noch kein unmittelbares Ansetzen zum Tötungsdelikt i.S.d. § 22 vor, wenn nach seinem Tatplan innerhalb des zum Taterfolg führenden Gesamtgeschehens auch Handlungsschritte vorgesehen sind, die in keinem inneren Zusammenhang mit der Tötung stehen und durch den vorherigen Tod des Opfers vereitelt würden.

- Im Übrigen grenzt der BGH statt sich wie die Literatur in zahlreichen Theorien zu verlieren – pragmatisch die straflose Vorbereitung vom strafbaren Versuch nach folgender griffiger Formel ab: Fehlen (bei einem mehraktigen Tatgeschehen) **weitere wesentliche Zwischenschritte** (Zwischenhandlungen), zu denen es eines neuen Plans oder Entschlusses bedurft hätte, und besteht ein **enger räumlicher und zeitlicher Zusammenhang** zwischen der Tathandlung und der daraus folgenden Rechtsgutgefährdung, ist von einem **unmittelbaren Ansetzen** auszugehen.

b. Unmittelbares Ansetzen beim *unechten* Unterlassungsdelikt

682 Auch der Garant, der es unterlässt, den tatbestandlichen Erfolg abzuwenden, obwohl er gem. § 13 zur Abwendung des Erfolgs rechtlich verpflichtet ist, muss nach seiner Vorstellung unmittelbar zur Verwirklichung des Unterlassungsdelikts ansetzen. Jedoch ist die Feststellung dieses Zeitpunkts problematisch. Da hier fundierte Kenntnisse über das unechte Unterlassungsdelikt erforderlich sind, sei insoweit auf die zusammenhängenden Ausführungen bei Rn 764 ff. verwiesen.

c. Unmittelbares Ansetzen bei mittelbarer Täterschaft

683 Nicht unüblich sind auch Fälle, in denen der Täter eine andere Person „benutzt", um durch diese eine Straftat zu begehen (§ 25 I Var. 2). Derartige Fälle werden als „mittelbare Täterschaft" bezeichnet: Der mittelbare Täter (der Hintermann) benutzt den Tatmittler (den Vordermann) als Werkzeug.

Beispiel: Bauer T ist neidisch auf den neuen Heuschuppen seines Nachbarn N, der ebenfalls Landwirtschaft betreibt. Als er eines Tages den 4-jährigen Sohn des N (Kevin) auf dem Feld spielen sieht, geht er zu ihm und fragt ihn, ob er mal „ganz viele Feuerwehrautos" sehen wolle. Dazu müsse er aber in den Schuppen gehen, ein Streichholz anzünden und dieses dann fallen lassen. Auf dem Weg zum Schuppen wird Kevin von seinem Vater gefragt, von wem er denn die Streichhölzer habe. Strafbarkeit des T?

In Betracht kommt eine Strafbarkeit wegen versuchter Brandstiftung in mittelbarer Täterschaft (§§ 306 I Nr. 1 und 6, 22, 23 I, 12 I, 25 I Var. 2). Dazu müsste T aber zur Tatbestandsverwirklichung unmittelbar angesetzt haben. Im Fall der mittelbaren Täterschaft ist die Festlegung des Zeitpunkts, zu dem der mittelbare Täter unmittelbar zur Tatbestandsverwirklichung ansetzt, schwierig festzulegen.[882]

- ⇨ Jedenfalls beginnt das Stadium des Versuchs spätestens dann, wenn der **Tatmittler zur Vornahme der Tatbestandshandlung unmittelbar ansetzt**. Stellt man auf diesen Zeitpunkt ab, liegt bei T noch kein strafbarer Versuch vor. Denn K hatte noch nicht unmittelbar zur Tatbestandsverwirklichung angesetzt. Insbesondere fällt der Weg zum vorgesehenen Tatort noch in das (straflose) Vorbereitungsstadium.
- ⇨ Demgegenüber kann der mittelbare Täter frühestens dann unmittelbar zur Tatbestandsverwirklichung ansetzen, wenn er seine **Einwirkungshandlung auf den Tatmittler begonnen oder zumindest abgeschlossen hat**. Da dies für den vorliegen-

---

[882] Die Meinungsvielfalt ist hier unüberschaubar. Die Darstellung aller Nuancen würde den Rahmen dieser Bearbeitung sprengen (vgl. dazu näher LK-*Hillenkamp*, § 22 Rn 153 ff.; LK-*Schünemann*, § 25 Rn 150; SK-*Rudolphi*, § 22 Rn 20a; Sch/Sch-*Eser/Bosch*, § 22 Rn 54; *Fischer*, § 22 Rn 24; *Jescheck/Weigend*, AT, § 62 IV 1; *W/B/S*, AT, Rn 613 f.). Vorliegend sollen nur die maßgeblichen Ansätze, vor allem die Auffassung des BGH, erläutert werden.

den Fall anzunehmen ist, wäre T demzufolge wegen Versuchs strafbar. Dieser Ansatz ist aber abzulehnen, da er dem in § 22 statuierten Unmittelbarkeitserfordernis nicht genügt. Gerade auf die Unmittelbarkeit kommt es beim Versuch aber an. Es muss nach dem Vorstellungsbild des Täters eine Rechtsgutgefährdung unmittelbar bevorstehen.

⇨ Überzeugender scheint es daher, die Regeln über den beendeten Versuch anzuwenden. Danach liegt Versuch beim mittelbaren Täter vor, wenn dieser nach seiner Vorstellung nicht nur die erforderliche Einwirkung auf den Tatmittler abgeschlossen, sondern die Tat auch **„aus den Händen gegeben"** hat. Um den mittelbaren Täter aber im Vergleich zum Alleintäter nicht schlechterzustellen, ist zusätzlich erforderlich, dass das **betroffene Rechtsgut beim Abschluss der Einwirkungen auf den Tatmittler nach der Vorstellung des mittelbaren Täters bereits unmittelbar konkret gefährdet ist.**[883] Schließt man sich diesem Ansatz an, hat sich T wegen versuchter Brandstiftung strafbar gemacht. Denn dadurch, dass er den K losgeschickt hat, um die Scheune anzuzünden, hat er das Geschehen aus der Hand gegeben. Darin lag nach seiner Vorstellung bereits ein derartiger unmittelbarer Angriff auf das durch § 306 geschützte Rechtsgut, dass dieses bereits konkret gefährdet war und der Schaden sich unmittelbar anschließen konnte.

Zusammenfassung: Der mittelbare Täter setzt zur Verwirklichung des Tatbestands der geplanten Straftat unmittelbar an, wenn er den Tatmittler zur Tatausführung bestimmt hat und ihn aus seinem Einwirkungsbereich in der Vorstellung entlässt, dass eine Rechtsgutverletzung unmittelbar bevorsteht.[884] 684

d. Unmittelbares Ansetzen bei Mittäterschaft

Mittäterschaft i.S.d. § 25 II liegt vor, wenn mehrere Täter aufgrund eines gemeinsamen Tatentschlusses jeweils die objektiven Tatbeiträge des oder der anderen als Ergänzung der eigenen objektiven Tatbeiträge wollen. Wann bei Mittäterschaft der Zeitpunkt des unmittelbaren Ansetzens angenommen werden kann, ist umstritten. 685

Beispiel: J betreibt ein Juwelierfachgeschäft. Der Umsatz ist seit einiger Zeit sehr mäßig. Daher verabredet er mit seinen Freunden A und B, A solle in der Nacht von Samstag auf Sonntag um 01.30 Uhr in das Geschäft eindringen und die Schmuckwaren stehlen und B solle mit dem Auto um 01.45 Uhr vorfahren und A aufnehmen, damit die Flucht gesichert sei. Er (J) werde dann den Schaden von der Versicherung erstattet bekommen. Für A und B sei jeweils ein Viertel der gezahlten Versicherungssumme drin. Die Alarmanlage werde er so manipulieren, dass sie nicht funktioniere. Als A sich in der Nacht an der Ladentür zu schaffen macht, wird er von einer zufällig vorbeikommenden Polizeistreife entdeckt und vorläufig festgenommen. Haben sich J, A und B aus §§ 265[885] I, II, 22, 23 I, 12 II, 25 II strafbar gemacht?

⇨ Denkbar ist zunächst, das unmittelbare Ansetzen zur Tatbestandsverwirklichung für jeden Mittäter gesondert nach den allgemeinen Regeln zu bestimmen (sog. **Einzellösung**).[886] Für jeden Mittäter beginnt der Versuch also erst dann, wenn er selbst unmittelbar zur Tatbestandsverwirklichung ansetzt. Danach hätte J bereits zu dem Zeitpunkt unmittelbar zur Tatbestandsverwirklichung angesetzt, als er A und B losschickte („Aus-den-Händen-Geben des Geschehensablaufs", vgl. die Parallele der soeben bei Rn 683 f. dargestellten mittelbaren Täterschaft). Auch A wäre wegen Versuchs strafbar, da er bereits mit der Tatausführung begonnen hatte. Dagegen hätte B noch nicht unmit-

[883] Dieser Befund entspricht der inzwischen gefestigten Rspr.; vgl. BGHSt 30, 363, 365; 40, 257, 269; 43, 177, 180; BGH StV 2001, 272, 273; OLG München NJW 2006, 3364, 3365.
[884] Zu weiteren, kaum überschaubaren Ansätzen vgl. *Engländer*, JuS 2003, 330, 332 f.
[885] Besteht eine Strafbarkeit gem. § 263, tritt § 265 zwar subsidiär zurück (vgl. § 265 I a.E.), dies setzt aber voraus, dass die Täter zumindest in das Versuchsstadium des Betrugs eingetreten sind. Der vorliegende Sachverhalt legt dies nicht nahe. Sollte man anderer Meinung sein, wäre eine Strafbarkeit gem. §§ 263 I, II, 22, 23 I, 12 II, 25 II i.V.m. § 263 III S. 2 Nr. 1 Var. 2 zu prüfen. I.Ü. sind in der Fallbearbeitung die Beteiligten ggf. getrennt zu prüfen (vgl. dazu Rn 1027 ff. und 1034 ff.).
[886] Vertreten an sich nur von LK-*Roxin*, § 25 Rn 198 ff. (11. Aufl.); *Valdagua*, ZStW 98 (1986), 839, 869 f.

telbar zur Tatbestandsverwirklichung angesetzt, weil er noch nicht mit dem Wagen vorgefahren war.

⇨ Dieser Ansatz scheint mit der für die Mittäterschaft typischen gegenseitigen Zurechnung der jeweiligen objektiven Tatbeiträge kaum vereinbar. Überzeugender ist daher, die Grenze zwischen (strafloser) Vorbereitungshandlung und (strafbarem) Versuch bei allen Mittätern dann als überschritten anzusehen, sobald nach der Vorstellung aller auch nur *ein* Mittäter zur Verwirklichung des gesetzlichen Tatbestands unmittelbar ansetzt (sog. **Gesamtlösung**).[887] Schließt man sich dem an, liegt mit dem Beginn der Ausführungshandlung durch J (Aufgabe der Geschehensherrschaft) auch das unmittelbare Ansetzen bei A und B vor. Freilich ist dieser Ansatz auch nicht frei von Bedenken. Denn dadurch, dass auf den Zeitpunkt abzustellen ist, bei dem *ein* Mittäter das Versuchsstadium überschreitet, wird den anderen Mittätern, die ihre Tatbeiträge noch gar nicht erbracht haben, die Rücktrittsmöglichkeit genommen. Außerdem wird dem Verhalten derjenigen Beteiligten, die noch keine eigenen Tatbeiträge geleistet haben, der Unwertgehalt des Versuchs beigemessen, obwohl eigentlich nur der Unwertgehalt einer Verbrechensverabredung (§ 30 II) vorliegt (im vorliegenden Fall liegt noch nicht einmal eine solche vor, weil es sich bei § 263 nicht um ein Verbrechen handelt). Diese Bedenken greifen nach der hier vertretenen Auffassung jedoch nicht, da es den betroffenen Mittätern durchaus zugemutet werden kann, die auf einem gemeinsamen Entschluss beruhende Tat gem. § 24 zu verhindern und dadurch der Strafbarkeit zu entgehen.

Ergebnis: Nach der Gesamtlösung haben sich J, A und B aus §§ 265 I, II, 22, 23 I, 12 II, 25 II strafbar gemacht, und zwar bereits zu dem Zeitpunkt, als J das Geschehen aus den Händen gab.

e. Unmittelbares Ansetzen bei vermeintlicher Mittäterschaft

686 Ein besonderes Problem bereitet die Frage, wann ein unmittelbares Ansetzen vorliegt, wenn die als Mittäter in Betracht kommende Person lediglich meint, sie sei Mittäter (**vermeintliche Mittäterschaft**). Denn irrt sich eine Person lediglich hinsichtlich der Annahme, sie sei Mittäter, liegt auch das unmittelbare Ansetzen nur in der Vorstellung des vermeintlichen Mittäters.

Beispiel[888]**:** A und B planen gemeinsam eine Bank zu überfallen. Um die Tat zu realisieren, brauchen sie aber noch einen dritten Mann. Sie sprechen den D, V-Mann der Polizei, an, der sich zum Schein bereit erklärt, mitzumachen. Dem gemeinsamen Tatplan entsprechend fahren die drei zu der B-Bank. A wartet im Wagen, um eine schnelle Flucht zu ermöglichen, B bleibt an der Eingangstüre, um „Schmiere" zu stehen, D begibt sich in den Kassenraum der Bank. In dem Moment, in dem D seine Waffe greift, um den (eingeweihten) Kassierer zur Herausgabe des Geldes zu bewegen, greift, wie zuvor abgesprochen, das Sondereinsatzkommando der Polizei ein und verhaftet die drei Täter.

Eine Strafbarkeit des D wegen versuchter schwerer räuberischer Erpressung in Mittäterschaft (§§ 253, 255, 250 II Nr. 1 Var. 1, 25 II, 22, 23 I, 12 I) bzw. schweren Raubs (§§ 249, 250 II Nr. 1 Var. 1, 25 II, 22, 23 I, 12 I) scheidet mangels vorsätzlichen Handelns aus (D wollte die Vollendung der Tat, insbesondere die Vermögensverfügung, gerade nicht herbeiführen).[889] Bei objektiver Betrachtung stellt sein Handeln jedoch ein unmittelbares Ansetzen zur Tatbestandsverwirklichung dar, was die Frage aufwirft, ob auch A und B, die beide vorsätzlich handelten, bereits unmittelbar angesetzt haben bzw. ob ihnen das objektive Handeln des D über § 25 II zuzurechnen ist.

---

[887] Vertreten von BGH StV 2001, 272, 273; BGHSt 36, 249, 250; 39, 236, 238; 40, 299, 302 f.; BGH NStZ 1999, 609, 610; *W/B/S*, AT, Rn 611; Sch/Sch-*Eser/Bosch*, § 22 Rn 55; *Fischer*, § 22 Rn 21; *Hörnle*, Jura 2001, 44, 50; *Gropengießer/Kohler*, Jura 2003, 277, 281.

[888] In Anlehnung an den viel zitierten Münzhändler-Fall BGHSt 40, 299 ff.; vgl. auch *Heinrich*, AT, Rn 743; *Hanft*, JuS 2005, 1010 ff.

[889] Insoweit besteht eine Ähnlichkeit zum *agent provocateur* (Lockspitzel – siehe dazu Rn 1072).

⇨ Nach der **Einzellösung** käme man unzweifelhaft zu dem Ergebnis, dass A und B noch nicht unmittelbar zur Tatbestandsverwirklichung angesetzt haben. Aus den genannten Gründen ist dieser Ansatz aber abzulehnen (s.o.).

⇨ Vor allem in seiner Münzhändler-Entscheidung stellt sich der BGH auf den Standpunkt, dass der Versuch für alle Mittäter zu dem Zeitpunkt beginne, zu dem *ein* Mittäter in Vollzug des gemeinsamen Tatplans zur Tatbestandsverwirklichung ansetze. Denn auch das unmittelbare Ansetzen enthalte eine objektive und eine subjektive Komponente. Das Vorliegen der objektiven Komponente müsse aber für die Zurechnung nach § 25 II ausreichen. Denn auch sonst beziehe sich die Zurechnung im Rahmen der Mittäterschaft nach § 25 II grundsätzlich nur auf objektive Tatbeiträge. Entscheidend müsse es daher auf den objektiven Beobachterstandpunkt (und nicht auf den Willen des vermeintlichen Mittäters) ankommen.[890] Folgt man dieser sog. **weiten Gesamtlösung**, wird das objektive unmittelbare Ansetzen des D A und B zugerechnet.

⇨ Nach der Gegenauffassung (der sog. **engen Gesamtlösung**) führt das Ansetzen des nur vermeintlichen Mittäters nicht dazu, dass eine Zurechnung über § 25 II erfolgen kann. Als Argument wird dabei angeführt, dass eine Aufspaltung des unmittelbaren Ansetzens in einen objektiven oder einen subjektiven Teil nicht möglich sei. Mangels subjektiver Komponente setze der vermeintliche Mittäter gerade nicht an und handele daher selbst nicht tatbestandsmäßig. Daher könne auch eine Zurechnung über § 25 II nicht erfolgen. Der bloße Glaube an die Mittäterschaft des anderen könne dessen unmittelbares Ansetzen (§ 22 verlange schließlich ein Handeln „nach seiner Vorstellung") nicht ersetzen.[891] Folgt man dieser Gegenauffassung, kann das objektive unmittelbare Ansetzen des D A und B nicht zugerechnet werden, sodass sich diese nur im Rahmen des § 30 II wegen Verbrechensverabredung, nicht aber wegen eines Versuchsdelikts strafbar gemacht haben.

⇨ Stellungnahme: Gegen die zuletzt genannte Auffassung spricht, dass sie dazu führt, dass die innerliche Distanzierung eines Mittäters die anderen besser stellt. Zudem entstünden durch sie in ungerechtfertigter Weise Strafbarkeitslücken, wenn es sich bei der Tat nicht um ein Verbrechen handelte, denn § 30 II ist bei Vergehen nicht anwendbar. Somit ist der weiten Gesamtlösung zu folgen.

Ergebnis: Das objektive unmittelbare Ansetzen des D wird A und B zugerechnet. Sie sind mittäterschaftlich wegen versuchter schwerer räuberischer Erpressung (§§ 253, 255, 250 II Nr. 1 Var. 1, 25 II, 22, 23 I, 12 I) bzw. schweren Raubs (§§ 249, 250 II Nr. 1 Var. 1, 25 II, 22, 23 I, 12 I) strafbar.

f. Unmittelbares Ansetzen bei der versuchten Anstiftung

Wurde die Haupttat, zu der der Anstifter anstiften wollte, nicht versucht, liegt eine **versuchte Anstiftung** vor, die gem. **§ 30 I** strafbar ist.[892] Wann in diesem Fall der Hintermann unmittelbar zum Bestimmen des Haupttäters ansetzt, ist unklar, da das Gesetz hierzu keinerlei Angaben enthält. Da diese Thematik jedoch ausführlich bei Rn 1093 ff. behandelt wird, wird insoweit darauf verwiesen. **686a**

g. Tatbestandliche Abwandlungen und Regelbeispiele

aa. Qualifikationen und Privilegierungen

Bei den unselbstständigen Qualifikationen (vgl. etwa § 244 in Bezug auf § 242 oder § 250 **687**
in Bezug auf § 249) ist nach heute allgemeiner Ansicht[893] ein Qualifikationsversuch erst

[890] BGHSt 40, 299, 302 f.; *Fischer*, § 22 Rn 22; *Heinrich*, AT, Rn 744.
[891] BGHSt 39, 236, 238; *Erb*, NStZ 1995, 424, 427 f.; *Gropengießer/Kohler*, Jura 2003, 277, 282; *Kudlich*, JuS 2002, 27, 29; *ders.*, JA 2008, 703, 707; *Kühl*, AT, § 20 Rn 123 f.; *Hanft*, JuS 2005, 1010, 1011; *Lackner/Kühl*, § 22 Rn 9.
[892] Vgl. dazu näher BGH NJW 2013, 1106 f.; *Hinderer*, JuS 2011, 1072 ff.
[893] Vgl. nur *Gropp*, AT, § 9 Rn 64; *Jakobs*, AT, § 25 Rn 70; *Fischer*, § 22 Rn 36; Sch/Sch-*Eser/Bosch*, § 22 Rn 58; SK-*Rudolphi*, § 22 Rn 18; LK-*Hillenkamp*, § 22 Rn 120; *Lackner/Kühl*, § 22 Rn 10.

dann gegeben, wenn der Täter außer zur Verwirklichung der Qualifikation auch zur Verwirklichung des Grunddelikts unmittelbar angesetzt hat. Denn dadurch, dass die Qualifikation denknotwendig auf dem Grunddelikt aufbaut, kann auch das Versuchsstadium der Qualifikation nicht früher beginnen als das des Grunddelikts.

Beispiel: T möchte einen Diebstahl mit Waffen (§§ 242, 244 I Nr. 1a) begehen. Auf dem Weg zum Tatort (die Villa des O) gerät er in eine allgemeine Verkehrskontrolle. Dadurch verzögert sich sein Zeitplan, sodass er die ganze Aktion abbrechen muss.

Hier hat T nicht zur Tathandlung des Grundtatbestands, der Wegnahme, unmittelbar angesetzt. Folgerichtig konnte auch das Mitführen einer Waffe nach § 244 I Nr. 1a keine Auswirkungen auf den Beginn des Versuchs (weder auf den des § 242 noch auf den des § 244 I Nr. 1a) haben.

688 Folgt das Ansetzen zur Verwirklichung eines qualifizierenden Merkmals dem Versuchsbeginn des Grunddelikts zeitlich nach, beginnt der Versuch der Qualifikation erst mit dem unmittelbaren Ansetzen zu diesem Merkmal.

Beispiel: T möchte einen Diebstahl begehen. Als er in die Villa des O eingebrochen ist, entdeckt er dort zunächst eine Vitrine, in der sich Schusswaffen befinden. Da T meint, es könne nie schaden, bei einem Einbruchdiebstahl eine Schusswaffe bei sich zu führen, überlegt er, ob er nicht eine Pistole aus der Vitrine nehmen soll. Aber noch bevor er die Waffe greifen kann, um sie sich näher anzuschauen, ertönt die Alarmsirene. T flüchtet Hals über Kopf.

Hier hat T zwar unmittelbar zur Tatbestandsverwirklichung der §§ 242, 244 I Nr. 3 angesetzt, aber noch nicht zur Qualifikation des § 244 I Nr. 1a.

689 Weniger eindeutig ist die Rechtslage bei Tatbeständen mit mehreren Tathandlungen bzw. bei zusammengesetzten Delikten.

Beispiel: Raub (§ 249) ist ein zusammengesetztes Delikt aus Diebstahl (§ 242) und Nötigung (§ 240). Die Tathandlung besteht aus der „Nötigung mit Raubmitteln" und der „Wegnahme".

690 Bei solchen Tatbeständen wird überwiegend angenommen, dass der Versuch des Gesamtdelikts bereits dann vorliege, wenn der Täter zu einer Tathandlung unmittelbar ansetzt.[894]

Hat T also unmittelbar zur Nötigung angesetzt (etwa dadurch, dass er die Tatwaffe ansetzt), liegt zugleich eine Gefährdung des Schutzguts des § 242 vor, sodass ein versuchter Raub zu bejahen ist.

Zum **Rücktritt vom Versuch** in diesen Fällen vgl. Rn 704 ff.

bb. Besonders schwere Fälle (Regelbeispiele)

a.) Problematik der Zulässigkeit eines „versuchten" Regelbeispiels

691 Problematisch ist die rechtliche Behandlung des Versuchs im Zusammenhang mit den besonders schweren Fällen (beispielsweise § 243). In Fallkonstellationen dieser Art ist zunächst festzustellen, dass es einen Versuch eines besonders schweren Falls schon begrifflich nicht geben kann, da die Strafbarkeit des Versuchs gem. der Formulierung in § 22 an *Tatbestandsmerkmale* anknüpft. Regelbeispiele dagegen sind weder Tatbestands- noch Qualifikationsmerkmale, sondern Strafzumessungsregeln und stehen außerhalb von Tatbestand und Schuld. Gleichwohl bringt der Täter durch sein Verhalten einen gesteigerten

---

[894] Vgl. nur *Kühl*, AT, § 15 Rn 48; SK-*Rudolphi*, § 22 Rn 18; differenzierend *Gropp*, AT, § 9 Rn 66.

Unwert zum Ausdruck, der strafrechtlich gewürdigt werden muss. Es lassen sich drei Konstellationen unterscheiden:

(1) Grundtatbestand erfüllt – Regelbeispiel „versucht"
(2) Grundtatbestand versucht – Regelbeispiel „versucht"
(3) Grundtatbestand versucht – Regelbeispiel erfüllt

(1) Grundtatbestand erfüllt – Regelbeispiel „versucht"

Erfüllt der Täter zwar den Grundtatbestand, aber nicht das Regelbeispiel, obwohl er auch dieses erfüllen wollte, ist umstritten, ob diese Intention strafrechtlich sanktioniert werden kann. **692**

Beispiel: T will nachts aus einem Lager DVD-Recorder stehlen. Als er die Hintertür aufbrechen will, stellt er völlig überrascht fest, dass diese gar nicht verschlossen ist. Über diese Stümperei hoch erfreut, tritt er ein und schafft die Beute weg.

Hier hat sich T wegen Diebstahls (§ 242) strafbar gemacht. Fraglich ist jedoch, ob es sich strafrechtlich in irgendeiner Weise auswirkt, dass T nicht nur einen einfachen Diebstahl begehen, sondern dazu noch in ein Gebäude einbrechen wollte.

⇨ Die überwiegende Auffassung[895] macht die straferhöhende Wirkung des Regelbeispiels von dessen vollständiger Verwirklichung abhängig. Die Versuchsregeln der §§ 22, 23 könnten auf die Regelbeispiele (Strafzumessungsregeln) nicht übertragen werden, da diese gerade keine Tatbestände darstellten. Nach dieser Ansicht kann ein „versuchtes" Regelbeispiel nur im Rahmen einer Gesamtwürdigung der Tat zu einem unbenannten besonders schweren Fall führen oder bei der Strafzumessung des Grunddelikts berücksichtigt werden. Folgt man dieser Auffassung, hat T sich grundsätzlich nur wegen Diebstahls (§ 242) strafbar gemacht. Berücksichtigt man aber den Wert der DVD-Recorder, kann man bei einer Gesamtbewertung der Tat einen unbenannten besonders schweren Fall (§ 243 I S. 1) annehmen.

⇨ Die Gegenauffassung[896] hält es demgegenüber für naheliegend, die Regelbeispiele wie Tatbestandsmerkmale bzw. wie Qualifikationen zu behandeln, weil sie einen erhöhten Unrechts- und Schuldgehalt typisierten. Außerdem habe der Gesetzgeber bei der Umwandlung der Qualifikationstatbestände in Regelbeispiele (die meisten heutigen Regelbeispiele waren früher Qualifikationstatbestände) nichts an der Versuchsstrafbarkeit ändern wollen. Nach dieser Gegenauffassung liegt hinsichtlich des T auf jeden Fall eine Strafbarkeit wegen Diebstahls in einem in den Vorsatz aufgenommenen, aber nicht verwirklichten besonders schweren Fall vor.

Stellungnahme: Da der Gesetzgeber mit der klaren Formulierung in § 22 den Versuch nur bei Tatbeständen zulässt, ist die Gegenauffassung kaum mit dem Analogieverbot (Art. 103 II GG) vereinbar. Außerdem ist die Annahme, der Gesetzgeber habe bei der Umwandlung der Qualifikationstatbestände in Regelbeispiele an der Strafbarkeit des Versuchs nichts ändern wollen, eine reine Unterstellung und nicht belegbar. Diese Bedenken hat offenbar nun auch der BGH aufgegriffen, indem er ohne weitere Begründung feststellt, dass es einen Versuch eines besonders schweren Falls im System des StGB nicht geben könne, weil die Vorschriften über besonders schwere Fälle, insbesondere die gesetzlichen Regelbeispiele, keine Tatbestände, sondern lediglich Strafzumessungsgesichtspunkte darstellten. Ein Versuch im Zusammenhang mit Regelbeispielen könne nur bei Hinzukommen weiterer Umstände und als Ergebnis einer umfassenden Gesamtwürdigung als unbenannter besonders schwerer Fall aufgefasst werden.[897] Dieser Auffassung ist zu folgen. Von daher kann die

---

[895] *Wessels/Hillenkamp*, BT/2 Rn 201 ff.; *Jescheck/Weigend*, AT, § 49 III 2; *Joecks*, § 243 Rn 42; Sch/Sch-*Eser/Bosch*, § 243 Rn 44.
[896] BGHSt 33, 370 ff. – *3. Senat* für den Fall, dass sowohl das Grunddelikt als auch das Regelbeispiel versucht wurde. Vgl. auch *Schultze*, JA 2002, 777, 780.
[897] Vgl. BGH NStZ-RR 1997, 293 – *5. Senat* (zu § 176 III S. 2 Nr. 1 a.F., der nunmehr als Tatbestandsqualifikation gefasst ist - § 176a I Nr. 1 n.F.); dies verkennt *Schultze*, JA 2002, 777, 780.

Indizwirkung, die der Gesetzgeber den Regelbeispielen für das Vorliegen eines besonders schweren Falls beigegeben hat, nur dann bejaht werden, wenn der Täter das betreffende Regelbeispiel objektiv erfüllt hat. Rein subjektive Aspekte (Vorsatz) genügen nicht.

Folgt man der hier vertretenen Auffassung, hat T sich nur wegen Diebstahls (§ 242 I) strafbar gemacht. Allerdings ist es auch gut vertretbar, aufgrund des Wertes der DVD-Recorder zumindest einen unbenannten besonders schweren Fall anzunehmen (Strafbarkeit dann aus § 242 I i.V.m. § 243 I S. 1).

(2) Grundtatbestand versucht – Regelbeispiel „versucht"

693 Erfüllt der Täter weder den Grundtatbestand noch das Regelbeispiel, obwohl er auch dieses erfüllen wollte, stellt sich dem Grunde nach das gleiche Problem.

Beispiel: T will nachts aus einem Lager DVD-Recorder stehlen. Als er die Hintertür aufbrechen will, stellt er völlig überrascht fest, dass diese gar nicht verschlossen ist. Über diese Stümperei hoch erfreut, tritt er ein. Doch er kann die begehrten Geräte nicht finden. Unverrichteter Dinge muss er den Tatort verlassen.

Da sich hier teilweise die gleiche Frage stellt wie in Konstellation (1), nämlich ob das gewollte, aber nicht verwirklichte Regelbeispiel zur Annahme eines Versuchs in einem besonders schweren Fall führen kann, ist auch der Meinungsstand übertragbar. Folgt man der hier vertretenen Meinung, ist T nicht aus §§ 242 I, II 22, 23 I, 12 II i.V.m. § 243 I S. 2 Nr. 1, sondern (lediglich) aus §§ 242 I, II, 22, 23 I, 12 II strafbar. Sofern es sich aber um besonders wertvolle DVD-Recorder handeln sollte, ist aufgrund einer Gesamtbewertung der Tat ein unbenannter besonders schwerer Fall (§§ 242 I, II 22, 23 I, 12 II i.V.m. § 243 I S. 1) denkbar.

(3) Grundtatbestand versucht – Regelbeispiel erfüllt

694 Anders stellt sich die Behandlung des Falls dar, in dem der Täter im Rahmen des versuchten Grundtatbestands ein Regelbeispiel erfüllt.

Beispiel: T will nachts aus einem Lager DVD-Recorder stehlen. Dazu bricht er die Hintertür auf. Auf diese Weise in das Lager gelangt, muss er feststellen, dass seine Mühe vergeblich war. Die DVD-Recorder sind nicht da. Unverrichteter Dinge muss er den Tatort verlassen.

Hier hat sich T wegen versuchten Diebstahls (§ 242) strafbar gemacht. Fraglich ist jedoch auch hier, ob ein besonders schwerer Fall nach § 243 I S. 2 Nr. 1 vorliegt, weil T die Hintertür aufgebrochen hat.

Die ganz herrschende Meinung sieht in einem solchen Fall kein Problem, einen besonders schweren Fall anzunehmen. Allerdings müsse die Strafmilderungsmöglichkeit gem. §§ 23 II, 49 I angewendet werden, da die Tat insgesamt nur einen Versuch darstelle.[898] Schließt man sich dem an, hat T sich somit wegen eines versuchten Diebstahls im besonders schweren Fall gem. §§ 242, 22, 23 I, 12 II i.V.m. § 243 I S. 2 Nr. 1 strafbar gemacht.

---

[898] Vgl. BGHSt 33, 370, 375 f.; *Joecks*, § 243 Rn 52; Sch/Sch-*Eser/Bosch*, § 243 Rn 44; *Krey/Hellmann/Heinrich*, BT II, Rn 109; anders aus jüngerer Zeit an sich nur *Graul*, JuS 1999, 852, 854.

Fasst man die bisherigen Ausführungen zusammen, ergibt sich am Beispiel des § 243 folgender Überblick[899]: 695

	§ 243 erfüllt	**§ 243 „versucht"**
§ 242 verwirklicht	Strafbarkeit gem. §§ 242, 243	Nach strittiger, aber vorzugswürdiger Auffassung Strafbarkeit gem. § 242; bei entsprechender Gesamtbewertung aber §§ 242, 243 möglich
§ 242 versucht	Strafbarkeit gem. §§ 242 I, II, 22, 23 I, 12 II i.V.m. § 243 I S. 2	Strafbarkeit nach dem 3. Strafsenat des BGH gem. §§ 242 I, II, 22, 23 I, 12 II i.V.m. § 243 I S. 2; nach dem 5. Senat und der h.L. gem. §§ 242 I, II, 22, 23 I, 12 II (bei entsprechender Gesamtbewertung aber auch hier §§ 242, 243 möglich)

b.) Unmittelbares Ansetzen zur Verwirklichung eines Regelbeispiels

Eine andere Frage ist es, *wann* der Versuch eines Grunddelikts im besonders schweren Fall beginnt. In Anlehnung an das zur Qualifikation Gesagte muss nach heute allgemeiner Ansicht[900] das Verhalten des Täters nach dessen Vorstellung geeignet sein, unmittelbar in eine Rechtsgutgefährdung zu münden. Das ist etwa im Fall des § 243 I S. 2 Nr. 1 insbesondere dann anzunehmen, wenn der Täter unmittelbar dazu ansetzt, einzubrechen, einzusteigen, mit einem falschen Schlüssel oder einem anderen nicht zur ordnungsgemäßen Öffnung bestimmten Werkzeug einzudringen. 696

h. Unmittelbares Ansetzen bei erfolgsqualifizierten Delikten

Erfolgsqualifizierte Delikte sind Delikte, bei denen das Gesetz eine Strafschärfung vorsieht, wenn durch die Verwirklichung eines bestimmten Grunddelikts zusätzlich eine besondere Folge der Tat eintritt und der Eintritt dieser besonderen Folge wenigstens fahrlässig herbeigeführt wird (§ 18). 697

> **Beispiel:** § 223 regelt den Fall der (einfachen) Körperverletzung. Verursacht der Täter durch die Körperverletzung aber auch den Tod der verletzten Person, macht er sich (auch) aus § 227 strafbar. Weitere Beispiele von erfolgsqualifizierten Delikten sind: §§ 178, 221 II Nr. 2, III, 226 I, 227, 239 IV, 239a III, 251, 306c, 316a III.

Soweit der Grundtatbestand Vorsatz voraussetzt, gelten auch die erfolgsqualifizierten Delikte gem. § 11 II als Vorsatzdelikte. Ihr Versuch ist also begrifflich möglich. Doch es ist stets eine Frage des jeweiligen Tatbestands, ob ein Versuch letztlich angenommen werden kann. Darüber hinaus ist entscheidend, ob der Täter das Grunddelikt verwirklicht oder lediglich versucht hat. Besondere Probleme ergeben sich auch bei Rücktrittsfragen. Um hier nicht einzelne Teilaspekte losgelöst vom Gesamtzusammenhang darzustellen, sei insoweit auf die systematische Darstellung bei Rn 887 ff. verwiesen. 698

i. Unmittelbares Ansetzen bei der *actio libera in causa*

Problematisch ist auch der Versuchsbeginn im Zusammenhang mit der bereits bei Rn 510 ff. ausführlich dargestellten Figur der *actio libera in causa.* 699

[899] Vgl. bereits *Schmidt/Seidel*, BT, 1997, S. 232 und *R. Schmidt*, AT, 1. Aufl. 2002, S. 243.
[900] Vgl. nur *Krey/Hellmann/Heinrich*, BT II, Rn 108, *Joecks*, § 243 Rn 53 f.

Beispiel: T will O ausrauben, trinkt sich aber zuvor den nötigen Mut an. Auf dem Weg zum Ort der beabsichtigten Rauschtat wird er von der Polizei, die einen Tipp bekommen hat, abgefangen.

700 ⇨ Nach der **Ausnahmetheorie**, wonach Anknüpfungspunkt der strafrechtlichen Vorwerfbarkeit die Rauschtat selbst bleibt und lediglich die Frage nach der Schuldfähigkeit ausnahmsweise auf den Zeitpunkt der Berauschung verschoben wird, verschiebt sich folgerichtig auch nicht der Versuchsbeginn, sondern beginnt mit dem unmittelbaren Ansetzen zur Verwirklichung der Rauschtat selbst. Hier sind dann die allgemeinen Versuchsregeln anzuwenden.[901]

Danach hätte T nach den allgemeinen Regeln der Versuchsstrafbarkeit das Stadium des Versuchs noch nicht erreicht, da er zur Tatbestandsverwirklichung - hier die Rauschtat (der Raub) selbst - noch nicht unmittelbar angesetzt hat. Folgt man dieser Auffassung, ergibt sich weder eine Strafbarkeit aus § 249 noch mangels Rauschtat aus § 323a. T bliebe straflos.

701 ⇨ Die **Vorverlegungstheorie** knüpft dagegen die strafrechtliche Vorwerfbarkeit an die Herbeiführung der Berauschung an, verlegt sie somit vor. Demzufolge beginnt der Versuch schon mit der vorsätzlichen Ausschaltung der Schuldfähigkeit.[902]

Nach dieser Auffassung hätte T zur Verwirklichung des Tatbestands unmittelbar angesetzt, als er sich in den Defektzustand begab. Somit ergäbe sich eine Strafbarkeit aus §§ 249, 22, 23 I, 12 I i.V.m. den Grundsätzen der *actio libera in causa*. Der dann ebenfalls verwirklichte § 323a, mit versuchtem Raub als Rauschtat,[903] träte subsidiär zurück.

702 Hält man mit der hier vertretenen Auffassung die Figur der *actio libera in causa* insgesamt wegen Verstoßes gegen das Analogieverbot und wegen Verstoßes gegen das Verbot von Gewohnheitsrecht für **verfassungswidrig**, gelangt man zu demselben Ergebnis wie bei Anwendung der Ausnahmetheorie.

Hinweis für die Fallbearbeitung:

- Zunächst wird in einer Vorprüfung festgestellt, dass die (Rausch-)Tat nicht vollendet, und dass ihr Versuch strafbar ist.
- Im subjektiven Tatbestand ist nach dem Vorsatz zur Tatbestandsverwirklichung zu fragen sowie sämtliche Definitionen der Tatbestandsmerkmale sind zu nennen und die Täterpsyche ist jeweils darunter zu subsumieren.
- Im objektiven Tatbestand ist dann das Problem der *actio libera in causa* zu behandeln, wenn der Zeitpunkt des unmittelbaren Ansetzens zur Tatbestandsverwirklichung festgestellt werden muss. Ausgangspunkt der Problemerörterung wird regelmäßig sein, dass die Tat in einem Zeitpunkt, der zwischen der Berauschung und der späteren Ausführungshandlung liegt, im Versuch stecken geblieben ist. In diesem Fall gilt es festzustellen, ob der Täter bereits unmittelbar zur Tat angesetzt hat. Dies könnte zum einen schon der Zeitpunkt mit der Ausschaltung der Schuldfähigkeit sein (so die Vorverlegungstheorie), zum anderen aber auch erst der Zeitpunkt nach den allgemeinen Kriterien, also das unmittelbare Ansetzen zur Tatbestandsausführung der Rauschtat selbst (so die Ausnahmetheorie). Je nach Favorisierung einer dieser Auffassungen liegt eine Versuchsstrafbarkeit vor oder nicht. Bei der Entscheidung für die Vorverlegungstheorie und somit für die Strafbarkeit muss in einem letzten Schritt die Subsidiarität des § 323a genannt werden.

V. Rechtswidrigkeit und Schuld

703 Gegenüber den Ausführungen zum vorsätzlichen vollendeten Begehungsdelikt ergeben sich bezüglich Rechtswidrigkeit und Schuld keine Besonderheiten.

---

901 Vgl. Sch/Sch-*Eser/Bosch*, § 22 Rn 56; LK-*Hillenkamp*, § 22 Rn 165; *W/B/S*, AT, Rn 419.
902 *Fischer*, § 20 Rn 50 und § 22 Rn 30; SK-*Rudolphi*, § 22 Rn 21; *Roxin*, AT, § 20 Rn 60.
903 Auch ein Versuch kann Rauschtat i.S.d. § 323a sein.

VI. Persönlicher Strafaufhebungsgrund *Rücktritt*

1. Einordnung des § 24 und Rechtsgrund für die Straflosigkeit

Nach der gesetzlichen Formulierung in § 24 I S. 1 wird nicht wegen Versuchs bestraft, wer freiwillig die weitere Ausführung der Tat aufgibt oder deren Vollendung verhindert. Wird die Tat ohne Zutun des Rücktrittswilligen nicht vollendet, wird dieser straflos, wenn er sich freiwillig und ernsthaft bemüht, die Vollendung zu verhindern (§ 24 I S. 2). 704

Die Formulierung „wird nicht bestraft“ führt nach zutreffender herrschender Auffassung[904] nicht dazu, dass der Täter lediglich ohne Schuld handelt (sonst hätte der Gesetzgeber etwa wie bei § 35 I formuliert: „handelt ohne Schuld“). Vielmehr lässt die Formulierung auf einen **persönlichen Strafaufhebungsgrund** schließen.[905] Systematischer **Prüfungsstandort** im Gutachten ist also **nach der Schuld**.

Der **Rechtsgrund für die Straflosigkeit** des Rücktritts liegt nach der herrschenden **Strafzwecktheorie** in der nicht mehr vorhandenen Gefährlichkeit und Strafwürdigkeit des freiwillig in die Legalität zurückgekehrten Täters. Anhänger dieser Theorie vertreten die Ansicht, durch die freiwillige Rückkehr in die Legalität werde das Vertrauen des Opfers (und damit letztlich der Bevölkerung) in die Geltungskraft des Rechts wieder gestärkt, ohne dass es noch einer Bestrafung des Täters bedürfe.[906] 705

Nach der „**kriminalpolitischen Theorie**“ soll dem Täter „eine goldene Brücke“ gebaut werden, über die er in die Legalität zurückkehren kann.[907]

Ein anderer Ansatz, die sog. „**Gnaden- oder Prämientheorie**“ (auch „**Verdienstlichkeitstheorie**“ genannt) belohnt die Straffreiheit des Rücktrittswilligen unter dem Aspekt des „verdienstlichen“ Verhaltens.[908] Jedenfalls dieser Ansatz ist abzulehnen, da es weniger um eine Frage der Gnade, sondern um eine spezifische strafrechtliche Frage geht.

Die sog. „**Schulderfüllungstheorie**“ sieht den Sinn des § 24 darin, dass die gesetzliche Strafandrohung sich erledige, wenn der Täter die Vollendung der Tat verhindere und so die ihm obliegende, als „Pflicht zur Wiedergutmachung“ verstandene Schuld erfülle.[909]

> **Hinweis für die Fallbearbeitung:** Die unterschiedlichen Ansätze sind in einer Fallbearbeitung nicht etwa unter dem Punkt „Rechtsgrund für die Straflosigkeit“ darzustellen, sondern üben ausschließlich Einfluss auf die Auslegung der einzelnen Rücktrittsvoraussetzungen aus. Dort ist die Entscheidung für einen Grund zwar schwierig, regelmäßig aber auch nicht erforderlich, da die Gründe zumeist zu den gleichen Ergebnissen kommen. Man sollte sich daher auf die Strafzwecktheorie beschränken[910] und vom Opferschutz aus argumentieren: Bringt der Rücktrittswillige durch sein Verhalten zum Ausdruck, dass er die Integrität des Opfers respektiert, zeigt er sich zugleich regelmäßig nicht mehr strafwürdig.

---

[904] LK-*Lilie/Albrecht*, § 24 Rn 46; *Fischer*, § 24 Rn 2; Sch/Sch-*Eser/Bosch*, § 24 Rn 5; *Lackner/Kühl*, § 24 Rn 1. Vgl. auch *Neubacher*, NStZ 2003, 576 ff.

[905] Wie hier etwa *Hoven*, JuS 2013, 305. Die Gegenauffassungen, die entweder von einem Entschuldigungsgrund (so SK-*Rudolphi*, § 24 Rn 6) oder von einem „Schuldtilgungsgrund“ (so *Streng*, ZStW 101, 273, 322 ff.) ausgehen, können mit Blick auf die gesetzliche Formulierung nicht überzeugen.

[906] Vgl. nur BGHSt 39, 37, 39; 37, 340, 345 f.; SK-*Rudolphi*, § 24 Rn 4; Sch/Sch-*Eser/Bosch*, § 24 Rn 2; *Joecks*, § 24 Rn 6. Für die Klausurbearbeitung sind Kenntnisse über die Begründung des strafbefreienden Rücktritts irrelevant. Allenfalls könnten Zusatzfragen oder Verständnisfragen in der mündlichen Prüfung in diese Richtung gehen.

[907] Vertreten von RGSt 39, 37, 39; 73, 52, 60; *Puppe*, NStZ 1984, 488, 490; 1990, 433, 434.

[908] Vertreten von *Jescheck/Weigend*, AT, § 51 I 3; *W/B/S*, AT, Rn 626; *Kudlich*, JuS 1999, 241.

[909] Vertreten von *Herzberg*, in: FS Lackner, 1987, S. 325.

[910] Vgl. bereits die 1. Aufl. 2002 und nun auch *Hoven*, JuS 2013, 305.

2. Anwendbarkeit des § 24/Fehlgeschlagener Versuch

706 Da ein „Aufgeben der weiteren Tatausführung" oder das „Verhindern der Vollendung" i.S.d. § 24 begriffsnotwendig voraussetzen, dass aus *Tätersicht* die Vollendung der Tat noch möglich ist, ist ein strafbefreiender Rücktritt jedenfalls dann ausgeschlossen, wenn der Täter (nach der letzten von ihm vorgenommenen Tathandlung[911]) davon ausgeht, dass er mit den ihm zur Verfügung stehenden Mitteln den tatbestandlichen Erfolg nicht oder zumindest nicht ohne zeitlich relevante Zäsur oder nur mit einer grundlegenden Änderung des ursprünglichen Tatplans herbeiführen kann.[912] Die (insoweit) zutreffende h.M.[913] bezeichnet solche Fälle als **fehlgeschlagenen Versuch** und behandelt sie – da ein Rücktritt von vornherein nicht in Betracht komme – außerhalb des § 24. Dogmatisch kann diese Auffassung mit einer Rechtsschutzversagung begründet werden: Die Möglichkeit der strafbefreienden Wirkung des § 24 wird erst gar nicht angewendet. Andere[914] gehen hier zwar von einem (grds. rücktrittsfähigen) beendeten Versuch aus, verneinen aber bei der Prüfung des § 24 i.d.R. die **Freiwilligkeit** und gelangen so in den überwiegenden Fällen zu demselben Ergebnis. Eine dritte Möglichkeit besteht darin, sich strikt an dem Wortlaut des § 24, der ja nichts von einem „Fehlschlag" sagt, zu orientieren, und den „Fehlschlag" als Negativvoraussetzung im Rahmen der Tatbestandsprüfung des § 24 zu prüfen.[915]

707 In vielen Lehrbüchern werden Beispiele genannt, in denen der Täter sein Opfer erschießen möchte, der Schuss aber fehlgeht und der Täter sodann keine andere Möglichkeit sieht, den von ihm erstrebten Taterfolg doch noch herbeizuführen (etwa weil die Pistole defekt ist und der Täter dem Opfer körperlich so weit unterlegen ist, dass er die Pistole auch nicht als Schlagwerkzeug einsetzen könnte). Dass der Täter in einem solchen Fall nicht strafbefreiend vom Versuch zurücktreten kann, ist nur allzu offensichtlich. Solche einfachen Konstellationen werden in Prüfungsarbeiten aber kaum anzutreffen sein. Vielmehr wird erwartet, dass man auch in zweifelhaften Fällen zu einem argumentativ untermauerten Ergebnis gelangt.

708 **Beispiel[916]:** T wollte ein Juweliergeschäft überfallen. Um die Herausgabe von Schmuckstücken oder die Duldung von deren Wegnahme notfalls mit Gewalt durchzusetzen, nahm er Pfefferspray und ein Elektroimpulsgerät („Elektroschocker") mit. Als sich die Situation im Juweliergeschäft in der Tat nicht so entwickelte, wie er sich das vorgestellt hatte, entschloss sich T, das Elektroschockgerät einzusetzen, wobei er während des Einschaltens des Geräts zunächst selbst einen Stromschlag erlitt. Sodann hielt er es der Angestellten O an den Kopf und löste mindestens vier weitere Stromschläge aus. O ging daraufhin fast zu Boden und begann, in Panik laut zu schreien. T verlor nunmehr die Kontrolle über die Situation. Infolge des selbst erlittenen Stromschlags hatte er einen Krampf in der Hand, weshalb er unkontrolliert und ungezielt unentwegt weitere Stromschläge auslöste. Da er im Umgang mit einem solchen Gerät nicht vertraut war, wusste er nicht, wie er es abschalten konnte, und geriet darüber und wegen der Schreie der O selbst in Panik. Nachdem es ihm gelungen war, den Elektroschocker von seinem Handgelenk abzuschütteln, war er gleichwohl nicht in der Lage, noch einen klaren Gedanken zu fassen, und wollte nur noch weglaufen. Er verließ deshalb fluchtartig das Geschäft, ohne Teile des offen in seinem Zugriffsbereich liegenden Schmucks mitzunehmen.

---

[911] Damit ist der sog. **Rücktrittshorizont** angesprochen (dazu Rn 713).

[912] St. Rspr. des BGH, vgl. nur BGH NStZ 2016, 207, 208; NStZ 2015, 571; NStZ 2015, 331; NStZ 2015, 26; NStZ 2014, 634; NStZ-RR 2014, 9 f.; NStZ 2013, 705 f.; NStZ 2013, 156, 157; NStZ-RR 2012, 239, 240; NStZ 2011, 629. Das Abstellen auf die Tätersicht hat seinen Grund darin, dass der Rücktritt das Spiegelbild des unmittelbaren Ansetzens zur Tatbestandsverwirklichung darstellt und dass es auch hier entscheidend auf die Lagebeurteilung aus Tätersicht ankommt.

[913] Vgl. etwa BGH NStZ 2015, 571; NStZ 2015, 26; NStZ 2014, 634; NStZ-RR 2014, 9 f.; NStZ 2013, 705 f.; NStZ 2013, 156, 157; NStZ 2012, 688, 689; NStZ 2011, 629; NStZ 2010, 690, 691; BGHSt 41, 368, 369; *Roxin*, NStZ 2009, 319 f.; Sch/Sch-*Eser/Bosch*, § 24 Rn 7; LK-*Lilie/Albrecht*, § 24 Rn 137; *Fischer*, § 24 Rn 6 ff.

[914] *Scheinfeld*, JuS 2002, 250, 253; v. *Heintschel-Heinegg*, ZStW 109 (1997), 33, 36; *Ranft*, Jura 1987, 527, 529; *Heintschel-Heinegg*, JA 2008, 545, 546; *Schroeder*, NStZ 2009, 9 f.; *Wörner*, NStZ 2010, 66 ff. In diese Richtung geht auch BGH 28.5.2015 - 3 StR 89/15.

[915] *Putzke*, ZJS 2013, 620, 623.

[916] Nach BGH 28.5.2015 - 3 StR 89/15 (abgewandelt und vereinfacht).

In diesem Fall liegt je nach Auffassung ein versuchter schwerer Raub (§§ 249, 250 II Nr. 1, 22) oder eine versuchte schwere räuberische Erpressung (§§ 255, 250 II Nr. 1, 22) vor.[917] Spätestens mit dem Halten des Elektroimpulsgeräts an den Kopf der O setzte T unmittelbar zur Tatbestandsverwirklichung an.

Fraglich ist allein, ob T strafbefreiend zurückgetreten ist, indem er, ohne den Schmuck an sich genommen zu haben, das Juweliergeschäft verlassen hat. Ein Rücktritt ist jedoch von vornherein ausgeschlossen, wenn ein fehlgeschlagener Versuch vorliegt. Das wiederum ist mit der h.M. jedenfalls dann anzunehmen, wenn der Täter davon ausgeht, aus tatsächlichen Gründen den tatbestandlichen Erfolg nicht mehr herbeiführen zu können.

Unter dieser Maßgabe kann man vorliegend nicht ohne weiteres annehmen, es liege ein fehlgeschlagener (und damit ein rücktrittsunfähiger) Versuch vor. Denn T war nicht aus tatsächlichen Gründen gehindert, den Taterfolg durch Ergreifen und Mitnehmen des offen in seinem Zugriffsbereich liegenden Schmucks doch noch herbeizuführen. Allerdings war T infolge des Geschehens in Panik und nicht mehr in der Lage, überhaupt noch einen klaren Gedanken zu fassen; vielmehr wollte er nur noch weglaufen. Setzt man dies den tatsächlichen Hinderungsgründen gleich, liegt durchaus die Situation eines Fehlschlags vor und ein Rücktritt scheidet schon mangels Anwendbarkeit des § 24 aus.

Anders als in einem früheren, durchaus vergleichbaren Fall, in dem der BGH einen Fehlschlag angenommen hatte, weil der Täter infolge des Geschreis des Ladeninhabers in Panik geraten war und das Juweliergeschäft ohne Beute verlassen hatte[918], geht der BGH im vorliegenden Fall jedoch nicht auf die Figur des Fehlschlags ein, sondern verneint sogleich die Freiwilligkeit des Rücktritts. T habe die weitere Tatausführung nicht freiwillig abgebrochen, vielmehr sei er in Panik geraten und nicht mehr in der Lage gewesen, einen klaren Gedanken zu fassen, sei also gerade nicht Herr seiner Entschlüsse gewesen. Der Umstand, dass T beim fluchtartigen Verlassen des Geschäfts keine Schmuckstücke an sich nahm, habe damit nicht auf einer willensgesteuerten Entscheidung beruht. Ein strafbefreiender Rücktritt liege mithin nicht vor.[919]

Stellungnahme: Infolge der konkreten Tatsituation (Täter hat bereits selbst Stromstöße erlitten; Krampf in der Hand; lautes Geschrei der O; Panik; nicht mehr „Herr der Sinne" und dadurch völliger Kontrollverlust) erscheint es überzeugender, diese Umstände mit demjenigen Umstand gleichzusetzen, bei dem der Täter aus tatsächlichen Gründen keine Möglichkeit sieht, sein Ziel zu erreichen. Der Versuch ist dann auch hier fehlgeschlagen. T hätte aber auch bei Anwendung des § 24 nicht strafbefreiend zurücktreten können, da jedenfalls wegen der genannten Umstände die Freiwilligkeit seines Rücktritts zu verneinen gewesen wäre. Insofern ergibt sich im Ergebnis kein Unterschied.

Hinweis für die Fallbearbeitung: Sofern man sich der h.M. anschließt und die Figur des **fehlgeschlagenen Versuchs** anerkennt, ist § 24 also nicht anwendbar. Auf Überlegungen, ob der Versuch beendet ist und der Rücktritt freiwillig erfolgt, kommt es dann nicht an. Allerdings gelangen auch die Gegenauffassungen, die den fehlgeschlagenen Versuch für schlichtweg überflüssig halten mit dem Argument, die Rücktrittsvoraussetzungen seien allein in § 24 geregelt, i.d.R. zu demselben Ergebnis. Denn ist ein Versuch „fehlgeschlagen", wird man zugleich die von § 24 geforderte Freiwilligkeit bzw. die Rücktrittsvoraussetzungen des § 24 verneinen müssen. Es ist für den Ausgang des Gutachtens i.d.R. also unerheblich, welcher Auffassung man sich anschließt, zumal auch der BGH in einigen Entscheidungen eine klare Trennung vornimmt und konditional prüft: So wirft er in einer anderen Entscheidung zunächst die Frage nach dem fehlgeschlagenen Versuch auf, um (bei unklarer Sachlage) später festzustellen, dass jedenfalls die Freiwilligkeit fehle[920] (vgl. dazu auch Rn 714b). Insgesamt gesehen ist eine klare Abgrenzung zwischen fehlgeschlagenem Versuch und unfreiwilligem Rücktritt also 709

[917] Zur Abgrenzung Raub/räuberische Erpressung vgl. *R. Schmidt*, BT II, Rn 322 ff.
[918] BGH NStZ 2003, 34.
[919] BGH 28.5.2015 - 3 StR 89/15.
[920] BGH NStZ-RR 2014, 9 f.

nicht immer möglich. Daher sollte es zu keiner Beanstandung durch den Korrektor kommen, wenn man in der Fallbearbeitung der hier vorgeschlagenen Vorgehensweise folgt. In jedem Fall aber sollte die Problematik bereits im Rahmen des Prüfungspunkts „Kein Fehlschlag des Versuchs" erörtert werden, auch wenn man im Ergebnis keinen Fehlschlag annimmt, sondern die Freiwilligkeit des Rücktritts verneint.

710 Besondere Schwierigkeiten bereitet bei der Frage nach dem fehlgeschlagenen Versuch die Konstellation, in der dem Täter nach einem erfolglosen (fehlgeschlagenen) ersten Versuch **noch weitere Möglichkeiten der Tatbestandsverwirklichung** zur Verfügung stehen, er von diesen jedoch absieht. Auch hier könnte man annehmen, der Versuch sei insgesamt noch nicht fehlgeschlagen und der Täter freiwillig (und damit strafbefreiend) vom Versuch zurückgetreten.

Beispiel: T will O erschießen. Nach dem ersten Schuss ist das Gewehr des T defekt. O bleibt unverletzt. Aufgrund der körperlichen Überlegenheit und des Mitführens eines Schlagstocks bestünde für T aber noch die Möglichkeit, den Tod des O durch gezielte Schläge herbeizuführen. T, der jedoch mittlerweile Gewissensbisse bekommen hat, besinnt sich eines Besseren und unterlässt weitere Handlungen. **Variante:** T unterlässt den Einsatz des Schlagstocks nur deswegen, weil er kein Blut sehen kann. Konnte T erfolgreich zurücktreten?

Zweifellos ist der Tötungsversuch durch den Schuss fehlgeschlagen. Fraglich ist allerdings, wie es sich auswirkt, dass T noch eine andere Möglichkeit zur Herbeiführung des Erfolgs hatte, von dieser Möglichkeit aber keinen Gebrauch machte. Er könnte somit einerseits strafbefreiend zurückgetreten, andererseits aber auch wegen eines fehlgeschlagenen ersten Versuchs strafbar sein.

711 ⇨ Nach der **Einzelakttheorie**[921] wird jeder einzelne Ausführungsakt, den der Täter bei Tatbeginn für erfolgsgeeignet gehalten hat, gesondert erfasst und im Falle des Scheiterns als ein selbstständiger fehlgeschlagener Versuch behandelt.

Nach dieser Auffassung ist der Tötungsversuch durch den Schuss fehlgeschlagen. Bei einer isolierten Betrachtung dieses fehlgeschlagenen Versuchs wäre ein Rücktritt nicht mehr möglich, obwohl T von der ihm gegebenen zweiten Möglichkeit Abstand genommen hat.

Bewertung: Die Kritiker dieser Theorie machen eine unangemessene Rücktrittsbeschränkung geltend. Denn könne der Täter nach dem ersten misslungenen Versuch ohnehin nicht mehr strafbefreiend zurücktreten, sei ihm kein Anreiz gegeben, von weiteren Tatausführungshandlungen abzusehen. Dann könne er die Tat auch zu Ende führen, etwa um das Opfer als späteren Tatzeugen zu beseitigen. Darüber hinaus reiße sie einen einheitlichen Lebensvorgang auseinander. Sie sei daher abzulehnen.[922]

Die Kritik an der Einzelakttheorie überzeugt nur bedingt. Denn dadurch, dass der Versuch milder bestraft werden kann als die Vollendung (vgl. § 23 II i.V.m. 49 I), ist es keineswegs so, dass dem Täter jeglicher Anreiz genommen wird, die Tat aufzugeben. Zudem kann das Tatgericht das Absehen von weiteren Angriffshandlungen im Rahmen der Strafzumessung mildernd berücksichtigen (vgl. § 46). Von einer „unangemessenen" Rücktrittsbeschränkung kann daher nicht gesprochen werden, zumal auch der Opferschutz ein legitimes Anliegen darstellt, das Unrecht zu sanktionieren. Außerdem verkennen die Kritiker, dass nur die wenigsten Täter juristisch gebildet sind. Wohl kaum ein Täter wird seine Tat nur deswegen zu Ende bringen, weil er weiß, dass er nicht mehr straffrei davon zurücktreten kann. Juristische Argumentation muss sich auch der Lebenswirklichkeit stellen.

---

[921] Vgl. *Jakobs*, AT, § 26 Rn 15 ff.; *Freund*, AT, § 9 Rn 34 ff.; *Bergmann*, ZStW 100 (1988), 351; *Backmann*, JuS 1981, 336, 340 f.; *v. Heintschel-Heinegg*, ZStW 109 (1997), 51; *Kühl*, JuS 1981, 195; vgl. auch *Bosch*, JA 2009, 392, 394; Sch/Sch-*Eser/Bosch*, § 24 Rn 20 f.

[922] Vgl. die Vertreter der Lehre vom Rücktrittshorizont (Rn 713).

⇨ Stellt man indes auf den **Planungshorizont**[923] des Täters ab, ist ein Versuch erst mit Ablauf des geplanten Handlungsprogramms beendet und – wenn der Versuch nach dem ursprünglichen Tatplan nicht mehr zum Erfolg führen kann – fehlgeschlagen, wenn der Täter das Misslingen erkennt. **712**

Sollte T den Tatplan gehabt haben, O zu töten, gleich auf welche Weise, ist sein Tötungsversuch auch nach dem fehlgegangenen Schuss noch nicht beendet. Im Fall des unbeendeten Versuchs (§ 24 I S. 1 Var. 1) genügt zur Straflosigkeit das freiwillige Aufgeben der weiteren Tatbestandsausführung. Da dies vorliegend der Fall ist, bleibt T demzufolge straflos.

Bewertung: Diese Auffassung kommt zunächst nur dann zur Anwendung, wenn der Täter überhaupt einen Tatplan hatte. Hatte der Täter einen solchen, kann dieser aufgrund des Einlassungsgeschicks des Täters u.U. nicht nachweisbar sein. Des Weiteren ist derjenige Täter, der in seinen Tatplan alle Eventualitäten aufgenommen hat, gegenüber demjenigen Täter privilegiert, der einen weniger umfassenden Tatplan hatte. Letzterem würden dann keine Rücktrittsmöglichkeiten mehr eingeräumt, wenn die eine, von ihm geplante Art der Begehung fehlgeschlagen ist. Aus diesen Gründen wird nach der hier vertretenen Auffassung das Abstellen auf den Planungshorizont abgelehnt.

⇨ Aufgrund dieser Schwächen wird heute herrschend auf eine **Gesamtbetrachtung** (den **Rücktrittshorizont**) abgestellt.[924] Danach ist der Versuch **nicht fehlgeschlagen**, wenn es dem Täter nach Abschluss der letzten tatbestandlichen Ausführungshandlung[925] **aus seiner Sicht** möglich ist, die Tat auf eine **andere Weise** und **ohne zeitlich relevante Unterbrechung** (**Zäsur**) doch noch zu vollenden, er aber von weiteren Ausführungshandlungen ablässt und dadurch den Erfolgseintritt verhindert. Mit den Worten des BGH ausgedrückt: Der Täter kann von der Tat *insgesamt* mit strafbefreiender Wirkung zurücktreten, wenn das Geschehen aus seiner Sicht nach Abschluss seiner letzten Ausführungshandlung als ein einheitliches zusammengehöriges Tun erscheint, d.h. einen einheitlichen Lebensvorgang im Sinne einer natürlichen Handlungseinheit darstellt.[926] Insgesamt ist die Gesamtbetrachtung also (sehr) rücktrittsfreundlich. Ob zur Straffreiheit dann das freiwillige Aufgeben weiterer Tathandlungen genügt (vgl. § 24 I S. 1 Var. 1) oder aber der Täter dem Erfolgseintritt aktiv gegensteuern muss (vgl. § 24 I S. 1 Var. 2), hängt davon ab, ob der Versuch unbeendet oder beendet ist. **713**

⇨ **Unbeendet** i.S.d. § 24 I S. 1 Var. 1 ist ein Versuch, wenn der Täter *noch nicht* alles getan hat, was nach seiner Vorstellung von der Tat zur Herbeiführung des tatbestandlichen Erfolgs notwendig oder zumindest ausreichend ist.[927]

⇨ **Beendet** i.S.d. § 24 I S. 1 Var. 2 ist der Versuch, wenn der Täter alles getan hat, was nach seiner Vorstellung von der Tat zur Herbeiführung des tatbestandlichen Erfolgs notwendig oder zumindest ausreichend ist.[928] Beendet ist der Versuch auch dann, wenn sich der Täter im Augenblick des Verzichts auf eine mögliche Weiterführung der Tat keine Vorstellung von den Folgen seines bisherigen Verhaltens macht.[929]

---

[923] So die frühere Rspr., vgl. BGHSt 10, 129, 131; 14, 75, 79; 22, 330, 331.
[924] Vgl. nur BGH NStZ 2016, 207, 208; BGH NStZ 2015, 331; NStZ 2014, 569 f.; NStZ 2013, 156, 157; NStZ 2012, 688, 689; NStZ 2011, 400, 401; NStZ 2011, 90; NStZ 2009, 501, 502; NStZ 2008, 393, 394 f. (allesamt zurückgehend auf BGHSt 31, 170, 175); *Gropp*, AT, § 9 Rn 118 ff.; *Fischer*, § 24 Rn 14; SK-*Rudolphi*, § 24 Rn 14; *Jescheck/Weigend*, AT, § 51 II 4.
[925] BGH NStZ-RR 2014, 202.
[926] BGH NStZ 2016, 207, 208; BGH StraFo 2009, 78 f.; NStZ 2008, 393, 394 f.; NStZ 2007, 399; NStZ 2005, 263, 264 f.; BGHSt 41, 368; 43, 381, 387.
[927] BGH 23.2.2016 - 3 StR 5/16; NStZ 2015, 509.
[928] BGH 23.2.2016 - 3 StR 5/16; NStZ 2015, 331; NStZ 2014, 569 f.; NStZ 2013, 703, 704; NStZ 2013, 463; NStZ 2012, 688, 689; NStZ 2011, 400, 401; NStZ 2008, 508, 509; NStZ 2005, 263, 264. Vgl. auch BGH NStZ 2015, 509. Grundlegend BGHSt 39, 221, 227.
[929] BGH NStZ 2015, 331; NStZ 2013, 703, 704; NStZ 2009, 264; NStZ 1999, 299.

Vorliegend sah T noch die Möglichkeit, den Taterfolg durch den mitgeführten Schlagstock herbeizuführen. Bei einer (auch hier nach h.M. maßgeblichen) Gesamtbetrachtung befand er sich somit noch im Stadium des unbeendeten Versuchs. Hierbei genügt für den strafbefreienden Rücktritt das bloße Absehen von weiteren Tatausführungshandlungen, sofern der Rücktritt freiwillig erfolgt. **Freiwilligkeit** liegt vor, wenn der Täter die von ihm noch für möglich erachtete Vollendung der Tat aus selbst gesetzten (autonomen) Motiven nicht mehr will (vgl. dazu Rn 722 ff.). Das ist im obigen Ausgangsfall, bei dem T sich eines Besseren besinnt, der Fall, nicht aber in der Variante, in der T nur deshalb von weiteren Ausführungshandlungen absieht, weil er kein Blut sehen kann.

714 Aber auch die Gesamtbetrachtung ist nicht frei von Einwänden. Denn oft hängt es vom Zufall ab, ob der erste Angriffsakt zum Erfolgseintritt führt oder nicht. Führt der erste Angriffsakt zum Erfolg, ist der Täter wegen eines vollendeten Erfolgsdelikts strafbar. Geht der erste Akt aber (zufällig) fehl und steht dem Täter eine weitere Möglichkeit zu, den Erfolg herbeizuführen, von der er aber Abstand nimmt, liegt auf der Basis der Gesamtbetrachtung i.d.R. ein strafbefreiender Rücktritt vom Versuch vor. Besonders drastisch fällt der Unterschied dann aus, wenn der Täter bei Erfolg des ersten Aktes wegen Mordes strafbar wäre, demgegenüber aber strafbefreiend vom Mordversuch zurücktreten kann, wenn der erste Akt (zufällig) fehlgeht und der Täter dann von einem weiteren Angriffsakt absieht, obwohl er aus seiner Sicht den Taterfolg auf eine andere Weise und ohne zeitlich relevante Unterbrechung (Zäsur) noch hätte herbeiführen können.

Beispiel[930]**:** Über eine Internetseite, die der Anbahnung homosexueller Kontakte dient, lernten sich T und O kennen. T, der selbst ohne Wohnung und mittellos war, besuchte O mehrmals und übernachtete auch bei ihm. So auch am Tattag. Spätestens gegen 5 Uhr fasste T den Entschluss, O durch Schläge auf den Kopf „kampfunfähig" zu machen, um ungestört die Wohnung nach Wertgegenständen durchsuchen zu können. Er holte aus der Küche einen hölzernen, auf den Schlagflächen mit Metallplatten versehenen Fleischhammer und eine ungeöffnete Flasche Sekt mit einem Gewicht von 1,6 kg und begab sich mit den beiden Gegenständen in der Hand in das Schlafzimmer, in dem O noch schlief. Er trat an das Bett heran und schlug O die Flasche und den Fleischhammer gegen den Kopf. Dabei war ihm bewusst, dass heftige Schläge mit harten Gegenständen gegen den Kopf eines Menschen geeignet sind, lebensgefährliche Verletzungen hervorzurufen. Dies und den möglichen Tod des O als Folge seines Handelns nahm er jedoch billigend in Kauf.

Beim Schlag der Flasche auf den Kopf des O ging die Flasche zu Bruch. O wachte auf und floh in den Flur. Dort schlug ihm T ein Blumentopfgestell aus Plastik gegen Kopf und Schulter. Dabei zerbrach das Gestell. Das Geschehen verlagerte sich in die Küche, wo T mehrmals mit einem Barhocker auf O einschlug. Als es O gelang, T wegzudrücken, ließ dieser von weiteren Attacken ab.

Insgesamt erlitt O einen Schädelbasisbruch mit einem Bruch im Bereich der rechten Stirnhöhlen mit Verbringung von Fragmenten in die Stirnhöhle, einen Bruch des Nasenbeins sowie einen Bruch der unteren linken Augenhöhle, der inneren linken Augenhöhle und des Augenhöhlendachs links sowie weitere Verletzungen. Aufgrund der erlittenen Kopfverletzungen blutete er stark, weswegen er fast nichts sah. Er ging deshalb ins Badezimmer, um sich zu säubern, und anschließend ins Schlafzimmer, um sich anzuziehen.

Währenddessen duschte T im Badezimmer. Dort nahm er aus einem Schrank eine im Eigentum des Geschädigten stehende Goldkette im Wert von mindestens 930,- € an sich und kleidete sich in der Küche an. Das in der Küche liegende Smartphone des O steckte er ebenfalls ein; dann begab er sich zur Wohnungstür. Es gelang ihm aber nicht, den Mechanismus der Sperrkette zu öffnen, sodass ihm O öffnen musste. Nachdem T gegangen war, verständigte O den Rettungsdienst.

---

[930] Sachverhalt nach BGH NJW 2016, 2129 (1. Senat).

T könnte sich durch die beschriebenen Handlungen wegen versuchten Mordes gem. §§ 212 I, 211 I, II Var. 3 (Habgier) und 5 (Heimtücke), 22, 23 I, 12 I strafbar gemacht haben (was in der Fallbearbeitung geprüft werden müsste). Fraglich ist allein, ob T durch das Unterlassen weiterer Angriffshandlungen strafbefreiend vom Mordversuch gem. § 24 I S. 1 Var. 1 zurückgetreten ist. Dazu müsste ein sog. unbeendeter Versuch vorliegen. Ein solcher liegt vor, wenn der Täter noch nicht alles getan hat, was nach seiner Vorstellung von der Tat zur Herbeiführung des tatbestandlichen Erfolgs notwendig oder zumindest ausreichend ist.

Stellt man auf das Schlagen mit der Sektflasche auf den Kopf des O ab, wäre der Tötungsversuch fehlgeschlagen, da O überlebte und T kein weiteres Mal mit der Sektflasche zuschlagen konnte. Bei einer isolierten Betrachtung dieses fehlgeschlagenen Versuchs wäre ein Rücktritt also nicht mehr möglich, obwohl T später von weiteren Attacken absah.

Stellt man aber auf eine Gesamtbetrachtung (den Rücktrittshorizont) ab, wonach der Versuch nicht fehlgeschlagen ist, wenn es dem Täter nach Abschluss der letzten tatbestandlichen Ausführungshandlung aus seiner Sicht möglich ist, die Tat auf eine andere Weise und ohne zeitlich relevante Unterbrechung (Zäsur) doch noch zu vollenden, er aber freiwillig von weiteren Ausführungshandlungen ablässt und dadurch den Erfolgseintritt verhindert, wäre T dadurch, dass er freiwillig von weiteren Attacken absah, obwohl er die Tat (durch weiteres Einschlagen mit dem Barhocker) ohne weiteres hätte vollenden können, strafbefreiend vom Versuch zurückgetreten.

Das entspricht der auch vom BGH vertretenen h.M., die auf eine Gesamtbetrachtung des Geschehensablaufs abstellt und damit rücktrittsfreundlich entscheidet, d.h. einen strafbefreienden Versuch allein durch bloße Tataufgabe annimmt.

Hier wird aber auch die Schwäche des Rücktrittshorizonts deutlich, da es oft vom Zufall abhängt, ob der erste Angriffsakt zum Erfolgseintritt führt oder nicht. Hätte also der Schlag mit der 1,6 kg schweren Sektflasche auf den Kopf des O dessen Tod herbeigeführt, wäre T wegen Mordes aus Habgier und ggf. auch aus Heimtücke strafbar gewesen. Nur weil dies missglückte und T später auf weitere Ausführungshandlungen verzichtete, ist er auf der Basis der Gesamtbetrachtung strafbefreiend vom Mordversuch zurückgetreten. Ob die vollendete gefährliche Körperverletzung und der ggf. anzunehmende vollendete schwere Raub diese Folge kompensieren, mag dahingestellt bleiben.

Erschwerend kommt hinzu, dass der BGH bei der Frage, ob im konkreten Fall ein einheitliches Geschehen bzw. eine zeitliche Zäsur vorliegt, unterschiedlich und nicht immer überzeugend entscheidend. Selbst innerhalb eines Strafsenats ist die Rechtsprechung uneinheitlich. So nimmt der 2. Senat in seinem Urteil v. 2.11.2007 einen rücktrittsfähigen Versuch an, wenn der Täter eines mehraktigen Geschehens zwischenzeitlich von einem Dritten an der Tatfortsetzung gehindert wird. In diesem Fall sei der Versuch nicht durch das Eingreifen des Dritten, der den Täter von der weiteren Tatausführung abhält, fehlgeschlagen, wenn der Täter geglaubt hat, der Taterfolg könne bereits aufgrund der bisherigen Tathandlung eintreten.[931] **714a**

Rücktrittsfreundlich entscheidet auch der 5. Senat, indem er konstatiert, dass ein strafbefreiender Rücktritt selbst dann in Betracht komme, wenn bei einem versuchten Tötungsdelikt der Täter (hier: ein Messerstecher) zunächst irrtümlich den Eintritt des Todes für möglich hält, jedoch in engstem und räumlichem Zusammenhang nach Erkenntnis seines Irrtums von weiteren Ausführungshandlungen Abstand nimmt. Dann liege ein unbeendeter Versuch vor, der zum strafbefreienden Rücktritt führen könne.[932] Und in seinem Urteil v. 22.10.2013 gelangt der 5. Senat, nachdem er einen Fehlschlag **714b**

[931] BGH NStZ 2008, 393, 394 f.
[932] BGH NStZ 2012, 688, 689 (mit Verweis auf den 3. Senat BGH NStZ-RR 2012, 106).

verneint hat und so zur Anwendbarkeit des § 24 gelangt ist, sogar zu einem unbeendeten Versuch, von dem der Täter freiwillig zurückgetreten sei.[933]

714c Und der 4. Senat nimmt sogar eine „Korrektur" des Rücktrittshorizonts an, wenn auf dessen Grundlage ungerechte Ergebnisse erzielt würden. So sei der Versuch eines Tötungsdelikts auch dann nicht beendet, wenn der Täter zunächst irrtümlich den Eintritt des Todes für möglich hält, aber „nach alsbaldiger Erkenntnis seines Irrtums" von weiteren Ausführungshandlungen Abstand nimmt.[934] Gleiches gelte, wenn der Täter nach gescheiterten Angriffsakten die Ausführung der Tat – wenn auch mit anderen Mitteln – noch für möglich halte. Auch dann sei der Verzicht auf ein Weiterhandeln als freiwilliger Rücktritt vom unbeendeten Versuch zu bewerten.[935] Damit schafft sich der 4. Senat in zeitlicher und räumlicher Hinsicht einen (flexiblen) Beurteilungsspielraum, um selbst bei längerer Unterbrechung des Tatgeschehens (10-15 min?[936]) oder größerer Entfernung vom Tatort noch einen unbeendeten Versuch annehmen zu können. Auch der 2. Senat geht davon aus, dass der Rücktrittshorizont einer „gewissen Beweglichkeit" zugänglich ist.[937] Rechtssicherheit, die auch Ausdruck des Rechtsstaatsprinzips ist, ist damit nicht gegeben.

714d Zu begrüßen ist daher ein aktuelles Urteil des 3. Senats, das eine Entscheidung des LG Koblenz aufhob, weil dieses in nicht vertretbarer Weise einen unbeendeten Versuch angenommen hatte und so zu Unrecht zu einem Rücktritt vom Versuch eines Mordes gelangt war. Dem Urteil lag folgender Sachverhalt zugrunde:

Fall[938]: Die alkoholisierte T (BAK von 2,61 ‰) suchte den mit ihr bekannten O in dessen Wohnung auf. Neben ihm auf der Couch sitzend, zog sie ein in der Jackentasche verdeckt mitgeführtes Küchenmesser hervor und stieß es dem überraschten O ohne erkennbaren Anlass in Tötungsabsicht so in die linke Halsseite, dass die Schlagader durchtrennt wurde. Während sich O die spritzende Halswunde zuhielt, stach T erneut zu und traf dabei dessen erhobenen linken Arm. O gelang es darauf zunächst, die rechte Hand der T, in der diese das Messer hielt, zu ergreifen und festzuhalten. T nahm das Messer jedoch in ihre freie linke Hand und versetzte O einen dritten Stich in die Herzgegend, der aber am Brustbein abprallte. Darauf fiel O zu Boden und blieb dort liegen. Der T rief er zu: „Dann mach mich doch richtig tot!". Aus dieser Äußerung und aus dem Umstand, dass sich der Blutverlust aus der Halswunde infolge des Abdrückens verringerte, schloss T, dass sie O entgegen ihrer Absicht noch nicht lebensgefährlich verletzt hatte. Sie wollte die Tat nun nicht mehr weiter ausführen, verließ die Wohnung, ohne sich weiter um den am Boden liegenden O zu kümmern, und begab sich zu der in der Nähe wohnenden Zeugin Z, der sie erklärte: „Ich wollte das Schwein abschlachten." Auf die Nachfrage der Z, ob O noch lebe, antwortete T: „Ich weiß es nicht." Nur aufgrund des raschen Eintreffens des von einer Nachbarin des O alarmierten Notarztes und einer anschließenden Notoperation konnte O gerettet werden.

T könnte sich durch das beschriebene Verhalten wegen versuchten Mordes (§ 211) strafbar gemacht haben. Die strafbarkeitsbegründenden Voraussetzungen liegen vor (diese müssten in der Fallbearbeitung geprüft werden). Fraglich ist allein, ob T durch das Aufgeben weiterer Angriffe strafbefreiend vom Mordversuch zurücktreten konnte. Ob zur Straffreiheit das freiwillige Aufgeben weiterer Tathandlungen genügt (vgl. § 24 I S. 1 Var. 1) oder aber der Täter dem Erfolgseintritt aktiv gegensteuern muss (vgl. § 24 I S. 1 Var. 2), hängt davon ab, ob der Versuch unbeendet oder beendet ist.

⇨ Unbeendet i.S.d. § 24 I S. 1 Var. 1 ist ein Versuch, wenn der Täter noch nicht alles getan hat, was nach seiner Vorstellung von der Tat zur Herbeiführung des tatbestandlichen Erfolgs notwendig oder zumindest ausreichend ist (s.o.).

---

[933] BGH NStZ-RR 2014, 9 f.
[934] BGH NStZ 2014, 569 f.
[935] BGH NStZ 2015, 26, 27.
[936] Vgl. BGH NStZ 2010, 146.
[937] BGH NStZ-RR 2015, 106.
[938] BGH NStZ 2015, 509.

⇨ Beendet i.S.d. § 24 I S. 1 Var. 2 ist der Versuch, wenn der Täter alles getan hat, was nach seiner Vorstellung von der Tat zur Herbeiführung des tatbestandlichen Erfolgs notwendig oder zumindest ausreichend ist. Beendet ist der Versuch auch dann, wenn sich der Täter im Augenblick des Verzichts auf eine mögliche Weiterführung der Tat keine Vorstellung von den Folgen seines bisherigen Verhaltens macht (s.o.).

Das LG Koblenz nahm einen noch unbeendeten Versuch an und konnte so einen strafbefreienden Rücktritt vom Mordversuch annehmen. Auf Revision der Staatsanwaltschaft hin hob der BGH dieses Urteil (wegen lückenhafter Beweiswürdigung und widersprüchlicher Urteilsbegründung) auf. Aufgrund der Äußerungen der T gegenüber Z habe das LG nicht davon ausgehen dürfen, dass T noch nicht alles getan hatte, was nach ihrer Vorstellung von der Tat zur Herbeiführung des tatbestandlichen Erfolgs notwendig oder zumindest ausreichend sei.

Bewertung: Dem 3. Strafsenat des BGH ist uneingeschränkt beizupflichten. Die Abgrenzung zwischen unbeendetem und beendetem Versuch orientiert sich maßgeblich an dem Vorstellungsbild des Täters. Dieses lässt sich nur im Rahmen einer fehlerfreien Beweiserhebung und -würdigung feststellen. Äußerungen des Täters – auch solche, die er im Anschluss an die Tat macht – lassen in besonderer Weise auf sein Vorstellungsbild während des Tatgeschehens schließen, d.h. zum (nach dem Rücktrittshorizont maßgeblichen) Zeitpunkt des Abschlusses der letzten tatbestandlichen Ausführungshandlung. Zum Zeitpunkt, als T von weiteren Messerstichen absah und die Wohnung des O verließ, musste sie davon ausgehen, dass sie alles Erforderliche getan hatte, um den Tod des O herbeizuführen. Es ist allgemein bekannt, dass nach dem Durchtrennen einer Halsschlagader akute Lebensgefahr besteht und dass diese nicht durch Zudrücken gebannt ist – erst recht nicht, wenn das Opfer selbst seine Halsschlagader zudrücken muss. Aufgrund der bei Z getätigten Äußerungen muss man zudem davon ausgehen, dass T das Schicksal des O gleichgültig war, was bei der Frage nach dem unbeendeten Versuch nicht unberücksichtigt bleiben darf.

Bei einer Gesamtbetrachtung befand sich T somit im Stadium des beendeten Versuchs. Insbesondere machte sich T im Augenblick des Verzichts auf weitere Messerstiche keine Vorstellung von den Folgen ihres bisherigen Verhaltens. Für den strafbefreienden Rücktritt genügte also nicht das bloße Absehen von weiteren Angriffshandlungen. T hätte freiwillig die Vollendung der Tat verhindern (§ 24 I S. 1 Var. 2) oder sich zumindest freiwillig und ernsthaft um die Verhinderung der Vollendung (§ 24 I S. 2) bemühen müssen.

Zusammenfassung und Hinweis für die Fallbearbeitung: Ist in Prüfungsarbeiten ein Versuch zu würdigen, kann man davon ausgehen, dass ein mehraktiger Versuchsablauf vorliegt und zugleich eine Abgrenzung zwischen unbeendetem und beendetem Versuch vorzunehmen ist. Aber auch derartig schwierige Fälle lassen sich zufriedenstellend lösen, wenn man sich an folgenden Überlegungen orientiert: 715

- Auf die Voraussetzungen des § 24 kommt es schon nicht an, wenn der Versuch fehlgeschlagen ist. **Fehlgeschlagen** ist der Versuch, wenn der Täter erkennt, dass er mit keinem der ihm zur Verfügung stehenden Mittel den Erfolg mehr herbeiführen kann, ohne dass eine ganz neue Handlungs- und Kausalkette in Gang gesetzt wird, sei es, dass sich das Tatwerkzeug bzw. das Tatobjekt als untauglich erweist oder aber der erstrebte Erfolg bereits auf andere Weise eingetreten ist. Dem gleichgestellt ist der Fall, dass der Täter infolge von Panik nicht mehr im Ansatz in der Lage ist, das Geschehen zu überblicken bzw. zu beeinflussen, und daher „nur noch weg will" (str., vgl. Rn 708). Ist der Versuch demnach fehlgeschlagen, kommt ein Rücktritt mangels Anwendbarkeit des § 24 nicht in Betracht. Kann der Fehlschlag indes nicht zweifelsfrei festgestellt werden, ist es zulässig, das Problem beim Fehlschlag anzusprechen, dort offenzulassen und dann über die Frage der Freiwilligkeit des Rücktritts zu lösen.[939]

[939] So offenbar auch BGH NStZ-RR 2006, 168 f.

- Die Feststellung, ob der Versuch fehlgeschlagen ist, bereitet insbesondere bei **mehraktigen, aber einem einheitlichen Lebensvorgang zuzuordnenden Handlungen** Schwierigkeiten. Hier ist nach h.M. eine **Gesamtbetrachtung** maßgeblich. Demnach ist der Versuch nach der ersten missglückten Möglichkeit noch nicht fehlgeschlagen, wenn dem Täter nach dessen Vorstellung ohne größere zeitliche Zäsur noch weitere Möglichkeiten zur Herbeiführung des Erfolgseintritts offenstehen. Fehlgeschlagen ist der Versuch erst dann, wenn es dem Täter aus seiner Sicht nicht mehr möglich ist, die Tat auf eine andere Weise ohne zeitlich relevante Unterbrechung doch noch zu vollenden. Dabei sind sämtlich relevante Gesichtspunkte zu würdigen. **Kein Fehlschlag** liegt jedenfalls vor, wenn der Täter bereits zuvor wirksam vom Versuch zurückgetreten ist.[940]
- Wer der Gesamtbetrachtung folgen möchte, sollte bei mehraktigen Versuchsabläufen auch in der Fallbearbeitung auf das Gesamtgeschehen abstellen. Denn wer jeweils nur eine Handlung prüft, legt sich schon dadurch auf die Einzelakttheorie fest, die in jedem Akt eine selbstständige und vor allem nicht mehr rücktrittsfähige Versuchseinheit sieht.
- Steht nach der Gesamtbetrachtung fest, dass der Versuch noch nicht fehlgeschlagen ist, sind die Voraussetzungen des § 24 zu prüfen. Hier ist dann entscheidend, ob der Versuch unbeendet oder beendet ist. Maßgeblich ist nach h.M. auch hier die **Gesamtbetrachtungslehre**.

Zur gutachtlichen Aufbereitung des Rücktritts vom Versuch vgl. auch *Schmidt/Priebe*, Fälle zum Strafrecht I, Fall 9 Rn 40 ff.

716 Mit dem fehlgeschlagenen Versuch, bei dem – rechtsdogmatisch – ein Rücktritt von vornherein nicht in Betracht kommt, eng verwandt sind die Fälle, in denen der Täter nach Erreichen seines primär angestrebten, außertatbestandlichen Ziels von weiteren tatbestandlichen Handlungen ablässt (sog. „**Denkzettelfälle**"), und die Fälle, in denen die **Tatfortführung sinnlos geworden** ist. Vgl. dazu ausführlich Rn 756 ff. und 758a.

3. Der Rücktritt des Alleintäters, § 24 I

717 Liegt ein Fehlschlag des Versuchs nicht vor, bleibt Raum für eine Prüfung des Rücktritts nach § 24. Der Rücktritt des Alleintäters ist in § 24 I geregelt. Hinsichtlich der objektiven Rücktrittsvoraussetzungen unterscheidet die Norm drei verschiedene Fälle:

- Rücktritt vom *unbeendeten* Versuch, § 24 I S. 1 Var. 1,
- Rücktritt vom *beendeten* Versuch, § 24 I S. 1 Var. 2,
- Rücktritt vom *beendeten, untauglichen* Versuch, § 24 I S. 2.

a. Rücktritt vom *unbeendeten* Versuch, § 24 I S. 1 Var. 1

718 Gemäß § 24 I S. 1 Var. 1 bleibt der Täter straflos, wenn er freiwillig die weitere Ausführung der Tat aufgibt.

719 Zunächst muss der Täter die **weitere Ausführung der Tat aufgeben**. Aus dem Vergleich mit der Formulierung in § 24 I S. 1 Var. 2, bei der es heißt: „oder deren Vollendung verhindert", wird klar, dass hier nur der Fall gemeint sein kann, bei dem der Täter noch nicht alles getan zu haben glaubt, was nach seiner Vorstellung von der Tat zu ihrer Vollendung notwendig ist – sog. **unbeendeter Versuch**.[941] Dies gilt auch für den untauglichen Versuch, solange der Täter die mangelnde Tauglichkeit nicht erkannt hat (vgl. dazu Rn 674). Schwierig sind die Bestimmung der „Tat" und die Beantwortung der Frage,

[940] Klarstellend BGH NStZ 2014, 634; NStZ 2012, 263.
[941] Vgl. auch BGH NStZ-RR 2014, 9 f.

ob das Merkmal „aufgeben" die endgültige und vollständige Aufgabe des Tatbestandsvorsatzes verlangt oder eine vorübergehende Aufgabe genügen lässt.

- **Begriff der Tat:** Nach BGHSt 33, 142, 144 deckt sich der Tatbegriff des § 24 mit dem des jeweiligen materiell-rechtlichen Straftatbestands. Daraus folgt, dass der Täter bei mehreren tateinheitlich geplanten Delikten von einem dieser Delikte zurücktreten kann, er also nur wegen Vollendung des begangenen anderen Delikts belangt wird. 720

  Beispiel: T plant einen Raubmord. Verzichtet er nun nach Eintritt in das Versuchsstadium auf den Mord und führt den Raub ohne tödliche Gewalt aus, ist er strafbefreiend vom versuchten Mord zurückgetreten (§§ 211 I, II Var. 3, 22, 23 I, 12 I, 24 I S. 1 Var. 1). Hinsichtlich des Raubs (§ 249) ist er strafbar.

  Tritt der Täter dagegen von einer Tat zurück und verwirklicht dann eine andere Tat, die zu der aufgegebenen Tat in einem Spezialitätsverhältnis steht, kommt ein strafbefreiender Rücktritt nicht in Betracht.

  Beispiel: Wer sein widerstandsunfähiges Opfer zunächst nur sexuell missbrauchen will (i.S.d. § 179), es dann aber vergewaltigt (§ 177 I, II), tritt damit nicht etwa strafbefreiend vom sexuellen Missbrauch Widerstandsunfähiger zurück, da der Opferschutz des § 177 weiter geht als der des § 179.[942]

- **Aufgeben der Tat** bedeutet, dass der Täter von der weiteren Realisierung des gesetzlichen Tatbestands aufgrund eines „Gegenentschlusses" **ganz und endgültig** Abstand nehmen muss.[943] Danach tritt bspw. der Täter eines Einbruchdiebstahls i.S.d. §§ 242, 243 I Nr. 1 nur dann strafbefreiend zurück, wenn er von *allen* Tatmodalitäten zurücktritt. Eine nur vorübergehende Pause der weiteren Ausführung im Gesamtgeschehen ohne Endgültigkeit des Verzichts reicht nicht. 721

  Das Aufgeben der Tat kann aber nur so lange strafbefreiend wirken, wie der Versuch noch nicht beendet ist. Ein solcher sog. **unbeendeter Versuch** liegt vor, wenn der Täter noch nicht alles getan zu haben glaubt, was *nach seiner Vorstellung* von der Tat zu ihrer Verwirklichung notwendig ist.[944] Das gilt nach Auffassung des BGH auch bei bei einem **mehraktigen** Tatgeschehen, wenn der Täter nach gescheiterten Angriffsakten die weitere Ausführung der Tat – wenn auch mit anderen Mitteln – noch für möglich hält. Auch dann sei der Verzicht auf ein Weiterhandeln als strafbefreiender Rücktritt vom unbeendeten Versuch zu bewerten (s.o.).[945] Umgekehrt heißt dies: Hält der Täter den Erfolgseintritt also noch für möglich, stellt allein der Verzicht auf weitere Ausführungshandlungen keinen Rücktritt vom unbeendeten Versuch dar.

Weiterhin ist erforderlich, dass der Täter die weitere Tatausführung **freiwillig** aufgibt. Wann von Freiwilligkeit gesprochen werden kann, wird unterschiedlich gesehen. 722

- Nach der vereinfachten „**Frank´schen Formel**" liegt Freiwilligkeit vor, wenn der Täter sich sagt: **„Ich will nicht, obwohl ich kann"**, bzw. Unfreiwilligkeit, wenn er sich sagt: **„Ich kann nicht, obwohl ich will"**.[946] Doch bei genauer Betrachtung entscheidet diese Formel bereits über das Vorliegen eines fehlgeschlagenen Versuchs, denn die Formulierung „ich kann nicht, obwohl ich will" beschreibt in Wirklichkeit bereits die objektive Unmöglichkeit, den tatbestandlichen Erfolg herbeizuführen, und somit den **fehlgeschlagenen Versuch**. Daher wird das Kriterium der Freiwilligkeit heute nur noch dahingehend diskutiert, 723

---

[942] Vgl. BGHSt 45, 253, 260 f.

[943] BGH NStZ 2009, 501, 502; NStZ 2005, 263, 264; BGHSt 33, 142, 145; 35, 184, 186; *Fischer*, § 24 Rn 26; *W/B/S*, AT, Rn 641.

[944] Vgl. zu dieser Definition BGH NStZ 2012, 688, 689; NStZ 2006, 685; NStZ-RR 2002, 73, 74; NStZ 1999, 299.

[945] BGH NStZ 2015, 26, 27.

[946] Formel nach *Reinhard Frank*, Das Strafgesetzbuch für das Deutsche Reich, 18. Aufl. 1931, § 46 Anm. II, S. 95. Exakt heißt es dort: „Ich will nicht zum Ziele kommen, selbst wenn ich es könnte." und „Ich kann nicht zum Ziele kommen, selbst wenn ich es wollte." Während der erste Teil also die autonome (selbstbestimmte) und damit freiwillige Entscheidung beschreibt, bezieht sich der zweite Teil auf die heteronome, also fremdbestimmte und damit unfreiwillige Entscheidung, die zur Versagung des strafbefreienden Rücktritts führt.

ob der vom Täter geplanten Tatausführung *relative* Hinderungsgründe entgegenstehen (sog. subjektive Unmöglichkeit).

724 ▪ Eine Minderheitsmeinung in der Literatur[947] nimmt hierbei eine **normative Auslegung** vor und stellt darauf ab, ob der Täter wieder zu einer Achtung der rechtlichen Verbote und Gebote zurückgefunden und sich damit als ungefährlich erwiesen hat. Mit diesem Verhalten zeige er, dass er nicht der kühlen „Verbrechervernunft" folgt. Diese Auffassung ist mit der Wortlautgrenze des Begriffs „freiwillig" kaum vereinbar. Denn die Frage, ob der Täter wieder zu einer Achtung der rechtlichen Verbote und Gebote zurückgefunden und sich damit als ungefährlich erwiesen hat, beurteilt sich nach objektiven Kriterien. Bei der Auslegung des Begriffs „freiwillig" muss es aber auf die subjektive Seite des Täters ankommen.

725 ▪ Daher stellt die ganz h.M.[948] – in Anlehnung an die genannten Frank´schen Formel – auf psychologische Kriterien ab und unterscheidet zwischen **autonomen** (selbst gesetzten) und **heteronomen** (fremdbestimmten) **Motiven**. Sie bejaht die Freiwilligkeit, wenn der Täter die an sich noch von ihm für möglich erachtete Tatvollendung aus **innerer Überzeugung heraus** nicht mehr erreichen will. Dabei schadet es nicht, wenn der Anstoß von außen kommt oder die Motive des Rücktritts sittlich anstößig sind.[949] Auch Furcht vor Bestrafung, seelische Erschütterung beim Tatanblick oder das Erschrecken über lautes Schreien des Opfers, selbst wenn dies Dritte nicht hören können, stehen der Freiwilligkeit nicht entgegen. Selbst eine vorherige Entdeckung der Tat steht der Freiwilligkeit des Rücktritts nicht zwingend entgegen.[950]

726 Ist der Täter aber infolge von Panik nicht mehr im Ansatz in der Lage, das Geschehen zu überblicken bzw. zu beeinflussen, und will daher „nur noch weg", kann von Freiwilligkeit nicht mehr gesprochen werden[951] (vgl. Rn 708). Gleiches gilt, wenn der Täter sich nur **äußerlichen Zwängen** fügt oder er aufgrund eines **seelischen Drucks** („psychische Hemmungen") außerstande ist, die Tat zu vollenden.[952] Das ist etwa dann der Fall, wenn unüberwindbare innere Hemmungen in ihm ausgelöst werden (Beispiel: Der Täter kann kein Blut sehen oder ist gehemmt, die Tötung des Opfers vor den Augen der Kinder auszuführen) oder sich die Sachlage derart zu seinen Ungunsten verändert, dass er die damit verbundenen Risiken oder Nachteile nicht mehr für tragbar hält oder sie nicht in Kauf nehmen will (Beispiel: Es sind zu viele Kunden in der Bank oder der Täter befürchtet aufgrund der Hilferufe des Opfers alsbaldige Festnahme).

727 **Hinweis für die Fallbearbeitung:** Die in den Kommentaren genannten zahlreichen Beispiele für Freiwilligkeit bzw. Unfreiwilligkeit dürfen nicht missverstanden und unreflektiert der Fallbearbeitung zugrunde gelegt werden. So könnte ein zur Freiwilligkeit genanntes Beispiel durchaus auch als Beispiel zur Unfreiwilligkeit genannt werden, wenn das dahinter stehende Motiv des Täters ein anderes wäre. In der Fallbearbeitung muss also stets auf das Motiv des Rücktrittswilligen geschaut werden: Entscheidet sich der Rücktrittswillige (ohne dass ein Fall der objektiven Unmöglichkeit des Rücktritts vorliegt, denn sonst läge schon ein Fall des fehlgeschlagenen Versuchs vor) aufgrund innerer Überlegung und ohne äußerliche Zwänge oder seelischen Druck zum Rücktritt, ist das Kriterium der Freiwilligkeit erfüllt.

Abschlussfall zum unbeendeten Versuch[953]:

728 Flugschüler T beabsichtigt einen Suizid. Um diesen als spektakulären Flugunfall aussehen zu lassen, schlägt er während des Fluges dem Fluglehrer O mit einem mitgebrachten Stein mehrmals gegen den Kopf. Als er bemerkt, dass er damit O nicht außer Gefecht setzen kann,

[947] SK-*Rudolphi*, § 24 Rn 24 f.; *Jakobs*, AT, § 26 Rn 34.
[948] Vgl. nur BGH NStZ-RR 2014, 9 f.; NStZ 2012, 688, 689; NStZ 2011, 454, 455; NStZ 2005, 150, 151; NStZ 1999, 395, 396; NStZ 1998, 510; BGHSt 35, 184, 186; *Jescheck/Weigend*, § 51 III 2; *Lackner/Kühl*, § 24 Rn 16; *Fischer*, § 24 Rn 19.
[949] Wie hier nun auch BGH NStZ 2005, 150, 151.
[950] BGH NStZ 2012, 688, 689.
[951] BGH 28.5.2015 - 3 StR 89/15.
[952] Vgl. etwa BGH NStZ 2014, 450.
[953] Nach BGH NStZ 2015, 26 f. Vgl. auch den Beispielsfall bei Rn 714 (zu BGH NJW 2016, 2129).

drückt er seine Daumen in dessen Augenhöhlen, damit dieser das Steuerhorn loslässt. Um diesen Angriff abzuwehren, muss O das Steuerhorn loslassen, woraufhin T mit einem Fuß das Steuerhorn nach vorne drückt, um den Absturz herbeizuführen bzw. zu beschleunigen. Doch O gelingt es, den Angriff abzuwehren und die Kontrolle über das Flugzeug wiederzuerlangen. Kurz vor dem Aufschlag auf dem Boden kann er das Flugzeug abfangen und einen Absturz verhindern. T, der noch mit seinem ebenfalls mitgeführten Messer zustechen könnte, sitzt zu diesem Zeitpunkt teilnahmslos auf seinem Sitz.

In Betracht kommt ein Mordversuch zum Nachteil des O gem. §§ 211 I, II Var. 4 und 5 (niedrige Beweggründe, Heimtücke), 22. Daneben besteht eine gefährliche Körperverletzung gem. § 224 I Nr. 2 Var. 2 und 5 (Verwendung eines gefährlichen Werkzeugs und lebensgefährliche Behandlung durch mehrfachen Schlag mit dem Stein gegen den Kopf) sowie ein Angriff auf den Luftverkehr (§ 316c I) und ein versuchter Angriff auf den Luftverkehr mit Todesfolge (§§ 316c III, 22). Hinsichtlich der Versuchstaten liegt nach Auffassung des BGH kein fehlgeschlagener Versuch vor, sodass ein strafbefreiender Rücktritt nach § 24 I S. 1 Var. 1 nicht von vornherein ausscheidet. Nehme der Täter im Rahmen eines mehraktigen Geschehens verschiedene Handlungen vor, stehe der Fehlschlag eines Einzelakts oder mehrerer Einzelakte einem strafbefreienden Rücktritt nicht von vornherein entgegen, wenn der Täter die weitere Ausführung der Tat – wenn auch mit anderen Mitteln – noch für möglich halte. Dann sei der Verzicht auf ein Weiterhandeln (etwa in Form enes Messerstichs) als strafbefreiender Rücktritt vom unbeendeten Versuch zu bewerten.[954] Demnach konnte T vom versuchten Mord und vom versuchten Angriff auf den Luftverkehr mit Todesfolge strafbefreiend zurücktreten.

b. Rücktritt vom *beendeten* Versuch, § 24 I S. 1 Var. 2

Gemäß § 24 I S. 1 Var. 2 wird nicht bestraft, wer (freiwillig) die **Vollendung der Tat verhindert**. Aus der Ratio dieser Vorschrift wird klar, dass hier nur die Konstellation vorliegen kann, in der der Täter nach Abschluss der letzten tatbestandlichen Ausführungshandlung[955] alles getan zu haben glaubt, was nach seiner Vorstellung von der Tat zur Herbeiführung des tatbestandlichen Erfolgs notwendig oder möglicherweise ausreichend ist (sog. **beendeter Versuch**).[956] Daher genügt (im Gegensatz zum Rücktritt vom *unbeendeten* Versuch) für die Strafbefreiung das schlichte Unterlassen weiterer Ausführungshandlungen nicht. Vielmehr ist erforderlich, dass der Täter die **Vollendung der Tat aktiv verhindert**. 729

Mit aktiver Verhinderung der Vollendung ist jedenfalls gemeint, dass der Täter **eine neue Kausalkette** in Gang gesetzt haben muss, welche für das Ausbleiben des Erfolgs **mitursächlich** geworden ist, wobei anzumerken ist, dass auch ein Nichtstun diese Voraussetzung erfüllen kann, solange nur dadurch die Vollendung kausal verhindert wird. Auch das Einschalten Dritter kann zum strafbefreienden Rücktritt führen.[957] Ob darüber hinaus noch weitere objektive Erfordernisse vorliegen müssen, ist umstritten. 730

Beispiel[958]: Autofahrer T fuhr nachts in Selbsttötungsabsicht auf der Autobahn in entgegengesetzter Richtung, um mit einem entgegenkommenden Fahrzeug zu kollidieren. Um nicht von entgegenkommenden Autofahrern frühzeitig erkannt zu werden, schaltete er das Fahrtlicht aus. Doch plötzlich besann er sich eines Besseren und schaltete, um bevorstehendes großes Unheil zu verhindern, das Fahrtlicht wieder ein. Dadurch konnte der entgegenkommende O zwar eine Frontalkollision vermeiden, streifte den Wagen des T aber seitlich und schleuderte in die Seitenbegrenzung. O konnte notärztlich gerettet werden.

---

[954] BGH NStZ 2015, 26, 27.
[955] BGH NStZ-RR 2014, 202; NStZ 2015, 261 f.
[956] Vgl. BGH NStZ 2015, 261 f.; NStZ 2014, 569 f.; NStZ 2013, 703, 704; NStZ 2013, 463; NStZ 2008, 393, 394 f. - dazu oben Rn 674/713.
[957] BGHSt 33, 295, 301; BGH NStZ 1999, 128; Sch/Sch-*Eser/Bosch*, § 24 Rn 59.
[958] In Anlehnung an BGH NStZ 2006, 503 ff.

T hat unmittelbar zur Verwirklichung des Tatbestands des § 211 in den Varianten *Heimtücke* und *mit gemeingefährlichen Mitteln* angesetzt (vgl. zu diesen Aspekten des Falls *R. Schmidt*, BT I, Rn 76 und 108 allerdings unter dem Gesichtspunkt der Vollendung). Möglicherweise ist er aber dadurch, dass er kurz vor der Kollision das Fahrtlicht einschaltete und O dadurch die Möglichkeit einräumte, ihn zu erkennen und auszuweichen, strafbefreiend vom Versuch zurückgetreten. Dazu hätte er gem. § 24 I S. 1 Var. 2 freiwillig die Vollendung der Tat verhindert haben müssen. Mit aktiver Verhinderung der Vollendung ist jedenfalls gemeint, dass der Täter eine neue Kausalkette in Gang gesetzt haben muss, welche für das Ausbleiben des Erfolgs mitursächlich geworden ist, wobei anzumerken ist, dass auch ein Nichtstun diese Voraussetzung erfüllen kann, solange nur dadurch die Vollendung kausal verhindert wird. Auch das Einschalten Dritter kann zum strafbefreienden Rücktritt führen. Ob darüber hinaus noch weitere objektive Erfordernisse vorliegen müssen, ist umstritten.

731 ⇨ Die herrschende Auffassung[959] lehnt zusätzliche Erfordernisse ab. Es genüge eine auf Erfolgsverhinderung gerichtete Tätigkeit, die zumindest **mitursächlich** für die Verhinderung des Erfolgseintritts ist. Ein strafbefreiender Rücktritt setze nicht voraus, dass der Täter, der die Vollendung der Tat erfolgreich verhindere und dies auch anstrebe, unter mehreren Möglichkeiten der Erfolgsverhinderung die sicherste oder „optimale" gewählt habe. Daher sei der Rücktritt nicht ausgeschlossen, wenn der Täter noch mehr oder Besseres zur Erfolgsabwendung hätte tun können. Entscheidend sei allein, dass er mitursächlich den Erfolgseintritt verhindert habe.

Mit dem Einschalten des Fahrtlichts ermöglichte T dem O, einen Frontalzusammenstoß zu vermeiden, sodass sich die Fahrzeuge nur streiften. Dieses Verhalten des T war damit zumindest mitursächlich dafür, dass O keine tödlichen Verletzungen erlitt. Der h.M. zufolge konnte T somit strafbefreiend vom Mordversuch zurücktreten.

732 ⇨ An dieser Auslegung des Begriffs „Verhinderung der Vollendung der Tat" wird teilweise kritisiert, dass der Täter eines beendeten und objektiv gefährlichen Versuchs dann mit jeder belanglosen Handlung strafbefreiend zurücktreten könne, wohingegen er auch nach der h.M. im Falle eines untauglichen, also objektiv ungefährlichen Versuchs gem. § 24 I S. 2 „ernsthafte" bzw. „optimale" Rücktrittsbemühungen zeigen müsse. Um hier eine einheitliche Wertung vorzunehmen, sei auch für den Rücktritt vom beendeten Versuch gem. § 24 I S. 1 Var. 2 eine **ernsthafte** bzw. **optimale** Vollendungsverhinderung zu verlangen (**Bestleistungs- oder Erforderlichkeitstheorie**). Der Täter könne nur dann strafbefreiend vom Versuch zurücktreten, wenn er alles tue, was in seinen Kräften stehe. Schalte der Täter Dritte zur Verhinderung der Vollendung ein, sei erforderlich, dass der Rücktrittswillige nicht nur als Initiator des Rücktritts auftrete, sondern auch während des gesamten Verhinderungsprozesses die „Tatherrschaft" innehabe.[960]

Demnach hätte T unter Umständen versuchen müssen, dem entgegenkommenden Fahrzeug etwa durch dichtes Heranfahren links an die Mittelleitplanke auszuweichen. Da er dieses nicht getan hat, konnte er auf der Basis der Minderheitsmeinung nicht strafbefreiend vom Mordversuch zurücktreten und wäre wegen versuchten Mordes strafbar.

733 Stellungnahme: Die zweitgenannte Auffassung ist mit dem Wortlaut des § 24 I S. 1 Var. 2 kaum vereinbar. Diesem ist nicht zu entnehmen, dass der Täter sich „ernsthaft" oder „optimal" bemühen muss, die Verhinderung der Vollendung herbeizuführen. Auch ist der Vergleich mit dem Rücktritt gem. § 24 I S. 2 nicht statthaft, da schon keine Vergleichbarkeit vorliegt: § 24 I S. 2 regelt den Fall, dass der Täter die Verhinderung der Vollendung gerade *nicht* (wie bei § 24 I S. 1 Var. 2) herbeigeführt hat. Wer die Verhinderung der Vollendung nicht herbeiführt, sich aber gleichwohl darum bemüht hat, soll nach der Wertung des

[959] BGH NStZ 2008, 508, 509; NStZ 2006, 503, 504 f.; NStZ 2004, 329 (dazu *Rotsch/Sahan*, JA 2005, 171 ff.); NStZ-RR 2000, 41, 42 f.; NStZ 1999, 128 u. 300; StV 1999, 211, 212; *Engländer*, JuS 2003, 641, 643; Sch/Sch-*Eser/Bosch*, § 24 Rn 59; LK-*Lilie/Albrecht*, § 24 Rn 309 ff.; *Fischer*, § 24 Rn 31; *Lackner/Kühl*, § 24 Rn 20; kritisch *Zieschang*, GA 2003, 358 ff.
[960] So *Baumann/Weber/Mitsch*, AT, § 27 Rn 28; *Herzberg*, NStZ 1989, 49 ff.; *Rudolphi*, NStZ 1989, 508, *Lackner/Kühl*, § 24 Rn 19 b; *Otto*, JK 1999, StGB § 24/28.

Gesetzgebers dennoch vom Versuch strafbefreiend zurücktreten können. Es ist gerade im Sinne des Opferschutzes, wenn der Täter bei Rettungsbemühungen jedweder Art, also nicht nur bei bestmöglichen Bemühungen, sondern auch bei weniger geeigneten, die Aussicht hat, strafbefreiend vom Versuch zurücktreten zu können. Diesen entscheidenden Unterschied verkennt die Minderauffassung. Sie verstößt gegen das zu Lasten des Täters bestehende Analogieverbot und ist somit abzulehnen.

Ergebnis: T konnte gem. § 24 I S. 1 Var. 2 strafbefreiend vom Mordversuch zurücktreten. Zur Strafbarkeit wegen § 315b und/oder § 315c vgl. *R. Schmidt*, BT I, Rn 558 ff./597 ff.

Die **Freiwilligkeit** beurteilt sich nach denselben Kriterien, die bereits beim *unbeendeten* Versuch aufgezeigt wurden, d.h. nach autonom bzw. heteronom bestimmten Motiven. **734**

Daher stand im soeben dargestellten **Beispiel** von Rn 730 der Annahme der Freiwilligkeit des Rücktritts auch nicht entgegen, dass T zunächst mit bedingtem Tötungsvorsatz handelte. Maßgeblich war, dass er beim Einschalten der Scheinwerfer davon ausging, dass der Unfall dadurch noch vermieden werden konnte, er mithin den für möglich gehaltenen Todeserfolg nicht mehr billigte.[961]

c. Rücktritt vom *beendeten, untauglichen* Versuch, § 24 I S. 2

Weiterhin bleibt der beendete Versuch straflos, wenn die Tat zwar ohne das Zutun des Täters nicht vollendet wurde, er sich aber **freiwillig und ernsthaft um die Verhinderung der Vollendung bemüht hat**, § 24 I S. 2. In dieser Variante ist also der Rücktritt auch dann noch möglich, wenn der Versuch (1) objektiv misslungen oder (2) untauglich ist, dies vom Täter jedoch nicht erkannt wurde und seine Rücktrittshandlung noch nicht einmal mitursächlich für das Ausbleiben des tatbestandlichen Erfolgs war, sondern der Erfolgseintritt entweder durch Dritte oder durch das Opfer selbst verhindert wurde (sog. ***fehlende Verhinderungskausalität***).[962] Insofern lässt sich bei § 24 I S. 2 auch von einem Strafbefreiungsgrund eines „versuchten Rücktritts" sprechen. **735**

Diese Rücktrittsalternative setzt also zunächst voraus, dass das Ausbleiben des Taterfolgs *nicht* kausal auf eine Handlung des Täters zurückzuführen ist. Gleichwohl soll der Rücktrittswillige nach Auffassung des Gesetzgebers straflos bleiben, wenn er sich zumindest freiwillig und ernsthaft um die Vollendungsverhinderung bemüht. Dies ist anzunehmen, wenn der Täter alles in seinen Kräften stehende tut, was aus seiner Sicht zur Abwendung des drohenden Erfolgs notwendig und geeignet ist. Von daher scheitert der Rücktritt nicht schon deshalb, weil der Täter aus *objektiver* Sicht mehr hätte tun müssen. Bemüht der Täter Dritte zur Erfolgsabwendung, muss er sich jedenfalls vergewissern, dass die Hilfspersonen das Notwendige und Geeignete veranlassen.[963] **736**

Die **Freiwilligkeit** bestimmt sich auch hier nach den bekannten Kriterien. Ist die Tat **nach der Vorstellung des Täters bereits vollendet**, kommt ein Rücktritt **niemals** in Betracht. Zur problematischen Abgrenzung zum fehlgeschlagenen Versuch vgl. Rn 758a.

d. Rücktritt vom Unterlassungsversuch

Auch beim Unterlassungsversuch ist mit der ganz h.M.[964] unter Anwendung der **allgemeinen Rücktrittsregeln** die Möglichkeit des strafbefreienden Rücktritts anzuerkennen. Allerdings muss der Täter hierzu auf jeden Fall **aktiv gegensteuern**. Höchst strittig ist die Frage, welche Anforderungen an das Gegensteuern zu stellen sind, insbesondere, ob der Rücktrittswillige von mehreren, ihm zur Verfügung stehenden Möglichkeiten der **737**

---

[961] So BGH NStZ 2006, 503, 504 f.
[962] BGH StV 1999, 211, 212; Sch/Sch-*Eser/Bosch*, § 24 Rn 68 f.; *Fischer*, § 24 Rn 36; *Küpper*, JuS 2000, 225, 229.
[963] Vgl. hierzu insgesamt BGH NStZ 2012, 28 f.; NStZ 2008, 508, 509; NStZ-RR 2000, 41, 42 f.
[964] BGH NStZ 2003, 28; NJW 2000, 1730, 1732; *Fischer*, § 24 Rn 26; Sch/Sch-*Eser/Bosch*, § 24 Rn 27 ff.; LK-*Lilie/Albrecht*, § 24 Rn 335 u. 463; *Jescheck/Weigend*, AT, § 60 II 3; *Gropp*, AT, § 9 Rn 145.

Erfolgsverhinderung diejenige wählen muss, welche am sichersten den Erfolgseintritt verhindert, oder ob es genügt, wenn er irgendeine Möglichkeit wählt, die im Ergebnis den Eintritt des Erfolgs verhindert (Stichwort: **Rücktritt bei erfolgreicher, aber nicht „bestmöglicher" Vollendungsverhinderung**). Da die Beantwortung dieser Frage fundierte Kenntnisse über das Unterlassungsdelikt voraussetzt, sei insoweit auf die Ausführungen bei Rn 833 ff. verwiesen.

4. Der Rücktritt bei mehreren Tatbeteiligten, § 24 II

738 § 24 II enthält eine Regelung für den Rücktritt vom Versuch bei mehreren Tatbeteiligten. Tatbeteiligte i.S.d. § 24 II können Mittäter, Anstifter und Gehilfen sein. Da der Rücktritt als *persönlicher* Strafaufhebungsgrund nur demjenigen Täter zugutekommt, bei dem er vorliegt, wirken sich Rücktrittsbemühungen eines Tatbeteiligten grundsätzlich nicht auf die Versuchsstrafbarkeit der übrigen Beteiligten aus. Jeder Tatbeteiligte ist somit gesondert zu prüfen.[965]

739 Voraussetzung für den Rücktritt nach § 24 II ist zunächst, dass die Tat bereits versucht wurde. Es können sich somit bei der Abgrenzung zur straflosen Vorbereitungshandlung die gleichen Probleme stellen wie bei § 24 I. Des Weiteren darf der Versuch nicht *fehlgeschlagen* sein, denn beim fehlgeschlagenen Versuch ist § 24 schon nicht anwendbar. Schließlich dürfen die Ausführungshandlungen – bis auf die noch zu erörternde Ausnahme des § 24 II S. 2 Var. 2 – noch nicht zur Vollendung geführt haben.

740 Im Übrigen unterscheidet der Wortlaut des § 24 II – im Gegensatz zu dem des § 24 I – nicht zwischen *beendetem* und *unbeendetem* Versuch.[966] Auf dieser Grundlage muss der zurücktretende Tatbeteiligte folgerichtig **in jedem Fall aktiv gegensteuern**, ohne dass es auf eine Unterscheidung *beendeter - unbeendeter* Versuch ankäme.

741 Gleichwohl muss nach h.M. die Verhinderung der Vollendung dann nicht in einem aktiven Gegensteuern liegen, wenn schon das bloße Nichtweiterhandeln zur Verhinderung der Vollendung führt, was regelmäßig immer dann der Fall ist, wenn die Konstellation eines unbeendeten Versuchs vorliegt und die Vollendung ausschließlich von dem Tatbeitrag des rücktrittswilligen Tatbeteiligten abhängt.[967] Auch kann eine Verhinderung durch einen anderen Tatbeteiligten erfolgen, mit dessen Verhalten der Täter einverstanden ist.[968]

742 Der Grund für diese Verschärfung der Rücktrittsvoraussetzungen liegt darin, dass der Gesetzgeber den Versuch mit mehreren Beteiligten für gefährlicher hält als den Versuch des Alleintäters und dass er eine Rücktrittsregelung hat treffen wollen, die einer Vollendung effektiv entgegenwirkt.[969]

743 Die verschärfte Rücktrittsregelung des § 24 II behandelt drei Fälle: Danach wird der rücktrittswillige Tatbeteiligte nicht bestraft, wenn er

- durch Unschädlichmachen seines Tatbeitrags oder auf andere Weise **freiwillig** die **Vollendung der Tat**, an deren Versuch er beteiligt war, **verhindert** (§ 24 II S. 1) oder
- sich freiwillig und ernsthaft um die Verhinderung der Vollendung bemüht, falls die Tat **ohne sein Zutun nicht vollendet** wird (§ 24 II S. 2 Var. 1) oder

---

[965] Bei nur versuchter Teilnahme gelten die §§ 31 f.! Bei mittelbarer Täterschaft hilft § 24 dem Tatmittler; seinem Auftraggeber nur dann, wenn er den Rücktritt für diesen und mit dessen Willen ausführt (LK-*Lilie/Albrecht*, § 24 Rn 365; *Fischer*, § 24 Rn 39).

[966] Das hat den Hintergrund, dass beim *unbeendeten* Versuch das schlichte Unterlassen weiterer Ausführungshandlungen zum strafbefreienden Rücktritt führt, während beim *beendeten* Versuch der Täter den Erfolgseintritt durch aktives Gegensteuern verhindern muss.

[967] Vgl. dazu BGH NStZ 1999, 359, 460; *Schroeder*, JuS 2002, 139 f.; LK-*Lilie/Albrecht*, § 24 Rn 400; Sch/Sch-*Eser/Bosch*, § 24 Rn 101 f.; *Fischer*, § 24 Rn 40; *Jescheck/Weigend*, AT, § 51 IV 3.

[968] BGHSt 44, 204, 207; *Müssig*, JR 2001, 228.

[969] Vgl. etwa *Kühl*, AT, § 16 Rn 91; *W/B/S*, AT, Rn 911.

- diese **unabhängig von seinem früheren Tatbeitrag begangen** wird (§ 24 II S. 2 Var. 2).

a. Rücktritt durch Verhinderung der Vollendung, § 24 II S. 1

Zum Rücktritt nach § 24 II S. 1 ist nach dem bereits Gesagten erforderlich, dass der rücktrittswillige Tatbeteiligte – wie der rücktrittswillige Einzeltäter im Fall des § 24 I S. 1 Var. 2 – die **Vollendung der Tat verhindert**. Insoweit kann der dort dargestellte Meinungsstand im Wesentlichen übernommen werden. Insbesondere genügt es danach nicht, dass der rücktrittswillige Tatbeteiligte lediglich versucht, andere Tatbeteiligte umzustimmen, oder schlicht seinen Tatbeitrag nicht leistet. Die Verhinderung der Vollendung muss aber (zumindest beim unbeendeten Versuch, s.o.) dann nicht in einem aktiven Gegensteuern liegen, wenn auch nur das bloße Nichtweiterhandeln zur Verhinderung der Vollendung führt, was – wie gesagt – regelmäßig immer dann der Fall ist, wenn die Vollendung ausschließlich von dem Tatbeitrag des rücktrittswilligen Tatbeteiligten abhängt.[970] Darauf wird im Abschlussfall (Rn 748) zurückzukommen sein. Des Weiteren kann nach Auffassung des BGH die für § 24 II S. 1 erforderliche Verhinderungsleistung bereits darin zu sehen sein, dass die Beteiligten es einvernehmlich (und freiwillig) unterlassen, weiter zu handeln, sofern nur die Situation eines unbeendeten Versuchs vorliegt.[971] So sei der Rücktritt der Tatbeteiligten durch bloßes Nichtweiterhandeln möglich, wenn sie zum Zeitpunkt der letzten von ihnen vorgenommenen Ausführungshandlung davon ausgingen, noch nicht alles getan zu haben, was nach ihrer Vorstellung zur Herbeiführung des Taterfolgs erforderlich oder zumindest ausreichend sei.[972] Damit liegt im Ergebnis also kein Unterschied vor im Vergleich zur Konstellation eines unbeendeten Versuchs, wenn man die Tatbeteiligten isoliert nach § 24 I S. 1 Var. 1 behandelte (dazu oben Rn 718 ff.). Liegt also die Situation eines unbeendeten Versuchs vor, kann nach Auffassung des BGH auch im Rahmen des § 24 II S. 1 ein freiwilliges und einvernehmliches Nichtweiterhandeln zur Strafbefreiung führen, obwohl der Wortlaut des § 24 II S. 1 eigentlich ein aktives Gegensteuern fordert. Jedenfalls ist darin kein Verstoß gegen das Analogieverbot zu sehen, da zugunsten des Täters/der Täter vom Wortlaut abgewichen wird. Inwieweit diese Art richterlicher Rechtsfortbildung aber mit dem Opferschutz vereinbar ist, ist eine Frage des Einzelfalls. 744

Beispiel[973]**:** A und B hatten dem O zur Besorgung von Marihuana jeweils 450,- € gegeben, welche O jedoch für sich verbrauchte. Nachdem O mehreren Rückzahlungsaufforderungen durch A und B nicht nachgekommen war, entschlossen diese sich, „ihr Geld zurückzuholen". Sie begaben sich daher zu dem Mehrfamilienhaus, in dem D eine Wohnung angemietet hatte und O bei sich wohnen ließ. Sie führten in einer Tasche einen Spachtel, ein Brecheisen sowie zwei ungeladene Schreckschusswaffen mit sich. Am Haus angekommen, verschafften sie sich mit Hilfe des Spachtels Zugang und klingelten an der Wohnung des D, der daraufhin öffnete. Da sie die Auskunft des D, O sei nicht anwesend, nicht glaubten, drängte B den D in die Wohnung, wobei er diesem mit der einen Hand an den Hals griff und mit der anderen Hand eine der beiden Schreckschusswaffen an den Kopf hielt. Da der im abgeschlossenen Nebenzimmer befindliche O der Aufforderung seitens A und B, die verschlossene Tür zu öffnen, nicht nachkam, brach B diese mit dem Brecheisen auf. Sodann forderten A und B von O – unter Vorhalt der anderen ungeladenen Schreckschusspistole durch A – die Herausgabe von 1.000,- € in bar. Als O kein Geld aushändigte, drohten sie ihm, in vier Wochen wiederzukommen, und verließen anschließend die Wohnung.

---

[970] Vgl. dazu BGH NStZ 1999, 449, 450; *Schroeder*, JuS 2002, 139 f.; LK-*Lilie/Albrecht*, § 24 Rn 400; Sch/Sch-*Eser/Bosch*, § 24 Rn 101 f.; *Fischer*, § 24 Rn 40; *Jescheck/Weigend*, AT, § 51 IV 3. Das gilt erst recht für den Fall, dass der andere Beteiligte lediglich Anstifter oder Gehilfe ist.
[971] BGH 23.2.2016 - 3 StR 5/16.
[972] BGH 23.2.2016 - 3 StR 5/16.
[973] Nach BGH 23.2.2016 - 3 StR 5/16.

In Betracht kommt eine Strafbarkeit wegen mittäterschaftlich versuchter schwerer räuberischer Erpressung gem. §§ 253, 255, 250, 25 II, 22, 23, 12 I, 25 II. Doch bereits der Vorsatz hinsichtlich der Rechtswidrigkeit der beabsichtigten Bereicherung ist fraglich, da A und B offenbar von einem Rückzahlungsanspruch ausgingen.[974] Verneint man (wegen § 16 I S. 1) den diesbezüglichen Vorsatz, käme allenfalls eine Nötigung (§ 240) in Betracht. Aber auch von einer versuchten schweren räuberischen Erpressung könnten A und B strafbefreiend zurückgetreten sein, da sie von weiteren Aktionen absahen und unverrichteter Dinge das Haus verließen.

Stellt man allein auf den Wortlaut des im vorliegenden Fall einschlägigen § 24 II S. 1 ab, hätten A und B den Taterfolg freiwillig verhindern müssen. Ob das vorliegt, erscheint fraglich. Denn von einer Verhinderung der Vollendung durch A und B kann nicht die Rede sein. Allerdings kann nach Auffassung des BGH die für § 24 II S. 1 erforderliche Verhinderungsleistung bereits darin zu sehen sein, dass die Beteiligten es einvernehmlich (und freiwillig) unterlassen, weiter zu handeln, sofern nur die Situation eines unbeendeten Versuchs vorliegt (s.o.). Vorliegend bestand die Situation eines unbeendeten Versuchs, da aus Sicht von A und B noch nicht alles Erforderliche getan war, was zur Tatbestandsverwirklichung erforderlich ist. Denn sie hätten jederzeit das Tatgeschehen abbrechen können, ohne das Geld an sich zu nehmen. Jedoch ist ungeklärt, warum O kein Geld herausgab. Sollte er über kein Geld verfügt haben, wäre an einen fehlgeschlagenen Versuch zu denken, der einen strafbefreienden Rücktritt ausschließt. Ein fehlgeschlagener Versuch setzt jedoch voraus, dass A und B davon ausgingen, dass sie mit den ihnen zur Verfügung stehenden Mitteln den tatbestandlichen Erfolg nicht oder zumindest nicht ohne zeitlich relevante Zäsur oder nur mit einer grundlegenden Änderung des ursprünglichen Tatplans herbeiführen konnten. Trotz Undurchführbarkeit kommt es also allein auf die Vorstellung der Täter an. Das ist das Resultat der überaus rücktrittsfreundlichen Rechtsprechung des BGH, die den Rücktrittshorizont großzügig versteht und auch bei Mittäterschaft i.S.v. § 24 II S. 1 – entgegen dessen Wortlaut – die Kriterien des für Einzeltäterschaft vorgesehenen Rücktritts vom unbeendeten Versuch (§ 24 I S. 1 Var. 1) anwendet. Bejaht man demnach bei A und B den Rücktritt vom Versuch einer schweren räuberischen Erpressung, bliebe in der Tat nur eine Strafbarkeit wegen Nötigung (und Hausfriedensbruchs und Sachbeschädigung).

Unbeschadet der vorstehenden Problematik richtet sich die zum Rücktritt erforderliche Freiwilligkeit nach den gleichen Maßstäben wie bei § 24 I.

Beispiel 1: A und B wollen einbrechen. A besorgt die Lagepläne, B die Einbruchwerkzeuge. Während des Tatablaufs kommen B Bedenken, dass A ihn nur ausnutzt. Er nimmt daher nicht nur von der weiteren Tatausführung Abstand, sondern verhindert durch die Alarmierung der Polizei die Vollendung des Einbruchs durch A.

Da die Tat auch ohne sein Zutun vollendet, aber nicht unabhängig von seinem früheren Tatbeitrag begangen werden kann und B die Vollendung auch freiwillig verhindert hat, ist er strafbefreiend nach § 24 II S. 1 zurückgetreten.

b. Rücktritt bei fehlender Verhinderungskausalität für das Ausbleiben des Erfolgs durch ernsthafte Verhinderungsbemühungen, § 24 II S. 2 Var. 1

745 § 24 II S. 2 Var. 1 behandelt den Fall, dass die Rücktrittshandlung des Täters das Ausbleiben des Taterfolgs **nicht kausal** bewirkt hat (*fehlende Verhinderungskausalität*). Die übrigen Voraussetzungen (Freiwilligkeit, ernsthaftes Bemühen um die Nichtvollendung) sind mit § 24 I S. 2 identisch.

Beispiel 2: Wie oben, aber bevor B die Polizei verständigen kann, ist diese bereits eingetroffen und hat A vorläufig festgenommen.

---

[974] Zum Merkmal der Rechtswidrigkeit der erstrebten Bereicherung (insbesondere bei Geldschuld, bei der es weniger auf die konkreten Banknoten als auf die Wertsumme ankommt) vgl. *R. Schmidt*, StrafR BT II, Rn 113 ff.

In diesem Fall war die Rücktrittshandlung nicht kausal für die Verhinderung der Vollendung. Da B sich aber freiwillig und ernsthaft um die Nichtvollendung bemüht hat, konnte er gem. § 24 II S. 2 Var. 1 strafbefreiend zurücktreten.

c. Rücktritt bei fehlender Vollendungskausalität des Tatbeitrags durch ernsthafte Erfolgsverhinderungsbemühungen des Tatbeteiligten, § 24 II S. 2 Var. 2

§ 24 II S. 2 Var. 2 regelt den Fall, dass die Tat trotz des freiwilligen und ernsthaften Verhinderungsbemühens des rücktrittswilligen Tatbeteiligten vollendet wird, allerdings unabhängig von seinem früheren Tatbeitrag. Sein früherer Beitrag war also für die *Vollendung* der Tat **nicht kausal** (*fehlende Vollendungskausalität*). 746

Beispiel 3: A und B wollen erneut einbrechen. Nun besorgt A sowohl die Lagepläne als auch die Einbruchwerkzeuge. B soll (lediglich) Schmiere stehen.

Variante 1: Noch bevor A und B unmittelbar zur Tatbestandsverwirklichung ansetzen, nimmt B vom weiteren Geschehen Abstand und verständigt zusätzlich die Polizei. A, der unabhängig von der früheren Zusage des B, Schmiere stehen zu wollen, die Tat frühzeitig ausführt, wird daraufhin *nach* Tatausführung festgenommen.

Variante 2: B wird erst am Tatort von Reue gepackt und entfernt sich. A vollendet indes alleine die Tat.

Lösungsgesichtspunkte:
In **Variante 1** ist B noch im Vorfeld des Versuchsstadiums zurückgetreten, was nach § 24 II S. 2 Var. 2 allerdings keine Rolle spielt. Nachdem die Tat auch ohne das Zutun des B vollendet wurde, dieser sich aber freiwillig und ernsthaft um die Nichtvollendung bemüht hat, konnte er straflos nach § 24 II S. 2 Var. 2 zurücktreten.

In Variante 2 konnte B nicht strafbefreiend zurücktreten, da es nach § 24 II S. 2 Var. 2 nicht genügt, dass B die Kausalität seines Beitrags neutralisiert. B hätte sich außerdem um Verhinderung der Vollendung bemühen müssen.

5. Aufbauhinweise

Bei mehreren Tatbeteiligten stellt sich regelmäßig das Problem des richtigen Prüfungsaufbaus. Unbedingt ist dabei der Grundsatz der Akzessorietät der Teilnahme zu beachten. Ausgangspunkt ist die Formulierung in den §§ 26, 27, wonach derjenige bestraft wird, der vorsätzlich einen anderen zu dessen vorsätzlicher und rechtswidriger Tat bestimmt bzw. diesem dazu Hilfe geleistet hat. Nur an einer solchen Tat ist also eine Teilnahme möglich. Daraus folgt zwingend, dass die tatbestandliche und rechtswidrige Tat des Haupttäters festgestellt sein muss, bevor die Teilnahmehandlung des Teilnehmers geprüft werden kann. Auch bei der Mittäterschaft (§ 25 II) wird zunächst die Strafbarkeit des Tatnächsten geprüft; eventuell fehlende objektive Tatbeiträge anderer Tatbeteiligter werden gegenseitig zugerechnet. Und genau hier stellt sich die Problematik der Rücktrittsprüfung: 747

- Nach dem oben Gesagten muss der Haupttäter bzw. der Tatnächste zwingend zuerst geprüft werden.
- Ist die Tat im Versuch stecken geblieben, stellt sich die Frage nach dem Rücktritt. In Betracht kommt der Rücktritt nach § 24 I oder II. Dies wiederum hängt davon ab, ob ein Einzeltäter oder ein Mittäter bzw. ein Teilnehmer zurücktritt. Die Frage nach dem Mittäter bzw. dem Teilnehmer ist aber an dieser Stelle des Gutachtens möglicherweise noch nicht behandelt worden. Klausurtechnisch sei in einem solchen Fall daher empfohlen, dass das bis dahin gefundene Ergebnis als Zwischenergebnis festgehalten wird,

verbunden mit dem Hinweis, dass die Frage eines eventuellen Rücktritts erst nach der Erörterung der Strafbarkeit eventueller Beteiligter erfolgen könne.[975]

- Sodann werden die potentiellen Beteiligten geprüft.
- Nach der Feststellung, dass diese an der versuchten Tat des Haupttäters beteiligt sind, kann an dem obigen festgehaltenen Zwischenergebnis angeknüpft und der Rücktritt nach § 24 II zu Ende geprüft werden. Damit wird zwar eine inzidente Prüfung der Tatbeteiligten durchgeführt, diese Vorgehensweise scheint aber noch die eleganteste zu sein. Abzulehnen ist jedenfalls die vereinzelt in der Literatur vertretene Auffassung, in Fällen der *Mittäterschaft* die Vorschrift des § 24 II erst gar nicht anzuwenden, sondern – zumindest beim Tatnächsten – ausschließlich § 24 I zu prüfen.[976] Dagegen erscheint es sachgerecht, in Fällen der *Teilnahme* die Rücktrittsvoraussetzungen am Maßstab des § 24 I zu prüfen, da die Anwendung der strengen Rücktrittsvoraussetzungen des § 24 II in diesem Fall unbillig wäre.[977]
- Möglich ist aber auch ein ganz anderer Weg. So kann die Frage, ob der Tatnächste (der ja zuerst geprüft werden muss) gem. § 24 I oder gem. § 24 II zurückgetreten sein könnte, dahinstehen, wenn dieser jedenfalls nach beiden Vorschriften strafbefreiend zurücktreten konnte.[978] Diese Möglichkeit des Aufbaus wurde dem nachfolgenden Abschlussfall zugrunde gelegt.

Auch die Prüfung des § 24 II S. 2 Var. 2 birgt eine Besonderheit in sich:

- Da der Rücktritt nach dieser Variante nur bei Vollendung der Tat in Betracht kommt, muss zunächst die Strafbarkeit derjenigen Mittäter bzw. Haupttäter festgestellt werden, welche die Tat zur Vollendung gebracht haben.
- In einem zweiten Prüfungsschritt muss der Tatbeitrag des Zurücktretenden zunächst als vollendete Tat (Täterschaft, Anstiftung oder Beihilfe) geprüft werden. Im Ergebnis muss dann die Vollendung seines Tatbeitrags verneint werden, da der Tatbeitrag nur bis in das Stadium des Versuchs hinein wirkt (keine Vollendungskausalität).
- Schließlich ist der Tatbeitrag des Zurücktretenden als „versuchte Beteiligung“[979] zu untersuchen. Diese ist zu bejahen, wenn er freiwillig und ernstlich bemüht war, die (objektiv bestehende) Vollendung zu verhindern.

6. Übungsfall zum Rücktritt bei mehreren Tatbeteiligten

748 Die vorstehenden Aufbauhinweise haben gezeigt, dass sich die Prüfung des Rücktritts bei mehreren Tatbeteiligten als schwierig erweisen kann. Besondere Probleme ergeben sich, wenn **einer der Tatbeteiligten vor Versuchsbeginn aussteigt**. Zur Veranschaulichung soll daher ein Übungsfall dienen, dessen Lösung jedoch den Rahmen der vorliegenden Darstellung sprengen würde. Sie kann der Internetseite des Verlags entnommen werden. Der Schwierigkeitsgrad dieses Falls entspricht dem einer Examensklausur.

Sachverhalt[980]**:** Vater V hatte vor 10 Jahren seine damals 8-jährige Tochter T sexuell missbraucht. Immer noch traumatisiert, erzählte sie nun ihrem Bruder S von diesem Vorfall. Daraufhin fassten beide den Entschluss, ihren Vater umzubringen. S holte aus seiner Küche ein Fleischmesser, das er in die Innentasche seines Jacketts steckte. Sodann fuhren beide in das Haus des V. Dort angekommen, stellten sie aber fest, dass dieser gerade Besuch von seinem Nachbarn hatte. Als dieser dann später das Haus verließ, veranlasste T den V, ins Badezimmer zu gehen, damit der dort hinter der Tür stehende S die Tat ausführen konnte. Doch S verließ der Mut. Außerdem befürchtete er, der Nachbar werde später aussagen, dass T und S noch in

---

[975] Diese Vorgehensweise wird auch von *Walter/Schneider*, JA 2008, 262, 264 für zulässig erachtet.
[976] *Roxin*, FS Lenckner, 1998, S. 267, 269 ff.; *Loos*, Jura 1996, 518.
[977] Wie hier auch Sch/Sch-*Eser/Bosch*, § 24 Rn 73; *Hoven*, JuS 2013, 305, 308; a.A. *Mitsch*, FS Baumann, 1992, S. 89, 92.
[978] Vgl. bereits die 1. Aufl. 2002; vgl. später z.B. auch *Jäger*, AT, 7. Aufl. 2015, Rn 329.
[979] Nicht zu verwechseln mit der versuchten Anstiftung nach § 30!
[980] In Anlehnung an BGH NStZ 1999, 449 ff.

der Wohnung gewesen seien, als er diese verlassen habe. S nahm daher von der geplanten Tatausführung Abstand. Doch T wollte die frühere Tat des V nicht ungesühnt lassen. Sie riss das Messer an sich und stach V in den Bauch. Dieser schrie laut auf und versuchte, das Haus zu verlassen. Die über die offenbar doch nicht so gefährliche Verletzung des V sehr überraschte T versuchte zunächst, den V am Verlassen des Hauses zu hindern, gab wegen ihrer körperlichen Unterlegenheit aber schließlich nach. Nach einer kurzen Besinnungspause entschlossen sich T und S, draußen nach V zu suchen. Als sie diesen aber nach einer Stunde noch nicht gefunden hatten, rief T von einer Kneipe aus die Polizei an und erklärte, sie habe ihren Vater umgebracht, der irgendwo in der Nähe des Hauses liegen müsse. Was T in diesem Moment noch nicht wusste, war, dass die Bauchverletzung in Wirklichkeit nicht lebensgefährlich war und dass V von dem Nachbarn bereits in eine Klinik gebracht worden war. Die Verletzung konnte vollständig und folgenlos ausheilen. Strafbarkeit von T und S?

7. Rücktritt vom Versuch bei besonderen Handlungs- und Deliktsformen

a. Rücktritt vom Versuch des unechten Unterlassungsdelikts

Mit der ganz h.M.[981] ist auch beim Unterlassungsversuch unter Anwendung der allgemeinen Rücktrittsregeln die Möglichkeit des strafbefreienden Rücktritts anzuerkennen. **749**
Da hier jedoch fundierte Kenntnisse über das unechte Unterlassungsdelikt erforderlich sind, sei auf die zusammenhängenden Ausführungen bei Rn 833 ff. verwiesen.

b. (Teil-)Rücktritt vom Versuch einer Qualifikation?

Umstritten ist auch, ob ein Rücktritt allein vom Versuch eines Qualifikationstatbestands **750**
möglich ist.[982]

> **Beispiel:** O betreibt in einer norddeutschen Hafenstadt ein Wrackmuseum. Der an den dort ausgestellten maritimen Antiquitäten äußerst interessierte T beschließt, nachts einzubrechen und die ihn interessierenden Stücke mitzunehmen. Als T nun das Museum des O umgebende Grundstück zwecks Diebstahls einiger Antiquitäten betritt, kommen ihm jedoch Bedenken, dass es zu einer unkontrollierbaren Eskalation kommen könnte. Aus diesem Grund wirft er seine mitgebrachte Schusswaffe ins Gebüsch. Im Übrigen führt er die Tat wie geplant aus.
> Der Tatbestand des § 242 ist i.V.m. mit dem Regelbeispiel des § 243 I S. 2 Nr. 1 erfüllt. Bei der Frage, ob bei der Tat auch die Qualifikation des § 244 I Nr. 1a erfüllt wurde, ist auf die zeitliche Dimension des Merkmals des „Beisichführens" abzustellen. T ist mit dem Betreten des Grundstücks in das Stadium des strafbaren Versuchs eingetreten, insbesondere waren keine weiteren Zwischenakte der Tatbestandsverwirklichung mehr erforderlich. Nach den allgemeinen Grundsätzen, wonach für das Beisichführen irgendein Zeitpunkt des Tathergangs ab Versuchsbeginn genügt, ist das Handlungsunrecht des § 244 I Nr. 1a unabhängig von dem „Rücktrittsverhalten" des T bereits verwirklicht. Fraglich ist jedoch, ob T dadurch, dass er noch vor Vollendung der Wegnahme die Schusswaffe ins Gebüsch geworfen (i.Ü. die Tat aber wie geplant ausgeführt) hat, strafbefreiend von § 244 I Nr. 1 zurücktreten konnte.

⇨ Der BGH[983] erkennt in solchen Fällen - in der Dogmatik konsequent - einen „Teilrücktritt" von der Qualifikation nicht an, sofern die Qualifikation verwirklicht ist. Er begründete seinen Standpunkt damit, dass die Qualifikation bereits vollendet (zur Erinnerung: Es genügt zur Vollendung des § 244 I Nr. 1a das Beisichführen zu irgendeinem Zeit-

---

[981] BGH NStZ 2003, 28; NJW 2000, 1730, 1732; *Fischer*, § 24 Rn 26; Sch/Sch-*Eser/Bosch*, § 24 Rn 27 ff.; LK-*Lilie/Albrecht*, § 24 Rn 335, 463; *Jescheck/Weigend*, AT, § 60 II 3; *Gropp*, AT, § 9 Rn 145.

[982] In der vorliegenden Bearbeitung kann nicht auf sämtliche Facetten dieses Spezialproblems eingegangen werden. Weitergehende Ausführungen finden sich bspw. bei *Mitsch*, JA 2014, 268 ff.

[983] BGH NStZ 1984, 216, 217; zust. LK-*Lilie/Albrecht*, § 24 Rn 492 ff. Vgl. auch BGH NJW 2007, 1699 in Bezug auf § 177 IV Nr. 1, wo der BGH jedoch ausdrücklich auf BGH NStZ 1984, 216, 217 verweist.

punkt ab Versuchsbeginn jedenfalls bis zur Vollendung des Grunddelikts) und damit die qualifikationsbegründende erhöhte Gefahr schon eingetreten sei.[984]

Unter Zugrundelegung dieser Rspr. hätte sich T aus § 244 I Nr. 1a strafbar gemacht. Die ebenfalls verwirklichten §§ 242, 243 I S. 2 Nr. 1 träten dann subsidiär zurück, wodurch die §§ 123, 303 I auflebten (sofern man sie überhaupt von §§ 242, 243 als verdrängt ansieht) und tateinheitlich mit § 244 zusammenträfen.[985]

⇨ Demgegenüber lässt das ganz überwiegende Schrifttum[986] einen „Teilrücktritt" von der Qualifikation mit der Begründung zu, der Verzicht auf die Qualifikation stelle eine rechtlich erhebliche Unrechtsreduzierung dar. Obwohl Grunddelikt und Qualifikation materiell-rechtlich eine Einheit bildeten, stellten sie wertungsmäßig zwei Tatbestände dar. Zwar passten angesichts der vollendeten Qualifikation die Rücktrittsvorschriften nicht, aber es entspreche dem Gedanken der tätigen Reue, den vor Vollendung des Grunddelikts erfolgenden (freiwilligen) Abbruch von qualifizierenden, abstrakt gefährlichen Verhaltensweisen als strafrechtlich relevanten „Teilrücktritt" anzuerkennen, solange es bei abstrakten Gefahren geblieben sei.

Nach dem herrschenden Schrifttum hätte T das Beisichführen einer Waffe mit strafbefreiender Wirkung aufgegeben. Folglich hätte er sich nur nach §§ 242, 243 I S. 2 Nr. 1 strafbar gemacht. Die §§ 123, 303 I würden ggf. verdrängt (Konsumtion unter dem Aspekt der mitbestraften Begleittat – dazu unten Rn 1195).

751 **Hinweis für die Fallbearbeitung:** Die Aufgabe eines Qualifikationsmerkmals in der Tatphase zwischen Versuch und Vollendung stellt sowohl beim Diebstahl als auch beim Raub einen typischen Fall des „Teilrücktritts" von der Qualifikation dar. Kenntnisse in diesem Bereich sind für eine gute Fallbearbeitung unerlässlich. Welcher Auffassung man sich dabei anschließt, ist aus juristischer Sicht zwar irrelevant, wer sich jedoch der Auffassung des BGH anschließt, sollte bedenken, dass er dann nicht mehr die Voraussetzungen des Rücktritts prüfen kann. Jedenfalls ist die Problematik bei der Frage nach der Anwendbarkeit des § 24 zu diskutieren.

c. Rücktritt vom Versuch eines erfolgsqualifizierten Delikts

752 Fraglich ist auch, ob der Täter vom Grunddelikt (etwa § 249) noch strafbefreiend zurücktreten kann, obwohl die schwere Folge (etwa § 251) bereits eingetreten ist. Da diese nicht eindeutig zu beantwortende Frage fundierte Kenntnisse über die Rechtsnatur der Vorsatz-Fahrlässigkeits-Kombinationen voraussetzt, sei insofern auf die zusammenhängenden Ausführungen bei Rn 904 ff. verwiesen.

d. Rücktritt vom Versuch bei mittelbarer Täterschaft

753 Bei Rn 683 ff. wurde erklärt, dass der mittelbare Täter (der Hintermann) zur Verwirklichung des Tatbestands der geplanten Straftat unmittelbar ansetze, wenn er den Tatmittler (den Vordermann bzw. das Tatwerkzeug) zur Tatausführung bestimmt habe und ihn aus seinem Einwirkungsbereich in der Vorstellung entlasse, dass dieser die tatbestandsmäßige Handlung nunmehr vornehmen werde. Wenn jedoch der Tatmittler von der Ausführung der Tat Abstand nimmt, von dieser also zurücktritt, ist fraglich, wie sich dieser Rücktritt auf den mittelbaren Täter auswirkt.
Zwar ist umstritten, ob die Rücktrittsvoraussetzungen für den mittelbaren Täter aus § 24 I oder II herzuleiten sind[987], Einigkeit besteht jedoch darüber, dass der Rücktritt des

---

[984] Zu beachten ist, dass der BGH (NJW 2007, 1699) die Figur des „Teilrücktritts von der Qualifikation" allenfalls dann anerkennen will, wenn die Qualifikation lediglich nur versucht (also nicht vollendet) worden ist.

[985] Insbesondere neigt der BGH dazu, die Sachbeschädigung tateinheitlich mit dem Einbruchdiebstahl zusammentreffen zu lassen (vgl. BGH NJW 2002, 150, 151). Vgl. dazu auch das Kapitel zu den Konkurrenzen.

[986] Sch/Sch-*Eser/Bosch*, § 24 Rn 113; NK-*Zaczyk*, § 24 Rn 79; *Fischer*, § 24 Rn 27; *W/B/S*, AT, Rn 643.

[987] Für eine Anwendung des § 24 I LK-*Lilie/Albrecht*, § 24 Rn 70; für eine Anwendung des § 24 II die h.M. vgl. nur Sch/Sch-*Eser/Bosch*, § 24 Rn 106. Aufgrund der erhöhten objektiven Gefährlichkeit, die mit dem Handeln mehrerer Täter verbunden

Tatmittlers grundsätzlich keinen Einfluss auf die rechtliche Würdigung der Handlung des mittelbaren Täters ausübt. Der mittelbare Täter bleibt also wegen Versuchs strafbar. Etwas anderes gilt aber, wenn der Rücktritt des Tatmittlers auf den Einfluss des mittelbaren Täters zurückzuführen ist, etwa durch Weisung oder genaue Instruktionen, wenn der Tatmittler also in **bewusster Willensvertretung**[988] des mittelbaren Täters gehandelt hat. Dann tritt der mittelbare Täter deshalb strafbefreiend zurück, weil er aktiv in das Geschehen des Tatmittlers eingreift und dadurch die Ausführung der Tat verhindert.

e. Rücktritt vom Versuch der Anstiftung, § 31 I Nr. 1, II

Wurde die Haupttat, zu der der Anstifter anstiften wollte, nicht versucht, liegt eine **versuchte Anstiftung** vor, die gem. **§ 30 I** strafbar ist, sofern es sich bei der (nicht versuchten) Haupttat um ein Verbrechen handelt.[989] Wann in diesem Fall der Hintermann vom Versuch der Anstiftung zurücktreten kann, beantwortet **§ 31 I Nr. 1, II**. Da diese Thematik ausführlich bei Rn 1093 ff. behandelt wird, sei insoweit darauf verwiesen. **753a**

f. Rücktritt vom Versuch einer Rauschtat (*actio libera in causa* - Fälle)

Problematisch ist auch die rechtliche Behandlung des Rücktritts eines *actio libera in causa* - Täters, da im Zeitpunkt der Rücktrittshandlung Schuldlosigkeit besteht, sodass aufgrund der mangelnden Entschlussfähigkeit die Freiwilligkeit des Rücktritts nicht gegeben sein könnte. Gegen eine solche Annahme spricht freilich, dass die Figur der *actio libera in causa* (sofern man sie überhaupt anerkennt) lediglich dazu dient, rechtsmissbräuchliches Verhalten und die damit verbundene Exkulpation zu ahnden, nicht jedoch, die Rückkehr in die Legalität zu verhindern. Daher ist ein strafbefreiender Rücktritt des *actio libera in causa* - Täters unter den Voraussetzungen des § 24 I möglich. **754**

Hiervon zu unterscheiden ist der **Rücktritt vom Versuch einer Rauschtat** i.S.d. § 323a. Als Rauschtat i.S. einer objektiven Strafbarkeitsbedingung genügt auch ein Versuch nach §§ 22, 23. Tritt der Täter vom Versuch der Rauschtat zurück, hätte dieser „Rücktritt" an sich keine Bedeutung, weil hierdurch nämlich nur eine Strafaufhebung für die Rauschtat selbst ausgelöst wird, derentwegen der Täter aber ohnehin nicht bestraft wird (dieser wird nicht wegen der Rauschtat bestraft, sondern wegen des Vollrauschs, innerhalb dessen er die Rauschtat begeht). Gleichwohl wendet die h.M.[990] § 24 analog an, um eine Schlechterstellung des Täters gegenüber einem nicht Volltrunkenen zu vermeiden. Der Rücktritt „soll die durch die objektive Strafbarkeitsbedingung der Rauschtat indizierte Gefährlichkeit des Vollrauschs ausschließen". **755**

g. Rücktritt vom bedingt vorsätzlichen Versuch bei Erreichen eines primär angestrebten, außertatbestandlichen Handlungsziels („Denkzettelfall")

Fraglich ist, ob ein Rücktritt vom (unbeendeten) Versuch auch dann in Betracht kommt, wenn der Täter sein eigentliches, außertatbestandliches Ziel erreicht hat, obwohl der *tatbestandliche* Erfolg noch nicht eingetreten ist. **756**

> **Beispiel**[991]**:** T kommt überraschend nach Hause und ertappt seine Frau mit ihrem Liebhaber O in flagranti. Es kommt zu einer heftigen Eifersuchtsszene, worauf T ein Küchenmesser ergreift und auf O einsticht. Dabei nimmt er dessen Tod in Kauf. Als O aber nach dem

---

ist, scheint es dogmatisch sauberer, den Rücktritt des mittelbaren Täters nach § 24 II zu bestimmen, während der Rücktritt des Tatmittlers nach § 24 I zu lösen ist.

[988] Sch/Sch-*Eser/Bosch*, § 24 Rn 106; BGH NJW 1999, 589.

[989] Vgl. dazu näher BGH NJW 2013, 1106 f.; *Hinderer*, JuS 2011, 1072 ff.

[990] BGH StV 1999, 596; Sch/Sch-*Sternberg-Lieben/Hecker*, § 323a Rn 21; SK-*Wolters/Horn*, § 323a Rn 19.

[991] In Anlehnung an BGHSt 39, 221 ff. („Denkzettelfall"). Nach dieser Entscheidung des Großen Senats hat die zuvor vertretene (entgegengesetzte) Literaturauffassung, wonach ein (rücktrittsunfähiger) Fehlschlag anzunehmen sei (so *Otto*, Jura 1992, 423, 430; *Puppe*, NStZ 1990, 433 und JZ 1993, 361; *Roxin*, JR 1986, 426; *Rudolphi*, JZ 1991, 525; *Schall*, JuS 1990, 623 ff.), zumindest in der Praxis ihre Bedeutung verloren. Vgl. dazu auch *Beckemper*, JA 2003, 203 ff.

ersten Messerstich um Gnade bittet, sieht T von weiteren Messerstichen ab, da ihm die bereits zugefügte Verletzung als Denkzettel ausreicht. O kann sich ins Krankenhaus begeben und wird gerettet.

757 Bedenken an der Annahme eines strafbefreienden Rücktritts knüpfen an den Umstand, dass der Täter sein eigentliches Ziel erreicht hat. Es könnte damit eine dem fehlgeschlagenen Versuch vergleichbare Situation vorliegen, die zum Ausschluss der Rücktrittsmöglichkeit führt.

- Dennoch prüft der BGH[992] den Versuch und damit auch den Rücktritt tatbestandsbezogen. § 24 I S. 1 Var. 1 beziehe sich auf die Tat im sachlich-rechtlichen Sinn, also auf die im gesetzlichen Tatbestand umschriebene tatbestandsmäßige Handlung und den tatbestandsmäßigen Erfolg (vgl. § 11 I Nr. 5). Hierauf beziehe sich auch der Vorsatz des Versuchstäters. Die außertatbestandlichen Vorstellungen des Täters müssten beim Rücktritt daher außer Betracht bleiben. Lediglich, wenn der Versuch fehlgeschlagen sei, komme ein Rücktritt nicht in Betracht. Allerdings liege ein Fehlschlag nicht schon dann vor, wenn der Täter durch den Versuch sein vorgreifliches Handlungsziel bereits erreicht habe. Denkbar sei ein Fehlschlag in diesen Fällen nur dann, wenn aufgrund der Entwicklung des Geschehensablaufs eine Herbeiführung des Taterfolgs nur noch so erfolgen könne, dass kein einheitlicher Lebenssachverhalt, der sich auch für einen Dritten als zusammengehöriges Tun darstellen würde, mehr vorläge, sondern eine auf einem neuen Tatentschluss beruhende Versuchstat.

758 - Obwohl sich durchaus vertreten ließe, der Täter könne bei Erreichung seines außertatbestandlichen Ziels nicht mehr strafbefreiend zurücktreten, ist auf dem Boden der Gesamtbetrachtungstheorie (Rücktrittshorizont) der Entscheidung des Großen Senats jedenfalls beizupflichten, soweit ein *unbeendeter* Versuch vorliegt. Denn glaubt der Täter, er habe noch nicht alles zur Tatbestandsverwirklichung Erforderliche getan, und prüft man den Rücktritt tatbestandsbezogen, liegt ein klarer Fall des § 24 I S. 1 Var. 1 vor: Der Täter kann durch die Aufgabe weiterer Tathandlungen strafbefreiend vom Versuch zurücktreten.[993]

Nach der hier vertretenen Auffassung war im **Beispiel** von Rn 756 auf der Basis des Rücktrittshorizonts der Tötungsversuch des T weder fehlgeschlagen noch beendet. T war es weiterhin möglich, ohne zeitliche Zäsur und ohne Fassen eines neuen Tatentschlusses den Tod des O herbeizuführen. Bei Außerachtlassen der außertatbestandlichen Beweggründe, Absichten oder Ziele konnte T daher strafbefreiend vom Tötungsversuch zurücktreten, und zwar – wegen der Situation eines unbeendeten Versuchs – allein durch Unterlassen weiterer Angriffshandlungen. Folgt man dem, hat sich T immerhin einer gefährlichen Körperverletzung (hier: § 224 I Nr. 2 und ggf. Nr. 5) schuldig gemacht.

h. Rücktritt bei sinnlos gewordenem Tatplan

758a Fraglich ist weiter, ob ein Rücktritt vom (unbeendeten) Versuch auch dann in Betracht kommt, wenn der Täter erkennt, dass sein Tatplan sinnlos geworden ist.

Beispiel[994]**:** Aus Verzweiflung fasst T den Entschluss, ihr Wohnhaus in Brand zu setzen und gemeinsam mit ihrem bei ihr wohnenden 12-jährigen Sohn im Bett liegend an einer Rauchvergiftung zu sterben. Um aber einem erwarteten Widerstand des S zuvorzukommen, bringt T ihn zu Bett und gibt ihm unter dem Vorwand, es handle sich um Vitamintabletten, Schlafmittel, damit er weder den Brand noch die Rauchgase bemerkt, an denen er ersticken soll. Nachdem S eingeschlafen ist, legt T an vorbereiteten Stellen im Haus Feuer und legt sich dann zu S. Der Brand wird jedoch vom Nachbarn N bemerkt, der die Feuerwehr alarmiert. Als diese sich dem Haus nähert und dabei Martinshorn und Blaulicht einschaltet, u.a. um die Bewohner vor dem Feuer zu warnen, hört auch T dies, reagiert aber nicht, obwohl sie spätestens zu diesem Zeitpunkt erkennt, dass sie aufgrund

---

992 BGH 39, 221, 227 f.
993 Das hat der BGH in einer jüngeren Entscheidung (StV 2015, 111) nochmals verdeutlicht.
994 Nach BGH NStZ 2008, 275; *Heintschel-Heinegg*, JA 2008, 545.

des Feuerwehreinsatzes gerettet würden und jedenfalls ihr Tatplan, in den durch den Brand hervorgerufenen Rauchgasen zu ersticken, gescheitert ist. Als T bemerkt, dass die Haustür von Feuerwehrleuten eingeschlagen wird, entschließt sie sich, mit S das brennende Haus zu verlassen. Sie weckt S und folgt ihm nach draußen.

Für den Fall, dass der Täter sein außertatbestandliches Ziel bereits erreicht hat (sog. „Denkzettelfälle"), hat der BGH entschieden, dass dem Täter grds. die Rücktrittsmöglichkeit eröffnet sei, weil § 24 I S. 1 nur ein Abstandnehmen von der Verwirklichung des gesetzlichen Tatbestands verlange (s.o.). Das gelte auch bei sinnlos gewordenem weitergehenden Tatplan.

Vorliegend kommt es also darauf an, ob T auch nach der Entdeckung des Brandes objektiv noch die Möglichkeit hatte und subjektiv in der Lage gewesen wäre, ihren Sohn zu töten. Nimmt man dies an, liegt kein fehlgeschlagener Versuch vor und T konnte strafbefreiend vom Mordversuch (Heimtücke; mit gemeingefährlichen Mitteln) gem. § 24 I S. 1 zurücktreten.

Stellt man sich indes auf den (vorzugswürdigen) Standpunkt, dass T nichts mehr verhindern konnte, weil sie und S ohnehin gerettet worden wären, liegt die Konstelllation eines fehlgeschlagenen Versuchs vor. Zum selben Ergebnis gelangt man, wenn man (unter Ablehnung der Figur des fehlgeschlagenene Versuchs) einen unbeendeten Versuch annimmt, von dem T nicht strafbefreiend zurückgetreten ist.

i. Rücktritt trotz Vollendung?

Es sind Fälle denkbar, in denen der Täter zunächst einen Straftatbestand verwirklichen will, während des Versuchsstadiums aber seinen Tatbestandsvorsatz aufgibt. Tritt der ursprünglich angestrebte Taterfolg dann entgegen der Vorstellung des Täters doch noch ein, ist fraglich, ob die zwischenzeitliche Vorsatzaufgabe einen Rücktritt darstellt. **759**

Beispiel: T will O mit einem Messer töten. Er glaubt, dazu seien mehrere Messerstiche erforderlich, um den Tod herbeizuführen. Nach dem ersten Stich besinnt er sich jedoch eines Besseren und unterlässt es, nochmals zuzustechen. Gleichwohl sackt O in sich zusammen und stirbt an der bereits zugefügten Verletzung.

Fraglich ist, ob eine vollendete Tötung vorliegt oder ob T durch die Aufgabe weiterer Tathandlungen strafbefreiend vom Versuch zurücktreten konnte.

⇨ Nach h.M. kommt ein Rücktritt grundsätzlich nicht in Betracht, wenn der Taterfolg eingetreten ist. Das gelte selbst dann, wenn der Täter sich zuvor bemüht hat, den Taterfolg abzuwenden. Lediglich in Fällen, in denen die Zurechnung des konkreten Erfolgs entfällt, sei Raum für die Anwendung des § 24.[995] Folgt man dieser Auffassung, steht im vorliegenden Fall der Annahme einer vollendeten Tötung nicht entgegen, dass es sich aus der Sicht des T um eine Abweichung des tatsächlichen Kausalverlaufs vom vorgestellten Kausalverlauf handelt. Denn diese Abweichung ist nicht nur unwesentlich, sondern auch deswegen unbeachtlich, weil dem T der Kausalverlauf erst nach Eintritt in die Versuchsphase entglitt. Da dem T insoweit die Vollendung zuzurechnen ist, kommt ein Rücktritt nach § 24 nicht in Betracht.

⇨ Die Gegenauffassung geht davon aus, dass – soweit die übrigen Voraussetzungen des § 24 vorliegen – der Eintritt des Taterfolgs *nach* Vorsatzaufgabe der Bestrafung aus dem Vorsatzdelikt entgegenstehe. Dem Täter könne der Erfolg höchstens nach *Fahrlässigkeitsgesichtspunkten* zugerechnet werden.[996] Da diese Auffassung für den vorliegenden Fall bei T die Zurechnung des Taterfolgs der vorsätzlichen Tötung verneinen würde, wäre dieser wegen fahrlässiger Tötung strafbar.

Stellungnahme: Dem Gesetz sind keine Anhaltspunkte zu entnehmen, dass eine Vorsatzaufgabe nach Versuchsbeginn eine Bestrafung ausschließen könnte. Zudem entscheidet

---

[995] SK-*Rudolphi*, § 24 Rn 16 u. 28; *Lackner/Kühl*, § 24 Rn 15; *W/B/S*, AT, Rn 627.
[996] Sch/Sch-*Eser/Bosch*, § 24 Rn 22 ff.; LK-*Lilie/Albrecht*, § 24 Rn 330, 503; *Jakobs*, AT, § 8 Rn 76.

nach der Gegenauffassung der reine Zufall darüber, ob es zur Strafbefreiung nach § 24 oder zur einer Bestrafung aus einem vollendeten Begehungsdelikt kommt. Die Gegenauffassung ist daher abzulehnen. Im Beispiel hat sich T aus § 212 strafbar gemacht.

j. Rücktritt bei Unternehmensdelikten

760 Bei den Unternehmensdelikten ist gemäß § 11 I Nr. 6 der Versuch der Vollendung gleichgestellt. Bei echten Unternehmensdelikten wird das Wort „unternehmen" im Gesetz verwendet (z.B. in § 309 I oder in § 316c I S. 1 Nr. 2). Bei unechten Unternehmensdelikten reicht bereits eine erfolgsgerichtete Handlung zur Tatbestandsverwirklichung aus (z.B. „dem Wilde nachstellen" bei § 292 I Nr. 1). In beiden Fällen ist aber – da der Versuch der Vollendung gleichgestellt ist – ein **Rücktritt nicht möglich**. Diskutiert wird hier aber die Möglichkeit der tätigen Reue.

k. Die tätige Reue

761 Hat der Täter das Delikt vollendet, scheidet ein Rücktritt vom Versuch begriffslogisch aus, denn der Täter befindet sich nicht mehr im Stadium eines Versuchs, von dem er strafbefreiend zurücktreten könnte. § 24 ist unanwendbar. Gleichwohl billigt der Gesetzgeber in einigen Tatbeständen dem Täter trotz Vollendung der Tat eine Straffreiheit zu, weil er das Verhalten als derart unrechtsmindernd auffasst, dass er eine Bestrafung für unverhältnismäßig ansieht. Er spricht insoweit von „**tätiger Reue**" (vgl. etwa §§ 139 IV S. 1, 306e II, 314a III). In anderen Vorschriften eröffnet er dem Gericht die Möglichkeit, die Strafe zu mildern oder von ihr abzusehen (vgl. etwa §§ 83a, 98 II, 142 IV, 306e I).

762 Teilweise[997] wird diskutiert, ob die Vorschriften der tätigen Reue (analog) auch auf andere Straftatbestände angewendet werden sollten, sofern auch hier das Verhalten des Täters eine Straffreiheit verlangt wie z.B. bei den bereits genannten Unternehmensdelikten. Das ist abzulehnen. Zwar verstieße es nicht gegen das Analogieprinzip, Vorschriften der tätigen Reue auf andere Straftatbestände anzuwenden, jedoch stünden einer analogen Anwendung das Fehlen einer planwidrigen Regelungslücke und der Opferschutz entgegen. Nicht ohne Grund hat der Gesetzgeber die tätige Reue nur in bestimmten Fällen als unrechtsmindernd aufgefasst, und nicht etwa – im Allgemeinen Teil des StGB verortet – als generell geltende Möglichkeit der Strafbefreiung vorgesehen. Freilich ist es dem Tatrichter unbenommen, das Verhalten des Täters im Rahmen des Strafmaßes zu honorieren.

---

[997] Vgl. etwa *Jescheck/Weigend*, AT, § 49 VIII 2 u. § 51 V 2; Sch/Sch-*Eser/Bosch*, § 24 Rn 16 u. 55.

8. Kapitel – Das vorsätzliche Unterlassungsdelikt

Die Unterlassungsstraftaten lassen sich in zwei strukturell unterschiedliche Gruppen einteilen, in *echte* und *unechte* Unterlassungsdelikte. **Echte Unterlassungsdelikte** (sog. Omissivdelikte) sind Straftaten, die sich in einem Verstoß gegen eine Gebotsnorm und im bloßen Unterlassen einer vom Gesetz geforderten Tätigkeit erschöpfen.[998] Eine Erfolgsabwendungspflicht besteht nicht. Die echten Unterlassungsdelikte stellen somit das Gegenstück zu den schlichten Tätigkeitsdelikten dar. 763

Beispiele: „Nichtanzeige geplanter Straftaten" in § 138; „Unterlassene Hilfeleistung" in § 323c; „Nichtverweilen am Unfallort" in § 142 II; „Sich nicht entfernen" in § 123 I Var. 2; Vorenthalten von Arbeitnehmerbeiträgen in § 266a I; „Imstichlassen" in § 221 I Nr. 2 (str.)[999]. Zu den echten Unterlassungsdelikten vgl. Rn 820 ff.

Dagegen sind **unechte Unterlassungsdelikte** (*delicta commissiva per omissionem*) Straftaten, bei denen vom Täter verlangt wird, einen bestimmten Erfolg abzuwenden. Unterlässt der Täter die Erfolgsabwendung, macht er sich aus § 13 i.V.m. dem einschlägigen Straftatbestand des Besonderen Teils (etwa §§ 211, 212, 223 ff.) schuldig. Praktisch ist jedes vorsätzliche oder fahrlässige Begehungsdelikt (als Erfolgsdelikt) als Unterlassungsdelikt konstruierbar. 764

Beispiel: Die allein erziehende junge Mutter M ist des ewigen Geschreis ihres einjährigen Sohnes S überdrüssig. Zudem ist sie nervlich am Ende. Daher beschließt sie, S in der Wohnung einzuschließen und mit ihrem Lebensgefährten ein verlängertes Wochenende in der Heide zu verbringen. Als sie zurückkehrt, findet sie S leblos auf.

Da hier der Täter für sein „Nichtstun" nicht etwa wie der allgemeine Unterlassungstäter aus § 323c mit maximal einem Jahr Freiheitsstrafe, sondern (fast) so bestraft wird, als hätte er den tatbestandlichen Erfolg durch eine Handlung herbeigeführt[1000], bedarf es besonderer Gründe, eine Zurechnung des Taterfolgs vorzunehmen. § 13 I setzt dafür zweierlei voraus: 765

- Der (Unterlassungs-)Täter muss rechtlich dafür einzustehen haben, dass der Taterfolg nicht eintritt (sog. Garantenstellung des Täters).
- Die Nichtvornahme der gebotenen Handlung muss wertungsmäßig der Verwirklichung des gesetzlichen Tatbestands durch ein aktives Tun entsprechen.

Da § 13 I aber nur verlangt, *dass* der Täter rechtlich dafür einzustehen hat, dass der Erfolg nicht eintritt und dass das Unterlassen der Verwirklichung des gesetzlichen Tatbestands durch ein Tun *entspricht*, also keine Auskunft darüber gibt, *wann* diese Voraussetzungen gegeben sind, ist fraglich, ob eine derart unbestimmte Strafbarkeitsbegründung überhaupt mit dem Bestimmtheitsgebot aus **Art. 103 II GG** vereinbar sein kann. Da andererseits der Gesetzgeber aber nicht alle erdenklichen (kriminellen) Verhaltensweisen antizipiert in eine Norm aufnehmen kann, ist ein gewisses Maß an Abstraktheit und Unbestimmtheit sogar erforderlich. Die h.M. geht hier einen pragmatischen Weg und hält die Norm mit dem Bestimmtheitsgrundsatz für vereinbar, weil Rechtsprechung und Literatur mittlerweile allgemein konsentierte enge Voraussetzungen geschaffen hätten, unter de- 766

[998] BGHSt 14, 280, 281; *W/B/S*, AT, Rn 696; *Jescheck/Weigend*, AT, § 58 III 2.
[999] Vgl. dazu *R. Schmidt*, BT I, Rn 253; SK-*Horn/Wolters*, § 221 Rn 6; MüKo-*Hardtung*, § 221 Rn 2; NK-*Neumann*, § 21 Rn 19; BGH NJW 2012, 546; *Theile*, ZJS 2012, 389 ff.
[1000] So beträgt etwa bei § 212 die angedrohte Mindeststrafe fünf Jahre – es besteht gem. §§ 13 II i.V.m. § 49 I lediglich die *Möglichkeit* der Strafmilderung auf mindestens zwei Jahre und höchstens drei Viertel des angedrohten Höchstmaßes von fünfzehn Jahren (vgl. § 38 II), also 11 Jahre und 3 Monate.

nen eine Strafbarkeit wegen Unterlassens begründet werden könne.[1001] Diese Voraussetzungen werden im Folgenden näher erläutert.

Für die Darstellung des Allgemeinen Teils des StGB sind vor allem die unechten Unterlassungsdelikte von Bedeutung. Wo in Bezug auf das gefährdete Objekt eine spezielle Erfolgsabwendungspflicht mit der allgemeinen Hilfspflicht des § 323c zusammentrifft, tritt § 323c subsidiär gegenüber dem unechten Unterlassungsdelikt zurück.

1. Abschnitt - Das vorsätzliche *unechte* Unterlassungsdelikt

767 Während beim Begehungserfolgsdelikt der tatbestandliche Erfolg auf einer Handlung beruht, kann dies beim Unterlassungsdelikt naturgemäß nicht der Fall sein. Dort basiert der Strafgrund auf einem Untätigsein. Folgerichtig entscheidet die Abgrenzung zwischen Tun und Unterlassen über die Einordnung des Delikts als Begehungserfolgsdelikt oder als Unterlassungsdelikt. Gerade bei mehrdeutigen Verhaltensweisen kann es mitunter schwierig sein, das strafrechtlich relevante Verhalten sicher als Tun oder Unterlassen zu qualifizieren. Wegen der einem unechten Unterlassungsdelikt innewohnenden, in § 13 normierten Voraussetzungen, unter denen die strafrechtliche Gleichstellung des Unterlassens mit dem aktiven Tun begründet wird, darf eine Abgrenzung aber nicht offenbleiben. Des Weiteren dürfte es hinsichtlich der Stigmatisierung des Täters eine Rolle spielen, ob er bspw. wegen Totschlags (durch aktives Tun) oder Totschlags durch Unterlassen verurteilt wird, weil bei Unterlassungstaten das Kriminalunrecht als weniger schwer empfunden wird. Zur Veranschaulichung soll folgender schematischer Überblick dienen:

Das vorsätzliche *unechte* Unterlassungsdelikt

I. Tatbestand

1. Objektiver Tatbestand[1002]
   - ⇨ Tatsubjekt; Tatobjekt; Risikorealisierung in Form des Eintritts des Taterfolgs
   - ⇨ Erfolgseintritt durch die *Nichtvornahme* der gebotenen Handlung (Abgrenzung Tun/Unterlassen)
   - ⇨ Tatsächliche (d.h. physisch-reale) und rechtliche Möglichkeit zur Vornahme der objektiv gebotenen Handlung
   - ⇨ Hypothetische Kausalität (Ursächlichkeit) des Unterlassens sowie objektive Zurechnung des Erfolgs unter Einschluss des Pflichtwidrigkeits- und Schutzzweckzusammenhangs
   - ⇨ Rechtspflicht zum Handeln (sog. Garantenstellung)
   - ⇨ Gleichstellung der unterlassenen Handlung mit aktivem Tun (Entsprechungsklausel)
2. Subjektiver Tatbestand
   - ⇨ Vorsatz
   - ⇨ Deliktsspezifische sonstige subjektive Tatbestandsmerkmale

II. Rechtswidrigkeit

- ⇨ insbesondere rechtfertigende Pflichtenkollision

III. Schuld

Grds. wie beim vorsätzlichen Begehungsdelikt. Bei Entschuldigungsgründen kommt die Unzumutbarkeit normgemäßen Verhaltens hinzu; bei Irrtümern insb. der Gebotsirrtum.

[1001] Vgl. BVerfG NJW 2003, 1030; LG Kiel NStZ 2004, 157, 158; LK-*Weigend*, § 13 Rn 17 ff.; Sch/Sch-*Stree/Bosch*, § 13 Rn 5; *Fischer*, § 13 Rn 3; *Gropp*, AT, § 11 Rn 20; kritisch NK-*Seelmann*, § 13 Rn 1 ff.

[1002] Eine andere Prüfungsreihenfolge der objektiven Tatbestandsmerkmale ist vertretbar; prüft man bspw. mit dem BGH (NJW 2008, 1897, 1898 f.) die Garantenstellung *vor* der Kausalität, muss dies – da vom BGH so geprüft – vom Korrektor akzeptiert werden, auch wenn *Hardtung* (NJW 2008, 1899) dies beanstanden möchte. Der vom Verfasser des vorliegenden Buches bereits in der 1. Aufl. 2002 gewählte Aufbau ist aber auch anderswo zu finden (etwa bei *Ransiek*, JuS 2010, 490, 491 f.).

I. Tatbestand

1. Objektiver Tatbestand

a. Tatsubjekt, Tatobjekt, Eintritt des tatbestandlichen Erfolgs

In Übereinstimmung mit den vorsätzlichen Begehungsdelikten (als Erfolgsdelikte) müssen zunächst das Tatsubjekt (der Täter), das Tatobjekt (das Opfer) und die Risikorealisierung in Form des Erfolgseintritts festgestellt werden. Ist der Erfolg nicht eingetreten, kommt allenfalls eine Versuchsstrafbarkeit in Betracht.[1003] **768**

> In der **Fallbearbeitung** genügt i.d.R. eine kurze Feststellung, dass der tatbestandliche Erfolg, beispielsweise der Tod des Opfers, eingetreten ist.

b. Nichtvornahme der gebotenen Handlung (Abgrenzung Tun/Unterlassen)

Der tatbestandliche Erfolg muss durch die *Nichtvornahme der zur Erfolgsabwendung objektiv gebotenen Handlung* realisiert worden sein. Dabei kann die **Abgrenzung** zwischen (aktivem) **Tun** und (passivem) **Unterlassen** problematisch sein, denn wenn der konkrete Taterfolg durch ein aktives Tun herbeigeführt worden ist, scheidet ein Unterlassungsdelikt zugunsten eines Begehungsdelikts aus. **769**

Ausgehend vom äußeren Erscheinungsbild ist die Abgrenzung regelmäßig einfach. Wer ein Kausalgeschehen durch Einsatz von Energie in Gang setzt, „tut" etwas, wer von der Möglichkeit des Eingreifens keinen Gebrauch macht, „unterlässt" etwas. Die Abgrenzung zwischen Tun und Unterlassen ist aber bei **mehrdeutigen Verhaltensweisen** schwierig, beispielsweise wenn jemand von ihm selbst eingeleitete Rettungsbemühungen wieder abbricht oder fremde Rettungshandlungen vereitelt. **770**

Beispiel 1: Nachdem O in das eiskalte Wasser eines Sees gestürzt ist, wirft T ihm ein Rettungsseil zu. **Variante 1:** Noch bevor O das Seil greifen kann, erblickt T in O seinen Erzfeind und zieht das Seil zurück. **Variante 2:** T zieht das Seil ruckartig zurück, nachdem O es ergriffen hatte. In beiden Fällen stirbt O an Unterkühlung.

Beispiel 2: Der behandelnde Jungarzt Dr. T schaltet die Herz-Lungen-Maschine eines sich in hoffnungsloser Lage befindlichen Patienten ab. **Variante 1:** Er tut dies, um den Patienten von seinen Qualen zu befreien. **Variante 2:** Er tut dies, weil er die Herz-Lungen-Maschine dringend für den Bundeskanzler braucht, der gerade eingeliefert worden ist.

Beispiel 3: Diesmal steuert Jungarzt Dr. T nach 36-stündigem Krankenhausdienst seinen Lamborghini über die Landstraße. Aufgrund von Übermüdungserscheinungen übersieht er die auf einem Zebrastreifen die Straße überquerende O. Diese stirbt auf der Stelle.

Beispiel 4: Gleicher Ausgangsfall wie in Beispiel 3, mit der Besonderheit, dass Beifahrerin B mit im Wagen sitzt und O nur schwer verletzt ist. Nachdem Dr. T angehalten hat, schaut B nach dem Zustand der O und erklärt dem im Wagen verbleibenden Dr. T wahrheitswidrig, dass O tot sei und dass es am besten wäre, den Unfallort zu verlassen, um der Strafverfolgung zu entgehen. So geschieht es. Es ist davon auszugehen, dass O den Dr. T erkannt hat und dass sie bei rechtzeitiger Hilfeleistung gerettet worden wäre.

Beispiel 5: Konzernmanager M leidet an Krebs. Die Laboruntersuchung ergibt, dass der Krebs nach dem derzeitigen Wissensstand der Medizin wohl nicht behandelt werden kann. Hausarzt Dr. A rät M daher, sich bei -80° C einfrieren zu lassen, weil man in fünf Jahren in der Lage sei, derartigen Krebs erfolgreich zu behandeln. Allerdings würde das Verfahren 1,5 Mio. € kosten. Einige Tage später verfügt M von Todes wegen die Übertragung seines gesamten Vermögens auf A. Dieser überreicht dem M daraufhin ein tödlich wirkendes Gift, damit dieser es zu Hause in Ruhe einnehmen kann (nach dem Plan des A sollte M das Gift

---

[1003] Zum versuchten Unterlassungsdelikt vgl. Rn 826 ff.

nehmen und kurz vor Eintritt des Todes eingefroren werden). Noch bevor M zu Hause ankommt, ruft das Labor bei der Ehefrau des M (E) an und berichtet dieser, dass der Befund falsch sei und dass der Krebs keinesfalls tödlich enden würde. Da E jedoch um ihr Erbe bangt, unterrichtet sie den M nicht. Einige Tage später begeht M Selbstmord.

771 Zunächst ist danach zu fragen, ob das strafbarkeitstragende Verhalten als Tun oder Unterlassen zu werten ist. Diese Abgrenzungsfrage ist seit der berühmten „Ziegenhaar-Entscheidung"[1004] heftig umstritten, obgleich die verschiedenen Lösungsansätze meist zu denselben Ergebnissen führen.

- Die wohl h.M. unter Einschluss der Rspr. nimmt die Abgrenzung zwischen Tun und Unterlassen anhand des **Schwerpunkts der strafrechtlichen Vorwerfbarkeit** vor.[1005]
- Diese Auffassung wird zuweilen kritisiert, weil die Bestimmung des Schwerpunkts der Vorwerfbarkeit eine Wertungsfrage sei und so eine Rechtsunsicherheit bestehe. Das Abstellen auf den „Schwerpunkt der Vorwerfbarkeit" diene offenbar dazu, in einigen Fällen ein Unterlassen annehmen zu können, um unerwünschte Ergebnisse zu vermeiden. Von daher stellen die Kritiker darauf ab, ob der Täter mit seinem Verhalten einen Erfolg i.S. einer Kausalitätslehre **verursacht** hat oder Energie einsetzte.[1006]
- Stellungnahme: Das Argument der Kritiker, die h.M. nehme die Abgrenzung nach Wertungsgesichtspunkten vor, ist zwar richtig, das Abstellen auf die Verursachung des Taterfolgs kann aber kein Argument für die Abgrenzung Tun/Unterlassen sein, denn dass der Unterlassungstäter den Erfolg verursacht haben muss, ist selbstverständlich. Zudem wird unstreitig auch nach der Gegenauffassung (an anderer Stelle des Gutachtens) die Verursachung i.S. einer hypothetischen Kausalität geprüft. Schließlich ist es sachlich nicht gerechtfertigt, der h.M. zu unterstellen, sie stelle auf den „Schwerpunkt der Vorwerfbarkeit" ab, um in einigen Fällen ein Unterlassen annehmen zu können, damit unerwünschte Ergebnisse vermieden werden. Für eine solche Annahme fehlt jeder Beleg. Der h.M. ist daher zu folgen.

Zur Bedeutung der Unterscheidung zwischen Tun und Unterlassen: Die Einordnung des konkreten Täterverhaltens in entweder aktives Tun oder Unterlassen hat vor allem kriminalpolitische Bedeutung. Fehlt bei einem Unterlassungstäter beispielsweise die Rechtspflicht zum Handeln (sog. Garantenstellung), kommt allenfalls eine Strafbarkeit nach § 323c (maximal ein Jahr Freiheitsstrafe) in Betracht. Wird das konkrete Täterverhalten rechtlich jedoch als aktives Tun qualifiziert, liegt eine Strafbarkeit aus einem Begehungsdelikt (etwa § 212 – minimal fünf Jahre) vor. Dort ist die Garantenstellung keine Tatbestandsvoraussetzung. Von daher leuchtet es ein, dass der Frage nach der Abgrenzung zwischen Tun und Unterlassen besondere Bedeutung zukommen kann. Bei **Fahrlässigkeitsdelikten** ist im Zweifel aktives Tun anzunehmen. Dort liegt der Schwerpunkt der Vorwerfbarkeit dann in dem aktiven Nichtbeachten der erforderlichen Sorgfaltspflicht. Liefert also bspw. der Fabrikzulieferer F an eine Fabrik nichtdesinfiziertes Ziegenhaar zur Verarbeitung zu Pinseln und stirbt eine der Arbeiterinnen an einer Infektion, liegt der Schwerpunkt der Vorwerfbarkeit in einem aktiven Tun, nämlich in der sorgfaltspflichtwidrigen Weitergabe von nichtdesinfiziertem Material. F hat sich wegen fahrlässiger Tötung (§ 222) strafbar gemacht.

Zu den Beispielen: In **Beispiel 1** in der **ersten Variante** ist die eigene Rettungshandlung noch nicht effektiv geworden. **Dem Opfer wurde noch keine realisierbare Rettungsmöglichkeit eröffnet**. Bei wertender Betrachtung bedeutet das, dass eher ein Unterlassen als ein aktives Tun anzunehmen ist: T hat es unterlassen, die erforderliche Ret-

[1004] RGSt 63, 211 ff.
[1005] BGHSt 6, 46, 59; 49, 147, 164; 56, 277, 286; BGH NJW 1995, 204, 205; NStZ 1999, 607; Sch/Sch-*Stree/Bosch*, Vor § 13 Rn 158; *W/B/S*, AT, Rn 700.
[1006] LK-*Weigend*, § 13 Rn 6; SK-*Rudolphi*, vor § 13 Rn 6; MüKo-*Freund*, § 13 Rn 9; *Joecks*, § 13 Rn 18; *Otto*, § 9 Rn 4 ff.

tungsmaßnahme einzuleiten. Sofern dem T eine Rechtspflicht zum Handeln oblag, hat er sich wegen Tötung durch Unterlassen (§§ 212, 13) strafbar gemacht, ansonsten wegen unterlassener Hilfeleistung (§ 323c).
In der **zweiten Variante** liegt der Schwerpunkt der Vorwerfbarkeit darin, dass T das von O bereits ergriffene Seil diesem wieder entrissen, also eine bereits selbst eingeleitete Rettungsmaßnahme vereitelt hat. Hier wird bei wertender Betrachtung die Vorwerfbarkeit wohl eher in einem aktiven Tun liegen. Auf eine Garantenstellung kommt es dann nicht mehr an.

Schwieriger ist die Unterscheidung in **Beispiel 2**: Auch hier hat der Täter eine bereits von ihm selbst eingeleitete Rettungsmaßnahme vereitelt. Stellt man in **Variante 1** auf das bloße Nicht-Weiterbehandeln ab, liegt ein Unterlassen vor. Liegt jedoch der Schwerpunkt der Vorwerfbarkeit in dem Ausschalten der Herz-Lungen-Maschine, ist der Tod durch aktives Tun herbeigeführt worden. Da der Arzt in diesem Fall jedenfalls eine Garantenstellung (*Obhutspflicht - freiwillige Übernahme*) innehatte und so bei gegebenen übrigen Voraussetzungen ein Unterlassen einem aktiven Tun gleichzusetzen wäre, sind die Unterschiede in der Rechtsfolge (von der fakultativen Strafmilderung nach § 13 II i.V.m. § 49 I einmal abgesehen) nicht so gravierend, wie wenn der Täter kein Garant wäre und so nur aus § 323c bestraft werden könnte. Da in der Klausur aber eine Entscheidung erwartet wird, sollte bei normativer Betrachtung und bei Berücksichtigung des sozialen Handlungssinns der Schwerpunkt des strafrechtlich relevanten Handelns in einem Unterlassen (**Unterlassen durch Tun**)[1007] gesehen werden. Ganz überwiegend wird jedoch ein Tun angenommen, wenn ein *Außenstehender* das Rettungsgerät abschaltet (vgl. dazu Beispiel 4) oder wenn – wie in **Variante 2** – der behandelnde Arzt das Reanimationsgerät deshalb ausschaltet, weil er einen – in seinen Augen – „wichtigeren" Patienten retten will.[1008]

In **Beispiel 3** ist ebenfalls problematisch, ob der Schwerpunkt der Vorwerfbarkeit in einem Tun (Steuern des Wagens trotz Übermüdung) oder in einem Unterlassen (Nichtbeachtung der erforderlichen Sorgfalt und damit kein Absehen von der konkreten Fahrt) liegt. Nicht vorwerfen lässt sich Dr. T, dass er überhaupt Auto gefahren ist: Wegen des damit gleichzeitig verbundenen sozialen Nutzens ist es als erlaubtes Risiko straffrei. Es ließe sich ihm aber vorwerfen, dass er es aufgrund seiner Übermüdung unterlassen hat, den Wagen stehen zu lassen. Damit läge der Schwerpunkt der Vorwerfbarkeit in einem Unterlassen (Strafbarkeit des Dr. T dann aus § 323c, weil eine Garantenstellung kaum zu begründen ist). Andererseits bringt allein der Umstand, dass Dr. T trotz Übermüdung den Wagen gesteuert hat, die Gefahr der Verletzung anderer Verkehrsteilnehmer mit sich. Danach läge der Schwerpunkt der Vorwerfbarkeit in einem aktiven Tun.
Eine konkrete Verhaltensregel ist in § 1 II StVO zu finden. Danach hat sich jeder Verkehrsteilnehmer so zu verhalten, dass insbesondere kein anderer geschädigt wird. Dieses Gebot setzt somit an einem aktiven Verhalten an. Dr. T hat gegen dieses Gebot verstoßen, sodass er den Tod der O folglich durch eine Handlung verursacht hat.

In **Beispiel 4** scheidet eine Strafbarkeit der B aus §§ 212, 211, 13 schon mangels Garantenstellung aus. Ebenso fehlt die Garantenstellung für einen Totschlag durch Unterlassen in mittelbarer Täterschaft (§§ 212, 211, 13, 25 I Var. 2)[1009]. B könnte sich aber dadurch, dass sie Dr. T zur Weiterfahrt veranlasste, aus einer Begehungstat (§§ 212, 211 I, II Var. 9) strafbar gemacht haben. Dann müsste ihre aktive psychische Einwirkung auf Dr. T als eine Handlung angesehen werden können. Derjenige, der eine Rettungshandlung vereitelt, wird aufgrund seiner Tatherrschaft zum unmittelbaren Begehungstäter. Dabei macht es keinen Unterschied, ob er auf ein fremdes Rettungsmittel direkt einwirkt oder mit Mitteln der mittelbaren Täterschaft, also durch Täuschung, Drohung oder Zwang derart auf eine

---

[1007] Eine andere Variante des Unterlassens durch Tun liegt in der sog. *omissio libera in causa*. Von dieser Figur spricht man, wenn sich der Täter vorsätzlich oder fahrlässig der eigenen Rettungsmöglichkeit begibt. Trotz des aktiven Beraubens seiner Rettungsmöglichkeit wird das Gesamtgeschehen als Unterlassungstat gesehen. Die fehlende physisch-reale Rettungsmöglichkeit wird durch die Einbeziehung des Vorverhaltens - ähnlich der *actio libera in causa* - überwunden.
[1008] Vgl. dazu *W/B/S*, AT, Rn 704.
[1009] Ein Unterlassen kommt nur dann in Betracht, wenn der Täter die Rettung vereitelt, indem er seine Hilfe verweigert oder in seiner tatsächlichen Sachherrschaft stehende Rettungsmittel nicht zur Verfügung stellt.

rettungswillige Person einwirkt, dass die Rettungshandlung vereitelt wird. Die Strafbarkeit folgt über § 25 I Var. 1, nicht § 25 I Var. 2. B hat sich somit aus §§ 212, 211 I, II Var. 9, 25 I Var. 1 schuldig gemacht.

Auch in **Beispiel 5** hat die Täterin eine Rettungshandlung vereitelt. Daher ist auch hier zu diskutieren, ob sich E nicht einer Begehungstat in mittelbarer Täterschaft (§§ 212, 211 I, II Var. 3, 25 I Var. 2) schuldig gemacht hat. Sie könnte den M aufgrund ihrer übergeordneten Wissens- und Willensherrschaft als Werkzeug benutzt haben, sich selbst zu töten, um so die Erbschaft zu sichern. Im Vergleich zu Beispiel 4 liegt hier der Fall aber anders: E hat nicht aktiv auf M eingewirkt, sondern diesem schlicht eine (lebensrettende) Information vorenthalten. Bei wertender Betrachtung ist sie daher wegen Mordes durch Unterlassen (§§ 212, 211 I, II Var. 3, 13) strafbar. Ihre Strafe kann gem. § 13 II i.V.m. § 49 I gemildert werden: An die Stelle von lebenslanger Freiheitsstrafe tritt Freiheitsstrafe von drei bis maximal fünfzehn Jahre (§ 38 II).

Zur Figur der **mittelbaren Unterlassungstäterschaft** vgl. Rn 954 ff.

c. Tatsächliche (physisch-reale) oder rechtliche Möglichkeit zur Vornahme der objektiv gebotenen Handlung

772 Unterlassen bedeutet nicht etwa passives „Nichtstun", sondern die Nichtvornahme einer bestimmten rechtlich geforderten Tätigkeit. Welche Tätigkeit in der konkreten Situation zu fordern ist, ist objektiv zu bestimmen und hängt von den Umständen des Einzelfalls ab. Rechtlich gefordert ist aber nur das, was dem Unterlassungstäter physisch-real bzw. rechtlich möglich ist. So ist es dem Täter beispielsweise tatsächlich unmöglich, Hilfe herbeizuholen, wenn er gefesselt ist oder ihm in einem anderen Fall die notwendigen Rettungsmittel fehlen. Auch ist es einem Nichtschwimmer bereits tatsächlich unmöglich und nicht erst nur unzumutbar[1010], einen Ertrinkenden aus dem Wasser zu holen. Eine rechtliche Unmöglichkeit besteht dann, wenn der Unterlassungstäter aus juristischen Gründen nicht in der Lage ist, den Erfolg abzuwenden.

Beispiel: Die Ehefrau des T hatte einen Airedale-Terrier von einem Dritten geschenkt bekommen. T war zunächst mit der Aufnahme des Tiers in den gemeinsamen Haushalt einverstanden. Als der Hund dann jedoch begann, andere Personen anzugreifen, forderte T seine Frau auf, den Hund wieder abzugeben. Seine Frau widersetzte sich jedoch der Aufforderung. Bereits zwei Tage später biss der Hund den Passanten P so schwer, dass dieser sich stationär behandeln lassen musste. P stellt Strafantrag gegen T wegen fahrlässiger Körperverletzung durch Unterlassen (§§ 229, 13).

Fraglich ist, ob T aus juristischen Gründen überhaupt in der Lage war, seine Frau zur Abgabe des Hundes zu zwingen. Die Ehefrau ist Eigentümerin des Hundes. Sie hat daher das grundsätzliche Recht, andere von jeder Einwirkung auszuschließen (Vgl. § 903 BGB). Da hier keine entgegenstehenden Rechte des T ersichtlich sind, war dieser zu einer Fortgabe des ihm nicht gehörenden Hundes gegen den Willen seiner Frau als Eigentümerin des Hundes rechtlich nicht in der Lage. T ist daher auch nicht strafbar.

773 Eine besondere Problematik stellt sich, wenn der Unterlassungstäter sich durch ein Vorverhalten (*actio praecedens*) seiner Erfolgsabwendungsmöglichkeit vorsätzlich oder fahrlässig begibt. In Fällen dieser Art (***omissio libera in causa*** = eine vom Entstehensgrund her zu verantwortende Unterlassung) wird in Anlehnung an die *actio libera in causa* trotz fehlender Erfolgsabwendungsmöglichkeit in der unmittelbaren Tatsituation auf das Vorverhalten des Täters abgestellt mit der Folge, dass dieser bestraft werden kann.

[1010] Eine Einordnung entweder in die Unmöglichkeit oder in die Unzumutbarkeit kann deshalb von Bedeutung sein, weil nach teilweise vertretener Auffassung die Zumutbarkeit Bestandteil der Schuldprüfung ist. Danach wäre also nur dann eine Beteiligung möglich.

Beispiel: B ist Bademeister und trinkt während seiner Aufsicht Wodka. Als plötzlich die 5-jährige O zu ertrinken droht, ist B nicht mehr in der Lage, O zu retten.

Hier hat sich B zumindest fahrlässig seiner Erfolgsabwendungsmöglichkeit und -pflicht begeben. Ertrinkt das Kind, hat B sich – die Schuldfähigkeit sei unterstellt – in Abhängigkeit von seiner subjektiven Seite entweder wegen vorsätzlicher Tötung durch Unterlassen (§§ 212, 13) oder wegen Aussetzung mit Todesfolge (§ 221 I Nr. 2, III) strafbar gemacht. Bei Schuldunfähigkeit ist an eine Strafbarkeit aus den Grundsätzen der a.l.i.c. bzw. aus § 323a zu denken.

d. Hypothetische Kausalität des Unterlassens und Zurechnung

Wenn bei den Begehungsdelikten in Form der Erfolgsdelikte zwischen der Handlung und dem Taterfolg ein Kausal- sowie Zurechnungszusammenhang bestehen muss, verhält es sich bei den Unterlassungsdelikten prinzipiell nicht anders: Auch zwischen dem Unterlassen der gebotenen Handlung und dem Erfolgseintritt muss ein Kausal- sowie Zurechnungszusammenhang bestehen. Da hier aber aufgrund des „Nichtstuns" kein naturgesetzlicher Zusammenhang bestehen kann, muss von einer hypothetischen Betrachtungsweise ausgegangen werden. Man spricht insoweit von einer **„Quasikausalität"** bzw. von einer **„hypothetischen Kausalität"**, innerhalb derer auch Zurechnungsfragen diskutiert werden. Umstritten ist, *wann* eine hypothetische Kausalität anzunehmen ist. 774

- Eine Minderheitsmeinung lässt eine schlichte **Risikoverringerung** ausreichen. Es genüge, dass die gebotene, aber unterlassene Handlung die Rettungschancen für das bedrohte Rechtsgut erhöhe, ohne dass ein Erfolg von Rettungsmaßnahmen sicher sein müsse.[1011] 775

  Stellt man auf die Risikoverringerung ab, führt dies zu einer Ausweitung der Unterlassungsstrafbarkeit auf Konstellationen, in denen die Erfolgsabwendung höchst unsicher ist. Dies ist abzulehnen, weil sonst die unechten Unterlassungsdelikte in Teilbereichen zu (konkreten) Gefährdungsdelikten würden, was weder mit dem Gesetzeswortlaut noch mit der Gleichstellung mit einem Begehungsdelikt vereinbar ist.

- Daher verlangt die Rechtsprechung[1012] in Umkehrung der bekannten Bedingungstheorie (Conditio-sine-qua-non-Formel), dass die vom Täter erwartete Handlung **den tatbestandsmäßigen Erfolg mit an Sicherheit grenzender Wahrscheinlichkeit verhindert hätte**.[1013] Danach ist der hypothetische Kausalzusammenhang gegeben, wenn der reale Taterfolg nicht oder nicht so eingetreten wäre. Ob er zu einer anderen Zeit oder in anderer Weise (sowieso) eingetreten wäre, spielt keine Rolle. 776

  Beispiel: Vater T lehnt es bei einem Brand ab, seine beiden Kinder aus dem 2. Stock in die Arme unten stehender Helfer fallen zu lassen. Die Kinder sterben in den Flammen.

  Geht man davon aus, dass die Kinder durch das Hinabwerfen mit an Sicherheit grenzender Wahrscheinlichkeit gerettet worden wären, muss man die Quasikausalität (nach beiden Auffassungen) bejahen.

  Abwandlung: Der gleiche Sachverhalt spielt sich im 4. Stock ab. Aus dieser Höhe wären die Kinder durch das Hinabwerfen nur möglicherweise gerettet worden.

  Hier besteht keine Kausalität. Nach der Minderheitsmeinung müsste man demgegenüber wohl von einer Quasikausalität ausgehen, da hier eine Risikoverringerung vorliegt.

  Weiteres Beispiel[1014]: O wurde wegen seines belästigenden, störenden und aggressiven Verhaltens gegen 8 Uhr in Polizeigewahrsam genommen. Dort versuchte er, sich selbst zu

---

[1011] Im Wesentlichen nur SK-*Rudolphi*, § 13 Rn 16 ff.

[1012] BGHSt 37, 106, 126; 48, 34, 38 ff.; BGH NStZ 2000, 583; NJW 2003, 3212, 3213; NStZ 2015, 150 f.; NJW 2016, 176 f.

[1013] Dass eine Handlung den Erfolg *möglicherweise* verhindert hätte, reicht also nicht aus, um die „Quasikausalität" bejahen zu können (BGH NStZ 2015, 150 f.). Entgegen BGH NJW 2015, 96, 98 f. kann es auch nicht genügen, wenn der Erfolg mit an Sicherheit grenzender Wahrscheinlichkeit auch bei Beachtung der geforderten Handlung eingetreten wäre. Denn diese „Formel" stellt eine Umkehrung der auch sonst vom BGH vertretenen Formel dar (*Jäger*, JA 2015, 73, 74).

[1014] Nach BGH NJW 2015, 96 ff. (Jalloh).

verletzen, indem er damit begann, seinen Kopf gegen eine Wand zu stoßen. Die Polizisten sperrten ihn daraufhin in eine Zelle und fixierten ihn auf einer Trage. Es wurden ein BAK-Wert von 2,39 Promille festgestellt sowie Cocain-Metabolit. Aus ungeklärten Umständen gelang es O gegen 12 Uhr, mittels Feuerzeugs die Matratze anzuzünden. Er verstarb an einem inhalativen Schock, noch bevor die Polizei das Feuer löschen konnte.

Der Revierleiter T könnte sich wegen Freiheitsberaubung mit Todesfolge durch Unterlassen (§§ 239 I Var. 1, IV, 13 I) strafbar gemacht haben, indem er es zuließ, dass T ohne ständige Überwachung in der Zelle belassen wurde und es diesem gelang, die Matratze, auf der er fixiert war, in Brand zu setzen.

Zunächst müsste T den O an dessen Freiheit beraubt haben. O wurde entgegen seinem Willen in Polizeigewahrsam genommen. § 239 I Var. 1 ist insoweit verwirklicht. T war aber zunächst gem. § 127 I StPO gerechtfertigt. Der Rechtfertigungsgrund ist aber durch Fristüberschreitung entfallen. Denn T hat es unterlassen, die für die Fortdauer der Freiheitsentziehung erforderliche unverzügliche Vorführung beim Richter vorzunehmen bzw. die für sie gebotene richterliche Entscheidung unverzüglich herbeizuführen (vgl. §§ 127 IV, 114b I, II S. 1 Nr. 1 StPO bzw. die entsprechenden Vorschriften des Landespolizeigesetzes, wenn man auf den gefahrenabwehrrechtlichen Aspekt des Polizeigewahrsams abstellt). Für eine Fortführung des Gewahrsams ohne richterliche Entscheidung lagen die Voraussetzungen nicht vor.

Nach Auffassung des BGH entfällt jedoch die Kausalität eines solchen Unterlassens jedenfalls dann, wenn mit an Sicherheit grenzender Wahrscheinlichkeit davon auszugehen ist, dass der zuständige Richter bei unverzüglicher Vorführung und rechtmäßiger Entscheidung die Fortdauer der Freiheitsentziehung angeordnet hätte.[1015] Diese Formel stellt zwar eine Umkehrung der auch sonst vom BGH vertretenen Formel dar[1016], wonach eine Quasikausalität nur dann vorliegt, wenn die vom Täter erwartete Handlung den tatbestandsmäßigen Erfolg mit an Sicherheit grenzender Wahrscheinlichkeit verhindert hätte, allerdings ändert das nichts daran, dass – aufgrund des Vorliegens der gesetzlichen Voraussetzungen – der Richter die Freiheitsentziehung mit an Sicherheit grenzender Wahrscheinlichkeit auch nach 12 Uhr angeordnet hätte.

T hat damit nicht den Tatbestand der Freiheitsberaubung durch Unterlassen gem. §§ 239 I, 13 I verwirklicht. Daher kann auch die Qualifizierungsnorm des § 239 IV nicht greifen. T ist aber wegen fahrlässiger Tötung durch Unterlassen gem. §§ 222, 13 I strafbar. Denn hier ist nicht die (fehlende) Quasikausalität in Bezug auf das Nichteinholen der richterlichen Entscheidung entscheidend, sondern die Nichtüberwachung des O.

777 ▪ Das herrschende Schrifttum[1017] teilt im Prinzip die Auffassung der Rechtsprechung, unterscheidet teilweise[1018] aber dogmatisch zwischen dem **Kausalzusammenhang** und der **objektiven Zurechnung**. Ob der Erfolg auf dem Unterlassen beruht, könne nicht abschließend mit Hilfe der umgekehrten Conditio-sine-qua-non-Formel ermittelt werden, sondern müsse in einem **Pflichtwidrigkeitszusammenhang** mit dem „Nichtstun" des Täters stehen. Dieser Pflichtwidrigkeitszusammenhang sei gegeben, wenn die Vornahme der gebotenen Handlung in der konkreten Gefahrensituation mit an **Sicherheit grenzender Wahrscheinlichkeit den Erfolgseintritt verhindert hätte**.

778 ▪ Stellungnahme: Bei den Begehungsdelikten macht die Unterscheidung zwischen Kausalzusammenhang und objektiver Zurechnung mit Blick auf die Irrtümer durchaus Sinn. Bei den unechten Unterlassungsdelikten sind Kausalzusammenhang und Zurechnung bzw. Pflichtwidrigkeitszusammenhang jedoch nicht nur aufgrund der Identität der Kriterien, sondern auch aufgrund derselben Rechtsfolge nur zwei Seiten *derselben* Medaille. Denn schon innerhalb der Quasikausalität wird nach der *unterlassenen Handlung* gefragt. Diese Hand-

---

[1015] BGH NJW 2015, 96, 98.
[1016] *Jäger*, JA 2015, 73, 74.
[1017] Sch/Sch-*Stree/Bosch*, § 13 Rn 61; *Gropp*, AT, § 11 Rn 162; *W/B/S*, AT, Rn 711; *Otto*, Jura 2001, 275, 276; *v. Heintschel-Heinegg/Kudlich*, JA 2001, 129, 133.
[1018] *W/B/S*, AT, Rn 712 f.; *Kühl*, AT, § 19 Rn 4a f.

lung ist nach Auffassung des BGH aber gerade diejenige, die bei einem pflichtgemäßen Verhalten geboten gewesen wäre, nämlich Erfolgsverhinderung bei pflichtgemäßem Handeln. Die Bejahung der Quasikausalität bedeutet demnach bereits die Bejahung des Pflichtwidrigkeitszusammenhangs. Darum macht es keinen Sinn, neben der Quasikausalität den Pflichtwidrigkeitszusammenhang zu prüfen. Zu beachten ist aber stets, dass ein **eigenverantwortliches** Verhalten des Opfers den Zurechnungszusammenhang verneinen lässt.[1019]

Hinweis für die Fallbearbeitung: Fehlt die Quasikausalität (oder die objektive Zurechnung), scheidet eine Vollendung des vorsätzlichen Unterlassungsdelikts mangels Erfüllung aller Tatbestandsvoraussetzungen aus. Es verbleibt somit die Prüfung einer Versuchsstrafbarkeit („Versuch durch Unterlassen").

Handelt es sich um eine **Beihilfe durch Unterlassen** (vgl. das Beispiel bei Rn 787), **779**
setzt eine Strafbarkeit nach § 13 I nicht voraus, dass die unterlassene Handlung den Taterfolg mit an Sicherheit grenzender Wahrscheinlichkeit verhindert hätte; es genügt, dass die erwartete Handlung die Tat des Begehungstäters **erschwert** hätte.[1020]

e. Rechtspflicht zur Erfolgsabwendung (sog. Garantenstellung)

Nach § 13 I ist eine Person trotz Nichthandelns strafbar, wenn sie „rechtlich dafür einzu- **780**
stehen hat, dass der Erfolg nicht eintritt". Dem liegt der Gedanke zugrunde, dass eine bestimmte Person eine besondere, über die allgemeine Solidarpflicht des § 323a hinausgehende Schutzpflicht gegenüber einer anderen Person hat. Man spricht von **Garantenstellung** des Unterlassungstäters.[1021] Welche konkreten Anforderungen an diese Voraussetzung zu stellen sind, geht aus dem Gesetzestext jedoch nicht hervor. Mit Blick auf den Bestimmtheitsgrundsatz (Art. 103 II GG) und die Gleichstellung mit einem Begehungsdelikt wird aber deutlich, dass eine enge Auslegung erforderlich ist. Von daher leuchtet es ein, dass hier regelmäßig der **Schwerpunkt der Fallbearbeitung** liegt:

Während die **Rechtsprechung** die Garantenstellung hergebracht *fallgruppenorientiert* **781**
aus

- **Gesetz** (Beispiel: Eltern für ihre Kinder, § 1626 BGB)[1022],
- **Vertrag bzw. tatsächlicher Gewährübernahme** (Beispiele: Kindermädchen oder Lebensgefährte der Mutter für die Obhut und Sicherung des Kindes; Wettkampfleiter für Sicherung und Absperrung einer Rennpiste[1023]; Compliance-Beauftragter eines Betriebs[1024]),
- **vorangegangenem gefährdendem Tun (Ingerenz)** (Beispiel: Gastgeber gegenüber seinen betrunkenen Gästen) oder
- aus **engen Lebensbeziehungen** (Beispiele: eheliche Gemeinschaft gem. § 1353 BGB; Gefahrengemeinschaft)

begründet(e)[1025], ist in der **Lehre**, aber auch in der **aktuellen Rechtsprechung des BGH** eine Einteilung nach *materiellen* Kriterien vorzufinden. Danach lassen sich Garantenverhältnisse aus zwei Grundpositionen ableiten[1026]:

[1019] Vgl. BGH NStZ 2013, 43, 44 sowie oben Rn 175 ff.
[1020] BGH NJW 2003, 3212, 3213.
[1021] Vgl. nur BGHSt 39, 392, 399 f.; BGH NJW 2000, 3013, 3014; NStZ 2015, 150.
[1022] Vgl. auch BGH NStZ 2015, 150 f. (zur Garantenpflicht eines Rechtsanwalts, gem. § 4a II Nr. 1 RVG den Mandanten vor Vereinbarung eines Erfolgshonorars auf die voraussichtliche gesetzliche Vergütung hinzuweisen).
[1023] Vgl. LG Waldshut-Tiengen NJW 2002, 153.
[1024] Vgl. dazu BGHSt 54, 44 ff. und unten Rn 796.
[1025] Vgl. nur BGHSt 2, 150, 153; 19, 167, 168; BGH NStZ 1999, 607; NJW 2002, 1887, 1888; NStZ 2003, 141 ff.; NJW 2003, 3212, 3213.
[1026] Vgl. Sch/Sch-*Stree/Bosch*, § 13 Rn 8 ff.; SK-*Rudolphi*, § 13 Rn 21 ff.; *Roxin*, AT II, § 31 Rn 4; *W/B/S*, AT, Rn 715 ff.; *Gropp*, AT, § 11 Rn 42 ff.; *Jescheck/Weigend*, AT, § 59 IV; *Kühl*, JuS 2007, 497, 500 und JA 2014, 507, 510. Vgl. auch BGH NStZ 2012, 319, 320; NJW 2016, 176, 177 (Beschützergarantenstellung unter dem Aspekt des Schutzes vor einer vom Täter zuvor geschaffenen Gefahrenquelle).

- dem Täter obliegen besondere Schutzpflichten für bestimmte Rechtsgüter, d.h. er hat diese vor jeglichen Gefahren zu beschützen (**Beschützergarantien/Obhutspflichten**)[1027],
- dem Täter obliegt die Verantwortung für bestimmte Gefahrenquellen, d.h. er hat dafür zu sorgen, dass niemand anderes durch sie zu Schaden kommt (**Überwachungsgarantien/ Sicherungspflichten**).

782 **Hinweis für die Fallbearbeitung:** Da sowohl Lehre als auch Rechtsprechung letztlich an dieselben Kriterien anknüpfen, besteht nicht nur eine Vielzahl von Überschneidungen, sondern auch eine Identität von Voraussetzungen und Rechtsfolgen. Die von der neueren Lehre vorgenommene Einteilung hat lediglich systematische Bedeutung. Von daher sollte man in der Fallbearbeitung keine Erklärungen abgeben, warum man eine Garantenstellung aus einer bestimmten Fallgruppe oder rein materiell herzuleiten versucht. Es genügt, wenn man sämtliche Umstände prüft, aus denen sich eine Garantenstellung ergeben könnte. Hierzu bietet sich folgende Formulierung an: „T müsste die Rechtspflicht gehabt haben, den Erfolg abzuwenden. Diese sog. Garantenstellung könnte sich aus ... (etwa aus § 1353 BGB oder aus Ingerenz) ergeben haben. Voraussetzung dafür ist, dass ..."

Zugunsten der angesprochenen systematischen Bedeutung der von der neueren Lehre vorgenommenen Einteilung wird auch in der folgenden Darstellung zwischen Beschützergarantien und Überwachungsgarantien unterschieden. Zur gutachtlichen Aufbereitung der Garantenpflicht vgl. auch *Schmidt/Priebe*, Fälle zum Strafrecht II, Fall 12 Rn 22 ff.

aa. Besondere Schutzpflichten (Beschützergarantien/Obhutspflichten)

783 Bei den Beschützergarantien besteht die Rechtspflicht zur Vermeidung des Erfolgseintritts bei der Person, gegenüber der eine **Obhutspflicht** besteht. Der Täter muss das zu schützende Rechtsgut vor Gefahren jeglicher Art schützen.

Beispiel: Der Bademeister im Beispiel von Rn 773 hat eine Obhutspflicht gegenüber der 5-jährigen O. Er muss diese vor den Gefahren beschützen, die mit dem Aufenthalt im Schwimmbecken verbunden sind.

Folgende Fallgruppen, aus denen sich besondere Schutzpflichten für bestimmte Rechtsgüter ergeben können, sind anerkannt[1028]:

a.) Besondere geschriebene familienrechtliche Rechtssätze

784 Zu diesen Rechtssätzen gehören bspw. §§ 1353 ff. BGB (Beistandspflicht in der Ehe[1029]), §§ 1626, 1626a und 1631 BGB (elterliche Sorge)[1030], §§ 1793, 1800 BGB (Sorgerecht und Personensorge des Vormunds) und § 2 LebenspartnerschaftsG (Personensorge des Lebenspartners).

b.) Rechtlich fundierte Verhältnisse enger familienrechtlicher Verbundenheit

785 Solche Beziehungen können bspw. unter Verwandten gerader Linie, Geschwistern (dazu sogleich) und Verlobten bestehen. Damit ist diese Fallgruppe teilweise identisch mit der ersten, geht aber auch über diese hinaus (so muss nicht nur der Vater sein Kind, sondern auch das Kind seinen Vater vor Gefahren schützen). Da hier das geschriebene Recht lückenhaft ist, muss die Reichweite der Schutzpflicht vom Einzelfall abhängig gemacht werden.

[1027] Die Formulierung „*besondere* Schutzpflichten" will deutlich machen, dass hier ein qualitativer Unterschied zur *allgemeinen* Hilfspflicht des § 323c besteht.
[1028] Vgl. zu den Fallgruppen auch *W/B/S*, AT, Rn 718 ff.; *Gropp*, AT, § 11 Rn 42 ff.; *Joecks*, § 13 Rn 31 ff.
[1029] Vgl. dazu BGH NStZ 2004, 30, 31.
[1030] Vgl. dazu BGH NStZ 2010, 214 f. (mit Bespr. v. *Hecker*, JuS 2010, 453).

Hinsichtlich dieser Fallgruppen besteht dahingehend Uneinigkeit, ob eine **effektive Familiengemeinschaft** erforderlich ist oder ob eine Garantenstellung auch dann begründet werden kann, wenn sich die betreffenden Personen **auseinandergelebt** haben. Ein Teil der Literatur bejaht das Erfordernis einer effektiven Familiengemeinschaft. Gerade wegen des lückenhaften bzw. fehlenden geschriebenen Rechts dürften die **tatsächlichen Verhältnisse nicht unberücksichtigt** bleiben. Unterhalte beispielsweise der Sohn zu seinem Vater keinerlei Beziehungen mehr, komme eine Pflicht, den Vater vor Gefahren zu schützen, nicht in Betracht.[1031] Die überwiegende Lehre hingegen differenziert: So schuldeten zumindest Verwandte gerader Linie bei *akuten* Gefahren für Leib, Leben oder Freiheit gegenseitigen Schutz und Beistand auch dann, wenn sie schon lange nicht mehr zusammenlebten.[1032] Ob Entsprechendes auch für **getrennt lebende Ehepartner** bzw. für **zerrüttete oder zerstrittene Ehen** gilt, war ebenfalls lange Zeit unklar, ist dann aber vom BGH entschieden worden. 786

Sachverhalt[1033]**:** Nachdem es in der Ehe zwischen M und F zu wachsenden Spannungen gekommen war, wandte sich F einem anderen Mann, dem B, zu. In der Absicht, sich endgültig von M zu trennen, zog sie am 6.10.2016 aus der Ehewohnung aus. Am 4.11.2016 erfuhr sie von B, dass M den B tags zuvor wegen eines Diebstahls bei der Polizei angezeigt hatte. B war darüber sehr aufgebracht und erklärte der F, er werde sich rächen und den M am nächsten Morgen zusammenschlagen, wenn dieser zur Arbeit gehe. Obwohl F die Ernstlichkeit dieses Vorhabens nicht bezweifelte, unternahm sie nichts, um B von seiner geplanten Tat abzuhalten oder um M telefonisch vor dem Angriff zu warnen. Am nächsten Morgen lauerte B dem M auf und schlug dem Überraschten mehrfach mit einem Schlagring ins Gesicht, bis dieser blutüberströmt am Boden lag. Hätte F sich bemüht, den Angriff zu verhindern, wäre die Tat des B zumindest erschwert worden. 787

Lösungsgesichtspunkte: B hat sich zumindest wegen gefährlicher Körperverletzung gem. §§ 223 I, 224 I Nr. 2 Var. 1, Nr. 3 und ggf. Nr. 5 strafbar gemacht (wäre in der Klausur näher auszuführen).
Hinsichtlich der F ist fraglich, ob sie sich dadurch, dass sie nichts unternahm, um ihren Ehemann vor dem bevorstehenden Angriff zu warnen oder den B von seinem Plan abzubringen, einer gefährlichen Körperverletzung durch Unterlassen (§§ 223 I, 224 I Nr. 2 Var. 1, Nr. 3 (und ggf. Nr. 5) i.V.m. 13 I) strafbar gemacht hat.
Nach dem Sachverhalt ist nicht sicher, ob sie durch ein Einschreiten die konkrete Tat des B mit an Sicherheit grenzender Wahrscheinlichkeit verhindert hätte. Dies ist auf dem Boden der h.M. unter Einschluss der Rspr. des BGH aber erforderlich, um eine Strafbarkeit wegen Unterlassens zu begründen. Eine gefährliche Körperverletzung durch Unterlassen scheidet daher aus.
Da ein Einschreiten der F die Tat des B jedenfalls erschwert hätte, hat sie durch ihr Untätigbleiben möglicherweise **Beihilfe durch Unterlassen** zu der von B begangenen gefährlichen Körperverletzung geleistet (§§ 223 I, 224 I Nr. 2 Var. 1, Nr. 3 (und ggf. Nr. 5) i.V.m. 27 I, 13 I).
Für die Hilfeleistung i.S.v. § 27 I genügt ein Tatbeitrag, der die Durchführung der Haupttat gefördert hat. Im Rahmen der Beihilfe durch Unterlassen ist es nach Auffassung des BGH nicht erforderlich, dass die unterlassene Handlung den Taterfolg mit an Sicherheit grenzender Wahrscheinlichkeit verhindert hätte; vielmehr genügt das unterlassene Erschweren der Tatbegehung.
F müsste aber auch eine Garantenstellung innegehabt haben. Dass Ehegatten bei bestehender Lebensgemeinschaft i.S.d. § 13 I dafür einzustehen haben, dass dem anderen Teil kein Schaden zugefügt wird, der sich als „Erfolg" eines Straftatbestands darstellt, ist mit Blick auf § 1353 I S. 2 BGB allgemein anerkannt. Fraglich ist jedoch, ob vorliegend noch von einer bestehenden Lebensgemeinschaft gesprochen werden kann. Immerhin hatte sich F ca. einen Monat vor der Tat des B von M getrennt und sich B zugewandt.

[1031] So im Wesentlichen *Rudolphi*, NStZ 1984, 149, 153 und *Joecks*, § 13 Rn 25.
[1032] So *W/B/S*, AT, Rn 718; Sch/Sch-*Stree/Bosch*, § 13 Rn 17 ff.; LK-*Weigend*, § 13 Rn 26.
[1033] In Anlehnung an BGH NJW 2003, 3212 (mit Bespr. v. *Ingelfinger*, NStZ 2004, 409 ff.). Datumsangaben geändert.

⇨ Geht man davon aus, dass die Garantenpflicht der Ehegatten aus § 1353 I S. 2 BGB so lange bestehen bleibt, bis die Ehe formal aufgelöst wird, bleiben Eheleute zum wechselseitigen Schutz von Leib, Leben und Freiheit vorerst auch dann verpflichtet, wenn sie ihre Lebensgemeinschaft aufgegeben haben und getrennte Wege gehen. Die Garantenpflicht endet danach erst mit der Scheidung.

⇨ Stellt man demgegenüber allein auf das tatsächliche Bestehen eines gegenseitigen Vertrauens- und Abhängigkeitsverhältnisses zwischen den Ehegatten im Hinblick auf den Schutz des bedrohten Rechtsguts ab, entfällt ihre Einstandspflicht, sobald sie - wie vorliegend - ihre tatsächliche Lebensgemeinschaft beendet haben. Ihre aus § 1353 BGB folgende Pflicht, die Lebensgemeinschaft herzustellen und damit eine Garantenpflicht zu begründen, reicht somit für ein begehungsgleiches Unterlassen allein nicht aus.

⇨ Der erstmals mit dieser Frage befasste BGH nimmt einen vermittelnden Standpunkt ein. Nach seiner Auffassung muss die Beantwortung der Frage nach den strafrechtlichen Schutzpflichten unter Eheleuten zumindest ihren Ausgangspunkt bei § 1353 BGB finden. Sei danach eine zivilrechtliche eheliche Beistandspflicht anzunehmen, dürfe diese nicht vor dem Strafrecht Halt machen. Dementsprechend könne die gegenseitige Beistandspflicht auch aus strafrechtlicher Sicht nicht schon mit dem bloßen Auszug eines Ehegatten aus der Ehewohnung, also mit der bloßen räumlichen Trennung, als beendet angesehen werden. Andererseits würde es eine nicht zu rechtfertigende Überdehnung der strafrechtlichen Beistandspflicht unter Eheleuten bedeuten, wollte man annehmen, dass diese erst mit dem Ende der Ehe, gegebenenfalls also erst mit der Rechtskraft des Scheidungsurteils, ende; trenne sich ein Ehepartner von dem anderen, indem er aus der Ehewohnung ausziehe und diese Trennung als endgültig betrachte, könne eine strafrechtliche Vermeideverantwortlichkeit nicht mehr angenommen werden. Demzufolge scheide eine durch Unterlassen begangene Beihilfe zur Körperverletzung aus.

Stellungnahme: Die Auffassung des BGH überzeugt. Denn sie stellt klar, dass sich eine Garantenstellung von Verwandten, Eheleuten und Verlobten nicht unmittelbar aus dem Gesetz ergibt (etwa §§ 1353, 1618a, 1626 ff. BGB), sondern dass die gesetzliche Regelung nur Ausgangspunkt der Überlegung sein kann. Entscheidend kommt es darauf an, dass die Übernahme von Schutzfunktionen tatsächlich erfolgt, was eine bestehende Gemeinschaft voraussetzt. Trennt sich ein Partner (bzw. ein Familienmitglied) jedenfalls räumlich von dem späteren Täter, würden die Grenzen der in § 13 I statuierten Erfolgsabwendungspflicht überschritten und das verfassungsrechtlich verankerte Schuldprinzip verletzt, bejahte man beim Täter eine Garantenstellung.[1034] Der BGH hat dies in begrüßenswerter Weise festgestellt. Demnach kann als Fazit festgehalten werden:

⇨ Hat sich ein Ehepaar (räumlich) getrennt und hat die Trennung den Zweck, dass sich die Partner (oder zumindest der die Trennung herbeiführende Partner) in Ruhe Gedanken über die weitere Entwicklung der Ehe machen können, ist die Ehe auch aus strafrechtlicher Sicht noch nicht gescheitert; die strafrechtliche Garantenpflicht der Eheleute besteht fort.

⇨ Soll die Trennung dagegen die endgültige Aufhebung der Gemeinschaft bedeuten, ist die Ehe jedenfalls aus strafrechtlicher Sicht gescheitert; die Garantenpflicht der Eheleute endet mit der (räumlichen) Trennung. Um eine nicht gerechtfertigte Differenzierung zu vermeiden, dürfte dieser Befund auch dann gelten, wenn Eheleute - aus wirtschaftlichen Gründen - nach schweren Zerwürfnissen in demselben Haus oder in derselben Wohnung getrennt voneinander leben.

788 Diskutiert wird auch die Garantenpflicht von **Geschwistern** untereinander. Auch hier stellt sich die Frage, ob allein das Vorliegen eines solchen Verwandtschaftsverhältnisses genügt oder ob darüber hinaus das Bestehen eines tatsächlichen Vertrauens- und Abhängigkeitsverhältnisses erforderlich ist.

[1034] Vgl. bereits die 3. Aufl. 2004; später auch *Kühl/Hinderer*, JuS 2009, 919, 924; *Kett-Straub/Linke*, JA 2010, 25, 28.

Fall[1035]**:** Vor einiger Zeit zog S zu ihrem Bruder B in die von diesem gemietete Dreizimmer-Wohnung. Sie bewohnte ein eigenes Zimmer und beteiligte sich hälftig an den Mietkosten. Nachdem B eines Tages in seinem Zimmer 6,9 ml Methadon konsumiert hatte, verlor er für mehrere Tage das Bewusstsein. In diesem Zustand zog er sich eine schwere Lungenentzündung zu, an der er verstarb. Obwohl S bereits an dem Tag, an dem B das Bewusstsein verlor, bemerkte, dass ihr Bruder bewusstlos in seinem Zimmer lag, rief sie erst 6 Tage später einen Arzt herbei. Bei früherer ärztlicher Hilfe wäre es nicht zu der Lungenentzündung gekommen bzw. diese wäre mit an Sicherheit grenzender Wahrscheinlichkeit erfolgreich behandelt worden. Ist S strafrechtlich verantwortlich? **789**

Lösungsgesichtspunkte:

I. Ein **Totschlag durch Unterlassen** (§§ 212, 13) kommt nicht in Betracht, da keine Anhaltspunkte dafür bestehen, dass S den Tod ihres Bruders für möglich gehalten und billigend in Kauf genommen hat.

II. Möglicherweise ist S aber einer **Aussetzung mit Todesfolge** (§ 221 I Nr. 2, III)[1036] schuldig. B war bewusstlos und bemerkte infolge dieses Zustands nicht, dass sich seine Lunge entzündete und er dadurch in Lebensgefahr geriet. Daher befand er sich „in einer hilflosen Lage" i.S.v. § 221 I Nr. 2.
Dadurch, dass S es unterließ, einen Arzt zu Hilfe zu rufen, hat sie B auch „im Stich gelassen".
B müsste aber auch in der „Obhut" der S gestanden haben bzw. S müsste B „sonst beizustehen verpflichtet" gewesen sein. Ob dies der Fall war, hängt davon ab, ob sie als Garant i.S.v. § 13 I rechtlich dafür einzustehen hatte, dass ihr Bruder nicht in Lebens- oder schwere Gesundheitsgefahr geriet.
Die bloße häusliche Gemeinschaft bzw. das Zusammenleben in derselben Wohnung begründen keine derartige Erfolgsabwendungspflicht. Anderenfalls würde der Kreis der Handlungspflichtigen unvertretbar weit ausgedehnt und ein Verstoß des § 13 I gegen den Bestimmtheitsgrundsatz aus Art. 103 II GG anzunehmen sein. Fraglich ist jedoch, ob etwas anderes gilt, weil S in einem Geschwisterverhältnis zu B stand.

⇨ Nach überwiegender Auffassung besteht **innerhalb der Familie**, also der engsten und natürlichsten Gemeinschaft, **stets eine Rechtspflicht** zur Abwendung schwerer Gefahren.[1037]

Danach wäre S verpflichtet gewesen, rechtzeitig ärztliche Hilfe herbeizuholen. Da sie dieses gerade unterlassen hat, wäre sie bei Befolgung dieser Auffassung einer Aussetzung mit Todesfolge schuldig.

⇨ Die Gegenauffassung stellt demgegenüber allein auf das **tatsächliche Bestehen** eines **gegenseitigen Vertrauens- und Abhängigkeitsverhältnisses** bzw. einer personalen **Schutzherrschaft** zwischen den Geschwistern ab. Nur unter dieser Voraussetzung beherrsche der Untätige die dem Hilflosen drohenden Gefahren in gleicher Weise wie ein Begehungstäter.[1038]

Allein der Umstand, dass S und B Geschwister waren und S zu ihrem Bruder in dessen Wohnung gezogen war, führte nach der Gegenauffassung nicht dazu, dass ihr - zunächst nicht hilfsbedürftiger - Bruder i.S.v. § 221 I Nr. 2 unter ihrer „Obhut" stand. Denn dass ein tatsächliches Vertrauens- und Abhängigkeitsverhältnis zwischen S und B bestand, kann dem Sachverhalt nicht entnommen werden. Danach wäre S also keiner Aussetzung mit Todesfolge schuldig, was eine Entscheidung zwischen beiden Auffassungen erforderlich macht.

Stellungnahme: Die Beziehungen von Mitgliedern einer Familie untereinander unterliegen wie auch die Familie selbst ungeachtet ihres besonderen Schutzes durch die Verfassung im Wandel

---

1035 Nach LG Kiel NStZ 2004, 157 ff.
1036 Zwar ist die Rechtsnatur des § 221 I Nr. 2 unklar (die Meinungen reichen vom Begehungsdelikt über echtes Unterlassungsdelikt bis zum unechten Unterlassungsdelikt), da jedoch unstreitig ist, dass der Tatbestand eine Obhutspflicht i.S.v. § 13 erfordert, bietet sich der behandelte Fall an dieser Stelle an.
1037 BGHSt 19, 167, 169; Sch/Sch-*Stree/Bosch*, § 13 Rn 17, 19; LK-*Weigend*, § 13 Rn 25 ff.
1038 SK-*Rudolphi*, § 13 Rn 49.

der Zeiten einer dynamischen Beurteilung durch die Rechtsgemeinschaft. In der modernen Gesellschaft ist eine immer frühere und weitergehende Verselbstständigung von Abkömmlingen einer Familie mit der Folge einer frühzeitigen Auflösung der entsprechenden Haushaltsgemeinschaft zu beobachten. Hinzu kommt, dass an die Stelle des herkömmlichen Familienverbands andere, mittlerweile auch rechtlich zunehmend anerkannte Formen des Zusammenlebens getreten sind, die die Grenzziehung mit Hilfe der früher gebräuchlichen Kriterien immer mehr erschweren. Zu denken ist bspw. an die eingetragene Lebenspartnerschaft. Zudem ist kaum vernünftig begründbar, von welchem Grad an ein Verwandtschaftsverhältnis geeignet sein sollte, die beteiligten Familienmitglieder zu wechselseitigen Garanten zu machen. Das Bild der unter einem Dach vereinten Großfamilie gehört im hiesigen Rechtskreis zunehmend der Vergangenheit an und kann daher als geeigneter Gradmesser keine Geltung mehr beanspruchen. Überzeugender erscheint es daher, allein auf das Bestehen von tatsächlichen Vertrauens- und Abhängigkeitsverhältnisses, wodurch auch immer sie begründet sein mögen, abzustellen. Nur ein Abstellen darauf gewährleistet, dass das Risiko einer Bestrafung für den Normadressaten noch voraussehbar ist und eine Kollision des § 13 I mit dem Bestimmtheitsgrundsatz vermieden werden kann.[1039]

Somit ist der Gegenauffassung zu folgen. S hat sich in Ermangelung eines tatsächlichen gegenseitigen Vertrauens- und Abhängigkeitsverhältnisses bzw. einer personalen Schutzherrschaft nicht einer Aussetzung mit Todesfolge schuldig gemacht.

III. Folgerichtig entfällt auch der Vorwurf einer **fahrlässigen Tötung durch Unterlassen** (§§ 222, 13), da hier ebenfalls eine Garantenstellung erforderlich ist.

IV. Da S es jedoch unterließ, angesichts des „Unglücksfalls" der plötzlich eingetretenen, länger anhaltenden Bewusstlosigkeit ihres Bruders ärztliche Hilfe herbeizurufen, hat sie sich im Ergebnis (lediglich) der **unterlassenen Hilfeleistung** (§ 323c) schuldig gemacht.

c.) Andere Lebens- oder Gefahrengemeinschaften

790 Auch andere Lebens- oder Gefahrengemeinschaften können eine Garantenstellung begründen, wenn sie aufgrund ihrer Eigenart und des geschaffenen Vertrauensverhältnisses die Gewähr für gegenseitige Hilfe und Fürsorge in sozialtypischen Gefahrenlagen bieten. Beispiele für diese Fallgruppe sind nichteheliche Lebensgemeinschaften, langjährige Vertragsbeziehungen, Bergkameraden, Weltumsegler, Tiefseetaucher oder Expeditionsteilnehmer. Allen Beispielen gemeinsam ist aber, dass in **tatsächlicher** Hinsicht eine **Schutzfunktion** übernommen worden sein muss.[1040] Jedenfalls können reine Zufallsgemeinschaften wie Zechgemeinschaften oder Rauschgiftkonsumenten grundsätzlich keine Garantenstellung begründen.[1041] Gleiches gilt für das Zusammenleben in einer Wohngemeinschaft.

d.) Übernahme vertraglicher Schutz- und Beistandspflichten

791 Besteht eine vertragliche Übernahme von Schutz- und Beistandspflichten, kann eine diesbezügliche Garantenstellung ohne weiteres begründet werden. So hat auch der BGH entschieden, dass die (vertragliche) Zusage des Bankkunden, Fehlbuchungen zu offenbaren, eine Rechtspflicht zum Handeln begründen könne.[1042]
Ein sich in der Geschäftspraxis häufig stellendes Problem besteht aber darin, ob im Rahmen eines Vertragsverhältnisses auch ohne ausdrückliche Vereinbarung bzw. Zusage Garantenpflichten entstehen können. Aufgrund der bereits mehrfach genannten gebotenen restriktiven Auslegung des § 13 I sollte man hier eine Garantenstellung jedenfalls nur dann annehmen, wenn ein *besonderes Vertrauensverhältnis* oder eine *dauerhafte und*

[1039] LG Kiel NStZ 2004, 157, 158 f.
[1040] Vgl. dazu Sch/Sch-*Stree/Bosch*, § 13 Rn 23-25; *Fischer*, § 13 Rn 15; *W/B/S*, AT, Rn 719; *Kühl*, AT, § 18 Rn 64; *v. Danwitz*, Jura 2000, 486, 487 f.
[1041] Vgl. BGH NJW 1954, 1047 f.; OLG Stuttgart NStZ 2009, 102, 103.
[1042] BGH NJW 2001, 453, 454.

konsolidierte Geschäftsbeziehung besteht. Nur dann kann unter dem Aspekt von Treu und Glauben (§ 242 BGB) ausnahmsweise eine Garantenstellung begründet werden.[1043] Auch die Rechtsprechung geht diesen Weg und macht eine Garantenstellung unter Abwägung der Interessenlage und des Verantwortungsbereichs der Beteiligten von den konkreten Umständen des Einzelfalls abhängig.[1044]

e.) Freiwillige tatsächliche Übernahme von Schutz- und Beistandspflichten

Diese Fallgruppe kommt zunächst dann in Betracht, wenn die vertragliche Übernahme **792**
von Schutz- und Beistandspflichten infolge der Unwirksamkeit des Vertrags nicht erfolgt ist. Entscheidend ist in diesem Zusammenhang, ob der andere ein berechtigtes Vertrauen in den Beistand des Garanten und ggf. im Hinblick auf die Einsatzbereitschaft des Garanten andere Schutzmaßnahmen unterlassen hat. Als Beispiel wird hier oft das 17-jährige Kindermädchen genannt, das sich entgegen dem Willen seiner Eltern und ohne deren Wissen als **Babysitter** betätigt (Nichtigkeit des Vertrags wegen § 108 I BGB). Hier ist das Kindermädchen Garant im Hinblick auf das zu betreuende Kind, wenn es faktisch die Betreuungspflicht übernommen hat und die Eltern des zu betreuenden Kindes auf den Beistand vertrauen und andere Schutzmaßnahmen unterlassen haben. Weitere Beispiele sind die Übernahme einer ärztlichen Behandlung, sonstige medizinische oder krankenpflegerische Versorgung, Bergführung, Badeaufsicht und die Betreuung des Kindes der mit dem Täter in häuslicher Gemeinschaft lebenden Partnerin des Täters (vgl. auch Rn 799).

Exemplarisch für diese Fallgruppe ist aber auch die Situation, in der zwar an sich ein Ver- **793**
tragsverhältnis besteht, dieses aber nicht die gebotene Schutzpflicht begründet. So müssen sich etwa **Gastwirte** und **Taxifahrer** um volltrunkene und handlungsunfähige Gäste bzw. Fahrgäste kümmern, wenn schwere Gefahren drohen. Das Gleiche gilt, wenn der **Rennsportleiter** oder der **Vorsitzende eines Wettkampfausschusses** die gegenüber dem Veranstalter bestehende Pflicht, die Piste abzusperren, tatsächlich übernimmt. Missachtet er die daraus entstandene Übernahme von Verkehrssicherungspflichten (dazu sogleich) und kommt etwa ein Zuschauer infolge eines **Rennunfalls** i.V.m. der mangelhaften Absperrung zu Tode, macht er sich eines Vergehens der fahrlässigen Tötung durch Unterlassen (§§ 222, 13 I) schuldig.[1045]

Auch kommt diese Fallgruppe in Betracht, wenn jemand einem anderen zusagt, er werde **794**
diesem helfen, und dabei berechtigte Erwartungen auf Seiten des anderen auslöst. Hier wird als Beispiel oft der **Verkehrsunfall** genannt, bei dem jemand den Notarzt rufen möchte, dieses aber unterlässt, weil der zufällig vorbeikommende Arzt zusagt, er werde sich um den Verletzten kümmern. Hier ist der Arzt zwar nicht kraft Berufes oder kraft Vertrags Garant, sondern lediglich allgemein hilfspflichtig nach § 323c. Er macht sich aber durch die tatsächliche Übernahme der Schutzfunktion zum Garanten.[1046]

Schließlich kann eine Garantenstellung aus tatsächlicher Gewährübernahme begründet **795**
werden, wenn ein Helfer die **Situation einer hilflosen Person wesentlich verschlechtert**, insbesondere andere Rettungsmöglichkeiten ausschließt, neue Gefahren begründet oder Risiken für den Hilfsbedürftigen erhöht.[1047] Wann dies der Fall ist, ist am Schutzgut der Strafnorm (etwa der körperlichen Unversehrtheit bei § 221 I Nr. 2) festzumachen.

[1043] Vgl. *W/B/S*, AT, Rn 719.
[1044] OLG Bamberg NStZ-RR 2012, 248. Kritisch *Beckemper*, ZJS 2012, 697.
[1045] LG Waldshut-Tiengen NJW 2002, 153.
[1046] Vgl. *Kühl*, AT, § 18 Rn 76.
[1047] Vgl. OLG Stuttgart NStZ 2009, 102, 103; BGH NJW 2008, 2199 ff.

f.) Eine mit einem besonderen Pflichtenkreis verbundene Stellung als Amtsträger oder Organ einer juristischen Person[1048]

796 Angehörige dieses Personenkreises müssen Schäden von ihren jeweiligen Dienstherrn bzw. von ihrer Zuordnungseinheit abwenden. So macht sich bspw. der **Staatsanwalt** wegen Strafvereitelung im Amt durch Unterlassen (§§ 258, 258a, 13) strafbar, wenn er seinem Vorgesetzten nicht meldet, dass sein Kollege eine Akte nicht fristgerecht bearbeitet hat, um die Sache verjähren zu lassen. Auch der **Leiter der Innenrevision** einer Anstalt des öffentlichen Rechts hat die Pflicht, betrügerische Abrechnungen zu unterbinden.[1049] Entsprechendes dürfte für **Compliance-Beauftragte** („Regelwächter") von Banken, Handelsunternehmen etc. gelten.[1050] Demgegenüber macht sich ein **Bediensteter einer Justizvollzugsanstalt** nicht aus §§ 258, 258a, 13 strafbar, wenn er den Strafverfolgungsbehörden nicht meldet, dass sein Kollege einen Strafgefangenen misshandelt hat. Denn hier besteht (im Unterschied zum Staatsanwalt) nicht die amtliche Aufgabe der staatlichen Strafverfolgung gegenüber seinem Kollegen.[1051] Der **Polizeibeamte** ist im Rahmen seiner Dienstausübung Garant für die Verhinderung von Straftaten und für den Schutz der Allgemeinheit.[1052] Problematisch ist es, wenn der Polizeibeamte (aber auch der Staatsanwalt) außerhalb des Dienstes Kenntnisse von einer Straftat erlangt. Hier ist bei der Frage, ob eine entsprechende Meldepflicht besteht, das Recht auf Privatsphäre mit dem staatlichen Interesse an einer effektiven Strafverfolgung abzuwägen. Mit Blick auf die gebotene restriktive Auslegung des § 13 wird man eine entsprechende Rechtspflicht nur bei einem nachhaltigen öffentlichen Interesse an der Strafverfolgung, mithin bei schweren Delikten, annehmen können.[1053]

bb. Verantwortlichkeit für bestimmte Gefahrenquellen (Überwachungsgarantien/Sicherungspflichten)

797 Während die Beschützergarantie/Obhutspflicht dem Garanten die Pflicht auferlegt, den Schutzbedürftigen vor Gefahren zu schützen, die diesem von dritter Seite (oder von ihm selbst[1054]) drohen, dient die Überwachungsgarantie/Sicherungspflicht (umgekehrt) dazu, Dritte oder die Allgemeinheit vor Gefahren zu schützen, die von dem zu Überwachenden ausgehen.

> **Beispiel:** Zuhälter Z hält zu Statuszwecken einen Mastino Espanol. Der Hund hat bereits mehrfach ungeliebte Konkurrenz angegriffen.
>
> Hier leuchtet es ein, dass Z nicht unbeschadet zusehen darf, wie der Hund einen Menschen angreift.

Eine diesbezügliche Garantenstellung aus der Verantwortlichkeit für bestimmte Gefahrenquellen kann sich in folgenden Fallgruppen ergeben.[1055]

a.) Verkehrssicherungspflichten (VSP)

798 Derjenige, der eine Gefahrenquelle schafft, ist verpflichtet, die von ihr ausgehenden Gefahren zu kontrollieren und Schäden Dritter zu verhindern.[1056] Eine Erfolgsabwendungs-

---

[1048] Die Amtsträgereigenschaft bestimmt sich nach § 11 I Nr. 2. Zum Begriff der juristischen Person vgl. ausführlich *R. Schmidt*, AllgVerwR, 19. Aufl. 2016, Rn 83 ff.
[1049] BGH NJW 2009, 3173.
[1050] Vgl. dazu BGHSt 54, 44 ff.; *Schmid*, JA 2013, 835 ff.; *Warneke*, NStZ 2010, 312 ff.
[1051] Vgl. BGHSt 43, 82, 85. Ob Entsprechendes auch für den Fall gilt, dass der Justizvollzugsbeamte es unterlässt, Straftaten Gefangener zu melden, mag bezweifelt werden (vgl. OLG Hamburg NStZ 1996, 102; *W/B/S*, AT, Rn 721). Zu denken ist aber stets an andere Tatbestände (z.B. §§ 223 ff., 13).
[1052] BGHSt 38, 388, 390; *W/B/S*, AT, Rn 721; Sch/Sch-*Stree/Bosch*, § 13 Rn 52.
[1053] Vgl. BGH NStZ 2000, 147; NStZ 2001, 199 f. und eingehend *Pawlik*, ZStW 111 (1999), 335 ff.
[1054] Vgl. dazu BGH NJW 2015, 96, 98 f.
[1055] Vgl. BGH NJW 2002, 1887, 1888; *Fischer*, § 13 Rn 5c ff.; Sch/Sch-*Stree/Bosch*, § 13 Rn 11 ff.; *W/B/S*, AT, Rn 722 ff.; *Gropp*, AT, § 11 Rn 28 ff.
[1056] Vgl. nur BGH NStZ 2012, 319, 320; NJW 2016, 176, 177.

pflicht i.S.d. § 13 I besteht aber nur dann, wenn mit der Eröffnung der Gefahrenquelle die naheliegende Möglichkeit begründet wurde, dass Rechtsgüter anderer Personen verletzt werden können.[1057] Garanten sind insbesondere Anlagenbetreiber (bspw. nach dem AtomG oder BImSchG), Tierhalter, Hauseigentümer (und bei vertraglicher Übernahme auch der Mieter – bspw. für die Streupflicht), Fahrzeughalter (die etwa ihr Kfz einem Ungeeigneten überlassen), Kfz-Werkstattmeister (die es unterlassen, die in ihrer Obhut stehenden Fahrzeuge ordnungsgemäß auf ihre Verkehrssicherheit hin zu überprüfen)[1058] und Veranstalter von Rennen (siehe bereits oben, zur freiwilligen tatsächlichen Übernahme von Schutz- und Beistandspflichten). Auch das Beispiel von Rn 183 gehört hierher. Von hoher Aktualität sind auch Verkehrssicherungspflichten von **Internetprovidern**. Das betrifft insbesondere das Bereitstellen und Zugänglichmachen von kinderpornographischen Inhalten (§§ 184a-e).[1059] Hier ist zu unterscheiden: Diensteanbieter i.S.d. §§ 8-10 TMG sind gem. § 7 I TMG für eigene Informationen, die sie zur Nutzung bereithalten, nach den allgemeinen Gesetzen verantwortlich. Gemäß § 7 II S. 1 TMG sind sie jedoch nicht verpflichtet, die von ihnen lediglich übermittelten oder gespeicherten Informationen zu überwachen oder nach Umständen zu forschen, die auf eine rechtswidrige Tätigkeit hinweisen. Das gilt auch für das Betreiben von Internetforen, in die jeder Nutzer Beträge einstellen kann.[1060] Davon wiederum unberührt bleiben gem. § 7 II S. 2 TMG Verpflichtungen zur Entfernung oder Sperrung der Nutzung von Informationen nach den allgemeinen Gesetzen auch im Falle der Nichtverantwortlichkeit des Diensteanbieters nach §§ 8-10 TMG. Besondere Sicherungsmaßnahmen ergeben sich schließlich aus § 13 VII TMG, der Diensteanbieter verpflichtet, soweit dies technisch möglich und wirtschaftlich zumutbar ist, durch organisatorische Schutzvorkehrungen zu gewährleisten, dass keine unerlaubten Angriffe (mit dem Ziel, Daten auszuspähen) verübt werden können.

Durch die genannten Einschränkungen sollen unkalkulierbare Haftungs- und Strafbarkeitsrisiken ausgeschlossen werden. Sind Diensteanbieter aber gem. § 7 I TMG für die Bereitstellung eigener Inhalte verantwortlich, ist das deutsche Strafrecht gem. § 3 StGB anwendbar, wenn sie vom Territorium der Bundesrepublik Deutschland aus operieren. Bei ausländischen (Mutter-)Gesellschaften greift das Weltrechtsprinzip des § 6 Nr. 6 StGB.

Gemäß 8 III TMG i.d.F. v. 21.7.2016[1061] ist die Verantwortlichkeit von WLAN-Anbietern derjenigen von Access-Providern (§ 8 I, II TMG) gleichgestellt. Das heißt, die Privilegierung von Access-Providern erstreckt sich auch auf Diensteanbieter, die Nutzern einen Internetzugang über ein drahtloses lokales Netzwerk zur Verfügung stellen. Damit möchte der Gesetzgeber z.B. Hotel-, Restaurant- oder Cafébetreiber, die ihren Gästen einen WLAN-Zugang zum Internet ermöglichen, durch Verzicht auf (offenbar für unzumutbar gehaltene) Sicherungs- und Identifizierungspflichten haftungsprivilegieren für den Fall, dass Urheber- und Persönlichkeitsrechte verletzt werden. Ob diese Haftungsprivilegierung mit Blick auf die Urheber- und Persönlichkeitsrechte der Betroffenen (Art. 14 I GG; Art. 2 I i.V.m. 1 I GG) verfassungsgemäß ist, darf bezweifelt werden.[1062]

Unter Anwendung der allgemeinen Erfolgsabwendungspflicht i.S.d. § 13 I besteht aber für WLAN-Anbieter jedenfalls dann eine strafrechtliche Verantwortlichkeit, wenn mit der WLAN-Öffnung die naheliegende Möglichkeit begründet wurde, dass (Straf-)Rechtsgüter anderer Personen oder der Allgemeinheit verletzt werden können.

[1057] BGH NJW 2016, 176, 177 mit Verweis auf BGHSt 53, 38, 42; BGH NStZ 2012, 319, 320.
[1058] Vgl. dazu BGH NJW 2008, 1897, 1898 (mit Bespr. v. *Bosch*, JA 2008, 737 und *Kühl*, NJW 2008, 1899).
[1059] Vgl. LG München I NJW 2000, 1051 (CompuServe – Verbreitung sog. „harter" Pornographie über das Internet. „Harte" Pornographie ist solche Pornographie, die unter den Tatbestand der §§ 184a-e fällt) mit krit. Anm. v. *Vassilaki*, NStZ 2000, 535. Vgl. auch *Hörnle*, NJW 2002, 1008, 1012; Sch/Sch-*Eisele*, § 184 Rn 66b ff.
[1060] Vgl. dazu LG Oldenburg NStZ 2011, 655.
[1061] BGBl I 2016, 1766.
[1062] Vgl. auch *Spindler*, NJW 2016, 2449, 2452, der zudem zu Recht die Auffassung des Generalanwalts Szpunar (mit Blick auf die E-Commerce-Richtlinie), das Risiko von Rechtsverletzungen sei gering, was die Haftungsprivilegierung rechtfertige, skeptisch betrachtet.

b.) Pflicht zur Beaufsichtigung Dritter

799 Die Pflicht zur Beaufsichtigung Dritter hat nicht nur unter dem Aspekt der Beschützergarantie Bedeutung, sondern auch unter dem Aspekt der Sicherungspflicht. Rechtsgrund für die Aufsichtspflicht ist das Interesse der Allgemeinheit an einer integeren Autoritäts- und Aufsichtsstellung des Pflichtigen. Man darf darauf vertrauen, dass der Pflichtige die Gefahren, die von den zu überwachenden Personen ausgehen, beherrscht. Das betrifft insbesondere die **Eltern** hinsichtlich ihrer noch nicht strafmündigen Kinder, aber auch **Polizeibeamte** jedenfalls hinsichtlich der in Polizeigewahrsam bedindlichen Störer bzw. Tatverdächtigen[1063]. Und das **Aufsichtspersonal** von geschlossenen psychiatrischen Kliniken hat nicht nur die Patienten vor Gefahren zu schützen, sondern auch Dritte vor gewalttätigen Patienten. Es ist aber stets die (Quasi-)Kausalität der mangelhaften Aufsicht für den Erfolgseintritt besonders zu begründen. Ferner seien Lehrer bezüglich ihrer Schüler, vorgesetzte Amtsträger (§ 357 StGB), Strafvollzugsanstaltspersonal bezüglich der Strafgefangenen, militärische Vorgesetzte (§ 41 WStG) genannt. Hinsichtlich einer **HIV-Infektion** stellt sich die Frage, ob der behandelnde Arzt unter dem Aspekt der Sicherungspflicht verpflichtet ist, den Sexualpartner seines Patienten über dessen Infektiösität aufzuklären.

> **Beispiel**[1064]**:** X beichtet seinem Psychiater T, dass er an einer HIV-Infektion leide, sich aber noch nicht getraut habe, seinen Sexualpartner Y über die Infektion aufzuklären. Geht T nun zu Y und informiert diesen über die Infektion des X und über das Infektionsrisiko, wenn er weiterhin ungeschützt mit X verkehrt, verwirklicht er entweder schon nicht den Tatbestand des § 203 I Nr. 2, wenn man in derartigen Fällen das Merkmal „unbefugt" verneint, oder aber er ist gem. § 34 gerechtfertigt, da der Gesundheitsschutz gegenüber dem Schutzinteresse an der Geheimhaltung deutlich höher zu gewichten ist.[1065]
>
> Weiterführender Hinweis: Vor dem Hintergrund eines in Suizidabsicht gezielt zum Absturz gebrachten Germanwings-Flugzeugs am 24.3.2015 und des Amoklaufs in München am 22. 7.2016 sind Forderungen laut geworden, die ärztliche Schweigepflicht zu lockern, wenn Psychiater, Psychologen bzw. Psychotherapeuten Anlass zur Besorgnis haben, der Patient könne in Ausführung eines Suizids Rechtsgüter anderer verletzen. Jedoch handelt der grundsätzlich zur Verschwiegenheit Verpflichtete nach der hier vertretenen Auffassung bereits nach aktueller Rechtslage nicht „unbefugt" i.S.d. § 203 oder ist zumindest gem. § 34 gerechtfertigt, was den „Geheimnisverrat" betrifft (siehe dazu bereits Rn 410a/418). Der untätig bleibende Berufsgeheimnisträger ist in Fällen der genannten Art sogar wegen eines unechten Unterlassungsdelikts i.S.d. § 13 I strafbar, wenn er die geäußerten Taten nicht meldet. Eine gesetzliche Neuregelung könnte daher lediglich eine klarstellende Funktion ausüben und damit jedenfalls zur Rechtssicherheit beitragen.

Im Rahmen der vorliegend zu behandelnden Fallgruppe kann auch die Frage relevant werden, ob eine Garantenstellung eines **Betriebsinhabers** besteht, die ihn etwa verpflichtet, Mobbing durch Mitarbeiter zu Lasten anderer Mitarbeiter zu unterbinden. Eine generelle Garantenpflicht von Vorgesetzten zur Verhinderung aller Straftaten im Unternehmen wird man ablehnen müssen, weil anderenfalls sehr leicht die Grenzen der Rechtspflicht zur Erfolgsabwendung überschritten würden. Um daher eine Garantenpflicht annehmen zu können, muss jedenfalls eine Betriebsbezogenheit der Straftat bestehen. Nur dann ist der Betriebsinhaber/Vorgesetzte verpflichtet, Straftaten, die von nachgeordneten Mitarbeitern zu Lasten anderer Mitarbeiter ausgehen, i.S.d. § 13 I zu verhindern.[1066] Davon unbeschadet bleibt jedoch stets eine mögliche Strafbarkeit aus § 323c.

[1063] BGH NJW 2015, 96, 98 f. (Jalloh).
[1064] Vgl. OLG Frankfurt a.M. NJW 2000, 875, 876; bestätigt durch OLG Frankfurt a.M. NStZ 2001, 149, 150 mit abl. Anm. v. *Wolfslast*.
[1065] Nach zutreffender Auffassung des OLG Frankfurt a.M. ist der Arzt sogar verpflichtet, den Sexualpartner seines Patienten aufzuklären. Unterlasse er dies, mache er sich strafbar (OLG Frankfurt NStZ 2001, 150, 151).
[1066] Vgl. BGHSt 57, 42 ff. (mit Bespr. v. *Jäger*, JA 2012, 392).

c.) Vorangegangenes pflichtwidriges gefährdendes Verhalten (Ingerenz)

Diese wohl studien- und prüfungsrelevanteste Art der Garantenstellung[1067] ergibt sich jedenfalls dann, wenn der Betreffende durch ein objektiv **pflichtwidriges** und vorwerfbares Tun oder Unterlassen eine naheliegende Gefahr für die Rechtsgüter eines anderen geschaffen hat. Denn wer durch ein pflichtwidriges und vorwerfbares Verhalten eine Gefahrenlage für andere schafft, muss auch dafür Sorge tragen, dass sich die Gefahr nicht realisiert. **800**

Beispiel[1068]**:** Aus Wut und Frust tritt und schlägt T so lange auf O ein, bis dieser mit einem Schädelbruch lebensgefährlich verletzt am Boden liegt. T kümmert sich jedoch nicht und geht weg. Wenig später verstirbt O an den schweren Verletzungen. Bei unverzüglicher (not-)ärztlicher Behandlung wäre O mit an Sicherheit grenzender Wahrscheinlichkeit gerettet worden.

In diesem Fall hat T durch sein pflichtwidriges Verhalten eine Sachlage geschaffen, die ihn verpflichtete, sofort lebensrettende Maßnahmen zu ergreifen (und sei es nur, den Rettungsdienst zu alarmieren).

Ebenso klar ist umgekehrt, dass die allgemeine Solidarpflicht aus § 323c keine Garantenstellung begründet. Nach wie vor umstritten sind dagegen zwei Konstellationen: **801**

- Zunächst ist fraglich, ob der Täter unter dem Gesichtspunkt der Ingerenz zur Erfolgsabwendung verpflichtet ist, wenn er die abzuwendende Gefahr zuvor durch ein **vorsätzliches** Verhalten herbeigeführt hat.

  Beispiel: T des bei Rn 800 genannten Beispiels hat mit bedingtem Tötungsvorsatz auf O eingeschlagen und überlässt diesen anschließend seinem Schicksal. O stirbt.

  Der BGH verneint in diesem Fall eine Garantenstellung aus Ingerenz. Wenn das Vorverhalten vorsätzlich auf die Verwirklichung des Erfolges ausgerichtet war, könne der Täter nicht gleichzeitig Garant einer Erfolgsabwendung sein.[1069] Folge dieser Auffassung ist, dass ein Totschlag durch Unterlassen schon tatbestandlich ausscheidet. Die Lit. kritisiert diese Rspr.; wenn schon die fahrlässige Herbeiführung für das Entstehen der besonderen Pflicht ausreiche, müsse dies erst recht für das vorsätzliche Vorverhalten gelten. Nur so sei auch die strafbare Beteiligung Dritter an dem Unterlassen gewährleistet. Das Begehungsdelikt verdränge jedoch im Wege der Gesetzeskonkurrenz als lex specialis das Unterlassungsdelikt.[1070]

  Zwar kann es kein Argument sein, beim Täter eine Garantenstellung zu bejahen, um eine teilnahmefähige Haupttat annehmen zu können, dennoch ist der Lit. im Ergebnis zu folgen, um den vorsätzlich handelnden Täter nicht gegenüber dem fahrlässig handelnden besserzustellen.

- Zweitens ist unklar, ob ein gefahrerhöhendes, aber **erlaubtes Vorverhalten** eine Gefahrabwendungspflicht begründen kann.

  Beispiel: Die T wird von O angegriffen und verteidigt sich in **Notwehr** mit einem Messerstich (§§ 223, 224 I Nr. 2 u. 5, 32). Den hilflosen O lässt sie liegen und wünscht ihm den Tod. Dieser stirbt tatsächlich an der Stichverletzung. Bei unverzüglicher Einleitung von Rettungsmaßnahmen wäre O mit an Sicherheit grenzender Wahrscheinlichkeit gerettet worden.

Hinweis für die Fallbearbeitung: I.d.R. folgt ein Unterlassen einem aktiven Tun zeitlich nach. Weil die strafrechtliche Beurteilung (*Ingerenz, Zumutbarkeit*) der Unter-

[1067] Die Bezeichnung *Ingerenz* entstammt dem lateinischen Verb *ingerere* = einmischen.
[1068] Vgl. auch den noch heftigeren Fall BGH NJW 2008, 2199 ff.
[1069] BGH NStZ 1996, 131; Vgl. auch BGH NJW 2003, 1060.
[1070] Vgl. nur *Kühl*, AT, § 18 Rn 105a; *Walter*, NStZ 2005, 241; *W/B/S*, AT, Rn 725.

lassungstat in solchen Fällen oftmals von der Beurteilung der vorangegangenen Begehungstat abhängt, sollte in einem historischen Aufbau (nach Möglichkeit in Tatkomplexen) zunächst das Erstverhalten gewürdigt werden.

Im vorliegenden Beispiel war die gefährliche Körperverletzung durch den Messerstich infolge Notwehr gerechtfertigt. In Betracht kommt aber wegen des anschließenden Liegenlassens des O eine Strafbarkeit wegen Totschlags durch Unterlassen (§§ 212, 13). Der Tod des O ist durch Nichtvornahme entsprechender Rettungsmaßnahmen eingetreten. Es wäre objektiv geboten und T auch möglich und zumutbar gewesen, zumindest telefonisch den Rettungsdienst zu alarmieren. Dieses hat T unterlassen. Sie müsste aber auch eine Rechtspflicht zur Vermeidung des Todeseintritts gehabt haben (sog. Garantenstellung). Anknüpfungspunkt kann nur der vorangegangene Messerstich sein. Die Unterlassung könnte nur unter dem Aspekt einer Sicherungspflicht aus Ingerenz tatbestandsmäßig gewesen sein. Der Messerstich der T war aber gerechtfertigt, somit *nicht* pflichtwidrig. Eine Garantenstellung der T aus Ingerenz kommt daher nur dann in Betracht, wenn auch ein zwar gefahrbegründendes, aber erlaubtes Vorverhalten eine Pflichtenstellung begründen kann.

⇨ Teilweise wird die Auffassung vertreten, dass auch ein verkehrsgerechtes oder rechtmäßiges Vorverhalten eine Garantenstellung begründen könne. Auch dem erlaubten Vorverhalten hafte die Verpflichtung an, vermeidbare Rechtsgutbeeinträchtigungen zu verhindern. Diese Verpflichtung bestehe auch während der anschließenden Nichtaktivität fort und verdichte sich dort zu einer Garantenpflicht (sog. **Vermeideverantwortlichkeit**).[1071] Folgt man diesem Ansatz, hat T sich aus §§ 212, 13 schuldig gemacht.

⇨ Demgegenüber setzt die herrschende Meinung voraus, dass das vorangegangene gefährliche Verhalten **rechtswidrig** ist.[1072] Folgt man dieser Auffassung, ist T nicht unter dem Aspekt des § 13 verpflichtet, für den Nichteintritt des Taterfolgs zu sorgen. Selbstverständlich bleibt die Strafbarkeit der T wegen unterlassener Hilfeleistung (§ 323c) hiervon unberührt.

Stellungnahme: Die zuerst genannte Auffassung führt zu einer uferlosen Ausweitung der Garantenpflicht. So wird nicht nur die Straflosigkeit des erlaubten Risikos umgangen, sondern auch die rechtfertigende Wirkung der Notwehr. Entscheidend ist aber, dass sie die mehrfach erwähnte, mit Blick auf den Bestimmtheitsgrundsatz aus Art. 103 II GG gebotene restriktive Auslegung des § 13 verkennt.[1073] Der h.M. ist daher zu folgen. T ist nicht wegen Totschlags durch Unterlassen (§§ 212, 13) schuldig. Mangels Obhutspflicht scheidet auch § 221 I Nr. 2 aus. Da es T aber unter dem Aspekt der allgemeinen Solidarpflicht möglich und auch zumutbar gewesen wäre, zumindest telefonisch Hilfe herbeizuholen, hat sie sich wegen unterlassener Hilfeleistung (§ 323c) strafbar gemacht.

802 Nach h.M. gilt Entsprechendes auch bei **Dauerdelikten**. Allerdings liege eine Pflicht zur Erfolgsabwendung vor, sobald die Gefahrenlage nicht mehr bestehe.

Beispiel: T ist in das Kühlhaus des Gastronomen G eingedrungen, um den dort lagernden Beluga-Kaviar zu stehlen. Doch G ertappt den T und verkeilt von außen die Kühlhaustür, um ihn bis zum Eintreffen der Polizei von der Flucht abzuhalten (§§ 239, 32). Doch dann entschließt sich G, mit dem Anruf noch etwas zu warten, um dem T eine Lektion zu erteilen.

In diesem Fall ist das kurzfristige Einsperren durch § 32 gerechtfertigt. Doch sobald G den Entschluss fasste, den T länger als erforderlich eingesperrt zu lassen, war die Freiheitsberaubung nicht mehr durch Notwehr gedeckt. G ist aus §§ 239, 13 strafbar.

[1071] *Herzberg* JZ 1986, 986 ff.; *Arzt*, JA 1980, 712, 716.

[1072] BGH NStZ 2000, 414 mit Bespr. v. *Schröder*, JA 2001, 191 und *Engländer*, JuS 2001, 958; BGHSt 34, 82, 84; 25, 218, 221 f.; 23, 237, 238; *Fischer*, § 13 Rn 11; Sch/Sch-*Stree/Bosch*, § 13 Rn 37; SK-*Rudolphi*, § 13 Rn 39 ff.; *W/B/S*, AT, Rn 726; *Gropp*, AT, § 11 Rn 72 ff.

[1073] Ganz ähnlich nunmehr auch *Kühl/Hinderer*, JuS 2009, 919, 923 f.

Ob Entsprechendes auch für andere Rechtfertigungsgründe (etwa **Notstand** gem. § 34) gilt, ist innerhalb der h.M. umstritten. 803

Beispiel: O hat Liebeskummer und betrinkt sich in der Kneipe, bis er in den Zustand des § 20 (Schuldunfähigkeit) gerät. Dann beginnt er, zu randalieren und Schnapsflaschen zu zerschlagen. Gastwirt G fürchtet um sein Inventar und sperrt O in ein Hinterzimmer ein. Als O am nächsten Morgen aufwacht, lässt G ihn noch „zur Strafe" einige Stunden dort eingesperrt.

In diesem Fall ist das kurzfristige Einsperren durch § 34 gerechtfertigt (§ 32 greift i.E. nicht, wenn man davon ausgeht, dass das Notwehrrecht gegenüber dem volltrunkenen O eingeschränkt war). Doch sobald die Gefahrenlage vorbei war, bestand die rechtfertigende Sachlage nicht mehr. G wäre daher verpflichtet gewesen, den O gleich am nächsten Morgen wieder freizulassen.[1074]

Ferner ist innerhalb der h.M. umstritten, ob zwar ein pflichtwidriges, **aber nicht im Zurechnungszusammenhang** zu dem aktiven Deliktserfolg stehendes Vorverhalten zu einer Garantenstellung führen kann. 804

Beispiel: Autofahrer A fährt mit überhöhter Geschwindigkeit und kollidiert mit Radfahrer R. Es stellt sich jedoch heraus, dass A auch bei Einhaltung einer angemessenen Geschwindigkeit mit R kollidiert wäre.

In diesem Fall besteht kein Zurechnungszusammenhang zwischen der Handlung des A und dem konkreten Taterfolg. A hat sich nicht aus einer Fahrlässigkeitstat strafbar gemacht. Lässt A den R jedoch schwer verletzt am Straßenrand liegen, ist Raum für eine Unterlassungstat aufgrund einer Garantenstellung. Die Rspr.[1075], die nur auf die vorangegangene Pflichtwidrigkeit abstellt, bejaht diese auch ohne Zurechnungszusammenhang. Die Gegenansicht verlangt hingegen den Zurechnungszusammenhang. Gerade die konkrete Sorgfaltswidrigkeit müsse die Gefahr, deren Abwendung der Täter später unterlassen hat, ausgelöst haben.[1076] Folgt man mit Blick auf die gebotene restriktive Auslegung des § 13 der Gegenansicht, verbleibt selbstverständlich die Strafbarkeit aus § 323c.

Da eine Garantenstellung aus Ingerenz nur so weit besteht, wie das pflichtwidrige Verhalten die naheliegende Gefahr des tatbestandsmäßigen Erfolgs begründet, scheidet eine Unterlassungstäterschaft unter dem Gesichtspunkt der Ingerenz aus, wenn das pflichtwidrige Verhalten nicht die naheliegende Gefahr des tatbestandsmäßigen Erfolgs begründet. 804a

Beispiel[1077]**:** T, der eine Reihe von Einbruchdiebstählen teils selbst durchführte, teils plante, hatte zusammen mit A und B auch den Einbruchdiebstahl bei O geplant, bei dem er selbst aber nicht anwesend war. Dabei wurde vereinbart, dass die Tat abgebrochen werden sollte, falls sich O zu Hause befinde. Als A und B dann in die Wohnung des O eindrangen, trafen sie diesen an und beschlossen spontan, O zu überwältigen und zu fesseln, um gleichwohl an Beute zu gelangen. Bei der unmittelbar danach erfolgenden Aufteilung der Beute wurde T über den tatsächlichen Tatablauf unterrichtet. T blieb jedoch untätig. O wurde erst viele Stunden später von Dritten in seiner Wohnung wieder befreit.

A und B sind wegen gemeinschaftlich begangenen schweren Raubes gem. §§ 249 I, 250 I Nr. 1b, 25 II in Tateinheit mit Freiheitsberaubung (§ 239 I), Hausfriedensbruch (§ 123 I) und ggf. Sachbeschädigung (§ 303 I) strafbar.

Da der Raub mit T nicht abgesprochen war, belastet er den T nicht (es liegt ein Mittäterexzess seitens A und B vor). Auf der Basis der auch hier vertretenen Literaturauffassung, die eine sukzessive Mittäterschaft in der Beendigungsphase ablehnt[1078], kommt auch eine sol-

---

[1074] Vgl. auch *Kühl*, AT, § 18 Rn 97; Sch/Sch-*Stree/Bosch*, § 13 Rn 36; SK-*Rudolphi*, § 13 Rn 40a.
[1075] BGH NJW 1990, 2560, 2563.
[1076] *Rudolphi*, JR 1987, 162; *W/B/S*, AT, Rn 726.
[1077] BGH NStZ-RR 2009, 366; *Kudlich*, JA 2010, 151 f.
[1078] Vgl. dazu Rn 1010 ff.

che vorliegend nicht Betracht. Dasselbe gilt hinsichtlich der Freiheitsberaubung (durch aktives Tun). T ist aber wegen (des im Raub enthaltenen) Wohnungseinbruchdiebstahls (§ 244 I Nr. 3) in Tateinheit mit Hausfriedensbruch (§ 123 I) und ggf. Sachbeschädigung (§ 303 I) in Mittäterschaft strafbar. Möglicherweise kommt Freiheitsberaubung durch Unterlassen (§§ 239 I, 13 I) hinzu, da T es nach Unterrichtung über das Geschehen unterlassen hat, dafür zu sorgen, dass O befreit wird. Wird aber – wie vorliegend – im Vorfeld der Tat explizit vereinbart, dass ein Einbruchdiebstahl sofort abgebrochen werden soll, wenn der Wohnungsinhaber wider Erwarten anwesend ist, begründet diese Verabredung nicht die naheliegende Gefahr, dass der Wohnungsinhaber bei Durchführung der Tat beraubt wird und gefesselt zurückbleibt. T ist daher nicht wegen Freiheitsberaubung durch Unterlassen strafbar.
Ist eine Strafbarkeit wegen eines unechten Unterlassungsdelikts nicht gegeben, kommt eine Strafbarkeit wegen unterlassener Hilfeleistung (§ 323c) in Betracht. Jedoch liegt vorliegend weder ein Unglücksfall, eine gemeine Gefahr noch eine Not vor.

805 **Zusammenfassung zur Ingerenz:** Wer durch sein objektiv pflichtwidriges Verhalten die naheliegende Gefahr für ein Rechtsgut geschaffen hat, ist verpflichtet, die drohende Rechtsgutverletzung abzuwenden. Kommt der Betreffende dieser Verpflichtung nicht nach, ist er – bei gegebenen übrigen Voraussetzungen – wegen Unterlassung (§ 13) strafbar.

806 Zu der Frage, ob bei einem **gemeinschaftlichen Drogenkonsum** eine Unterlassungsstrafbarkeit desjenigen in Betracht kommt, der erkennt, dass der andere durch den Konsum in (Lebens-)Gefahr gerät und nichts unternimmt, vgl. bereits Rn 183.

f. Gleichstellung mit einem Tun (Entsprechungsklausel)

807 § 13 I verlangt nicht nur die Erfolgsverhinderung, sondern auch, dass „das Unterlassen der Verwirklichung des gesetzlichen Tatbestands durch ein Tun entspricht". Bei reinen **Verursachungsdelikten** (reinen Erfolgsdelikten), also bei Delikten, die sich darin erschöpfen, ohne Berücksichtigung der Begehungsweise einen schlichten Erfolg zu fordern (Beispiel: § 212), entspricht die Verwirklichung durch ein Unterlassen *ohne weiteres* der Verwirklichung durch ein Tun. **Ein Eingehen auf die Entsprechungsklausel erübrigt sich in diesem Fall!**

808 Die Entsprechungsklausel ist aber bei den sog. **verhaltensgebundenen Delikten** bedeutsam. Verhaltensgebundene Delikte sind Delikte, bei denen es nicht genügt, wenn schlicht der Taterfolg eintritt; vielmehr setzen sie – anders als reine Erfolgsdelikte wie z.B. § 212 oder § 223 – eine bestimmte Verhaltensmodalität voraus, wie das z.B. bei § 224 I Nr. 2 der Fall ist: Dort muss die Körperverletzung *mittels Waffe oder eines anderen gefährlichen Werkzeugs begangen werden*. Weitere Beispiele sind § 211 II 2. Gruppe (*Heimtücke* etc.), § 240 (*Nötigung*), § 253 (Nötigen *durch Gewalt oder Drohung mit einem empfindlichen Übel*), § 263 (*Täuschung*). Hier ist zu prüfen, ob das Unterlassen die bei einem aktiven Tun vorausgesetzte Handlungsweise erfüllt, dieser also entspricht (*Modalitäten-* oder *Handlungsäquivalenz*).[1079]

Beispiel: Der Betrugstatbestand begnügt sich nicht mit dem bloßen Vermögensschaden (= Taterfolg), sondern setzt auch eine Täuschungshandlung durch den Täter voraus. Unterlässt nun der Täter eine gebotene Aufklärung und erregt dadurch beim Verfügenden einen Irrtum, weist diese Nichtaufklärung denselben Sinngehalt auf, als hätte der Täter aktiv getäuscht. Das Unterlassen hat sozusagen Täuschungscharakter. Die Modalitätenäquivalenz liegt vor.

[1079] Vgl. Sch/Sch-*Stree/Bosch*, § 13 Rn 4; *Fischer*, § 13 Rn 46; *Lackner/Kühl*, § 13 Rn 16; *W/B/S*, AT, Rn 730; *Gropp*, AT, § 11 Rn 178 f. Zu beachten ist jedoch, dass gerade bei der Heimtücke (§ 211 II Var. 5) die Entsprechungsklausel nur ausnahmsweise bejaht werden kann (vertreten seit der 1. Aufl. 2002; vgl. nun auch *Bosch*, JA 2007, 418, 422).

2. Subjektiver Tatbestand

a. Vorsatz

Wie beim Begehungsdelikt spielt auch beim Unterlassungsdelikt die subjektive Seite des Täterverhaltens eine das Unrecht der Tat gestaltende Rolle. Der subjektive Tatbestand des vorsätzlichen unechten Unterlassungsdelikts umfasst zunächst den Vorsatz. Zu der Definition des Vorsatzes bei den vorsätzlichen Begehungsdelikten (vgl. Rn 255) ergeben sich zwar keine strukturellen Unterschiede, anders ist aber der Bezugspunkt: Bei den Unterlassungsdelikten fehlt es gerade an einem vom Verwirklichungswillen getragenen aktiven Tun. **Vorsätzliches Unterlassen** ist daher die **Entscheidung zwischen Untätigbleiben und möglichem Tun.**[1080] Dazu muss der Täter erkannt haben, dass die Abwendung des drohenden Erfolgs möglich ist. Zusätzlich gehört zum Vorsatz die Kenntnis der Umstände, welche die Garantenstellung begründen. Somit gehört zum Vorsatz, dass der Täter **809**

- wissentlich untätig bleibt, obwohl ihm klar ist, dass eine Erfolgsabwendung möglich ist,
- weiß, dass sein Unterlassen ursächlich für den konkreten Erfolgseintritt werden kann, und
- Kenntnisse derjenigen Umstände besitzt, welche die Garantenstellung ausmachen.

Weiß der Täter nicht, dass er Garant ist, fehlt ihm eine bestimmte Tatumstandskenntnis. Es handelt sich also um einen Irrtum, der nach den Regeln des § 16 I S. 1 zum Vorsatzausschluss führt.

> **Beispiel:** Vater T geht am See spazieren. Dabei sieht er einen Jungen, der gerade dabei ist zu ertrinken. Im Glauben, dass es ein fremdes Kind sei, dessen Schicksal ihm gleichgültig ist, unterlässt er Rettungshandlungen. Das Kind ertrinkt. Später stellt sich heraus, dass es sich bei dem Kind um das des T handelte.
>
> Hier fehlt T die Kenntnis darüber, dass er der Vater und somit Garant ist. Eine Strafbarkeit aus §§ 212, 13 I scheidet folglich mangels Vorsatzes aus (§ 16 I S. 1). Es kommt jedoch wegen § 16 I S. 2 eine Strafbarkeit aus § 222 (i.V.m. § 13 I) in Betracht. In jedem Fall ist T aber aus § 323c strafbar.[1081]

Vom Tatbestandsirrtum abzugrenzen ist die Konstellation, in welcher der Täter sich über das aus der Garantenstellung folgende Gebot zum Tätigwerden (sog. **Garantenpflicht**) irrt. Diese Garantenpflicht gehört nicht mehr zum Tatbestand, sondern umschreibt die Rechtswidrigkeit der Tat.[1082] Ein Irrtum über das Bestehen oder die Grenzen einer Garantenpflicht stellt daher einen bei der Schuld zu prüfenden, dem Verbotsirrtum entsprechenden **Gebotsirrtum** i.S.d. § 17 dar. **810**

> **Beispiel:** Wie oben, jedoch weiß T, dass der Ertrinkende sein Sohn ist. Er glaubt aber, er sei nicht verpflichtet, diesen zu retten.
>
> Hier irrt sich T über die rechtliche Folge, über das Bestehen einer Garantenpflicht. Bei Unvermeidbarkeit dieses Irrtums entfällt die Schuld, § 17 S. 1, sodass eine Strafbarkeit aus § 323c folgt. Bei regelmäßig anzunehmender Vermeidbarkeit dieses Irrtums bleibt es bei der Bestrafung aus §§ 212, 13 mit der fakultativen Strafmilderung nach § 17 S. 2 i.V.m. § 49 I.

1080 BGHSt 46, 373, 379; *W/B/S*, AT, Rn 732; SK-*Rudolphi*, vor § 13 Rn 24; *Jescheck/Weigend*, AT, § 59 VI 2; *Gropp*, AT, § 11 Rn 189; *Fahl*, JA 2013, 674, 675.

1081 Das kann deswegen ohne weiteres gesagt werden, weil es für eine Strafbarkeit nach § 323c genügt, wenn der Täter schlicht untätig bleibt. T hätte also auch für den Fall, dass es ihm unzumutbar gewesen wäre, in den See zu springen, versuchen müssen, Hilfe herbeizuholen.

1082 BGHSt 16, 155, 158; 19, 295, 299; *Fischer*, § 16 Rn 17.

b. Deliktsspezifische sonstige subjektive Tatbestandsmerkmale

811 Wenn der Täter neben der Erfüllung des allgemeinen Tatbestandsvorsatzes auch spezielle Merkmale von verhaltensgebundenen Delikten in seinen Vorsatz mit aufnimmt, sind diese deliktstypischen sonstigen subjektiven Merkmale auch darauf hin zu prüfen, ob sie einem aktiven Tun entsprechen.

Wenn im obigen **Beispiel** der Vater nur deshalb die Rettung seines Sohnes unterlässt, weil er seiner überdrüssig ist, erfüllt er auch das Mordmerkmal „sonstiger niedriger Beweggrund", was eine Strafbarkeit nach §§ 212 I, 211 I, II Var. 4, 13 zur Folge hat.

c. Bei fehlendem Vorsatz: Fahrlässiges (Unterlassungs-)Delikt

811a Fehlt der Vorsatz, kommt ein fahrlässiges **Unterlassungsdelikt** in Betracht (dazu Rn 886). In den meisten Fällen der Fahrlässigkeit liegt der Schwerpunkt der Vorwerfbarkeit aber im aktiven Tun, dem „Normalfall" der Fahrlässigkeit (dazu Rn 841 ff.).

II. Rechtswidrigkeit und „rechtfertigende Pflichtenkollision"

812 In Anlehnung an das zum vorsätzlichen Begehungsdelikt Gesagte folgt die Rechtswidrigkeit des Unterlassungsdelikts daraus, dass der Täter seiner Rechtspflicht zur Erfolgsabwendung nicht nachgekommen ist. Die Rechtswidrigkeit ist also durch das tatbestandsmäßige Unterlassen indiziert. Die Rechtswidrigkeit kann aber auch durch alle bekannten Rechtfertigungsgründe ausgeschlossen sein. In Betracht kommt insbesondere die „**rechtfertigende Pflichtenkollision**". Dieser Rechtfertigungsgrund stellt nach h.M. einen Unterfall des übergesetzlichen Notstands dar und kommt in Betracht, wenn eine Person Adressat (mindestens) zweier Handlungspflichten ist, sie aber eine auf Kosten der anderen erfüllen kann, also notwendig eine von ihnen verletzen muss, wie sie sich auch verhält.[1083] Im Ergebnis kann eine Rechtfertigung aber nur dann angenommen werden, wenn der Täter bei **gleichwertigen** Pflichten eine von beiden oder bei **ungleichwertigen die höherwertige** Pflicht erfüllt.[1084] Im ersten Fall spricht man von *echter*, im zweiten von *unechter* Pflichtenkollision (Scheinkollision). Das Rangverhältnis der kollidierenden Pflichten hängt ab

- vom Wert der gefährdeten Güter (z.B. Leben, Gesundheit, Vermögen),
- von der rechtlichen Stellung des Normadressaten zum geschützten Objekt (Garantenstellung oder bloße Hilfspflicht),
- von der Nähe der Gefahr und
- von der Wahrscheinlichkeit des Schadenseintritts.[1085]

813 Da bei der Frage nach einer Rechtfertigung i.S.d. § 34 nach h.M. eine Abwägung „Menschenleben gegen Menschenleben" nicht möglich ist, wäre es verfehlt, die Rettung eines Menschen als vorrangig anzusehen, weil dieser noch „in der Blüte" des Lebens steht und ein anderer sich bereits im Greisenalter befindet. Der verfassungsrechtlich gebotene, absolute Lebensschutz verbietet eine Differenzierung. Allerdings bleibt dem Normadressaten im Widerstreit gleichwertiger Rettungspflichten die Wahl, sich für die eine oder andere Pflicht zu entscheiden. Er muss aber stets mit Rettungswillen handeln.[1086]

[1083] *W/B/S*, AT, Rn 735. Vgl. auch *Rönnau*, JuS 2013, 113.

[1084] Sch/Sch-*Lenckner/Sternberg-Lieben*, Vorbem §§ 32 ff. Rn 73; *Lackner/Kühl*, § 34 Rn 15; SK-*Rudolphi*, vor § 13 Rn 29; LK-*Hirsch*, Vor § 13 Rn 71 f. (11. Aufl.); *W/B/S*, AT, Rn 736. Anders *Jescheck/Weigend*, AT, § 33 V 2, der die Pflichtenkollision nicht als Rechtfertigungsgrund, sondern als Schuldausschließungsgrund ansieht. Es sei Unrecht, eine gebotene Handlung zu unterlassen. Dem Täter könne dies lediglich nicht zum persönlichen Schuldvorwurf gemacht werden, da er eine andere, ebenso gebotene Handlung vorgenommen habe. Diese Auffassung verkennt aber, dass dann gegenüber dem Nicht-Geretteten ein rechtswidriger Angriff vorliegt, der seinerseits zur Notwehr bzw. Nothilfe berechtigt und somit praktisch jede Rettung blockieren kann. Folgt man gleichwohl dieser Auffassung, ist eine Teilnahme möglich, da §§ 26 und 27 eine vorsätzliche und rechtswidrige Haupttat voraussetzen.

[1085] *W/B/S*, AT, Rn 736.

[1086] Zur Lehre von den subjektiven Rechtfertigungsmerkmalen vgl. Rn 311 ff.

Beispiel für echte Pflichtenkollision: Der bereits expeditionserfahrene und weithin als „Löwenbändiger" bekannte T unternimmt mit seiner Schwester S und seiner Verlobten V eine Safari am Horn von Afrika. Die beiden Damen haben sich nur deshalb auf die Safari eingelassen, weil T ihnen glaubhaft versicherte, es bestehe keinerlei Gefahr. Doch bereits am dritten Tag werden die drei von zwei Löwen angegriffen. T kann mit seinem Jagdmesser nur einen Löwen in Schach halten und damit S retten. V wird von dem anderen Löwen verspeist.

Geht man davon aus, dass es an einer objektiven Sorgfaltspflichtverletzung fehlt und somit eine Strafbarkeit wegen fahrlässiger Tötung (§ 222) ausscheidet (a.A. vertretbar), könnte T sich einer Tötung durch Unterlassen (§§ 212, 13) schuldig gemacht haben. Jedenfalls war er aufgrund der Verlobung (enge Verbundenheit) und seiner Funktion als Expeditionsführer (Obhutspflicht) Garant und dadurch gem. § 13 zur Erfolgsabwendung verpflichtet. Allerdings bestand für ihn dieselbe Pflicht gegenüber seiner Schwester. Hätte T nun seine Verlobte gerettet, hätte er seine Erfolgsabwendungspflicht gegenüber seiner Schwester verletzt. Gleichgültig wie T sich entschieden hätte, wäre mit seiner Entscheidung stets eine Pflichtverletzung verbunden gewesen. Da der Tatbestand des § 13 diese sog. Pflichtenkollision nicht regelt, ist fraglich, ob nicht wenigstens ein Rechtfertigungsgrund eingreift. Der in Betracht kommende § 34 scheidet aus, da die beiden Rechtsgüter (Leben) gleichrangig sind und das Leben absoluten Schutz genießt. T könnte aber gerade aufgrund der Pflichtenkollision gerechtfertigt sein. Doch dazu müsste der Pflichtenkollision eine rechtfertigende Wirkung beigemessen werden. Teilweise wird dieses Rechtsinstitut als Schuldausschließungsgrund gesehen. Es sei Unrecht, eine gebotene Handlung zu unterlassen. Dem Täter könne dies lediglich nicht zum persönlichen Schuldvorwurf gemacht werden, da er eine andere, ebenso gebotene Handlung vorgenommen habe. Diese Auffassung verkennt aber, dass dann gegenüber dem Nicht-Geretteten ein rechtswidriger Angriff vorliegt, der seinerseits zur Notwehr bzw. Nothilfe berechtigt und somit praktisch jede Rettung blockieren kann. Daher ist vorliegend die Pflichtenkollision Rechtfertigungsgrund, nicht erst Schuldausschließungsgrund.

T besaß sowohl gegenüber seiner Schwester als auch gegenüber seiner Verlobten eine Garantenstellung aus enger Verbundenheit *und* aus einer Sicherungs- und Obhutspflicht. Zwischen diesen beiden Garantenstellungen besteht kein qualitativer Rangunterschied. Damit sind die beiden Handlungspflichten gleichrangig. Da T nur eine dieser beiden Handlungspflichten erfüllen konnte und damit die andere notwendigerweise verletzen musste, wie auch immer er sich verhalten hätte, ist T nach h.M. über die Figur der rechtfertigenden Pflichtenkollision gerechtfertigt. Für den Unrechtsausschluss genügt es also, dass T sich im Rahmen seines Handlungsvermögens pflichtgerecht verhalten hat.

Demgegenüber besteht im Fall der unechten Pflichtenkollision (Scheinkollision) in Wahrheit nur eine Pflicht. Denn bei der Kollision ungleichwertiger Rechtsgüter leuchtet es ein, dass das weniger wichtige Rechtsgut zurücktreten muss. **814**

Beispiel für unechte Pflichtenkollision (Scheinkollision): Wieder ist T auf Safari. Aufgrund der o.g. Ereignisse kann er jedoch nur noch seine Schwester mitnehmen. Unterwegs treffen beide zufällig den besten Freund des T, den F. Doch noch ehe das Begrüßungszeremoniell abgeschlossen ist, greifen die beiden Löwen wieder an. Da T sich nicht ständig für seine Schwester verantwortlich fühlt, rettet er zur Abwechslung seinen Freund. Die Schwester wird von dem anderen Löwen verspeist.

T könnte sich durch das Nichteingreifen in Bezug auf S wegen Tötung durch Unterlassen (§§ 212, 13) strafbar gemacht haben. Dazu müsste er aber eine Rechtspflicht zur Erfolgsabwendung gehabt haben. Bestünde eine solche auch gegenüber F, läge ein Fall der rechtfertigenden echten Pflichtenkollision vor. T hätte sich dann nicht schuldig gemacht. Da gegenüber F aber keine Garantenstellung ersichtlich ist, bestand diesem gegenüber auch keine Rechtspflicht zum Handeln i.S.v. § 13 I. Eine solche bestand daher nur in Bezug auf S. T hat sich somit fehlverhalten. Er hat sich gem. §§ 212, 13 strafbar gemacht.

Weiterführender Hinweis: Hätte T nicht F, sondern S gerettet, wäre in Bezug auf F zwar an eine Strafbarkeit wegen unterlassener Hilfeleistung (§ 323c) zu denken, dieser Straftatbestand schiede nach der hier vertretenen Auffassung aber schon tatbestandlich aus, weil dort von „anderen wichtigen Pflichten" die Rede ist. Eine solche andere wichtige Pflicht ist die Garantenpflicht gegenüber S. Da T dieser anderen wichtigen Pflicht nachgekommen wäre, schiede die Tatbestandsverwirklichung des § 323c gegenüber F aus. T wäre straflos.[1087]

III. Schuld

815 Auch bei den unechten Unterlassungsdelikten ist es selbstverständlich, dass die Strafbarkeit (des Untätigbleibens) unter dem Vorbehalt der **Zumutbarkeit normgemäßen Verhaltens** steht. Keinem Menschen kann Unzumutbares abverlangt werden. Fraglich ist aber, *wann* eine an sich verlangte Handlung für den Täter unzumutbar ist. Unklar ist auch, auf *welcher Stufe des Deliktsaufbaus* und in *welchem dogmatischen Zusammenhang* dieses Strafbarkeitskorrektiv Bedeutung erlangt.

816 ▪ Für die (inhaltliche) Bestimmung der Unzumutbarkeit lassen sich aufgrund der Enthaltsamkeit des Gesetzgebers keine starren Regeln aufstellen. Vielmehr bedarf es einer **Abwägung** zwischen dem Schutzinteresse des Opfers und dem Interesse des Betroffenen an der Straffreiheit seines Verhaltens. Je schwerer das drohende Übel ist und je höher die Erfolgsaussichten der Rettung sind, desto eher ist dem Garanten die Abwendung des Erfolgs zumutbar.[1088]

817 ▪ Hinsichtlich der Einordnung dieses Strafbarkeitskorrektivs in den Deliktsaufbau wird teilweise vertreten, bei Unzumutbarkeit normgemäßen Verhaltens fehle schon die aus der Garantenstellung abgeleitete, tatbestandlich geforderte Handlungspflicht. Der Vergleich mit § 323c zeige, dass der Gesetzgeber die Zumutbarkeit als Tatbestandsmerkmal ansehe.[1089] Doch dieser Vergleich ist nicht zulässig. Denn eine Übertragung dieses Gedankens auf den Tatbestand eines unechten Unterlassungsdelikts widerspricht der in § 13 normierten Entsprechungsklausel. Mit dieser Klausel stellt der Gesetzgeber die unechten Unterlassungsdelikte mit den *Begehungs*delikten, nicht den echten Unterlassungsdelikten gleich. Bei den Begehungsdelikten ist die Unzumutbarkeit normgemäßen Verhaltens aber stets eine Frage des persönlichen Dafürkönnens, also der Schuld. Von daher ist die Unzumutbarkeit normgemäßen Verhaltens anders als bei den echten Unterlassungsdelikten nicht schon auf der Tatbestandsebene, sondern erst auf der Schuldebene zu prüfen.[1090]

818 **Hinweis für die Fallbearbeitung:** Möglicherweise wird man sich fragen, warum es so wichtig sein soll, die Unzumutbarkeit normgemäßen Verhaltens auf einer bestimmten Stufe des Deliktsaufbaus zu prüfen. Unterschiede ergeben sich vor allem dann, wenn der Täter **irrig** meint, ihm sei die Vornahme der objektiv gebotenen Erfolgsabwendung unzumutbar: Sieht man in der Unzumutbarkeit normgemäßen Verhaltens ein Tatbestandsmerkmal, liegt ein **Tatbestandsirrtum** vor, der gem. § 16 I S. 1 zum Ausschluss des Tatbestandsvorsatzes führt. Auf eine Vermeidbarkeit (wie bei § 17) kommt es hier von vornherein nicht an. Zudem führt die Verneinung des Tatbestands (und damit der in diesem Zusammenhang nicht gegebene Schuldspruch) zu keiner Stigmatisierung beim Täter. Sieht man demgegenüber in der Unzumutbarkeit normgemäßen Verhaltens einen **Schuldausschließungsgrund**, gelangt § 17 zur Anwendung mit der Folge, dass der Täter dann ohne Schuld handelt, wenn er den Irrtum vermeiden konn-

---

[1087] Vertretbar wäre es auch, den Tatbestand des § 323c nicht schon wegen des Merkmals „andere wichtige Pflichten", sondern wegen des dort beschriebenen Tatbestandsmerkmals „Zumutbarkeit" entfallen zu lassen: T war es nicht zuzumuten, unter Missachtung seiner Garantenpflicht das Leben seines Freundes zu Lasten des Lebens seiner Schwester zu retten. Eine Strafbarkeit nach § 323c liegt somit nicht vor.

[1088] Vgl. BGH NStZ 1994, 29; Sch/Sch-*Stree/Bosch*, Vor § 13 Rn 156; *W/B/S*, AT, Rn 739.

[1089] So NK-*Seelmann*, § 13 Rn 62; Sch/Sch-*Stree/Bosch*, Vor § 13 Rn 155.

[1090] Vgl. dazu BGHSt 6, 46, 57; LK-*Rönnau*, vor § 32 Rn 334; SK-*Rudolphi*, Vor § 13 Rn 31 und 34; *Jescheck/Weigend*, AT, § 59 VIII; *W/B/S*, AT, Rn 739; *Lackner/Kühl*, § 13 Rn 7; *Kühl*, AT, § 18 Rn 140. Anders *Gropp*, AT, § 11 Rn 201: Rechtfertigungsgrund.

te. Allerdings gilt hier hinsichtlich der Vermeidbarkeit das genaue Gegenteil zu den Begehungsdelikten: Während der Täter, der durch aktives Tun einen Straftatbestand verwirklicht, das volle Risiko der Rechtswidrigkeit seines Handelns trägt und deshalb hohe Anforderungen an die Vermeidbarkeit des Verbots- bzw. Gebotsirrtums zu stellen sind, ist dies beim Unterlassungstäter anders: Dieser kann als Mitglied einer freiheitlich-demokratischen Rechtsordnung davon ausgehen, dass sein Nichtstun in Ermangelung eines speziellen Unterlassungsstraftatbestands grundsätzlich straflos ist. Insbesondere trifft ihn keine Erkundigungspflicht über die Rechtmäßigkeit seines Nichtstuns. Die Pflichten zur Vermeidung des Verbotsirrtums sind daher gegenüber dem Begehungsdelikt eingeschränkt.[1091]

Ein gravierender Unterschied besteht auch hinsichtlich der **Teilnahme**. Sieht man die Unzumutbarkeit normgemäßen Verhaltens als ein Tatbestandsmerkmal an und gelangt nach entsprechender Prüfung zur Verneinung des Tatbestands, entzieht man damit zugleich der Teilnahme die in §§ 26, 27 genannte Voraussetzung der vorsätzlichen und rechtswidrigen Haupttat.

IV. Konkurrenzen

Ist der Täter wegen Tötung durch Unterlassen (§§ 211, 13 oder §§ 212, 13) strafbar, treten **819**
mitverwirklichte Delikte wie §§ 221, 323c oder § 171 subsidiär zurück.[1092]

[1091] *Gropp*, AT, § 11 Rn 217; *Jescheck/Weigend*, AT § 60 I 3.
[1092] BGHSt 14, 282, 285.

2. Abschnitt - Das vorsätzliche *echte* Unterlassungsdelikt

820 Bei den *unechten* Unterlassungsdelikten trifft den Täter eine Erfolgsabwendungspflicht. Von daher kann man sagen, dass die unechten Unterlassungsdelikte ein Spiegelbild der Begehungsdelikte und das Gegenstück zu den Erfolgsdelikten darstellen. Anders liegt es bei den *echten* Unterlassungsdelikten (Omissivdelikten), da hier gerade keine Erfolgsabwendungspflicht, sondern nur eine auf dem **Solidarprinzip beruhende allgemeine Handlungspflicht** besteht. Echte Unterlassungsdelikte beschreiben eine Handlungspflicht: Unterlässt der Täter eine vom Gesetz geforderte Tätigkeit (also die gebotene Handlung), macht er sich aus einem echten Unterlassungsdelikt strafbar. Echte Unterlassungsdelikte stellen mithin das Gegenstück zu den schlichten Tätigkeitsdelikten dar.[1093]

Beispiele sind unter Rn 763 genannt.

Für die Fallbearbeitung bietet sich folgende Prüfung an:

821

Das vorsätzliche echte Unterlassungsdelikt
I. Tatbestand
1. Objektiver Tatbestand
a. Nichtvornahme der gebotenen Handlung
b. Physisch-reale Möglichkeit der unterlassenen Abwehrhandlung (bei § 323c geschrieben, bei §§ 123, 138, 142 ungeschrieben)
c. Zumutbarkeit der unterlassenen Abwehrhandlung (bei § 323c geschrieben, bei §§ 123, 138, 142 ungeschrieben)
2. Subjektiver Tatbestand: Vorsatz
II. Rechtswidrigkeit (insbesondere rechtfertigende Pflichtenkollision)
III. Schuld (die bei den unechten Unterlassungsdelikten hier zu prüfende Unzumutbarkeit normgemäßen Verhaltens ist bereits Bestandteil des Tatbestands)

822 Besondere Bedeutung hat der Tatbestand der **unterlassenen Hilfeleistung** (§ 323c). Im Gegensatz zu den *unechten* Unterlassungsdelikten (dazu Rn 767 und 809) stellen die beiden Merkmale *Möglichkeit* und *Zumutbarkeit* unstreitig Tatbestandsmerkmale dar. Das beruht darauf, dass bei der auf dem Solidaritätsprinzip beruhenden allgemeinen Hilfspflicht des § 323c, die in den Grenzen der Erforderlichkeit, der Zumutbarkeit und des individuellen Leistungsvermögens zum Zwecke der Schadensverhütung bei „Unglücksfällen" oder „gemeiner Gefahr" *auch jeden Unbeteiligten* treffen kann, eine Überspannung der Anforderungen schon durch die ausdrückliche Festlegung von Tatbestandsmerkmalen vermieden werden soll.[1094]

823 Zu den **Tatbestandsvoraussetzungen** im Einzelnen: Während mit **Möglichkeit** die physisch-realen (die tatsächlichen) Umstände gemeint sind, welche den Täter dazu befähigt hätten, die gebotene Handlung vorzunehmen, stellt die **Zumutbarkeit** im Wesentlichen auf rechtlich-wertende Elemente ab. So kann eine Hilfeleistung individuell unzumutbar sein, wenn bei wertender Betrachtung dadurch etwa das Leben oder die Gesundheit des Unterlassungstäters gefährdet würden.

Beispiele:

(1) Der gehörlose Patient T liegt in einem Streckverband isoliert in einem Krankenzimmer, als im Nachbargebäude ein Brand ausbricht.

[1093] Vgl. BGHSt 14, 280, 281; *W/B/S*, AT, Rn 696; *Jescheck/Weigend*, AT, § 58 III 2.
[1094] *Jescheck/Weigend*, AT, § 58 III und § 59 VII 2; *W/B/S*, AT, Rn 746.

Hier ist es dem T physisch-real unmöglich, Hilfe zu leisten oder zumindest Hilfe anzufordern.

(2) Autofahrer A ist verunglückt und befindet sich bewusstlos im brennenden Auto. Dem vorbeikommenden Passanten T wäre es zwar physisch-real möglich, A aus dem Wagen zu helfen. Dazu müsste er sich aber in Lebensgefahr begeben oder zumindest erhebliche Körperverletzungen hinnehmen.

Hier ist eine Hilfeleistung wegen der damit verbundenen Folgen für T nicht zumutbar. Damit liegt eine Strafbarkeit aus § 323c nicht vor. Eine solche läge aber vor, wenn T es unterließe, zumindest den Rettungsdienst zu alarmieren.

Die Tatbestandsmerkmale *Möglichkeit* und *Zumutbarkeit* sind in den übrigen echten Unterlassungstatbeständen zwar nicht geschrieben, müssen wegen der vergleichbaren Interessenlage aber auch dort hinein gelesen werden. **824**

Beispiel: T weiß von einem bevorstehenden Raub, erstattet aber keine Anzeige (vgl. § 138 I Nr. 7), weil er befürchtet, er könne als Mittäter angeklagt werden.

Da das regulative Prinzip der Zumutbarkeit den Tatbestand aller echten Unterlassungsdelikte begrenzt, gilt das auch für die Nichtanzeige geplanter Straftaten. Bei T kann man mit guten Gründen von der Unzumutbarkeit ausgehen. Niemand kann gezwungen werden, sich der Strafverfolgung auszusetzen. Dass T lediglich befürchtete, er könne strafrechtlich verfolgt werden, ändert daran nichts. Auch ein bloßer Verdacht der Beteiligung genügt, um die Zumutbarkeit entfallen zu lassen. Dies ergibt sich aus den Grundsätzen *in dubio pro reo* und *nemo tenetur se ipsum accusare*.

Zum **Ausschluss des Tatbestands** des § 323c (wegen nicht gegebener Zumutbarkeit) **825** kommt es, wenn eine **„andere wichtige Pflicht"** verletzt würde. Eine solche andere wichtige Pflicht ist beispielsweise die Garantenpflicht aus § 13.[1095]

Beispiel: Vater V fährt mit seinem 5-jährigen Sohn und dessen Freund mit einem Schlauchboot auf der Mitte eines Sees. Als das Boot leck schlägt, drohen beide Kinder zu ertrinken. V kann nur eines retten. Er entscheidet sich für seinen Sohn. Das andere Kind ertrinkt.

V könnte sich wegen unterlassener Hilfeleistung gem. § 323c strafbar gemacht haben. Nach der gesetzlichen Regelung besteht die allgemeine Hilfspflicht aber nur dann, wenn die Hilfeleistung „ohne eigene Gefahr und ohne Verletzung anderer wichtiger Pflichten" möglich ist. Da eine Garantenpflicht jedenfalls dann eine andere wichtige Pflicht i.S.d. § 323c darstellt, wenn sie zur Abwendung einer konkreten Lebensgefahr dient, hat V schon nicht den Tatbestand des § 323c erfüllt.

[1095] Vgl. Sch/Sch-*Eisele*, Vor § 13 Rn 75.

3. Abschnitt - Das *versuchte* Unterlassungsdelikt

826 Bei einer Gesetzesanalyse der ***echten* Unterlassungsdelikte** stellt sich heraus, dass es sich in allen Fällen ausschließlich um Vergehen handelt. Da aber gem. § 23 I der Versuch eines *Vergehens* nur dann strafbar ist, wenn das Gesetz dies ausdrücklich bestimmt, und dies bei den echten Unterlassungsdelikten auch nur bei § 283 III i.V.m. § 283 I Nr. 5 in der 1. Alt und Nr. 7b der Fall ist, folgt daraus, dass der Versuch aller übrigen echten Unterlassungsdelikte straflos ist.

827 Bei den ***unechten* Unterlassungsdelikten** ist das Verhältnis umgekehrt: Da der Versuch der meisten Begehungsdelikte (insbesondere der Erfolgsdelikte) strafbar ist und die unechten Unterlassungsdelikte das Gegenstück zu den Erfolgsdelikten darstellen, ist auch der Versuch eines unechten Unterlassungsdelikts in den meisten Fällen strafbar. Der Versuchsaufbau folgt grundsätzlich dem des versuchten Begehungsdelikts. Es sind also zunächst die Nichtvollendung und die Strafbarkeit des Versuchs festzustellen. Sodann ist auf die subjektive Seite des Täters und auf das unmittelbare Ansetzen zur Tatbestandsverwirklichung einzugehen. Schließlich ist der Rücktritt vom Versuch denkbar.

Somit bietet sich folgender Aufbau an:

Das versuchte unechte Unterlassungsdelikt

I. Vorprüfung

1. Fehlen der Vollendung (etwa, weil der Taterfolg nicht eingetreten ist, es an der Quasikausalität oder an der Garantenstellung fehlt)
2. Strafbarkeit des Versuchs (vgl. §§ 23 I, 12)

II. Tatbestand

1. Subjektiver Tatbestand: Tatentschluss
   a. Vorsatz bezüglich aller objektiven Tatbestandsmerkmale einer bestimmten Unterlassungsstraftat, insb. der Untätigkeit, der Quasikausalität und der Garantenstellung
   b. Vorliegen aller besonderen subjektiven Tatbestandsmerkmale
2. Objektiver Tatbestand
   a. Unmittelbares Ansetzen zur Tatbestandsverwirklichung (Problem der Abgrenzung Vorbereitungshandlung - Unterlassungshandlung)
   b. Evtl. besondere täterschaftliche Merkmale des Handelnden

III. Rechtswidrigkeit und Schuld

⇒ keine Besonderheiten im Vergleich zum versuchten Begehungsdelikt

IV. Persönlicher Strafaufhebungsgrund: Rücktritt

⇒ keine Besonderheiten im Vergleich zum versuchten Begehungsdelikt

I. Fehlen der Vollendung

828 An der Vollendung des unechten Unterlassungsdelikts kann es insbesondere fehlen, wenn der **Erfolg** nicht eintritt. Das ist etwa der Fall, wenn das Opfer sich selbst rettet oder von einem Dritten gerettet wird.

> **Beispiel:** Im Anschluss an einen Verkehrsunfall, bei dem Autofahrer T die Radfahrerin O anfährt und diese lebensgefährlich verletzt, entzieht sich T den Konsequenzen durch Flucht. O kann jedoch gerettet werden, weil ein Anwohner, der das Geschehen beobachtet hat, sofort notärztliche Hilfe herbeiholt.
>
> Hier ist der tatbestandliche Erfolg nicht eingetreten, sodass es an der Vollendung des unechten Unterlassungsdelikts *Verdeckungsmord durch Unterlassen gem. §§ 211 I, II Var. 9, 13 I* fehlt.

Aber auch wenn der Erfolg eingetreten ist, fehlt es an der Vollendung des unechten Unterlassungsdelikts, wenn die **Quasikausalität** verneint werden muss.

Beispiel: Im obigen Beispiel geht T davon aus, dass O bei sofortiger Alarmierung des Notarztes gerettet werden könnte. Dennoch fährt er davon. Tatsächlich sind die Verletzungen der O jedoch so schwer, dass sie selbst bei sofortiger Einleitung von Rettungsmaßnahmen nicht gerettet werden kann.

Hier ist zwar der tatbestandliche Erfolg eingetreten, jedoch fehlt es an der Quasikausalität (das Unterlassen des T war nicht quasikausal für den Erfolgseintritt; kausal für den Erfolgseintritt war ausschließlich das vorherige Erfassen der O mit dem Pkw).

An der Vollendung des unechten Unterlassungsdelikts kann es schließlich fehlen, wenn der Täter nicht die erforderliche **Garantenstellung** innehat.

Beispiel: Im obigen Beispiel ist es nicht T, der mit O kollidiert ist, sondern A. T kommt lediglich wenig später an der Unfallstelle vorbei und erblickt die schwer verletzte O am Straßenrand liegend. Im Glauben, dass es sich bei O um seine Ehefrau handelt, entschließt sich T, weiterzufahren, um frühzeitig in den Genuss der Erbschaft zu kommen. Tatsächlich handelt es sich bei O aber um jemand Fremdes.

Hier liegt keine für die Vollendung eines unechten Unterlassungsdelikts erforderliche Garantenstellung vor. Da T aber dachte, bei O handele sich um seine Ehefrau, ist er wegen versuchten habgierigen Mordes durch Unterlassen (§§ 211 I, II Var. 3, 22, 23 I, 12 I, 13) strafbar. Die Garantenstellung ergibt sich aus §§ 1353 ff. BGB.

II. Tatentschluss

Im Vergleich zum versuchten Begehungsdelikt weist der Tatentschluss keine Besonderheiten auf. Der Täter muss den allgemeinen Vorsatz gehabt haben, durch sein Unterlassen einen bestimmten Straftatbestand und dessen Voraussetzungen zu erfüllen. Auch muss er erkannt haben, dass die Abwendung des drohenden Erfolgs zumindest möglich ist. Zusätzlich gehört zum Vorsatz die Kenntnis der Umstände, welche die Garantenstellung begründen. Glaubt der Täter also, Garant für die Erfolgsabwendung zu sein, obwohl es tatsächlich an der Garantenstellung fehlt, ist er wegen eines versuchten unechten Unterlassungsdelikts strafbar. Weiß der Täter indes nicht, dass er Garant ist, fehlt ihm eine bestimmte Tatumstandskenntnis. Es handelt sich dann um einen Irrtum, der nach den Regeln des § 16 I S. 1 zum Vorsatzausschluss führt. **829**

III. Unmittelbares Ansetzen zur Tatbestandsverwirklichung

Beim versuchten Unterlassungsdelikt muss der Täter durch sein Untätigbleiben unmittelbar zur Verwirklichung der Unterlassungstat angesetzt haben. Gerade dieses Untätigbleiben macht es aber besonders schwierig, den maßgeblichen **Zeitpunkt** für das unmittelbare Ansetzen zu bestimmen. Es geht mithin um die Abgrenzung zwischen strafloser Vorbereitungshandlung und strafbarer Unterlassungshandlung. **830**

Beispiel[1096]**:** Die 86-jährige O ist aufgrund einer irreversiblen Hirnschädigung in höchstem Grade pflegebedürftig. Sie ist nicht ansprechbar. Auch auf Schmerzreize reagiert sie nur mit leichten Lidbewegungen. Sie muss daher mit Sondennahrung ernährt werden. Im Laufe der Wochen bilden sich zudem zahlreiche Ödeme. Der behandelnde Arzt Dr. T entschließt sich daher, O künftig nicht mehr mit Sondennahrung, sondern mit Tee zu versorgen, um sie verhungern zu lassen. Doch als das Pflegepersonal bereits am Morgen des nächsten Tages bemerkt, dass sich anstatt Sondennahrung Tee in der Apparatur befindet, **831**

[1096] In Anlehnung an BGHSt 40, 257 ff. (Kemptener Tee-Fall).

stellt es Dr. T zur Rede. O wird sofort wieder Sondennahrung verabreicht. Strafbarkeit des Dr. T?

Sieht man hier den Schwerpunkt der Vorwerfbarkeit in einem aktiven Tun, gelten die allgemeinen Versuchsregeln. Sieht man den Schwerpunkt der Vorwerfbarkeit jedoch in einem Unterlassen, sind folgende Zeitpunkte für das unmittelbare Ansetzen zum Unterlassen vorstellbar[1097]:

⇨ Stellt man auf die **letztmögliche Rettungs- bzw. Erfolgsabwendungsmöglichkeit** ab, vorliegend also auf den Zeitpunkt, in dem das Leben der O nur noch durch sofortige Wiederaufnahme der Sondennahrung hätte gerettet werden können, hätte Dr. T noch nicht unmittelbar zur Tatbestandsverwirklichung angesetzt, da dieser Zeitpunkt nicht erreicht wurde.

⇨ Denkbar ist auch das Abstellen auf das **Verstreichenlassen der ersten Rettungs- bzw. Erfolgsabwendungsmöglichkeit**, vorliegend also auf den Zeitpunkt, in dem der O zum ersten Mal anstatt der Sondennahrung Tee verabreicht worden ist. Folgt man diesem Ansatz, wäre Dr. T gem. §§ 212, 213, 22, 23 I, 12 I, 13 strafbar.

⇨ Schließlich lässt sich auf den Zeitpunkt abstellen, in dem **nach der Vorstellung des Täters eine konkrete Gefährdung des Opfers** eintritt, vorliegend also auf den Zeitpunkt, in dem nach der Vorstellung des Dr. T die O in eine konkrete Lebensgefahr geraten wäre. Dieses kann insbesondere dann in Betracht gezogen werden, wenn der Täter die **Herrschaft über das Geschehen bewusst aus der Hand** gegeben hat. Da vorliegend weder O in eine konkrete Lebensgefahr geraten ist noch Dr. T die Herrschaft über das Geschehen aus der Hand gegeben hatte, wäre Dr. T – folgt man diesem Ansatz – noch nicht in das Versuchsstadium eingetreten.

Stellungnahme: Das Abstellen auf den letztmöglichen Zeitpunkt würde den Unterlassungstäter, der das Opfer durch sein Unterlassen schon in eine konkrete Gefahr gebracht hat, aber noch eine Rettungschance besitzt, straflos stellen, wenn das Opfer vor Verstreichung der letztmöglichen Rettungschance von dritter Seite gerettet würde. Aus Gründen des Opferschutzes ist dieser Ansatz daher abzulehnen. Außerdem würden bei diesem Ansatz unmittelbares Ansetzen und Vollendung regelmäßig zusammentreffen. Aber auch die Annahme eines unmittelbaren Ansetzens mit dem Verstreichenlassen der ersten Rettungsmöglichkeit ist einem Einwand ausgesetzt. Sie zieht nämlich den Zeitpunkt des Versuchsbeginns zu sehr in das (straflose) Vorbereitungsstadium hinein. Dadurch entsteht ein untragbarer Wertungswiderspruch zum aktiven Tun, bei dem es ja nach der Vorstellung des Täters gerade auf den Eintritt einer konkreten Gefahr ankommt. Diesen Wertungswiderspruch teilt der letztgenannte Ansatz, der auf die konkrete Gefährdung des Opfers abstellt, nicht. Ihm ist daher zu folgen.[1098] Im vorliegenden Fall ist Dr. T daher straflos.

832 **Zusammenfassung:** Der Unterlassungstäter setzt zur Verwirklichung des Tatbestands der geplanten Straftat unmittelbar an, wenn er die Herrschaft über das Geschehen bewusst aus der Hand gibt oder wenn nach seiner Vorstellung eine konkrete Gefährdung des Opfers eintritt.

IV. Rücktritt vom versuchten Unterlassungsdelikt

833 Mit der ganz h.M.[1099] ist auch beim Unterlassungsversuch unter Anwendung der **allgemeinen Rücktrittsregeln** (Rn 704 ff.) die Möglichkeit des strafbefreienden Rücktritts anzuerkennen. Allerdings muss der Täter hierzu auf jeden Fall **aktiv gegensteuern**.

[1097] Zum aktuellen Meinungsstand vgl. SK-*Rudolphi*, vor § 13 Rn 51; Sch/Sch-*Eser/Bosch*, § 22 Rn 50; LK-*Hillenkamp*, § 22 Rn 142; LK-*Weigend*, § 13 Rn 79; NK-*Seelmann*, § 13 Rn 82; *Otto*, § 18 Rn 44; *Gropp*, AT, § 9 Rn 74 ff.; *Frisch/Murmann*, JuS 1999, 1196, 1199; *Kudlich*, JA 2008, 601, 603.

[1098] Dieser Befund entspricht auch der Auffassung des BGH, vgl. BGHSt 40, 257, 271.

[1099] BGH NStZ 2003, 28; BGH NJW 2000, 1730, 1732; *Fischer*, § 24 Rn 26; Sch/Sch-*Eser/Bosch*, § 24 Rn 27 ff.; LK-*Lilie/Albrecht*, § 24 Rn 335, 463; *Jescheck/Weigend*, AT, § 60 II 3; *Gropp*, AT, § 9 Rn 145; *Beckemper*, JA 2003, 277 f. Vgl. auch *Neubacher*, NStZ 2003, 576 ff.; *Trüg*, JA 2003, 836 ff.

Höchst strittig ist die Frage, welche Anforderungen an das Gegensteuern zu stellen sind, insbesondere, ob der Rücktrittswillige von mehreren ihm zur Verfügung stehenden Möglichkeiten der Erfolgsverhinderung diejenige wählen muss, welche am sichersten den Erfolgseintritt verhindert, oder ob es genügt, wenn er irgendeine Möglichkeit wählt, die im Ergebnis den Eintritt des Erfolgs verhindert (Stichwort: **Rücktritt bei erfolgreicher, aber nicht „bestmöglicher" Vollendungsverhinderung**).

Beispiel[1100]**:** T öffnete in Selbsttötungsabsicht zwei Gashähne in seiner im Erdgeschoß eines 12-Familien-Hauses gelegenen Wohnung. Als er auf die (tödliche) Wirkung des Gases wartete, wurde ihm bewusst, dass es durch das ausströmende Gas zu einer Explosion kommen könnte und dass hierdurch andere Hausbewohner verletzt oder getötet werden könnten. Dies nahm er zunächst billigend in Kauf, weil ihm sein Freitod wichtiger erschien. Doch dann besann er sich und rief über die Notrufnummer die Rettungsleitstelle an. Er nannte seinen Namen und seine Anschrift und bat um Rettung der Hausbewohner. Seinen Entschluss, sich selbst zu töten, gab er jedoch nicht auf. Daher ließ er das Gas auch weiterhin ausströmen, obwohl er von der Rettungsleitstelle nachdrücklich aufgefordert wurde, das Gas sofort abzudrehen. Nach seinem Anruf wurde T bewusstlos. Wenige Minuten später traf die Feuerwehr ein, evakuierte etwa 50 Personen, drehte die Gashähne zu und ließ das bereits explosionsfähige Gasgemisch aus der Wohnung des T durch Öffnen der Fenster entweichen. T wurde gerettet. Hat er sich strafbar gemacht? **834**

T könnte sich durch das Aufdrehen der Gashähne wegen **versuchten Mordes** gem. §§ 211 I, II Var. 7, 22, 23 I, 12 I (**gemeingefährliches Mittel**) strafbar gemacht haben. Die Tat ist nicht vollendet, der Versuch ist wegen des Verbrechenscharakters des Mordes strafbar (§§ 23 I, 12 I).
Ein versuchter Mord, der an das Aufdrehen der Gashähne und somit an ein aktives Tun anknüpft, liegt jedoch nicht vor, weil T beim Öffnen der Gashähne noch nicht daran gedacht hatte, dass die Hausbewohner durch eine Gasexplosion getötet werden könnten. Daher war seine Vorstellung nicht auf eine Tötung durch aktives Tun gerichtet.

Möglicherweise liegt jedoch ein versuchter Mord durch **Unterlassen** (§§ 211 I, II Var. 7, 22, 23 I, 12 I, 13) vor, weil T der Aufforderung der Rettungsleitstelle, die Gashähne unverzüglich abzudrehen, nicht Folge geleistet hat.[1101]
Als T die durch sein Handeln heraufbeschworene Gefahr einer tödlichen Gasexplosion später erkannte und sich mit ihr abfand, handelte er mit ***dolus eventualis*** hinsichtlich des § 211 II Var. 7. Denn zu diesem Zeitpunkt bezog sich seine Vorstellung auf einen „mit gemeingefährlichen Mitteln" begangenen Mord, da er die Wirkung der Gasexplosion auf Leib oder Leben der Hausbewohner nicht in der Hand hatte.

Indem T das Gas weiter ausströmen ließ, obwohl er wusste, dass es jederzeit zu einer für alle im Haus befindlichen Personen lebensgefährlichen Explosion kommen könnte, hat er zu deren gemeingefährlicher Tötung i.S.v. § 22 auch **unmittelbar angesetzt.**

Von diesem Mordversuch könnte T **strafbefreiend zurückgetreten** sein. Dazu müsste er freiwillig die Vollendung der Tat verhindert (§ 24 I S. 1 Var. 2) bzw. sich zumindest ernsthaft um Vollendungsverhinderung bemüht haben (§ 24 I S. 2).

Dadurch, dass T die Feuerwehr zur Rettung der Hausbewohner aufgefordert hat, ist er mit dem Ziel tätig geworden, die Tatvollendung zu verhindern. Letztlich konnte die Explosion infolge seines Anrufs auch verhindert werden, sodass sich die Rücktrittsvoraussetzungen nach § 24 I S. 1 Var. 2 bemessen. Fraglich ist allerdings, ob er damit die Tatvollendung auch „verhindert" hat. Bedenken knüpfen an den Umstand, dass er es unterlassen hat, der

[1100] Nach BGH NStZ 2003, 28 f. – *2. Senat* (Anfragebeschluss gem. § 132 II GVG, da der *2. Senat* der Meinung war, möglicherweise von der Rechtsauffassung des *1.* und *4. Strafsenats* abzuweichen). Siehe auch den Antwortbeschluss des *1. Senats* NJW 2002, 3720, und den daraufhin ergangenen Beschluss des *2. Senats* BGH NStZ 2003, 308 ff. Vgl. auch *Neubacher*, NStZ 2003, 576 ff.

[1101] Fordert man dagegen, dass der Täter das gemeingefährliche Mittel aktiv einsetzt, ist ein Mord mit gemeingefährlichen Mitteln durch Unterlassen nicht möglich. Selbstverständlich ist dann Totschlag durch Unterlassen weiterzuprüfen (vgl. *Engländer*, JuS 2003, 641, 642).

Aufforderung zum Abdrehen der Gashähne Folge zu leisten, und es somit jederzeit trotz seines Anrufs zur Explosion hätte kommen können. Daher ist die Frage zu beantworten, welche Anforderungen an das Gegensteuern zu stellen sind.

⇨ Mit Urteil vom 27.4.1982 hat der *1. Strafsenat* des BGH[1102] entschieden, dass es keinen unbeendeten Versuch eines unechten Unterlassungsdelikts gebe. Denn der Versuch eines Unterlassungstäters könne überhaupt nur dann vorliegen, wenn dieser den Eintritt des tatbestandlichen Erfolgs zumindest für möglich erachtet und sich mit ihm abgefunden habe. Von daher müssten die Rücktrittsvoraussetzungen des Unterlassungsversuchs dieselben sein wie beim Rücktritt vom beendeten Versuch eines Begehungsdelikts (⇒ also **aktive und kausale Verhinderung des Erfolgseintritts**). Allerdings dürfe sich der Täter nicht mit Maßnahmen begnügen, die, wie er erkenne, (möglicherweise) unzureichend sind, wenn ihm **bessere** (d.h. effektivere) **Mittel zur Verfügung stünden**.

⇨ In der Literatur ist diese Auffassung teilweise so verstanden worden, dass auch bei kausaler Verhinderung „**bestmögliche**" Bemühungen des Täters erforderlich seien. Habe der Täter trotz der Tatsache, dass er den Erfolgseintritt kausal verhindert hat, ein besseres Verhinderungsmittel ungenutzt gelassen, sei er nicht strafbefreiend vom Versuch zurückgetreten. [1103]

Vorliegend hätte ein besseres Verhinderungsmittel darin bestanden, die Gashähne selbst und sofort nach Aufforderung durch das Rettungspersonal abzudrehen. Nachdem T dies unterlassen hat, wäre er demzufolge nicht strafbefreiend vom Mordversuch zurückgetreten.

⇨ Demgegenüber unterscheidet die in der Literatur verbreitete Gegenansicht, der sich auch der *2. Strafsenat* des BGH angeschlossen hat, zwischen *unbeendetem* und *beendetem* Unterlassungsversuch. Während es beim unbeendeten Unterlassungsversuch[1104] genüge, dass auch ein Dritter den Eintritt des Taterfolgs verhindere, solange nur der Unterlassungstäter eine auf Erfolgsverhinderung gerichtete Rettungsaktivität ergreife, müsse beim beendeten Unterlassungsversuch[1105] das aktive Gegensteuern kausal für die Erfolgsabwendung sein. Dabei komme es **nicht** darauf an, ob dem Unterlassungstäter **schnellere oder sicherere Möglichkeiten der Rettung zur Verfügung gestanden hätten**. Denn habe er die Vollendung **tatsächlich** und in **zurechenbarer Weise verhindert**, könne nicht gefordert werden, dass er noch mehr hätte tun müssen. Die Anforderungen an ein „ernsthaftes" Bemühen" i.S.v. § 24 I S. 2 seien daher bereits dann erfüllt, wenn **der Täter den Erfolg tatsächlich und kausal verhindert habe.**[1106]

Da T – wie bereits festgestellt – durch das Herbeiholen der Feuerwehr eine Gasexplosion tatsächlich verhindert hat und sich diese Verhinderung auch als „sein" Werk darstellt, konnte er – folgt man der Gegenansicht – somit strafbefreiend vom Mordversuch zurücktreten.

Da die Auffassungen zu unterschiedlichen Ergebnissen kommen, ist eine Streitentscheidung unerlässlich. Für die Auffassung, die auch bei kausaler Verhinderung „bestmögliche" Bemühungen des Täters verlangt, spricht, dass es im Einzelfall letztlich vom Zufall abhängt, ob die Tat verhindert wird oder nicht. Für die Rechtsauffassung der Gegenansicht spricht indes der Wortsinn des § 24 I S. 1 Var. 2 („Vollendung verhindert"), der es von Verfassungs wegen (Art. 103 II GG) verbietet, eindeutige Fälle täterursächlicher Erfolgsab-

---

[1102] BGHSt 31, 46, 49. Ihm folgend der *4. Senat* NStZ-RR 1997, 193, 194.

[1103] SK-*Rudolphi*, vor § 13 Rn 56; NK-*Seelmann*, § 13 Rn 86; *Freund*, AT, § 8 Rn 73; *Puppe*, NStZ 1984, 488, 490; *Rudolphi*, NStZ 1989, 508; *Herzberg*, NJW 1989, 867; *Jakobs*, ZStW 104, (1992), 89.

[1104] Ein Unterlassungsversuch sei noch *unbeendet* (§ 24 I S. 1 Var. 1), solange der Eintritt des tatbestandlichen Erfolgs nach der Vorstellung des Garanten noch durch Nachholung der *ursprünglich gebotenen* Handlung verhindert werden könne.

[1105] *Beendet* (§ 24 I S. 1 Var. 2) sei der Unterlassungsversuch, wenn der Täter nunmehr *weitere*, d.h. *andere* Maßnahmen zur Erfolgsabwendung für erforderlich halte.

[1106] Vgl. *W/B/S*, AT, Rn 743 f.; *Jescheck/Weigend*, AT, § 60 II 3; Sch/Sch-*Eser/Bosch*, § 24 Rn 27 ff.; LK-*Lilie/Albrecht*, § 24 Rn 321; BGH (*2. Senat*) NStZ 2003, 28 (in Anlehnung an BGH, *2. Senat*, NStZ 1981, 388; NStZ-RR 1997, 233, 234; NStZ 1999, 299); BGH NStZ 2003, 308 f.; *Beckemper*, JA 2003, 277, 279. Vgl. auch *Neubacher*, NStZ 2003, 576 ff.

wendung mit systematischen und strafzweckorientierten Erwägungen für strafbar zu erklären. Schließt man sich dem an, konnte T strafbefreiend vom Mordversuch zurücktreten. Aus denselben Erwägungen konnte er auch von der versuchten Herbeiführung einer **Sprengstoffexplosion** i.S.v. §§ 308 I (ggf. auch II), III, 22, 23, 13 strafbefreiend zurücktreten.

Zusammenfassung und Fazit: Folgt man der Auffassung des *2. Strafsenats* des BGH, setzt ein strafbefreiender Rücktritt vom Versuch eines unechten Unterlassungsdelikts gem. § 24 I S. 1 Var. 2 **nicht** voraus, dass der Täter unter mehreren Möglichkeiten der Erfolgsverhinderung die **sicherste** oder „**optimale**" wählt. Entscheidend ist allein, dass er die **Vollendung** der Tat erfolgreich, d.h. **kausal** und in **zurechenbarer** Weise, **verhindert** und dies auch anstrebt. 835

Umstritten ist ferner, ob ein Rücktritt vom Unterlassungsversuch auch dann möglich ist, 836
wenn es sich um einen **untauglichen (Unterlassungs-)Versuch** handelt, weil der Täter selbst bei sofortigem Handeln den Erfolg nicht mehr abwenden könnte.

Beispiel[1107]**:** Nach einem heftigen Streit versteckte sich die unterlegene Ehefrau E hinter 837
einem heißen Heizkörper im Badezimmer. Sohn S, der sich stets zu seinem Vater hingewandt fühlte, entdeckte sie dort und drückte sie noch weiter hinter den Heizkörper, sodass sie sich nicht mehr aus eigener Kraft befreien konnte. Nach mehreren Stunden wurde sie dort auch von ihrem Ehemann M entdeckt. Doch statt sie zu befreien, ließ M sie dort stecken und legte sich schlafen. Am nächsten Morgen fand M die E in unveränderter Lage vor und verließ das Haus, um zur Arbeit zu gehen. Dort erzählte er seinem Arbeitskollegen K von der Sache. Als dieser dreieinhalb Stunden lang auf M einredete, dieser möge E doch endlich retten, entschloss sich M, E aus ihrer Lage zu befreien. Gleichwohl verstarb E zwei Tage später im Krankenhaus an ihren Verletzungen. Die gerichtsmedizinische Untersuchung ergab, dass E bereits zum Zeitpunkt, in dem M das Haus verließ, tödlich verletzt war und nicht mehr hätte gerettet werden können. Strafbarkeit des M?
Geht man davon aus, dass M erst beim Verlassen des Hauses den Entschluss fasste, E ihrem (tödlichen) Schicksal zu überlassen, scheidet ein *vollendeter* Totschlag durch Unterlassen mangels Kausalität aus, da E bereits vor Eintritt in das Versuchsstadium tödlich verletzt war. In Betracht kommt aber ein *versuchter* Totschlag durch Unterlassen. M nahm, als er das Haus verließ, billigend in Kauf, dass E den Tod finden würde. Spätestens durch das Verlassen des Hauses hat er auch unmittelbar zur Tatbestandsverwirklichung angesetzt. Möglicherweise ist er aber durch die Befreiung der E aus deren hoffnungsloser Lage strafbefreiend vom Unterlassungsversuch zurückgetreten.
Nach Auffassung des BGH konnte M nicht strafbefreiend zurücktreten. Denn bereits zu dem Zeitpunkt, als er am Morgen das Haus verließ, habe er den Tod der E nicht mehr verhindern können. Der BGH nahm daher eine Strafbarkeit wegen versuchter Tötung (bzw. versuchten Mordes) durch Unterlassen an. Die h.L. kritisierte dieses Urteil sehr, weil nach dieser Rechtsprechung ein Rücktritt vom untauglichen Versuch generell nicht möglich sei, und schlägt eine Lösung über § 24 I S. 2 vor. Dieser Vorschrift liege der allgemeine Gedanke zugrunde, dass ein Rücktritt vom untauglichen Versuch so lange möglich sei, wie der Täter die Untauglichkeit noch nicht erkannt habe.[1108] Folgt man dieser Auffassung und geht bei M davon aus, dass dieser die Untauglichkeit noch nicht erkannt hatte, ist ein Rücktritt nicht von vornherein ausgeschlossen. Allerdings ist zweifelhaft, ob seine Rücktrittsbemühungen freiwillig und ernsthaft waren. Verneint man dies, ergibt sich im Ergebnis kein Unterschied zur Rechtsprechung des BGH.

[1107] In Anlehnung an BGH StV 1998, 369 ff., dargestellt auch bei *W/B/S*, AT, Rn 745 u. *Gropp*, AT, § 9 Rn 150 f.
[1108] *W/B/S*, AT, Rn 745; *Gropp*, AT, § 9 Rn 152 f.; *Brand/Fett*, NStZ 1998, 507 f.; *Küpper*, JuS 2000, 225, 229; *Küper*, ZStW 2000, 1, 9; *v. Heintschel-Heinegg*, JA 2001, 129, 135.

Stellungnahme: Wenn der BGH auf das „nicht mehr verhindern können" abstellt, definiert er den untauglichen (Unterlassungs-)Versuch nach objektiven Kriterien und nicht, wie § 24 I es fordert, aus der Sicht des Täters. Von daher ist auch der Rücktritt vom untauglichen Unterlassungsversuch genauso wie der Rücktritt vom untauglichen Versuch eines Begehungsdelikts nicht schon aufgrund der Untauglichkeit ausgeschlossen. Freilich eine andere Frage ist es, ob die Rücktrittsbemühungen des Täters freiwillig und ernsthaft sind.

4. Abschnitt – Beteiligung am Unterlassen/durch Unterlassen

838 Da auch ein vorsätzliches und rechtswidriges Unterlassungsdelikt eine Haupttat i.S.d. §§ 26, 27 darstellt, ist nicht nur eine Mittäterschaft (§ 25 II), sondern auch eine Teilnahme konstruktiv möglich. Der Teilnehmer ist dann einer **Anstiftung bzw. Beihilfe *zum* Unterlassen** schuldig. Sofern er sich durch aktives Tun beteiligt, liegt eine Begehungstat vor; eine Garantenstellung ist insoweit nicht erforderlich.

Beispiel: Die allein erziehende junge Mutter M des obigen Beispiels, die wegen des ewigen Geschreis ihres einjährigen Sohnes S seiner überdrüssig ist und ihn daher in der Wohnung einschließt, um mit ihrem Lebensgefährten L ein verlängertes Wochenende in der Heide zu verbringen, wird von diesem zu ihrer Tat ermutigt. Kommt S zu Schaden, ist L einer Beihilfe zum vollendeten Unterlassungsdelikt schuldig, anderenfalls einer Beihilfe zum versuchten Unterlassungsdelikt. Sofern man die Garantenstellung beim Unterlassungstäter als strafbegründendes besonderes persönliches Merkmal ansieht[1109], kommt dem Teilnehmer u.U. die Strafmilderungsmöglichkeit gem. § 28 I zugute. Vgl. dazu Rn 1135 ff. Schließt man sich dieser Auffassung an, ist bei L die Strafe gem. § 28 I i.V.m. § 49 I zu mildern.

839 Denkbar ist auch die **Beteiligung *durch* Unterlassen**. Diese kann in zwei Konstellationen auftreten. In der einen sind mehrere Personen jeweils an einem Unterlassungsdelikt beteiligt, in der anderen wirkt der Unterlassende an einem Begehungsdelikt mit. Nach den allgemeinen Regeln muss der Unterlassende stets eine Garantenstellung innehaben.[1110]

Beispiel zu Konstellation 1: Im obigen Beispiel sind M und L die gemeinsamen Eltern des S. Sofern L nach den allgemeinen Regeln Mittäter ist, sind beide wegen eines unechten Unterlassungsdelikts in Mittäterschaft schuldig. Sollte L nur eine Nebenrolle gespielt haben, kommt bei ihm nur Beihilfe zur Unterlassungstat der M in Betracht.

Beispiel zu Konstellation 2: Die M misshandelt den S ständig. Für L spielt das keine Rolle, solange er nur in Ruhe die „Sportschau" sehen kann. Hier ist L wegen Unterlassens strafbar. Vgl. zu dieser Konstellation insb. auch das Beispiel bei Rn 781.

840 Die im Einzelfall erforderliche **Abgrenzung zwischen Täterschaft und Teilnahme**, speziell zwischen Mittäterschaft und Beihilfe, sollte ebenfalls nach den allgemeinen Kriterien vorgenommen werden. Ob also der Unterlassende im konkreten Fall wegen Mittäterschaft oder lediglich wegen Teilnahme strafbar ist, entscheidet der BGH primär aufgrund der subjektiven Seite beim Täter. Die herrschende Lehre stellt demgegenüber auf die Tatherrschaft ab. In der Regel gelangen beide Auffassungen aber zu denselben Ergebnissen.[1111]

[1109] So *Fischer*, § 28 Rn 6; SK-*Hoyer*, § 28 Rn 29; *W/B/S*, AT, Rn 733; anders *Lackner/Kühl*, § 28 Rn 6; Sch/Sch-*Heine/Weißer*, § 28 Rn 19.

[1110] Vgl. dazu BGH NJW 2003, 3212 ff. und Rn 781.

[1111] Vgl. BGHSt 37, 106, 129; 38, 356, 360; BGH NStZ 1992, 21, 31; Sch/Sch-*Heine/Weißer*, Vorbem §§ 25 ff. Rn 103 ff.; NK-*Seelmann*, § 13 Rn 95; *Brammsen*, NStZ 2000, 337.

9. Kapitel – Die Fahrlässigkeitstat

1. Abschnitt – Das fahrlässige Begehungsdelikt

A. Einführung

Wie bereits bei Rn 200 ff. ausführlich erläutert, ist grundsätzlich nur die *vorsätzliche* Verwirklichung eines Delikts strafbar (§ 15). Das hat den Hintergrund, dass der Täter die konkrete Möglichkeit (Gefahr) einer Tatbestandsverwirklichung als Folge seines Handelns erkennt und sich gleichwohl nicht von der Verwirklichung des gesetzlichen Tatbestands abbringen lässt, sich also mit der Folge seines Verhaltens abfindet, obwohl er in der Lage wäre, die Tatbestandsverwirklichung zu vermeiden. Verkennt der Täter dagegen die Gefahr der Tatbestandsverwirklichung oder schätzt er sie irrig als ungeeignet ein, dass durch sie der Tatbestand einer Strafnorm erfüllt werden könnte, ist der Zweck des Strafrechts, sozialschädliches Verhalten zu sanktionieren, grundsätzlich nicht erfüllt. Gleichwohl kann sich der Täter auf die ihn an sich entlastende Unkenntnis oder Fehleinschätzung nicht berufen, wenn die Rechtsgemeinschaft von ihm berechtigterweise erwarten kann, dass er über das nötige Wissen und Können zur Vermeidung der Tatbestandsverwirklichung verfügt. Von einem rechtstreuen Bürger wird nicht nur verlangt, dass er Handlungen unterlässt, deren Gefährlichkeit er in vollem Umfang erkennt, sondern auch, dass er in der Lage ist, die mit seinem Handeln verbundenen Gefahren zu erkennen und zu vermeiden. Der Verstoß gegen die Erwartung hinreichender Gefahrenkenntnis und Gefahrenvorsorge wird Fahrlässigkeit genannt.[1112] 841

Allerdings kann nicht jede enttäuschte Erwartung hinsichtlich hinreichender Gefahrenkenntnis und Gefahrenvorsorge als Sorgfaltspflichtverletzung angesehen und mit dem Mittel des Strafrechts sanktioniert werden. Das würde zu einer völligen Überziehung der Sorgfaltspflichtanforderungen führen und jegliche Risikobereitschaft, auch wenn sie von noch so großem sozialen Nutzen wäre, im Keim ersticken. Daher kann nicht *jedes* sorgfaltspflichtwidrige Verhalten („wir sind alle nur Menschen") zu einer Strafbarkeit führen. Lediglich, wenn es um besonders schützenswerte Rechtsgüter geht, darf der Gesetzgeber auch fahrlässiges Handeln für strafwürdig erachten, wenn die Abwägung zwischen der Gefahr des Verhaltens und dem Nutzen für die Rechtsgemeinschaft zugunsten des Ersteren ausfällt. Das ist v.a. bei der Gefahr für wichtige Rechtsgüter wie Leben (§ 222) oder körperliche Unversehrtheit (§ 229) der Fall. Auch wichtige Rechtsgüter der Allgemeinheit sind teilweise so schutzwürdig, dass der Gesetzgeber fahrlässiges Handeln genügen lässt (vgl. z.B. §§ 306d, 315c III Nr. 2, 316 II, 319 IV). 842

Der Strafgrund für die Fahrlässigkeit ist also die Verletzung der im Verkehr (also objektiv) zu erwartenden und vom Täter (also subjektiv) zu erbringenden Sorgfaltpflicht. Allerdings definiert das Gesetz den Begriff der Fahrlässigkeit nicht. Dennoch muss jede unvorsätzliche Handlung im Einzelfall (durch den Tatrichter) darauf hin überprüft werden, ob ein Fahrlässigkeitsvorwurf zu erheben ist, was sich in Anbetracht gerade der fehlenden gesetzlichen Definition als äußerst schwierig erweisen kann. Darauf wird im Folgenden noch einzugehen sein. Zunächst sollen aber die Eigenarten herausgearbeitet werden, die das Fahrlässigkeitsdelikt als eigenständigen Deliktstyp kennzeichnen[1113]: 843

- Da Fahrlässigkeit nicht eine minder schwere Form des Vorsatzes darstellt, sondern eine eigenständige Erscheinungsform der subjektiven Seite bildet, folgt denklogisch, dass diejenigen Vorschriften, die sich gerade auf vorsätzliches Handeln beziehen, auf fahrlässiges Handeln nicht anwendbar sind. Somit sind insbesondere Tatbestandsirrtümer, die gem. 844

[1112] *Kindhäuser*, AT, § 33 Rn 3.
[1113] Vgl. auch *Mitsch*, JuS 2001, 105 ff.; *W/B/S*, AT, Rn 659; *Gropp*, AT, § 12 Rn 11.

§ 16 zum Vorsatzausschluss führen, irrelevant. **§ 16 I S. 1 ist nicht anwendbar**. Der Ausschluss des Vorsatzes ändert aber nichts daran, dass „wenigstens" ein Fahrlässigkeitsvorwurf erhoben werden kann. § 16 I S. 2 stellt dies klar. Die Voraussetzungen der Strafbarkeit wegen Fahrlässigkeit sind dann aber gesondert zu prüfen.

- Ebenso sind die **Versuchsregeln (§§ 22 ff.) ausgeschlossen**. Das folgt bereits aus der dogmatischen Struktur der Fahrlässigkeitstat und geht zudem aus § 22 hervor, wo es heißt: „wer nach seiner Vorstellung von der Tat". Eine Vorstellung von der Tat kann sich nur machen, wer über sie nachdenkt. Und das setzt Vorsatz voraus (wobei grds. dolus eventualis genügt). Eine „versuchte" Fahrlässigkeitstat kann es also nicht geben![1114]

- Schließlich ist eine **Beteiligung** (§§ 25 ff.) an einer fahrlässigen Tat **nicht möglich**. Bei der Mittäterschaft (§ 25 II) folgt dies daraus, dass ein gemeinsamer Tatplan vorliegen muss. Ein „Plan" setzt aber gerade Vorsatz voraus.[1115] Hinsichtlich Anstiftung und Beihilfe (§§ 26, 27) ist jeweils eine vorsätzliche und rechtswidrige Haupttat Voraussetzung (limitierte Akzessorietät). Daher ist beispielsweise eine Anstiftung zur fahrlässigen Tötung (§ 222) konstruktiv nicht möglich! Der Hintermann kann aber selbst wegen fahrlässiger Tötung strafbar sein oder wegen vorsätzlicher Tötung in mittelbarer Täterschaft (§ 25 I Var. 2), etwa weil er die Tat *durch* den Tatmittler (das „Werkzeug" bzw. den „Vordermann") begeht, indem er dessen fahrlässiges Verhalten vorsätzlich ausnutzt.

845 Die bereits angesprochene Frage, was das Unrecht des Fahrlässigkeitsdelikts ausmacht, ist nicht nur rechtsdogmatischer Natur, sondern übt auch Einfluss auf den **Deliktsaufbau** aus. Gerade dieser interessiert den Bearbeiter eines Falls.

846 **Beispiel:** Geschäftsmann G hat es eilig, zu einem wichtigen geschäftlichen Termin zu gelangen. Weil er durch einen Verkehrsstau bereits wertvolle Zeit verloren hat, fährt er nun mit überhöhter Geschwindigkeit in eine Autobahnbaustelle und erfasst dort den am Straßenrand stehenden Bauarbeiter B. Dieser erliegt noch am Unfallort seinen schweren Verletzungen. Die kriminaltechnische Untersuchung ergibt, dass G zum Zeitpunkt des Geschehens 100 km/h statt der erlaubten 60 km/h gefahren ist.

Dass G hier den möglichen Tod des B zumindest billigend in Kauf genommen und damit vorsätzlich gehandelt haben könnte, liegt eher fern. Möglicherweise ist dem G aber ein Fahrlässigkeitsvorwurf zu machen.

⇨ Denkbar ist zunächst, das Unrecht (also den Eintritt des Erfolgs, die objektive Zurechnung des Erfolgs und die Rechtswidrigkeit) des Fahrlässigkeitsdelikts allein in demjenigen Verhalten zu sehen, das zum Erfolg geführt hat. Das objektiv pflichtwidrige Verhalten und die persönliche Vorwerfbarkeit wären sodann im Prüfungsaufbau erst bei der Schuld zu prüfen. Diese an dem **kausalen Verbrechensaufbau** orientierte Prüfung gilt heute aber überwiegend als überholt.

⇨ Wenn man aber dem **modernen Verständnis** des Deliktsaufbaus folgt[1116], darf man den Unrechtstatbestand nicht auf die schlichte Herbeiführung des Erfolgs reduzieren, sondern muss ihn auch auf die Sorgfaltspflichtverletzung erstrecken, mag das Verständnis der Sorgfaltspflicht auch nicht ganz klar sein. Diesbezüglich empfiehlt es sich, die Sorgfaltspflicht rein objektiv zu bestimmen und die persönliche Vorwerfbarkeit erst bei der Schuld zu prüfen. Die im Gesamttatbestand zu prüfende objektive Sorgfaltspflichtverletzung besteht dann in dem Außerachtlassen der im Verkehr erforderlichen Sorgfalt, wobei unter „im Verkehr erforderliche Sorgfalt" die Verkehrsgepflogenheit der gewissenhaften und verständigen Angehörigen des jeweiligen Verkehrskreises verstanden wird. Bei der Schuld ist dann

---

[1114] Vgl. aber die Vertreter des „fahrlässigen Versuchs" – dazu die Fußnote bei Rn 876.

[1115] Teilweise will man auch eine fahrlässige Mittäterschaft zulassen, in deren Rahmen die verschiedenen Tatbeiträge der Mittäter zugerechnet werden (vgl. *Beulke/Bachmann*, JuS 1992, 744; *Otto*, Jura 1990, 47; MüKo-*Joecks*, § 25 Rn 240). Dies ist mit Blick auf Wortlaut und Systematik der §§ 25 ff. und aufgrund der Rechtsnatur der Fahrlässigkeitsdelikte abzulehnen. Jeder „Beteiligte", dessen fahrlässiges Verhalten einen kausalen und zurechenbaren Beitrag zur Erfüllung eines Tatbestands darstellt, ist als „Einheitstäter" unmittelbar aus dem Fahrlässigkeitsdelikt strafbar. Vgl. dazu Rn 925 und 1020.

[1116] Danach folgen auch die Fahrlässigkeitsdelikte dem von den Vorsatzdelikten her bekannten dreigliedrigen Verbrechensaufbau (Tatbestand, Rechtswidrigkeit und Schuld).

danach zu fragen, ob der Täter nach seinen persönlichen Fähigkeiten in der Lage gewesen wäre, die objektiv gebotene Sorgfaltspflicht einzuhalten.

⇨ Folgt man dieser zuletzt genannten Aufbaumöglichkeit, ist es dem Bearbeiter eines Falls unbenommen, lediglich von *einem* (Gesamt-)Fahrlässigkeitstatbestand zu sprechen oder den Tatbestand in einen objektiven und einen subjektiven Tatbestand zu untergliedern. Legt man seinem Aufbau nur *einen* (Gesamt-)Fahrlässigkeitstatbestand zugrunde, genügt die Feststellung, dass der objektiv vorhersehbare Erfolg durch eine objektiv sorgfaltspflichtwidrige Handlung des Täters verursacht worden sei und diesem objektiv zugerechnet werde. Auf die Frage, ob der Täter den Eintritt des Taterfolgs für möglich erachtet hat (**bewusste Fahrlässigkeit**) oder nicht (**unbewusste Fahrlässigkeit**)[1117], kommt es dann nicht an. Denn die Unterscheidung zwischen bewusster und unbewusster Fahrlässigkeit ist keine Frage des Tatbestands, sondern übt Einfluss auf die Schuld und damit auf das Strafmaß aus. Sollte man gleichwohl im Tatbestand feststellen wollen, ob der Täter bewusst oder unbewusst fahrlässig gehandelt hat, muss man diese Feststellung in einem subjektiven Tatbestand treffen.

Neben diesen Aufbaumöglichkeiten werden noch einige andere vertreten. Insbesondere im Detail ist vieles strittig. Da die Güte einer Fallbearbeitung aber kaum von der Darstellung sämtlicher vertretbarer Aufbaumöglichkeiten abhängt und im Übrigen der gewählte Aufbau nicht zu begründen ist, sollte man sich für den hier favorisierten Aufbau entscheiden, zumal auch der BGH diesem Aufbau folgt.[1118] Demnach ergibt sich für das **fahrlässige Begehungsdelikt** folgendes **Aufbauschema**: **847**

Das fahrlässige Begehungsdelikt (als Erfolgsdelikt)

I. Tatbestand

1. Eintritt des tatbestandlichen Erfolgs durch eine (mögliche) Handlung des Täters

2. Kausalität der Handlung für den Erfolgseintritt (nach der Bedingungstheorie)

3. Objektive[1119] Sorgfaltspflichtverletzung

Nach h.M. handelt der Täter objektiv sorgfaltswidrig, wenn er nicht diejenige Sorgfalt angewendet hat, die von einem besonnenen und gewissenhaften Menschen in der konkreten Lage und der sozialen Rolle des Handelnden zu erwarten ist. Bestehen Verhaltensregeln, gegen die der Täter verstoßen hat, ist die Sorgfaltspflichtverletzung indiziert.

4. Objektive Zurechnung des wesentlichen Kausalverlaufs und des Erfolgseintritts

Der Erfolg ist objektiv zurechenbar, wenn gerade das rechtlich missbilligte Verhalten des Täters sich in tatbestandsspezifischer Weise in dem konkreten Erfolg niedergeschlagen hat, der durch die Verhaltensnorm, gegen die der Täter verstoßen hat, gerade vermieden werden sollte. Es muss sozusagen ein **Pflichtwidrigkeitszusammenhang** zwischen der Handlung des Täters und dem Erfolg bestehen. Dieser Pflichtwidrigkeitszusammenhang besteht aber nicht

- bei eigenverantwortlicher Selbstgefährdung des Opfers,
- bei eigenverantwortlichem Dazwischentreten Dritter,
- wenn der Täter keine rechtserhebliche Gefahr geschaffen hat oder
- sein Verhalten ausschließlich in einer Risikoverringerung liegt.

Allein der Pflichtwidrigkeitszusammenhang genügt jedoch nicht. Der wesentliche Kausalverlauf und der Erfolgseintritt müssen auch **objektiv vorhersehbar** sein. Das ist der Fall, wenn

[1117] Zu den einzelnen Fahrlässigkeitsstufen bzw. -formen vgl. ausführlich Rn 267 ff.

[1118] Vgl. BGHSt 37, 107, 118 f.; zum Streitstand Sch/Sch-*Sternberg-Lieben/Schuster*, § 15 Rn 110 ff.

[1119] Eine Minderheitsmeinung (*Jakobs*, AT, 2. Aufl. 1993, 9/1 ff.; *Freund*, 2. Aufl. 2009, § 15 Rn 22 ff.) möchte bereits individuelle Fähigkeiten bei der im Tatbestand zu prüfenden Sorgfaltspflichtverletzung berücksichtigen. Das ist zwar nicht unvertretbar, aber dennoch sehr ungewöhnlich und könnte den Korrektor irritieren. Daher wird nicht empfohlen, dieser Minderheitsmeinung zu folgen (wie hier *Kaspar*, JuS 2012, 16, 18).

sie nicht so sehr außerhalb der Lebenserfahrung stehen, dass man mit ihnen nicht rechnen kann. Verfügt der Täter aber über Sonderwissen, ist er gleichwohl verpflichtet.[1120]

Schließlich muss der Erfolg **objektiv vermeidbar** sein. Kann der Erfolgseintritt also auch bei pflichtgemäßem Alternativverhalten nicht vermieden werden, entfällt der Fahrlässigkeitsvorwurf.

II. Rechtswidrigkeit

III. Schuld

1. Schuldfähigkeit

2. Spezielle Schuldmerkmale

3. Unrechtsbewusstsein i.w.S. (Fahrlässigkeitsschuld)

a. Subjektive Sorgfaltspflichtverletzung

Subjektive Sorgfaltspflicht bedeutet, dass der Täter nach *seinen* Fähigkeiten und *seinem* Können in der Lage sein muss, die objektiv gebotene Sorgfalt einzuhalten.

b. Subjektive Vorhersehbarkeit des wesentlichen Kausalverlaufs und des Erfolgseintritts

Subjektive Vorhersehbarkeit bedeutet, dass der Täter nach *seinen* Fähigkeiten und *seinem* Können in der Lage sein muss, den Eintritt des Taterfolgs vorherzusehen.

4. Entschuldigungsgründe (insbesondere Unzumutbarkeit normgemäßen Verhaltens)

IV. Strafausschließungs- und Strafaufhebungsgründe, Strafprozessvoraussetzungen, Strafverfolgungsvoraussetzungen und -hindernisse sowie Strafeinschränkungsgründe

B. Die Merkmale des fahrlässigen Begehungsdelikts

I. Tatbestand

1. Eintritt des tatbestandlichen Erfolgs durch eine (mögliche) Handlung des Täters

848 Bei den fahrlässigen Erfolgsdelikten muss in der Fallbearbeitung zunächst dargelegt werden, dass der tatbestandsspezifische Erfolg durch die im Sachverhalt beschriebene Handlung des Täters eingetreten sein könnte.

2. Kausalität des Verhaltens für den Erfolgseintritt

849 In einem zweiten Schritt ist zu prüfen, ob das unter 1. als mögliche Tathandlung des Täters bezeichnete Verhalten tatsächlich *conditio sine qua non* für den konkreten tatbestandsspezifischen Erfolg war. Die Handlung darf also nicht hinweggedacht werden können, ohne dass der Erfolg in seiner konkreten Form entfiele.

Beispiel: Im Beispiel von Rn 846 genügt die Feststellung, dass der Geschäftsmann durch das Einfahren in die Baustelle mit viel zu hoher Geschwindigkeit und das Erfassen des Straßenbauarbeiters mit seinem Wagen dessen Tod verursacht hat.

3. Objektive Sorgfaltspflichtverletzung

850 Eine Fahrlässigkeitshaftung besteht nur dann, wenn der Täter objektiv sorgfaltswidrig gehandelt, also die im Verkehr erforderliche Sorgfalt außer Acht gelassen hat. Sofern bestimmte **Verhaltensnormen** bestehen, durch deren Nichtbeachtung der Taterfolg ein-

[1120] Die objektive Vorhersehbarkeit ist von der objektiven Sorgfaltspflichtverletzung getrennt zu prüfen, weil mit ihr diejenigen Fälle ausgegrenzt werden, die beim Vorsatzdelikt im Rahmen der objektiven Zurechnung unter die Fallgruppe des atypischen Kausalverlaufs fallen (wie hier MüKo-*Duttge*, § 15 Rn 109; *Heinrich*, AT, Rn 1013; anders *W/B/S*, AT, Rn 667; *Kühl*, AT, § 17 Rn 19).

getreten ist, bereitet die Feststellung der objektiven Sorgfaltspflicht i.d.R. keine größeren Schwierigkeiten.

Rechtsvorschriften, aus denen sich konkrete Sorgfaltspflichten ergeben können, befinden sich bspw. in Straßenverkehrsgesetzen (insb. §§ 1 ff. StVO), in Unfallverhütungsvorschriften, in ordnungsrechtlichen Vorschriften des Bau-, Gewerbe oder Polizeirechts[1121], in den Vorschriften über Ruhezeiten für Fahrpersonal sowie in Gefahrstoffverordnungen usw. (vgl. etwa §§ 3, 4, 14 II S. 2 StVO, § 9a AtomG, § 42 I WaffG, § 24 II SprengstoffG).

Zu beachten ist aber, dass die Verletzung der dort aufgestellten Verhaltensregeln nicht **851** zwangsläufig zur Bejahung der objektiven Sorgfaltspflichtverletzung führt. Die Verletzung kann lediglich als **Indiz** für ein pflichtwidriges Verhalten gewertet werden. Umgekehrt indiziert die Einhaltung einer durch Rechtsvorschrift aufgestellten Verhaltensregel lediglich ein sorgfaltsgerechtes Verhalten. Die Entkräftung des Fahrlässigkeitsvorwurfs (insbesondere in atypischen Fällen) ist also nicht ausgeschlossen.[1122] Nach h.M. verbleibt hier Raum für eine (ergänzende) Gesamtbetrachtung. Der Täter handelt dann nicht objektiv sorgfaltswidrig, wenn er **diejenige Sorgfalt angewendet hat, die von einem besonnenen und gewissenhaften Menschen in der konkreten Lage und der sozialen Rolle des Handelnden zu erwarten ist.**[1123] Freilich ist gerade wegen der Indizwirkung des Regelverstoßes ein enger Maßstab anzulegen.

Eine Sorgfaltspflichtverletzung ist häufig schon darin zu sehen, dass sich der Täter auf Hand- **852** lungen einlässt, die Gefahren mit sich bringen, **denen er nicht gewachsen ist**. Im Medizinrecht gilt dies bei der **Übernahme und Durchführung von Heilbehandlungen.**[1124] Hier kann eine Pflichtwidrigkeit auch darin gesehen werden, dass der behandelnde (Chef-)Arzt **ungeeignete Hilfspersonen** (z.B. mangelhaft ausgebildete Assistenzärzte, OP-Schwestern, Krankenschwestern etc.) heranzieht. Die Pflichtwidrigkeit kann hier insbesondere in der mangelhaften Auswahl, Ausbildung, Anleitung oder Überwachung liegen.

Im obigen **Beispiel** von Rn 846 hat G gegen diejenigen Vorschriften des Straßenverkehrsrechts verstoßen, die eine bestimmte Höchstgeschwindigkeit vorschreiben (vgl. § 3 und § 41 Zeichen 274 StVO). Damit ist zwar indiziell, aber noch nicht zwangsläufig gesagt, dass er sich wegen fahrlässiger Tötung verantworten muss. Es bedarf noch der Prüfung, ob ein besonnener und gewissenhafter Kraftfahrer in der konkreten Verkehrssituation die dem Straßenbauarbeiter drohende Gefahr rechtzeitig hätte erkennen und sein Verhalten darauf einstellen können. Das ist vorliegend zu bejahen. Jeder Autofahrer weiß, welches hohe Gefahrenpotential eine Autobahnbaustelle in sich birgt. Das gilt nicht nur für die Autofahrer untereinander, sondern insbesondere auch mit Blick auf die Straßenbauarbeiter. Gerade diesen Gefahren will die Geschwindigkeitsbegrenzung entgegenwirken. Deren Indizwirkung ist daher so stark, dass der Fahrlässigkeitsvorwurf in Bezug auf die Sorgfaltspflichtverletzung nicht entkräftet werden kann (ob der Fahrlässigkeitsvorwurf entfällt, wenn der Tod des Straßenbauarbeiters auch bei pflichtgemäßem, rechtlich erlaubtem Verhalten des G eingetreten wäre, ist eine Frage des pflichtgemäßen Alternativverhaltens, das im Rahmen der objektiven Zurechnung behandelt wird). Im Ergebnis lässt sich daher sagen, dass G diejenige Sorgfalt außer Acht gelassen hat, die von einem besonnenen und gewissenhaften Autofahrer zu erwarten ist.

[1121] Vgl. dazu den Fall BGH NJW 2015, 96 ff. (Jalloh).

[1122] Vgl. BGH StV 2001, 108.

[1123] BGHSt 11, 389, 393; BGH NStZ 1991, 30; *Mitsch*, JuS 2001, 105; LG Verden NStZ 2006, 689; *Jescheck/Weigend*, AT, § 55 I 2b; Sch/Sch-*Sternberg-Lieben/Schuster*, § 15 Rn 135; *Lackner/Kühl*, § 15 Rn 37; LK-*Vogel*, § 15 Rn 164. Eine Minderheitsmeinung stellt nicht auf die objektive, sondern auf die subjektive Sorgfaltspflicht ab. Danach handelt sorgfaltswidrig, wer die Gefährlichkeit für das Rechtsgut hätte erkennen können und *seine* Kenntnisse und Fähigkeiten nicht zur Vermeidung des Erfolgs eingesetzt hat (so *Jakobs*, AT, 9 Rn 5 f., *Freund*, AT, § 5 Rn 29 und SK-*Hoyer*, Anh zu § 16 Rn 26 ff.). Da die individuellen Kenntnisse und Fähigkeiten aber auch nach der h.M. (bei der Schuld) geprüft werden, bestehen im Ergebnis praktisch keine Unterschiede. Allein im Hinblick auf die Anordnung von Maßregeln zur Besserung und Sicherung können sich unterschiedliche Ergebnisse zeigen.

[1124] Vgl. nur BGHSt 43, 306, 311.

853 Schwierig wird die Bestimmung der objektiven Sorgfaltspflicht dann, wenn **keine Rechtsvorschriften** vorhanden sind, aus denen sich konkrete Verhaltensregeln ableiten ließen. In diesem Fall fragt die h.M. im Rahmen der bereits erwähnten Gesamtbetrachtung, was **von einem besonnenen und gewissenhaften Menschen in der konkreten Lage und der sozialen Rolle des Handelnden zu erwarten ist**. Hat sich der Täter im Vergleich zu diesem Personenkreis fehlverhalten, ist eine Sorgfaltspflichtverletzung anzunehmen.

854 Verhaltensregeln können sich bspw. aus der **Verkehrssitte** ergeben (d.h. aus Verhaltensmaßregeln, welche für den Verkehrskreis des Täters gelten oder für die vom Täter übernommene Tätigkeit anerkannt sind; solche Verhaltensmaßregeln sind insbesondere Sportregeln, Jagdregeln, Regeln der ärztlichen Kunst, Industrienormen wie DIN, EN, VDI[1125] etc.). Auch wer eine **Gefahrenquelle** schafft oder unterhält, hat die erforderlichen und zumutbaren Maßnahmen zu ergreifen, um andere vor Schäden zu bewahren. Die Verletzung dieser sog. Verkehrssicherungspflichten kann zu strafrechtlichen Konsequenzen unter dem Aspekt der Fahrlässigkeit (insb. zu §§ 222 oder 229) führen.[1126] Da aber nahezu jeder Lebenssachverhalt verrechtlicht ist, lässt sich in den meisten Fällen wohl ein Rechtssatz finden, aus dem konkrete Verhaltensnormen abgeleitet werden können, die indiziell auf eine Sorgfaltspflichtverletzung schließen lassen.

855 Um die Sorgfaltspflicht sinnvoll zu begrenzen, wurde in der Rechtsprechung (speziell für den Straßenverkehr) der **Vertrauensgrundsatz** (**erlaubtes Risiko**) entwickelt. Danach braucht sich derjenige, der sich selbst verkehrsgerecht verhält, nicht vorsorglich auf alle denkbaren Verkehrswidrigkeiten anderer einzustellen.[1127] Vielmehr darf er grundsätzlich davon ausgehen, dass sich auch die übrigen Verkehrsteilnehmer verkehrsgerecht verhalten.[1128] So darf ein Autofahrer insbesondere darauf vertrauen, dass die auf dem Bürgersteig gehenden Fußgänger nicht ohne zu schauen auf die Straße laufen. Von daher ist er i.d.R nicht verpflichtet, seine Geschwindigkeit nur deswegen zu vermindern, weil sich auf dem Bürgersteig Fußgänger befinden. Die hier von der Straßenverkehrsbehörde zum Zwecke der Gefahrenabwehr regelmäßig eingerichtete Geschwindigkeitsbeschränkung gibt das Maß der Sorgfaltspflicht bereits vor. Lediglich dann, wenn besondere Gründe vorliegen, die von den allgemeinen Verkehrsregeln nicht erfasst sind, ist eine darüber hinausgehende Sorgfaltspflicht erforderlich. Das ist insbesondere dann anzunehmen, wenn andere Verkehrsteilnehmer offensichtlich unerfahren oder der konkreten Verkehrssituation nicht gewachsen sind – etwa Kinder, Greise, Behinderte oder Betrunkene.[1129] Jedenfalls verhält sich nicht verkehrsgerecht und kann den Vertrauensgrundsatz nicht für sich in Anspruch nehmen, wer im betrunkenen Zustand ein Fahrzeug führt. Denn sowohl das **Sichbetrinken in Fahrbereitschaft** sowie die **Trunkenheitsfahrt** selbst bilden bereits den Anknüpfungspunkt für die spätere eigentliche Fahrlässigkeitstat (Verkehrsunfall). Insoweit bedarf es zur Strafbarkeitsbegründung auch keines Rückgriffs auf die verfassungsrechtlich ohnehin bedenkliche Figur der ***actio libera in causa***.[1130]

856 **Zusammenfassung und Hinweis für die Fallbearbeitung:** Ob ein Verhalten das Maß des Erlaubten überschreitet, also objektiv pflichtwidrig ist, richtet sich nach den erwähnten speziellen Rechtsnormen oder nach Verhaltensmaßstäben, die in dem Verkehrskreis, dem der Täter angehört, anerkannt sind. Soweit solche Verhaltensmaßstäbe, deren Nichtbeachtung ein Indiz für eine objektive Pflichtwidrigkeit darstellt, fehlen, gilt allge-

---

[1125] Deutsches Institut für Normung, Europanorm, Verband deutscher Ingenieure.
[1126] Vgl. BGH NStZ 2009, 146, 147 – dazu Rn 798 (zur Garantenstellung) und 841 ff. (zur Fahrlässigkeit).
[1127] *W/B/S*, AT, Rn 671.
[1128] *W/B/S*, AT, Rn 671; BGHSt 9, 90, 92; 12, 81; 83 ff.; BGHZ 43, 178, 184 ff.
[1129] Vgl. § 3 IIa StVO sowie BGHSt 7, 118; 9, 92; 12, 81; 13, 169; 14, 97; BGH VRS 14, 294; 15, 123; 62, 166; SK-*Hoyer*, Anh zu § 16 Rn 21; Sch/Sch-*Sternberg-Lieben/Schuster*, § 15 Rn 149; *Fischer*, § 15 Rn 16; *W/B/S*, AT, Rn 671 f.
[1130] So ausdrücklich BGHSt 42, 235, 237. Vgl. auch Rn 510 ff.

mein, dass je höher das Risiko und je höher der zu erwartende Schaden sind, desto höher die Sorgfaltsanforderungen sind.[1131] Mit dem so ermittelten Inhalt der objektiv erforderlichen Sorgfaltspflicht ist das erfolgsursächliche Verhalten des Täters zu vergleichen. Entspricht dieses den ermittelten Anforderungen, ist es sorgfaltsgemäß, verkehrsrichtig und insoweit fehlerfrei. Damit entfällt der Vorwurf der Pflichtwidrigkeit. Bleibt das konkrete Täterverhalten hingegen hinter den objektiven Anforderungen der Rechtsordnung zurück, ist es objektiv sorgfaltswidrig, verkehrswidrig und sachlich fehlerhaft.

4. Objektive Zurechnung

a. Pflichtwidrigkeitszusammenhang

Wie sich schon der gesetzlichen Formulierung (vgl. §§ 222, 229: „*durch* Fahrlässigkeit") entnehmen lässt, muss zwischen dem Fehlverhalten des Täters und dem Erfolgseintritt ein **Zurechnungszusammenhang** bestehen. Dieser Zurechnungszusammenhang setzt einen bestimmten **Pflichtwidrigkeits- und Schutzzweckzusammenhang** zwischen Sorgfaltsmangel und Erfolg voraus: Gerade das rechtlich missbilligte Verhalten des Täters muss sich in tatbestandsspezifischer Weise in der verursachten Folge niedergeschlagen haben.[1132] Anerkannt ist folgende Formel: 857

Der Taterfolg ist dem Täter objektiv **zuzurechnen**, wenn er **nicht völlig außerhalb dessen liegt, was nach dem gewöhnlichen Verlauf der Dinge und der allgemeinen Lebenserfahrung noch in Rechnung zu stellen ist.**[1133]

Beispiel: Auf dem Weg ins Krankenhaus wird O infolge der durch T mit Körperverletzungsvorsatz herbeigeführten Stichverletzung ohnmächtig und erstickt wegen einer Unachtsamkeit des Begleitpersonals am eigenen Erbrochenen.

Variante: O stirbt nach gelungener Operation an einer Wundinfektion.

In diesen Fällen hat sich der konkrete Erfolg erst durch das Hinzukommen weiterer, an das vorausgegangene Kausalgeschehen anknüpfender Komplikationen, ja sogar durch das Fehlverhalten Dritter verwirklicht. Dass aber ein Verletzter bewusstlos wird und in diesem Zustand am Erbrochenen erstickt, steht nicht völlig außerhalb dessen, was nach dem gewöhnlichen Lauf der Dinge und der allgemeinen Lebenserfahrung noch in Rechnung zu stellen ist. Gleiches gilt für das Erlangen der (tödlichen) Wundinfektion. Der darauf beruhende Tod des O ist T als Verursacher jedenfalls dann objektiv zuzurechnen[1134], wenn er nicht auf einen groben Behandlungsfehler des Krankenhauspersonals zurückzuführen ist (vgl. dazu bereits Rn 195).

An der Verantwortlichkeit des sich sorgfaltswidrig verhaltenden Täters ändert sich auch dann nichts, wenn sich **zusätzlich das Opfer sorgfaltswidrig** verhält und sich dadurch selbst verletzt. Das folgt aus dem Schutzzweck der Fahrlässigkeitsdelikte. Lediglich das Strafmaß kann durch das eigene Fehlverhalten des Opfers zu reduzieren sein. 858

Beispiel[1135]**:** Raser R befuhr morgens um 2:00 mit seinem Daimler CL 600 Bi-Turbo die A 5 in Richtung Frankfurt/M. Mit einer Geschwindigkeit von ca. 250 km/h näherte er sich rasch der auf der linken Spur mit einer Geschwindigkeit von ca. 100 km/h fahrenden O. Erst im letzten Moment verzögerte er stark seine Geschwindigkeit und fuhr äußerst dicht auf. Als O plötzlich den Wagen des R im Rückspiegel sah, erschrak sie und lenkte ruckartig nach rechts, um die linke Fahrspur frei zu geben. Dadurch geriet ihr Wagen außer Kontrol-

---

[1131] Vgl. BGHSt 37, 184, 189.
[1132] Vgl. nur BGHSt 33, 61, 64; 37, 106, 115; BGH NJW 2003, 2326 f.; Sch/Sch-*Sternberg-Lieben/Schuster*, § 15 Rn 154 ff.; *Fischer*, Vor § 13 Rn 46; *W/B/S*, AT, Rn 673 ff.; *Gropp*, AT, § 12 Rn 79 ff.; *Kretschmer*, Jura 2000, 267, 273; *Mitsch*, JuS 2001, 105, 108; *Otto*, Jura 2001, 275, 276; kritisch NK-*Puppe*, Vor § 13 Rn 183 ff.; *dies.*, Jura 1997, 408, 513, 624, 1998, 21.
[1133] *W/B/S*, AT, Rn 196.
[1134] *W/B/S*, AT, Rn 152.
[1135] Vgl. BGH NJW 2005, 915 ff. („Karlsruher Autobahnraser").

le und kam von der Fahrbahn ab. O prallte gegen einen Baum und verstarb noch an der Unfallstelle.

Hier hat R adäquat kausal den Tod der O verursacht. R handelte auch objektiv sorgfaltspflichtwidrig, da auch auf Autobahnen unter normalen Verhältnissen ein Sicherheitsabstand eingehalten werden muss, welcher der einer in 1,5 Sekunden zu durchfahrenden Strecke entspricht; ein Verstoß hiergegen fällt unter die Verhaltensnorm des § 4 I StVO. An dieser bei R vorliegenden Sorgfaltswidrigkeit ändert auch die überzogene und unkontrollierte Ausweichreaktion der O nichts. Die Mitursächlichkeit dieser Reaktion beseitigt nicht die Ursächlichkeit des Verhaltens des R und die Erfolgszurechnung. Es handelte sich nicht um einen atypischen Kausalverlauf (siehe dazu Rn 869), sondern um eine naheliegende und direkte Folge des Fehlverhaltens des R. Dieser ist daher wegen fahrlässiger Tötung gem. § 222 (in Tateinheit mit § 315 c I Nr. 2 lit. b, III Nr. 2) strafbar. Die Mitursächlichkeit der überzogenen Ausweichreaktion der O übt lediglich Einfluss auf das Strafmaß aus.

859 **Hinweis für die Fallbearbeitung:** Wie noch im Rahmen der objektiven Vorhersehbarkeit zu sehen sein wird (Rn 869 f.) lassen ganz atypische, nicht vorhersehbare Kausalverläufe den Fahrlässigkeitsvorwurf entfallen. Schließt man sich der auch hier vertretenen Lehre von der **objektiven Zurechnung** an, sind die Fallgruppen des **atypischen Kausalverlaufs**, des **pflichtgemäßen Alternativverhaltens**, der **eigenverantwortlichen Selbstgefährdung/Selbstverletzung** des Opfers (Rn 175 ff.) und des **eigenverantwortlichen Dazwischentretens Dritter** (sog. Regressverbot) als Teilbereiche der objektiven Zurechnung zu behandeln. Gewisse Überschneidungen sind dabei nicht auszuschließen.

860 Umgekehrt ist die objektive Zurechnung zu verneinen, wenn der Erfolg mit an Sicherheit grenzender Wahrscheinlichkeit auch bei **pflichtgemäßem (Alternativ-)Verhalten** des Täters eingetreten wäre. Denn in diesem Fall wurde der Erfolg nicht durch „Fahrlässigkeit“ herbeigeführt.

Beispiel: Autofahrer T fährt mit einer Geschwindigkeit von 75 km/h durch eine geschlossene Ortschaft, in der lediglich 50 km/h erlaubt sind. Plötzlich taucht hinter einem parkenden Auto ein Kind auf und läuft in den Wagen des T. Dieser kann weder rechtzeitig bremsen noch ausweichen und erfasst das Kind tödlich. Aus einem späteren Sachverständigengutachten geht hervor, dass der Unfall von T auch dann nicht hätte vermieden werden können, wenn dieser die zulässige Höchstgeschwindigkeit eingehalten hätte.

T hat zwar objektiv pflichtwidrig gehandelt, indem er die zulässige Höchstgeschwindigkeit überschritten hat, jedoch hat sich das Risiko des zu schnellen Fahrens nicht im konkreten Erfolg niedergeschlagen, da der Unfall auch bei Einhaltung der zulässigen Höchstgeschwindigkeit eingetreten wäre. Insoweit ist T nicht wegen fahrlässiger Tötung (§ 222) strafbar. Freilich eine andere Frage ist es, den Fahrlässigkeitsvorwurf unter dem Gesichtspunkt der unangemessenen Geschwindigkeit zu bejahen. Denn unabhängig von der zulässigen Höchstgeschwindigkeit ist die Geschwindigkeit stets den Straßenverkehrsverhältnissen anzupassen (Vgl. § 3 I S. 2 StVO).

861 Fraglich ist, wie Fälle zu entscheiden sind, in denen der Erfolg *nicht* mit an Sicherheit grenzender Wahrscheinlichkeit auch bei pflichtgemäßem Verhalten des Täters eingetreten wäre. Hier verneint die überwiegende Meinung[1136] aus dem Grundsatz des *in dubio pro reo* auch dann die objektive Zurechnung, wenn der Erfolg nur möglicherweise durch ein rechtmäßiges Alternativverhalten ausgeblieben wäre. Hingegen soll es nach einer

---

[1136] BGHSt 11, 1, 3; 33, 61, 63; Sch/Sch-*Sternberg-Lieben/Schuster*, § 15 Rn 177; SK-*Hoyer*, Anh. § 16 Rn 72; *Fischer*, vor § 13 Rn 29; LK-*Vogel*, § 15 Rn 182; wohl auch *W/B/S*, AT, Rn 199.

Minderheitsmeinung[1137] für die Zurechnung genügen, wenn der Täter durch sein Verhalten das Risiko des Erfolgseintritts vergrößert hat (sog. **Risikoerhöhungslehre**).

Beispiel[1138]**:** Lkw-Fahrer T überholt den am Straßenrand fahrenden Radfahrer O mit einem viel zu geringen Seitenabstand. Als sich der Lkw des T dicht neben dem Fahrrad des O befindet, schwankt dieser und wird von der Flanke des Lkw erfasst und dabei unter die Räder des Lkw gerissen. O stirbt noch am Unfallort. Bei der späteren gerichtsmedizinischen Untersuchung des O stellt sich heraus, dass dieser während des Unfallzeitpunkts eine Blutalkoholkonzentration (BAK) von 1,9 ‰ hatte. Ein Gutachten kommt zu dem Ergebnis, dass nicht ausgeschlossen werden kann, dass O auch bei Einhaltung des erforderlichen Seitenabstands getötet worden wäre.

Folgt man der wohl h.M., greift vorliegend der Grundsatz *in dubio pro reo*, da der Sachverhalt nicht eindeutig aufgeklärt werden kann. T ist hiernach nicht (aus § 222) strafbar. Hingegen würde die Gegenauffassung zu einer Strafbarkeit (aus § 222) kommen, da nach ihr allein im nicht eingehaltenen Seitenabstand ein risikosteigerndes Element liegt, das ausreicht, um trotz der verbleibenden Zweifel über das hypothetische Geschehen T den Tod des O zuzurechnen. Das macht eine Streitentscheidung erforderlich. Die Vertreter der Risikoerhöhungslehre machen vor allem geltend, die aufgestellten Sorgfaltspflichten seien dafür gedacht, auch dann beachtet zu werden, wenn nicht sicher sei, ob durch die Beachtung Gefahren vermieden werden könnten. Das ist problematisch, weil dadurch die Bedeutung des Grundsatzes *in dubio pro reo* verkannt wird. Darüber hinaus deutet die Risikoerhöhungslehre durch die Anknüpfung an das erhöhte Risiko die Verletzungsdelikte in konkrete Gefährdungsdelikte um. Das ist mit der Systematik des StGB nicht vereinbar. Die Risikoerhöhungslehre ist daher abzulehnen.

Im Ergebnis bleibt somit festzustellen, dass T sich wegen des Grundsatzes *in dubio pro reo* nicht wegen fahrlässiger Tötung strafbar gemacht hat.

Eine weitere Einschränkung des Pflichtwidrigkeitszusammenhangs ergibt sich aus dem 862
Eigenverantwortlichkeitsprinzip. Wenn sich das Opfer eigenverantwortlich **selbst gefährdet, schädigt** oder sogar **tötet**, kann demjenigen, der diese Tat fahrlässig ermöglicht oder fördert, kein Fahrlässigkeitsvorwurf gemacht werden. Denn zum einen endet der Schutzbereich einer Strafnorm, die (wie etwa §§ 211, 212, 223 oder §§ 222, 229) den Rechtsgutinhaber vor Eingriffen Dritter schützt, dort, wo der eigene Verantwortungsbereich des Betroffenen beginnt. Zum anderen wurde im Rahmen der objektiven Zurechnung beim vorsätzlichen Begehungsdelikt (vgl. Rn 164 ff.) bereits festgestellt, dass sich mangels tauglicher Haupttat nicht strafbar machen kann, wer sich *vorsätzlich* an einer fremden eigenverantwortlichen Selbstschädigung beteiligt. Dies muss bei der schwächeren Deliktsform „*Fahrlässigkeit*" erst recht gelten.[1139]

Die Straflosigkeit des Mitwirkenden aufgrund eigenverantwortlichen Handelns des Opfers 863
endet aber dort, wo der Mitwirkende **kraft seines überlegenen Wissens** das Risiko besser erfasst oder hätte erfassen müssen als das sich selbst gefährdende Opfer. In diesem Fall ist die Eigenverantwortlichkeit des Rechtsgutinhabers eingeschränkt, d.h. durch die Verantwortung des Mitwirkenden überlagert, sodass eine Strafbarkeit des Mitwirkenden zumindest aus einem Fahrlässigkeitsdelikt wieder in Betracht kommt. So ist die Eigenverantwortlichkeit der Selbstgefährdung bzw. Selbstschädigung des Opfers zu verneinen, wenn es z.B. Kokain konsumieren möchte und sich zu diesem Zweck an den Täter wendet, von diesem aber statt des gewünschten Kokains aus Versehen reines Heroin erhält und nach dessen Einnahme verstirbt. Denn obwohl in diesem Fall der Tod unmittelbar durch eine eigene Handlung des Opfers herbeigeführt wird, realisiert sich keine

[1137] Entwickelt von *Roxin*, in: FS Honig, 1970, S. 133 ff.; *ders.*, AT I, § 11 Rn 72 ff.; dem sich anschließend SK-*Rudolphi*, vor § 1 Rn 65 ff.; *Stratenwerth/Kuhlen*, AT, § 8 Rn 37, § 13 Rn 54 ff.; NK-*Puppe*, vor § 13 Rn 205; *Jescheck/Weigend*, § 55 II 2 b.
[1138] Nach BGHSt 11, 1.
[1139] Vgl. dazu auch BGH NJW 2016, 176 ff.

eigenverantwortliche Selbstgefährdung bzw. -verletzung. Vielmehr ist der Tod dem Täter zuzurechnen, da der Irrtum über die Art des konsumierten Rauschgifts die Verantwortlichkeit des Opfers ausschließt oder zumindest überlagert. Ohne diesen Irrtum auf Seiten des Täters kommt es wohl nicht zum Tod, da davon ausgegangen werden kann, dass ein Drogenkonsument weiß, dass Heroin generell gefährlicher ist als Kokain, und dementsprechend eine geringere Menge zu sich nimmt, jedenfalls wenn es sich um reines Heroin handelt. In solchen Fällen beruht der Todeserfolg auf der vom Täter (wenn auch unvorsätzlich) hervorgerufenen Fehlvorstellung, es handele sich (lediglich) um Kokain, nicht aber um reines Heroin. Der Täter muss sich vergewissern, welches Rauschmittel er dem Opfer, das Kokain erwartet, aushändigt.[1140] Unterlässt er dies pflichtwidrig, macht er sich wegen fahrlässiger Tötung (§ 222, ggf. i.V.m. § 13 I unter dem Aspekt der Überwachungsgarantie, vgl. dazu Rn 797 f.) strafbar. Sollte der Täter den Tod billigend in Kauf nehmen, kommt sogar eine Strafbarkeit aus § 212, ggf. i.V.m. § 13 I in Betracht.[1141]

864 Weitere Fälle von Eigenverantwortlichkeit werden beim **ungeschützten Geschlechtsverkehr eines HIV-Infizierten** und bei der **Weigerung** des Opfers, sich **ärztlich behandeln zu lassen**, diskutiert. Da dieser gesamte Komplex nebst Beispielsfällen aber bereits abschließend im Rahmen der objektiven Zurechnung beim vorsätzlichen Begehungsdelikt dargestellt wurde, sei insoweit auf Rn 164 ff. verwiesen. Zu den „**Retterschäden**", die insbesondere bei der Brandstiftung mit Todesfolge in Betracht kommen und sich daraus ergeben, dass § 306c nicht voraussetzt, dass sich der zu Tode Gekommene zur Tatzeit in der Räumlichkeit aufgehalten haben muss, vgl. *R. Schmidt*, BT I, Rn 547a.

865-866 Schließlich ist der Pflichtwidrigkeitszusammenhang bei **eigenverantwortlichem Dazwischentreten Dritter** zu verneinen (sog. **Regressverbot**), sofern der Fahrlässigkeitsvorwurf nicht schon im Rahmen der Vorhersehbarkeit verneint wurde. So wurde bereits bei Rn 161 herausgearbeitet, dass der Kausalzusammenhang nicht unterbrochen wird, wenn ein Dritter vorsätzlich oder fahrlässig in ein Tatgeschehen eingreift und dabei an das vorangegangene Kausalgeschehen anknüpft, also keine neue, selbstständig auf den Erfolg hinwirkende Gefahr begründet. Regelmäßig entfällt in diesen Fällen aber die objektive Zurechnung. Zwar hat der Ausgangstäter eine rechtlich missbilligte Gefahr geschaffen. Gerade *diese* Gefahr hat sich aber meist nicht im konkreten Fall realisiert.

> **Beispiel:** Wenn also in Beispiel (1) bei Rn 161 O aufgrund der Körperverletzung durch T im Krankenhaus liegt und nachts von Krankenpfleger K vergiftet wird, ist das Verhalten des T zwar kausal für den Todeseintritt, der durch die Tathandlung des K herbeigeführte Tod des O ist jedoch kein Erfolg, der sich als „das Werk" des T darstellt. Diesem kann der Tod des O also nicht zugerechnet werden – sog. Regressverbot.[1142] Freilich bleibt eine Strafbarkeit des T wegen Körperverletzung. K hat sich wegen Totschlags bzw. Mordes schuldig gemacht.

867 Eine Zurechnung soll aber gegeben sein, wenn (1) der Ausgangstäter die rechtlich missbilligte Gefahr durch Verletzung von Sicherheitsvorschriften schafft, die gerade dem Schutz vor Vorsatz- oder Fahrlässigkeitstaten Dritter dienen[1143], oder (2) wenn das Verhalten von Dritten so spezifisch mit der Ausgangsgefahr verbunden ist, dass es bereits als typischerweise in der Ausgangsgefahr begründet erscheint (rechtswidrige und schuldhafte Herbeiführung des Drittverhaltens).[1144]

[1140] BGH NStZ 2009, 504, 505.

[1141] Vgl. dazu BGH NJW 2016, 176, 177 f. sowie oben Rn 183. Zur gutachtlichen Aufbereitung des Pflichtwidrigkeitszusammenhangs und des Eigenverantwortlichkeitsprinzips vgl. auch *Schmidt/Priebe*, Fälle zum Strafrecht I, Fall 3 Rn 74 ff.

[1142] Vgl. auch OLG Rostock NStZ 2001, 199; *Geppert*, Jura 2001, 490; *Roxin*, AT, § 11 Rn 26; Sch/Sch-*Eisele*, Vor § 13 Rn 100; *W/B/S*, AT, Rn 192; *Kühl*, AT, § 4 Rn 49, 85, 98; *Graul*, JuS 1999, 562, 567; *Frisch/Murmann*, JuS 1999, 1196, 1198.

[1143] Als Beispiel sei hier § 5 AtomG über die Verwahrung spaltbaren Materials genannt.

[1144] Vgl. *W/B/S*, AT, Rn 192; *Otto*, § 6 Rn 50 ff.; *Schünemann*, GA 1999, 207, 224.

Beispiel: Eine schwierige Beurteilung bringen auch die sog. **Massenauffahrunfälle** auf Autobahnen mit sich. Hier sind verschiedene Konstellationen anzutreffen: Wenn beispielsweise der Autofahrer X einen Unfall verursacht, dabei den Y lebensgefährlich verletzt, dieser aber noch vor Todeseintritt von dem von hinten auffahrenden unachtsam handelnden Z überrollt wird und daraufhin sofort stirbt, ist jedenfalls Z wegen fahrlässiger Tötung strafbar. Dass Y wenig später auch an den Folgen des von X verursachten Erstunfalls gestorben wäre, bleibt außer Betracht. Eine Reserveursache ist bedeutungslos. Fraglich ist dagegen die Strafbarkeit des X. Zunächst könnte aufgrund des freiverantwortlichen Dazwischentretens des Z an einen Abbruch des Kausalzusammenhangs gedacht werden. Allerdings hat X eine Ursache gesetzt, die nicht hinweggedacht werden kann, ohne dass der Todeseintritt bei Y entfiele. Denn hätte X den Unfall nicht verursacht, hätte es keine Unfallstelle gegeben, in die Z hätte einfahren können. Das Verhalten des X war also *conditio sine qua non* für den Tod des Y. Davon zu unterscheiden ist die Frage, ob der Tod des Y dem X auch zugerechnet werden kann. Diese Frage wäre zu bejahen, wenn X das (Fehl-)Verhalten des Z rechtswidrig und schuldhaft herbeigeführt hätte. Über diese Zurechnung kann man verschiedener Auffassung sein. Sofern sie angenommen wird, kann den X das eigenverantwortliche Handeln des Z nicht entlasten, weil es nur Teil seiner eigenen Tat ist. Etwas anderes würde nur dann gelten, wenn das Verhalten des Z für X nicht vorhersehbar und auch nicht beherrschbar gewesen wäre. Davon kann vorliegend jedoch nicht ausgegangen werden. Bejaht man also bei X die Verantwortung für das Verhalten des Z, hat X sich wegen fahrlässiger Tötung (§ 222) strafbar gemacht.

Variante: Y hätte den von X verursachten Erstunfall mit an Sicherheit grenzender Wahrscheinlichkeit überlebt, ist also ausschließlich durch das Auffahren des Z getötet worden. Die Strafbarkeit des Z aus § 222 ist auch hier unproblematisch gegeben. Bei X muss auch hier gesagt werden, dass er eine Bedingung gesetzt hat, die nicht hinweggedacht werden kann, ohne dass der Erfolgseintritt, der Tod des Y, entfiele. Er war also kausal für den Todeseintritt. Auch bei der Frage nach der Zurechnung kann nach oben verwiesen werden.

b. Risikozusammenhang (Schutzzweck der Norm)

Insbesondere im Bereich des Straßenverkehrs genügt die Pflichtwidrigkeit alleine noch nicht, dem Täter den Erfolg zuzurechnen. So muss die Norm, gegen die der Täter verstoßen hat, gerade den Zweck haben, den konkreten Erfolgseintritt zu verhindern.[1145] **868**

Beispiele:

(1) Auf dem Weg zur Arbeit missachtet Autofahrer A eine Rotlicht zeigende Ampel. Kurze Zeit später läuft ihm unvermittelt ein Kind in das Auto. A kann nicht ausweichen; es kommt zu einem für das Kind tödlichen Unfall.

Hier kann dem A nicht vorgehalten werden, er habe sich zwar im zeitlichen und räumlichen Zusammenhang mit dem Unfall korrekt verhalten, hätte den Unfall jedoch vermeiden können, wenn er zuvor die Rotlicht zeigende Ampel nicht missachtet und somit an der Unfallstelle später angekommen wäre. Denn die Ampelanlage soll lediglich die Verkehrsteilnehmer im unmittelbaren Verkehrsbereich schützen. Dass Fahrzeuge bestimmte Orte früher oder später erreichen, ist nicht vom Schutzzweck der StVO-Vorschriften über Ampelanlagen umfasst.

(2) Zwei Radfahrer fahren nachts auf einer Straße unbeleuchtet schräg hintereinander. Der vorausfahrende Radfahrer B wird von einem entgegenkommenden Auto erfasst und tödlich verletzt. Der hinter B fahrende Radfahrer C kann noch ausweichen.

Die Frage, ob sich dieser nach § 222 strafbar gemacht hat, muss verneint werden. Zwar hat C gegen § 17 StVO (Pflicht zur ordnungsgemäßen Beleuchtung von Fahrrädern) verstoßen, diese Vorschrift dient aber dazu, Unfälle zu vermeiden, die darauf zurückzuführen sind, dass der betreffende Radfahrer andere Verkehrsteilnehmer aufgrund von Dunkelheit nicht sieht oder er selbst von anderen Verkehrsteilnehmern

---

[1145] *W/B/S*, AT, Rn 182; Sch/Sch-*Eisele*, Vor § 13 Rn 95/96.

nicht gesehen wird. Dagegen dient die Vorschrift nicht dazu, andere Verkehrsteilnehmer anzuleuchten, damit diese wiederum von anderen Verkehrsteilnehmern gesehen werden.

c. Objektive Vorhersehbarkeit des wesentlichen Kausalverlaufs und des Erfolgseintritts

869 Zur Bejahung des Fahrlässigkeitsvorwurfs genügt die objektive Sorgfaltspflichtverletzung allein nicht. Als haftungsrechtliches Korrektiv wird weiterhin gefordert, dass der Eintritt des Erfolgs auch **objektiv vorhersehbar** war.

Objektive Vorhersehbarkeit liegt vor, wenn der **wesentliche Kausalverlauf und der eingetretene Erfolg nicht so sehr außerhalb der Lebenserfahrung stehen, dass mit ihnen nicht gerechnet werden musste.**[1146]

870 Mit dieser Formel lassen also **ganz atypische, nicht vorhersehbare Kausalverläufe** den Fahrlässigkeitsvorwurf entfallen. Da ganz atypische, nicht vorhersehbare Kausalverläufe letztlich aber auch die objektive Zurechnung im bisher dargestellten Sinn entfallen lassen, ist die Bedeutung der objektiven Vorhersehbarkeit für den Prüfungspunkt der objektiven Zurechnung fraglich. Tatsächlich darf die objektive Vorhersehbarkeit nur einmal geprüft werden. Selbstständige Bedeutung hat die objektive Vorhersehbarkeit im Rahmen der Fahrlässigkeitsprüfung aber für diejenigen, die die Lehre von der objektiven Zurechnung ablehnen. Würde man hier das Kriterium der objektiven Vorhersehbarkeit nicht als eigenständigen Prüfungspunkt anerkennen, hätte man keine Möglichkeit, den Tatbestand aufgrund unvorhergesehener Kausalverläufe zu verneinen.

Beispiele aus der Rechtsprechung für gegebene bzw. nicht gegebene Vorhersehbarkeit:

(1) Fährt der Kraftfahrer gegen einen Baum, soll der Tod eines Mitfahrers auch dann voraussehbar sein, wenn dieser erst später im Krankenhaus aufgrund eines schweren Behandlungsfehlers stirbt.

(2) Auch wer sein Fahrzeug ungesichert am Straßenrand abstellt, soll damit rechnen müssen, dass ein Dritter mit dem Fahrzeug fährt und einen tödlichen Unfall verursacht.

(3) Wer als Spediteur seinen Betrieb so organisiert, dass von den Fahrern die vorgeschriebenen Lenkruhezeiten unterschritten werden (müssen), und diese deshalb in fahruntüchtigem Zustand am Straßenverkehr teilnehmen, setzt allein dadurch eine wesentliche Ursache für den (vorhersehbaren) Tod Dritter, wenn einer der Fahrer übermüdet einen Verkehrsunfall verursacht, bei dem Menschen getötet werden.[1147]

(4) Sogar eine Gehirnblutung bei einem arteriosklerotischen Beifahrer, die infolge einer für diesen zur Aufregung führenden rasanten Fahrweise des Fahrers entsteht, soll für den Fahrer vorhersehbar sein.

(5) Dagegen soll für den Unfallverursacher der Tod des schwer herzkranken Unfallgegners nicht vorhersehbar sein, wenn dieser sich wegen des nur leichten Auffahrunfalls so in Aufregung versetzt, dass er an der Schockwirkung stirbt.[1148]

Betrachtet man diese Beispiele, scheint die Bejahung oder Verneinung einer Vorhersehbarkeit eher willkürlich. Von daher sollte man sich in der Fallbearbeitung nicht an erlernten Beispielen orientieren, sondern seine Ansicht argumentativ darstellen.

871 Fraglich ist, ob bei der Bestimmung der objektiven Vorhersehbarkeit auch vorhandenes **Sonderwissen des Täters** berücksichtigt werden muss. Die h.M. bejaht diese Frage.

[1146] Vgl. nur BGHSt 12, 75, 78; BGH NJW 2006, 1824, 1826; Sch/Sch-*Sternberg-Lieben/Schuster*, § 15 Rn 180; *Fischer*, § 222 Rn 25; *Jescheck/Weigend*, AT, § 54 I 4 u. § 55 I 2a; *W/B/S*, AT, Rn 667a; *Gropp*, AT, § 12 Rn 70 ff.
[1147] BGH NJW 2006, 1824, 1825 f.
[1148] Vgl. zu diesen Beispielen *Fischer*, § 222 Rn 27 m.w.N.

Derjenige, der ein größeres individuelles Leistungsvermögen habe, müsse dieses auch einsetzen, um den Erfolg als möglich vorauszusehen.[1149]

Wer zum **Beispiel** die Gefährlichkeit einer bestimmten Straßenkreuzung kennt, ist zu größerer Umsicht verpflichtet als ein Fremder. Das gilt in gleichem Maße auch für einen HIV-Infizierten. Dieser muss im Umgang mit anderen Menschen größere Vorsicht walten lassen. Besondere Schwierigkeiten bestehen bei **Prognoseentscheidungen**. So ist fraglich, ob etwa der Sozialarbeiter für Gewalttaten (Mord, Totschlag, Vergewaltigung, Kindesmissbrauch etc.) der zu betreuenden Person verantwortlich ist, oder ob sich Richter und Psychologen dafür verantworten müssen, dass ehemalige, in einem psychiatrischen Krankenhaus untergebrachte Sexualstraftäter, als geheilt entlassen und rückfällig geworden sind. Hier wird man im Ergebnis eine Vorhersehbarkeit nur dann verneinen können, wenn die Entscheidung ausschließlich unter Zugrundelegung anerkannter kriminologischer und psychologischer Beurteilungsmaßstäbe zustande gekommen ist. Sollte sie sich im Nachhinein als falsch erweisen, ändert dies nichts an der Fehlerfreiheit der Entscheidung. Unmögliches ist Menschen nicht abzuverlangen.[1150] **872**

II. Rechtswidrigkeit

Auch bei den Fahrlässigkeitsdelikten ist die Rechtswidrigkeit durch die Verwirklichung des Tatbestands indiziert. Sie kann aber ebenso gut durch die anerkannten Rechtfertigungsgründe ausgeschlossen sein. In Betracht kommen insbesondere **Notwehr** (§ 32), **Notstand** (§ 34), das **Festnahmerecht** (§ 127 I StPO) und die **Einwilligung** des Verletzten in das Verletzungsrisiko.[1151] Die Feststellung der Rechtswidrigkeit kann im Einzelfall aber recht problematisch sein. Das gilt nicht nur dann, wenn der Fahrlässigkeitstäter den Tatbestand in Unkenntnis der ihn objektiv rechtfertigenden Sachlage verwirklicht, sondern auch dann, wenn sein an sich gerechtfertigtes Verhalten weitere ungewollte Auswirkungen mit sich bringt. **873**

1. Verwirklichung des Tatbestands in Unkenntnis der Rechtfertigungslage

Problematisch ist es zunächst, wenn dem Täter bei objektiv gegebener Rechtfertigungslage subjektive Rechtfertigungselemente fehlen, was insbesondere bei unbewusster Fahrlässigkeit in Betracht kommt. Denn hier hat der Täter ja gerade nicht mit der Möglichkeit der Tatbestandsverwirklichung gerechnet. **874**

Beispiel: Rowdy R ist wieder einmal auf seinen Inlineskates unterwegs. Diesmal hat er sich vorgenommen, in der Fußgängerzone alte Damen zu erschrecken. Doch an diesem Tag kommt alles anders. Als er gerade dabei ist, sich mit hoher Geschwindigkeit von hinten einem „Opfer" zu nähern, kollidiert er völlig unvorbereitet mit dem gerade aus der Bank flüchtenden Bankräuber B. Dieser stürzt daraufhin so unglücklich, dass er wegen einer Schädelfraktur ins Krankenhaus eingeliefert werden muss.

R hat offensichtlich den Tatbestand der fahrlässigen Körperverletzung verwirklicht. Da er andererseits aber die Flucht eines Bankräubers vereitelt hat, ist fraglich, ob er aus dem Gesichtspunkt des § 32 StGB (Nothilfe) bzw. des § 127 I StPO (vorläufige Festnahme) gerechtfertigt ist.

Bei *Vorsatzdelikten* lässt die ganz h.M. das Vorliegen einer objektiven Rechtfertigungslage nicht genügen. Vielmehr verlangt sie beim Täter ein subjektives Rechtfertigungselement, **875**

[1149] BGH JZ 1987, 877, 878 f.; Sch/Sch-*Sternberg-Lieben/Schuster*, § 15 Rn 138 ff.; *Jescheck/Weigend*, AT, § 55 I 2 b; *W/B/S*, AT, Rn 670; *Roxin*, AT, § 24 Rn 50; *Kaspar*, JuS 2012, 16, 20.

[1150] Vgl. dazu eingehend StA Paderborn NStZ 1999, 51 mit Anm. *Pollähne*; OLG Stuttgart NJW 1998, 3131 (Fall Jenny); OLG Oldenburg NStZ 1997, 238 (Fall Laura-Jane); *Bringewat*, ZfJ 2000, 401; *Kunkel*, ZFSH/SGB (Zeitschrift für Sozialhilfe und Sozialgesetzbuch) 2001, 131.

[1151] *W/B/S*, AT, Rn 691; *Jescheck/Weigend*, AT, § 56 II 3; *Gropp*, AT, § 12 Rn 169 ff.

einen Rechtfertigungswillen.[1152] Folgt man also der h.M. und hätte R den B vorsätzlich und in Unkenntnis der ihn rechtfertigenden Sachlage verletzt, wäre er wegen Fehlens des subjektiven Rechtfertigungselements nach ganz h.M. strafbar. R hat den B aber nicht vorsätzlich, sondern nur fahrlässig verletzt. Fraglich ist daher, ob auch beim *Fahrlässigkeitsdelikt* ein Rechtfertigungswille erforderlich ist. Der Beantwortung dieser Frage dient folgende Überlegung: Beim vollendeten Vorsatzdelikt ist der Täter strafbar, weil er Handlungs- *und* Erfolgsunrecht begeht. Liegen demnach die tatsächlichen Voraussetzungen einer Rechtfertigungslage vor, ist das Erfolgsunrecht nicht gegeben. Die h.M. bestraft dann wegen Versuchs. Daraus folgt, dass die h.M. allein an das Handlungsunrecht anknüpft, um den objektiv, aber nicht subjektiv gerechtfertigten Täter bestrafen zu können. Das Handlungsunrecht liegt darin, dass der Täter durch sein Verhalten das tatbestandlich geschützte Rechtsgut gering schätzt.

876 Das Typische an einem Fahrlässigkeitsdelikt liegt aber darin, dass die Strafbarkeit auch ein Erfolgsunrecht voraussetzt. Liegt das Erfolgsunrecht nicht vor, fehlt es an einem konstitutiven Element der Fahrlässigkeitsstrafbarkeit. Das verbleibende Handlungsunrecht genügt aber nicht, um eine Strafbarkeit zu begründen, da ein Versuch eines Fahrlässigkeitsdelikts nicht denkbar ist. Daraus folgt, dass die unvorsätzliche Herbeiführung eines tatbestandlichen Erfolgs in Unkenntnis der objektiv gegebenen Rechtfertigungslage nicht strafbar ist, oder anders ausgedrückt: **Bei fahrlässigen Erfolgsdelikten dürfen subjektive Rechtfertigungselemente fehlen.**[1153]

2. Ungewollte Auswirkungen des Handelns bei Wahrnehmung eines Rechtfertigungsgrundes

877 Denkbar sind auch Fallkonstellationen, in denen der vorsätzlich handelnde Täter in Kenntnis der rechtfertigenden Sachlage ungewollte „Nebenwirkungen" verursacht. Auch hier ist die strafrechtliche Würdigung fraglich.

> **Beispiel:** O hatte es auf die wertvollen Antiquitäten im Hause der ca. 70-jährigen Eheleute T abgesehen. Dazu brach er eines Nachts – kurz nachdem die Eheleute sich schlafen gelegt hatten – in deren Haus ein. Doch Frau T, die an einem unruhigen Schlaf litt, hörte Geräusche unten im Wohnzimmer und begab sich die Treppe hinunter. Unten angekommen, wurde sie sofort von O überwältigt. Von dem lauten Geschrei seiner Frau aufgeweckt, ahnte Herr T großes Unheil. Er ergriff einen im Schlafzimmerschrank versteckten Revolver, von dem er annahm, dass dieser nicht geladen sei. Er wollte den Angreifer lediglich erschrecken und so in die Flucht schlagen. Nachdem Herr T unten im Wohnzimmer gesehen hatte, dass seine Frau von O geschlagen wurde, richtete er, um weitere Körperverletzungshandlungen zu verhindern, aus einer Entfernung von ca. 1 m den Revolver auf den Gesichtsbereich des O und drohte diesen zu erschießen, wenn er nicht sofort seine Frau loslasse. Von dieser Warnung unbeeindruckt, begann O auf die mittlerweile am Boden liegende Frau T einzutreten. Daraufhin zog Herr T den Abzug schnell hintereinander drei- oder viermal durch. Er hoffte, O werde erschrecken und so von Frau T ablassen. Bei der wiederholten Betätigung des Abzugs löste sich für Herrn T völlig überraschend ein Schuss, der den O unmittelbar unterhalb der Nase traf, im dritten Halswirbel stecken blieb und binnen kurzer Zeit zu dessen Tod führte.
> Die anschließende kriminalistische Untersuchung ergab, dass Herr T zwar über eine Waffenbesitzkarte verfügte, die Erlaubnis sich aber nicht auf einen Revolver bezog. Auch ergab die Untersuchung, dass Herr T schon seit längerer Zeit wegen eines Bandscheibenleidens

---

[1152] Vgl. dazu ausführlich Rn 311 ff.

[1153] Vgl. auch *Jescheck/Weigend*, AT § 56 I 3; *Roxin*, AT, § 24 Rn 96; *Gropp*, AT, § 12 Rn 167 f.; SK-*Hoyer*, Anh. zu § 16 Rn 91; Sch/Sch-*Lenckner/Sternberg-Lieben*, Vorbem vor § 32 Rn 97-99; *Mitsch*, JuS 2001, 105, 110; LK-*Rönnau*, Vor § 32 Rn 92. Die Gegenauffassung fordert zumindest einen „generellen Abwehrwillen" und möchte die Tat nicht rechtfertigen, wenn dieser fehlt. Da der Erfolgsunwert wegen der objektiv gegebenen Rechtfertigungslage aber kompensiert werde, liege ein „fahrlässiger Versuch" vor, der aber nicht strafbar sei (*W/B/S*, AT, Rn 691; MüKo-*Duttge*, § 15 Rn 200 f.; *Roxin*, AT I § 24 Rn 102 f.; *Rengier*, AT, § 52 Rn 66 ff.).

und einer Handgelenksarthritis verschiedene Medikamente einnahm, unter anderem Valoron und Voltaren. Diese Medikamente führen in Kombination zueinander mit an Sicherheit grenzender Wahrscheinlichkeit zu einer Benommenheit auf Seiten des Einnehmenden. Auch Herr T berichtete in der ersten Vernehmung von einer „leichten Benommenheit". Hinsichtlich des Schusses gab er zu Protokoll, dass er selbst die Patrone in den Revolver gesteckt habe, dies aber bereits vor so vielen Jahren geschehen sei, dass er sich in der konkreten Situation gar nicht mehr daran erinnert habe. Hat sich Herr T wegen fahrlässiger Tötung strafbar gemacht?

Herr T hat unproblematisch den Tatbestand der fahrlässigen Tötung verwirklicht, denn er hat die Tötung nicht vorsätzlich verursacht. Möglicherweise ist er aber infolge Nothilfe (§ 32) gerechtfertigt. Ein Angriff des O liegt vor. Der tödlich wirkende Schuss war auch erforderlich und geboten, um den Angriff abzuwehren. Zwar ist richtig, dass der lebensgefährliche Einsatz einer Schusswaffe nur das letzte Mittel der Verteidigung sein kann, Herrn T blieb aber kaum Zeit, andere mildere Abwehrmittel zu wählen, die den Angriff auf seine Frau ebenso gut beendet hätten (zur Erinnerung: T ist alt und krank). Zum anderen hatte Herr T den Einsatz angekündigt. Schließlich drang O in einen besonders geschützten Bereich ein (vgl. Art. 13 I GG). Fraglich ist aber, wie es sich auswirkt, dass Herr T seiner Frau auf ganz andere Art helfen wollte und der Tod des O nur eine ungewollte Folge des Abwehrverhaltens darstellt.

Wenn man die zum obigen Skater-Fall dargestellten Überlegungen auf den vorliegenden Fall überträgt, müsste man auch hier annehmen, dass der Notwehrübende gerechtfertigt sei. Denn ist er als Fahrlässigkeitstäter bereits dann gerechtfertigt, wenn er überhaupt keinen Rechtfertigungswillen hat, muss dies erst recht gelten, wenn er in Kenntnis der rechtfertigenden Lage und mit Rechtfertigungswillen handelt. Es kann dann keinen Unterschied machen, wenn der Angriff auf eine andere Weise abgewehrt worden ist. Diese Überlegung ist im Ergebnis richtig. Gleichwohl muss ein anderer dogmatischer Weg gegangen werden: Hätte Herr T vorsätzlich den Tod des O herbeigeführt, wäre er – wegen Vorliegens der bereits festgestellten Voraussetzungen – infolge Notwehr gerechtfertigt gewesen. Insbesondere wäre diese Verteidigungshandlung erforderlich und geboten gewesen. Zur Vermeidung eines Wertungswiderspruchs muss diese Rechtfertigung erst recht greifen, wenn er sich bei der Abwehr für ein milderes Mittel entscheidet und der Angreifer – wie hier – bei einer beabsichtigten Drohung mit der Schusswaffe zu Tode kommt, weil sich ungewollt ein Schuss löst. Herr T ist daher gerechtfertigt. **878**

Weiterführender Hinweis: Selbst wenn man Herrn T – vorsätzliches Handeln unterstellt – das Nothilferecht wegen Überschreitung der Notwehrgrenzen versagt hätte, wäre er wegen Notwehrüberschreitung (§ 33) straffrei geblieben. Denn er hätte die Grenzen der Notwehr aus Furcht, Schrecken oder Verwirrung überschritten. Bei Anwendung des Erst-Recht-Schlusses auch auf die fahrlässige Herbeiführung des Todes bliebe Herr T auf jeden Fall straflos. **879**

III. Schuld

Für die Schuld beim Fahrlässigkeitsdelikt gilt das zum vorsätzlichen Begehungsdelikt Gesagte entsprechend. Auf die **Schuldfähigkeit** ist daher nur dann einzugehen, wenn der Sachverhalt Anlass dazu bietet. Näherer Betrachtung bedarf dagegen stets das **Unrechtsbewusstsein** i.w.S. (= Schuldform Fahrlässigkeit). Hier sind regelmäßig die *subjektive Sorgfaltspflichtverletzung* und die *subjektive Vorhersehbarkeit* des wesentlichen Kausalverlaufs und des Erfolgseintritts zu prüfen. **880**

- **Subjektive Sorgfaltspflichtverletzung**: Der Fahrlässigkeitsschuldvorwurf wird zunächst durch die Feststellung begründet, dass der Täter nach seinen persönlichen Fähigkeiten und dem Maß seines individuellen Könnens in der Lage gewesen ist, die objektive Sorgfaltspflicht einzuhalten und den drohenden Schaden zu erkennen. Diese Fähigkeit kann bei physischen oder psychischen Mängeln (geringe Intelligenz, Bildung, Geschicklichkeit, Befä- **881** higung etc.) fehlen. Führt der Grad der Unterprivilegierung jedoch zur Bejahung des § 20 und damit zum Schuldausschluss, kann der Täter bereits deshalb nicht bestraft werden.

Im Übrigen kann die subjektive Sorgfaltspflichtverletzung im Einzelfall auch infolge Schreckens, Verwirrung oder dergleichen ganz oder zeitweilig entfallen.

882 - **Subjektive Vorhersehbarkeit**: Auch die bereits im Tatbestand festgestellte objektive Vorhersehbarkeit indiziert i.d.R. die subjektive Vorhersehbarkeit. Nur besondere Fallkonstellationen (bspw. Affekt- oder Stresssituationen, aber auch Schrecken und Unterprivilegierung, s.o.) können zu einer Verneinung der subjektiven Vorhersehbarkeit führen.

883 **Hinweis für die Fallbearbeitung:** Aufgrund der Indizwirkung der objektiven Sorgfaltspflichtverletzung/objektiven Vorhersehbarkeit und mangels besonderer Fallkonstellationen, welche auf die Verneinung der subjektiven Sorgfaltspflicht/subjektiven Vorhersehbarkeit deuten, ist von deren Vorliegen auszugehen.

884 Schließlich ist ggf. danach zu fragen, ob ein **Entschuldigungsgrund** greift. Bei der bewussten Fahrlässigkeit anerkannt ist insb. die **Unzumutbarkeit normgemäßen Verhaltens**, denn die Zumutbarkeit normgemäßen Verhaltens ist ein konstitutives Element der Haftung bei bewusster Fahrlässigkeit. Die Zumutbarkeit hängt nicht nur von der Interessenlage des Täters ab, sondern vor allem von der Schwere der drohenden Rechtsgutverletzung: Je schwerwiegender die Gefahr, desto mehr ist dem Täter eine Interessenpreisgabe zuzumuten.[1154]

[1154] Vgl. dazu RGSt 30, 25 (Leinenfängerfall); *Lackner/Kühl*, § 15 Rn 51; *Roxin*, AT, § 24 Rn 116; *Fischer*, vor § 13 Rn 30; *Jescheck/Weigend*, AT, § 57 IV.

2. Abschnitt – Das fahrlässige Unterlassungsdelikt

Bei einer Gesetzesanalyse der **echten Unterlassungsdelikte** ist festzustellen, dass nur zwei Fälle der fahrlässigen Unterlassung strafbar sein können: die Nichtanzeige geplanter Straftaten nach § 138 III und der Bankrott nach § 283 V. Der Aufbau dieser Delikte gleicht grundsätzlich dem des vorsätzlichen echten Unterlassungsdelikts mit der Unterscheidung, dass im Tatbestand die *objektive Pflichtverletzung*, in der Schuld deren *subjektive Entsprechung* geprüft wird. Darüber hinaus entfallen im Unterschied zu den fahrlässigen Erfolgsdelikten (z.B. §§ 222, 229) die Prüfungspunkte *objektive und subjektive Vorhersehbarkeit*, *Pflichtwidrigkeitszusammenhang* und *Schutzzweck der Norm*, da diese Voraussetzungen nur bei Erfolgsdelikten einen Sinn machen können. *Echte* Unterlassungsdelikte sind aber das Gegenstück zu den reinen Tätigkeitsdelikten. 885

Beispiel: T hat von einem für die nächsten Tage geplanten Raub erfahren und dieses per Brief an die zuständige Strafverfolgungsbehörde gemeldet. Die briefliche Anzeige kommt jedoch erst mit einer Zeitverzögerung an.

Zwar hat T nach wie vor den objektiven Tatbestand des § 138 I Nr. 7 erfüllt. Es entfällt aber sein Vorsatz. In Betracht kommt aber eine Bestrafung wegen einer fahrlässigen Unterlassung der rechtzeitigen Anzeige. Sie setzt nach § 138 III Leichtfertigkeit (= gesteigerte Form von Fahrlässigkeit) voraus. Diese ist zu verneinen, wenn nach der üblichen Postdauer mit einem rechtzeitigen Eintreffen der Anzeige bei der Strafverfolgungsbehörde zu rechnen war.

Bei den **fahrlässigen *unechten* Unterlassungsdelikten** ist dagegen regelmäßig eine Abgrenzung zu den fahrlässigen Begehungsdelikten vorzunehmen, auch wenn sich weder im Ergebnis noch beim Sorgfaltsmaßstab („Verletzung einer Sorgfaltspflicht") ein Unterschied ergeben sollte[1155]. 886

Beispiel[1156]**:** Trainer T erteilt nach Beendigung des Fußballtrainings den minderjährigen Spielern, die er betreut, die Anweisung, schon mal mit dem Aufstellen der zu Beginn des Trainings umgelegten, 200 kg schweren Tore zu beginnen. Sodann begibt sich T in den Mannschaftsraum, um dort Unterlagen zu holen. Im Zuge des zwischenzeitlichen Versuchs des 13-jährigen X, über die Seilwinde ein Tor aufzurichten, schnellt dieses zurück und verletzt den 7-jährigen O tödlich. Strafbarkeit des T?

Durch das beschriebene Verhalten könnte sich T wegen fahrlässiger Tötung, entweder durch aktives Tun (wenn man auf die Anweisung abstellt, die Minderjährigen hätten mit dem Aufstellen der 200 kg schweren Tore zu beginnen) oder durch Unterlassen (wenn man darauf abstellt, dass T es unterlassen hat, das Geschehen zu überwachen, um ggf. eingreifen zu können), strafbar gemacht haben (§ 222 bzw. §§ 222, 13 I). Bei der Abgrenzung zwischen Tun und Unterlassen entscheidet der Schwerpunkt der Vorwerfbarkeit (vgl. dazu Rn 770 f.). Vorliegend wird man den Schwerpunkt der Vorwerfbarkeit wohl in einem aktiven Tun sehen müssen, da T pflichtwidrig die Weisung erteilte, die Kinder mögen schon mal mit dem Aufstellen der Tore beginnen. Gleichwohl kann die Frage dahinstehen, da T aufgrund seiner Tätigkeit als Jugendtrainer Beschützergarant i.S.v. § 13 I war (zur Garantenstellung vgl. Rn 780 ff.).[1157] Unabhängig von der Einstufung als Begehungsdelikt oder unechtes Unterlassungsdelikt hat T aber diejenige Sorgfalt außer Acht gelassen, die an einen Jugendtrainer gestellt wird, nämlich nicht das Aufrichten von Fußballtoren Kindern zu überlassen. T hat sich somit der fahrlässigen Tötung (§ 222) schuldig gemacht.[1158]

[1155] Vgl. OLG Hamburg NStZ-RR 2015, 209 (mit Bespr. v. *Eisele* JuS 2015, 945).

[1156] In Anlehnung an OLG Hamburg NStZ-RR 2015, 209.

[1157] In der Fallbearbeitung dürfte aber eine Entscheidung erwartet werden.

[1158] Das OLG Hamburg nahm keine Verurteilung vor, sondern hob lediglich das erstinstanzliche Urteil wegen mangelhafter Feststellungen bezüglich des erforderlichen Sorgfaltsmaßstabs auf. Dadurch, dass das Umlegen von Fußballtoren nicht unüblich sei und es sich zudem um Fußballtore geringerer Größe handelte, seien weitere Feststellungen erforderlich.

10. Kapitel – Vorsatz-Fahrlässigkeits-Kombinationen

I. Allgemeines

887 Von den reinen Vorsatz- und Fahrlässigkeitstaten unterscheidet das StGB sog. Mischtatbestände. Das sind Tatbestände, die Vorsatz bei der Tathandlung und wenigstens Fahrlässigkeit (oder Leichtfertigkeit) hinsichtlich einer besonders schweren Folge fordern.

888 ▪ Dazu zählen zunächst die eigentlichen **Vorsatz-Fahrlässigkeits-Kombinationen**. Das sind Deliktskombinationen, bei denen der Vorsatzteil für sich alleine *nicht* selbstständig strafbar ist (vgl. §§ 308 V, 315 V, 315a III Nr. 1, 315b IV, 315c III Nr. 1).[1159]

Beispiel: § 315c sanktioniert den Fall, in dem es beim Fahren im fahruntüchtigen Zustand zu einer konkreten Gefährdung von Leib oder Leben eines anderen Menschen oder von fremden Sachen von bedeutendem Wert kommt. Dabei kann der Täter aufgrund der Formulierung in § 315c III im Hinblick auf seine Fahruntüchtigkeit vorsätzlich oder fahrlässig handeln, im Hinblick auf die konkrete Gefährdung der genannten Rechtsgüter ebenfalls vorsätzlich oder fahrlässig. Es sind also verschiedene Kombinationen möglich. Fährt bspw. Autofahrer A vorsätzlich mit einer Blutalkoholkonzentration (BAK) von 1,82 ‰, ist er absolut fahruntüchtig. Gefährdet er durch seine Trunkenheitsfahrt fahrlässig eines der geschützten Rechtsgüter, ist er aus dem Mischtatbestand des § 315c I Nr. 1a) i.V.m. III Nr. 1 strafbar.

889 ▪ Aber auch Delikte, bei denen ein *eigenständig strafbarer* Grundtatbestand (etwa § 223 oder § 249) mit einer schweren Folge verknüpft wird, bezüglich derer dem Täter gem. § 18 lediglich Fahrlässigkeit (oder Leichtfertigkeit) zur Last fallen muss (bspw. §§ 226, 227 oder 251), sind vom Begriff des Mischtatbestands umfasst. Gerade wegen des hier eigenständig strafbaren vorsätzlichen Grundtatbestands darf man aber nur von *uneigentlichen* Vorsatz-Fahrlässigkeits-Kombinationen sprechen. Allgemein werden sie als **erfolgsqualifizierte Delikte** bezeichnet.

Beispiel: A und B streiten sich während einer Bergwanderung heftig. Als A die Argumente ausgehen, sieht er rot und schlägt B mit der Faust heftig auf die Seite des Kopfes. Dieser verliert die Balance und stürzt so unglücklich auf einen am Boden liegenden Felsbrocken, dass er sich eine schwere Schädelfraktur zuzieht. B bleibt für immer geistig behindert.

A hat sich einer vorsätzlichen Körperverletzung (§ 223 I) schuldig gemacht. Da der heftige Schlag gegen den Kopf des B auch dessen Sturz und unmittelbar die damit verbundene Behinderung zur Folge hatte, ist A – Fahrlässigkeit in Bezug auf die schwere Folge unterstellt – auch wegen schwerer Körperverletzung (§ 226 I Nr. 3) strafbar.

890 Die Mischtatbestände gelten gemäß §§ 11 II, 18 als **Vorsatzdelikte**.[1160] Diese Erkenntnis ist wichtig für die Versuchsstrafbarkeit (§ 22) und die Beteiligung (§§ 25 ff.). Darauf wird an entsprechender Stelle zurückzukommen sein.

II. Insbesondere: Das erfolgsqualifizierte Delikt

1. Aufbau

891 Bei einer Erfolgsqualifikation sollte zunächst das einschlägige „Grunddelikt" durchgeprüft werden, um im Anschluss daran die tatbestandlichen Merkmale der Erfolgsqualifikation zu behandeln.[1161] Es bietet sich folgender Aufbau an:

[1159] *W/B/S*, AT, Rn 693; teilweise abl. *Noack*, JuS 2005, 312 ff.

[1160] Wie hier BGHSt 48, 34, 35 ff.; BGH NStZ 2001, 534; NZV 1995, 495; *W/B/S*, AT, Rn 693; dem sich anschließend *Kudlich*, JA 2009, 246, 248. Vgl. aber auch BGH NStZ 2008, 150, 151, wo das Gericht konstatiert, dass die erfolgsqualifizierten Delikte zu den fahrlässigen Erfolgsdelikten gehörten. Auf der Basis dieses Urteils wären also weder ein Versuch noch eine Teilnahme möglich. Vgl. dazu eingehend Rn 895 ff.

[1161] Vgl. bereits die 1. Aufl. 2002; wie hier nun auch *Cornelius*, JA 2009, 425, 428.

Das erfolgsqualifizierte Delikt

- **Verwirklichung** des (vorsätzlichen) **Grunddelikts** in Bezug auf TB, RW und Schuld (ebenso ist es vertretbar und u.U. sogar angebracht, die RW und Schuld nach der Erfolgsqualifikation zu prüfen – etwa, wenn die Tat gerechtfertigt oder entschuldigt ist oder der Täter schuldunfähig ist[1162]).

- **Eintritt der besonderen Tatfolge** i.S.d. § 18 (bspw. der *Tod* des Opfers in §§ 176b, 178, 221 III, 227, 238 III, 239a III, 251, 306c, 307 III, 308 III, 316a III, die *schwere Körperverletzung* in § 226, die *schwere Gesundheitsschädigung* in §§ 221 II Nr. 2, 239 III Nr. 2, 306b I, 308 II, 309 III, 312 III, 315 III Nr. 2, 315b III oder die *Gesundheitsschädigung einer großen Zahl von Menschen* in §§ 306b I, 308 II, 309 III, 312 III, 315 III Nr. 2, 315b III). *Nicht* von § 18 umfasst sind der Eintritt einer konkreten Gefahr (z.B. §§ 176a II Nr. 3, 177 III Nr. 3, 225 III Nr. 1 u. 2, 238 II, 250 I Nr. 1c, II Nr. 3b, 306b II Nr. 1) und Regelbeispiele, selbst wenn sie qualifizierend wirken (z.B. §§ 113 II Nr. 2, 125a S. 2 Nr. 3, 218 II Nr. 2).

- **Kausalität und objektive Zurechnung**: Die Tathandlung muss äquivalent kausal sein für die schwere Folge. Diese muss dem Täter auch objektiv zuzurechnen sein. Dies bestimmt sich nach den allgemeinen Kriterien der Fahrlässigkeitstat – vgl. dazu Rn 848 ff.).

- **Tatbestandsspezifischer Gefahrzusammenhang** zwischen dem Grunddelikt und der schweren Folge. Diese enge Verknüpfung ist erforderlich, um die im Vergleich zum Grunddelikt, aber auch zum reinen Fahrlässigkeitsdelikt (das bei isolierter Betrachtung der fahrlässig herbeigeführten schweren Folge vorliegen würde) hohen Strafandrohungen zu rechtfertigen. In der schweren Tatfolge muss sich gerade die dem Grundtatbestand anhaftende spezifische Gefahr niedergeschlagen haben („**Realisierung der grunddeliktsspezifischen Gefahr**"). Nur dann ist z.B. der Tod „durch die Körperverletzung" verursacht. Bleibt der Taterfolg des Grunddelikts aus, kann der enge tatbestandsspezifische Zusammenhang nur dann angenommen werden, wenn man nicht auf den (ausgebliebenen) Taterfolg des Grunddelikts abstellt, sondern auf das **Gesamtgeschehen** (d.h. auf die Tathandlung des Grunddelikts). Vgl. dazu das Beispiel bei Rn 898. Auch bei einem **dazwischentretenden Verhalten** des Opfers bzw. eines Dritten kann der erforderliche Zusammenhang nur dann bejaht werden, wenn im Tatverhalten in Bezug auf das Grunddelikt bereits die Gefahr des entsprechenden Verhaltens (z.B. Panikreaktionen) angelegt war (freilich sind bei der Prüfung gewisse Überschneidungen mit der objektiven Zurechnung möglich, was zu Aufbauproblemen führen kann). Es scheint gut vertretbar, in Fällen, bei denen man die objektive Zurechnung verneinen müsste, zu dieser nichts zu sagen und die gesamte Problematik einheitlich beim tatbestandsspezifischen Gefahrzusammenhang zu erörtern).

- **Wenigstens Fahrlässigkeit** bezüglich der Verursachung der schweren Folge (etwa § 18 i.V.m. §§ 226, 227) oder wenigstens Leichtfertigkeit bei § 18 i.V.m. § 251. „Wenigstens" bedeutet, dass auch eine vorsätzliche Verursachung der schweren Folge nicht ausgeschlossen ist. Handelt der Täter aber vorsätzlich hinsichtlich der schweren Folge, hat er regelmäßig ein anderes Delikt verwirklicht, das dem erfolgsqualifizierten Delikt vorgeht oder dieses sogar ausschließt (Beispiel: § 212 statt § 227). Eigenständige Bedeutung erlangt die vorsätzlich herbeigeführte schwere Folge eines erfolgsqualifizierten Delikts aber dann, wenn unterschiedliche Rechtsgüter beeinträchtigt werden (Beispiel: Zusammentreffen von § 211 II Var. 3 und § 251 beim sog. Raubmord) oder wenn kein anderer Tatbestand existiert, der die vorsätzlich herbeigeführte Folge sanktioniert (etwa § 239 III oder § 226 I, wenn hinsichtlich der besonderen Folge nur bedingter Vorsatz vorliegt). Die Möglichkeit der vorsätzlich herbeigeführten Folge führt aber dazu, dass ein Versuch konstruktiv möglich ist (§ 22 setzt Vorsatz voraus), s.u. Dagegen ist eine Teilnahme auch dann möglich, wenn die schwere Folge unvorsätzlich herbeigeführt wurde (§§ 26, 27 setzen eine vorsätzliche Haupttat voraus; die Erfolgsqualifikation gilt gem. §§ 11 II, 18 insgesamt als Vorsatztat). Im Übrigen ist die Fahrlässigkeit wie folgt zu prüfen (vgl. bereits Rn 848 ff.):

  ⇨ Das **objektive Fahrlässigkeitselement** besteht aus der *objektiven Sorgfaltspflichtverletzung* und der *objektiven Vorhersehbarkeit des wesentlichen Kausalverlaufs und der schweren Folge*. Allerdings ist zu beachten, dass nach st. Rspr. des BGH der Täter

[1162] Zu den Konsequenzen der verschiedenen Aufbaumöglichkeiten vgl. Rn 84 ff. sowie *R. Schmidt*, BT I, Rn 301.

schon durch die schuldhafte Verwirklichung eines der Grunddelikte der §§ 223 ff. stets objektiv (und subjektiv) sorgfaltspflichtwidrig handelt. Alleiniges Merkmal der Fahrlässigkeitsprüfung hinsichtlich der qualifizierenden Tatfolge ist demnach die *Vorhersehbarkeit der schweren Folge*.[1163] Freilich ist zu beachten, dass bei Verneinung der Vohersehbarkeit der schweren Folge auch ein atypischer Kausalverlauf vorliegt, der zur Verneinung der objektiven Zurechnung und damit auch des tatbestandsspezifischen Gefahrzusammenhangs führt.

⇨ Das **subjektive Fahrlässigkeitselement** besteht aus der Vorwerfbarkeit der Sorgfaltspflichtverletzung im Hinblick auf die *persönlichen Kenntnisse und Fähigkeiten* des Täters sowie aus der *individuellen Erkennbarkeit der schweren Folge und des tatbestandsspezifischen Gefahrzusammenhangs* (Rn 880 ff.). Sollte der Täter zum Tatzeitpunkt alkoholisiert gewesen sein, ist eine mögliche Beeinträchtigung der kognitiven Fähigkeiten des Täters aufgrund des vorangegangenen Alkoholgenusses zu berücksichtigen (Frage des Einzelfalls). Vgl. dazu auch das Beispiel bei *R. Schmidt*, BT I, Rn 351. Bei erfolgsqualifizierten Delikten, welche die besondere Folge an eine Leichtfertigkeit knüpfen (etwa §§ 176b, 178, 239a III, 251, 306c, 307 III, 308 III, 309 IV, 316a III, 316c III), ist entsprechend auf die individuelle Leichtfertigkeit abzustellen.

⇨ **Rechtswidrigkeit und Schuld:** Nach der Prüfung der Erfolgsqualifikation bedarf es nur dann einer Prüfung der RW und Schuld, sofern diese nicht bereits nach dem Tatbestand des Grunddelikts (s.o.) geprüft worden sind.

2. Besondere Probleme in Bezug auf das erfolgsqualifizierte Delikt

a. Der tatbestandsspezifische Gefahrzusammenhang

892 Hat der Täter nur den Grundtatbestand oder – unabhängig von diesem – das Delikt verwirklicht, das beim erfolgsqualifizierten Delikt die schwere Folge ausmacht, ergibt sich in aller Regel eine geringere Strafandrohung als bei dem erfolgsqualifizierten Delikt, das beide Tatbestände miteinander verknüpft.

Beispiel: Die Körperverletzung gem. § 223 hat einen Strafrahmen von bis zu 5 Jahren Freiheitsstrafe. Die fahrlässige Tötung gem. § 222 wird ebenfalls mit Freiheitsstrafe bis zu 5 Jahren bestraft. Demgegenüber führt die mit § 227 vorgenommene Verknüpfung der §§ 223, 222 zu einer Verschiebung des Strafrahmens auf eine Mindeststrafe von 3 Jahren und eine Höchststrafe von 15 (!) Jahren (vgl. § 38 II).

Betrachtet man das hohe Strafmaß des § 227 und den Verbrechenscharakter der Tat, wird mit Blick auf das verfassungsrechtlich verankerte Schuldprinzip deutlich, dass die Strafbarkeit aus § 227 mehr voraussetzen muss als die bloße Idealkonkurrenz von Körperverletzung und fahrlässiger Tötung. Durchweg ist eine restriktive Auslegung geboten. Die Prüfung, ob der Täter aus § 227 schuldig gesprochen werden muss oder (lediglich) idealkonkurrierend aus § 223 und § 222, hat also stets vor diesem Hintergrund zu erfolgen.

893 Unzweifelhaft ist, dass der Täter, der durch seine Körperverletzungshandlung den Tod des Opfers verursacht, eine höhere kriminelle Energie aufbringt, als derjenige, der schlicht eine Sorgfaltspflicht (etwa im Straßenverkehr) missachtet und dabei den Tod eines Menschen verursacht. Daher leuchtet es ein, dass das Strafmaß höher sein muss, wenn der den Tod verursachende Täter das Opfer zuvor in dessen körperlicher Integrität verletzt hat. Dies regelt § 227. Um andererseits dem genannten Schuldprinzip Rechnung zu tragen, besteht absoluter Konsens darüber, dass die schwere Folge sich als Verwirklichung gerade der dem Grunddelikt innewohnenden Gefahr darstellen muss. Dieser sog. **tatbestandsspezifische Gefahrzusammenhang** (bzw. qualifikationsspezifische Zusammenhang[1164]) verlangt, dass sich gerade die dem Grundtatbestand anhaftende spezi-

[1163] So BGH NStZ 2001, 478 f.; BGHSt 24, 213, 214 f; BGH NStZ 1997, 82; vgl. auch *Fischer*, § 227 Rn 7; *Jescheck/Weigend*, AT, § 26 II 1a u. 54 III 2. Teilweise wird zusätzlich die *Vorhersehbarkeit des tatbestandsspezifischen Gefahrzusammenhangs* verlangt (so SK-*Rudolphi*, § 18 Rn 3; Sch/Sch-*Stree/Sternberg-Lieben*, § 227 Rn 7; *W/B/S*, AT, Rn 693).
[1164] So die Terminologie von BGH NJW 2016, 2516, 2518.

fische Gefahr in der schweren Folge niedergeschlagen hat[1165] bzw. sich ein Risiko realisiert hat, das typischerweise mit dem Grundtatbestand einhergeht[1166]. Nur so lässt sich die im Vergleich zum vorsätzlichen Grundtatbestand und zur Fahrlässigkeitstat erhöhte Strafandrohung des § 227 rechtfertigen.

Im Einzelfall kann die Beantwortung der Frage, wie dieser tatbestandsspezifische Gefahrzusammenhang beschaffen sein muss, schwierig sein. Versteht man ihn zu eng, ist dem geschützten Rechtsgut des § 227 sowie den Strafzwecken der Generalprävention und Spezialprävention[1167] nicht hinreichend Rechnung getragen, da bei einer zu engen Auslegung mitunter selbst sehr brutale und abscheuliche Gewalttaten aus dem Anwendungsbereich des § 227 herausfallen könnten. Versteht man ihn indes zu weit und hält sogar bei mittelbaren Verursachungsbeiträgen einen spezifischen Gefahrzusammenhang für möglich[1168], gerät man mit dem Schuldprinzip in Konflikt, da man bei einer (zu) weiten Auslegung den gebotenen Abstand zur bloßen objektiven Zurechnung, die ohnehin bei allen Erfolgsdelikten zu fordern ist, nivellierte. Wie auch sonst wird eine sachangemessene Entscheidung in der Mitte liegen. 893a

Beispiel: Der Schläger, der sein Opfer zuerst niederschlägt, dann mit der **Spitze seines beschuhten Fußes kräftig gegen den Rumpf tritt** und dabei den Tod des Opfers verursacht, verwirklicht i.d.R. den Tatbestand des § 227. Denn zum einen ist es durchaus vorstellbar, dass ein kräftiger Tritt mit der Schuhspitze gegen den Rumpf eines am Boden liegenden Menschen Milzrisse, Rippenbrüche, Organquetschungen oder -risse, Einspießungsverletzungen etc. verursachen kann, sodass es auch nicht ausgeschlossen ist, den darauf basierenden Tod als unmittelbare Folge der Misshandlung anzusehen. Zum anderen hat sich durch eine solche gefährliche Handlungsweise gerade die ihr anhaftende spezifische Gefahr des Todeseintritts verwirklicht.

Weitere Beispiele finden sich bei *R. Schmidt*, BT I, Rn 395a.

Schwierig kann auch die Beantwortung der Frage sein, welcher Anknüpfungspunkt für den tatbestandsspezifischen Gefahrzusammenhang in Betracht kommt. Bei §§ 223, 227 z.B. ist es denkbar, auf den Taterfolg des § 223 abzustellen und einen tatbestandsspezifischen Gefahrzusammenhang zwischen dem Körperverletzungserfolg und dem Todeseintritt zu fordern (sog. **Letalitätslehre**), oder aber es genügen zu lassen, wenn der tatbestandsspezifische Gefahrzusammenhang zwischen der Tathandlung des § 223 und dem Todeserfolg besteht (**Lehre von der Handlungsgefahr**). Zu unterschiedlichen Ergebnissen gelangen diese beiden Ansichten vor allem dann, wenn der Taterfolg des § 223 ausbleibt, das Opfer dennoch die schwere Folge des § 227 erleidet. Da dieser Fall dem des sog. erfolgsqualifizierten Versuchs entspricht und die Problematik des Anknüpfungspunkts dort behandelt wird, sei insoweit auf die Darstellung bei Rn 896 ff. verwiesen. 894

Weiterhin wird die Frage nach dem Anknüpfungspunkt des tatbestandsspezifischen Gefahrzusammenhangs relevant, wenn dem vorsätzlich verwirklichten Grundtatbestand die schwere Folge nur deshalb folgt, weil das **Opfer selbstschädigend aktiv wird** oder **Dritte in das Geschehen eingreifen** (wobei auch schon der allgemeine Zurechnungszusammenhang zu verneinen wäre, was ggf. zu Aufbauproblemen führen kann; vgl. dazu das Prüfungsschema). Problematisch ist es auch, wenn **mehrere Personen beteiligt** sind oder wenn beim Täter (etwa aufgrund von Alkoholkonsum) die **Steuerungsfähigkeit vermindert ist**. Auch diese Fragen werden im Folgenden behandelt. 894a

[1165] Vgl. nur BGH NStZ 2009, 92, 93; StV 2008, 406 f.; NStZ 2008, 278; BGHSt 48, 34, 36 ff. (Gubener Verfolgungsfall); BGHSt 14, 110 ff. (Pistolen-Fall); 31, 96, 98 f. (Hochsitz-Fall); 33, 322, 38, 295; BGH NJW 1971, 152 (Rötzel-Fall); *Fischer*, § 18 Rn 2; SK-*Rudolphi*, § 18 Rn 3; Sch/Sch-*Sternberg-Lieben/Schuster*, § 18 Rn 4; dem sich anschließend *Kudlich*, JA 2009, 246, 248. Vgl. auch *Steinberg*, NStZ 2010, 72 ff.

[1166] Vgl. BGH NJW 2016, 2516, 2517 (zu § 239a III bzw. § 251).

[1167] Zu den Straftheorien vgl. Rn 12 ff.

[1168] So BGH NStZ 2013, 280, 281.

b. Versuch des erfolgsqualifizierten Delikts

895 Dass auch ein erfolgsqualifizierter Versuch, also die Herbeiführung der schweren Folge bereits durch den Versuch des Grunddelikts, strafbar sein kann, entspricht bei Verbrechen der h.M.[1169] Hiergegen wird vereinzelt vorgebracht, der bei der Versuchsstrafbarkeit gem. § 22 erforderliche Tatentschluss sei im Fall des erfolgsqualifizierten Delikts im Hinblick auf den Fahrlässigkeitsteil nicht denkbar, weshalb ein erfolgsqualifizierter Versuch konstruktiv ausgeschlossen sei. Daher verstoße es gegen Art. 103 II GG, einen Versuch des erfolgsqualifizierten Delikts unter Strafe zu stellen.[1170] Diese Auffassung ist abzulehnen. Denn sie verkennt die Wertung des § 11 II, der eine Behandlung des erfolgsqualifizierten Delikts als Vorsatzdelikt vorgibt.[1171] Hierin liegt die gesetzliche Grundlage eines strafbaren Versuchs des Grunddelikts, der durch den Eintritt der schweren Folge „erfolgsqualifiziert" wird. Auch § 18, der von „wenigstens fahrlässig" spricht, damit also auch Vorsatz zulässt, steht dem nicht entgegen. Angesichts dieser gesetzlichen Grundlage ist der von der Minderheitsmeinung behauptete Verstoß gegen Art. 103 II GG durch Annahme eines erfolgsqualifizierten Versuchs nicht im Ansatz gegeben. Geht man daher mit §§ 11 II, 18 von der Einstufung der erfolgsqualifizierten Delikte als Vorsatzdelikte aus, ist ein Versuch grundsätzlich möglich. Es muss zwischen folgenden Formen unterschieden werden:

(1) Grunddelikt versucht/schwere Folge eingetreten ⇒ **erfolgsqualifizierter Versuch**
(2) Grunddelikt verwirklicht/schwere Folge versucht ⇒ **versuchte Erfolgsqualifikation**
(3) Grunddelikt versucht/schwere Folge versucht ⇒ **versuchte Erfolgsqualifikation**

aa. Grundtatbestand nur versucht – schwere Folge gleichwohl eingetreten

896 Tritt die fahrlässig verursachte schwere Folge schon beim Versuch des Grundtatbestands ein (sog. **erfolgsqualifizierter Versuch**), wird man eine Strafbarkeit aus dem erfolgsqualifizierten Delikt nur dann annehmen können, wenn bereits der Tathandlung (und nicht erst dem Taterfolg) des Grunddelikts die erfolgsqualifikationsspezifische Gefahr anhaftet, die sich unmittelbar in der schweren Folge realisiert. Ob dies der Fall ist, muss durch **Auslegung des *jeweiligen* (Qualifikations-)Tatbestands** ermittelt werden.

897 **Hinweis für die Fallbearbeitung:** In der gerichtlichen Praxis ist die tatbestandsbezogene Frage, ob die schwere Folge bereits an die Tathandlung anknüpft oder ob das Gesetz die Bestrafung aus der schweren Folge von dem Eintritt des Taterfolgs des Grunddelikts abhängig macht, bereits hinreichend beantwortet (so lässt die Rspr. bei den §§ 178, 226, 227, 239 III Nr. 2, IV, 251, 306c die Tathandlung genügen und fordert bei den §§ 306b I, 306d I Halbs. 2 die Vollendung des Grunddelikts). In der Fallbearbeitung darf der Prüfung aber nicht ein bestimmtes Auslegungsergebnis der Rspr. zugrunde gelegt werden. Vielmehr muss die o.g. Frage durch eigene Auslegung beantwortet werden. Nur eine juristisch korrekte Auslegung des jeweiligen erfolgsqualifizierten Tatbestands unter Beachtung der genannten verfassungsrechtlichen Vorgaben kann den Korrektor überzeugen. Im Übrigen ist anzumerken, dass die Streitfrage nach dem Anknüpfungspunkt des tatbestandsspezifischen Gefahrzusammenhangs nur in den bei Rn 894, 894a genannten Konstellationen eine Rolle spielt. Ist z.B. der Grundtatbestand vollendet, bedarf es keines Wortes darüber, ob auch allein die Tathandlung des Grund-

[1169] BGHSt 48, 34, 36 ff. (zu § 227 – mit Bespr. v. *Hardtung*, NStZ 2003, 261 f.; *Heger*, JA 2003, 455 ff.; *Puppe*, JR 2003, 123; *Kühl*, JZ 2003, 637); BGH NStZ 2001, 534; *Fischer*, § 18 Rn 7; LK-*Hillenkamp*, vor § 22 Rn 107; *Roxin*, AT II, 2003, § 29 Rn 338; Sch/Sch-*Sternberg-Lieben/Schuster*, § 18 Rn 8 f.

[1170] So *Hardtung*, Versuch u. Rücktritt bei den Teilvorsatzdelikten des § 11 II, 2002, S. 33 ff., 198 ff.; *ders.*, NStZ 2003, 261 ff.; MüKo-*Hardtung*, § 18 Rn 8, 73 ff.

[1171] Wie hier nun auch *Kühl*, JuS 2007, 742, 749 f. und *Kudlich*, JA 2009, 246, 248. Anders aber BGH NStZ 2008, 150, 151, wo das Gericht konstatiert, dass erfolgsqualifizierte Delikte fahrlässige Erfolgsdelikte seien. Auf der Basis dieses Urteils wären also weder ein Versuch noch eine Teilnahme möglich. Doch mit Blick auf § 11 II kann dieses Urteil nicht richtig sein.

tatbestands geeignet gewesen wäre, dem Täter die schwere Folge als Erfolgsqualifikation zuzurechnen. Insbesondere wäre es in diesem Fall verfehlt, zusammenhanglos einen Prüfungspunkt „Anknüpfungspunkt des tatbestandsspezifischen Gefahrzusammenhangs" zu bilden.

Beispiel[1172]**:** Bandenchef C will den „vom rechten Wege abgekommenen" D vorsätzlich mit seiner Pistole gegen die Stirn schlagen, um diesem eine Lektion zu erteilen. Dabei löst sich für C völlig unerwartet ein Schuss, der bei D unmittelbar zum Tode führt. **898**

In diesem Fall existiert kein Körperverletzungserfolg, dessen spezifische Gefahr sich im Todeseintritt hätte realisieren können. Eine Strafbarkeit aus § 227 kann man also nur dann annehmen, wenn man es ausreichen lässt, dass allein der Körperverletzungshandlung die tatbestandsspezifische Gefahr anhaftet, die sich im Todeseintritt realisiert hat.

⇨ In Bezug auf § 227 vertritt ein Teil der Literatur eine **enge Auslegung** des § 227, nämlich die, dass sich der Todeserfolg gerade aus dem vorsätzlich zugefügten **Körperverletzungs*erfolg*** ergeben haben müsse (sog. **Letalitätslehre**).[1173] Folgt man dieser Auffassung, wäre C (nur) wegen fahrlässiger Tötung (§ 222) in Tateinheit mit versuchter gefährlicher Körperverletzung (§§ 223 I, II, 224 I Nr. 2, 5, 22, 23 I, 12 II) strafbar.

⇨ Demgegenüber nimmt die Rechtsprechung eine **weite Auslegung** des § 227 vor und setzt nicht voraus, dass zwischen dem eigentlichen Körperverletzungserfolg und dem Todeseintritt der genannte spezifische Zusammenhang besteht. Vielmehr bezieht sie die **Körperverletzungs*handlung***, soweit bereits *ihr* das Risiko eines tödlichen Ausgangs anhaftet, in den Gefahrzusammenhang mit ein.[1174]

Stellungnahme: Gerade mit Blick auf den Wortlaut des § 227, der den Tod der „***verletzten***" Person fordert, sowie auf die wegen der **hohen Strafandrohung** gebotenen **restriktiven Auslegung** des § 227 (der dort vorgesehene Strafrahmen entspricht schon fast dem des § 212!) wird man mit guten Gründen zu der Annahme kommen dürfen, § 227 gelange nur dann zur Anwendung, wenn die schwere Folge gerade durch den Erfolgseintritt des Grundtatbestands unmittelbar verursacht wurde. Andererseits spricht § 227 aber auch von der „Körper**verletzung**", was wiederum auf ein Abstellen des Gesetzgebers auf den Gesamtzusammenhang schließen lässt. Auf jeden Fall kann dem Wortlaut des § 227 keine eindeutige Aussage entnommen werden. Bezieht man aber sowohl den Opferschutz in die Auslegung des § 227 mit ein als auch den Umstand, dass der Täter allein in der Tathandlung bereits ein großes kriminelles Unrecht verwirklicht sieht, und es u.U. lediglich vom Zufall abhängt, ob der Erfolg eintritt oder nicht, sollte man bei § 227 in Übereinstimmung mit der Rechtsprechung des BGH den Anknüpfungspunkt des tatbestandsspezifischen Gefahrzusammenhangs in dem Gesamtgeschehen sehen und damit der **weiten Auslegung** folgen. Haftet also bereits der Tathandlung des Grundtatbestands die spezifische Gefahr des Todeseintritts an, ist der Täter – bei gegebenen übrigen Voraussetzungen – aus § 227 strafbar.

Folgt man der auch hier vertretenen Auffassung des BGH, hat sich im vorliegenden Fall das Risiko des tödlichen Ausgangs bereits mit dem Hochhalten der geladenen (und entsicherten) Schusswaffe realisiert. Der geforderte tatbestandsspezifische Gefahrzusammenhang zwischen dem Grundtatbestand und der Todesfolge ist somit zu bejahen. Unterstellt man auch die objektive und subjektive Vorhersehbarkeit, hat C sich wegen Körperverletzung mit Todesfolge (§ 227) strafbar gemacht. Der ebenfalls verwirklichte Tatbestand der fahrlässigen Tötung (§ 222) tritt aufgrund der Spezialität des § 227 zurück.

[1172] In Anlehnung an BGHSt 14, 110 ff. (Pistolen-Fall). vgl. auch BGHSt 48, 34, 35 ff., dargestellt bei *R. Schmidt*, BT I, Rn 410 ff.

[1173] So z.B. LK-*Hirsch*, § 227 Rn 5; MüKo-*Hardtung*, § 227 Rn 11; SK-*Horn/Wolters*, § 227 Rn 10; SK-*Rudolphi*, § 18 Rn 3; *Lackner/Kühl*, § 227 Rn 2; Sch/Sch-Stree/Sternberg-Lieben, § 227 Rn 9; *Krey/Hellmann/Heinrich*, BT I, Rn 272 ff.

[1174] Vgl. die bereits genannten Entscheidungen BGHSt 14, 110, 112; 31, 96, 98; 32, 25, 28; 33, 322, 38, 295; 48, 34, 35 ff.; BGH NJW 2016, 2516, 2518; NStZ 2008, 278; NStZ 2001, 478 f.; NJW 1971, 152; zust. Sch/Sch-*Stree/Sternberg-Lieben*, § 227 Rn 4 f.; *Fischer*, § 227 Rn 3a; *Hinderer*, JA 2009, 25, 29. Vgl. auch *Steinberg*, NStZ 2010, 72, 74.

> **Hinweis für die Fallbearbeitung:** Das Problem des Anknüpfungspunkts des tatbestandsspezifischen Gefahrzusammenhangs stellt sich zwar hauptsächlich, nicht aber ausschließlich beim fehlenden Erfolgseintritt bzgl. des Grunddelikts. So kann es sein, dass zwar ein Körperverletzungserfolg eintritt, die schwere Folge, der Tod, jedoch z.B. durch einen Sturz, der nicht unmittelbar auf dem Körperverletzungserfolg basiert, verursacht wird. Folgt man der Letalitätstheorie, ist zweifelhaft, ob der Todeserfolg überhaupt noch in einem von § 227 geforderten tatbestandsspezifischen Gefahrzusammenhang mit dem Verletzungserfolg des § 223 steht. Das ist nur der Fall, wenn man eine unwesentliche Abweichung im Kausalverlauf und damit die objektive Zurechnung bejaht.[1175] Nur wer bereits die Körperverletzungshandlung ausreichen lässt, braucht insoweit keine Erörterungen vornehmen und gelangt zur Strafbarkeit nach § 227, wenn allein der *Körperverletzungshandlung* das Risiko eines tödlichen Ausgangs anhaftet. Nach beiden Ansätzen gilt jedoch, dass bei Verneinung des § 227 stets an eine Strafbarkeit nach § 222 zu denken ist.[1176]

899 Eine besondere Problematik besteht, wenn der **Versuch des Grundtatbestands nicht strafbar ist**, sondern sich die Versuchsstrafbarkeit erst aus dem Verbrechenscharakter der Erfolgsqualifikation ergibt. Das betrifft im StGB nach Inkrafttreten des 6. StrRG allerdings nur noch wenige Tatbestände (so z.B. die versuchte Aussetzung gem. § 221 I, II Nr. 2, III; vgl. auch § 238 III und Teilbereiche des § 235 V).

900 **Beispiel:** Die Eheleute E sind seit 32 Jahren verheiratet. Herr E hat im Laufe seines Berufslebens eine mittlerweile als Marktführer geltende Firma aufgebaut. Dieser Erfolg hat allerdings auch seine Schattenseite. Von der ständigen Arbeitsüberlastung gezeichnet, erleidet er nun einen schweren Schlaganfall und ist bettlägerig. Sein gesamtes Erinnerungsvermögen ist dauerhaft verloren gegangen. Frau E hat dagegen das sorgenfreie Leben lieb gewonnen und entschließt sich, Herrn E mit seinem Rollstuhl nachts in einer Stadt am anderen Ende der Republik abzusetzen. Nach ihrer Vorstellung wird Herr E rasch gefunden und in einem Pflegeheim untergebracht werden. Doch auf dem Weg zum Tatort verursacht sie schuldhaft einen schweren Verkehrsunfall, bei dem ihr Mann ums Leben kommt. Strafbarkeit von Frau E?

Eine vollendete einfache Aussetzung gem. § 221 I scheidet aus, weil Frau E zum Zeitpunkt des Todes noch keine hilflose Lage geschaffen hatte.
Möglicherweise hat sich Frau E aber wegen versuchter Aussetzung mit Todesfolge strafbar gemacht. Allerdings ist der Versuch des Grundtatbestands, der einfachen Aussetzung (§ 221 I), nicht strafbar (vgl. §§ 23 I, 12 II). Eine Versuchsstrafbarkeit wäre also nur dann möglich, wenn man deren Anknüpfungspunkt in dem Verbrechenscharakter der Erfolgsqualifikation des § 221 III sähe (Gleiches würde für § 221 II Nr. 2 gelten).

Kann man die Versuchsstrafbarkeit nicht schon aus dem Versuch des Grundtatbestands ableiten, sondern allenfalls aus dem Verbrechenscharakter der Erfolgsqualifikation, kommt man nicht umhin, der besonderen Folge die Qualität eines Tatbestands (also eine *strafbegründende Wirkung*) beizumessen. Denn nach § 22 kann nur eine Straftat, nicht etwa eine Strafzumessungsregel, versucht werden. Dies wird auch von der h.M. so vertreten. Erfolgsqualifikationen sind dem Tatbestand zuzuordnen. Doch dies allein genügt noch nicht, bei § 221 einen erfolgsqualifizierten Versuch zuzulassen, denn immerhin fehlt die Basis für die Erfolgsqualifikation. Um dieses Hindernis auszuräumen, wird teilweise vertreten, dass der erhöhte Strafrahmen der Erfolgsqualifikation zu einer **Änderung der Deliktsnatur** führe, sodass ein erfolgsqualifizierter Versuch auch dann möglich sei, wenn der Versuch des Grundtatbestands als solcher nicht mit Strafe bedroht ist.[1177] Dieser Auffassung steht jedenfalls nicht die Rechtsnatur der Erfolgsqualifikationen entgegen, da diese insgesamt

[1175] Vgl. dazu näher Rn 144 ff. und 164 ff.
[1176] § 222 darf also nur dann geprüft werden, wenn § 227 (wegen Fehlens des tatbestandsspezifischen Gefahrzusammenhangs) ausscheidet (vgl. wie hier nun auch *Heger*, JA 2008, 859, 861).
[1177] *Otto*, Grundkurs Strafrecht, die einzelnen Delikte, § 10 Rn 9; *Lackner/Kühl*, § 18 Rn 11; *Baumann/Weber/Mitsch*, AT, Rn 594; *Sowoda*, Jura 1995, 664, 653; *Rath*, JuS 1999, 140, 142.

gem. §§ 11 II, 18 als Vorsatzdelikte gelten und daher ein Versuch prinzipiell möglich ist. Allerdings überzeugt die Annahme der Änderung der Deliktsnatur nicht. Denn Qualifikationen ändern nicht die Natur des Grunddelikts, sondern stellen lediglich unselbstständige Abwandlungen dar (vgl. Rn 77 f.). Daher kann es bei § 221 in Ermangelung eines strafbaren Versuchs des Grunddelikts einen **erfolgsqualifizierten Versuch nicht geben**.[1178] Solange der Täter aber die besondere Tatfolge vorsätzlich verursacht, verwirklicht er ein anderes (schwereres) Vorsatzdelikt, sodass Strafbarkeitslücken ohnehin nicht bestehen.

Daher hat sich Frau E (lediglich) wegen fahrlässiger Tötung (§ 222) strafbar gemacht, nicht jedoch wegen versuchter Aussetzung mit Todesfolge (§§ 221 I, III, 22, 23 I, 12 I). Hätte sie den Tod billigend in Kauf genommen, wäre sie gem. §§ 221 I, III, 22, 23 I, 12 I strafbar gewesen.

Hinweis für die Fallbearbeitung: Unabhängig von der besonderen Problematik bei § 221 bietet sich für die Prüfung des erfolgsqualifizierten Versuchs folgendes Aufbauschema an: 901

- ⇨ Versuch des Grunddelikts
  - ⇨ Tatentschluss
  - ⇨ Unmittelbares Ansetzen zur Tatbestandsverwirklichung
- ⇨ Eintritt und Verursachung der schweren Folge
- ⇨ Tatbestandsspezifischer Zusammenhang zwischen der Versuchshandlung und der schweren Tatfolge
- ⇨ Mindestens Fahrlässigkeit bezüglich der schweren Tatfolge
- ⇨ Rechtswidrigkeit und Schuld
- ⇨ Rücktritt vom Versuch des Grunddelikts (s.u.)

Zur Kumulation der Problematiken **erfolgsqualifizierter Versuch** und **Selbstschädigung des Opfers** vgl. den „Hetzjagdfall"[1179] bei *R. Schmidt*, BT I, Rn 410 ff.

bb. Grundtatbestand verwirklicht – schwere Folge versucht

In dieser Konstellation ist das Grunddelikt vollendet, die vom Täter angestrebte oder zu- 902
mindest billigend in Kauf genommene schwere Folge aber ausgeblieben. Diese früher strittige **versuchte Erfolgsqualifikation** ist durch die Einführung der Versuchsstrafbarkeit in § 223 II und § 239 II im Zuge des 6. StrRG konstruktiv möglich: Kann der besondere Erfolg auch vorsätzlich herbeigeführt werden, ist wegen Versuchs strafbar, wer diesen besonderen Erfolg anstrebt, aber nicht verwirklicht.[1180]

Beispiel: Kevin will seine nervige Tante 5 Tage in ihrem Zimmer einsperren. Dass sie durch diese lange Zeit nachhaltig in ihrer Gesundheit geschädigt werden könnte, nimmt er billigend in Kauf. Der Tante gelingt aber am 2. Tag wohlbehalten die Flucht.

Hier ist das Grunddelikt, die Freiheitsberaubung (§ 239 I), vollendet, die besondere Folge, die schwere Gesundheitsschädigung (§ 239 III Nr. 2), aber ausgeblieben.[1181] Da das erfolgsqualifizierte Delikt gem. §§ 11 II, 18 insgesamt als Vorsatzdelikt gilt und K die schwere Folge auch in seinen Vorsatz mit aufgenommen hatte, ist er wegen vollendeter einfacher Freiheitsberaubung (§ 239 I) in Tateinheit mit versuchter schwerer Freiheitsberaubung (§§ 239 I, III Nr. 2, 22, 23 I, 12 I) strafbar.

[1178] Wie hier die h.M., vgl. nur *Fischer*, § 221 Rn 15; *Putzke*, JuS 2009, 1083, 1086.

[1179] BGHSt 48, 34 ff. (Gubener Verfolgungsfall).

[1180] Vgl. nur BGH NStZ 2001, 534; BGH NStZ 2001, 371, mit Bespr. v. *Martin*, JuS 2001, 821; Sch/Sch-*Sternberg-Lieben/Schuster*, § 18 Rn 10; *Fischer*, § 18 Rn 8; *Altvater*, NStZ 2002, 20, 24; *Kudlich*, JuS 2003, 32, 34.

[1181] Wegen des vorhandenen Vorsatzes in Bezug auf die Erfolgsqualifikation des § 239 III Nr. 2 musste vorliegend die Frage, ob auch § 239 III Nr. 1 eine Erfolgsqualifikation darstellt, nicht aufgeworfen werden. Nach der hier vertretenen Auffassung handelt es sich bei § 239 III Nr. 1 aufgrund der unterschiedlichen Formulierung im Vergleich zu § 239 III Nr. 2 um einen Tatbestand, vgl. *R. Schmidt*, BT I, Rn 850 ff.

Hinweis für die Fallbearbeitung: Auch in dieser Konstellation ist zunächst der Grundtatbestand zu prüfen und dieser im Ergebnis zu bejahen (Beispiel: § 249). Danach wird ein neuer Obersatz bezüglich der versuchten Erfolgsqualifikation gebildet (Beispiel: §§ 249, 251, 22, 23 I, 12 I). Darauf folgt die selbstständige Prüfung des Versuchs der Erfolgsqualifikation.[1182] Auch ein Versuch der Herbeiführung der schweren Folge des § 227 ist wegen §§ 11 II, 18 konstruktiv möglich, etwa wenn der Täter eine Körperverletzung begeht und dabei mit dolus eventualis hinsichtlich des Todeseintritts des Opfers handelt. In diesem Fall liegt zwar tatbestandlich ein Versuch des § 227 vor, der jedoch eindeutig hinter §§ 212, 22 bzw. §§ 211, 22 zurücktritt, weshalb es sich empfiehlt, in der Fallbearbeitung ausschließlich die versuchte Tötung (in Tateinheit mit der verwirklichten Körperverletzung) zu prüfen und auf die Prüfung des versuchten § 227 zu verzichten.

cc. Versuchtes Grunddelikt und versuchte Erfolgsqualifikation

903 Sind sowohl das Grunddelikt als auch die vom Täter gewollte, zumindest aber billigend in Kauf genommene schwere Folge im Versuch stecken geblieben, ist ebenfalls ein Versuch des erfolgsqualifizierten Delikts möglich. Die genannten Probleme der ersten beiden Fallgruppen kumulieren sich hier nur.

c. Rücktritt vom erfolgsqualifizierten Versuch?

904 Gemäß den obigen Ausführungen liegt ein erfolgsqualifizierter Versuch vor, wenn das Grunddelikt nur versucht wurde, die schwere Tatfolge gleichwohl eingetreten ist. Gerade wegen des Eintritts der schweren Folge ist fraglich, ob ein Rücktritt vom Versuch des Grunddelikts überhaupt möglich ist.

905 **Hinweis für die Fallbearbeitung:** Zu beachten ist, dass sich diese Frage nur dann stellen kann, wenn sich die schwere Folge bereits aus der Versuchs*handlung* des Grunddelikts ergibt (also nicht den Tat*erfolg* des Grunddelikts voraussetzt). Ist demnach ein Rücktritt nicht von vornherein ausgeschlossen, sollte man entgegen der allgemeinen Grundregel, wonach der Rücktritt vom Versuch als persönlicher Strafaufhebungsgrund unmittelbar nach der Versuchsprüfung geprüft wird, in dieser Konstellation mit der Erfolgsqualifikation beginnen. Anderenfalls hätte man keine Gelegenheit mehr, etwas zur schweren Folge zu sagen, wenn der Täter strafbefreiend vom Versuch des Grunddelikts zurücktreten konnte.

906 **Beispiel:** T möchte O zwingen, ihm seine goldene Taschenuhr herauszugeben. Zur Unterstreichung seiner Entschlossenheit nimmt er seine schussbereite Pistole mit, möchte sie aber nicht als Schusswaffe einsetzen. Als er gerade dabei ist, von O die Herausgabe der Uhr zu erzwingen, löst sich aufgrund seiner überaus großen Nervosität ungewollt ein Schuss. O wird tödlich getroffen und stirbt sofort. Von Panik ergriffen, verlässt T den Tatort, ohne die Uhr mitzunehmen. Strafbarkeit des T?

T könnte sich wegen **versuchten Raubs mit Todesfolge** strafbar gemacht haben, §§ 249, 22, 23 I, 12 I, 251. Der Raub ist nicht vollendet, da es nicht zur Wegnahmehandlung gekommen ist. Der Versuch ist aufgrund des Verbrechenscharakters strafbar.
T müsste auch den Tatentschluss zum Raub gehabt haben. T wollte mit Hilfe der Schusswaffe O dazu bringen, die Uhr herauszugeben. Damit könnte zwar an eine räuberische Erpressung gem. § 255 gedacht werden, aber sowohl nach dem äußeren Tatgeschehen als auch nach der inneren Willensrichtung des T liegt eher ein Nehmen als ein Geben vor (O hätte keine wirkliche Alternative zur Herausgabe der Uhr gehabt; hätte er sich geweigert, hätte T sich die Uhr genommen). T handelte auch in der Absicht, sich die Uhr rechtswidrig zuzueignen. Damit ist bei T der Tatentschluss zum Raub gegeben.

[1182] Zur versuchten Erfolgsqualifikation beim Raub vgl. BGH NStZ 2001, 534 und NStZ 2001, 371, mit Bespr. v. *Martin*, JuS 2001, 821, sowie *R. Schmidt*, BT II, Rn 445.

Allein dadurch, dass T die Schusswaffe hochhielt, hat er auch unmittelbar zur Tatbestandsverwirklichung angesetzt.
Hinsichtlich des § 251 müsste T wenigstens leichtfertig den Tod bei O verursacht haben. Die schwere Folge des § 251, der Tod eines Menschen, ist durch eine Handlung des T eingetreten. In dem Tod verwirklichte sich auch die der Tathandlung des (versuchten) Raubs anhaftende spezifische Gefahr. T handelte hinsichtlich des Todes auch leichtfertig. Denn wer eine geladene und entsicherte Schusswaffe gegen einen Menschen richtet und dabei noch überaus nervös ist, verhält sich in besonderem Maße fahrlässig, auch wenn die Schussabgabe nicht gewollt ist. T handelte auch rechtswidrig und schuldhaft.

Möglicherweise konnte T aber dadurch, dass er die Uhr nicht mitnahm, strafbefreiend vom versuchten Raub mit Todesfolge zurücktreten. Dazu hätte die Tat noch nicht vollendet sein dürfen. Formal gesehen war der Raub nicht vollendet, da T auf die Wegnahme verzichtet hat. Aus materieller Sicht bestehen aber Bedenken an der Rücktrittsmöglichkeit. Betrachtet man eine Erfolgsqualifikation als kombiniertes Delikt von Grundtatbestand und besonderer Tatfolge, als materielle Einheit, scheint vorliegend gerade wegen des Eintritts der besonderen Folge ein Rücktritt ausgeschlossen.

⇨ Tatsächlich wird aus diesen Gründen teilweise die Rücktrittsmöglichkeit abgelehnt, wenn die schwere Folge eingetreten ist.[1183]

⇨ Die ganz h.M. hält aber einen strafbefreienden Rücktritt auch dann für möglich, wenn die schwere Tatfolge bereits eingetreten ist. Mit dem wirksamen Rücktritt vom Grunddeliktsversuch entfalle nämlich der erforderliche Anknüpfungspunkt für die betreffende Erfolgsqualifikation, die dadurch das sie tragende Fundament verliere. Zudem bezögen sich die Rücktrittsregeln auf Tatbestände, nicht auf Strafzumessungsgesichtspunkte. Gerade aber vom Versuch eines Tatbestands sei der Täter zurückgetreten. Man verstoße also gegen das Analogieverbot zu Lasten des Täters (Art. 103 II GG), wenn man dem vom Grunddelikt zurücktretenden Täter die Straffreiheit nähme.[1184]

Die Argumente der h.M. überzeugen. Ihr ist daher zu folgen. Da T aus seiner Sicht noch nicht alles zur Verwirklichung des Tatbestands Erforderliche getan hat, befand er sich im Stadium des noch unbeendeten Versuchs. Zu seiner Straffreiheit genügte daher das freiwillige Unterlassen weiterer Tathandlungen. Unterstellt man T, dass Auslöser für das Nichtergreifen der Uhr die Erkenntnis des angerichteten Unrechts war und er nicht infolge des Schocks physisch nicht in der Lage war, die Uhr zu ergreifen, erfolgte der Rücktritt auch freiwillig. T konnte somit strafbefreiend vom versuchten Raub mit Todesfolge zurücktreten. Davon unberührt bleibt eine Strafbarkeit wegen versuchter Nötigung (§§ 240 I, III, 22, 23 I, 12 II). Die daneben verwirklichte Bedrohung (§ 241) tritt dahinter subsidiär zurück. Schließlich ist eine Strafbarkeit wegen fahrlässiger Tötung (§ 222) zu bejahen, die mit der versuchten Nötigung in Idealkonkurrenz (Tateinheit) steht.

d. Selbstschädigung des Opfers u. Eingreifen Dritter in das Geschehen

Der Streit um den strafrechtlichen Anknüpfungspunkt des tatbestandsspezifischen Gefahrzusammenhangs setzt sich auf Sachverhalte fort, in denen **das Opfer selbstschädigend aktiv wird** oder **Dritte in das Geschehen eingreifen**. Hier ist es aufgrund der gebotenen restriktiven Auslegung erfolgsqualifizierter Delikte nicht ohne weiteres möglich, noch einen tatbestandsspezifischen Gefahrzusammenhang zwischen dem Grundtatbestand und der besonderen Tatfolge anzunehmen. Berühmt geworden sind in diesem Zusammenhang der sog. Rötzel-Fall[1185] und der Hochsitz-Fall[1186]. 907

[1183] So *Ulsenheimer*, Festschrift für Bockelmann, 1979, S. 405, 414 f.; *Tröndle/Fischer* (49. Aufl.), § 18 Rn 4; LK-*Herdegen*, § 251 Rn 16; *Jäger*, JuS 1998, 161, 163 f.; *Wolters*, GA 2007, 65 ff.

[1184] So BGHSt 42, 158, 160 f.; LK-*Lilie/Albrecht*, § 24 Rn 461; SK-*Rudolphi*, § 24 Rn 16; NK-*Paeffgen*, § 24 Rn 130 f.; *W/B/S*, AT, Rn 653a; *Martin*, JuS 1997, 178; Sch/Sch-*Eser/Bosch*, § 24 Rn 26; Sch/Sch-*Sternberg-Lieben/Schuster*, § 18 Rn 13; *Lackner/Kühl*, § 24 Rn 22; *Kudlich*, JA 2009, 246, 250; *Herzberg*, JZ 2007, 615 ff. Vgl. auch BGH NJW 2001, 980 mit Anm. v. *Martin*, JuS 2001, 513. Dem sich anschließend *Hoven*, JuS 2013, 403, 407.

[1185] BGH NJW 1971, 152 ff.

[1186] BGHSt 31, 96 ff.

908 **Rötzel-Fall:** Der gewalttätige Ehemann verprügelt wieder einmal seine ihm körperlich weit unterlegene Ehefrau. Als diese versucht, den fortwährenden Angriffen durch Flucht über den Balkon zu entrinnen, stürzt sie ab und verstirbt noch bevor der Notarzt eintrifft.

Der BGH hat hier den tatbestandsspezifischen Gefahrzusammenhang zwischen der Körperverletzung und der Todesfolge verneint. Letztlich habe das Opfer selbst seinen Tod herbeigeführt. Das Vorverhalten des Täters stehe nicht im „unmittelbaren" Zusammenhang mit dem Tod des Opfers.

909 **Hochsitz-Fall:** Neffe N unternimmt mit seinem Onkel O, den er hasst, einen gemeinsamen Spaziergang durch die Natur. Als O sich auf einen Hochsitz begibt, entschließt sich der unten stehende N, den mittlerweile in die Jahre gekommenen Hochsitz umzukippen. O erleidet durch den Sturz einen Beinbruch und wird stationär behandelt. Im Krankenhaus verstirbt er an einer Embolie, deren Eintritt durch eine kunstgerechte ärztliche Behandlung hätte vermieden werden können.

Hier hat der BGH anders entschieden. Das Umwerfen des Hochsitzes sei „lebensgefährlich" für das Opfer. Daher stehe der Bejahung der Körperverletzung mit Todesfolge auch nicht der Behandlungsfehler im Krankenhaus entgegen.

910 Wegen dieser vermeintlichen Inkonsequenz wurden und werden die beiden Urteile des BGH in der Literatur harsch kritisiert. So wird der Auffassung des BGH im Rötzel-Fall entgegengehalten, dass zu den spezifischen Gefahren, denen das Gesetz mit der hohen Strafandrohung begegnen will, auch der Umstand gehöre, dass das Opfer aus Angst vor weiteren Misshandlungen unbesonnen reagiere und beispielsweise waghalsige Fluchtversuche unternehme, um sich vor dem Angreifer in Sicherheit zu bringen. Solche Reaktionen seien Teil des elementaren Selbsterhaltungstriebs des Menschen und daher bei gravierenden Misshandlungen ebenso naheliegend und deliktstypisch wie Fluchtversuche bei einer Freiheitsberaubung oder einer drohenden Vergewaltigung (etwa wenn die Frau nach einer längeren Hetzjagd bei der Flucht über Bahngleise von einem Zug erfasst wird). Infolgedessen müsse es auch im Bereich des § 227 zur Bejahung des tatbestandsspezifischen Gefahrzusammenhangs zwischen Körperverletzungshandlung und Todesfolge genügen, dass der Tod unmittelbar durch einen Fluchtversuch herbeigeführt worden sei, den das Opfer bei einem gegenwärtigen Angriff in naheliegender, nachvollziehbarer Weise aus Furcht vor (weiteren) schweren Verletzungen unternommen habe. Das Gleiche gelte für Ausweichbewegungen und sonstige Abwehrmaßnahmen des Angegriffenen.[1187] Lediglich, wenn der Angriff beendet sei und das Opfer später durch das eigenverantwortliche Ingangsetzen eines neuen Kausalverlaufs seinen Tod herbeiführe, könne nicht mehr von einem tatbestandsspezifischen Gefahrzusammenhang gesprochen werden.

911 Im obigen **Rötzel-Fall** nahm der BGH (lediglich) eine Strafbarkeit wegen fahrlässiger Tötung (§ 222) in Tateinheit mit dem entsprechenden Körperverletzungsdelikt (§§ 223 ff.) an. Dagegen müsste man – der Argumentation der h.L. folgend – den tatbestandsspezifischen Gefahrzusammenhang bejahen. Der Ehemann wäre hiernach wegen Körperverletzung mit Todesfolge (§ 227) strafbar. Der tatbestandsspezifische Gefahrzusammenhang würde nur dann nicht zu bejahen sein, wenn die Ehefrau z.B. nach gelungenem Abstieg vom Balkon auf dem Weg zu einer Freundin von einem Lkw erfasst und getötet worden wäre. Hier ginge es zu weit, einen tatbestandsspezifischen Gefahrzusammenhang anzunehmen. Selbst eine Strafbarkeit wegen fahrlässiger Tötung scheint fraglich.

912 Mittlerweile hat auch der BGH seinem ehemaligen Rötzel-Fall eine Absage erteilt. In seiner (vergleichbaren) ersten **Fenstersturz-Entscheidung** bejaht er den tatbestandsspezifischen Gefahrzusammenhang, wenn das Opfer aufgrund einer körperverletzungsbedingten

---

[1187] *Wessels/Hettinger*, BT 1, Rn 301; Sch/Sch-*Stree/Sternberg-Lieben*, § 227 Rn 6; *Rengier*, BT II, § 156 Rn 6 f.; SK-*Horn/Wolters*, § 227 Rn 5. Vgl. auch *v. Heintschel-Heinegg/Kudlich*, JA 2001, 129 ff.

Benommenheit panikartig reagiert und unvernünftige Fluchtversuche unternimmt.[1188] Hier habe sich gerade die der begangenen Tat eigentümliche Gefahr für das Leben der verletzten Person in der Todesfolge verwirklicht. Bestätigt hat der BGH diese Rechtsprechung im sog. **Hetzjagd-Fall**, der – da er eine Verknüpfung der Problematik um die Selbstschädigung des Opfers mit der Strafbarkeit des erfolgsqualifizierten Versuchs herstellt – sogleich bei Rn 915 gesondert dargestellt wird. Bereits an dieser Stelle kann jedoch gesagt werden, dass der BGH die Abweichung zum sog. Rötzel-Fall in bemerkenswerter Weise damit begründet, dass die damalige Entscheidung ohne Begründung ergangen und daher nicht bindend sei (!).[1189]

Bestätigt hat der BGH seine Abkehr von der Rötzel-Entscheidung in seiner zweiten **Fenstersturz-Entscheidung**.[1190] Das Opfer, eine Ehefrau, die zuvor von ihrem Mann mit einem Küchenmesser in den Rücken gestochen wurde, versuchte, in Panik vor weiteren Messerattacken aus dem Fenster zu klettern, rutschte dabei aber ab, stürzte 25 Meter in die Tiefe und verstarb an den Folgen des Aufpralls. Da aber auch diese Konstellation eine Verknüpfung der Problematik um die Selbstschädigung des Opfers mit der Strafbarkeit des erfolgsqualifizierten Versuchs darstellt, sei ebenfalls verwiesen, und zwar auf Rn 915a. **913**

Allerdings geht es auch nach Auffassung des BGH zu weit, zwei Mittäter wegen Körperverletzung mit Todesfolge zu bestrafen, wenn sie – um die Tatspuren zu verwischen – die **vermeintliche Leiche** ihres zuvor vorsätzlich misshandelten Opfers **in einen Fluss werfen**, in dem dieses dann ertrinkt. Hier sei der tatbestandsspezifische Gefahrzusammenhang nicht gegeben, wenn das Tatopfer „mit größerer Wahrscheinlichkeit" nicht an den Misshandlungen gestorben wäre.[1191] **914**

Zum sog. **Container-Fall**, bei dem sich das Opfer selbst töten möchte und unter Verschweigen seiner wahren Absicht den Täter bittet, es in einen Plastiksack zu stecken und in einen Müllcontainer zu werfen, vgl. Rn 863.

Eine Verknüpfung des erfolgsqualifizierten Versuchs mit der Selbstschädigung des Opfers stellen der „Hetzjagd-Fall"[1192] und die zweite „Fenstersturz-Entscheidung"[1193] dar. Da beide Fälle nebst gutachterlich ausformulierten Lösungen bei *R. Schmidt*, BT I, Rn 410 ff. dargestellt sind, wird insoweit darauf verwiesen. **915**

Greifen **Dritte** in den Geschehensablauf ein, entfällt der tatbestandsspezifische Gefahrzusammenhang nicht, wenn die dem Grunddelikt anhaftende eigentümliche Gefahr für den Eintritt der besonderen Tatfolge erhalten bleibt. Lediglich, wenn das Fehlverhalten Dritter auf grober Fahrlässigkeit beruht oder ein anderer die durch die Primärverletzung geschaffene hilflose Lage des Opfers vorsätzlich zu dessen eigener Tat ausnutzt, ist für das erfolgsqualifizierte Delikt (insbesondere § 227) kein Raum.[1194] **916**

Im obigen **Hochsitz-Fall** hat der BGH ein grob fahrlässiges Verhalten der Ärzte nicht gesehen. Daher entfalle der tatbestandsspezifische Gefahrzusammenhang nicht. **917**

[1188] BGH NJW 1992, 1708, mit krit. Anm. v. *Graul*, JR 1992, 344 und *Mitsch*, Jura 1993, 18. Vgl. auch *Sowoda*, Jura 1994, 649 u. 1995, 644, sowie SK-*Horn/Wolters*, § 227 Rn 5.

[1189] BGHSt 48, 34 ff.

[1190] BGH NStZ 2008, 278.

[1191] BGH StV 1998, 203, 204.

[1192] BGHSt 48, 34 ff. (mit Bespr. v. *Heger*, JA 2003, 455 ff.; *Hardtung*, NStZ 2003, 261 ff.; *Puppe*, JR 2003, 123 ff.; *Kühl*, JZ 2003, 637 ff.; *Laue*, JuS 2003, 743 ff.; nachgestellt von *Norouzi*, JuS 2006, 531 ff.).

[1193] BGH NStZ 2008, 278.

[1194] Vgl. BGHSt 31, 96, 99; *Wessels/Hettinger*, BT 1, Rn 304; *Roxin*, AT, § 11 Rn 115 ff. Vgl. auch BGH NStZ 2009, 92, 93, der den Zurechnungszusammenhang in Frage stellt, wenn das Opfer zwar aufgrund einer gefährlichen Körperverletzung erheblich verletzt wird, dann aber letztlich aufgrund eigenverantwortlichen Fehlverhaltens und groben Behandlungsfehlers des verantwortlichen Arztes verstirbt.

e. Beteiligung/Mittäterschaft am erfolgsqualifizierten Delikt

918 Sind an einem erfolgsqualifizierten Delikt mehrere Personen beteiligt, ist gem. § 29 für jeden Beteiligten separat zu prüfen, ob diesem die eingetretene besondere Tatfolge als solche zugerechnet werden kann. Sofern der Beteiligte den Grundtatbestand nicht eigenhändig begeht, ist der sonst erforderliche tatbestandsspezifische Gefahrzusammenhang nicht Voraussetzung. Vielmehr genügt es, wenn dem Beteiligten hinsichtlich der besonderen Tatfolge Fahrlässigkeit bzw. Leichtfertigkeit zur Last fällt. So muss bspw. bei der **Anstiftung** die besondere Folge durch eine Handlung des Angestifteten (= Haupttäter) verursacht worden sein, die vom Vorsatz des Anstifters umfasst ist. Ob der Haupttäter nur den Grundtatbestand oder die besondere Folge vorsätzlich herbeigeführt und dabei ggf. ein anderes, schwereres Delikt verwirklicht hat, ist für die Strafbarkeit des Anstifters gem. § 26 i.V.m. dem einschlägigen erfolgsqualifizierten Delikt unerheblich. Er muss nur fahrlässig bzw. leichtfertig in Bezug auf die schwere Folge gehandelt haben. Entsprechendes gilt für den Mittäter und den Gehilfen.[1195]

Beispiel: A bezahlt T, damit dieser seinen Nebenbuhler O mit einem Baseballschläger verprügelt. So geschieht es. Wenig später stirbt O an den Folgen der Kopfverletzungen, die T ihm zugefügt hatte. Dabei konnte T nachgewiesen werden, dass er selbst noch eine Rechnung mit O offen hatte und daher dessen Tod billigend in Kauf nahm. Strafbarkeit der Beteiligten?

T hat sich wegen Totschlags (§ 212) strafbar gemacht. Insbesondere genügt für den Vorsatz die billigende Inkaufnahme des Todes. Daneben hat T auch die Erfolgsqualifikation des § 227 erfüllt, die aber auf Konkurrenzebene (Gesetzeskonkurrenz) zurücktritt (nach a.A.[1196] schließen die §§ 211 ff. und § 227 sich schon tatbestandlich aus).

Fraglich ist die Strafbarkeit des A. Zumindest hat er sich wegen Anstiftung zur gefährlichen Körperverletzung (§§ 223 I, 224 I Nr. 2, 5, 26) strafbar gemacht. Problematisch ist, wie sich der Todeseintritt bei O auf seine Strafbarkeit auswirkt. Anstiftung zum Totschlag scheidet aus, da er weder vorsätzlich in Bezug auf die Tat des T handelte noch sein Anstiftervorsatz auf einen Totschlag gerichtet war. Möglicherweise ist er aber wegen Anstiftung zur gefährlichen Körperverletzung mit Todesfolge strafbar (§§ 223 I, 224 I Nr. 2, 5, 227, 26). Dass § 26 eine *vorsätzliche* Haupttat voraussetzt und es sich bei § 227 um eine *Erfolgsqualifikation* handelt, steht dem nicht entgegen, da Erfolgsqualifikationen gem. §§ 11 II, 18 insgesamt als Vorsatztaten gelten. Auch spielt es für A keine Rolle, dass T wegen Totschlags strafbar ist. Denn nach zutreffender h.M. ist gem. § 29 für A allein seine **psychische Beziehung zum Eintritt der schweren Folge** entscheidend. Er muss sich also wegen Anstiftung zur Körperverletzung mit Todesfolge verantworten, soweit ihm hinsichtlich der Todesfolge Fahrlässigkeit zur Last fällt. A wusste und wollte, dass T den O mit einem Baseballschläger zusammenschlagen würde. Da das Zusammenschlagen mit einem Baseballschläger stets die Gefahr schwerer Folgen, ja sogar den Tod, bedeuten kann, ist für jedermann ersichtlich. In Ermangelung entgegenstehender Gesichtspunkte gilt dies auch für A. In Bezug auf den Tod des O handelte A somit fahrlässig. A ist wegen Anstiftung zur gefährlichen Körperverletzung mit Todesfolge (§§ 223 I, 224 I Nr. 2, 5, 227, 26) strafbar.

Anmerkung: Die Gegenauffassung, die hinsichtlich der §§ 211 ff. und § 227 von einem Exklusivitätsverhältnis ausgeht, müsste konsequenterweise bei T den Tatbestand des § 227 verneinen. Somit würde es bei A an einer teilnahmefähigen Haupttat in Bezug auf den Tod des O fehlen (§§ 212, 26 scheidet ja wegen des fehlenden Tötungsvorsatzes bei A aus). Demzufolge wäre A (nur) wegen Anstiftung zur gefährlichen Körperverletzung (§§ 223 I, 224 I Nr. 2, 5, 26) in Tateinheit mit fahrlässiger Tötung (§ 222) strafbar.

[1195] Vgl. dazu insgesamt BGHSt 19, 339, 341 f.; BGH NStZ 1994, 339; NStZ 1997, 82; 1998, 513; NJW 2016, 2516, 2517; Sch/Sch-*Sternberg-Lieben/Schuster*, § 18 Rn 7; SK-*Rudolphi*, § 18 Rn 6; *Fischer*, § 18 Rn 5. Teilweise anders LK-*Schünemann*, § 26 Rn 92; NK-*Paeffgen*, § 18 Rn 132.
[1196] LK-*Hirsch*, § 227 Rn 1, 9.

Ähnliches gilt für die höchstpersönliche Zurechnung der Todesfolge bei **mittäterschaftlich** verübter Körperverletzung (oder mittäterschaftlich verübtem Raub) mit Todesfolge: Begehen mehrere Täter gemeinschaftlich eine Körperverletzung (§ 223) oder einen Raub (§ 249) und verursacht einer der Mittäter den Tod des Opfers, sind die übrigen Mittäter nach § 227 bzw. § 251 strafbar, wenn sich ihr zumindest bedingter Vorsatz auf die Tathandlungen erstreckt, durch welche der qualifizierende Erfolg herbeigeführt worden ist, und ihnen in Bezug auf die Todesfolge wenigstens Fahrlässigkeit (bei § 227) bzw. Leichtfertigkeit (bei § 251) vorzuwerfen ist. Ein Beteiligter haftet somit gem. § 227 bzw. § 251 als Mittäter nur für die Folgen derjenigen Handlungen des den Tod des Opfers unmittelbar herbeiführenden Täters, die er in seine Vorstellungen von dem Tatgeschehen einbezogen hatte. Ist das nicht der Fall, liegt ein sog. Mittäterexzess vor, der die übrigen Mittäter insoweit nicht belastet. Jedoch begründet nicht jede Abweichung des tatsächlichen Geschehens von dem vereinbarten Tatplan bzw. den Vorstellungen des Mittäters die Annahme eines Exzesses. Differenzen, mit denen nach den Umständen des Falls gerechnet werden muss, und solche, bei denen die verabredete Tatausführung durch eine in ihrer Schwere und Gefährlichkeit gleichwertige ersetzt wird, werden in der Regel vom Willen des Beteiligten umfasst, auch wenn er sie sich nicht so vorgestellt hat. Ebenso ist der Beteiligte für jede Ausführungsart einer von ihm gebilligten Straftat verantwortlich, wenn ihm die Handlungsweise seiner Tatgenossen gleichgültig ist und deswegen auf deren Billigung geschlossen werden kann.[1197] 919

Beispiel[1198]: A und B überfielen den später getöteten O in den Räumlichkeiten der von diesem betriebenen Lkw-Vermietung. Sie forderten von O die Herausgabe von Bargeld; A bedrohte O mit einem Messer, woraufhin dieser ihm Geldscheine, etwa 200,- bis 400,- €, aushändigte. A nahm O sodann in den „Schwitzkasten", zog seinen um den Hals gelegten Arm fest an und stach und schnitt mehrfach in den Mundbodenbereich und Hals des O. Dieser kam gleichwohl der Aufforderung, den Tresor zu öffnen, nicht nach. Der den Einsatz des Messers billigende B folgte den beiden in das Büro, um dort nach Bargeld zu suchen. Als er jedoch nichts fand, entschlossen sich A und B zur Flucht. A entschloss sich nun, O zu töten. Er versetzte ihm mit dem Messer einen gezielten Stich in die linke Brustseite, der bis in das Herz drang. O verstarb unmittelbar darauf an innerem Verbluten. Um den Eintritt des Todes zu gewährleisten, schnitt A dem am Boden liegenden, sterbenden O noch mehrmals durch die Kehle. A und B verließen das Büro und das Betriebsgelände, ohne weiter nach Bargeld zu suchen.

A ist wegen Mordes gem. § 211 I, II in der Var. 3 (Habgier) oder Var. 9 (zur Verdeckung einer Straftat) in Tateinheit mit schwerer räuberischer Erpressung mit Todesfolge gem. §§ 253 I, II, 255, 250 II Nr. 1 Var. 2, Nr. 3b, 251 strafbar.

Bei B wird man den Tötungsvorsatz verneinen müssen, weil die Tötung des O nicht vom gemeinsamen Tatplan/Tatentschluss umfasst war[1199] und auch kein Fall der sukzessiven Mittäterschaft vorliegt, sodass eine Strafbarkeit wegen Mordes ausscheidet. Hinsichtlich der möglichen Strafbarkeit wegen gemeinschaftlicher schwerer räuberischer Erpressung mit Todesfolge ist zu sagen, dass der von einem Mittäter verursachte Tod den anderen Mittätern nach § 251 zugerechnet werden kann, wenn sich in dem Todeserfolg die der Verwirklichung des Grundtatbestands eigentümliche Gefahr niedergeschlagen hat, die todesursächliche körperverletzende Handlung im Rahmen des gemeinschaftlichen Tatentschlusses lag und den anderen Mittätern hinsichtlich des Todes ihrerseits wenigstens Leichtfertigkeit zur Last fällt. Daran ändert auch der Umstand nichts, dass der den Tod unmittelbar herbeiführende Mittäter mit Tötungsvorsatz handelte. Denn § 18 regelt die höchstpersönliche Zurechnung der schweren Folge. Es kommt also stets auf den konkreten Täter an.

Nach den vom BGH gebilligten Feststellungen des LG war der Todeserfolg nicht Folge der von B gebilligten oberflächlichen Schnitte und Stiche in den Mundboden und Hals des O.

1197 BGH NStZ 1998, 511, 512 f.; NStZ 2010, 81, 82.
1198 Nach BGH NStZ 2010, 81 f.
1199 Zum Mittäterexzess vgl. näher Rn 1012.

Vielmehr sei eine Zäsur im Geschehen eingetreten, als sich A und B, nachdem sie im Büro kein Bargeld gefunden hatten, zur Flucht entschlossen hatten. Erst daraufhin habe sich A entschlossen, O zu töten. A habe O somit den tödlichen Messerstich ins Herz nicht mehr im Rahmen verabredeter Gewaltausübung beigebracht. B habe die Tötung des Opfers auch nicht dazu ausgenutzt, sich in den Besitz von Vermögenswerten zu bringen oder jedenfalls weiter danach zu suchen.[1200] Daher könne nicht angenommen werden, dass B die weitere Gewaltausübung durch A gebilligt habe oder dass diese für ihn vorhersehbar gewesen sei. Jedenfalls habe er nicht leichtfertig gefahrerhöhend hierzu beigetragen.[1201]

Schließt man sich dem an, hat sich B nicht wegen (gemeinschaftlicher) schwerer räuberischer Erpressung mit Todesfolge[1202], sondern nur wegen (gemeinschaftlicher) schwerer räuberischer Erpressung (§§ 253 I, II, 255, 250 II Nr. 1 Var. 2, Nr. 3b, 25 II) in Tateinheit mit gefährlicher Körperverletzung gem. §§ 223 I, 224 I Nr. 2 Var. 2, Nr. 4 und Nr. 5 strafbar gemacht.

f. Verminderte Steuerungsfähigkeit beim Täter

920 Schließlich ist diskussionswürdig, ob eine beim Täter vorhandene verminderte Steuerungsfähigkeit (hervorgerufen etwa durch Alkoholgenuss) zur Verneinung der Vorhersehbarkeit der schweren Folge führen kann.

921 **Beispiel:** Der in der Szene als gewalttätig geltende A stieß eines Nachts im alkoholisierten Zustand (1,96 ‰) im Treppenabgang zu einem S-Bahn-Tunnel auf die Eheleute E und deren Sohn S, die er mit den Worten ansprach: „Hey, habt ihr auch schön gefeiert?" Nachdem sie dies bejaht und erklärt hatten, sie wollten nun nach Hause gehen, stiegen die Eheleute E die Treppe zu dem 50-60 m langen Tunnel hinab, während A zunächst am Eingang stehen blieb. Als sie nur noch wenige Schritte vom gegenüberliegenden Tunnelausgang entfernt waren und S bereits sein Fahrrad über die neben der dortigen Treppe gelegene Schräge hinaufschob, entschloss sich A aus einer alkoholbedingten Laune heraus, Herrn E anzugreifen. Er lief die Treppe in den Tunnel hinunter und rannte auf Herrn E zu, der ihn nicht bemerkte. Erst als er ihn fast erreicht hatte, wurde S auf A aufmerksam und rief seinem Vater zu: „Pass auf, der kommt." Ohne dass Herrn E noch Zeit zum Ausweichen blieb, sprang A mit angewinkeltem Bein und den Armen voraus auf ihn zu. Da dieser keinen Angriff erwartete, zeigte er keine oder aufgrund vorangegangenen eigenen Alkoholgenusses nur verzögerte Abwehr- oder Schutzreaktionen. Er geriet durch den Stoß des A aus dem Gleichgewicht, prallte mit dem Kopf gegen die etwa 1-2 m entfernte gekachelte Stirnwand des Tunnels und sackte bewusstlos zu Boden. Daraufhin wandte sich A lachend ab und flüchtete durch den entgegengesetzten Tunnelausgang. Herr E erwachte wieder aus der Bewusstlosigkeit, klagte zunächst nur über Schmerzen im Ellbogen und begab sich zu Hause zu Bett. Am nächsten Tag war er nicht mehr ansprechbar. Aufgrund des Anstoßes an der Tunnelwand war es zu einer Hirnblutung gekommen, an deren Folgen Herr E trotz einer noch durchgeführten Operation verstarb. Strafbarkeit des A?

A könnte sich wegen Körperverletzung mit Todesfolge (§§ 223, 227) strafbar gemacht haben. Den Grundtatbestand, die Körperverletzung gem. § 223, hat A vorsätzlich, rechtswidrig und schuldhaft erfüllt. Insbesondere ist von der Schuldfähigkeit auszugehen, da selbst die verminderte Schuldfähigkeit in Ermangelung entgegenstehender Anhaltspunkte erst ab einer Alkoholisierung von 2 bzw. 2,2 ‰ in Betracht kommt. Auch die schwere Folge i.S.d. § 227, der Tod eines Menschen, ist eingetreten. Diese schwere Folge wurde auch gerade durch die dem Stoß gegen die Kachelwand anhaftende tatbestandsspezifische Gefahr verursacht (sog. **tatbestandsspezifischer Gefahrzusammenhang**). Eine solche Tatfolge ist auch allgemein vorhersehbar. A handelte daher auch objektiv pflichtwidrig. Fraglich ist aber, ob A aufgrund seiner Alkoholisierung erkennen und überschauen konnte, dass Herr E durch den „Stoß mit den Händen" gegen die 1-2 m entfernte Tunnelwand prallen und sich

---

[1200] Vgl. zu dieser Konstellation BGH NStZ 2008, 280, 281.

[1201] BGH NStZ 2010, 81, 82.

[1202] Auf die tateinheitlich zu prüfende (und im Ergebnis ebenfalls zu verneinende) gefährliche Körperverletzung mit Todesfolge (§ 223 I, 224 I Nr. 2 Var. 2, Nr. 4, Nr. 5, 227 I) soll hier nicht weiter eingegangen werden.

hierbei schwere Gehirnverletzungen zuziehen würde (sog. subjektive Vorhersehbarkeit). Für die Annahme der subjektiven Vorhersehbarkeit ist entscheidend, ob vom Täter in seiner konkreten Lage nach seinen persönlichen Kenntnissen und Fähigkeiten der Eintritt des Todes des Opfers – im Ergebnis und nicht in den Einzelheiten des dahin führenden Kausalverlaufs – vorausgesehen werden konnte. Dabei ist eine mögliche Beeinträchtigung der kognitiven Fähigkeiten des Täters aufgrund vorangegangenen Alkoholgenusses zu berücksichtigen.
A versetzte Herrn E nicht lediglich einen Stoß mit den Händen, sondern rannte über eine längere Strecke auf ihn zu und sprang ihn schließlich mit angewinkeltem Bein und den Armen voraus an, wodurch dieser gegen die 1-2 m entfernte Wand des Tunnels geschleudert wurde. Dabei wollte er Herrn E auch unvorbereitet angreifen, damit dieser sich keines Angriffs versieht, um ggf. rechtzeitige Abwehr- oder Ausweichreaktion zeigen zu können. Diese Vorgehensweise lässt darauf schließen, dass A durchaus in der Lage war vorauszusehen, sein massiver Angriff auf den überraschten Herrn E könne dazu führen, dass dieser sich lebensgefährliche Hirnverletzungen zuziehen könnte.

A hat sich daher wegen Körperverletzung mit Todesfolge strafbar gemacht. Der ebenfalls verwirklichte Tatbestand der fahrlässigen Tötung (§ 222) tritt im Wege der Gesetzeskonkurrenz hinter § 227 zurück.

III. (Fahrlässige) Teilnahme an Vorsatz-Fahrlässigkeits-Kombinationen

Die Besonderheiten der Teilnahme am erfolgsqualifizierten Delikt wurden bereits bei Rn 918 f. behandelt. Davon zu unterscheiden ist die Teilnahme an einer (tatbestandlichen) Vorsatz-Fahrlässigkeits-Kombination. Hier wiederum ist fraglich, ob jemand zu bestrafen ist, der objektiv an einer Vorsatz-Fahrlässigkeits-Kombination teilnimmt, hinsichtlich des Gefährdungsteils aber lediglich fahrlässig handelt, oder – anders ausgedrückt –, ob eine fahrlässige Teilnahme an einer Vorsatz-Fahrlässigkeits-Kombination möglich ist. **921a**

Beispiel: A ist Eigentümer einer Lagerhalle im Teufelsmoor. Seit Jahren hat er das Gebäude an den Unternehmer U vermietet. Nunmehr möchte er das Grundstück für andere Zwecke nutzen. Doch U weigert sich, die Halle herauszugeben. Auch eine Kündigung des Mietvertrags scheitert, da dieser noch eine Laufzeit von 5 Jahren hat. Daher sieht A nur noch einen Ausweg: Er bezahlt den zwielichtigen T, damit dieser gegen Entgelt das Gebäude in Brand setzt. Die Gelegenheit sei günstig, da U gerade in Urlaub sei. Mit zehn 500,-€-Scheinen in der Tasche wirft T eine Brandbombe durch das Bürofenster, wodurch das gesamte Gebäude in Flammen aufgeht und völlig zerstört wird. Was A und T nicht wussten, war, dass sich der Sohn des U, der S, während des Brandanschlags im Gebäude befand, um Buchführungsaufgaben zu erledigen, sich jedoch noch rechtzeitig aus dem brennenden Gebäude retten konnte und unverletzt blieb. Wie haben sich A und T strafbar gemacht? **921b**

1. Strafbarkeit des T
T hat sich wegen fahrlässiger Brandstiftung gem. § 306 d I Halbs. 2 strafbar gemacht. Zwar hat er vorsätzlich das Gebäude in Brand gesetzt und damit den objektiven Tatbestand des § 306 a II (i.V.m. § 306 I Nr. 1 Var. 1) verwirklicht, allerdings war er (pflichtwidrig) davon ausgegangen, dass sich niemand in dem Gebäude befinden würde. Mithin hat er die Gefahr einer Gesundheitsschädigung nur fahrlässig verursacht, was zur Verwirklichung (nur) des § 306 d I Halbs. 2 (Vorsatz-Fahrlässigkeits-Kombination) führt. § 306a II steht in Tateinheit zu § 306 I Nr. 1 Var. 1.

2. Strafbarkeit des A
Fraglich ist, ob A den T zu dessen konkreter Tat angestiftet hat. Erste Voraussetzung gem. § 26 I ist eine vorsätzliche und rechtswidrige Haupttat. Bei § 306 d I Var. 2 handelt es sich aber nicht um ein Vorsatzdelikt, sondern um eine Vorsatz-Fahrlässigkeits-Kombination. Gleichwohl ist dies unbeachtlich, da gem. § 11 II die Vorsatz-Fahrlässigkeits-Kombinationen den Vorsatzdelikten gleichgestellt sind. Eine erforderliche Haupttat liegt also vor. Zu

dieser hat A den T auch bestimmt. Das Hauptproblem besteht indes auf der subjektiven Seite, da § 26 einen sog. doppelten Anstiftervorsatz (Vorsatz bezüglich der Haupttat und Vorsatz bezüglich der Anstiftung) fordert, A jedoch davon ausgegangen ist, dass durch die Haupttat niemand gefährdet werden würde, sodass es ihm insoweit am Vorsatz fehlte.

⇨ Teilweise wird **§ 11 II** herangezogen und behauptet, die Norm habe für die Teilnahme an Vorsatz-Fahrlässigkeits-Kombinationen dieselbe akzessorietätslockernde Funktion wie § 18 für die Teilnahme an erfolgsqualifizierten Delikten. Aus § 11 II lasse sich herleiten, dass es genüge, wenn der Haupttäter die Handlung vorsätzlich vornehme, der Teilnehmer dies wisse und ihm überdies hinsichtlich der besonderen Folge Fahrlässigkeit zur Last falle.[1203]

Diese Auffassung ist abzulehnen. Sie verkennt, dass durch § 11 II Vorsatz-Fahrlässigkeits-Kombinationen zwar in die Gruppe der teilnahmefähigen Haupttaten einbezogen werden können, die §§ 26, 27 ausweislich ihres klaren Wortlauts jedoch Vorsatz hinsichtlich der Verwirklichung der gesamten Haupttat – bei Vorsatz-Fahrlässigkeits-Kombinationen also auch bezüglich der fahrlässigen Gefahrverursachung durch den Haupttäter – verlangen. Über dieses in §§ 26, 27 formulierte Erfordernis kann § 11 II nicht hinweghelfen.[1204]

⇨ Abzulehnen ist auch die Auffassung, die **§ 29** heranzieht.[1205] Diese Vorschrift bestimmt, dass jeder Beteiligte ohne Rücksicht auf die Schuld des anderen nach seiner Schuld bestraft wird und betrifft damit nur eine Frage der Schuld i.S. des persönlichen Dafürkönnens, nicht jedoch des Vorsatzes.

⇨ Andere suchen eine Lösung über **§ 18** (analog). Während die Voraussetzungen einer strafbaren Teilnahme an den erfolgsqualifizierten Delikten in § 18 geregelt seien, fehle eine solche Regelung für die eigentlichen Vorsatz-Fahrlässigkeits-Kombinationen. Doch könne auch für sie nur das Gleiche wie bei den erfolgsqualifizierten Delikten gelten. Anstiftung oder Beihilfe seien daher gegeben, wenn der Teilnehmer vorsätzlich den Täter zur Vornahme der vorsätzlichen Grundhandlung bestimme oder ihn dabei unterstütze und dadurch fahrlässig die besondere Folge verursacht habe.[1206]

Doch auch diese Auffassung ist abzulehnen, denn sie verstößt gegen das Analogieverbot zu Lasten des Täters, das wegen Art. 103 II GG richtigerweise auch für den Allgemeinen Teil des StGB gilt (vgl. Rn 32-35). Zudem liegen bereits die Voraussetzungen einer Analogie nicht vor, denn es fehlt an einer planwidrigen Regelungslücke. Dadurch, dass der Gesetzgeber die fahrlässige Teilnahme an Vorsatz-Fahrlässigkeits-Kombinationen auch nicht nach etlichen Gesetzesnovellen unter Strafe gestellt hat, vielmehr im Gegenteil im Zuge des 6. StrRG 1998 im Hinblick auf den Qualifikationstatbestand in § 330 II Nr. 1 erneut davon ausgegangen ist, dass § 18 keine Anwendung findet[1207], hat er sich der diesbezüglichen Rechtsauffassung des BGH[1208] angeschlossen.

3. Ergebnis

A hat sich zwar wegen Anstiftung zur Brandstiftung, §§ 306 I Nr. 1, 26, nicht aber wegen Anstiftung zur fahrlässigen Brandstiftung gem. §§ 306d I Var. 2, 26 strafbar gemacht.

Fazit: Für die Bestrafung wegen Teilnahme an einer Vorsatz-Fahrlässigkeits-Kombination ist es erforderlich, dass die betreffende Person vorsätzlich hinsichtlich der Verwirklichung der gesamten Vorsatz-Fahrlässigkeits-Kombination durch den Haupttäter, also auch des Gefährdungsteils, handelt. Liegt nur Fahrlässigkeit hinsichtlich des Gefährdungsteils vor, kann eine Strafbarkeit aus § 26 oder § 27 nicht begründet werden. Die Stimmen aus der Literatur, die das gegenteilige Ergebnis mit Hilfe der §§ 11 II, 29 oder 18 zu begründen versuchen, überzeugen nicht oder sind verfassungswidrig.

[1203] *Arzt*, in: Arzt/Weber/Heinrich/Hilgendorf, BT, § 35 Rn 126 f.

[1204] Wie hier SK-*Rudolphi/Stein*, § 11 Rn 52; *Noak*, JuS 2005, 312, 313.

[1205] Eine Lösung über § 29 favorisieren MüKo-*Radtke*, § 11 Rn 108; LK-*König*, § 315 Rn 132.

[1206] SK-*Rudolphi*, § 11 Rn 53; LK-*Hilgendorf*, § 11 Rn 105 ff.

[1207] Vgl. BT-Drs. 13/9064, S. 23.

[1208] BGHSt 26, 176, 181.

11. Kapitel – Täterschaft und Teilnahme

A. Strafrechtliche Beteiligungsformen

Sind an einer Straftat mehrere Personen beteiligt, stellt sich die Frage nach der jeweiligen Strafbarkeit. Im Hinblick auf die **Vorsatzdelikte** wird diese Frage von den §§ 25 ff. beantwortet. Dort ist zunächst von der Vorschrift des § 28 II auszugehen, die den Begriff der Beteiligung legaldefiniert. Unterschieden werden hiernach **Täterschaft** und **Teilnahme**. Zur Täterschaft zählen gem. § 25 die *Alleintäterschaft*, die *mittelbare Täterschaft* und die *Mittäterschaft*. Die Teilnahme umfasst gem. § 28 I die *Anstiftung* (§ 26) und die *Beihilfe* (§ 27). 922

Täterschaft: Die Täterschaft ist die intensivste Form der Beteiligung. 923

- Regelfall ist die **Alleintäterschaft** (unmittelbare Täterschaft). Danach ist Täter, wer die Tat selbst begeht, § 25 I Var. 1.
- Darüber hinaus ist Täter, wer die Tat durch einen anderen verwirklicht, § 25 I Var. 2 (**mittelbarer Täter**). Der mittelbare Täter (sozusagen der Hintermann) kennzeichnet sich dadurch, dass er einen anderen Menschen (den sog. Tatmittler) als eine Art „Werkzeug" einsetzt, um durch diesen eine Straftat zu verwirklichen. Haftungsbegründung des mittelbaren Täters ist die Überlegenheit von Wissen und/oder Wollen, die dazu führt, ihm die Handlung des Tatmittlers so zuzurechnen, als hätte er sie selbst vorgenommen.
- Verwirklichen mehrere gemeinsam eine Tat, sind sie **Mittäter**, § 25 II. Das Zusammenwirken hat zur Folge, dass die objektiven Tatbeiträge der Einzelnen den anderen zugerechnet werden, sofern sie von einem gemeinsamen Tatentschluss umfasst sind. Diese Konstruktion ermöglicht die volle Bestrafung auch derjenigen Mitwirkenden, die nicht alle objektiven Tatbestandsmerkmale erfüllt haben.
- Gesetzlich nicht geregelt ist die **Nebentäterschaft**. Dieser Begriff erfasst Fallkonstellationen, in denen eine Tat von mehreren Tätern begangen wurde, ohne dass ein Fall der Mittäterschaft vorliegt. Gießen z.B. A und B unabhängig und voneinander nicht wissend jeweils eine tödlich wirkende Menge Gift in den Tee des O, sind sie nicht Mittäter, da ihr Handeln keinem gemeinsamen Tatentenschluss zugrundeliegt. Sie sind zwei Einzeltäter, d.h. Nebentäter.

Teilnahme: Im Vergleich zur Täterschaft stellt die Teilnahme die schwächere Form der Beteiligung dar. 924

- **Anstifter** nach § 26 ist, wer – ohne selbst Täter zu sein – einen anderen (den Haupttäter) zu dessen vorsätzlicher und rechtswidriger Tat „bestimmt". Die Strafbarkeit des Anstifters gleicht der des Haupttäters. Das ergibt sich aus dem Umstand, dass der Anstifter der eigentliche Initiator der Haupttat ist, der diese erst durch seine psychische Einflussnahme auf den Haupttäter veranlasst hat.
- Die schwächere Form der Teilnahme ist die **Beihilfe**. Nach § 27 I ist Gehilfe, wer die vorsätzliche und rechtswidrige Haupttat fördert. Aufgrund der geringeren Tatnähe - hier nur psychische oder physische Erleichterung - als bei der Anstiftung sieht das Gesetz die obligatorische Strafmilderung vor (§ 27 II i.V.m. § 49 I).

Mit der in den §§ 25 ff. vorgenommenen Unterscheidung zwischen Täterschaft und Teilnahme hat sich der Gesetzgeber für das sog. **dualistische Beteiligungssystem** entschieden. Danach wird der jeweilige Vorsatztatbestand des Besonderen Teils durch eine Beteiligungsform des Allgemeinen Teils ergänzt und modifiziert. Den Gegensatz dazu bildet das sog. **Einheitstäterprinzip**. Danach wird nicht zwischen Täterschaft und Teilnahme unterschieden, sondern jeder als Täter angesehen, der einen auch noch so unbedeutenden kausalen Beitrag zur Tatbestandsverwirklichung leistet. Art und Bedeutung 925 des Tatbeitrags können hiernach erst bei der Strafzumessung berücksichtigt werden. Diesem Einheitstäterprinzip ist der Gesetzgeber mit guten Gründen nicht gefolgt. Mag es mit Blick auf den Anstifter noch vertretbar sein, den Initiator einer Straftat aufgrund seines kriminellen Potentials als Täter einzustufen, ist dies beim Gehilfen doch anders. Eine Randfigur, die das kriminelle Unrecht des Hauptakteurs lediglich unterstützt, als Täter zu qualifizieren und sie so im Urteilstenor auf die gleiche Stufe zu stellen wie den Hauptakteur wird dem Grundsatz der Verhältnismäßigkeit nicht gerecht. Denn es macht für den Nebenakteur sehr wohl einen Unterschied, wegen einer vorsätzlich begangenen Straftat oder lediglich wegen Beihilfe verurteilt zu werden.

926 Das Einheitstäterprinzip spielt jedoch bei den **Fahrlässigkeitsdelikten** eine entscheidende Rolle. Denn nach der gesetzlichen Struktur der Fahrlässigkeitsdelikte ist jeder, der sorgfaltspflichtwidrig einen kausalen und zurechenbaren Beitrag zur Tatbestandsverwirklichung leistet, Fahrlässigkeitstäter (vgl. nur § 229 und § 222). Art und Weise des Tatbeitrags sowie Schwere der Schuld sind hier bei der Strafzumessung zu berücksichtigen. Dieser Annahme stehen insbesondere nicht die §§ 25 ff. entgegen, da diese Vorschriften sich ausdrücklich nur auf Vorsatzdelikte beziehen.

Beispiel: Der vorsätzlich alkoholisierte T (1,92 ‰) steuert seinen Wagen mit überhöhter Geschwindigkeit, wobei er von seinem Beifahrer G angestachelt wird, noch schneller zu fahren. So geschieht es. In einer Kurve verliert T infolge seines verminderten Reaktionsvermögens und der überhöhten Geschwindigkeit die Kontrolle über sein Fahrzeug und kollidiert mit dem des ihm entgegenkommenden O. Dieser stirbt noch am Unfallort. Strafbarkeit der Beteiligten?
Da T sich keines Vorsatzdelikts schuldig gemacht hat, kommt § 222 in Betracht. Durch die Anstachelung hat auch G eine Ursache für den Tod des O gesetzt. Beide sind daher jeweils aus § 222 zu bestrafen. Darüber hinaus liegt bei T der Tatbestand des § 315c I Nr. 1a, III Nr. 1 vor. Da es sich bei diesem Delikt um ein eigenhändiges Delikt handelt, liegt bei G eine Teilnahmeform und nicht eine Mittäterschaft vor.

927 Ferner ist der Gesetzgeber dem Einheitstäterprinzip bei den **Ordnungswidrigkeiten** gefolgt. Dies ist verfassungsrechtlich unbedenklich, da nicht nur eine gesetzliche Zurechnungsnorm besteht (vgl. § 14 OWiG), sondern Ordnungswidrigkeiten gerade keine Straftaten sind.

928 In jüngerer Zeit mehren sich die Stimmen, die auch bei den Fahrlässigkeitsdelikten von dem dualistischen Beteiligungssystem ausgehen und bspw. eine **„fahrlässige Mittäterschaft"** zulassen wollen, in deren Rahmen die verschiedenen Tatbeiträge der Mittäter zugerechnet werden.[1209] Diese Konstruktion beruht auf dem Bedürfnis, in den Fällen nicht nachweisbarer Kausalität durch mittäterschaftliche wechselseitige Zurechnung von Tatbeiträgen zu einer einfachen und sicheren Begründung der Strafbarkeit zu kommen. Ob diese Auffassung mit dem geltenden Recht (insbesondere mit dem verfassungsrechtlichen Grundsatz *in dubio pro reo* und dem in § 25 II niedergelegten Prinzip des gemeinsamen Tatentschlusses/Tatplans) vereinbar ist, darf bezweifelt werden. Vgl. dazu ausf. Rn 1020.

B. Abgrenzung zwischen Täterschaft und Teilnahme

929 In vielen Fällen ist zweifelhaft, ob die Form einer Täterschaft oder die einer Teilnahme vorliegt. Insbesondere treten Probleme bei der Abgrenzung zwischen Mittäterschaft und Beihilfe einerseits und mittelbarer Täterschaft und Anstiftung andererseits auf. Ausgangspunkt der Abgrenzungsschwierigkeiten ist, dass sich bei einer Vorsatztat die äußeren Handlungen gleichen können. So wirken in der Gruppe *Mittäterschaft - Beihilfe* sowohl Mittäter als auch Gehilfe neben einem anderen bei der Ausführung der Tat mit. In der Gruppe *mittelbare Täterschaft - Anstiftung* stehen sowohl der mittelbare Täter als

[1209] So *Kamm*, Die fahrlässige Mittäterschaft, 1999 (mit Bespr. v. *Bloy*, GA 2000, 392); *Lesch*, JA 2000, 78; *Beulke/Bachmann*, JuS 1992, 744; *W/B/S*, AT, Rn 507; *Otto*, Jura 1990, 47; SK-*Hoyer*, § 25 Rn 150 ff.

auch der Anstifter im Hintergrund, während die unmittelbare Tathandlung von einem anderen vorgenommen wird.

Hinweis für die Fallbearbeitung: Die Abgrenzung ist nicht nur akademischer Natur, sondern zunächst mit Blick auf den unterschiedlichen Unrechts- und Schuldgehalt relevant. So macht es für den Betroffenen durchaus einen Unterschied, wegen Täterschaft oder „nur" wegen Teilnahme angeklagt und ggf. bestraft zu werden, zumal die Strafe wegen Beihilfe milder ausfallen muss als für Täterschaft (siehe § 27 II S. 2 i.V.m. § 49). Weiterhin ist die Abgrenzung auch im Hinblick auf den Grundsatz der **limitierten Akzessorietät der Teilnahme** relevant. Denn gem. §§ 26, 27 hängt die Strafbarkeit des Teilnehmers von dem Vorliegen einer vorsätzlichen und rechtswidrigen Haupttat ab (die Teilnahme ist zur Haupttat also akzessorisch), die – weil nach § 29 jeder Beteiligte ohne Rücksicht auf die Schuld des anderen nach seiner Schuld bestraft wird – nicht notwendig schuldhaft begangen worden sein muss (die Teilnahme ist also nicht nur akzessorisch, sondern in der Akzessorietät auch limitiert). Sind demnach mehrere Personen an einer Straftat beteiligt, ist für die weitere Klausurbearbeitung im Hinblick auf den Aufbau ausschlaggebend, dass zunächst der Haupttäter bestimmt und sodann geprüft wird. Bevor aber die in einer Klausur vorzunehmende Abgrenzung anhand von umstrittenen Abgrenzungskriterien vorgenommen wird (dazu sogleich), sollte der konkret zu behandelnde Sachverhalt zunächst darauf hin untersucht werden, ob nicht ein eindeutiger Fall einer Täterschaft bzw. einer Teilnahme vorliegt. Siehe auch Rn 945. 930

I. Eindeutige Fälle

1. Keine Täterqualität (Negativselektion)

In Bezug auf *vollendete* Delikte ergeben sich zunächst keine Abgrenzungsprobleme in Fällen, in denen die Strafbarkeit an eine bestimmte Subjektqualität des Täters anknüpft. Soweit dies der Fall ist, sind Täterschaftserwägungen erst gar nicht anzustellen. Statt einer Täterschaftsform kommen bei der zu prüfenden Person dann von vornherein nur Anstiftung oder Beihilfe in Betracht. Das betrifft drei Deliktsarten: die eigenhändigen Delikte, die Sonderdelikte und die Pflichtdelikte.[1210] 931

- **Eigenhändige Delikte** sind Delikte, bei denen nur die eigenhändige Vornahme der Tatbestandshandlung den Unwert des Delikts realisiert. Andere Personen können nur Teilnehmer sein (Mittäterschaft und mittelbare Täterschaft sind also ausgeschlossen). 932

  Beispiel: T verleitet X zum Alkoholkonsum, wobei dieser im Zustand einer akuten Intoxikation (§ 323a) den O zusammenschlägt. Strafbarkeit des T?

  § 323a beschreibt ein eigenhändiges Delikt. Eine Strafbarkeit wegen Vollrauschs in mittelbarer Täterschaft kommt daher nicht in Betracht. Auch scheidet nach h.M. eine Teilnahme aus, weil sonst eine nicht mehr einzugrenzende Strafbarkeit von Zechkumpanen droht. Wenn der Vorsatz des T aber auf die *Körperverletzung* des O gerichtet war, kommen insoweit mittelbare Täterschaft oder Anstiftung in Frage, und zwar bezüglich der Rauschtat (die Körperverletzung), nicht des Vollrauschs. Bei Fahrlässigkeit ist T nach § 229 strafbar.

  Weitere eigenhändige Delikte sind bspw. die Rechtsbeugung (§ 339) und die Eides- oder Aussagedelikte nach §§ 153, 154, 156. So kann jemand, der unter Gewaltandrohung einen anderen zu einer Falschaussage nötigt, trotz überlegener „Willensherrschaft" nach den allgemeinen Regeln nur Anstifter sein. Um in diesen Fällen aber eine täterschaftliche Bestrafung des Delinquenten zu ermöglichen, enthält der Besondere Teil des StGB nicht selten Spezialvorschriften wie etwa die Sonderregelung des § 160.
  Auch kann Täter aus § 173 oder § 179 I nur sein, wer den Beischlaf bzw. die sexuelle Handlung selbst vollzieht bzw. an sich vornehmen lässt. Anders verhält es sich bei § 177,

[1210] Selbstverständlich kann sich die zu prüfende Person wegen untauglichen Versuchs strafbar machen, weil die Verwirklichung des objektiven Tatbestands aufgrund der nicht gegebenen, aber erforderlichen Tätereigenschaft gerade scheitert.

wonach bereits die Mitwirkung durch Gewaltanwendung zur Täterschaft ausreicht. Vgl. auch § 315c (außer I Nr. 2 g), und § 316.

933 ▪ Etliche Tatbestände erfordern bestimmte Voraussetzungen für die Annahme einer Täterschaft. Man spricht insoweit von **Sonderdelikten**. So kann bspw. Täter i.S.v. § 203 nur ein Berufsgeheimnisträger, Täter i.S.v. §§ 331 ff. nur ein Amtsträger, Täter i.S.v. § 121 nur ein Gefangener oder Täter i.S.v. § 142 nur ein Unfallbeteiligter sein.

Innerhalb dieser Deliktsgruppe ist weiterhin zwischen **echten** und **unechten** Sonderdelikten zu unterscheiden. Hat die besondere Subjektsqualität **strafbegründende** Bedeutung, handelt es sich um *echte* Sonderdelikte. Im Bereich der Amtsdelikte spricht man von *eigentlichen Amtsdelikten*. Beispiele sind §§ 331, 332, 336, 344, 348. Hat die besondere Subjektsqualität demgegenüber (lediglich) **strafschärfende** Bedeutung (wenn das Delikt in seiner Grundform also auch von jedermann begangen werden kann), handelt es sich um *unechte* Sonderdelikte. Bei den Amtsdelikten spricht man von *uneigentlichen Amtsdelikten*. Beispiele sind §§ 120 II, 133 III, 258a, 340.

Beispiel: Die dominante Ehegattin E bringt ihren Mann T, einen Arzt, dazu, ein Arztgeheimnis zu verraten (§ 203).

T ist ohne Rücksicht darauf, ob E eine übergeordnete Willens- oder Wissensherrschaft hatte, Täter. E ist (nur) Teilnehmerin gem. § 26, da die besondere Tätereigenschaft – ein Arzt – bei ihr gerade fehlt und eine mittelbare Täterschaft daher nicht vorliegen kann.

Die Besonderheiten eines Sonderdelikts spielen auch in der umgekehrten Konstellation eine Rolle, wenn also nicht der Tatnächste (der unmittelbar Handelnde), sondern nur der Hintermann die erforderliche Täterqualität besitzt.

Beispiel: Der Grundbuchbeamte G veranlasst den Nichtbeamten N zur Vornahme einer Falscheintragung im Grundbuch.

G ist als Amtsträger nicht etwa Anstifter, sondern mittelbarer Täter einer Falschbeurkundung im Amt (§ 348). Dagegen fehlt diese erforderliche Tätereigenschaft bei N. Dieser ist als *qualifikationsloses Werkzeug* nicht Täter i.S.v. § 348. Möglicherweise ist er aber Gehilfe (§ 27) zu diesem Delikt.

Auch die Einteilung in **echte** und **unechte** Sonderdelikte hat eine ganz konkrete Bedeutung: So enthält § 28 I eine obligatorische Strafmilderung für den *Teilnehmer*, wenn bei ihm „besondere persönliche Merkmale", welche die Strafbarkeit des Täters *begründen*, fehlen. Besondere persönliche Merkmale sind nach der Legaldefinition des § 14 I „persönliche Eigenschaften, Verhältnisse oder Umstände." Mit Blick auf § 28 werden nach h.M. die täterbezogenen Merkmale erfasst, d.h. besondere Eigenschaften, Verhältnisse oder Charakteristika, welche die Täterpersönlichkeit näher beschreiben. Dazu gehört insbesondere die Amtsträgereigenschaft bei den eigentlichen Amtsdelikten (*echte* Sonderdelikte).

Beispiel: Die Privatperson G unterstützt den Amtsträger T, damit dieser eine Falschbeurkundung im Amt (§ 348) begehen kann. Strafbarkeit der Beteiligten?

T ist gemäß § 348 I strafbar. G ist wegen Beihilfe zu diesem Delikt strafbar (§§ 348 I, 27). Da die Amtsträgereigenschaft für T ein strafbegründendes besonderes persönliches Merkmal ist, bestimmt sich die Strafe des G nach dem über § 28 I i.V.m. § 49 S. 1 gemilderten Strafrahmen. Ergebnis: G ist strafbar nach §§ 348 I, 27, 28 I.

Bei den *unechten* Sonderdelikten ist dagegen nicht § 28 I, sondern § 28 II anwendbar. Diese Vorschrift führt nach ganz h.M. zu einer Verschiebung des Tatbestands, aus dem der jeweilige Beteiligte verurteilt wird, d.h. zu einer Veränderung des Schuldspruchs und nicht – wie das eine Minderheitsmeinung vertritt – nur der Rechtsfolgen.

Beispiel: Privatperson A stiftet den Polizisten T dazu an, während der Durchführung einer Vernehmung Gewalt zum Nachteil des O anzuwenden. Strafbarkeit der Beteiligten?

Die Lösung dieses Falls setzt zunächst Kenntnisse über das Verhältnis der (einfachen) Körperverletzung (§ 223) zur Körperverletzung im Amt (§ 340) voraus: § 340 I ist eine Qualifikation des § 223, § 340 III zu §§ 224 bis 229. Die jeweilige Prüfung erfolgt daher immer zusammen mit dem Grunddelikt. So wäre der Obersatz der (einfachen) Körperverletzung im Amt: §§ 223, 340 I. Im Wege der Gesetzeskonkurrenz (Spezialität) wird § 223 dann verdrängt. Zum Beispiel: T ist wegen Körperverletzung im Amt (§§ 223, 340 I) strafbar. Fraglich ist die Strafbarkeit des A. Die Amtsträgereigenschaft ist ein besonderes persönliches Merkmal des T, das strafmodifizierend wirkt (hier strafschärfend: von § 223 (minimal Geldstrafe) auf § 340 I (minimal 3 Monate Freiheitsstrafe)). Bei A fehlt dieses persönliche Merkmal, sodass ihm die Regelung des § 28 II zugutekommt. Daher kann A nach der ganz h.M. (nur) wegen Anstiftung zu einer (einfachen) Körperverletzung strafbar (§§ 223, 26) sein. Die Minderheitsmeinung kommt dagegen zu einer Strafbarkeit aus §§ 340 I, 26.

- **Pflichtdelikte** sind Delikte, bei denen jemand nur Täter sein kann, der die im Tatbestand beschriebene besondere Pflichtenstellung innehat. Das ist beispielsweise bei § 266 derjenige, der die Vermögensbetreuungspflicht hat. Weitere Pflichtdelikte sind etwa die Amts- und Sonderdelikte, die Verkehrsunfallflucht (§ 142) und die Verstöße gegen familienrechtliche Unterhalts-, Fürsorge- und Obhutspflichten (§§ 170, 171, 221 I Nr. 2, 225). Auch Unterlassungsdelikte sind stets Pflichtdelikte. 934

Beispiel: A verursacht einen Verkehrsunfall. Da er stark alkoholisiert ist und daher möglichen Konsequenzen aus dem Weg gehen möchte, entschließt er sich, den Unfallort zu verlassen. Dabei erfüllt er den Tatbestand der Verkehrsunfallflucht (§ 142). Seine Beifahrerin B hatte ihn in seinem Entschluss bestärkt. Haben sich A und B als Mittäter aus § 142 strafbar gemacht?

Eine Mittäterschaft (§§ 142, 25 II) scheidet aus. Täter eines Pflichtdelikts kann nur sein, wer pflichtig ist. Andere Personen können nur Teilnehmer (Anstifter oder Gehilfe) sein. Pflichtig war allein A. Sein Verhalten war unmittelbar tatbestandsmäßig. § 142 ist (auch) ein echtes Sonderdelikt, weshalb eine Täterschaft seitens der B auch deshalb nicht in Frage kommt. B ist Gehilfin.

Bei den **Unterlassungsdelikten** treffen die zu den Sonderdelikten und Pflichtdelikten gemachten Erwägungen zusammen. So sind Unterlassungsdelikte immer Pflichtdelikte („Pflicht zum Handeln"). Die unechten Unterlassungsdelikte sind außerdem Sonderdelikte, da nur der Garant Täter sein kann. In Bezug auf die mittelbare Täterschaft ist zu beachten, dass die Möglichkeit einer mittelbaren Täterschaft durch Unterlassen umstritten ist (vgl. dazu Rn 957 ff.).

Ferner ist die Besonderheit bei den **Delikten mit überschießender Innentendenz** (z.B. §§ 242, 249, 263) zu beachten. Bei diesen kann Täter nur derjenige sein, bei dem auch die im Gesetz genannten besonderen Absichten (hier: Zueignungsabsicht) gegeben sind.

Gleiches gilt für die **subjektiven Unrechtselemente**, sofern sie strafbegründend sind. Hierunter fallen nach h.M.[1211] auch die sog. Täterbewertungsmerkmale wie beispielsweise die Böswilligkeit in § 225 I oder die Rücksichtslosigkeit in § 315c I[1212].

2. Tatbestand selbst verwirklicht (Positivselektion)

Mit der heute in § 25 I Var. 1 getroffenen Regelung „Als Täter wird bestraft, wer die Tat selbst ... begeht" ist als Täter anzusehen, wer sämtliche objektiven und subjektiven Unrechtsmerkmale in seiner Person verwirklicht. Daraus folgert die h.M. zu Recht, dass die eigenhändige Tatbestandsverwirklichung (sofern die betreffende Person die nötige Subjektsqualität vorweist) stets mit Täterschaft gleichzusetzen ist.[1213] Ob es sich bei dem verwirklichten Delikt um ein Allgemeindelikt, ein Sonderdelikt, ein Pflichtdelikt oder um eigenhändiges Delikt handelt, ist demnach ohne Belang. Der Handelnde kann also seine 935

1211 Vgl. Sch/Sch-*Sternberg-Lieben/Schuster*, § 15 Rn 24 m.w.N.
1212 Vgl. dazu *Radtke/Meyer*, JuS 2011, 521, 523.
1213 BGH NJW 1993, 74, 75; *Lackner/Kühl*, § 25 Rn 1; *Fischer*, § 25 Rn 2; *Jescheck/Weigend*, AT, § 61 I 2.

eigene Tatverwirklichung nicht unter Berufung auf einen Teilnahmewillen zum Gehilfenbeitrag einer fremden Tat „herabstufen". Dies gilt auch, wenn der Täter auf Anweisung oder unter Zwang gehandelt hat. Berühmt geworden sind in diesem Zusammenhang der Badewannen-Fall und der Staschynskij-Fall:

936 **Badewannen-Fall**[1214]**:** Auf Verlangen der M, die gerade ihr nichteheliches Kind geboren hatte, ertränkte ihre Schwester S das Kind in der Badewanne, um M die Schande zu ersparen (noch in den 1960er Jahren war eine unverheiratete Mutter nicht gesellschaftsfähig; Homosexualität und Ehebruch waren sogar strafbar). ⇨ Das RG verurteilte die S als Gehilfin, weil sie nicht im eigenen Interesse handelte, sondern im Interesse ihrer Schwester.

937 **Staschynskij-Fall**[1215]**:** Auf Befehl des Ministeriums für Staatssicherheit beim Ministerialrat der UdSSR ermordete der russische KGB-Agent Staschynskij den ukrainischen Dissidenten Bandera. ⇨ Der BGH lehnte trotz eigenhändiger Tatbestandsverwirklichung eine Täterschaft mit der Begründung ab, dass kein Täterwille, sondern nur ein Gehilfenwille vorgelegen habe. Er verurteilte den Angeklagten wegen Beihilfe.[1216]

938 Die damalige Rechtsprechung konnte so entscheiden, weil es eine § 25 I Var. 1 entsprechende gesetzliche Regelung noch nicht gab und so eine **extrem-subjektive** Betrachtungsweise (sog. **Animus-Theorie**) möglich war. Danach war Täter, wer die Tat als eigene wollte (*animus auctoris*), und Teilnehmer, wer die Tat nur veranlassen bzw. fördern wollte (*animus socii*).[1217] Heute ist dieser sog. extrem-subjektiven Theorie durch § 25 I Var. 1 die Grundlage entzogen (dazu sogleich).

II. Problematische Fälle

939 Abgesehen von den genannten Fällen (*mangelnde Täterqualität* oder *Tatbestand selbst verwirklicht*) können sich in Bezug auf die Allgemeindelikte – gerade weil diese keine Begrenzung des Täterkreises kennen – bei der Abgrenzung zwischen Täterschaft und Teilnahme erhebliche Probleme ergeben.

940 ▪ Zunächst ist es denkbar, auf eine (heute kaum mehr vertretene) **formal-objektive** Betrachtungsweise abzustellen.[1218] Danach ist Täter, wer die tatbestandliche Ausführungshandlung ganz oder teilweise selbst vornimmt, und Teilnehmer ist, wer zur Tatbestandsverwirklichung nur durch eine Vorbereitungs- oder Unterstützungshandlung beiträgt.

Bewertung: Diese Betrachtungsweise besticht durch ihre Klarheit in der Abgrenzung zwischen Täterschaft und Teilnahme. Sie weist aber auch Lücken auf, was letztlich zu ihrer Ablehnung führt:

⇨ Zum einen vermag sie nicht die mittelbare Täterschaft (§ 25 I Var. 2) zu erklären.

Beispiel: A ruft laut aus dem gerade abfahrenden Zug: „Mein Koffer" und zeigt auf den auf dem Bahnsteig stehenden Koffer des C. Dabei hofft er, dass der ebenfalls auf dem Bahnsteig stehende B seinem Hilferuf nachkommt und ihm schnell noch den Koffer reicht. So geschieht es.

Obwohl A den B als gutgläubiges und vorsatzlos handelndes Werkzeug benutzt, kann er nach diesem Ansatz nicht mittelbarer Täter eines Diebstahls sein, weil er die Wegnahmehandlung nicht selbst ausführt.

[1214] RGSt 74, 84 ff.

[1215] BGHSt 18, 87 ff.

[1216] Interessant sind auch die pragmatischen Beweggründe der beiden Urteile. Während im Badewannen-Fall das RG der S offenbar die damals obligatorische Todesstrafe ersparen wollte, ist beim Staschynskij-Fall zu beachten, dass Staschynskij zur Zeit des Gerichtsverfahrens bereits zu einem westlichen Geheimdienst übergelaufen war und der BGH offenbar bemüht war, ihn nicht wegen Mordes verurteilen zu müssen. Daran erkennt man die – im Übrigen auch heute noch praktizierte – Ergebnisorientiertheit des BGH.

[1217] Der Begriff animus stammt aus dem Lateinischen und bedeutet der Wille. Animus auctoris bedeutet demnach der Wille zum Hauptagieren, animus socii soviel wie der Wille zum Nebenagieren.

[1218] So insbesondere die ältere Literatur (*v. Liszt/Schmidt*, Lehrbuch des deutschen Strafrechts, 25. Aufl. 1927, S. 334 f. und *v. Hippel*, Deutsches Strafrecht, Bd. 2, 1930, S. 453 ff.); *Freund*, AT (1998), § 10 Rn 35.

⇨ Zum anderen kann nach ihr nur Mittäter (§ 25 II) sein, wer wenigstens Teile des objektiven Tatbestands erfüllt.

Beispiel: D und E hassen F. Nach dem gemeinsamen Tatplan soll E den F unter einem Vorwand in den Hinterhof locken, wo D bereits wartet und F verprügeln will. So geschieht es.

Hier kann E nach der formal-objektiven Betrachtungsweise nicht Täter, sondern nur Gehilfe sein, weil er nicht selbst ein objektives Tatbestandsmerkmal erfüllt.

- Um die genannten Lücken der formal-objektiven Theorien zu vermeiden, stellt ein weiterer (heute ebenfalls so nicht mehr vertretener) Ansatz, die **materiell-objektive** Theorie[1219], nicht auf die Ausführung der tatbestandsmäßigen Handlung ab, sondern auf die *Gefährlichkeit des Tatbeitrags*. **941**

  Bewertung: Dieser Ansatz ermöglicht also in den obigen Beispielen eine Bestrafung des A bzw. des E wegen mittelbarer Täterschaft bzw. Mittäterschaft.

- Auf die materiell-objektive Theorie aufbauend, hat sich in der aktuellen Literatur die **Lehre von der Tatherrschaft** durchgesetzt. Diese Lehre verbindet objektive und subjektive Kriterien und grenzt Täterschaft und Teilnahme nach „Tatherrschaftsgesichtspunkten" ab. Tatherrschaft in diesem Sinne bedeutet **„das vom Vorsatz umfasste In-den-Händen-Halten des tatbestandsmäßigen Geschehensablaufs"**.[1220] **942**

  Nach dieser Theorie ist **Täter**, wer die Tat planvoll lenkt und beherrscht, sie nach seinem Willen stoppen oder ablaufen lassen kann und damit als Zentralgestalt des Geschehens bei der Tatbestandsverwirklichung fungiert. **Teilnehmer** hingegen ist, wer lediglich als „Randfigur" des realen Geschehens die Begehung der Tat veranlasst oder sonst wie fördert. Mit Blick auf die bereits dargestellten drei Erscheinungsformen der Täterschaft hat demnach Tatherrschaft, wer

  ⇨ alle Unrechtsmerkmale in eigener Person erfüllt: unmittelbare Täterschaft, § 25 I Var. 1 – **Handlungsherrschaft**,

  ⇨ die Tat durch einen anderen begeht: mittelbare Täterschaft, § 25 I Var. 2 – **Willens- und/oder Wissensherrschaft**,

  ⇨ die Tat gemeinschaftlich begeht: Mittäterschaft, § 25 II – **funktionelle Tatherrschaft**.

- Die **Rechtsprechung** vertritt heute aufgrund der Formulierung in § 25 zwar nicht mehr die genannte extrem-subjektive Theorie, hält gleichwohl an subjektiven Abgrenzungskriterien fest, wenn sie formuliert, die Abgrenzung zwischen Täterschaft und Teilnahme müsse an die **Willensrichtung** und an die innere Einstellung der Beteiligten zur Tat anknüpfen. Gleichzeitig stellt sie gerade wegen der Formulierung in § 25 auf das Gesamtgeschehen ab, indem sie bei der Bestimmung des Täterwillens (1) den **Grad des eigenen Interesses am Erfolg**, (2) den **Umfang der Tatbeteiligung** und (3) die **Tatherrschaft** oder doch wenigstens den **Willen zur Tatherrschaft** berücksichtigt.[1221] In einigen Entscheidungen stellt der BGH sogar ausschließlich bzw. überwiegend darauf ab, welche **Bedeutung** der konkreten Beteiligungshandlung **im Rahmen des Gesamtgeschehens** zukommt.[1222] **943**

Bewertung: Durch das Abstellen auf die Gesamtbetrachtung und die Übernahme des Tatherrschaftsgedankens bezieht die Rspr. somit auch objektive Kriterien in die Abgrenzung ein. Daher ist im Ergebnis kaum mehr ein Unterschied zur Tatherrschaftslehre feststellbar. **944**

[1219] Vertreten von LK-*Lobe* (5. Aufl. 1933), Einleitung S. 133.

[1220] Die Formel wurde von *Maurach* geprägt (AT, 2. Aufl. 1958, § 49 II C 2). Insgesamt wurde die Tatherrschaftslehre von *Roxin* in seiner Habilitationsschrift „Täterschaft und Tatherrschaft" (1963) ausgebaut und ist heute in jedem Lehrbuch und Kommentar anzutreffen.

[1221] Vgl. BGHSt 28, 346, 348 f.; 35, 347, 353; 40, 218, 236; 43, 219, 232; 45, 270, 296; BGH NJW 1999, 3131; NStZ-RR 2001, 148; NStZ 2002, 145, 146; NStZ 2002, 200, 201; NStZ 2003, 253, 254; NStZ 2003, 90, 91; NStZ 2013, 104.

[1222] BGH NStZ 2008, 273 f.; 2007, 338, 339. Vgl. auch BGH NStZ 2013, 104; BGH 8.12.2015 - 3 StR 439/15.

945 **Zusammenfassung und Aufbauhinweise:** Die Abgrenzung von Täterschaft und Teilnahme muss nicht vor dem Hintergrund des Urteilstenors vorgenommen werden, sondern vor allem im Hinblick auf den Grundsatz der limitierten Akzessorietät der Teilnahme und der damit verbundenen Aufbauregel, dass der Haupttäter immer vor dem Teilnehmer zu prüfen ist (siehe bereits Rn 930). Abgrenzungsprobleme stellen sich insbesondere dann, wenn es um die Abgrenzung zwischen mittelbarer Täterschaft und Anstiftung einerseits und Mittäterschaft und Beihilfe andererseits geht. Die Abgrenzungsschwierigkeiten bestehen darin, dass sich bei einer Vorsatztat die äußeren Handlungen gleichen können. So wirken in der Gruppe *Mittäterschaft - Beihilfe* sowohl Mittäter als auch Gehilfe regelmäßig neben einem anderen bei der Ausführung der Tat mit. In der Gruppe *mittelbare Täterschaft - Anstiftung* stehen sowohl der mittelbare Täter als auch der Anstifter im Hintergrund, während die unmittelbare Tathandlung von einem anderen vorgenommen wird. Allerdings ist zu beachten, dass sich der Streit um die Abgrenzung im Wesentlichen auf die Allgemeindelikte beschränkt. Und auch dort genügt für die Fallbearbeitung i.d.R. die Darstellung der von der (früheren) Rechtsprechung vertretenen **subjektiven Theorie** und der (heute ganz herrschenden) **Lehre von der Tatherrschaft**, der sich mittlerweile auch der BGH sehr stark angenähert hat, wodurch sich im Ergebnis kaum mehr ein Unterschied ergibt. Unterschiede werden nur in dem (äußerst) seltenen Fall evident, wenn es an der Tatherrschaft objektiv fehlt, der BGH aber wegen des großen Interesses am Taterfolg zu einer Tatherrschaft käme. Hinsichtlich des **Prüfungsstandortes** des Streits empfiehlt es sich, die Abgrenzung zwischen Täterschaft und Teilnahme bereits im objektiven Tatbestand (etwa nach der Feststellung der Kausalität der Tathandlung für den Taterfolg) vorzunehmen. Der Grund hierfür ist darin zu sehen, dass die Tatherrschaftslehre und der sich ihr angenäherte BGH stets eine objektiv-subjektive Betrachtungsweise zugrunde legen. Auch bei der **Versuchsprüfung** ergeben sich keine Unterschiede im Aufbau. Denn hier sind alle Umstände, die beim vollendeten Delikt im objektiven Tatbestand geprüft werden, bereits beim Tatentschluss, also im subjektiven Tatbestand, zu prüfen.

Zusammenfassend lässt sich die Abgrenzung zwischen Täterschaft und Teilnahme wie folgt darstellen:

946

Abgrenzung Täterschaft/Teilnahme

1. Keine Täterqualität der zu untersuchenden Person (Negativselektion)

⇨ Eigenhändige Delikte
⇨ Sonderdelikte
⇨ Pflichtdelikte

Liegt ein solches Delikt vor, kommt bei der direkt handelnden Person nur eine Täterschaft in Betracht. Bezüglich aller anderen Beteiligten liegt allenfalls Anstiftung bzw. Beihilfe vor.

2. Tatbestand selbst verwirklicht (Positivselektion)

Verwirklicht eine Person den gesetzlichen Tatbestand selbst, kommt bei ihr ebenfalls nur eine Täterschaft in Betracht.

3. Abgrenzungstheorien

a. Literatur: Vorliegen der **Tatherrschaftsregeln**

⇨ Handlungsherrschaft (§ 25 I Var. 1)
⇨ Wissens- und Willensherrschaft (§ 25 I Var. 2)
⇨ Funktionelle Tatherrschaft (§ 25 II)

Bei Vorliegen einer der Tatherrschaftsregeln ist ebenfalls die Täterschaft einschlägig.

b. BGH: vom Täterwillen ausgehend, aber **Bedeutung des Beitrags für die Tatbegehung** entscheidend (Annäherung an die Tatherrschaftslehre)

C. Formen der Täterschaft (§ 25 I und II)

I. Unmittelbare Täterschaft (§ 25 I Var. 1)

Wer einen gesetzlichen Straftatbestand rechtswidrig und schuldhaft erfüllt, ist gemäß der (deklaratorischen) Formulierung in § 25 I Var. 1 Täter und muss sich dementsprechend (selbst) verantworten. Auf die Standpunkte, die zur Abgrenzung zwischen Täterschaft und Teilnahme entwickelt worden sind, kommt es grundsätzlich nicht an. Deren Nennung wäre in der Fallbearbeitung in aller Regel sogar verfehlt. **947**

Beispiel: Jurastudent T ist gerade durch die mündliche Examensprüfung gefallen. Völlig frustriert gibt er die Schuld dem Prüfer Prof. P, der – wie er gegenüber seinem Kommilitonen K meint – einen unmöglichen Prüfungsstil gehabt habe. Draußen vor dem Justizprüfungsamt zeigt K dem T dann einen dort parkenden, offensichtlich nagelneuen Mercedes SL und sagt, diesen Wagen habe sich Prof. P erst vor wenigen Tagen zugelegt. Daraufhin holt T seinen Schlüsselbund aus der Tasche und kratzt – wie von K erhofft – eine tiefe Furche in den Lack, und zwar über die gesamte Länge des Wagens. In Wahrheit handelte es sich bei dem Wagen jedoch um den des Gerichtspräsidenten Dr. G. Dies wusste K. Er wollte lediglich T dazu benutzen, eine Rechnung mit Dr. G zu begleichen. Denn dieser hatte den K eine Woche zuvor wegen eines Diebstahls in mittelbarer Täterschaft verurteilt.

K ist nicht etwa mittelbarer Täter einer Sachbeschädigung (§§ 303 I, 25 I Var. 2) mit T als Tatwerkzeug. Insbesondere rief er bei diesem nicht einen Strafbarkeitsmangel hervor, der in der Regel (d.h. bei überlegener Wissens- und/oder Willensherrschaft) eine mittelbare Täterschaft begründet. Zwar unterlag T einem Irrtum. Dieser Irrtum ist aber strafrechtlich irrelevant, da § 303 I *jede* fremde Sache vor Beschädigung schützt (unbeachtlicher Irrtum über das normative Tatbestandsmerkmal „fremd"). T ist unmittelbarer Täter einer Sachbeschädigung, K Anstifter dazu.

Allerdings ist in Fällen dieser Art eine mittelbare Täterschaft nicht notwendigerweise ausgeschlossen. Unter bestimmten Voraussetzungen kommt eine mittelbare Täterschaft auch dann in Betracht, wenn der Vordermann selbst deliktisch voll verantwortlich handelt. Zu diesem allgemein als **„Täter hinter dem Täter"** bezeichneten Fall vgl. Rn 976 ff. **948**

II. Mittelbare Täterschaft (§ 25 I Var. 2)

1. (Übergeordnete) Wissens- und/oder Willensherrschaft

Wer die Straftat „durch einen anderen begeht", ist mittelbarer Täter, § 25 I Var. 2. Aus dieser Formulierung folgt, dass mittelbarer Täter nur sein kann, wer selbst als unmittelbarer Täter in Betracht käme; mittelbare Täterschaft ist somit bei eigenhändigen Delikten nicht möglich (s.o.). Rechtsdogmatisch kennzeichnet sich mittelbare Täterschaft dadurch, dass der Täter kraft seiner übergeordneten **Wissens- und/oder Willensherrschaft** ein in die Kausalkette eingeschaltetes menschliches Werkzeug (den Tatmittler) benutzt, um den gesetzlichen Tatbestand zu verwirklichen. **949**

Von daher ist derjenige, der ein mechanisches Werkzeug oder ein Tier benutzt, bereits unmittelbarer, nicht erst mittelbarer Täter. Aber auch derjenige, der zur Verwirklichung eines gesetzlichen Tatbestands einen Menschen benutzt, ist unmittelbarer Täter, wenn das menschliche „Werkzeug" erst gar nicht strafrechtlich relevant handelt. **950**

Beispiel: A schleudert B gegen C, woraufhin dieser stürzt und sich am Kopf verletzt. Hier ist A unmittelbarer Täter. B ist straflos.[1223]

Äußerst problematisch ist hingegen die Frage, ob ein Fall der unmittelbaren oder mittelbaren Täterschaft vorliegt, wenn der Täter eine **Falle** präpariert hat, die erst durch einen **Mitwirkungsakt des Opfers** „zuschnappt". **951**

[1223] Vgl. SK-*Hoyer*, § 25 Rn 37; *Küpper*, GA 1998, 520.

952 **Beispiel**[1224]**:** T besitzt eine Jagdhütte, in der er sich gelegentlich am Wochenende aufhält. Daher hat er immer einen gewissen Vorrat an Lebensmitteln dort gelagert. Als er an einem Freitagabend zur Hütte fährt, stellt er fest, dass einige Lebensmittelpackungen aufgebrochen und dass warme Speisen zubereitet worden sind. T geht davon aus, dass diese Tat auf das Konto einiger Landstreicher geht, die sich in der Gegend aufhalten. Gleichzeitig nimmt er an, dass die Landstreicher zurückkehren werden, um sich noch einmal zu sättigen. Von daher präpariert T eine Fertigsuppe mit einem hochgiftigen Pulver. Er weiß auch um die tödliche Wirkung dieses Pulvers und nimmt dabei in Kauf, dass es zu einem tödlichen Ausgang kommen könnte. Anschließend fährt er nach Hause und überlässt die Landstreicher ihrem Schicksal.

⇨ Während die Literatur hier überwiegend einen Fall der Selbstschädigung in mittelbarer Täterschaft durch ein tatbestandslos (insbesondere vorsatzlos) handelndes Werkzeug gegen sich selbst sieht[1225],

⇨ erkennt die Rechtsprechung zwar die strukturelle Ähnlichkeit zur mittelbaren Täterschaft an, lässt die Frage aber letztlich offen[1226].

Der Literatur ist zuzugeben, dass § 25 I Var. 2 diesen Fall konstruktiv erfasst. Insbesondere ist § 25 I Var. 2 nicht dadurch ausgeschlossen, dass der dort genannte „andere" das Opfer selbst ist. Im vorliegenden Fall ist der Annahme einer mittelbaren Täterschaft aber entgegenzuhalten, dass T alle zur Verwirklichung des gesetzlichen Tatbestands eines Tötungsdelikts erforderlichen Vorbereitungen selbst getroffen hat. Auch hat er nicht planvoll lenkend Einfluss auf einen anderen ausgeübt. Vielmehr hat er nur die Regelhaftigkeit von Handlungsabläufen ausgenutzt. Es fehlt somit an der die mittelbare Täterschaft kennzeichnenden Einwirkung auf die Psyche des Vordermanns. Von daher sprechen die besseren Gründe für die Annahme einer unmittelbaren Täterschaft. T ist daher wegen eines Tötungsdelikts in unmittelbarer Täterschaft gem. § 25 I Var. 1 strafbar.

953 **Fazit:** Folgt man der hier vertretenen Auffassung, bleiben der Vorschrift des § 25 I Var. 2 nur solche Fälle der Selbstschädigung vorbehalten, bei denen der Täter aufgrund seiner übergeordneten Wissens- und Willensherrschaft gegenüber dem Opfer die zur Selbstschädigung führende Handlung steuert. Das Opfer muss sich gerade erst aufgrund der Einflussnahme auf seine Psyche veranlasst sehen, die Selbstschädigung durchzuführen. Bei der sog. Giftfalle ist das nicht der Fall.

Zur gutachtlichen Aufbereitung der behandelten Themen vgl. auch *Schmidt/Priebe*, Fälle zum Strafrecht I, Fall 5 Rn 16 ff.

2. Mittelbare Täterschaft durch Unterlassen?

954 Problematisch ist auch die Anerkennung der mittelbaren Täterschaft bei den **Unterlassungsdelikten**.

955 ▪ Bringt ein **Nichtgarant** einen Garanten mit Mitteln der mittelbaren Täterschaft dazu, seine Handlungspflicht zu unterlassen, stellt sich die aktive Einwirkung insgesamt als unmittelbare Tat dar.

Beispiel: Jungarzt Dr. T steuert seinen Ferrari nach 36-stündigem Krankenhausdienst über die Landstraße. Aufgrund von Übermüdungserscheinungen übersieht er die auf einem Zebrastreifen die Straße überquerende O. Diese wird schwer verletzt. Nachdem Dr. T angehalten hat, schaut B, die mit im Auto saß, nach dem Zustand der O und erklärt dem im Wagen verbleibenden Dr. T wahrheitswidrig, dass O tot sei und dass es am besten wäre, den Unfallort zu verlassen, um der Strafverfolgung zu entgehen. So geschieht es.

[1224] In Anlehnung an BGHSt 43, 177 (Giftfalle).
[1225] So etwa LK-*Schünemann*, § 25 Rn 138; *W/B/S*, AT, Rn 539a; *Kudlich*, JuS 1998, 596; *Baier*, JA 1999, 771.
[1226] Vgl. BGHSt 43, 177, 180; BGH NStZ 2001, 478.

Bei B scheidet eine Strafbarkeit aus §§ 212, 211, 13 schon mangels Garantenstellung aus. Ebenso fehlt die Garantenstellung für einen Totschlag durch Unterlassen in mittelbarer Täterschaft (§§ 212, 211, 13, 25 I Var. 2)[1227]. B könnte sich aber dadurch, dass sie T zur Weiterfahrt veranlasste, aus einer Begehungstat (§§ 212, 211 II Var. 9) strafbar gemacht haben. Dann müsste ihre aktive psychische Einwirkung auf Dr. T als eine Handlung angesehen werden können. Derjenige, der eine Rettungshandlung vereitelt, wird aufgrund seiner Tatherrschaft zum *unmittelbaren* Begehungstäter. Denn es macht keinen Unterschied, ob er auf ein fremdes Rettungsmittel direkt einwirkt oder mit Mitteln der mittelbaren Täterschaft, also durch Täuschung, Drohung oder Zwang derart auf eine rettungswillige Person einwirkt, dass die Rettungshandlung vereitelt wird. Die Strafbarkeit folgt über § 25 I Var. 1, nicht § 25 I Var. 2. B hat sich somit aus §§ 212, 211 II Var. 9, 25 I Var. 1 strafbar gemacht.

- Anders stellt sich die Situation dar, in welcher ein **Garant** einen **anderen Garanten** zum Unterlassen der gebotenen Rechtspflicht veranlasst. Nach einer (zur Sterbehilfe ergangenen) Grundsatzentscheidung des BGH[1228] liegt hier ein *unechtes Unterlassungsdelikt in mittelbarer Täterschaft* vor („mittelbare Täterschaft zum Unterlassen"). 956

Beispiel: Arzt Dr. T und der Sohn S der 70-jährigen Patientin P, die sich in der Pflegeabteilung eines Heims befindet und auf künstliche Ernährung angewiesen ist, geben gemeinsam die Anweisung an das Pflegepersonal, die Zuführung kalorienreicher Nahrung zu beenden und P nur noch mit Tee zu ernähren. So geschieht es, wodurch 5 Tage später der Tod der P eintritt. Das Pflegepersonal hielt sich deshalb an die Anweisung, weil sowohl T als auch S ihnen glaubhaft machten, aktive Sterbehilfe sei nicht strafbar.

- Wieder anders ist der Fall zu beurteilen, in dem ein **Garant** gegenüber seinem „Schützling" 957
übergeordnete Wissens- und/oder Willensherrschaft hat und diesen **nicht an einer strafrechtlich relevanten Handlung hindert**.

Beispiele:

(1) Ein Vater sieht, wie sein 6-jähriger Sohn im Begriff ist, Steine in die Fenster des Nachbarhauses zu werfen. Da er noch eine alte Rechnung mit dem Nachbarn offen hat, schreitet er nicht ein.

(2) Um die „territoriale Integrität der ehemaligen DDR" sowie „die Unverletzlichkeit ihrer Grenzen in jedem Fall" zu gewährleisten, erließ der Nationale Verteidigungsrat den an die Grenzsoldaten gerichteten Befehl, „Grenzdurchbrüche unter allen Umständen, notfalls durch gezielten Schusswaffeneinsatz zu verhindern und Grenzverletzer festzunehmen bzw. zu vernichten" (sog. „Schießbefehl"). Später wurde unter anderem M zum Mitglied des Politbüros (= höchstes Machtorgan der DDR) berufen. Er unterließ es, auf die Aufhebung des Schießbefehls hinzuwirken. Später erschoss ein Grenzsoldat den Flüchtling F, der im Begriff war, mit einer Leiter die Mauer zu überwinden und in den Westen zu fliehen.[1229]

In beiden Fällen ist die jeweilige Garantenstellung bzw. -pflicht ohne weiteres zu beja- 958
hen. Der Vater ist Garant aus §§ 1626 ff. BGB. Ein Mitglied des Politbüros hatte sowohl in seiner Funktion als Mitglied des höchsten Machtorgans der DDR als auch im Hinblick auf Art. 30 I und III der Verfassung der DDR die Pflicht, u.a. dafür zu sorgen, dass keine vorsätzlichen Tötungshandlungen seitens der Grenzsoldaten unternommen werden. In beiden Fällen ist allerdings fraglich, ob strukturell überhaupt eine Strafbarkeit aus einem *unechten Unterlassungsdelikt in mittelbarer Täterschaft* angenommen werden kann (hier: §§ 303 I, 13 I, 25 I Var. 2 bzw. §§ 212, 13 I, 25 I Var. 2).

⇨ Die h.L. lehnt diese Konstruktion ab mit dem Argument, es fehle zum einen an der die mittelbare Täterschaft kennzeichnenden *Einflussnahme auf die Psyche* des Vor-

---

1227 Ein Unterlassen kommt nur dann in Betracht, wenn der Täter die Rettung vereitelt, indem er seine Hilfe verweigert oder in seiner tatsächlichen Sachherrschaft stehende Rettungsmittel nicht zur Verfügung stellt.

1228 BGH NJW 1995, 204 ff.

1229 Vgl. BGH NStZ 2003, 141, 142 f. (dazu auch *Dreher*, JuS 2004, 17).

dermanns („Anstoß"), und zum anderen sei der „Umweg" über § 25 I Var. 2 entbehrlich, da der Garant aufgrund seiner Rechtspflicht zum Einschreiten schon *unmittelbarer* Unterlassungstäter sei.[1230]

⇨ Die Gegenauffassung, der sich nun auch der BGH angeschlossen hat (vgl. Bsp. 2; zur Figur „Täter hinter dem Täter" in Bezug auf ehemalige DDR-Funktionäre vgl. Rn 977), macht geltend, dass die Anwendung der Regeln über die mittelbare Täterschaft auf die Fälle des Unterlassens jedenfalls nicht daran scheitern könne, dass im Fall des Unterlassens ein „Anstoß" durch den Hintermann fehle. Denn mittelbare Täterschaft setze weder ein aktives Handeln des Täters voraus noch eine Kausalität nach den für aktives Tun geltenden Regeln. Grundlage der Haftung des pflichtwidrig untätigen Hintermanns sei vielmehr allein, dass das Handeln Dritter ihm wegen seiner Tatherrschaft zugerechnet werde. Diese Zurechnung ersetze – im Vergleich zur aktiven mittelbaren Täterschaft – sein Tun.[1231]

959 Folgt man der zuletzt genannten Auffassung, ist eine mittelbare Täterschaft durch Unterlassen strukturell möglich. Voraussetzung für eine Strafbarkeit ist dann weiterhin, dass die jeweilige gebotene Handlung den tatbestandsmäßigen Erfolg mit an Sicherheit grenzender Wahrscheinlichkeit verhindert hätte. Während diese „Quasikausalität"[1232] in Bsp. 1 ohne weiteres anzunehmen ist, bedarf es in Bsp. 2 einer näheren Prüfung, da ungewiss ist, ob der Einsatz des M für eine Aufhebung des Schießbefehls im Politbüro eine Mehrheit gefunden und damit den Tod des F verhindert hätte.

⇨ Geht man davon aus, dass eine von M ergriffene Initiative zur Humanisierung des Grenzregimes im Politbüro ohne Mehrheit geblieben wäre, sodass die gebotene Handlung den Erfolg nicht mit an Sicherheit grenzender Wahrscheinlichkeit verhindert hätte, war sein Verhalten nicht „quasikausal" für den Tod des F.

⇨ Berücksichtigt man jedoch, dass mehrere gleichrangig handlungspflichtige Personen untätig geblieben waren, kommt es bei der Ermittlung der „Quasikausalität" nicht darauf an, welche Wirkung das gebotene Handeln jedes Einzelnen gehabt hätte; vielmehr ist bei wertender Betrachtung auf das Unterlassen der *Garantengemeinschaft* abzustellen[1233], vorliegend also auf die Untätigkeit *aller* Mitglieder des Politbüros im maßgeblichen Zeitraum[1234]. Demzufolge war das Unterlassen des M „quasikausal" für den Tod des F.

M war auch zuzumuten, auf eine Aufhebung des Schießbefehls hinzuwirken, denn angesichts der jederzeit möglichen Tötung eines Menschen hatte sein Interesse an der Erhaltung seines Amtes zurückzustehen. M hat sich daher wegen Totschlags durch Unterlassen in mittelbarer Täterschaft (§§ 212, 13 I, 25 I Var. 2) strafbar gemacht.

3. Mittelbare Täterschaft durch Strafbarkeitsmangel des Werkzeugs

960 Von der äußerst schwierigen Unterlassungstäterschaft und der Figur „Täter hinter dem Täter" einmal abgesehen, kommt mittelbare Täterschaft insbesondere dann in Betracht, wenn beim Tatmittler ein **Strafbarkeitsmangel** vorliegt, namentlich wenn dieser

- objektiv tatbestandslos oder nicht voll tatbestandsmäßig,
- ohne Tatbestandsvorsatz,
- seinerseits rechtmäßig oder
- schuldunfähig bzw. schuldlos handelt.

961 Kennzeichen dieser Fallgruppen ist, dass der Tatmittler ein Strafbarkeitsdefizit aufweist, wodurch die mittelbare Täterschaft möglich ist. Selbstverständlich genügt das Vorliegen

---

[1230] Vgl. nur *Gropp*, AT, § 10 Rn 139 ff.; *Jescheck/Weigend*, AT, § 62 IV 2; Sch/Sch-*Heine/Weißer*, § 25 Rn 55; *Lackner/Kühl*, § 25 Rn 6a.
[1231] *Murmann*, GA 1996, 269, 279 f.; *Brammsen*, NStZ 2000, 337, 338 f.; BGH NStZ 2003, 141, 142 f.
[1232] Zur „Quasikausalität" vgl. ausführlich Rn 802 ff.
[1233] *Brammsen*, Jura 1991, 533, 536 ff.; *Beulke/Bachmann*, JuS 1992, 737, 742 ff.; *Hilgendorf*, NStZ 1994, 561, 563.
[1234] BGH NStZ 2003, 141, 142 f. Zustimmend *Dreher*, JuS 2004, 17.

einer solchen Fallgruppe für sich alleine nicht, um eine mittelbare Täterschaft annehmen zu können. Es muss stets die (übergeordnete) **Wissens- und/oder Willensherrschaft** des Hintermanns hinzukommen.

a. Tatmittler handelt objektiv tatbestandslos oder nicht voll tatbestandsmäßig

Die Fallgruppe betrifft zunächst die Fälle der **Selbstverletzung/Selbsttötung**. Zu beachten ist allerdings, dass – sofern man der hier vertretenen Auffassung folgt – der Vorschrift des § 25 I Var. 2 nur solche Fälle der Selbstschädigung vorbehalten sind, bei denen der Täter aufgrund seiner Wissens- und Willensherrschaft gegenüber dem Opfer die zur Selbstschädigung führende Handlung steuert. Das Opfer muss sich gerade erst aufgrund der Einflussnahme auf seine Psyche veranlasst sehen, die Selbstschädigung durchzuführen. Bei der sog. Giftfalle ist das – wie gesehen – nicht der Fall. **962**

Beispiel[1235]**:** Die reiche Witwe O hat eine Lebensversicherung abgeschlossen und den netten Arzt T als Begünstigten eingesetzt. Um möglichst rasch in den Genuss der Versicherungssumme zu gelangen, täuscht T der O vor, sie leide an einem unheilbaren und sehr schmerzhaft endenden Krebs. Wie von T erwartet, tötet O sich daraufhin selbst. **963**

In diesem Fall sind Tatwerkzeug und Opfer personenidentisch. Handelte O eigenverantwortlich, käme noch nicht einmal eine Anstiftung seitens des T in Betracht. Denn eine Anstiftung setzt eine tatbestandliche Haupttat voraus, an der es vorliegend aber gerade fehlt (eine Selbsttötung ist nicht tatbestandsmäßig). Fehlte es jedoch an einer freiverantwortlichen Willensentscheidung der O, läge ein Fall der Tötung in mittelbarer Täterschaft vor. Problematisch ist die Bestimmung der Freiverantwortlichkeit.

- ⇨ Überwiegend wird eine den **Exkulpationsregeln** (§ 3 JGG, §§ 19, 20, 35 I S. 1 StGB) vergleichbare Situation vorausgesetzt. Würde der Tatmittler (bei isolierter Betrachtung) aufgrund einer der genannten Vorschriften straflos sein, fehlte bei ihm die Freiverantwortlichkeit.[1236] Folgt man dieser Auffassung, ist eine Freiverantwortlichkeit bei unreifen Jugendlichen, geistig Erkrankten, seelisch Gestörten und Personen, die sich in einer unter § 35 fallenden Notlage befinden, ausgeschlossen.
- ⇨ Eine im Vordringen befindliche Literaturmeinung prüft die Eigenverantwortlichkeit sinngemäß nach den Regeln über die **rechtfertigende Einwilligung**: Besitze der sich selbst Schädigende nicht die erforderliche Einwilligungsfähigkeit oder sei seine Entscheidung nicht frei von Zwang oder wesentlichen Willensmängeln gewesen, sei der Tatveranlasser mittelbarer Täter.[1237]
- ⇨ Der BGH hat noch keine eindeutige Stellung bezogen, sondern beurteilt die Tatherrschaft nach dem **Inhalt und der Tragweite der Einflussnahme**.[1238]

Im vorliegenden Fall ist T wohl nach allen drei Auffassungen wegen Mordes (§§ 212, 211 I, II Gruppe 1 Habgier) in mittelbarer Täterschaft kraft seiner Wissens- und Willensherrschaft strafbar. Nach der ersten Auffassung, weil O sich aufgrund der Aussage des T in einer Notstandslage befand, nach der zweiten, weil ihre Entscheidung nicht frei von wesentlichen Willensmängeln war, und nach dem BGH aufgrund des Inhalts und der Tragweite des erregten Irrtums.[1239]

[1235] In weiter Anlehnung an den vielzitierten **Sirius-Fall** BGHSt 32, 38 ff.

[1236] LK-*Schünemann*, § 25 Rn 113; Sch/Sch-*Heine/Weißer*, § 25 Rn 10.

[1237] LK-*Jähnke*, Vor § 211 Rn 25 f.; Sch/Sch-*Eser/Sternberg-Lieben*, Vorbem § 211 Rn 36; *Wessels/Hettinger*, BT/1, Rn 48; *Krey/Hellmann/Heinrich*, BT I, Rn 89; dem sich anschließend *Frister*, AT, Kap 27 Rn 22.

[1238] So hat der BGH im sog. Sirius-Fall (BGHSt 32, 38 ff.) einen Mordversuch in mittelbarer Täterschaft angenommen. Dort versuchte das Tatwerkzeug unter dem übermächtigen Einfluss und aufgrund einer gezielten Irreführung durch den Hintermann sich selbst zu töten. Der Täter habe das Opfer kraft überlegenen Wissens zum Werkzeug gegen sich selbst gemacht. Vgl. dazu *Meurer*, NJW 2000, 2936 ff..

[1239] Es wäre auch vertretbar, bei O die Freiverantwortlichkeit zu bejahen und bei T daher lediglich Anstiftung zum Suizid anzunehmen. Dann aber käme man zur Straflosigkeit, weil es an der Haupttat i.S.v. § 26 fehlte. An diesem unbilligen Ergebnis könnte dann nur der Gesetzgeber etwas ändern, etwa indem er einen Straftatbestand der „eigennützigen Förderung einer Selbsttötung" schaffte.

964 Letztlich fällt in diese Fallgruppe auch der „**vorgetäuschte Doppelselbstmord**". Darunter ist der Fall zu verstehen, dass jemand einen anderen zu einem gemeinsamen Selbstmord (Suizid) überredet, in Wahrheit aber nicht vorhat, sich selbst zu töten, sondern dem anderen gegenüber die eigene Selbsttötungsabsicht nur vortäuscht. Tötet sich der andere dann selbst, unterliegt dieser nach h.M. einem bloßen Motivirrtum, der die Schwelle zur mittelbaren Täterschaft nicht überschreitet.[1240] Solange jemand freiverantwortlich die Selbsttötung vornimmt, ist eine andere Person, die den Suizidenten dazu veranlasst hat, straflos: Bezüglich einer mittelbaren Täterschaft fehlt die Tatherrschaft und bezüglich einer Anstiftung fehlt die teilnahmefähige Haupttat.

965 Ob eine mittelbare Täterschaft auch dann in Betracht kommt, wenn der Strafbarkeitsmangel des Tatmittlers in dem Fehlen einer für die Erfüllung des Tatbestands erforderlichen Qualifikation des Täters liegt (sog. „**qualifikationslos-doloses** Werkzeug"), ist streitig.

Beispiel: G ist Mitarbeiter einer GmbH und hat für diese ein elektronisches Messgerät für Reimplantationsdiagnostik entwickelt, das für eine Patentanmeldung bereitsteht. Da er die Größenordnung der in diesem Zusammenhang anstehenden Gehaltserhöhung vor dem Geschäftsführer nicht durchsetzen kann, beschließt er, das Messgerät noch vor der Patentanmeldung an sich zu bringen und für teures Geld an ein Konkurrenzunternehmen zu verkaufen. Zu diesem Zweck bittet er seinen Freund F, nachts in die Betriebsstätte einzudringen und das Gerät mitzunehmen. Er selbst wolle sich zur Tatzeit in der Oper aufhalten, um ein Alibi zu besitzen. Nach einigem anfänglichem Sträuben erklärt sich F dann schließlich deshalb dazu bereit, weil G ihm auch schon einmal geholfen hatte. Die Tat wird wie geplant ausgeführt. Strafbarkeit der Beteiligten?

F ist zunächst wegen **Hausfriedensbruchs** (§ 123) strafbar. Zwar hatte G als Mitarbeiter der GmbH das grundsätzliche Zutrittsrecht, doch dieses befugt jedenfalls dann nicht, Dritten den Zutritt zu gewähren, wenn diese die Betriebsstätte zum Zweck der Verübung von Straftaten betreten (sollen).

Möglicherweise ist F auch wegen **Diebstahls** (§ 242) strafbar. Ohne ins Detail gehen zu wollen (vgl. dazu im Einzelnen sogleich Rn 966 ff.), kann jedoch gesagt werden, dass ihm die erforderliche Absicht fehlte, das Gerät sich oder einem Dritten zuzueignen. Denn ihm ging es nicht zielgerichtet darum, das Gerät sich oder G zuzueignen, sondern lediglich darum, G einen Gefallen zu tun.

Hinsichtlich des G liegt zunächst eine **Anstiftung zum Hausfriedensbruch** (§§ 123, 26) vor. Dagegen fehlt es für eine Anstiftung zum Diebstahl und zur Untreue an der jeweiligen Haupttat.

Möglicherweise liegt eine Strafbarkeit wegen **Diebstahls in mittelbarer Täterschaft** (§§ 242, 25 I Var. 2) vor. Das setzt voraus, dass G trotz vorhandenen Vorsatzes auf Seiten des F das Tatgeschehen beherrschte. Geht man davon aus (vgl. auch dazu eingehend Rn 966 ff.), hat G sich aus §§ 242, 25 I Var. 2 strafbar gemacht.

G ist daher tateinheitlich wegen Diebstahls in mittelbarer Täterschaft und Anstiftung zum Hausfriedensbruch strafbar.

Schließlich ist F wegen Beihilfe zum Diebstahl in mittelbarer Täterschaft (§§ 242, 25 I Var. 2, 27) strafbar.

b. Tatmittler handelt ohne Tatbestandsvorsatz bzw. ohne Absicht

966 Fehlt beim Tatmittler schon der **Vorsatz**, besitzt der die Tat veranlassende oder fördernde Hintermann regelmäßig **kraft seines überlegenen Wissens** Tatherrschaft.

[1240] So etwa *Roxin*, AT II, § 25 Rn 71; SK-*Hoyer*, § 25 Rn 85; *Joecks*, § 25 Rn 43. Für Bejahung einer Tatherrschaft *Jescheck/Weigend*, AT, § 62 II 1. Der BGH nimmt mittelbare Täterschaft zumindest dann an, wenn erheblicher Druck auf das Opfer ausgeübt wird (BGH GA 1986, 509).

Beispiel: T bittet den Hotelpagen B, ihm „seinen" in der Lobby stehenden Koffer an den Wagen zu bringen. B holt den fraglichen Koffer, der in Wahrheit dem nichts bemerkenden O gehört.

Ein Dreiecksbetrug des T gegenüber B zu Lasten des O kommt nicht in Betracht, da B vorher nicht im Lager des O stand. T ist aber wegen eines Diebstahls in mittelbarer Täterschaft (§§ 242, 25 I Var. 2) strafbar, denn er erregte bei B kraft seines überlegenen Wissens einen Irrtum über die Eigentumsverhältnisse an dem Koffer. B ist einem Tatbestandsirrtum gem. § 16 I S. 1 unterlegen, der bei ihm zum Ausschluss des subjektiven Tatbestands führt.

Vgl. zu dieser Fallgruppe auch Rn 182.

Schwieriger sind die Fälle zu beurteilen, in denen der Tatmittler zwar vorsätzlich handelt, ihm aber die erforderliche **Absicht** fehlt (sog. „**absichtslos-doloses** Werkzeug"). Hier ist zunächst festzuhalten, dass sich der früher viel zitierte **Gummiball-Fall** mit dem Inkrafttreten des 6. StrRG weitgehend erledigt hat. Gleiches gilt für den **Gänsebucht-Fall**. **967**

Beispiel[1241]**:** T schickt G los, damit dieser für ihn den auf dem Nachbargrundstück liegenden, dem Nachbarn gehörenden Gummiball wegnimmt.

Vor Inkrafttreten des 6. StrRG 1998 war der Diebstahl nur dann strafbar, wenn der Täter nicht nur vorsätzlich handelte, sondern auch mit der Absicht, *sich* die Sache rechtswidrig zuzueignen. Wusste der Täter also zwar um die Fremdheit der Sache, nahm die Sache aber weg, um sie einem *Dritten* zuzueignen, fehlte es an einer Voraussetzung des § 242. Um hier eine Strafbarkeitslücke zu schließen, nahm die h.M. eine normativ begründete Tatherrschaft an.

Nun hat der Gesetzgeber mit dem 6. StrRG auch die **Drittzueignungsabsicht** beim Diebstahl unter Strafe gestellt. Damit haben sich zwar Fälle der o.g. Art erledigt, nicht aber jene Fälle, in denen die Drittzueignungsabsicht fehlt. **968**

Beispiel: Bauunternehmer B ist in wirtschaftliche Schwierigkeiten geraten. Um wieder zu Geld zu kommen, beschließt er, einige Baumaschinen seines Konkurrenten K, die sich auf verschiedenen Baustellen befinden, zu verkaufen. Eines Nachts schickt er seinen Baggerfahrer F los, um von einer Baustelle eine Planierraupe des K zu stehlen, für die er auch schon einen Käufer gefunden hat. F sträubt sich zunächst, beugt sich aber schließlich der unnachgiebigen Haltung seines übermächtigen Chefs.

Hier kam es dem F nicht darauf an, sich oder seinem Chef die Planierraupe zuzueignen. Vielmehr beugte er sich nur dem Drängen seines Chefs. Da § 242 aber voraussetzt, dass es dem Täter gerade darauf ankommen muss, die Sache sich oder einem Dritten zuzueignen, fehlte es bei F somit an der erforderlichen (Dritt-)Zueignungsabsicht. Da F aber im Übrigen wusste, dass er eine fremde Sache wegnehmen würde, handelte er vorsätzlich i.S.d. § 15 (also dolos). Gerade dieses vorsätzliche Handeln des Vordermanns bewegt eine Minderauffassung in der Literatur zu der Annahme, der Hintermann könne gar keine Wissens- und/oder Willensherrschaft haben. Das gelte insbesondere dann, wenn der ausgeübte Druck nicht so hoch sei, dass der Vordermann meine, er habe „keine andere Wahl".[1242] Schließt man sich diesem Gedanken an, fehlen sowohl bei B als auch bei F die gesetzlichen Voraussetzungen einer Strafbarkeit aus § 242. Dann müsste man auf den Zeitpunkt der Übergabe der Raupe von F auf B abstellen und bei B eine Unterschlagung mittels Selbstzueignung (§ 246 I Var. 1) annehmen, zu der F Beihilfe geleistet hat.[1243] Richtigerweise wird man aber von einem Diebstahl in mittelbarer Täterschaft mit F als **absichtslos-dolosem**

[1241] Vgl. RGSt 39, 39.

[1242] So *Gropp*, AT, § 10 Rn 123 ff.; *Krey/Hellmann/Heinrich*, BT II, Rn 83/89; LK-*Schünemann*, § 25 Rn 140.

[1243] Insbesondere kommt bei F eine täterschaftliche Unterschlagung mittels Drittzueignung (§ 246 I Var. 2) nicht in Betracht, da bei diesem die Tatherrschaft über das Geschehen (gleichgültig, ob Diebstahl oder Unterschlagung) ja gerade *nicht* vorliegt. Auch eine Anstiftung zum Diebstahl kommt nicht in Betracht, da insoweit die vorsätzliche Haupttat (des F) fehlt.

Werkzeug ausgehen müssen.[1244] Denn B hielt aufgrund seines überragenden Einflusses auf F stets den gesamten Tatablauf in seinen Händen und hatte somit Tatherrschaft. Dass F mit Tatbestandsvorsatz handelte, steht bei normativer Betrachtung der Tatherrschaft auf Seiten des B nicht entgegen.

969 **Weiterführender Hinweis:** Hätte B den F unter massivem Druck regelrecht genötigt bzw. gezwungen, die Baumaschine wegzunehmen, käme auch die Gegenauffassung zu einer mittelbaren Täterschaft. Denn dann läge nicht nur eine normative, sondern auch eine faktische Tatherrschaft vor, die auch die Gegenauffassung zur Annahme einer mittelbaren Täterschaft bewegt. Auch wenn B den F lediglich über die Zueignungsabsicht getäuscht hätte (etwa indem er diesem gesagt hätte, er wolle sich die Maschine nur für einen Tag „ausleihen" und sie in der kommenden Nacht wieder zurückstellen – Fehlen der Aneignungskomponente der Zueignungsabsicht), müsste die Gegenauffassung zur Annahme einer mittelbaren Täterschaft kommen (auch wenn sie diese Fallkonstellation verschweigt). Denn dann würde das Tatwerkzeug noch nicht einmal in Kenntnis der Zueignung handeln. Schließlich wäre vorliegend eine mittelbare Täterschaft in Betracht gekommen, wenn B den F über die Rechtswidrigkeit der (beabsichtigten) Zueignung getäuscht hätte (etwa indem B dem F glaubhaft versichert hätte, er habe die Baumaschine bereits von K gekauft und von diesem die Erlaubnis eingeholt, die Maschine abzuholen).

969a Verwandt mit dem Fall des vorsatzlosen Werkzeugs ist der Fall, in dem der Täter seine Mittäter bspw. zur Körperverletzung oder zur Nötigung bzw. Freiheitsberaubung veranlasst und später den so geschaffenen Zustand ausnutzt, um sich Sachen des Opfers zuzueignen.

Beispiel[1245]**:** T veranlasste A und B, den O in dessen Wohnung zu überfallen, zu verletzen, gefesselt im Badezimmer abzulegen und sodann nach Betäubungsmitteln zu suchen und diese zu vernichten. O sollte dadurch eingeschüchtert und zum Räumen der Wohnung veranlasst werden. Nachdem O misshandelt und überwältigt worden war, betrat T absprachegemäß die Wohnung. Er nahm unter Ausnutzung des Umstands, dass O gefesselt und zu Widerstand nicht mehr in der Lage war, dessen in der Wohnung befindliches Geld, Uhren und andere Gegenstände an sich, um sie dauerhaft für sich zu behalten. Dies hatte er von Anfang an geplant, A und B gegenüber indes verheimlicht; diesen blieb sein Tun auch bis zum gemeinsamen Verlassen der Wohnung verborgen.

A und B sind wegen gemeinschaftlich begangener gefährlicher Körperverletzung in Tateinheit mit Freiheitsberaubung strafbar. Bezüglich der (später) von T vorgenommenen Ansichnahme von Geld, Uhren und anderen Gegenständen, die durch ihre Handlung ermöglicht wurde, fehlte ihnen der Vorsatz, sodass eine Bestrafung wegen (schweren) Raubes nicht angenommen werden kann.

Auch T ist mittäterschaftlich wegen gemeinschaftlich begangener gefährlicher Körperverletzung in Tateinheit mit Freiheitsberaubung strafbar, da diese Taten vom gemeinsamen Tatplan erfasst waren und T diesbezüglich ebenfalls Tatherrschaft hatte.

Fraglich ist allein, ob T zusätzlich wegen (schweren) Raubes strafbar ist. Raub verlangt die Wegnahme einer fremden beweglichen Sache mit Gewalt gegen eine Person oder unter Anwendung von Drohungen mit gegenwärtiger Gefahr für Leib oder Leben (§ 249 I). T nahm zwar die Wegnahmehandlung vor, übte aber nicht die die Wegnahme ermöglichende Gewalt aus. Diese ging von A und B aus und lässt sich auch nicht über § 25 II (Mittäterschaft) dem T zurechnen, weil es insoweit an einem gemeinsamen Tatplan/Tatentschluss fehlt (A und B hatten ja keine Kenntnis vom Vorhaben des T). T ist aber wegen (schweren) Raubes in mittelbarer Täterschaft (§ 25 I Var. 2) strafbar. Denn T verheimlichte A und B rechtlich relevante und für die Beurteilung der Tat ausschlaggebende Sachverhaltsum-

---

[1244] Allgemein *Wessels/Hillenkamp*, BT/2, Rn 153, 153a; *W/B/S*, AT, Rn 537; *Jescheck/Weigend*, AT, § 62 II 7; *Lackner/Kühl*, § 25 Rn 4 und 242 Rn 26a; SK-*Hoyer*, § 242 Rn 92; *Krämer*, Jura 2005, 833; *Jäger*, JuS 2000, 651 f. Auch die Rspr. nimmt eine mittelbare Täterschaft an (vgl. BGH NJW 1994, 2703, 2706).
[1245] Nach BGH StraFo 2012, 422 f.

stände, was es nach Auffassung des BGH rechtfertigt, die Tatbestandserfüllung hinsichtlich des Einsatzes von Raubmitteln als Werk des T anzusehen, das er durch A und B beging.

c. Tatmittler handelt rechtmäßig

Des Weiteren sind Fallkonstellationen denkbar, in denen das Werkzeug zwar tatbestandsmäßig, nicht aber rechtswidrig handelt. 970

Beispiel: Die steinreiche T ist mit dem Umstand, dass der Freund (F) ihrer Tochter lediglich Unteroffizier der Bundeswehr ist, nicht einverstanden. Sie hätte sich viel lieber einen Juristen gewünscht. Nach mehrmaligen erfolglosen Versuchen, ihre Tochter umzustimmen, entschließt sie sich, den Soldaten bei seinem Dienstherrn zu denunzieren. Sie schreibt einen anonymen Brief an die Luftwaffeneinheit, bei der F als Flugzeugmechaniker eingesetzt ist, mit folgendem Inhalt: „F betreibt Sabotage. Er plant, Handgriffe an Luftfahrzeugen vorzunehmen, damit diese abstürzen." Daraufhin wird F durch Verfügung seines Disziplinarvorgesetzten unter Arrest gestellt, bis die Sache aufgeklärt ist. Doch im Nachhinein kommt die Wahrheit ans Licht.

In diesem Fall ist T zunächst nach § 164 I strafbar. In Betracht kommt außerdem eine Freiheitsberaubung in mittelbarer Täterschaft (§§ 239 I, 25 I Var. 2). Die den F festnehmenden Vollzugsorgane waren aufgrund des Irrtumsprivilegs des Staates gerechtfertigt, soweit sie im Rahmen einer pflichtgemäßen Prüfung die Voraussetzungen des Arrestes annahmen. T hatte auch Tatherrschaft (Willensherrschaft), weil sich die Strafverfolgungsorgane - um im Einklang mit den Vorschriften der StPO zu handeln - so verhalten mussten, wie dies von T gewollt war. Da diese auch vorsätzlich handelte, ist sie tateinheitlich aus § 164 und §§ 239 I i.V.m. 25 I Var. 2 strafbar.

d. Tatmittler handelt schuldunfähig oder schuldlos

Aus dem in §§ 26, 27 niedergelegten Grundsatz der limitierten Akzessorietät folgt, dass Anstiftung und Beihilfe lediglich eine vorsätzliche und rechtswidrige Haupttat voraussetzen. Auf die Schuld des Haupttäters kommt es somit nicht an. Wenn also jemand einen anderen zu dessen vorsätzlicher und rechtswidriger Tat veranlasst, liegt typischerweise eine Anstiftung vor. Das bedeutet jedoch nicht, dass der „Anstifter" nicht Tatherrschaft über das Geschehen haben kann und in Wirklichkeit mittelbarer Täter ist. Insbesondere ist die mittelbare Täterschaft nicht dadurch ausgeschlossen, dass der Strafbarkeitsmangel des Vordermanns der Schuldebene zuzuordnen ist. Im konkreten Fall kann es somit erforderlich sein, zwischen Täterschaft und Teilnahme abzugrenzen. Willensherrschaft und damit Tatherrschaft ist hier insbesondere dann zu diskutieren, **wenn der Hintermann die Schuldunfähigkeit erkannt und ausgenutzt hat**. 971

Beispiel: Bauer T ist neidisch auf den neuen Heuschuppen seines Nachbarn N, der ebenfalls Landwirtschaft betreibt. Als er eines Tages den 4-jährigen Sohn K des N auf dem Feld spielen sieht, geht er zu ihm und fragt ihn, ob er mal „ganz viele Feuerwehrautos" sehen möchte. Dazu müsse er aber in den Schuppen gehen, ein Streichholz anzünden und dieses dann fallen lassen. Begeistert von der Vorstellung, bald ganz viele Feuerwehrautos sehen zu können, führt K die Tat aus.

In Betracht kommt eine Strafbarkeit wegen Brandstiftung in mittelbarer Täterschaft (§§ 306 I Nr. 1 und 6, 25 I Var. 2). Dazu müsste T die Tat durch K begangen haben. K ist erst 4 Jahre alt und damit gem. § 19 schuldunfähig. Damit liegt schon einmal ein die mittelbare Täterschaft kennzeichnender Strafbarkeitsmangel des Vordermanns vor. T hat K auch für seine Zwecke benutzt. Diese Umstände führen jedoch noch nicht automatisch zur Annahme einer Tatherrschaft auf Seiten des T.[1246] Denn § 19 will lediglich die strafrechtli-

[1246] So aber Sch/Sch-*Heine/Weißer*, § 25 Rn 39 und LK-*Schünemann*, § 25 Rn 113.

che Verantwortung von Personen unter 14 Jahren ausschließen. Dass eine Person unter 14 Jahren keine Tatherrschaft haben könnte, ist damit nicht gesagt. Man wird hier auf die Einsichtsfähigkeit und Reife des Tatmittels abstellen müssen. Bei einem 4-jährigen Kind ist regelmäßig davon auszugehen, dass eine Einsichtsfähigkeit nicht vorhanden ist. T hatte somit Willensherrschaft und mithin Tatherrschaft. Er ist wegen Brandstiftung in mittelbarer Täterschaft strafbar.

Wäre K 13 Jahre alt gewesen, müsste man in Ermangelung entgegenstehender Anhaltspunkte trotz der nach wie vor bestehenden Schuldunfähigkeit wohl zur Verneinung der Tatherrschaft des T gelangen. Dieser wäre dann wegen Anstiftung zur Brandstiftung strafbar (zur Erinnerung: § 26 setzt lediglich eine vorsätzliche und rechtswidrige, nicht schuldhaft begangene Haupttat voraus).

Wäre K Jugendlicher (vgl. § 1 II JGG: 14-17 Jahre) gewesen, könnte man sich zwar auf den Standpunkt stellen, eine mittelbare Täterschaft scheitere an der gegebenen Deliktsfähigkeit des K. Allein das strafmündige Alter kann aber nicht über die Einsichtsfähigkeit und Reife entscheiden. Nach der hier vertretenen Auffassung ist daher eine Einzelfallbetrachtung geboten.[1247] Zum Einsichtsmangel von strafmündigen Personen siehe auch sogleich.

972 Eine mittelbare Täterschaft ist jedenfalls dann gegeben, **wenn der Hintermann die Schuldlosigkeit beim Vordermann bewirkt hat**.

Beispiel: T zwingt X mit vorgehaltener Pistole, O zu verprügeln. Hier ist T mittelbarer Täter einer Körperverletzung. X ist ein unfrei handelndes, im Nötigungsnotstand befindliches und nach § 35 I entschuldigtes Werkzeug (Fall der sog. **Nötigungsherrschaft**).
Eine Nötigungsherrschaft unterhalb der Schwelle des § 35 I ist dagegen ausgeschlossen.

973 Fraglich ist die Annahme einer mittelbaren Täterschaft dann, **wenn der Hintermann die Schuldlosigkeit beim Vordermann lediglich ausgenutzt hat**.

Beispiel: A, B und C unternehmen eine Bergtour. A ist schon vorgeklettert. B und C folgen ihm. Als nun die durch ein Seil miteinander verbundenen B und C abzustürzen drohen, ruft A dem über C hängenden B zu, er werde ihn retten, wenn er das Seil unter sich abschneide. So geschieht es. C stürzt in die Tiefe. B wird von A hochgezogen. Strafbarkeit von A und B?

Die Tötung eines anderen Menschen zur Rettung des eigenen Lebens wirkt niemals rechtfertigend, sondern lediglich entschuldigend. Daher ist im vorliegenden Fall begangenes Unrecht zu würdigen. B ist jedenfalls gem. § 35 I entschuldigt. Hinsichtlich des A könnte man sowohl an eine Tötung in mittelbarer Täterschaft mit B als Tatwerkzeug[1248] als auch an eine Anstiftung zur Tötung[1249] denken. Das Gesetz lässt beide Möglichkeiten zu. Auf der Schuldebene wäre zu diskutieren, ob zugunsten des A der übergesetzliche Notstand greift.

Würde A dem B aus einiger Entfernung lediglich ratend zurufen, er solle das Seil abschneiden, damit er nicht zusammen mit C abstürze, und könnte B sich auf diese Weise retten, bleibt es bei diesem bei § 35 I. Auch hinsichtlich des A bleibt es bei der obigen Überlegung.

974 Ein weiterer Fall der beim Vordermann vorliegenden Schuldlosigkeit liegt im **<u>un</u>vermeidbaren Verbotsirrtum** (§ 17 S. 1).[1250]

Beispiel: Rechtsanwalt R erweckt bei seinem Mandanten M bewusst die Fehlvorstellung, dieser mache sich nicht strafbar, wenn er über das Internet pornographische Schriften (§§ 184, 184 a-e) veröffentliche, da der Begriff „Schriften" nicht die elektronischen Medien erfasse und ein Straftatbestand zum Schutze der Jugend vor schädlichen Inhalten im In-

[1247] Zum Meinungsstand vgl. etwa Sch/Sch-*Heine/Weißer*, § 25 Rn 45.
[1248] So LK-*Schünemann*, § 25 Rn 75.
[1249] So *Jescheck/Weigend*, AT, § 62 II 6; *Joecks*, § 25 Rn 45.
[1250] *Jescheck/Weigend*, AT, § 62 II 5; *Kühl*, AT, § 20 Rn 69; *Joecks*, § 25 Rn 36 ff.

ternet nicht existiere. Tatsächlich stehen den „Schriften" i.S.v. §§ 184, 184 a-e auch die elektronischen Medien gleich. Das stellt § 11 III klar. Geht man vorliegend angesichts der Erkundigung des M bei einem Rechtskundigen davon aus, dass er sich in einem unvermeidbaren Verbotsirrtum befand, entfällt die Strafbarkeit gem. § 17 S. 1. Aufgrund dieses Strafbarkeitsmangels und der unstreitig angenommenen Wissensherrschaft ist R mittelbarer Täter des betreffenden Tatbestands aus §§ 184, 184 a-e. Zum vermeidbaren Verbotsirrtum, bei dem es um die Frage des Täters hinter dem Täter geht, vgl. sogleich Rn 979 ff.

Zu einem Ausschluss der Schuld (und nicht schon des Vorsatzes) führt auch der **Erlaubnistatbestandsirrtum** in der hier vertretenen rechtsfolgenverweisenden Variante unter analoger Anwendung des § 16 I S. 1. Daher bleibt auch in diesem Fall eine Teilnahme möglich, wodurch ebenfalls eine Abgrenzung zur mittelbaren Täterschaft erfolgen muss. Eine mittelbare Täterschaft ist aber auch hier nur denkbar, wenn der Hintermann den Irrtum absichtlich herbeiführt oder einen vorhandenen Irrtum ausnutzt und dabei mit Wissensherrschaft handelt. 975

Beispiel: T spiegelt X vor, der gerade verreiste Nachbar N habe eingewilligt, einen an der Grundstücksgrenze stehenden Baum zu fällen.

Hier unterlag X einem Erlaubnistatbestandsirrtum, da er tatbestandlich handelte (§ 303 I), sich aber gerechtfertigt glaubte. T hingegen hat sich wegen Sachbeschädigung in mittelbarer Täterschaft strafbar gemacht.

Zur gutachtlichen Aufbereitung der behandelten Themen vgl. auch *Schmidt/Priebe*, Fälle zum Strafrecht I, Fall 10 Rn 76 ff.

4. Sonderproblem „Täter hinter dem Täter"

Wie bereits gesagt, kann Tatmittler im Allgemeinen nicht sein, wer den Tatbestand selbst vorsätzlich, rechtswidrig und schuldhaft verwirklicht. Denn die Bewertung des Gesetzes, die den Vordermann für seine Tat verantwortlich macht, schließt es grundsätzlich aus, ihn zugleich als Werkzeug eines anderen anzusehen (**Verantwortungsprinzip**). Gleichwohl erkennt die h.M auch bei einem strafrechtlich uneingeschränkt verantwortlichen Vordermann eine mittelbare Täterschaft des Hintermanns an, wenn der steuernde Einfluss durch den Hintermann nur stark genug ist. Das ist insbesondere dann der Fall, wenn der Hintermann infolge seiner Überlegenheit den Eintritt des tatbestandlichen Erfolgs in seiner konkreten Erscheinungsform steuert (**Steuerungsprinzip**).[1251] Hierzu sind verschiedene Fallgruppen gebildet worden, auf die im Folgenden eingegangen wird. 976

a. Mittelbare Täterschaft aufgrund (staatlicher) Organisationsherrschaft (Organisationsdelikt)

Die Fallgruppe des Organisationsdelikts[1252] wurde bereits im Rahmen der „**mittelbaren Unterlassungstäterschaft**" bei Rn 957-959 behandelt. Sie unterscheidet sich von der ebenfalls bereits behandelten Nötigungsherrschaft dadurch, dass im Zeitpunkt der Tatausführung keine Nötigungslage i.S.v. § 240 vorliegt. Die mittelbare Täterschaft ist daher nicht aufgrund eines Strafbarkeitsmangels auf Seiten des Tatmittlers herzuleiten. Auf der anderen Seite scheint der Tatmittler aufgrund der Organisation der Gewaltherrschaft als „Rädchen im System" manipulierbar und steuerbar. Diese Erkenntnis wurde seinerzeit bereits der strafrechtlichen Aufarbeitung des nationalsozialistischen Unrechtssystems zugrunde gelegt und nun vom BGH auch zur Begründung mittelbarer Täterschaft im Zusammenhang mit dem Schießbefehl an der innerdeutschen Grenze aufgegriffen (sog. 977

[1251] BGHSt 40, 218 ff.; 45, 270 ff.; 42, 65 ff.; BGH NStZ 2001, 475, 476; *Lackner/Kühl*, § 25 Rn 2; *W/B/S*, AT, Rn 542; *Gropp*, AT, § 10 Rn 100 ff.
[1252] Grundlegend *Roxin*, AT II, § 25 Rn 105 ff.

Mauerschützen-Fälle). Erforderlich ist danach ein Handeln in einer hierarchischen Machtstruktur, in der die leitenden Funktionäre aufgrund ihrer faktisch anerkannten Autorität die ausführenden Befehls- oder Weisungsempfänger reibungslos und austauschbar einsetzen können. Hier hat der Hintermann trotz der Verantwortlichkeit des Vordermanns die Fäden in einem Maße in der Hand, das es rechtfertigt, ihn als „Tatherrn" (d.h. „**Täter hinter dem Täter**") anzusehen.[1253]

Nicht als Hintermann i.S.v. § 25 I Var. 2 ist derjenige anzusehen, der eine bestehende Weisung in einer hierarchischen Organisationsstruktur lediglich nach unten weitergibt. So hat der BGH einen Offizier der ehemaligen DDR, der einen Grenzsoldaten zum Wachantritt vergatterte, lediglich wegen Beihilfe zum Totschlag und nicht wegen Anstiftung zum Totschlag oder gar wegen Totschlags in mittelbarer Täterschaft verurteilt. Mit der Vergatterung habe der Offizier lediglich einen anderweitig geweckten Tatentschluss gestärkt. Auch habe er keinen eigenen Spielraum gehabt, um annehmen zu können, er habe alle Fäden in der Hand gehabt.[1254]

978 Fraglich ist, ob die Annahme einer mittelbaren Täterschaft auch bei einer **unternehmerischen** oder sonst **geschäftsähnlichen Organisationsherrschaft** (mafiaähnlich organisierte Verbrecherorganisationen) möglich ist. Die h.M. bejaht dies zutreffend. Denn sofern vergleichbare hierarchische Organisationsstrukturen bestünden, mache es für die Annahme einer mittelbaren Täterschaft keinen Unterschied, ob der Tatmittler einen staatlich angeordneten Befehl ausübe oder einer Weisung innerhalb einer mafiaähnlichen Verbrecherorganisation nachkomme.[1255] Mittelbare Täterschaft kraft Organisationsherrschaft liege aber nicht vor, wenn zwischen der die Weisung erteilenden Organisationsspitze und dem unmittelbar Handelnden ein arbeitsteiliges Zusammenwirken i.S. einer Mittäterschaft bestehe. Dann liege ein Fall des § 25 II vor.[1256]

b. Mittelbare Täterschaft durch Veranlassen oder Ausnutzen eines vermeidbaren Verbotsirrtums

979 Weiterhin ist eine mittelbare Täterschaft trotz voll deliktischen Handelns des Vordermanns denkbar, wenn der Hintermann bei diesem entweder einen vermeidbaren Verbotsirrtum (Strafbarkeit wegen § 17 S. 2 mit der Folge der fakultativen Strafmilderung nach § 49 I) veranlasst oder einen bereits bestehenden ausnutzt. Als Klassiker wird hier immer wieder der sog. „**Katzenkönig-Fall**"[1257] genannt, bei dem der BGH beim Vordermann einen vermeidbaren Verbotsirrtum annimmt (diesen dadurch also strafrechtlich voll verantwortlich machen kann) und gleichwohl aufgrund einer wertenden Betrachtung beim Hintermann von einer Tatherrschaft ausgeht (um diesen dadurch also wegen mittelbarer Täterschaft als Täter und nicht nur als Anstifter verurteilen zu können).

980 **Sachverhalt:** Frau F, ihr Mann M (Polizeibeamter) und ihr Geliebter G lebten in einem mystischen und neurotischen Beziehungsgeflecht. F und G gelang es, den abergläubischen und leicht beeinflussbaren M von der Existenz eines Katzenkönigs zu überzeugen, der seit Jahrtausenden das Böse verkörpere und die Welt bedrohe. M sei auserkoren, gemeinsam mit F und G den Kampf gegen den Katzenkönig aufzunehmen. Doch zunächst sei es notwendig, dem Katzenkönig ein Menschenopfer zu bereiten. Dieser fordere speziell Frau O. Anderenfalls würden Millionen von Menschen sterben (in Wirklichkeit handelte es sich bei

---

[1253] So BGHSt 40, 218, 236; 42, 65, 68; 45, 270, 296; BGH NStZ 2001, 364, 365; NJW 2001, 3060, 3061; NStZ 2008, 89, 90; Sch/Sch-*Heine/Weißer*, § 25 Rn 25 f; LK-*Schünemann*, § 25 Rn 122, 128.; *Fischer*, § 25 Rn 7; *W/B/S*, AT, Rn 541 (allesamt zurückgehend auf *Roxin*, GA 1963, 193 ff.). Nach *Jescheck/Weigend*, AT, § 62 II 8 und *Jakobs*, AT, § 21 Rn 103 liegt – sofern der Vordermann voll deliktisch handelt – ein Fall der Mittäterschaft vor. Allerdings ist fraglich, wo hier der gemeinsame Tatentschluss liegen soll. Außerdem weist die Mittäterschaft eine *horizontale* Struktur auf, während die organisatorischen Machtapparate *vertikal* funktionieren.

[1254] BGH NJW 2001, 3060, 3061. Vgl. auch *Altvater*, NStZ 2002, 20, 22.

[1255] BGHSt 40, 218, 236 f.; BGH NJW 1998, 767, 769; NStZ 2008, 89, 90; *Lackner/Kühl*, § 25 Rn 2. Kritisch Sch/Sch-*Heine/Weißer*, § 25 Rn 25a; *Rotsch*, wistra 1999, 321, 326.

[1256] BGH NStZ 2008, 89, 90.

[1257] BGHSt 35, 347 ff.

Frau O um einen von F gehassten Menschen, den F durch M beseitigen lassen wollte). M erkannte zwar, dass die von ihm verlangte Tat Mord sei. Auch hatte er starke Gewissensbisse. Jedoch wog er die Gefahr für Millionen Menschen ab, die er durch das Opfern der O retten könne. Er suchte O kurz darauf auf und stach ihr hinterrücks mit einem Fahrtenmesser, das F und G ihm zum Zwecke der Tötung überlassen hatten, in den Hals. Doch O überlebte diese Attacke wider Erwarten.

Lösungsgesichtspunkte: M hat den Tatbestand des versuchten Mordes (§§ 211 I, II Var. 5 – Heimtücke, 22, 23 I, 12 I) erfüllt. Er ist auch nicht gerechtfertigt, weil ein nothilfefähiger Angriff (vgl. § 32) nicht bevorstand und eine notstandsbegründende Gefahr (vgl. § 34) nicht real war. Auch liegt im Ergebnis ein entschuldigender Notstand (§ 35) nicht vor, da keinem der dort genannten Rechtsgüter eine Gefahr drohte. Schließlich wäre zwar an den übergesetzlichen entschuldigenden Notstand zu denken, doch kam M der vom BGH postulierten gewissenhaften Prüfungspflicht nicht nach. M unterlag jedoch einem Irrtum über die rechtlichen Grenzen des Notstands, da er annahm, die Opferung eines Menschen zur Rettung Millionen anderer sei gerechtfertigt (§ 34 lässt in Wirklichkeit eine Abwägung zwischen Menschenleben nicht zu). Dieser sog. Verbotsirrtum führt aber nur dann zum Schuldausschluss, wenn er für den Täter nicht vermeidbar war (vgl. § 17 S. 1). Bei M war er nach Auffassung des BGH jedoch vermeidbar. M war nicht nur Polizeibeamter (was von vornherein die gewissenhafte Prüfung der rechtlichen Grenzen eines Rechtfertigungsgrundes erforderlich gemacht hätte), sondern unabhängig von diesem Umstand auch persönlich in der Lage, eine Vertrauensperson zu befragen. M handelte daher deliktisch voll verantwortlich. Die Möglichkeit der Strafmilderung gem. § 17 S. 2 i.V.m. § 49 I ändert daran nichts.[1258]

Aufgrund dieser vorsätzlichen und rechtswidrigen Tat ist bei F und G zwar an eine Anstiftung zu denken, da aber eine Teilnahme stets hinter einer Täterschaft zurücksteht, ist zunächst zu prüfen, ob bei F und G nicht eine mittelbare Täterschaft vorgelegen hat. Das setzt jedoch voraus, dass es sich bei M um ein Tatwerkzeug i.S.d. § 25 I Var. 2 gehandelt hat. Im Allgemeinen kann Tatmittler nicht sein, wer den Tatbestand selbst vorsätzlich, rechtswidrig und schuldhaft verwirklicht. Denn die Bewertung des Gesetzes, die den Vordermann für seine Tat verantwortlich macht, schließt es grundsätzlich aus, ihn zugleich als Werkzeug eines anderen anzusehen (Verantwortungsprinzip). Gleichwohl erkennt die h.M auch bei einem strafrechtlich uneingeschränkt verantwortlichen Vordermann eine mittelbare Täterschaft des Hintermanns an, wenn der steuernde Einfluss durch den Hintermann nur stark genug ist. Das ist insbesondere dann der Fall, wenn der Hintermann infolge seiner Überlegenheit den Eintritt des tatbestandlichen Erfolgs in seiner konkreten Erscheinungsform steuert (Steuerungsprinzip). Vorliegend haben F und G bewusst den abergläubischen und leicht beeinflussbaren M für ihre Zwecke manipuliert. Sie haben bei diesem Wahnideen hervorgerufen, die sie später ausnutzten. Diese Einflussnahme wiegt nach Auffassung des BGH so schwer, dass – bei normativer Betrachtung – von einer Tatherrschaft gesprochen werden müsse. F und G seien daher wegen versuchten Mordes in mittelbarer Täterschaft strafbar.[1259]

c. Mittelbare Täterschaft durch Identitätstäuschung des Werkzeugs

Schließlich geht es bei der Figur des Täters hinter dem Täter um die Frage, ob ein Hin- 981
termann, der bei dem Vordermann einen *error in persona* auslöst oder ausnutzt (sog. **manipulierter *error in persona***), nach den Regeln über die mittelbare Täterschaft bestraft werden kann.[1260]

[1258] BGHSt 35, 347, 350 f.
[1259] BGHSt 35, 347, 352 ff. Vgl. auch BGHSt 40, 257, 266 f. (Schießbefehl an der deutsch-deutschen Grenze).
[1260] Vgl. bereits die 1. Aufl. 2002; später auch *Koch*, JuS 2008, 399, 402.

Beispiel (Dohna-Fall)[1261]**:** T erfährt, dass X ein Attentat auf ihn verüben will. Daraufhin schickt er unter einem Vorwand seinen Feind O an den Tatort, wo dieser von X erwartungsgemäß mit T verwechselt und getötet wird.

982 Die rechtliche Behandlung dieser Fälle ist umstritten.

- Eine Auffassung würde T aus **mittelbarer Täterschaft** bestrafen. Der Hintermann benutze kraft seiner Wissensherrschaft den unmittelbar Handelnden als sein Werkzeug. Dass der Irrtum den Vordermann selbst nicht entlaste, spiele keine Rolle.[1262]
- Nach der Gegenansicht hätten T und X sich nebeneinander jeweils aus **unmittelbarer (Neben-)Täterschaft** strafbar gemacht. T, weil er den fremden Verbrechensplan für sich ausgenutzt und X, weil dieser voll verantwortlich gehandelt habe und darüber der *error in persona* für ihn unbeachtlich gewesen sei.[1263]
- Eine dritte Ansicht würde T wegen **Anstiftung** bestrafen. Durch die Manipulation der konkreten Tat habe er diese gelenkt oder zumindest gefördert.[1264]
- Stellungnahme: Die mittlere Auffassung ist abzulehnen, da sie die psychische Einflussnahme des T auf X unbeachtet lässt und somit die strafrechtliche Begründung der Nebentäterschaft verkennt. Auch die dritte Auffassung ist im Ergebnis abzulehnen. Zwar hat T bei X den Tatentschluss „umgelenkt", dennoch war X im Prinzip bereits zur Tötung eines Menschen fest entschlossen. Da *dieser* Entschluss für die Strafbarkeit aus einem Tötungsdelikt genügt, hat T in X keinen Tatentschluss i.S.v. § 26 hervorgerufen. Somit verbleibt eine Auseinandersetzung mit der ersten Auffassung. Auch diese ist einem Einwand ausgesetzt, nämlich dem, dass sich die Wissensherrschaft des T nicht auf das gesamte Tatgeschehen erstreckt, sondern lediglich auf das konkrete Tatobjekt beschränkt. Doch gerade darum geht es. T hat den O bewusst „in den Tod geschickt". Bezüglich *dieses* Menschen hielt er alle Fäden in der Hand. Daher ist im Ergebnis der ersten Auffassung zu folgen. T ist wegen Mordes in mittelbarer Täterschaft strafbar.

5. Versuch im Rahmen der mittelbaren Täterschaft

983 Bedient sich der Täter einer anderen Person, um durch diese eine Straftat zu begehen, ist die Abgrenzung zwischen strafloser Vorbereitungsphase und strafbarem Versuch gerade wegen der „Zwischenschaltung" eines anderen besonders problematisch.

984 **Beispiel:** Bauer T ist neidisch auf den neuen Heuschuppen seines Nachbarn N, der ebenfalls Landwirtschaft betreibt. Als er eines Tages den 4-jährigen Sohn K des N auf dem Feld spielen sieht, geht er zu ihm und fragt ihn, ob er mal „ganz viele Feuerwehrautos" sehen möchte. Dazu müsse er aber in den Schuppen gehen, ein Streichholz anzünden und dieses dann fallen lassen. Auf dem Weg zum Schuppen wird Kevin von seinem Vater gefragt, von wem er denn die Streichhölzer habe. Strafbarkeit des T?

In Betracht kommt eine Strafbarkeit wegen versuchter Brandstiftung in mittelbarer Täterschaft (§§ 306 I Nr. 1, 22, 23 I, 12 I, 25 I Var. 2). T hatte den Tatentschluss, die Scheune von K anzünden zu lassen. Er müsste aber auch zur Tatbestandsverwirklichung unmittelbar angesetzt haben. Im Fall der mittelbaren Täterschaft ist die Festlegung des Zeitpunkts, zu dem der mittelbare Täter unmittelbar zur Tatbestandsverwirklichung ansetzt, schwierig.[1265]

⇨ Jedenfalls beginnt das Stadium des Versuchs spätestens dann, wenn der **Tatmittler zur Vornahme der Tatbestandshandlung unmittelbar ansetzt**. Stellt man auf

---

[1261] *Dohna*, Übungen im Strafrecht und Strafprozessrecht, 3. Aufl. 1929, Fall 36, S. 93 f.
[1262] LK-*Schünemann*, § 25 Rn 105; *Lackner/Kühl*, § 25 Rn 4; Sch/Sch-*Heine/Weißer*, § 25 Rn 23.
[1263] *W/B/S*, AT, Rn 525.
[1264] *Herzberg*, Täterschaft und Teilnahme, 1977, S. 24; *Otto*, Jura 1987, 246, 255; *Jakobs*, AT, § 21 Rn 102.
[1265] Die Meinungsvielfalt ist hier unüberschaubar. Die Darstellung aller Nuancen würde den Rahmen dieser Bearbeitung sprengen (vgl. dazu näher LK-*Hillenkamp*, § 22 Rn 153; LK-*Schünemann*, § 25 Rn 150; SK-*Rudolphi*, § 22 Rn 20a; Sch/Sch-*Eser/Bosch*, § 22 Rn 54; *Fischer*, § 22 Rn 24; *Jescheck/Weigend*, AT, § 62 IV 1; *W/B/S*, AT, Rn 613 f.). Vorliegend sollen nur die maßgeblichen Ansätze, vor allem die Rspr. des BGH, erläutert werden.

diesen Zeitpunkt ab, liegt bei T noch kein strafbarer Versuch vor. Denn K hatte noch nicht unmittelbar zur Tatbestandsverwirklichung angesetzt. Insbesondere fällt der Weg zum vorgesehenen Tatort noch in das (straflose) Vorbereitungsstadium.

⇨ Demgegenüber kann der mittelbare Täter frühestens dann unmittelbar zur Tatbestandsverwirklichung ansetzen, wenn er seine **Einwirkungshandlung auf den Tatmittler abgeschlossen hat**. Da dies für den vorliegenden Fall anzunehmen ist, wäre T demzufolge wegen Versuchs strafbar. Dieser Ansatz ist aber abzulehnen, da er dem in § 22 statuierten Unmittelbarkeitserfordernis nicht genügt. Gerade auf die Unmittelbarkeit kommt es beim Versuch aber an. Es muss nach dem Vorstellungsbild des Täters eine Rechtsgutgefährdung unmittelbar bevorstehen.

⇨ Überzeugender scheint es daher, die Regeln über den beendeten Versuch anzuwenden. Danach liegt ein Versuch beim mittelbaren Täter vor, wenn dieser nach seiner Vorstellung nicht nur die erforderliche Einwirkung auf den Tatmittler abgeschlossen, sondern die Tat auch „aus den Händen gegeben" hat. Um den mittelbaren Täter aber im Vergleich zum Alleintäter nicht schlechterzustellen, ist zusätzlich erforderlich, dass das **betroffene Rechtsgut beim Abschluss der Einwirkungen auf den Tatmittler nach der Vorstellung des mittelbaren Täters bereits unmittelbar konkret gefährdet ist**.[1266] Schließt man sich diesem Ansatz an, hat sich T wegen versuchter Brandstiftung strafbar gemacht. Denn dadurch, dass er K losgeschickt hat, um die Scheune von diesem anzünden zu lasen, hat er das Geschehen aus der Hand gegeben. Darin lag nach seiner Vorstellung bereits ein derartiger unmittelbarer Angriff auf das durch § 306 geschützte Rechtsgut, dass dieses bereits konkret gefährdet war und der Schaden sich unmittelbar anschließen konnte.

Zusammenfassung: Der mittelbare Täter setzt zur Verwirklichung des Tatbestands der geplanten Straftat unmittelbar an, wenn er den Tatmittler zur Tatausführung bestimmt hat und ihn aus seinem Einwirkungsbereich in der Vorstellung entlässt, dass eine Rechtsgutverletzung unmittelbar bevorsteht. **985**

Äußerst prüfungsrelevant sind auch die Fälle, in denen der Täter zwar glaubt, alles zur Tatverwirklichung Erforderliche getan zu haben, der Erfolgseintritt aber noch von Faktoren abhängt, die der Täter nicht unmittelbar beeinflussen kann. Das betrifft insbesondere die Fälle der **notwendigen Mitwirkung des Opfers zu dessen Selbstschädigung**. Ob hier ein Versuch (in mittelbarer Täterschaft) angenommen werden kann, ist fraglich. **986**

Beispiel[1267]**:** T besitzt eine Jagdhütte, in der er sich gelegentlich am Wochenende aufhält. Daher hat er immer einen gewissen Vorrat an Lebensmitteln dort gelagert. Als er an einem Freitagabend zur Hütte fährt, stellt er fest, dass diese aufgebrochen ist und dass warme Speisen zubereitet worden sind. T geht davon aus, dass diese Tat auf das Konto einiger Landstreicher geht, die sich in der Gegend aufhalten. Gleichzeitig nimmt er an, dass die Landstreicher zurückkehren würden, um sich noch einmal zu sättigen. Von daher präpariert T eine Fertigsuppe mit einem hochgiftigen Pulver. Er weiß auch um die tödliche Wirkung dieses Pulvers und nimmt dabei in Kauf, dass es zu einem tödlichen Ausgang kommen könnte. Anschließend fährt er nach Hause. Hat sich T wegen versuchter Tötung strafbar gemacht? **987**

In derartigen Fällen ist zunächst zu prüfen, ob überhaupt ein Fall der mittelbaren Täterschaft vorliegt. Der diesbezügliche Streitstand wurde bereits bei Rn 683 beschrieben. Nach der hier vertretenen Auffassung hat T alle zur Verwirklichung des gesetzlichen Tatbestands eines Tötungsdelikts erforderlichen Vorbereitungen selbst getroffen. Auch hat er nicht planvoll lenkend Einfluss auf einen anderen ausgeübt. Vielmehr hat er nur die Regelhaftigkeit von Handlungsabläufen ausgenutzt. Es fehlt somit an der die mittelbare Täterschaft

[1266] Dieser Befund entspricht der inzwischen gefestigten Rspr.; vgl. BGHSt 30, 363, 365; 40, 257, 269; 43, 177, 180; BGH StV 2001, 272, 273.
[1267] In Anlehnung an BGHSt 43, 177 (Giftfalle).

kennzeichnenden Einwirkung auf die Psyche des Vordermanns.[1268] Von daher sprechen die besseren Gründe für die Annahme einer unmittelbaren Täterschaft.

Davon unabhängig ist weiterhin fraglich, ob T unmittelbar zur Tatbestandsverwirklichung angesetzt hat. Bedenken knüpfen an den Umstand, dass noch einige Unwägbarkeiten den Eintritt des Taterfolgs vereiteln können. So bleibt der Taterfolg insbesondere dann aus, wenn das Opfer nicht in der vom Täter vorgestellten Weise „mitwirkt". Gleichwohl bejaht das herrschende Schrifttum einen Versuch, wenn der Täter entweder den Geschehensablauf bewusst aus der Hand gegeben hat, sodass nach seiner Vorstellung der Erfolg jetzt selbstständig und ungehindert eintreten kann, *oder* wenn nach der Tätervorstellung eine Situation eingetreten ist, bei der zur Tatbestandsverwirklichung keine wesentlichen Zwischenschritte mehr erforderlich sind (sog. Alternativformel).[1269] Strukturell gleicht dieser Fall dem Versuchsbeginn bei der mittelbaren Täterschaft.

Würde im obigen Beispiel T sich nun in der Hütte verstecken und den Landstreichern „auflauern", würden beide Kriterien kaum eine Versuchsstrafbarkeit begründen. T hat aber die Hütte verlassen und ist zu seiner Hauptwohnung gefahren. Damit hat er den Geschehensablauf bewusst aus der Hand gegeben. Er ist damit der h.L. zufolge in das Versuchsstadium eingetreten.

Der BGH differenziert: Halte der Täter das Erscheinen des Opfers lediglich für möglich, aber noch für ungewiss, trete eine Rechtsgutgefährdung nach der Vorstellung des Täters erst dann ein, wenn das Opfer tatsächlich erscheine und sich deshalb die Gefahr für das Opfer verdichte. Stehe für den Täter das Erscheinen des Opfers hingegen fest, liege eine unmittelbare Gefährdung bereits mit Abschluss der Tathandlung vor.[1270]

Demzufolge müsste man im obigen Beispiel danach fragen, welche Vorsatzintensität bei T vorliegt. Nach dem Sachverhalt nimmt er an, dass die Landstreicher zurückkehren würden. Versteht man dies dahingehend, dass für T das Erscheinen der Landstreicher feststeht, wäre er wegen Versuchs strafbar.

Stellungnahme: In Fällen, in denen man zu unterschiedlichen Ergebnissen kommt, ist eine Streitentscheidung unabdingbar. Nach der hier vertretenen Auffassung scheinen die Kriterien des herrschenden Schrifttums überzeugender. Denn sie stellen nicht wie der BGH primär auf die Intensität des Vorsatzes und damit auf die subjektive Komponente ab, sondern auf die – ausgehend von der Vorstellung des Täters – objektiv zu beurteilende Gefährdungsintensität des Opfers. Gerade diese Gefährdungsintensität, die auch von § 22 vorausgesetzt wird, wird beim Abstellen auf die Intensität des Vorsatzes seitens des Täters nicht hinreichend berücksichtigt. Denn das sichere Wissen um das Erscheinen des Opfers ersetzt die Gefährdung nicht; andererseits kann das Opfer hochgradig gefährdet sein, obwohl der Täter das Erscheinen des Opfers lediglich für möglich hält.

6. Exzess und Irrtümer im Rahmen der mittelbaren Täterschaft

988 Überschreitet der Tatmittler bewusst das vom mittelbaren Täter Gewollte, ist dieser für den Exzess des Tatmittlers nicht verantwortlich. Er hat gem. § 29 nur für das beabsichtigte Grunddelikt einzustehen, nicht für den **Exzess**.

Beispiel: Nach der Vorstellung des Hintermanns A soll der schuldunfähige Vordermann B den Tatbestand des Diebstahls (§ 242) verwirklichen. B nimmt aber entgegen der Vorstellung des A eine Schusswaffe mit (§§ 242, 244 I Nr. 1a). Hier ist A nur wegen Diebstahls in mittelbarer Täterschaft (§§ 242, 25 I Var. 2) strafbar. In Bezug auf die Qualifikation des § 244 I Nr. 1a fehlt ihm der Vorsatz (§ 16 I S. 1).

[1268] Vgl. dazu den Sirius-Fall (Rn 963).
[1269] Vgl. *Roxin*, JZ 1998, 209, 211 f.; *W/B/S*, AT, Rn 613; Sch/Sch-*Eser/Bosch*, § 22 Rn 42 u. 54; *Heckler*, NStZ 1999, 79 f.; *Baier*, JA 1999, 771 f.
[1270] BGHSt 43, 177, 181.

Hinsichtlich möglicher **Irrtümer** sind verschiedene Konstellationen voneinander zu unterscheiden:

a. Hintermann geht von Anstiftung aus, Vordermann ist Tatmittler

In dieser Konstellation will der Hintermann den Vordermann „lediglich" anstiften. Tatsächlich hat er aber Tatherrschaft über den Tatmittler (Unkenntnis des Hintermanns von der Beherrschung des Tatmittels). Da hier der Irrtum auf unterschiedlichen Deliktsebenen auftreten kann, ist folgendermaßen zu differenzieren: 989

- Glaubt der Hintermann, der Vordermann handele **schuldhaft** und sei daher deliktisch selbst verantwortlich, obwohl dieser in Wirklichkeit schuldlos handelt, liegt eine **Anstiftung** vor, da der Hintermann als Initiator des Geschehens lediglich mit Anstiftervorsatz tätig geworden ist und die Umstände nicht gekannt hat, die ihn objektiv zum mittelbaren Täter machten. 990

  Beispiel: A bietet dem B 10.000,- €, wenn dieser den C umbringt. So geschieht es. Was A nicht wusste, war, dass B an einer die Schuldfähigkeit ausschließenden Debilität (vgl. § 20) leidet. Hier ist A gem. seines Vorsatzes wegen Anstiftung zur Tötung strafbar.

- Glaubt der Hintermann hingegen, der Vordermann handele **vorsätzlich** und sei daher deliktisch selbst verantwortlich, obwohl dieser in Wahrheit unvorsätzlich handelt und daher Tatmittler ist, scheidet eine mittelbare Täterschaft des Hintermanns mangels Vorsatzes aus (der Vorsatz des Hintermanns bezog sich nur auf die Anstiftung). Aber auch eine vollendete Anstiftung scheidet aus, weil es insoweit an einer vorsätzlichen Haupttat fehlt. Daher ist es sachgerecht, den Hintermann wegen **versuchter Anstiftung** zu bestrafen. Sollte auch dies nicht möglich sein (etwa weil die versuchte Anstiftung nicht strafbar ist[1271]), kommt lediglich eine **fahrlässige** Erfolgsherbeiführung in Betracht.[1272] 991

  Beispiel: Dr. A übergibt der Krankenschwester B eine Spritze mit einem tödlich wirkenden Gift und weist sie an, die Spritze dem Patienten P zu injizieren. Dabei geht Dr. A davon aus, dass B Bescheid weiß. Tatsächlich glaubt B aber, es handele sich um die täglich verabreichte Insulinspritze. Hier ist B mangels Vorsatzes nicht wegen vorsätzlicher Tötung strafbar. Auch eine fahrlässige Tötung kommt nicht in Betracht, da B nicht ernsthaft eine Sorgfaltspflichtverletzung vorgeworfen werden kann. Dr. A ist dagegen gemäß seines Vorsatzes wegen versuchter Anstiftung zur Tötung strafbar (da der Versuch einer Anstiftung zur Tötung strafbar ist, bedarf es keines Eingehens auf eine Fahrlässigkeitstat).

b. Hintermann geht von mittelbarer Täterschaft aus, Vordermann ist aber selbst Täter

In dieser umgekehrten Konstellation geht der Hintermann irrig von einer Tatherrschaft aus. Tatsächlich liegt die Tatherrschaft aber in den Händen des Vordermanns (irrige Annahme einer Tatherrschaft durch den Hintermann). Da auch hier der Irrtum auf unterschiedlichen Deliktsebenen auftreten kann, ist ebenfalls zu differenzieren: 992

- Glaubt der Hintermann, der Vordermann handele **schuldlos** und sei daher Tatwerkzeug, obwohl dieser in Wirklichkeit schuldhaft handelt und daher objektiv Täter ist, liegt aus der Sicht des Hintermanns eine mittelbare Täterschaft vor, objektiv jedoch eine Anstiftung i.S.v. § 26. Teilweise wird in solchen Fällen von einer **versuchten Tatbegehung in mittelbarer Täterschaft ausgegangen.**[1273] Die h.M.[1274] geht jedoch von einer **vollendeten Anstiftung** aus. Dem ist zuzustimmen. Zwar bezog sich der Vorsatz des Hintermanns auf 993

[1271] § 30 I stellt nur die versuchte Anstiftung zu einem *Verbrechen* (§ 12 I) unter Strafe.

[1272] So *Lackner/Kühl*, Vor § 25 Rn 10; LK-*Schünemann*, § 25 Rn 143; Sch/Sch-*Heine/Weißer*, Vorbem § 25 Rn 79; *Fischer*, Vor § 25 Rn 10; SK-*Hoyer*, § 25 Rn 140; *W/B/S*, Rn 548; *Gropp*, AT, § 10 Rn 156.

[1273] So *Herzberg*, Täterschaft und Teilnahme, S. 45; dem sich anschließend *Gropp*, AT, § 10 Rn 161.

[1274] *Jescheck/Weigend*, AT, § 62 III 1; *W/B/S*, AT, Rn 547; LK-*Schünemann*, § 25 Rn 143; *Lackner/Kühl*, § 25 Rn 5; Sch/Sch-*Heine/Weißer*, Vorbem § 25 Rn 79. Vgl. auch *Kudlich*, JuS 2003, 755, 758.

eine mittelbare Täterschaft, doch dieser weitergehende Tatvorsatz schließt den minder schweren Anstiftervorsatz mit ein (*argumentum a maiore ad minus* - Schluss von dem Stärkeren auf das Schwächere).

Beispiel: A bietet dem B, vom dem er glaubt, dass dieser an einer die Schuldfähigkeit ausschließenden Debilität (vgl. § 20) leide, 10.000,- €, wenn dieser den C umbringt. So geschieht es. Was A nicht wusste, war, dass B inzwischen wieder als geheilt gilt. Hier ist A gem. seines Vorsatzes zwar mittelbarer Täter, doch B war aufgrund seiner Schuldfähigkeit selbst Täter. Nach der Minderauffassung ist A wegen versuchter Tötung in mittelbarer Täterschaft strafbar, nach der h.M. wegen Anstiftung zur Tötung.

994 - Glaubt der Hintermann hingegen, der Vordermann handele **unvorsätzlich** und sei daher Tatwerkzeug, obwohl dieser in Wahrheit vorsätzlich handelt und daher selbst Täter ist, scheidet eine (vollendete) mittelbare Täterschaft des Hintermanns mangels Tatherrschaft unstreitig aus. Fraglich ist aber, woraus die Strafbarkeit des Hintermanns dann erfolgen soll. Teilweise wird auch hier von einer **versuchten Tatbegehung in mittelbarer Täterschaft** ausgegangen.[1275] Die h.M. geht wiederum von einer **vollendeten Anstiftung** aus.[1276] Dem ist auch diesmal zuzustimmen: Zwar bezog sich der Vorsatz des Hintermanns auf eine mittelbare Täterschaft, doch dieser weitergehende Tatvorsatz schließt den Anstiftervorsatz mit ein (*argumentum a maiore ad minus* - Schluss von dem Stärkeren auf das Schwächere).

Beispiel: Dr. A übergibt der Krankenschwester B eine Spritze mit einem tödlich wirkenden Gift und weist sie an, die Spritze dem Patienten P zu injizieren. Dabei geht Dr. A davon aus, dass B glauben werde, es handele sich um die täglich verabreichte Insulinspritze. Tatsächlich weiß B aber, dass sich tödlich wirkendes Gift in der Spritze befindet. Gleichwohl injiziert sie die Dosis, weil P sie am Tag zuvor sexistisch beleidigt hatte.

Hier ist B deliktisch selbst verantwortlich und daher wegen Mordes strafbar. Hinsichtlich des Dr. A hängt die konkrete Strafbarkeit davon ab, welcher Auffassung man folgt: Entweder ist er wegen versuchten Mordes in mittelbarer Täterschaft strafbar oder wegen vollendeter Anstiftung zum Mord.

c. Auswirkungen des *error in persona* beim Vordermann auf den Hintermann

995 Schließlich ist die Frage zu beantworten, wie sich eine Objektsverwechselung durch den Vordermann (sofern sie für ihn aufgrund tatbestandlicher Gleichwertigkeit des Tatobjekts unbeachtlich ist) auf den Hintermann auswirkt.

Beispiel: T ist von O bei einer Straftat beobachtet worden. O soll daher „verschwinden". Um dies zu realisieren, heuert T den geisteskranken (und damit schuldunfähigen) Profikiller K an. Er zahlt K 25.000,- €, damit dieser den O tötet, während T in der Oper sitzt. Doch K verwechselt bei der Schussabgabe O mit X, der neben O steht und diesem etwas ähnelt. Als T am nächsten Morgen vom Tod des X und damit von der offensichtlichen Verwechselung erfährt, ist er recht ungehalten.

Variante: Damit es nicht noch einmal zu einer Verwechselung kommt, zeigt T dem K nunmehr ein Foto des O. Gleichwohl verwechselt K sein Zielobjekt O, und zwar diesmal mit Y.

⇨ Eine Auffassung nimmt stets eine ***aberratio ictus*** beim Hintermann an. Es sei rechtlich gleichgültig, ob eine mechanische Waffe oder das eingesetzte menschliche Werk-

---

[1275] So *Herzberg*, Täterschaft und Teilnahme, S. 45; dem sich anschließend SK-*Hoyer*, § 25 Rn 145; *Gropp*, AT, § 10 Rn 161; *Fahl*, JuS 1998, 24, 26 und *Seier*, JuS 2000, L 85.

[1276] *Jescheck/Weigend*, AT, § 62 III 1; *W/B/S*, AT, Rn 549; LK-*Schünemann*, § 25 Rn 146 f.; *Lackner/Kühl*, § 25 Rn 5; Sch/Sch-*Heine/Weißer*, Vorbem § 25 Rn 79. LK-*Schünemann* a.a.O und *Jescheck/Weigend* a.a.O. nehmen sogar eine versuchte Tatbegehung in mittelbarer Täterschaft *und* eine vollendete Anstiftung an. Anders entscheidet die h.M. aber in Fällen, in denen das Gesetz (wie in § 160 und § 271) täterschaftliches Handeln ausnahmsweise mit geringerer Strafe bedroht als die sonst in Betracht kommende Anstiftung (etwa zu § 154 oder § 348). Dort dürfe der mit Tatherrschaftswillen Handelnde nicht deshalb schlechtergestellt werden, weil das vermeintliche Werkzeug nicht gutgläubig, sondern bösgläubig gewesen sei (vgl. *W/B/S*, AT, Rn 549). Vgl. auch *Kudlich*, JuS 2003, 755, 758.

zeug das Ziel verfehle.[1277] Folgt man dieser Auffassung, ist T sowohl im Ausgangsfall als auch in der Variante nach den Grundsätzen der *aberratio ictus* wegen eines versuchten Mordes in mittelbarer Täterschaft[1278] zum Nachteil des O und einer fahrlässigen Tötung zum Nachteil des X bzw. Y strafbar. Vgl. dazu Rn 291 ff.

⇨ Die Gegenauffassung lehnt eine *aberratio ictus* beim Hintermann ab, da die Tat nicht fehlgegangen sei, sondern sich der Vordermann geirrt habe. Daher liege ein für den Hintermann stets unbeachtlicher ***error in persona*** vor.[1279] Folgt man dieser Auffassung, ist T im Ausgangsfall nach den Grundsätzen des *error in persona* wegen eines Mordes in mittelbarer Täterschaft zum Nachteil des X strafbar. Eine Strafbarkeit hinsichtlich des gewollten Objekts O kommt nicht in Betracht, weil man anderenfalls den Vorsatz doppelt in Ansatz bringen würde (unzulässige Vorsatzverdoppelung). Vgl. dazu Rn 285 ff. In der Variante gilt entsprechendes.

⇨ Wieder andere differenzieren: Habe der Hintermann selbst die Individualisierung vorgenommen (das kann man in der Variante annehmen), gleiche das Fehlverhalten des Vordermanns dem Fehlgehen eines mechanischen Werkzeugs, das der Hintermann – wäre er unmittelbarer Täter – selbst führe. Habe der Hintermann die Individualisierung des Tatobjekts hingegen dem Vordermann überlassen (vgl. den Ausgangsfall), müsse er sich dessen Auswahlfehler wie eine eigene Objektsverwechselung (*error in persona vel obiecto*) zurechnen lassen, wenn die Verwechselung sich nach den konkreten Umständen noch in den Grenzen des nach allgemeiner Lebenserfahrung Voraussehbaren halte.[1280] Unterstellte man dies für den vorliegenden Fall, wäre T im Ausgangsfall nach den Grundsätzen des *error in persona* wegen eines Mordes in mittelbarer Täterschaft zum Nachteil des X strafbar. In der Variante wäre T nach den Grundsätzen der *aberratio ictus* wegen eines versuchten Mordes in mittelbarer Täterschaft zum Nachteil des O in Tateinheit mit einer fahrlässigen Tötung zum Nachteil des Y strafbar.

7. Aufbaufragen und Prüfungsschema

Nach dem bisher Gesagten ist die *mittelbare Täterschaft* dadurch gekennzeichnet, dass 996
der Hintermann den objektiven Tatbestand der Strafnorm nicht in eigener Person verwirklicht. Er steuert (lediglich) kraft seiner Wissens- und Willensherrschaft das unmittelbare Tatgeschehen – sog. Tatherrschaft. Diese Tatherrschaft nimmt der Gesetzgeber aber zum Anlass, dem Hintermann das unmittelbare Tatgeschehen über § 25 I Var. 2 als *seine* Tat zuzurechnen. Daraus folgt, dass in einer Klausur grundsätzlich **zunächst mit der Prüfung des (tatnäheren) Werkzeugs** begonnen werden muss. Denn erst wenn das unmittelbare Tatgeschehen feststeht, kann man die Frage nach der Zurechnung beantworten. Bei der Prüfung des Tatmittlers sind dann die Strafbarkeitsmängel aufzuzeigen. Äußerst prüfungsrelevant sind die ausführlich behandelten Probleme, dass der Tatmittler – etwa beim Diebstahl oder Betrug – die erforderliche (Dritt-)Zueignungsabsicht nicht vorweist (*absichtsloses Werkzeug*). Aber auch der objektive Tatbestand kann Defizite aufweisen – insbesondere, wenn – bei Sonderdelikten – die erforderliche Täterqualifikation nicht vorhanden ist (*qualifikationsloses Werkzeug*).

Wenn aus einem dieser Gründe der Tatmittler nicht selbst Täter sein kann oder ein Fall 997
des „Täters hinter dem Täter" vorliegen könnte, wird sodann der Hintermann geprüft (Beispiel für den Obersatz: Strafbarkeit des T aus §§ 242, 25 I Var. 2). Nach der h.L. wird der objektive Tatbestand durch die Prüfung modifiziert, dass die unmittelbare Tathandlung nicht durch ihn selbst, sondern durch den Tatmittler begangen wurde. Dann erfolgt die Prüfung, ob eine Tatherrschaft angenommen werden kann und dass – falls sie zu bejahen ist – die Handlung des Tatmittlers über § 25 I Var. 2 zugerechnet wird.

[1277] LK-*Schünemann*, § 25 Rn 149; SK-*Rudolphi*, § 16 Rn 30; *Jescheck/Weigend*, AT, § 62 III 2.
[1278] Die Eigenschaft des K als Tatwerkzeug i.S.d. § 25 I Var. 2 ergibt sich durch dessen Schuldunfähigkeit.
[1279] *Gropp*, AT, § 10 Rn 165.
[1280] Sch/Sch-*Heine/Weißer*, § 25 Rn 52 f.; *W/B/S*, AT, Rn 550; MüKo-*Joecks*, § 25 Rn 163.

Im subjektiven Tatbestand erfolgt dann neben der Prüfung des Tatbestandsvorsatzes hinsichtlich der objektiven Merkmale (§ 15) auch das Bewusstsein der Wissens- und Willensherrschaft (h.L.) bzw. der (objektivierte) Täterwillen (BGH).

998 Ausnahmsweise kann die „Vorabprüfung" des Tatwerkzeugs entfallen, wenn dieses sich *offensichtlich* nicht strafbar gemacht hat. In diesem Fall kann die Prüfung sofort mit dem Hintermann begonnen werden und die Tathandlung des Werkzeugs innerhalb des Prüfungspunkts „durch einen anderen" festzustellen sein. Zu beachten ist dann aber freilich, dass – bedingt durch die Schachtelprüfung – die Übersichtlichkeit des Gutachtens leidet und die Fehleranfälligkeit steigt. Selbstverständlich entfällt die eigenständige Prüfung des Tatmittlers auch dann, wenn nur nach der Strafbarkeit des mittelbaren Täters gefragt ist.

Prüfungsschema bei mittelbarer Täterschaft

A. Strafbarkeit des Tatnächsten (üblicher Aufbau: TB, RW, S)
B. Strafbarkeit des Hintermanns
  0. Gedankliche Vorprüfung: Abgrenzung Täterschaft - Teilnahme (Rn 929 ff.)
  I. Tatbestand
    1. Objektiver Tatbestand
      a. Unmittelbare Tathandlung wurde nicht in eigener Person begangen
      b. Zurechenbarer Verursachungsbeitrag des Hintermanns
        ⇒ Zurechnung der Tathandlungen des anderen über § 25 I Var. 2?
          aa. Tatherrschaftstheorie (Willens- und/oder Wissensherrschaft) oder
          bb. subjektive Theorie (Täterwille entscheidet; aber: Gesamtbetrachtung)
    2. Subjektiver Tatbestand
      a. Allgemeiner Tatbestandsvorsatz (§ 15) bezüglich aller objektiven Tatbestandsmerkmale einschließlich des Handelns des Vordermanns (h.L.) bzw. der Täterwille (BGH)
      b. Deliktsspezifische subjektive Merkmale
    3. Evtl. Tatbestandsverschiebung nach § 28 II (dazu später)
  II. Rechtswidrigkeit
  III. Schuld

III. Mittäterschaft (§ 25 II)

999 Verwirklicht eine Person nicht sämtliche Tatbestandsmerkmale eigenhändig, kann sie gemäß den Voraussetzungen des § 25 II dennoch als Mittäter strafbar sein. Die in dieser Zurechnungsnorm geregelte Mittäterschaft basiert auf dem **Prinzip der Arbeitsteilung** und setzt ein **bewusstes und gewolltes Zusammenwirken** zwischen **Einzeltätern** voraus.[1281]

1000 Fehlt es am bewussten und gewollten Zusammenwirken, kommt **Nebentäterschaft** in Betracht (dazu Rn 923). Besteht aber ein bewusstes und gewolltes Zusammenwirken, ist jeder Beteiligte deshalb Täter, weil er die anderen für sich arbeiten lässt und deren (objektiven) Tatbeiträge als eigene will. Die Beiträge der anderen ergänzen also seine Beiträge zu einem Ganzen der Tat, die ihm deshalb zugerechnet wird.[1282] Aufgrund der Zurechnungsnorm des § 25 II kann also jemand Täter eines Vollendungsdelikts sein, obwohl er den objektiven Tatbestand nicht oder nicht vollständig verwirklicht hat. Eine Zurechnung kann aber nur zwischen **tauglichen Tätern** stattfinden. Deshalb scheidet nicht nur als Täter, sondern auch als Mittäter aus, wer

[1281] Vgl. etwa BGH NStZ 2016, 400, 401; NStZ-RR 2016, 6 f.; Sch/Sch-*Heine/Weißer*, Vorbem § 25 Rn 77 ff.
[1282] Vgl. BGH NStZ 2016, 400, 401; NStZ-RR 2016, 6 f.; NStZ 2006, 94; BGHSt 40, 299, 301; BGH NJW 1999, 3131, 3132; *Lackner/Kühl*, § 25 Rn 9.

- beim eigenhändigen Delikt (z.B. §§ 153, 154, 156, 173, 179 I, 315c - außer I Nr. 2g -, 316, 323a, 339) nicht unmittelbar handelt,
- beim echten Sonderdelikt (z.B. §§ 203, 331, 332, 344, 348) nicht die erforderliche Täterqualität hat,
- beim Unterlassungsdelikt (vgl. § 13 i.V.m. dem Tatbestand des BT) nicht zum Handeln verpflichtet ist oder wer
- beim Pflichtdelikt (z.B. §§ 142, 170, 171, 221 I Nr. 2, 225, 266) nicht die im Tatbestand beschriebene Pflicht hat.

Hier kommt lediglich eine **Teilnahme** in Betracht. Sind die Beteiligten aber taugliche (Einzel-) Täter, hat die Mittäterschaft gem. § 25 II zur Voraussetzung, dass

- die Mittäter *subjektiv* aufgrund eines gemeinsamen Tatentschlusses/-plans gehandelt haben,
- bei jedem Mittäter alle sonstigen, für den jeweiligen Tatbestand erforderlichen besonderen Merkmale (z.B. die Zueignungsabsicht in den §§ 242, 249, 263) vorliegen (diese müssen bei jedem Beteiligten deshalb vorliegen, da über § 25 II nur objektive, nicht subjektive Tatbestandsmerkmale zugerechnet werden können),
- jeder Mittäter (bei Befolgung der Tatherrschaftstheorie) *objektiv* einen Tatbeitrag geleistet hat.

Hinweis für die Fallbearbeitung: Wenn aus den genannten Gründen eine Mittäterschaft nicht in Betracht kommen kann, empfiehlt es sich für die Fallbearbeitung, dies bereits vor der Prüfung des gemeinsamen Tatentschlusses/Tatplans und des objektiven Tatbeitrags zu prüfen. Denn es wäre beispielsweise wenig sinnvoll, zunächst schwierige Zurechnungsfragen zu behandeln, um anschließend mit einem Satz festzustellen, dass der Beteiligte nicht die erforderliche Täterqualität hat und schon deshalb nicht Mittäter sein kann.

1. Gemeinsamer Tatentschluss/Tatplan

Konstitutives Merkmal der Mittäterschaft ist (neben dem allgemeinen Deliktsvorsatz) der gemeinsame Tatentschluss/Tatplan. Dieser erfordert das gegenseitige, auf gemeinsamen Wollen beruhende Einverständnis, eine bestimmte Straftat durch gemeinsames, arbeitsteiliges Zusammenwirken zu begehen.[1283] Dieses Einverständnis kann ausdrücklich oder stillschweigend (konkludent) erteilt werden[1284] und auch noch nach Beginn der Tatausführung jedenfalls so lange hergestellt werden, wie noch tatbestandliche Handlungen (oder Unterlassungen) vorgenommen werden[1285]. Umgekehrt muss das Einverständnis mindestens bis zum Überschreiten der Versuchsschwelle bestehen. Sagt sich ein Beteiligter also noch vor diesem Zeitpunkt vom Tatgeschehen los, ist er nicht Mittäter, sondern wegen Fehlens eines (funktionalen) Tatbeitrags allenfalls Teilnehmer.[1286] Wie sich das Lossagen vom weiteren Tatgeschehen nach Eintritt in das Versuchsstadium auswirkt, bestimmt sich nach den für den Rücktritt geltenden Regeln. Vgl. dazu Rn 748 (Abschlussfall). 1001

Da jeder Mittäter für das Handeln der anderen nur im Rahmen seines Vorsatzes haftet, ist er für den Erfolg nur insoweit verantwortlich, wie sein Wille reicht; ein **Exzess** der an- 1002

[1283] BGH NStZ 2013, 462; NStZ 2012, 379, 380; NStZ 2002, 145, 146; NStZ 2002, 200, 201; Sch/Sch-*Heine/Weißer*, § 25 Rn 71; *Lackner/Kühl*, § 25 Rn 10. Vgl. auch *Seher*, JuS 2009, 304 f.

[1284] BGHSt 37, 289, 292; 42, 65, 68; BGH NStZ 1999, 510; NStZ 2002, 200, 201. Allerdings ist eine Mittäterschaft ganz ohne Verständigung der Beteiligten nicht möglich (BGH NStZ 2012, 379, 380; NJW 1995, 2998).

[1285] BGHSt 37, 106, 130; BGH NStZ 2002, 200, 201; NStZ 2013, 462; *Lackner/Kühl*, § 25 Rn 10. Ob das auch über diesen Zeitpunkt hinaus gilt, ist streitig (vgl. Rn 1010 f. – sukzessive Mittäterschaft).

[1286] Vgl. SK-*Rudolphi*, § 24 Rn 36; *Lackner/Kühl*, § 25 Rn 10. Schwierigkeiten entstehen aber dann, wenn der Beitrag des Aussteigenden im späteren Tatgeschehen fortwirkt. Hier wird man den Ausstieg im Vorbereitungsstadium nur dann für relevant halten können, wenn damit zugleich ein notwendiges Tatbestandsmerkmal (etwa die Zueignungsabsicht beim Raub) entfällt (vgl. BGHSt 28, 346, 348 f.; BGH NStZ 1994, 29; Sch/Sch-*Eser/Bosch*, § 24 Rn 76 f.).

deren fällt ihm daher (jedenfalls unter dem Aspekt der Mittäterschaft) nicht zur Last.[1287] Jedoch werden Handlungen eines anderen Tatbeteiligten, mit denen nach den **Umständen des Falls gerechnet werden muss**, vom Willen des Mittäters auch dann umfasst, wenn er sie sich **nicht besonders vorgestellt** hat. Erst recht ist er für jede Ausführungsart einer von ihm gebilligten Straftat verantwortlich, wenn ihm die Handlungsweise seines Tatgenossen **gleichgültig** ist.[1288] Vgl. dazu näher Rn 1012 (Mittäterexzess).

1003 Eine Strafbarkeit wegen Mittäterschaft scheidet aber aus, wenn die Tat **ohne Wissen des Planenden** zu einem **anderen als dem vorgesehenen Zeitpunkt mit anderer Besetzung und Rollenverteilung begangen wird**.[1289]

Beispiel: A, B und C planten gemeinsam einen bewaffneten Raubüberfall, wobei A die „Regie" übernehmen sollte. Er sollte zudem das Fluchtfahrzeug steuern und die Tat absichern. Nachdem die Beteiligten am Tatort angekommen waren, bemerkten sie, dass sich A im Tag geirrt hatte; der erwartete Geldtransport fand nicht statt. Daraufhin nahmen die Beteiligten vorerst Abstand von der Tat und verabredeten, die Tat eine Woche später zu begehen. Ungehalten über den Fauxpas des A, trafen sich B und C am nächsten Tag mit D und verabredeten mit diesem, die Tat ohne Beteiligung des A und zudem schon früher zu begehen. Sie kamen überein, dass der Tatbeitrag von A nun von B übernommen werden solle und D den Tatbeitrag des B leisten solle. Auf diese Weise führten sie den Raubüberfall durch und erbeuteten ca. 25.000,- €. A erfuhr von dem Geschehen erst am nächsten Morgen aus der Zeitung.

B, C und D haben sich mittäterschaftlich wegen schweren Raubs (§§ 250 II Nr. 1, 25 II) bzw. schwerer räuberischer Erpressung (§§ 255, 250 II Nr. 1, 25 II)[1290] strafbar gemacht. Fraglich ist allein die Strafbarkeit des A. Zwar braucht ein Beteiligter nicht zwingend am Tatort anwesend zu sein, um sich wegen Mittäterschaft strafbar zu machen (Tatbeiträge können auch durch Planung, Unterstützung und Steuerung erbracht werden), jedoch ist stets unter dem Aspekt der funktionalen Tatherrschaft bzw. des Täterwillens ein „In-den-Händen-Halten" des tatbestandsmäßigen Geschehensablaufs erforderlich. Das ist bei einer Person, die von der konkreten Tatbegehung und der konkreten personellen Besetzung der Tätergruppe noch nicht einmal etwas weiß, nicht der Fall. A hat sich daher nicht wegen mittäterschaftlicher Beteiligung am schweren Raub bzw. an einer schweren räuberischen Erpressung strafbar gemacht. Auch eine Strafbarkeit des A wegen Anstiftung (§ 26) liegt nicht vor, weil er B, C und D nicht zu der konkreten Tat „bestimmt" hat.[1291] A ist aber wegen Verabredung zum schweren Raub bzw. zur schweren räuberischen Erpressung (vgl. §§ 250 II Nr. 1, 30 II bzw. §§ 255, 250 II Nr. 1, 30 II) strafbar.

2. (Objektiver) Tatbeitrag

1004 Nach dem bereits Gesagten kommt es bei der Ausführung der Tat typischerweise zu einer Arbeitsteilung. Denn würde jeder Tatbeteiligte jeweils den gesamten objektiven Tatbestand erfüllen, wäre ein Rückgriff auf § 25 II überflüssig. Über § 25 II werden also die jeweils verwirklichten Tatbeiträge gegenseitig zugerechnet, sodass im Ergebnis jeder Tatbeteiligte so behandelt wird, als hätte er den vollen Tatbestand in eigener Person verwirklicht.

[1287] BGHSt 36, 231, 234. Vgl. auch BGH GS NJW 2003, 1541, 1542; BGH NStZ 2013, 462.
[1288] Vgl. BGH NStZ 2005, 261 f.; NStZ 2002, 597, 598. Vgl. aber auch BGH NStZ 2003, 32, 33 (*3. Strafsenat*), wonach ein in einer straff organisierten Autoschieberbande eingebundener Verbindungsmann, der die mit der Aufbereitung der entwendeten Fahrzeuge beschäftigten Mitglieder logistisch unterstützte und die Fahrzeuge an die Kuriere übergab, zwar Bandenmitglied, nicht aber zwingend Mittäter eines schweren Bandendiebstahls (§ 244a) ist. Das gelte jedenfalls dann, wenn er nach der Bandenabrede mit der Planung und Ausführung der Diebstähle selbst nichts zu tun gehabt haben sollte, sondern vielmehr nur mit dem Absatz der gestohlenen Fahrzeuge befasst gewesen sei. In Betracht kämen aber Beihilfe zum schweren Bandendiebstahl sowie Hehlerei (§ 259).
[1289] BGH NStZ 2009, 25, 26 f.
[1290] Zur Abgrenzung vgl. *R. Schmidt*, BT II, Rn 323 ff.
[1291] BGH NStZ 2009, 25, 26 f.

Was die *konkreten* Anforderungen an den objektiven Tatbeitrag betrifft, kommt vor allem die Beteiligung an der Ausführungshandlung selbst in Betracht. Ob und inwieweit eine Mittäterschaft unterhalb dieser Schwelle in Betracht kommt, ist strittig. Konkret wird damit die Abgrenzung zwischen Mittäterschaft und Beihilfe angesprochen (dazu bereits Rn 939 ff. sowie Rn 945 bzgl. der Bedeutung der Abgrenzung). **1005**

- Innerhalb der Literatur wird auf der Grundlage der Tatherrschaftslehre teilweise von jedem Mittäter eine für den Erfolg der Tat wesentliche **Mitwirkung im Ausführungsstadium** verlangt.[1292] Folgt man dieser Auffassung, wäre etwa ein zentral planender Bandenchef, der während der Tatzeit eine Oper besucht und das Geschehen vor Ort von seinen „Schergen" ausführen lässt, lediglich Anstifter oder Gehilfe, nicht jedoch Mittäter. **1006**

  Stellungnahme: Angesichts der tragenden Funktion des Bandenchefs kann es nicht überzeugen, diesen lediglich als Anstifter oder Gehilfe anzusehen. Außerdem bedeutet der genannte Ansatz einen partiellen Rückfall in die mittlerweile überwundene formal-objektive Theorie mit ihren zum Teil unbefriedigenden Ergebnissen. Dies scheint auch einigen Vertretern des o.g. Ansatzes bewusst zu sein, wenn sie fordern, der im Hintergrund agierende Bandenchef müsse wenigstens per Funk oder Telefon mit dem unmittelbaren Tatgeschehen verbunden sein und so den Einsatz leiten.[1293]

- Nach der herrschenden Lehre braucht der Tatbeitrag nicht unbedingt in der Verwirklichung eines objektiven Tatbestandsmerkmals zu liegen. Vielmehr genügt es, wenn der Tatbeitrag ein bestimmtes Maß an funktioneller Bedeutung aufweist, sodass sich die Mitwirkung jedes Beteiligten an dem Gesamtgeschehen als wesentliches Teilstück zur Erreichung des Ziels darstellt (**funktionelle Tatherrschaft**). Dies ist auf jeden Fall dann gegeben, wenn jeder der Beteiligten aufgrund eines gemeinsamen Tatentschlusses/Tatplans selbst zumindest ein objektives Tatbestandsmerkmal erfüllt hat, wobei die übrigen Tatbestandsmerkmale zugerechnet werden.[1294] Auf der Grundlage der funktionellen Tatherrschaft kann aber auch die Vornahme einer bloßen Vorbereitungs- oder Unterstützungshandlung genügen. Wesentlich ist nur, dass im Rahmen des gemeinsamen Tatentschlusses/Tatplans der vorher geleistete Beitrag während des nachfolgenden Tatgeschehens fortwirkt und dieses wesentlich mitbestimmt.[1295] Als Faustformel gilt insoweit: Ein **Minus bei der Aktion** muss durch ein **Plus bei der Planung** ausgeglichen werden. **1007**

- Die **Rechtsprechung** vertritt heute aufgrund der Formulierung in § 25 zwar nicht mehr die genannte extrem-subjektive Theorie, hält gleichwohl an subjektiven Abgrenzungskriterien fest, wenn sie formuliert, die Mittäterschaft müsse an der Willensrichtung und an der inneren Einstellung der Beteiligten zur Tat ausgerichtet sein. Gleichzeitig stellt sie gerade wegen der Formulierung in § 25 auf das Gesamtgeschehen ab, indem sie bei der Bestimmung des Täterwillens (1) den **Grad des eigenen Interesses am Erfolg**, (2) den **Umfang der Tatbeteiligung** und (3) die **Tatherrschaft** oder doch wenigstens den **Willen zur Tatherrschaft** berücksichtigt.[1296] In anderen jüngeren Entscheidungen stellt der BGH sogar ausschließlich bzw. überwiegend darauf ab, welche **Bedeutung** der konkreten Beteiligungshandlung **im Rahmen des Gesamtgeschehens** zukommt[1297], oder dass Mittäterschaft vorliege, wenn ein fremder Tatbeitrag i.S. arbeitsteiligen Vorgehens Teil einer gemeinschaftlichen Tätigkeit sein soll[1298]. **1008**

Stellungnahme: Durch das Abstellen auf die Gesamtbetrachtung und die Übernahme des Tatherrschaftsgedankens bezieht die aktuelle Rechtsprechung somit auch (bzw. sogar überwie- **1009**

[1292] So LK-*Schünemann*, § 25 Rn 181 ff.; *Zieschang*, ZStW 107 (1995); 361; *Bloy*, GA 1996, 424, 436; *Herzberg*, ZStW 99 (1987), 49, 58.
[1293] LK-*Schünemann*, § 25 Rn 183 ff.
[1294] Vgl. BGHSt 33, 50, 53; BGH NStZ 2000, 194; 2001, 323; *Jescheck/Weigend*, AT, § 63 III 1; *W/B/S*, AT, Rn 528 f.; *Gropp*, AT, § 10 Rn 171 f.; *Lackner/Kühl*, § 25 Rn 11.
[1295] BGHSt 37, 289, 292; 40, 299, 301; *W/B/S*, AT, Rn 529; SK-*Hoyer*, § 25 Rn 120. Vgl. auch *Kühl*, JA 2014, 668, 671.
[1296] Vgl. BGHSt 39, 381, 386; 40, 257, 267; 40, 299, 301; BGH NStZ-RR 2000, 327; NStZ 2006, 94; NStZ-RR 2010, 236 f.
[1297] BGH NStZ 2007, 338, 339; 2008, 273 f.; BGH 8.12.2015 - 3 StR 439/15.
[1298] BGH NStZ 2016, 400, 401; NStZ-RR 2016, 6 f.

gend) objektive Kriterien in die Bestimmung der Mittäterschaft ein. Daher ist im Ergebnis kaum mehr ein Unterschied zur Tatherrschaftslehre feststellbar.

3. Sukzessive Mittäterschaft

1010 Bei Delikten mit **überschießender Innentendenz** ist aufgrund des Umstands, dass einige subjektive Merkmale sich nicht auf die Erfüllung des objektiven Tatbestands beziehen müssen (z.B. die Zueignungsabsicht bei §§ 242, 249, 255, 263), zwischen **Vollendung** und **Beendigung** zu unterscheiden. Eine Tat ist *vollendet*, wenn alle Merkmale des gesetzlichen Tatbestands erfüllt sind. *Beendet* ist die Tat dagegen, wenn das Tatgeschehen seinen tatsächlichen Abschluss gefunden hat. Da die Beendigung nicht einer gesetzlichen, sondern vielmehr einer tatsächlichen Bewertung unterzogen wird, kann zur Abgrenzung keine allgemeingültige Formel angeboten werden.

- So liegt bei den §§ 249 ff. und den §§ 242 ff. *Vollendung* dann vor, wenn der Täter die Sache derart in seine Herrschaftssphäre gebracht hat, dass der Ausübung der Sachherrschaft keine nennenswerten Hindernisse mehr entgegenstehen.

- Von einer *Beendigung* kann hingegen erst mit der tatsächlichen Sicherung des Diebesguts gesprochen werden.

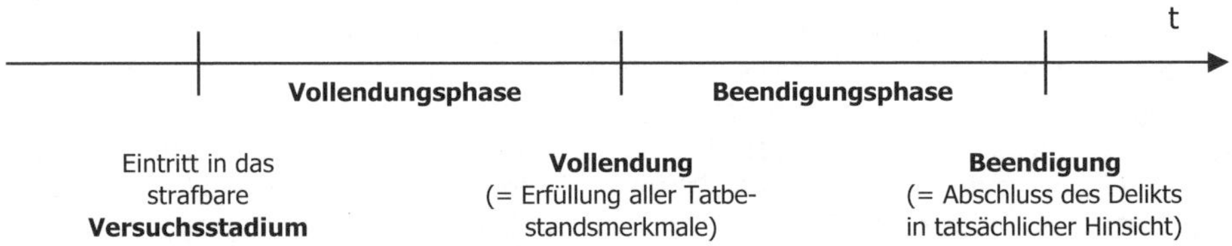

1011 Die Unterscheidung zwischen Vollendung und Beendigung ist nicht nur für die **Strafverfolgungsverjährung** (§§ 78 ff.) und die Anwendung des Anschlussdelikts des **räuberischen Diebstahls** (§ 252) wichtig, sondern auch für die Frage nach der **Beteiligung**. Aufgrund ihrer Natur als Delikte mit überschießender Innentendenz, insbesondere im Rahmen der §§ 249 ff. und der §§ 242 ff., stellt sich das Problem, wie das Verhalten von Personen, die **nachträglich in ein tatbestandliches Geschehen** eingreifen, rechtlich zu beurteilen ist.

- Soweit nach dem Hinzutreten des betreffenden Tatbeteiligten noch tatbestandliche Handlungen (oder Unterlassungen) vorgenommen werden (das Delikt also noch *nicht* vollendet ist), ist sukzessive Mittäterschaft unstreitig möglich.[1299]

- Schwierigkeiten bestehen lediglich in der Phase zwischen Vollendung und Beendigung (sog. **Beendigungsphase**).

  Beispiel: Kiebitz (K) will nachts aus einem Elektrogroßmarkt digitale Kameras stehlen. Als er vor Ort aber eine neue Generation von Flachbild-Fernsehgeräten erblickt, beschließt er nunmehr, diese mitzunehmen. Noch bevor er sich an den Geräten zu schaffen machen kann, wird er vom Streifenpolizisten S überrascht. K gelingt es aber, S mit seiner Maglite-Taschenlampe (Metallgehäuse) niederzuschlagen. Als er dann einige Fernsehgeräte bereits in seinen auf dem (befriedeten) Gelände des Marktes abgestellten Wagen verbracht hat, stellt er fest, dass ein Reifen defekt ist und das Vorhaben ohne Hilfe letztlich nicht zu realisieren ist. Er ruft daher über sein Handy seinen Freund Elster (E) an, erklärt ihm die Lage und bittet ihn um Unterstützung. E willigt unter der Bedingung ein, dass die Beute geteilt wird. Als er am Tatort erscheint, erfährt er von K nunmehr die gesamte Sachlage. E schafft dennoch zusammen mit K einige Geräte fort. Strafbarkeit von K und E?

[1299] BGHSt 2, 344, 346; 37, 106, 130; BGH 7.3.2016 – 2 StR 123/15; *Lackner/Kühl*, § 25 Rn 10.

K hat sich wegen schweren Raubs (§§ 249, 250 I Nr. 1a, II Nr. 1 u. 3) in Tateinheit mit einer gefährlichen Körperverletzung (§§ 223, 224 I Nr. 2 u. 5) und wegen Hausfriedensbruchs (§ 123: Betretung des befriedeten Geländes) und Sachbeschädigung (§ 303 I: Beschädigung einer Tür oder eines Fensters) strafbar gemacht. Fraglich ist die Strafbarkeit des E. Dieser ist erst nach Vollendung des Raubs[1300], aber noch vor dessen Beendigung hinzugekommen und hat das bisher geleistete Raubgeschehen durch Billigung konkludent anerkannt. Ob dieser Umstand für die Zurechnung gem. § 25 II genügt, ist klärungsbedürftig.

⇨ Die **Rechtsprechung** hält die sukzessive Mittäterschaft auch noch in der Phase zwischen Vollendung und Beendigung für möglich, wenn sie wie folgt formuliert: „Wenn jemand in Kenntnis und Billigung des bisher Geschehenen als Beteiligter eintritt, bezieht sich sein Einverständnis auf einen verbrecherischen Gesamtplan. Das Einverständnis hat dann die Kraft, dass ihm auch das einheitliche Verbrechen – und zwar auch jenes, das das Regelbeispiel eines besonders schweren Falls begründet – als solches strafrechtlich zugerechnet wird. Nur das, was vollständig abgeschlossen vorliegt, kann trotz Einverständnisses nicht zugerechnet werden."[1301]

E hat das – noch nicht beendete und damit noch nicht vollständig abgeschlossene – Tatgeschehen gem. §§ 249, 250 I Nr. 1a (konkludent) anerkannt. Folgt man also der Rechtsprechung, hat E sich eines mittäterschaftlich begangenen schweren Raubs nach §§ 249, 250 I Nr. 1a, 25 II in Tateinheit mit Hausfriedensbruch (§ 123) strafbar gemacht. Dagegen kann die Qualifikation des § 250 II nicht zugerechnet werden, weil die dort genannten Erschwernisgründe bereits vollständig abgeschlossen vorlagen, als E in das Tatgeschehen eintrat (insb. hatte K die Taschenlampe als Schlagwerkzeug bereits verwendet). Gleiches gilt für die gefährliche Körperverletzung, da auch diese abgeschlossen war, als E hinzukam.

Demzufolge wäre E strafbar nach §§ 249, 250 I Nr. 1a, 25 II, 123.

⇨ Die **Tatherrschaftslehre** lehnt demgegenüber die sukzessive Mittäterschaft in der Beendigungsphase von vornherein ab. Der nachträglich eintretende Beteiligte könne über Vorgänge der Vergangenheit schon begrifflich keine Tatherrschaft haben. Zudem laufe die Zurechnung bereits verwirklichter Tatbestandsmerkmale auf die Bestrafung eines nachträglichen Vorsatzes hinaus.[1302]

Folgt man dieser Auffassung, hat E sich überhaupt nicht wegen mittäterschaftlichen schweren Raubs (weder nach § 250 I noch II) strafbar gemacht. Auch eine mittäterschaftliche Körperverletzung nach §§ 223, 224, 25 II liegt nicht vor, weil die Körperverletzung bereits abgeschlossen war, als E hinzukam.

Demzufolge wäre E strafbar nach §§ 242, 25 II, 123.

Stellungnahme: Die Einbeziehung der Beendigungsphase in die teilnahmefähige Tatphase gerät in Konflikt mit dem Bestimmtheitsgrundsatz, da der Zeitpunkt der Beendigung der Haupttat schwer bestimmbar ist und es somit vom Zufall abhängen kann, ob im Zeitpunkt des Dazutretens die Haupttat schon beendet ist oder nicht. Zudem überzeugt das von den Vertretern der Tatherrschaftslehre vorgebrachte Argument des nachträglichen Vorsatzes. Der Tatherrschaftslehre ist daher zu folgen. E hat sich gem. §§ 242, 25 II, 123 strafbar gemacht.

Zur **sukzessiven Beihilfe** vgl. Rn 1112.

1300 Der Raub ist vollendet, weil sowohl die Diebstahlskomponente (K hat durch das Verbringen der Geräte in seinen Wagen eine Gewahrsamsenklave begründet) als auch die Gewaltkomponente abgeschlossen waren.

1301 Grundlegend BGHSt 2, 344, 346; fortführend BGH NJW 1992, 2103, 2104; NStZ 1997, 272; 1998, 565 f.; 1999, 510 f.; NStZ-RR 2011, 111, 112; NJW 2016, 2516, 2517; BGH 7.3.2016 – 2 StR 123/15. Vgl. auch *Nix*, JA 2015, 24, 27.

1302 *Roxin*, AT II, § 15 Rn 221; *Lackner/Kühl*, § 25 Rn 12; *Schmitz*, Unrecht und Zeit, 2001, S. 194; Sch/Sch-*Heine/Weißer*, § 25 Rn 91; SK-*Hoyer*, § 25 Rn 115 ff.; LK-*Schünemann*, § 25 Rn 197 ff.

4. Exzess und Irrtümer im Rahmen der Mittäterschaft

a. Mittäterexzess

1012 Begeht ein Mittäter Handlungen, die über den gemeinschaftlichen Tatentschluss/Tatplan hinausgehen, liegt ein Mittäterexzess vor. Gerade wegen des Überschreitens des gemeinsamen Tatentschlusses/Tatplans belastet der Exzess eines Mittäters die anderen Mittäter nicht. Die gegenteilige Annahme wäre auch schon mit dem Wortlaut des § 25 II nicht vereinbar. Somit verdichtet sich die konkrete Fallprüfung auf die Frage, *wann* ein Überschreiten des gemeinschaftlichen Tatentschlusses/Tatplans vorliegt. In Übereinstimmung mit den Kausalitätslehren bzw. mit der Lehre von der objektiven Zurechnung sollte man *unwesentliche* Abweichungen vom vorgestellten Tatablauf als unerheblich und somit als vom gemeinsamen Tatentschluss/Tatplan umfasst ansehen. Das sind solche, mit denen **nach den Umständen gewöhnlich zu rechnen ist** oder bei denen **die verabredete Tatausführung nur durch eine in ihrer Schwere und Gefährlichkeit gleichwertige ersetzt wird.**[1303] Als prüfungsrelevant haben sich insbesondere folgende Konstellationen herausgestellt:

1013
- Der Tatnächste begeht bewusst und entgegen dem gemeinsamen Tatentschluss/Tatplan eine **völlig andere Tat** (*delictum sui generis*). Hier wird man die Abweichung vom gemeinsamen Tatentschluss/Tatplan für so wesentlich erachten müssen, dass mit ihr nach den Umständen gewöhnlich nicht zu rechnen ist. Dem anderen Beteiligten kann daher die völlig andere Tat **nicht als eigene Tat zugerechnet werden.**[1304]

  Beispiel: A und B wollen den C bestehlen (§ 242). Nach dem gemeinsamen Tatplan soll A den Tatort sichern, während B die Tat ausführt. Als bei der Tatausführung C wider Erwarten auftaucht, kann B nur dadurch zu seiner Beute kommen, dass er den C niederschlägt.

  Hier hat B statt des verabredeten Diebstahls einen Raub (§ 249) begangen. Diese Abweichung vom vorangestellten Tatplan ist für A so wesentlich, dass ihm der Raub nicht zugerechnet werden kann. A ist nur aus §§ 242, 25 II strafbar. Gleiches gilt etwa, wenn sich A und B zu einer (gefährlichen) Körperverletzung verabreden, dann aber A – für B völlig überraschend – eine Schusswaffe hervorholt und auf das Opfer einschießt. Verwirkt A hier § 212 (oder § 211), ist dies dem B nicht anzulasten.[1305]

1014
- Der Tatnächste verwirklicht **qualifizierende Tatbestandsmerkmale**, die zuvor weder gemeinsam beschlossen noch gebilligt worden waren. Auch hier haftet der andere Beteiligte mittäterschaftlich grundsätzlich nur für den Teil der Tat, der seinem Willen entsprach, nicht für den überschießenden Teil (die Qualifikation). Etwas anderes gilt nur dann, wenn die Abweichung vom Tatplan nicht so wesentlich war, dass mit ihr nach den Umständen gewöhnlich zu rechnen war.

  Beispiel: A und B wollen gemeinsam den C ausrauben (§ 249). Von Waffen oder anderen gefährlichen Werkzeugen war nicht die Rede. Nachdem sie unmittelbar zur Tatbestandsverwirklichung angesetzt haben, zieht B plötzlich, und für A völlig überraschend, eine Schusswaffe aus der Tasche (§ 250 I Nr. 1a).

  Hier ist die Abweichung vom gemeinsamen Tatentschluss/Tatplan so wesentlich, dass der Erschwernisgrund des § 250 I Nr. 1a dem A nicht zugerechnet werden kann. Dieser ist lediglich aus dem Grundtatbestand des § 249 strafbar.

1015
- Bei **erfolgsqualifizierten Delikten** (z.B. § 251 gegenüber §§ 249, 250) genügt es hingegen, wenn der Mittäter, dem die von dem anderen Mittäter verursachte besondere Tat-

---

[1303] Vgl. BGH NStZ 2010, 33 f.; NJW 2003, 1541, 1542; NStZ 2002, 597, 598; NStZ 2000, 29; NStZ-RR 2000, 366 f.; NStZ 1998, 511, 513; Sch/Sch-*Heine//Weißer*, § 25 Rn 95; *Fischer*, § 25 Rn 20; *Hörnle*, Jura 2001, 44, 48.
[1304] Vgl. BGH NStZ 2013, 462. Im Übrigen ist zu beachten, dass die Möglichkeit der Beihilfe oder einer Bestrafung wegen Fahrlässigkeit hiervon selbstverständlich unberührt bleibt.
[1305] Vgl. den Fall BGH NStZ 2013, 462.

folge zugerechnet werden soll, hinsichtlich der besonderen Tatfolge mindestens fahrlässig (§ 18 – bei § 251 leichtfertig) gehandelt hat.[1306]

Beispiel: A und B beschließen, gemeinsam eine Bank zu überfallen. Dabei soll B eine Schusswaffe bei sich führen, diese aber keinesfalls einsetzen (§§ 249, 250 I Nr. 1a). In der Bank sträubt sich dann der Schalterangestellte S, das Geld herauszugeben. Der Ton wird lauter, was dazu führt, dass bei B die Nerven mittlerweile blank liegen. Als S dann auch noch mit dem Münzgeld klimpert, schreckt B auf und zieht versehentlich den Abzug. S stirbt noch in der Bank.

Hier ist B aus §§ 249, 250 II Nr. 1 u. 3, 251 strafbar. Hinsichtlich des A liegt zumindest eine Strafbarkeit aus §§ 249, 250 I Nr. 1a, 25 II vor. Da aber auch der von B verwirklichte Erschwernisgrund des § 250 II Nr. 1 u. 3 nicht so ungewöhnlich ist, dass mit ihm nicht zu rechnen ist, ist A auch aus §§ 249, 250 II Nr. 1 u. 3, 25 II strafbar. Hinsichtlich der Todesfolge müsste A leichtfertig gehandelt haben. Das kann man (auch mit Blick auf die hohe Strafandrohung!) nicht ohne weiteres annehmen.[1307]

- Der Tatnächste begeht bei höchstpersönlichen Rechtsgütern die Tat bewusst an einem anderen Rechtsgutträger (anderes Tatobjekt). **1016**

Beispiel: Die Terroristen A und B wollen gemeinsam den Politiker C töten. Am Tatort erschießt B jedoch nicht den C, sondern den Politiker D, weil er auch dessen Politik missbilligt. A weiß gar nicht, was in B gefahren ist, dass dieser sich nicht an die Absprache hält. Hier ist zwar B, nicht aber A wegen eines Tötungsdelikts strafbar. Auch ein Versuch kommt bei A nicht in Betracht, weil hinsichtlich des C noch nicht unmittelbar zur Tatbestandsverwirklichung angesetzt worden war.

- Der Täter hat sich die Tatausführung **nicht im Einzelnen vorgestellt** und ihm ist die Handlungsweise seines Tatgenossen auch **gleichgültig**.[1308] Vgl. dazu den Abschlussfall bei Rn 1036. **1017**

b. Auswirkungen des *error in persona* des Tatnächsten auf den Mittäter

Neben den bewussten Abweichungen des Tatnächsten vom gemeinsamen Tatplan sind auch unbewusste Abweichungen, also Irrtümer, prüfungsrelevant. Von Interesse ist insbesondere die Frage, ob der für den Ausführenden unbeachtliche *error in persona vel obiecto* auch für den anderen Mittäter unbeachtlich ist. Gleichzeitig wird damit die generelle Frage aufgeworfen, ob auch ein **Tatbeteiligter ein Tatopfer** sein kann. **1018**

Beispiel: A und B haben eine Bank überfallen und sind auf der Flucht. Nach dem gemeinsamen Tatplan wollen sie notfalls auf mögliche Verfolger schießen, um der Festnahme zu entgehen. Als B nun zur Abwehr von Verfolgern nach hinten schießt, trifft er unbeabsichtigt den A, weil er diesen für einen vermeintlichen Verfolger hält. A wird lebensgefährlich verletzt, kann aber aufgrund des raschen Eintreffens des Notarztes gerettet werden.

Hier ist die Objektsverwechselung für B unbeachtlich, da das Tatobjekt, ein Mensch, tatbestandlich gleichwertig war. B ist daher aus §§ 212, 22 strafbar (auf §§ 123, 249, 250, 252 bzw. §§ 253, 255, 252 soll hier nicht weiter eingegangen werden). Da die vorsätzliche Tötung von möglichen Verfolgern auch vom gemeinsamen Tatplan umfasst war, ist fraglich, ob die versuchte Tötung auch dem A über § 25 II zugerechnet werden kann oder ob die Umstände, dass B einer Verwechselung unterlegen ist und A sich zudem in der Opferrolle befand, einer Zurechnung nach § 25 II entgegenstehen.

I. Auswirkungen des *error in persona* des B auf die Strafbarkeit des A

Zunächst ist der Frage nachzugehen, wie sich die Objektsverwechselung des B auf die Strafbarkeit des A auswirkt.

[1306] BGH NStZ 1997, 82; 1998, 511, 513; *Lackner/Kühl*, § 18 Rn 4-6; *W/B/S*, AT, Rn 531.
[1307] Vgl. zur Mittäterschaft bei erfolgsqualifizierten Delikten auch *R. Schmidt*, BT I, Rn 420 (zu § 227).
[1308] Vgl. BGH NStZ 2002, 597, 598.

⇨ Nach einer Auffassung[1309] ist die tatbestandlich gleichwertige Personen- bzw. Objektsverwechselung für den Mittäter **beachtlich**, wenn der gemeinsame Tatentschluss sich nicht auf die Verletzung oder Tötung irgendeines Menschen, sondern sich nur auf eine konkrete Person wie beispielsweise den Verfolger bezog. Werde stattdessen (irrtümlich) eine andere Person (oder gar der Mittäter selbst) verletzt oder getötet, liege ein Mittäterexzess vor, der für den Mittäter **beachtlich** sei. An der Überschreitung des gemeinsamen Tatplans ändert sich nach dieser Auffassung also deshalb dadurch nichts, dass sie irrtümlich erfolgte. Bei Befolgung dieser Auffassung läge bei A somit kein versuchtes mittäterschaftliches Tötungsdelikt vor.

⇨ Nach der Rechtsprechung und der herrschenden Lehre[1310] ist ein ***error in persona vel obiecto*** **durch einen Mittäter auch für die übrigen Mittäter unbeachtlich**, sofern die (fehlerhafte) Tathandlung die bestehenden Abmachungen nicht überschreitet und die Verwechselung wegen tatbestandlicher Gleichwertigkeit der Objekte den Tatbestandsvorsatz unberührt lässt.
Nach dem gemeinsamen Tatplan von A und B sollte auf alle möglichen Verfolger geschossen werden. Da B auch gerade zu diesem Zweck schoss, war seine Tathandlung vom gemeinsamen Tatplan umfasst. Folgte man also der h.M., wäre die Objektsverwechselung durch B auch für A bedeutungslos. Dieser wäre somit eines versuchten mittäterschaftlichen Tötungsdelikts zu seinem eigenen Nachteil schuldig.

Stellungnahme: Zwar scheint es auf den ersten Blick „vernunftwidrig" zu sein, den Mittäter, der von einer Schusswaffe verletzt wurde, genau wegen dieses Schusswaffengebrauchs zu bestrafen. Dennoch ist zu konstatieren, dass weder der Schuss auf einen Verfolger außerhalb des Tatplans steht noch die Personenverwechselung angesichts der Fluchtumstände (Hektik, Dunkelheit) ein erhebliches Abweichen des Kausalverlaufs darstellt. Man kann sagen, dass ein Schuss auf einen fliehenden Täter statt einen Verfolger innerhalb der Streubreite des Risikos solcher Tatpläne liege.

Demzufolge wäre die Objektsverwechselung durch B auch für A bedeutungslos. A wäre wegen versuchter Tötung strafbar.

II. Mittäter als Tatopfer

Bedenken an der Richtigkeit eines derartigen Ergebnisses bestehen aber darin, dass der **Wortlaut der Tötungsdelikte**, der einen ***anderen*** Menschen erfordert, einen Mittäter – und damit auch A – aus dem geschützten Personenkreis auszugrenzen scheint. Der BGH hat jedoch klargestellt, dass auch ein Mittäter ein anderer Mensch i.S. eines Straftatbestands sei.[1311] Dies leuchtet ein, denn trotz der wechselseitigen Zurechnung objektiver Tatbeiträge handelt es sich bei dem Mittäter um einen anderen Menschen. Demnach wäre eine Strafbarkeit des A aus einem versuchten Tötungsdelikt nicht ausgeschlossen und das zu I. gefundene Ergebnis nicht widerlegt.

Möglicherweise lässt sich eine Einbeziehung von Mittätern in den Schutzbereich von Straftatbeständen jedoch mit der Überlegung ablehnen, Mittäter stünden selbst auf der Seite des Unrechts und hätten den durch den Straftatbestand bezweckten Schutz nicht verdient (sog. „**Verwirkungsgedanke**"). So sieht der BGH bei § 315c Tatbeteiligte nicht als geschützte Personen an, weil sie selbst andere in Gefahr brächten und daher aus „rechtslogischen Erwägungen" heraus nicht des Strafrechtsschutzes bedürften. Sie seien nicht „andere" i.S.d. Straftatbestands.[1312] Jedoch kann diesem Standpunkt entgegengehalten werden, dass es nach den allgemeinen Grundsätzen des AT z.B. anerkannt ist, dass der Teilnehmer nur eine *fremde* Tat fördert. So ist im Rahmen des § 259 unstreitig, dass der Vortatteilnehmer ein anderer i.S.d. § 259 ist und daher durchaus Täter dieses Tatbestands sein kann. Schließt man sich diesem Gedanken an, ist auch der Insasse, der an der Tat beteiligt ist, in den Schutzbereich des § 315c mit einzubeziehen.

1309 LK-*Schünemann*, § 25 Rn 177; *Herzberg*, Täterschaft und Teilnahme, S. 63.
1310 BGHSt 11, 268, 272; *W/B/S*, AT, Rn 533; *Jescheck/Weigend*, AT, § 63 I 2; Sch/Sch-*Heine/Weißer*, § 25 Rn 96; *Streng*, JuS 1991, 910, 915; *Scheffler*, JuS 1992, 920.
1311 BGHSt 11, 268, 270.
1312 Vgl. BGHSt 6, 100, 102; BGH NJW 1991, 1120; NStZ 1995, 31.

Überträgt man diesen Gedanken auf Fälle der vorliegenden Art[1313], ist eine Strafbarkeit des A wegen versuchter Tötung an sich selbst nicht ausgeschlossen.

Eine Übertragung dieser Argumentation auf Fälle der vorliegenden Art verbietet sich jedoch schon deshalb, weil es im Fall des § 315 c um die Strafbarkeit des Fahrers geht, und nicht um die des Insassen. Außerdem wäre A, wenn er sich selbst zu töten versuchte, nicht strafbar. Dass etwas anderes gelten soll, wenn die Tathandlung von einem Mittäter ausgeht, verschließt sich dem vernünftigen Betrachter.[1314]

Nach dieser Überlegung kann A nicht Täter eines versuchten Tötungsdelikts mit sich selbst als Opfer sein. Auf die Frage, ob die Tat wegen **Einwilligung** des A ausgeschlossen wäre[1315], kommt es nicht an.

Ergebnis: Trotz grundsätzlicher Unbeachtlichkeit des *error in persona* für Mittäter scheidet eine Strafbarkeit des A wegen versuchter Tötung (an sich selbst) aus, da er Tatobjekt war und eine von ihm selbst begangene (versuchte) Selbsttötung für ihn straflos wäre. Nichts anderes kann gelten, wenn die Tat von einem Mittäter begangen wird.

5. Versuch eines Delikts in Mittäterschaft

Zur Versuchsstrafbarkeit bei mittäterschaftlich begangenen Taten vgl. Rn 685 f. **1019**

6. Fahrlässige Mittäterschaft?

Wie im Einführungskapitel beschrieben, hat sich der Gesetzgeber mit der in den §§ 25 ff. **1020** vorgenommenen Unterscheidung zwischen Täterschaft und Teilnahme für das sog. **dualistische Beteiligungssystem** entschieden. Danach wird der jeweilige Vorsatztatbestand des Besonderen Teils durch eine Beteiligungsform des Allgemeinen Teils ergänzt und modifiziert. Den Gegensatz dazu bildet das sog. **Einheitstäterprinzip**. Danach wird nicht zwischen Täterschaft und Teilnahme unterschieden, sondern jeder als Täter angesehen, der einen auch noch so unbedeutenden kausalen Beitrag zur Tatbestandsverwirklichung leistet. Art und Bedeutung des Tatbeitrags können hiernach erst bei der Strafzumessung berücksichtigt werden. Diesem Einheitstäterprinzip ist der Gesetzgeber hinsichtlich der Vorsatzdelikte mit guten Gründen nicht gefolgt. Mag es mit Blick auf den Anstifter noch vertretbar sein, den Initiator einer Straftat aufgrund seines kriminellen Potentials als Täter einzustufen, ist dies beim Gehilfen doch anders. Eine Randfigur, die das kriminelle Unrecht des Hauptakteurs lediglich unterstützt, als Täter zu qualifizieren und sie so im Urteilstenor auf die gleiche Stufe zu stellen wie den Hauptakteur wird dem Grundsatz der Verhältnismäßigkeit nicht gerecht. Denn es macht für den Nebenakteur sehr wohl einen Unterschied, ob er wegen einer vorsätzlich begangenen Straftat oder lediglich wegen Beihilfe verurteilt wird.

Das Einheitstäterprinzip spielt jedoch bei den **Fahrlässigkeitsdelikten** eine entschei- **1021** dende Rolle. Denn nach der gesetzlichen Struktur der Fahrlässigkeitsdelikte ist jeder, der sorgfaltspflichtwidrig einen kausalen und zurechenbaren Beitrag zur Tatbestandsverwirklichung leistet, Fahrlässigkeitstäter (vgl. nur § 229 und § 222). Art und Weise des Tatbeitrags sowie Schwere der Schuld sind hier bei der Strafzumessung zu berücksichtigen. Dieser Annahme stehen insbesondere nicht die §§ 25 ff. entgegen, da diese Vorschriften sich ausdrücklich nur auf Vorsatzdelikte beziehen.

Neuerdings mehren sich die Stimmen, die auch bei den Fahrlässigkeitsdelikten von dem **1022** dualistischen Beteiligungssystem ausgehen und eine **„fahrlässige Mittäterschaft“** zulassen wollen, in deren Rahmen die verschiedenen Tatbeiträge der Mittäter zugerechnet

---

[1313] So *Wirsch*, JuS 2006, 400, 401 f.

[1314] Diesen entscheidenden Gedanken übersieht *Wirsch*, JuS 2006, 400, 401 f.

[1315] Eine Einwilligung wäre – unabhängig von der Frage, ob ein Mensch überhaupt in die Gefährdung/Verletzung seines Lebens einwilligen kann (vgl. § 216) – wohl schon deshalb nicht anzunehmen, weil der gemeinsame Tatplan von A und B eine solche Einwilligung nicht umfasste.

werden.[1316] Diese Konstruktion beruht auf dem Bedürfnis, in den Fällen nicht nachweisbarer Kausalität durch mittäterschaftliche wechselseitige Zurechnung von Tatbeiträgen zu einer einfachen und sicheren Begründung der Strafbarkeit zu kommen. Ob diese Auffassung mit dem geltenden Recht (*in dubio pro reo*; gemeinsamer Tatentschluss/Tatplan) vereinbar ist, bedarf der näheren Prüfung.

1023 **Beispiel:** Die Jugendlichen A und B sind arbeitslos und auch sonst ohne Perspektive. Sie hängen ständig in der Spielothek herum. Auch werfen sie hin und wieder aus Langeweile schwere Steine von einer Autobahnbrücke auf die Fahrbahn. Dass dabei jemand zu Tode kommen könnte, bedenken sie nicht. Sie möchten lediglich „für etwas Stimmung sorgen". Als eines Tages einer der Steine in die Windschutzscheibe eines herannahenden Pkw einschlägt, verliert der Autofahrer die Kontrolle über sein Fahrzeug und prallt frontal gegen einen Brückenpfeiler. Der Autofahrer stirbt noch am Unfallort. „Wessen" Stein den Todeserfolg verursachte, kann nicht aufgeklärt werden (insb. verweigern beide die Aussage).

1024 **Problemaufriss:** Könnte man den beiden Tätern jeweils Vorsatz (*dolus eventualis* genügt) in Bezug auf die Tötung nachweisen, hätte man kein Problem, da man im Rahmen des gemeinsamen Tatplans/Tatentschlusses die objektiven Tatbeiträge gem. § 25 II wechselseitig zurechnen kann. A und B wären dann mittäterschaftlich (auch) wegen Tötung strafbar. Vorliegend kann man den Vorsatz aber gerade nicht nachweisen. Darauf kommt es nach den Befürwortern der „fahrlässigen Mittäterschaft" aber auch nicht an, da nach ihrer Auffassung der gemeinsame Plan zum gefährlichen Eingriff in den Straßenverkehr (§ 315b I Nr. 1 und 2) auch die Zurechnung von fahrlässigen „Nebenfolgen", vorliegend die fahrlässige Tötung des Autofahrers, umfasst.

1025 **Bewertung:** Diese Auffassung ist zwar kriminalpolitisch wünschenswert, aber bedenklich. Bedenken könnten zunächst hinsichtlich des verfassungsrechtlichen Prinzips *in dubio pro reo* bestehen. Dieses Prinzip besagt: Können Zweifel an der Begehung einer Tat nicht ausgeräumt werden, ist der Beschuldigte freizusprechen.[1317] Vorliegend konnte nicht festgestellt werden, wer von den beiden den Tod des Autofahrers verursachte. Eine diesbezügliche Feststellung ist aber auch nicht erforderlich. Denn bei einer Mittäterschaft i.S.v. § 25 II spielt es wegen der wechselseitigen Zurechnung der Tatbeiträge keine Rolle, wer von den Mittätern den Taterfolg verursacht hat. Die Bedenken an der Konstruktion der „fahrlässigen Mittäterschaft" konzentrieren sich somit auf die Frage, ob *überhaupt* eine Mittäterschaft, insbesondere ein die Mittäterschaft kennzeichnender gemeinsamer Tatentschluss/Tatplan in Bezug auf die fahrlässige Folge angenommen werden kann. Ein Tatentschluss/Tatplan setzt begriffslogisch Vorsatz voraus. Vorsätzlich handelten A und B aber nur hinsichtlich des gefährlichen Eingriffs in den Straßenverkehr, nicht in Bezug auf die Tötung des Autofahrers. Dieses „unüberwindbare Hindernis" erkennen wohl auch einige der Vertreter der fahrlässigen Mittäterschaft, wenn sie die Vorschrift des § 25 II so verstehen wollen, dass ein gemeinsamer Tatentschluss/Tatplan für die Begründung der Mittäterschaft überhaupt nicht erforderlich sei.[1318] Doch dieser Gedanke entspricht weder dem Wortlaut des § 25 II noch dessen Konzeption als Bestandteil des dualistischen, auf *vorsätzlichen* Beiträgen basierenden Beteiligungssystems.

1026 **Ergebnis:** Daher bleibt Folgendes festzuhalten: Eine mittäterschaftliche Zurechnung von fremden Tatbeiträgen setzt einen gemeinsamen Tatentschluss/Tatplan voraus. Dieser bedeutet begriffsnotwendig Vorsatz in Bezug auf die zuzurechnenden Tatbeiträge. Fehlt ein solcher, kann nichts zugerechnet werden. In Betracht kommt lediglich eine Alleintäterschaft unter dem Aspekt einer Fahrlässigkeitstat. Kann jedoch die Kausalität nicht geklärt werden, ist der Angeklagte freizusprechen.

[1316] So *Pfeiffer*, Jura 2004, 519 ff.; *Kamm*, Die fahrlässige Mittäterschaft, 1999 (mit Bespr. v. *Bloy*, GA 2000, 392); *Lesch*, JA 2000, 78; *Beulke/Bachmann*, JuS 1992, 744; *W/B/S*, AT, Rn 507; *Otto*, Jura 1990, 47; SK-*Hoyer*, § 25 Rn 150 ff.; MüKo-*Joecks*, § 25 Rn 284.
[1317] BVerfG NJW 1988, 477.
[1318] So *Lesch*, JA 2000, 78.

Im vorliegenden Fall haben sich A und B daher aus § 315b I Nr. 1 und 2 strafbar gemacht, nicht jedoch aus § 222 (i.V.m. § 25 II).

7. Hinweise für die Fallbearbeitung/Aufbaufragen

a. Gemeinsame Prüfung bei arbeitsteiligem Zusammenwirken

Der Prüfungsaufbau bei Mittäterschaft begegnet naturgemäß Schwierigkeiten, weil die (arbeitsteilige) Mittäterschaft gerade dadurch gekennzeichnet ist, dass die einzelnen Mittäter *nicht* jeweils den gesamten objektiven Tatbestand verwirklicht haben, sondern dass sich eine Strafbarkeit nur durch das Zusammenwirken der jeweiligen Tatbeiträge zu einem Tatganzen ergibt und dieses Zusammenwirken auch und gerade subjektive Elemente (siehe Rn 1007, 1008: Tatherrschaft, Täterwille) beinhaltet. Beginnt man also die (gemeinsame) Prüfung der als Täter in Betracht kommenden Personen mit dem objektiven Tatbestand, muss man über die Zurechnungsnorm des § 25 II die jeweiligen, von den anderen Beteiligten verwirklichten objektiven Tatbeiträge zurechnen. Diese Vorgehensweise ist an sich unproblematisch. Da aber § 25 II eine Zurechnung nur solcher objektiven Tatbeiträge zulässt, die von dem gemeinsamen Tatentschluss/Tatplan umfasst sind, muss man auch diesen innerhalb des objektiven Tatbestands prüfen. Das führt zu einer Durchmischung von objektiven und subjektiven Tatbestandsmerkmalen. Gerade bei komplexen Sachverhalten kann dies schnell zu einer Verwirrung und zu einer Fehlerhaftigkeit des Gutachtens führen. 1027

Diese Durchmischung vermeidet man, indem man – sofern die Mittäter jeweils für sich nicht den vollständigen objektiven Tatbestand verwirklicht haben – bei einer **gemeinsamen Prüfung** der Beteiligten zunächst den gemeinsamen Tatentschluss/Tatplan prüft, um dann in einem nächsten Schritt die jeweils fehlenden objektiven Tatbeiträge über § 25 II zuzurechnen (a.A. die h.M., siehe Schema bei Rn 1033). 1028

> **Beispiel:** A und B wollen ein Auto stehlen. Während A die Wagentür und das Zündschloss aufbricht, setzt B sich an das Steuer und fährt los.
>
> Würde man die jeweiligen Tatbeiträge isoliert betrachten, könnte man weder bei A noch bei B eine Strafbarkeit wegen Diebstahls in einem besonders schweren Fall begründen. Denn kein Mittäter hat den vollständigen Strafbarkeitstatbestand erfüllt. Nur durch die Zusammenschau aller Tatbeiträge ergibt sich der objektive Tatbestand des § 242 und das Regelbeispiel aus § 243 I S. 1 Nr. 1. Daher ist es angebracht, A und B gemeinsam zu prüfen und auf die Zurechnungsnorm des § 25 II einzugehen, der zufolge die jeweiligen Tatbeiträge dem anderen Täter zuzurechnen sind.

Aber auch wenn alle Mittäter jeweils alle Tatbestandsmerkmale in eigener Person verwirklicht haben, sodass eine Zurechnung über § 25 II an sich überflüssig wäre, kann eine gemeinsame Prüfung angezeigt sein. Das ist insbesondere dann angebracht, wenn 1029

- es um Wertgrenzen geht, die nur durch gegenseitige Zurechnung der objektiven Tatbeiträge erreicht werden (z.B. §§ 242, 243 II, 248a). 1030

  Beispiel: A und B brechen gemeinsam in einen Kiosk ein. A nimmt eine Stange Zigaretten mit, B zwei Flaschen Wodka. Hier haben weder A noch B jeweils die Geringwertigkeitsgrenze des § 243 II überschritten (diese liegt gegenwärtig bei 50,- €, vgl. *R. Schmidt*, BT II, Rn 167 m.w.N.). Nur wenn man den Wert aller Waren zusammenrechnet, ist die Geringwertigkeitsgrenze des § 243 II überschritten.

- wenn die Täterschaft an einer bestimmten Tat entfällt, weil die (Mit-)Täterschaft an einer anderen Tat bereits festgestellt wurde. So ist wegen Hehlerei (§ 259) nicht strafbar, wer Täter eines vorangegangenen Diebstahls an derselben Beute war. 1031

  Beispiel: Nach einem Einbruchdiebstahl (§§ 242, 243 I S. 2 Nr. 1, 25 II), bei dem beide Mittäter jeweils den Gesamttatbestand erfüllt haben, setzt jeweils der eine die Beute des anderen ab. Würden in diesem Fall die Diebstahlstatbestände nicht gegenseitig zugerechnet, käme noch jeweils eine Strafbarkeit wegen der Anschlussstraftat *Hehlerei* hinzu.

1032 ▪ oder wenn die konkrete Fallgestaltung aus sonstigen Gründen die gemeinsame Prüfung der Mittäter nahelegt, wie das bspw. beim Abschlussfall zum Rücktritt bei mehreren Tatbeteiligten (Rn 748) demonstriert wurde.

1033 Als **Aufbauschema** für die **gemeinsame** Prüfung der Mittäter eines vollendeten Delikts empfiehlt sich auf der Basis der h.M. somit:

Prüfungsschema bei gemeinsamer Prüfung der Mittäter

Vorprüfung/Vorüberlegung: Abgrenzung Täterschaft - Teilnahme (Rn 929 ff.). Insbesondere liegt Mittäterschaft nicht vor, wenn Täterqualität nicht gegeben ist. Dann ist bei diesem Beteiligten (später) eine Teilnahmeform zu prüfen.

I. Objektiver Tatbestand

1. Gemeinsame Tatausführung und/oder
2. Gegenseitige Zurechnung der jeweiligen Tatbeiträge entweder nach:
   a. Tatherrschaftstheorie (funktionelle Tatherrschaft) oder nach
   b. subjektiver Theorie (objektivierter Täterwille entscheidet)

II. Subjektiver Tatbestand

1. Allgemeiner Tatbestandsvorsatz (§ 15) bezüglich aller objektiven Tatbestandsmerkmale des Delikts einschließlich des Wissens und Wollens gemeinschaftlichen Handelns (muss bei jedem Mittäter geprüft werden)
2. Deliktsspezifische subjektive Merkmale (etwa Zueignungsabsicht in § 242 oder in § 249) (muss bei jedem Mittäter geprüft werden)

III. Eventuell Tatbestandsverschiebung nach § 28 II (dazu später)

IV. Rechtswidrigkeit

V. Schuld

b. Getrennte Prüfung bei vollständiger Deliktsverwirklichung eines Mittäters

1034 Eine **getrennte Prüfung** eines Mittäters ist – zumindest im Grundsatz – dann angebracht, wenn der „Tatnächste" den Gesamttatbestand verwirklicht und der andere (der „Tatfernere") die Tat vorbereitet oder unterstützt, jedenfalls nicht selbst alle objektiven Tatbestandsmerkmale erfüllt hat. Das Erfordernis einer getrennten Prüfung greift jedenfalls dann, wenn zunächst nicht feststeht, ob derjenige, der vom Hintergrund aus agiert, funktionelle Tatherrschaft hat (und somit Täter ist) oder lediglich als Anstifter bzw. Gehilfe fungiert. In diesen Fällen ist es angebracht, zunächst die Strafbarkeit des Tatnächsten (wie bei einem Alleintäter) zu prüfen. Eines Eingehens auf § 25 II bedarf es hier nicht, da der Tatnächste in dieser Konstellation ja gerade den gesamten objektiven Tatbestand verwirklicht hat. Erst in einem zweiten Schritt ist (nach einer separaten Obersatzbildung) die Strafbarkeit des anderen (des „Tatferneren") zu prüfen. Dabei gilt es festzustellen, ob die objektiven Tatbeiträge des Tatnächsten dem Tatferneren über § 25 II zugerechnet werden können. Sodann ist zu prüfen, ob in der Person des Tatferneren alle (zusätzlichen) subjektiven Voraussetzungen erfüllt sind. Nur dann ist von einer Mittäterschaft auszugehen. Zur Ausnahme vgl. den bereits genannten Abschlussfall bei Rn 748.

Als **Aufbauschema** für die **getrennte** Prüfung eines Mittäters eines vollendeten Delikts empfiehlt sich auf der Basis der h.M.[1319]: 1035

Prüfungsschema bei getrennter Prüfung eines Mittäters

Vorprüfung: Die Prüfung beginnt mit dem Tatnächsten. Sofern dieser wie ein Alleintäter strafbar ist, bedarf es der Zurechnungsnorm des § 25 II nicht. Daher ist der Tatnächste nach den Aufbauregeln für Alleintäterschaft zu prüfen.

Erst in einem zweiten Schritt ist die Strafbarkeit desjenigen Beteiligten zu prüfen, der den objektiven Tatbestand nicht oder nicht vollständig in eigener Person erfüllt hat (der „Tatfernere"). Kommt bei diesem eine Mittäterschaft in Betracht, bietet sich diesbezüglich folgende Prüfung an:

I. Objektiver Tatbestand

1. Selbst verwirklichte objektive Tatbestandsmerkmale des Delikts
2. Zurechnung fehlender objektiver Tatbeiträge über § 25 II[1320]:
   a. über Tatherrschaftstheorie (funktionelle Tatherrschaft)
   b. oder über subjektive Theorie (objektivierter Täterwille entscheidet)

II. Subjektiver Tatbestand

1. Allgemeiner Tatbestandsvorsatz (§ 15) bezüglich aller obj. Tatbestandsmerkmale des Delikts einschließlich des Wissens und Wollens gemeinschaftlichen Handelns
2. Deliktsspezifische subjektive Merkmale (etwa Zueignungsabsicht in § 242 oder § 249)

III. Eventuell Tatbestandsverschiebung nach § 28 II (dazu später)

IV. Rechtswidrigkeit

V. Schuld

8. Abschlussfall zur Mittäterschaft

Sachverhalt[1321]**:** Drogendealer D hatte kurz nacheinander den A und den B in der Weise „gelinkt", dass er dem A den restlichen Kaufpreis für das von diesem gelieferte Kokain und dem B restliches Kokain schuldig geblieben war. A und B, die sich zuvor nicht kannten, suchten daraufhin den D gemeinsam auf, um ihre jeweiligen Restforderungen mit vereinten Kräften, notfalls mit Gewalt durchzusetzen. A drohte dem D Schläge an, während B, um die Forderungen zu unterstreichen, ihm mit der Faust ins Gesicht schlug. Anschließend zerschlug B eine Schnapsflasche und drückte, während er den Flaschenhals in der Hand hielt, die restliche Flasche mit dem scharfen Glasteil mit aller Kraft gegen die untere linke Gesichtshälfte des D, sodass das Glas die Wange durchdrang und im Bereich des Jochbeins wieder austrat. D blutete stark und versuchte zu fliehen. A und B holten ihn jedoch wieder ein und schlugen beide auf ihn ein. Nachdem eine Nachbarin aus dem Fenster gerufen hatte, sie werde die Polizei alarmieren, gaben A und B ihren Plan auf und flohen. Wie haben sich A und B nach dem StGB schuldig gemacht? 1036

1. Versuchte schwere räuberische Erpressung

Dadurch, dass A dem D Schläge androhte und A und B anschließend auf den D einschlugen, könnten sie sich einer versuchten schweren räuberischen Erpressung in Mittäterschaft gem. §§ 253, 255, 22, 25 II schuldig gemacht haben.

Nach ihrer Vorstellung von der Tat sollte D zunächst durch die Drohung mit gegenwärtiger Leibesgefahr und sodann mit Hilfe von körperlicher Gewalt gegen seine Person zur Zahlung

---

[1319] Eine andere Prüfung ist sicherlich ebenfalls möglich.

[1320] Zwar werden hier (wie bei der gemeinsamen Prüfung der Mittäter) auch oder gerade subjektive Erwägungen im Rahmen des objektiven Tatbestandes geprüft, dies ist allerdings hinzunehmen, weil die Zurechnung fehlender objektiver Tatbeiträge ja gerade nicht ohne subjektive Erwägungen möglich ist. Auch wenn man einen anderen Prüfungsaufbau wählt, entkommt man diesem „Aufbauproblem" nicht.

[1321] Nach BGH NStZ 2002, 597, 598.

des restlichen Kaufpreises an A und zur Lieferung des restlichen Kokains an B und somit zu einer sein Vermögen schädigenden Handlung genötigt werden.
Fraglich ist jedoch, ob A und B auch mit der Absicht gehandelt haben, sich oder einem Dritten einen rechtswidrigen Vermögensvorteil zu verschaffen – sog. Bereicherungsabsicht. Das wäre der Fall, wenn sie keinen Anspruch auf das Tatobjekt gehabt hätten. A und B stand wegen des Verstoßes gegen ein gesetzliches Verbot (§ 134 BGB) weder ein Anspruch auf den restlichen Kaufpreis noch auf das restliche Kokain zu. Ob sie berechtigt waren, von D gemäß § 823 II BGB i.V.m. § 263 I StGB Schadensersatz wegen Betrugs zu verlangen, wie der *3. Strafsenat* des BGH entschieden hat[1322], kann vorliegend dahinstehen, wenn man die Auffassung des *1. Strafsenats* des BGH teilt, wonach A und B bei der von ihnen erstrebten Bereicherung vom Bestehen solcher Ansprüche ausgegangen sind und damit zumindest in einem vorsatzausschließenden Tatbestandsirrtum (§ 16 I S. 1) handelten.[1323] Damit fehlte ihnen die Absicht einer unrechtmäßigen Bereicherung. A und B haben sich nicht einer versuchten schweren räuberischen Erpressung schuldig gemacht.

2. Versuchte Nötigung

A und B haben sich jedoch einer versuchten Nötigung in Mittäterschaft gem. §§ 240, 22, 25 II schuldig gemacht. Durch das gemeinsame Einschlagen auf D haben sie unmittelbar dazu angesetzt, diesen mit Gewalt zur Erfüllung ihrer vermeintlichen Ansprüche zu zwingen. Da ihnen auch kein Recht auf Selbsthilfe nach §§ 229, 230 BGB zustand, ist ihr Vorgehen verwerflich i.S.v. § 240 II StGB. Sie haben sich einer versuchten Nötigung schuldig gemacht.

3. Gefährliche Körperverletzung

A und B könnten sich dadurch, dass sie auf D einschlugen, einer gefährlichen Körperverletzung in Mittäterschaft gem. §§ 223, 224 I Nr. 2, 3, 4, 5, 25 II schuldig gemacht haben.

a. Körperverletzung nach § 223 I

Das Einschlagen von A und B auf D stellt eine körperliche Misshandlung i.S.v. § 223 I dar.

b. Gefährliche Körperverletzung nach § 224 I Nr. 3

Dadurch, dass A und B den D plötzlich und für diesen unerwartet angegriffen haben, D sich auf diesen Angriff nicht vorbereiten konnte und A und B zudem planmäßig in einer auf Verdeckung ihrer wahren Absicht berechnenden Weise (also mit List) vorgegangen sind, um dadurch dem D die Abwehr zu erschweren und die Vorbereitung auf die Verteidigung nach Möglichkeit auszuschließen, haben sie sich auch einer gefährlichen Körperverletzung in der Variante „mittels eines hinterlistigen Überfalls" gem. § 224 I Nr. 3 schuldig gemacht.

c. Gefährliche Körperverletzung nach § 224 I Nr. 2 und 5

Da das scharfkantige Glas nach den Umständen geeignet war, D erheblich zu verletzen, hat B durch den Einsatz der zersplitterten Glasflasche auch eine gefährliche Körperverletzung „mittels eines gefährlichen Werkzeugs" i.S.v. § 224 I Nr. 2 verübt. Das Durchstoßen der Wange des D stellt darüber hinaus eine dessen „Leben gefährdende Behandlung" i.S.v. § 224 I Nr. 5 dar.
Fraglich ist jedoch, ob der Einsatz der zersplitterten Glasflasche als gefährliche Körperverletzung gemäß § 224 I Nr. 2 und 5 auch dem A zugerechnet werden kann. Denn eine wechselseitige Zurechnung objektiver Tatbeiträge setzt einen gemeinsamen Tatentschluss/Tatplan voraus. Vorliegend hatten A und B über den Einsatz von gefährlichen Werkzeugen nicht gesprochen. Dieser Umstand steht der Annahme eines diesbezüglichen gemeinsamen Tatentschlusses jedoch nicht zwingend entgegen, da zum einen ein Einverständnis hinsichtlich der Tatbeiträge des anderen auch durch konkludentes (stillschweigendes) Verhalten angenommen werden kann und zum anderen in Übereinstimmung mit den Kausalitätslehren bzw. mit der Lehre von der objektiven Zurechnung allgemein vertreten wird, dass *unwesentliche* Abweichungen vom vorgestellten Tatablauf als unerheblich und somit als vom gemeinsamen Tatentschluss/Tatplan umfasst anzusehen sind. Unwesentliche Abweichungen sind solche, mit denen **nach den Umständen gewöhnlich zu rechnen ist** oder bei denen **die verabredete Tatausführung nur durch eine in ihrer Schwere und Gefährlichkeit gleichwertige er-**

[1322] BGH NStZ 2003, 151, 152 ff.
[1323] BGH NStZ 2002, 597, 598; vgl. auch BGH NStZ-RR 1999, 6.

setzt wird.[1324] Auch werden Handlungen eines anderen Tatbeteiligten, mit denen nach den Umständen des Falls gerechnet werden muss, als vom Willen des Mittäters auch dann umfasst angesehen, wenn er **sie sich nicht besonders vorgestellt hat oder wenn ihm die Handlungsweise seines Tatgenossen gleichgültig ist**.

Der gemeinsame, die Anwendung erforderlicher Gewalt einschließende Plan und dessen konsequente und koordinierte Durchführung, bei der sich A aktiv - und zwar insbesondere noch nach dem Einsatz der zerbrochenen Flasche - an den Verletzungshandlungen beteiligte, legen nahe, dass A sich mit der konkreten Vorgehensweise des B einverstanden erklärt hat oder sie ihm zumindest gleichgültig war.[1325] Die Verletzungshandlungen des B werden dem A somit gem. § 25 II zugerechnet.

d. Gefährliche Körperverletzung nach § 224 I Nr. 4
Schließlich haben A und B sich einer gefährlichen Körperverletzung gem. § 224 I Nr. 4 schuldig gemacht, weil sie am Tatort zusammenwirkten, dem D unmittelbar gegenübertraten und weil für die Annahme des § 224 I Nr. 4 eine eigenhändige Mitwirkung an der Verletzungshandlung eines jeden einzelnen am Tatort anwesenden Beteiligten nicht erforderlich ist.[1326]

e. Ergebnis
A und B haben sich einer gefährlichen Körperverletzung nach §§ 223, 224 I Nr. 2, 3, 4 und 5, 25 II schuldig gemacht.

4. Konkurrenzen
Da die Misshandlungen und die Verwirklichung mehrerer Erschwernisgründe der gefährlichen Körperverletzung gegen dasselbe Opfer gerichtet waren und im engen zeitlichen und örtlichen Zusammenhang standen, werden sie im Wege tatbestandlicher Bewertungseinheit zu nur einer Tat nach §§ 223, 224 zusammengezogen.
Diese gefährliche Körperverletzung ist durch dieselbe Handlung begangen worden wie die versuchte Nötigung und steht mit ihr daher in Tateinheit gem. § 52 I.

5. Endergebnis:
A und B sind wegen gefährlicher Körperverletzung in Tateinheit mit versuchter Nötigung zu bestrafen.

[1324] Vgl. BGH NStZ 2002, 597, 598; BGH NStZ 2000, 29; NStZ-RR 2000, 366 f.; NStZ 1998, 511, 513.
[1325] BGH NStZ 2002, 597, 598.
[1326] Vgl. dazu BGH NStZ 2003, 86, 87; BGH NJW 1998, 465, 466; *Lackner/Kühl*, § 224 Rn 7.

D. Teilnahme (§§ 26, 27)

I. Akzessorietät der Teilnahme

1037 Zwar wird der Strafgrund der Teilnahme[1327] an einem Delikt nach wie vor unterschiedlich gesehen[1328], für die Fallbearbeitung sind die Meinungsverschiedenheiten i.d.R. jedoch von untergeordneter Bedeutung, weil die sachlichen Differenzen über den Umfang der Abhängigkeit von der Haupttat aufgrund der (seit 1943) eindeutigen Formulierung in den §§ 26 bis 29 ohne Zuhilfenahme des Strafgrundes der Teilnahme erklärt werden können. Nach diesen Vorschriften setzt die Teilnahme das Vorliegen einer vorsätzlichen und rechtswidrigen fremden Tat (sog. **Haupttat**) voraus. Ob die Haupttat auch schuldhaft begangen worden ist, spielt demnach keine Rolle.[1329] Insoweit kann man von einer **limitierten Akzessorietät** sprechen.

1038 - Eine **Haupttat** i.S.v. §§ 26-29 kann jedes Vorsatzdelikt sein, auch ein eigenhändiges Delikt, ein Sonderdelikt oder eine mitbestrafte Nachtat. Auch der **Versuch** kann Haupttat sein, sofern er mit Strafe bedroht ist. Das ist bei Verbrechen stets der Fall, bei Vergehen nur dann, wenn die betreffende Strafnorm dies ausdrücklich bestimmt. Die Unterscheidung zwischen Verbrechen und Vergehen ergibt sich aus der abstrakt angedrohten Mindeststrafe (vgl. § 12).

  Beispiel: Der Diebstahl (§ 242 I) wird mit einer Freiheitsstrafe bis zu fünf Jahren oder mit Geldstrafe bestraft. Aus dieser Strafandrohung folgt der Vergehenscharakter der Tat (vgl. § 12 II). Soll der Versuch eines Diebstahls also strafbar sein, muss die diesbezügliche Strafbarkeit in der Strafnorm geregelt sein. Das ist mit § 242 II der Fall. Demgegenüber wäre der Versuch einer Bedrohung (§ 241) in Ermangelung einer Strafbarkeitsandrohung nicht strafbar, kann also keine teilnahmefähige Haupttat darstellen.

1039 - **Rechtswidrig** ist die Haupttat, wenn sie den Tatbestand eines Strafgesetzes erfüllt (vgl. § 11 I Nr. 5) und nicht gerechtfertigt ist. Demzufolge können eine Ordnungswidrigkeit und eine gerechtfertigte Tat keine teilnahmefähige Haupttat i.S.v. §§ 26-29 sein.[1330]

1040 - Des Weiteren muss die Haupttat mit **Vorsatz** im Sinne des Wissens und Wollens der Tatbestandsverwirklichung begangen sein. Demzufolge sind Anstiftung oder Beihilfe zu einem fahrlässigen Delikt (etwa § 229 oder § 222) nicht möglich. In Betracht kommt dann aber eine Strafbarkeit wegen mittelbarer Täterschaft.

1041 Die Akzessorietät setzt aber nicht voraus, dass diejenigen Merkmale, die die Haupttat ausmachen, auch beim Teilnehmer vorliegen müssen. Daher ist z.B. die Teilnahme an einem eigenhändigen Delikt oder an einem Sonderdelikt nicht ausgeschlossen. Auch bei einem Delikt, das beim Täter besondere Absichten voraussetzt (etwa die Zueignungsabsicht beim Diebstahl), genügt es für den Teilnehmer, dass dieser um diese Merkmale beim Haupttäter weiß. Eine eigene besondere Absicht ist nicht erforderlich.

1042 Mit Blick auf den Aufbau einer Teilnahmeprüfung folgt aus der Akzessorietät der Teilnahme, dass die **Haupttat immer zuerst geprüft** werden muss! Hinsichtlich des Verhältnisses Haupttat/Teilnahme können sich folgende Konstellationen ergeben: Entweder

---

[1327] Zur Definition von Anstiftung und Beihilfe vgl. bereits Rn 924.

[1328] Die h.M. vertritt zu Recht die akzessorietätsorientierte **Förderungs- bzw. Verursachungstheorie**. Danach besteht der Strafgrund der Teilnahme darin, dass der Anstifter durch Erwecken des Tatentschlusses bzw. der Gehilfe durch eine psychische oder physische Unterstützungshandlung vorsätzlich einen eigenen Rechtsgutsangriff begeht, der aber in seiner Wirksamkeit von der Haupttat abhängig ist (vgl. *Kühl*, AT, § 20 Rn 130-132; *Jescheck/Weigend*, AT, § 64 I 2; *W/B/S*, AT, Rn 552; *Nowak*, JuS 2004, 197, 199). Teilweise wird der Strafgrund in der Erhöhung oder Schaffung einer Gefahr gesehen (vgl. *Hegmanns*, GA 2000, 473 ff.).

[1329] Allerdings liegen in dem Fall, in dem der Haupttäter ohne Schuld handelt, sehr häufig die Voraussetzungen einer mittelbaren Täterschaft vor.

[1330] Beim Teilnehmer kommen dann versuchte Anstiftung oder versuchte Beihilfe in Betracht. Zu der Frage, inwieweit diese strafbar sind, vgl. Rn 1043, 1047 und 1121.

wurde die Haupttat (1) nicht versucht oder (2) sie wurde versucht, aber nicht vollendet oder aber sie wurde (3) vollendet bzw. (4) beendet. Im Einzelnen ergibt sich:

(1) Haupttat wurde nicht versucht 1043

Wurde die Haupttat nicht versucht, liegt eine versuchte Teilnahme vor. Diese ist grundsätzlich straflos (Sondervorschriften enthalten §§ 111 II, 159). Die versuchte Anstiftung zu Verbrechen ist stets strafbar (§ 30 I), vgl. dazu Rn 1093 ff.

Beispiel: T hasst O. Dies weiß A. Daher macht er dem T den Vorschlag, O doch zu töten. T greift die Anregung erfreut auf und ist fest dazu entschlossen, sie zu befolgen. Dann lässt er aber noch vor Eintritt in das Versuchsstadium davon ab. Strafbarkeit der Beteiligten? ⇨ Da Mord und Totschlag Verbrechen sind, ist A wegen versuchter Anstiftung gem. §§ 212, 211, 30 I S. 1 Var. 1 strafbar.[1331] T ist nach § 31 I Nr. 2 straflos (§ 24 ist nicht anwendbar, da T noch nicht in das Versuchsstadium eingetreten war).

(2) Haupttat wurde versucht, aber nicht vollendet 1044

Wurde die Haupttat zwar versucht, aber nicht vollendet, liegt eine Teilnahme an der versuchten Haupttat vor (Anstiftung bzw. Beihilfe zum Versuch). Die Teilnahme ist dann strafbar, wenn der Versuch der Haupttat gemäß § 23 I strafbar ist.

Beispiel: Wie oben, aber T schießt heimtückisch auf O, trifft ihn jedoch nicht. ⇨ Jetzt ist T wegen versuchten Mordes (§§ 212, 211 I, II Var. 5, 22, 23 I, 12 I), A ist wegen Anstiftung zum versuchten Mord (§§ 212, 211 I, II Var. 5, 22, 23 I, 12 I, 26) strafbar.

(3) Haupttat wurde vollendet, aber noch nicht beendet 1045

War die Haupttat zwar vollendet, aber noch nicht beendet (sog. Beendigungsphase), als der Teilnehmer hinzutrat, liegt eine Teilnahme an der vollendeten Haupttat vor (Normalfall einer Beihilfe). In Fällen, in denen die (formelle) Vollendung (= Erfüllung aller Tatbestandsmerkmale) und die (materielle) Beendigung (= Abschluss des Delikts in tatsächlicher Hinsicht) zeitlich auseinanderfallen können, sind nach der Rspr. sowohl sukzessive Mittäterschaft als auch sukzessive Beihilfe möglich. Wird in diesem Deliktsstadium Hilfe geleistet, wird es oft zu Abgrenzungsschwierigkeiten zwischen sukzessiver Beihilfe und der Anschlussstraftat Begünstigung (§ 257) kommen, wofür nach h.M. die Willensrichtung des Hilfeleistenden maßgeblich ist.[1332]

Beispiel: T hat der O unter Gewalteinwirkung die Handtasche entrissen und ist auf der Flucht. Der zufällig vorbeikommende Freund Y erblickt die Lage und hilft ihm zu entkommen. Strafbarkeit der Beteiligten? ⇨ T ist wegen Raubs (§ 249) strafbar. Bei Y hängt die Strafbarkeit nach der Rspr. von seiner Willensrichtung ab, da zwischen Vollendung und Beendigung der Haupttat sowohl Beihilfe als auch Begünstigung bzw. Strafvereitelung möglich sei. Folgt man dieser Auffassung, ist Y – sofern er dem T zur Tat Hilfe leisten wollte – nach § 27 strafbar (möglicher Obersatz: §§ 249, 27). Wollte er dem T dagegen die Vorteile der Tat sichern, ist er nach § 257 strafbar. Wollte er beides, tritt die Begünstigung hinter der Beihilfe zurück (§ 257 III S. 1). Zur Kritik an dieser Position vgl. Rn 1011. Zur sukzessiven Beihilfe vgl. Rn 1112.

(4) Haupttat wurde beendet 1046

Nach Beendigung der Haupttat ist nach allen Auffassungen keine Beihilfe mehr möglich. Hier kommen ausschließlich die Anschlussstraftaten wie Hehlerei (§ 259) oder Begünstigung (§ 257) in Betracht.

[1331] Vgl. dazu auch BGH NJW 2013, 1106 f.

[1332] Vgl. BGHSt 3, 40, 43 f.; 6, 248, 251; 19, 323, 325; BGH NStZ 2012, 316, 317; zust. Sch/Sch-*Heine/Weißer*, § 27 Rn 17; *Fischer*, § 27 Rn 6 und 10; *Jescheck/Weigend*, AT, § 64 III 2 b; *W/B/S*, AT, Rn 583; vgl. auch BayObLG NStZ-RR 1999, 314 und NStZ 1999, 568, 569). Die Gegenauffassung lehnt die Möglichkeit einer sukzessiven Beihilfe ab. Die Ausdehnung der Beihilfe über die tatbestandlich umschriebene Rechtsverletzung hinaus verstoße gegen den Bestimmtheitsgrundsatz des Art. 103 II GG. Zudem sei die Abgrenzung zur Begünstigung nicht mehr konturiert. Schließlich gewähre § 257 einen hinreichenden Strafschutz (so *R. Schmidt*, BT I, Rn 1090; BT II, Rn 368c; *Roxin*, AT, § 27 Rn 35; LK-*Schünemann*, § 27 Rn 43; *Kühl*, AT, § 29 Rn 233; *Lackner/Kühl*, § 27 Rn 3; *Geppert*, Jura 1999, 266, 272; SK-*Hoyer*, § 27 Rn 18; *Schmitz*, Unrecht und Zeit, 2001, S. 199).

1047 **Hinweis für die Fallbearbeitung:** Die Unterscheidung zwischen den beiden Teilnahmeformen *Anstiftung* und *Beihilfe* ist nicht nur akademischer Natur, sondern hat vor allem praktische Bedeutung. Zum einen ist nur die versuchte Anstiftung zu Verbrechen nach § 30 I[1333] oder nach Sondervorschriften (§§ 111 II, 159) unter Strafe gestellt, während die versuchte Anstiftung zu Vergehen sowie die versuchte Beihilfe generell immer straflos sind (s.o.). Zum anderen ist der Anstifter gemäß § 26 gleich dem Täter zu bestrafen, wohingegen dem Gehilfen gemäß § 27 II S. 2 i.V.m. § 49 I eine obligatorische Strafmilderung zugutekommt. Aus diesen unterschiedlichen Konsequenzen wird deutlich, dass in der Fallbearbeitung auf jeden Fall eine eindeutige Zuordnung getroffen werden muss.

II. Teilnehmer ist zugleich Tatopfer

1048 Fraglich ist, ob eine Strafbarkeit des Teilnehmers mit dem Strafzweck der Teilnahme vereinbar ist, wenn der Teilnehmer zugleich Tatopfer ist. Man stelle sich vor, jemand stiftet in Verkennung seines Eigentums einen Dritten zum Diebstahl oder zur Unterschlagung einer Sache an, die ihm selbst gehört. In diesem Fall ist zweifelhaft, ob eine Bestrafung des Anstifters gerechtfertigt ist.

1049 **Beispiel:** T findet auf dem Weg zum Rockkonzert eine Eintrittskarte. Vor dem Eingang trifft er zufällig seinen Bekannten A, dem er von dem Fund erzählt. Da dieser noch eine Karte für seine Freundin sucht, veranlasst er den T, ihm die Karte zu verkaufen. Nach dem Erwerb stellt A jedoch anhand der Sitzplatznummer fest, dass es sich um seine eigene Karte handelt, die er offenbar kurz zuvor verloren hatte. Haben sich T und A strafbar gemacht?

A. Strafbarkeit des T

Eine Strafbarkeit des T wegen **Diebstahls** (§ 242 I) kommt nicht in Betracht, da er keinen fremden Gewahrsam gebrochen hat; vielmehr war die Karte gewahrsamslos, als er sie auf dem Weg zum Konzert gefunden hatte.

Allerdings liegt eine **Unterschlagung** (§ 246 I) vor. Zwar ist unklar, ob allein das Ansichnehmen der gefundenen Karte bereits eine Fundunterschlagung darstellt, jedenfalls stellt die Veräußerung der Karte an A eine Manifestation des Zueignungswillens dar (T hat sich die Karte spätestens dann rechtswidrig zugeeignet, als er sie A zum Kauf anbot), sodass T den objektiven Tatbestand der **Unterschlagung** (§ 246) verwirklicht hat (wäre in der Klausur näher auszuführen). T handelte auch vorsätzlich, da er wusste, dass die Karte fremdes Eigentum war; insbesondere kommt es nicht auf die Kenntnis des Täters über die Person des Eigentümers an. T war auch nicht unter dem Aspekt der rechtfertigenden Einwilligung des A gerechtfertigt, da eine solche nicht vorliegt. A hat im Irrtum über sein Eigentum T zur Veräußerung veranlasst. T ist daher wegen Unterschlagung gem. § 246 I strafbar.

B. Strafbarkeit des A

Fraglich ist, ob sich auch A strafbar gemacht hat. In Betracht kommt eine Anstiftung zur Unterschlagung gem. §§ 246 I, 26.

Am Vorliegen der tatbestandlichen Voraussetzungen, der Rechtswidrigkeit und der Schuld scheinen keine Zweifel zu bestehen. Da es sich jedoch um die eigene Karte handelte, stellt sich die Frage, ob dies mit dem **Strafgrund** der Anstiftung **zu vereinbaren** ist. Wegen §§ 26, 27 und 29, wonach die Strafbarkeit des Teilnehmers ein schuldhaftes Handeln des Täters nicht voraussetzt, besteht der Strafgrund der Teilnahme in der durch die Tat vermittelten Mitverursachung der Verletzung oder Gefährdung des betroffenen Rechtsguts (sog. **akzessorietätsorientierte Förderungs- bzw. Verursachungstheorie**, s.o.). Danach ist aber Voraussetzung für die Strafbarkeit des Teilnehmers, dass dieses Rechtsgut auch ihm gegenüber geschützt ist. Das ist vorliegend nicht der Fall, da A über seine Karte ohne-

[1333] Vgl. dazu auch BGH NJW 2005, 2867 ff.; NJW 2013, 1106 f.; *Kudlich*, JA 2006, 91 ff.; *Hecker*, JuS 2013, 748.

hin die freie Verfügungsmacht besitzt. Danach scheidet eine Strafbarkeit gem. §§ 246 I, 26 aus.

> **Hinweis für die Fallbearbeitung:** Fraglich ist, an welcher Stelle des Prüfungsaufbaus die vorstehende Problematik zu erörtern ist. Möglich ist eine Erörterung im Anschluss an die Schuldprüfung[1334], aber auch bereits im Rahmen des objektiven Anstiftertatbestands, und zwar bei der Prüfung des Vorliegens einer teilnahmefähigen Haupttat[1335].

Scheidet eine Strafbarkeit wegen Vollendung aus, ist stets an eine Versuchsstrafbarkeit zu denken. Vorliegend stellt sich die Frage, ob sich A wegen der Veranlassung zur Veräußerung wegen (vollendeter) **Anstiftung zur versuchten Unterschlagung** gem. §§ 246 I, III, 22, 23 I, 26 strafbar gemacht hat oder ob ein Fall der **straflosen versuchten Anstiftung** zur Unterschlagung vorliegt, da § 30 I für die Strafbarkeit der versuchten Anstiftung voraussetzt, dass sie sich auf ein Verbrechen bezieht (s.o.).

⇨ Auf der Basis einer Minderheitsmeinung[1336] liegt lediglich eine (hier straflose) versuchte Anstiftung vor, da A kein Rechtsgut angreife, das T gegenüber geschützt sei. Die Tat sei nicht geeignet, ein Teilnahmeunrecht zu begründen. Da es nicht verboten sei, sich eigene Sachen anzueignen, könne es auch nicht verboten sein, einen Dritten hierzu anzustiften. Schon die Verletzungshandlung des Täters sei für den Teilnehmer untauglich, nicht nur das Tatobjekt. Der Rechtsgüterschutz gebiete auch nicht, jemandem zu verbieten, einen anderen zur Verletzung seines Eigentums anzustiften.

⇨ Geht man hingegen davon aus, dass die vollendete Unterschlagung des T als Durchgangsstadium auch einen gem. § 246 III strafbaren Versuch enthält (zu dem A angestiftet hat), stellt sich auf der Grundlage der h.M.[1337] folgende Überlegung: Die Eigentumslage lässt bei A lediglich das Erfolgsunrecht entfallen, nicht aber den Handlungsunwert. Hätte A die für fremd gehaltene Karte selbst unterschlagen, wäre er wegen versuchter Unterschlagung strafbar. Dies muss auch für den Fall der Anstiftung gelten. Denn in deren Kontext kann das Fehlen der Fremdheit keine weiter gehende Wirkung haben als im Kontext der Täterschaft. Da gem. § 26 der Anstifter gleich dem Täter bestraft wird, ist kein Grund ersichtlich, warum der Anstifter gegenüber dem Versuch täterschaftlicher Unterschlagung besser gestellt werden soll. Nach der Förderungstheorie ist das begangene Unrecht identisch. Die durch den Täter begangene Tat hat aus der Sicht des Anstifters auch nicht dieselbe Bedeutungslosigkeit wie im Falle des Ausbleibens einer Rechtsgutverletzung oder der Verletzung eines untauglichen Objekts.

Folgt man der h.M., hat A sich wegen (vollendeter) **Anstiftung zur versuchten Unterschlagung** gem. §§ 246 I, III, 22, 23 I, 26 strafbar gemacht.

Zur Verknüpfung dieses Problems mit demjenigen, dass beim Haupttäter ein *error in persona* vorliegt, vgl. Rn 1091.

III. Notwendige Teilnahme

Problematisch ist auch die Behandlung der Fälle, in denen die Tatbestandsverwirklichung des Haupttäters schon begrifflich die Mitwirkung des Teilnehmers voraussetzt. **1050**

Beispiel: Der sexuelle Missbrauch von Schutzbefohlenen (§ 174 I Var. 2) setzt begrifflich voraus, dass der Schutzbefohlene an dem an ihm verübten Missbrauch mitwirkt (würde die Mitwirkung fehlen, läge kein Fall der Var. 2, sondern der Var. 1 vor). Entsprechendes gilt für § 180 I.

1334 So *Park*, JuS 1999, 887, 890.
1335 So *Nowak*, JuS 2004, 197, 198.
1336 *Hake*, Beteiligtenstrafbarkeit, 1994, S. 71; *Park*, JuS 1999, 887, 890.
1337 Sch/Sch-*Heine/Weißer*, Vorbem §§ 25 ff. Rn 17; *Mitsch*, JuS 1999, 372, 374; *Nowak*, JuS 2004, 197, 199.

1051 Dass der Mitwirkende hier grundsätzlich straflos bleiben muss, obwohl er formal gesehen Teilnehmer ist, liegt auf der Hand. Bei § 216 ist dies besonders evident. Schwierigkeiten bestehen nur dann, wenn der Mitwirkende das Maß der straflosen Teilnahme überschreitet. Aber auch dann wird man eine Straflosigkeit annehmen müssen, wenn die fragliche Strafnorm, bei der er mitwirkt, gerade ihn schützen will.[1338]

Beispiel: § 174 will gerade den Schutzbefohlenen schützen. Deshalb ist dieser straflos, auch wenn er mehr als erforderlich tut. Lässt beispielsweise ein Lehrer von seiner Schülerin sexuelle Handlungen an sich vornehmen, ist die Schülerin nach dem oben Gesagten trotz Beihilfe straflos. Stiftet sie den Lehrer an, tut sie mehr, als unter dem Gesichtspunkt der notwendigen Teilnahme erforderlich ist. Gleichwohl ist sie straflos, weil § 174 gerade sie schützen will.

Anmerkung: Hier liegt ein seltener Fall vor, bei dem die Theorien über den Strafgrund der Teilnahme eine Rolle spielen. Der Teilnehmer des Delikts aus § 174 begeht keinen eigenen Rechtsgutsangriff. Daher ist er trotz formaler Erfüllung der Teilnahmevoraussetzungen straflos.

IV. Anstiftung (§ 26)

1. Bestimmen zu einer vorsätzlichen rechtswidrigen Haupttat

1052 Gemäß § 26 wird als Anstifter gleich einem Täter bestraft, wer vorsätzlich einen anderen zu dessen vorsätzlich begangener rechtswidriger Tat bestimmt hat.[1339]

Beispiel: T will seinen Nebenbuhler O umbringen. Da er aber Zeit seines Lebens am Schreibtisch saß und daher (physische) Gewalt nicht gewohnt ist, engagiert er den Berufskiller K, um von diesem den O für 50.000,- € töten zu lassen. Dieser tötet O gleich am nächsten Tag. Strafbarkeit der Beteiligten?

K hat O aus Habgier getötet. Er ist daher des Mordes gem. §§ 212, 211 I, II Var. 3 schuldig. T hat sich einer Anstiftung schuldig gemacht, da er bei K durch die Zahlung von 50.000,- € den Tatentschluss hervorgerufen, mithin diesen zu der Tat bestimmt hat i.S.v. § 26 (vgl. näher zum „Bestimmen" Rn 1059 ff.). Fraglich ist jedoch, ob eine Anstiftung zum Mord oder lediglich zum Totschlag vorliegt und ob eine Tatbestandsverschiebung gem. § 28 II oder eine Strafmilderung gem. §§ 28 I, 49 I zu bejahen ist. Die Beantwortung dieser Fragen ist Gegenstand der Ausführungen bei Rn 1127 ff.

Im Übrigen wird aus der Formulierung „wird ... gleich einem Täter bestraft" deutlich, dass nicht der Tatveranlasser, sondern nur der Haupttäter Tatherrschaft haben kann. Hätte (auch) der Tatveranlasser Tatherrschaft, wäre er nicht Anstifter i.S.v. § 26, sondern (mittelbarer) Täter i.S.v. § 25 I Var. 2.

1053 „Bestimmen" i.S.d. § 26 bedeutet das (kausale) **Hervorrufen des Tatentschlusses.**[1340] Ein bereits fest zur Tat Entschlossener (***omnimodo facturus***) kann daher nicht mehr angestiftet werden[1341] („offene Türen kann man nicht mehr einrennen"). Hier kommen (bei Verbrechen!) nur *versuchte Anstiftung* (§ 30 I)[1342] oder (generell) psychische *Beihilfe* durch Bestärken des Tatvorsatzes in Betracht. Ist der Haupttäter allerdings noch unschlüssig, ob er die in Erwägung gezogene Tat auch wirklich ausüben will (sog. **Tatgeneigtheit**), ist eine Anstiftung durchaus möglich.[1343] Gleiches gilt, wenn der Haupttäter

---

[1338] *Lackner/Kühl*, Vor § 25 Rn 12; *Osamu*, Jura 1999, 246.

[1339] Zu den Begriffen Haupttat, Rechtswidrigkeit der Haupttat und vorsätzliche Haupttat vgl. die obige Einführung. Das Prüfungsschema zur Anstiftung befindet sich bei Rn 1095.

[1340] Vgl. BGHSt 2, 279, 282; 45, 373, 374; BGH NStZ 2000, 421; KG NStZ-RR 2002, 10. Zur Auslegung des Begriffs „Bestimmen" vgl. auch *Krüger*, JA 2008, 492 ff.

[1341] *W/B/S*, Rn 569.

[1342] Vgl. dazu auch BGH NJW 2005, 2867 ff.; NJW 2013, 1106 f.; *Kudlich*, JA 2006, 91 ff.; *Hecker*, JuS 2013, 748.

[1343] BGHSt 45, 373, 374.

zur Begehung der Tat zwar geneigt ist, aber noch auf den entscheidenden Anstoß (Belohnung etc.) wartet.[1344]

Ein fest zur Tat Entschlossener kann aber zu einer **Tatänderung** angestiftet werden. Ein solcher „Sonderfall der Anstiftung" kann in einer Abstiftung, Aufstiftung oder Umstiftung liegen. 1054

- Eine **Abstiftung** (Abwiegeln) liegt vor, wenn ein zur Begehung eines gefährlichen qualifizierten Delikts (z.B. § 244) entschlossener Täter zur Begehung des weniger gefährlichen Grunddelikts („Minus", z.B. 242) bewegt wird. Da hier das Grunddelikt notwendigerweise im qualifizierten Delikt enthalten ist, kann eine Anstiftung zum weniger gefährlichen Grunddelikt nicht in Betracht kommen. Hier ist dann an eine psychische Beihilfe zum weniger gefährlichen Delikt zu denken. Liegt in der Abstiftung allerdings eine ausschließliche Risikoverringerung, wird man die objektive Zurechnung der Gehilfenleistung verneinen müssen. Zumindest aber ist der Abstifter gem. § 34 gerechtfertigt, wenn die Abstiftung das einzige Mittel war, um das gefährlichere qualifizierte Delikt zu verhindern.[1345] 1055

  Beispiel: T will eine Bank überfallen. Seine Ehefrau E ist zwar grundsätzlich nicht abgeneigt, aufgrund eines Banküberfalls endlich einmal zu Geld zu kommen, um sich die lang ersehnte Joop!-Tasche kaufen zu können. Als ihr Mann dann aber eine Pistole einsteckt, befürchtet sie, dass es zu einer Eskalation mit schwerwiegenden Folgen kommen könnte. Aufgrund des unnachgiebigen Drängelns seiner Frau entschließt sich T dann, die Waffe zu Hause zu lassen. Im Übrigen begeht er den Überfall wie geplant. Strafbarkeit der Beteiligten?
  Geht man davon aus, dass T wegen Raubs (§ 249) und nicht wegen räuberischer Erpressung (§ 255) strafbar ist[1346], scheidet bei E eine Anstiftung zum Raub aus, da T hinsichtlich des (einfachen) Raubs als Minus des schweren Raubs (§ 250 I Nr. 1a) ohnehin fest entschlossen war. Möglicherweise ist E aber wegen Beihilfe zum Raub strafbar. Doch sieht man in der Handlung der E ausschließlich eine Risikoverringerung, hat sie m.E. keine tatbestandliche Gefahr geschaffen, sodass ihr die Hilfeleistung objektiv nicht zurechenbar ist. Lehnt man die Lehre von der objektiven Zurechnung ab oder verneint die ausschließliche Risikoverringerung, müsste man bei E von einer Notstandslage i.S.v. § 34 ausgehen, sofern man ihr unterstellt, dass das Zureden das einzige Mittel war, das Mitführen der Waffe, und somit die Begehung eines schweren Raubs, zu verhindern.
  Anders würde es im Ergebnis für E aussehen, wenn sie T die leichtere Tatform (etwa wegen der Joop!-Tasche) schmackhaft gemacht hätte. Dann wäre sie wegen psychischer Beihilfe oder sogar wegen (versuchter) Anstiftung zum (einfachen) Raub zu bestrafen.

- Den Umkehrfall zur Abstiftung bildet die **Aufstiftung** (Hochstiftung, Übersteigerung). Von Aufstiftung wird gesprochen, wenn der zur Begehung des Grunddelikts fest entschlossene Haupttäter zur Begehung einer Qualifikation („Maius") veranlasst wird. 1056

  Beispiel: Im obigen Beispiel war T von Anfang an nur zu einem (einfachen) Raub entschlossen. Seine weniger fürsorgliche Ehefrau E befürchtet aber, dass T sich ohne Schusswaffe nicht den nötigen Respekt gegenüber den Bankangestellten verschaffen wird. Daher rät sie ihm zum Mitführen einer Pistole. T befolgt den Rat und begeht so einen schweren Raub (§§ 249, 250 I Nr. 1a). Wie ist E strafbar?

  Wegen der mit der Aufstiftung verbundenen wesentlichen Erhöhung des Unrechtsgehalts nimmt die h.M. eine Anstiftung zum qualifizierten Delikt an.[1347] Demzufolge wäre E aus §§ 249, 250 I Nr. 1a, 26 strafbar. Da der Haupttäter jedoch bereits zum Grunddelikt fest entschlossen war, macht die Gegenauffassung geltend, dem Anstifter könne das Grundde-

---

[1344] *W/B/S*, Rn 569. Vgl. dazu auch *Kudlich/Roy*, JA 2001, 15, 16 f.
[1345] Vgl. zum Ganzen auch LK-*Schünemann*, § 26 Rn 29; Sch/Sch-*Heine/Weißer*, § 26 Rn 6-8; *Kudlich*, JuS 2005, 592 ff.; *Geppert*, Jura 1997, 299, 384; vgl. nunmehr auch *Koch/Wirth*, JuS 2010, 203, 207.
[1346] Vgl. zu dieser Abgrenzung *R. Schmidt*, BT I, Rn 323 ff.
[1347] BGHSt 19, 339, 341; *W/B/S*, AT, Rn 571; LK-*Schünemann*, § 26 Rn 31 ff.; *Fischer*, § 26 Rn 3.

likt nicht angelastet werden.[1348] Kann dieses dem Anstifter aber nicht angelastet werden, fehlt eine konstitutive Voraussetzung für die Qualifikation. Folgt man also der Gegenauffassung, wäre E nur wegen psychischer *Beihilfe* zum Tatganzen (§§ 249, 250 I Nr. 1a, 27 I) strafbar. Nach der hier vertretenen Auffassung ist die Lösung der h.M. sachgerecht, weil die Aufstiftung eine erhebliche Übersteigerung des ursprünglichen, einen wesentlich niedrigeren Unrechtsgehalt aufweisenden Tatentschlusses bewirkt hat. Dieser wesentlichen Erhöhung des Unrechtsgehalts wird eine Bestrafung wegen Beihilfe zum schweren Raub (oder Anstiftung bspw. zur gefährlichen Körperverletzung, wenn der Haupttäter die Waffe oder den Gegenstand einsetzt und dabei § 224 verwirklicht) nicht gerecht. E hat sich somit wegen Anstiftung zum schweren Raub (§§ 249, 250 I Nr. 1a, 26) strafbar gemacht.

1057 ▪ Eine **Umstiftung** ist gegeben, wenn der fest zur Tat entschlossene Haupttäter zu einem völlig anderen Delikt („aliud") umgestimmt wird. In den Lehrbüchern wird stets der Fall genannt, dass der Haupttäter bspw. zu einer Sachbeschädigung entschlossen war, nun aber von dem Anstifter (auch) zu einer Körperverletzung motiviert wird. Hier liegt klar auf der Hand, dass der Anstifter (ausschließlich) wegen Anstiftung zur Körperverletzung strafbar ist. Doch in den Übungs- und Examensklausuren sind die Sachverhalte nicht so einfach gelagert. Dort werden Sachverhalte der folgenden Art anzutreffen sein:

Beispiel: A erzählt B, er wolle in die Wohnung des C einbrechen, um dort Verwüstungen anzurichten. Da B weiß, dass sich in der maritimen Sammlung des C ein wertvolles nautisches Messgerät befindet, bittet er A, ihm dieses mitzubringen. So geschieht es. Strafbarkeit der beiden?

A ist wegen Hausfriedensbruchs (§ 123), Sachbeschädigung (§ 303 I) und Wohnungseinbruchdiebstahls (§§ 242, 244 I Nr. 3) strafbar. Da A hinsichtlich des Hausfriedensbruchs und der Sachbeschädigung bereits fest entschlossen war, kommt eine diesbezügliche Anstiftung durch B nicht in Betracht. Überdies fehlt es bei B am diesbezüglichen Anstiftervorsatz. B ist aber (jedenfalls) wegen Anstiftung zum Diebstahl (§§ 242, 26) strafbar. Da B aber von A das Diebesgut aus einer besonders geschützten Sphäre hat stehlen lassen, ist fraglich, ob mit der Strafbarkeit (nur) aus §§ 242, 26 dem Schutzbedürfnis des Bestohlenen hinreichend Rechnung getragen ist. Möglicherweise wäre eine Bestrafung wegen Anstiftung zum Wohnungseinbruchdiebstahl (§§ 242, 244 I Nr. 3, 26) angemessen. Gegen eine Strafbarkeit wegen Anstiftung zum Wohnungseinbruchdiebstahl spricht der Umstand, dass A sowieso in die Wohnung des C eingebrochen wäre, er also hinsichtlich der Einbruchskomponente nicht mehr angestiftet werden konnte. Andererseits hat der Gesetzgeber gerade durch die Aufnahme des Wohnungseinbruchdiebstahls in den Qualifikationstatbestand des § 244 zum Ausdruck gebracht, dass ein Diebstahl aus einer verschlossenen Wohnung einen besonderen Eingriff in die Intimsphäre des Opfers darstellt und nur durch ein erhöhtes Strafmaß hinreichend sanktioniert werden kann. Dem würde eine Bestrafung des B lediglich aus dem Grundtatbestand nicht gerecht. Folgt man der hier vorgenommenen Wertung, ist B wegen Anstiftung zum Wohnungseinbruchdiebstahl (§§ 242, 244 I Nr. 3, 26) strafbar.

Eine Umstiftung liegt auch in dem Fall vor, in dem der zur Begehung eines Grunddelikts entschlossene Haupttäter zur Begehung einer selbstständigen Abwandlung veranlasst wird. Von einer selbstständigen Abwandlung wird gesprochen, wenn die Veränderung so stark vom Grunddelikt losgelöst ist, dass sie einen eigenen Unwert besitzt und somit ein eigenes Delikt (*delictum sui generis*) darstellt.

Beispiel: Der räuberische Diebstahl (§ 252) ist wertungsmäßig bereits so weit vom Diebstahl (§ 242) entfernt, dass von einem *delictum sui generis* gesprochen werden muss. Bei § 252 gilt sogar die Besonderheit, dass er selbst den Grundtatbestand zu einigen unselbstständigen Abwandlungen, etwa zum schweren räuberischen Diebstahl (§§ 252, 250) und räuberischen Diebstahl mit Todesfolge (§§ 252, 251) oder gar zum schweren räuberischen

---

[1348] Sch/Sch-*Heine/Weißer*, § 26 Rn 8; SK-*Hoyer*, § 26 Rn 19 f.; *Kühl*, AT, § 20 Rn 183. Eine vermittelnde Auffassung vertritt *Küpper* (JuS 1996, 23, 24), indem er eine Anstiftung zum Tatganzen nur bei Aufstiftung zu einem völlig anderen Delikt (*delictum sui generis*) annimmt, gleichzeitig aber dessen in seinen Konturen verwischte Einordnung einräumt.

Diebstahl mit Todesfolge (§§ 252, 250, 251) bildet. Weiteres Beispiel einer selbstständigen Abwandlung zu § 242 ist der Raub (§ 249). Aber auch dieses Delikt kann wiederum Grundtatbestand zu unselbstständigen Abwandlungen sein (namentlich zu § 250 und/oder § 251, s.o.).

- Schließlich sind Fallkonstellationen zu nennen, in denen die Teilnahmehandlung dazu führt, dass der Haupttäter eine andere Begehungsform desselben (Qualifikations-)Tatbestands erfüllt (sog. **Tatplanänderung**). 1058

  Beispiel: T will O unter Zuhilfenahme eines *Baseballschlägers* ausrauben (§§ 249, 250 I Nr. 1a Var. 2). X rät T, stattdessen doch lieber eine Schusswaffe mitzunehmen (§§ 249, 250 I Nr. 1a Var. 1). So geschieht es.

  Die rechtliche Behandlung dieser Fallgruppe ist in ihren Einzelheiten noch weitgehend ungeklärt. In Betracht kommt entweder eine Strafbarkeit wegen Anstiftung oder wegen psychischer Beihilfe. Sachgerechter dürfte eine Strafbarkeit wegen Beihilfe sein. Zwar rät hier X zu einem Qualifikationstatbestand, der in seiner konkreten Begehungsform so nicht vorgesehen war, T war aber bereits zu einer anderen, gleichwertigen Begehungsform desselben Qualifikationstatbestands entschlossen, sodass hier die Regelung über den *omnimodo facturus* uneingeschränkt Anwendung finden kann. X ist demnach wegen Beihilfe zum schweren Raub (§§ 249, 250 I Nr. 1a Var. 1) strafbar.

Von der Problematik der Tatänderung einmal abgesehen, besteht das zentrale Problem 1059
bei der Anwendung des § 26 in der Auslegung des Begriffs **„Zur Haupttat bestimmen"**. Einigkeit besteht jedenfalls darüber, dass zumindest eine **mitursächliche Handlung** des Tatveranlassers erforderlich ist.[1349] Andererseits ist eine Anstiftung unproblematisch anzunehmen, wenn eine **geistige Willensbeeinflussung** des Haupttäters bzw. eine **kommunikative Beziehung** zum Haupttäter bestehen und dadurch der Tatentschluss zu einer bestimmten Straftat hervorgerufen wird.

Liegt eine *geistige Willensbeeinflussung* des Haupttäters bzw. eine *kommunikative Beziehung* 1060
zum Haupttäter vor, ist das Mittel, das den konkreten Tatentschluss auslöst, unbedeutend. Mittel der Anstiftung können daher Überredung, Anregungen, konkludente Aufforderungen, Zusage einer Belohnung, Geschenke etc. sein. Auch Drohungen, Missbrauch eines Unterordnungsverhältnisses oder das Hervorrufen oder Fördern eines Motivirrtums stellen geeignete Anstifterhandlungen dar. Nehmen derartige Mittel allerdings die Form des § 35 an, liegt ein Fall der mittelbaren Täterschaft vor[1350].

Problematisch wird es aber, wenn die genannte psychische Beziehung zwischen Tatver- 1061
anlasser und Haupttäter nicht besteht. Verlangt man die geistige Willensbeeinflussung bzw. die kommunikative Beziehung nicht, kann eine Anstiftung auch durch Schaffung eines bloßen Tatanreizes, einer tatprovozierenden Situation, angenommen werden.

Beispiel: T hat sich von seinem Freund das Auto geliehen. Da er es mit dem falschen Kraftstoff getankt hat und sich daher ein Motorschaden anbahnt, parkt er den Wagen zum Zwecke der Schadensmeldung bei der Kasko-Versicherung unverschlossen und mit steckendem Zündschlüssel nachts am Straßenrand in der Hoffnung, dass dieser dort gestohlen wird und der Schaden von der Versicherung reguliert wird. Seine Hoffnung wird erfüllt. Hat T sich wegen Anstiftung zum Diebstahl (§§ 242 I, 26) strafbar gemacht?

Eine Anstiftung zum Diebstahl setzt voraus, dass T beim Dieb den Tatentschluss hervorgerufen hat. Das ist vorliegend problematisch, weil die sonst üblicherweise in Anstiftungsfällen gegebene psychische Beziehung zwischen Tatveranlasser und Haupttäter nicht besteht. Verlangt man die geistige Willensbeeinflussung bzw. die kommunikative Beziehung nicht,

---

[1349] BGHSt 45, 373, 374; BGH NStZ 2000, 421; *Lackner/Kühl*, § 26 Rn 2; *Fischer*, § 26 Rn 3.
[1350] *Fischer*, § 26 Rn 4.

kann vorliegend durchaus eine Anstiftung auch durch Schaffung eines bloßen Tatanreizes, einer tatprovozierenden Situation, angenommen werden.

⇨ Die h.M.[1351] würde nach der **psychischen Beziehung** zwischen dem T und dem Dieb fragen. Da eine solche aber nicht besteht, scheidet eine Anstiftung aus. In Betracht kommt dann aber eine Beihilfe, da es bei dieser nach h.M. auf den geistigen Kontakt zwischen Gehilfen und Haupttäter nicht ankommt.[1352]

⇨ Die Gegenauffassung fordert diese Einschränkung nicht und lässt beispielsweise das **bloße Schaffen einer sozialinadäquaten, zur Tat anreizenden Sachlage** genügen.[1353] Da dies bei jemandem, der einen Wagen unverschlossen am Straßenrand abstellt und noch dazu absichtlich den Zündschlüssel stecken lässt, angenommen werden kann, wäre T nach der Gegenauffassung wegen Anstiftung zum Diebstahl strafbar.

Stellungnahme: Da gem. § 26 der Anstifter gleich dem Täter zu bestrafen ist, muss zur Bejahung einer Anstifterhandlung mehr gefordert werden als das bloße Schaffen einer sozialinadäquaten, zur Tat anreizenden Sachlage. Anderenfalls wäre ein Verstoß gegen das verfassungsrechtlich verankerte Schuldprinzip unausweichlich. Zudem darf bezweifelt werden, ob das Genügenlassen einer bloßen sozialinadäquaten, zur Tat anreizenden Sachlage ohne jegliche psychische Beziehung zwischen Tatveranlasser und Täter überhaupt von dem möglichen Wortsinn des Begriffs „Bestimmen" in § 26 umfasst ist. Vor diesem Hintergrund ist die Gegenauffassung abzulehnen. Zu fordern sind vielmehr eine *geistige Willensbeeinflussung* des Haupttäters bzw. eine *kommunikative Beziehung* zum Haupttäter.

T hat sich daher nicht wegen Anstiftung zum Diebstahl strafbar gemacht. Eine versuchte Anstiftung zum Diebstahl ist nicht strafbar (vgl. § 30 I).

1062 Fordert man mit der h.M. eine *geistige Willensbeeinflussung* des Haupttäters bzw. eine *kommunikative Beziehung* zum Haupttäter, ist eine **Anstiftung durch Unterlassen** nicht möglich.[1354] Denn durch ein schlichtes Unterlassen kann ein Tatentschluss nicht hervorgerufen werden. Ein solcher kann allenfalls in seiner Entstehung nicht gehindert werden. Davon unberührt bleibt die Möglichkeit der Beihilfe.[1355]

Beispiel: Vater V weiß, dass sein Sohn S dessen Freund F zu einem Diebstahl anstiften will. Gleichwohl verhindert er die Anstiftung nicht, weil er lieber bei einer Flasche Bier das Fußballnationalspiel im Fernsehen sehen möchte. Nach der h.M. kann V nur Gehilfe der Haupttat – hier die Anstiftung des S zu einem Diebstahl – sein (auch eine Anstiftung kann eine Haupttat i.S.d. §§ 26, 27 sein).

1063 Dagegen ist eine Anstiftung (ebenso wie Beihilfe) durch positives Tun zur Begehung eines Unterlassungsdelikts (**Anstiftung zum Unterlassen**) rechtlich ohne Einschränkungen möglich.[1356]

1064 Schließlich muss sich das „Bestimmen" auf das Hervorrufen *eines bestimmten Tatentschlusses* (**konkrete Tat**) und auf *einen bestimmten Adressaten* (**konkreter Haupttäter**) beziehen.[1357] Anderenfalls liegt kein Fall der Anstiftung vor. Allerdings wäre dann Beihilfe oder – im Hinblick auf den nicht konkretisierten Haupttäter – der allgemeine Auffangtatbestand des § 111 zu prüfen.

[1351] *Schlüchter/Duttge*, NStZ 1997, 595; LK-*Schünemann*, § 26 Rn 8 und 10; *Jescheck/Weigend*, AT, § 64 II 1; *W/B/S*, AT, Rn 568; Sch/Sch-*Heine/Weißer*, § 26 Rn 4 f.; *Fischer*, § 26 Rn 3.

[1352] Vgl. LK-*Schünemann*, § 27 Rn 10; *Lackner/Kühl*, § 27 Rn 4; *Geppert*, Jura 1999, 266, 268; anders *Heghmanns*, GA 2000, 473, 479, der einen „Beistandspakt" verlangt.

[1353] *Heghmanns*, GA 2000, 473, 487; *Lackner/Kühl*, § 26 Rn 2; *Ignor*, Strafverteidigerforum 2001, 42. Allerdings geht es auch dieser Auffassung zu weit, eine reine Rechtsauskunft als Anstifterhandlung anzusehen.

[1354] Wie hier nun auch *Bachmann/Eichinger*, JA 2011, 509, 510.

[1355] Vgl. *Jescheck/Weigend*, AT, § 64 II 6; *W/B/S*, AT, Rn 568; Sch/Sch-*Heine/Weißer*, § 26 Rn 5; anders LK-*Schünemann*, § 26 Rn 54; SK-*Rudolphi*, vor § 13 Rn 43.

[1356] BGHSt 14, 280, 282; *Lackner/Kühl*, § 26 Rn 3.

[1357] *Weßlau*, ZStW 104 (1992), 105, 119 f.; *Kretschmer*, NStZ 1998, 401 f.; *Kühl*, AT, § 20 Rn 188; *Lackner/Kühl*, § 26 Rn 5.

Den Anforderungen des Merkmals „Bestimmen" genügt es daher nicht, wenn die Aufforderung nur darauf gerichtet ist, andere ganz allgemein und ohne nähere Konkretisierung der Tat zu Straftaten aufzufordern. Lehrbuchbeispiele für ein nicht konkretes Bestimmen sind der Vorschlag bzw. die Aufforderung „einen Bruch zu machen", eine Tanke zu machen" o.Ä. Auch die etwas weitergehende Individualisierung durch bloße Angabe abstrakter Tattypen (z.B. Bankraub) oder Tatobjekte (z.B. Gelddiebstahl) ändert daran im Allgemeinen nichts. Vielmehr muss sich das Hervorrufen des Tatentschlusses auf ein **konkret-individualisierbares Tatgeschehen** beziehen. 1065

Beispiel[1358]**:** A erzählt B, er brauche dringend 10.000,- €, um sich ins Ausland absetzen zu können. Daraufhin schlägt ihm B vor, er solle „eine Bank oder eine Tankstelle machen". Hier liegt keine Anstiftung zu einem Raub vor, da sich der „Vorschlag" des B nicht auf ein konkret-individualisierbares Geschehen bezog.

In Bezug **auf den Haupttäter nicht ausreichend konkretisiert** ist die Aufforderung eines individuell *unbestimmten* Personenkreises zur Begehung bestimmter Straftaten. Dagegen genügt es für die Annahme des „Bestimmens", wenn sich die Aufforderung an die eine oder andere unbestimmte Person aus einem individuell *bestimmten* Personenkreis bezieht.[1359] 1066

Hinweis für die Fallbearbeitung: Dem aufmerksamen Leser wird nicht entgangen sein, dass die von der h.M. zur Konkretisierung des Begriffs „Bestimmen" geforderte *geistige Willensbeeinflussung* des Haupttäters bzw. *kommunikative Beziehung* zum Haupttäter subjektive Aspekte darstellen. Auch die Beschränkung auf das Hervorrufen eines Tatentschlusses zu einem *konkret-individualisierbaren Tatgeschehen* bezieht letztlich subjektive Elemente mit ein und führt somit zu einer Durchmischung von objektiven und subjektiven Merkmalen, wie sie von der Tatherrschaftslehre bekannt ist. Damit sind Aufbauprobleme immanent (Was ist bereits innerhalb des objektiven Tatbestands zu prüfen? Was verbleibt noch für die Prüfung des subjektiven Tatbestands?). Hier ist zu empfehlen, den objektiven Anstiftertatbestand so zu prüfen, wie dies oben dargestellt wurde (Kausalität; psychische Beziehung zum Haupttäter; Bezugspunkt konkrete Haupttat). Im Rahmen des subjektiven Tatbestands ist dann neben der Prüfung des allgemeinen Anstiftervorsatzes nur noch auf die Aspekte näher einzugehen, die nicht schon Gegenstand der Prüfung des „Bestimmens" waren. Im Übrigen ist lediglich darzustellen, dass sich der Anstiftervorsatz sowohl auf das konkrete Tatgeschehen als auch auf den konkreten Täter bzw. Täterkreis bezog. Wichtig ist aber, dass man bei der Prüfung des subjektiven Tatbestands nicht diejenigen Ergebnisse wieder in Frage stellt, die man bereits bei der Prüfung des objektiven Tatbestands erzielt hat. 1067

Beispiel: A stiftet B an, einen schweren Raub mit der Tatmodalität des Beisichführens einer Schusswaffe (§§ 249, 250 I Nr. 1a) zu begehen. Nimmt B nun statt der Schusswaffe einen Baseballschläger mit und möchte diesen auch einsetzen, begeht er die Tatmodalität des § 250 I Nr. 1b. Geht man hier davon aus, dass A den B objektiv (trotz der anderen Tatmodalität) zu einer *konkreten Tat* angestiftet hat, kann man nicht den subjektiven Anstiftertatbestand mit dem Argument verneinen, der Anstiftervorsatz sei nicht *ausreichend konkretisiert* in Bezug auf § 250 I Nr. 1b gewesen.

Denkbar sind auch folgende **Sonderformen** der Anstiftung: 1068

(1) **Mittäterschaftliche Anstiftung** (Beispiel: A und B stiften gemeinschaftlich den C zum Diebstahl an – Strafbarkeit der beiden aus §§ 242 I, 26, 25 II).

(2) Anstiftung zur Anstiftung zu einer Haupttat – sog. **Kettenanstiftung**, auch *mittelbare Anstiftung zur Haupttat* genannt (Beispiel: A stiftet den B an, den C zu einem Diebstahl

[1358] In Anlehnung an BGHSt 34, 63 ff.
[1359] BGH NJW 1994, 2703, 2705; *Lackner/Kühl*, § 26 Rn 5.

anzustiften – hier folgt die Strafbarkeit sowohl des Kettenanstifters als auch des Anstifters aus § 26).[1360]

(3) Von der *mittelbaren Anstiftung zur Haupttat* zu unterscheiden ist die Anstiftung zu einer Haupttat durch **Hinzuziehung eines Tatmittlers als Werkzeug** (Beispiel: A benutzt den schuldunfähigen B, um durch diesen den C zum Diebstahl anzustiften – Strafbarkeit des A aus §§ 242 I, 26, 25 I Var. 2).

(4) Anerkannt ist auch die nebentäterschaftliche Anstiftung zu einer Haupttat (Beispiel: A und B stiften jeweils unabhängig voneinander und einander nicht wissend den C zu einem Diebstahl an – Strafbarkeit der beiden jeweils aus §§ 242 I, 26). Hierbei ist jedoch zu beachten, dass – wenn die beiden Anstifterhandlungen nicht gerade gleichzeitig erfolgen – der zeitlich später Anstiftende nicht wegen vollendeter Anstiftung strafbar ist, da C in diesem Fall ein *omnimodo facturus* darstellt. Ob eine versuchte Anstiftung gegeben ist, hängt davon ab, ob es sich bei der Haupttat um ein Verbrechen handelt (§ 30 I). Bei einem Vergehen kommt immerhin noch eine psychische *Beihilfe* durch Bestärken des Tatvorsatzes in Betracht.

(5) Schließlich ist eine **Anstiftung zur Beihilfe zu einer Haupttat** denkbar (Beispiel: A stiftet den B dazu an, den C bei dessen Diebstahl zu helfen – Strafbarkeit des A aus §§ 242 I, 27 I, da sich die Strafbarkeit aller Teilnehmer nur nach dem schwächsten Glied in der Teilnehmerkette richten kann).

2. Subjektiver Tatbestand: „Doppelter" Anstiftervorsatz

1069 Dass der Anstifter vorsätzlich handeln muss (*dolus eventualis* genügt), geht unmittelbar aus dem Wortlaut des § 26 hervor.[1361] Aufgrund der Akzessorietät zur Haupttat ist aber auch klar, dass der Vorsatz des Anstifters nicht nur die Anstifterhandlung als solche umfassen, sondern sich auch auf die vorsätzlich und rechtswidrig begangene Haupttat beziehen muss. Man spricht insoweit von einem „doppelten" Anstiftervorsatz.[1362] Der Anstiftervorsatz muss sich beziehen auf

- das Bestimmen i.S.d. § 26, d.h. auf das **Hervorrufen des Tatentschlusses**,
- und auf die **vorsätzliche rechtswidrige Haupttat**.

Hinsichtlich der Haupttat ist es nicht ausreichend, den Haupttäter ganz allgemein zu einer strafbaren Handlung zu veranlassen; anderenfalls würde man den Unterschied zu § 111 nivellieren. Vielmehr muss der Anstiftervorsatz **hinreichend konkretisiert** sein. Zwar muss der Vorstellung des Anstifters nicht eine in allen Einzelheiten (etwa Tatobjekt, Tatzeit, Tatort, Umstände der Tatbegehung) umschriebene Haupttat zugrunde liegen, der Anstiftervorsatz muss aber wenigstens so viele von den die Haupttat kennzeichnenden Merkmalen enthalten, dass die Tat selbst als **konkret-individualisierbares Geschehen** erkennbar ist.[1363]

1070 In Übereinstimmung mit den Anforderungen, die an das Merkmal „Bestimmen" zu stellen sind, genügt es daher nicht, wenn der Wille des Anstifters nur darauf gerichtet ist, andere ganz allgemein und ohne nähere Konkretisierung zu Straftaten aufzufordern. Auch die etwas weitergehende Individualisierung durch bloße Angabe abstrakter Tattypen (z.B. Bankraub) oder Tatobjekte (z.B. Gelddiebstahl) ändert daran im Allgemeinen nichts (s.o.). In diesen Fällen ist aber stets an Beihilfe (§ 27) oder an den (Auffang-)Tatbestand des **§ 111** zu denken. Vgl. dazu das obige **Beispiel** bei Rn 1065.

[1360] Zur Kettenanstiftung vgl. auch BGH NJW 2005, 996 f.

[1361] Insoweit lediglich klarstellend BGH NJW 2005, 996 f.; BGHSt 40, 304, 306 f.

[1362] Ganz. h.M., vgl. nur *Lackner/Kühl*, § 26 Rn 4; *W/B/S*, AT, Rn 572.

[1363] Ganz h.M., vgl. nur BGHSt 34, 63, 67 f.; 40, 218, 231; 42, 332, 334; BGH NJW 2005, 996, 997; *Lackner/Kühl*, § 26 Rn 5; *Jescheck/Weigend*, AT, § 64 II b; *W/B/S*, AT, Rn 572. Anders im Wesentlichen nur LK-*Schünemann*, § 26 Rn 46, der es ausreichen lässt, dass neben der Angabe eines bestimmten Tatbestands die „wesentlichen Dimensionen des Unrechts" feststehen.

Auch in Bezug auf den **Haupttäter** ist die Aufforderung eines individuell *unbestimmten* Personenkreises zur Begehung bestimmter Straftaten nicht ausreichend konkretisiert. Dagegen genügt es für die Annahme eines ausreichend konkretisierten Anstiftervorsatzes, wenn sich die Aufforderung an die eine oder andere unbestimmte Person aus einem individuell *bestimmten* Personenkreis richtet.[1364] **1071**

Zur **gutachtlichen Prüfung** dieser Durchmischung von objektiven und subjektiven Anstiftermerkmalen vgl. den obigen Hinweis für die Fallbearbeitung (Rn 1067).

Die vorsätzliche rechtswidrige Haupttat muss nach der Vorstellung des Anstifters auch **vollendet** werden. Will der Anstifter die Vollendung nicht, liegt grundsätzlich kein Anstiftervorsatz vor. Ein Anstiftervorsatz liegt nach h.M. auch dann nicht vor, wenn der Anstifter die Vollendung der Haupttat zwar in Kauf nimmt, aber durch rechtzeitiges Eingreifen deren erfolgreiche Beendigung oder jedenfalls den **Eintritt einer Rechtsgutverletzung verhindert.**[1365] Unter Berücksichtigung dieser Aspekte ist daher auch die Strafbarkeit von **Lockspitzeln** stark eingeschränkt. Lockspitzel (***agent provocateur***) ist eine Person, die einen Verdächtigen zu einer Tat verleitet, um diesen bei der Begehung überführen zu können. Unterstellt man zugunsten des Lockspitzels, dass dieser es nur zum Versuch der Haupttat und nicht zu deren Vollendung kommen lassen möchte[1366], fehlt ihm also der Vorsatz bezüglich der Vollendung, was von § 26 jedoch vorausgesetzt wird. Daraus ergibt sich die Straflosigkeit. Kommt es dennoch zu einer Vollendung, bleibt der Lockspitzel straflos, wenn er den Eintritt eines irreparablen Schadens (die Tat also spätestens bis zur materiellen Beendigung) verhindert oder – nach der Rechtsprechung des BGH – den eingetretenen Schaden sofort wieder beseitigt. Bei Delikten mit überschießender Innentendenz (vgl. Rn 275, 638), wenn also Vollendung und Beendigung stets auseinanderfallen, genügt nach der Rechtsprechung, dass der Lockspitzel die Beendigung nicht will. **1072**

Beispiel: Privatdetektiv P muss wieder einmal private Ermittlungen anstellen. Diesmal ist er einer Autoknackerbande auf der Spur. Um die Bandenmitglieder zu überführen, gibt er sich – unter ausdrücklicher Billigung der Polizei – als Hehler aus und erbietet sich, einen bestimmten Porsche Turbo anzukaufen. Die Delinquenten erklären sich bereit, den Wagen zu stehlen, um ihn an P zu verkaufen. Doch gerade in dem Moment, in dem sie mit dem Wagen davonfahren wollen, werden sie von der Polizei festgenommen, die P herbeigerufen hatte.

Hier sind die Bandenmitglieder wegen Autodiebstahls (§§ 242, 243 I S. 2 Nr. 1, 25 II) strafbar. P könnte wegen Anstiftung zum Autodiebstahl strafbar sein. Jedenfalls hat er bei den Bandendieben den Tatentschluss zum Autodiebstahl hervorgerufen. Doch er wollte die Beendigung nicht; vielmehr ging es ihm nur darum, die Delinquenten zu überführen. P ist auf Basis der Rspr. straflos.[1367]

Zur ebenso prüfungsrelevanten **Diebesfalle** vgl. *R. Schmidt*, BT II, Rn 55 f.

Äußerst problematisch ist das tatprovozierende Verhalten von Lockspitzeln, die im Auftrag oder mit Billigung von staatlichen Behörden (etwa **verdeckte Ermittler** der Polizei gem. §§ 110a-110e StPO oder mit den Strafverfolgungsbehörden zusammenarbeitende Privatpersonen – sog. Vertrauenspersonen (**V-Leute**)) agieren. Nach ganz herrschender Auffassung darf ein polizeilicher Lockspitzel nur gegen Personen eingesetzt werden, gegen die bereits ein Verdacht i.S.v. § 160 StPO besteht. Sofern der Lockspitzel einen bislang Unverdächtigen zu einer Straftat anstiftet, ist diese Handlung wegen Verstoßes gegen **1073**

[1364] BGH NJW 1994, 2703, 2705; *Lackner/Kühl*, § 26 Rn 5.

[1365] OLG Oldenburg NJW 1999, 2751; LK-*Schünemann*, § 26 Rn 60 ff.; *Fischer*, § 26 Rn 8 f.; Sch/Sch-*Heine/Weißer*, § 26 Rn 21; *Kühl*, AT, § 29 Rn 205; a.A. *Heghmanns*, GA 2000, 473, 487.

[1366] Die Rechtsprechung hält Lockspitzeleinsätze jedenfalls zur Bekämpfung der Organisierten Kriminalität uneingeschränkt für zulässig (vgl. BGHSt 45, 321, 324).

[1367] Zu weiteren (für Studium und Examen wenig relevanten) Konstellationen vgl. *Deiters*, JuS 2006, 302 ff.

Art. 6 I EMRK (Anspruch auf faires Verfahren) und das in Art. 20 III GG niedergelegte Rechtsstaatsprinzip **rechtswidrig**. Der (im Einzelfall konkret festzustellende) Verstoß stellt nach Auffassung des BGH zwar kein Verfahrenshindernis dar und bringe auch kein Beweisverwertungsverbot mit sich, müsse aber auf der Rechtsfolgeseite kompensiert werden. Er löse – wenn es einmal zu einer Überschreitung der strafrechtlichen Grenzen komme – einen besonderen, gewichtigen und schuldunabhängigen **Strafmilderungsgrund** aus, der zur Unterschreitung der sonst schuldangemessenen Strafe führe.[1368]

3. Teilnahme an einer Vorsatz-Fahrlässigkeits-Kombination

1073a Fraglich ist, ob eine Teilnahme an einer (tatbestandlichen) Vorsatz-Fahrlässigkeits-Kombination möglich ist. Bedenken an einer solchen Annahme knüpfen an den Umstand, dass §§ 26 und 27 sowohl eine vorsätzliche Haupttat als auch einen Teilnehmervorsatz fordern, bei den Vorsatz-Fahrlässigkeits-Kombinationen jedoch entweder die Tatfolge oder der Gefährdungsteil (etwa im Fall des § 306 d I Var. 2) nur fahrlässig verwirklicht wurden. Da diese Problematik jedoch bereits bei Rn 921 a und b behandelt wurde, kann darauf verwiesen werden.

4. Exzess und Irrtümer im Rahmen der Anstiftung

a. Exzess des Haupttäters

1074 Überschreitet der Haupttäter bewusst dasjenige, wozu er angestiftet wurde, oder begeht der Haupttäter eine völlig andere Tat, belastet dieser Exzess den Anstifter grundsätzlich nicht. Denn der Anstifter kann nur insoweit strafrechtlich zur Verantwortung gezogen werden, wie die begangene Haupttat von seinem Vorsatz getragen wird. Die gegenteilige Annahme wäre weder mit dem Wortlaut des § 26 vereinbar noch verfassungsrechtlich zu rechtfertigen. Somit verdichtet sich die konkrete Fallprüfung auf die Frage, *wann* der Haupttäter das Maß, zu dem der Anstifter ihn bestimmt hat, überschreitet.

1075 In Übereinstimmung mit dem zur mittelbaren Täterschaft Gesagten sind *unwesentliche* Abweichungen, namentlich solche, mit denen nach den Umständen gewöhnlich zu rechnen ist oder bei denen die Tatausführung nur durch eine in ihrer Schwere und Gefährlichkeit gleichwertige ersetzt wird, unerheblich und somit vom Anstiftervorsatz umfasst. Dabei ist aber zu beachten, dass die Grenzen des Anstiftervorsatzes weiter gezogen werden müssen als bei der mittelbaren Täterschaft, da der Anstifter dem Haupttäter die Einzelheiten der Tatausführung regelmäßig anheimstellt und so nur signifikantere Abweichungen beachtlich sein können.[1369] Als klausurrelevant haben sich insbesondere folgende Konstellationen herausgestellt:

1076 - Der Haupttäter begeht bewusst und entgegen dem Anstiftervorsatz eine **völlig andere Tat** (*delictum sui generis*). Hier wird man die Abweichung vom vorgestellten Kausalverlauf für so wesentlich erachten müssen, dass mit ihr nach den Umständen gewöhnlich nicht zu rechnen ist. Dem Anstifter kann daher die völlig andere Tat nicht zugerechnet werden.[1370]

  Beispiel: A stiftet B an, C zu bestehlen (§ 242). Doch B erfüllt durch den Einsatz eines Schlagstocks den Tatbestand des Raubs (§ 249).

  Hier ist die Abweichung so wesentlich, dass dem A der Raub nicht zugerechnet werden kann. A ist nur aus §§ 242, 26 strafbar.

1077 - Der Haupttäter verwirklicht entgegen dem Anstiftervorsatz **qualifizierende Tatbestandsmerkmale**. Auch hier haftet der Anstifter grundsätzlich nur für den Teil der Tat, der seinem Vorsatz entsprach, nicht für den überschießenden Teil (die Qualifikation). Et-

[1368] BGHSt 45, 321, 339. Vgl. auch BVerfG NJW 2015, 1083, 1084 f.
[1369] *W/B/S*, AT, Rn 575. In der Klausur sind die Fallgruppen allerdings kaum unterschiedlich.
[1370] Selbstverständlich bleibt die Möglichkeit der Beihilfe oder einer Bestrafung wegen Fahrlässigkeit unberührt.

was anderes gilt nur dann, wenn die Abweichung vom Tatplan des Anstifters nicht so wesentlich war, dass mit ihr nach den Umständen einer Anstiftung gewöhnlich nicht zu rechnen war.

Beispiel: A stiftet B an, C auszurauben (§ 249). Von Waffen oder anderen gefährlichen Werkzeugen war nicht die Rede. Doch B führt während des Raubs eine Schusswaffe bei sich (§ 250 I Nr. 1a).

Auch hier ist die Abweichung vom vorangestellten Kausalverlauf so wesentlich, dass der Erschwernisgrund des § 250 I Nr. 1a dem A nicht zugerechnet werden kann. Dieser ist lediglich wegen Anstiftung zum Raub strafbar.

Weiterführender Hinweis: Davon zu unterscheiden ist der Fall, in dem der Anstifter zwar zu einem qualifizierenden Merkmal anstiften möchte, der Haupttäter jedoch ein anderes qualifizierendes Merkmal verwirklicht.

Beispiel[1371]**:** Haupttäter T mordet heimtückisch, Anstifter A geht aber davon aus, T werde aus Habgier handeln, wozu er diesen auch letztlich angestiftet hatte.

In diesem Fall ist T wegen Mordes in der Variante der Heimtücke strafbar (§ 211 I, II Var. 5). Für A gilt Folgendes: Da bei T ein tatbezogenes Mordmerkmal der zweiten Gruppe vorliegt, ist § 28 II nicht anwendbar. Und da A im Übrigen von der bei T vorliegenden Heimtücke nichts wusste und ihm insoweit auch der diesbezügliche Anstiftervorsatz fehlte (vgl. § 16 I S. 1), ist er nicht wegen Anstiftung zum Mord gem. §§ 211 I, II Var. 5, 26 strafbar. Es liegt aber eine Anstiftung zum Totschlag vor. Da sich A zudem vorstellte, T werde – wie gewollt – aus Habgier handeln, ist tateinheitlich zur Anstiftung zum Totschlag eine versuchte Anstiftung zum habgierigen Mord gem. §§ 211 I, II, Var. 3, 26, 22 gegeben.[1372]

- Bei **erfolgsqualifizierten Delikten** (z.B. § 251 gegenüber §§ 249, 250) genügt es hingegen, wenn der Anstifter hinsichtlich der besonderen Tatfolge mindestens fahrlässig (§ 18 – bei § 251 leichtfertig) gehandelt hat.[1373] **1078**

Beispiel: A stiftet B an, eine Bank zu überfallen. Dabei soll B eine Schusswaffe bei sich führen, diese aber keinesfalls einsetzen. In der Bank sträubt sich dann der Schalterangestellte S, das Geld herauszugeben. Der Ton wird lauter, was dazu führt, dass bei B die Nerven mittlerweile blank liegen. Als S dann auch noch mit dem Münzgeld klimpert, schreckt B auf und zieht versehentlich den Abzug. S stirbt noch in der Bank.

Hier ist B aus §§ 249, 250 II Nr. 1 u. 3, 251 strafbar. Hinsichtlich des A liegt zumindest eine Strafbarkeit aus §§ 249, 250 I Nr. 1a, 26 vor. Da aber auch der von B verwirklichte Erschwernisgrund des § 250 II Nr. 1 u. 3 nicht so ungewöhnlich ist, dass mit ihm bei einer Anstiftung zum bewaffneten Banküberfall nicht zu rechnen ist, ist A auch aus §§ 249, 250 II Nr. 1 u. 3, 26 strafbar. Hinsichtlich der Todesfolge müsste A leichtfertig gehandelt haben. Das kann man (auch mit Blick auf die hohe Strafandrohung!) nicht ohne weiteres annehmen, ist aber jedenfalls eher zu bejahen als bei der Mittäterschaft.

- Der Haupttäter begeht bei höchstpersönlichen Rechtsgütern die Tat bewusst an einem anderen Rechtsgutträger (anderes Tatobjekt). **1079**

Beispiel: A stiftet den Berufskiller B an, den Politiker C zu töten. Am Tatort erschießt B jedoch nicht den C, sondern den Politiker D, weil er mit diesem noch eine alte Rechnung offen hat. A weiß gar nicht, was in B gefahren ist, dass dieser sich nicht an die Absprache hält.

Hier ist zwar B, nicht aber A wegen eines vollendeten Tötungsdelikts strafbar. A ist aber wegen versuchter Anstiftung in Bezug auf C strafbar (§ 30 I).

1371 Konstellation nach BGH NJW 2005, 996 ff.

1372 BGH NJW 2005, 996, 997.

1373 BGH NStZ 1997, 82; 1998, 511, 513; *Lackner/Kühl*, § 18 Rn 4-6; *W/B/S*, AT, Rn 531.

1080 ▪ Denkbar ist auch der Fall, dass der Haupttäter weniger tut, als der Anstifter von ihm wollte. Hier ist der Anstifter bezüglich des Gewollten – sofern es sich bei diesem um ein Verbrechen handelt, § 30 I – wegen versuchter Anstiftung strafbar und bezüglich des minder schweren verwirklichten Delikts wegen vollendeter Anstiftung.

Beispiel: A stiftet B an, C auszurauben. Dabei soll B eine Schusswaffe bei sich führen. Da dem B dies aber zu heikel ist, lässt er die Waffe zu Hause.

Hier ist B wegen Raubs (§ 249) und A wegen Anstiftung zum Raub (§§ 249, 26) sowie wegen versuchter Anstiftung zum schweren Raub (§§ 249, 250 I Nr. 1a, 30 I) strafbar.

b. Auswirkungen des *error in persona* beim Haupttäter auf den Anstifter

1081 Bei Rn 285 ff. wurde beschrieben, dass die Objektsverwechselung durch den Täter für diesen unbeachtlich sei, sofern das getroffene Objekt mit dem gewollten tatbestandlich gleichwertig ist. Nun stellt sich die Frage, inwieweit sich der *error in persona* beim Haupttäter auf die Strafbarkeit des Anstifters auswirkt (Weiterführung des **Rose-Rosahl-Falls** in Form des **Hoferben-Falls**).[1374]

1082 **Beispiel:** Die schöne und junge T, die einige Zeit als Fotomodell für Gucci gearbeitet hatte, möchte ihren wesentlich älteren Ehemann E beseitigen lassen, um schon früher an die nicht unerhebliche Erbschaft zu kommen. Da sie es nicht gewohnt ist, auch nur einen Finger zu krümmen, heuert sie den Berufskiller K an. Diesem zahlt sie 20.000,- €, zeigt ein Foto ihres Mannes und nennt dessen gegenwärtigen Aufenthaltsort. Am Tatort verwechselt K den E jedoch mit dem ähnlich aussehenden O und erschießt diesen.

Es kann keinem vernünftigen Zweifel unterliegen, dass die Personenverwechselung den K nicht entlasten kann. Dieser ist wegen Mordes in der Tatmodalität der Habgier (§§ 212, 211 I, II Var. 3) strafbar. Problematisch ist jedoch die Strafbarkeit der T.

1083 ⇨ Nach Auffassung der Rechtsprechung[1375] und eines Teils der Literatur[1376] ist eine für den Haupttäter unbeachtliche Identitätsverwechselung auch für den Anstifter **unbeachtlich, sofern sich die Verwechselung im Rahmen des nach allgemeiner Lebenserfahrung Vorhersehbaren bewegt**. Da sich eine Identitätsverwechselung nach dem Zeigen eines Fotos durchaus innerhalb der Lebenserfahrung bewegt, wäre T dieser Auffassung zufolge wegen Anstiftung zum Mord (§§ 211 I, II Var. 3, 26) strafbar.

1084 ⇨ Andere halten den für den Haupttäter unbeachtlichen *error in persona* auch für den Anstifter **stets für unbeachtlich**, und nicht nur, wenn sich die Verwechselung im Rahmen des nach allgemeiner Lebenserfahrung Vorhersehbaren bewegt. Was für den Angestifteten unbeachtlich sei, könne auch den Anstifter nicht entlasten.[1377] Folgt man dieser Auffassung, ist T ebenfalls wegen Anstiftung zum Mord strafbar.

1085 ⇨ Wieder andere **differenzieren**: Beruhe die Objektsverwechselung auf einem **Planungsfehler** des Anstifters, sei der *error in persona* für ihn unbeachtlich. Weiche der Haupttäter **bewusst oder fahrlässig** von der Planung ab, liege eine (beachtliche) ***aberratio ictus*** vor.[1378] Folgt man dieser Auffassung, hängt die Strafbarkeit der T zunächst davon ab, ob man bei ihr einen Planungsfehler bejaht oder bei K eine Fahrlässigkeit annimmt. Des Weiteren sind die Rechtsfolgen einer *aberratio ictus* bei tatbestandlicher Gleichwertigkeit des Tatobjekts umstritten (dazu sogleich).

[1374] Zu den jeweiligen Sachverhalten vgl. Rn 285.
[1375] BGHSt 37, 214, 218 f. (Hoferben-Fall); BGH NStZ 1998, 294, 295 (Autobomben-Fall).
[1376] *Puppe*, NStZ 1991, 124, 125 f.; *Geppert*, Jura 1992, 163 ff.; *Küpper*, JR 1992, 294, 296; *Streng*, JuS 1991, 910, 917; *Weßlau*, ZStW 104 (1992), 105 ff.; *W/B/S*, AT, Rn 579; Sch/Sch-*Heine/Weißer*, § 26 Rn 23; Sch/Sch-*Sternberg/Lieben/Schuster*, § 15 Rn 59a.
[1377] Preußisches Obertribunal GA 7, 322, 337 (Rose-Rosahl-Fall); *Mitsch*, Jura 1991, 373, 375; *Fischer*, § 26 Rn 15.
[1378] SK-*Hoyer*, Vor § 26 Rn 53.

⇨ Schließlich wird vertreten, dass sich der für den Haupttäter unbeachtliche *error in persona* für den Anstifter **stets** als (beachtliche) ***aberratio ictus*** auswirke.[1379] Folgt man dieser Auffassung, hängt die Strafbarkeit der T davon ab, welche Rechtsfolge man mit der *aberratio ictus* verbindet. Sofern man der herrschenden Konkretisierungstheorie folgt, die bei tatbestandlicher Gleichwertigkeit der Tatobjekte einen Versuch hinsichtlich des gewollten Objekts und einen Fahrlässigkeitstatbestand bezüglich des getroffenen Objekts annimmt (sofern ein solcher besteht), hätte T sich wegen versuchter Anstiftung zum Mord (§§ 212, 211 I, II Var. 3, 30 I) in Tateinheit mit fahrlässiger Tötung (§ 222) strafbar gemacht. 1086

Stellungnahme: Da die genannten Auffassungen teilweise zu unterschiedlichen Ergebnisses führen, ist eine Streitentscheidung erforderlich. Die Auffassungen, die beim Anstifter eine *aberratio ictus* annehmen, begründen ihren Standpunkt mit dem Umstand, dass (lediglich) der *Haupttäter*, nicht der Anstifter in der Tatsituation stehe. Da der Anstifter gerade nicht in der Tatsituation stehe, könne dessen Tat nicht mit der des Haupttäters gleichgestellt werden. Sei die Objektsverwechselung auch für den Anstifter unbeachtlich, sei dieser für alle weiteren Tathandlungen verantwortlich, die der Haupttäter nach Erkennen seines Irrtums zwecks Erfüllung des Auftrags noch vornehme. Weiterhin sei die Abweichung des späteren Tatverlaufs von den Zielvorstellungen des Anstifters zumindest bei der Verletzung höchstpersönlicher Rechtsgüter schon dann als wesentlich anzusehen, wenn der Haupttäter eine andere oder eine weitere Person als die ihm vom Anstifter bekannte angegriffen habe. 1087

Diese Auffassungen leiden aber an Unstimmigkeiten: Auf den Teilnehmer werden Irrtumskategorien der *aberratio ictus* übertragen, die für die Täterschaft entwickelt wurden. Der entscheidende Einwand gegen diese Auffassungen ist aber, dass die typischen Konstellationen beim Täterverhalten (der Täter muss das Opfer individualisiert haben: sinnliche Wahrnehmung sowie zeitliche/örtliche Individualisierung) nicht vorliegen. Beim Teilnehmer liegt aber nur die Identitäts*vorstellung* vor. Daher kann es die Möglichkeit der *aberratio ictus* beim Teilnehmer nicht geben. Die einzige Möglichkeit der zeitlichen/örtlichen Individualisierung wird bereits als *error in persona* beim Teilnehmer behandelt. Außerdem kann es zu Strafbarkeitslücken kommen, sofern es sich bei dem Delikt, zu dem der Anstifter den Haupttäter angestiftet hat, um ein Vergehen handelt. Denn der Gesetzgeber hat die versuchte Anstiftung allein bei Verbrechen unter Strafe gestellt (vgl. § 30 I). Der diesbezüglich gemachte Vorschlag, den Anstifter in einem solchen Fall wegen Anstiftung zum Versuch zu bestrafen[1380], überzeugt nicht, weil im Angriff auf die falsche Person nicht zugleich ein Angriffsversuch auf die (nicht anwesende) richtige Person erblickt werden kann[1381].

Jedenfalls von vornherein abzulehnen ist die differenzierende Auffassung, die beim Anstifter einen für diesen unbeachtlichen *error in persona* annimmt, sofern die Objektsverwechselung auf seinem Planungsfehler beruht bzw. bei diesem eine *aberratio ictus* bejaht, wenn der Haupttäter bewusst oder fahrlässig von der Planung abweicht. Denn die Vertreter dieser Auffassung bleiben die Antwort schuldig, wie es möglich sein soll, dass der Haupttäter hinsichtlich der Objektsverwechselung (darum geht es ja bei der Abweichung von der Planung) einmal nicht fahrlässig handeln könnte („ein sorgfaltspflichtgemäßer Berufskiller verwechselt sein Opfer nicht").

Fraglich kann daher nur sein, ob der Auffassung, die den für den Haupttäter unbeachtlichen *error in persona* auch für den Anstifter für unbeachtlich hält, gefolgt werden kann. Der BGH a.a.O. verweist hinsichtlich seines Standpunktes auf den Wortlaut des § 26, wonach der Anstifter gleich dem Haupttäter zu bestrafen sei. Durch die Einwirkung auf ihn greife er das geschützte Rechtsgut mittelbar an. Hiernach verwirkliche der Anstifter das gleiche Unrecht wie der Haupttäter und sei auch gleich zu bestrafen. Eine Objektsverwechselung, die für den Haupttäter unbeachtlich sei, könne auch den Anstifter nicht entlasten.

[1379] *Jescheck/Weigend*, AT, § 64 II 4; LK-*Schünemann*, § 26 Rn 84 ff.; SK-*Rudolphi*, § 16 Rn 30; *Stoffers*, JuS 1993, 837, 839.
[1380] *Freund*, AT § 10 Rn 132.
[1381] Vgl. SK-*Rudolphi*, § 16 Rn 30; LK-*Schünemann*, § 26 Rn 90; *W/B/S*, AT, Rn 578.

Zwar habe die Haupttat einen anderen als den geplanten Verlauf genommen, dies sei aber nach den allgemeinen Regeln zur Kausalabweichung zu behandeln, d.h. die Verwechselung sei rechtlich unbeachtlich, wenn sie sich (wie regelmäßig) in den Grenzen des nach allgemeiner Lebenserfahrung Voraussehbaren halte und die Tat keine andere Bewertung zulasse. Aus dogmatischer Sicht ist diese Lösung aber ebenfalls zweifelhaft: Es wird an Kriterien angeknüpft, die für die Täterschaft (Kausalverlauf) entwickelt wurden. Außerdem ist eine andere Behandlung als bei bewusster Abweichung des Haupttäters nicht schlüssig.

Der Auffassung des BGH ist jedenfalls dann zuzustimmen, wenn der Anstifter (wie i.d.R.) dem Täter die Individualisierung des Opfers überlassen hat und jener bei der Ausführung der Tat bestrebt war, die ihm erteilten Instruktionen auszuführen. Beschreibt beispielsweise der Anstifter die Person des in Aussicht genommenen Tötungsopfers nach ihrem Aussehen und bestimmten anderen Merkmalen, entspricht das nachfolgende Geschehen am Tatort in seinen wesentlichen Grundzügen auch dem Vorstellungsbild des Anstifters, da dieser davon ausgeht, dass der Täter diejenige Person angreift und tötet, auf welche die Beschreibung passt.[1382] Bei einer Verwechselung durch den Täter muss sich hier der Anstifter das Ergebnis der falschen Auswahl zurechnen lassen, wenn die Verwechselung sich unter den gegebenen Umständen noch in den Grenzen dessen hält, was nach der allgemeinen Lebenserfahrung voraussehbar ist.
Lediglich, wenn der Anstifter das Tatobjekt selbst individualisiert hat, der Haupttäter also ohne Auswahlmöglichkeit bei der Individualisierung handelt, ist es sachgerechter, die auftragswidrige Tatausführung für den Anstifter als *aberratio ictus* zu behandeln.

1088 Ergebnis: Folgt man der hier vertretenen Auffassung, hat T sich infolge des auch für sie unbeachtlichen *error in persona* beim Haupttäter K wegen Anstiftung zum Mord (§§ 212, 211 I, II Var. 3, 26) strafbar gemacht. Denn dadurch, dass sie dem K lediglich ein Foto ihres Mannes gezeigt hat, überließ sie diesem die Konkretisierung vor Ort, sodass sie sich dessen (und für diesen unbeachtlichen) Auswahlfehler zurechnen lassen muss.

1089 **Hinweis für die Fallbearbeitung:** Zunächst ist zu beachten, dass sich die vorstehend diskutierte Problematik nur dann stellt, wenn der Haupttäter einem *error in persona* unterlegen ist. Liegt bei diesem eine *aberratio ictus* vor, richtet sich auch die Strafbarkeit des Anstifters nach dieser Rechtsfigur.

Aber auch wenn beim Haupttäter ein *error in persona* gegeben ist, darf nicht sofort auf den o.g. Streit eingegangen werden. Zunächst muss festgestellt werden, ob nicht aus sonstigen Gründen eine Strafbarkeit wegen Anstiftung ausgeschlossen ist. Hierzu ist innerhalb der Prüfung der Strafbarkeit des Anstifters im Rahmen des Tatbestandsmerkmals „Bestimmen" (zum Prüfungsschema vgl. Rn 1095) zu prüfen, ob das Verhalten des vermeintlichen Anstifters überhaupt (d.h. nach allgemeinen Zurechnungsgesichtspunkten) den Tatentschluss beim Haupttäter hervorgerufen hat.

- Daran fehlt es zunächst, wenn sich der Täter selbstständig zu der Tat motiviert hat bzw. aus autonomen Gründen ohnehin zur Tat entschlossen war (sog. *omnimodo facturus*). In diesem Fall ist der konkret umgesetzte Tatentschluss des Haupttäters dem Hintermann objektiv nicht zuzurechnen. Folgerichtig kommt es auch auf die Frage, wie sich ein etwaiger Irrtum des Haupttäters auf die Strafbarkeit des Hintermanns auswirkt, nicht an.
- Dasselbe gilt bei erheblichen Abweichungen vom Plan des Anstifters: Hat der Täter den Tatplan nicht nur unwesentlich modifiziert, sondern eine andersartige Gefahr geschaffen (Beispiel: Vergiftung statt Erschießung), ist bei einer Personenverwechselung diese Haupttat dem Hintermann ebenfalls nicht zuzurechnen.
- Aber auch wenn sich der Haupttäter an die Vorgaben des Hintermanns hält, ist ebenfalls mit der h.L. ein Ausschluss der objektiven Zurechnung zu prüfen, wenn sich aufgrund außergewöhnlicher Umstände eine erhebliche Abweichung des Kausalverlaufs von dem nach „allgemeiner Lebenserfahrung" Voraussehbaren ergibt.

[1382] Sch/Sch-*Heine/Weißer*, § 26 Rn 23; *W/B/S*, AT, Rn 579.

Muss demnach das Hervorrufen des Tatentschlusses beim Haupttäter verneint werden, kommt es auf die Frage, wie sich ein etwaiger *error in persona* beim Haupttäter auf die Strafbarkeit des Anstifters auswirkt, erst gar nicht an. Aber auch in diesem Fall ist der Hintermann nicht notwendigerweise straffrei. In Betracht kommen stets eine Anstiftung zum Versuch bzw. eine versuchte Anstiftung, sofern es sich bei der Haupttat um ein Verbrechen handelt (§ 30 I).

Wird der objektive Tatbestand der Anstiftung indes bejaht, ist sodann der o.g. Streit um die Beachtlichkeit des Täterirrtums darzustellen, und zwar im Rahmen des Prüfungspunkts „Anstiftervorsatz". Dort ist die Frage aufzuwerfen, welche Bedeutung der Irrtum des Haupttäters für den erforderlichen Anstiftervorsatz in Bezug auf die vorsätzliche rechtswidrige Haupttat hat (vgl. hierzu erneut das Prüfungsschema bei Rn 1095). Hierbei ist zu empfehlen, die Diskussion so zu führen, wie dies bei Rn 1083 ff. dargestellt wurde. Gelangt man zu dem Ergebnis, dass der Irrtum des Täters für den Vorsatz des Anstifters *unbeachtlich* ist, ist dieser wie der Haupttäter strafbar (§ 26).

Gelangt man indes zu dem Ergebnis, dass der Irrtum des Täters für den Vorsatz des Anstifters *beachtlich* ist, sollte man die Prüfung der vollendeten Anstiftung beenden und mit der Prüfung einer *Anstiftung zum Versuch* fortfahren. Innerhalb dieser Prüfung muss dann die Frage erörtert werden, ob in dem Angriff des Haupttäters auf das falsche zugleich ein Angriff auf das richtige Opfer liegen kann und der Haupttäter nur deshalb ausschließlich wegen der vollendeten Tat bestraft wird, weil der Versuch im Wege der Gesetzeskonkurrenz zurücktritt. Lehnt man die Konstruktion eines Versuchs mit der oben gegebenen Begründung ab, kann beim Hintermann keine *Anstiftung zum Versuch* vorliegen. Dann aber ist eine *versuchte Anstiftung* zu prüfen, soweit ein Verbrechen in Rede steht (§ 30 I).

Im Hinblick auf den tatsächlich eingetretenen Erfolg ist schließlich zu erörtern, ob sich der Veranlasser diesen als fahrlässig verursacht zurechnen lassen muss und sich somit aus einem Fahrlässigkeitsdelikt strafbar gemacht hat. Im Ergebnis wird dies aber wohl an der Vorhersehbarkeit scheitern, da die Rechtsgutverletzung am tatsächlich verletzten Opfer für den Anstifter nach der allgemeinen Lebenserfahrung wohl kaum vorhersehbar ist.

Fazit: Die vorstehende Diskussion ist examenstypisch, weil sie schwierige materiellrechtliche Probleme enthält und gleichzeitig Probleme des Prüfungsaufbaus in sich birgt. Die vorstehende Darstellung sollte jedoch insoweit Klarheit geschaffen haben. **1090**

5. Verknüpfung *error in persona* mit *Anstifter ist zugleich Tatopfer*

Interessant ist auch die Verknüpfung der gerade behandelten Thematik der Auswirkung **1091**
des *error in persona* beim Haupttäter auf die Strafbarkeit des Anstifters mit der bei Rn 1081 ff. behandelten Problematik, in der der Teilnehmer zugleich Tatopfer ist. Mithin geht es um die Kombination der herkömmlichen **Rose-Rosahl-Konstellation** mit dem Umstand, dass der **Anstifter selbst zum Opfer der Tat** wird.

Beispiel: Die erfolgreiche Eiskunstläuferin T möchte verhindern, dass ihre Konkurrentin O **1092**
am nächsten Eiskunstlauf teilnimmt. Sie bezahlt den Berufsschläger S dafür, dass dieser der O in der Nacht vor der Veranstaltung auflauert und einen Arm bricht. Damit nichts schief läuft, zeigt sie S ein Foto der O und nennt ihm deren gegenwärtigen Aufenthaltsort. Am Tatort – es ist nachts – verwechselt S die O jedoch mit T, die – ohne Wissen des S – am Tatort war, weil sie zuschauen wollte, wie der O ein Arm gebrochen wird. S bricht der T hinterrücks den rechten Arm im Glauben, bei dem Opfer handele es sich um O.

A. Strafbarkeit des S gem. §§ 223 I, 224 I Nr. 3

Es ist klar, dass die Verwechselung den S nicht entlasten kann. Dieser ist wegen gefährlicher Körperverletzung gem. §§ 223 I, 224 I Nr. 3 strafbar. Zur Begründung dieses Ergebnisses vgl. Rn 1081 ff. Problematisch ist die Strafbarkeit der T.

B. Strafbarkeit der T gem. §§ 223 I, 224 I Nr. 3, 26

Fraglich ist, ob sich auch T strafbar gemacht hat. In Betracht kommt eine Anstiftung zur gefährlichen Körperverletzung gem. §§ 223 I, 224 I Nr. 3, 26.

Eine vorsätzliche rechtswidrige Haupttat liegt vor. Auch am Vorliegen der tatbestandlichen Teilnahmevoraussetzungen (insbesondere des „Bestimmens"), der Rechtswidrigkeit und der Schuld scheinen keine Zweifel zu bestehen. Da es sich jedoch um das eigene Rechtsgut handelt, das T durch S verletzen ließ, stellt sich die Frage, ob eine Bestrafung der T wegen Anstiftung zur gefährlichen Körperverletzung mit dem **Strafgrund** der Anstiftung **zu vereinbaren** ist. Immerhin wäre T straflos, wenn sie sich (eigenhändig) selbst verletzt hätte. Wegen §§ 26, 27 und 29, wonach die Strafbarkeit des Teilnehmers ein schuldhaftes Handeln des Täters nicht voraussetzt, besteht der Strafgrund der Teilnahme in der durch die Tat vermittelten Mitverursachung der Verletzung oder Gefährdung des betroffenen Rechtsguts (sog. **akzessorietätsorientierte Förderungs- bzw. Verursachungstheorie**, s.o.). Danach ist aber Voraussetzung für die Strafbarkeit des Teilnehmers, dass dieses Rechtsgut auch ihm gegenüber geschützt ist. Das ist vorliegend nicht der Fall, da T über ihre körperliche Integrität ohnehin die freie Verfügungsmacht besitzt. Danach scheidet eine Strafbarkeit der T gem. §§ 223 I, 224 I Nr. 3, 26 aus.

C. Strafbarkeit der T gem. §§ 223 I, 224 I Nr. 3, 26, 22, 23 I

Scheidet eine Strafbarkeit wegen Vollendung aus, ist stets an eine Versuchsstrafbarkeit zu denken. Vorliegend stellt sich die Frage, ob sich T wegen der Veranlassung zur gefährlichen Körperverletzung wegen **versuchter Anstiftung zur gefährlichen Körperverletzung** gem. §§ 223 I, 224 I Nr. 3, 26, 22, 23 I strafbar gemacht hat. Da **§ 30 I** für die Strafbarkeit der versuchten Anstiftung jedoch voraussetzt, dass sie sich auf ein **Verbrechen** bezieht, und es bei der gefährlichen Körperverletzung um ein **Vergehen** handelt (vgl. § 12 II), scheidet auch eine Strafbarkeit wegen versuchter Anstiftung zur gefährlichen Körperverletzung aus.

D. Strafbarkeit der T gem. §§ 223 I, II, 224 I Nr. 3, II, 22, 23 I, 26

Möglicherweise hat sich T jedoch wegen **Anstiftung zur versuchten gefährlichen Körperverletzung** gem. §§ 223 I, II, 224 I Nr. 3, II, 22, 23 I, 26 strafbar gemacht.

I. Objektiver Anstiftertatbestand

Dazu bedarf es zunächst einer Haupttat. Eine solche liegt in der vollendeten gefährlichen Körperverletzung zwar vor, allerdings wäre T dann straflos, weil die versuchte Anstiftung zu einem (vollendeten) Vergehen – wie gesehen – nicht strafbar ist (§ 30 I).

Strafbar ist jedoch die Anstiftung zu einem versuchten Vergehen. Doch die gefährliche Körperverletzung wurde von S vollendet.

Ein Ausweg aus diesem Dilemma ergibt sich, wenn man nicht auf das objektive Geschehen, sondern auf die Sicht der T abstellt: Aus deren Sicht liegt rechtskonstruktiv eine Anstiftung zu einer versuchten gefährlichen Körperverletzung zum Nachteil der O vor. Die Zulässigkeit dieser Sichtweise erklärt sich daraus, dass immerhin ein *deliktischer Entschluss hervorgerufen* wurde und dass das Gesetz bei T lediglich das Erfolgsunrecht entfallen lässt, nicht aber den Handlungsunwert. Dies wird besonders deutlich, wenn man sich vorstellt, T sei *Mittäterin* an dem Angriff gewesen und von S verletzt worden. Dann wäre sie kein taugliches Opfer einer von sich selbst begangenen Körperverletzung, und es käme nur ein untauglicher Versuch in Betracht. Daher ist auch in der vorliegend zu behandelnden Konstellation auf der Grundlage der Förderungstheorie nicht etwa von einem nur versuchten Bestimmen, sondern von einem vollendeten Bestimmen zu einem für T nur versuchten Delikt auszugehen.[1383]

Danach hat T den objektiven Tatbestand einer (vollendeten) **Anstiftung zur versuchten gefährlichen Körperverletzung** gem. §§ 223 I, II, 224 I Nr. 3, II, 22, 23 I, 26 verwirklicht.

[1383] Vgl. dazu den Streitstand, der in der Fallbearbeitung ausführlich dargestellt werden müsste, Rn 1061 ff. sowie *Kudlich/Pragal*, JuS 2004, 791, 794 und *Nowak*, JuS 2004, 197, 199.

II. Subjektiver Anstiftertatbestand

Aufgrund der Akzessorietät zur Haupttat ist klar, dass der Vorsatz des Anstifters nicht nur die Anstifterhandlung als solche umfassen muss, sondern sich auch auf die vorsätzlich und rechtswidrig begangene Haupttat beziehen muss. Man spricht insoweit von einem „doppelten" Anstiftervorsatz.

Fraglich ist, wie es sich für den Anstifter auswirkt, wenn der Haupttäter einem unbeachtlichen *error in persona* unterliegt. Während die einen auch beim Anstifter von einer Unbeachtlichkeit ausgehen, nehmen die anderen eine *aberratio ictus* an. Der BGH geht von einer Unbeachtlichkeit auch für den Anstifter aus, sofern sich die Verwechselung im Rahmen des nach allgemeiner Lebenserfahrung Vorhersehbaren bewegt.[1384]

Da sich eine Identitätsverwechselung beim Zeigen eines Fotos durchaus innerhalb der Lebenserfahrung bewegt, wäre T dieser Auffassung zufolge wegen (vollendeten) **Anstiftung zur versuchten gefährlichen Körperverletzung** gem. §§ 223 I, II, 224 I Nr. 3, II, 22, 23 I, 26 strafbar.

6. Versuch und Rücktritt

a. Versuchte Anstiftung

Wurde die Haupttat, zu der der Anstifter anstiften wollte, nicht versucht, liegt eine **versuchte Anstiftung** vor.[1385] Diese ist jedoch nur strafbar, wenn es sich bei der (nicht versuchten) Haupttat um ein **Verbrechen** handelt (**§ 30 I**). Var. 1 dieser Vorschrift („Wer einen anderen zu bestimmen versucht, ein Verbrechen zu begehen") bezieht sich auf drei Fälle: 1093

- Der Tatentschluss wurde beim beabsichtigten Haupttäter nicht hervorgerufen (sei es, dass bereits die beabsichtigte Kommunikation mit ihm gescheitert ist, oder sei es, dass er sich nicht zum Fassen des Entschlusses durchringen konnte).

  Beispiel: Um früher an die begehrte Erbschaft zu gelangen, möchte A den Erbonkel O beseitigen lassen. Er entschließt sich, P, einen Profikiller, zu engagieren, um O – gegen Bezahlung – beseitigen zu lassen. Doch P lehnt das „Geschäft" ab.

  P ist straflos. A hat sich dadurch, dass er dem P Geld angeboten hat, damit dieser den O tötet, wegen versuchter Anstiftung zum Mord gem. §§ 211 I, II Var. 3, 22, 30 I strafbar gemacht.

- Der Haupttäter hat zwar einen Entschluss gefasst, ist aber selbst nicht bis ins Versuchsstadium vorgedrungen.

  Beispiel: P des obigen Beispiels hat zwar den Entschluss gefasst, O zu töten, sieht aber später von der Tatausführung ab, weil ihm die Sache doch zu heikel wird.

  P hat das Erbieten des A angenommen und ist daher wegen § 30 II strafbar. A hat sich dadurch, dass er dem P Geld angeboten hat, damit dieser den O tötet, wegen versuchter Anstiftung zum Mord gem. §§ 211 I, II Var. 3, 22, 30 I strafbar gemacht.

- Der Haupttäter ist für den „Anstifter" unerkannt bereits fest zur Tat entschlossen (omnimodo facturus), sodass er nicht mehr bestimmt werden kann.

  Beispiel: P des obigen Beispiels wurde bereits von D bezahlt, damit er den O tötet. Er lehnt daher das „Angebot" des A dankend ab.

  P hat das Erbieten des D angenommen und ist daher wegen § 30 II strafbar. A hat sich dadurch, dass er dem P Geld angeboten hat, damit dieser den O tötet, wegen versuchter Anstiftung zum Mord gem. §§ 211 I, II Var. 3, 22, 30 I strafbar gemacht.

[1384] Vgl. zu diesem Meinungsstand, der ebenfalls in der Fallbearbeitung ausführlich dargestellt werden müsste, Rn 1081 ff.

[1385] Vgl. dazu etwa BGH NJW 2013, 1106 f. sowie bereits oben Rn 633.

1093a Bei der Tat, zu der der Anstifter anzustiften versucht, muss es sich grds. nur nach der Vorstellung des Anstifters um ein Verbrechen handeln.[1386] Handelt es sich also in Wirklichkeit lediglich um ein Vergehen, entlastet dies den Anstifter grds. nicht. Um nach § 30 I strafbar zu sein, muss der Anstifter zudem nach seiner Vorstellung unmittelbar zum Bestimmen des Haupttäters angesetzt haben. Ebenso wie bei § 22 hat der Gesetzgeber auch bei § 30 I nicht näher beschrieben, unter welchen Voraussetzungen ein „unmittelbares Ansetzen" anzunehmen ist. Überträgt man die Regeln über das unmittelbare Ansetzen bei mittelbarer Täterschaft, liegt ein Versuch der Anstiftung (erst dann) vor, wenn der Anstifter nach seiner Vorstellung nicht nur die erforderliche Einwirkung auf den Haupttäter abgeschlossen, sondern die Tat auch **„aus den Händen gegeben"** hat. Um den Anstifter aber im Vergleich zum Alleintäter nicht schlechterzustellen, wäre zusätzlich erforderlich, dass das **betroffene Rechtsgut beim Abschluss der Einwirkung auf den Haupttäter nach der Vorstellung des Anstifters bereits unmittelbar konkret gefährdet ist** (vgl. dazu Rn 683). Der BGH ist jedoch anderer Auffassung. Er nimmt in Bezug auf § 30 I ein unmittelbares Ansetzen an, sofern nur das Tatopfer individualisiert ist und die Modalitäten der Tatausführung abgesprochen sind, wobei der präsumtive Täter insoweit die näheren Einzelheiten selbst festlegen soll. Es liege ein unmittelbares Ansetzen durch den Hintermann vor, wenn die Tat so weit konkretisiert sei, dass der Angestiftete sie begehen könne, wenn er dies wolle[1387] (vgl. dazu auch das Beispiel sogleich).

1093b Hat demnach der Anstifter unmittelbar zum Bestimmen des Haupttäters angesetzt, führt dies jedoch noch nicht zwingend zur Strafbarkeit nach § 30 I. Denn gemäß der allgemein dem Strafrecht zugrunde gelegten Strafzwecktheorie (dazu Rn 705) eröffnet auch **§ 31** (der für § 30 I und II gilt) die Möglichkeit des strafbefreienden **Rücktritts**. Danach wird nach § 30 nicht bestraft, wer freiwillig

- den Versuch aufgibt, einen anderen zu einem Verbrechen zu bestimmen, und eine etwa bestehende Gefahr, dass der andere die Tat begeht, abwendet (§ 31 I Nr. 1),
- nachdem er sich zu einem Verbrechen bereit erklärt hatte, sein Vorhaben aufgibt (§ 31 I Nr. 2),
- oder, nachdem er ein Verbrechen verabredet oder das Erbieten eines anderen zu einem Verbrechen angenommen hatte, die Tat verhindert (§ 31 I Nr. 3).

Unterbleibt die Tat ohne Zutun des Zurücktretenden oder wird sie unabhängig von seinem früheren Verhalten begangen, genügt zu seiner Straflosigkeit sein freiwilliges und ernsthaftes Bemühen, die Tat zu verhindern (§ 31 II).

Beispiel[1388]**:** Nach der Scheidung sieht sich A den Unterhaltsansprüchen seiner Ex-Frau nicht gewachsen. Er vermutet, dass deren neuer Lebensgefährte L dahintersteckt, der die treibende Kraft bei der Einforderung ist. Daher entschließt sich A, einen Auftragskiller zu engagieren, um L beseitigen zu lassen. Er stößt in einem Internetforum auf P, von dem er glaubt, dieser werde den Auftrag gegen Bezahlung ausführen. Doch in Wahrheit handelt es sich bei P um einen Angehörigen der Kriminalpolizei, der im Internet verübte bzw. verabredete Straftaten ermittelt. Um A zu überführen, lässt sich P zunächst auf das „Geschäft" ein. Beim ersten Treffen übergibt A dem P 4.000,- €, weitere 8.000,- € sollen nach Ausführung der Tat gezahlt werden. Jedoch erteilt A dem P die Weisung, die Tat erst nach Freigabe auszuführen, weil er insgeheim hofft, doch noch zu einer einvernehmlichen Lösung mit seiner Ex-Frau zu kommen. Doch so weit kommt es nicht. Drei Tage später wird A festgenommen. Strafbarkeit der Beteiligten?

[1386] BGHSt 8, 294, 296; *W/B/S*, AT, Rn 562.
[1387] BGH NJW 2005, 2867, 2877.
[1388] Vgl. dazu BGH NJW 2005, 2867 ff. (mit Bespr. v. *Kudlich*, JA 2006, 91 ff., *Kütterer-Lang*, JuS 2006, 205 ff. und *Kühl*, NStZ 2006, 94 f.); BGH StraFo 2010, 296 (mit Bespr. v. *Kudlich*, JA 2010, 664).

P ist straflos. Insbesondere hat er keinen bislang Unverdächtigen zu einer Straftat angestiftet (zur Strafbarkeit eines sog. Lockspitzels vgl. Rn 1072, 1073). Fraglich ist aber die Strafbarkeit des A. Dieser könnte sich dadurch, dass er dem P Geld gegeben und weiteres für die Tatbegehung versprochen hat, wegen versuchter Anstiftung zum Mord gem. §§ 212 I, 211 I, II Var. 3, 30 I strafbar gemacht haben.[1389]

Dazu müsste A **unmittelbar zum Bestimmen des P angesetzt haben**. Schließt man sich der o.g. Übertragung der Regeln über das unmittelbare Ansetzen bei mittelbarer Täterschaft an, scheint das unmittelbare Ansetzen bei A fraglich. Denn dadurch, dass er P die Weisung erteilte, erst nach „Freigabe" L zu töten, hat er das Geschehen noch nicht „aus den Händen" gegeben. Gleichwohl hat der BGH entschieden, dass der Hintermann unmittelbar zur Tat ansetze, wenn das Tatopfer individualisiert sei und die Modalitäten der Tatausführung abgesprochen gewesen seien, wobei der präsumtive Täter insoweit die näheren Einzelheiten habe selbst festlegen sollen. Sei die Tat so weit konkretisiert, dass der Angestiftete sie begehen könne, wenn er dies wolle, habe der Hintermann unmittelbar zur Tat angesetzt.

Im vorliegenden Fall sei dies gegeben. Dass dem A dabei bewusst war, dass die Tat noch nicht sofort ausgeführt werden sollte, sei für den Versuch der Anstiftung – anders als für das unmittelbare Ansetzen des Täters nach § 22 – grds. unerheblich, da es für die (auch sogar vollendete) Anstiftung geradezu typisch sei, dass diese in einem gewissen zeitlichen Abstand vor der Begehung der Haupttat erfolge.

Möglicherweise konnte A durch das „Zurückstellen" der Tat und die Untätigkeit während der nächsten drei Tage strafbefreiend **zurücktreten**. Die Voraussetzungen für einen strafbefreienden Rücktritt normiert § 31. Für § 30 I verlangt § 31 I Nr. 1 ein Aufgeben des Bestimmensversuchs sowie die Abwendung einer etwa bestehenden Begehungsgefahr; ist dies (objektiv) nicht möglich, da die Tat ohnehin ohne Zutun des Zurücktretenden unterbleibt bzw. unabhängig von ihm begangen wird, verlangt § 31 II das **freiwillige und ernsthafte Verhinderungsbemühen**. Diese Wertung (d.h. Verschärfung der Rücktrittsvoraussetzungen) entspricht im Wesentlichen dem Rücktritt vom Versuch bei der Beteiligung Mehrerer nach § 24 II, was auch überzeugt, denn hier wie dort geht es darum, dem durch die Einschaltung eines weiteren Beteiligten entstehenden erhöhten Gefahrpotential entgegenzuwirken.

Vorliegend unterblieb die Tat ohne Zutun des A, sodass sich dessen Rücktritt nach § 31 II Var. 1 bestimmt. Demnach müsste sich A freiwillig und ernsthaft um die Verhinderung der Tat bemüht haben. Hierzu verlangt der BGH, dass der Anstifter „alle Kräfte anspannen" müsse, um den Tatentschluss des Angestifteten rückgängig zu machen. Dies sei im vorliegenden Fall nicht anzunehmen. Vielmehr beließ A dem vermeintlich weiterhin fest zur Tatausführung entschlossenen P die Anzahlung. Da dieser nach der Vorstellung des A aus Habgier handelte, habe A damit rechnen müssen, dass P aufgrund seines fortbestehenden Tatentschlusses weiterhin nachhaltig an der Ausführung des Auftrags interessiert gewesen sei. Es habe insbesondere die Gefahr bestanden, dass P sich die restliche Entlohnung verdienen wollte und deshalb die Tat eigenmächtig ausgeführt hätte. Aus Sicht des A sei deshalb die von ihm hervorgerufene Gefahr der Tatbegehung nicht abgewendet worden. Ernsthafte Rücktrittsbemühungen hätten danach nicht vorgelegen.[1390]

Ergebnis: Nach Auffassung des BGH konnte A nicht strafbefreiend vom Versuch der Anstiftung zum Mord zurücktreten.

Bewertung: Auf den ersten Blick mag das Urteil des BGH erstaunen. Denn bei vordergründiger Betrachtung gleicht der Fall eher einem unbeendeten Versuch, weil die Tat nach der Vorstellung des A erst nach einem entsprechenden Kommando hätte ausgeführt werden sollen und dieser davon ausging, dass es ohne weitere Aufforderung von seiner Seite nicht zu der Tat kommen würde. Bei einem unbeendeten Versuch lässt das Gesetz bekanntermaßen das bloße Nichtweiterhandeln genügen (vgl. § 24 I Var. 1) und verlangt

---

[1389] Die Akzessorietätslockerung gem. § 28 spielt vorliegend keine Rolle, da sowohl bei A als auch bei P das Merkmal Habgier in Betracht kommt (vgl. aber den Fall BGH NJW 2005, 996 ff.).
[1390] BGH NJW 2005, 2867, 2877.

nicht (wie bei § 24 I S. 2) ein ernsthaftes Verhinderungsbemühen. Dennoch muss berücksichtigt werden, dass A einen Kausalverlauf in Gang gesetzt hat und er somit auch das Risiko tragen muss, dass der angestiftete Haupttäter abredewidrig – um in den Genuss der weiteren Zahlung zu kommen – die Tat ausführt. Bei normativer Betrachtung war das Geschehen für A nicht mehr beherrschbar. Daher ist es angebracht, auf die Konstellation des beendeten Versuchs bzw. des Versuchs bei Beteiligung mehrerer Täter abzustellen. Demnach hätte A aktiv gegensteuern müssen, etwa durch Erklärung gegenüber P, der Auftrag sei storniert, und/oder durch Zurückfordern des Vorschusses. Aufgrund des Belassens des Vorschusses sowie der gewünschten „Abrufbereitschaft" des P kommt A somit nicht der strafbefreiende Rücktritt vom Versuch der Anstiftung zugute.

1093c Die Strafe des Anstifters richtet sich nach der Strafdrohung des Versuchs des Verbrechens, ist aber gem. § 30 I S. 2 obligatorisch nach Maßgabe des § 49 I mildern. Die versuchte Anstiftung ist jedoch von vornherein nicht strafbar, wenn es sich bei der (nicht versuchten) Haupttat nur um ein Vergehen handelt (vgl. den Umkehrschluss aus § 30 I).

Beispiel: T hasst den O. Dies weiß A. Daher macht er dem T den Vorschlag, den O doch zusammenzuschlagen. T greift die Anregung erfreut auf und ist fest dazu entschlossen, sie zu befolgen. Dann lässt er aber davon ab. Strafbarkeit der Beteiligten?

Der Haupttäter T ist straflos. Insbesondere hat er das Versuchsstadium noch nicht erreicht. Auch liegt kein Fall des § 30 II vor. Bei A greift folgende Überlegung: Rechtskonstruktiv liegt eine versuchte Anstiftung vor, weil A den T zu einer Körperverletzung hatte anstiften wollen, T jedoch noch nicht in das strafrechtlich relevante Versuchsstadium eintrat. Jedoch bleibt auch A straflos, weil die (einfache) Körperverletzung ein Vergehen darstellt (vgl. §§ 223, 12 II) und die versuchte Anstiftung gem. § 30 I nur bei Verbrechen unter Strafe gestellt ist.

b. Anstiftung zum Versuch

1094 Dagegen liegt eine **Anstiftung zum Versuch** vor, sobald der Haupttäter in die Versuchsphase gelangt (das Delikt aber nicht vollendet hat). Die Strafbarkeit des Anstifters richtet sich dann gem. § 26 nach der Strafandrohung der versuchten Haupttat.

Beispiel: Um früher an die begehrte Erbschaft zu gelangen, möchte A den Erbonkel O beseitigen lassen. Er entschließt sich, P, einen Profikiller, zu engagieren, um O – gegen Bezahlung – beseitigen zu lassen. A übergibt P 10.000,- € für die Tatausführung. P sucht daraufhin O auf und setzt unmittelbar zur Schussabgabe an. Doch aufgrund eines Defekts der Schusswaffe kann er keinen Schuss abgeben. Er verlässt unverrichteter Dinge den Tatort. Strafbarkeit der Beteiligten?

P hat sich wegen versuchten Mordes gem. §§ 211 I, II Var. 3 (Habgier), 22 strafbar gemacht. A hat sich dadurch, dass er dem P Geld gegeben hat, wegen Anstiftung zum versuchten Mord gem. §§ 211 I, II Var. 3, 22, 26 strafbar gemacht.

Gelangt der Haupttäter mit der Haupttat in das Versuchsstadium, ist für den Anstifter ein Rücktritt nach § 31 nicht mehr möglich, da diese Vorschrift ja die versuchte Anstiftung vor Augen hat (vgl. Rn 1093b). Liegt eine Anstiftung zum Versuch vor, ist ein **Rücktritt** des Anstifters nur nach Maßgabe des § 24 II möglich.

Beispiel: Im obigen Beispiel ruft A vor der geplanten Tatbegehung bei P an und storniert den Auftrag. Gleichwohl sucht P den O auf und erschießt ihn, weil er sich die 10.000 € verdienen möchte. Strafbarkeit der Beteiligten?

P hat sich wegen Mordes gem. § 211 I, II Var. 3 (Habgier) strafbar gemacht. Fraglich ist allein die Strafbarkeit des A. Dieser könnte sich dadurch, dass er dem P Geld gegeben hat, wegen Anstiftung zum Mord gem. §§ 211 I, II Var. 3, 22, 26 strafbar gemacht haben. Allerdings rief A noch vor der Tatbegehung bei P an und stornierte den Auftrag. Dies könnte als strafbefreiender Rücktritt gewertet werden. In Betracht kommt ein Rücktritt nach § 31 I Nr. 1. § 31 ist eine spezielle Norm für einen Rücktritt von der versuchten Anstiftung bzw. der versuchten Verbrechensbeteiligung gem. § 30. Vorliegend ist die Anstiftung jedoch bereits „abgeschlossen", sodass § 31 nicht mehr greift. A verblieb daher nur die Möglichkeit, nach Maßgabe des § 24 II zurückzutreten. Das bloße Stornieren des „Auftrags" dürfte jedoch den dort genannten Rücktrittsvoraussetzungen nicht genügen.

7. Aufbaufragen

1095

Prüfungsschema zur Anstiftung

Vorprüfung: Da die Anstiftung akzessorisch zur Haupttat ist, muss diese zwingend zuerst geprüft werden. Erst bei Bejahung der vorsätzlichen und rechtswidrigen (nicht notwendigerweise schuldhaft begangenen) Haupttat darf auf die Anstiftung eingegangen werden.

I. Bestimmen zu einer vorsätzlichen und rechtswidrigen Haupttat

Bestimmen bedeutet das **Hervorrufen des Tatentschlusses** beim Haupttäter. Ein bereits fest zur Tat Entschlossener (***omnimodo facturus***) kann daher nicht angestiftet werden. Möglich sind aber nach h.M. **Aufstiftung** und **Umstiftung**. Um das Merkmal „Bestimmen" nicht in unzulässiger Weise auszudehnen, müssen nach h.M. eine **geistige Willensbeeinflussung** des Haupttäters bzw. eine **kommunikative Beeinflussung** bestehen. Schließlich muss sich das Hervorrufen eines Tatentschlusses auf ein *konkret-individualisierbares Tatgeschehen* beziehen.

II. „Doppelter" Anstiftervorsatz

Dass der Anstifter vorsätzlich handeln muss (*dolus eventualis* genügt), geht unmittelbar aus dem Wortlaut des § 26 hervor. Aufgrund der Akzessorietät zur Haupttat ist aber auch klar, dass der Vorsatz des Anstifters nicht nur die Anstifterhandlung als solche umfassen, sondern sich auch auf die vorsätzlich und rechtswidrig begangene Haupttat beziehen muss. Man spricht insoweit von einem „doppelten" Anstiftervorsatz. Fraglich ist, wie es sich für den Anstifter auswirkt, wenn der Haupttäter einem unbeachtlichen *error in persona* unterliegt. Während die einen auch beim Anstifter von einer Unbeachtlichkeit ausgehen, nehmen die anderen eine *aberratio ictus* an. Der BGH geht von einer Unbeachtlichkeit auch für den Anstifter aus, sofern sich die Verwechselung im Rahmen des nach allgemeiner Lebenserfahrung Vorhersehbaren bewegt.

III. Eventuell Tatbestandsverschiebung nach § 28 II (dazu später)

IV. Rechtswidrigkeit

V. Schuld

V. Beihilfe (§ 27)

Während eine Anstiftung vorliegt, wenn der Teilnehmer beim Haupttäter den Tatentschluss hervorruft, spricht das Gesetz von Beihilfe, wenn der Teilnehmer vorsätzlich einem anderen zu dessen vorsätzlich begangener rechtswidriger Tat Hilfe geleistet hat.[1391] Der Begriff der vorsätzlich begangenen rechtswidrigen Tat ist mit dem in § 26 identisch.[1392] Klärungsbedürftig ist somit der Begriff des „Hilfeleistens". 1096

1. „Hilfeleisten"

Ein Hilfeleisten kann in jedem Tatbeitrag gesehen werden, der die Haupttat **ermöglicht** oder **erleichtert** oder die vom Haupttäter begangene Rechtsgutverletzung **ver-** 1097

[1391] Zur Einführung vgl. Rn 1037 ff. Zur Abgrenzung Mittäterschaft/Beihilfe vgl. Rn 929 ff. und 1000.

[1392] Vgl. dazu Rn 1052 ff. Eine vorsätzliche Beihilfe zu einer Fahrlässigkeitstat ist juristisch ggf. als mittelbare Täterschaft erfassbar.

stärkt.[1393] In Betracht kommt sowohl physische als auch psychische Beihilfe, also ein Verhalten, durch das der Haupttäter in seinem Tatentschluss bestärkt wird.[1394]

Beispiele für physische Beihilfe: Dietrich oder Lagepläne verschaffen, „Schmiere" stehen etc.

Beispiele für psychische Beihilfe: Bestärkung des zuvor vom Haupttäter gefassten Tatentschlusses (etwa durch Zusage von Hilfeleistungen nach der Tat)[1395], Ermutigen, Rat geben. Auch die bloße Anwesenheit am Tatort kann eine psychische Beihilfe sein. Voraussetzung ist aber stets, dass der Haupttäter in seiner Bereitschaft zur Tatbegehung bestärkt oder dass dem Haupttäter nachweislich das Gefühl erhöhter Sicherheit vermittelt wird.[1396] *Nicht* ausreichend sind dagegen eine Billigung in Form eines schlichten Einverständnisses oder ein bloßes Wissen oder Interesse am Taterfolg.[1397]

1098 Ob der Haupttäter von der Hilfeleistung Kenntnis hat, ist jedenfalls bei der physischen Beihilfe unerheblich.[1398]

Beispiel: Der etwas naive T möchte in ein bewachtes Gebäude einbrechen. Sein Kumpel, der zuvor von T eingeweiht worden war, sieht die Sache realistischer und geht davon aus, dass T es nicht ohne fremde Hilfe schaffen kann. Er lenkt daher den Wachmann mit einem Telefonat ab. T, der davon nichts mitbekommt, erfreut sich an dem Umstand, dass er ohne größere Schwierigkeiten in das Gebäude gelangt ist.

In diesem Fall ist klar, dass die Unkenntnis des T den G nicht entlasten kann. Insbesondere steht diesem Ergebnis nicht der Wortlaut des § 27 I entgegen.

2. Kausalität und Zurechnung

1099 Uneinigkeit besteht hinsichtlich der Frage, ob der Gehilfenbeitrag für den *Erfolg* der Haupttat ursächlich gewesen sein muss und – bejahendenfalls – ob eine Einschränkung der Verantwortlichkeit durch Heranziehung von Elementen der Lehre von der objektiven Zurechnung erforderlich ist.

1100 **Beispiel:** T beabsichtigt, Videokameras aus dem Lager des Elektrogroßmarktes des O zu stehlen. Er bittet seinen Freund G, einen bei O beschäftigten Lagerverwalter, ihm am Samstagabend den Lagerschlüssel zu überlassen. G, der T noch einen Gefallen schuldet, kommt der Bitte nach. Am Abend räumt T das Lager aus. Allerdings hatte er den von G überlassen bekommenen Schlüssel nicht gebraucht, da er bei einem Drücken der Klinke bemerkte, dass die Türe gar nicht verschlossen war.

Strafbarkeit des G?

1101 ⇨ Insbesondere die Rechtsprechung lässt es genügen, wenn die Hilfeleistung die *Handlung* des Haupttäters irgendwie gefördert (sog. Verstärker- oder Förderkausalität) bzw. eine Erhöhung des Risikos der Tatbestandsverwirklichung in rechtlich missbilligter Weise bewirkt hat. Auf eine Kausalität i.S.d. Kausalitätslehren komme es nicht an. Denn § 27 stelle allein das Hilfeleisten zur Haupttat unter Strafe. Eine Kausalität sei nur zwischen der Handlung des Haupttäters und „dessen" Taterfolg erforderlich.[1399]

1393 Vgl. BGH NStZ 2012, 316; NJW 2003, 3212, 3213; NStZ 2001, 364, 365; *W/B/S*, AT, Rn 582; *Lackner/Kühl*, § 27 Rn 2; *Beckemper*, Jura 2001, 163, 164. Das Prüfungsschema der Beihilfe findet sich bei Rn 1126.

1394 BGH NStZ 2012, 316.

1395 BGH NStZ 1999, 609, 610; wistra 1999, 386 (mit abl. Anm. v. *Krack*, JR 2000, 423); OLG Stuttgart wistra 2000, 392; vgl. auch BGH NStZ-RR 2001, 40, 41.

1396 BGH NStZ 2002, 139; NStZ-RR 2001, 40 f.; NStZ 1999, 609, 610; OLG Naumburg NJW 2001, 2034.

1397 BGH NStZ 1998, 622; NStZ-RR 2001, 40, 41. Vgl. auch BGH NStZ 2002, 139.

1398 BGH StV 1981, 72; *Lackner/Kühl*, § 27 Rn 4; LK-*Schünemann*, § 27 Rn 10; anders *Heghmanns*, GA 2000, 474, 479, der einen „Beistandspakt" verlangt.

1399 BGH NStZ 2012, 316; NStZ 2001, 364, 365; StV 2000, 492, 493; BGHSt 42, 135, 136; OLG Stuttgart wistra 2000, 392; zustimmend *Fischer*, § 27 Rn 2 u. 2c; *W/B/S*, AT, Rn 582.

Folgt man der Rechtsprechung, hat G sich wegen Beihilfe zum Diebstahl (§§ 242, 27 I) strafbar gemacht.

⇨ Demgegenüber geht die wohl herrschende Literatur von der Anwendbarkeit der allgemeinen Kausalitätsregeln aus. Danach müsse die Hilfeleistung *conditio sine qua non* für den Erfolgseintritt der Haupttat sein. Darüber hinaus sei eine weitere Begrenzung der Gehilfenstrafbarkeit durch Heranziehung von Elementen der objektiven Zurechnung erforderlich (*tatbestandsrelevante Gefahr* der Förderung der Haupttat und *Verwirklichung dieser Gefahr* durch chancenerhöhende Förderung). Anderenfalls würden Fälle des Versuchs der Beihilfe bestraft, obwohl der Versuch bei § 27 tatbestandslos sei.[1400] 1102

Nach dieser Auffassung hat G sich nicht wegen Beihilfe zum Diebstahl strafbar gemacht. Denn das zwischenzeitliche Überlassen des Schlüssels war nicht äquivalent kausal für den späteren Diebstahl. G hat durch sein Verhalten keine tatbestandsrelevante Gefahr geschaffen, die sich im konkreten Erfolg auch realisiert hat.

Stellungnahme: Da in den meisten Fällen der Gehilfenbeitrag die Erfolgschance tatsächlich erhöht, kann der Streit regelmäßig dahinstehen. Sollte es einmal zu unterschiedlichen Ergebnissen kommen (Hilfeleistung wäre nach Rspr. gegeben, nach h.L. nicht), besteht dennoch im Endergebnis kaum ein Unterschied, da die Rspr. in Fällen, in denen die Lit. die objektive Zurechnung verneinen würde, aufgrund der wesentlichen Abweichung des tatsächlichen Kausalverlaufs vom vorgestellten Kausalverlaufs den Vorsatz entfallen lässt.[1401] 1103

Jedenfalls scheidet ein Hilfeleisten in Fällen, in denen ein an sich kausaler Beitrag keine Risikoerhöhung bewirkt, sondern die Chancen der Haupttat nur verringert (z.B. Ablenken des auf den Kopf des Opfers gezielten Schlags auf die Schulter), aus.[1402] Eine besondere Problematik besteht in Bezug auf allgemein übliche und deshalb gesellschaftlich tolerierte Alltagsgeschäfte (sog. neutrale, alltägliche Verhaltensweisen).

3. Beihilfe auch durch neutrale, alltägliche Verhaltensweisen?

Mit neutralen, alltäglichen Verhaltensweisen sind Handlungen gemeint, „die der Ausführende einem jeden anderen gegenüber vorgenommen hätte, weil er mit der Handlung (...) tat- und täterunabhängige eigene, berufliche oder private, rechtlich nicht missbilligte Zwecke verfolgte".[1403] Fraglich ist, inwieweit solche Verhaltensweisen den Tatbestand der Beihilfe erfüllen können. 1104

Beispiele:

(1) Ein Metzger verkauft einem Einbrecher eine Salami. Dabei hält er es für möglich, dass dieser wohl „etwas vorhat". Frisch gestärkt, begeht der Einbrecher dann einen Wohnungseinbruchdiebstahl. Strafbarkeit nach §§ 242, 244 I Nr. 3, 27 I?

(2) Ein Sportartikelhändler verkauft dem wütenden Ehemann einen Baseballschläger, mit dem dieser später seine Frau verprügelt. Strafbarkeit nach §§ 223, 224 I Nr. 2/5, 27 I?

(3) Ein Taxifahrer befördert zwei Fahrgäste, deren Unterhaltung er bruchstückhaft mitbekommt und aus der er sich zusammenreimen kann, dass diese wohl am Fahrziel eine dritte Person hinterlistig überfallen und zusammenschlagen wollen. Strafbarkeit nach §§ 223, 224 I Nr. 3 und 4, 25 II, 27 I?

[1400] LK-*Schünemann*, § 27 Rn 2 ff.; Sch/Sch-*Heine/Weißer*, § 27 Rn 10; *Lackner/Kühl*, § 27 Rn 2; *Jescheck/Weigend*, AT, § 64 III 2 c; *Geppert*, Jura 1999, 266, 268.

[1401] BGHSt 46, 107 ff. Vgl. auch *Otto*, JZ 2001, 436 ff.; *Ambos*, JA 2000, 721; *Wohlers*, NStZ 2000, 169, 173.

[1402] *Geppert*, Jura 1999, 266, 269; *Grünewald*, KJ 2000, 49, 58; *Kühl*, AT, § 20 Rn 221; SK-*Hoyer*, § 27 Rn 23; Sch/Sch-*Eisele*, Vor § 13 Rn 94; *Lackner/Kühl*, § 27 Rn 2a.

[1403] *Wohlleben*, Beihilfe durch äußerlich neutrale Handlungen, 1997, S. 4; *Hartmann*, Sonderregeln für die Beihilfe durch „neutrales" Verhalten, ZStW 116 (2004), 584 ff.; vgl. nun auch *Gaede*, JA 2007, 757, 759 f.; *Krack/Gasa*, JuS 2008, 1005, 1009 f.; *Kett-Straub/Linke*, JA 2010, 25, 30 f.

(4) Ein Bankangestellter transferiert Gelder eines Steuerflüchtigen ins Ausland. Dabei ist ihm bekannt, dass es sich bei dem Empfangsstaat um eine „Steueroase" handelt. Strafbarkeit wegen Beihilfe zur Steuerhinterziehung gem. § 370 AO?[1404]

(5) Ein Strafverteidiger benennt vor Gericht einen Entlastungszeugen, der ihm von seinem Mandanten genannt worden war. Dabei hält er es für möglich, dass es sich bei dem Entlastungszeugen um einen Falschaussagenden handelt. Strafbarkeit nach §§ 258, 27 I?[1405]

(6) Ein Pizzaservice beliefert Mitglieder der Mafia. Dass das entgegengenommene Geld aus einer Geldwäsche stammen könnte, will der Lieferant gar nicht wissen. Strafbarkeit nach § 261?

1105 Fest steht jedenfalls, dass der jeweilige Ausführende einen kausalen und chancenerhöhenden Beitrag geleistet hat. Doch hier eine Strafbarkeit wegen Beihilfe (oder gar wegen einer Täterschaft) anzunehmen stößt mit Blick auf die an sich gegebene Neutralität und Sozialadäquanz des Handelns auf Bedenken.

1106 ▪ Teilweise werden keine Bedenken an einer Strafbarkeit wegen Beihilfe geäußert. Auch wer mit seiner Handlung allgemein üblichen und deshalb gesellschaftlich tolerierten Alltagsgeschäften nachgehe, mache sich wegen Beihilfe strafbar, wenn er die Möglichkeit einer Straftat erkenne und gleichwohl seinen Geschäften nachgehe.[1406]

Diese Auffassung ist nicht haltbar. Die uneingeschränkte Strafbarkeit wegen Beihilfe würde in vielen Dienstleistungsbereichen zur Erschwerung der Handlungsabläufe führen. Denn die betreffenden Personen müssten stets jedem Verdacht einer Straftat nachgehen und ggf. die Leistung verweigern, nur um die Möglichkeit einer eigenen Strafbarkeit auszuschließen. Die h.M. teilt die hier geäußerten Bedenken. Strittig ist nur, auf welcher Ebene des Deliktsaufbaus die erforderliche Einschränkung zu erfolgen hat.

1107 ▪ Die Literatur nimmt in Fällen, in denen der Betroffene weiß[1407], dass er illegales Verhalten fördert (somit also keine Einschränkung im subjektiven Tatbestand erfolgen kann), überwiegend eine Begrenzung des objektiven Beihilfetatbestands vor, indem sie das rechtlich relevante Risiko verneint, das sich im konkreten Taterfolg realisieren könnte.[1408] Im Ergebnis wird somit die objektive Zurechnung des tatbestandlichen Erfolgs verneint.[1409]

1108 ▪ Handelt es sich um eine berufstypische Handlung, wird die Einschränkung der Strafbarkeit noch deutlicher formuliert: Während einige Literaturstimmen berufstypische Handlungen generell für straflos halten[1410], wollen andere eine Strafbarkeit nur dann annehmen, wenn der Betroffene eine Tat fördert, die im Katalog des § 138 genannt oder bei der eine Hilfeleistungspflicht i.S.d. § 323c ausgelöst ist[1411]. Wiederum andere differenzieren: Für den Fall, dass der Gesetzgeber bestimmte berufstypische Handlungen, welche die Gefahr der Ausnutzung zu Straftaten in sich bergen, nicht reglementiert hat, sei die berufliche Tätigkeit von der Berufsfreiheit aus Art. 12 I GG gedeckt und daher straffrei. Die Grenze zur Strafbarkeit werde erst dann überschritten, wenn der Betroffene definitiv um seine Förderungshandlung wisse.[1412]

[1404] Vgl. dazu BGHSt 46, 107 ff. (mit Bespr. v. *Jäger*, wistra 2000, 344; *Samson/Schillhorn*, wistra 2001, 1 ff. und *Lesch*, JA 2001, 187 ff.); LG Wuppertal wistra 1999, 473, 474; LG Bochum NJW 2000, 1430; *Schünemann*, GA 1999, 207, 224; *Behr*, wistra 1999, 245, 247; *Harzer/Vogt*, Strafverteidigerforum 2000, 39; *Pilz*, Beihilfe zur Steuerhinterziehung durch neutrale Handlungen von Bankmitarbeitern, 2001; *Eidam*, Unternehmen und Strafe, 2. Aufl. 2001, S. 122.

[1405] Vgl. dazu BGH NStZ 2000, 34 mit Bespr. v. *Wohlers*, NStZ 2000, 169 ff.; *Ignor*, Strafverteidigerforum 2001, 42 ff.

[1406] *Beckemper*, Jura 2001, 163, 164.

[1407] Weiß dieser nicht um seine Gehilfenhandlung, entfällt der subjektive Tatbestand des Gehilfenbeitrags. Die (schwierige) Diskussion um eine Einschränkung der objektiven Zurechnung erübrigt sich dann.

[1408] Vgl. LK-*Schünemann*, § 27 Rn 21 („Vertrauensgrundsatz"); *Wohlers*, NStZ 2000, 169 ff.; *Otto*, JZ 2001, 436 f. Vgl. im Übrigen die umfangreichen Nachweise bei *Hartmann*, Sonderregeln für die Beihilfe durch „neutrales" Verhalten, ZStW 116 (2004), 584 ff.

[1409] Wie hier *Hartmann*, Sonderregeln für die Beihilfe durch „neutrales" Verhalten, ZStW 116 (2004), 584, 600 f.

[1410] *Jakobs*, AT, § 24 Rn 17. Vgl. auch *Lesch*, JA 2001, 187 ff. und 986 ff.

[1411] *Hefendehl*, Jura 1992, 374, 377.

[1412] *Otto*, JZ 2001, 436, 443.

- Die Rechtsprechung, die aufgrund ihrer ablehnenden Haltung gegenüber der Lehre von der objektiven Zurechnung keine Einschränkung im objektiven Tatbestand vornehmen kann, behandelt die Problematik im subjektiven Tatbestand: Wisse der Betroffene um seine Mitwirkung an einer Straftat, sei er wegen Beihilfe strafbar. Ob der Betroffene den Erfolg der Haupttat wünsche oder ihn lieber vermeiden möchte, sei nicht entscheidend. Es genüge, dass die Hilfe an sich geeignet sei, die fremde Tat zu fördern oder zu erleichtern, und dass der Betroffene dies wisse. Unter dieser Voraussetzung sei der Gehilfenvorsatz selbst dann nicht in Frage gestellt, wenn der Betroffene dem Täter ausdrücklich zu verstehen gebe, er missbillige dessen Tat.[1413] 1109
  Halte der Betroffene die Straftat, zu der er möglicherweise Beihilfe leistet, lediglich für möglich (*dolus eventualis*), liege eine Beihilfe regelmäßig nicht vor.[1414]

Die Mitwirkung bei der Erstellung der Jahresbefehle zur Grenzsicherung der ehemaligen DDR ist für sich allein noch keine strafbare Beihilfe zu den an der Grenze erfolgten Tötungen und Verletzungen durch die dort verlegten Minen. Diese Handlungen sind nach Auffassung des BGH berufstypisch und damit „neutral", weil die Mitwirkung an der Erstellung von Jahresbefehlen auch legitime Beiträge zur Grenzsicherung darstellten. Etwas anderes soll für militärische Vorgesetzte gelten, die die allgemeinen Regelungen der Jahresbefehle auf nachgeordneter Ebene umsetzten und dabei konkrete Bestimmungen über den Einsatz der Minensperren trafen.[1415] Zu den Tötungen an der innerdeutschen Grenze vgl. auch Rn 976 ff. („Täter hinter dem Täter"). 1110

4. Beihilfe zum Unterlassen/durch Unterlassen

Zunächst ist Beihilfe (durch aktives Tun) zu einem Unterlassungsdelikt denkbar. Beihilfe kann aber auch durch Unterlassen geleistet werden, sofern dem Gehilfen eine Garantenpflicht obliegt. Die Haupttat selbst kann hier sowohl ein Begehungsdelikt als auch ein Unterlassungsdelikt sein.[1416] 1111

Beispiel[1417]**:** B und T teilten sich seit sechs Jahren eine Wohnung. B übernachtete im Wohnzimmer oder in der Küche, während T das Schlafzimmer benutzte. Als Gegenleistung für Unterkunft und Verpflegung leitete T seine Hartz-IV-Bezüge an B weiter. Obwohl B wusste, dass T seit geraumer Zeit mit Betäubungsmitteln in nicht geringen Mengen handelte, schritt er dagegen nicht ein. Er duldete es, dass T das Schlafzimmer nicht nur als Wohn- und Schlafstätte, sondern auch zur Lagerung der Drogen und zur Abwicklung der Drogengeschäfte mit Konsumenten nutzte. Dort bewahrte T auch das zur Abwicklung der Drogengeschäfte bestimmte Geld in kleinen Scheinen auf und zählte es gelegentlich vor den Augen des B, bevor er sich zum Drogenkauf in die Niederlande aufmachte.

T ist gem. § 29a I S. 1 Nr. 2 Var. 1 BtMG strafbar. Fraglich ist allein die Strafbarkeit des B. Eine mittäterschaftliche Beteiligung kann verneint werden, weil B keine Tatherrschaft innehatte. B könnte aber wegen Beihilfe zu § 29a I S. 1 Nr. 2 Var. 1 BtMG durch Unterlassen strafbar sein. Allein die Kenntnis und Billigung der Lagerung und des Vertriebs von Betäubungsmitteln in einer Wohnung erfüllt für den Wohnungsinhaber jedoch noch nicht die Voraussetzungen strafbarer Beihilfe. Nach Auffassung des BGH hat ein Wohnungsinhaber nur dann die Garantenpflicht, gegen einen in der Wohnung durchgeführten Betäubungsmittelhandel einzuschreiten, wenn er die Verfügungsgewalt über die gesamte Wohnung hat und diese – etwa durch ihre Lage oder Beschaffenheit – eine besondere Gefahrenquelle für eine leichtere Ausführung von Straftaten darstellt.[1418]

[1413] BGH NStZ 2001, 364, 365; NJ 2001, 552; BGHSt 46, 107, 112.
[1414] BGH wistra 1999, 459; BGHSt 46, 107, 112 unter Bezugnahme auf LK-*Roxin*, § 27 Rn 19 (11. Aufl.). Vgl. auch *Joecks*, § 27 Rn 16 und *W/B/S*, AT, Rn 582.
[1415] Vgl. BGH NJ 2001, 552; vgl. auch *Altvater*, NStZ 2002, 21, 22.
[1416] Vgl. BGHSt 14, 229; OLG Stuttgart wistra 2000, 392; Sch/Sch-*Heine/Weißer*, § 27 Rn 6; *Lackner/Kühl*, § 27 Rn 6; *Geppert*, Jura 1999, 266, 271.
[1417] Nach BGHSt 53, 199 ff. mit Bespr. v. *Bosch*, JA 2010, 306.
[1418] BGHSt 53, 199, 202 f. mit Verweis auf BGH NStZ-RR 2003, 153.

B hatte jedenfalls nicht die Verfügungsgewalt über das Schlafzimmer. Da sich der Drogenhandel nur in diesem Zimmer abspielte, ist B auch nicht wegen Beihilfe durch Unterlassen gem. § 29a I S. 1 Nr. 2 Var. 1 BtMG i.V.m. §§ 27 I, 13 I StGB strafbar.

5. Zeitpunkt der Hilfeleistung/sukzessive Beihilfe

1112 Tritt der Gehilfe nachträglich in ein Tatgeschehen ein und ist die Haupttat noch nicht vollendet, liegt unstreitig die Möglichkeit einer Teilnahme an der vollendeten Haupttat vor (Normalfall einer Beihilfe). Ist die Haupttat dagegen beendet, ist unstreitig eine Beihilfe *nicht* mehr möglich.[1419] In Fällen, in denen die (formelle) Vollendung und die (materielle) Beendigung aber zeitlich auseinanderfallen können (vgl. dazu Rn 1010 und 1045), ist fraglich, ob in der Beendigungsphase, also in der Phase zwischen Vollendung und Beendigung, nicht nur sukzessive Mittäterschaft, sondern auch **sukzessive Beihilfe** möglich ist. Denn wird in diesem Deliktsstadium Hilfe geleistet, wird regelmäßig bereits die Anschlussstraftat Begünstigung (§ 257) in Betracht kommen.

Beispiel: T hat nur Dummheiten im Kopf. Diesmal entreißt er der 80-jährigen O unter Gewalteinwirkung die Handtasche und ist auf der Flucht. Sein zufällig vorbeikommender Freund G erblickt die Lage und hilft T zu entkommen. Strafbarkeit der Beteiligten?

T ist wegen vollendeten Raubs (§ 249) strafbar. Fraglich ist, ob G sich wegen Beihilfe dazu strafbar gemacht hat.

⇨ Die h.M. unter Einschluss der Rspr.[1420] sieht die Beutesicherung als Teil der Beendigungsphase an und lässt in Fällen dieser Art sowohl (sukzessive) Beihilfe als auch Begünstigung (§ 257) zu; sie nimmt die Abgrenzung nach der Vorstellung und der Willensrichtung des Täters bzw. Gehilfen vor. Wolle dieser die Beendigung fördern, liege Beihilfe vor, wolle er die Vorteile sichern, Begünstigung.

Folgt man der h.M., ist auch vorliegend die Willensrichtung des G entscheidend: Will er die Vortat beenden helfen, liegt Beihilfe zum Raub (§§ 249, 27 I) vor. Dann scheidet die gleichzeitige Annahme einer Begünstigung wegen § 257 III S. 1 aus. Will G dagegen die Vorteile der Tat sichern helfen, liegt (nur) Begünstigung vor.

⇨ Die Gegenauffassung[1421] will unter Berufung auf § 257 III S. 1 stets einen Vorrang der sukzessiven Beihilfe vor der Begünstigung annehmen. Derjenige, der die Deliktsbeendigung tatsächlich fördere, könne sich nicht deshalb der unter Umständen strengeren Haftung wegen Beihilfe zur Vortat entziehen, weil er nur eine Vorteilssicherung anstrebe. Daher sei die innere Willensrichtung kein taugliches Abgrenzungskriterium.

Demzufolge hätte sich G wegen Beihilfe zum Raub strafbar gemacht.

⇨ Wieder andere[1422] lehnen eine sukzessive Beihilfe unter Bezug auf Art. 103 II GG nach Vollendung der Haupttat ab. Der Bestimmtheitsgrundsatz verbiete es, durch die Ausdehnung der Tatphase die zeitlichen Grenzen zu verwischen und auf diese Weise die Tatbeteiligung von dem unpräzisen Begriff der Tatbeendigung abhängig zu machen.

Folgt man dieser Überlegung, stellt sich generell nicht (und daher auch nicht im vorliegenden Fall) die Frage nach der Abgrenzung zwischen sukzessiver Beihilfe und Begünstigung. Zu bestrafen ist lediglich wegen Begünstigung.

⇨ Stellungnahme: Gegen die h.M. spricht, dass die innere Willensrichtung nur schwer feststellbar ist und der Täter daher stets die Schutzbehauptung aufstellen wird, er habe lediglich die Vorteile der Tat sichern wollen. Für die zweitgenannte Auffassung spricht, dass sie aus den genannten Gründen die h.M. ablehnt. Allerdings ist ihr wiederum mit

---

[1419] Insoweit lediglich klarstellend BGH NStZ 2013, 463, 464; NStZ 2007, 35, 36.

[1420] BGHSt 4, 132, 133; 6, 248, 251; BGH wistra 2008, 20 f.; BGH NStZ 2012, 316, 317; NStZ 2013, 463, 464; zust. Sch/Sch-*Heine/Weißer*, § 27 Rn 17; *Fischer*, § 27 Rn 6 und 10.

[1421] Sch/Sch-*Stree/Hecker*, § 257 Rn 8; *Seelmann*, JuS 1983, 32, 33 f.

[1422] LK-*Schünemann*, § 27 Rn 42; *Lackner/Kühl*, § 27 Rn 3 und § 257 Rn 9; SK-*Hoyer*, § 27 Rn 18; dem sich anschließend *Rönnau/Golombek*, JuS 2007, 348, 351.

der zuletzt genannten Auffassung entgegenzuhalten, dass Art. 103 II GG eine restriktive Auslegung der Straftatbestände verlangt. Zudem ist die Abgrenzung der Beihilfe – ließe man diese zu – zur Begünstigung auch unter Zugrundelegung objektiver Gesichtspunkte nicht mit hinreichender Sicherheit konturiert. Außerdem liefe die Zurechnung bereits verwirklichter Tatbestandsmerkmale auf die Bestrafung eines nachträglichen Vorsatzes hinaus. Schließlich gewährt bereits § 257 hinreichenden Schutz.[1423] Der zuletzt genannten Auffassung ist daher zu folgen. G hat sich wegen **Begünstigung** strafbar gemacht.

Hinweis für die Fallbearbeitung: Folgt man in einer Klausur – entgegen der hier vertretenen Ansicht – der h.M., ist zunächst die sukzessive Beihilfe zu prüfen. Liegt diese vor, ist für eine Prüfung des § 257 kein Raum, da der Vortäter nicht „ein anderer" sein kann. Ein kurzer Hinweis auf § 257 III S. 1 sollte dann genügen. Gleiches gilt, wenn man die zweitgenannte Auffassung vertritt. Wer der hier vertretenen Auffassung folgt, muss zwar ebenfalls zunächst auf die sukzessive Beihilfe eingehen, diese aber ablehnen und sodann mit der Prüfung des § 257 fortfahren.

6. „Doppelter" Gehilfenvorsatz

Auch der Gehilfenvorsatz (*dolus eventualis* genügt) muss ein „doppelter" sein. Er muss 1113
die **Unterstützungshandlung** als solche (d.h. gerade in ihrer unterstützenden Wirkung) umfassen und sich außerdem auf eine bestimmte, nicht in allen Einzelheiten konkretisierte, **vorsätzliche und rechtswidrige Haupttat** beziehen.[1424]

Im Unterschied zum Anstifter muss der Gehilfe also keine bestimmten Vorstellungen von den 1114
Einzelheiten und der „Unrechtsdimension" der Haupttat haben; es genügt, wenn er die **wesentlichen Merkmale** der Haupttat erfasst.[1425]

Eine **fahrlässige Beihilfe** ist zwar denkbar, jedoch nicht gem. § 27 i.V.m. der Haupttat 1115
strafbar. In Betracht kommt aber eine Strafbarkeit wegen Täterschaft eines Fahrlässigkeitsdelikts. Eine **vorsätzliche Beihilfe zu einer Fahrlässigkeitstat** ist juristisch ggf. als mittelbare Täterschaft erfassbar.

7. Erlaubnistatbestandsirrtum beim Haupttäter

Der Erlaubnistatbestandsirrtum betrifft die Vorstellung des Täters, nicht bloß gerechtfer- 1116
tigt zu sein, sondern auch die sachlichen (in Wirklichkeit aber nicht gegebenen) Voraussetzungen eines anerkannten Rechtfertigungsgrundes zu erfüllen.

Beispiel: O zieht aus seiner Westentasche ein Streichholz, um sich eine Zigarette anzuzünden. T glaubt in diesem Moment, O wolle ein Messer ziehen, um ihn anzugreifen. Um diesen vermeintlichen Angriff abzuwehren, schlägt T den O nieder - § 223.

In diesem Fall hat sich T den Sachverhalt vorgestellt, dass O ihn gegenwärtig und rechtswidrig angreife und er (T) die erforderliche Verteidigungshandlung vornehmen dürfe. § 32 ist damit zumindest nach der Vorstellung des T erfüllt. Tatsächlich lag aber zu keiner Zeit ein Angriff des O vor. T kann daher nicht gerechtfertigt sein. Im Nachhinein stellt sich heraus, dass der Irrtum des T dadurch zustande gekommen ist, dass A dem T zuvor wahrheitswidrig vorgespielt hatte, O wolle sich wegen einer Liebesrivalität in allernächster Zukunft an T rächen.

Die rechtliche Behandlung eines Erlaubnistatbestandsirrtums ist sehr umstritten. Wie man 1117
die irrtümliche Vorstellung der tatsächlichen Voraussetzungen eines Rechtfertigungsgrun-

[1423] So nun auch *Kühl*, JA 2014, 668, 673.
[1424] BGH NJW 2007, 384, 389 f.; BGH wistra 2000, 382; BGHSt 42, 135, 138; *Schlehofer*, StV 1997, 412; *Büscher*, JuS 1998, 384; *Loos*, JR 1997, 297; *Scheffler*, JuS 1997, 598; BGH NStZ-RR 2000, 326; *Lackner/Kühl*, § 27 Rn 7. Vgl. auch *Murmann*, JuS 1999, 548, 552 und nun auch *Gaede*, JA 2007, 757, 759 f.
[1425] BGH NStZ 2011, 399, 400; NJW 2007, 384, 389 f.; StV 1985, 100.

des einordnet, hängt vom grundsätzlichen Verständnis des Deliktsaufbaus (also vom Zusammenspiel von Tatbestand, Rechtswidrigkeit und Schuld) ab. Im Wesentlichen müssen die Vorsatztheorie und die Schuldtheorien bekannt sein. Diese sind ausführlich bei Rn 536 ff. dargestellt. Folgt man der **„eingeschränkten" Schuldtheorie**, entfällt beim Täter der Tatbestandsvorsatz gem. § 16 I S. 1 analog.[1426]

Für T des **Beispiels** von Rn 1116 bedeutet dies also, dass sein Vorsatz analog § 16 I S. 1 ausgeschlossen ist. Die Vermeidbarkeit des Irrtums unterstellt, ist er aber wegen fahrlässiger Körperverletzung (§ 229) strafbar.

1118 Nach der zweiten Variante der eingeschränkten Schuldtheorie, der **rechtsfolgenverweisenden eingeschränkten Schuldtheorie**[1427] lässt der Erlaubnistatbestandsirrtum den Willen zur Tatbestandsverwirklichung, also den Tatbestandsvorsatz unberührt. Diese Variante schließt vielmehr nur die Vorsatzschuld und eine Bestrafung wegen vorsätzlicher Tat aus. Der Erlaubnistatbestandsirrtum wird damit lediglich in seinen Rechtsfolgen dem in § 16 I S. 1 geregelten Tatbestandsirrtum gleichgestellt (es bleibt also bei einer vorsätzlichen und rechtswidrigen – und damit teilnahmefähigen Tat i.S.d. §§ 26, 27). Beruht der Irrtum auf einer Fahrlässigkeit, kommt in Übereinstimmung mit der ersten Variante dieser Theorie § 16 I S. 2 zur Anwendung mit der Folge, dass die Bestrafung von der Existenz eines entsprechenden Fahrlässigkeitsdelikts abhängt.

Demnach würde bei T des **Beispiels** von Rn 1116 lediglich die Vorsatzschuld entfallen, sodass es bei einer vorsätzlichen und rechtswidrigen Tat bliebe. Für A bedeutete dies, dass eine teilnahmefähige Haupttat i.S.d. § 26 vorläge. Dieser würde dann wegen Anstiftung zur Körperverletzung (§§ 223, 26) strafbar sein.

1119 **Hinweis für die Fallbearbeitung:** Die eingeschränkte Schuldtheorie in der rechtsfolgenverweisenden Variante lässt also unter analoger Anwendung des § 16 I S. 1 (und im Gegensatz zur vorsatzausschließenden Variante) nicht den Vorsatz selbst entfallen, sondern nur die Vorsatzschuld, sodass der Täter zwar straffrei bleibt, aber weiterhin eine tatbestandsmäßige und rechtswidrige Tat vollendet hat. Dadurch wird (im Gegensatz zur vorsatzausschließenden Variante) die Teilnahmemöglichkeit nach §§ 26, 27 einer anderen Person nicht ausgeschlossen. Man wird daher den Verdacht nicht los, man wolle nur ein bestimmtes Ergebnis herbeiführen, indem man entweder den Vorsatz entfallen lässt oder aber diesen bejaht und nur die Vorsatzschuld verneint, es somit bei einer vorsätzlichen und rechtswidrigen Tat belässt, wodurch die Möglichkeit einer Teilnahme nicht abgeschnitten wird.
Folgt man der wohl dogmatisch am saubersten erscheinenden **rechtsfolgenverweisenden Variante der eingeschränkten Schuldtheorie**, darf der in Betracht kommende Erlaubnistatbestandsirrtum erst in der „Schuld" unter dem Blickwinkel des „Vorsatzschuldvorwurfs" erörtert werden. Mit abweichenden Ansichten braucht man sich auch dann erst an dieser Stelle auseinanderzusetzen, auch wenn diese anderen Ansichten für sich genommen teilweise schon früher behandelt werden müssten (siehe ausführlich Rn 545 ff.).

8. Beihilfe zur versuchten Tat/versuchte Beihilfe/Beihilfe zur Teilnahme

1120 Einer kurzen Erläuterung bedarf es auch hinsichtlich einiger Sonderkonstellationen. Die **Beihilfe zur versuchten Tat** stellt nichts anderes dar als den „Normalfall" einer Beihilfe mit dem Unterschied, dass die Haupttat lediglich versucht wurde. Da Haupttat i.S.d. §§ 26, 27 aber auch ein Versuch sein kann, sofern dieser strafbar ist, ist auch derjenige wegen Beihilfe strafbar, der zu einer mit Strafe bedrohten, versuchten Tat Hilfe leistet.

[1426] Vgl. die Nachweise bei Rn 541.
[1427] Vgl. die Nachweise bei Rn 543.

Beispiel: B möchte C ausrauben. Sein Kumpel A meint, dass es besser sei, einen Schlagstock mitzunehmen.

Kommt hier die Haupttat (der Raub des B) nicht zur Vollendung, etwa weil C die begehrten Objekte nicht bei sich hatte, liegt auf Seiten des B ein versuchter schwerer Raub vor (§§ 249, 250 I Nr. 1a Var. 2, 22, 23 I, 12 I). Da auch eine mit Strafe bedrohte, versuchte Tat eine Haupttat i.S.d. §§ 26, 27 sein kann, ist A wegen Beihilfe zum versuchten schweren Raub strafbar (§§ 249, 250 I Nr. 1a Var. 2, 22, 23 I, 12 I, 27 I).

Von der Beihilfe zum Versuch strikt zu trennen ist die (straflose![1428]) **versuchte Beihilfe**. 1121
Damit sind Konstellationen gemeint, in denen jemand dem Haupttäter Hilfe angeboten, der Haupttäter die angebotene Hilfe aber zurückgewiesen hat.

Problematisch sind die Fälle, in denen die Hilfeleistung objektiv fehlgeschlagen ist, sie die 1122
Haupttat also in keiner Weise gefördert hat. Hier bedarf es stets einer sorgfältigen Prüfung des Einzelfalls, ob ein *bloßer Beihilfeversuch*, eine *strafbare Beihilfe zum Versuch* oder ggf. eine *psychische Beihilfe zum vollendeten Delikt* vorliegt.

Beispiel: T beabsichtigt, elektronische Messgeräte aus dem Lager des Elektrogroßmarktes des O zu stehlen. Er bittet seinen Freund G, einem bei O beschäftigten Lagerverwalter, ihm am Samstagabend den Lagerschlüssel zu überlassen. G, der ihm noch einen Gefallen schuldig ist, kommt der Bitte nach. Als T dann versucht, die Lagertür aufzuschließen, muss er feststellen, dass der Schlüssel nicht passt. Unverrichteter Dinge muss er die Aktion abbrechen. Den G zur Rede gestellt, stellt sich heraus, dass dieser den Schlüssel aufgrund seiner Schusseligkeit verwechselt hatte.

Hier ist T wegen versuchten Diebstahls in einem besonders schweren Fall strafbar (§§ 242 I, II, 22, 23 I, 12 II i.V.m. § 243 I Nr. 1). G ist dagegen straflos, sofern ein Fall der versuchten Beihilfe vorliegt. Aber auch ein Fall der strafbaren Beihilfe zu einem versuchten Diebstahl in einem besonders schweren Fall kann nicht ausgeschlossen werden. Allgemeingültige Kriterien der Abgrenzung bestehen nicht. Zur Abgrenzung sei daher folgende Überlegung vorgeschlagen: Basiert die Nichtvollendung der Haupttat auf externen, von der Hilfeleistung unabhängigen Faktoren, sollte ein Fall der strafbaren Beihilfe zum Versuch angenommen werden. Hängt der Eintritt der Vollendung des Delikts dagegen von der Wirksamkeit des Gehilfenbeitrags ab, sollte man von einer straflosen versuchten Beihilfe ausgehen, wenn der Gehilfenbeitrag ohne jeglichen Effekt geblieben ist. Vorliegend hing die Vollendung des Diebstahls entscheidend von der Brauchbarkeit des von G zur Verfügung gestellten Schlüssels ab. Da die Unbrauchbarkeit dieses Tatmittels von G „verschuldet" war, ist dieser im Ergebnis straflos.

Schließlich sind eine **Beihilfe zur Beihilfe** und eine **Beihilfe zur Anstiftung** möglich. 1123
Hier liegt jeweils eine mittelbare Beihilfe zur Haupttat vor.[1429]

9. Teilnahme am erfolgsqualifizierten Delikt

Da die (prüfungsrelevante) Teilnahme an einem erfolgsqualifizierten Delikt bereits bei Rn 1124
918 f. behandelt wurde, sei insoweit auf diese Ausführungen verwiesen.

10. Exzess und *error in persona* beim Haupttäter

Hinsichtlich des Exzesses und des *error in persona* beim Haupttäter kann im Wesentli- 1125
chen auf die Ausführungen zur Anstiftung verwiesen werden.

[1428] Die versuchte Beihilfe ist stets (also auch bei Verbrechen) straflos, weil es an einer strafbarkeitsbegründenden Norm fehlt (§ 30 I erfasst nur den Fall einer versuchten Anstiftung zu einem Verbrechen).
[1429] BGH NStZ 2000, 421, 422.

11. Prüfungsschema

1126

Prüfungsschema zur Beihilfe

Vorprüfung: Da die Beihilfe akzessorisch zur Haupttat ist, muss diese zwingend zuerst geprüft werden. Erst bei Bejahung der vorsätzlichen und rechtswidrigen (nicht notwendigerweise schuldhaft begangenen) Haupttat darf auf die Beihilfe eingegangen werden.

I. Hilfeleisten bei einer vorsätzlichen und rechtswidrigen Haupttat
Ein Hilfeleisten kann in jedem Tatbeitrag gesehen werden, der die Haupttat **ermöglicht** oder **erleichtert** oder die vom Haupttäter begangene Rechtsgutverletzung **verstärkt**. Das Hilfeleisten kann **physischer** und/oder **psychischer** Natur sein. Ob der Haupttäter von der Hilfeleistung Kenntnis hat, ist jedenfalls bei der physischen Beihilfe unerheblich. Auch eine **geistige Willensbeeinflussung** des Haupttäters bzw. eine **kommunikative Beeinflussung** sind **nicht** erforderlich.
In zeitlicher Hinsicht ist nach h.M. Beihilfe auch zwischen Vollendung und Beendigung der Haupttat möglich (sog. **sukzessive Beihilfe**).
Umstritten ist, ob der Gehilfenbeitrag **kausal für den Erfolgseintritt** sein muss. Insbesondere die Rspr. lässt es genügen, wenn die Hilfeleistung die *Handlung* des Haupttäters irgendwie gefördert (sog. Verstärker- oder Förderkausalität) bzw. eine Erhöhung des Risikos der Tatbestandsverwirklichung bewirkt hat. Demgegenüber muss nach wohl h.L. die Hilfeleistung *conditio sine qua non* für den Erfolgseintritt der Haupttat gewesen sein. Darüber hinaus sei eine weitere Begrenzung der Gehilfenstrafbarkeit durch Heranziehung von Elementen der **objektiven Zurechnung** erforderlich (*tatbestandsrelevante Gefahr* der Förderung der Haupttat und *Verwirklichung dieser Gefahr* durch chancenerhöhende Förderung).
Problematisch sind auch **neutrale, alltägliche Verhaltensweisen**: Während die einen Literaturstimmen eine uneingeschränkte Strafbarkeit wegen Beihilfe annehmen und die anderen eine Einschränkung der objektiven Zurechnung vornehmen, nimmt die Rspr. eine Einschränkung im subjektiven Tatbestand vor: Wisse der Betroffene um seine Mitwirkung an einer Straftat, sei er wegen Beihilfe strafbar. Halte der Betroffene die Straftat, zu der er möglicherweise Beihilfe leistet, lediglich für möglich, liege eine Beihilfe i.d.R. nicht vor.

II. „Doppelter" Gehilfenvorsatz
Dass der Gehilfe vorsätzlich handeln muss (*dolus eventualis* genügt), geht unmittelbar aus dem Wortlaut des § 27 hervor. Aufgrund der Akzessorietät zur Haupttat ist aber auch klar, dass der Vorsatz des Gehilfen nicht nur die Hilfeleistung als solche umfassen, sondern sich auch auf die vorsätzlich und rechtswidrig begangene Haupttat beziehen muss. Man spricht insoweit von einem „doppelten" Gehilfenvorsatz.

III. Eventuell Tatbestandsverschiebung nach § 28 II (dazu später)

IV. Rechtswidrigkeit

V. Schuld

E. Akzessorietätslockerung durch § 28

I. Problemstellung

Bislang wurde stets darauf hingewiesen, dass sich die Strafe für den Teilnehmer grundsätzlich (unter Berücksichtigung der obligatorischen Strafmilderung für den Gehilfen, § 27 II i.V.m. § 49 I) nach der für den Täter geltenden Strafandrohung richte. Auch wurde deutlich gemacht, dass die Limitierung der Teilnahmeakzessorietät auf Tatbestand und Rechtswidrigkeit der Haupttat aus dem Grundsatz folge, dass jeder Beteiligte ohne Rücksicht auf die Schuld des anderen nach seiner Schuld bestraft werde (§ 29). 1127

Nun ist auf die in § 28 festgelegte, zusätzliche Akzessorietätslockerung einzugehen. Diese Vorschrift bezieht sich auf Tatbestände, die strafbegründende und strafmodifizierende **besondere persönliche Merkmale** enthalten. Mit ihr können die jeweiligen persönlichen Merkmale von Mittätern und Teilnehmern besonders berücksichtigt und strafrechtlich noch unabhängiger von den anderen Beteiligten gewürdigt werden. 1128

Von zentraler Bedeutung ist somit die Kenntnis der besonderen persönlichen Merkmale. Nach ganz überwiegender Auffassung sind damit *nicht* solche i.S.d. § 14 I gemeint. Vielmehr sind die „besonderen persönlichen Merkmale" i.S.d. § 28 von den tatbezogenen Merkmalen, d.h. solchen Merkmalen, die nur der sachlichen Charakterisierung der Tat (der Rechtsgutverletzung) dienen, abzugrenzen, für die der Anwendungsbereich des § 28 konsequenterweise nicht eröffnet ist und bei denen dementsprechend eine Akzessorietätslockerung nicht stattfinden kann. Das zeigt, welche Bedeutung die Einordnung eines Tatbestandsmerkmals entweder als täterbezogen oder als tatbezogen im konkreten Fall für die Strafbarkeit des Beteiligten haben kann. Allgemeingültige Abgrenzungskriterien bestehen nicht. Daher ist in der Fallbearbeitung ein geschultes Judiz gefragt. Verfehlt wäre es jedenfalls, objektive Tatbestandsmerkmale als tatbezogen, subjektive Tatbestandsmerkmale als täterbezogen anzusehen, weil sich die Einordnung ausschließlich nach der Funktion des Merkmals innerhalb des Gesamttatbestands richten kann. Vielmehr spielen Charakter und Schutzrichtung des einschlägigen Straftatbestands die entscheidende Rolle. Nach der hier vertretenen Auffassung sind täterbezogene und somit dem Anwendungsbereich des § 28 unterfallende Merkmale jedenfalls solche, die eine **besondere Pflichtenstellung höchstpersönlicher Art** umschreiben. Das betrifft insbesondere die Stellung des Täters als Erzieher in den §§ 174 und 180 I S. 2, als Amtsträger in den §§ 331 ff., als Garant in den unechten Unterlassungsdelikten (str.[1430]), als Bandenmitglied in den §§ 244 I Nr. 2, 250 I Nr. 2 (str.[1431]), als denjenigen, dem die Vermögensbetreuungspflicht im Bereich der Untreue (§ 266) obliegt[1432] oder dem die Sache im Bereich der veruntreuenden Unterschlagung (§ 246 II) anvertraut war.[1433] Auch die Ermöglichungsabsicht in § 306b II Nr. 2 gehört dazu.[1434] Schließlich unterfällt die Gewerbsmäßigkeit dem Regelungsbereich des § 28, auch wenn sie lediglich in einer Strafzumessungsregel wie § 243 I S. 2 Nr. 3 oder § 263 III Nr. 1 formuliert ist.[1435] Denn die Strafzumessungsregel ist immer in Verbindung mit dem Grundtatbestand zu sehen. 1129

Zu den **tatbezogenen** (und daher nicht dem Anwendungsbereich des § 28 unterfallenden) Merkmalen gehören insbesondere die Mordmerkmale der 2. Gruppe des § 211 II, die Absicht bei den meisten erfolgskupierten (z.B. §§ 242 I, 253 I, 263 I) und den verkümmerten zweiaktigen Delikten (z.B. § 146), die Eigenschaft als Gefangener nach § 121, als Unfallbeteiligter 1130

[1430] Wie hier *Fischer*, § 28 Rn 6; NK-*Seelmann*, § 13 Rn 90; SK-*Hoyer*, § 28 Rn 35; LK-*Schünemann*, § 28 Rn 58; *W/B/S*, AT, Rn 558; *Grunst*, NStZ 1998, 548, 551; *Hinderer*, JA 2009, 25, 28; a.A. *Lackner/Kühl*, § 28 Rn 6; *Jescheck/Weigend*, AT, § 61 VII 4 a; Sch/Sch-*Heine/Weißer*, § 28 Rn 19.

[1431] Wie hier BGH NStZ 2013, 102, 103; BGHSt 46, 120, 128; *Fischer*, § 244 Rn 22; *Lackner/Kühl*, § 28 Rn 9; a.A. Sch/Sch-*Eser/Bosch*, § 244 Rn 28; LK-*Schünemann*, § 28 Rn 67; SK-*Hoyer*, § 244 Rn 7 u. § 28 Rn 34.

[1432] Vgl. auch BGH NStZ 2012, 316, 317.

[1433] Zur aktuellen Diskussion über die Einordnung eines Tatbestandsmerkmals entweder als täter- oder als tatbezogen vgl. BGHSt 41, 1 ff.; 46, 62, 64 (mit Anm. v. *Joerden*, JZ 2001, 310); OLG Düsseldorf NJW 2001, 85 f.; Sch/Sch-*Heine/Weißer*, § 28 Rn 15 ff.

[1434] BGH NStZ 2000, 197.

[1435] Vgl. auch *Seier/Justenhoven*, JuS 2010, 795, 799.

nach § 142, als Zeuge oder Sachverständiger nach § 153, als Verheirateter oder eine Lebenspartnerschaft Führender nach § 172, als Verwandter nach § 173 oder als Arbeitgeber nach § 266a. Auch die Tatbegehung gegen Entgelt nach § 235 IV Nr. 2 Var. 1 und die Bereicherungsabsicht nach § 235 IV Nr. 2 Var. 2 sind keine besonderen persönliche Merkmale i.S.v. § 28.[1436] Dasselbe gilt ferner für die Aufklärungs-, Auskunfts-, Mitwirkungs- und Anzeigepflichten im Steuerrecht.

1131 Schließlich ist zu beachten, dass bei der Teilnahme an einer Haupttat, die unter Verwirklichung eines **Regelbeispiels** begangen wurde, die Grundsätze des § 28 II analog anzuwenden sind. So muss bei den täterbezogenen Erschwernisgründen für jeden einzelnen Beteiligten geprüft werden, ob seinem Tatbeitrag das Gewicht eines besonders schweren Falls zugemessen werden kann.[1437]

1132 Problematisch ist die Einordnung von reinen **schuldtypisierenden subjektiven Merkmalen** (z.B. die Motivierung durch das Verlangen in § 216, die Böswilligkeit in § 90a I Nr. 1; roh in § 225; Mordmerkmale der 1. und 3. Gruppe des § 211 II[1438]), da sie einerseits spezielle Schuldmerkmale i.S.v. § 29 darstellen, andererseits aber auch den Deliktstatbestand mit konstituieren und somit strafbegründende bzw. strafmodifizierende besondere persönliche Merkmale i.S.v. § 28 darstellen. Nach der hier vertretenen Auffassung unterfallen sie dem Anwendungsbereich des § 28, nicht dem des § 29. Der Vorrang des § 28 vor § 29 ist vor allem deshalb vorzugswürdig, weil die Rechtsnatur der Gesinnungsmerkmale überwiegend umstritten ist und ihre Verwirklichung regelmäßig auch auf das Unrecht ausstrahlt.[1439]

1133 Ordnet man mit der hier vertretenen Auffassung die **Mordmerkmale** der 1. und 3. Gruppe des § 211 II dem § 28 zu, stellt sich das Folgeproblem, ob es sich bei diesen Mordmerkmalen um strafbegründende (dann ist § 28 I anwendbar) oder um strafmodifizierende (dann ist § 28 II anwendbar) Merkmale handelt, vgl. dazu Rn 1143 ff.

1134 Steht nach entsprechender Prüfung fest, dass es sich bei dem zu untersuchenden Tatbestandsmerkmal um ein *täterbezogenes* Merkmal handelt, ist der Weg frei für ein näheres Eingehen auf die Vorschrift des § 28. Zu unterscheiden ist zwischen § 28 I und § 28 II.

II. Regelungsgehalt des § 28 I

1135 § 28 I enthält eine obligatorische Strafmilderung für den *Teilnehmer* (und nur für diesen, nicht also für den Mittäter!), wenn bei ihm „besondere persönliche Merkmale", welche die Strafbarkeit des Täters **begründen**, fehlen.

1136 **Strafbegründend** ist ein besonderes persönliches Merkmal, wenn der gesetzliche Tatbestand, der dieses Merkmal beschreibt, ein **eigenständiges Delikt** darstellt, dieser die Strafbarkeit also begründet, nicht lediglich modifiziert, wie das der Fall wäre, wenn es sich bei dem betreffenden Tatbestand um eine Qualifikation oder um eine Privilegierung eines Grundtatbestands handelte (in einem solchen Fall wäre nicht § 28 I, sondern § 28 II anwendbar). Als strafbegründend sind folgende Merkmale anerkannt: die Amtsträgereigenschaft bei den eigentlichen (echten) Amtsdelikten wie §§ 331, 332, 343-345 und 348, die Gewerbs- oder Gewohnheitsmäßigkeit, soweit sie für die Strafbarkeit konstitutiv sind (z.B. in 180a I), das Treueverhältnis und die die Vermögensbetreuungspflicht im Bereich der Untreue (§ 266)[1440], das Schutzverhältnis nach § 225, die Berufseigenschaften in den §§ 203, 278 und die Stellung als Geschäftsführer z.B. bei §§ 64 I, 82 I Nr. 1, 3 GmbHG. Auch die bereits erwähnten schuldtypisierenden Merkmale böswillig in § 90a I Nr. 1 und roh in § 225 I gehören hierher.

[1436] BGH NStZ 2011, 457.
[1437] Vgl. BGH wistra 2001, 105.
[1438] Vgl. nur BGH NStZ 2009, 627 f. (niedrige Beweggründe); BGHSt 22, 375, 378; 23, 103, 105; 24, 106, 108; *Lackner/Kühl*, § 211 Rn 16. Jedenfalls stellen die Mordmerkmale der 2. Gruppe – wie gesagt – tatbezogene Merkmale dar und sind sowohl dem Anwendungsbereich des § 28 als auch dem des § 29 entzogen.
[1439] Wie hier BGH NStZ-RR 2002, 139; NJW 2002, 3559, 3560; *Detter*, NStZ 2003, 133; *Lackner/Kühl*, § 28 Rn 9; Sch/Sch-*Heine/Weißer*, § 28 Rn 3 ff., 11; a.A. *W/B/S*, AT, Rn 559. Da aber auch nach der Gegenauffassung stets eine teilnahmefähige Haupttat vorausgesetzt wird, ändert sich im Ergebnis freilich kaum etwas.
[1440] Vgl. auch BGH NStZ 2012, 316, 317.

Beispiel: Privatperson G unterstützt den Amtsträger T, damit dieser eine Falschbeurkundung im Amt (§ 348) begehen kann. Hier ist T gemäß § 348 I strafbar. G ist wegen Beihilfe zu diesem Delikt strafbar (§§ 348 I, 27). Da die Amtsträgereigenschaft für T ein strafbegründendes besonderes persönliches Merkmal ist, bestimmt sich die Strafe des G nach dem über § 28 I i.V.m. § 49 I gemilderten Strafrahmen. Ergebnis: G ist strafbar nach §§ 348 I, 27 I, II, 28 I, 49 I.

Ein besonderes Problem besteht hinsichtlich der (täterbezogenen) **Mordmerkmale** der **1. und 3. Gruppe** des § 211 II, da der BGH bei § 211 von einem gegenüber § 212 eigenständigen Delikt ausgeht und daher die Mordmerkmale für **strafbegründend** hält, während die h.L. bei § 211 von einer Qualifikation des § 212 ausgeht und somit die Mordmerkmale für **strafmodifizierend** hält. Je nach Auffassung ist also entweder § 28 I oder § 28 II anwendbar. Dazu sogleich Rn 1143 ff. 1137

Schließlich ist zu beachten, dass **§ 28 I** aufgrund der Formulierung „die Strafe ist zu mildern" eine **Strafzumessungsregel** darstellt[1441] und somit im Deliktsaufbau immer erst **nach der Schuld** zu prüfen ist.

III. Regelungsgehalt des § 28 II

Gegenüber der Regelung des § 28 I gelten nach § 28 II besondere persönliche Merkmale, welche die Strafe **„schärfen, mildern oder ausschließen"** (modifizieren), nur für den Beteiligten (Täter **oder** Teilnehmer!), bei dem sie vorliegen. Damit werden zwei Unterschiede zu der Regelung des § 28 I deutlich: 1138

- § 28 I gilt *nur* für den Teilnehmer und auch *nur* strafmildernd.
- § 28 II gilt dagegen für Täter *und* Teilnehmer und sowohl strafmildernd *als auch* strafschärfend.

Strafmodifizierend ist ein besonderes persönliches Merkmal, wenn der gesetzliche Tatbestand, der dieses Merkmal beschreibt, eine unselbstständige Abwandlung zu einem Grundtatbestand darstellt, dieser die Strafbarkeit also lediglich modifiziert und nicht begründet, wie das der Fall wäre, wenn es sich bei dem betreffenden Tatbestand um einen selbstständigen Tatbestand handelte (in einem solchen Fall wäre nicht § 28 II, sondern § 28 I anwendbar). 1139

Beispiele von unselbstständigen Abwandlungen: Die gefährliche Körperverletzung (§ 224), die schwere Körperverletzung (§ 226), die Körperverletzung mit Todesfolge (§ 227) und die Körperverletzung im Amt (§ 340) haben die (einfache) Körperverletzung (§ 223) zum Grundtatbestand. Gleiches gilt hinsichtlich des Diebstahls mit Waffen und des Bandendiebstahls (§ 244) sowie des schweren Bandendiebstahls (§ 244a) zum (einfachen) Diebstahl (§ 242). Dasselbe gilt für § 218 III im Verhältnis zu § 218 I und für § 250 I[1442], II Nr. 1, 2 u. 3a[1443] im Verhältnis zu § 249. Auch qualifizieren einige schwere Begehungsformen des Betrugs (§ 263 V) den Grundtatbestand des § 263 I.

Als **strafschärfend** sind daher folgende Merkmale anerkannt: die Amtsträgereigenschaft bei den uneigentlichen (unechten) Amtsdelikten wie §§ 340 oder 133 III, die Bandenmäßigkeit bei §§ 244 I Nr. 2, 250 I Nr. 2, Gewerbsmäßigkeit in § 260[1444], die Ermöglichungsabsicht in § 306b II Nr. 2 und – folgt man der h.L. – die Motiv- und Absichtsmerkmale beim Mord (§ 211). 1140

Nach ganz h.M.[1445] führt § 28 II zu einer **Verschiebung des Tatbestands**, aus dem der jeweilige Beteiligte verurteilt wird, d.h. zu einer Veränderung des Schuldspruchs und 1141

[1441] Vgl. auch BGH NStZ-RR 2002, 139; NJW 2002, 3559, 3560; *Detter*, NStZ 2003, 133 f.
[1442] § 250 I Nr. 1c qualifiziert den § 249 zu einem konkreten Gefährdungsdelikt (Gefahr der schweren Gesundheitsschädigung).
[1443] § 250 II Nr. 3b qualifiziert den § 249 zu einem konkreten Gefährdungsdelikt (Gefahr des Todes).
[1444] Vgl. dazu zuletzt BGH NStZ 2009, 95.
[1445] Vgl. nur *Puppe*, JZ 2005, 902 ff.; *Jäger*, JR 2005, 477, 479 f.; *Krahl*, JuS 2003, 57, 60; Sch/Sch-*Heine/Weißer*, § 28 Rn 28; *Lackner/Kühl*, § 28 Rn 9; *Fischer*, § 28 Rn 8.

nicht – wie nach einer Minderheitsmeinung[1446] – nur des Strafrahmens. Für den **Deliktsaufbau** folgt daraus, dass § 28 II **nach Feststellung der Tatbestandsmäßigkeit** zu prüfen ist.

1142 **Beispiel:** Privatperson A stiftet den Polizisten T dazu an, im Dienst den O zu verprügeln. Strafbarkeit der Beteiligten?

§ 340 ist eine Qualifikation des § 223. Die Prüfung erfolgt daher immer zusammen mit dem Grunddelikt. So wäre der Obersatz der (einfachen) Körperverletzung im Amt: §§ 223, 340 I S. 1. Im Wege der Gesetzeskonkurrenz (Spezialität) wird § 223 dann verdrängt. Vorliegend ist T wegen Körperverletzung im Amt (§§ 223, 340 I S. 1) strafbar. Fraglich ist die Strafbarkeit des A. Die Amtsträgereigenschaft ist ein besonderes persönliches Merkmal des T, das strafmodifizierend wirkt (hier strafschärfend: von § 223 (minimal Geldstrafe) auf § 340 I S. 1 (minimal 3 Monate Freiheitsstrafe)). Bei A fehlt dieses persönliche Merkmal, sodass ihm die Regelung des § 28 II zugutekommt. Daher kann A nach der ganz h.M. (nur) wegen Anstiftung zu einer (einfachen) Körperverletzung strafbar (§§ 223, 26) sein. Die Minderheitsmeinung kommt dagegen zu einer Strafbarkeit aus §§ 340 I S. 1, 26.

Gegenbeispiel: Ehefrau E rät ihrem Mann M – einem Ministerialrat beim Bundeswehrbeschaffungsamt – dazu, das ihm angebotene Geschenk der Rüstungsfirma R anzunehmen.
M ist nach § 331 strafbar. E wird nach §§ 331, 26, 28 I bestraft. Anders als im vorangegangenen Beispiel wirkt die Amtsträgereigenschaft nicht *strafmodifizierend*, sondern *strafbegründend*, weil die Vorteilsannahme **nur** von einem Amtsträger begangen werden kann und es so kein (allgemeines) Grunddelikt gibt, zu dem § 331 etwa eine Qualifikation oder Privilegierung wäre. E kommt aber – da sie um die besonderen persönlichen Merkmale des T wusste – gemäß § 28 I i.V.m. § 49 I die obligatorische Strafmilderung zugute.

IV. Verhältnis des § 28 I zu § 28 II bei Tötungsdelikten

1. Problemstellung

1143 Von besonderer Bedeutung ist die Anwendung des § 28 auf Tötungsdelikte, weil sich dann zusätzlich das Problem des Verhältnisses von § 211 zu § 212 stellt.

Beispiel: T will seinen Nebenbuhler O umbringen. Da er aber zeit seines Lebens am Schreibtisch saß und daher (physische) Gewalt nicht gewohnt ist, engagiert er den Berufskiller K, um von diesem den O für 50.000,- € töten zu lassen. Dieser tötet O gleich am nächsten Tag. Strafbarkeit der Beteiligten?

K hat O aus Habgier getötet. Er ist daher des Mordes gem. §§ 212, 211 I, II Var. 3 schuldig. T hat sich einer Anstiftung schuldig gemacht. Fraglich ist jedoch, ob eine Anstiftung zum Mord oder lediglich zum Totschlag vorliegt und ob eine Tatbestandsverschiebung gem. § 28 II oder eine Strafmilderung gem. §§ 28 I, 49 I zu bejahen ist.

§ 28 II bestimmt: Wenn besondere persönliche Merkmale die Strafe schärfen, mildern oder ausschließen (also **modifizieren**), wird eine Tatbestandsverschiebung (nur) bei demjenigen **Beteiligten** vorgenommen, bei dem die strafmodifizierenden Merkmale vorliegen. Handelte es sich bei dem Mord also (1.) um eine Qualifikation zum Totschlag und daher bei dem Mordmerkmal Habgier um ein besonderes persönliches Merkmal, das im Vergleich zum Totschlag **strafschärfend** ist und fehlte es (2.) bei T, führte § 28 II bei T dazu, dass er nicht wegen Anstiftung zum Mord aus Habgier strafbar wäre, weil er nicht aus Habgier gehandelt hat. Da bei ihm aber sonst niedrige Beweggründe i.S.v. § 211 II Var. 4 vorliegen, wäre er bei erneuter Anwendung des § 28 II wegen Anstiftung zum Mord gem. §§ 211 I, II Var. 4, 26, 28 II strafbar.

Dagegen bestimmt **§ 28 I**: **Fehlen** besondere persönliche Merkmale, die die Strafbarkeit des Täters **begründen**, beim **Teilnehmer** (Anstifter oder Gehilfe), ist dessen Strafe gem. § 49 I zu mildern. Voraussetzung ist aber, dass der Teilnehmer von den Mordmerkmalen

[1446] So *Cortes Rosa*, ZStW 90, 413, 438; LK-*Schünemann*, § 28 Rn 1 ff.: „Strafrahmenverschiebung".

des Haupttäters weiß, denn anderenfalls fehlt ihm der Vorsatz, der für eine Strafbarkeit aber erforderlich ist (vgl. § 16 I S. 1). K hat habgierig gehandelt und daher den Tatbestand des § 211 I, II Var. 3 verwirklicht. Handelte es sich bei dem Mordmerkmal der Habgier also (1.) um ein besonderes persönliches, **strafbegründendes** Merkmal, von dem (2.) zwar T wusste, es bei ihm aber (3.) fehlte, müsste dessen Strafe gem. §§ 28 I, 49 I gemildert werden. Er wäre wegen §§ 211 I, II Var. 3, 26, 28 I, 49 I strafbar. Seine eigenen niedrigen Beweggründe könnten nicht sanktioniert werden.

Es kommt also entscheidend darauf an, ob ein Tatbestandsmerkmal strafbegründend oder strafmodifizierend ist. Ausgangspunkt der Überlegung ist wiederum der Befund, dass nach der ganz h.M. die Mordmerkmale der **1. und 3. Gruppe** des § 211 II als besondere subjektive Tatbestandsmerkmale und damit als besondere persönliche Merkmale unter § 28 (I und II) fallen, wohingegen die Mordmerkmale der **2. Gruppe** die besondere Begehungsweise und damit primär den Verhaltensunwert des Tatgeschehens näher kennzeichnen, somit **tatbezogen** sind und nicht dem Anwendungsbereich des § 28 (I und II), sondern nur den allgemeinen Teilnahmeregeln der §§ 26 und 27 unterfallen. Ob nun bei den täterbezogenen und damit „besonderen persönlichen Merkmalen" i.S.d. § 28 dessen Abs. 1 *oder* Abs. 2 Anwendung findet, hängt wiederum entscheidend davon ab, ob es sich bei den täterbezogenen Mordmerkmalen um strafbegründende (dann § 28 I) oder um strafschärfende (dann § 28 II) besondere persönliche Merkmale handelt. **1144**

- **Strafschärfend** wären die Mordmerkmale der 1. und 3. Gruppe, wenn es sich bei § 211 um eine Qualifikation des § 212 handelte.[1447] Folge wäre eine Anwendbarkeit des **§ 28 II**; es läge eine Tatbestandsverschiebung vor, was bedeutete, dass die Strafmodifizierung für den Beteiligten gelten würde, bei dem das besondere persönliche Merkmal vorläge.

- Handelte es sich bei § 211 hingegen um ein eigenständiges Delikt (*delictum sui generis*)[1448], wären die Mordmerkmale der 1. und 3. Gruppe konsequenterweise **strafbegründend**. Das führte zur Anwendbarkeit des **§ 28 I**, wenn der Teilnehmer die täterbezogenen Mordmerkmale des Haupttäters zwar kennt, selbst aber nicht erfüllt. Rechtsfolge wäre eine Verschiebung des Strafrahmens, was bedeutet, dass der Teilnehmer trotz fehlenden Mordmerkmals wegen Teilnahme am Mord schuldig zu sprechen, seine Strafe jedoch gem. §§ 28 I, 49 I zu mildern wäre.

- Nunmehr hat der 5. Strafsenat des BGH dieses von allen Senaten des BGH bisher ausnahmslos praktizierte Verständnis vom Verhältnis von Mord und Totschlag erstmals in Frage gestellt. In seinem Urteil vom 10.1.2006[1449] hält er der bisherigen Rspr. des BGH zum Verhältnis von Mord und Totschlag gewichtige Argumente entgegen. Sie führe zu schwer überbrückbaren Wertungswidersprüchen und unausgewogenen Ergebnissen, widerspreche der sonst üblichen Systematik und sei unnötig kompliziert. Der Mord stelle sich als ein Tötungsunrecht i.S.v. § 212 dar, zu dem (in den Varianten der 1. und 3. Gruppe des § 211 II) lediglich besonders schwerwiegende persönliche Umstände beim Täter hinzuträten. Ein solches Verhältnis entspreche nach der üblichen Systematik demjenigen zwischen Grunddelikt und Qualifikation. Dies werde besonders deutlich, wenn es um die Bewertung des Tatbeitrags von Teilnehmern gehe. (...).

  Bewertung: Im zu entscheidenden Fall konnte der 5. Strafsenat die Frage, ob es sich bei den täterbezogenen Mordmerkmalen um strafschärfende besondere persönliche Merkmale i.S.v. § 28 II und nicht um strafbegründende i.S.v. § 28 I handelt, letztlich offenlassen, weil das Mordmerkmal der niedrigen Beweggründe beim Haupttäter nicht vom Vorsatz des Teilnehmers umfasst war. Daher war der Teilnehmer so oder so „nur" wegen Beihilfe zum

---

1447 So die einhellige Auffassung im Schrifttum, vgl. nur *Lackner/Kühl*, Vor § 211 Rn 22; Sch/Sch-*Eser/Sternberg/Lieben*, Vorbem §§ 211 ff. Rn 5; SK-*Horn*, § 211 Rn 2; LK-*Jähnke*, Vor § 211 Rn 39; *Krahl*, JuS 2003, 57, 60; *Geppert*, Jura 2000, 651, 654; *Wessels/Hettinger*, BT 1, Rn 69.

1448 So die bisherige Rspr., vgl. nur BGHSt 1, 235, 238; 1, 368, 371; 22, 375, 377; BGH NJW 1998, 619, 620; BGH NStZ-RR 2002, 139; BGH NJW 2002, 3559, 3560; BGH NJW 2005, 996, 997; vgl. dazu auch die Übersicht bei *Altvater*, NStZ 2003, 21, 22 f. sowie *Otto*, Jura 2004, 469 ff.

1449 NJW 2006, 1008 ff.

Totschlag strafbar. Gleichwohl ist hervorzuheben, dass der 5. Strafsenat die Bereitschaft erkennen lässt, mit der gefestigten Rspr. aller Strafsenate des BGH zur Selbstständigkeit von Mord und Totschlag zu brechen und sich der einhelligen Lehrmeinung vom Stufenverhältnis der Tötungstatbestände anzuschließen. Man darf gespannt sein, ob der 5. Senat in einem erneuten Fall, bei der die Frage nach dem Verhältnis von Mord und Totschlag entscheidungserheblich ist und daher nicht offenbleiben kann, das Anfrageverfahren nach § 132 II GVG einleiten und damit eine Übernahme der in der Literatur einhellig vertretenen „Stufenlösung" herbeiführen wird. Immerhin hat der BGH sein Selbstständigkeitsdogma hinsichtlich der Tötungsdelikte seit Jahrzehnten nicht mehr begründet, sondern ist lediglich bestrebt, unerwünschte Folgen durch dogmatisch kaum haltbare Konstruktionen (vgl. dazu sogleich Rn 1145) abzuschwächen. Diesem „Irrweg" scheint der 5. Senat nun ein Ende bereiten zu wollen. Sollte sich seine Linie bestätigen, wird die Beurteilung von Tötungsdelikten unter Beteiligung mehrerer wesentlich vereinfacht: Bei tatbezogenen Mordmerkmalen ist entscheidend, ob der andere Beteiligte sie kennt (vgl. § 16 I S. 1), bei täterbezogenen, ob sie bei ihm selbst vorliegen (vgl. § 28 II).

1145 Auf der Basis der noch geltenden Rspr. bietet sich für die **Fallbearbeitung** folgende Vorgehensweise an:

- Zunächst ist die Strafbarkeit des Haupttäters zu prüfen und die verwirklichten Mordmerkmale sind zu benennen.
- Sodann ist die Strafbarkeit des Teilnehmers zu untersuchen. Dabei darf nicht gleich auf § 28 eingegangen werden, sondern es muss zunächst der objektive und subjektive Teilnahmetatbestand festgestellt werden. Der Grund hierfür liegt darin, dass § 28 zwar eine Akzessorietätslockerung anordnet, nicht aber die allgemeinen Akzessorietätsregeln der §§ 26, 27 beseitigt.
- Als Nächstes erfolgt die Feststellung, dass es sich bei den Mordmerkmalen der 1. und 3. Gruppe des § 211 II um besondere persönliche Merkmale handelt und somit § 28 überhaupt anwendbar ist.
- Nun ist zu prüfen, ob es zu einer Tatbestandsverschiebung nach § 28 II kommen kann. Das ist nur dann der Fall, wenn § 211 eine Qualifikation des § 212 darstellt. Stellt § 211 gegenüber § 212 dagegen ein eigenständiges Delikt dar, ist allenfalls § 28 I anwendbar. Voraussetzung dafür ist, dass der Teilnehmer von den Mordmerkmalen des Haupttäters weiß (akzessorische Wissenszurechnung), selbst aber keine Mordmerkmale erfüllt.

Bei dem **Beispiel** von Rn 1143 bietet sich auf der Basis der (noch geltenden) Rspr. daher folgende Formulierung an: „K hat den O aus Habgier getötet. Er ist daher des Mordes gem. §§ 212, 211 I, II Var. 3 schuldig. Geht man bei T davon aus, dass dieser selbst kein Mordmerkmal erfüllt, kommt es bei dessen Strafbarkeitsbestimmung entscheidend darauf an, ob man mit dem BGH bei § 211 von einem gegenüber § 212 eigenständigen Delikt ausgeht und daher die (täterbezogenen) Mordmerkmale der 1. und 3. Gruppe des § 211 II für strafbegründend hält oder mit der h.L. bei § 211 von einer Qualifikation des § 212 ausgeht und somit die Mordmerkmale der 1. und 3. Gruppe für strafmodifizierend einstuft. Je nach Auffassung ist also entweder § 28 I oder § 28 II anwendbar.
Für die Eigenständigkeit des § 211 spricht die systematische Stellung der beiden Vorschriften. Es ist ungewöhnlich, dass eine Qualifikation vor dem Grundtatbestand steht. Außerdem kommt durch den jeweiligen Wortlaut „Mörder" bzw. „Totschläger" die grundsätzliche Andersartigkeit der beiden Delikte zum Ausdruck. Daraus allerdings eine eindeutige Stellungnahme des Gesetzgebers zu entnehmen ginge zu weit.
Dem lässt sich wiederum entgegenhalten, dass diese Begriffsunterscheidung vor dem Hintergrund der schon seit längerer Zeit zu Recht abgelehnten Lehre vom Tätertyp entstanden ist. Demnach können diese Begriffe nicht der entscheidende Anhaltspunkt sein. Zudem führt die Rechtsprechung des BGH im Einzelfall zwangsläufig zu in sich widersprüchlichen Ergebnissen im Bereich der Teilnahme. Da er die Mordmerkmale der 1. und 3. Gruppe als strafbegründend ansieht, kommt er beim Teilnehmer gegebenenfalls zur Anwendung des

§ 28 I. Diese Lösung führt aber zu diversen Ungereimtheiten. Wenn beispielsweise der Teilnehmer um das Vorliegen eines Mordmerkmals nicht weiß, kann der BGH seine Lösung nicht mehr dogmatisch korrekt herbeiführen, weil der Teilnehmer nicht wegen Teilnahme am Mord und wegen der Eigenständigkeit des § 211 eigentlich auch nicht wegen Teilnahme am Totschlag bestraft werden kann. Um dieses Ergebnis zu vermeiden, benutzt der BGH eine konditionale Argumentationskette: Er wirft die Frage auf, welche Strafbarkeit vorliegen würde, wenn die Haupttat *kein* Mordmerkmal gehabt hätte. In diesem Fall wäre die fragliche Person wegen Teilnahme am Totschlag zu bestrafen gewesen. Da der Teilnehmer aber nicht besser dastehen darf, wenn der Haupttäter auch Mordmerkmale verwirklicht, wird er so bestraft, als hätte der Haupttäter ohne Mordmerkmale getötet, also gem. §§ 212, 26 (bzw. 27). Auch in Konstellationen, in denen der Teilnehmer ein anderes Mordmerkmal verwirklicht als der Haupttäter, spiegelt sich die dogmatische Schwäche der Rechtsprechung des BGH wider: Wenn beispielsweise der Haupttäter in Verdeckungsabsicht handelt und der Teilnehmer selbst aber einen niedrigen Beweggrund hat, müsste der BGH konsequenterweise gleichwohl zur Strafmilderung nach §§ 28 I, 49 I kommen. Das nur beim Teilnehmer vorliegende Merkmal lässt sich über § 28 I nicht zurechnen. In einer solchen Konstellation „gekreuzter" Mordmerkmale (dazu sogleich) soll § 28 I indes aus unerfindlichen Gründen nicht anwendbar sein. Ein sachgerechtes und dogmatisch korrektes Ergebnis lässt sich nur mit der h.L. über die Anwendung des § 28 II herbeiführen. Im Folgenden wird mit ihr daher davon ausgegangen, dass der Mord eine Qualifikation des Totschlags darstellt.

T ist demnach „nur" wegen Anstiftung zum Totschlag (§§ 212, 26) schuldig, da das täterbezogene Merkmal der Habgier bei ihm nicht vorlag und die bloße Kenntnis von den Mordmerkmalen des Haupttäters nicht ausreicht." (Der BGH würde T wegen Anstiftung zum Mord verurteilen, die Strafe aber gem. § 28 I i.V.m. § 49 I mildern).

Weiterführender Hinweis: Davon zu unterscheiden ist der Fall, in dem der Haupttäter heimtückisch mordet, der Anstifter aber davon ausgeht, der Haupttäter werde aus Habgier handeln, wozu er diesen auch letztlich angestiftet hatte.[1450]

In diesem Fall ist der Haupttäter wegen Mordes in der Variante der Heimtücke strafbar (§ 211 I, II Var. 5). Für den Anstifter gilt Folgendes: Soweit beim Haupttäter ein tatbezogenes Mordmerkmal der zweiten Gruppe vorliegt und der Anstifter dazu angestiftet hat, ist dieser wegen Anstiftung zum Mord gem. §§ 211 I, II Var. 5, 26 strafbar. Für eine Akzessorietätslockerung gem. § 28 I oder II ist insoweit kein Raum. Fehlt dem Anstifter aber der diesbezügliche Vorsatz (hier: der Vorsatz, den Haupttäter zum heimtückischen Mord anzustiften) kommt nur Anstiftung zum Totschlag in Betracht (für eine Anstiftung zum Mord fehlt der entsprechende Anstiftervorsatz, vgl. § 16 I S. 1). Stellt sich der Anstifter jedoch vor, der Haupttäter werde aus Habgier handeln (der Anstifter will also zum habgierigen Mord anstiften), ist tateinheitlich zur Anstiftung zum Totschlag eine versuchte Anstiftung zum habgierigen Mord gem. §§ 211 I, II Var. 3, 26, 22, 23 I, 12 I gegeben.[1451]

2. „Gekreuzte Mordmerkmale"

Als noch schwieriger erweist sich die rechtliche Erfassung der gekreuzten Mordmerkmale. **1146**
Zur Verdeutlichung soll zunächst der bereits angedeutete Umstand dargelegt werden, dass nach § 28 II die Lage des Teilnehmers sich nicht nur verbessern, sondern auch verschlechtern kann.

Beispiel: Der von A angestiftete T tötet die O aus Habgier. A selbst handelt nicht habgierig. Hier ist T aus §§ 212 I, 211 I, II Var. 3 strafbar, A nach h.L. aus §§ 212 I, 26, 28 II. Handelt indes nur A habgierig, wird T nach § 212 I, A nach h.L. aus §§ 212 I, 211 I, II Var. 3, 26, 28 II bestraft.

[1450] Konstellation nach BGH NJW 2005, 996 ff.
[1451] BGH NJW 2005, 996, 997.

1147 Auf diesen Erkenntnissen aufbauend, erschließt sich die weitere Vorgehensweise ohne weiteres. *Gedanklich* können folgende Fragen zum gewünschten Ergebnis führen:

- Welches Mordmerkmal verwirklicht der Haupttäter?
- Weiß der Teilnehmer davon?
- Welches Mordmerkmal verwirklicht der Teilnehmer selbst?

1148 Daraus ergeben sich mehrere denkbare Prüfungskonstellationen, was die Angelegenheit nicht gerade einfacher macht. Es bietet sich folgende Vorgehensweise an: Die Feststellung, welches Mordmerkmal der Haupttäter verwirklicht, ist für den Prüfungseinstieg der Teilnehmerprüfung und die Bildung des Obersatzes entscheidend. Sodann muss im subjektiven Tatbestand der Teilnehmerprüfung die Kenntnis des Teilnehmers von dem vom Haupttäter verwirklichten Mordmerkmal untersucht werden. Fehlt ihm die Kenntnis darüber, findet § 28 II nur noch dann Anwendung, wenn er selbst ein Mordmerkmal der 1. oder 3. Gruppe verwirklicht. Weiß er allerdings darum, ist weiter zu fragen, ob das vom Haupttäter verwirklichte Mordmerkmal *strafbegründend* oder *strafschärfend* ist.

1149 - Ist es **strafbegründend**, ist § 28 II nicht anwendbar. In diesem Fall ergibt sich die Strafbarkeit des Teilnehmers wie folgt: Ist das vom Haupttäter verwirklichte Mordmerkmal oder ein anderes strafbegründendes auch bei ihm vorhanden, folgt seine Strafbarkeit unter Beachtung der allgemeinen Akzessorietätsregeln direkt aus der des Haupttäters. Verwirklicht der Teilnehmer selbst kein strafbegründendes Mordmerkmal, richtet sich seine Strafbarkeit nach der des Haupttäters mit der obligatorischen Strafmilderung nach § 28 I i.V.m. § 49 I.[1452]

1150 - Handelt es sich bei dem vom Haupttäter verwirklichten Mordmerkmal hingegen um ein **strafschärfendes**, ist § 28 II anwendbar. In diesem Fall ergibt sich die Strafbarkeit des Teilnehmers wie folgt: Liegt das fragliche Mordmerkmal auch bei ihm vor, richtet sich seine Strafbarkeit unter Anwendung der allgemeinen Akzessorietätsregeln nach der des Haupttäters. Liegt bei ihm nicht dieses, sondern ein anderes strafschärfendes Mordmerkmal vor, wird ihm das vom Haupttäter verwirklichte Mordmerkmal aufgrund der Regelung des § 28 II erlassen, während das von ihm selbst verwirklichte wiederum wegen § 28 II Berücksichtigung findet. Verwirklicht der Teilnehmer indes selbst kein Mordmerkmal, ist er über § 28 II (nur) aus dem vom Haupttäter verwirklichten Grunddelikt strafbar.

[1452] Vgl. zu dieser Konstellation BGH NJW 2002, 3559, 3560; *Detter*, NStZ 2003, 133, 134.

Bei den **gekreuzten Mordmerkmalen** sind somit vier Kombinationen denkbar[1453]: 1151

	Täter (T) verwirklicht ein Mordmerkmal der Gruppen 1 oder 3	**Täter verwirklicht ein Mordmerkmal der Gruppe 2**
Teilnehmer (A) verwirklicht ein Mordmerkmal der Gruppen 1 oder 3	**Beispiel:** T mordet habgierig, A weiß dies, hat selbst Verdeckungsabsicht. T ist nach §§ 212 I, 211 I, II Var. 3 strafbar. Nach der Lit. ist § 28 II für Habgier anwendbar, was dazu führt, dass die Habgier des T bei A entfällt. Bei erneuter Anwendung des § 28 II wird bei A die Verdeckungsabsicht berücksichtigt. Die Strafbarkeit des A folgt somit nach der Lit. aus §§ 212 I, 211, I, II Var. 9, 26 (oder 27), 28 II. Nach der Rspr. gilt: §§ 211, 26 (oder 27), 28 I	**Beispiel:** T mordet heimtückisch. A weiß dies, wird selbst von Habgier geleitet. T ist nach §§ 212 I, 211, I, II Var. 5 strafbar. § 28 II ist für Heimtücke nicht anwendbar, was dazu führt, dass dieses Mordmerkmal bei A durchgreift. § 28 II ist aber für Habgier anwendbar, was dazu führt, dass A neben Anstiftung zum heimtückischen Mord (oder Teilnahme daran) auch wegen Anstiftung zum Mord aus Habgier strafbar ist, §§ 212 I, 211 I, II Var. 3 und 5, 26 (oder Teilnahme daran, 27), 28 II. Würde bei A die Kenntnis hinsichtlich der Heimtücke fehlen, entfiele die diesbezügliche Strafbarkeit schon wegen § 16 I S. 1.
Teilnehmer (A) verwirklicht ein Mordmerkmal der Gruppe 2	**Beispiel:** T mordet habgierig. A weiß dies, handelt selbst aber mit Heimtücke. T ist nach §§ 212 I, 211 I, II Var. 3 strafbar. § 28 II ist für Habgier anwendbar, sodass er A zugutekommt. Bezüglich des selbst verwirklichten Merkmals *Heimtücke* ist § 28 II nicht anwendbar, sodass keine Tatbestandsverschiebung zu Lasten des A stattfindet. Er ist nach §§ 212 I, 26 strafbar.	**Beispiel:** T mordet heimtückisch. A weiß dies und handelt selbst grausam. T ist nach §§ 212 I, 211, I, II Var. 5 strafbar. § 28 II ist für Heimtücke nicht anwendbar. Es kann keine Tatbestandsverschiebung für A stattfinden. Dieser haftet nach allgemeinen Akzessorietätsgrundsätzen, wobei das von T verwirklichte tatbezogene Merkmal den Bezugspunkt bildet. Darauf muss sich der Vorsatz des A beziehen. Fehlt es daran, liegt nur Teilnahme an § 212 vor.

Von der soeben behandelten Problematik zu unterscheiden ist diejenige, in der bei einem 1151a **Mittäter** ein besonderes persönliches Merkmal, das bei dem anderen Mittäter vorliegt, fehlt. In diesem Fall bedarf es schon keines Rückgriffs auf § 28 II, weil bereits nach den allgemeinen Kriterien der Mittäterschaft (§ 25 II) nur objektive Tatbestandsmerkmale zugerechnet werden können. Die subjektiven Tatbestandsmerkmale müssen bei jedem Mittäter vorliegen.

Beispiel[1454]**:** A und B töten C gemeinschaftlich. Dabei verfolgt B niedrige Beweggründe. A weiß zwar, dass B niedrige Beweggründe verfolgt, er selbst verwirklicht jedoch keine Mordmerkmale.

Bei dem Merkmal der niedrigen Beweggründe handelt es sich um ein persönliches Mordmerkmal; deswegen kann nur derjenige als Mittäter eines Mordes aus niedrigen Beweggründen verurteilt werden, der selbst aus derartigen Beweggründen handelt. B ist daher wegen Mordes gem. § 211 I, II Var. 4 strafbar. Bei A fehlt indes die diesbezügliche Motivation. Allein die Tatsache, dass er in Kenntnis der Beweggründe des B an der Verwirklichung

[1453] Vgl. bereits die 1. Aufl. 2002.
[1454] In Anlehnung an BGH NStZ 2009, 627 f.

des Tatplans mitwirkte, reicht hierfür nicht aus, sodass bei ihm das Mordmerkmal der niedrigen Beweggründe nicht angenommen werden kann. Es kommt daher lediglich eine Verurteilung wegen in Mittäterschaft begangenen Totschlags gem. §§ 212 I, 25 II in Betracht.[1455]

V. Zusammenfassung und Aufbauhinweise

1152 ▪ Der Anwendungsbereich des § 28 ist ausschließlich bei besonderen persönlichen Merkmalen, also bei **täterbezogenen** Merkmalen anwendbar. Bei tatbezogenen Merkmalen ist § 28 unanwendbar. Tatbezogene Merkmale, die der Haupttäter verwirklicht, werden dem Beteiligten, der hiervon weiß, immer zugerechnet (akzessorische Wissenszurechnung).

1153 ▪ Innerhalb des § 28 ist zu unterscheiden: § 28 I gilt (1.) nur für den Teilnehmer und (2.) nur strafmildernd. § 28 II gilt dagegen (1.) für Täter und Teilnehmer und (2.) sowohl strafmildernd als auch strafschärfend.

1154 ⇨ **§ 28 I** setzt **strafbegründende** besondere persönliche Merkmale voraus und enthält eine obligatorische Strafmilderung für den Teilnehmer. Daher ist die Vorschrift auf der **Strafzumessungsebene** zu berücksichtigen. Daraus folgt, dass Prüfungsstandort des § 28 I nur nach der Schuldfeststellung sein kann. Der Teilnehmer muss aber die strafbegründenden persönlichen Merkmale des Haupttäters kennen (akzessorische Wissenszurechnung). Anderenfalls fehlt ihm die Kenntnis eines Umstands, der zum gesetzlichen Tatbestand gehört, was gemäß § 16 I S. 1 zum Vorsatzausschluss führt. Auf die Regelung des § 28 I kommt es dann schon nicht an.

1155 ⇨ Im Gegensatz zu § 28 I führt **§ 28 II** zu einer **Tatbestandsverschiebung** und sollte daher zweckmäßigerweise unmittelbar nach Feststellung der objektiven und subjektiven Tatbestandselemente des jeweils Beteiligten geprüft werden. Anders als bei § 28 I kommt es bei § 28 II auch nicht darauf an, ob der fragliche Beteiligte (i.d.R. der Anstifter oder Gehilfe) Kenntnis über das Vorliegen/Nichtvorliegen der besonderen persönlichen Merkmale bei dem anderen Beteiligten (i.d.R. dem Haupttäter) hat. Denn § 28 II stellt gerade auf die persönlichen Merkmale des fraglichen Beteiligten ab.

1156 ▪ Bei **gekreuzten Mordmerkmalen** ist folgende Prüffolge zu empfehlen:

⇨ Verwirklichung eines Mordmerkmals durch den Haupttäter
⇨ Kenntnis des Teilnehmers davon
⇨ Verwirklichung eines Mordmerkmals durch den Teilnehmer selbst

---

[1455] So auch die Auffassung des BGH NStZ 2009, 627 f.

12. Kapitel – Konkurrenzen

A. Problemstellung

Im Regelfall verletzt die strafrechtlich zu würdigende Person mehrere Tatbestände oder denselben Tatbestand mehrmals. Dass eine Addition der jeweiligen Strafen nicht in Betracht kommen kann, versteht sich von selbst. Anderenfalls wäre der Täter, der bspw. nachts in eine Lagerhalle einbricht und dort stiehlt, mitunter schwerer zu bestrafen als derjenige, der einen Totschlag begeht, wenn man die jeweiligen angedrohten Freiheitsstrafen für die Verwirklichung der §§ 242 i.V.m. 243, §§ 303 I, 123 I addiert und mit der angedrohten Freiheitsstrafe des § 212 I vergleicht. 1157
Daher ist die Frage nach dem Verhältnis der jeweils begangenen Straftaten zueinander zu klären. Mit Hilfe der Lehre von den Konkurrenzen, der eine Bereinigungs- und Klarstellungsfunktion für den Urteilstenor zukommt, soll im Folgenden versucht werden, herauszuarbeiten, aus welchen Delikten die fragliche Person und mit welchem Strafmaß sie letztlich schuldig zu sprechen ist.

Hinweis für die Fallbearbeitung: In der Fallbearbeitung stellt sich zunächst das Problem, an welcher Stelle des Gutachtens die Konkurrenzprüfung zweckmäßigerweise zu erfolgen hat. In Betracht kommt eine konzentrierte Prüfung entweder am Ende des Gutachtens oder – wenn dieses in mehrere Handlungsabschnitte unterteilt ist – am Ende eines jeden Handlungsabschnitts.
Diese Frage ist nicht ganz einheitlich zu beantworten. Im Regelfall empfiehlt es sich, sie am Ende des Gutachtens konzentriert darzulegen, weil erst dort alle Strafbarkeiten des Täters feststehen und so erst eine sinnvolle Auseinandersetzung mit ihnen möglich erscheint.[1456]
Demgegenüber kann im Einzelfall die Prüfung vorzugsweise – wenn mehrere Täter zu prüfen sind – entweder nach der Strafbarkeitsprüfung des jeweiligen Täters oder – bei komplexen Sachverhalten – am Ende eines jeden Handlungsabschnitts erfolgen. Diese Vorgehensweise hat den Vorteil, dass die Zahl der in Konkurrenz zueinander stehenden Straftatbestände auf ein erträgliches Maß reduziert wird und dadurch Übersichtlichkeit und Vollständigkeit sowie Fehlervermeidung gewährleistet werden können.

B. Die Konkurrenzlehre nach den §§ 52-55

Das StGB regelt die Konkurrenzen in den §§ 52-55. Kern dieser Regelung ist die Unterscheidung zwischen **Handlungseinheit** und **Handlungsmehrheit**: 1158

- Verletzt „dieselbe" Handlung (Handlungseinheit) mehrere Straftatbestände oder denselben Straftatbestand mehrmals, liegt – sofern kein Fall der „unechten" Konkurrenz (Gesetzeskonkurrenz) vorliegt – **Idealkonkurrenz (= Tateinheit)** vor, § 52 I.
- „Mehrere" selbstständige Handlungen (Handlungsmehrheit) mit einer mehrfachen Gesetzesverletzung führen dagegen – sofern kein Fall der „unechten" Konkurrenz (Gesetzeskonkurrenz) vorliegt – zu einer **Realkonkurrenz (= Tatmehrheit)**, §§ 53-55.

Zu beachten ist jedoch, dass der Begriff der Handlungseinheit nicht mit dem der Tateinheit, der Begriff der Handlungsmehrheit nicht mit der Tatmehrheit gleichzusetzen ist. Die Frage, ob Handlungseinheit bzw. Handlungsmehrheit vorliegt, ist lediglich Voraussetzung für die weitere Konkurrenzlösung. Aus diesem Grund ist auch immer zuerst danach zu fragen, ob der Strafbarkeit *eine* oder *mehrere* Handlung(en) zugrunde liegen. Sodann ist weiter zu klären, ob ein Tatbestand hinter anderen im Wege der Gesetzeskonkurrenz zurücktritt. Die verbleibenden Tatbestände sind dann bei *Handlungseinheit* in Tateinheit 1159

[1456] So *Mitsch*, JuS 1993, 385 ff. Vgl. auch *Walter*, JA 2004, 133 ff.

und bei *Handlungsmehrheit* in Tatmehrheit begangen. Zur Veranschaulichung soll folgende **Übersicht** dienen, wobei anzumerken ist, dass weder die Konkurrenzprüfung als solche noch die Terminologie einheitlich sind und der hier eingeschlagene Weg daher nur einen Lösungsvorschlag darstellen kann:

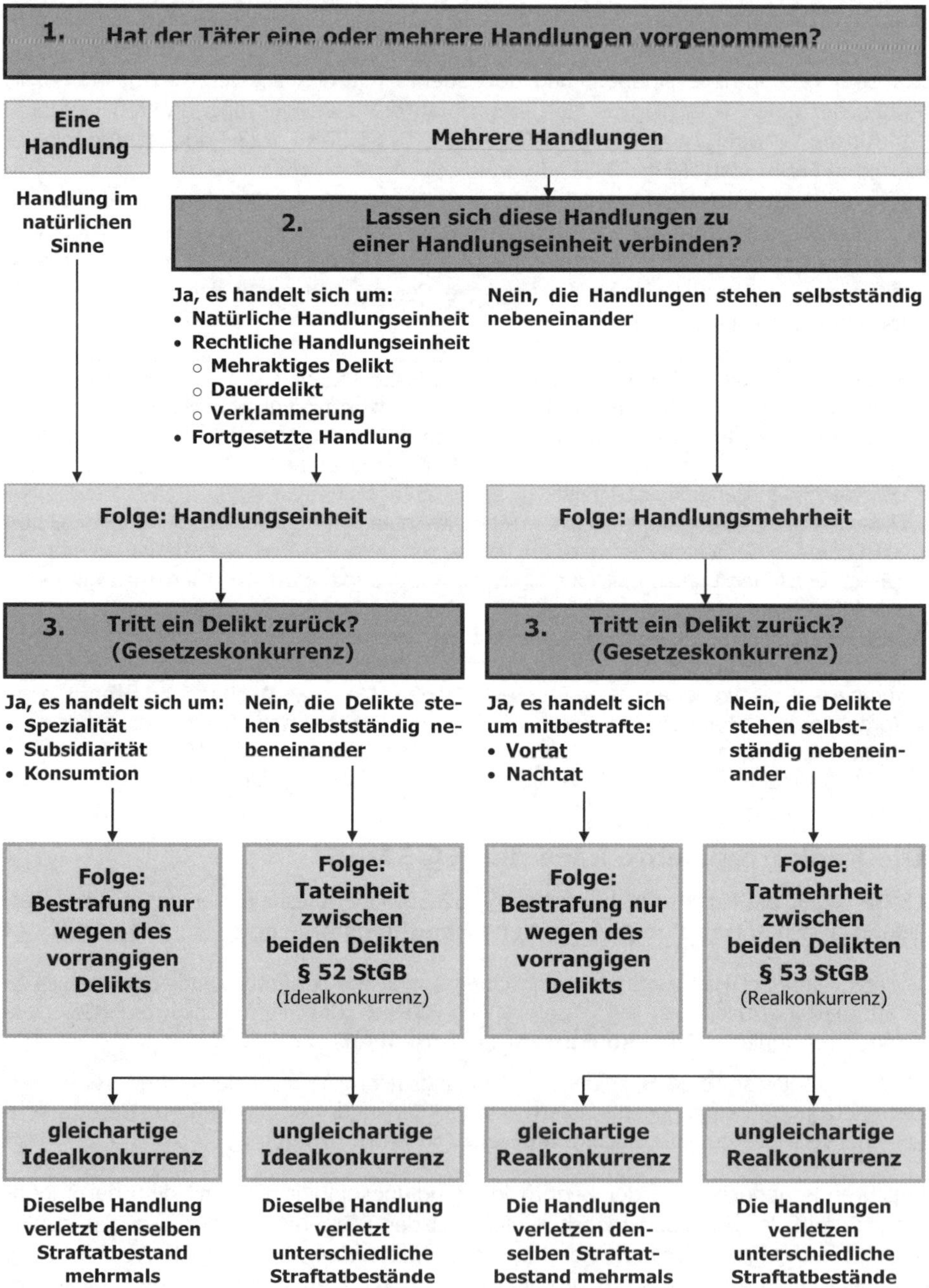

I. Handlungseinheit und Handlungsmehrheit

Da die Unterscheidung zwischen Handlungseinheit und Handlungsmehrheit für die weitere Konkurrenzfrage von entscheidender Bedeutung ist, muss zunächst auf diese Unterscheidung eingegangen werden. **1160**

1. Handlungseinheit

a. Handlung im natürlichen Sinn

Von einer Handlung im natürlichen Sinn spricht man, wenn *ein* Handlungsentschluss sich in *einer* Willensbetätigung (der bei den Unterlassungsdelikten die pflichtwidrige Nichtbetätigung des Willens gleichsteht) realisiert.[1457] Ein solcher Handlungsvorgang bildet auch rechtlich stets *eine* Handlung.[1458] **1161**

> **Beispiel:** Terrorist T zündet eine Bombe, wodurch mehrere Personen getötet werden. ⇨ Hier hat T durch *dieselbe* Handlung *dieselbe* Strafnorm (§ 211) mehrmals verletzt. Darüber hinaus ist er wegen Körperverletzung (§§ 223 ff.), Sachbeschädigung (§ 303 I) und Herbeiführung einer Sprengstoffexplosion (§ 308) strafbar. Er hat somit durch eine Handlung gleichzeitig verschiedene Straftatbestände verwirklicht. Gleichwohl liegt eine Handlungseinheit vor.

b. Natürliche Handlungseinheit

Da der Begriff der Handlung keinem naturwissenschaftlichen, sondern einem sozialen Sinnzusammenhang zugrunde liegt, können nach der Rechtsprechung auch mehrere in engem zeitlich-räumlichen Zusammenhang stehende Willensbetätigungen, die denselben Deliktstatbestand (u.U. auch unselbstständige Abwandlungen des Grunddelikts) mehrfach (iterativ = sich wiederholend) oder fortschreitend (sukzessiv = schrittweise) verwirklichen, eine Handlungseinheit darstellen, sofern sie sich aus der Sicht eines Dritten in der Rolle des Täters (also objektiv-subjektiv) und bei natürlicher Betrachtungsweise als ein einheitliches, zusammengehöriges Tun erweisen.[1459] **1162**

Beispiele aus der Rechtsprechung:

(1) Ausnutzen derselben schutzlosen Lage zu mehreren sexuellen Handlungen i.S.v. § 177 I Nr. 3 (BGH NJW 2002, 381)

(2) Wegnahme mehrerer Gegenstände bei Diebstahl oder Raub (BGH NStZ 1996, 493)

(3) Übergang von einer vollendeten zu einer versuchten schweren räuberischen Erpressung (BGH NStZ 1999, 406)

(4) Mehrere falsche Angaben bei einer Aussage (OLG Köln StV 1983, 507)

(5) Vornahme mehrerer strafbarer sexueller Handlungen an derselben oder an verschiedenen Personen in engem zeitlich-räumlichen Zusammenhang (BGH NStZ-RR 1999, 326 zu § 177)

(6) Tötung eines zunächst nur verletzten, aber irrig schon für tot gehaltenen Opfers nach Erkennen des Irrtums (BGH NJW 1990, 2896)

(7) Übergang vom Körperverletzungs- zum Tötungsvorsatz, wenn er ohne Zäsur im Tatgeschehen und mit unveränderter Motivation stattfindet (BGHSt 35, 305, 306; BGH NStZ-RR 1999, 101)

(8) Werden durch mehrere Schüsse innerhalb weniger Sekunden ohne zeitliche Zäsur höchstpersönliche Rechtsgüter verschiedener Personen angegriffen, liegt zwar kein einheitlicher Tatentschluss (Handlung im natürlichen Sinn) vor, allerdings eine natürliche Handlungseinheit (BGH NStZ 2012, 562) und damit Tateinheit i.S.v. § 52 I.

[1457] *W/B/S*, AT, Rn 758.

[1458] *W/B/S*, AT, Rn 758; BGHSt 1, 20, 21 f.; *Lackner/Kühl*, Vor § 52 Rn 3. Vgl. auch BGHSt 43, 366, 367, und BGH NJW 2002, 381.

[1459] *W/B/S*, AT, Rn 764; BGHSt 4, 219 ff.; 10, 230, 231; 22, 67, 76; 41, 368 f.; 43, 311, 314 f.; 43, 381, 386; BGH NStZ 2000, 30; NStZ 2000, 419, 420; NJW 2002, 381, 382; NStZ 2002, 432; NStZ 2005, 262 f.; NStZ 2006, 284, 285; NStZ-RR 2009, 289; StraFo 2012, 267 f.

1163 Die Zusammenfassung mehrerer Einzelhandlungen zu einer natürlichen Handlungseinheit ist zwar grundsätzlich begrüßenswert, birgt aber auch einige Risiken in sich. Denn sie erfasst nicht nur ganz unterschiedliche Fallgestaltungen, sondern liefert auch keine sicheren Abgrenzungskriterien und läuft auf diese Weise Gefahr, sich einer **willkürlichen** Handhabung auszusetzen.[1460] Dies wird besonders im obigen Beispiel (3), aber auch bei den sog. **Polizeifluchtfällen**[1461] deutlich, bei denen der BGH den einheitlichen Fluchtwillen des Täters genügen lässt, um sämtliche Willensbetätigungen und damit Einzelhandlungen während der Flucht zu einer natürlichen Handlungseinheit zusammenzuschließen.

Beispiel: T hat unter Verwendung einer Schusswaffe eine Bank ausgeraubt und ist auf der Flucht. Er wird von der Polizei verfolgt. Um dieser zu entkommen, reißt er die Fahrertür eines vor einer roten Ampel stehenden Pkw auf und überwältigt den Fahrer. Sodann flieht er mit dessen Auto. Doch schon an der nächsten Kreuzung kollidiert er aufgrund seiner überhöhten Geschwindigkeit mit einem anderen Auto. Nun setzt er seine Flucht zu Fuß fort. Doch kurze Zeit später wird er gefasst.

Lässt man mit der Rechtsprechung den einheitlichen Fluchtwillen genügen, hat T sich in Tateinheit wegen schweren Raubs (§§ 249, 250), ggf. wegen Widerstands gegen Vollstreckungsbeamte (§ 113), ggf. wegen räuberischen Diebstahls (§ 252), ggf. wegen gefährlichen Eingriffs in den Straßenverkehr (§ 315b), wegen räuberischen Angriffs auf Kraftfahrer (§ 316a) und wegen Verkehrsunfallflucht (§ 142) strafbar gemacht.

Die willkürliche Handhabung durch den BGH erreicht ihren Höhepunkt darin, dass er selbst bei einheitlichem Tatentschluss und engem räumlichen und zeitlichen Zusammenhang mehrerer Verletzungshandlungen bei verschiedenen Rechtsgutträgern keinen Anlass sieht, diese Vorgänge rechtlich als eine Tat zusammenzufassen. Freilich hält sich der BGH eine „Hintertür" offen, indem er meint, dass etwas anderes gelte, wenn eine Aufspaltung in Einzeltaten „willkürlich" und „gekünstelt" erscheine.[1462]

In dem vom BGH entschiedenen Fall ging es um die Frage der Zusammenfassung mehrerer (das Mordmerkmal „niedrige Beweggründe" verwirklichende) Angriffe auf verschiedene Personen. Die Intention des BGH dürfte dabei klar sein. Denn durch die Annahme einer Handlungseinheit konnte er eine einmalige Bestrafung nur aus einem Mord entsprechend den für Tateinheit geltenden Grundsätzen betrafen.

1164 Zu weit geht es aber auch nach Auffassung des BGH, mehrere Willensbetätigungen, die nacheinander (und *ohne* in einem engen zeitlich-räumlichen Zusammenhang zu stehen) höchstpersönliche Rechtsgüter (z.B. Tötungen, Körperverletzungen oder Beleidigungen) verschiedener Rechtsgutträger verletzen, als natürliche Handlungseinheit zusammenzufassen.[1463]

Beispiel: Die F ist nachts von drei Männern überfallen und vergewaltigt worden. Ehemann M schwört Rache und entschließt sich, die Täter nacheinander umzubringen. So geschieht es.

Hier liegt nach Auffassung des BGH trotz des einheitlichen Tatentschlusses keine natürliche Handlungseinheit vor.[1464] Vgl. auch das Beispiel bei Rn 1170.

[1460] SK-*Samson/Günther*, Vor § 52 Rn 34-39; LK-*Rissing-van Saan*, § 52 Rn 15-19; *Geppert*, Jura 2000, 598, 601; *Mitsch*, JuS 1993, 385, 388.
[1461] Vgl. *W/B/S*, AT, Rn 765; BGHSt 22, 67, 76; BGH NZV 2001, 265; *Lackner/Kühl*, § 52 Rn 3.
[1462] BGH NStZ 2006, 284, 285.
[1463] Vgl. BGH NStZ 2005, 262 f.; NStZ 1996, 129; NStZ-RR 2001, 82. Vgl. aber auch *Momsen*, NJW 1999, 982, 987.
[1464] BGH NStZ 1996, 129. Vgl. aber auch BGH NStZ-RR 1999, 323, 326.

c. Rechtliche (juristische) Handlungseinheit

Eine Handlungseinheit liegt auch vor, wenn der gesetzliche Tatbestand mehrere natürliche Willensbetätigungen zu einer **rechtlich-sozialen Bewertungseinheit** verbindet.[1465] Das ist (aa.) bei einer tatbestandlichen Handlungseinheit, (bb.) bei einer Handlungseinheit durch Klammerwirkung und (cc.) dann der Fall, wenn Angriffe auf mehrere Opfer zeitgleich und wechselweise erfolgen.[1466] 1165

aa. Tatbestandliche (gesetzliche) Handlungseinheit

Wenn die Erfüllung der Mindestvoraussetzungen eines Straftatbestands die Vornahme mehrerer Einzelakte zulässt oder erfordert, nimmt man allgemein eine tatbestandliche Handlungseinheit an.[1467] Das ist insbesondere bei **mehraktigen** oder **zusammengesetzten** Delikten der Fall. 1166

Beispiele:
(1) In-Verkehr-Bringen von Falschgeld, das sich der Täter verschafft hat (§ 146 I Nr. 3)
(2) Gewaltanwendung und Wegnahme beim Raub (§ 249)
(3) Zusammenrotten und Nötigen bei der Gefangenenmeuterei (§ 121 I Nr. 1)

Überhaupt gehören solche Delikte hierher, bei denen der Tatbestand eine gleich- oder verschiedenartige Handlung zwingend oder wenigstens im Rahmen einer pauschalierten Handlungsbeschreibung als möglich voraussetzt. 1167

Beispiele:
(1) Mehrere sexuelle Handlungen unter Ausnutzung derselben Drohung mit Gewalt (§ 177), vgl. dazu BGH NStZ 1985, 546, 547;
(2) Wiederholte Verletzungshandlungen beim Quälen von Schutzbefohlenen (§ 225) oder bei einer Schlägerei (§ 231), vgl. dazu BGHSt 41, 113, 114 f.;
(3) Mehrere Einzelhandlungen, durch die beim Betrug (§ 263) oder bei der Untreue (§ 266) eine schadensgleiche Vermögensgefährdung zum endgültigen Schaden vertieft wird, vgl. dazu BGH NStZ 1998, 43.

Zur tatbestandlichen Handlungseinheit zählen auch die **Dauerdelikte**. Das sind Delikte, bei denen solche natürlichen Handlungen verbunden werden, mit denen der Täter die Tat nicht lediglich vollendet, sondern den Tatbestand entweder durch pflichtwidriges Aufrechterhalten eines von ihm geschaffenen rechtswidrigen Zustands oder durch ununterbrochenes Fortsetzen der Tathandlung weiterverwirklicht.[1468] 1168

Beispiele von Dauerdelikten: Freiheitsberaubung (§ 239), Hausfriedensbruch (§ 123), Zuhälterei (§ 181 a)[1469], Fahren im untüchtigen Zustand (§ 316 – etwa wenn der Täter seinen Wagen 3 Stunden lang mit einer BAK von 1,8 ‰ steuert)

bb. Handlungseinheit durch Klammerwirkung

Von Klammerwirkung wird gesprochen, wenn zwei an sich voneinander unabhängige Delikte jeweils mit einer dritten Handlung in Handlungseinheit stehen und so miteinander zu einer rechtlichen Handlungseinheit verbunden werden. Hier ist grundsätzlich von einer Handlungseinheit auszugehen. Die Annahme einer Handlungseinheit durch Klammerwirkung ist aber nur dann möglich, wenn die verklammernde Handlungseinheit im **konkre-** 1169

[1465] BGH NStZ 2003, 366, 367; *Lackner/Kühl*, Vor § 52 Rn 9; Sch/Sch-*Sternberg-Lieben/Bosch*, Vorbem §§ 52 ff. Rn 12; *W/B/S*, AT, Rn 759.
[1466] Vgl. *Fischer*, Vor § 52 Rn 20 ff.
[1467] Vgl. BGH NJW 2003, 1057, 1058; BGHSt 46, 6, 11 (mit. krit. Anm. v. *Puppe*, JZ 2000, 735), der von „gesetzlicher" bzw. „gesetzlich vertypter" Handlungseinheit spricht.
[1468] Vgl. BGHSt 42, 215, 216.
[1469] So ausdrücklich BGH NStZ-RR 2001, 170.

ten Fall einen **größeren Unwert** verkörpert als zumindest eine der zu verklammernden Handlungen.[1470]

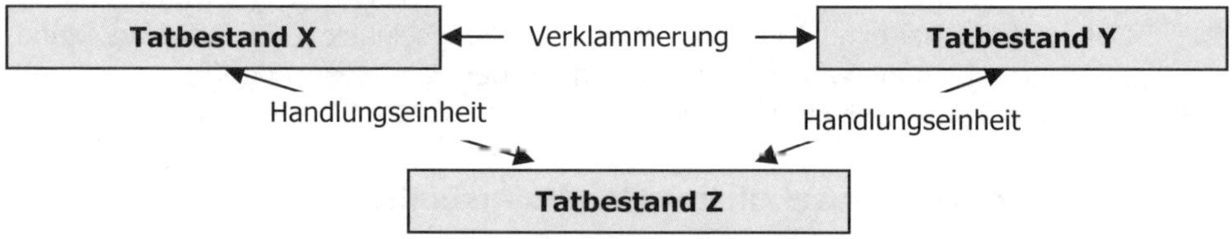

Beispiel: Stiefvater V sperrt seine 17-jährige Stieftochter T in ihrem Zimmer ein (§ 239). Am nächsten Tag geht er zu ihr ins Zimmer und vergewaltigt sie (§ 177 II Nr. 1). Unmittelbar nach der Vergewaltigung wird ihm klar, dass die Sache früher oder später herauskommen wird. Er entschließt sich daher, T für immer zum Schweigen zu bringen. So geschieht es. Er tötet T mit einem Messer (§ 211 I, II Var. 9).

Bei isolierter Betrachtung beruhen der Mord und die Vergewaltigung auf verschiedenen Tatentschlüssen bzw. Handlungen. Beide Delikte sind aber während des Dauerdelikts der Freiheitsberaubung begangen worden und stehen somit zu ihr jeweils in Handlungseinheit. Daher ist an eine juristische Handlungseinheit durch Klammerwirkung zu denken. Voraussetzung ist aber, dass die Freiheitsberaubung mindestens so schwer wiegt wie nur eines der beiden anderen Delikte. Betrachtet man den jeweiligen Strafrahmen (§ 239 I – bis 5 Jahre; § 211 – lebenslange Freiheitsstrafe; § 177 II – 2 bis 15 Jahre), ist das nicht der Fall. Allerdings ist die Freiheitsberaubung durch den Mord zur Freiheitsberaubung mit Todesfolge erfolgsqualifiziert worden (§ 239 IV – 3 bis 15 Jahre) und wiegt damit schwerer als die Vergewaltigung. Zwar spielen die Erfolgsqualifikationen bei der abstrakten Einteilung der Delikte in Vergehen und Verbrechen keine Rolle, bei der Handlungseinheit durch Klammerwirkung ist aber – wie bereits angedeutet – auf die Strafandrohung im konkreten Fall abzustellen. Daher können im vorliegenden Fall die Vergewaltigung und der Mord zu einer juristischen Handlungseinheit und im Ergebnis zu einer Tateinheit verbunden werden. T ist daher tateinheitlich aus §§ 211 I, II Var. 9, 239 I, IV und 177 II Nr. 1 strafbar.

Anmerkung: Nun mag man sich fragen, warum es so wichtig sein soll, eine Handlungseinheit anzunehmen, denn V wird wegen des von ihm begangenen Mordes ohnehin zu einer lebenslangen Freiheitsstrafe verurteilt. Bedeutung erlangt die Handlungseinheit aber dann, wenn V „nur" wegen der Vergewaltigung verurteilt worden wäre und die Freiheitsberaubung und der Mord erst später aufgeklärt worden wären. Geht man mit dem BGH von einer Handlungseinheit durch Klammerwirkung aus, wären diese Delikte aufgrund des Grundsatzes vom **Strafklageverbrauch** (*ne bis in idem* – Art. 103 III GG, § 264 StPO) nicht mehr verfolgbar gewesen. Denn dadurch, dass sie in materieller Hinsicht mit der Vergewaltigung zu einer Tat verbunden worden sind, kann man sie in prozessualer Hinsicht nicht als verschiedene Taten behandeln. T hätte also nichts mehr zu befürchten.

1170 In der Literatur werden teilweise Bedenken an der Handlungseinheit durch Klammerwirkung geäußert. Der Strafklageverbrauch führe (wie im genannten Beispiel) zu unhaltbaren Konsequenzen. Es sei mit dem Schuldprinzip unvereinbar, dem Täter die strafprozessualen Vorteile nur deshalb zuteilwerden zu lassen, weil er ein Mehr an Unrecht begangen habe und sein Handeln dadurch zu einer juristischen Handlungseinheit verklammert worden sei.[1471] Auf jeden Fall ist aber eine restriktive Praxis bei der Annahme der Voraussetzungen einer Klammerwirkung angezeigt.

Beispiel[1472]**:** T schloss mit V einen notariellen Kaufvertrag über den Kauf eines Grundstücks zu einem Preis von 125.000,- €. Die Umschreibung sollte bei Kaufpreiszahlung durch

---

[1470] BGH NStZ 2005, 262 f.; NStZ 1999, 26; NStZ-RR 1998, 234.
[1471] Vgl. *Geppert*, Jura 2000, 651, 652; SK-*Samson/Günther*, § 52 Rn 19; *Lackner/Kühl*, § 52 Rn 5.
[1472] Nach BGH NStZ 2005, 262 f.

T erfolgen. Da T jedoch außerstande war, nicht nur fristgerecht, sondern überhaupt den Kaufpreis zu zahlen, ging er zu V in dessen Wohnung und veranlasste ihn unter Vorhalt einer Pistole, eine Quittung über den Erhalt des Kaufpreises auszustellen. Diese wollte T dem Notar zum Nachweis der Kaufpreiszahlung vorlegen und dadurch die Grundbuchänderung erwirken. Als V dem T beim Verlassen der Wohnung jedoch mit einer Strafanzeige drohte, stach dieser mit einem mitgebrachten Messer auf ihn ein, um ihn zu töten. Als – für T überraschend – die Schwester S des V die Wohnung betrat und zu schreien begann, entschloss sich T, auch sie zu töten, um sie als Tatzeugin auszuschalten und zu verhindern, dass durch ihr Schreien Dritte auf das Geschehen aufmerksam wurden. Beide Opfer starben an ihren Stichverletzungen.

T hat – bei isolierter Betrachtung – zwei Morde begangen. Tatmotiv war in beiden Fällen die Verdeckung einer anderen Straftat (§ 211 I, II Var. 9), nämlich einer versuchten räuberischen Erpressung mit Todesfolge (§§ 255, 251, 22), bei V darüber hinaus auch Habgier (§ 211 I, II Var. 3) und bei S darüber hinaus, um den Mord an V zu verdecken. Fraglich ist lediglich, wie diese beiden Morde in Bezug zueinander stehen. Möglich ist, dass beide entweder im Wege sog. **natürlicher Handlungseinheit** oder durch die **Klammerwirkung** der versuchten räuberischen Erpressung mit Todesfolge zur Tateinheit (§ 52) verbunden werden müssen.

Nach der Rspr. des BGH können mehrere Tatbestandsverwirklichungen, die denselben Deliktstatbestand (u.U. auch unselbstständige Abwandlungen des Grunddelikts) mehrfach (iterativ = sich wiederholend) oder fortschreitend (sukzessiv = schrittweise) verwirklichen, unter dem Gesichtspunkt der sog. **natürlichen Handlungseinheit** zu einer einzigen materiell-rechtlichen Tat zusammengefasst werden, wenn sie sich aus der Sicht eines Dritten objektiv und bei natürlicher Betrachtungsweise als ein einheitliches, zusammengehöriges Tun erweisen.

Vorliegend standen beide Angriffe in einem engen räumlich-zeitlichen Zusammenhang zueinander. Es fehlt aber wohl an dem verbindenden subjektiven Element, da sich T zur Tötung (der S) erst entschlossen hat, nachdem sie – für ihn überraschend – hinzugekommen ist, als er bereits mit Tötungsvorsatz auf V eingestochen hatte. Der in Tötungsabsicht geführte Angriff auf S beruhte mithin auf einem selbstständigen, aufgrund veränderter Tatsituation gefassten Entschluss, der die Wertung als einheitliches, zusammengehöriges Tun unter den gegebenen Umständen nicht zulässt.[1473] Damit liegt keine natürliche Handlungseinheit vor.

Voraussetzung für eine Verbindung zweier Straftaten zu einer juristischen Handlungseinheit im Wege sog. **Klammerwirkung** ist, dass die Ausführungshandlungen zweier voneinander unabhängiger Delikte jeweils mit einer dritten Handlung in Handlungseinheit stehen und so miteinander zu einer rechtlichen Handlungseinheit verbunden werden. Dann ist grundsätzlich von einer Handlungseinheit auszugehen. Die Annahme einer Handlungseinheit durch Klammerwirkung ist aber nur dann möglich, wenn die verklammernde Handlungseinheit einen größeren Unwert verkörpert als zumindest eine der zu verklammernden Handlungen. Dabei ist der Wertevergleich nicht nach einer abstrakten generalisierenden Betrachtungsweise, sondern anhand der konkreten Gewichtung der Taten vorzunehmen.

Vorliegend standen die beiden Morde jeweils mit der zur verdeckenden Tat, der versuchten räuberischen Erpressung mit Todesfolge, in Tateinheit.

Die versuchte räuberische Erpressung mit Todesfolge müsste aber auch geeignet sein, die beiden Morde zur Tateinheit zu verklammern. Das ist nicht der Fall, wenn es an einer zumindest annähernden Wertgleichheit fehlt, die anhand der konkreten Gewichtung der Taten festzustellen ist.

Gegenüber den Morden mit der absoluten Strafandrohung des § 211 I ist die versuchte räuberische Erpressung mit Todesfolge nicht annähernd wertgleich. Bei einer naheliegen-

---

[1473] So BGH NStZ 2005, 262 f.

den Milderung des Strafrahmens des § 251 nach §§ 23 II, 49 I würde an die Stelle lebenslanger Freiheitsstrafe zeitige Freiheitsstrafe nicht unter drei Jahren treten.

Die versuchte räuberische Erpressung mit Todesfolge ist daher gegenüber den beiden Morden eine minder schwere Straftat. Als solche hat sie nicht die Kraft, die beiden wesentlich schwereren Straftaten, die Morde, zur Tateinheit zusammenzufassen.[1474]

Ergebnis: T ist daher wegen Mordes in zwei Fällen (§ 53), jeweils in Tateinheit (§ 52) mit versuchter räuberischer Erpressung mit Todesfolge zu bestrafen.

cc. Zeitgleiche und wechselweise Angriffe auf mehrere Opfer

1171 Schließlich können auch mehrere Verletzungshandlungen gegen **verschiedene Personen** eine Handlung im Rechtssinne sein, wenn sie so miteinander verknüpft sind, dass eine getrennte Beurteilung ihren Unrechts- und Schuldgehalt nicht zutreffend erfassen würde. Dies kann je nach den Umständen des Einzelfalls namentlich dann gegeben sein, wenn Angriffe auf mehrere Opfer zeitgleich und wechselweise erfolgen.[1475] Bei Handlungen, welche sich nacheinander gegen verschiedene Personen richten, ist das aber i.d.R. nicht der Fall (vgl. dazu das Beispiel bei *R. Schmidt*, BT II, Rn 859).

d. Fortgesetzte Handlung

1172 Wenn mehrere Einzelakte, die jeweils selbstständig den Straftatbestand erfüllen, aufgrund eines *Gesamtvorsatzes* immer gegen das gleiche Rechtsgut gerichtet sind, hat die frühere Rechtsprechung diese „fortgesetzte Handlung" als rechtliche Handlungseinheit zusammengefasst.

Beispiel: T bricht über Jahre hinweg in verschiedene Villen ein und entwendet jeweils Kunstgegenstände (§§ 242, 244 I Nr. 3).

1173 Richtete sich die fortgesetzte Handlung hingegen gegen höchstpersönliche Rechtsgüter (Leib, Leben, Ehre), war zusätzlich Voraussetzung, dass sich die Einzelakte jeweils gegen denselben Rechtsgutträger richteten.

1174 Zweck dieser Figur war es, die prozessuale Behandlung von Serienstraftätern zu erleichtern: Nach dem oben Gesagten wurden die Handlungen als einheitliche Tat gewertet, wodurch einerseits nicht erkannte Einzelakte durch den Strafklageverbrauch prozessual nicht mehr verfolgt werden konnten. Andererseits wirkte sich die Figur auch zu Lasten des Täters aus, weil durch die einheitliche Bewertung auch die Verjährungsvorschriften sich immer nur auf die zuletzt begangene Tat beziehen konnten.
Aus diesen Gründen, vor allem aber wegen der **fehlenden Rechtsgrundlage**, hat der *Große Senat* des BGH in seiner „Jahrhundertentscheidung"[1476] dieser Rechtsfigur praktisch eine Absage erteilt und lässt sie nur noch zu, wenn es zur sachgerechten Erfassung des verwirklichten **Unrechts und der Schuld** unumgänglich ist. Solche Ausnahmefälle hat der BGH bislang noch nicht festgestellt.[1477]

1175 Sollte in der **Fallbearbeitung** eine fortgesetzte Handlung zu prüfen sein, muss man sich mit der Entscheidung des *Großen Senats* auseinandersetzen und klarstellen, dass eine fortgesetzte Handlung nur noch möglich ist, wenn der Tatbestand zur sachgerechten Erfassung von Unrecht und Schuld die Verbindung mehrerer Einzelakte unumgänglich macht. Da dies kaum noch der Fall sein dürfte, müssen andere Wege zur Bewältigung der auf Wiederholung angelegten Straftaten aufgezeigt werden[1478]:

[1474] BGH NStZ 2005, 262 f.
[1475] BGH NStZ 2003, 366, 367.
[1476] BGHSt GS 40, 138, 162 ff. (von *Hamm*, NJW 1994, 1636 als „Jahrhundertentscheidung" bezeichnet).
[1477] Vgl. nur BGHSt 40, 195; 41, 292, 302.
[1478] Vgl. *Zieschang*, GA 1997, 457; *Lackner/Kühl*, Vor § 52 Rn 17 ff.; *W/B/S*, AT, Rn 774.

- Lösung von unüberwindbaren Tatsachenzweifeln am Vorliegen des Gesamtvorsatzes nach dem Grundsatz *in dubio pro reo*;
- Extensive Anwendung der tatbestandlichen Handlungseinheit durch großzügige Bildung von Bewertungseinheiten[1479];
- Ausdehnung des Anwendungsbereichs der natürlichen Handlungseinheit[1480];
- Korrektur negativer Konsequenzen auf der Strafzumessungsebene, indem für die einschlägigen Fälle Strafen verhängt werden, die denen auf der Grundlage der fortgesetzten Tat verhängten entsprechen[1481].

2. Handlungsmehrheit

Können weder eine Handlung im natürlichen Sinn noch eine natürliche Handlungseinheit noch eine rechtliche Handlungseinheit in dem oben dargelegten Sinn angenommen werden, liegt eine Handlungsmehrheit vor (Ausschlussprinzip). 1176

II. Gesetzeskonkurrenz (nur bei Handlungseinheit)

Die Handlungseinheit führt – wie bereits festgestellt – zur Tateinheit, sofern kein Fall der Gesetzeskonkurrenz vorliegt. Gesetzeskonkurrenz bedeutet, dass von mehreren dem Gesetzeswortlaut nach verwirklichten Straftatbeständen einige nicht anwendbar sind, weil der deliktische Gehalt einer Tat jeweils schon durch ein anderes Gesetz erschöpfend erfasst wird. Da dieser Fall von den §§ 52 ff. nicht erfasst ist, wird insoweit auch von „unechter" Konkurrenz oder von „Gesetzeseinheit" gesprochen.[1482] 1177

Im konkreten Fall kann sich die Abgrenzung zwischen Gesetzes- und Tateinheit als äußerst schwierig erweisen. In Zweifelsfällen kann zur Abgrenzung die **Klarstellungsfunktion** der Idealkonkurrenz (Tateinheit) herangezogen werden. So nimmt auch der BGH in seiner neuesten Rechtsprechung im Fall einer nur versuchten Tötung, die zu einer Körperverletzung des Opfers geführt hat, **Tateinheit** zwischen §§ 212 I, 22, 23 I einerseits und §§ 223 ff. andererseits an, da bei einem Zurücktreten des Körperverletzungsdelikts der Schuldspruch nicht erkennen lasse, ob der Tötungsversuch folgenlos geblieben ist oder zu einer Beeinträchtigung der körperlichen Integrität geführt hat.[1483] 1178

Beispiel: A schoss mit Tötungsvorsatz auf B, traf diesen aber nicht tödlich, weil die Kugel in einer Rippe stecken blieb.

In diesem Fall ist A wegen versuchten Totschlags strafbar. Da er den B aber gleichzeitig auch in dessen körperlicher Integrität verletzt hat, gebietet es die Klarstellungsfunktion der Idealkonkurrenz, auch diese Folge im Urteilstenor zum Ausdruck zu bringen.

Unabhängig vom vorstehenden Beispiel ist aus Gründen der Klarstellungsfunktion auch Tateinheit zwischen versuchtem Raub mit Todesfolge (§§ 249, 251, 22, 23 I) und vollendeter Körperverletzung mit Todesfolge (§§ 223, 227) anzunehmen, weil nur so klargestellt werden kann, dass es sich um einen Raubversuch gehandelt hat, bei dem die Todesfolge eingetreten ist.[1484] 1179

Nachgenannte Fälle der Gesetzeskonkurrenz sind anerkannt und sind in der Fallbearbeitung (zumindest gedanklich) in der hier vorgegebenen Reihenfolge zu prüfen: 1180

[1479] Vgl. BGHSt 41, 385; 43, 1, 2 f. (mit Bespr. v. *Paeffgen*, JR 1999, 89; BGHSt 46, 6, 11 (mit. krit. Anm. v. *Puppe*, JZ 2000, 735).
[1480] Vgl. BGH NStZ-RR 1998, 68; StV 1998, 335.
[1481] BGHSt GS 40, 138, 162; BGH wistra 1999, 99.
[1482] Vgl. BGHSt 31, 380; 39, 100, 108; 41, 113, 115; 46, 24, 25; BGH NJW 2001, 2186; BGH JA 2003, 105 ff.; *Lackner/Kühl*, Vor § 52 Rn 24; *Kindhäuser*, NStZ 2001, 31; *Kudlich*, StV 2000, 667, 669; *Stein*, JR 2001, 72.
[1483] BGHSt 44, 196, 200. Vgl. auch *Altvater*, NStZ 2001, 19, 25; *W/B/S*, AT, Rn 787 und *Wessels/Hettinger*, BT/2 Rn 320 f.
[1484] Vgl. BGHSt 46, 24, 25; *Kindhäuser*, NStZ 2001, 31; *Kudlich*, StV 2000, 667, 669; *W/B/S*, AT, Rn 787; ablehnend *Stein*, JR 2001, 72.

1. Spezialität

1181 Spezialität liegt vor, wenn ein (spezieller) Straftatbestand nicht nur die begrifflich-tatbestandlichen Voraussetzungen eines anderen (allgemeinen) Straftatbestands enthält, sondern darüber hinaus noch wenigstens ein weiteres (zusätzliches) Merkmal, sodass der Täter, der den speziellen Straftatbestand verwirklicht, zwangsläufig auch den in Betracht kommenden allgemeinen Straftatbestand erfüllt.[1485] Daher erfordert es die Klarstellungsfunktion der Idealkonkurrenz nicht, den Grundtatbestand im Urteilstenor aufzunehmen. Der Grundtatbestand tritt vielmehr hinter der (speziellen) Abwandlung zurück.

1182 ▪ Ein Verhältnis der Spezialität besteht zunächst immer zwischen **qualifizierenden** oder **privilegierenden unselbstständigen Abwandlungen** und ihrem Grundtatbestand.[1486]

Beispiele: Die gefährliche Körperverletzung (§ 224), die schwere Körperverletzung (§ 226) und die Körperverletzung im Amt (§ 340) haben die (einfache) Körperverletzung (§ 223) zum Grundtatbestand. Gleiches gilt hinsichtlich des Diebstahls mit Waffen und des Bandendiebstahls (§ 244) sowie des schweren Bandendiebstahls (§ 244a) zum (einfachen) Diebstahl (§ 242) oder für § 218 III im Verhältnis zu § 218 I und für § 250 I[1487], II Nr. 1, 2 u. 3a[1488] im Verhältnis zu § 249. Auch qualifizieren einige schwere Begehungsformen des Betrugs (§ 263 V) den Grundtatbestand des § 263 I.

1183 ▪ Aber auch wenn die Veränderung losgelöst vom Grunddelikt einen eigenen Unwert besitzt und ein eigenes Delikt (*delictum sui generis*) darstellt, also ein Fall einer **selbstständigen** Abwandlung vorliegt, ist von einer Spezialität auszugehen.

Beispiel: Der räuberische Diebstahl (§ 252) ist wertungsmäßig bereits so weit vom Diebstahl (§ 242) entfernt, dass von einem *delictum sui generis* gesprochen werden muss. Bei § 252 gilt sogar die Besonderheit, dass er selbst den Grundtatbestand zu einigen unselbstständigen Abwandlungen, etwa zum schweren räuberischen Diebstahl (§§ 252, 250) und räuberischen Diebstahl mit Todesfolge (§§ 252, 251) oder gar zum schweren räuberischen Diebstahl mit Todesfolge (§§ 252, 250, 251) bildet. Weiteres Beispiel einer selbstständigen Abwandlung zu § 242 und zu § 240 ist der Raub (§ 249). Aber auch dieses Delikt kann wiederum Grundtatbestand zu unselbstständigen Abwandlungen sein (namentlich zu § 250 und/oder § 251).

1184 ▪ Ein Verhältnis der Spezialität besteht schließlich bei **erfolgsqualifizierten Delikten** zwischen diesen und dem jeweiligen Grundtatbestand.

Beispiele: Die Körperverletzung mit Todesfolge (§ 227) hat die (einfache) Körperverletzung (§ 223) zum Grundtatbestand. Gleiches gilt für den Raub mit Todesfolge (§ 251) im Verhältnis zum (einfachen) Raub (§ 249) oder für die sexuelle Nötigung und Vergewaltigung mit Todesfolge (§ 178) im Verhältnis zur sexuellen Nötigung (§ 177 I) oder zur Vergewaltigung (§ 177 II S. 2 Nr. 1).

Aber auch der betreffende **Fahrlässigkeitstatbestand** tritt hinter dem erfolgsqualifizierten Delikt wegen dessen Spezialität jedenfalls dann zurück, sofern die besondere Tatfolge *nicht* vorsätzlich herbeigeführt wurde.

Beispiele: So tritt die fahrlässige Tötung (§ 222) hinter der Körperverletzung mit Todesfolge (§ 227) zurück, sofern die Todesfolge nicht vorsätzlich herbeigeführt wurde. Gleiches gilt für § 222 in Bezug auf § 306c.

Wurde die besondere Tatfolge **vorsätzlich** herbeigeführt (etwa der Tod bei § 227 oder bei § 251), ist regelmäßig auch das entsprechende Vorsatzdelikt (etwa § 212 oder § 211) verwirklicht. Hier allgemeingültig eine Spezialität oder eine Idealkonkurrenz anzunehmen ist

---

[1485] BGH NJW 1999, 1561; *Lackner/Kühl*, Vor § 52 Rn 25; *Roxin*, AT II, § 33 Rn 177; *W/B/S*, AT, Rn 788; *Walter*, JA 2005, 468.

[1486] *W/B/S*, AT, Rn 788.

[1487] § 250 I Nr. 1c qualifiziert den § 249 zu einem konkreten Gefährdungsdelikt (Gefahr der schweren Gesundheitsschädigung).

[1488] § 250 II Nr. 3b qualifiziert den § 249 zu einem konkreten Gefährdungsdelikt (Gefahr des Todes).

nicht möglich, weil das jeweilige spezifische Unrecht der Erfolgsqualifikation nicht immer mit dem (konkurrierenden) Vorsatzdelikt abgegolten werden kann. So ist nach Auffassung des *Großen Senats* des BGH Idealkonkurrenz zwischen § 251 und § 211 anzunehmen, weil der spezifische Unrechts- und Schuldgehalt der Tat allein durch Nennung *beider* Tatbestände im Urteilstenor zur Geltung kommen könne.[1489] Lediglich in Fällen, in denen der Unrechts- und Schuldgehalt der Tat abschließend durch die Verurteilung aus dem Vorsatzdelikt zur Geltung kommen kann, ist von einer Gesetzeskonkurrenz auszugehen. In diesem Fall wird die Erfolgsqualifikation von dem Vorsatzdelikt verdrängt. Das ist bspw. bei § 227 im Verhältnis zu §§ 212, 211 der Fall.[1490] Lässt sich aber nicht klären, ob der Tod des Opfers die Folge der vom Tötungsvorsatz oder der nur vom Körperverletzungsvorsatz getragenen Einwirkung ist, kommt Tateinheit zwischen § 227 und §§ 212, 211, 22 in Betracht.[1491] Tateinheit soll auch zwischen § 227 und §§ 212, 211, 13 bestehen.[1492]

2. Subsidiarität

Von Subsidiarität spricht man, wenn ein Gesetz nur für den Fall Geltung beansprucht, dass kein anderes eingreift. Die Subsidiarität ist teilweise ausdrücklich (durch eine Subsidiaritätsklausel) geregelt („formelle Subsidiarität"), teilweise ergibt sie sich aber auch aus dem Sinnzusammenhang („materielle Subsidiarität")[1493]: **1185**

- Bei *ausdrücklich-gesetzlicher* („formeller") Subsidiarität weist das Gesetz selbst auf einen gesetzeskonkurrierenden Vorrang hin (vgl. §§ 145 II, 145d, 246 I, 248b, 265a, 316).
- *Konkludent-stillschweigende* („materielle") Subsidiarität liegt vor, wenn die verwirklichten Straftatbestände jeweils die gleiche Schutzrichtung verfolgen, aber der Vergleich dieser Tatbestände ergibt, dass der eine Tatbestand den anderen verdrängt. Materiell subsidiär sind z.B.:
  - ⇨ Fahrlässigkeitsdelikte gegenüber Vorsatzdelikten (etwa § 222 gegenüber § 212),
  - ⇨ abstrakte Gefährdungsdelikte gegenüber konkreten, sofern der Schutzzweck identisch ist (etwa § 316 gegenüber § 315b I Nr. 1a),
  - ⇨ konkrete Gefährdungsdelikte gegenüber Verletzungsdelikten, sofern auch hier der Schutzzweck identisch ist (etwa § 221 gegenüber §§ 212, 211),
  - ⇨ Vorbereitungsdelikte (§ 30) gegenüber der versuchten oder vollendeten Haupttat,
  - ⇨ Versuch gegenüber Vollendung,
  - ⇨ Beihilfe gegenüber Anstiftung,
  - ⇨ Teilnahme gegenüber Täterschaft,
  - ⇨ Unterlassungsdelikte gegenüber Begehungsdelikten,
  - ⇨ echte Unterlassungsdelikte gegenüber (dasselbe Unrecht betreffenden) unechten Unterlassungsdelikten (etwa § 323c gegenüber §§ 223, 13 bzw. §§ 212, 13).

Schließlich werden bei notwendigen Durchgangsstadien die „Durchgangsdelikte" von den unrechtsschwereren Delikten verdrängt. So treten die Körperverletzungsdelikte (§§ 223 ff.[1494]) i.d.R. subsidiär zurück, wenn durch dieselbe Handlung ein Tötungsdelikt verwirklicht wurde.[1495] Nichts anderes gilt, wenn sowohl das Tötungsdelikt als auch das Körperverletzungsdelikt im Versuchsstadium steckengeblieben sind.[1496] Ist aber das Körperverletzungsdelikt vollendet und lediglich das Tötungsdelikt im Versuch steckengeblieben, stehen die vollendeten Körperverletzungsdelikte in Tateinheit mit der versuchten Tötung.[1497] Schwieriger ist dagegen die Beantwortung der Frage nach dem Konkurrenzverhältnis, wenn das

---

[1489] BGHSt 39, 100, 107 f.; vgl. auch *Fischer*, § 18 Rn 11; *W/B/S*, AT, Rn 788; *Lackner/Kühl*, § 251 Rn 4.
[1490] BGHSt 20, 269, 271; *Lackner/Kühl*, § 227 Rn 5; *Wessels/Hettinger*, BT/1 Rn 308. Anders SK-*Horn/Wolters*, § 277 Rn 18 (Tateinheit).
[1491] Vgl. BGHSt 35, 305 ff.
[1492] BGH NStZ 2000, 29.
[1493] *W/B/S*, AT, Rn 790.
[1494] Zu den erfolgsqualifizierten Delikten (§§ 226, 227) vgl. aber die Ausführungen zur Spezialität.
[1495] Wohl einhellige Auffassung, vgl. nur BGH NStZ 2014, 84, 85; NJW 2005, 1876, 1877 f.; NStZ 2005, 332, 333; BGHSt 16, 122; 21, 265; 44, 196, 199; BGH NJW 2001, 980; *Lackner/Kühl*, § 212 Rn 8; *Wessels/Hettinger*, BT 1, Rn 320.
[1496] BGH NStZ 2014, 84, 85.
[1497] BGH JA 2003, 105 ff.; BGHSt 44, 196, 200; *Satzger*, JR 1999, 203; *Altvater*, NStZ 2001, 19, 25.

Körperverletzungsdelikt (erfolgs-)qualifiziert ist und ihm dadurch ein selbstständiger Unwertgehalt zukommt.[1498]

1186 Nach dem Ausmaß der Subsidiarität (im Verhältnis zu allen anderen Gesetzen, zu Gesetzen bestimmter Art oder zu ganz bestimmten Gesetzen) ist zwischen **absoluter**, **relativer** und **spezieller** (z.B. §§ 145d, 316) Subsidiarität zu unterscheiden.

1187 Insbesondere die Unterscheidung zwischen absoluter und relativer Subsidiarität kann sich im Einzelfall als äußerst problematisch erweisen. Das betrifft vor allem die **Unterschlagung** gem. § 246. Nach dieser Vorschrift wird der Täter wegen **Unterschlagung** (nur) dann bestraft, *wenn die Tat nicht in anderen Vorschriften mit schwererer Strafe bedroht ist*. Hier geht aus der Formulierung „in anderen Vorschriften" nicht hervor, ob nur solche Vorschriften mit gleicher Schutzrichtung (Schutz der Eigentums- oder Vermögensinteressen) gemeint sind (dann würde ein Fall der relativen Subsidiarität vorliegen) oder *alle* Strafvorschriften, die eine höhere Strafandrohung enthalten, der Unterschlagung vorgehen (dann würde ein Fall der absoluten Subsidiarität vorliegen). Doch bevor auf die in der Vorschrift genannte Subsidiaritätsklausel eingegangen werden kann, muss klar sein, dass § 246 überhaupt tatbestandlich anwendbar ist (denn ist § 246 schon nicht anwendbar, stellt sich das Problem der Subsidiarität erst gar nicht). Hier sind zwei Konstellationen voneinander zu unterscheiden: In der ersten erfolgt die Zueignung wiederholt (die Unterschlagung folgt einem anderen Zueignungsdelikt – etwa Diebstahl oder Raub – zeitlich nach, sog. **wiederholte Zueignung**), in der zweiten erfolgt die Zueignungshandlung gleichzeitig mit derjenigen eines anderen Zueignungsdelikts (die Unterschlagungshandlung wird also gleichzeitig mit einem anderen Zueignungsdelikt ausgeführt, sog. **gleichzeitige Zueignung**). Nur in diesem Fall kann sich nach dem Wortlaut des § 246 I das Problem der Subsidiarität stellen.

1188
- Hat der Täter sich die Sache zugeeignet, kann er nach Auffassung des *Großen Senats* des BGH[1499] sich dieselbe Sache (durch weitere Herrschaftsbetätigungen) nicht noch einmal zueignen (**keine wiederholte Zueignung**). In diesem Fall sei schon der Tatbestand des § 246 nicht anwendbar, denn diese Vorschrift setze tatbestandlich voraus, dass sich der Täter die fremde Sache nicht bereits durch eine strafbare Handlung zugeeignet hat (sog. **Tatbestandslösung**). Die Literatur hat sich dem teilweise angeschlossen.[1500] Die Gegenstimmen sehen dagegen bei jeder Verwertungshandlung bezüglich der zugeeigneten Sache eine erneute tatbestandliche Zueignung, lassen diese aber im Wege der Konsumtion als mitbestrafte Nachtat zurücktreten (sog. **Konkurrenzlösung**)[1501].

1189
- Verwirklicht der Täter durch seine Handlung **gleichzeitig** einen anderen, mit schwererer Strafe bedrohten Straftatbestand der gleichen Schutzrichtung (etwa § 242 oder § 249), ist die Rechtslage eine andere. Hier wollen einige Literaturstimmen (auch jene, die bei der wiederholten Zueignung von der Tatbestandslösung ausgehen) den Tatbestand des § 246 schon nicht anwenden (sog. **Tatbestandslösung**).[1502] Doch diese Auffassung ist mit der Neufassung des § 246 I („*wenn die Tat nicht in anderen Vorschriften mit schwererer Strafe bedroht ist*") nicht vereinbar. Würde man § 246 schon tatbestandlich ausscheiden, würde die dort (vom parlamentarischen Gesetzgeber!) angeordnete Subsidiaritätsklausel nicht nur leerlaufen, sondern überhaupt keinen Sinn machen, weil sie nie zur Anwendung käme. Diesen Umstand verkennen die Vertreter der Tatbestandslösung. Insbesondere kann als Beleg für die Richtigkeit der eigenen Auffassung nicht BGHSt 14, 38, 47 herangezogen werden, weil dieses Judikat zur alten Fassung des § 246 erging und dort noch keine Subsi-

[1498] Soweit ersichtlich, ist dies höchstrichterlich noch nicht entschieden worden. BGH NStZ 2014, 84, 85 konnte diese Frage dahingestellt lassen. Aus der Literatur vgl. dazu NK-*Neumann*, § 212 Rn 35.
[1499] BGHSt 14, 38, 46 f.
[1500] So *Lackner/Kühl*, § 246 Rn 7; *Krey/Hellmann/Heinrich*, BT II, Rn 246; *Schroth*, BT, S. 131; *Rengier*, BT I, § 5 Rn 54, 29; *Jäger*, JuS 2000, 1167, 1170.
[1501] So etwa *Mitsch*, ZStW 111 (1999), 65, 92; Sch/Sch-*Eser/Bosch*, § 246 Rn 19; *Wessels/Hillenkamp*, BT/2, Rn 328; *Eckstein*, JA 2001, 25, 30. Die unterschiedlichen Auffassungen üben insbesondere Einfluss auf die Teilnahme aus, da diese eine Haupttat voraussetzt und es an dieser fehlt, wenn man die Tatbestandslösung vertritt.
[1502] Vertreten v. *Krey/Hellmann/Heinrich*, BT II, Rn 173a und *Schroth*, BT, S. 131 unter Bezugnahme auf BGHSt 14, 38, 46.

diaritätsklausel vorhanden war.[1503] Daher ist in diesem Fall der **Konkurrenzlösung** zu folgen.

Steht demnach fest, dass § 246 tatbestandlich anwendbar ist, kann dem (Folge-)Problem der **Subsidiarität** nachgegangen werden. Das Problem besteht darin, dass aus der Formulierung „in anderen Vorschriften" nicht hervorgeht, ob nur solche Vorschriften mit gleicher Schutzrichtung – Schutz der Eigentums- oder Vermögensinteressen – gemeint sind (dann würde ein Fall der relativen Subsidiarität vorliegen) oder *alle* Strafvorschriften, die eine höhere Strafandrohung enthalten, der Unterschlagung vorgehen (dann würde ein Fall der absoluten Subsidiarität vorliegen). 1190

- Teilweise wird dem § 246 I eine **relative Subsidiarität** der Unterschlagung (auch der veruntreuenden gem. § 246 II und die versuchten gem. § 246 III) entnommen. Würde man die Unterschlagung auch hinter Delikten zurücktreten lassen, die *nicht* die Zueignung fremder Sachen schützen, käme im Urteilstenor nicht die Eigentumsverletzung zum Ausdruck.[1504] Schließt man sich diesem Gedanken an, tritt § 246 nur hinter solchen Delikten subsidiär zurück, die den *gleichen* oder einen *ähnlichen* Schutzzweck verfolgen. Das betrifft in erster Linie den Schutz der Eigentums- oder Vermögensinteressen in den §§ 242, 249, 252, 253, 257, 259, 261, 263, 263a, 266. 1191
- Die Gegenauffassung entnimmt dem Wortlaut des § 246 I eine derartige Einschränkung der Subsidiarität nicht, sodass – bei Befolgung dieser Auffassung – eine Subsidiarität der Unterschlagung zu *allen* Vorschriften mit schwererer Strafandrohung anzunehmen ist, sog. **absolute Subsidiarität**.[1505] 1192

3. Konsumtion

Der Begriff der Konsumtion ist umstritten. Nach h.M.[1506] liegt ein Fall der Konsumtion vor, wenn der Täter einen Straftatbestand verwirklicht, der weder im Wege der Spezialität noch im Wege der Subsidiarität verdrängt wird, der aber - trotz anderer Schutzrichtung - neben einem anderen Straftatbestand **regelmäßig und typischerweise** - nicht notwendigerweise - mit verwirklicht und mit der Bestrafung aus dem vorrangigen Tatbestand mit abgegolten wird. Es handelt sich hierbei regelmäßig um die sog. **mitbestrafte Begleittat**.[1507] 1193

Beispiel: T bricht nachts in die Werkstatt des O ein und muss zu diesem Zweck ein Kellerfenster einschlagen. Aus der Werkstatt entwendet er einige Werkzeuge.

Hier hat T neben dem Diebstahl in einem besonders schweren Fall (§§ 242, 243 I S. 2 Nr. 1) auch eine Sachbeschädigung (§ 303 I) und einen Hausfriedensbruch (§ 123) begangen. Nach der h.L. stellen diese Taten typische Begleittaten des Einbruchdiebstahls dar; sie werden daher von §§ 242, 243 I S. 2 Nr. 1 im Wege der Gesetzeskonkurrenz (hier: Konsumtion) verdrängt.[1508] Das Gleiche gilt nach h.L. für §§ 303 I, 123 in Bezug auf den Wohnungseinbruchdiebstahl gem. § 244 I Nr. 3. Diese werden von § 244 I Nr. 3 verdrängt.

Eine **Einschränkung** erfährt der Grundsatz der Konsumtion nach der Rechtsprechung des BGH[1509] zunächst dann, wenn der Hausfriedensbruch (zusätzlich) dazu dient, die Begehung **weiterer Straftaten** zu ermöglichen, etwa die Vergewaltigung des Opfers, 1194

[1503] Wie hier *Wessels/Hillenkamp*, BT/2, Rn 328; *Lackner/Kühl*, § 246 Rn 7; *Jäger*, JuS 2000, 1167, 1170; *Eckstein*, JA 2001, 25, 30.

[1504] So *Mitsch*, ZStW 111 (1999), 65, 95; *Wessels/Hillenkamp*, BT 2, Rn 328; *Fischer*, § 246 Rn 23; Sch/Sch-*Eser/Bosch*, § 246 Rn 32; *Jäger*, JuS 2000, 1167, 1171; *Cantzler*, JA 2001, 567, 571; *Cantzler/Zauner*, Jura 2003, 483; *Duttge/Sotelsek*, NJW 2002, 3756; *Hoyer*, JR 2002, 517; *Küpper*, JZ 2002, 1115.

[1505] So BGHSt 47, 243 ff. (mit Bespr. v. *Otto*, NStZ 2003, 87); *Heger*, JA 2003, 8 ff.; *Lackner/Kühl*, § 246 Rn 14; *Otto*, Jura 1998, 550, 551; BGHSt 43, 237, 239 (zur gleichlautenden Subsidiaritätsklausel des § 125).

[1506] Vgl. BGH NJW 2002, 150, 151; BGHSt 46, 24, 25; *W/B/S*, AT, Rn 791; *Fischer*, Vor § 52 Rn 20; *Lackner/Kühl*, Vor § 52 Rn 27; *Walter*, JA 2005, 468, 469.

[1507] Zur mitbestraften Vortat und mitbestraften Nachtat vgl. Rn 1203 f.

[1508] Vgl. LK-*Rissing-van Saan*, Vor §§ 52 ff. Rn 118; SK-*Hoyer*, § 243 Rn 58; Sch/Sch-*Eser/Bosch*, § 243 Rn 59; *W/B/S*, AT, Rn 791. Skeptisch BGH NJW 2002, 150, 151.

[1509] BGH NJW 2002, 150, 151.

nachdem zum Zwecke des Diebstahls in dessen Wohnung eingebrochen worden ist. Hier geht der Hausfriedensbruch über das hinaus, was zu einer bloßen Begleittat im Rahmen des (Wohnungs-)Einbruchdiebstahls gehört. § 123 erlangt dann eigenständige Bedeutung. Das Gleiche gilt hinsichtlich der **Sachbeschädigung**, wenn diese **vom regelmäßigen Tatbild des Einbruchdiebstahls abweicht**, also gerade *nicht* typische Begleittat zu diesem ist. In derartigen Fällen stehen – bei Befolgung der BGH-Rechtsprechung – die §§ 123, 303 I in **Tateinheit** (Idealkonkurrenz) zu §§ 242, 243.

Beispiel[1510]**:** T bricht nachts in einen Laden für Mobiltelefone ein, um sich dort zu bedienen. Dabei verwüstet er noch nebenbei den Laden und führt einen Sachschaden herbei.

Hier ist die Sachbeschädigung gerade nicht typische Begleiterscheinung des Einbruchdiebstahls, sondern steht je nach innerer Tatseite in Tatmehrheit oder Tateinheit zu diesem. Generell steht der BGH der Annahme einer Konsumtion skeptisch gegenüber und favorisiert vielmehr eine Tateinheit. Denn beim Einbruchdiebstahl werde keineswegs typischerweise auch eine Sache beschädigt. Beim Einsteige- und Nachschlüsseldiebstahl liege dies auf der Hand. Überdies habe die fortgeschrittene technische Entwicklung dazu geführt, dass zum Verschließen oder Sichern von Sachen zunehmend auch elektronische Sicherungssysteme verwendet würden, die sich mit Magnetstreifen und Codekarten – also intelligent und nicht mit Gewalt – bedienen ließen. Daher sei das Aufbrechen von Türen **keineswegs mehr typischerweise Begleittat** eines Einbruchdiebstahls, sondern stehe in **Tateinheit** (Idealkonkurrenz) mit diesem.

1195 Weiterführender Hinweis: Das gilt auch für den Fall des § 244 I Nr. 3. Denn typischerweise verwirklicht der Täter im Fall des Wohnungseinbruchdiebstahls (§ 244 I Nr. 3) auch die Tatbestände des Hausfriedensbruchs (§ 123) und der Sachbeschädigung (§ 303 I). Diese werden dann im Wege der Gesetzeskonkurrenz (hier: Konsumtion) verdrängt. Lediglich, wenn §§ 123, 303 I im Einzelfall nicht typische Begleittaten des Wohnungseinbruchdiebstahls sind, besteht Tateinheit (s.o.). Auch für den Fall, dass die während des Einbruchdiebstahls verursachten Sachschäden **den Wert des Diebesguts erheblich übersteigen**, steht die Sachbeschädigung in **Tateinheit** mit dem Einbruchdiebstahl, weil anderenfalls der Verschiedenheit der Rechtsgüter nicht genügend Rechnung getragen würde.[1511]

1196 **Hinweis für die Fallbearbeitung:** Soweit demnach noch Konsumtion angenommen werden kann, wird die Verwirklichung der konsumierten Delikte (ohne diese separat zu prüfen) grds. lediglich am Ende der Diebstahlsprüfung festgestellt. Wird das Gutachten dagegen nicht nach dem Prinzip, dass zunächst die schwerwiegenderen Delikte geprüft werden („Dickschiffe vorne"), aufgebaut, sondern historisch, ist eine separate Prüfung dieser Delikte wohl zwingend, auch wenn sie (später) zurücktreten.

III. Idealkonkurrenz (Tateinheit)

1197 Führt eine Handlungseinheit nicht zu einer Gesetzeskonkurrenz, liegt ein Fall der Idealkonkurrenz vor (s.o.). Diese wiederum erscheint in zwei Formen:

- Verletzt dieselbe Handlung mehrere Strafgesetze, wird von **ungleichartiger Idealkonkurrenz** gesprochen.[1512]

  Beispiel: Wenn T den O ohrfeigt, verwirklicht er die Tatbestände der §§ 223 und 185. Hier liegt ein klarer Fall der Handlungseinheit vor. Da die beiden Tatbestände völlig verschiedene Rechtsgüter schützen, führt die Handlungseinheit über das Nichtvorliegen einer Gesetzeskonkurrenz zur ungleichartigen Idealkonkurrenz.

[1510] Vgl. BGH NJW 2002, 150.
[1511] BGH NStZ 2014, 40 (mit Bespr. v. *Hecker*, JuS 2014, 181); MüKo-*Schmitz*, § 244 Rn 69/§ 243 Rn 93; SK-*Hoyer*, § 244 Rn 40.
[1512] *W/B/S*, AT, Rn 776.

§ 52 setzt allerdings keine volle Kongruenz der Tatbestandshandlungen voraus. Vielmehr genügt es, dass ein Teilakt zur Verwirklichung des objektiven Tatbestands mehrerer Strafgesetze beiträgt (= **Teilidentität der Ausführungshandlung**).[1513] 1198

Beispiel: T bricht mit Wegnahmevorsatz nachts in ein Lagerhaus ein und schlägt Nachtwächter O mit einer Maglite-Taschenlampe (hat Metallgehäuse) nieder, um ungestört DVD-Player zu stehlen.

Hier sind folgende Straftatbestände erfüllt: §§ 249, 250 I Nr. 1a, II Nr. 1, 242, 243 I S. 2 Nr. 1, 244 I Nr. 1a, 240, 223, 224 I Nr. 2 u. 5, 123, 303 I. Fraglich ist ihr Verhältnis zueinander.
§ 224 I verdrängt im Wege der Spezialität § 223. § 244 I Nr. 1a verdrängt im Wege der Spezialität § 242 (womit die Basis für § 243 wegfällt), wird seinerseits aber im Wege der Spezialität von § 249 verdrängt, der wiederum von § 250 I Nr. 1a verdrängt wird. Schließlich wird § 250 I Nr. 1a im Wege der Spezialität von § 250 II Nr. 1 verdrängt. Insoweit verbleibt also § 250 II Nr. 1a, dessen Verhältnis nun zu § 224 I Nr. 2 u. 5 geklärt werden muss. Spezialität scheidet aus, weil Gewalt nicht immer eine Körperverletzung darstellt. Auch Subsidiarität oder Konsumtion scheiden aus, weil man sonst die (z.T. schweren) Qualifikationen des § 223 abschneiden würde. Es bleibt also nur die Möglichkeit der Idealkonkurrenz. Hierfür genügt die Teilidentität der Ausführungshandlung Gewalt, welche die §§ 223, 249 miteinander verbindet (tatbestandliche Handlungseinheit). Die §§ 303 I, 123 werden von § 244 verdrängt, da sie vorliegend Begleittaten darstellen.

- Verletzt dieselbe Handlung dasselbe Strafgesetz mehrmals, liegt ein Fall der **gleichartigen Idealkonkurrenz** vor.[1514] Ob in einem solchen Fall § 52 Anwendung findet, hängt nach Auffassung des BGH von dem in Rede stehenden Tatbestand ab. 1199

Beispiel[1515]**:** T setzte das Auto der O in Brand (§ 306 I Nr. 4). Dabei nahm er billigend in Kauf, dass durch den Brand auch Garage und Auto des Nachbarn N beschädigt werden könnten (§§ 306 I Nr. 1, 22, 23 I).

Zwar erfasst § 52 auch die gleichartige Idealkonkurrenz. Ob aber eine mehrere taugliche Tatobjekte beeinträchtigende Handlung eine Tat i.S.d. § 52 darstellen kann oder lediglich zu einer in ihrem Gewicht gesteigerten einmaligen Gesetzesverletzung geführt hat, hängt nach Auffassung des BGH von dem in Rede stehenden Tatbestand ab. Stelle dieser auf die Verletzung von Gesamtheiten ab und würden keine höchstpersönlichen Rechtsgüter geschützt, führe eine handlungseinheitliche Beeinträchtigung mehrerer Tatobjekte selbst dann nicht zu einer mehrfachen Verwirklichung des Tatbestands, wenn verschiedene Rechtsgutsträger geschädigt worden seien.

Da § 306 auf die Verletzung von Gesamtheiten abstellt und zudem keine höchstpersönlichen Rechtsgüter schützt, ist T daher nur wegen vollendeter Brandstiftung in Bezug auf das Auto der O strafbar, nicht jedoch tateinheitlich auch wegen versuchter Brandstiftung in Bezug auf Garage und Auto des N.

Wird das Gesetz nur einmal, aber in mehreren im Wesentlichen gleichwertigen Tatbestandsvarianten verletzt (z.B. Mord unter Verwirklichung mehrerer Mordmerkmale), liegt nicht Tateinheit, sondern nur eine Gesetzesverletzung vor.[1516] 1200

Bei Idealkonkurrenz gilt gem. § 52 das **Absorptionsprinzip**. Das bedeutet, dass der Schuldspruch (im Tenor) aus allen idealkonkurrierenden Gesetzen erfolgt, die Bestrafung aber nur aus dem Gesetz, das die schwerste Strafe androht, § 52 II S. 1. Andererseits darf die Strafe nicht milder sein, als die anderen (milderen) Gesetze es zulassen, § 52 II. Außerdem stellen § 52 III und IV klar, dass auch Geldstrafen, Nebenstrafen, Nebenfolgen und Maßnahmen (§ 11 1201

[1513] Vgl. BGHSt 43, 317, 319; 43, 366, 367; BGH NStZ 2000, 419; BGH NStZ-RR 2000, 367; *W/B/S*, AT, Rn 777; *Lackner/Kühl*, § 52 Rn 4; *Momsen*, NStZ 1999, 306.
[1514] BGH NJW 2016, 2349, 2350; BGHSt 40, 307, 314. Siehe dazu den Abschlussfall bei Rn 1207.
[1515] Nach BGH NJW 2016, 2349 ff.
[1516] Vgl. BGHSt 44, 228, 230 f.

I Nr. 8) verhängt werden müssen (bzw. können), wenn die milderen idealkonkurrierenden Gesetze sie vorschreiben (bzw. zulassen), sog. Kombinationsprinzip.

IV. Realkonkurrenz (Tatmehrheit)

1202 Realkonkurrenz liegt vor, wenn der Täter mehrere selbstständige Straftaten begangen hat, deren gleichzeitige Aburteilung möglich ist, § 53. Die Strafbemessung richtet sich nach § 53 II u. III. Die Bildung einer Gesamtstrafe ist in §§ 54, 55 geregelt. Klärungsbedürftig bleibt demnach nur noch, *wann* eine Realkonkurrenz anzunehmen ist. Nach dem bereits bei Rn 1176 Gesagten führt eine Handlungsmehrheit zur Realkonkurrenz, wenn kein Fall der Gesetzeskonkurrenz vorliegt. Da die Spezialität aufgrund ihrer Eigenart nur bei einer Handlungseinheit vorkommen kann (s.o.), verbleibt für den Weg von der Handlungsmehrheit zur Realkonkurrenz nur, das (Nicht-)Vorliegen einer Subsidiarität oder Konsumtion zu prüfen.

1203 Im Bereich der Handlungsmehrheit ist eine Subsidiarität *oder* Konsumtion anzunehmen, wenn die Verwirklichung eines Straftatbestands den Unrechts- oder Schuldgehalt einer vorausgehenden selbstständigen Handlung einschließt. In diesem Fall handelt es sich um die sog. **mitbestrafte Vortat.** Diese Bezeichnung ist lediglich erforderlich, um die Fälle der Subsidiarität und Konsumtion von denen im Rahmen der Handlungs*einheit* begrifflich zu unterscheiden.

Beispiel für Subsidiarität: A und B beschließen, gemeinsam den O umzubringen. So geschieht es.

Hier haben sich A und B zunächst aus § 30 II Var. 3 (Verbrechensverabredung), später aus §§ 212, 25 II strafbar gemacht. Allerdings ist in diesem Fall § 30 II als selbstständige Handlung eine *mitbestrafte Vortat zum Totschlag*. § 30 II will nur Vorbereitungshandlungen als solche erfassen, ist seinem Sinn und Zweck nach also **subsidiär** zur versuchten oder vollendeten Begehung des verabredeten Delikts.

Beispiel für Konsumtion: O leiht dem T seinen Wagen und übergibt ihm den Wagenschlüssel. Nach einigen Kilometern stellt T fest, dass ihm der Wagen gefällt. Er entschließt sich, den Wagen zwar wie verabredet abends zunächst im Carport des O abzustellen, den Schlüssel aber entgegen der Abrede nicht in den Briefkasten zu werfen, sondern zu behalten, um den Wagen nachts entwenden zu können.

Hier bildet die Unterschlagung des Wagenschlüssels unter dem Gesichtspunkt der Konsumtion eine mitbestrafte Vortat zum nachfolgenden Diebstahl des dazugehörigen Wagens.

1204 Schließt die Verwirklichung eines Straftatbestands eine nachfolgende Verwertungshandlung mit ein, handelt es sich um die sog. **mitbestrafte Nachtat** (ausschließlich Konsumtion). Typisch für sie ist, dass der Täter sie i.d.R. begehen muss, um der Haupttat überhaupt einen Sinn zu geben. Das ist bei Taten der Fall, die der *Ausnutzung, Verwertung oder Sicherung* einer Position dienen, welche der Täter bereits durch eine frühere Tat in strafbarer Weise erlangt hat.

Beispiele:

(1) Bei einem Taschendiebstahl entwendet T von O ein Sparbuch. Kurze Zeit später will er davon bei einem Schalter des ausstellenden Kreditinstituts bis auf 1,- € das gesamte Guthaben abheben. Da die Bank zwischenzeitlich jedoch von O informiert worden ist, verweigert das Schalterpersonal die Auszahlung.

Bei dem Sparbuch handelt es sich um ein taugliches Diebstahlsobjekt, dessen Sachwert (= die verbriefte Forderung gegenüber der Bank) sich T auch rechtswidrig zugeeignet hat.[1517] T ist daher gem. § 242 I strafbar.

Durch das spätere versuchte Abheben begeht T zudem ein versuchten Betrug (§§ 263 I, II, 22) gegenüber dem Bankschalterpersonal. Jedoch wird durch diese Straftat kein neues Rechtsgut verletzt und der Schaden geht qualitativ nicht über das durch die Haupttat verwirklichte Maß hinaus. Darüber hinaus richtet sich das Abheben gegen denselben Rechtsgutträger (vgl. dazu Rn 1205). Daher tritt der Betrugsversuch als mitbestrafte Nachtat im Wege der Gesetzeskonkurrenz (Konsumtion) hinter den vollendeten Diebstahl zurück.[1518]

(2) T verhandelt mit X über den Verkauf einiger Kunstgegenstände, die er aber erst noch aus der Villa des O stehlen muss. X weiß dies. So geschieht es. Anschließend veräußert T sie an den X.

Hier war der (Wohnungs-)Einbruchdiebstahl für T nur deshalb sinnvoll, weil er wusste, das Diebesgut anschließend absetzen zu können. Er konnte also die widerrechtlich erlangte Sachherrschaft für seine Zwecke ausnutzen. Die Veräußerung der Kunstgegenstände an X ist deshalb für T keine selbstständig zu sanktionierende Unterschlagung (§ 246). Fraglich ist nur, ob § 246 aufgrund der nur wiederholten Zueignung schon tatbestandlich nicht anwendbar ist (so die sog. Tatbestandslösung)[1519] oder ob die Unterschlagung im Wege der Konsumtion als mitbestrafte Nachtat zurücktritt (so die sog. Konkurrenzlösung)[1520]. Vertritt man die Konkurrenzlösung, ist die vorliegende Unterschlagungshandlung als typische Verwertungshandlung des Diebstahls durch diesen mit abgegolten.

Für die Annahme einer mitbestraften Nachtat sind aber folgende vier **Einschränkungen** 1205
zu beachten[1521]:

1. Die Nachtat muss gegen denselben Rechtsgutträger gerichtet sein.
2. Die Nachtat muss gegen dasselbe Rechtsgut gerichtet sein.
3. Der Schaden darf qualitativ nicht über das durch die Haupttat verursachte Maß hinausgehen (der Täter darf also keinen selbstständigen Vermögensschaden herbeiführen).
4. Die Nachtat darf keine Rechtsgüter Dritter beeinträchtigen.

Beispiele:

(1) T stiehlt dem O einige Antiquitäten (§ 242 I) und veräußert sie anschließend an den gutgläubigen Z (§ 263 StGB, § 935 BGB).

Hier ist der Betrug gegenüber Z *keine* mitbestrafte (und daher straflose) Nachtat zum Diebstahl der Antiquitäten, da hier eine neue selbstständige Rechtsgutverletzung (Vermögensverletzung) gegenüber einem Dritten vorliegt. In diesem Fall besteht Realkonkurrenz zwischen dem Diebstahl gegenüber O und dem Betrug gegenüber Z.

(2) Raumpflegerin T nimmt die Girocard (früher: ec-Karte) ihres Arbeitgebers A aus dessen Schreibtischschublade und hebt damit anschließend 500,- € am Automaten der O-Bank ab. Nach Vollendung der Tat wirft sie die Karte – wie von Anfang an geplant – weg.

Hier sind der Diebstahl der Karte (§ 242 I) und der anschließende Computerbetrug (§ 263a I) angesichts unterschiedlicher Geschädigter (Gewahrsamsträger der Karte ist der Inhaber; Geschädigter des anschließenden Computerbetrugs ist zunächst einmal die Bank, auch wenn sie möglicherweise den Karteninhaber aufgrund grober Fahrläs-

---

[1517] BGHSt 35, 152, 156 f. Vgl. dazu näher *R. Schmidt*, BT II, Rn 8 und 94 f.

[1518] Vgl. BGH wistra 2007, 458, 459 f.; *Fischer*, § 242 Rn 37/59; LK-*Vogel*, § 242 Rn 60; *W/B/S*, AT, Rn 795; *Wessels/Hillenkamp*, BT 2, Rn 178.

[1519] Vertreten von BGH GSSt 14, 38, 46 f.; *Lackner/Kühl*, § 246 Rn 7; *Krey/Hellmann/Heinrich*, BT II, Rn 174; *Rengier*, BT I, § 5 Rn 54; *Jäger*, JuS 2000, 1167, 1170.

[1520] Vertreten von *Mitsch*, ZStW 111 (1999), 65, 92; Sch/Sch-*Eser/Bosch*, § 246 Rn 19; *Wessels/Hillenkamp*, BT 2, Rn 328 ff.; *Eckstein*, JA 2001, 25, 30. Die unterschiedlichen Auffassungen üben – wie gesagt – insbesondere Einfluss auf die Teilnahme aus, da diese eine Haupttat voraussetzt, und es an dieser fehlt, wenn man die Tatbestandslösung vertritt.

[1521] Vgl. BGH wistra 2001, 60; wistra 2007, 458, 459 f.; wistra 2008, 423, 424.

sigkeit in Regress nehmen kann[1522]) selbstständige Taten.[1523] T ist tatmehrheitlich aus § 242 I und § 263a I zu bestrafen.

1206 Schließlich ist zu beachten, dass wenn eine Verurteilung der Haupttat wegen Nichtbeweisbarkeit oder wegen Verjährung nicht möglich ist, die Nachtat selbstständig strafbar bleibt.

V. Abschlussfall zu den Konkurrenzen

1207 **Sachverhalt:** Kapitalist K besitzt eine Jagdhütte. Seit einiger Zeit beschäftigt er dort den Sozialhilfeempfänger S als Aushilfe, damit jemand ab und zu einmal die Jagdhütte lüftet und diese in Stand hält. Als S sich eines Abends in der Kneipe wieder einmal mit seinen Kumpels A und B bezecht, erzählt er ihnen, welche wertvollen Waffen sich in der Jagdhütte befinden. Als er ihnen dann auch noch mitteilt, dass sich am kommenden Wochenende die beiden 19-jährigen Zwillingstöchter des K, Ina und Ines, in der Jagdhütte aufhalten werden, fassen A und B einen Plan: Sie wollen mit dem Schlüssel, den S ihnen überlassen soll, in die Jagdhütte gelangen, dort die Waffen an sich nehmen und mit deren Hilfe sowie mit Hilfe von Schlägen die beiden Töchter dazu nötigen, während des gesamten Wochenendes mehrmals den Beischlaf an ihnen zu dulden. So beginnt das Tatgeschehen dann auch. Doch nachdem es Ina und Ines bereits nach dem ersten sexuellen Übergriff gelingt, aus dem Hinterfenster zu entkommen, entschließen sich auch A und B, die Hütte zu verlassen. Dabei nehmen sie die Waffen und auch noch einige andere jagdspezifische Gegenstände mit, um alles anschließend auf dem Schwarzmarkt zu verkaufen. Die Waffen nimmt S dankend entgegen, die anderen Gegenstände veräußern A und B an den gutgläubigen G.

Die Lösung steht auf der Internetseite des Verlags www.verlag-rolf-schmidt.de zum kostenlosen Download bereit.

[1522] Mit dem Diebstahl der Girocard verletzt der Täter das Eigentum des Karteninhabers, wenn man davon ausgeht, dass das Eigentum an Girocards den Kontoinhabern übertragen wird. Aber auch wenn man (aufgrund der vertraglichen Ausgestaltung) der Auffassung ist, das Eigentum an den Karten verbleibe bei den ausgebenden Kreditinstituten, ändert sich nichts daran, dass der Karteninhaber Geschädigter des Diebstahls ist. Denn er ist Gewahrsamsinhaber, und auch der bloße Gewahrsamsinhaber ist Verletzter i.S.d. Diebstahlstatbestands (BGHSt 10, 400, 401). Davon zu unterscheiden ist die Rechtslage beim anschließenden Geldabheben am Automaten: Begeht der Täter mit der entwendeten Girocard einen Computerbetrug, greift er unmittelbar das Vermögen des betroffenen Geldinstituts an, denn das durch den Geldautomaten ausgezahlte Bargeld wird zunächst einmal dem Vermögen des Geldinstituts entnommen (vgl. BGHSt 38, 120, 122 f.). Auch wenn die Auszahlung durch den Geldautomaten eines fremden Geldinstituts erfolgt, wird dies dem kartenausgebenden Institut zugerechnet. Grundsätzlich hat die Bank gegenüber dem Kontoinhaber, auf dessen Konto ohne seinen Auftrag oder sonstigen Rechtsgrund Belastungsbuchungen vorgenommen werden, keinen Aufwendungsersatzanspruch nach §§ 670, 675 I, 676f ff. BGB; denn die Auszahlung ist nicht aufgrund wirksamer Weisung des Berechtigten, sondern durch das Handeln eines Unbefugten erfolgt (vgl. BGH wistra 2007, 458, 459 f.; BGH NJW 2001, 286; BGHZ 121, 98, 106). Der Kontoinhaber hat einen Anspruch auf Rückbuchung. Ob die Bank ihrerseits einen Ersatzanspruch gegen den Kontoinhaber wegen einer etwaigen Pflichtverletzung bei der Aufbewahrung von Girocard und schriftlich niedergelegter PIN hat, ist eine Frage des Einzelfalls, namentlich aus der regelmäßig in AGB vorgenommenen Risikoverteilung zwischen Kunde und Bank. Das aber hat keinen Einfluss darauf, dass der Vermögensschaden zunächst unmittelbar bei der kontoführenden Bank eintritt. Hierin liegt der entscheidende Unterschied zum genannten Sparbuchfall: Dieses verbrieft den wirtschaftlichen Wert, auf den mit seiner Nutzung zugegriffen werden kann. Mit der Abhebung ist daher nicht die Bank, sondern ausschließlich der Sparbuchinhaber Geschädigter. Daher ist die anschließende Abhebung als mitbestrafte Nachtat anzusehen (vgl. BGH wistra 2007, 458, 459 f. – dazu Rn 1204).

[1523] Vgl. BGH NJW 2001, 1508; BGH StV 1992, 272.

Anhang – Übersicht über die Irrtümer

Im Folgenden sollen die in diesem Buch an den verschiedenen Stellen behandelten Irrtümer noch einmal zusammengefasst werden. Die Zusammenfassung dient der Veranschaulichung der Systematik, die spätestens im Examen beherrscht werden muss. Denn wer die rechtliche Behandlung von Irrtümern nicht beherrscht, kann nicht von sich behaupten, er habe sich gut auf Prüfungen vorbereitet. **1208**

Dem Grunde nach ist die rechtliche Behandlung von Irrtümern nicht so schwierig, wie der erste Anschein vermuten lässt. Denn das Irrtumsgeflecht kann man bereits dadurch auflösen, dass man sich vor Augen führt, dass sich der Täter über Tatbestandsmerkmale, die Voraussetzungen oder die Existenz von Rechtfertigungs- oder Entschuldigungsgründen, oder aber auch ganz einfach über die Strafbarkeit seines Verhaltens irren kann. Demzufolge sind Irrtümer auf allen Ebenen des Deliktsaufbaus (Tatbestand – Rechtswidrigkeit – Schuld) anzutreffen. **1209**

Beispiel 1: T wildert in der Dämmerung im Revier des jagdausübungsberechtigen O. Im Glauben, ein Reh vor sich im Gebüsch zu erblicken, gibt er einen Schuss ab. Als er das Tier an sich nehmen möchte, stellt sich heraus, dass er O getroffen hat, der gerade auf Pilzsuche war.

In diesem Fall ist zwar klar, dass T keinen Menschen töten wollte, objektiv hat er es aber. Daher betrifft sein Irrtum die Tatbestandsebene: Er hat sich über das Tatobjekt, also über ein objektives Tatbestandsmerkmal, geirrt. Die rechtliche Behandlung dieses Irrtums erfolgt dementsprechend auf der **Tatbestandsebene**. Vgl. dazu die ausführliche Darstellung bei Rn 204 ff. und 276 ff.

Beispiel 2: O zieht aus seiner Westentasche ein Streichholz, um sich eine Zigarette anzuzünden. T glaubt in diesem Moment, O wolle ein Messer ziehen, um ihn anzugreifen. Um diesen vermeintlichen Angriff abzuwehren, schlägt T den O nieder.

Hier hat sich T einen Sachverhalt vorgestellt, bei dem O ihn gegenwärtig und rechtswidrig angreife und er – T – die erforderliche Verteidigungshandlung vornehmen dürfe. T hat sich also über die rechtlichen Voraussetzungen (nicht die Existenz!) eines anerkannten Rechtfertigungsgrundes – namentlich Notwehr (§ 32) – geirrt, weil er zumindest nach der Vorstellung des T erfüllt war (T glaubte, er sei gerechtfertigt, tatsächlich lag aber zu keiner Zeit ein Angriff des O vor). T kann daher nicht gerechtfertigt sein. Sein Irrtum betrifft die Ebene der **Rechtswidrigkeit**, ist gleichwohl aber bei der Schuld bzw. zwischen Rechtswidrigkeit und Schuld (str.) zu prüfen. Vgl. dazu die ausführliche Darstellung bei Rn 311 ff., 377 ff. und 531 ff.

Beispiel 3: Vater V schlägt aufgrund einer Verfehlung seinen minderjährigen Sohn S. Dabei hält er irrig eine Sachlage für gegeben, in der ihm kraft Ausübung des elterlichen Züchtigungsrechts diese Befugnis zugestanden hätte. Tatsächlich ist das Züchtigungsrecht aufgrund der Regelung des § 1631 II BGB aber nicht (mehr) gegeben.

Hier unterlag V einem Erlaubnisirrtum, da er irrig die Existenz eines anerkannten Rechtfertigungsgrundes annahm, den es gar nicht (mehr) gibt. Ob und inwieweit er sich gleichwohl strafbar gemacht hat, ist auf der Ebene der **Schuld** zu prüfen. Vgl. dazu die ausführliche Darstellung bei Rn 554 ff.

Die folgende Übersicht stellt die möglichen Irrtümer gegenüber. Im Anschluss an die Übersicht finden sich Erläuterungen und Beispiele. **1210**

Unkenntnis von Tatumständen (= Tatumstände liegen vor, aber Täter kennt sie nicht)			**Irrige Annahme von Tatumständen** (= Tatumstände liegen nicht vor, aber Täter nimmt sie irrig an)	
Unkenntnis von <u>Tatsachen</u>	**zwar Tatsachenkenntnis, aber Unkenntnis <u>juristischer Wertungen</u>**		**Irrige Annahme von <u>Tatsachen</u>**	**zwar Tatsachenkenntnis, aber irrige Annahme <u>juristischer Wertungen</u>**
1 § 16 I (Tatbestandsirrtum)	2 § 17 (Verbotsirrtum)	Deskriptives Tatbestandsmerkmal	5 §§ 22, 23 (untauglicher Versuch)	6 strafloses Wahndelikt
3 § 16 I (Tatbestandsirrtum)	4 ⇨ Parallelwertung: § 16 I (Tatbestandsirrtum) ⇨ Sonst: § 17 (Verbotsirrtum)	Normatives Tatbestandsmerkmal	7 §§ 22, 23 (untauglicher Versuch)	8 ⇨ Parallelwertung: §§ 22, 23 (untauglicher Versuch) ⇨ Sonst: strafloses Wahndelikt
9 <u>hM</u>: nur Vollendungstat gerechtfertigt, aber ggf. Versuchsstrafbarkeit (Lehre vom subjektiven Rechtfertigungselement)	10 Täter gerechtfertigt, da trotz Verengung des Rechtfertigungsgrundes die Voraussetzungen tatsächlich vorliegen	Rechtfertigungsgrund	13 <u>hM</u>: Erlaubnistatbestandsirrtum (Vorsatzschuld entfällt nach der Rechtsfolge des § 16 I) ggf. Fahrlässigkeit	14 § 17 (Erlaubnisirrtum)
11 Täter nicht entschuldigt, da er ohne Kenntnis der Sachlage nicht aus der psychischen Zwangslage heraus handelt	12 Täter entschuldigt, da trotz Verengung des Entschuldigungsgrundes die Voraussetzungen tatsächlich vorliegen	Entschuldigungsgrund	15 § 35 II (Entschuldigungstatbestandsirrtum)	16 Täter nicht entschuldigt, da die Voraussetzungen nicht vorliegen (bloße Überdehnung des Entschuldigungsgrundes)

Hinweis zum besseren Verständnis: Ausgangspunkt der Übersicht ist zweierlei: Zum einen ist der Begriff „Tatumstand" als Oberbegriff für „Tatsachen" (Felder 1, 3, 9, 11 sowie 5, 7, 13, 15) und „juristische Wertungen" (Felder 2, 4, 10, 12 sowie 6, 8, 14, 16) zu verstehen. Zum anderen ist die Übersicht in zwei Teile gegliedert, nämlich in

(1) den linken Block (Felder 1 bis 4 und 9 bis 12), wo die Tatumstände **tatsächlich vorliegen**, der Täter diese allerdings **nicht kennt** (d.h. die Tatbestandsmerkmale sind objektiv erfüllt bzw. die Rechtfertigungs- oder Entschuldigungslage ist objektiv gegeben)

(2) und den rechten Block (Felder 5 bis 8 und 13 bis 16), wo die Tatumstände **tatsächlich nicht vorliegen**, der Täter diese allerdings **irrig annimmt** (d.h. die Tatbestandsmerkmale sind objektiv nicht erfüllt oder die Rechtfertigungs- oder Entschuldigungslage ist objektiv nicht gegeben)

Erläuterungen und Beispiele zu den Feldern 1 bis 4:

In den Konstellationen der Felder 1 bis 4 hat sich der Täter **objektiv strafbar** gemacht, ohne dies zu wissen. Es stellt sich daher die Frage, ob er **trotz** dieser Unkenntnis **zu bestrafen ist**. 1211

Feld 1: Fehlt dem Täter bei deskriptiven Tatbestandsmerkmalen bereits die Tatsachenkenntnis, unterliegt er einem (beim subjektiven Tatbestand zu prüfenden) **Tatbestandsirrtum** (besser: **Tatumstandsirrtum**) und handelt vorsatzlos gem. § 16 I S. 1. Vgl. hierzu Rn 204 ff. und 276 ff.

Beispiel: T erschießt O in dem Glauben, es handele sich um dessen Hund. ⇨ Hier fehlt T der Vorsatz bzgl. § 212, da er keine Kenntnis von dem deskriptiven Tatbestandsmerkmal „Mensch" hat. Vielmehr wollte er ein Tier töten und damit den Tatbestand der Sachbeschädigung (§ 303 I) verwirklichen. Eine Bestrafung aus der Vorsatztat des § 212 scheidet daher gem. § 16 I S. 1 aus (= beachtlicher *error in persona vel obiecto*). Da § 16 I S. 2 jedoch die Bestrafung wegen Fahrlässigkeit (hinsichtlich des getroffenen Objekts) unberührt lässt, ist stets zu prüfen, ob ein entsprechender Fahrlässigkeitstatbestand existiert und ob der Täter dessen Voraussetzungen verwirklicht hat. Dies ist vorliegend der Fall, weil das Gesetz die fahrlässige Tötung gem. § 222 unter Strafe stellt. Tateinheitlich dazu ist T wegen versuchter Sachbeschädigung (§§ 303 I, III, 22, 23 I, 12 II) schuldig.

Kein beachtlicher Tatbestandsirrtum liegt vor, wenn sich der Täter hinsichtlich der Identität des Opfers geirrt hat, das getroffene Opfer mit dem eigentlichen Ziel aber tatbestandlich gleichwertig ist.

Beispiel: Will T den X töten, tötet aufgrund einer Verwechselung aber den O, kann dieser Umstand ihn nicht entlasten. Denn T hat sich nicht hinsichtlich des deskriptiven Tatbestandsmerkmals „Mensch" geirrt. Er wollte einen Menschen töten und er hat einen Menschen getötet. Er ist aus § 212 oder § 211 strafbar (= unbeachtlicher *error in persona vel obiecto*).

Feld 2: Hat der Täter bei deskriptiven Tatbestandsmerkmalen zwar Tatsachenkenntnis, jedoch keine Kenntnis von den dahinter stehenden juristischen Wertungen (weil er entweder nichts von der Existenz einer Strafnorm weiß oder den Umfang einer Strafnorm zu eng auslegt und deshalb glaubt, diese nicht zu verwirklichen), irrt er über juristische Wertungen, die den Vorsatz unberührt lassen. Es liegt vielmehr ein (bei der Schuld zu prüfender) **Verbotsirrtum** gem. § 17 vor, der bei Unvermeidbarkeit die Schuld des Täters entfallen lässt. Vgl. hierzu Rn 280 und 554 ff.

Beispiel: T erschießt die Katze des Nachbarn, weil er keine Katzen mag. Dabei glaubt er, dies sei nicht verboten. ⇨ Hier hat T volle Tatsachenkenntnis und irrt lediglich auf juristischer Wertungsebene, indem er glaubt, dass auch das grundlose Erschießen von Tieren nicht verboten sei. Da bei deskriptiven Tatbestandsmerkmalen (hier: „Tier") bereits bloße Tatsachenkenntnis genügt, handelte T vorsätzlich. Dass er keine Kenntnis von der Existenz des § 17 Nr. 1 TierSchG hat (sog. Verbotsirrtum), wird erst in der Schuld relevant. Da dieser Verbotsirrtum allerdings vermeidbar war, kommt lediglich eine fakultative Strafmilderung gem. §§ 17 S. 2, 49 I in Betracht.

Abwandlung: T weiß zwar, dass das grundlose Töten von Tieren grundsätzlich verboten und strafbar ist, glaubt jedoch, dass dies nur für besonders blutige „Gemetzel" gelte. ⇨ Hier irrt T über den Umfang des § 17 Nr. 1 TierSchG: Er legt den Tatbestand zu eng aus und glaubt, diesen nicht zu verwirklichen. Da aber auch dieser Irrtum vermeidbar ist, handelte T schuldhaft.

Feld 3: Fehlt dem Täter bei normativen Tatbestandsmerkmalen bereits die Tatsachenkenntnis, handelt er im **Tatbestandsirrtum** (besser: **Tatumstandsirrtum**) und daher vorsatzlos gem. § 16 I S. 1, da ohne Tatsachenkenntnis keine juristische Wertung stattfindet, die fehlgehen könnte. Vgl. hierzu Rn 208 und 278.

Beispiel: Student S rafft nach der Vorlesung seine Bücher zusammen und bemerkt nicht, dass sich darunter auch das Buch des neben ihm sitzenden Kommilitonen K befindet. ⇨ Hier handelt S in Unkenntnis der Tatsache, dass sich das Buch des K überhaupt unter seinen Büchern befindet. Insofern fehlt ihm bereits die Kenntnis der Tatsachen, die dem normativen Tatbestandsmerkmal „fremd" zugrunde liegen. Da S nämlich nicht weiß, dass er ein fremdes Buch mitnimmt, macht er sich auch keine Gedanken darüber, ob das Buch fremd ist und welche Bedeutung er dem Tatbestandsmerkmal „fremd" (laienhaft) beimisst. Er handelt mithin vorsatzlos gem. § 16 I S. 1 und ist nicht wegen Diebstahls gem. § 242 strafbar.

Feld 4: Hat der Täter bei normativen Tatbestandsmerkmalen zwar Tatsachenkenntnis, jedoch keine Kenntnis von juristischen Wertungen, ist zu differenzieren: Beruht der Fehler darauf, dass der Täter den sozialen Sinngehalt eines normativen Tatbestandsmerkmals nicht kennt oder (laienhaft) nicht richtig erfasst, handelt er im **Tatbestandsirrtum** (besser: **Tatumstandsirrtum**) und daher ohne Vorsatz, da die sog. „Parallelwertung in der Laiensphäre" nach h.M. ein Element des Vorsatzes ist. Denn nur wer den sozialen Sinngehalt eines (wertungsbedürftigen) normativen Tatbestandsmerkmals kennt, handelt auch vorsätzlich (beachte: eine solche Wertung ist bei deskriptiven Tatbestandsmerkmalen nicht erforderlich). Beruht der Fehler hingegen darauf, dass der Täter keine Kenntnis von Existenz oder Umfang einer Strafnorm hat, unterliegt er einem **Verbotsirrtum**, der nur im Falle seiner Unvermeidbarkeit zur Straflosigkeit führt (insofern gilt dann dasselbe wie bei Feld 2).

Beispiel: Student S rafft nach der Vorlesung seine Bücher zusammen und nimmt dabei bewusst auch das Buch seines Kommilitonen K mit, welches K dem S zwar zuvor verkauft, jedoch noch nicht übereignet hatte. Dabei glaubt S, dass er bereits aufgrund des Kaufvertrags Eigentümer geworden und das Buch daher nicht mehr fremd sei. ⇨ Hier weiß S zwar, dass Diebstahl verboten ist, glaubt jedoch, keinen solchen zu begehen, weil er das normative Tatbestandsmerkmal „fremd" bzw. seinen sozialen Sinngehalt laienhaft falsch bewertet. Er unterliegt einem vorsatzausschließenden Tatbestandsirrtum gem. § 16 I S. 1 und ist daher nicht wegen Diebstahls strafbar. Vgl. hierzu Rn 209 und 278.

Abwandlung: Gäbe es den Kaufvertrag nicht und glaubte S, dass alle Bücher im Vorlesungssaal, die die Studenten mitgebracht haben, nicht mehr fremd seien und jeder sich eines aussuchen könne, unterläge er einem Verbotsirrtum, da er den Umfang der Strafnorm (§ 242) zu eng ausgelegt und somit nicht richtig erfasst hätte. Oder: Glaubte S, dass die Wegnahme fremder Sachen nicht verboten sei, würde er über die Existenz einer Strafnorm irren. Da diese Verbotsirrtümer allerdings vermeidbar sind, käme bei S lediglich eine fakultative Strafmilderung gem. §§ 17 S. 2, 49 I in Betracht. Vgl. hierzu Rn 554 ff.

Zum (hier nicht ausgeführten) **Irrtum über den Kausalverlauf** vgl. Rn 297.

Erläuterungen und Beispiele zu den Feldern 5 bis 8:

1212 Obige Grundsätze gelten in Fällen irriger Annahme von Tatumständen entsprechend (Felder 5 bis 8). Hierbei ist allerdings zu beachten, dass die Tatumstände **nicht vorliegen** und der Täter sie lediglich irrig annimmt. Da der Täter sich hier also **objektiv nicht strafbar** gemacht hat, stellt sich hier die Frage, ob der Täter **wegen** dieser irrigen Annahme **zu bestrafen ist**.

Feld 5: Geht der Täter bei deskriptiven Tatbestandsmerkmalen irrig von Tatsachen aus, die – wenn sie vorlägen – einen Straftatbestand erfüllen würden, hat er seinen „verbrecherischen Willen" betätigt und ist wegen untauglichen Versuchs zu bestrafen (**umgekehrter Tatbestandsirrtum**). Vgl. hierzu Rn 651 ff.

Beispiel: T erschießt einen großen Hund in dem Glauben, es sei der von ihm gehasste O (= beachtlicher *error in persona vel obiecto*). ⇨ Hier nimmt T irrig das deskriptive Tatbestandsmerkmal „Mensch" an und ist daher wegen untauglichen Versuchs zu bestrafen, weil er – wäre seine Annahme zutreffend – den Straftatbestand des § 212 erfüllt hätte. Er hat gewissermaßen seinen „verbrecherischen Willen" betätigt und ist daher wegen versuchten Totschlags (ggf. wegen versuchten Mordes) zu bestrafen, §§ 212, 22 bzw. §§ 211, 22.

Feld 6: Unterläuft dem Täter bei deskriptiven Tatbestandsmerkmalen ein Fehler auf der juristischen Bewertungsebene, indem er die Existenz einer Strafnorm irrig annimmt oder den Umfang einer Strafnorm irrig zu weit auslegt und deshalb sein Verhalten für strafbar hält, liegt lediglich ein **strafloses Wahndelikt** vor. Es würde nämlich zu weit führen, dieser lediglich wahnhaften Fehlvorstellung strafbegründende Bedeutung beizumessen und den Täter zu bestrafen, obwohl ein entsprechender Straftatbestand gar nicht existiert oder jedenfalls dieses Verhalten nicht erfasst. Stichwort: Wäre der Täter auch ohne seinen Irrtum straflos, kann der Irrtum nicht schaden. Vgl. hierzu Rn 659 ff.

Beispiel 1: W unterhält ein Liebesverhältnis zu seiner Schwägerin und glaubt, damit einen Straftatbestand zu erfüllen, obwohl ein solcher nicht existiert (keine Verwandten i.S.d. § 173). ⇨ Hierbei handelt es sich um ein strafloses Wahndelikt, da W einen Straftatbestand irrig (wahnhaft) annimmt.

Beispiel 2: W hat ein außereheliches Verhältnis mit seiner Nachbarin und glaubt, sich wegen Untreue gemäß § 266 strafbar zu machen. ⇨ Hier legt W den Straftatbestand der Untreue zu seinen Lasten zu weit aus, indem er glaubt, sein Verhalten sei danach strafbar. Daher handelt es sich auch hier um ein strafloses Wahndelikt, da W auf Wertungsebene irrt und einen bestehenden Straftatbestand wahnhaft zu seinem Nachteil zu weit auslegt.

Feld 7: Geht der Täter bei normativen Tatbestandsmerkmalen irrig von Tatsachen aus, die – wenn sie vorlägen – einen Straftatbestand erfüllten, hat er seinen „verbrecherischen Willen" betätigt und ist wegen untauglichen Versuchs zu bestrafen (**umgekehrter Tatbestandsirrtum**). Vgl. hierzu Rn 651 ff.

Beispiel: Student S rafft nach der Vorlesung seine Bücher zusammen und geht irrig davon aus, dass sich darunter auch das Buch seines Kommilitonen K befindet, welches er schon lange an sich nehmen wollte. ⇨ Hier glaubt S irrig, dass sich das Buch des K unter seinen Büchern befindet und geht damit irrig von einer Tatsache aus, die dem normativen Tatbestandsmerkmal „fremd" zugrunde liegt. Daher ist er wegen untauglichen Versuchs gem. §§ 242, 22 strafbar.

Feld 8: Unterläuft dem Täter bei normativen Tatbestandsmerkmalen ein Fehler auf der juristischen Bewertungsebene, ist zu differenzieren: Beruht der Irrtum darauf, dass der Täter trotz Tatsachenkenntnis den sozialen Sinngehalt eines normativen Tatbestandsmerkmals zu eigenen Lasten irrig überdehnt, irrt er im Rahmen der Parallelwertung in der Laiensphäre, welche nach h.M. zum Vorsatz bzw. Tatentschluss gehört. Insofern hat der Täter seinen „verbrecherischen Willen" betätigt, sodass er wegen untauglichen Versuchs zu bestrafen ist (**umgekehrter Tatbestandsirrtum**). Irrt der Täter hingegen über Existenz oder Umfang einer Strafnorm, liegt ein **strafloses Wahndelikt** vor (es gilt dann dasselbe wie bei Feld 6).

Beispiel: Student S hat seinem Kommilitonen K ein Buch geliehen. Als er den Vorlesungssaal verlässt, nimmt er auch das an K verliehene Buch einfach mit und glaubt dabei, sich wegen Diebstahls einer fremden Sache strafbar zu machen. ⇨ Hier weiß

S, dass Diebstahl strafbar ist, jedoch irrt er über die Fremdheit des Buches (normatives Tatbestandsmerkmal), indem er glaubt, dass das Buch allein aufgrund des Leihvertrags Eigentum des K geworden sei. Er hat also den sozialen Sinngehalt des Tatbestandsmerkmals „fremd" zu eigenen Lasten überdehnt und ist daher wegen untauglichen Versuchs gem. §§ 242, 22 strafbar.

Abwandlung: S nimmt ein Buch des K, das auf dessen Tisch liegt, um darin zu lesen. Dabei glaubt er, sich bereits wegen Diebstahls strafbar zu machen. ⇨ Hier überdehnt S den Tatbestand des § 242 zu seinen Lasten, indem er glaubt, das bloße Durchlesen des Buches stelle bereits die Wegnahme einer fremden beweglichen Sache dar. S weiß also, dass das Buch fremd ist (und hat somit Tatsachenkenntnis). Gleichwohl überdehnt er irrig den Umfang des Tatbestands des § 242. Mithin handelt es sich um ein strafloses Wahndelikt. Vgl. hierzu Rn 659 ff.

Erläuterungen und Beispiele zu den Feldern 9 bis 12:

1213 Hat der Täter einen Straftatbestand objektiv und subjektiv erfüllt, ist er (von den hier nicht interessierenden persönlichen Schuld- oder Strafausschließungsgründen abgesehen) grundsätzlich strafbar, es sei denn, es greift zu seinen Gunsten ein Rechtfertigungs- oder Entschuldigungsgrund ein. Auch hierbei kann es zu Irrtümern kommen. Dabei ist bei den Feldern 9 bis 12 zu beachten, dass die (rechtfertigenden oder entschuldigenden) Umstände **objektiv vorliegen** und der Täter sie lediglich **nicht kennt**. Somit stellt sich hier die Frage, ob der Täter **trotz der Unkenntnis** vom objektiven Eingreifen des Erlaubnissatzes **straffrei ist**. Bezugspunkt der Unkenntnis ist also nicht mehr der Tatbestand der Strafnorm, sondern der Tatbestand des Erlaubnissatzes.

Feld 9: Beispiel: **Fehlendes subjektives Rechtfertigungselement:** T trifft seinen Erzfeind O in einer dunklen Gasse und will die Gelegenheit nutzen, diesen zu beseitigen. Daher erschießt er O, ohne zu bemerken, dass O gerade im Begriff war, X zu erschießen. ⇨ Hier ist T objektiv nach § 32 gerechtfertigt, da X einem rechtswidrigen und gegenwärtigen (kurz bevorstehenden) Angriff des O ausgesetzt war (sog. Nothilfe). Fraglich ist jedoch, ob der Täter (hier: T) mit Verteidigungswillen gehandelt haben muss. Nach heute wohl einhelliger Auffassung ist ein subjektives Rechtfertigungselement erforderlich. Fehlt dieses, entfallen durch die objektive Rechtfertigungslage lediglich das Erfolgsunrecht und damit die Vollendungsstrafbarkeit. Das Handlungsunrecht verbleibt hingegen, sodass der Täter wegen Versuchs bestraft wird. Demnach ist T wegen Totschlags- bzw. Mordversuchs (§§ 212, 22 bzw. §§ 211, 22) strafbar. Vgl. hierzu Rn 315.

Feld 10: Beispiel: Ehefrau F wird von ihrem gewalttätigen Ehemann M verprügelt. Aus Angst um ihr Leben ergreift sie ein zufällig auf dem Tisch liegendes Messer und sticht zu. Dabei weiß sie zwar, dass der Rechtfertigungsgrund „Notwehr" existiert, glaubt jedoch, man dürfe den Angreifer nicht lebensgefährlich verletzen. ⇨ Hier ist F objektiv und subjektiv gerechtfertigt, da ein gegenwärtiger rechtswidriger Angriff vorliegt, die Verteidigungshandlung geboten ist und F mit Verteidigungswillen handelte. Es stellt sich im Rahmen des subjektiven Rechtfertigungselements jedoch die Frage, ob sich daran etwas ändert, weil F auf juristischer Wertungsebene über die Gebotenheit der Notwehr irrt, indem sie glaubt, den Angreifer nicht lebensgefährlich verletzen zu dürfen. So könnte man daran denken, F zu bestrafen, weil sie M erstach, obwohl sie glaubte, dies nicht zu dürfen. Gleichwohl hat sich F nicht strafbar gemacht, da sie objektiv und subjektiv gerechtfertigt ist und dieser Irrtum der Konstellation des Wahndelikts gleicht. Es macht nämlich keinen Unterschied, ob der Täter wahnhaft sein Verhalten für strafbar hält oder ob er sein Verhalten wahnhaft für nicht gerechtfertigt hält. In beiden Fällen hat er den Boden der Rechtsordnung nicht verlassen. Vgl. hierzu Rn 663.

Feld 11: Beispiel: Ehefrau F wurde von ihrem gewalttätigen Ehemann M verprügelt. Nachdem er es sich nunmehr im Sessel gemütlich macht, schläft er dort ein. F nutzt diese Gelegenheit und ersticht M mit einem Messer, um an dessen Vermögen zu kommen. ⇨ Hier scheitert eine Rechtfertigung nach § 32 an der Gegenwärtigkeit des Angriffs, da M bereits von ihr abgelassen hatte. Auch scheidet § 34 aus: Zwar wird auch die Dauergefahr erfasst, jedoch ist eine Abwägung „Leben gegen Leben" nicht möglich. Daher kommt allein eine Entschuldigung nach § 35 I in Betracht, wenn man davon ausgeht, dass sich ihre Rechtsgüter „Leib oder Leben" durch die ständigen Gewalttätigkeiten des M in einer gegenwärtigen, nicht anders abwendbaren Dauergefahr befanden. Unabhängig davon, ob man diesen Standpunkt teilt, hatte sie jedenfalls keine Kenntnis von dieser Entschuldigungslage bzw. handelte nicht aus der erforderlichen psychischen Zwangslage heraus, sondern vielmehr in Habgier. Daher führt ihre Unkenntnis zur Verneinung des (ggf. objektiv vorliegenden) Entschuldigungsgrundes. Mithin ist sie wegen Mordes gem. § 211 zu bestrafen.

Feld 12: Beispiel: Ehefrau F wurde von ihrem gewalttätigen Ehemann M verprügelt. Nachdem er es sich nunmehr im Sessel gemütlich macht und dort einschläft, ergreift F aus Angst vor den ständigen Gewalttätigkeiten des M ein Messer und ersticht M in dem Glauben, diesem keine tödlichen Verletzungen zufügen zu dürfen. ⇨ Wie im vorherigen Beispiel kommt auch hier eine Entschuldigung nach § 35 I in Betracht: Die objektive Entschuldigungslage liegt vor, wenn man davon ausgeht, dass sich ihre Rechtsgüter „Leib oder Leben" in gegenwärtiger Dauergefahr befanden und die Gefahr nicht anders abwendbar war. Auch handelte F subjektiv mit Rettungswillen. Fraglich ist allein, wie es sich auswirkt, dass F die Reichweite des entschuldigenden Notstands nicht kannte. Nach allgemeiner Ansicht ist dies jedoch unbeachtlich. Da F nämlich sowohl objektiv als auch subjektiv entschuldigt ist, ist ihr kein Schuldvorwurf zu machen. Mithin ist F nicht strafbar. Vgl. hierzu Rn 617.

Erläuterungen und Beispiele zu den Feldern 13 bis 16:

Anders als in den bisherigen Konstellationen gilt hier, dass die rechtfertigenden oder entschuldigenden Umstände **objektiv nicht vorliegen** und der Täter ihr Vorliegen lediglich **irrig annimmt**. Da der Täter also objektiv nicht gerechtfertigt bzw. entschuldigt ist, stellt sich die Frage, ob er **wegen der irrigen Annahme** der objektiven Rechtfertigungs- oder Entschuldigungslage **straffrei ist**. 1214

Feld 13: Geht der Täter irrig von Tatsachen aus, die – wenn sie denn vorlägen – sein Verhalten rechtfertigen würden, liegt ein sog. **Erlaubnistatbestandsirrtum** vor, bei dem nach den überwiegenden Urteilen des BGH der Tatbestandsvorsatz analog § 16 I S. 1 (Rn 541) und nach der h.L. und einigen Urteilen des BGH der Vorsatzschuldvorwurf (Rn 543) entfällt.

Beispiel: T trifft O in einer dunklen Gasse und sieht, wie dieser in seine Tasche greift. Da T glaubt, O werde eine Waffe ziehen und ihn erschießen, erschießt er O. Tatsächlich griff O nur deshalb in seine Tasche, weil er ein Taschentuch benötigte. ⇨ Hier mangelt es an einer objektiven Rechtfertigungslage, da objektiv kein Angriff vorlag. Da T diesen aber irrig annahm, irrte er über die tatsächlichen Voraussetzungen eines Rechtfertigungsgrundes (hier: § 32). Wie ein solcher Irrtum (sog. Putativnotwehr) zu behandeln ist, ist umstritten. Es handelt sich um einen Erlaubnistatbestandsirrtum, bei dem nach der Rspr. analog § 16 I S. 1 der Vorsatz und nach der h.L. der Vorsatzschuldvorwurf entfällt. Vgl. hierzu Rn 531 ff.

Feld 14: Nimmt der Täter irrig an, es gäbe einen Rechtfertigungsgrund, der ihm sein Verhalten erlaubt, oder dehnt er einen bestehenden Rechtfertigungsgrund irrig zu weit aus, irrt er auf juristischer Bewertungsebene (und nicht über Tatsachen), sodass ein (bei der Schuld zu prüfender) **Erlaubnisirrtum** vorliegt, dessen Behandlung sich nach § 17 richtet.

Beispiel: Der im Rollstuhl sitzende T schießt den Kirschendieb O aus dem Kirschbaum, weil er glaubt, diesen bereits für den Diebstahl an Kirschen erschießen zu dürfen. ⇨ Hier scheitert § 32 an der Gebotenheit (und § 34 an der Verhältnismäßigkeit). Allerdings befindet sich T in einem Erlaubnisirrtum, da er auf juristischer Wertungsebene irrt, indem er § 32 zu seinen Gunsten zu weit auslegt. Gleichwohl entfällt die Schuld des T nicht, da der Erlaubnisirrtum vermeidbar war. Das Gericht kann jedoch die Strafe nach §§ 17 S. 2, 49 I mildern. Vgl. hierzu die Beispiele unter Rn 561 ff.

Feld 15: Geht der Täter irrig von Tatsachen aus, die – wenn sie vorlägen – sein Verhalten entschuldigen würden, liegt ein (ebenfalls bei der Schuld zu prüfender) sog. **Entschuldigungstatbestandsirrtum** gem. § 35 II vor, bei dem die Schuld entfällt, wenn der Irrtum vermeidbar war.

Beispiel: T leistet vor Gericht einen Meineid, weil er glaubt, vom Angeklagten A oder dessen Komplizen getötet zu werden, falls er vor Gericht die Wahrheit sagen würde. ⇨ Hier scheidet eine Rechtfertigung aus, weil die Begehung einer Straftat (hier: der Meineid nach § 154) nicht das richtige Mittel ist, einen Konflikt abzuwehren. Auch liegt keine objektive Entschuldigungslage vor, da die Gefahr anders abgewendet werden könnte. Gleichwohl geht T irrig vom Vorliegen der objektiven Entschuldigungslage aus. Dieser sog. Entschuldigungstatbestandsirrtum ist nach § 35 II zu behandeln. Danach entfällt die Schuld, sofern der Irrtum unvermeidbar war, was hier nicht anzunehmen ist. Daher ist T nach § 154 strafbar. Seine Strafe ist allerdings nach §§ 35 II, 49 I zu mildern. Vgl. hierzu Rn 597 f., 618.

Feld 16: Nimmt der Täter irrig an, es gäbe einen Entschuldigungsgrund, der ihm sein Verhalten erlaubt, oder dehnt er einen bestehenden Entschuldigungsgrund irrig zu weit aus, irrt er auf juristischer Bewertungsebene (und nicht über Tatsachen). Wie dieser Irrtum zu behandeln ist, ist umstritten. Nach h.M. liegt lediglich ein (bei der Schuld zu prüfender) unbeachtlicher **Entschuldigungsirrtum** vor, da nur der Gesetzgeber zu entscheiden habe, in welchen Fällen von der Erhebung des Schuldvorwurfes abzusehen ist.

Beispiel: Der gewalttätige Ehemann M randaliert regelmäßig in der gemeinsamen Wohnung. Als er eines Abends angetrunken nach Hause kommt, lässt er es sich nicht nehmen, die Wohnung wieder „spontan umzugestalten". Nachdem er müde geworden und im Sessel eingeschlafen ist, wird er von Ehefrau E erstochen, weil sie ständig Angst um ihre geliebte Blumenvasensammlung hat und sich zu dieser Tat ermächtigt glaubt. ⇨ Hier scheitert § 32 daran, dass kein gegenwärtiger Angriff auf ihr Eigentum mehr vorliegt. § 34 erfasst zwar Dauergefahren, jedoch ist das Eingriffsgut (Menschenleben) höherwertig gegenüber dem Schutzgut (Eigentum), sodass dieser Rechtfertigungsgrund an der Verhältnismäßigkeit scheitert. Somit kann der F nur noch § 35 I zugutekommen. Da allerdings das Eigentum von § 35 nicht geschützt ist, hat F den Umfang dieses Erlaubnissatzes überdehnt. Da F also objektiv nicht entschuldigt ist, stellt sich die Frage, ob im vorliegenden Fall die irrige Annahme einer Entschuldigung die Schuld entfallen lassen kann (§ 17 S. 1). Dies ist wohl nicht der Fall (s.o.). Es handelt sich um einen unbeachtlichen Entschuldigungsirrtum. Vgl. hierzu Rn 561 ff.